中国水电 SINOHYDRO

中国水利水电建设集团公司

年　　鉴

2006

中国水利水电建设集团公司年鉴编辑委员会

中国电力出版社

2005年2月10日，中共中央总书记、国家主席胡锦涛视察贵州索风营水电建设工地

领导关怀

中共中央总书记、国家主席胡锦涛视察贵州索风营水电建设工地，与水电职工亲切合影（2005年2月10日）

中共中央政治局常委、国务院总理温家宝在昆明出席大湄公河次区域经济合作第二次领导人会议期间接见集团公司总经理郭建堂一行（2005年7月4日）

中共中央政治局常委、国家副主席曾庆红视察青海公伯峡水电站（2005年8月6日）

中共中央政治局委员、国务院副总理吴仪率政府及中国水利水电建设集团公司等16家大型企业领导人组成的代表团访问中亚四国（2005年7月13日至22日）

中共中央政治局委员、国务院副总理曾培炎视察金沙江向家坝水电建设工地（2005年4月6日）

全国人大常委会副委员长何鲁丽视察山东泰安抽水蓄能电站工程（2005 年 8 月 31 日）

全国人大常委会副委员长蒋正华视察贵州索风营水电建设工地（2005 年 8 月 12 日）

全国人大常委会副委员长顾秀莲视察山东泰安抽水蓄能电站工程（2005 年 10 月 1 日）

全国政协副主席周铁农视察山东泰安抽水蓄能电站工程 （2005 年 10 月 4 日）

水利部部长汪恕诚考察广西龙滩工程（2005年5月23日）

国务院南水北调工程建设委员会办公室主任张基尧考察北京房山惠南庄泵站（2005年8月17日）

国家发改委副主任张国宝（左）考察金沙江溪洛渡工程（2005年12月16日）

国务院国有企业监事会主席范有年参加集团公司2005年工作会议

中国水电建设集团十五工程局有限公司揭牌（2005年6月13日）

中国水电基础局有限公司成立（2005年6月26日）

集团公司2005年工作会议在北京召开（2005年1月31日～2月1日）

2005年度经营业绩考核签字仪式

大会会场

分组讨论

水电工程

三峡水电站右岸厂房工程正在紧张施工

三峡大坝全景

2005年11月26日，装机容量1260万千瓦的金沙江溪洛渡水电站开工典礼在工地举行

2005年11月12日，装机容量360万千瓦的四川雅砻江锦屏一级水电站开工典礼在工地举行

2005年1月8日，国家“八五”重点工程云南大朝山水电站枢纽工程获中国建筑工程鲁班奖

三峡水电站右岸地下厂房施工

贵州乌江索风营水电站

四川瀑布沟水电站泄洪洞地下工程施工

四川紫坪铺水电站厂房施工

金沙江向家坝水电站开挖施工

云南小湾水电站高边坡锚固工程

广西龙滩水电工程全景

云南景洪水电站施工现场

湖南洪江水电站

四川紫兰坝水电站

贵州三板溪水电站大坝近貌

甘肃小峡水电站

贵州乌江构皮滩水电站施工现场

青海拉西瓦水电站大坝基坑开挖现场

机电安装

2005年7月21日，三峡水电站左岸9号70万千瓦机组转轮顺利吊装

装机容量4 × 30万千瓦的浙江桐柏抽水蓄能电站

山东泰安抽水蓄能电站1号25万千瓦发电电动机组定子吊装

三峡三期工程六台坝顶门机之一，4500kNII型坝顶门机

四川紫兰坝水电站特大型潜孔式弧形闸门（16米×15米-23米）自重300吨，外圆半径22米

山东泰安抽水蓄能电站250吨+250吨厂房桥机

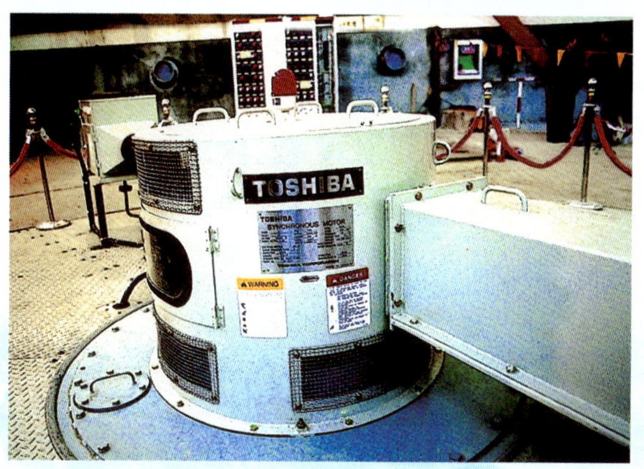

山西万家寨“引黄”工程泵站机组安装

水利工程

南水北调工程东线山东济平干渠26标渠道

云南掌鸠河倒虹吸工程

贵州响水水库

2005 年 11 月 1 日，四川武都水库大坝工程举行奠基仪式

天津港疏浚吹填工程(作业中的挖泥船)

福建福清东壁岛围垦工程

浙江周公宅水库工程

江苏淮河入海水道二河枢纽工程

唐山曹妃甸围海造地工程施工（首钢搬迁工程）

2005年3月22日，刚果（金）总统约瑟夫·卡比拉在钓鱼台国宾馆会见了集团公司总经理郭建堂一行

2005年7月4日，郭建堂总经理在昆明与老挝总理本南（左）亲切会面

2005年7月5日，柬埔寨首相洪森在昆明会见集团公司领导

2005年12月5日，坦桑尼亚总统姆卡帕为布则扬勃—盖塔公路工程开工剪彩

2005年10月30日，塔吉克斯坦副总理古罗莫夫（前排左三）视察杜吉公路路桥修复工程

2005年10月19日，巴基斯坦国家水电发展署主席视察杜伯华项目工程

2005年8月28日，欧盟驻阿富汗代表处大使卡尔·哈博先生、运行部长罗斯特先生等视察阿富汗公路工程

苏丹麦洛维水电工程施工现场

苏丹麦洛维水电工程溢流坝

埃塞俄比亚泰可泽水电工程

马来西亚巴贡水电工程鸟瞰

马来西亚巴贡水电工程施工现场

安哥拉甘德杰拉拉斯大坝项目

位于中美洲的伯利兹共和国恰利洛水电站大坝施工现场

马其顿科佳电站外景

埃塞俄比亚公路工程项目

孟加拉帕克西大桥项目的河道整治工程、挖泥船在进行疏浚施工

投资融资

2005 年 4 月 13 日，集团公司领导视察甘肃华亭电厂

2005 年 4 月 8 日，中国水利水电建设集团公司与中国兵器工业集团公司在京签署战略框架协议

2005 年 7 月 5 日，郭建堂总经理与甘肃崇信电厂签约代表合影

2005 年 7 月 14 日，中国水利水电建设集团公司与四川圣达集团公司就重组四川圣达水电开发有限公司在成都举行签字仪式

晨曦掩映着的华亭电厂建设工地

四川沙湾水电站工地现场

吉林长岭风电场施工现场

四川阿坝州色尔古水电站施工现场

多元经营

浙江衢常铁路工程第二合同段开工建设

安徽马鞍山连拱双向隧道

陕西汉中汉江桥闸施工现场

江西赣州至定南高速公路桃江特大桥

上海浦东机场候机楼二期工程

贵州省贵阳市金阳新区道路施工现场

湖北襄樊至十堰高速公路部营立交桥

四川遂宁船山体育馆索膜安装工程

贵阳中心网球场

北京大学政府管理学院教研楼工程

贵州省贵阳市金阳新政协大楼

国家级新产品液压系列混凝土输送泵

新开发的出口伊朗的钢模台车

专利产品混凝土布料机在马来西亚巴贡项目输送混凝土大显身手

保持共产党员先进性教育活动

2005年,集团公司积极开展保持共产党员先进性教育活动，取得了显著成绩。先进性教育活动加强和丰富了集团公司的党建工作，是对集团公司党建工作一次最好的检阅，有力地促进了集团公司的改革发展，达到了先进性教育和生产经营“两不误、两促进、双丰收”，树立了集团公司的良好形象。

集团公司总部作为首批先进性教育单位，党员群众满意率达到了99.4%。在国务院国有资产监督管理委员会召开的两次交流座谈会上,国资委李融荣主任、王勇副主任在大会上表扬和推广了集团公司的做法。在国资委组织的中央企业第二批先进性教育活动动员会上，集团公司总部作为国资委5家典型单位之一，集团公司党组书记、总经理郭建堂同志作了大会经验交流。

在第二批先进性教育活动中，集团公司各成员企业先进性教育活动做到了上级党组织、本单位党委、广大党员群众“三满意”，党员群众平均满意度为97.7%。各成员企业作为省市先进性教育活动的典型，先后8次在省级交流会上介绍经验，12次在市级交流会上介绍经验，得到了省市督导组的普遍好评。

集团公司总部保持共产党员先进性教育活动动员会议（2005年2月26日）

集团公司总部保持共产党员先进性教育活动培训会议（2005年2月22日）

国务院国资委保持共产党员先进性教育企业督导四组与集团公司先进性教育领导小组成员见面会 （2005年1月27日）

保持共产党员先进性 干好三峡工程

SINOHYDRO
全局保持共产党员先进性教育活动动员大会

中國工農紅軍強渡大渡河紀念館
高举红军旗 保持先进性
——水公司党委保持共产党员先进性教育专题活动

保持共产党员先进性教育活动
动员大会

企业文化

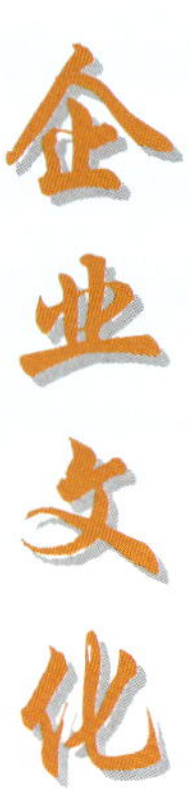

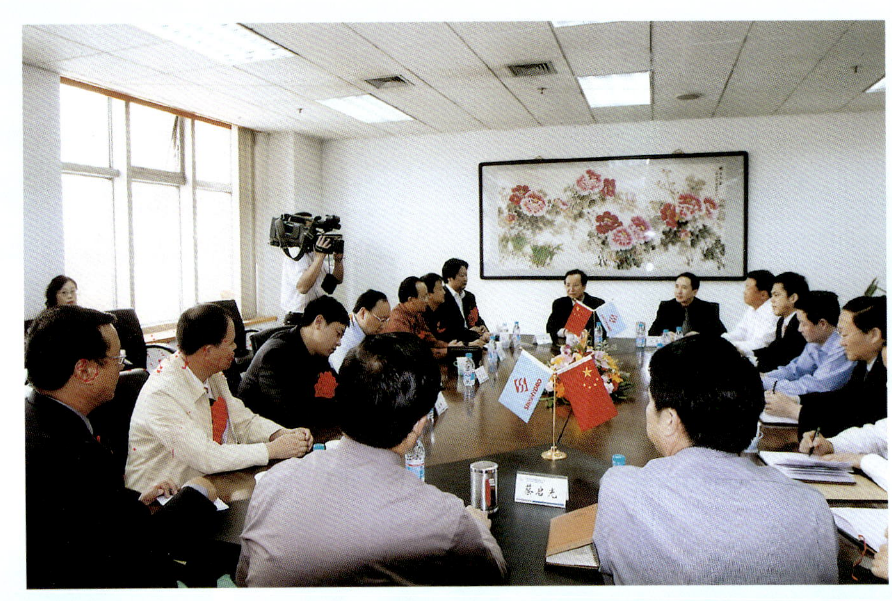

集团公司领导会见2005年表彰的7位全国劳动模范（2005年4月29日）

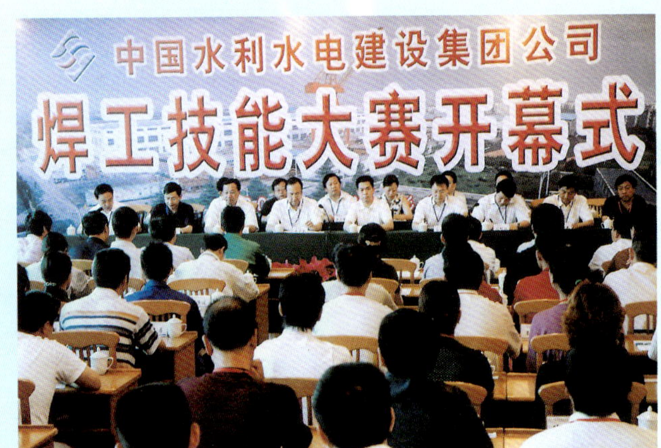

焊工技能大赛

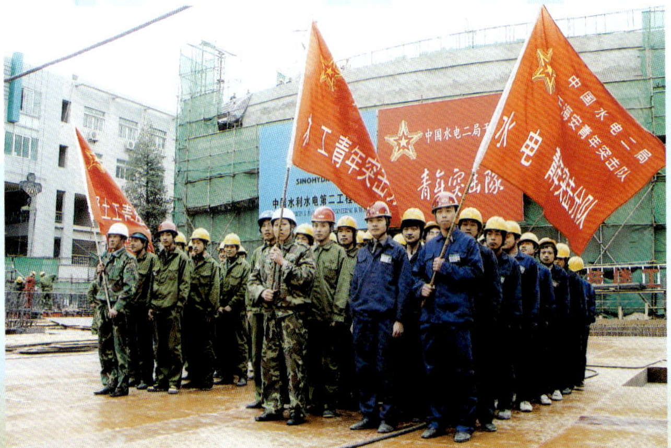

青年突击队

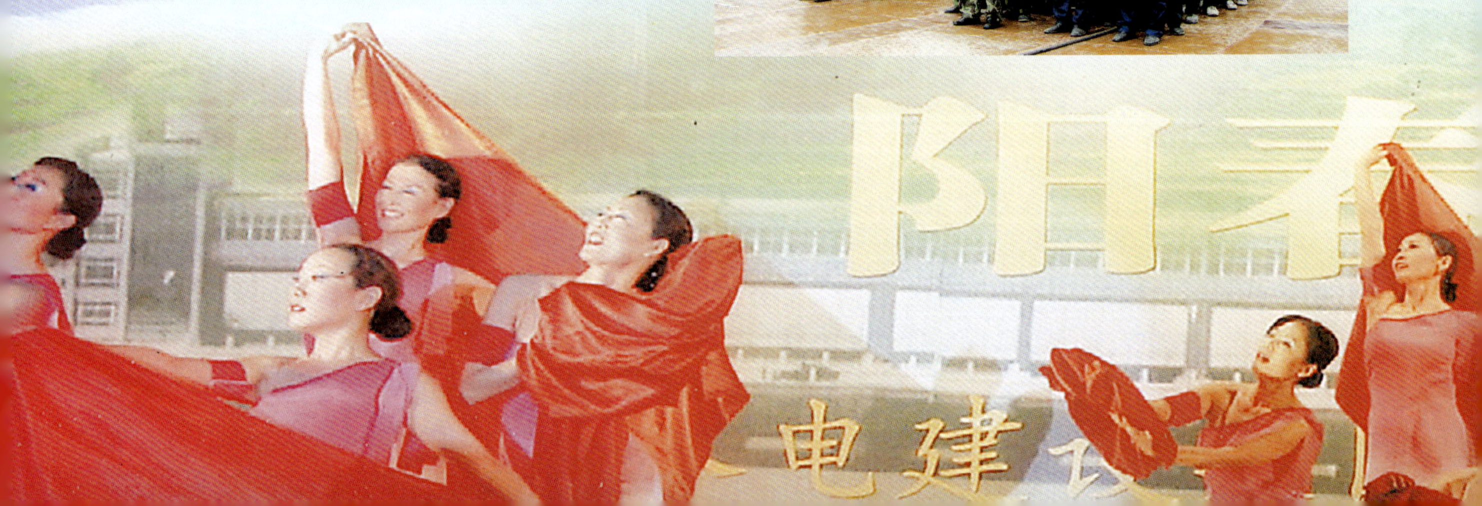

职工文化生活

水电职工慰问团前往三峡工地慰问建设者

老年人体育运动会

中国水利水电建设集团公司

质量方针

科学管理

保证过程质量

持续改进

优质服务社会

SINOHYDRO

《中国水利水电建设集团公司年鉴》
编 辑 委 员 会

《中国水利水电建设集团公司年鉴》
编辑部

编辑说明

一、《中国水利水电建设集团公司年鉴（2006）》是由中国水利水电建设集团公司（以下简称集团公司）主办，集团公司总部各部门，各公司和各工程局（厂）共同参与编辑的大型资料性工具书，本卷为2006年卷，总第二卷。本年鉴全面系统地载录了集团公司以邓小平理论和“三个代表”重要思想为指导，贯彻落实科学发展观，以转变增长方式，提高经济效益为中心，坚持与时俱进、开拓创新，深化企业改革、增强可持续发展能力，推进跨越式发展，在2005年改革发展新历程中的新思路、新举措、新成就。本年鉴所载资料翔实，具有权威性、综合性、存史性，是一部“知往鉴来”为现实服务的大型资料性工具书。

二、本年鉴采用分类编辑法，按篇目、栏目、条目结构设计。全书内容横分篇目，各篇细分若干栏目，顺时纪事。栏目中的条目标题加【】表示。本年鉴延续了第一卷年鉴的基本框架结构，在内容上根据集团公司2005年度的工作特点，全书设12个篇目：“特载”、“文献·文件”、“专论”、“综述”、“大事记”、“集团化建设”、“跨越式发展”、“党群工作”、“检查监督”、“成员企业要览”、“人物及先进集体”、“附录”。12个篇目设栏目313个，载录条目1506个，收录大事243条。

全卷共148万字，彩版175页。本年鉴“特载”篇收录了集团公司领导调整和集团公司2006年工作会议相关内容。本年鉴所载信息量大，为领导研究工作提供资料，为社会各界了解集团公司提供窗口，为集团成员企业展示企业形象提供平台，为企业相互了解、合作共赢、共同发展提供桥梁和纽带，供各界人士工作、学习、决策时借鉴。

三、年鉴编纂工作实行三审制。集团公司总部各部门，各公司和各工程局（厂）提供的文稿、图片由总部各部门，各公司和各工程局（厂）审定，实行文责自负；各篇目内容的编辑由相关篇目的责任编辑审定，主编负责总纂；编辑委员会部分编委终审定稿。

四、集团公司年鉴逐年编纂出版，得到了集团公司各级党政领导和集团公司各单位的关心支持，在此谨一并表示感谢。在编纂集团公司年鉴过程中始终坚持保证质量，力求做到科学性、准确性、系统性、实用性，对历史负责。由于水平和资料所限，尽管非常努力，疏漏之处难免，诚望读者批评指正。

五、本年鉴的出版得到中国电力出版社和北京地方志办公室的热情帮助，在此特表示感谢。

中国水利水电建设集团公司年鉴编辑委员会

2006年10月

篇　目

目　录

第一篇　特　　载

第二篇　文献　文件

第三篇　专　论

第四篇　综　　述

第五篇　大　事　记

第六篇　集团化建设

第七篇 跨越式发展

第八篇　党群工作

第九篇　检查监督

第十篇　成员企业要览

第十一篇　人物及先进集体

第十二篇　附　　录

Contents

Almanac of Sinohydro Corporation (2006)

Chapter Ⅶ Spanning Development

Chapter Ⅷ Corporate Culture & Party Construction

Chapter Ⅸ Inspection & Supervision

Chapter Ⅹ Group Members

Chapter Ⅺ Distinguishing Individuals & Units

Chapter Ⅻ Addenda

第一篇 特 载

Chapter I Special Collection

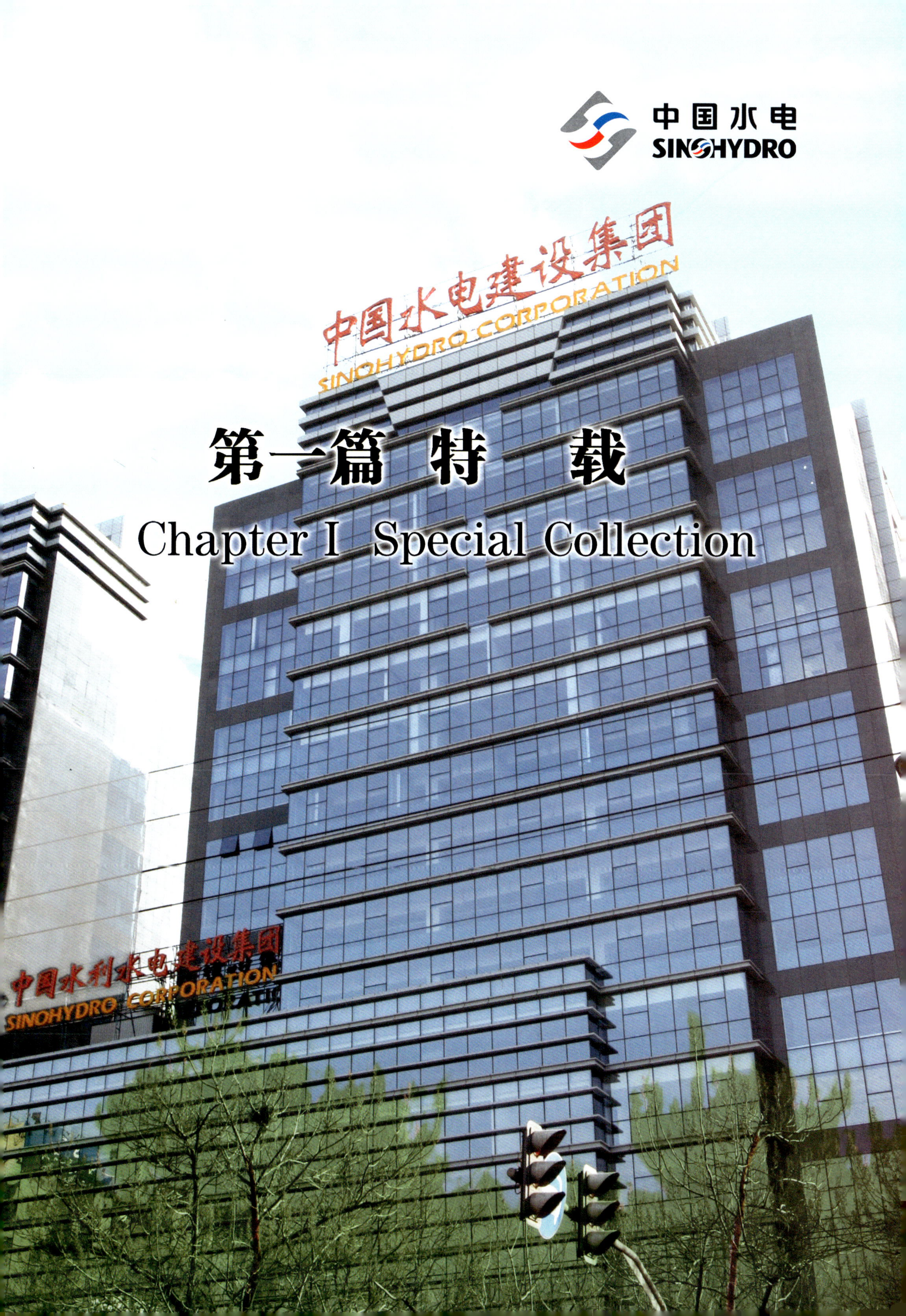

集团公司领导成员调整

集团公司领导成员在2006年工作会议上合影（2006年3月20日）
范集湘（中）、刘起涛（左四）、袁柏松（右四）、孙洪水（左三）、王彤宙（右三）、
李跃平（左二）、黄保东（右二）、唐苏军（右一）、孙璀（左一）

国务院国有资产监督管理委员会2006年2月24日以国资任字［2006］21号文发出通知，任命范集湘为中国水利水电建设集团公司总经理，王彤宙、李跃平、黄保东为中国水利水电建设集团公司副总经理。

中共国务院国有资产监督管理委员会委员会2006年2月24日以国资党任字［2006］14号文发出通知，刘起涛同志任中国水利水电建设集团公司临时党委书记，范集湘同志任中国水利水电建设集团公司临时党委副书记，袁柏松、孙洪水、王彤宙、李跃平、黄保东、唐苏军同志任中国水利水电建设集团公司临时党委委员，唐苏军同志任中国水利水电建设集团公司临时纪委书记。中国水利水电建设集团公司原党组职务自然免除。

中国水利水电建设集团公司领导简历

范　集　湘

范集湘　男，1954年10月出生，1971年5月参加工作，研究生学历，高级经济师。历任中国水利水电第七工程局副科长、副处长、局长助理兼副总经济师、副局长兼总经济师、局长兼党委副书记等职。2004年9月任中国水利水电建设集团公司副总经理、党组成员。2006年2月任中国水利水电建设集团公司总经理、临时党委副书记。

刘　起　涛

刘起涛　男，1957年8月出生，1982年8月参加工作，大学学历，学士学位，教授级高级工程师。历任中国水利水电第十三工程局工程师、经营科长、项目部经理、副局长等职。1998年7月任中国水利水电工程总公司副总经理、党组成员，中国水利水电建设集团公司组建后，任集团公司副总经理、党组成员。2006年2月任中国水利水电建设集团公司临时党委书记、副总经理。

袁柏松

袁柏松 男，1956年6月出生，1972年12月参加工作，研究生学历，硕士学位，高级经济师。历任葛洲坝工程局党办秘书，水利电力部水利水电建设总局秘书，水利电力部水利水电建设局综合处副处长，中国水利水电工程总公司综合管理部主任、总经理助理，中国水利水电第八工程局副局长等职。2000年3月任中国水利水电工程总公司副总经理、党组成员，中国水利水电建设集团公司组建后，任集团公司副总经理、党组成员。2006年2月任中国水利水电建设集团公司副总经理、临时党委委员。

孙洪水

孙洪水 男，1962年1月出生，1984年8月参加工作，大学学历，学士学位，教授级高级工程师。历任中国水利水电第六工程局工程师、局工程部副部长、部长，小浪底联营体中方经理，中国水利水电第六工程局副局长兼总工程师、局长等职。2004年9月任中国水利水电建设集团公司副总经理、党组成员。2006年2月任中国水利水电建设集团公司副总经理、临时党委委员。

王彤宙

王彤宙　男，1965年12月出生，1988年7月参加工作，研究生学历，硕士学位，高级工程师。历任中国建筑工程总公司伊拉克经理部经理助理，海南开发公司常务副总经理、总经理，海南办事处副主任、党委副书记，中建实业公司副总经理，中国建筑工程总公司总承包部总经理、国内业务部总经理兼国际建设公司常务董事、副总经理，中国建筑发展有限公司总经理、党委副书记，中国建筑工程总公司第六工程局局长等职。2006年2月任中国水利水电建设集团公司副总经理、临时党委委员。

李跃平

李跃平　男，1961年12月出生，1977年9月参加工作，博士研究生学历，博士学位，教授级高级工程师。历任中国水利水电第十四工程局黄泥河分局助理工程师、局团委副书记，计算机中心副主任，华东分局总经济师室主任，天生桥分局副总经济师、总经济师、常务副局长，三峡青云公司副总经理，中国水利水电第十四工程局副局长、局长兼党委副书记等职。2006年2月任中国水利水电建设集团公司副总经理、临时党委委员。

黄 保 东

黄保东 男，1964年10月出生，1984年7月参加工作，研究生学历，硕士学位，教授级高级工程师。历任水利电力部水利水电建设局工程处副主任科员，中国水利水电工程总公司华源咨询公司技术部副主任，总公司国际工程管理部副主任、国际一部主任、海外事业部副总经理，中国水利水电建设集团公司海外事业部常务副总经理、集团公司总经理助理兼海外事业部总经理，中国水电建设集团国际工程有限公司总经理、党委副书记等职。2006年2月任中国水利水电建设集团公司副总经理、临时党委委员。

唐 苏 军

唐苏军 男，1954年2月出生，1969年4月参加工作，研究生学历，硕士学位，高级经济师。历任北京农学院团总支书记、人事处科长，电力工业部（国家电力公司）监察局副处级监察员、二室副主任、三室主任等职。2001年1月任中国水利水电工程总公司党组成员、党组纪检组组长，中国水利水电建设集团公司组建后，任集团公司党组成员、党组纪检组组长。2006年2月任中国水利水电建设集团公司临时党委委员、临时纪委书记。

孙 璀

孙璀 男，1966年3月出生，1988年7月参加工作，研究生学历，硕士学位，高级会计师。历任深圳嘉德实业公司计划财务部经理、惠阳深宝房地产开发公司计划财务部经理、深圳蓝天基金管理公司总会计师、亚洲证券有限责任公司财务总监、申能股份有限公司财务主管、上海天然气管网有限公司财务部副经理等职。2005年9月任中国水利水电建设集团公司总会计师。

集团公司总经济师简历

王宗敏

王宗敏 男，1957年1月出生，1974年5月参加工作，大学学历，教授级高级工程师。历任中国水利水电第十一工程局副科长、副队长兼副书记、分局副局长，毛里塔尼亚黑格尔项目组技术组长，中国水利水电第十一工程局分局局长、工程局副局长、局长等职。2006年2月任中国水利水电建设集团公司总经济师。

（总经理工作部、人力资源部）

集团公司工作会议

2006年3月20日～22日，集团公司工作会议在北京举行

集团公司工作会议会场

集团公司工作会议 工作报告

切实落实科学发展观　着力提升创新能力 努力开创集团公司全面可持续发展的新局面

——在中国水利水电建设集团公司2006年工作会议上的报告

（2006年3月21日）

范　集　湘

同志们：

今天，我们召开集团公司2006年工作会议，这次会议是在我国“十一五”开局、经济社会进入新的发展时期，集团公司“三步走”跨越式发展战略的实施取得显著成效的形势下召开的，这是一次十分重要的大会。这次会议的主要任务是：传达贯彻中央经济工作会议、中央企业负责人会议、全国科学技术大会精神，回顾、总结三年来集团化建设取得的巨大成就和基本经验，分析当前和今后面临的新形势，按照切实贯彻科学发展观的要求，部署今后五年改革发展的总体任务，安排2006年的工作，创新观念，统一思想，提高认识，承前启后，继往开来，着力提升创新能力，坚定不移地推进集团全面可持续的跨越式发展进程，加快建设具有较强国际竞争力的跨国企业集团，开创集团化建设的新局面。

一、集团公司主要发展成就及集团化建设的基本经验

2002年12月，国务院批准集团公司正式组建，标志着集团进入了以建设具有国际竞争力的大型企业集团为目标的集团化建设的新时期。三年来，我们以科学发展

观统领全局，大力实施跨越式发展战略，顺利完成了跨越式发展第一阶段的任务，迈上了新的发展历程，集团化建设取得巨大成就。

（一）战略发展思路目标日益清晰，跨越式发展战略体系基本形成

2003年初，我们提出了全面建设具有国际竞争力的大型企业集团的奋斗目标。围绕这一长期目标，2004年创造性地确立了跨越式发展战略，明确提出“五大跨越”的总体战略任务。为推进这一战略的实施，2005年，作出了转变经济增长方式、增强可持续发展能力的重大战略决策，并在总结成功经验、展望未来10年发展的基础上，形成了跨越式发展的“三步走”战略步骤，科学地勾画了集团改革发展的宏伟蓝图。“三步走”战略步骤的提出，使集团公司发展战略形成了一个由战略目标、战略任务、战略步骤构成的较为完整的体系，在集团内外产生强烈反响，得到广泛认同。

（二）经营规模持续大幅增长，经营质量和效益逐年改善，集团知名度、影响力大幅提升

2003～2005年，集团企业累计实现营业收入755.32亿元，与2002年比年均增长26.8%，累计新签工程合同额1198亿元，与2002年比年均增长32%，2005年末集团合同存量达811亿元。累计实现利润总额6.76亿元，与2002年比年均增长99.83%。集团净资产从2002年末的33.06亿元增长至2005年末的49.04亿元，年均增长14.05%；集团资产总额从2002年末的172.67亿元增长至2005年末的333.39亿元，年均增长24.52%；2005年净资产收益率（含少数股东权益）比2002年提高4.57个百分点，年均增长81.38%。三年内共消化以前年度潜亏3.36亿元。2005年总资产报酬率比2002年提高0.99个百分点，资产质量和运营效率逐步提高。

特别是2005年，集团继续保持良好的发展态势，全年完成企业总营业收入313.89亿元，比2004年同比增长25.24%；新签工程合同额491亿元，比2004年同比增长30%；全员劳动生产率达到25.04万元/（人·年），比2004年同比增长27.24%；实现利润总额3.83亿元，比2004年同比增长114%；营业收入利润率1.22%，比2004年同比提高0.22%；资产保值增值率达到106.25%，比2004年同比提高1.29%；净资产收益率（含少数股东权益）达到5.49%；职工全员人均收入达到16500元/（人·年），比2004年同比增长13.42%。全面超额完成国资委下达的年度经营目标，圆满地实现了国有资产的保值增值。

通过三年来的发展，集团综合实力不断增强，控制力、带动力、影响力日益提高，连续三年稳居全国500强行列，连续六年进入全球最大225家国际工程承包商排名，2004年以国外营业额列第81位。一个主业突出、产业相关多元的综合性大型企业集团正在快速成长，走集团化发展道路已成为多数领导同志的共识。

（三）国际化经营业绩突出，在集团战略发展中的作用逐步显现

一是经营规模迅速扩张。三年中，累计自主签约国际工程合同额33亿美元，占集团累计总签约合同额的22%；累计完成营业收入66.44亿元，占集团累计实现营业收入总额的8.8%；累计实现利润总额6401万元，占集团累计利润总额的9.5%。

其中2005年成效尤为突出，全年完成国际工程营业收入37.96亿元，占集团总营业收入的12.09%，与2004年同比增长86%；新签国际工程合同额16.5亿美元，占集团总签约合同额的27%，与2004年同比增长83%；实现利润总额5530万元，占集团利润总额的14.44%，与2004年同比增长835.7%。2005年以上三项指标与2002年相比分别增长1237%、313%、484%，营业收入、新签工程合同额占集团总体指标的百分比与2002年相比分别提高10.25%、10%。二是经营层次显著提升。三年来共承揽EPC（含融资承包）项目12个，合同金额共4.5亿美元；2005年，以BOT方式中标了柬埔寨甘再水电站项目，签约额达2.8亿美元，实现了国际融投资领域的重大突破。三是市场领域不断拓展。非水电工程建设项目比例逐步攀升，矿产资源开发项目稳步启动，国别和地区市场地域快速延伸。截至目前，共在24个国家和地区签订77个国际项目合同，形成一批稳定的地区性市场。四是国际影响持续扩大。承建了多个巨型工程，树立了强有力的中国水电品牌形象。高层国际性商务运作活动日益增加，取得明显成果。

（四）产业结构调整取得重大突破，经营新格局初步形成

到2005年底，集团公司共计投资项目13个。电源项目的参股控股在建装机容量318万千瓦，其中集团公司权益装机容量153万千瓦。集团公司已投入权益性资本金和项目资本金22.2亿元，预计还需投入权益性资本金和项目开发资本金约8.4亿元，目前已有项目预计开发总投资约200亿元。全部建成后集团公司控股参股项目预计年发电销售收入约32亿元，年预计实现股本收益约2.6亿元。投资领域不断拓展，风电和水务项目的投资取得实质性进展，房地产开发业务稳健推进。投资监管体系基本形成，监管力度逐渐加大，投资行为逐步规范。集团公司四大主业得到国资委批准，显示集团已由单一的水电施工企业，初步发展成为四大主业协同发展、“两个市场”双向拓展的综合性企业集团，初步奠定了资本经营、资产经营和生产经营并举的经营新格局。

（五）体制创新取得重要进展，集团化运作机制框架基本确立

集团公司组建方案得到国务院批复后，集团母子公司的产权关系依法界定并逐步理顺。集团公司作为出资人的职权职责逐步到位，集团管理体制不断完善，集团治理结构得到强化。集团母子公司的功能定位逐步明确清晰，集团公司对所出资企业的投资收益权、经营者选择权、重大决策权不断强化。集团高度统一的战略管理与充分灵活的自主经营管理有机结合的集团战略管理模式逐步实施，集团系统内的战略协同、资源优化配置机制正在建立，规模效益得以显现。走集团化发展道路是做强做大集团，促进成员企业加快良性发展的客观的理性选择的观念，已被多数成员企业所认同。

企业改革稳步推进，经营机制进一步转变。主辅分离、辅业改制取得阶段性成果，剥离企业办社会职能基本完成，全资公司董事会试点工作有序启动，“三项制度”改革引向深入。到2005年，两个成员企业完成了整体改制工作，一批新组建公司的股权结构得到优化，经营负责人公开选聘、竞争上岗的范围进一步扩大，三年来公开选拔集团公司领导3人，成员企业负责人18人。分配机制继续创新，与工效挂钩的收入分配调控机制逐步健全。

（六）集团总部战略管理中心职能不断强化，经营管理转型成效显现，成员企业经营业绩取得可喜成果

集团公司的战略管理能力、统筹协调能力不断增强，指导、协调、服务、监控力度不断强化，顺势而变、科学健全完善各项管理制度，初步确立了以实现集团战略目标为导向、关注资本增值和企业本质追求、注重培育企业全面可持续发展能力的经营管理新机制。

经营管理转型大力推进，增长方式有所转变。企业负责人经营业绩考核评价体系不断完善，推行了年度经营业绩考核制度和年薪制，对经营行为从规模粗放型向效益质量型的引导、激励和约束作用逐步发挥。坚定地实施市场经营战略，力排阻力促进市场统筹协调机制不断健全，市场竞争行为趋于理性，约60%的新签合同的质量及价格初步理性回归，集团社会影响力和市场地位有较大提升。清产核资工作目标全面完成，《企业会计制度》得以推行，预算管理不断加强，适应集团化运作的财务管理体制逐步健全，成本效益意识有所强化。资金管理的集中度逐步提高，对资金的控制力有所增强，资金的使用效率明显提高。集团高度重视银企高端沟通与合作，提升集团资信等级，获得中国建设银行等金融机构220亿元人民币中期授信额度，为成员企业创造了较为稳定宽松的金融环境。集团经国家发改委批准发行10年期企业投资债券12亿元，实现了直接融资的重大突破，对提升集团社会正面影响力已大大超过融资本身。加大了集团公司对安全生产管理的监督、指导力度，安全生产工作有所加强。科研项目管理成效明显，有5个项目获国家级奖励。支持成员企业提升企业资质，水电三局、水电五局成功晋升特级资质，使集团拥有6家水电特级企业。初步形成了信息化建设的实施体系，信息技术的应用更加广泛深入。“四五”普法工作取得成效，法律保障作用逐步发挥。

集团多数成员企业身体力行地实施集团发展战略，重视提高经营质量效益，推行精细化、规范化、集约化管理成效明显，为推进集团跨越式发展进程做出了应有贡献。2005年经营业绩预考核得分前五名的单位依次是：水电七局、水电四局、水电八局、水电十四局、水电十二局。安全生产标本兼治、做得相对较好的单位是：水电七局、水电十二局、水电十四局、水电十三局、闽江工程局。重视党风廉政建设、考核成绩相对较好的是：水电四局、水电七局、水电十三局、水电一局、水电三局。经营业绩、安全生产、党风廉政综合预考核前五名的单位依次是：水电七局、水电十三局、水电十二局、水电十四局、水电一局。财务风险控制、资金管理运用相对较好的单位是：水电十四局、水电四局、水电七局、水电八局。重视科技创新，创造科技成果成绩相对突出的单位是：水电八局、水电十四局、水电四局、水电基础局有限公司。

承担集团产业结构调整任务的集团直接控股和间接控股的集团国际公司、阿坝水电开发公司、集团投资公司、华亭发电公司、四川圣达水电开发公司、集团中环房地产公司、松林河流域水电开发公司、久隆水电开发公司在集团公司领导支持下，艰难地探索实践从熟悉的电源建设施工管理向陌生的电源开发业主管理的转换，全力推进项目核准、融资、建设初见成效。借此，我代表集团公司向为推进集团跨越式发展做出贡献的各位领导、同志们表示衷心的感谢和崇高的敬意！

（七）解决重大历史遗留问题的政策基本落实，为集团发展奠定了坚实基础

通过多年的艰苦努力和有关各方的大力支持，我们在国家电力体制改革中争取到相关支持和扶持政策，并坚持不懈地促进这些政策的落实。到目前，4亿元国家资本金已经到位，离退休职工两项统筹外养老金补助政策得到落实，电网公司和发电公司拨给水电施工企业的困难补贴资金及财政部下拨的下岗职工生活补助费逐步到位，发电资产划转问题的解决取得新的进展。重大历史遗留问题的基本解决，既是我们贯彻落实“三个代表”重要思想，建设和谐社会的重要体现，也是我们共同努力的结果。多年来，各成员企业承担着巨大压力，克服重重困难，为企业的稳定做了大量卓有成效的工作，付出了艰辛的努力。这些问题的基本解决，增强了企业实力，改善了十余万离退休职工和下岗职工的生活，减轻了企业的负担，为企业减负增效轻装上阵，实现更快更好的发展创造了更加有利的条件，为集团可持续发展做出了重大的历史性贡献。

（八）党建和精神文明建设成绩显著，对企业发展的重要推动作用得以充分发挥

企业党建工作进一步创新，党组织政治核心作用明显加强，各级党委对企业的保证、监督作用通过双向进入、参与重大决策、组织党员发挥先锋模范作用等有效形式得到较充分的发挥，有力地促进了集团的跨越式发展。总部和各成员企业先进性教育活动取得成效，得到了国资委党委和地方党委的充分肯定和职工群众的认可。精神文明建设和企业文化建设深入开展，“三创建”活动、企业文化“12345工程”活动稳步推进，工会和共青团工作进一步加强，史志编研工作取得阶段性成果。党风建设和反腐倡廉工作深入开展，党风廉政建设责任制层层落实，企业领导人员和重要岗位人员从业行为逐步规范，教育、制度、监督并重的惩治和预防腐败体系正在形成。

过去的三年，我们走过的道路并不平坦，成绩来之不易。面对瞬息万变的市场，我们知难勇进，沉着应对各种风险和挑战，冷静处理内外部各种复杂的矛盾。从抗击“非典”疫情等自然灾害，到应对国际经营中的突发事件，从积极化解汇率变化带来的压力，到积极争取企业应有的合法权益，从扭转安全生产的不利局面，到努力维护企业和社会的稳定，我们经受了一次又一次的重大考验，排除各种干扰，克服各种不利因素，坚定不移地向既定的战略目标迈进，取得了前所未有的巨大成就，综合实力和国际竞争力明显增强，国际国内影响日益扩大，市场地位得到提升，职工物质文化生活水平稳步提高。这一历史性的跨越，必将载入集团公司发展的光辉史册。

三年来的集团化建设实践,加深了我们对国有大型企业集团和水电建设企业在市场经济条件下发展规律的认识，积累了十分宝贵的经验。

1．**坚持以科学发展观为指导，坚定不移地推进跨越式发展进程**。科学发展观是社会主义现代化建设的根本指导原则，必须坚持以科学发展观统领集团的改革发展。跨越式发展战略是我们落实科学发展观的一项重大历史性成果，是引领集团走科学发展之路的根本指针，其内涵是科学发展，精神实质是求真务实、锐意创新，实现途径是战略导向与全面统筹的科学管理。

2．**坚持改革创新，构建企业发展新体制和新机制**。改革是发展的动力，创新是企业的灵魂。坚持从实际出发，积极稳妥地深化企业改革，用改革的办法解决企业长期积累的结构性矛盾和清除体制机制障碍，最大程度地解放和发展生产力。坚持正确的改革方向，积极稳妥地推进现代企业制度的建立，把内部改革与结构调整紧密结合，努力完善集团管理体制和运行机制。坚持思想创新，从那些不合时宜的观念和旧体制的束缚中逐步解放自身，顺应时代的发展，符合先进生产力和先进文化的要求，树立新观念，理清新思路，开创新局面。

3．**坚持“走出去”战略，加快国际化经营步伐**。“走出去”是我们实现跨越式发展的必然选择。要善于利用“两个市场”、“两种资源”，积极主动地参与国际经济技术合作与竞争，使企业的发展融入经济全球化的大格局中，谋求更大的发展空间；敢于瞄准国际同行业先进水平，实施强有力的国际品牌战略。把握国际经营的特点和规律，不断提升经营层次，在国际产业分工与利益分配布局中充分发挥自身优势；坚持以开放的姿态增进国际交往与合作，利用多种力量和资源努力实现合作共赢。发挥国际化经营在跨越式发展中的战略作用，增强战略带动力，逐步提高国际业务在集团总体业务的比重，努力实现资本、经营、管理的国际化。

4．**坚持转变经济增长方式，不断提高可持续发展能力**。转变经济增长方式是我们提高可持续发展能力的一项根本性战略决策。注重速度和结构、质量、效益的统一，把加快发展的着力点转到优化产业结构、提高经营质量效益上来，走集约化发展道路。坚持经营管理转型，构建完善的激励和约束机制。把科技创新和管理创新放在突出位置，走自主创新型、资源节约型发展之路，依托科技进步和科学管理，增强核心竞争力。坚持结构调整和优化，实现资源有效配置，增强抗御系统性风险能力。

5．**坚持走人才强企之路，加快人力资源能力建设**。事业兴盛，人才为本。要始终把人才战略作为实施跨越式发展战略的重要支撑，大力实施人才强企战略。坚持以能力建设为重点，紧紧抓住人才培养、吸引、使用的关键环节，注重在创新机制上下功夫，为各类人才充分发挥作用创造良好的环境。坚持以人为本的人才观，让“第一资源”的优势得到充分发挥。树立人才市场化、国际化的观念，发挥市场机制在人才资源配置中的基础性作用，吸引一批紧缺人才，集聚一批一流人才。

6．**坚持两个文明协调发展，努力建设和谐企业**。坚持“围绕大局、服务中心；

结合实际，不断创新；创新形式，注重实效”的原则，充分发挥党建和思想政治工作的重要推动作用。坚持以“融合、服务、务实、复合、推进”为中心内容的党建工作新机制，推进党建工作的制度创新。坚持构建完善的惩治和预防腐败体系，保证企业健康发展。注重处理好改革发展稳定的关系、企业发展与社会责任的关系、企业发展与提高职工生活水平的关系、物质财富增长与精神文化生活改善的关系，努力构建和谐企业。

同志们，回首过去，心潮澎湃，倍感自豪。经过三年的开拓创新、团结拼搏，我们较圆满地完成了集团跨越式发展第一阶段的任务。三年来的发展成就和宝贵经验，是在几代水电人数十年来，特别是改革开放以来不断探索实践的基础上取得的，是我们始终坚持贯彻落实科学发展观的结果，同时离不开国资委等国家有关部委的坚强领导和指导，得益于国民经济持续较快发展的大好形势，得益于水电事业大发展的难得机遇。在这里，我代表集团公司谨向关心支持我们的各位领导、各界朋友，向为集团发展做出贡献的老领导、老同志和广大职工表示衷心地感谢！

这里，特别需要指出的是，在过去的几年里，郭建堂同志以他超常的战略智慧、高尚的人格魅力和锲而不舍的开拓精神，团结带领集团公司上一届领导班子，领导集团始终坚持以邓小平理论和“三个代表”重要思想为指导，坚决贯彻落实科学发展观，解放思想，开拓创新，审时度势，励精图治，大力推行跨越式发展战略，在推进思想观念转变、体制机制创新、市场开发和统筹、国际化经营、产业结构调整、改革政策的落实等方面做了大量卓有成效的工作，使企业走出了低迷徘徊阶段，步入了跨越式发展的轨道。郭建堂同志为首的上一届领导班子为集团发展做出了卓越的历史贡献，发挥了重要的领导作用。在此，我代表集团公司新一届党政领导班子和集团全体员工、离退休职工，向郭建堂同志和其他已经退出集团公司领导岗位的老领导表示衷心的感谢并致以崇高的敬意！

今天，我们站在新的历史起点上，肩负着坚定不移地把集团生产经营发展切实转入科学发展轨道的历史使命，我们感到任务艰巨、责任重大，机遇难得、挑战严峻。面对发展新阶段的更高的要求，我们应该居安思危，清醒地看到存在的薄弱环节。主要有：人力资源的总量短缺、结构失衡、素质偏差与高速增长的规模不相适应；领导者、管理者队伍的经营观念陈旧，经营模式老化，管理方法手段落后，基础管理薄弱，经营行为随意粗放与科学发展观要求不相适应，导致经营质量效益增长与经营规模增长相对失衡，与同行相比处于相对落后水平，个别单位仍处于发展中的“贫困”状态。上述两大问题已形成阻碍集团科学发展的“硬”、“软”两大瓶颈！产权制度、管理体制、经营机制、资源整合、战略重组等深层次的、迈不开的深化改革的攻坚战尚未实质性拉开序幕。集团“一盘棋”的大局意识，母子公司两级总部的领导力、控制力、执行力难以满足集团科学跨越式发展的内在要求。各级经营负责人的政治责任意识、质量效益意识、组织服从意识亟待强化。安全生产如履薄冰、形势仍然严峻。上述发展中的困难和问题，需要我们新的集团公司领导班子团结大家，勇敢地、理性地去面对、去克服、去解决，去努力实现集团跨越式发展第二阶段目标，以不负国务院国资委的信任、同志们的支持和老领导的厚望。

二、坚持以科学发展观统揽全局，切实把集团经济增长模式转入科学发展轨道，开创集团全面可持续发展的新局面

（一）正确认识今后五年改革发展的新形势，牢牢把握千载难逢的发展机遇，把经营思想高度统一到科学发展的轨道上来

2006年，我国经济社会发展迈上了“十一五”建设的新征程。今后五年，是我国将经济社会发展切实转入科学发展轨道，努力建设创新型国家的重要时期，也是集团公司实施跨越式发展第二阶段发展战略部署的关键时期，我们正面临着一个新的重要战略机遇期。

首先，宏观经济环境对中央企业的发展十分有利。随着“十一五”规划的全面启动，国民经济保持持续较快增长势头，国家继续加强基础产业、基础设施建设，大力调整产业结构，支持和鼓励有条件并熟悉国际惯例的企业“走出去”对外投资、承包工程和开展经济技术合作，这为我们提供了更为广阔的跨国经营的发展空间和十分有利的商机。

其次，国内建筑市场开发前景广阔。新一轮水能资源普查结果显示，我国水能资源经济可开发量达4亿千瓦，到2010年，水电装机容量要达到1.8亿千瓦。作为清洁能源，国家仍将继续大力开发水电，扩大西电东送规模。同时，加强大江大河治理，南水北调等工程投资规模巨大。今后10年仍将是我国水利水电发展的大好时期。这有利于我们发挥优势，扩大国内主业市场。“十一五”期间，交通、市政、环保等基础设施建设市场保持较大幅度增长，铁路、公路建设总投资约2万亿元以上并全面向建筑特级企业开放市场，开发拓展非水利水电建筑市场将大有可为。

再次，国家进一步推动国有资本向具有较强国际竞争力的大公司大企业集中，实现中央企业国有资本的优化配置。国资委加快培育发展大公司大企业集团，要通过市场配置、战略重组，形成80～100家具有国际竞争力的大型企业集团。只要我们发展思路正确、战略实施得当，做强做优做大的契机将会凸显。

我们在看到大好发展机遇的同时，还应清醒地看到面临的严峻挑战。

一是从国民经济的发展看，党和国家对中央企业提出了更高标准，在走新型工业化道路、建设创新型国家、构建和谐社会进程中，我们的经济责任、社会责任更加重大。国资委加大对中央企业的监管力度，加快建立国有资本经营预算制度，以完善法人治理结构为重点，大力推进股份制改革，积极推进企业调整重组，加快结构调整步伐，集团改革发展的任务十分艰巨。

二是从市场环境看，随着我国加入WTO后过渡期的结束，建筑市场进一步放开，市场竞争将更加激烈；国内电力供需紧张状况近两年将明显缓解，电力市场化改革进程加快，电源项目的开发与经营将面临新的形势；国际贸易和投资环境日趋复杂，“走出去”的风险不容忽视；国际项目运作日益大型化、复杂化，对我们的融资、投

资、技术和管理能力形成严峻的考验。

三是从集团内部看，经济质量和效益还不高，抗御风险能力还不强，效益与规模的矛盾、资源保证能力与规模扩张速度的矛盾仍较为突出，产权制度、领导体制、管理制度、经营机制改革正处于攻坚破难阶段，经营观念、发展模式亟待创新，维护企业稳定的压力依然存在，历史沉淀的若干负担尚未彻底解决。知难而进、负重图强仍是我们的基本内情。更应该值得我们高度关注的是：经营管理人才匮乏，部分企业负责人及经营管理团队虽然忠诚于企业，对工作认真负责，但经营理念、思维方式、搏弈能力、理财能力、驾驭能力、管理方式陈旧落后，很难适应社会主义市场经济条件下科学发展的需要，已形成集团跨越式发展的瓶颈性障碍！历史进入科学发展的新阶段，产值规模至上、低成本扩张性竞争的传统发展路径已走到尽头，但部分企业经营管理者对传统的、粗放式的经营路径的迷恋仍然较重，直接影响集团发展模式转型和经营质量效益提升。

面对千载难逢的发展机遇，对集团整体而言，观念的更新、发展模式的创新和思想上的高度统一，比物质资源的增加更加珍贵，更加重要！我们必须深刻领会科学发展观的精神实质，树立强烈的使命感、紧迫感、危机感，以只争朝夕的精神加强学习，提高素质，自我发现，自我革命，自我完善。集团公司要求各级领导特别是一把手，要集中更多的精力和时间，认真研究努力实践事关企业、单位科学发展大局的以下重大问题：如何建立企业经营管理人才队伍的培养、使用、考核、聘免的长效约束激励机制问题；如何制定、完善本企业的发展战略、战略措施及经营方向问题；如何实现产值规模、营业利润、职工收入、企业财富积累的协调增长问题；如何实施企业内部组织结构、治理结构、资源结构、管理模式、经营层级的整合改革、创造企业内在动力的问题；如何健全完善企业制度机制体系，规范经营活动，约束违规行为，维护企业经营秩序的问题；如何处理既要加快深化企业改革，又要维持企业相对稳定的关系及方式问题；如何既要注重分配公平，又要强化激励机制保持活力提高效率的政策措施问题；如何正确处理好开拓市场建好优质工程与企业盈利目标同步实现的措施、办法及执行力的问题。

如果企业领导特别是一把手，在现在的形势下，仍然沿用传统的路径，把过多的时间精力放到亲历亲为、四处奔波、跑具体工程项目上而无暇顾及上述重大问题，将导致企业一把手的实质性“缺位”和职能的严重错位。将使企业领导集体迷失方向，弱化或缺失集体领导力、凝聚力和战斗力！将导致企业大而不强，在规模增长的同时也在不断地制造内在问题和深层次危机。这种状况必须尽快彻底改变。我们要痛下决心，从领导做起，着力加快对经营理念、发展模式、经营机制、管理方式等按科学发展的要求进行脱胎换骨的改革创新。我们还应该注意，及时将思想僵化、观念陈旧、墨守成规、方法落后、路径留恋、软弱涣散、难以履责或不在状态但仍占据领导岗位的同志，调整免职安排到合适的岗位，这是各级领导班子的政治责任，也是切实贯彻科学发展观的重要的组织措施。

方向明确，成事在人，只有下定决心艰难地、有组织地、跨越式地提升集团经营管理团队的科学管理素质和驾驭市场经营的能力，把各级企业负责人的经营理念切实转到转变增长方式、提高经营质量效益上来，才能承担起推进集团跨越式发展的历史重任，才能使科学发展观落到实处。

（二）全面推进集团发展战略，建设具有较强自主创新能力、可持续发展能力和国际竞争力的跨国企业集团

2006～2010年，我们要以邓小平理论和“三个代表”重要思想为指导，坚持以科学发展观统揽全局，着力推进集团统一的发展战略，着力创新企业发展模式，着力提高经济增长质量和效益，着力加快改革创新步伐，着力调整产业结构，着力增强国际化经营能力，努力追求集团财富创造最大化，全面实现跨越式发展的第二步战略目标。到2010年，力争实现集团营业收入500亿元，其中国际营业收入65亿元、国内非建筑营业收入132亿元，分别比2005年增长59.2%、76%、222%；集团总资产560亿元，比2005年增长68%；集团利润总额15亿元，比2005年增长291.6%；国有资产保值增值率116.11%，比2005年提高9.86个百分点。集团员工收入26580元/(人·年)，比2005年增长61.02%。将集团初步建设成为具有较强自主创新能力、可持续发展能力和国际竞争力的跨国企业集团。

完成今后五年的战略任务，实现开创新局面的奋斗目标，必须坚定不移地实施以下主要战略措施。

1.加快企业改革步伐，适时实施资源整合及战略重组，建立产权多元化的现代企业制度。

集团公司改革的方向是建立现代企业制度，到2010年要基本完成集团公司和工程局两个层面的公司制改革。为此，要抓紧推进主辅分离、辅业改制和整体改制，全面完成分离企业办社会任务；强化出资人制度和法人财产制度，为全面建立现代企业制度创造条件。继续推进全资公司董事会试点工作，完善法人治理结构。在进行试点的基础上，全面推进对全资企业的公司制改造，积极创造条件引入战略投资者；整合资源，优化集团资产结构，着力培育优势企业，注重打造具有较强创新能力、盈利能力、竞争能力的集团明星企业和主力团队。积极争取具备条件的企业上市融资发展。按照整合资源、规模经济、聚合优势、提高效能、放大效益、促进发展的原则，适时实施集团范围内两级层面的资源整合、战略重组，创造动力和活力，构建具有国际竞争力的跨国企业集团新体制。

2.积极稳健地推进产业结构调整，再造新的可持续的经济增长力。

加快形成主业突出、结构合理、资源优化、相关多元的产业结构新格局。继续加大投融资力度，量入为出，量力而行地扩大水电、坑口煤电、风电等优质电源项目的开发规模，争取到2010年集团总装机容量达到1000万千瓦，权益装机容量600万千瓦；理性稳健地加大房地产开发与经营的工作力度，将房地产开发与经营打造成规模化、专业化的集团主营业务板块，到2010年，房地产开发总面积力争达到50万平方

米；拓展水务市场，进入水源工程、城市供水、污水处理以及咸水淡化等领域。注重国际矿产、能源等资源性投融资项目的开发与经营，稳健、专业、务实地创建国际资产经营增长点。加大非水电建筑市场的开拓力度，重点开发铁路、公路市场，拓展合同增量，到2010年非水电施工产值力争占到集团施工总收入的30%左右。适度酌情发展设备租赁业务，到2010年设备租赁业务年收入力争达到1.8亿元。规范、有序、清晰、透明、增效地实施集团采购制度，2010年集团年采购规模力争达到集团采购总额的80%。充分发挥资本、品牌、资信的杠杆作用，遵循只求控制、不求拥有的现代经营理念，构建有效战略联盟，积极采用多种新型承包方式，推进承包方式由劳务密集型向资金、技术和管理密集型转变，向产业链的高端延伸。注重运用市场机制，竞争性地配置、聚合较高素质的分包商资源，为企业创造更多的合理合法的剩余价值。

3.坚定不移地深入实施市场经营战略，不断改善市场环境，转变企业发展模式。

继续强化创新集团市场经营战略管理，着力改善成员企业的外部市场环境，增强集团对建筑市场的影响力、导向力，追求垄断效益，规避反垄断法规，促进市场主体自律，为企业发展模式由数量规模型向质量效益型转变创造有利条件，实现集团整体利益的最大化，力争2010年集团经济增加值、营业收入利润率达到中央建筑集团的平均先进水平。

要强化集团一盘棋的大局意识，充分发挥集团公司的市场战略管理中心作用和市场统筹协调的龙头作用，加快建立集团化模式下的功能健全、运转协调的市场营销体系。贯彻落实“优质工程、规范服务、合理价格、公平条件、互利双赢、和谐发展”的市场营销理念。我们要有基本的自信和自尊，没有哪一个企业强大到不能被挑战，也没有哪一个企业弱小到不能去竞争。我们要继续完善市场统筹协调机制，提高市场统筹战略的管理水平。我们要智慧地、理性地努力实现相关市场主体间的竞争合作、互利双赢、和谐发展。

树立创新型竞争观念，从传统的对抗型竞争转变为理智的、智慧的合作共赢型竞争，从习惯性的集团内部竞争转变为集团与集团间的竞争，转变为出资人不同的利益主体之间的竞争，彻底摒弃粗放的低成本扩张的市场竞争行为。各级经营者要树立正确的荣辱观和科学的业绩观，建立起一个以道德为支撑，以产权为基础，以制度作保障的集团化营销诚信体系，促使集团市场经营战略向更高阶段发展。

立足国内，面向全球，加强与相关企业的战略合作，形成战略联盟，支持别人，发展自己。追求发展，自觉自律，共同维护市场秩序，促进建筑市场的健康发展。

4.实施国际化经营战略，着力打造集团国际经营劲旅，努力创造国际一流品牌。

到2010年，国际年营业收入力争达到8亿美元以上，年新签合同额力争达到17亿美元以上，年利润额力争实现4000万美元以上，三项指标分别占集团总额的13%、25%、22%以上，国际投资力争达5亿美元；经营理念、经营方式的国际化程度显著提高，资本的国际化、管理的国际化和人才的国际化取得重大进展，大型跨国公司的基本架构初步形成；在全球最大225家国际承包商排名中，国外营业额进入前50名，在国内对外承包工程企业的排名中稳居前3名，成为国内建筑行业的国际一流品牌。集团公司在坚持坚定不移地“走出去”战略的前提下，按有所为有所不为的原则，面向国际经营需要，有计划地指令性地对集团资源进行战略配置，支持安排有能力的适应国际惯例的工程局（厂）开拓国际市场，承担国际项目的经营任务，打造集团国际化经营的主力劲旅，积极稳健地做强做优做大国际经营规模。

深化国际化战略，在更大范围、更宽领域、更高层次参与国际经济技术合作与竞争，实现经营领域、市场地域、经营效益的更大突破，打造集团公司坚实的产业支柱；创新集团模式下的国际经营体制和机制，发挥整体优势，推进经营管理与国际接轨，建立长效的风险防范机制，加快国际经营的人才队伍建设，提供有效的人才保障。

5.增强自主创新能力，创造更多的一流科技成果，提高科技创新对经济效益的贡献率。

紧盯国际建筑业一流技术水平，大力实施科技创新战略，努力建设创新型企业。到2010年，使集团总体施工技术水平达到国际同行业先进水平，在水电施工领域拥有自主的、处于国际领先地位的专利技术；形成较为完善的具有自身特色的科技创新体系，努力改变企业有形象无品牌、有品牌无效益的落后现状，促使科技工作对集团经营效益和可持续发展的贡献率有较大提高。

加快建立集团模式下的科技工作管理体制和机制，要制定和完善相关政策，对集团成员企业科技计划的执行、科研成果的实现、科技投入的及时足额到位实施有效激励和强制性约束，要构建崇尚技术、鼓励攻关、勇于创新的企业文化，支持科技人才有计划地、有前瞻性地开展科技攻关，为他们创造良好的工作生态环境，对有突出贡献的科技人才要给予重奖。要充分发挥集团公司在科技创新中的中心作用和成员企业的主体作用。加大科研投入，形成企业的知识产权。加快科技成果的转化，将在水电施工领域的科技优势转化为竞争优势和经营成果。加强信息化建设，通过提高信息化水平，促进集团办公效率和远程实时监控水平的快速提升。

6.推进人才强企战略，创新人才选聘激励约束机制，着力打造适应科学发展要求的经营管理者团队。

大力实施人才强企战略，力争通过5年左右的努力，人才队伍达到人力资源总量的50%以上，基本适应企业发展战略的需要，使人才资源总量适当，层级结构合理，专业结构配套；建立起符合集团化、国际化、产业多元化和现代企业制度要求的人才培养、选用、评价和激励约束机制。

加强经营者队伍建设，坚持党管干部和市场化配置资源的原则，加速企业经营者从施工生产型向公司经理人转换，切实提高经营执政能力。打破传统的选人用人模式，全面引入竞争机制，扩大市场化配置优秀人才的范围。建立科学的考核评价及激励约束机制，完善业绩考核和奖惩制度。选拔企业经营负责人，在政治条件具备的前提下，要特别重视适应市场、组织管理、经营理财、统筹驾驭的能力。要特别关注在职岗位经营者的履责能力，对不适应岗位要求的要及时调换，对失职渎职的要引入引咎辞职制度和责任追究制度，要建立健全公开、公正的竞争淘汰机制，提高管理岗位对企业发展的贡献率。加大力度，切实把靠得住、能干事、能共事的优秀人才选拔到各级领导岗位上来。

加快人才管理机制的创新，建立符合各类人才特点的开发型培养机制；完善以公开、竞争、择优为导向、有利于优秀人才脱颖而出的选拔任用机制；倡导绩效优先的人才评价机制及与工作业绩和实际贡献紧密联系的激励机制，促进各类人才充分发挥积极性和创造性。要采取超常规措施，充分发挥成员企业的主体作用，跨越式地有计划地培养集团企业家队伍、职业经理人队伍、复合型专业管理人才队伍、高技能工艺人才队伍以满足集团跨越式发展的需要。

三、紧扣集团发展目标，增强企业创新能力，提高科学管理水平，全面完成2006年的各项任务

2006年是集团公司开创新的工作局面的关键之年，我们要认真落实科学发展观，增强企业创新能力，加快企业改革发展步伐，提高集团公司控制力，以转变经济增长方式为主导，创建质量效益型企业，突出重点，统筹兼顾，全面做好各项工作，为实现集团公司五年发展目标开好局、起好步。

主要经营目标：总营业收入298.18亿元，新签国内国际工程合同额300亿元，资产总额383亿元，利润总额4.61亿元，资产保值增值率不低于106%，净资产收益率（含少数股东权益）不低于6%，职工年均收入与企业发展协调增长。

（一）创新体制机制，加快推进企业改革

近几年，集团公司的改革虽然取得了较大进展，但传统的企业体制、组织结构、管理模式、经营机制还没有从根本上改变，多数工程局基本上还是沿袭十几年前的组织结构、管理层级和管理模式，据集团调查，多数工程局二级、三级单位多，经营规模小，管理层次多，产权关系和财务关系复杂，管理链条长，局本部与二级单位管理机构对口设置，占用大量人才资源，本位意识、诸侯经济挑战总部管控，致使局总部对二级、三级单位的管理控制能力层层递减。管理成本高、规模效益差。由于机构太多、规模太小，不仅占用大量的人才资源，导致工程项目管理人才总量不足、素质偏低，影响项目履约，降低经营效益，而且人为导致生产关系复杂，整体生产力发展受到较大制约，影响工程局整体效益。这些问题已经成为集团科学发展的体制性障碍。要切实落实科学发展观，必须把加快工程局内部体制机制改革作为当前紧迫而重要的任务来抓。各级领导必须强化改革创新理念，积极、稳妥、因势利导地破除旧体制、旧机制的束缚，向体制创新、机制创新、管理模式创新要效益。不能消极地把企业稳定作为不想创新、不愿改革、不敢改革的挡箭牌，我们坚信广大员工对公正、公平的有利于发展的改革是支持的、拥护的。今年，要着重做好以下几项工作：

一是各工程局（厂）要按照集团的总体要求，结合本单位实际，以适应市场、解放生产力、强化总部管理控制力、提高整体效益为目标，本着整合企业资源、构建规模经济单位、理顺产权关系、减少管理层次、缩短管理链条、释放人才资源、提高工程局（厂）总部管理控制效率的基本原则，制定周密的本企业组织结构、管理体制的改革重组方案，报集团核准后规范有序地实施。改革重组是一项艰巨、复杂的绕不过的重要任务，各单位主要负责人要高度重视，加强领导，高度统一思想，从企业生存发展的角度，做好宣传教育及稳定工作，规范、严谨、公正、公平地有序推进。

二是进一步推进主辅分离、改制分流工作。以劳务作业层的分离为重点，充分利用主辅分离优惠政策延长的机遇，解决队伍结构调整和产业结构调整问题。2006年要在做好第一、第二批改制企业改制工作的同时，向国资委申报第三批改制企业名单。与此同时，要在理顺和规范与改制企业关系的基础上，依法关心、帮助改制企业健康发展，巩固改制成果。

三是认真开展国有独资公司董事会试点工作。按照国资委的有关文件和集团公司关于建立和完善国有独资公司董事会试点工作的指导意见，指导试点企业制定好工作方案，建立规范的法人治理结构，积极探索、总结、推广在国有全资企业建立现代企业制度的途径和方式。

四是以整合做强集团专业产能为目标，做好集团专业公司的组建工作。充分利用集团平台，整合内部资源，开拓新市场，形成新的经济增长点，发挥专业公司在促进集团公司产业结构调整方面的作用。2006年上半年集团路桥公司要正式挂牌运作，要体现新体制、新机制、高起点、高层次的特点。集团路桥公司除工程总承包外，还要积极进入交通基础设施领域的投融资项目的开发与经营。要进一步科学地研究疏浚等专业公司的组建方案，审时度势、量力而为地做强做优做大疏浚施工产业。

五是积极研究与外部企业的战略重组方案。争取在与研究、设计单位的重组方面取得突破，完善集团功能，增强市场竞争实力。

六是深化“三项制度”改革。在人事制度上，扩大市场化选聘经营管理人员的范围，继续实行公开竞争、面向集团内外不拘一格地择优聘用经营管理人才。在用工制度上，与主辅分离、改制分流相结合，加大劳动合同管理的创新力度，加快市场化、社会化的步伐，逐步实现劳动合同制条件下的能进能出的用人机制；在分配制度上，要贯彻效率与公平并重的原则，建立健全个人收入与岗位责任、贡献、经营业绩和企业效益密切挂钩、与市场价位相衔接、能增能减的分配调控机制。

（二）增强集团公司控制力，完善集团管控体系

在中央企业负责人会议上，国资委主要领导强调：集团公司要学会做股东，以行使股东权利的方式增强集团公司的控制力，主要做好五个方面的工作：运用信息化手段，实现对所属各级子企业的实时监控和管理；加强对重大事项的集中管理与控制；加强财务预算及资金管理；建立完善内部控制机制；加强对高风险投资业务

的监管。对于独立法人的子企业，既要尊重其自主权利，又要充分实现集团公司经济资源的整体运作。我们要认真贯彻落实这一精神，全面增强集团公司控制力，进一步完善集团战略管控体系。

强化集团统一战略管理的实质是用无形资产来运营放大有形资产。根据集团现行企业制度，集团公司作为子企业的出资人，行使投资收益权、经营者选择权及重大事项的决策权。集团公司选择经营负责人的基本前提，即子企业经营负责人履行职责、行使法人权力的前提是：遵守集团章程，认同集团理念，维护集团整体利益，服从集团统一战略管理，树立集团“一盘棋”观念，确保集团战略管理指令畅通无阻，最大化地为出资人创造收益，为社会创造价值，为员工创造发展机会。由于历史和现实的原因，各子企业都存在共通性的和特殊性的困难和问题，这些问题只能通过走集团化发展的道路来解决。如果子企业都以自身的困难和问题来挑战或漠视集团公司的战略管理，就违背了出资人选聘经营者的前提条件，集团将处于离散的无政府状态，集团子企业的整体利益将受到根本性损害。希望各位领导真正从思想上理性地认清形势，正确定位，主动到位。集团公司将采取有效措施坚决整治违规行为，确保集团指令畅通，维护集团企业的整体利益。要进一步完善集团公司的发展战略，动态完善集团战略管理体系。充分发挥战略规划在企业管理中的指导作用。加强集团公司的经营战略协调，进一步明确子公司的战略定位和主营业务范围，加强各子公司之间的战略协同，确保集团发展战略的整体性、统一性，确保集团战略发展目标的实现。

强化以确保资本保值增值为核心、以资金管理为重点、以财富创造最大化为目的的出资人财务监管体系和目标成本控制体系。建立高效的财务治理结构，逐步推行财务总监委派制。要依法按规并结合行业特点尽快制定国际项目财务管理与会计核算办法、资金管理办法、集团内部结算办法，完善国际经营财务制度体系。推进全面预算管理，将预算管理贯穿于企业经营的全过程，加强对预算执行情况的考核。建立以财务管理为重点的经营管理信息系统，尽快全面实现对成员企业财务、资金的远程实时监控和管理。

强化资金集约化管理。进一步完善集团公司及子企业两级资金管理制度体系，完善收支两条线的资金管理模式；完善资金预算管理制度，强化资金预算管理对资金的直接控制力；加强现金流量管理网络建设，实现资金远程监控和实时集中，提高资金使用效率；强化银行账户统一管理工作，努力提高资金集中度。做好企业债券发行及上市后续管理工作，进一步拓宽融资渠道，为集团创造更加良好的融资环境。

层层全面强化经营业绩考核制度体系建设。要动态完善考核方法，优化考核指标体系，确立平均先进的指标值。加强分类指导，加强监测分析、考核，确保业绩真实准确，更好地发挥业绩考核杠杆在切实转变增长方式、实现资产保值增值等方面的导向作用。今年集团公司要对企业经营者的业绩考核评价标准和指标体系作出适当调整，加大经济效益指标及控制成本、防范财务风险指标的考核权重，进一步引导经营管理者树立正确的业绩观，把本企业经济增长方式切实转入科学发展的轨道。

强化内控管理机制。加强内控制度执行监督，逐步开展内部控制有效性评估工作。制定不良资产管理责任制度，建立惩防并举的不良资产管理工作体系，开展资产损失责任追究工作。加强对子企业投融资、固定资产支出、大额资金往来、重大设备物资采购、工资福利政策等重大事项的监控。提倡用科学、规范的规则维护经营安全，反对以提高效率为理由废弃流程程序管理。严厉惩罚故意违规和集体违规行为，提高违规者个人成本。健全惩防体系，深入开展效能监察工作，促进企业领导人廉洁从业，尽职尽责。

强化风险管理和控制。建立风险预防监控体系，特别要重视有效防范企业高负债率、高应收账款、不良对外担保、低现金流隐含的财务风险。要加强对应收账款回收的监督，量入为出，量力而行，合理调控企业的负债规模，降低企业资产负债率。要特别重视防控国内、国际项目应收账款、应收保证金演变为坏账的风险。加强对国内、境外投资项目的风险监控，建立严格的授权审批、责任追究制度，规范操作程序，防范投资及经营风险。要强化法律意识，依法经营，照章纳税，杜绝商业贿赂和违法交易。同时，高度重视国外经营活动的政治、安全、自然风险的评估和防范。

强化内部审计监督控制。健全内部审计制度体系，继续强化领导干部任期经济责任审计及经营效益内控制度审计工作；深入开展资产经营责任指标考核确认工作，客观评价所属子企业经营业绩、经营质量和财务状况；逐步加大对境外项目经营绩效、财务决算、资金收支的审计监督，特别要狠抓审计意见书所揭示问题的整改落实工作。

强化集团公司总部建设。要加快总部职能转换，科学规范管理行为，加强工作的超前性、系统性、计划性、规范性、针对性，按照增强集团公司控制力的要求，认真履行好职能部门监管、指导、考核、服务、协调职责，提高管理质量和工作效率。强化主动服务意识，提高管理人员素质，树立良好执业形象，打造一流集团总部。

工程局（厂）、公司也应加强总部建设，强化总部对下属企业及项目经理部的管控力度，坚决杜绝各自为政，无序经营，以经营责任制代替过程科学监管的不良现象。对缺乏组织观念，缺乏大局意识，拥才自重，居功自傲，无视总部战略管理经教育仍难改变的负责人，要坚决撤换。

（三）创新市场经营战略管理，推进经济增长方式的转变

经营质量和效益是企业的生命线，科学的市场营销是提高质量效益的源头。去年，从总体上看，国内市场统筹协调成效显著。实践证明，实施集团市场经营战略，既符合科学发展观的要求，也符合出资人的要求，国务院国资委也明确表示支持中央企业集团实行战略联盟，反对恶性竞争。为此，我们要坚定信心，排除阻力，坚定不移地推进集团的市场经营战略。

推进市场经营战略，要正确处理“一个关系”，坚持“两个前提”，明确“一个

目的”。“一个关系”是指：在集团公司产权一元化的前提下，集团公司与子公司的关系就是股东和经营者的关系。“两个前提”是指：集团公司确定的方针政策是建立在集团统一战略管理和集团整体利益最大化这两个前提基础上的。“一个目的”是指：集团公司实施市场经营战略的目的在于为成员企业的和谐发展创造相对公平合理的外部市场环境。这种历史性作用，是任何子企业单打独斗不可能实现的！

推进市场经营战略，要坚持“优质工程、规范服务、合理价格、公平条件、互利双赢、和谐发展”的基本方针。摒弃低层次的恶性价格竞争，以做好优质工程、提供优质服务赢得业主的信任，以合理的价格、公平的条件实现互利双赢。

推进市场经营战略，要提高对经营质量和市场占有份额关系的认识。我们要占有一定的市场规模，但更重要的是提高规模经济贡献率。要把对市场占有规模的追求、对产值规模的追求与对经营效益的追求和谐统一起来，要着眼于提高营业收入利润率，摒弃一味追求产值规模，粗放扩张的高风险市场竞争行为。

推进市场经营战略，要进一步提高市场统筹协调的水平。进一步规范统筹协调工作机制和工作流程，创新统筹协调模式及工作方式，用制度规范成员企业的市场行为。集团市场经营部、海外事业部要协同总部职能部门形成国内市场、国际市场两个营销中心，在决策、管理、服务上，增强系统性，做到超前计划、决策科学、敢于纠偏。要综合考虑企业规模、品牌、业绩、实力、业主取向等因素，处理好综合因素与机会的关系，处理好统筹协调与企业竞争的关系，不能以协调代替竞争。在国际市场经营上，国际化经营的各项制度、规定的决策权、批准权在集团公司。海外事业部是集团公司管理海外业务的职能部门，对国际市场经营有执行权、管理权，负有规范工程局、规范国际公司的管理职权。国际公司与工程局（厂）同属集团子企业，要按照合同化、企业化的方式诚实守信地处理好双方的经济利益关系。

推进市场经营战略，要讲诚信、守纪律。集团成员企业必须执行集团的市场统筹战略举措，坚决杜绝“明修栈道暗渡陈仓”的不讲诚信行为。集团优势企业要追求品牌价值，“出场费”不能太低，不能降低品牌价值与一般企业在同一个平台上等价竞争。各子企业对拟投标项目可以充分提出意见和建议，但一经集团公司研究决定后，各子企业必须坚决执行。各企业主要负责人要管好自己的团队，同类事件重复发生，是干部队伍的作风问题，根子在一把手。为维护集团的整体利益，集团公司将采取果断措施，维护市场经营战略顺利实施。

（四）加快国际经营步伐，打造集团坚实的经济增长点

开发经营国际市场，是集团发展战略的重要组成部分，是集团发展的重要经济增长点。要继续大力开拓国际市场，加快国际经营步伐，一是健全适应集团模式和现代企业制度要求的国际经营新机制，规范国际公司与成员企业的经济关系。二是建立健全经营国际化，管理国际化，人才国际化的工作体系。围绕建立集团模式的国际化发展战略目标，国外项目的运作，将逐步实行分级管理。国际公司逐渐把重心转移到运作大型项目及投融资项目上去。逐渐将竞标类的施工承包项目交给有条件的工程局运作和实施，发挥工程局的优势。三是坚持“四个统一原则”，优化资源配置，发挥整体优势，大力开拓国际市场，稳步扩大市场规模。积极拓展新的地区和国别市场，扩大经营地域范围，推进产业布局的调整。各工程局要根据自己的特点，按照集团公司的总体安排，调整思路，仔细筹划，建好机构，储备人才，制定规划，开拓和扩大国际市场。四是积极稳健地做好海外融资投资项目，着力提高国际经营的层次。积极探索“银企结合，共同走出去”的道路。五是加强对国际在建工程项目的管理。努力抓好工期、质量、安全、创效工作，把工作的重点切实转变到提高经营效益上来，把项目做成高效益项目、精品牌项目，形成集团公司坚实的经济增长点。对预示亏损性、隐性垫资性的在建项目要高度关注，要采取有效应急措施防控经营风险。

（五）加快集团公司产业结构调整，创新集团管理机制，稳步推进投资开发，提高资产经营效益

调整产业结构是集团公司可持续发展的重大举措。去年，国资委确定了集团公司的主业范围，不仅使集团公司的产业结构发生了革命性变化，而且使调整产业结构有了政策依据。一个企业的产业结构状况决定着它的市场地位。我们长期处在劳务型企业的地位，如果不进行产业结构调整，年复一年作为承包商修建水电站，哪怕规模做得再大，也难以改变“卖劳务”的低端企业身份，难以从根本上改变困难的局面。为了集团公司的可持续发展，我们必须居安思危、未雨绸缪，紧扣战略发展目标，从国际国内两个层面，积极、稳健、务实地推进产业结构调整，规避发展中由于建筑市场波动可能带来的系统性风险，再造集团新的经济增长力。

进一步发挥集团公司在调整产业结构中的投资中心作用。集团公司作为集团的投资中心，要充分发挥投资管控功能，做到有所为有所不为，集中有限的资本，开发有稳定增值价值的项目，以有效地发挥有限资本的放大效应，取得更好的规模效益。集团公司投资收益的主要用途，一是为成员企业的战略性体制重组积累改革成本；二是为解决历史遗留问题积累必需资金；三是按有所为有所不为的原则，“反哺”成员企业，支持成长性强的企业快速发展，统筹兼顾发展较慢的企业的正常生产经营；四是为战略投资者参股集团公司打造有吸引力的资源、资产平台，为实现产权多元化、构建现代公司制度创造条件。集团公司推进产业结构调整战略的主要措施是：寻找短平快项目，尽快取得收益；在国内国际两大平台，从产业高端寻找并占领一些优质水电、风电、煤电、稀缺矿产等资源性项目；通过提高主营业务的赢利能力，积累资本，以优质项目做平台，争取银行资金支持，不断创造集团的投资能力；科学评估，预控风险，努力建设，集约经营，力争尽早获得投资效益回报。

在房地产开发方面，统筹制定房地产开发计划，进一步加大房地产开发力度，力争在2006年内开工建设北京约360亩的储备土地，启动贵阳新区房地产项目开发，制定集团系统存量土地开发方案，逐步开发面积约180万平方米的集团系统存量土地。

在推进投资开发的同时，切实加强投资管理。进一步完善投资项目管理制度，加强对投资项目的建设、运行、考核管理。研究制定集团公司固定资产投资项目后评价制度及实施细则，尽快制定集团公司派出股东代表、董事、监事管理办法及履责问责制度体系，努力提高集团公司投资管理水平。

大力开拓国内外非水电建筑市场。在稳步扩大国内水电建筑市场占有份额，做强做优水电建筑核心业务的同时，集团公司要从产值、利润等经营业绩考核指标上进行导向，制定鼓励性政策大力支持成员企业开拓铁路、路桥、市政、工民建、机场、核电、水务、环保等非水电建筑市场。要正确认识市场份额的增量所在，一是在非水电建筑市场，“十一五”期间铁路建设投资可能达13000亿元、公路投资可能达11000亿元，还有2000亿～3000亿元的基础设施投资，市场空间非常大。二是在国际建筑市场，这是潜在的、并且已经显现的、风光无限的主营业务的增长区域，有条件的工程局更要目光向外，投入更多的精力，集中精锐力量，按集团公司的总体部署，奋力开拓国际建筑市场业务。

（六）大力加强经营者队伍建设，提高贯彻落实集团战略的执行力

市场竞争，具体表现为企业市场资源份额之争，而归根结底是人才之间的竞争，拥有人才是赢得市场的前提条件。集团公司这些年的快速发展就验证了这一点。但是，我们还应看到，集团公司在人才管理创新方面还远远不适应形势发展的需要，人力资源开发还远远满足不了规模高速增长的需要。生产经营管理总体受控而局部失控的现象，就是经营者队伍建设薄弱的反映。这里既有经营者思想僵化、方法陈旧、能力与岗位要求不相适应的问题，也有人才管理机制落后的问题。为政之道，首在用人。要实现科学发展，实现五年发展的目标，就必须把经营者队伍建设放在首要位置，创新人才管理机制，把人力资源管理工作提高到一个新的水平。

经营管理者要加强学习，进一步转变观念。企业领导班子成员要成为学习的模范，切实更新观念，真正树立追求企业财富创造最大化，实现规模、效益、职工收入、社会贡献统筹协调增长的经营理念。要尽快完成角色转换，生产型干部要向经营复合型干部转变，不断增强资产运营能力、资源配置能力、商务管理能力和对市场的应变能力。要自觉服从集团公司统一战略管理，服从集团公司依法行使出资人代表的权力。工程局（厂）负责人是受集团公司委托的经营管理者，种的是“责任田”，要在经营管理好企业的同时，树立起集团发展“一盘棋”的观念，不允许不顾集团的整体利益，藐视和挑战集团利益的行为发生。对长期不转变观念，经营绩效较差，把企业当成“自留地”的经营者，集团公司要采取必要的组织措施加以调整。

创新人才考核、评价、选用机制。企业是经营性组织，考核评价经营管理者必须以经营业绩为基本标准，看他在位期间企业的经营质量效益是否得到了提高，是否存在虚假业绩和短期行为，职工是否从企业发展中得到了实惠。这个评价标准也是“三个代表”重要思想的一个具体体现。对于不能胜任岗位工作的，提倡自动辞职，提高领导岗位资源对集团发展的贡献率。

提高各级经营班子的执行力。必须确立“一把手”在班子中的中心地位，“一把手”的主要职责在于选好用好人才，管好班子，主持制定、完善发展战略和重大规章制度，查处违规行为，维护正常的经营秩序。企业领导班子要提高管理层次，增强驾驭市场的能力和经营管理能力，用有效的管理推动集团发展战略的落实。领导班子的意志、思路一定要变为企业的制度、政策和方法，形成“一把手”抓班子，班子抓管理团队，管理团队抓员工队伍，一级抓一级，层层抓落实的工作格局。

完善企业负责人年薪制等经营者激励机制。在重经营业绩、讲效益回报、强化监控约束的考核评价基础上，进一步加大对经营者的激励力度，完善各项激励机制，使经营管理者公平地得到相应的报酬，体现经营者对企业发展的价值。

（七）提高企业精细化管理水平，向管理创新要效益

进一步转变管理理念，创新经营管理模式。企业管理从本质上讲，就是对资源的有效配置与运营管理。要彻底摒弃那种“高投入、低产出”的粗放式管理理念，树立起“低投入、高效率”的资源节约型管理理念，按照“科学、规范、有序、高效”的要求，从单纯以量的扩张实现经济增长，转到依靠精细化、科学化管理、提高资源配置效率实现经济增长上来，创造与规模增长相匹配的经济效益，使企业真正走上集约化经营之路。

补强管理“短板”，切实改进各项管理工作。加强对集团内部联营体的监控管理，完善联营体治理结构，明确运营管理规则，提高经营效益，有效防范经营风险。加强项目经营管理，建立健全项目专项成本集约化管理体系。加强项目商务管理，使工程建设与商务管理两轮驱动、协同并进，坚决避免商务管理滞后于工程关键节点而导致的经济效益损失。加强对分包商的管理，严格资质审查，抓好动态管理，克服重包轻管、以包代管现象。加强设备和主要材料采购管理，坚持规模化、规范化、透明化采购三者有机结合的原则。今年，集团公司要在深入调研的基础上，就施工设备和主要材料集团化采购制定方案，搭建管理平台，梳理采购流程，完善监控系统，提高采购规模效益。

（八）加强科技创新，增强自主创新能力

一是推进集团公司科技创新体系建设。健全科技工作制度体系，健全科技成果的评价体系，技术创新目标要为经营战略目标服务，对技术创新的预期价值要进行效益评估，提高技术创新对效益的贡献率。二是确保科技投入，加大对世界先进实用技术和关键技术的引进消化和自主研发力度。要围绕水利水电工程的全局性问题、关键性重大综合技术课题，进行科技攻关，推动科技成果切实转化为生产力。使集团水电施工科技水平居于国内领先水平。同时，要开展新产业的科技创新工作，推进新产业发展。三是实施科技成果知识产权战略。统一管理集团公司知识产权，利用法律法规保护集团公司的知识产权。强化科技工作的集团意识、打破“技术壁垒”，实现科技成果共享。四是加强科技人才队伍和高技能人才队伍建设，培养和吸引更多的优秀科技人才。深入实施职工素质工程，鼓励和积极采用职工的技术创新建议。

集团公司拟在今年10月召开集团科技大会，系统总结、安排集团科技创新工作，希望各有关领导、单位、部门做好充分准备。

（九）强化安全生产管理，构建安全生产的长效机制

确保安全生产是落实科学发展观、构建和谐企业、实现集团持续健康发展的必然要求。要进一步提高对安全生产重要性的认识，各级领导、各管理部门要牢固树立忽视安全就是漠视生命，姑息安全事故责任人、放任安全违规行为就是制造生命危机的人本意识，依法、规范地做好安全生产管理工作。始终坚持以人为本的安全管理理念，坚持“安全第一、预防为主”的工作方针，标本兼治，重在治本，着力构建安全生产的长效机制，各级领导、各职能部门要采取果断有效措施，亲历亲为，关注细节，狠抓各项安全制度、规章、规程的落实工作，努力实现集团安全生产局面的根本好转。

今年，要从以下几方面入手，强化安全生产管理工作：一是进一步健全安全生产责任制度体系，层层落实安全生产责任。各级安全生产第一责任人要切实加强对本企业安全生产的领导，安全生产责任落实要坚决做到纵向到底，横向到边，不留死角。加强安全组织体系建设，充实安全监管力量，配齐安全生产管理人员。二是加强安全生产保证体系建设，保证安全生产投入，按规定提取专项资金，确保安全生产必须具备的资源条件，提高安全生产技术水平和装备水平。强化安全教育培训，加强特种作业人员、新工人上岗前培训、进场培训和换岗等培训，提高全员安全责任意识和安全素质，使员工的意识从“要我安全转变为我要安全”。要支持员工拒绝从事缺乏安全保障措施的作业。三是建立健全安全生产监督、考核、奖罚、教育、预警等各项规章制度，大力推进安全生产管理标准化。加强各项制度的检查落实，狠抓薄弱环节，通过重点排查事故隐患，坚决遏止重特大事故。完善安全生产应急预案和应急救援体系，建立健全安全生产逐级报告制度。四是严格依照国家法律和集团公司的制度规定，严肃处理安全生产事故。安全生产强调直线领导责任制。对重特大安全生产责任事故的责任人，给予免职、降级处分并予经济处罚，决不姑息、迁就。违反法律的，坚决按司法程序追究法律责任。五是选择具备安全管理和安全履责能力的分包商，全过程加强分包队伍的安全监控，实行分包工程全过程“旁站”制度。集团公司坚决反对减少必要安全投入形成利润和安全不受控条件下的赶工和规模扩张。

（十）围绕中心工作，促进两个文明建设再创新的业绩

经国资委党委批准，集团公司党委将正式成立。这是集团公司政治生活中的一件大事，它对于进一步加强集团公司党建和精神文明建设，促进改革和发展，具有十分重要的意义。

在这次会议上，集团公司党委书记刘起涛同志要作重要讲话，对今后的党建工作、反腐败工作、廉洁从业工作做出重要安排部署，各成员企业要认真贯彻落实。首先，各级经营负责人要支持企业党组织参与重大问题的决策，充分发挥政治核心作用和保证监

督作用，保证党和国家方针政策在企业的贯彻执行。其次，要支持企业党组织围绕企业改革发展的中心任务，加强和改进党的建设，创新党建工作机制，开展各项工作。要在企业党委的统一领导下，形成党政领导共同负责，党政工齐抓共管，以专职政工干部为骨干，以各级领导和经营管理人员为主体，党员、团员和职工广泛参与的新格局。形成合力，共同推动企业的改革、发展和稳定。第三，高度重视企业精神文明建设和企业文化建设，为改革发展提供良好的舆论环境和思想保证。深入开展文明工程项目创建工作，推进安全、质量、进度、文明环境、队伍建设等协调发展。加强企业文化建设，提炼集团公司企业精神、管理理念，形成集团的共同价值观，建设具有集团特色的企业文化。积极推进学习型企业、学习型员工队伍建设，努力提高员工的素质。继续做好史志年鉴编著工作，发挥历史性文献的重要作用。

同志们，我们站在一个新的历史起点上，肩负着落实科学发展观，承前启后，开拓创新，推进集团跨越式全面可持续发展的历史重任，我们的前程远大，使命光荣而艰巨。让我们在邓小平理论和“三个代表”重要思想的指引下，在国务院国资委的正确领导下，同心同德，众志成城，坚定信心，奋发图强，全面完成2006年的生产经营任务，努力开创改革发展的新局面，为建设具有较强国际竞争力的跨国集团公司而努力奋斗！

集团公司工作会议 总结讲话

在中国水利水电建设集团公司2006年工作会议上的总结讲话

（2006年3月22日）

刘起涛

同志们：

集团公司2006年工作会议今天就要结束了。经过同志们的共同努力，会议圆满完成了各项议程，达到预期目的。下面，我结合大家的讨论情况，对会议进行总结。同时代表新成立的集团公司临时党委，就深入贯彻这次会议精神，加强和改进集团公司党的工作，讲三点意见。

一、会议基本情况和主要收获

这次会议是集团公司大力推进跨越式发展进程的一次十分重要的会议，是一次承前启后、继往开来的大会，是一次统一思想、团结奋进的大会。

会议得到了国务院国有资产监督管理委员会、国家有关部委和国有企业监事会的高度重视。国务院南水北调办公室主任张基尧同志、国有企业监事会范有年主席、国资委办公厅李庆林副主任、中国电力企业联合会孙玉才副理事长、中国能源化学工会张萌萌副主席、国家发改委能源局史立山处长等领导出席会议并作了重要讲话，充分肯定了集团公司过去三年、特别是2005年取得的突出成绩，对我们实施跨越式发展战略、做好今后工作提出了殷切的希望，使我们深受启发。

会上，郭建堂同志作了重要讲话，总结了集团公司前几年改革发展的宝贵经验，这是集团公司的巨大财富，我们要在今后的工作中发扬光大。展望了集团公司今后一个时期的宏图愿景，对我们提出了殷切希望，这对集团公司跨越式发展的实践将产生重大长远的影响。集湘同志在会上作了题为《切实落实科学发展观 着力提升创新能力 努力开创集团公司全面可持续发展的新局面》的工作报告，全面客观地总结了集团化建设三年来的成就和基本经验，深刻分析了改革发展面临的新形势，提出了今后五年的发展目标和战略任务，安排部署了2006年的主要工作。工作报告起点高、立意新、跨度大，是指导我们2006年和今后一个阶段工作的重要文件，大家要认真学习贯彻执行。

会上对成员企业负责人进行了2005年度考核兑现，签订了2006年度经营业绩责任书。

会议期间，与会代表结合中央经济工作会议、中央企业负责人会议和全国科技大会精神，围绕集团公司改革发展的重大问题进行了热烈的讨论，提出了不少好的建议。

归纳起来，这次会议主要有以下几点收获：

1.总结了集团化建设以来的主要发展成就和基本经验，坚定了实现战略目标的信心。集团公司组建后的三年来，我们以科学发展观统领全局，与时俱进，开拓进取，坚定不移地推进集团化建设这一新的伟大实践，取得了巨大成就。通过这次会议，大家对集团公司三年来的工作有了更为全面深入的了解，三年来的发展成就使大家倍受鼓舞。实践证明，以建设具有国际竞争力的跨国企业集团为目标的“三步走”跨越式发展战略是正确的，以提高经济质量和效益为核心内容的各项重大决策是正确的。大家表示，集团的发展前景十分广阔，只要我们继往开来，开拓创新，就一定能够实现跨越式发展的宏伟目标。

2.加深了对改革发展新形势的认识，增强了推进企业可持续发展的紧迫感和责任感。通过学习集湘同志的工作报告，大家对今后五年我们面临的新形势有了进一步的认识，既看到了难得的发展机遇，又看到了所面临的严峻挑战。大家表示，机遇难得，千载难逢，一定要紧紧抓住一切发展机遇，迎接新的挑战，不负重托，以新的观念、新的思路和新的举措创造新的业绩，为集团的可持续发展而不懈努力。

3.明确了今后五年总体发展目标和2006年的工作任务，增强了使命感。这次会议，围绕“科学发展，自主创新，开创新局面，增强集团的创新能力、可持续发展能力和国际竞争力”这一主题，提出了今后五年集团的总体发展思路、战略目标和六大战略任务，确定了2006年十个方面的重点工作任务和要求。大家表示，一定要把思想统一到集团公司的战略部署上来，以高度的责任感和使命感，与时俱进，励精图强，不断推进集团战略目标的实现。

4.提高了对加强集团公司控制力的认识，增强了服从集团公司统一战略管理的自觉性。通过学习，大家深刻认识到，加强集团公司控制力，是维护出资人权益，确保国有资产保值增值的要求；是落实科学发展观，做强做大中央企业集团，提高企业可持续发展能力的客观需要；是各成员企业转变经济增长方式、提高经营质量效益、防范经营风险的现实需要。进一步统一了对集团公司实施统一战略管理重要性的认识，表示要遵从集团统一战略管理，接受集团公司的监督、指导，维护集团的整体利益，以提高经营质量和效益为出发点和落脚点，推进集团公司与成员企业协同发展，将规模优势、技术优势转化为竞争优势和经济效益。

5.**交流了工作经验，拓宽了开创新局面的工作思路。**与会代表通过不同形式，就如何适应集团发展需要，做好本企业工作，沟通了情况，交流了体会和经验，达到了互相启发、互相激励、共同提高的目的。大家普遍感到这次会议收获很大，思想进一步解放了，思路更为宽阔了，工作任务和要求更加明确了，表示要把会议的精神转化为实际行动，为开创新局面做出新的贡献。

二、全面贯彻落实会议精神，在科学发展观的指导下，以新的业绩开创企业全面、快速、协调、可持续发展的新局面

（一）领会精神，把握实质，做好会议精神的学习传达贯彻

首先，要深刻领会工作报告的精神。集湘同志的工作报告全面贯彻了科学发展观和自主创新精神，阐明了集团在新的发展阶段的基本构想，拓展和深化了集团发展战略，回答了怎样建设具有较强自主创新能力、可持续发展能力和国际竞争力的跨国企业集团的重大战略性问题，具有很强的指导性和针对性。对集湘同志的工作报告，我们要深刻领会，结合实际认真贯彻落实。

其次，要把会议精神的传达贯彻作为当前的一项重要任务抓紧抓好。要紧紧围绕“科学发展，自主创新，开创新局面，增强集团的创新能力、可持续发展能力和国际竞争力”这一主题，认真传达会议精神，使各级领导和广大职工及时了解掌握集团公司的重大战略部署，把思想和行动统一到会议精神上来，各单位要按照本次会议的精神，结合实际，认真总结2005年工作，安排布置2006年工作，开好职代会、工作会，把这次会议精神落到实处。同时，要把贯彻这次会议精神与贯彻中央企业负责人会议精神相结合，把企业的改革发展纳入到中央要求的正确轨道。

（二）增强执行力，狠抓落实，确保全年工作目标的实现

2006年是集团公司开创新局面的关键一年，在这次会议上，我们确定了2006年集团公司和各成员企业的年度生产经营目标，实现这一目标，对于集团今后五年的发展具有至关重要的作用。

增强执行力是确保年度经营目标和战略发展目标实现的关键，要在增强执行力、狠抓工作落实上下功夫。要加强组织领导，狠抓重点工作，认真制定和落实工作措施，以求真务实的作风抓管理目标和经营目标的落实，抓管理制度的科学规范、管理过程的有序受控、管理措施的完善落实。集团公司总部各部门要加快职能转换，科学规范管理行为，积极主动地履行好监管、指导、考核、服务、协调职责，提高管理质量和工作效率，树立良好形象。

要继续把推进经济增长方式的转变作为全年经营管理工作的重点来抓。各级领导干部要把更多的精力集中到转变经济增长方式、提高企业经营管理水平、提高经营质

量和效益上来。在国内经营方面，要严格执行集团公司市场经营的基本方针和统筹协调制度，实现集团整体利益最大化；进一步提高工程项目管理水平，在严格履约、提供优质服务的同时，重视工程合同和商务管理，提高精细化管理水平，把来之不易的市场份额转化为实实在在的效益。在国际经营方面，继续大力开拓国际市场，扩大国际工程承包市场份额，拓展国际投融资业务，谋求国际业务向高端发展，切实加强国外在建项目履约及经营管理，形成集团公司坚实的经济增长点。在投资经营方面，要加强对投资项目的监控管理，防范风险，确保投资收益。集团上下都要围绕提高效益这个企业本质目标，做到一切从提高效益出发，关注过程，关注效果，措施到位，管理到位，确保各项任务的完成。

三、围绕集团公司跨越式发展第二阶段的目标和2006年的经济工作，进一步加强和改进党的建设

去年12月，集团公司召开了2005年党建工作会议，郭建堂同志作了重要讲话，全面系统地总结了集团公司近几年党建工作的经验，在分析改革发展新形势的基础上，提出了企业党建工作的四项要求。袁柏松同志作了工作报告，总结了2005年的党建工作，提出了2006年党建工作的六项任务。会议全面总结布置了集团公司的党建工作，集团公司各级党组织要认真贯彻这次会议精神，做好党群工作，我在这里就不展开谈了。下面，我主要就党组织如何继续贯彻党建工作会议精神，围绕本次会议提出的经济工作和改革发展任务，进一步加强和改进集团公司的党建工作，谈几点具体意见。

（一）进一步明确党建工作的指导思想和工作思路，把握集团公司党建工作的正确方向和基本原则

按照《党章》和中办发[2004]31号文件精神（中央组织部、国务院国资委党委关于加强和改进中央企业党建工作的意见），总结集团公司多年来党建工作的经验和新形势的要求，集团公司党建工作的指导思想是：坚持以马克思列宁主义、毛泽东思想、邓小平理论和“三个代表”重要思想为指导，坚持充分发挥企业党组织的政治核心作用和保证监督作用，保证党和国家方针政策在企业的贯彻执行。围绕企业生产经营中心开展工作，为企业改革发展稳定大局服务。适应现代企业制度的要求，将党的工作与生产经营管理工作相结合、党管干部和党管人才的原则与市场化选聘人才的机制相结合、从严治党和依法治企相结合、思想政治工作与企业文化建设相结合、发挥职工民主管理作用与维护企业领导人员依法行使经营管理职权相结合，以加强领导班子思想政治建设为关键，以建立健全企业党组织充分发挥政治核心作用的长效机制为重点，以队伍建设为基础，全面加强和改进企业党的建设。

按照这一指导思想，集团公司党委和各级党组织党建工作思路是：融入中心，服务大局；把握方向，参与大事；抓好班子，带好队伍；促进改革，维护稳定，推动发展。以上指导思想和工作思路的形成，是多年来集团公司党建工作经验的结晶，是党建工作总的原则，是指导全部党建工作的方针，我们在实践中要认真贯彻执行，并使其不断丰富完善。

（二）围绕2006年的经济工作和跨越式发展第二阶段的任务，抓好党建重点工作，为推动发展提供保障

跨越式发展有两个基本含义：一是抓住机遇，加快发展。二是发展不是单项的，而是全面发展、科学发展。跨越式发展第二阶段的中心任务是以提高经济效益为中心的全面发展，五大跨越的基本内涵，体现了全面发展、科学发展的精神。五大跨越主要是指：一是从规模和效益上实现跨越；二是市场领域和产业结构的跨越；三是体制和机制的跨越；四是管理和技术上的跨越；五是队伍结构和思想观念的跨越。集团公司和各单位要按照科学发展、全面发展的原则，修订自己的战略规划，指导今后的工作。突出科学发展、全面发展的思想，要体现在我们的实际工作中，特别是要体现在2006年的经济工作中。

1.**抓好学习理论、解放思想、转变观念的工作，用科学发展观指导工作，为跨越式发展提供思想保证。**集湘同志在工作报告中提出，要用科学发展观统揽全局，指导今年及今后几年的经济工作。科学发展观的实质是强调经济工作又快又好的发展，强调坚持以人为本，全面协调可持续的发展。科学发展观突出全面发展的思想，要体现在我们的企业战略中，在现阶段就是要着力推进经济增长方式的转变，着力提高经营的质量和效益，在扩大企业经营规模的同时，更加注重效益的增长和财富的积累。在做大企业的同时，更加注重做强、做优企业。在2006年的工作中，我们要努力转变经济增长方式，积极调整产业结构，提升集约化、精细化管理水平，这是支撑跨越式发展的重要战略举措。突出全面发展的思想，就是要突出规模、效益、职工收入协调增长；企业物质文明、精神文明协调发展；企业发展与人的全面发展协调统一。

科学发展观体现了企业创新发展的思维。要实现科学发展，首先要解放思想、转变观念，要充分认识我们已进入一个重大的转折阶段，科学发展是要摒弃陈旧的发展观念，改革陈旧的体制、机制，是一次自我否定、自我加压的革命性变革。各级领导要树立正确的业绩观，广大职工要树立正确的发展观，要发挥党组织理论先导、思想领先的优势，加强学习，推动理论创新，创建学习型企业，为改革发展提供思想保证。近期理论学习的重点是《中共中央关于制定国民经济和社会发展第十一个五年规划的建议》、全国科技大会的重要文件、中央企业负责人会议的重要文件，通过学习使科学发展观成为集团公司经济工作的指导思想，贯穿到2006年的整个经济工作中。各级党组织要抓好党委中心组学习，开展形势任务教育，用思想创新带动体制创新、管理创新和科技创新，这是新时期党委工作的重要内容。

2.**抓好领导班子建设和人才队伍建设，为跨越式发展提供队伍保证。**前不久，国资委党委发文批准集团公司党组改设为党委，这是集团公司党建工作中的一件大事，是新形势提出的新要求。我们知道，集团公司成立之前，作为行政性总公司，代部履行管理职能，党组作为部党组的派出机构，在当时的情况下是适宜的。过去的几年，集团公司党组加强和改进党的工作，发挥了很好的作用，其卓有成效的工作，赢得各级党组织和广大党员、职工的肯定和赞扬。党组改设为党委体现了进一步加强系统党建工作的精神，体现了适应集团化经营和管理的新形势，将加大对成员企业党建工作的领导和指导的力度，有利于加强基层党建工作。集团公司临时党委成立后，要按照《党章》和《中央组织部、国务院国资委党委关于加强和改进中央企业党建工作的意见》的精神，紧密结合企业党建工作实际，制定党委工作制度，在党建工作的组织机构、工作方式上做出相应的调整。临时党委要积极创造条件，尽快实现党委的选举工作，产生集团公司首届党委。集团公司党委要继承和发扬过去党建工作的经验，努力在改进中加强，在创新中进步，开创企业党建工作的新局面。

我们这次会议提出了跨越式发展第二阶段的主要任务，布置了2006年的经济工作，完成这一任务和目标，有诸多条件，最为关键的是加强领导班子建设和人才队伍建设，为跨越式发展提供坚强的组织保证和人才支撑。

纵观企业的发展历程，实现跨越式发展的目标有两大瓶颈，一个是传统的思想观念、企业体制、组织结构、管理模式、经营机制等，已成为发展道路上的障碍；二是人才队伍建设的速度滞后于企业发展的速度，企业人才的数量、质量、结构与企业发展战略不相适应，人才总量不足、结构失衡的现状对企业的发展已形成严重的瓶颈。要解决这两个瓶颈的制约，根本的保证是加强企业领导班子建设，加强人才队伍建设。

企业党建工作的核心是加强领导班子建设。首先，要把领导班子的思想政治建设摆在首位。企业的发展，要求各级领导干部要加强学习、勇于实践，尽快解决思想观念和发展思路的问题。各级领导干部必须树立创新意识，要充分认识到企业已进入一个新的发展阶段，我们面临的任务是转变经济增长方式，把经济工作转入科学发展的轨道，随着这一转变，企业将站在一个新的历史起点上，面临着新的转折，将带来思想观念的根本转变，企业体制、机制的转轨变型。在这一系列转变中，思想观念的转变是先导，思想观念变不了，体制和机制就变不了。各级领导干部必须转变观念，摒弃陈旧的思维方式，改变长期形成的行为模式，树立科学发展观、正确的业绩观、科学的人才观，用观念创新带动体制创新、管理创新和科技创新。必须树立效益意识，充分认识到跨越式发展第二阶段的任务是以提高经济效益为中心的全面发展阶段。各级领导、特别是主要领导要有强烈的追求企业效益最大化的意识，一切经济工作都要围绕提高经济增长的质量和效益，实现企业的财富积累来开展，从思想观念、机制模式、组织结构、方式方法上形成完整的体系，以确保效益的实现。各级领导、特别是主要领导要树立集团意识，维护集团整体利益，提高集团公司的控制力、凝聚力，是企业进入跨越式发展第二阶段的必然选择，是做大做强企业的重要保证，是市场经济提出的现实要求。树立集团意识，就是要求各成员企业都要自觉服从集团公司的整体目标、整体规划、整体利益，发挥集团公司的综合竞争优势和规模经济优势，实现集团整体效益最大化，推动集团公司的整体发展。因此，各个成员企业都要在这个大局下搞好各自的经营管理工作，绝不允许上有政策、下有对策、各自为战、各行其是，妨碍集团化建设的整体运作，损害集团的整体利益。

发展是硬道理，党的组织工作必须保证企业和单位发展目标的实现。首先，要坚持正确的用人导向，全面贯彻“四化”方针和德才兼备原则，按照科学发展观的要求，坚持群众公认的原则，用正确的政绩观衡量、选拔和使用干部。要建立科学合理的干部评价标准，在同样具有政治素质的前提下着重看干部的能力；在具有同样能力的前提下着重看干部的业绩；在具有业绩的前提下着重看全面业绩。要按照国资委李荣融主任的要求，对不在状态的干部，思想观念长期陈旧保守的干部，自身能力与岗位要求不相符合的干部，业绩不突出的干部要及时调整，确保最优秀的干部在最重要的岗位上，只有这样才能减少企业改革发展的成本，确保改革发展目标的实现，真正对国家负责、对企业负责、对广大职工负责，这是保证企业发展目标顺利实现的必不可少的措施。各级党政组织要积极探索通过内部竞争上岗、社会公开招聘等方式选聘企业的经营管理人员，各成员单位及其所属的二级单位具备条件的可推行竞争上岗，逐步使竞争上岗成为选拔经营管理者的重要方式。坚持党管干部的原则，党组织的主要职责是确定用人标准，研究推荐人选，严格组织考核，完善评价体系，加强监督管理。各级党组织要认真贯彻中央组织部、国务院国资委党委《关于在国有企业开展“四好”领导班子创建活动的意见》，开展创建“四好”班子活动，加强领导班子的思想政治建设。最近，集团公司临时党委正在起草有关文件，用以指导各成员单位的创建工作。各成员单位要按上级文件的要求，紧密结合自己的实际，制定以“政治素质好、经营业绩好、团结协作好、作风形象好”为主要内容的“四好”领导班子创建活动的实施意见，本单位的意见贵在结合实际，贵在具体可行，贵在取得实效。集团公司党委将把“四好”班子创建活动作为2006年党建工作的重点工作之一，抓紧抓好，抓出成效。

在这次会议上，集湘同志提出推进人才强企战略、创新人才管理机制的任务，这是今后几年集团公司的一项重要工作，是关系跨越式发展目标能否实现的一个必不可少的动力条件。推行人才强企战略，既是完成今年生产经营任务的当务之急，又是实现企业战略目标的长远需要，是企业党政组织需要共同努力解决的重要问题。各级党组织要贯彻党管人才的原则，按照管宏观、管政策、管协调、管服务的要求，做好这项工作。建立人才机制是推进人才强企战略的关键。要努力形成绩效优先的人才评价机制，人才评价是识才用才的基础和前提。要确立以品德、能力、知识、业绩为导向的人才评价标准，客观、公正反映人才的业绩和能力，为识辨人才提供科学的依据。建立人才的吸引、培养机制，通过不断学习和岗位锻炼，重点提高人才的学习能力、实践能力和创新能力，创造各类人才能吸引进来、成长起来的良好机制。建立符合企业发展需要的人才选用机制，坚持公平、公正、公开和优胜劣汰的原则，引入竞争机制，积极探索社会聘用和内部竞争上岗的方式，为发掘跨越式发展所需要的人才创造条件。科学配用人才是人才强企的保证，通过合理使用人才，使人才各就其位、各尽其才，使其素质能力与岗位职责要求相统一。建立与市场接轨的人才激励约束机制，坚持精神激励与物质激励相结合的方法，充分调动人才的积极性，发掘人才的潜力潜能。各级党组织要努力创造良好的用人环境，用事业激励人才、用环境吸引人才，用愿景激励人才，用机制培养人才，通过宣传教育和机制互动，创造企业尊重劳动、尊重知识、尊重人才、尊重创造的良好环境。

3.抓好制定党建长效机制工作，巩固和扩大先进性教育成果。认真做好建立保持共产党员先进性长效机制的工作，按照2005年集团公司党建工作会议精神，要从八个方面建立长效机制。这八个方面的长效机制都很重要，结合企业党委的工作实际，要着重强调贯彻中办发[2004]31号文件精神，建立企业党委参与重大问题决策的长效机制问题。企业党组织发挥政治核心作用，参与企业重大问题决策是《党章》赋予国有企业党组织的重要政治职责，是保证和监督企业贯彻执行党和国家路线方针政策的重要措施。企业党委要议大事、谋全局、把方向，积极参与企业带有根本性、方向性、长远性、全面性的重大问题决策。要制定党委参与重大问题决策的制度，制定党委会制度、党政联席会制度，明确参与重大问题决策的内容、程序，按照“集体领导、民主集中、个别酝酿、会议决定”的原则，形成工作机制。坚持“双向进入、交叉任职”的原则，建立和完善有利于党组织参与决策的领导体制。

4.加强精神文明建设和思想政治工作，加强党风建设和反腐倡廉工作，抓好企业文化建设工作，为跨越式发展提供思想文化支撑和环境保障。各级党组织要做好改革、发展和稳定中的思想政治工作，为发展提供环境保障。努力建设和谐企业，切实维护企业稳定，是党组织工作的重要内容。建设和谐企业，不仅是构建社会主义和谐社会的题中应有之义，而且是企业不断发展壮大的必然要求。在建设和谐企业中，要处理好改革发展稳定三者之间的关系，改革是动力，发展是基础，稳定是保证，三者缺一不可。要处理好发挥企业经营管理者的积极性和发挥广大职工积极性的关系，坚持改革发展为了广大群众，改革发展依靠广大群众，改革发展成果惠及广大群众。在企业发展的同时，逐步提高广大职工的经济收入和福利水平。要维护好企业各个群体的合法权益，特别要重视做好维护弱势群体的利益，继续做好扶贫济困送温暖的工作。要坚持在企业发展的同时，努力解决影响职工切身利益的历史遗留问题。

各级党组织要落实稳定工作责任制，发挥党政工团组织的作用，共同搞好稳定工作。要落实国务院《信访条例》精神，组织好信访接待，做好上访人员的说服疏导工作，按政策规定解决实际问题，努力把矛盾解决在基层和萌芽状态。

积极做好改革政策的宣传工作，引导广大职工支持企业的改革措施，正确对待利益关系的调整，确保改革改制工作顺利进行。

扎实推进精神文明建设，为改革发展提供动力支持。要按照集团公司“贴近实际，重在创建，巩固提高，扎实有效”的思路，继续开展以创建文明单位为主要内容的系列创建活动，开展“三创建”活动，在文明工程创建中按照“六达标”的要

求，突出以经济效益为中心，全面推进工程项目的质量、进度、安全、工地环境、队伍建设的协调发展，提高文明工程项目的创建水平。

各级党组织要高度重视党风建设和反腐倡廉工作，这既是推动企业改革发展的重要保障，又是企业党委的重要工作，必须抓实抓好。当前，要组织广大干部、党员认真学习《党章》，学习中央办公厅、国务院办公厅《关于开展治理商业贿赂专项工作的意见》，学习贯彻中央纪委五次全会和中央企业纪检监察会议精神，坚持“标本兼治、综合治理、惩防并举，注重预防”的方针，重点抓好集团公司《建立健全教育、制度、监督并重的惩治和预防腐败体系实施办法》的落实。结合实际，贯彻《国有企业领导人员廉洁从业若干规定（试行）》的精神，重点抓好各级领导人员和有业务处置权的重要岗位人员的廉洁从业工作。各级党委要进一步加强对党风建设和反腐倡廉工作的领导，各级党政主要领导要进一步提高对党风建设和反腐倡廉工作重要性的认识，坚持党委统一领导、党政齐抓共管、部门各负其责、纪委组织协调、群众积极支持和参与的领导体制和工作机制。

各级党委要全面履行企业党委的职责，加强对工会、共青团的领导，支持工会、共青团组织按照各自的章程开展工作，进一步做好党的群众工作。工会工作要坚持围绕建立和谐企业、推进改革发展的原则，重点抓好企业民主管理、群众性经济技术活动、职工素质工程三项重点工作，加强工会工作的创新。共青团组织要坚持围绕一条主线（围绕企业改革发展稳定的主线），干好三项工程（青年人才工程、创新创效工程、号手工程），发挥团员青年的积极性、创造性，为推动企业跨越式发展建功立业。

企业文化是企业核心竞争力的一部分，是实现跨越式发展战略目标不可缺少的动力条件。要落实国资委《关于中央企业文化建设的指导意见》，集团公司要在调查研究的基础上，起草企业文化建设的实施意见，指导基层的工作。各单位要按实施意见的要求，起草本单位企业文化建设规划，成立领导小组和工作机构，发动员工提炼企业精神、经营理念、管理理念、员工行为守则，形成自己独具特色的企业文化。集团公司要在汇总成员企业和总部员工征集情况的基础上，确立集团公司统一的企业精神、经营理念，形成集团公司统一的共有价值观。通过上下结合、双层创建，使集团公司和成员单位的企业文化建设取得新进展。

5.**抓好党建工作创新，努力建设党建工作新机制**。郭建堂同志在集团公司党建工作会上提出要结合实际、努力创新，建立以“融合、服务、务实、复合、推进”为中心内容的集团公司党建工作新体制。提出这个新体制，总结了集团公司近几年党建工作的基本经验，符合新形势下党建工作的新要求，我们要继续贯彻这一原则，建立集团公司党建工作的新机制。我在这里强调两点：一是强调坚持融合的原则，就是指企业的党建工作必须融入生产经营这个中心，服务改革发展稳定这个大局。党建工作说到底是为了推动企业的改革发展，推动集团公司生产经营任务和战略目标的实现。因此，企业的党委、工会、共青团的工作从指导思想到内容方法，都要坚持为经济工作、生产经营服务，为完成企业经济任务服务，为提高经济效益服务，这是我们工作的出发点和落脚点。二是强调坚持复合的原则，就是指我们的政工干部要努力成为复合型的干部，既懂党建工作，又懂生产经营工作。一方面，各级组织要有意识地培养复合型的政工干部，要采取政工干部和生产经营干部的轮岗交流、交叉任职，为他们提高综合素质创造条件。另一方面，从行政岗位上交流到党群岗位上的同志，特别是新任党委书记、工会主席，要认真学习党务工作知识，聚精会神做好党务工作，尽快进入角色，成为复合型的党务工作者。

同志们，集团公司跨越式发展已经步入新的阶段，我们要在胜利实现跨越式发展第一阶段目标的基础上，进一步解放思想，深化改革，努力创新，奋发有为，全面实现2006年经济工作的各项目标，推进跨越式发展第二阶段任务的完成，为实现具有国际竞争力的大型跨国企业集团的宏伟目标而努力奋斗！

集团公司工作会议讲话

在中国水利水电建设集团公司2006年工作会议上的讲话

（2006年3月20日）

郭 建 堂

同志们：

这次会议是在我国“十一五”开局、集团公司跨越式发展进程向前推进的形势下召开的，同时又是集团公司新老班子交接后召开的第一次大会，承前启后，继往开来，具有十分重要而特殊的意义。今天，我以一位老同志、老朋友的身份参加这次会议，非常高兴，心情也特别激动。我是一名老水电了，几十年的奋斗生涯，使我亲历并见证了我国水电建设事业和水电施工企业不平凡的发展历程，我的人生早已融入了这一火热的事业中，与我们的企业，与我们的同志，结下了深厚的不可割舍的情谊。此时此景，不免感慨万分，千言万语，难以表达。在这里，我向多年来关心支持我的各位领导，向风雨同舟、共成事业的各位战友，向奋战在各条战线上的全体职工，向广大职工家属，向各界朋友致以最诚挚的谢意！

借这个机会，我讲几点，与大家交流。

一、七年工作回顾

1999年3月，我从原国家电力公司到水电总公司（中国水利水电建设集团公司前身），担任党组书记、总经理，到现在整整七年了。七年来，我和集团公司领导班子其他同志在原国家电力公司、国资委等上级单位的领导下，在成员企业领导班子的支持配合下，团结带领广大干部职工，迎难而上，奋发图强，开创了工作新局面，使企业逐步走上持续快速发展的轨道，企业面貌发生了很大的变化。概括起来，主要有以下几个方面。

（一）制定企业发展战略，明确企业发展方向

改革开放后，水电施工企业经受了前所未有的考验，适应市场的能力和实力不断增强。但由于历史、体制、市场等方面的原因，始终未能从根本上摆脱困境。到20世纪90年代末，一些长期积累的深层次矛盾和问题日渐显现，新的形势使我们面临着巨大压力和挑战，何去何从亟需作出明确的战略抉择。在这样的转折关头，集团公司紧紧依靠广大干部职工，果断提出了集团化、国际化的总体战略思路。沿着这一思路，2002年底我们在国家电力体制改革中组建了企业集团，随之于2003年初进一步提出了全面建设具有国际竞争力的大型企业集团的奋斗目标，并制定了相应的措施，之后又于2004年确立了跨越式发展战略，为推进这一战略的实施，2005年做出了转变经济增长方式、增强可持续发展能力的重大战略决策，并在总结成功经验、展望未来10年发展的基础上，形成了“三步走”跨越式发展战略，构画了长期发展的蓝图。“三步走”战略步骤的提出，使集团公司发展战略形成了一个由战略目标、战略任务、战略步骤构成的较为完整的体系，在集团内外产生强烈反响，得到广泛认同。

目前，跨越式发展第一阶段的任务已基本完成，第二阶段已经实现了良好开局。实践证明，这些年我们企业发展的方向是正确的，战略体系的确立和实施为我们走出低迷徘徊状态、走上战略发展之路提供了关键保证。

（二）紧紧抓住历史机遇，推动企业快速发展

这七年中，我国坚持深化改革和扩大开放的方针，并加入WTO，国民经济保持持续快速发展态势，水电建设市场继恢复性增长后出现了大发展的局面，国有资产管理体制改革和国家电力体制改革的深化，为我们提供了十分难得的历史机遇。紧紧抓住机遇、加快发展是我们各级领导班子不可推卸的重大责任。这几年，我们大力开发“两个市场”，充分利用“两种资源”，牢牢把握提高经营效益这一中心环节，不断调整经营工作思路，努力协调市场经营中的各种关系，开创了经营工作的新局面，经营规模大幅增长，国际经营连续取得突破，经济增长方式逐渐转变，产业结构明显优化，管理体制发生重大变化，企业综合实力、国际竞争力和抗御风险能力得到增强。从统计数字看，企业总产值从1998年的88亿元增长到2005年的304亿元，增长245%，当年新签工程合同额从1998年68亿元增长到2005年的491亿元，增长622%，全员劳动生产率从1998年6.5万元/(人·年)增长到2005年的25.04万元/(人·年)，增长285%，当年实现利润从1998年的亏损，到2005年盈利3.83亿元，职工人均收入逐年提高。连续七年超额完成年度经营目标，连创历史最好水平，保持了持续快速发展的势头，集团公司在国际国内的排名稳步上升，影响力持续扩大。

（三）积极实施国际化战略，努力开拓国际市场

为拓展企业生存发展的空间，适应经济全球化的新形势，我们不失时机地提出了走出国门、面向全球、扩大发展的思路，并坚定不移地推进国际化发展战略，取得了显著的成绩。1993年，水电总公司获得对外经营权，国际经营开始出现新的起色。1999年以后，国际化经营全面展开，经营规模、经营层次、品牌信誉连续取得突破，到2005年，我们已完成国际产值17.8亿美元，获得国际合同46.9亿美元，仅2005年新签国际工程合同额就达到16.5亿美元，承建70多个项目，涉及30多个国家，培养了一批优秀的国际经营人才，展现了广阔的发展前景。目前我们已成为中国水电产业"走出去"的排头兵和中国企业"走出去"的一支重要力量，在国际市场上牢固树立了"中国水电建设第一品牌"的良好形象。集团公司国际业务的发展经历了很多艰辛，取得了丰硕成果，不仅成为集团公司新的重要的经济增长点，而且在集团整体发展中发挥了不可替代的战略带动作用，形成了多方面的综合效益。

（四）推进产业结构调整，提高可持续发展能力

产业结构单一、市场领域狭窄、市场地位不高、同一层次竞争激烈、获利能力不强等弊端，是长期困扰企业发展的深层次原因。转变单纯承包商身份、调整产业结构、增强可持续发展能力是我们水电人多年的夙愿。为此，我们做出了很大努力。但由于多种原因，这一愿望始终未能变为现实。集团公司的组建，为我们创造了前所未有的条件。这几年，我们充分利用国务院赋予的投融资权利，大力推进产业结构的调整和升级，健全了投资机构，逐步理顺投资管理体制，千方百计融通资金，大力优选开发多个领域的投资项目，到目前，集团公司投资业务已初具规模，开发前景良好。投资开发方面的突破，使我们由单一的水电施工企业，初步发展成为四大主业共同发展、"两个市场"双向拓展的综合性企业集团，初步奠定了资本经营、资产经营和生产经营并举的经营新格局，这在集团公司发展历史上具有里程碑式的意义。

（五）努力深化企业改革，不断推进体制创新

企业改革一直是我们攻坚破难的一个重大课题，几年来我们本着积极稳妥的原则，努力探索实践，做了大量工作，取得了较为明显的成效。早在1999年，我们就进行了大量的调研，之后确定了"剥离、改制、重组"的企业体制改革思路，制定了具体实施方案并予以实施，主要思想是为组建集团和建立现代企业制度作准备。2002年，我们抓住电力体制改革的有利时机，促成了水电建设集团的组建。2004年，我们根据集团化建设的需要和中央企业改革发展的要求，进一步完善了改革的总体思路。由于众所周知的原因，水电施工企业改革困难大、阻力也大，在这种情况下，这几年我们坚持改革不动摇，在整体规划的基础上，力求重点突破，在企业整体改制试点、主辅分离辅业改制、分离企业办社会、企业兼并重组、董事会试点等方面取得了不同程度的进展。同时，本着新公司新体制的原则，组建了一批有限公司，初步实现了投资主体的多元化。此外，企业内部"三项制度改革"取得可喜成果，普

遍引入了市场机制、竞争机制。特别是针对企业负责人的选拔制度、分配制度得到创新，产生了深刻的影响。

（六）加强企业管理，转变增长方式，提高经济效益

回顾近些年我们的企业管理，大致可以概括为“一条主线，三项转变，七个着力点”，即：以打破总公司行政性体制下的管理模式、推进管理转型、实现增长方式转变为主线，从分散的、各自为政的管理向集团化管理转变，从粗放的、低效的管理向集约型管理转变，从劳务、生产型管理向资产经营管理和资本经营管理转变，为此，我们着力采取了七个方面的举措，一是以强化出资人权益为核心，不断完善集团治理结构；二是以制度建设为重点，深入实施集团统一的战略管理；三是逐步完善经营业绩考核、奖惩体系，引导企业走科学发展之路；四是强化市场经营战略，建立健全市场统筹协调机制，规范市场竞争秩序；五是推行精细化管理，促进各项管理的科学、有序、规范、受控；六是加强资产管理，不断提高资本运作水平；七是加强总部建设，推进总部职能的转换。通过一系列的战略举措，初步建立了集团范围内的战略协同、资源优化配置机制，使企业各项管理迈上了新的台阶，有力推动了经营质量和效益的提高。

（七）积极争取政策支持，努力解决重大历史遗留问题

水电施工企业是原电力系统中特殊的困难群体，具有社会包袱最重、人均占有资产最少、政策优惠最少的特点，对此中央和国家有关部门、原电力部和国家电力公司给予了我们不少的关心、帮助，但一些重大历史遗留问题始终未能从根本上解决。这些年，我们一方面顶住巨大压力，克服各种困难，坚持改革发展不动摇；另一方面，通过多种渠道，进行艰苦细致的工作，争取历史遗留问题的解决，最终在国家电力体制改革中争取到了相关的支持和扶持政策，并努力促进这些政策的落实。到目前，国家资本金已经到位；补助离退休职工的两项统筹外养老金得到落实，电网和发电公司拨给水电施工企业的困难补贴资金及财政部下拨的下岗职工生活补助费基本到位，发电资产划转问题的解决取得新的进展。这些历史遗留问题的基本解决，对集团公司当前和今后发展具有相当重要的作用。同时对我个人来讲，也还了多年的心愿，使我在离任前对大家特别是对十余万离退休职工有个交待。

（八）认真做到“两手抓”，促进“两个文明”建设协调发展

水电施工企业具有优良的传统，但在新的历史条件下，企业在政治思想和文化建设领域也遇到了新的问题。根据新形势的要求，几年来，我们始终坚持“两手抓”，企业党建工作、反腐倡廉工作、精神文明建设、思想政治工作和群众组织的工作以生产经营为中心，打开了新局面，取得了新成绩，有力推动了企业的改革发展。我们各级组织和广大党员为此付出了艰苦而富有成效的劳动。仅就组织建设方面来讲，这几年我们相继成立了党组纪检组、集团公司工委、团委、总部直属党委及集团公司党委，工作体系不断完善，工作局面不断创新，各级领导班子建设不断加强，为今后的工作奠定了坚实的基础。

这几年集团公司获得了较大的发展，这些成绩是在几代人数十年来，特别是改革开放以来不断探索实践的基础上取得的，是上级组织正确领导、亲切关怀的结果，是集团公司各级领导和十余万职工共同奋斗的结果。作为党的干部，作为一名水电人，自己时刻牢记党和政府的要求及广大职工的重托，做了一些应做的工作，取得一定的成绩。但同时，由于客观条件和主观能力所限，工作中还存在很多不足甚至失误，离上级的要求，离广大干部职工的期望还有很大差距，希望大家批评并在以后的工作中加以改进。

二、几点工作体会

这里我结合以往的工作，谈一点个人体会，与大家共勉。

（一）必须始终坚持用科学的理论武装头脑，指导工作实践

要认真学习、深刻领会马克思主义、毛泽东思想、邓小平理论和“三个代表”重要思想，认真学习、深刻领会党中央、国务院的方针政策，在提高理论素养、坚持党性原则、加强党性锻炼上下功夫，在贯彻落实上下功夫，任何时候都要坚定正确的政治立场，绝对不能迷失方向。要深刻理解和坚决落实科学发展观，带领企业走科学发展之路，在构建和谐社会中有所作为。要不断学习社会主义市场经济理论，把握国内外市场的发展趋势，把握企业发展的规律，在提高战略思维能力和国际经营水平上下功夫，着力提高驾驭市场、参与竞争尤其是国际竞争的能力，求真务实，全面提高领导水平。

（二）必须始终坚持正确的思想路线，保持奋发有为的精神状态

要始终坚持解放思想、实事求是、与时俱进的思想路线，自觉地把思想认识从那些不合时宜的观念、做法和体制的束缚中解放出来。要大力弘扬水电建设者开拓进取、顽强拼搏的精神，面对困难，沉着应对，锲而不舍；面对成绩，保持清醒头脑，牢固树立忧患意识。要善于把握时代的要求，用发展的眼光分析和解决问题，用开放的理念改进工作，在工作和企业发展中注入先进生产力和先进文化的内涵，研究新情况，创造新经验，开创新局面。

（三）必须始终坚持正确分析形势任务，制定完善企业发展战略体系

制定正确的发展战略，历来是企业发展的重大问题，关系到企业长远发展和兴衰成败。对一个企业领导者来说，最高层次的决策，莫过于确定企业的总体发展战略。在任何时候，都必须保持清醒的战略头脑，坚持正确地分析形势，增强前瞻意识，保持正确的战略方向，做到战略目标明确，战略思路清晰，战略举措得当。确立和实施发展战略，必须自觉把企业发展置于国际国内经济社会发展的大格局中，审时度势，权衡利弊，增强辨证意识，紧紧围绕发展目标，不断完善企业发展战略，将战略意图变为实实在在的行动，将战略机遇化为发展壮大的现实。跨越式发展是我们在新形势下作出的必然选择，无论遇到什么情况，都必须坚定不移地推进这一历史进程，推进我们既定的宏伟目标的实现。必须坚持集团公司的战略中心地位，完善集团公司总体战略与成员企业发展战略相辅相成、统一配套的集团战略体系，强化战略实施的高度一致性、协同性和系统性，将集团整体优势转化为现实的竞争优势、

经济优势。

（四）必须始终坚持以经济效益为中心，推进经济增长方式的转变

实现效益最大化是企业的本质追求，保持企业经济效益的持续快速增长，是落实科学发展观、实现跨越式发展的基础和首要任务。必须注重速度和结构、质量、效益的统一，把发展的着力点转到加快技术进步、优化产业结构、强化内部管理、提高质量效益上来，走内涵式发展道路，实现可持续发展。要正确认识和处理规模和效益的关系，规模的扩张和效益的增长是一对矛盾统一体，没有一定的规模，就不可能有一定的效益，而单纯追求规模扩张，必然影响可持续发展能力甚至带来不可预期的风险。必须把科技创新和管理创新放在突出位置，走自主创新型、资源节约型发展之路，依托科技进步和科学管理，增强核心竞争力，提高资源配置效率。

（五）必须始终坚持改革创新，用发展和改革的办法解决前进中的问题

改革是发展的动力，必须按照中央关于国企改革的要求，从全局的高度认识改革，推进改革，实现体制和机制的创新，最大限度地解放和发展生产力。深化改革就要不断解放思想、与时俱进，形势在不断变化，改革永远没有止境，必须因时而变、因势而变，使我们的改革体现时代性、富于创造性。发展是硬道理，必须把发展作为解决问题的根本出路，用发展的业绩来判断我们工作的得失成败，用发展的成果来检验我们责任是否落实。必须立足现实，谋划长远，以创新的精神不断开创企业发展的新局面。

（六）必须不断加强领导班子建设，努力提高领导水平和决策能力

企业成败的关键在领导班子，优秀的领导班子必须具有良好的政治素质和相当的经营管理水平，更要团结一心、同舟共济，求真务实、开拓创新，作风民主、决策科学。这就要求不断加强班子的思想政治建设和作风、制度建设，提高素质，优化结构，改进作风，为跨越式发展提供坚强有力的组织保证。要坚持党管干部与市场化配置人才相结合的原则，不断完善与集团管理相适应的企业领导人员培养、选拔、评价和考核体系，建设一支素质高、能力强、能够防患未然并经得起风浪考验的干部队伍。企业党政主要领导，必须做到以身作则，率先垂范，建好班子，带好队伍。

三、企业前程远大

集团公司新一届领导班子的组成，标志着我们已经进入了一个新的历史发展阶段。十分高兴的是，集团公司新一届班子年富力强，结构合理、整体功能强，贯彻落实科学发展观的能力、驾驭全局的能力、务实创新的能力较强，这是集团发展的希望所在。作为一名老同志，我倍感欣慰。

当前，集团公司改革发展面临着十分有利的形势，前景广阔，任重道远。新班子将会站在新的起点，面对新的挑战，跨入新的征程，带领广大职工为集团的发展做出新的贡献，创造新的辉煌。

会前，集团公司党组认真回顾了过去三年特别是2005年的工作，总结了经验，研究讨论了今后五年及2006年的工作，范集湘、刘起涛同志将分别在会上作重要报告，请大家认真讨论和贯彻。借这个机会，我再提几点期望，供参考。

（一）要始终以科学发展观统揽全局

科学发展观是指导发展的世界观和方法论的集中体现，科学发展观的实质是实现又快又好地发展，必须把科学发展观贯穿到企业改革发展和各项工作的全过程，用科学发展观武装头脑、指导工作、研究问题，努力把科学发展观的要求转化为谋划企业发展的正确思路、得力措施和领导企业发展的实际能力，实现开创新局面的奋斗目标。

（二）要坚持发展是硬道理，全力以赴谋求企业的更大发展

目前我们企业仍然存在很多困难，经济质量和经济效益不高，抵御风险能力不强，体制机制改革创新任务艰巨，维护企业稳定的压力繁重。这些都是前进中的问题，归根结底只有靠发展来解决。小发展、大困难，大发展、小困难，不发展、更困难。企业上下一定要一心一意谋发展，通过发展开创新局面。

（三）要执行高标准、高质量、高起点、高要求，在建设具有国际竞争力的企业集团上下功夫

党和国家对中央企业提出了更高标准，国资委对中央企业监管力度加大。建设具有国际竞争力的跨国企业集团，标准高、质量高、起点高、要求高。我们需要转变原有的思维方式和管理模式，下功夫转变和解决水电施工企业管理粗放等弊端，建立起新的发展和管理模式，努力构建具有国际竞争力的跨国企业集团新体制。

（四）要正确处理改革、发展和稳定的关系

企业保持较快的发展速度，不断增强可持续发展能力，是解决前进中的矛盾、保持稳定的基础。企业保持稳定是发展和改革的前提，维护好稳定是我们企业经济责任和社会责任的重要体现。我们要把企业改革的力度、发展的速度和职工可承受的程度统一起来，努力创建和谐企业。

（五）要全力支持新一届领导班子的工作

集团公司各单位、各级领导要全力支持新班子的工作，认真贯彻落实范集湘同志工作报告所提出的发展思路、战略部署和改革发展措施，贯彻落实刘起涛同志总结讲话中提出的各项要求，加强组织观念，严格组织纪律，自觉服从领导，坚持团结统一，树立大局观念，统一思想，统一意志，上下齐心，共同为实现集团跨越式发展的目标而奋斗。

我退出领导岗位后，将力所能及、全力以赴地支持新班子工作，保持共产党员的先进性，发挥一名老同志应有的作用。

实践将会证明，集团公司在新一届领导班子的带领下，一定能够开创工作的新局面，一定能够迎来光辉灿烂的明天！我真诚地祝愿我们的事业兴旺发达，祝愿同志们幸福安康！

集团公司工作会议 领导讲话

在中国水利水电建设集团公司2006年工作会议上的讲话

（2006年3月22日）

张基尧

同志们：

这次集团公司召开的工作会议非常重要，它既是一次盘点胜利的会议，又是一次继往开来的会议，还是一次团结协作、共同发展的会议，会议内容也十分丰富。工作报告的内容回顾了近几年来，尤其是在建堂同志领导下，集团公司所取得的成果，也指出了由于历史原因和发展过程中面临的问题，提出了新的要求，同时对下一步的工作提出了明确的措施。这次报告做得很好。我今天来的目的主要是看望大家，也谈一些感想，讲三个方面的内容。

一、庆贺同志们所取得的成绩

集团公司这几年来在党的改革开放政策指引下，在国内外建筑市场取得了成绩，走出了坚实的步伐。首先体现在集团化目标的实现，工程局从以往的独立经营，到现在“航空母舰”式的经营，规模经营的效益和社会影响已经初步体现出来，现在可以和国外的一些知名的集团在同等的水平上竞争。第二，我们在水利水电等各个领域，有着大步的跨越，2005年完成企业总营业收入313.89亿元，比2004年增长25.24%；新签工程合同额491亿元，比2004年增长30%；更重要的是利润增长到3.83亿元，比2004年有较大增长。我不太注重产值是多少，我注重效益。我欣喜地看到，集团全员劳动生产率达到25.04万元/(人·年)，比2004年增长27.24%；职工全员人均收入达到16500元/(人·年)，比2004年同比增长13.42%。这些数字表明，集团公司走向了繁荣。第三，国际市场有了很大的发展，实现了规模经营，在国际上的声誉显著提高。现在集团公司对外经营业绩突出，在24个国家和地区，有77个项目，国际公司的同志们作出了巨大的贡献，与集团公司领导和各工程局的支持分不开。第四，在经营产业结构上发生了令人欣喜的变化。产业结构的调整增强了我们走向市场的信心，增强了我们抵御风险的能力。在此，对建堂同志和领导班子为公司的发展做出的努力表示由衷的感谢。

二、共同展望集团公司的未来

集团公司新组建的领导班子，年龄结构、专业结构比较合理，工作经验都很丰富，能够带领集团公司和成员企业，去开拓新的市场。我们有理由相信，在新的领导班子的领导下，集团将会在以往成绩的基础上，进一步增加集团的凝聚力，进一步开拓水利水电以及其他建筑市场，更进一步增强集团公司的物质财富，进一步为我们国家的各种建设作出我们的贡献。领导班子调整后，更加充满生机活力，在同志们支持帮助下，会乘风破浪，勇往直前，从一个胜利走向另一个胜利。

三、把握好当前工作的要求和矛盾

注意协调六个关系：

（一）扩大规模与效益的关系

这些年集团公司发展很快，但也存在一些薄弱环节，体现在三个方面。一是经营产值很高，但是利润水平不高。2005年的产值利率1.22%，银行贷款利息6.12%，这说明我们付出了巨大的代价，但得到的回报与付出的代价不相适应。这里有市场的原因，也有我们经营管理的原因。假如我们的“航空母舰”有足够的规模，但我们不能打胜仗的话，就要考虑它的结构问题。经营效益依然是我们当前需要亟待解决的问题。二是随着现在经营领域的不断拓展、项目的不断增加，队伍结构不合理和人才缺乏，已经成为当务之急。现在在很多项目上都需要具有专业知识、专业经验的项目经理，项目越多，需要这样的综合素质的人才就越多，但现在我们在这方面感到捉襟见肘。缺乏高素质的人才，我们在项目管理上，在市场经营中就难以取得好成绩。我们有的只是完成任务的管理，单纯完成任务的管理已经不符合当前集团公司的要求了。三是各级管理制度、管理规定、监察监督还有不到位的地方。正因为这样，所以我希望处理好扩大规模与提高效益的关系，因此要加强管理，提高效益。没有利润谈何效益，没效益的规模又有什么用呢?这是一对矛盾，但又是相辅相成的，因此要把握好三个环节，一是投招标环节，最近集团公司在做调整，限制恶性竞争，我觉得很有必要。二是加强管理，减少各种资源的浪费，提高资源的使用效率。三是要切实培训一流的管理人才，许多同志重进度、重质量、轻效益，这种思想观念需要转变。在规模和效益这对矛盾中，目前矛盾的主要方面是提高效益。

（二）处理好投资开拓和企业发展的关系

投资开拓对集团公司来说，起到了增加企业抗风险能力、增强集团凝聚力的作用。但投资开拓的资金是靠发展的成果得来的，没有主业的发展，哪来的资金积累？所以要增强集团的竞争实力，通过主业的发展取得更好的成绩，毕竟我们是水利水电建设集团，我们的主业是建设，我们的人员结构，工作经验，更适应工程建设。要在工程建设上多花精力，如何提高工程建设技术含量？如何提高工程建设的管理效益？如何节省工程建设的建设成本？如何开拓工程建筑市场？这既是效益的源泉，又是吸纳众多劳动力的基础。我觉得在开拓、发展的问题上，主业的发展是主要矛盾，一要加强主业发展，二要加强在这方面的领导力度。

（三）集团效益与独立经营的关系

有了集团，大家有了归宿感，有了依靠感，这是我们的基地，这是我们的港湾。工程局（厂）独立经营就像“航空母舰”上的“战斗机”，如果派出去的“战斗机”都打败仗，都被“敌人”击落了，这个“航空母舰”还有什么用？因此，每个工程局在自己的经营领域要打胜仗，集团公司要鼓励工程局发挥独立经营作用。工程局应该考虑集团公司的规模效益，集团公司强大了，就对工程局后续的发展奠定了基础，因此要支持集团建设，因为两个积极性总比一个积极性强。作为集团公司，既要考虑在规模效益的基础上开拓市场，又要充分发挥工程局作为独立“战斗机”的作用，独立地开拓市场经营，这两个方面重点要放在工程局的独立经营上，就像我刚才的比喻，我们派出的“战机群”都打了胜仗，我们的“航空母舰”的作用就更加巩固。

（四）企业积累与成果共享的关系

以前我们水利水电建设企业家底很薄，现在随着集团公司市场不断开拓，生产经营不断发展，有了一定的物质基础，慢慢开始走向自食其力的道路，甚至还稍有盈余。但要处理好积累与发展的关系、积累和改善人民生活的关系。在企业发展的时候，我们一方面要为企业发展后续进行积累，增加生产活力，添置一定的生产资源，另一方面，我们要把改革开放的成果让在职职工和退休职工能够分享，我们不能因为积累而忽视了让职工分享改革成果。企业积累和改善职工生活生产条件是一对矛盾，在当前，改善生活条件是主要矛盾。这方面体现了我们如何贯彻落实中央提出的以人为本的科学发展观，体现了构建社会主义和谐社会的宗旨。

（五）管理层与工作层的关系

管理层承担着重要的管理责任，是企业效益的主要管理者，工作层是企业效益的主要创造者。在管理层和工作层的两个层面上，我们不仅要注重对管理层的培养、教育、规范和生活上的关心帮助，更要注重对在工作层面上做具体工作人员的培训、教育以及生活、工作上的帮助。集团公司内部、工程局内部都要注意这个问题。管理层与工作层这一矛盾的主要方面在工作层上。

（六）物质文明和精神文明的关系

一个人是不能没有精神的。中华民族的古代文明孕育了我们的民族精神也提炼了我们民族的灵魂，我们不屈不挠，勤劳善良，团结友爱。最近，胡锦涛总书记提出了“八荣八耻”，内容都是中华民族传统文化的精髓。另一方面，也不能没有物质文明。物质文明和精神文明是不可缺一的。现在比较重视的是物质文明建设，忽视的是精神文明建设，忽视的是企业文化建设。企业不能没有企业文化，更不能没有企业精神。近年来，我们为了摆脱贫困，填饱肚子，满足最基本的生活要求，都全身心地扑在物质文明建设上，这是可以理解的，但在一定的条件具备后，要加强精神文明建设，不然的话物质文明是不巩固的，希望同志们能处理好物质文明和精神文明的关系，当前这一矛盾的主要方面是精神文明建设。

以上我讲了六个方面的关系。这六个关系，如果处理得好，就可使得集团公司和各工程局这座大厦不断地增砖添瓦，如果没处理好，大厦要受到威胁，工作就会受到影响，职工将受到伤害。希望同志们在今后的工作中能够认真地研究和把握这些方面，为了未来的目标做好当前工作。

（根据录音整理）

在中国水利水电建设集团公司 2006年工作会议上的讲话

（2006年3月22日）

范 有 年

同志们：

2005年是水电集团实施跨越式发展战略的第二年，在公司党组的正确领导下，全体干部职工以邓小平理论和“三个代表”重要思想为指导，以建设具有国际竞争力的大型企业集团为主线，认真落实党和国家关于国有企业改革发展的一系列方针政策和工作部署，齐心协力，扎实工作，圆满完成了国资委各项考核任务以及公司年度工作目标，呈现出“快速发展、强化管理、优化结构、创新机制、提高效益”的良性发展态势，集团综合实力进一步增强，凝聚力进一步提高，取得令人鼓舞的成绩。在此，向水电集团各级领导以及战斗在生产第一线的全体干部职工表示衷心的祝贺和亲切的慰问！

2005年水电集团生产经营呈现出以下主要特点：

一、生产经营持续快速增长，体现在国内、国外两个市场齐头并进

实现主营业务收入314亿元，同比增长25%，三年平均增长27%，其中国际工程营业收入38亿元，比上年增长86%；集团全年新中标合同额491亿元，比去年增长30%，其中国际工程合同额16.5亿美元，同比增长83%，占集团签约总额的27%。

二、盈利能力进一步提高，较好地实现了国有资产保值增值

全年实现利润总额3.8亿元，同比增长58%，净资产收益率5.5%，国有资产保值增值率106.25%，比上年提高1.3个百分点。

三、集约化管理逐步深入，实现了企业管理机制的不断创新

一是以树立正确的业绩观为导向，实施以资产收益为核心的经营者年度经营业绩考核制度，通过推行年薪制，不断完善集团公司科学、规范、有效的激励机制；

二是创新领导干部培养、选拔机制，首次在系统内对10个子公司的16个企业负责人职位进行公开选聘，使一批既有实际工作经验，又年富力强的同志走上领导岗位，充实了集团领导干部队伍力量；

三是行使对子公司重大投资、对外担保、对外借款决策审批权，完善集团公司投资管理办法，进一步规范所属企业投资行为，最大限度地规避投资风险，提高投资效益；

四是从发挥集团整体优势，规范内部市场竞争行为，创建公平合理的市场环境出发，继续深化工程局投标协调工作，通过各工程局的理解支持和大力配合，协调成果已开始显现；

五是从集团和子公司两个层面强化资金集控，规范子公司会计核算，财务基础工作进一步规范，财务及资金管理水平有所提高。

四、围绕做强做大主业，进一步优化产业结构

一是集团国际业务开始实现从单纯的工程施工向EPC、BOT、BOOT以及矿电合作等产业的延伸，2005年中标项目中市政及工民建项目已占2/3，体现出经营层次进一步提高、市场范围进一步延伸、产业结构更趋多元化的特点，对集团公司整体实力的提升起到重要的支撑作用；

二是加大电源项目投资开发力度，取得了一些有较好前景的水电、火电资源；

三是启动房地产开发项目，整合现有资源，提升集团公司房地产经营开发层次。

五、深化银企合作，积极探索资本市场融资的有效途径

2005年集团公司又获得建设银行167亿元授信额度，启动发行12亿企业债券工作，并在今年2月16日成功发行，进一步拓展了融资渠道，为集团未来发展提供了有效的资金保障。

六、企业负担有所减轻，为集团可持续发展创造了有利条件

通过争取增加资本金、困难补助、离退休职工统筹外费用等项国家扶持政策的陆续到位，以及规范清产核资、子公司主辅分离、辅业改制等项工作，企业负担有所减轻，为集团可持续发展创造了有利条件。

七、保持共产党员先进性教育活动取得可喜成果，企业党建工作和政治思想工作得以加强

在取得成绩的同时，我们还应该看到以下不足：第一，集团内部资源整合尚未进行，工程局产业单一、业务雷同、相互过度竞争、竞相压价的状况依然存在，体制机制尚未根本转换；第二，队伍结构不合理状况未得到根本改善，缺乏高素质经营管理和商务人才，集团发展受人才制约的问题开始凸显；第三，传统观念未得到根本扭转，实现经济增长方式由规模数量型向效益质量型的转变仍需做大量工作；第四，营运资金仍然不足，集团实现规模经营、项目投资导致银行借款逐年增加，资产负债率居高不下，存在较高的财务风险；第五，工程局项目管理还不规范，比较粗放，部分单位设备材料采购、工程追加、成本控制等项规章制度未得到有效执行，造成成本高，应收账款拖欠；第六，集团公司近几年生产经营持续强劲增长，企业进入快速发展时期，但现有管理、资金、人才等资源状况明显滞后于规模的快速扩张，国内外项目的经营风险还时有发生，2005年发生多起重大安全生产责任事故，安全生产形势不容乐观。

2006年是我国“十一五”的开局之年，也是集团公司实施“三步走”战略，转变经济增长方式的关键一年，党的十六届五中全会、中央经济工作会、中央企业负责人会议的召开以及最近召开的全国人大四次会议，为国有企业发展提出了新的战略要求，希望集团公司抓住机遇，深刻认识和把握“十一五”是新起点、科学发展是立足点、改革创新是着力点、和谐惠民是落脚点这个总体要求和基本思路，进一步统一思想，明确目标。现就集团公司2006年工作提几点意见：

一、围绕进一步做强做大主业，提高集团核心竞争力

集团公司主业已经明确，要在发展工程承包基础上，大力发展科技研究开发、工程设计、勘察，加大科技投入，不断提升企业自主创新能力和科技发展水平。电力项目投资以及房地产开发要注重规范管理和风险控制，要平衡好各主业的发展力度，不断做强做实做大主业。

二、增强集团控制力，形成品牌优势

集团公司要做好“五个统筹”工作：统筹战略规划、统筹市场开发、统筹国际业务、统筹大额资金流向、统筹财务管理，进一步理顺集团公司作为出资人履行职责和子公司授托经营的母子公司管理体制，不断增强全系统的凝聚力和向心力。

三、集团公司子公司要进一步规范内部管理，发挥好在集团整体发展中的作用

集团公司子公司要进一步规范内部管理，不断探索符合自身特点的项目管理、联营体管理和成本控制模式，充分发挥子公司作为集团利润中心、管理中心作用，为集团可持续发展提供坚实的保障。

四、加强风险控制，促进快速、平衡、健康发展

要处理好规模与效益、发展与风险的关系，在企业快速发展的同时，更加注重合同风险、履约风险、质量风险、成本控制风险、投资风险、项目建设风险和人才风险，强化集团层面风险管理和控制力度，成立专门机构，组织专人开展对生产经营可能出现的各类风险的识别、评价、监测和控制工作，最大限度地减少损失，促进集团快速、平衡、健康发展。

五、进一步深化改革，切实转换企业经营机制

在总结过去改革、改制工作经验和教训的基础上，要加快集团资源重组步伐，规范项目招投标协调工作，加大子公司业务整合、改革重组力度，采取多种方式引入战略投资者，对具备条件的工程局可考虑先期实行多元化的股份制改革。

六、构建和谐型企业，体现“以人为本”，努力创建资源节约型企业

一是在发展生产、提高效益的同时，为职工创造更多的就业岗位，进一步提高基层职工的收入水平，逐步解决历史欠账，使广大职工能够同享企业改革发展的成果；

二是建立全系统安全生产管理的长效工作机制，要高度重视安全生产工作，警钟长鸣，全面落实整改措施，杜绝违章作业，有效防范重大事故的发生，切实保护职工生命和国家财产安全；

三是重视企业稳定工作，领导干部要关心职工，切实解决职工困难，时刻将群众利益放在心上。

四是努力创建节约型企业，通过依靠科技进步，优化设计方案，推广先进施工工艺，鼓励企业在节材、节能和降本增效方面多下功夫，减少环境破坏，加强生态保护，提高资源综合利用效率和设备利用水平，为我国节约资源和环境保护做出中央企业应有的贡献。

国资委今天上午宣布了对集团班子成员的调整任命，郭建堂同志从一把手领导岗位上退下来，由范集湘同志任集团总经理，刘起涛同志任党委书记，同时补充3位副总经理。对新领导班子上任表示热烈的祝贺！

郭建堂同志从1999年出任总经理兼党组书记以来，公司发展成绩斐然，特别是集团公司成立以来的3年多时间里，发展更快，在郭建堂同志和党组的带领下，洞察形势，抓住机遇，脚踏实地，开拓创新，振奋精神，稳定人心，团结协作，拼搏前进。这几年是水利水电施工企业发展最快的时期，也是系统内外所公认的。企业规模快速增长，经济效益不断提高，内部管理逐步规范，国内外市场开拓取得可喜成绩，集团竞争力和品牌优势进一步增强，郭建堂同志带领整个班子的正确领导，不仅使企业的成果丰硕，而且还培养了一大批优秀的中青年干部，为水电集团今后的发展奠定了坚实的基础，对水电集团的发展做出了历史性的贡献，我在此代表监事会向郭建堂同志表示崇高的敬意和衷心的感谢！

衷心希望水电集团新一届领导班子继承老班子的优良传统，发扬光大，开拓创新，带领12万干部职工，团结协作，巩固成果，改革进取，加快发展，为水电集团做强做大，争创国际一流的工程集团，为国有经济的壮大，为国家的振兴和富强做出更加突出的贡献！

（根据录音整理）

在中国水利水电建设集团公司2006年工作会议上的讲话

（2006年3月20日）

李庆林

同志们：

首先，以国资委办公厅的名义，对水电建设集团公司新领导班子的组建完成表示衷心的祝贺！

中国水利水电建设集团公司在过去几年里，取得了非常好的业绩，特别是2005年呈现出非常好的发展势头，全面完成了国资委考核指标设定的任务，在此，祝贺集团公司取得了这么好的成绩！

中央企业在这几年里，有了好的发展状态，而且积蓄了后劲，理顺了方方面面的关系，今年呈现的形势也不错。水电建设集团公司一定会有更好的前景和更好的发展水平。

希望中国水电建设集团公司加强企业的安全生产管理工作。一定要责任到位，一定要检查到位，一定要按工作规则来做，不能疏忽大意。

要重视企业的稳定工作。由于企业的历史遗留问题和欠账问题、改革成本投入不足的问题、社会保障覆盖不到的问题、在岗职工和离退休职工收入差距的问题、企业改革改制重组兼并不规范的问题等，都可能导致不稳定，值得大家高度重视，不可掉以轻心。国资委要求中央企业对不稳定因素进行大排查，弄清楚哪些问题是工作不到位造成的，哪些问题是应该集中解决的，哪些问题是应该特别解决的，哪些问题是需要提出来在更高层次研究解决的，要做到心中有数，建立台账。只有把这些基础工作做好，然后明确责任，工作到位，限期解决。解决不了的，及时反馈。从国资委统计上访的情况来看，上访主要有三大类问题：第一大类是劳动关系纠纷、劳动工资、再就业、企业内部工资分配以及拖欠医药费等问题；第二大类是国有企业改革方面的问题，包括分离企业办社会职能问题、协议解除劳动关系问题，企业关闭破产操作不规范引起职工不满等问题；第三大类是纪检监察方面的问题，如企业领导人违法违纪问题。所以，我们一定要重视企业的稳定问题，一定要处理好不稳定的“苗头”，保证企业和社会的稳定局面。

祝中国水利水电建设集团公司在新的领导班子领导下，借助方方面面的有利因素，在今后的工作中有更大的进步，有更大的发展。

（根据录音整理）

在中国水利水电建设集团公司 2006年工作会议上的讲话

（2006年3月20日）

孙玉才

同志们：

中国水利水电建设集团公司2006年工作会议今天隆重召开，我代表中国电力企业联合会，也代表赵希正理事长，对大会的成功召开表示最热烈的祝贺！

刚刚过去的2005年对电力行业是不平凡的一年，我国电力建设事业取得了突飞猛进的长足发展。截至2005年底，我国发电装机容量达到了5亿千瓦以上，其中水电超过了1亿千瓦，这是电力工业建设发展史上的一个新的里程碑，是长期关心电力发展的各级领导和电力战线广大职工共同努力的结果。在这一年里，国家宏观调控政策积极影响的作用日益显现，国民经济运行稳定，电力供需形势有新的缓和，全国电力需求增长在13%左右，电力发展保持了一个较高的发展幅度，电力稳定供应和安全可靠运行保证了广大人民群众的生产生活的需要，促进了国民经济的快速健康发展。

2005年，对于中国水利水电建设集团来说，也是取得丰硕成果和重大收获的一年。在以建堂为首的总经理领导班子带领下，坚持以“三个代表”重要思想为指导，认真贯彻党的十六届五中全会精神，全面贯彻落实科学发展观，坚决贯彻执行国家能源发展战略和电力工业发展方针，认真落实国家对电力体制改革的各项决定，紧紧抓住改革发展带来的机遇，深化企业内部改革，明晰企业发展方向和战略，坚定不移地推进集团公司全面可持续的跨越式发展的“三步走”战略，全面完成了2005年的各项工作任务。在此，我代表中电联对中国水电建设集团公司2005年取得的重大成绩致以热烈的祝贺，向奋战在一线的全体员工致以崇高的敬意。

中国水利水电建设集团当前的主要问题是发展的问题，要抓住有利时机，加快发展，提高抗风险能力，同时也要做好稳定工作，处理好改革、发展、稳定的关系。我们相信在新一届领导班子的带领下，通过加大力度，统筹协调，迎难而上，再接再厉，会再创新的佳绩。

在新的一年里，中电联将加大自身改革的力度，搞好优质服务，及时反映会员单位的困难和合理诉求，与电力企业一道艰苦奋斗，扎实工作，不断推进电力工业的改革发展，共同创造电力事业的美好未来，为实现全面建设小康社会的目标做出更大的贡献。

衷心祝愿集团公司在新的一年里取得更大的成绩。

（根据录音整理）

在中国水利水电建设集团公司2006年工作会议上的讲话

（2006年3月20日）

张萌萌

同志们：

首先，我代表中国能源化学工会，向中国水利水电建设集团公司的全体党政工领导、全体职工表示亲切的问候！

水电建设这支队伍，有4个特别：特别能吃苦，特别能战斗，特别能奉献，特别能忍耐。这样一支队伍，在改革和发展中作出了巨大贡献。

去年年底，全国总工会召开的十四届三次执委会上，确定了2006年全国总工会的工作重点：一是团结和动员全体职工，为"十一五"规划建功立业，做好主题为"当好主力军、建功'十一五'、和谐奔小康"的各种各样的劳动竞赛活动；二是健全和完善维权机制，组织起来做好维权工作；三是把基础工作抓好，抓班组，抓基层建设；四是维护农民工的合法权益。

作为国有企业，要注重把国有企业的政治优势转化为企业的核心竞争力，把全心全意依靠职工和拼搏奉献的企业文化，转化为集团公司的核心竞争力。现在，企业增效的压力越来越大，职工要求享受改革成果的心情越来越强烈，怎么处理好这两者的关系，是我们面临的一个很重要的问题。

今天中国水利水电建设集团公司召开的工作会有两大特点：一是规划部署"十一五"期间的任务，二是新的领导班子成立。这将是一个继往开来、承前启后的工作会议。

春天是绿色的，水电也是绿色的，绿色象征着生命。在这春天的时候，我们衷心地祝愿中国水利水电建设集团公司从绿色走向绿色，从春天走向春天。

（根据录音整理）

在中国水利水电建设集团公司2006年工作会议上的讲话

（2006年3月20日）

史立山

同志们：

很高兴参加中国水利水电建设集团公司的年度工作会。这是集团公司领导班子换届后的第一次会议，在此，祝贺新的领导班子，也感谢老的领导班子。

这些年来，水电建设集团公司创造了非常优异的成绩，为中国水电建设做出了很大的贡献，在此，我代表国家发展改革委员会能源局向会议的召开表示热烈的祝贺，并向为中国水电建设事业负出辛勤劳动的广大干部职工表示衷心的感谢！

刚刚过去的五年，是我国综合国力不断增强，人民生活明显改善的五年，也是我们水电建设最辉煌的五年，水电建设共开发8000万千瓦，投产了3700万千瓦，水电装机容量突破了1亿千瓦，特别是一些大型电站相继开工，这些电站的技术难度都是超世界级的。这5年也是水电发展史上大事比较多的。总的来看，水电建设进入了一个新的时期，水电发展阶段上升到了一个新的发展阶段。

50年来建设的大多数水电工程，都凝聚着水电建设集团公司每位员工的心血。特别是2002年电力体制改革成立水电建设集团公司以来，在郭建堂总经理的领导下，公司锐意创新，积极开拓国际国内市场，使公司的业绩、管理水平和公司的知名度都达到了一个新的高度，为企业的发展创造了一个良好的基础。

目前，我们国家正处在全面建设小康社会的重要时期，工业化和城市化的进程明显加快，能源、交通、基础设施建设任务十分繁重，今后的15年仍然是我国水电建设的重要时期。我们提出到2010年要建成1.8亿千瓦的水电，到2020年建成3亿千瓦的水电发展目标，因此公司面临难得的广阔的市场机遇。希望新一届领导班子，在范集湘总经理的带领下，站在一个新的历史起点上，承前启后，继往开来，坚持以人为本，实现可持续发展。要增强企业的自主创新能力，围绕水电建设的重大施工技术问题，特别是环境保护的技术难题等，开展技术创新。要不断开拓市场，除了水电，在交通、公路方面，水电建设企业都有很好的施展才华的机会，现在还有一个新的行业，就是石油储备库的建设，水电建设企业也要跟踪这方面的市场。

祝中国水电建设不断健康发展，祝中国水利水电建设集团公司再创新的佳绩，祝中国水电建设者身体健康，万事如意！

（根据录音整理）

中国水利水电建设集团公司工作规则（试行）

第一章　总　则

第一条　为适应建设具有国际竞争力的大型跨国企业集团的需要，使中国水利水电建设集团公司（以下简称集团公司）各项工作制度化、程序化、规范化，根据国家有关法律、法规和中组部、国资委党委有关中央企业党建工作的规定，以及《中国水利水电建设集团公司章程》，特制订本规则。

第二条　本规则适用于集团公司总部。

第三条　集团公司工作以邓小平理论和“三个代表”重要思想为指导，贯彻党的路线、方针和政策，坚持以人为本、全面协调可持续的科学发展观。发挥在整个集团中的中心作用，努力提高集团公司战略管理能力、统筹协调能力及总部管理和服务水平，全面履行总部职能，领导、指导和服务于集团公司全资子公司、控股公司（以下统称子企业）的科学发展。推进依法治企，建设科学、规范、有序、高效的集团治理结构。

第四条　集团公司领导干部及各级管理人员要依照国家法律、法规和集团公司规章制度认真履行职责，各司其职，各负其责，认真负责地做好各自职责范围内的工作，切实贯彻落实集团公司各项决策和工作部署；要顾全大局，注重协调，密切配合；要精简会议、公文和事务性活动；要遵从办事规则，规范办事程序；要着力提高工作效率，保证工作质量。

第二章　集团公司领导体制、集团公司领导及有关负责人职责

第五条　集团公司实行总经理负责制，总经理是集团公司的法定代表人，负责集团公司全面工作，行使国务院国有资产监管机构、集团公司章程赋予的职权，对出资人负责。总经理主要行使下列职权：贯彻执行国家的法律、法规和方针、政策，执行国务院的决议，向国务院及有关部委请示、报告工作；决定或主持会议决定集团公司的重大事项；签署集团公司重要文件；召集并主持总经理办公会议等集团公司重要会议；行使国务院及有关部委授予的其他职权。

第六条　集团公司党委在企业中发挥政治核心作用，围绕生产经营开展工作。保证监督党和国家的方针、政策在本企业的贯彻执行；支持总经理依法行使职权；全心全意依靠职工群众，支持职工代表大会开展工作；参与企业重大问题的决策；加强党组织的自身建设，领导思想政治工作、精神文明建设、共青团等群众组织。

第七条　副总经理根据总经理的授权履行相应职责，协助总经理工作，对总经理负责。受总经理委托，可以代表集团公司进行社会公务、商务和外事活动。

第八条　总会计师、总工程师、总经济师（以下简称“总师”）在其职责范围内协助总经理工作，对总经理负责，完成总经理交办的工作及副总经理按分管工作委托的事项。经总经理授权，可以代表集团公司进行社会公务、商务和外事活动。

第九条　总经理助理协助总经理工作，对总经理负责，完成总经理交办的工作及副总经理按分管工作委托的事项。

第十条　集团公司总部各经营管理部门负责人负责本部门职责范围内的工作，对总经理和分管本部门工作的副总经理负责，并接受、完成其他副总经理及总师交办的工作。

第三章　会议制度

第一节 总经理办公会议

第十一条　总经理办公会议由总经理主持。总经理、党委书记、副总经理、党委副书记、纪委书记、总会计师出席会议，总工程师、总经济师、总经理助理和总经理工作部主任列席会议，根据会议内容，由总经理另酌情确定其他有关人员列席会议。总经理因故不能主持总经理办公会议又确有必要召开时，由总经理委托副总经理主持。

第十二条　总经理办公会议主要议题包括：

（一）讨论通过呈报国务院国有资产监督管理委员会（以下简称国资委）及有关部委的重要请示、报告。

（二）审议批准集团公司章程修改方案和集团公司重要管理制度、规则、办法。

（三）审议批准集团公司重大体制改革方案，决定集团公司总部组织机构设置和调整。

（四）审议批准集团公司发展战略、中长期规划。

（五）审议批准集团公司投融资计划、资本运营和重大资产重组方案；决定集团公司重点投资项目开发和经营机构设立等重大问题；对重组、合并、分立、解散和清算等事项作出决定。

（六）审议批准集团公司经营计划、财务计划、财务预算方案、决算方案、税后利润分配方案。

（七）审议批准集团公司总部及子企业的基本薪酬制度、薪酬分配政策、重大劳动工资改革方案和子企业经营者绩效考核制度及收入分配办法。

（八）拟定集团公司注册资本增减方案。拟定集团重组、合并、分立、变更、解散方案。拟定集团公司发行股票、债券的方案。

（九）决定集团公司国际经营中的重大事宜和境外设立、变更、解散经营或办事机构等有关事宜。

（十）审议集团公司年度工作会议及有关重要会议文件。

（十一）审议批准集团公司审计工作中的重大问题。

（十二）审批全资子公司章程、重大决策方案、注册资本的增减和股票、债券的发行方案和其他需经总经理办公会议研究的请示、报告。审批全资子公司限额（具体限额由集团公司确定）以上投资、借贷、对外担保事项。对控股、参股企业，集团公司的决议通过其董事会实施。

（十三）审议批准集团公司子企业的经营发展战略、经营方针、中长期规划、重大生产经营决策、重大资产重组方案和重大投融资计划。

（十四）审议批准集团公司子企业年度报告、财务预算方案、决算方案和税后利润分配方案中的主要指标值，考核确认其经营业绩。

（十五）审议安全生产重大议题，决定重大事故处理意见。

（十六）总经理认为应研究的其他重大事项。

第十三条　出席总经理办公会议的领导成员应认真作好发言准备，充分发表个人意见，并作出表态性发言。在充分讨论、广泛听取意见的基础上，由总经理归纳总结，并作出会议决议。应由总经理办公会议审定但因时间紧迫难以召开会议的经营事项，可由总经理酌情决定，事后向总经理办公会议汇报确认。

第十四条　遵照国资委有关中央企业资产管理责任追究制度的规定，出席总经理办公会议的领导成员，对其参与决策的行为负责，承担相应责任。

第十五条　总经理办公会议原则上每月召开一次，总经理可以根据需要决定召开时间或增加会议次数。会务工作由总经理工作部负责。如应到会领导成员因故未能参加会议时，会后由总经理工作部主任将会议决定的主要事项向未出席会议的领导通报。

第二节 党委会议

第十六条　党委会议由党委书记主持，党委成员出席会议，党委工作部主任列席。根据会议内容，由党委书记酌情确定其他有关负责同志列席会议。党委书记因故不能主持党委会议又确有必要召开时，由党委书记委托党委副书记主持。

第十七条　党委会议主要议题：

（一）研究贯彻执行党中央、国务院的重大方针政策和国家有关法律、法规的意见，讨论向上级党组织的报告、请示。

（二）审议批准党委中长期工作规划、年度计划。

（三）研究审议集团公司党委贯彻落实上级党组织有关安排部署，加强和改进企业党的建设的制度、措施和实施方案。研究决定企业党组织机构的设立、撤并、变更事项。

（四）研究审议加强企业领导班子思想政治建设的重大事项。

（五）研究审议企业党风建设和反腐倡廉工作中的重大问题。

（六）研究企业思想政治工作中的重大问题。

（七）研究精神文明建设工作中的重大问题，审定出台的精神文明建设规划、制度措施、管理办法等，研究确定集团公司表彰的文明单位、文明工程等。

（八）研究企业文化建设的重大议题，审议企业文化建设规划，研究确定企业精神、经营理念等重大事项。

（九）研究工会、共青团工作中的重大问题，审定集团公司关于加强和改进工会、共青团工作的重要决定。

（十）研究企业人才队伍建设规划、教育培训计划、用人标准、评价体系、作风建设、监督管理等事项。

（十一）党委书记提议研究的其他问题。

第十八条　党委会议必须有三分之二以上党委成员到会，议定事项方能有效。

第十九条　党委会议实行民主集中制，遵循少数服从多数的原则。

第二十条　党委会议原则上每月召开一次，党委书记可根据情况临时决定召开。会务工作由党委工作部负责。党委成员因故未能参加会议时，会后由党委工作部主任将会议决定的主要事项向未出席会议的党委成员通报。

第三节 党政联席会议

第二十一条　党政联席会议根据会议内容由总经理、党委书记分别主持。研究本规则第二十二条第一项议题时，由总经理主持；研究本规则第二十二条第二项、第三项议题时，由党委书记主持，党委成员行使表决权；党政联席会议由总经理、党委书记、副总经理、党委副书记、纪委书记、总会计师、党委委员出席会议，总工程师、总经济师、总经理助理及总经理工作部主任、党委工作部主任、人力资源部主任列席会议。

第二十二条　党政联席会议主要议题：

（一）研究决定集团公司子企业经营负责人的任免事项。研究决定向控股公司、参股公司委派推荐股东代表和董事会、监事会成员，推荐公司经营负责人。审定集团公司总部各部门处级及以上人员的任免事项。集团公司行政的人事任免和推荐文件由总经理签发。

（二）研究决定由集团公司党委管理的党委、纪委、工会组织的人事任免事项，研究决定集团公司子企业和控股公司党组织负责人的任免事项。集团公司党委的人事任免文件由党委书记签发。

（三）研究制定企业人才工作规划，审定用人标准、评价体系、监督管理和后备干部管理等重要事项。

第二十三条　党政联席会议由总经理、党委书记根据需要协商决定召开时间，会议议题及会议通知由总经理、党委书记共同商定并签发，会务工作由总经理工作部负责。

第四节 总经理办公会扩大会议

第二十四条 总经理办公会扩大会议由总经理或总经理委托的副总经理主持。出席人员为相关总经理办公会议成员、副总师、总部各部门主要负责人。

第二十五条 总经理办公会扩大会的主要议题包括：

（一）传达和贯彻党中央、国务院及国资委等国家有关部委的重要文件、指示和决定。

（二）传达和贯彻总经理办公会议的有关决定，检查总经理办公会议议定事项及集团主要管理制度、规章的落实情况，协调有关工作事项。

（三）通报集团公司及子企业的主要工作情况，部署近期的主要工作。

（四）总经理认为应作为议题的其他事项。

第二十六条 总经理办公会扩大会议不定期召开，总经理可根据需要决定会议日期。会务工作由总经理工作部负责。

第五节 专题办公会议

第二十七条 副总经理、总师按照工作分工或受总经理委托召开专题办公会议，研究、协调和处理集团公司工作中的一些重要专项问题，处理主要的关联性的交叉性的业务工作。

专题办公会议由分管副总经理、总师或委托总经理助理主持，参加会议的人员由会议主持人根据议题确定。

专题办公会议的主要内容：各副总经理分管的工作，需其他副总经理或非分管部门配合的重要事项。

专题办公会议不定期召开，具体时间由分管副总经理、总师根据需要确定。会务工作由副总经理、总师分管的业务主管部门负责，总经理工作部协助。

第六节 集团公司年度工作会议

第二十八条 集团公司年度工作会议由集团公司总经理、党委书记共同主持，其他集团公司领导（含总师，下同）、总经理助理、副总师、各部门负责人及子企业主要负责人参加。总经理可根据需要确定其他有关人员列席会议。

会议主要内容：总结、部署集团公司年度工作；根据上年度业绩考核情况，兑现对集团公司子企业和单位的奖惩；由总经理办公会议确定的其他内容。

集团公司年度工作会议每年召开一次，时间一般为当年1月份。会务工作由总经理工作部牵头，会同总部有关部门共同负责。

第七节 党建工作会议与思研会理事会议

第二十九条 党建工作会议由集团公司党委书记主持,一般与思想政治工作研讨会议套开。集团公司分管党建、思想政治工作和纪检监察的党委成员、总部有关部门的分管领导、各子企业党委书记、党委工作部负责同志参加。

党建工作会议的主要内容:

(一)总结上年度党建工作及企业文化建设工作,部署本年度工作。

(二)交流党建和思想政治工作经验。

(三)审议党建和思想政治工作规划和规章制度。

(四)由集团公司党委确定的其他内容。

党建工作会议每年召开一次,会务工作由党委工作部负责。

第八节 纪检监察工作会议

第三十条 纪检监察工作会议由集团公司党委书记主持,集团公司党委成员及纪委成员、集团公司领导、总部总经理助理、副总师及各部门负责人、子企业及控股公司的党政主要负责人、纪委书记参加。

会议主要内容:总结、部署集团公司年度党风建设和反腐倡廉工作;由集团公司党委确定的其他内容。

纪检监察工作会议每年召开一次。会议时间为集团公司年度工作会议后相继召开,会务工作由监察部负责,总经理工作部协助。

第九节 安全生产工作会议

第三十一条 安全生产工作会议由集团公司总经理主持,集团公司领导、总经济师、总工程师及总经理助理、副总师、各部门负责人,子公司及控股公司的党政主要负责人、主管领导参加。

会议主要内容:总结、部署集团公司年度安全生产工作;由集团公司总经理确定的其他内容。

安全生产工作会议每年召开一次。会议时间为集团公司年度工作会议后相继召开,会务工作由安全生产监督管理部负责,总经理工作部协助。

第十节 专项工作会议

第三十二条 专项工作会议是指集团公司定期召开的专项业务工作会议。

专项工作会议由分管副总经理或总师主持,各子企业、总部有关业务部门的分管领导参加。

专项工作会议的主要内容：

（一）总结本专业上年度工作，部署本年度工作。

（二）审议专项工作的重大管理方案、规章制度。

（三）表彰集团公司本专业先进集体、先进个人。

专项工作会议每年召开一次，一般安排在当年的2月至5月之间。会务工作由总部有关业务部门负责。

专项工作会议由集团公司主办部门每年年初在征得集团公司分管领导同意后，提出年度会议计划，由总经理工作部综合平衡后，报总经理批准。因特殊情况需临时召开的集团系统专项工作会议，由主管部门以签报呈集团公司分管领导审定后报总经理批准，党务、纪检监察、工会、共青团临时召开集团系统专项会议，还应报党委书记批准。

第十一节 工会工作会议与工会主席联席会议

第三十三条 工会工作会议一般与工会主席联席会议套开，由集团公司工委主任主持。各子企业工会主席、副主席及有关人员参加。

工会工作会议与工会主席联席会议的主要内容：

（一）总结上年度工会工作，部署本年度工作。

（二）交流工会工作经验。

（三）表彰劳动模范、先进生产工作者。

工会工作会议和工会主席联席会每年套开一次，会务工作由集团公司工委负责。

第十二节 其 他

第三十四条 议题征集

总经理办公会议及总经理办公会扩大会议议题由总经理确定，党委会议议题由党委书记确定，党政联席会议议题由总经理与党委书记协商确定。集团公司总部各部门拟提交会议讨论审定的议题，应书面报集团公司分管领导签批同意后，提交总经理工作部汇总报审。

第三十五条 会议筹备

（一）每次会议前，会务主管部门汇总制定会议议程，经会议主持领导审阅同意后，通知与会成员。

（二）根据确定的会议议题，由会务主管部门通知有关部门、企业准备会议材料，于会议召开一日前发至与会人员（须保密的材料除外）。

第三十六条 会议纪要和会议文件

（一）集团公司总经理办公会议、党委会议、党政联席会议、总经理办公会扩大会议应由总经理工作部、党委工作部分别做好会议记录并整理会议纪要。《总经理办公会议纪要》、《总经理办公会扩大会议纪要》由会议秘书整理，经总经理工作部主任审核后，由总经理签发。《党委会议纪要》由会议秘书整理，经党委工作部主任审核后，由党委书记签发。《党政联席会议纪要》由人力资源部主任、总经理工作部主任、党委工作部主任审核后，由总经理、党委书记共同签发。

（二）年度工作会议文件由总经理工作部整理，会议的主要文件以集团公司文件印发，由总经理签发。

（三）专项工作会议文件由主管部门整理，经总经理工作部审核后，会议的主要文件需以集团公司文件印发的，由分管副总经理签发。涉及重大政策性内容的会议文件应经总经理批准后发。

（四）党建工作会议与思研会理事会议文件由党委工作部整理审核后，会议的主要文件以党委文件印发的，由党委书记签发。

（五）纪检监察工作会议文件由监察部整理，经党委工作部审核后，会议的主要文件以党委文件印发的，由党委书记签发。

（六）工会工作会议与工会主席联席会议文件由党委工作部整理审核后，会议的主要文件以集团公司工委文件印发的，由集团公司工委主任签发。涉及重大政策性内容的会议文件应经党委书记批准后发。

第三十七条　会议请假

领导人员不能出席或列席会议时，应向会议主持人请假。

第三十八条　会议督办

会务主办部门及相关业务主管部门对会议作出的决定事项要进行督办，逐一落实到位，并将办理结果及时向集团公司领导汇报。

第四章　公文审批管理制度

第三十九条　总经理工作部、党委工作部为公文管理部门，按部门职责划分分类办理收文、发文、签报、用印等事宜。

第四十条　集团公司收文及办理原则

（一）党中央、中办、国资委党委、纪委及党中央有关部委的文件及领导批示送党委书记阅批；国务院、国办、国务院部委、国资委及各省、自治区、直辖市人民政府的文件及领导批示送总经理阅批。

（二）国资委及有关部委所属部门的重要文件，送总经理批示。一般业务性文件，按分工送副总经理批示。

（三）集团公司子企业的重要请示、报告送总经理批示。一般工作请示，按分工送副总经理批示。

（四）集团公司子企业党委的重要请示、报告送党委书记批示。

（五）各部门收到重要的文电或集团公司领导批示，都要先经部门领导阅批，再交承办人办理或传阅，部门领导要按要求督办到位。凡涉及其他部门的业务，主管

(办)部门应当主动、及时地与相关部门协商并妥善办理。

第四十一条　集团公司发文及办理原则

(一)以集团公司名义或以集团公司党委名义发文、发函、报告、请示，经分管领导审核后，由总经理、党委书记分别签发。由总经理工作部、党委工作部分别送签。

(二)以集团公司名义进行经营活动或代表集团公司签署合同、文件、协议等应经总经理书面授权或批准。

(三)涉及人事、薪酬、产权及资产变更、融资、投资、对外担保及资金支出等重要业务的文件、函件，经分管领导审签并报总经理批准后按程序办理，主办部门应做好登记备案工作。

(四)发文管理要贯彻归口统一管理的原则，主办部门、发文代字号要与管理职能及管理业务属性相统一、相对应。

(五)发文内容如涉及其他部门业务，应事先会签。

(六)要进一步精简公文，部门职权范围内的事务，由部门自行发文；要加快网络化办公进程，提高公文办理的效率。

第四十二条　集团公司总部签报及办理原则

(一)集团公司总部各部门向总经理、副总经理、总师请示、报告事项用签报。签报应简明扼要，一事一报。

(二)总部各部门的签报直接呈报集团公司分管领导阅批，重大问题报总经理阅批。

(三)对于涉及两个及以上部门的事项，应由主办部门商协办部门会签，协办部门如有分歧意见应在签报中写明。

第四十三条　以下事项授权签发：

(一)集团公司一般礼节性内容的发函及贺电、唁电等授权总经理工作部主任代签；

(二)集团公司人事、劳动统计报表、人事商调函等在履行总部管理程序后，授权集团公司分管领导签发；

(三)资产评估确认、土地评估确认等，授权集团公司分管领导签发；

(四)审计通知书和复议受理通知书，授权集团公司分管领导签发。审计意见书、审计决定等结论性文件，经集团公司分管领导审签后报总经理批准后下发。

(五)集团公司用印应严格按照审批签发权限，经集团公司领导签字后方可用印。

(六)集团公司部门介绍信用印，须经部门领导签字；用集团公司介绍信需经集团公司分管领导签字后用印，一般业务性介绍信，授权总经理工作部主任代签。

(七)外报报表使用集团公司及领导个人印章时，须经集团公司总经理或分管领导审签后方可用印。

(八)授权签发人、代签人认为重要的事项，应及时向总经理汇报。

第四十四条　各级领导审批文件时，应明确签署意见，并注明审批时间，主批人应同时签写姓名。审批文件时，对于一般报告性公文，圈阅表示“已阅知”；对于有具体请示事项的公文，圈阅则表示“同意”请示的事项，或在圈阅的同时签明“同意”。

第五章　公务活动制度

第四十五条　集团公司领导在集团内部出差、调研、考察等活动，一律轻车简从，不得收受下属单位赠送的礼金、礼品、纪念品等。

第四十六条　对集团公司子企业邀请集团公司领导出席会议或重要活动的，由总经理工作部、党委工作部分别请示集团公司总经理或党委书记同意后作出安排。

第四十七条　国资委及有关部委要求集团公司领导参加会议、出席重要活动或有关单位邀请集团公司领导出席重要活动，或来集团公司会见集团公司领导，由总经理工作部请示总经理或党委书记后统一安排。

第四十八条　集团公司对外发布重要信息由总经理工作部统一归口管理。向集团公司领导约稿以集团名义公开发表，请集团领导题词（字），代表集团接受新闻媒体采访等，均应由集团公司总经理工作部统一协调后，报总经理或党委书记批准后办理。

第四十九条　集团公司领导、总经理助理、副总师和各部门负责人必须坚决执行集团公司的决定，如有不同意见可按程序在集团公司内部提出，在没有重新作出决定前，不得有任何与集团公司决定相违背的言论和行为；代表集团公司发表讲话或文章，以及个人发表涉及未经集团公司研究决定的重大问题及事项的讲话或文章，事前须经总经理同意。

第五十条　集团公司领导的外事活动，由外事部门提出建议，经分管外事工作的副总经理审核后，报送总经理审定。

第五十一条　集团公司领导出国考察、访问、洽谈业务，经集团公司总经理同意后，按有关规定办理。总经理助理、副总师和总部部门正副职、子企业领导人员出国，由分管该部门和外事工作的副总经理审核，报总经理批准后按有关规定办理。其他人员出国由集团公司分管领导批准后按有关规定办理。

第五十二条　总经理、党委书记出差、休假按有关规定办理。总经理出差期间，委托一位副总经理主持集团公司经营管理工作。党委书记出差期间，委托一位副书记主持党务工作。副总经理、总师出差、休假，应请示总经理同意。党委副书记、纪委书记、工委主任出差、休假，应请示党委书记同意。

第五十三条　总经理助理、副总师和总部部门正职领导出差或休假，应事先请示集团公司分管领导同意后，报总经理或党委书记审批；部门副职出差和休假要经部门正职同意，由集团公司分管领导审批。各部门正职、副职原则上不能同时全部外出，特殊情况需同时外出的，应指定一名临时负责人并通知集团公司总经理工作部。

第五十四条　集团公司总部要科学规范管理行为，注重增强服务意识，加快总部职能转换，努力提高管理质量和效率。总部各职能部门要加强部门工作的超前性、系统性、计划性、针对性。要按照年度工作会议的总体部署，围绕集团中心工作认真、务实、严格、高效地履行部门管理及服务职责。对部门职权范围内的事项要按程序、规章、时限积极主动地办理；对超越职权范围内的相关事项要及时请示、汇报后妥善办理；对关联其他部门的事项，主管（办）部门要牵头主动沟通、协调按程序及时办理。对因推诿、拖延、懈怠等不良作风而影响工作造成损失的行为，对越权办事、违规办事、以权谋私等失职、违规、违法行为要追究责任，严肃查处。

第六章　附　　则

第五十五条　本工作规则由总经理办公会议、党委会议审定，集团公司总经理、党委书记共同签发。集团公司总经理工作部负责本工作规则的解释和对执行情况的检查、监督。

第五十六条　本工作规则自印发之日起执行。集团公司所属子企业应按照本规则原则，制定、修订、完善本企业工作规则。

（注：中国水利水电建设集团公司工作规则（试行）于2006年4月7日以中水电总〔2006〕13号文印发。）

第二篇　文献　文件

Chapter II　Researches and Documents

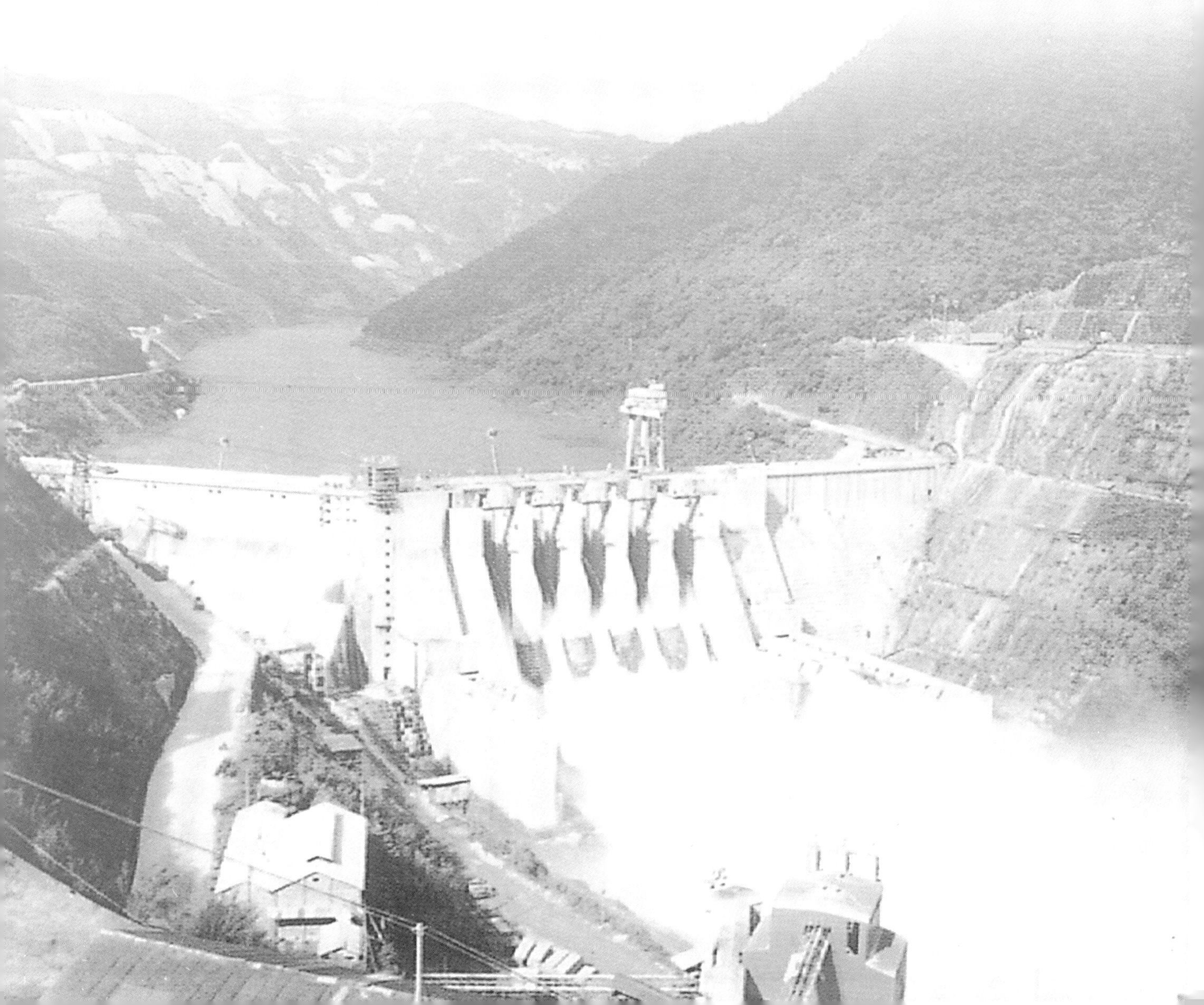

转发国家部委文件

关于进一步规范国有大中型企业主辅分离辅业改制的通知

（国资发分配［2005］250 号·2005 年 9 月 20 日）

各中央企业，各省、自治区、直辖市和计划单列市及新疆生产建设兵团国资监管机构、劳动保障厅（局）、国土资源厅（局）：

为进一步规范国有大中型企业主辅分离辅业改制分流安置富余人员工作，根据《印发〈关于国有大中型企业主辅分离辅业改制分流安置富余人员的实施办法〉的通知》（国经贸企改［2002］859 号，以下简称 859 号文件）及有关配套文件，结合主辅分离辅业改制工作实际，现就有关问题通知如下：

一、关于主辅分离辅业改制过程中资产处置问题

（一）根据《关于企业国有产权转让有关问题的通知》（国资发产权［2004］268 号）的规定，在国有大中型企业主辅分离辅业改制过程中，经国资监管机构及相关部门确定列入主辅分离、辅业改制范围企业的资产处置，按照 859 号文件及有关配套文件的规定执行。对于改制企业国有净资产按规定进行各项支付和预留的剩余部分，采取向改制企业的员工或外部投资者出售的，按照国家有关规定办理，具体交易方式可由所出资企业或其主管部门（单位）决定。具备条件的辅业企业，应尽可能进入产权交易市场公开挂牌交易。

（二）根据《关于中央企业主辅分离辅业改制分流安置富余人员资产处置有关问题的通知》（国资发产权［2004］9 号）的有关规定，中央企业所属辅业改制企业可用国有净资产进行支付和预留的有关费用如下：

1. 为移交社会保障机构管理的退休人员和改制企业职工支付和预留的费用。主要包括辅业单位改制时因参加医疗保险向当地社会保险经办机构一次性缴纳的改制企业退休人员医疗保险费，符合省级政府和国家有关部门规定由企业为退休人员支付的统筹项目外养老金，以及未列入改制企业负债的欠缴职工社会保险费等。

2. 内部退养职工有关费用。主要包括预留的生活费、社会保险费及住房公积金等。

内部退养职工生活费预留标准由企业根据有关规定确定，最高不超过按所在省（区、市）计算正常退休养老金的办法核定的数额；内部退养职工社会保险费预留标准根据内部退养人员退养前 12 个月平均工资乘以规定的缴费比例为基数一次核定，其中社会保险包括养老、失业、医疗、工伤、生育五项基本保险；内部退养职工住房公积金预留标准按照内部退养职工退养前企业实际月缴纳额确定。

距法定退休年龄不足 5 年的内部退养职工按以上规定预留的费用全额冲减国有权益；符合国家有关规定实行内部退养的职工按以上规定最多可预留 5 年的相关费用并冲减国有权益，其余费用由原主体企业按规定列支。

二、关于主辅分离辅业改制过程中劳动关系处理问题

国有大中型企业实施主辅分离改制分流与职工解除劳动关系，要严格按照《关于印发国有大中型企业主辅分离辅业改制分流安置富余人员的劳动关系处理办法的通知》（劳社部发［2003］21 号，以下简称 21 号文件）有关规定执行。其中工资是指用人单位根据国家有关规定或劳动合同的约定，以货币形式直接支付给本单位劳动者的劳动报酬，包括计时工资或计件工资、奖金、津贴和补贴等。计发经济补偿金的职工月平均工资是指职工本人解除劳动合同前 12 个月实发工资的平均数。计发经济补偿金的企业月平均工资应严格按照国家统计局的工资统计口径计算。

企业月平均工资超过改制企业所在市（地）职工平

均工资两倍的，原则上按不高于两倍的标准确定。

三、关于改制企业管理层持股问题

主辅分离辅业改制过程中，企业管理层参与改制的，解除劳动关系经济补偿金应按照21号文件标准执行。辅业改制单位净资产进行各项支付和预留后的剩余部分向参与改制的管理层转让的，管理层不得参与资产转让方案的制订以及与此相关的清产核资、财务审计、资产评估及底价确定等重大事项；不得以各种名义低价出售、无偿转让量化国有资产；管理层应当与其他拟受让方平等竞买，并提供其受让资金来源的相关证明，不得向改制企业及主体国有企业借款，不得以这些企业的资产为管理层融资提供保证、抵押、质押、贴现等；管理层要取得改制企业绝对控股权的，国有产权转让应进入国有资产管理机构选定的产权交易机构公开进行，并在公开国有产权转让信息时对有关事项进行详尽披露。主体企业要加强对企业资产转让中涉及管理层受让相关事项的审查，认真履行有关职责，切实维护出资人及职工的合法权益。

四、关于主辅分离辅业改制过程中国有划拨土地使用权处置有关问题

企业按照859号文件有关规定实施主辅分离的，根据原主体企业与改制企业双方的分离方案和实际用地情况，经所在地县级以上人民政府批准，可将原划拨土地使用权分割后分别确定给主体企业和辅业企业以划拨方式使用。企业改制时，只要改制后的土地用途符合《划拨用地目录》，经所在地县级以上人民政府批准可仍以划拨方式使用；不符合《划拨用地目录》的，应依法办理土地有偿使用手续。划拨土地使用权价格可以根据《关于改革土地估价结果确认和土地资产处置审批办法的通知》（国土资发［2001］44号）的有关规定，经有土地估价资质的中介机构评估确定后，作为土地使用者的权益。

五、关于主辅分离辅业改制过程中退休人员的管理问题

辅业改制时，要按照《关于转发劳动保障部等部门〈关于积极推进企业退休人员社会化管理服务工作的意见〉的通知》（中办发［2003］16号）要求，将企业退休人员移交街道社区或社保机构实行社会化管理。退休人员在移交社会化管理前，原则上继续由原主体企业管理，也可由原主体企业与改制企业协商具体管理方式，原主体企业要按照有关规定，落实所需经费，做好相关工作。

六、关于改制企业党的组织关系隶属问题

主辅分离辅业改制过程中，要按照《关于在深化国有企业改革中党组织设置和领导关系等有关问题的通知》（中组发［1998］9号）精神，本着有利于推进国有企业改革和有利于加强国有企业改革中党的建设的原则，适时调整辅业企业党组织的隶属关系。改制辅业企业与原主体企业分离后，其党组织原则上应当移交企业所在地党组织管理。原主体企业党组织要主动与辅业企业所在地党组织沟通、联系，通过认真协商，妥善做好改制企业党组织关系移交工作。辅业企业更名或重新设立党组织，应当向企业所在地党组织提出申请，有关部门应当按照有关规定及时办理审批手续。

七、关于主辅分离改制分流实施结果备案问题

各中央企业在将改制分流方案实施结果报有关部门的同时，须将下列内容报送国资委备案：

（一）改制企业的资产处置情况，包括资产清查结果、资产评估报告的核准文件或备案表、资产处置结果等。资产评估备案按照《关于委托中央企业对部分主辅分离辅业改制项目进行资产评估备案管理的通知》（国资产权［2005］193号）执行。

（二）职工安置结果，包括改制企业人员分流安置情况，劳动关系处理情况，经济补偿金支付情况（包括实际支付经济补偿金标准、总额及资金来源），社会保险关系接续情况等。

（三）预留费用说明，包括提取预留费用的人员范围，预留费用构成内容、标准、年限、总额及预留费用的管理。

（四）企业改制后的股权结构及法人治理结构情况。对于改制企业主辅分离辅业改制的实施方案、职工代表大会通过实施主辅分离改制分流的决议、省级劳动保障部门出具的审核意见书等，由各中央企业集团公司（总公司）进行备案管理。

各中央企业集团公司（总公司）要进一步加强对主辅分离辅业改制工作的组织领导，强化改革意识，发挥主导作用，规范改制工作。在具体实施操作过程中要严格按照859号文及有关配套文件的要求，认真组织好改制方案的审核、实施，严格执行和落实资产处置、人员安置等各项政策，切实负起责任。

国务院国有资产监督管理委员会
中华人民共和国劳动和社会保障部
中华人民共和国国土资源部
（中水电企［2005］31号文转发）

财政部　国资委关于中央企业先期移交办社会职能机构有关政策问题的通知

（财企［2005］116号·2005年8月19日）

有关省、自治区、直辖市、计划单列市财政厅（局），有关中央管理企业：

经国务院批准，现将中央企业先期自行移交办社会职能机构的有关政策问题通知如下：

一、在国家统一组织实施中央企业分离办社会职能工作之前，3户试点中央企业、第二批74户中央企业主动与地方政府协商，先期移交了一部分全日制普通中小学（以下简称中小学）和公安、检察院、法院。对这类先期移交机构，按原移交协议签署的当年经费补助基数，不再重新调整，由中央财政作为补助基数划转地方财政。

二、先期移交中小学的仍然留在企业的离退休教师，可以比照第二批中央企业分离办社会职能工作的相关政策，按属地原则一次性移交所在地人民政府管理。离退休教师养老金低于当地人民政府规定的同类人员标准的，按当地人民政府规定的标准执行。所需资金，由中央财政作为补助基数划转地方财政。

三、请各地财政厅（局）和有关中央企业就先期移交办社会职能机构问题单独行文上报，并附原移交协议及相关文件资料。

中华人民共和国财政部
国务院国有资产监督管理委员会
（中水电财［2005］96号文转发）

财政部关于企业分离办社会职能有关财务管理问题的通知

（财企［2005］62号·2005年4月30日）

国务院各部委、各直属机构，各中央管理企业，各省、自治区、直辖市、计划单列市财政厅（局），新疆生产建设兵团财务局：

为了切实减轻国有企业的社会负担，国家从1995年以来先后实施了一系列分离企业办社会职能的政策。按照国务院部署，中央企业分离办社会职能的工作，经过中国石油天然气集团公司等3户企业试点之后，第二批74户企业已从2005年1月1日开始全面进行。为了做好企业分离办社会职能工作，规范企业财务行为，现就企业分离办社会职能有关财务管理问题通知如下：

一、适用范围

企业按照本级人民政府及其有关部门统一规定，经批准分离所办的全日制普通中小学以及公安、检察、法院等职能单位（以下通称“政策性分离”），适用本通知的规定。

企业自行与地方人民政府协商，分离所办的全日制普通中小学以外的教育机构以及医院、市政机构、消防机构、社区管理、生活服务等单位（以下通称“自行分离”），按照本通知执行。

企业实施主辅分离辅业改制分流安置富余人员政策涉及分离办社会职能机构的，按照国家有关主辅分离辅业改制分流安置富余人员的规定执行。

二、企业政策性分离移交资产的财务处理

企业经批准实施政策性分离，实行资产无偿划转办法，即将分离办社会职能机构占有、使用的资产无偿移交所在地（市）或县级人民政府管理，并按照协议约定的移交日的账面金额，编制移交资产清单，办理资产调出和接收的交接验收手续。

企业分离的办社会职能机构，属于独立核算的，应当成建制划转该机构占有、使用的全部资产；属于非独立核算的，应当移交该机构占有、使用的房屋及建筑物、仪器设备、车辆及其他交通工具、土地使用权、在建工程、低值易耗品、应收款项及结

存资金等。移交的房产、土地使用权、车辆等资产涉及权属变更的，应当办理有关证照等资产权属变更手续。

企业无偿移交资产时，根据主管财政机关会同国有资产监督管理机构批准的文件和与接收资产的地方人民政府签订的协议，核销有关资产，调整相关账务，并依次冲减未分配利润、盈余公积金、资本公积金和实收资本。

企业集团公司对所属分离办社会职能的企业冲减的国有权益，相应核减对该企业的股权投资，同时依次核减未分配利润、盈余公积金、资本公积金和实收资本。分离办社会职能的企业已经实行公司制改建的，企业集团公司应当按照持有股权的比例计算确认核减的国有权益。

经营资质条件对净资产有明确要求的企业，因无偿移交资产核减权益，可以现有经营资质所需净资产为限，依次冲减未分配利润、盈余公积金、资本公积和实收资本，不足冲减部分暂作待核销资本损失，以未来期间实现的净利润弥补。

三、企业自行分离移交资产的财务处理

（一）企业自行分离的资产，与地方人民政府协商确定实行无偿移交的，按照政策性分离的规定处理。无偿移交事项应由企业集团公司审核批准，报主管财政机关、同级国有资产监督管理机构备案。

（二）企业自行分离医院、不属于义务教育范围的教育机构、生活服务单位等具有一定盈利能力的资产，可以通过市场化改革，实现由福利型向经营型转变，区别以下情况处理：

1. 企业通过实行公司制改建方式分离的资产，应当按照财政部印发的《企业公司制改建有关国有资本管理与财务处理的暂行规定》（财企［2002］313号）及其补充规定，办理资产清查、财务审计、资产评估、债务处理等事项，由企业国有资本持有单位分离后作价投资。

2. 企业通过租赁经营、承包经营方式分离的资产，由企业国有资本持有单位审定分离经营的资产价值，与承租方、承包方签订协议。国家对办医、办学等具有资格、条件限制的，企业选择的承租方、承包方应当符合国家有关规定。

3. 企业通过出售方式分离的资产，分离前属于独立核算单位的，应当按照《企业国有产权转让管理暂行办法》（国资委、财政部令第3号）及相关规定执行；分离前不属于独立核算单位的，企业按照固定资产清理等单项资产处置办法进行财务处理。

四、企业分离资产相关债务及担保的处理

（一）企业政策性分离资产在移交前发生的与金融机构及主办单位的债务，应当由企业继续承担，不随资产移交地方人民政府。

（二）企业自行分离资产在分离前发生的相关债务，区别以下情况处理：

1. 自行分离的资产分离前属于独立核算的，相关债务随资产一起整体移交。未整体移交的债务，应当在有关协议中规定偿债责任，并征得债权人同意。

2. 自行分离的资产分离前尚未独立核算的，相关债务偿还的责任，由交接双方协商，并在有关协议中约定。相关债务随资产移交的，应当征得债权人同意。

（三）企业分离资产涉及的未到期担保，属于政策性分离的，由企业继续承担担保责任；属于自行分离的，企业应当按照债务处理原则妥善落实担保责任，做好相关衔接工作。

五、企业自行分离资产作价投资有关财务处理

企业自行分离办社会职能机构的各项资产、负债，在清查核实和重新分类的基础上，经过评估确认的净资产转作企业投资的，区别以下情况处理：

（一）净资产多于被投资企业注册资本所需的部分，转作资本公积金管理；在其他新增股东没有按照同等比例出资的情况下，企业应予收回，也可以出租方式由新单位有偿使用或者予以公开转让。

（二）净资产少于被投资企业注册资本所需的差额，企业可以按照法定程序修改公司章程，变更出资比例或注册资本。

六、企业分离办社会职能有关经费补助的财务处理

（一）企业实施政策性分离以后，应当按照主管财政机关会同国有资产监督管理机构批准的文件和与接收资产的地方人民政府签订的协议，承担移交机构过渡期间的经费补助。

（二）企业以无偿移交或者实行公司制改建方式自行分离办社会职能后，经协商可以采取定额补贴或者逐年递减办法，给予一定年限过渡期间经费补助，并在协议中约定。过渡期最长不得超过5年，每年补助的经费不得超过分离前一年实际经费补助支出的水平。

（三）企业按规定承担的过渡期间经费补助，列营业外支出处理。收到经费补助的单位，相应列其他收入（行政事业单位）或者营业外收入（企业单位）处理。

七、资产损失的处理

企业移交的资产在协议约定的移交日后发生的损失，由接收方承担，但属于在办理移交手续前发生的，仍由原企业承担，计入当期损益处理。

企业自行分离资产实行公司制改建或者出售、承包或者租赁经营而清查出来的资产损失，按程序报经批准后，依次冲减未分配利润、公益金、盈余公积金、资本公积金和实收资本。

企业分离移交的资产发生损失，按照财政部印发的《企业资产损失财务处理暂行办法》（财企［2003］233号）有关规定清查核实和报批处理。

八、企业移交相关人员劳动工资、社会保险、职工福利的财务处理

（一）企业分离办社会职能移交的相关人员，经地方人民政府审定，其劳动关系、社会保险、人事关系纳入地方管理后，企业提取的工资总额基数应当相应扣减，并不再为移交地方管理的人员缴纳社会保险费、住房公积金，停止承担其医疗费、北方地区冬季取暖费等职工福利费用。

（二）企业分离办社会职能移交的相关人员尚未纳入地方管理的，除由企业继续管理的以外，应当区别以下情况处理：

1. 与企业变更劳动合同后，由新办单位管理的，企业不再承担其工资、奖励、福利（包括住房、医疗和北方地区冬季取暖）、社会保险等费用，由新办单位给予接续劳动、人事关系和社会保险关系。

2. 与企业解除劳动合同后，由个人自谋职业的，企业按规定支付的经济补偿金转入未分配利润，依次以公益金、盈余公积金、资本公积金弥补，不足弥补的差额用以后年度实现的净利润弥补；医疗、住房公积金、北方地区冬季取暖以及社会保险等费用，由个人自行解决。

（三）企业自行向社会保障机构移交分离办社会职能相关人员按规定应当一次性缴纳其所需社会保险费的，可以从国有资本中支付，依次冲减未分配利润、公益金、盈余公积金、资本公积金和实收资本；北方地区冬季取暖等费用按照所在地县级以上人民政府有关规定的原则执行，并应在移交协议中予以约定。

企业移交分离办社会职能以前欠缴的社会保险费，应当予以清偿。

（四）企业分离移交办社会职能机构及其相关人员后，接受地方接收单位或者移交机构的委托，继续提供有关服务的，应当按照市场化原则，对委托机构、人员实行有偿服务。

（五）企业已出售住房物业管理费，按照《财政部关于企业住房制度改革中有关财务处理问题的补充通知》（财企［2000］878号）的规定，由个人负担。仍未出售的住房应当按照市场化原则向承租人实行租赁经营，收取的租金及所需物业管理费作为其他业务收入及支出处理；移交人员所需提租补贴，应当转由接收单位负担，并在移交协议中予以约定。

九、企业所属事业单位实行企业转制有关财务处理

企业分离所属培训、医疗等事业单位按照公司制改建，经过清查财产，核实债权、债务后，应当按照《企业会计制度》的规定对各项资产、负债重新分类建账，做好以下相关财务工作：

（一）根据内部有关财务制度的规定首次计提的各项准备金，冲减净资产；

（二）原固定资产改作低值易耗品管理的，属于已经使用应予摊销的价值部分，冲减净资产；

（三）原账面结余的修购基金转增净资产，并按规定计提固定资产折旧费用，不再提取修购基金；

（四）原账面结余的职工福利基金、医疗基金转增净资产，职工住房补贴以及职工基本医疗、基本养老等社会保险费用，按照国家有关企业财务的统一规定执行；

（五）设备购置费用属于收益性支出的，列作当期费用，属于资本性支出的，按照固定资产购置处理；

（六）财政继续拨补的事业经费，列作营业外收入核算。

十、企业分离资产有关档案、资料的管理

企业分离资产有关会计档案、资料，区别以下情况处理，并在移交协议中予以约定：

（一）分离前属于独立法人的，由被移交的独立法人单位继续按照有关规定保管、处理；

（二）分离前不属于独立法人的，继续由企业按照有关规定保管、处理；

（三）企业分离资产移交之后，交接双方对有关会计档案、资料具有正当理由借用的，保管方应当给予协助。

十一、其他

在企业分离办社会职能过程中，分离的机构应当维护分离资产的安全和完整，不得突击发放现金、

实物，不得侵占、私分、转移公有财产。

企业办社会职能相关资产分离移交以后，有关接收单位应当将接收资产纳入占有、管理的国有资产总量照章管理。

本通知自发布之日起执行。

中华人民共和国财政部
（中水电财［2005］48号文转发）

企业公司制改建有关国有资本管理与财务处理问题的暂行规定

（财企［2002］313号）

第一条 为适应建立现代企业制度的需要，促进国有经济结构调整，规范企业公司制改建中有关国有资本管理与财务处理行为，根据《中华人民共和国公司法》、《企业国有资本与财务管理暂行办法》以及国家其他有关法律、行政法规，制定本规定。

第二条 本规定所称公司制改建，是指国有企业经批准改建为有限责任公司（含国有独资公司）或者股份有限公司。

本规定所称改建企业，是指经批准实行公司制改建的国有企业。

本规定所称公司制企业，是指实行公司制改建以后依法设立的有限责任公司（含国有独资公司）或者股份有限公司。

本规定所称国有资本持有单位，是指直接持有或者直接管理改建企业国有资本的国家授权的部门或者国家授权投资的机构、国有企业以及其他组织。

本规定所称存续企业，是指企业采取分立式改建后继续保留的企业。

第三条 企业实行公司制改建，应当由国有资本持有单位负责组织实施，并遵循《企业国有资本与财务管理暂行办法》第十条规定的内部议事规范。

第四条 改建企业的产权应当清晰。对于权属关系不明确或者存在产权纠纷的改建企业，应当按照国家有关规定先进行产权界定或者产权纠纷调处。

对于出资证据齐全但尚未明确产权归属关系的，应当由原占有单位按照国家规定补办相应手续。

第五条 改建企业应当对各类资产进行全面清查登记，对各类资产以及债权债务进行全面核对查实，编制改建日的资产负债表及财产清册。

在资产清查中，对拥有实际控制权的长期投资，应当延伸清查至被投资企业。

资产清查的结果由国有资本持有单位委托中介机构进行审计。委托中介机构所发生的费用由改建企业支付。

第六条 改建企业清查出来的资产损失，包括坏账损失、存货损失、固定资产及在建工程损失、担保损失、股权投资损失或者债权投资损失以及经营证券、期货、外汇交易损失等，按照财政部有关企业资产损失管理的规定确认处理。

第七条 企业实行公司制改建，国有资本持有单位应当按照国家有关规定委托具有相应资格的评估机构，对改建企业所涉及的全部资产，应当按照《国有资产评估管理办法》（1991年11月16日国务院令第91号）、《国有资产评估管理若干问题的规定》（2001年12月31日财政部令第14号）等有关规定进行评估。

第八条 资产评估结果是国有资本持有单位出资折股的依据，自评估基准日起一年内有效。

自评估基准日到公司制企业设立登记日的有效期内，原企业实现利润而增加的净资产，应当上缴国有资本持有单位，或经国有资本持有单位同意，作为公司制企业国家独享资本公积管理，留待以后年度扩股时转增国有股份；对原企业经营亏损而减少的净资产，由国有资本持有单位补足，或者由公司制企业用以后年度国有股份应分得的股利补足。

企业超过有效期未能注册登记，或者在有效期内被评估资产价值发生重大变化的，应当重新进行评估。

第九条 企业实行公司制改建，不得将国有资本低价折股或者低价转让给经营者及其他职工个人。

企业实行整体改建的，改建企业的国有资本应当按照评估结果全部折算为国有股份，由原企业国有资本持有单位持有，并将改建企业全部资产转入公司制企业。

企业实行分立式改建的，应当按照转入公司制企业的资产、负债经过评估后的净资产折合为国有股份，并可以由原企业国有资本持有单位持有，也可以由存续企业持有。分立后没有纳入改建范围的资产，按照本规定第十四条进行处理。

企业实行合并式改建的，经过评估后的净资产

折合的国有股份，合并前各方如果属于同一投资主体，应当由原共同的国有资本持有单位一并持有；如果分属不同投资主体，应当由合并前各方原国有资本持有单位分别持有。企业合并后没有纳入改建范围的资产，按照本规定第十四条进行处理。

第十条 企业实行公司制改建的股权设置方案，应当由国有资本持有单位制定；在存在两个或者两个以上国有资本持有单位的情况下，应当由具有控制权的国有资本持有单位会同其他的国有资本持有单位协商制定。

股权设置方案应当载明以下内容：

（一）股本总数及其股权结构；

（二）国有资本折股以及股份认购；

（三）股份转让条件及其定价；

（四）其他规定。

第十一条 企业国有资本持有单位应当按照《企业国有资本与财务管理暂行办法》第九条规定的权限，向国有资本变动的审批单位提出书面报告，并附送以下文件资料：

（一）企业实行公司制改建的批准文件；

（二）改建企业的国有资产产权登记证；

（三）改建企业董事会或经理办公会决议；

（四）改建企业资产清查结果以及资产重组方案；

（五）改建企业工会或者职工代表大会通过的职工安置方案；

（六）资产评估报告核准文件或者备案表；

（七）公司制企业国有股权设置方案；

（八）公司制企业股东认购股份的协议；

（九）公司制企业的公司章程。

设立股份有限公司应当报送的资料，按照财政部《关于股份有限公司国有股权管理工作有关问题的通知》（财管字［2000］200号）执行。

第十二条 经批准实行内部职工持股的企业，内部职工股份的认购应当符合《中华人民共和国公司法》的有关规定。改建企业或者公司制企业不得为个人认购股份垫付款项，也不得为个人贷款提供担保。

内部职工（包括经营者）持有股份尚未缴付认股资金的，不得参与分红；超过法律规定期限尚未缴付认股资金的，应当调整公司制企业的股权比例，并依法承担出资违约的责任。

第十三条 企业实行公司制改建，对占有的国有划拨土地应当进行评估并按照土地主管机关的规定履行相关手续后，区别以下情况处理：

（一）采取作价入股方式的，评估后将国有土地使用权作价投资，随同改建企业国有资本一并折股，增加公司制企业的国有股份；

（二）采取出让方式的，由公司制企业购买国有土地使用权，按照规定支付土地使用权出让金；

（三）采取租赁方式的，由公司制企业租赁使用，按照规定支付租金。

第十四条 国有资本持有单位对没有纳入改建企业范围、具备经营条件的剥离资产，可以其组建企业法人，独立核算，依法经营；对不具备经营条件的剥离资产，可以按以下方法处置：

（一）整体出售，即以资产评估结果为作价基础，向其他单位和个人公开出售。出售价格低于评估结果10%以上的，国有资本持有单位应当向国有资本变动的审批单位作出书面说明。所得出售净收益，应当作为本期损益处理。

（二）租赁经营，即向公司制企业或者有条件的其他单位和个人租赁经营，并签定租赁合同。租赁费可以参照同期银行贷款利率约定。国有资本持有单位所得租赁收益，应当按照规定纳入财务预算管理。

（三）无偿移交，即与当地政府部门充分协商后，将改建企业原承担社会职能的相关资产，无偿移交当地政府有关部门或所在社区管理，相应核减改建企业的国有资本。

凡是不能按照前款规定处置的剥离资产，可以由存续企业管理，也可以由国有资本持有单位直接管理。

第十五条 改建企业清理核实的各项债权债务，应当按照以下要求确定债权债务承继关系，并与债务人或者债权人订立债务保全协议：

（一）企业实行整体改建，应当由公司制企业承继原企业的全部债权债务；

（二）企业实行分立式改建，应当由分立的各方承继原企业的相关债权债务；

（三）企业实行合并式改建，应当由合并后的企业承继合并前各方的全部债权债务。

第十六条 企业实行公司制改建时，经批准或者与债权人协商，可以实施债权转为股权。

（一）经国家批准的各金融资产管理公司持有的债权，可以实行债权转股权，原企业相应的债务转为金融资产管理公司的股权，企业相应增加实收资本或者资本公积；

（二）经银行以外的其他债权人协商同意，可以按照有关协议和公司章程将其债权转为股权，企业相应增加实收资本或者资本公积。

改建企业经过充分协商，债权人同意给予全部豁免或者部分豁免的债务，应当转作资本公积。

第十七条 改建企业账面原有的应付福利费、职工教育经费余额，仍作为流动负债管理，不得转为职工个人投资。因医疗费超支产生的职工福利费不足部分，可以依次以公益金、盈余公积金、资本公积金和资本金弥补。

改建企业账面原有应付工资余额中欠发职工工资部分，在符合国家政策、职工自愿的条件下，依法扣除个人所得税后可转为个人投资。不属于欠发职工工资的应付工资余额，作为工资基金使用，不得转为个人投资。

改建企业未退还的职工集资款、欠缴的社会保险费，应当以现有资产清偿。在符合国家政策、职工自愿的条件下，改建企业也可以将未退还的职工集资款转作个人投资。

第十八条 改建企业原由国家财政专项拨款、其他各类财政性资金投入以及实行先征后返政策返给企业的税收等，按照规定形成资本公积的，应当计入国有资本。对其中尚未形成资本公积而在专项应付款账户单独反映的部分，继续作为负债管理，形成资本公积后作为国家投资单独反映，留待以后年度按规定程序转增国有股份。

公司制企业享受国家财政扶持政策，收到财政拨给的资本性补助资金按照前款规定执行。

第十九条 在公司制改建过程中，企业依照国家有关规定支付解除劳动合同的职工的经济补偿金，以及为移交社会保障机构管理的职工一次性缴付的社会保险费，可从改建企业净资产中扣除或者以改建企业剥离资产的出售收入优先支付。

企业支付的经济补偿金，所在地县级以上人民政府有规定标准的，按照规定执行；没有规定标准的，按照原劳动部印发的《违反和解除劳动关系的经济补偿办法》（劳部发［1994］481号）规定的标准执行。企业支付的社会保险费，按照省级人民政府确定的缴费比例执行。

第二十条 企业实行分立式改建，应当理顺存续企业与公司制企业的产权关系，明确存续企业及分立的公司制企业国有股权持有单位。

存续企业和分立后的公司制企业应当根据资产相关性和业务相关性的原则分离资产及其债权、债务，不得相互转嫁债权、债务。

存续企业和分立后的公司制企业之间的业务往来，应当严格按照独立企业之间的业务活动和市场价格结算，不得相互转移收入。

存续企业和分立后的公司制企业应当实行人员分开，经营人员不得相互兼职、转嫁工资性费用。

存续企业和分立后的公司制企业应当按照国家有关规定，严格分账，建立新账，分别编制企业财务会计报告。

第二十一条 企业实行公司制改建后，应当及时依法办理国有产权登记。

第二十二条 公司制企业吸收新的股东而增资，或者由部分股东增资，新增出资应当按照公司制企业账面每股净资产折股，或者按照原有股东协商的比例折股。

第二十三条 经批准实行内部职工持股的公司制企业，因吸收其他单位投资或者进行资本重组、经营者任期届满或者任期未满而离职、因故调离、解除职务或者离退休时，经与股份持有人协商一致，有关股份可以在公司制企业内部转让。

第二十四条 公司制企业应当按照《中华人民共和国公司法》和企业资本与财务管理制度的规定进行利润分配。向投资者分配利润，应当坚持同股同利的原则，国家股红利的具体收缴办法按财政部、原国家国有资产管理局、中国人民银行《关于颁发〈国有资产收益收缴管理办法〉的通知》（财工字［1994］295号）及财政部其他有关规定执行。

第二十五条 企业整体或者合并改建为公司制企业的，改建前的会计档案、资料应当由公司制企业按照有关规定保管、处理。

第二十六条 主管财政机关对企业实行公司制改建中涉及的国有资本变动行为，应当进行检查监督。

企业未经批准擅自实行公司制改建的，或者在公司制改建过程中未按照本规定执行导致国有资产流失的，主管财政机关按照《中华人民共和国公司法》及国家其他有关法律、行政法规的规定给予处罚；涉嫌犯罪的，移交司法机关依法处理。

第二十七条 各省、自治区、直辖市及计划单列市主管财政机关可以结合本地区实际情况，制定具体施行办法，并报财政部备案。

第二十八条 本规定自2002年8月27日起执行。财政部《关于印发〈国有企业公司制改建有关财务问题的暂行规定〉的通知》（财工字［1995］第29号）文件即予废止。财政部、原国家国有资产管理局此前发布的有关规定与本规定相抵触的，以本规定为准。

（中水电财［2005］13号文转发）

关于《企业公司制改建有关国有资本管理与财务处理的暂行规定》有关问题的补充通知

（财企［2005］12号）

国务院各部委、各直属机构，中直管理局，各省、自治区、直辖市、计划单列市财政厅（局），新疆生产建设兵团财务局，各中央管理企业：

财政部制定的《企业公司制改建有关国有资本管理与财务处理的暂行规定》（财企［2002］313号）发布后，对规范企业公司制改建中有关国有资本管理与财务处理行为，促进现代企业制度的建立和国有经济结构的调整，发挥了积极的作用。随着企业重组改制的深入进行，在执行中出现了一些新情况、新问题，需要加以完善。现就有关问题补充通知如下：

一、关于企业应付工资、应付福利费、职工教育经费余额的财务处理

改建企业账面原有的应付工资余额中，属于应发未发职工的工资部分，应予清偿；在符合国家政策、职工自愿的条件下，依法扣除个人所得税后，可转为个人投资。属于实施“工效挂钩”等办法提取数大于应发数形成的工资基金结余部分，应当转增资本公积金，不再作为负债管理，也不得转为个人投资。

改建企业账面原有的应付福利费、职工教育经费余额，应当转增资本公积金，不再作为负债管理，也不得转为个人投资。因医疗费超支产生的职工福利费不足部分，可以依次以公益金、盈余公积金、资本公积金和资本金弥补。

二、关于预提企业内退人员生活费及社会保险费等的财务处理

改建企业根据国家有关规定，对未达到法定退休年限的在册职工实行内部退养的，所需内退人员生活费及社会保险费等，应当作为管理费用，据实处理。

国有企业在分立式改建情况下，改建企业内退人员实行统一管理的，经批准可以从改建企业国有净资产中预提所需的内退人员生活费及社会保险费等，并实行专户管理。预提数额以改建企业可支付的国有净资产为限，不足部分作为管理费用，由内退人员的统一管理单位据实承担。

三、关于母公司对子公司在公司制改建中核销国有权益的财务处理

在企业集团内部，子公司实行公司制改建，由于资产损失或产权转让等原因，经核实批准实际折股的国有权益或国有产权转让作价少于原有账面价值的，母公司相应核销对子公司的股权投资，投资损失可以转入年初未分配利润，依次以结余的年初未分配利润及公益金、盈余公积金、资本公积金弥补，不足部分用以后年度实现的税后利润弥补。

（中水电财［2005］13号文转发）

关于加强中央企业内部审计工作的通知

（国资发评价［2005］304号·2005年12月11日）

各中央企业：

为进一步做好中央企业内部审计工作，强化企业内部监督与风险控制，提高经营管理水平，保障国有资本保值增值和企业可持续发展，根据《中央企业内部审计管理暂行办法》（国资委令第8号）等有关规定，现将有关事项通知如下：

一、进一步提高对内部审计工作重要性的认识

内部审计是审计监督的重要组成部分，加强企业内部审计，是建立健全现代企业制度不可或缺的重要环节，是推动企业转变经营机制、依法经营、规范管理、增强市场竞争力、实现健康快速发展的重要手段。各中央企业要充分认识内部审计工作的重要性，高度重视内部审计工作，切实加强领导。

企业主要负责人要将内部审计工作纳入企业重要议程，保障内部审计工作有效开展，在企业营造“尊重审计、支持审计、自觉接受审计”的工作环境，充分发挥内部审计工作在完善企业内部控制、防范经营风险、提高经营管理水平方面的作用。

二、加强内部审计机构与审计队伍建设

各中央企业应按照内部审计工作的有关规定，积极做好内部审计机构和审计队伍建设工作。一要按照现代企业制度要求建立完善的内部审计机构及监督体系。大型企业集团应当按照现代企业治理结构要求建立独立的内部审计机构，以保障内部审计工作的有效开展。二要加强对内部审计工作的领导。设立董事会的企业，董事会应下设审计委员会，以加强对内部审计工作的指导和监督；尚未设立董事会的企业，审计机构应对企业主要负责人负责，确保内审工作的独立性和权威性。三要加强内部审计队伍建设。要按照建立现代企业制度要求配备既懂财务又懂经营管理的高素质人才，充实审计力量，加强人员业务培训，保障审计工作的有效开展。

三、建立健全企业内部审计制度体系

各中央企业应按照内部审计工作有关要求，结合自身实际情况，建立健全企业内部审计工作制度，推动内部审计工作制度化、程序化和规范化。一要明确内部审计机构工作职责，明确内部审计机构与各职能机构分工，保证内部审计工作规范开展。二要建立健全内部审计工作制度和工作标准，明确审计内容和工作流程，规范操作程序，提高审计工作效率。三要严格审计工作要求，建立审计工作问责制度，坚持依法审计，对企业重要事项做好定期审计，坚持有错必究、过错必追，以促进提高审计工作质量。

四、进一步完善企业内部控制机制

为实现经营管理目标，确保财务信息真实可靠、资产安全完整，提高资产运营效率与效益，各中央企业应按照国家有关规定，建立完善的企业内部控制机制。一要建立和完善内部控制体系，科学设置组织结构，健全内部控制制度。二要加强经营风险评估，增强企业适应环境和防范风险的能力。三要加强对内部控制执行的监督和检查，内部审计部门应当组织开展内部控制有效性的评价工作，充分发挥内部审计在内部控制中的监督作用。四要按照现代企业制度要求，探索与完善企业内部控制有效性审计和评价工作方法，不断完善企业内部控制体系，促进提高企业管理水平。

五、加强对重要子企业的审计监督

中央企业内部审计机构要在立足全面监督的基础上，突出重点，加强对重要子企业的审计监督，揭露存在隐患，堵塞管理漏洞，促进提高企业管理水平。一要认真做好重要子企业的定期财务审计工作，保障企业持续健康发展。二要积极做好对重要子企业内部审计工作的监督和指导，推进重要子企业内部审计工作有序开展。三要加强对重要子企业内控评测和高风险业务等的监控，增强重要子企业的风险防范和可持续发展能力。

六、加强对高风险投资业务的审计监督

要进一步完善高风险投资业务的内部控制体系，规范中央企业高风险投资业务管理，健全风险防范机制。要加大对高风险投资业务审计力度，规范高风险业务会计核算，对从事高风险投资业务的子企业或业务部门，每年必须安排审计，尤其是对重大高风险投资业务，应当强化内部监管工作。要认真做好对高风险投资业务损失的审计调查，要认真查明事实，分析原因，分清责任，做好责任追究工作。

七、认真探索开展境外投资审计

要建立境外企业定期审计制度，充分发挥内部审计监督作用。要加大对境外企业审计力度，认真查找问题，堵塞管理漏洞，防范经营风险，促进提高管理水平。要积极探索境外企业审计的有效方法，认真研究境内外会计制度、税收政策及外汇管理等方面的差异，提高审计效率和质量。

八、全面开展经济责任审计工作

为客观评判中央企业负责人的经营业绩和经济责任，企业要按照《中央企业经济责任审计管理暂行办法》（国资委令第7号）等有关规定，认真组织开展经济责任审计工作。一要认真做好各级子企业和重要业务部门负责人任期或离任经济责任审计工作，做到未经审计，不得解除经济责任。二要通过经济责任审计，明确经营管理人员的经济责任，做到审计不合格，不得兑现效益年薪。三要积极探索经济责任审计工作方法，做到财务审计、绩效评价和责任评估相结合，科学评判企业经营者经营业绩和经济责任。

九、认真做好企业财务决算审计工作

中央企业内部审计机构应当充分发挥审计监督

作用，按照财务决算审计工作相关要求，根据企业内部分工做好本企业财务决算审计工作。一要认真组织或参与承担财务决算审计社会中介机构的选聘工作。二要做好对企业财务决算审计质量评估，加强对中介机构审计程序的监督和检查，保障审计质量。三要加强与中介机构审计工作的衔接和沟通，充分利用外部审计工作成果，督促企业对外部审计发现的问题进行整改。四要企业所属涉及国家安全或难以实施外部审计的特殊子企业，要按照独立审计要求认真做好财务决算内部审计工作，严格按照规定的格式和内容出具内部审计报告，并承担相应的审计责任。

十、积极探索内部审计的新领域和新方法

各中央企业内部审计机构应当加强审计理论和审计方法研究与创新，推进内部审计职能从单纯财务收支审计逐步向监督与服务并重转变，审计方式从事后审计逐步向全过程审计转变，审计目标从查错纠弊逐步向内控评价和风险评估转变。一要结合企业经营发展目标，在强化财务收支审计、经济责任审计和基建工程审计的同时，积极拓展审计领域，推动管理审计工作开展，积极开展采购审计、招标审计、改制审计、预算审计等工作。二要定位于监督与服务相结合，积极探索企业绩效审计、风险导向审计，提高审计业务增值能力。三要积极探索创新审计方法和审计手段，探索运用先进的审计理念、方法和技术，推进内控测评和风险评估，提高审计工作的质量和效率。

十一、充分发挥内部审计结果的作用

审计结果的落实程度直接关系到审计工作的效果，各企业要发挥审计结果的效力，做到审必严，责必究，使审计工作真正落到实处。一要及时对审计中发现的问题进行研究处理，总结经验，完善制度，改善管理，提升企业管理水平。二要完善审计整改落实制度，积极开展后续审计工作，对审计意见的落实情况进行跟踪，督促有关业务部门或所属子企业认真整改；对未按规定限期整改的，应当追究相关人员责任。三要研究建立企业资产损失责任追究制度，落实经营管理责任，对企业经营管理人员违法违规、以及未履行或未正确履行职责而造成资产损失的，应追究相关人员的责任。四要对审计中发现的涉嫌违法违纪问题，在事实清楚、证据确凿的基础上，要及时移交有关部门进行处理。五要推进建立审计公告制度，提高审计的透明度和影响力。要加强经济责任审计结果的利用，任期审计结果应当作为企业负责人任期考核、干部任免等事项的重要依据。

十二、切实履行内部审计工作责任

为推进内部审计持续有效发展，建立内部审计质量控制体系，加强审计管理，提高审计工作质量，中央企业各级负责人和内部审计人员要认真履行工作职责。一要建立审计责任追究制度，对于审计人员玩忽职守，出现重大审计事项错漏、重大线索遗失和对重大违纪、违法事项不披露的或者未按规定履行审计工作职责的，要追究审计人员责任；对于审计制度不健全，未按要求开展审计业务的，应追究企业负责人和审计部门负责人的责任。二要建立内部审计质量考评体系，公正评价审计人员工作业绩，切实保护审计人员的合法权益，提高审计人员工作积极性。

十三、建立内部审计工作报告制度

各中央企业应根据有关要求定期向国资委报告内部审计工作情况。一要建立定期报告制度。中央企业应于每年3月31日前，向国资委报送本年度内部审计工作计划和上年度内部审计工作总结。二要建立重大审计事项报告制度。内部审计中发现的重大违法违纪问题、重大资产损失情况、重大经济案件及重大经营风险等，应当及时向国资委报告。三是对提拔到企业总部领导岗位上的子企业或重要业务部门负责人的经济责任审计工作结果，应当向国资委报告。四是审计部门负责人变更，应当向国资委备案。

加强对中央企业内部审计工作的指导和监督是出资人履行职责的重要手段。各企业要高度重视内部审计在现代企业制度建设中的重要作用，切实采取有效措施，加强内部审计工作，确保内部审计工作有效开展，逐步形成“事前参与、事中监控、事后评价”的内部计工作格局，推动企业的可持续健康发展。国资委将根据有关规定对企业内部审计工作改进和完善情况组织进行检查和评估。

国务院国有资产监督管理委员会
（中水电总［2005］35号文转发）

关于做好企业国有产权转让监督检查工作的通知

（国资发产权［2005］294号·2005年11月17日）

各省、自治区、直辖市、计划单列市国有资产监督管理机构、财政厅（局）、发展改革委、监察厅（局）、工商局、证监局，新疆生产建设兵团，各中央企业：

根据中央纪委关于严格执行产权交易制度和国务院关于规范发展产权交易市场的有关工作要求，为进一步贯彻落实《企业国有产权转让管理暂行办法》（国务院国资委、财政部令第3号，以下简称《办法》）及其配套文件精神，不断规范企业国有产权转让，各级国资监管机构、财政、发展改革、监察、工商、证券监管等部门要有计划、有重点地组织做好企业国有产权转让监督检查工作。现就做好监督检查工作有关问题通知如下：

一、监督检查的范围是《办法》及其配套文件施行以来，企业国有产权转让所涉及的相关部门、企业、社会中介机构、产权交易机构以及其他组织等的规范操作情况。

二、监督检查工作要以国家有关规范企业国有产权转让政策规定和工作要求的贯彻落实和实际执行情况为重点，认真做好相关重点环节的审核把关。主要内容为：

（一）企业国有产权转让监管制度的贯彻落实情况。各地区、部门和相关企业是否对相关制度规定进行了全面贯彻落实，并结合各自实际制定了相应的管理办法；企业国有产权转让监管的职能部门、人员和工作责任是否明确；对产权交易机构的选择和监管工作是否到位。

（二）企业国有产权转让进场交易情况。企业国有产权转让是否在经国资监管机构选择确定的产权交易机构中进行；符合竞价条件的产权转让项目，是否通过竞价方式进行交易；对于直接采取协议转让方式转让国有产权的，是否符合《办法》的相关规定。

（三）产权交易机构的规范操作情况。《办法》及其配套文件规定的贯彻落实和实际执行情况；企业国有产权交易的要件及标准审查把关情况；企业国有产权交易活动中遵守国家相关法律法规的情况；企业国有产权交易中出现纠纷的调处情况；企业国有产权交易信息的统计报告情况；是否存在将企业国有产权拆细后连续交易行为。

（四）企业国有产权转让规定程序的执行情况。是否按照《办法》的要求履行了相应的批准程序和操作程序，以及是否对内部决策、转让行为批准、清产核资、财务审计、资产评估、价格确定、转让价款支付以及产权登记等全过程进行了规范操作；内部决策机构、职代会、审核批准机构、社会中介机构、产权交易机构等出具的材料是否齐全、有效。

（五）企业国有产权转让信息的披露情况。是否按照《办法》规定的内容、方式、时间公开披露产权转让信息，广泛征集受让方；产权转让信息发布后，对意向受让方的确定是否符合规定；对受让方提出的条件有无违反公平竞争原则。

（六）职工合法权益的保护情况。产权转让中涉及职工合法权益的事项是否经过职代会审议；职工安置等事项是否经职代会讨论通过并由劳动保障部门审核；转让后职工安置等事项是否落实。

（七）相关方面履行职责情况。产权转让涉及各方是否按照规定履行相应职责，是否存在越权批准或违规操作等问题，是否存在干预社会中介机构独立、公正执业问题。

（八）国家有关政策规定的执行情况。产权转让中涉及上市公司国有股权管理，向外商转让国有产权，向管理层转让企业国有产权，国有划拨土地使用权转让和国家出资形成的探矿权、采矿权转让等是否符合国家法律和有关政策规定，是否经过相关部门审核或批准；转让方是否按照规定收取产权转让价款，对取得的净收益是否按照国家有关规定处理。

（九）对暴露问题的处理情况。对企业国有产权转让过程中的违法违规行为是否及时作出处理。

三、各有关部门要坚持“执法必严、违法必究”的原则，通过监督检查进一步规范企业国有产权转让。在监督检查的方式上，可以采取地方（部门、企业）工作自查与相关部门对项目的重点抽查相结合、定期检查与不定期抽查相结合、组织工作调研与督查指导相结合、国有产权转让项目检查与对产权交易机构检查评审相结合、举报和媒体曝光的案件处理与专项检查相结合以及检查问题、总结交流经验与完善政策相结合等多种方式进行。

四、企业国有产权转让监督检查工作，由各级国资监管机构牵头，会同财政、发展改革、监察、工商、证券监管等部门共同组织进行。具体工作可以由有关部门结合自身业务进行监督检查，也可以在同级国资监管机构的统一协调下，建立日常的监督检查工作机制，通过各有关部门分工合作或组成监督检查工作组等多种形式，对企业国有产权转让工作进行监督检查。

五、在监督检查工作中，对于发现的各种问题，要视情节轻重，依据国家有关法律、法规和《办法》及其配套文件的规定严肃处理。在对有关具体问题的处理上，要区别自查、自纠和被查、被纠的界限，实事求是地进行处理。

六、逐步建立企业国有产权转让监督检查总结报告制度。各级国资监管机构应当依照本通知要求，根据具体情况确定监督检查的重点内容和重点企业、机构，并与有关部门协商制定监督检查工作方案，结合有关部门业务具体组织实施；企业国有产权转让涉及的相关企业、机构应当按照国家有关规定，认真组织开展自查工作，确保工作规范和质量，不留死角；各级国资监管机构在每年年终要对监督检查工作组织情况及时总结报告，对重大问题要形成专题报告。

七、企业国有产权转让涉及面广、政策性强，各有关方面要严格履行各自的职责和义务，认真组织和配合做好监督检查工作。

（一）各级国资监管机构要充分做好有关部门的协调工作，在组织进行监督检查工作中做到有计划、有重点和不重复。

（二）各级国资监管机构、财政、发展改革、监察、工商、证券监管等部门，在企业国有产权转让监督检查工作中，应加强工作联系和沟通，检查后有关部门要对检查情况进行通报，对发现的问题要及时处理。

（三）在监督检查工作中，涉及的相关部门、企业（单位）、社会中介机构以及产权交易机构应积极配合有关部门的监督检查工作，如实反映情况，主动提供有关资料。

（四）在监督检查工作中，各级国资监管机构在做好监督检查情况总结的基础上，要注重做好宣传，推广好的经验和做法，抓好对发现问题的督促整改工作。

（五）在监督检查工作中，参与检查的工作人员要坚持原则，深入细致，求真务实，依法检查，廉洁奉公，遵守纪律。对于违反检查纪律的行为和相关工作人员要及时纠正、查处。

国务院国有资产监督管理委员会
中华人民共和国财政部
中华人民共和国国家发展和改革委员会
中华人民共和国监察部
中华人民共和国国家工商行政管理总局
中国证券监督管理委员会
（中水电总［2005］36 号文转发）

关于建立和完善劳务分包制度
发展建筑劳务企业的意见

（建市［2005］131 号·2005 年 8 月 5 日）

各省、自治区建设厅，直辖市建委，计划单列市、副省级城市建委，江苏、山东省建管局，国务院有关部门建设司，解放军总后营房部，新疆生产建设兵团建设局：

建筑业是国民经济支柱产业，其增加值约占 GDP 的 7%，又是劳动密集型行业，就业容量巨大，吸纳的农民工已占农村进城务工人员总数的三分之一。据统计局 2004 年数据，全国建筑业从业人员总计 3893 万人，其中施工现场操作人员基本是农民工，总人数已达 3201 万人。

农民工为建筑业快速发展提供了人力保障，同时在以农民工为主的建筑劳务市场也存在一些亟待解决的问题：一是用工企业与“包工头”签订劳务合同，一些“包工头”随意用工、管理混乱，违法转嫁经营风险，损害农民工的合法权益；二是农民工队伍职业技能培训和鉴定数量严重不足，从业人员素质较低，给工程建设质量带来隐患；三是农民工队伍庞大松散，无序流动，带来行业管理的困难；四是建设领域存在拖欠农民工工资问题。

为了规范建筑市场秩序，提高劳务队伍职业素质和建筑企业的整体素质，确保工程质量和安全管理，建立预防建设领域拖欠农民工工资的长效机制，现对建立和完善建筑劳务分包制度、发展建筑劳务企业，提出如下意见：

一、指导思想

贯彻落实党的科学发展观和正确的政绩观，贯彻国务院“要健全和规范建筑劳务分包市场，加快发展成建制的劳务企业，加强对企业用工行为的监督检查”的指示精神，以发展劳务企业为突破口，建立预防建设领域拖欠农民工工资的长效机制，规范建筑市场秩序，建立和完善劳务分包制度，调整全行业建筑队伍组织结构，提高劳务队伍的职业素质，保障工程质量和安全。

充分认识工作的艰巨性和紧迫性，加强领导，明确目标，落实责任，逐年推进。重点是对劳务分包行为和施工现场进行规范，要求施工总承包特级、一级企业率先规范用工行为，要求大城市建设主管部门率先规范建筑市场，要求主要的建筑劳务输出地区率先做好农民工培训，合法、有效、有序组织农民工成建制地参与劳务竞争。

二、工作目标

总体工作目标：从2005年7月1日起，用三年的时间，在全国建立基本规范的建筑劳务分包制度，农民工基本被劳务企业或其他用工企业直接吸纳，“包工头”承揽分包业务基本被禁止。

1.2005年7月1日起，施工总承包和专业承包特级、一级企业进行劳务作业分包，必须使用有相应资质（劳务分包或施工总承包资质等）的企业；其中，至2006年6月底，施工总承包特级企业必须全部使用劳务企业，施工总承包和专业承包一级企业使用劳务企业比例不低于60%；至2007年6月底，施工总承包和专业承包一级企业使用劳务企业比例不低于90%；至2008年6月底，所有企业进行劳务分包，必须使用有相应资质的劳务企业。禁止将劳务作业分包给“包工头”。

2.建筑劳务输出人数超过20万人的省（自治区、直辖市），于2006年6月底前，将60%以上的农民工纳入成建制的劳务企业，其中，劳务基地县（市）应将全部农民工纳入有资质的企业；2007年6月底前，农民工基本被劳务企业或其他用工企业吸纳；2008年6月底前，全国各地区的农民工基本被劳务企业或其他用工企业吸纳。

3.全国建筑农民工职业技能持证上岗的平均比例，2007年6月底前，应提高到40%以上；至2008年6月底前，提高到60%以上。

4.建立和完善劳务分包交易场所和渠道。可拓展现有交易中心的功能或采取其他形式，建立渠道畅通、信息公开、服务全面的劳务分包交易平台，并对劳务分包合同进行备案，实现劳务分包交易行为基本规范化。

5.计划单列市、副省级城市应于2006年6月底前实现以上全部目标；地级市应于2007年6月底前实现以上全部目标。其他有条件的地区可以制定工作方案，提前达到以上目标。

三、政策措施

1.明确建筑劳务分包制度的法律地位，建立预防和惩戒拖欠工资的长效机制。按照《建筑法》的要求，建立和完善建筑劳务分包制度，承包企业进行劳务作业分包必须使用有相关资质的企业，并应当按照合同约定或劳务分包企业完成的工作量及时支付劳务费用。承包企业应对劳务分包企业的用工情况和工资支付进行监督，并对本工程发生的劳务纠纷承担连带责任。劳务企业要依法与农民工签订劳动合同。

严格执行《房屋建筑和市政工程施工分包管理办法》，严厉打击挂靠和违法分包，禁止“包工头”承揽分包工程业务。

各地要加大清理拖欠农民工工资问题的工作力度，建立预防和惩戒拖欠工资的长效机制，为劳务分包企业的发展创造良好的社会环境。

2.简化建筑劳务分包企业资质审批程序，多渠道建立和发展劳务分包企业。省、自治区、直辖市人民政府建设行政主管部门可根据需要，将审批权下放至地（州、盟、市）及以下人民政府建设行政主管部门，可由县级人民政府建设行政主管部门负责受理和初审。随时申请、随时审批，缩短审批时间至20天以内，方便申请人。

各地建设行政主管部门应加强对劳务带头人、召集人、包工头等的政策培训和分类指导，对具备条件的队伍，引导他们合资入股成立建筑劳务分包企业；引导现有成建制的建筑劳务队伍进行工商注册，按照《建筑劳务分包企业资质等级标准》获取资质证书；引导建筑业企业进行内部机制创新，通过参股、入股等方式，对信誉良好但不具备建立企业条件的劳务队伍进行收编，促使“包工头”转为合法的企业职工或股东；引导大型施工总承包企业分离富余职工，成立建筑劳务分包企业；引导低资质等级的施工总承包企业向建筑劳务分包企业转化，为其生存发展创造良好的外部环境。

3.允许砌筑等相关专业劳务企业承担农房施工。拥有砌筑、抹灰、钢筋工、木工等相关专业资质的劳务企业，在核定其承包工程范围时，各地可根据本地实际情况，允许其承担一定规模以下的乡、镇、村民用住宅、农房的建筑施工。

4.施工总承包、专业承包企业用工必须办理社会保

险。施工总承包、专业承包企业直接雇用农民工，必须签订劳动合同并办理工伤、医疗或综合保险等社会保险。

5. 建立农村富余劳动力向建筑劳务有序、有效的转化途径。各地区继续发挥建筑劳务基地的示范、带动作用，按照"先培训、后输出"、"先培训、后上岗"的原则，要基本将农民工纳入成建制的劳务企业，有组织地输出劳务。对农民工进行进城务工常识、安全知识、法律法规等内容的引导性培训和职业技能培训。建筑劳务基地县（市）要重点建设好一所示范性的培训基地，将培训工作延伸到村镇。

6. 加强对承包企业"职工教育经费"的使用监管，加大农民工职业培训资金投入数额。禁止承包企业在投标中压减"职工教育经费"获取中标。承包企业进行劳务作业分包的工程项目，必须将"职工教育经费"单独计列，专项支出，确保农民工技能培训经费足额提取和使用。有条件的地区，可探索由建设行政主管部门统一提取职工教育经费的办法，统一用于农民工培训。

积极争取国家给予的扶贫资金和"阳光工程"培训资金，调配使用地方政府积累的劳保统筹资金，监督使用承包企业计提的"职工教育经费"等，充分调动社会各方资源，采取多种培训方式，加大培训力度，提高劳务队伍的职业素质。

7. 各地可根据实际情况，研究对农民工的多种管理方式。如探讨建立"建筑劳务市场"或"建筑劳务派遣中心"，作为规范建筑市场的补充措施，将因种种原因（如：季节性农民工、临时性零散用工）暂时没有纳入劳务企业的零散农民工进行统一集中管理，对他们进行统一培训、服务和管理，保证其有序流动。

四、监督管理措施

各地建设行政主管部门要依法履行职责，加强对劳务分包和劳务用工的监督管理。

1. 对施工总承包、专业承包企业直接雇用农民工，不签订劳动合同，或只签订劳动合同不办理社会保险，或只与"包工头"签订劳务合同等行为，均视为违法分包进行处理。

对用工企业拖欠农民工工资的，责令限期改正，可依法对其市场准入、招投标资格等进行限制，并予以相应处罚。

2. 无论承包企业在工程建设投标时是否压减"职工教育经费"，均视为已经计提"职工教育经费"。

3. 要加强日常监管，严格执法检查。各地要建立施工现场日常巡查制度，发现问题及时处理，促进劳务分包和劳务用工规范发展。

五、加强组织领导，做好政策引导

各地建设行政主管部门要统一思想，提高认识，必须认真研究存在的实际问题，采取积极有效的措施，切实加强对建立劳务分包制度、发展劳务企业的工作指导。

1. 省级建设行政主管部门要加强建立劳务分包制度、发展建筑劳务分包企业的组织领导工作，切实负起责任，力争工作的主动性，指导各地积极开展工作，及时总结经验，解决遇到的问题，提出解决本地实际问题的政策措施。

2. 开展广泛的政策宣传，做好政策引导。将宣传材料发至所有的建筑业企业及其项目部，发至建筑劳务基地的县、乡、村，让从事建筑业的施工企业和农民工基本了解国家政策，自觉改变多年形成的零散务工的方式、习惯。

可采取多种方式加强对建造师（项目经理）进行劳动用工政策培训，对所有的工头、施工工长进行政策措施培训，切实将有关政策措施落到实处。

3. 加强经验总结交流和宣传工作。各地区可定期召开经验交流会，充分发挥先进地区或企业的示范作用。总结劳务分包和劳务用工好的经验，加强多种形式的宣传、介绍，促进建筑劳务企业的健康发展。

中华人民共和国建设部

（中水电经［2005］4号文转发）

关于加强境外中资企业安全生产监督管理工作的通知

（安监总协调字［2005］113号·2005年9月5日）

各省、自治区、直辖市及计划单列市安全生产监督管理、外事、商务部门，国务院有关部门，各中央企业：

为加强对境外中资企业的安全生产监督管理工作，依据有关法律法规，结合当前境外中资企业安全生产工作的实际情况，现就加强对境外中资企业的安全生产监督管理工作通知如下：

一、中央企业要认真履行安全生产管理责任

中央企业对其境外独资、控股企业或派出的施工等单位（以下称为境外企业）的安全生产工作负有直接管理责任，要依照有关安全生产法律法规的规定，加强对境外企业的安全生产管理。要严格审查，把好境外企业的安全关；要建立负责对境外企业安全生产进行监督管理的工作机构或配备专职的安全生产监督管理人员从事对境外企业的安全生产管理工作；要督促和组织境外企业建立和落实安全生产责任制，完善安全生产管理制度；要加强对境外企业管理人员和从业人员出国前的安全教育和安全培训，督促和指导境外企业制定事故应急救援预案并定期进行演练，防止伤亡事故和职业危害事故的发生，最大限度地减少人身伤亡和财产损失；要建立境外企业负责人定期安全报告制度，同时要对境外企业遵守所在国（地区）安全生产法律法规及母公司有关的安全生产管理制度的情况进行必要的安全检查，纳入境外投资对外承包工程年检范畴；要为境外企业的生产经营活动提供符合所在国（地区）安全生产法律法规要求的投入，依法为境外企业的从业人员、财产、设备办理相应的保险。

二、出资人要履行境外企业安全生产监督管理职责

境外企业的中方出资企业或派出单位是其境外企业安全生产的监督管理者，负责与境外企业及承包方签订安全协议，明确各自职责，指定安全管理人员代表出资人或派出单位履行作业现场安全生产监督检查职责；按照所在国（地区）的要求对投资项目的安全生产风险进行评价，保证境外企业及承包方采取相应措施控制生产经营活动中存在的各类安全生产事故风险，保证为境外企业提供必需的安全投入；监督境外企业严格遵守所在国（地区）安全生产法律法规和出资人（派出单位）制定和提出的安全生产管理规定及要求。

出资企业或派出单位要加强对境外企业的安全生产管理，定期对境外企业进行安全生产监督检查，监督检查情况要按企业隶属关系上报。中央企业由母公司报送国家安全监管总局，并抄报中央企业安全生产行业主管部门和国有资产监督管理机构。属于地方的境外企业，出资企业要将检查情况报送当地安全监管部门和行业主管部门及国有资产监督管理机构。

非中方控股的境外中外合资合作企业，出资企业也要按照有关合资合作协议的规定积极配合控股方做好境外企业的安全生产管理工作，对中方从业人员出国前进行必要的安全生产知识和技能培训，并确保中方从业人员参加意外伤害保险。

三、境外企业要遵章守法，健全安全生产管理制度

境外企业要严格遵守所在国（地区）安全生产法律法规。按照所在国（地区）安全生产法律法规要求，完善各项安全生产工作制度，建立和完善企业安全生产管理体系，严格作业现场的安全生产管理，及时消除各种事故隐患。

四、各级安全监管部门和有关行业主管部门要认真履行对境外企业的安全生产监督管理职责

国务院安全监管部门负责指导、监督中央管理的工矿商贸企业对其出资设立的境外企业的安全生产监管工作，主要是指导、监督他们履行好法律法规所赋予的安全生产职责和本通知提出的要求，做好境外企业的安全生产工作。地方各级安全监管部门负责指导、监督其行政区域内出资人设立的工矿商贸企业对其出资设立的境外企业的安全生产监管工作。各级其他有关部门要负责指导、监督本行业企业对其出资设立的境外企业的安全生产监管工作，各级安全监管部门要从监管指导的角度，监督有关部门对相关行业的境外企业的安全生产工作进行认真监管。

五、事故的善后处理和责任追究

境外企业发生生产安全事故后，要依照境外企业所在国（地区）的法律法规进行事故处理，做好事故调查及善后工作，依法赔付事故造成的损失，避免损害相关方面的合法权益。境外企业发生重特大事故要及时向安全生产监督管理部门、出资人和境外企业所在国（地区）我外交机构报告。境外企业发生死亡事故和特大职业危害事故要及时报告国内母公司（出资人）或派出单位，由国内母公司（出资人或派出单位）及时按照隶属关系报告相应的安全生产监督管理部门。事故责任追究由国内安全生产监管部门会同有关部门参照安全生产事故责任追究的有关规定对国内母公司（出资人或派出机构）的有关责任人追究责任。

国家安全生产监督管理总局
中华人民共和国外交部
中华人民共和国商务部
国务院国有资产监督管理委员会
（中水电安［2005］23号文转发）

财政部　商务部关于印发《对外经济技术合作专项资金管理办法》的通知

（财企［2005］255号·2005年12月9日）

各省、自治区、直辖市、计划单列市财政厅（局）、商务主管部门，新疆生产建设兵团财务局、商务局，各驻外经济商务机构，各中央管理企业：

为落实党中央、国务院关于实施“走出去”发展战略的指导方针，规范对外经济技术合作资金管理，我们制定了《对外经济技术合作专项资金管理办法》，现印发你们，请遵照执行。

附件：对外经济技术合作专项资金管理办法

中华人民共和国财政部
中华人民共和国商务部

附件：

对外经济技术合作专项资金管理办法

第一条　为实施“走出去”发展战略，鼓励和引导有比较优势的企业有序地开展各种形式的对外经济技术合作，加强和规范对外经济技术合作专项资金（以下简称专项资金）的管理，提高资金的使用效益，根据《中华人民共和国预算法》和财政预算管理的有关规定，特制定本办法。

第二条　专项资金的管理和使用遵循以下原则：

（一）依法行政，公开透明；

（二）符合国家产业政策导向；

（三）符合国家外经贸政策；

（四）有利于促进项目所在国经济发展和技术进步。

第三条　本办法所称对外经济技术合作业务范围包括：境外投资，境外农、林和渔业合作，对外承包工程，对外劳务合作，境外高新技术研发平台，对外设计咨询等。

第四条　专项资金对企业从事上述对外经济技术合作业务采取直接补助或贴息等方式给予支持。

第五条　专项资金直接补助内容包括境内企业在项目所在国注册（登记）境外企业之前，或与项目所在国单位签订境外经济技术合作协议（合同）之前，为获得项目而发生的相关费用，包括聘请第三方的法律、技术及商务咨询费、项目可行性研究报告编制费、规范性文件和标书的翻译费用；购买规范性文件和标书等资料费；对外劳务合作，境外高新技术研发平台，对外设计咨询项目运营费用等。专项资金贴息内容包括境外投资、合作和对外工程承包等项目所发生的境内银行中长期贷款。

第六条　财政部、商务部以“通知”形式，另行确定当年专项资金重点支持的领域和范围。

第七条　申请企业应具备以下基本条件：

（一）在中华人民共和国境内依法登记注册，具有独立法人资格；

（二）已取得国家有关部门批准（核准或备案）开展对外经济技术合作业务的书面文件；

（三）近五年来无严重违规违法行为，无恶意拖欠国家政府性资金行为。

（四）按规定报送统计资料。

第八条　申请项目应具备的基本条件：

（一）经国家有关部门批准、登记或备案；

（二）在项目所在国依法注册、登记或备案，项目依法生效；

（三）对外承包工程合同金额原则上不低于500万美元（或等值货币）；境外投资项目及农、林、渔业合作项目的中方投资额原则上不低于100万美元（或等值货币）；对外劳务合作、境外高新技术研发平台、对外设计咨询项目合同金额原则上不低于50万美元（或等值货币）。

（四）对于申请中长期贷款贴息的项目，还应具备：

1. 申请贴息贷款为一年以上（含一年）中长期境内银行贷款；

2. 贷款用于对外经济技术合作项目的建设及运营；

3. 单笔贷款金额不低于300万元人民币（或等值外币）；

4. 每一项目申请贴息的贷款额累计不超过中方投资总额或合同总额；

5. 一个项目可获得累计不超过5年的贴息支持。

（五）境外高新技术研发平台、对外劳务合作、对外设计咨询项目，实行定额运营费用资助方式，具体条件另行规定。

第九条 直接补助费用比例原则上不超过申请企业实际支付费用的50%，一个项目只能享受一次支持。

第十条 中长期贷款的贴息标准：

（一）人民币贷款贴息率不超过中国人民银行公布执行的基准利率，实际利率低于基准利率的，不超过实际利率；

（二）外币贷款年贴息率不超过3%，实际利率低于3%的，不超过实际利率。

第十一条 专项资金以人民币计算并支付。

第十二条 申请专项资金应提供如下申报材料：

（一）申请报告。包括项目基本情况、项目贷款或费用支出情况、项目预期收益情况分析等；

（二）国家批准开展对外经济技术合作业务的文件；

（三）申请企业近三年来的年度审计报告；

（四）费用支出凭证或付息结算清单（复印件应加盖单位公章）；

（五）驻外使（领）馆经商处出具的书面意见；

（六）要求报送的其他材料。

第十三条 企业报送的材料凡与申请有关的外文资料，须同时报送中文译本，并将所有申请资料按上述顺序装订成册。

第十四条 申报程序

（一）地方企业将本办法及“通知”规定的申报材料报送省级财政、商务部门。各省级财政和商务部门负责按本通知规定对申报材料进行初审后，于规定时间前联合报送财政部、商务部；

（二）中央企业将本办法及“通知”规定的申报材料于规定时间前分别报送财政部、商务部。

第十五条 财政部会同商务部委托中介机构对中央企业和地方上报的申请材料进行审核，确定费用补助金额和贴息金额。

第十六条 专项资金按照财政预算级次由财政部拨付。

第十七条 企业收到专项资金后，按相关财务规定处理。

第十八条 各有关企业要严格按国家规定管理和使用财政专项资金，并自觉接受财政、商务、审计等部门的监督检查。

第十九条 各有关单位要严格按国家规定的专项资金支持范围和时间等申报。任何单位不得以任何形式骗取和截留专项资金，对违反规定的，财政部、商务部将全额收回财政专项资金，取消以后年度申请资格，并按照《财政违法行为处罚处分条例》处理。

第二十条 本办法由财政部、商务部解释。

第二十一条 本办法自发布之日起施行。

集团公司管理文件

战　略　管　理

中国水利水电建设集团公司发展战略和规划管理暂行办法

（中水电企［2005］24号·2005年8月16日）

第一条 为规范中国水利水电建设集团公司（以下简称集团公司）及其子公司的发展战略和规划的编制与管理工作，提高企业战略管理水平，根据《中华人民共和国公司法》、《企业国有资产监督管理暂行条例》、《中央企业发展战略和规划管理办法（试行）》（国有资产监督管理委员会令第10号）和《中国水利水电建设集团章程》，制定本办法。

第二条 本办法所称子公司，是指集团公司履

行出资人职责、有控制权的企业，包括集团公司的全资子公司、控股子公司。

第三条 本办法所称发展战略和规划是指集团公司和子公司根据国家发展规划和产业政策，在分析外部环境、内部条件和主要竞争者现状及其变化趋势的基础上，为确保企业的长期生存和可持续发展所作出的未来一定时期内的方向性、整体性、全局性的定位、发展目标及相应的实施方案。

第四条 集团公司发展战略和规划管理包括两方面内容，一是集团公司发展战略、规划以及专业战略、规划的研究制定；二是集团公司对子公司的战略管理，具体包括：指导子公司编制发展战略和规划，审核子公司发展战略和规划，对其实施情况进行指导和监督。

第五条 集团公司设立发展战略和规划决策委员会，由集团公司领导、相关部门负责人和专家组成。发展战略和规划决策委员会负责审议集团公司发展战略、规划以及专业战略、规划，指导子公司发展战略和规划的审核。

第六条 集团公司企业发展部为集团公司发展战略和规划管理的归口部门，负责研究制定集团公司发展战略和规划，开展行业分析、竞争对手战略等方面的研究，负责子公司发展战略和规划的审核和指导的日常管理工作。集团公司总部其他职能部门配合企业发展部，结合各自的部门职责分工，做好相关专业战略的审核工作。

第七条 集团公司和子公司发展战略原则上五年编制一次，根据企业发展的实际情况适时进行修订；中期（三年）规划采取滚动编制的方法。在初始计划年度制定未来三年发展规划；从第二个计划年度始，相应后推一年，形成新的三年规划，每年都在上年规划基础上编制下一规划；每一发展规划不仅包括新目标的设定，也包括原有目标的调整。

第八条 集团公司发展战略和规划由集团公司企业发展部牵头，集团公司总部有关职能部门配合，拟订出初稿。经集团公司内部征求意见，征询外部专家意见后，提交发展战略和规划决策委员会审议，审议通过后报送国资委，根据国资委审核意见，按照内部决策程序对发展战略和规划修订后，正式颁布实施，并将发展战略和规划正式文本报国资委备案。

第九条 集团公司专业战略和规划由相关部门根据集团公司发展战略和规划，结合本部门的职责分工组织编制，经发展战略和规划决策委员会审议通过后，作为集团公司战略体系的组成部分予以组织实施。

第十条 子公司发展战略和规划的编制和执行情况是企业主要负责人实施任期经营业绩考核的重要内容之一。子公司要明确负责发展战略和规划编制的机构，建立相应的工作制度并报集团公司备案。

第十一条 企业发展战略和规划应当包括下列主要内容：

（一）现状和发展环境。包括企业基本情况概述、企业发展环境分析和竞争力分析等；

（二）企业发展的指导思想和发展思路；

（三）企业的战略定位和战略目标；

（四）规划期发展、调整重点与实施计划；

（五）规划实施的保障措施；

（六）需包括的其他内容。

第十二条 子公司在制定发展战略和规划时，可参照集团公司企业发展部印发的《关于报送发展战略与规划的通知》（企［2004］3号）中的编制大纲，并可根据实际情况进行适当调整，但调整后的内容应当涵盖编制大纲中的主要内容。

第十三条 子公司应当按照集团公司的要求在规定时间内报送发展战略和规划草案。报送内容包括企业发展战略及规划草案文本、编制说明及其他配套文件或材料等（一式三份并附电子文本）。

第十四条 集团公司对子公司报送的发展战略和规划草案进行审核的程序如下：

（一）集团公司企业发展部组织力量对子公司报送的发展战略及规划草案进行初审，出具书面的初审意见。

（二）将初审意见报发展战略和规划决策委员会审议，审议通过后，将审核意见反馈给子公司。

（三）子公司收到审核意见后，应根据意见修订发展战略和规划草案，按照内部决策程序审议通过后，形成正式文件，将正式文件一式三份连同电子文档一起报集团公司备案。

第十五条 集团公司对子公司报送的发展战略和规划的审核主要包括以下方面：

（一）是否符合国家发展规划和产业政策；

（二）是否符合国有经济布局和结构的战略性调整方向；

（三）是否符合集团的整体利益，符合集团公司的发展战略和战略定位；

（四）是否突出主业，提升企业核心竞争力；

（五）是否坚持效益优先和可持续发展原则。

第十六条 每一战略及规划期末，集团公司要组织力量对集团公司战略及规划的实施情况进行评估，找出偏差及形成原因，形成报告，以利于指导今后战略规划的编制，更好地开展经营管理活动。

第十七条 子公司发展战略和规划制定后，在内外部情况发生重大变化时，应当依据决策程序及时调整发展战略和规划，并将调整内容和原因形成报告报集团公司。

第十八条 子公司在发展战略和规划的实施过程中应制定年度计划，将实施情况与发展目标进行对标评价，并将实施情况报集团公司。

第十九条 本办法由集团公司负责解释。

第二十条 本办法自公布之日起施行。

中国水利水电建设集团公司
建筑市场经营战略实施办法

（中水电市［2005］2号·2005年2月4日）

第一章 总 则

第一条 遵照国务院有关文件精神及国资委的总体要求，为了履行出资人职责，维护出资人权益，充分利用“两个市场”、“两种资源”，推进集团公司跨越式发展战略，促进集团公司国内外市场规范发展，确保国有资产的保值增值，特制定本实施办法。

第二条 制定市场经营战略的指导思想是，牢固树立和认真落实中央提出的科学发展观，坚持以市场为导向，以发展为主题，以结构调整为主线，以改革创新为动力；发挥集团公司的整体优势，坚持集团化、现代化、国际化的发展道路，通过努力，使企业真正成为具有较强经营能力、管理能力、开发能力、融资能力和可持续发展能力的现代企业，实现集团公司的跨越式发展。

第三条 本实施办法适用于集团公司各子公司。

第二章 市场经营战略指标和主要任务

第四条 市场经营战略指标：

（一）2010年实现年营业总收入不低于300亿元，其中：国内外市场份额比例大致为7∶3。

（二）巩固和扩大国内水利水电建设市场份额，确保国内水利水电市场的主导地位，努力扩大市场份额。

（三）扩大国内路桥、市政、工民建、机场、港航、铁路、环保等重点建筑领域市场，着力集团产业结构调整。2010年，集团公司营业总收入中，努力使非水利水电项目营业收入的比重达到40%左右。

（四）坚定不移地实施“走出去”战略，大力开拓国际市场。

1. 经济指标：国外营业额在2004年3亿美元基础上，五年中年平均递增25%；新签国外合同额在2004年9亿美元的基础上，五年中年平均递增10%；国际业务的创利额占到集团公司的一半左右。

2. 经营结构定位：在国外经营项目中，在做强做大核心产业的同时，稳步推进产业多元化和产业链的前伸和后延。竞标性施工总承包和EPC总承包项目占总规模的50%，信贷融资和投资开发规模占总规模的40%，资本运作占总规模的10%。

第五条 主要任务：

（一）坚决制止超常规的不合理低价中标，追求企业合理盈利水平，促使扭曲的市场价格水平理性回归，维护出资人权益，确保实现集团公司和子公司国有资产的保值增值，实现集团公司跨越式发展。

（二）充分发挥集团公司在市场经营战略中的统筹协调作用，实现子公司生产要素的优化配置，形成集团公司内部专业布局合理，资源配置科学，充分发挥子公司各自的专业特色，降低管理成本，进而实现最佳的规模效益。

（三）在坚持水利水电建设为核心业务的前提下，以核心业务为依托向相关行业、领域不断延伸。

（四）牢固树立集团意识、大局意识，围绕建立集团模式的国际化发展战略目标，发挥集团公司整体优势，共同走向国际市场。在国际经营工作中，要继续坚持“四个统一”的原则，努力打造“五个中心”。即统一管理对外经营业务，统一配置对外经营资源，统一使用集团公司品牌，统一开展对外联合与合作；海外事业部是集团公司海外业务的营销中心，在建项目的综合管理中心，在建项目的后勤保障中心，海外项目外币结算和资金融通中心，集团海外投资和资本运作中心。

第三章 市 场 准 入

第六条 建立工程项目及项目业主资信台账。充分了解项目依法立项情况、业主的资金到位情况以及过去一段时间内业主在其他项目的履约情况等问题。特别对目前民营企业投资的大中型项目要深入调查评估，对于资信度较低、项目资金不到位、直接或变相要求垫资的项目、未合法立项的项目要按程序理性放弃投标。

第七条 在项目投标阶段，对其招标文件中的同条件、技术条款要进行认真分析研究，尤其是对工程预付款、履约保证金、工程款结算方式、合同变更处理等问题要予以关注，要充分估计工程履约及经营风险，谨慎决策，对有明显不合法规的歧视性条款或对明显不合常规的“霸王”合同条件的招标项目，原则上应放弃投标。

第八条 在国际经营活动中，集团公司将统一配置对外经营资源，按照集团模式开展国际经营工作。

（一）根据各子公司不同的特点，由海外事业部合理调配国外项目信息资源的使用，按照双向选择的方式，确定项目的运作主体和实施主体。各子公司获得的国外经营信息，必须及时按规定报集团公司海外事业部进行统一协调。

（二）贯彻市场经济原则，物流有偿，实行契约化管理。海外事业部邀请相关子公司进行项目资审、投标或对在建项目进行管理时，要签订协议或委托协议，对双方各自的责权利加以明确。

（三）集团公司各子公司，未经集团公司海外事业部同意，各子公司不允许与外单位就海外项目采取任何方式的合作。凡是海外事业部已经跟踪参与运作的国外项目，严禁子公司再与其他公司就此项目进行合作。

（四）今后不允许子公司把自己作为别的公司的子公司、分公司或分支机构去参加资审、投标或项目实施。不允许将自己的资质、资历等提供给别的公司或改头换面变成别的公司的资质、资历，参与国外项目的资审、投标或议标等合作。

（五）国外项目的运作，将逐步实行分级管理。海外事业部将逐渐把重心转移到运作大型项目及投融资项目上去。原则上，5000万美元以上的投标项目或3000万美元以上的投融资项目，由海外事业部牵头，子公司配合；5000万美元以下的竞争类项目，以子公司为主，海外事业部负责督促、指导和配合。子公司单独运作国际项目时，要以集团公司品牌进行。要充分发挥子公司的优势进行合理的资源配置，逐步推动有条件的子公司在集团统一品牌下相对独立地开拓海外市场，将竞争类和施工承包类项目的经营和实施主体，逐步下移给有条件的子公司，海外事业部将相应的对市场营销、公共关系负责分类指导，对项目的获得或实施提供全方位的帮助和指导，从而使集团内部交易成本最小化，使海外项目成为各子公司新的经济增长点和坚强支柱。

第四章 市场信息的收集与利用

第九条 市场信息的收集内容包括：开发商的基本情况、工程项目的基本情况、拟定的分标方案、招标时段及相应的评标办法等。

第十条 各子公司必须指派工作责任心强的专业人员负责信息收集工作，每季度初将跟踪信息报集团公司市场部。集团公司市场部将根据信息收集的及时性、准确性对其进行表扬奖励。市场部要广泛收集与整理市场信息，加强成员企业的信息沟通，将有价值的信息反馈给成员企业使用，做到节省资源、信息共享。

第五章 风险控制

第十一条 要建立起风险评估体系。对适合集团公司业务特点的国际工程项目，从跟踪开始，就要进行初步风险评估，尤其是投融资项目，更要组织缜密的项目技术论证、政治风险、经济风险、资金风险的分析和论证，制定相应的规避风险预案。要联络有关政府主管部门、金融机构、保险公司、行业主管机构、项目所在国有关政府机构、部门、建设单位、银行系统、业内专家共同进行经济风险论证。

第十二条 针对可预见的风险因素进行分析和评估，以确定其发生的可能性、发生的频率、所产生后果的严重程度，进而提前采取避险措施。

第十三条 根据国际经营工作的行业特点和环境特点，定期进行经营管理领域全方位的风险分析和诊断，逐步建立规范化、流程化、科学化的管理模式。要强化高层监督，以保障及时发现风险、及时采取有效措施对风险加以控制。

第十四条 要按照国家相关政策法规，结合公司的实际情况，制定国际工程财务会计制度，加强对国际工程财务管理和规范国际工程会计核算工作。通过合理经营，采用最优的财务政策，在考虑货币时间和风险报酬的情况下，追求效益最大化。有关部门作为债权人代表，对于投入到建设项目的资产和收入要按照合同规定的时间和数额进行追索。

第六章 市场部和海外事业部的职能

第十五条 市场部按照国家有关法规和集团章程，制定集团公司国内建筑市场的开发战略与发展规划，统筹管理协调子公司国内建筑市场经营工作。

第十六条 市场部负责集团公司国内建筑市场

信息采集与整理工作，分析市场形势、研究投标策略，围绕大型建设项目和重要客户进行跟踪服务和公关活动，建立集团公司国内建筑市场营销网络。

第十七条 市场部负责对子公司国内大中型水电建筑工程及部分其他工程的标前事务按资源配置科学、经营管理成本最低的原则进行统筹协调，提出具体的实施意见，供集团公司领导决策，并交子公司付诸实施。

第十八条 市场部负责对各子公司及子公司施工联营体履约过程中出现的较大合同变更、合同关系调整、重大理赔事项提供指导、协调、服务。征求子公司对集团公司市场经营统筹协调工作的建议和意见，总结工作中的经验教训，不断改进统筹协调方法，不断提高市场经营管理水平。

第十九条 海外事业部是集团公司国际化战略的组织者和实施者，负责组织起草制定集团公司国际化发展的中长期战略规划，提出集团公司开拓国际市场的经营方针，制定集团公司有关外事工作的管理办法，是集团公司综合功能的一个组成部分。

第二十条 海外事业部按照“四个统一”基本原则和集团模式，代表集团公司管理、指导系统的外经业务；代表集团公司对子公司国际业务、集团公司直属国际工程部和驻外机构实施领导和管理。国际市场的统筹协调工作，由海外事业部按集团公司规定执行。

第七章　市场的统筹与协调

第二十一条 集团公司在不违背市场经济原则和国家政策的基础上对建筑市场进行统筹协调，在统筹协调过程中各子公司要认真按照《中华人民共和国招标投标法》等法律和规章制度办事，讲诚信、讲合作、重沟通，要注重标书质量，提高投标竞技水平，精心维护集团公司的企业品牌和整体经济效益。

第二十二条 （略）。

第二十三条 集团公司根据各子公司上报的基础资料和市场调研情况制定集团公司年度经营计划、市场开发计划，并建立合同履约情况、年度合同存量台账。根据上述台账对各成员企业的投标项目跟踪进行适当的调整与安排，做到资源合理配置，最大限度提高集团公司的整体竞争实力。

第二十四条 根据第三章市场准入标准，集团公司有权决定是否参与项目投标，子公司必须执行。

第八章　坚决制止极端超低价投标

第二十五条 加强投标报价控制和成本分析是规避经济风险的重中之重，要坚持按市场规律办事，市场部和海外事业部要加大管理力度，避免子公司超常规低价投标的现象发生。集团内子公司在同项目竞标时，严禁开标后违规实质性降低标价，特殊情况应报集团公司批准。

第二十六条 集团公司子公司必须转变观念，一定要树立科学的发展观，坚持正确的业绩观，既要争取占有较多的合同份额，又要有较为合理的投标报价，认真解决投标报价严重偏低的问题，推进规模和经营效益协调增长。

第九章　处 罚 制 度

第二十七条 为了保证集团公司市场经营战略实施办法的贯彻和落实，根据国资委关于管资产、管人、管事相结合的国有资产管理原则，对不能执行本办法及集团公司指令的单位和个人，集团公司将追究违规企业法定代表人、分管领导的行政责任和经济责任，酌情给予行政处分和经济处罚。

第十章　附　　则

第二十八条 本实施办法由中国水利水电建设集团公司市场部、海外事业部负责解释。自二〇〇五年一月起执行。

关于建立和完善国有独资公司董事会的指导意见（试 行）

（中水电企［2005］29号·2005年10月14日）

为指导全资子企业建立和完善国有独资公司董事会（以下简称董事会），加快和推进集团公司的改制改革工作，根据《中华人民共和国公司法》（以下简称《公司法》）、《国务院国有资产监督管理委员会关于国有独资公司董事会建设的指导意见（试行）》（以下简称《意见》），结合集团公司的实际情况，提

出以下指导意见。

一、建立和完善国有独资公司董事会的目的

（一）对于初步具备改制为产权多元化企业的全资子企业，建立和完善董事会，可以促进企业加快股份制改造和重组的步伐，并为多元股东结构董事会的组建奠定基础。

（二）对于目前难以实行有效的产权多元化的全资子企业，建立和完善董事会，初步建立起符合现代企业制度要求的公司法人治理结构，可以规范企业内部管理，促进机制转换，为企业进一步改革和发展创造条件。

（三）通过建立和完善董事会，可以进一步理顺集团公司和全资子企业的关系，既实现出资人职责到位，又确保全资子企业依法自主经营。

二、建立和完善董事会的指导原则

（一）有利于加快全资子企业建立现代企业制度，有利于全资子企业通过建立和完善董事会，提高企业经营管理水平，提高企业市场竞争能力的原则；

（二）有利于集团公司行使出资人权利的原则；

（三）有利于出资人、董事会、监事会、经理层各负其责，协调运转、有效制衡的原则；

（四）先试点，再推广，规范建立，规范运作的原则。

三、建立和完善董事会的范围

（一）集团公司根据企业发展战略，拟全资经营的企业；

（二）近三年内难以实现产权多元化的企业。

四、董事会的职责与权限

（一）董事会依据《公司法》和《企业国有资产监督管理暂行条例》（下称《条例》）的规定行使以下职责和权利：

1. 选聘或者解聘总经理，并根据总经理的提名，聘任或者解聘副总经理、财务负责人；负责对总经理的考核，决定其报酬事项，并根据总经理建议决定副总经理、财务负责人的报酬；

2. 决定公司的经营计划、投资方案以及公司的对外担保，其中投资、担保事项按照集团公司的有关规定执行；

3. 制定公司的年度财务预、决算方案；

4. 制定公司的利润分配方案和弥补亏损方案；

5. 拟订公司增加或者减少注册资本的方案以及发行公司债券的方案；

6. 拟订公司合并、分立、变更公司形式、解散的方案；

7. 决定公司内部管理机构的设置，决定公司分支机构的设立或者撤销；

8. 制定公司的基本管理制度。

（二）根据公司具体情况，董事会可以行使以下职权：

1. 审核公司的发展战略和中长期发展规划，并对其实施进行监督；

2. 决定公司的年度经营目标；

3. 决定公司的风险管理体系，包括风险评估、财务控制、内部审计、法律风险控制，并对实施进行监控；

4. 制定公司主营业务资产的股份制改造方案（包括各类股权多元化方案和转让国有产权方案）、与其他企业的重组方案、辅业的改制分流方案，报集团公司审查批准后负责实施；

5. 决定公司内部业务重组和改革事项；

6. 依据法律规定和法定程序决定或参与决定公司所投资的全资、控股、参股企业的有关事项；

7. 制定公司章程草案和公司章程的修改方案。

（三）董事会应对以下有关决策制度作出全面、明确、具体的规定，并将其纳入公司章程：

1. 应由董事会决定的重大事项的范围和数量界限（指可量化的标准，下同），其中重大投融资应有具体金额或占公司净资产比重的规定，公司累计投资额占公司净资产比重应符合法律法规的规定；

2. 公司发展战略、中长期发展规划、重大投融资项目等决策的程序、方法，并确定投资收益的内部控制指标；

3. 对决策所需信息的管理。其中提供信息的部门及有关人员对来自于公司内部且可客观描述的信息的真实性、准确性应承担责任，对来自于公司外部且不可控的信息的可靠性应进行评估；

4. 董事会表决前须对决策的风险进行讨论，出席董事会会议的董事应作出自己的判断；

5. 董事会对董事长、董事的授权事项应有具体的范围、数量和时间界限。

（四）董事会履行以下义务：

1. 执行集团公司的决定，对集团公司负责，最大限度地追求所有者的投资回报，完成集团公司交给的任务；

2. 向集团公司提交年度经营业绩考核指标和资产经营责任制目标完成情况的报告；

3. 向集团公司提供董事会的重大投融资决策信息；

4. 向集团公司提供真实、准确、全面的财务和运营信息；

5. 向集团公司提供董事和经理人员的实际薪酬以及经理人员的提名、聘任或者解聘的程序的方法等信息；

6. 维护公司职工、债权人和用户的合法权益；

7. 确保国家有关法律法规和集团公司规章在公司的贯彻执行。

五、董事及外部董事制度

（一）董事通过出席董事会会议、参加董事会的有关活动行使权利。

（二）董事履行以下义务：

1. 讲求诚信，严格遵守法律、法规和公司章程的规定，依法承担保守商业秘密和从业禁止义务；

2. 忠实履行职责，最大限度维护所有者的利益，追求国有资产的保值增值；

3. 勤勉工作，投入足够的时间和精力行使职权；

4. 关注董事会的事务，了解和掌握足够的信息，深入细致地研究和分析，独立、谨慎地表决；

5. 努力提高履行职务所需的技能。

（三）董事对行使职权的结果负责，对失职、失察、重大决策失误等过失承担责任，违反《公司法》、《条例》等法律法规规定的，追究其法律责任。

董事会决议违反法律法规或公司章程规定，致使公司遭受损失，投赞成票和弃权票的董事个人承担直接责任（包括赔偿责任），对经证明在表决时曾表明异议并载于会议记录的投反对票的董事，可免除个人责任。

（四）外部董事指由非本公司员工的外部人员担任的董事。外部董事不在公司担任除董事和董事会专门委员会有关职务外的其他职务，不负责执行层的事务。

外部董事与其担任董事的公司不应存在任何可能影响其公正履行外部董事职务的关系。本人及其直系亲属近两年内未曾在公司担任中层以上职务，未曾在公司的全资、控股子企业任职担任经理层以上职务，未曾从事与公司有关的商业活动，不持有公司所投资企业的股权，不在与公司具有竞争关系的企业或与公司有商务关系的单位兼职（但在集团公司总部或集团公司全资、控股企业任职人员不受此限）。

（五）专门在企业担任外部董事职务的为专职外部董事。除外部董事职务外，在其他单位还担任职务的为兼职外部董事，该单位应出具同意其兼任外部董事职务并在工作时间上予以支持的有效文件。外部董事本人应保证有足够的时间和精力履行该职务。

（六）公司选聘外部董事，可以特别邀请国内外知名专家、学者、企业家；可以请集团公司选派；也可以面向社会公开选聘。集团公司逐步建立外部董事人才库制度，向全社会、国内外公开信息，自愿申请入库，经审核符合条件的予以入库。

（七）外部董事应是公司主营业务投资、企业经营管理、财务会计、金融、法律、人力资源管理等某一方面的专家或具有实践经验的人士，同时应当具备履行职责所需的其他条件。经集团公司审核批准，可以聘请符合条件的退休人员为外部董事。

（八）除专职外部董事外，外部董事任期结束后不再被续聘的为自动解聘，集团公司不承担为其另行安排职务的义务。

（九）确定外部董事的薪酬应充分考虑其担任的职务和承担的责任。外部董事薪酬由集团公司确定，由所任职公司支付。外部董事在履行职务时的出差、办公等有关待遇比照本公司非外部董事待遇执行。除此以外，外部董事不得在公司获得任何形式的其他收入或福利。

六、董事会的组成和专门委员会

（一）董事会成员根据企业规模由7～9人组成，其中应有1名由公司职工民主选举产生的职工代表。董事会组建初期外部董事不少于2人。根据外部董事人力资源开发情况，在平稳过渡的前提下，逐步提高外部董事在董事会成员中的比例。

（二）董事会设董事长1人，可视需要设副董事长1人。董事长、副董事长由集团公司指定。

（三）董事长行使以下职权：

1. 召集和主持董事会会议；

2. 检查董事会决议的实施情况；

3. 组织制定董事会运作的各项制度，协调董事会的运作；

4. 签署董事会重要文件和法律法规规定的其他文件；

5. 在重大决策、参加对外活动等方面对外代表公司；

6.《公司法》等法律法规赋予的其他职权；

7. 董事会授予的其他职权，但应由董事会集体决策的重大事项不得授权董事长决定。

（四）董事会每届任期为3年。董事任期届满，经集团公司聘任可以连任。外部董事在一家公司连任董事不得超过两届。

（五）建立董事会的同时，要加强党的建设。公司党委主要负责人应当进入董事会；非外部董事中的党员可依照《中国共产党党章》有关规定进入党委；党委书记和董事长可由一人担任。

（六）董事会应下设战略委员会、人事与薪酬委员会、审计委员会，也可设立法律风险监控委员会等董事会认为需要的其他专门委员会。专门委员会要充分发挥董事长和外部董事的作用。

（七）战略委员会的主要职责是研究公司发展战略、中长期发展规划、投融资、重组、转让公司所持股权、企业改革等重大决策，并向董事会提交建议草案。该委员会由董事长担任召集人，若干董事为成员。

（八）人事与薪酬委员会的主要职责是研究经理人员的选择标准、程序和方法以及总经理继任计划（包括人选），并向董事会提出建议；对总经理提出的经理班子其他成员人选进行考察，并向董事会提出考察意见；拟订经理人员的薪酬方案以及对总经理的考核与奖惩建议并提交董事会。该委员会由不兼任总经理的董事长担任召集人，由该董事长和外部董事组成。董事长兼任总经理的，由外部董事担任召集人。

（九）审计委员会的主要职责是加强对公司高管层及公司财务的审计与监督；提议聘请或更换外部审计机构；监督公司的内部审计制度及其实施；负责内部审计与外部审计之间的沟通；审核公司的财务信息及其披露情况；审查公司的内控制度。该委员会由外部董事担任召集人，未担任经营层职务的董事为成员，其中至少有1名会计专业人员。

（十）各专门委员会履行职权时应尽量使其成员达成一致意见；确实难以达成一致意见时，应向董事会提交各项不同意见并作说明。各专门委员会经董事会授权可聘请中介机构为其提供专业意见，费用由公司承担。

（十一）公司各业务部门有义务为董事会及其下设的各专门委员会提供工作服务。经董事会同意，公司业务部门负责人可参加专门委员会的有关工作。

（十二）拟提交董事会表决的公司发展战略、中长期发展规划、投融资、重组、转让公司所持股权等重大决策草案，聘请咨询机构咨询的，外部董事应当阅研咨询报告、听取有关咨询人员关于决策的风险评估，并就该风险在董事会发表意见。

（十三）设立董事会办公室作为董事会常设工作机构，负责筹备董事会会议，办理董事会日常事务，与董事、外部董事沟通信息，为董事工作提供服务等事项。

（十四）董事会秘书负责董事会办公室的工作，并列席董事会，负责作董事会会议记录。

（十五）董事会秘书应当具备企业管理、法律等方面专业知识和经验。董事会秘书由董事长提名，董事会决定聘任或解聘。

七、董事会会议

（一）董事会会议分为定期董事会会议和临时董事会会议。公司章程应对定期董事会会议的内容、次数、召开的时间作出具体规定。有以下情况之一时，董事长应在7个工作日内签发召开临时董事会会议的通知：

1. 三分之一以上董事提议时；
2. 监事会提议时；
3. 董事长认为有必要时；
4. 集团公司认为有必要时。

（二）公司章程应对董事必须亲自出席的董事会会议的性质、内容等作出规定。董事会会议原则上应以现场会形式举行，只有在时间紧急和讨论一般性议题时才可采用可视电话或制成书面材料分别审议方式开会及对议案作出决议。

（三）定期董事会会议应在会议召开10日以前通知全体董事、监事及其他列席人员。临时董事会会议可以在章程中另定通知时限。会议通知的内容至少应包括时间、地点、期限、议程、事由、议题及有关资料、通知发出的日期等。对董事会会议审议的重大决策事项，必须事先向董事提供充分的资料，公司章程应对资料的充分性和提前的时限作出规定，以确保董事有足够的时间阅研材料。

（四）当四分之一以上董事或2名以上（含2名）外部董事认为资料不充分或论证不明确时，可联名提出缓开董事会会议或缓议董事会会议所议议题，董事会应予采纳。

（五）董事会会议应由二分之一以上的董事出席方可举行。公司章程应对必须由全体董事三分之二以上表决同意方可通过的决议作出具体规定；其余决议可由全体董事过半数表决同意即为有效。

（六）董事会会议表决，各董事会成员均为一票。各董事应按自己的判断独立投票。

（七）董事会会议应对所议事项做成详细的会议记录。该记录至少应包括会议召开的日期、地点、主持人姓名、出席董事姓名、会议议程、董事发言要点、决议的表决方式和结果（赞成、反对或弃权的票数及投票人姓名）。出席会议的董事和列席会议的董事会秘书应在会议记录上签名。会议记录应妥善保存于公司。

八、董事会与总经理的关系

（一）总经理负责执行董事会决议，依照《公司法》和公司章程的规定行使职权，向董事会报告工作，对董事会负责，接受董事会的聘任或解聘、评价、考核、奖惩。

（二）董事会根据总经理的提名或建议，聘任或解聘、考核和奖惩经理班子其他成员。

（三）按谨慎与效率相结合的决策原则，在确保有效监控的前提下，董事会可将其职权范围内的有关具体事项有条件地授权总经理处理。

（四）不兼任总经理的董事长不承担执行性事务。在公司执行性事务中实行总经理负责的领导体制。

（五）在不涉及资产处置的商务活动（如工程承包等）中，由总经理或其授权人代表公司签署合同、协议等法律文件。

九、监事会

公司监事会由集团公司派出（其中应有公司职工代表1人），对集团公司负责。监事会依照《公司法》和《国有企业监事会暂行条例》的规定履行监督职责。

十、集团公司的职权

集团公司依照《公司法》等法律法规行使以下职权：

（一）批准公司章程和章程修改方案；

（二）批准董事会提交的增加或减少注册资本和发行公司债券方案以及公司合并、分立、变更公司形式、解散和清算方案；

（三）审核董事会提交的公司财务预算、决算和利润分配方案；

（四）批准董事会提交的公司经营方针、重大投融资计划以及重要子企业的有关重大事项；

（五）批准董事会提交的公司重组、股份制改造方案；

（六）向董事会下达年度经营业绩考核指标和资产经营责任制目标，并进行考核、评价；

（七）选聘或解聘董事，决定董事的薪酬与奖惩；

（八）对董事会重大投融资决策的实施效果进行跟踪监督，要求董事会对决策失误作出专项报告；

（九）法律法规和集团公司规定的其他职权。

人力资源管理

中国水利水电建设集团公司企业负责人公开选聘暂行办法

（中水电党［2005］32号·2005年4月4日）

第一章　总　　则

第一条　以“三个代表”重要思想为指导，探索建立党管干部原则与市场化选聘企业负责人相结合的新机制，推动企业负责人选拔任用制度的改革，为集团公司实现跨越式发展和建设具有国际竞争力的大型企业集团提供组织保证和人才支持。

第二条　根据中共中央《党政领导干部选拔任用工作条例》、《中共中央、国务院关于进一步加强人才工作的决定》、国资委《关于加快推进中央企业公开招聘经营管理者和内部竞争上岗工作的通知》的有关规定，结合集团公司实际，特制定本办法。

第三条　公开选聘的原则：

（一）坚持党管干部的原则。

（二）坚持任人唯贤、德才兼备、群众公认、注重实绩的原则。

（三）坚持公开、公平、公正、择优录用的原则。

（四）坚持民主集中制的原则。

（五）坚持依法办事的原则。

第二章　公开选聘岗位及应聘范围

第四条　公开选聘岗位。

集团公司总部中层管理人员、经营公司正副职及各工程局（厂）党政正副职、纪委书记、“三总师”、工会主席领导岗位（党群序列的领导岗位仅选聘岗位候选人）；其他需要选聘的负责人岗位。

领导班子整体换届中，属继续留任、职务平移调整的不在公开选聘范围。

第五条 应聘人员范围。

集团公司系统及社会符合应聘条件的人员。

第六条 集团公司系统单位中层企业负责人选聘可参照本办法另行制定规则。

第三章 应聘条件和资格

第七条 根据干部“四化”原则和“政治坚定、品行端正、政绩突出、廉洁自律、群众公认”的五条标准，应聘人员应具备以下基本条件：

（一）具有履行职责所需的马列主义、毛泽东思想、邓小平理论的水平，认真实践“三个代表”重要思想，能认真执行党和国家的路线方针政策与法律法规，在政治上、思想上、行动上同党中央保持一致。

（二）坚持解放思想、实事求是、与时俱进、开拓创新、理论联系实际、爱岗敬业、廉洁自律，能卓有成效地开展工作，积极维护广大职工的根本利益。

（三）具有强烈的事业心和责任感，有实践经验，有胜任领导工作的组织能力、文化水平和专业知识。

（四）掌握现代企业管理基本知识，熟悉市场运作规则，具有较强的创新决策能力、组织协调能力、经营管理能力，有较强的团队精神，善于团结同志一道工作。

（五）有良好的履职记录，业绩突出。

第八条 应聘人员应具备的资格：

（一）具有本科以上学历、高级专业技术职称。

（二）熟悉水利水电行业的情况，具有从事3年以上处级领导岗位以及多年国有大中型企业基层领导工作经验。履职记录特别优秀业绩突出的可以破格。

（三）应聘人员年龄原则上正职不超过50周岁，副职不超过45周岁。

（四）身体健康，能承受履行岗位职责所需要的劳动强度和工作压力。

第九条 选聘岗位具体的条件和资格由集团公司公开选聘工作机构遵照以上基本要求，针对选聘岗位的需要另行确定。

第四章 组织工作及工作机构

第十条 公开选聘专家考评组。

公开选聘工作由集团公司负责组织，用人单位负责配合。集团公司根据工作需要，将成立公开选聘专家考评组。考评组是集团公司进行公开选聘工作的指导考评机构，依照有关规定和程序，制定考评内容、研究设计评比标准和相关规定。根据需要在集团公司总部或用人单位对符合应聘条件的人员进行面试和考评。组长由集团公司领导担任。考评组成员主要由集团公司领导和集团公司人力资源部负责人、用人单位负责人或专家组成，必要时可邀请集团公司相关业务部门负责人参加。

第十一条 公开选聘工作机构：

（一）公开选聘工作机构是集团公司开展公开选聘工作的办事机构。负责发布公开选聘公告、应聘人员的报名、资格审查和相关资料的整理汇总以及公开选聘的程序组织工作。

（二）公开选聘工作机构设在集团公司人力资源部，具体工作由部门主任和分管副主任负责组织。必要时可以借调所属企业有相关工作经验的人员参与。

第五章 公开选聘程序

第十二条 公开选聘工作应在集团公司党组领导和公开选聘专家考评组的指导下进行，公开选聘程序是：

（一）根据实际工作需要，用人单位向集团公司提出公开选聘报告（包括选聘职位说明、职位要求、薪酬待遇、职位目标）。

（二）集团公司研究后，授权集团公司人力资源部面向社会及集团公司系统发布公开选聘公告（包括公开选聘岗位、应聘条件资格、应聘实施办法等）。

（三）凡符合应聘条件的人员，均可向集团公司人力资源部报名，同时根据要求提交相关应聘资料。集团公司人力资源部比照条件对报名应聘的人员进行资格审查确认，将符合应聘条件人员的资料提交公开选聘专家考评组。并负责组织对应聘人员的面试和考评工作。

（四）按照不超过公开选聘职位3倍的原则确定人选的数量，被确认的符合应聘条件的人选，经集团公司研究同意并征得用人单位意见后，对确定人选在其所在工作单位进行公示（5天）。通过公示的应聘人员方可参加面试。

（五）面试分现场竞聘演讲和答辩两部分内容。应聘人员竞聘演讲的主要内容：一是本人的基本情况（包括自然情况、教育情况、工作经历、工作业绩等）；二是对应聘岗位的理解和应聘的理由（包括对应聘岗位的工作要点和难点的认识、个人条件对应聘岗位适合度的分析）；三是对完成应聘岗位工作目标的设想。答辩是应聘人员解答集团公司公开选聘专家考评组对应聘人员提出的问题。

（六）对应聘人员的面试，公开选聘工作机构将邀请用人单位的部分机关和基层干部代表旁听。与会代表根据面试情况，以无记名投票方式对参加面试的人选进行民主推荐。

（七）面试考题的出题工作和公开选聘专家考评组的相关工作将在严格保密和封闭的情况下进行。

（八）根据应聘人员的面试成绩和代表的推荐，集团公司公开选聘专家考评组对应聘人员进行考评排序，提出建议，报集团公司党组研究。

（九）集团公司党组确定人选后，由集团公司人力资源部对其进行补充考察，履行任职程序。

（十）应聘人员通过相关程序后，由集团公司下文聘用。

第六章　应 聘 待 遇

第十三条　通过公开选聘应聘的企业负责人，聘期为3年。聘期内享受应聘单位同级企业负责人同等待遇。此外，实现集团公司特定目标的还将享受集团公司给予的特殊奖励。异地应聘的人员由集团公司比照有关规定负责协调安置配偶、子女和住房。

第七章　纪 律 和 监 督

第十四条　公开选聘组织纪律：

（一）确保公开、公平、公正，不准事先内定人选。

（二）严格按照工作方案规定的内容和程序操作，不准在实施过程中随意更改。

（三）应聘人员自觉遵守有关规定，不准弄虚作假，搞非组织活动。

（四）有关单位要客观、全面地反映和提供考察对象的真实情况，不得夸大、隐瞒或者歪曲事实。

（五）工作人员要严格遵守组织人事工作纪律，特别要严格执行保密制度和回避制度，不准泄露考试试题、评分情况、考察情况、组织讨论情况等内容。

第十五条　各级纪检部门要加强对企业负责人公开选聘工作的监督。对公开选聘工作中群众举报的违纪行为，应认真核实处理。

第八章　附　　则

第十六条　本办法由集团公司人力资源部负责解释。

第十七条　本办法自颁布之日起实施。

中国水利水电建设集团公司企业领导人员管理暂行办法

（中水电党［2005］92号·2005年9月9日）

第一章　总　　则

第一条　为适应社会主义市场经济体制和国有资产管理体制改革的要求，进一步加强和改进企业领导人员管理，建立与市场环境和集团公司改革发展要求相适应的选人用人机制，建设符合“三个代表”要求的高素质经营管理者队伍，为实现集团公司发展战略目标提供坚强的组织保证，根据《中华人民共和国公司法》（以下简称《公司法》）、中共中央《公开选拔党政领导干部工作暂行办法》、《关于加强和改进中央企业党建工作的意见》、国资委《中央企业负责人管理暂行办法》、《国有企业经营管理条例》、《中国共产党章程》（以下简称《党章》）等有关规定和有关法律、法规要求，结合本企业实际，制定本办法。

第二条　本办法所称企业领导人员（以下统称企业负责人）包括：根据干部管理权限由集团公司直接管理的总部高级管理人员以及工程局、厂（以下简称全资企业）负责人；由集团公司向投资企业委派的出资人代表。

（一）总部高级管理人员包括：总经理助理、副“三总师”、部门正副主任。

（二）全资企业的负责人包括：局（厂）长、党委书记、副局（厂）长、党委副书记、纪委书记、总会计师、总工程师、总经济师、工会主席。

（三）委派到投资企业的出资人代表包括：按法定程序和出资比例由集团公司委派的股东代表、董事会以及监事会成员。

第三条 企业负责人管理遵循以下原则：

（一）党管干部原则与出资人选派出资人代表、董事会选聘经营管理者相结合；

（二）德才兼备，注重实绩；

（三）群众公认、市场认可与出资人认可；

（四）分类分层、契约化管理；

（五）激励与约束相结合，责权利相统一；

（六）能进能出，能上能下，合理流动；

（七）依法办事。

第四条 集团公司人力资源部为企业负责人主管部门，按照管理权限履行管理企业负责人职责，具体负责本办法的组织实施。

第二章 运行体制、任职期限、职数

第五条 集团公司总部本着精干、高效和协调的原则，在现代企业制度和公司制管理模式下确定组织机构设置和负责人职务序列。在公司分管领导的协助下，实行总经理负责制。

第六条 集团公司全资企业继续实行行政领导负责和集体决策相结合的管理运行体制。

第七条 按照现代企业制度改制或组建的集团公司投资企业，根据《公司法》和公司章程规定，应健全公司法人治理结构，依法实行规范化运作。

第八条 企业党委依照《党章》和中央组织部、国务院国资委党委《关于加强和改进中央企业党建工作的意见》的规定开展工作，发挥党组织在企业的政治核心作用。企业党委不设常委，党委委员根据党员人数和企业规模大小设定。

全资企业和投资控股企业党组织负责人，在任期内由集团公司党组为主管理，地方党组织协助。企业党的工作由所在地党的组织统一领导和管理，集团公司党组进行指导。

第九条 全资企业的行政和党委主要负责人原则上分设，具备条件的可以交叉任职，特殊情况下可由1人担任。控股企业党委与董事会成员实行“双向进入，交叉任职”制。董事长和党委书记原则上由1人担任；董事长和总经理分设。

第十条 企业工会按照《工会法》履行职责，开展工作。全资企业的工会主席纳入企业负责人管理序列。

第十一条 实行企业负责人任期制。

（一）总部高级管理人员任职每次聘期4年。任期届满经考核优秀或称职的，在规定的任职年龄内可以连任。

（二）全资企业行政主要负责人每届任期4年，其他行政负责人或届中调整补充进入全资企业的负责人的任期以当届企业主要负责人任期为准。

企业党委、工会负责人的任期，按《党章》、《工会法》的规定和中央有关规定执行，管理上与行政负责人任期同步。

任期届满，经考核为“优秀”或“称职”的，在规定的任职年龄内可以连任，重新履行任职手续。主要负责人在同一单位同一岗位任职不超过二届。因年龄原因，正职不能任满一届完成一个任期工作目标的不能连任。

（三）进入投资企业董事会、监事会的负责人任期由公司章程明确。

第十二条 实行企业负责人任期工作目标与年度工作目标相结合的目标责任制。

任期工作目标是对企业负责人任期内业绩考核的依据，据此考核企业负责人在任期内的工作表现、工作能力和工作水平等，也是企业负责人职务升、降、任、免的重要因素。年度工作目标是对企业负责人一年内业绩考核的依据，同时也作为考核和兑现企业负责人年薪待遇的重要指标。

（一）任期工作目标主要包括：本企业改革、发展目标；市场开拓、经营规模、安全质量、经济效益等经济技术指标和管理创新、科技进步与企业品牌提升等工作目标；领导班子建设、人才队伍建设、员工队伍建设、企业文化建设和精神文明建设等目标。

企业改革、发展目标应以企业改革、发展规划和发展战略的形式体现。一个任期确立的中长期发展规划与发展战略，各届任期企业负责人都应根据企业和社会发展形势进行修订完善与延伸。每届企业负责人应以中长期发展规划与发展战略为依据，确定任期规划并保证任期目标的全面实现。

（二）企业负责人年度工作目标以经营目标、安全生产和党风廉政建设等指标为主要内容。

（三）全资企业负责人任期工作目标应在集团公司指导下由企业主要负责人提出，经企业负责人集体研究，提交职代会讨论通过，由集团公司确认并与企业主要负责人签订任期工作目标责任书。全资企业负责人年度工作目标责任书由集团公司确定并与企业主要负责人签订。

投资控股企业负责人任期工作目标由董事长提出，经董事会研究，提交股东代表大会讨论通过，由董事会与总经理相应签订任期工作目标责任书。投资控股企业负责人年度工作目标由董事长提出，经董事会研究决定后与总经理相应签订年度工作目标责任书。

第十三条 对企业负责人进行职数控制（职数

指标为最高控制指标而非必达指标)。

(一)全资企业行政负责人职数原则上控制在7～10人(含“三总师”)。党委负责人职数一般为2人,其中书记1人,副书记、纪委书记1人。工会负责人职数为1人。

(二)投资企业董事会、监事会职数按《公司法》和公司章程规定执行。

第十四条 企业负责人一般不得在所出资企业和其他企事业单位或社会团体兼职,确需兼职的须报集团公司同意,兼职不兼薪。

第三章 选拔任用

第十五条 企业负责人的选拔任用全面引入竞争机制,坚持党管干部、任人唯贤、群众公认和重能力、经历、突出业绩的原则;坚持公开、公平、竞争、择优和依法办事的原则。

第十六条 企业负责人应当具备的基本条件:

(一)遵纪守法,品行端正,诚信廉洁,勤勉敬业,团结协作,作风民主,工作严谨,有良好的政治素养和职业素养,具有团队精神,有搞好企业的信心和决心。

(二)熟悉现代企业管理和市场运作规则,具有较强的政策理论水平和现代企业经营管理思想和管理理念,有较强的市场意识、改革意识和创新意识,具有履行本岗位职责的专业水平、决策组织能力。

(三)有良好的履职记录,业绩突出。

(四)身体健康,能承受履行岗位职责所需要的劳动强度和工作压力。

第十七条 企业负责人应当具备的资格:

(一)具有大学专科以上学历、高级专业技术职务任职资格和一定的计算机应用能力。新提拔的企业负责人应具有大学本科以上学历。

(二)总部部门正职须担任副职或全资企业副职3年以上;部门副职须担任下一层次正职或全资企业中层正职4年以上工作经历。

(三)担任全资企业负责人正职的,一般应具有同层次副职3年以上工作经历或下一层次正职4年以上工作经历;担任副职的,一般应具有下一层次正职3年以上或下一层次副职4年以上工作经历。

(四)企业负责人任职年龄一般不超过58周岁(男)或53周岁(女)。新提任企业负责人正职,其年龄一般不超过50周岁,副职一般不超过45周岁。

(五)企业党委负责人除符合以上规定外,还应符合《党章》规定和党龄要求。

(六)控股和参股企业负责人可以参照以上基本条件并结合实际情况推荐。

(七)根据工作需要,特别优秀的可以破格。

第十八条 对企业负责人的职位要求:

(一)总部高级管理人员:

1. 具有较强的调研、决策判断、市场应变、经营管理、企业文化建设能力。对所分管的工作具有丰富的理论知识与工作经验。

2. 具有企业战略规划、投资决策、工程技术、人力资源和财务管理等某一专长,具有与所任职务相关的从业背景。

3. 具有较强的执行力和创新能力,能认真履行职责,按照集团公司的决策有效开展工作。具有处理本专业工作矛盾与问题的能力,能对专业工作中的重大问题及时提出建议。

(二)企业行政负责人:

1. 具有较强的战略决策、开拓创新、风险防患、识才用人和驾驭全局的能力。

2. 具有较强的市场应变、经营管理、依法治企和企业文化建设能力。

3. 具有企业战略管理、经营管理、投资决策、工程技术等某一方面的专长。具有与所任职务相关的从业背景,对所分管的工作具有丰富的理论知识与工作经验。

4. 企业“三总师”还应具有从事本专业工作8年以上经历,善于处理专业工作中的矛盾与问题,能够对专业中的重大问题及时果断提出意见或做出决定。

5. 具有较强的执行力,能认真履行职责,积极维护企业和出资人的利益。

(三)企业党委、纪委负责人:

1. 精通党群业务工作。具有较强的工作调研、决策判断、政治思想工作和企业文化建设能力。

2. 具有企业管理、工程管理、思想政治工作方面的经历或专长,具有与所任职务相关的从业背景,对所分管的工作具有丰富的理论知识与工作经验。

3. 具有较强的执行力,能按照集团公司党组的决议抓好基层党组织建设,企业负责人队伍建设,围绕企业中心任务,积极开展思想政治工作。具有处理本专业工作矛盾与问题的能力。

4. 具有较强的驾驭力,善于协调和培养团队精神。

第十九条 注重培养选拔优秀年轻企业管理人才。对于综合素质好、履职记录和业绩特别优秀的年轻管理人才,可破格选拔任用。

第二十条 有下列情形之一的,不得担任企业负责人:

1. 无民事行为能力或限制民事行为能力的;

2. 因触犯法律被判处刑罚的；

3. 曾因经营管理不善，给企业造成重大损失或亏损并对此负有个人责任的；

4. 法规、党纪政纪另有规定的。

第二十一条 企业负责人的选拔方式主要有直接选聘（任）、公开选聘和依法选举。

（一）根据工作需要，从系统外交流到总部或全资企业任职的，选聘程序适当简化，企业负责人可以直接选聘（任）。

（二）集团公司总部或全资企业的负责人，应依照《中国水利水电建设集团公司领导干部公开选聘暂行办法》，在企业内部及社会符合应聘条件的人员中进行公开选聘。

（三）控股参股企业负责人，应依照《党章》、《工会法》、《公司法》及公司章程的规定，依法选举产生。其候选人可由多种形式推荐或通过公开竞聘的方式确定。

第二十二条 企业负责人的推荐、选拔提任按照有关规定必须由管理部门进行考察。总部高级管理人员、全资企业的负责人、向控股和参股企业委派的出资人代表，由集团公司确定考察对象并按照有关规定，依据任职条件和职位要求，组织进行考察。

第二十三条 考察企业负责人应当经过下列程序：

（一）组成考察组，拟定考察方案，提前三天在考察对象所在单位发布考察预告；

（二）征求考察对象所在单位主要负责人和所在地有关组织对考察工作的意见；

（三）采取组织推荐、民主推荐、个别谈话、查阅资料、实地调查等方法，广泛深入地了解考察对象的情况；

（四）综合分析考察情况，形成考察报告及考察资料。

（五）提交集团公司党组或集团公司讨论研究，并征求地方有关组织意见；

（六）对考察对象在其工作单位进行任前公示，公示期为7个工作日。针对反映的问题，主管部门及时进行调查核实。

第二十四条 组织推荐、民主推荐、个别谈话征求意见的范围一般为：

（一）考察对象所在单位负责人；

（二）考察对象所在单位职能部门或内设机构和直属单位负责人；

（三）职工代表和其他有关人员；

（四）个别谈话和征求意见的范围可延伸到考察对象上级主管部门有关负责人。

第二十五条 考察材料必须详实，全面、准确、清楚地反映考察对象的情况。主要包括下列内容：

（一）德、能、勤、绩、廉方面的主要表现，突出工作业绩和特长；

（二）主要缺点和不足；

（三）民主推荐、民主测评和考察的情况。

通过公开选聘方式产生的考察人选，在其考察材料中应有面试的成绩。

第二十六条 实行考察工作责任制。考察组成员必须公道正派，实事求是地反映考察情况，并在考察材料上签名，对考察材料和考察报告的真实性、客观性负责。对考察中徇私舞弊、“跑风漏气”、失真失实等行为，要追究有关责任人的责任。

第二十七条 企业负责人的任用方式：

总部高级管理人员、全资企业的行政负责人实行聘任制；控股和参股企业董事会、监事会成员实行选任制；企业党委、纪委负责人，按照《党章》和中央的有关规定，实行选任制或委任制。企业工会主席按照《工会法》实行选任制。

第二十八条 总部高级管理人员、全资企业的行政负责人由集团公司决定与聘免，党委、纪委、工会负责人由集团公司党组决定与任免。

第二十九条 推荐到控股和参股企业的出资人代表，按照《中国水利水电建设集团公司投资企业负责人管理规定》任免。党委、纪委、工会负责人，依照有关规定任免。

第三十条 坚持企业负责人任前征求纪检监察部门意见，坚持集体讨论，不搞临时动议和个人决定。参加讨论的与会人员对拟聘（任）人选应当发表同意、不同意或缓议等明确意见，也可实行投票表决。对于分歧较大的选聘（任）企业负责人事项，应作进一步考察，不急于做出决定。

第四章　考　　核

第三十一条 建立企业负责人履职情况反馈和群众监督机制，加强对企业负责人监管，督促改进工作，进一步提高能力素质与工作水平。企业负责人的考核，以岗位职责为基础，以绩效目标为核心，坚持定性考核与定量考核相结合，以业绩考核为主，实事求是，客观公正。

第三十二条 对企业负责人的考核分为任期工作目标考核、年度工作目标考核和适时考核。

1. 任期工作目标考核：即对企业行政主要负责人一个完整任期的考核。以企业负责人任期工作目标责任书为主要依据，对企业负责人在任期内领导本企业完成任期工作目标，为企业长远发展所做的努力与奠定的基础以及个人思想素质、能力水平和领导班子整体运作情况进行全面考核。考核一般在任期届满前后三个月进行。

2. 年度工作目标考核：即对企业负责人一年内的年度经营目标、安全生产和党风廉政建设等三项责任制进行的全面考核。年度经营目标以企业负责人年度经营目标责任书为依据，由集团公司根据各家企业年度报表进行考核，考核一般在翌年年初进行。安全生产和党风廉政建设由集团公司在年终进行考核。

3. 适时考核：即不定时开展的对企业负责人的考核。适时考核的目的是根据需要随时了解和掌握企业负责人工作及领导班子运作情况，作为调整企业负责人的重要依据。

第三十三条　全资企业负责人任期工作目标考核、年度工作目标考核、适时考核的考核时间和考核办法由集团公司决定，并组织有关部门负责依照规定进行。

第三十四条　民主评议企业负责人是职工参与民主管理的一个重要内容，是落实职代会对企业负责人的民主监督权、维护职工合法权利的重要手段。在企业党委的统一领导和有关机构的组织下，企业负责人每年都要就自己的工作和廉洁情况向职代会进行述职，接受职代会的民主评议。评议结果作为考核企业负责人的重要依据。

第三十五条　控股参股企业负责人的任期工作目标考核、年度工作目标考核依照公司章程由董事会负责，考核结果报集团公司。

第三十六条　根据工作需要，集团公司可对控股参股企业的负责人（出资人代表）的履行职责情况，决定考核时间和考核方式进行适时考核。

第三十七条　总部高级管理人员的年度考核按总部管理人员考核办法执行。

第三十八条　实行考核工作责任制。考核组成员必须严格遵守考核纪律，确保考核质量，并对考核材料负责。

第五章　薪酬、奖励

第三十九条　建立健全以考核评价为基础，与岗位责任、风险和工作业绩挂钩，短期激励与中长期激励相结合，精神奖励与物质奖励相结合的激励机制，逐步实现企业负责人薪酬水平与市场价位接轨。

第四十条　对企业负责人实行年薪制。企业负责人年度薪酬由基薪和绩效年薪两部分组成。基薪根据岗位确定，按月发放。绩效年薪根据年度工作目标考核结果确定。绩效年薪的80%在年度预考核时兑现，其余20%根据中介机构财务决算审计和集团公司审核确认后兑现。岗位发生变化的企业负责人，其薪酬从职务变动的下月起按新任职务的薪酬标准执行。

第四十一条　全资企业负责人年薪由集团公司考核决定，投资控股和参股企业负责人年薪按企业的公司章程规定执行。企业负责人年薪由所在企业兑现。

第四十二条　总部高级管理人员的薪酬与奖励按集团公司总部管理人员薪酬制度的规定执行。

第四十三条　逐步加大企业负责人的中长期激励力度。中长期激励根据企业负责人任期经营目标完成情况及特殊贡献确定。

第四十四条　建立企业负责人奖励制度。奖励企业负责人以精神奖励为主，可采用授予荣誉称号，通报表扬，并给予一次性物质奖励等办法。企业负责人受奖情况应记入本人档案，受到当地党组织和政府奖励的，应向集团公司报告和备案。

第四十五条　企业负责人有下列情形之一的，应当予以奖励：

（一）超额完成任期经营目标，绩效特别突出的；

（二）在企业党建和思想政治工作、企业精神文明建设和企业文化建设方面成绩特别突出的；

（三）因工作需要交流到困难企业任职，绩效突出的；

（四）为企业做出其他特别贡献的。

第四十六条　奖励企业负责人，由集团公司或董事会负责组织实施。

第四十七条　全资企业负责人不得领取集团公司规定之外的薪酬和各种补贴。

第四十八条　企业负责人的其他待遇，根据国家和集团公司有关规定执行。

第六章　监督　惩诫　回避

第四十九条　建立健全企业负责人监督机制。实行党内监督、法律监督和群众监督相结合，外部监督和企业内部监督相结合，逐步强化出资人对企业负责人的监督。监督内容根据国家有关法律法规和中央有关规定执行。

第五十条　集团公司人力资源部负责对企业负责人的日常管理工作，集团公司纪检组、监察部和企业纪检监察机构按照中央有关规定，对全资企业负责人廉洁自律的情况进行监督，加强企业党风建设和反腐倡廉工作。

第五十一条 控股参股企业由监事会依据法律、法规和公司章程对企业负责人履行公司职务的行为进行监督。

第五十二条 建立企业负责人任期经济责任审计制度。企业主要负责人离任或任期届满时，集团公司审计部按照国家有关规定和审计管理办法进行任期经济责任审计。因工作需要或受监事会委托，也可对全资企业和控股企业开展财务收支审计和经营效益审计，发生重大财务异常情况的，进行专项审计。

第五十三条 企业负责人中的党员要按照《中国共产党党内监督条例》的规定，主动接受党组织和党员的监督，积极过组织生活和参加党内其他活动。

第五十四条 企业负责人要按规定和要求参加领导班子民主生活会，对个人生活、工作、学习、思想作风和廉洁自律情况进行沟通与交流，接受班子成员和上级的监督帮助。

第五十五条 加强企业职工民主监督，充分发挥职代会民主管理作用。企业负责人每年在向职代会进行工作述职的同时，还应当述廉，接受职工代表的民主测评。测评结果应报集团公司。

第五十六条 实行企业负责人收入申报和重大事项报告制度。企业负责人的个人收入（每半年申报一次）和重大事项（及时报告），应如实通过所在企业组织或纪检部门及时向集团公司报送。报告事项的范围、内容和方式按有关规定执行。

第五十七条 建立企业负责人责任追究制度。企业负责人在履职过程中，因经营决策不当、经营管理不善、滥用职权、违反工作程序或办事规则等原因，致使企业遭受重大损失的，按管理权限，由相应组织机构给予党纪或政纪处分。情节严重的，依据有关法律法规及相关规定，追究其相应责任。

第五十八条 对企业负责人的纪律处分，按有关规定执行。受撤职以上纪律处分的，五年内不得担任企业负责人职务。

第五十九条 企业负责人有下列情形之一的，应当予以处罚：

（一）非因不可抗拒因素，未完成经营目标的；

（二）对企业重大经济损失或国有资产流失负有领导责任的；

（三）发生安全、质量等重大责任事故的；

（四）严重违反财经纪律或国家有关政策规定的；

（五）其他应予处罚的行为。

第六十条 对以上应予处罚的情形，由有关部门依照国家法律法规及相关规定处理，集团公司依据有关规定扣发企业相关负责人的年薪。

第六十一条 企业负责人对所受处罚有异议的，可据有关规定提出申诉，由做出处罚的组织机构或其上级组织机构裁决。

第六十二条 实行企业负责人任职回避和公务回避制度。企业负责人任职回避和公务回避的亲属关系为：夫妻关系、直系血亲关系、三代以内旁系血亲以及近姻亲关系。

（一）有上列亲属关系的，不得在同一企业担任企业负责人，在同一企业不得担任有直接上下级领导关系的职务，也不得在其中一方担任企业主要负责人的企业担任人事、纪检监察、审计、财务等部门负责人。

（二）企业负责人在履职过程中，凡涉及与本人或本人亲属有利益关系的工作，应当回避；企业重大项目投资、招投标、对外经济技术合作等工作，涉及企业负责人亲属的，应当回避。

第七章 培训、交流、教育

第六十三条 建立和完善企业负责人培训制度。制定企业负责人培训计划，努力提高企业负责人思想政治素质、履职能力和工作水平。

第六十四条 企业负责人的培训，采取脱产培训与在职培训相结合、组织选派和自愿选修相结合的方式进行。鼓励参加学历、学位继续教育学习，但必须事先征得集团公司同意、备案后方可办理入学手续。

第六十五条 坚持分类分层培训，逐步推行企业负责人职业资格证书制度和持证上岗制度。

第六十六条 新提拔的企业负责人必须在任职前后接受党校或行政院校两个月以上的教育与培训；要对企业负责人进行经常性的轮训，原则上要在企业负责人任期内进行一次轮训。

第六十七条 建立企业负责人培训档案。人事部门应把企业负责人在培训期间的表现和考试成绩，及时报集团公司人力资源部备案，以此作为考核评价企业负责人的一项重要内容。

第六十八条 建立和完善企业负责人跨岗位、跨企业、跨行业交流制度。因工作需要、公务回避和重点培养需要或因其他原因需要交流的应予交流。企业主要负责人在任期内一般不进行交流。

第六十九条 对企业负责人开展经常性的思想道德、职业道德、理想信念和党风廉政教育。重点以中心理论学习小组学习为主要形式开展理论教育和正反两方面典型的教育，树立正确的世界观、人生观、价值观。

第八章 免职、辞职、离岗、退休

第七十条 实行企业负责人免职、辞职、离岗和退休制度。总部高级管理人员、全资企业负责人有下列情形之一的，可以免去现职：

（一）在考核中被确定为“不称职”的；

（二）主要负责人或主要责任人无特殊原因连续两年经营业绩与目标要求相差较大，不宜继续担任企业负责人职务的；

（三）因改善领导班子整体年龄、文化和专业结构的需要；

（四）因健康原因连续半年以上不能坚持正常工作的；

（五）因其他原因不适合继续担任现职的。

第七十一条 企业负责人辞职包括自愿辞职、引咎辞职和责令辞职。辞职手续依据法律或者有关规定程序办理。

第七十二条 自愿辞职是指企业负责人因个人原因或其他原因，自行提出辞去现任职务。

第七十三条 引咎辞职是指企业负责人因工作严重失误、失职造成恶劣影响，或对重大事故负有主要领导责任，不宜再担任现职，由本人主动提出辞去现任职务。

第七十四条 责令辞职是指企业负责人主管部门根据企业负责人的任职表现，认定其不再适合担任现职，通过一定程序责令其辞去现任职务。拒不辞职的，应当免去现职。

第七十五条 企业负责人有下列情形之一的，不得辞职：

（一）因工作需要，不能离任的；

（二）重要项目尚未完成，且必须由本人继续完成的；

（三）因涉嫌违法违纪正在接受审查的；

（四）因其他原因不能立即辞职的。

第七十六条 企业负责人提出辞职，需提交书面申请，未经批准不得擅自辞职。擅自离职的，视情节轻重予以相应处理，造成严重后果的，依法追究其责任。

第七十七条 企业负责人的免职、辞职，要按照管理权限办理审批手续。

第七十八条 企业负责人调出企业后，对所掌握的企业商业机密和核心技术负有保密义务。如未能履行保密义务，对企业造成严重后果的，企业可依法追究其责任。

第七十九条 企业负责人免职、辞职后，由企业进行管理。未达到退休年龄的，由企业另行安排工作，按新岗位享受待遇；达到退休年龄的，由企业自行为其办理退休手续。

第八十条 企业负责人因落聘离岗的，应由企业根据其能力、年龄和身体状况另行安排工作，并按新岗位享受待遇。

第八十一条 总部高级管理人员和全资企业负责人因年龄原因而被免去现职，但尚未达到退休年龄的，根据工作需要，可以聘以咨询，待遇不变，并以坐班形式在企业开展咨询工作，其工作由企业党政主要负责人安排，待达到退休年龄后由企业自行为其按规定办理退休手续。

第八十二条 控股和参股企业负责人的免职、辞职、离岗和退休按公司章程规定办理。

第九章 后备人员管理

第八十三条 按照培养提高、备用结合、动态管理、统一使用的原则，建设素质优良、结构合理、数量充足、门类齐全的企业负责人后备队伍。

第八十四条 企业负责人后备人员，一般按企业负责人职数的两倍确定。

第八十五条 企业负责人后备人员应具备下列条件和资格：

（一）企业主要负责人后备人员年龄一般不超过50周岁，其他负责人后备人员年龄一般不超过45周岁，注重培养选拔30～45周岁的后备人员。

（二）坚持“三个代表”重要思想，正确贯彻执行党和国家路线、方针、政策与法律法规，自觉遵守上级和本单位规章制度；善于学习，勤于思考，知识面宽，思想活跃，容易接受新的管理思想和管理方法，有一定的政策理论水平、组织领导才能与工作协调能力；开拓精神、奉献精神和廉洁自律意识较强；工作勤奋，敬业负责，具有较好的业绩和口碑；各方面素质和能力有不断提高的潜质。

（三）具有大学以上文化程度。企业负责人正职的后备人选，一般应具有同层次副职2年以上工作经历或下一层次正职3年以上工作经历；企业负责人副职的后备人选，一般应具有下一层次正职2年以上或下一层次副职3年以上工作经历。

（四）身体健康，能承受履行岗位职责所需要的劳动强度和工作压力。

（五）党委负责人后备人选，除符合以上规定外，还应符合《党章》规定和党龄要求。

第八十六条 选拔企业负责人后备人员，应坚持民主推荐和党委决定相结合的原则。民主推荐由

企业中层及其以上管理人员、职工代表和其他有关人员参加，以无记名投票方式进行。民主推荐结果作为确定考察的重要依据。

第八十七条 后备人员实行动态管理，民主推荐工作每年进行一次，由所在单位组织人事部门负责组织实施。

第八十八条 后备人员名单须及时报集团公司汇总，由集团公司统一调剂使用。呈报材料一式两份（另配磁盘），包括：党委报告，后备人员花名册，后备人员登记表，考察材料。

第八十九条 建立健全企业负责人后备人员人才库和个人业绩档案。后备人员确定后，应当明确培养方向与目标，有计划地进行交流与培训，加强教育和实践锻炼。

第九十条 因工作需要调出本单位的后备人员，由单位组织人事部门负责将后备人员有关材料同本人档案一并转往调入单位。

第九十一条 在本单位选拔企业负责人，原则上应从上一年的后备人员中产生，其后备的时间不得少于一年（面向社会公开招聘企业负责人除外），特别优秀的可以破格。

第十章 附 则

第九十二条 投资企业具有特殊性，负责人的推荐任免和管理按集团公司依据本办法另行制定的规定（附后）执行。

第九十三条 集团公司全资企业中层管理人员的管理可以参照本办法另行制定规则。

第九十四条 本办法由集团公司负责解释。现行规定中如有与本办法不一致的，按本办法执行。

第九十五条 本办法自发布之日起施行。

中国水利水电建设集团公司
关于加强和改进人才工作的意见

（中水电人［2005］109号·2005年8月1日）

为认真贯彻落实全国首届人才工作会议和中央企业人才工作会议精神，大力实施“人才强企”战略，现就加强和改进集团公司人才工作提出以下意见：

一、人才是集团公司兴盛之基、发展之本

当今世界经济全球化不断深入，科学技术迅猛发展，人才状况在企业竞争中越来越具有决定性作用；人才资源已成为企业乃至社会中最重要的战略资源，对人才的争夺也日益激烈，我们正面临着人才竞争市场化的严峻挑战。我们要赢得主动、取得优势、发展壮大，成为具有相当竞争力的大企业，首先要拥有大量的优秀人才，这就要求我们必须进一步加强和改进人才工作，大力开发人才资源。只有走“人才强企”之路，才能把握和抓住本世纪头十年水电开发和西部大开发的重要战略机遇期，推动集团公司各项工作全面发展，才能把集团公司做大做强，实现创建国内一流建筑企业的目标。

二、大力加强和改进人才工作，是集团公司加快发展、深化改革的当务之急

近几年，集团公司在人才培养、吸引和使用方面做了大量的工作，在创新选用方式、改进评价办法、拓宽成才渠道、强化激励约束等方面进行了积极探索，取得了一定成绩。但是，人才的总量、结构和素质仍不能适应企业改革和发展的需要，部分中高层管理者人才观念陈旧，对人才的重要性认识不足，工作方法简单，造成人才流失；人才队伍的结构性矛盾突出，高层次的管理人员和技术人员、高技能人才和复合型人才短缺；选人用人的方式比较单一，市场配置人力资源的基础作用还没有充分发挥；科学合理的人才评价和激励约束机制尚未形成，高层次人才流失现象尚未得到有效遏制。我们必须充分认识到加强和改进人才工作的重要性和紧迫性，进一步增强责任感和使命感，抓住机遇，应对挑战，努力开创集团公司人才工作新局面。

三、加强和改进集团公司人才工作的根本任务是实施“人才强企”战略

在深化企业内部改革，提升核心竞争力，把集团公司做大做强的宏伟事业中，要把实施“人才强企”战略作为推进企业改革和发展的关键环节纳入企业发展战略。逐步形成广纳群贤、竞争择优、能上能下、能进能出、充满生机和活力的用人机制，

努力造就一大批适应企业改革与发展需要的各类高层次人才，开创人才辈出、人尽其才的新局面，把集团公司的人才资源转化为人才优势，大力提升和增强集团公司的核心竞争力和综合实力。

四、坚持正确的指导思想，努力实现人才工作的总体目标

坚持以邓小平理论和“三个代表”重要思想为指导，贯彻落实党的十六大、十六届四中全会、五中全会精神，坚持党管干部、党管人才的原则，坚持以人为本的理念，以加强人才资本能力建设为核心，以创新人才工作机制为动力，以优化人才队伍结构为主线，以培养选拔高层次人才为重点，以强化人才激励为突破口，紧紧抓住稳定、吸引、培养、用好人才等各环节，积极开发利用集团公司内外人力资源，充分发挥人才市场的配置作用，集聚各类优秀人才，为把集团公司做大做强，实现可持续跨越式发展，争创国内一流建筑企业提供强有力的人才保障和智力支持。

力争经过5年左右时间努力，初步形成适应集团公司发展战略需要、层次结构分明、年龄结构合理、专业结构配套的优秀企业家人才、专业技术人才、项目经理人才、国际业务人才、高技能人才五支队伍，初步建立起符合现代企业制度的人才培养、选拔聘用、评价和激励约束机制。

五、加强和改进集团公司人才工作，必须更新观念，树立科学人才观

牢固树立以人为本的观念，使人才工作始终着眼于促进各类人才健康成长，着眼于调动各类人才的积极性、主动性和创造性，牢固树立人才工作先行的观念，在企业各项工作中始终把人才工作放在优先考虑的战略位置，真正做到先行一步；牢固树立人才市场化的观念，充分利用国内人才市场资源，吸引各类优秀人才到集团公司充分施展才干；牢固树立竞争择优观念，坚持把品德、知识、能力和业绩作为衡量人才的主要标准，不唯学历，不唯职称，不唯资历，不唯身份，不拘一格选人才；牢固树立人人都能成才的观念，鼓励集团公司广大员工爱岗敬业，创造人人都有机会成才的环境。

六、重点建设好五支人才队伍

一是建立一支职业素质好、应对市场能力强，熟悉国内国际经济运行规律，在生产经营、资本运作、市场营销等方面具有较高造诣的企业和人才队伍。

二是建立一支专业技术水平高，具有较强创新能力，得到同行认可，能够加快企业科技进步，增强核心竞争力的专业技术人才队伍。

三是建立一支拥有建造师执业资格证书，熟悉生产经营、概预算和项目成本控制，能够为企业创利的职业项目经理人才队伍。

四是建立一支懂外语和一门专业知识，热爱祖国，献身集团，政治素质高，熟悉国际商务并有一定的国外工作经验，能为集团公司的国际化发展战略作出贡献的国际化人才队伍。

五是建立一支爱岗敬业，技艺精湛，具有专门技能，善于解决技术难题的高技能人才队伍。

七、加强和改进集团公司人才工作，创新人才工作机制

要努力形成适合各类人才发挥其特点的开发型人才培养机制，健全集团公司员工培训体系，开展员工终身教育活动，建立学习型企业，不断提高各类人才的综合素质和创新能力。实施市场化选才方法，内部选才实施竞争上岗，外部选才实施公开招聘。努力形成绩效优先的人才评价机制，科学设置各类人才评价指标体系，完善评价标准和手段，客观公正的评价人才基本要素、业绩和贡献，为科学合理使用人才提供客观依据。努力形成与市场接轨的人才激励考核机制，建立和完善以经营业绩考核为依据，以岗位绩效工资为基础、年度薪酬分配与任期薪酬激励有机结合，资本、技术、管理等诸多要素参与收入分配的新型薪酬激励制度。

八、根据集团公司发展战略制定人才工作规划

规划要服务于集团公司的改革与发展，把人才“第一资源”与发展“第一要务”紧密结合，坚持党管干部和党管人才的原则，体现科学的发展观、业绩观、绩效观、效益观和人才观的有机统一；坚持解放思想、转变观念，注重管理体制、运行机制和制度的创新；要把人才工作规划纳入集团公司中长期发展规划之中，从实际出发确定目标任务，制定具体措施，分解落实责任，加快人才结构调整，优化人力资源配置，使人才工作有序推进，各类人才协调发展。

九、加强和改进集团公司人才工作，必须加大人才教育培训力度

加强各类人才的思想政治教育，牢固树立正确的世界观、人生观和价值观，做到诚信、勤勉、创新，为集团公司的发展壮大做贡献。要实行分类培训，突出学习能力、实践能力和创新能力的培养。

同时，要借鉴国内外先进经验，探索开展员工职业生涯设计工作。

十、加强和改进集团公司人才工作，必须创新人才选用方式

按照现代企业制度的要求，全面引入竞争机制，完善集团公司各类人才的选拔任用制度。对集团公司急需的部分稀缺人才，探索柔性使用与流动方式，形成灵活、开放的用人机制。

十一、建立科学的考核评价指标体系，实行分类考核

要以能力和业绩为导向，以岗位职责为基础，以绩效目标为核心，建立各类人才评价指标体系，完善评价指标、考核指标和引进先进的测评技术。考核评价各类人才，要论能力、重业绩、看经历、听公论。推行评聘分开，低职高聘，高职低聘的用人机制。

十二、强化对人才的有效激励和约束

建立健全以考核评价为基础，与岗位责任、风险和工作业绩相挂钩，短期激励与中长期激励相结合的薪酬激励机制，引入社会人才市场价位，加强业绩考核，规范职务消费，逐步建立与市场接轨的集团公司薪酬体系，通过推行年薪制等措施加大对关键岗位和有突出贡献人才的薪酬激励力度。建立一套好的薪酬体系应坚持内求公平、外求竞争、个人激励、易于操作的原则。为各类人才创业提供良好条件，放手让人才在实践中锻炼成长。对经营管理、资本、国际商务、人才运营、市场营销、思想政治工作、科技创新、生产技术等方面作出突出贡献的人才，授予荣誉称号，强化精神激励。充分发挥法律监督、组织监督、社会监督、群众监督和舆论监督的作用，强化监督约束功能，促进各类人才健康成长。

十三、加强企业文化建设

通过对企业文化建设的加强，营造良好的人才成长环境，树立尊重劳动、尊重知识、尊重人才、尊重创造的良好风尚，创造鼓励人才干事业、支持人才成事业、帮助人才干好事业的良好氛围。积极创建具有时代特色和企业特点的企业文化，把长期实践形成的企业精神、经营理念、价值观念、职业道德，凝聚成为员工的共同理想和行为准则，增强各类人才的责任感和使命感。为各类人才创造良好的舆论、政策环境和良好的工作、学习、生活环境，用事业吸引人才，用理想凝聚人才，用环境留住人才，用报酬激励人才、用情感感化人才。

十四、把人才工作纳入集团公司改革与发展过程中的中心工作，切实加强领导

集团公司各级党政组织要高度重视人才工作，把人才工作提到重要议事日程，放在优先位置，认真研究，抓紧落实。要形成党政统一领导、组织人事部门牵头、有关方面密切配合的人才工作新格局。各级领导要树立强烈的人才意识，认真抓好本单位的人才工作。要层层建立和完善人才工作责任制，做到责任到人，任务到人，确保“人才强企”战略的顺利推进。

十五、以改革促进人才工作的有效开展

深化企业内部改革，坚决破除束缚人才健康成长和发挥作用的观念和做法。积极推进主辅分离、辅业改制，加快建立现代企业制度，以制度创新推进人才工作创新。进一步加快推进集团公司内部劳动、人事、分配三项制度改革，逐步做到管理人员能上能下、员工能进能出、收入能增能减，使集团公司人才工作充满生机与活力。

十六、加大资金投入力度，强化人才安全意识

集团公司各成员单位要结合本单位实际，在集团公司授权范围内，大胆创新人才工作方式方法，制定和完善本单位人才工作的实施意见和具体措施，把实施“人才强企”战略的各项工作落到实处。要加大资金投入，为人才工作的有效开展提供必要的经费保障。要强化人才安全意识，注意加强对人才流动中的企业秘密、资金和物资、技术机密和相关资料的保护。

十七、充分发挥集团公司组织人事部门的作用

集团公司组织人事部门在实施“人才强企”战略中肩负着重要使命，要充分发挥牵头主导作用，加强调查研究，定期分析人才状况，总结经验，找出差距，及时解决存在的突出问题，要努力转换机制，注意学习和借鉴国内外人才工作先进经验，积极推进人才工作信息化，不断提高集团公司人才开发与人力资源管理水平，切实加强组织人事部门自身建设，深入开展“树组工干部形象”的学习教育活动，努力建设一支政治坚定、业务精湛、工作出色、员工满意的组织人事工作者队伍。

十八、加大人才工作宣传力度

加强对努力成才先进人物的宣传表彰，在集团公司上下形成人人努力学习、努力工作、努力成才的良好氛围。加强集团公司内部和外部人才工作成功经验和做法的总结、宣传，树立集团公司良好的社会形象，吸引和集聚更多的优秀人才加入集团公司建功立业。

中国水利水电建设集团公司
高级技师鉴定考评办法

（中水电人［2005］43号·2005年3月2日）

为规范高级技师考评制度，提高鉴定质量，根据电力行业职业技能鉴定指导中心《关于印发〈电力行业特有工种高级技师鉴定考评办法〉的通知》（技鉴考［2004］37号）精神，结合企业实际制定本办法。

一、高级技师职业（工种）设置范围

高级技师是在高技能人员中设置的技术职务，是在具有高超技能并做出贡献的技师中鉴定、考评出。根据电力行业水电施工企业的工作特点，高级技师应在技术密集、工艺复杂、设备先进、责任重大的生产岗位上按职业（工种）设置，具体职业（工种）限定在《国家职业技能鉴定规范（电力行业）》中设置技师的工种范围以内（见附件1）。

二、高级技师申报条件

（一）具备以下条件者，可申报高级技师：

1. 身体健康，爱岗敬业，工作业绩突出，具有良好的职业道德。

2. 取得技师资格后，连续从事本职业（工种）工作3年及以上；或从事电力行业特有工种岗位工作的专业技术人员取得中级专业技术资格4年及以上，或取得高级专业技术资格的人员。

3. 能够熟练运用专业技能和特殊技能完成本职业较为复杂的工作；有较强的分析、判断和解决实际问题的能力；了解和掌握相关工种的有关知识和操作技能。

4. 具有较强的技术管理能力，能组织开展技术改造、技术革新和专业技术培训等活动；在技术公关、工艺革新方面有创新；在传授技艺和独立解决高难度生产技术难题等方面成绩显著。

5. 安全文明生产，近三年内无直接责任事故。

（二）取得技师（专业技术）资格后，在生产工作中工作业绩突出，并给企业带来显著经济效益或取得集团公司及以上重大成果者和在全国性技能竞赛中个人成绩在前6名或省级前3名者，可提前申报高级技师。

三、鉴定考评方法、内容和原则

高级技师鉴定考评分为技能鉴定和综合评审两部分。分别采取理论知识、技能操作和综合能力考核相结合的方式同步进行。能力考核强调解决实际问题，业绩评定考核重点突出实际贡献，实行以定量考核为主，定性考核为辅的考核原则。

（一）技能鉴定：

1. 理论知识考试。重点考核基础知识、专业知识和新知识及相关知识，按专业实行统一试卷，采取笔试方法进行。

2. 技能操作考核。重点考核现场分析、判断、解决处理本职业高难度生产技术和复杂工艺难题等实际技能，按专业实行统一试卷，利用现有生产施工设备进行实际演示和操作。

（二）综合评审：

1. 工作业绩考核。重点考核安全生产、工作成就和职业道德。申报者围绕考核内容进行工作业绩总结，考评人员根据申报者的日常工作表现和年度工作总结进行考评。重点考核申报者取得技师资格或中级专业技术资格以来对企业的实际贡献和工作业绩，评分结果要符合实际（详见附件3）。

2. 潜在能力考核。要求申报者撰写能反映本人实际工作情况和专业技能水平的技术总结或论文，字数不得少于3000字。包括：解决或处理过的生产技术难题，技术革新或合理化建议取得的成果，传授技艺和提高经济效益等方面取得的成绩。潜在能力考核采取答辩方式进行，考评委员会要对申报人的技术总结或论文做出综合评价，评价结果要符合实际（详见附件4）。

（三）鉴定考评结果认定：

以上四项考核均实行百分制，成绩60分及以上为及格。鉴定考评总成绩，按理论知识考试成绩占

25%、技能操作考核成绩占35%、工作业绩考核占25%、潜在能力考核占15%的比例折算并汇总。四项考核总成绩满75分及以上者，方可参加评审。

四、鉴定考评组织和职责分工

(一) 申报人所在单位成立业绩考核小组，负责工作业绩考核、资格初审等工作。

(二) 集团公司所属职业技能鉴定站成立高级技师考评机构，负责受理申报材料，组织进行资格审查、技能鉴定和综合能力的考核等工作。

(三) 集团公司成立高级技师考评委员会，负责指导并组织对各单位高级技师的鉴定考评、中间评审和推荐申报等工作。

(四) 电力行业职业技能鉴定指导中心成立电力行业高级技师资格评审委员会，负责最终评审和高级技师资格认定等工作。

五、考评程序及总体要求

电力行业高级技师鉴定评审工作每年进行一次，具体程序：

(一) 集团公司根据中电联职业技能鉴定指导中心的通知精神，发布高级技师鉴定评审通知。

(二) 申报材料包括：

1.《高级技师鉴定考评申报表》(详见附件2)；

2. 技术总结或论文；

3. 工作业绩考核材料；

4. 潜在能力考核材料；

5. 技师（专业技术）资格证书复印件；

6. 获奖证书及成果证明材料；

7. 理论知识考试试卷；

8. 技能操作考核材料；

9. 其他材料。

(三) 各所属职业技能鉴定站，将参加评审人员的申报材料表进行整理，并在每份材料的档案袋外面粘贴《高级技师考评申报材料目录》(详见附件5)。

(四) 集团公司高级技师评审委员会，将中间评审通过人员及申报材料，推荐上报电力行业职业技能鉴定指导中心参加最终评审，合格者由各所属鉴定站按要求填写证书并由中电联职业技能鉴定指导中心核发劳动和社会保障部统一印制的高级技师资格证书。

六、其他

(一) 各单位可依据本办法结合企业实际，制定相应的实施细则。

(二) 原《水电施工企业行业特有工种高级技师鉴定考核暂行办法》(中水电人[2001]71号)同时废止。

(三) 本办法由集团公司人力资源部负责解释。

编者注：

附件1　电力行业高级技师名称设置目录（略）；

附件2　高级技师鉴定考评申报表（略）；

附件3　高级技师工作业绩综合考评评分表（略）；

附件4　高级技师潜在能力考核情况表（略）；

附件5　高级技师考评申报材料目录（略）。

中国水利水电建设集团公司享受教授、研究员同等有关待遇的高级工程师评审实施细则（试行）

（中水电人［2005］185号·2005年12月14日）

第一章　总　　则

第一条　为加强集团公司的人才队伍建设，客观公正地评价广大工程技术人员的专业技术水平，鼓励多出成果、多出人才，促进集团公司科技进步与经济发展，结合水电建设企业特点，特制定本细则。

第二条　按照本细则规定的条件，经评审合格并获得相应证书者，表明已具备相应的技术水平和能力。

第三条　本细则中的“工程技术人员”是指在水利水电建设及相关行业中，从事工程建设、规划设计、运行管理、科学研究、技术开发、技术咨询、技术管理等专业技术人员。

第二章　申报条件

第四条　凡申报享受教授、研究员同等有关待遇的高级工程师必须遵守中华人民共和国宪法和法律，具备良好的职业道德和敬业精神。

第五条　具有理工科大学本科毕业及以上学历，并取得高级工程师专业技术资格五年及以上者方可申报。

第六条 对外语水平（能力）的要求：

（一）申报人须持有中级职称以后且是1999年及以后考取的“全国职称外语等级考试”B级及以上合格证书；其中2004年度及以后职称外语等级考试B级及以上成绩达到45分（含）以上可以申报。

（二）申报人符合下列情形之一，可免于外语考试：

1. 申报高级工程师时已取得“全国职称外语等级考试”B级及以上合格证书或合格成绩；

2. 取得外语（从事翻译工作人员及外语教师第二外语）专业专科及以上学历的人员；

3. 获得博士学位；

4. 留学回国人员首次参加职称评审；

5. 参加“全国工商企业出国培训备选人员外语考试”（简称BFT）通过高（A）级。

第七条 对计算机应用水平（能力）的要求：

（一）凡1960年1月1日及以后出生的人员，应参加各省市“专业技术人员计算机应用水平考试”或“全国专业技术人员计算机应用能力考试”，取得2个及以上模块合格证书（获得硕士学位的人员，只需取得1个模块合格证书）；或参加国家电网公司统一组织的计算机考试，取得B级及以上合格证书。

（二）申报人符合下列情形之一，可免于计算机考试：

1. 申报高级工程师时已考取上述计算机考试的2个及以上模块合格证书（获得硕士学位的人员，只需取得1个模块合格证书）；或参加原国家电力公司（国家电网公司）统一组织的计算机考试，并取得B级及以上合格证书；

2. 计算机科学与技术专业（含计算机及应用、计算机软件、计算机科学教育、软件工程、计算机器件及设备、计算机信息管理、计算机网络）大学专科及以上学历；

3. 取得博士学位；

4. 参加全国计算机软件专业技术资格考试，取得高级程序员资格证书；或参加计算机技术与软件专业技术资格考试，取得中级及以上资格证书。

第三章 评审条件

第八条 专业理论水平要求：

（一）较全面、系统地掌握本专业的基础理论和专业知识。对所从事的专业范围（或工作领域）有深入的研究和独到的见解，在同行专家中具有一定的知名度。

（二）了解掌握本专业国内外的技术水平、市场信息和发展动态，熟悉现代管理科学等知识。

（三）熟练掌握和运用与本专业有关的现行技术法规、技术标准和技术规范；熟悉国家有关的法律、法规和技术政策。

第九条 具有丰富的工程实践经验，并具备下列条件之一：

（一）主持或作为主要完成者（前三名，以获奖证书和报奖材料为准，下同）参加过一项国家级或两项省（部）、集团级的科研攻关项目、重大工程项目或重大技改项目。

（二）作为项目负责人或主要技术负责人，主持过大、中型工程的科研、规划、勘察、设计、施工、咨询、审查和工程管理等专业技术工作。

（三）作为主要编写人（前三名），主持或参加过水利水电技术标准、规程规范，规划、设计、咨询、审查报告以及项目任务书等的编写工作。

（四）有将国内外先进技术或新理论应用于科研和生产实际工作、开拓新的应用研究领域或解决工程中重大技术问题的经历。

第十条 担任高级工程师以来，有下列业绩之一：

（一）组织和解决了国家重点工程项目、技术攻关项目或重点科研、开发、咨询项目的关键性问题，取得了显著的技术成果或经济效益。

（二）在本专业领域有重大发明创造或重大技术革新，开创性地提出本专业的研究或发展方向，取得重要成果，或有创建性的技术专著、论文，或填补国内空白、达到国内或国际先进水平。

（三）组织重大技术改造、先进技术成果推广应用工作，取得显著经济效益和社会效益。

（四）主持或作为主要完成者（前三名）从事的重要技术经济工作，通过相应级别的审查或被国家有关部门采纳，并应用于工程实践，取得显著的经济效益和社会效益。

第十一条 担任高级工程师以来，撰写以下与本专业相关的论文、著作或技术报告之一：

（一）专著或译著独立完成，正式出版，不少于五万字。

（二）在公开发行的省（部）级或相应级别及以上科技刊物上发表三篇及以上论文（至少一篇为第一作者）。

（三）在同行专家认定的国际行业学术年会宣读交流专业论文一篇（为第一作者）及以上，在全国性工程专业学术会议宣读交流专业论文两篇（其中一篇为第一作者）及以上。

（四）编写或修订国家或行业技术标准、规程规范或公开出版发行的教材、技术手册，本人为主要完成者（前三名），或撰写的部分不少于两个标准或累计大于三万字。

（五）作为主要编写者撰写的著作、工程项目的规划报告、预可行性研究报告、可行性研究报告、专题技术报告、工程施工报告、工程竣工报告等相关专业部分三篇及以上，并被业务主管部门审查通过、采纳或经同行专家鉴定为国内先进水平。

（六）独立撰写由本人承担的科研或工程技术项目的技术报告3篇及以上，经同行专家鉴定或经应用具有较高的学术水平和使用价值。

第十二条 破格申报评审条件：

不具备上述学历、资历要求，若具备下列条件之一的，可以破格申报：

（一）作为主要技术负责人获得国家级自然科学奖、发明奖、科技进步奖、星火奖、优秀设计奖、优秀工程奖二等奖及以上，本人为主要完成者（前三名）。

（二）作为主要技术负责人获得省（部）、集团级科技进步一等奖，本人为主要完成者前三名。

（三）独立完成并在公开发行的刊物上发表的与本专业相关的论著20万字或译著50万字以上。

第十三条 申报评审程序：

（一）集团公司各成员企业人力资源部门组织符合条件人员进行申报，填写《专业技术资格评定表》（附件二）。

（二）集团公司各成员企业成立享受教授、研究员同等有关待遇高级工程师评审推荐小组，并报集团公司人力资源部备案。由各单位总工程师任组长（无总工程师的由副总工程师任组长），推荐小组成员一般应具有教授级高级工程师专业技术资格，人数不能少于5人，按照申报条件和评审指标对申报人员进行推荐。

出席推荐会议的小组成员不得少于全体成员的三分之二，采取无记名投票的方式进行表决，赞成票超过到会人数的三分之二以上方可通过。

（三）集团公司成立提高享受教授、研究员同等有关待遇高级工程师评审委员会，负责对申报提高待遇的高级工程师人员进行评审。出席评审会议的评委不得少于全体评委的三分之二，采取无记名投票的方式进行表决，赞成票超过到会人数的三分之二以上方可通过。

（四）在集团公司召开评委会之后，对通过评审人选名单在集团公司范围内上进行公示，公示期为一个月。

（五）经公示后无异议的人员由集团公司发布批准享受教授、研究员同等有关待遇高级工程师的名单，并颁发统一印制的资格证书。

第十四条 有关材料的要求：

（一）申报人员上报的材料要清楚、真实、完整，证明个人业绩、成果、水平的证书、证件及其他证明材料要齐全。需提交的材料如下：

1.《______年申报享受教授、研究员同等有关待遇的高级工程师专业技术资格人员综合情况一览表》（A3纸，附件一）。

2.《专业技术资格评定表》（附件二）一式两份（A4纸，贴照片，有单位推荐意见和单位公章）。

3. 经单位人力资源部门审核盖章的个人综合证明材料一份（要求按照下列顺序装订成册），包括：

（1）学历证、学位证、现专业技术资格证书复印件；

（2）外语合格证书、计算机合格证书复印件；

（3）各类获奖证书复印件；

（4）论文、著作、专业技术报告；

（5）专业技术工作总结（重点突出取得高级工程师专业技术资格后的工作）；

（6）2寸免冠照片1张（背面注明姓名、所在单位）。

（二）人力资源部门要对上报的评审材料进行认真审查，严格把关，填写单位推荐意见，并同时做好以下材料的报送工作：

《______年申报享受教授、研究员同等有关待遇的高级工程师专业技术资格人员名单》（附件三）一式两份（应排列先后顺序，A3纸，盖单位章）。

第十五条 申报人员和所在单位要对材料的真实性负责，严禁弄虚作假和剽窃他人技术成果、伪造技术资料，一经查实，三年内取消人员申报资格，并对所在单位进行通报批评。

第十六条 本实施细则适用于内部评审，由集团公司人力资源部负责解释，自颁布之日起试行。

编者注：

附件1 ______年申报享受教授、研究员同等有关待遇的高级工程师专业技术资格人员综合情况一览表（略）；

附件2 专业技术资格评定表（略）；

附件3 ______年申报享受教授、研究员同等有关待遇的高级工程师专业技术资格人员名单（略）。

中国水利水电建设集团公司职业技能竞赛管理办法

（中水电人［2005］191号·2005年12月20日）

第一章 总 则

第一条 为规范集团公司各级、各类职业技能竞赛的组织和管理，根据劳动和社会保障部《关于加强职业技能竞赛管理工作的通知》，结合集团公司实际，特制定本办法。

第二条 本办法所指国家级竞赛分为国家一类（由劳动和社会保障部牵头组织，跨行业、跨地区的竞赛）和国家二类（由国务院有关行业部门牵头组织的单一行业的竞赛）；省级、地市级竞赛指由各省、地市劳动和社会保障部门牵头组织的竞赛。

第二章 组织技能竞赛的指导思想和原则

第三条 开展职业技能竞赛是加强集团公司高技能人才队伍建设的重要措施，也是企业改革、发展的客观需要，对于推动企业员工培训，提高员工技能水平，加快高技能人才培养，增强企业核心竞争力，具有积极的促进作用。

第四条 通过开展职业技能竞赛，推动高技能人才队伍建设，促进一线员工学习技能、苦练本领、提高素质，同时为一线员工开辟企业发展与个人进步相结合的成长通道。

第五条 开展职业技能竞赛，要坚持群众性原则，要按照“立足班组、面向员工、学习知识、掌握技能”的要求，开展“争创学习型组织、争做知识型员工”活动，要通过技能竞赛和技能考核，提高员工综合素质与职业技能。广大员工要以技能竞赛和技能考核为动力，刻苦学习科学文化知识和岗位技能，增强学习和工作能力，努力成为生产经营的骨干，为集团公司改革、发展建功立业。

第六条 开展职业技能竞赛，要坚持为生产经营和人才队伍建设服务的原则。要紧密结合企业生产经营、技术创新实际，选择技术复杂、通用性广、集团公司内从业员工较多、影响较大、生产经营急需的水电施工企业特有工种和通用工种开展技能竞赛，各成员企业可结合实际每年举办1～2期竞赛活动。

第七条 开展职业技能竞赛，要坚持岗位培训和竞赛相结合的原则。要开展广泛的技能培训，可采取企业培训与学校培训、短期培训与长期培训相结合等方式，对员工进行多层次、全方位的技能培训，提高员工的理论水平和实际操作能力。要广泛开展岗位练兵活动，组织员工在实际工作中练习本领，提高技能。

第八条 开展职业技能竞赛，要坚持鼓励先进的原则，并明确奖励办法，激发员工参加竞赛的积极性。

第九条 开展职业技能竞赛，要坚持公开、公平、公正的原则，坚持保密制度，以《国家职业标准》和《国家职业技能鉴定规范》为标准，保证竞赛的权威性，并按规定流程开展竞赛活动，保证竞赛规范、有序、高质量进行。

第十条 开展职业技能竞赛，要坚持多工种、多渠道、多层次的原则。集团公司及各成员企业可分别组织竞赛。集团公司各成员企业参加国家一类、二类技能竞赛由集团公司统一组队；成员企业可自行组队参加省、地市级技能竞赛，并报集团公司工委备案。

集团公司各成员企业组织的技能竞赛，要按有关规定向地方劳动和社会保障部门进行登记，并向地方劳动和社会保障部门汇报竞赛方案，保证获奖选手按有关规定并经地方劳动和社会保障部门同意及时晋升技术等级。

第三章 竞赛的组织工作

第十一条 集团公司成立职业技能竞赛组委会，全面负责竞赛的组织管理工作，对竞赛期间的重大事项进行决策，对竞赛各项组织和赛务工作进行监督检查。组委会主任由集团公司领导担任，成员包括集团公司工委（党群工作部）、人力资源部、工程科技部负责人。

第十二条 组委会办公室在组委会的领导下，具体负责竞赛的组织安排和日常管理工作。集团公司组委会办公室主任由集团公司党群工作部主任担任，成员包括党群工作部、人力资源部、工程科技部、承办单位有关人员；集团公司各成员企业组委会办公室主任由成员企业工会主席担任，成员包括党群工作、人力资源、工程科技等部门人员，组委会办公室设在工会。

第十三条 评委会在组委会的领导下，全面负责竞赛的评判和各项赛务工作。评委会应聘请具有丰富执裁经验的裁判员组成评判组，裁判员名单应报竞赛组委会审核。

第十四条 组委会办公室下设会务组、综合组、宣传组、财务组、后勤保障组、安全组；评委会下设赛务组、评判组、命题组、保密组和仲裁组。

第十五条 集团公司各成员企业组织职业技能竞赛也要成立相应机构。

第四章 裁 判 员

第十六条 担任竞赛裁判员应具备下列资格条件：

1. 具有良好的职业道德和职业操守，身体健康，能够胜任裁判工作，有从事考评工作的经验；

2. 从事本职业（工种）工作10年以上，并具有本专业中级以上专业技术职务；

3. 能够自觉坚持公平公正原则，秉公执法，不徇私情；

4. 具有较高的裁判理论水平和丰富的实际操作经验，熟练掌握竞赛规则和裁判方法，现场运用准确、得当；

5. 具有较丰富的现场裁决能力。

第十七条 裁判员享有以下权利：

1. 参加竞赛执裁工作，独立行使竞赛执裁权；

2. 对竞赛规则和裁判方法提出修改意见和建议；

3. 监督本级裁判组织执行各项裁判员制度；

4. 对裁判员队伍中的违纪违规行为有检举权。

第五章 竞赛的场地和材料

第十八条 竞赛所需场地由竞赛组委会和专业人员根据竞赛的职业（工种）要求选择确定。其选择原则：选手相对集中；赛场设备设施完备、先进、安全，具有代表性；赛场内外环境适宜；交通及生活方便。

第十九条 竞赛使用材料及设备由技术专家依据竞赛试题的需要确定，由竞赛组委会委托承办单位负责配备，其主要设备要最大限度地利用赛场的设备装置。选手日常使用的简单工具可允许选手自行携带使用。

第六章 竞赛工作流程

第二十条 制定职业技能竞赛计划。集团公司各成员企业工会于每年初提出本年度职业技能竞赛的工种（项目）计划，包括开展该工种职业技能竞赛的目的、参加人员、时间、内容、所需资金、承办单位等，提交所在企业竞赛组委会审核。

第二十一条 审核技能竞赛计划。各成员企业组委会对工会提出的职业技能竞赛的必要性、可行性，以及资金预算等进行审核，并决定是否批准职业技能竞赛项目。

第二十二条 竞赛筹备阶段。各成员企业工会在得到组委会的批准后，牵头成立竞赛组织机构，会同承办单位一起商讨职业技能竞赛的具体事宜，由承办单位确定职业技能竞赛的内容和程序，下发竞赛通知文件，编制经费预算方案，制定竞赛技术文件，选定教材，编制竞赛指南。

第二十三条 竞赛练兵选拔阶段。各成员企业及所属下级单位要根据竞赛技术文件，积极组织演练、层层选拔，通过培训提高选手的技能水平。在此基础上认真选拔优秀选手参加竞赛。

第二十四条 竞赛决赛阶段。一般应包括开幕式、闭幕式、竞赛过程、宣传工作等基本工作环节。组委会办公室要制定决赛日程安排、决赛阶段实施方案及工作流程，制定考试实施细则，裁判、考评人员守则，参赛选手守则等有关文件，组织理论命题工作，组织选手进行理论、实际操作竞赛，组织阅卷、工件检测、评审、汇总以及统计分析，进行竞赛表彰和竞赛总结。

第七章 竞赛的表彰和奖励

第二十五条 集团公司及各成员单位组织的职业技能竞赛表彰和奖励包括授予荣誉称号、晋升职业技能等级和物质奖励三种形式。

第二十六条 集团公司举办的技能竞赛可视规模设一等奖1～3名，二等奖2～6名，三等奖3～12名，分别奖励5000元、3000元、2000元，并颁发荣誉证书。

第二十七条 对获得集团公司技能竞赛一等奖的选手，授予“中国水利水电建设集团公司技术能手”称号；获得二等奖的选手，35岁以下的，授予“中国水利水电建设集团公司青年岗位能手”称号。

第二十八条 对获得集团公司技能竞赛一等奖和二等奖的选手，现有职业技能等级在技师以下的，免试直接晋升一级职业技能等级；现有职业技能等级为技师的，通过一定的程序，按破格条件向有关职业技能鉴定中心推荐，破格参加高级技师评审。

第二十九条 对在集团公司技能竞赛中领导重视、组织出色、成绩突出的成员企业进行奖励，颁发优秀组织奖。

第三十条 集团公司各成员企业技能竞赛奖励标准根据本单位的实际情况、参照集团公司奖励标准制定，由本单位对获奖选手进行奖励。

第三十一条 对在国家一类、二类技能竞赛中获奖的选手，可按国家一类、二类竞赛规定的奖励标准进行奖励。

第三十二条 在省、地市级技能竞赛中获奖的选手，按省、地市规定的奖励标准进行奖励。其中在省级技能竞赛中获奖选手具有技师资格的，可按一定程序，破格申报高级技师；现有职业技能等级在技师以下的，免试直接晋升一级职业技能等级。

第八章 竞赛的领导和考核

第三十三条 集团公司要加强对集团公司各成员企业职业技能竞赛的领导，集团公司各成员企业组织的职业技能竞赛要报集团公司技能竞赛组委会备案。

第三十四条 集团公司技能竞赛组委会每年对各成员企业职业技能竞赛工作进行考核，考核内容包括竞赛的组织情况及与竞赛相关的培训、职业技能鉴定情况等，对优秀单位进行表彰。

第九章 附 则

第三十五条 本办法与上级有关文件不符时，按上级有关文件执行。

第三十六条 本办法解释权归集团公司公司技能竞赛组委会。

第三十七条 本办法自发布之日起实行。

资产经营管理

中国水利水电建设集团公司
市场经营管理若干规定

（中水电经［2005］3号·2005年8月26日）

为加强集团公司成员企业市场经营及项目管理工作，规范经营行为，强化经营管理，规避经营风险，提高经济效益，增强集团的综合竞争能力，维护业主及施工企业的合法权益，根据国资委有关要求并结合《中国水利水电建设集团公司建筑市场经营战略实施办法》（中水电市［2005］2号），特制定本规定。

第一条 遵照国资委有关“管人、管事、管资产相结合的国有资产管理原则”，增强集团的统一性和协调性，强化集团内部的凝聚力和控制力，更好地履行出资人职责，维护出资人权益，集团公司对工程建设施工合同实行审核制和备案制；对重大施工合同（合同金额在3亿元以上）必须报集团公司市场经营部审核后才能签订；其他施工合同签订后20日内及时以电子文档报集团公司市场经营部备案。

第二条 各成员企业应严格执行《中华人民共和国招标投标法》及建设部等部委有关工程建设的管理条例，决不允许标后实质性降价等违法行为发生，决不允许向招标人做任何违规违法的实质性承诺。

第三条 坚持以人为本的原则，不能以牺牲企业及职工利益或降低生产安全标准为代价而低价中标，在投标和项目实施过程中，凡涉及职工切身利益的费用，如安全措施费、营地建设费、职工培训费、劳动保护费、环境保护费、各类保险费等，必须按照有关规定给予取足或落实。

第四条 为防范企业经营风险，确保企业资产安全、高效运行，在签订工程建设项目施工合同时，严格禁止施工单位直接垫资、隐性垫资或其他变相垫资行为。对有明显不合法规的歧视性条款或缺失公平的“霸王”合同条件的招标项目，应坚决放弃投标或中标。

第五条 为防止国有资产的流失，确保工程建设顺利实施，严禁在签订合同或合同执行过程中为发包方达到合同以外目的而发生非法交易行为，决不允许诸如虚增工程结算价款后套现返还发包方或其关联企业等涉嫌违规、违法行为的发生。

第六条 为提高在建项目工程质量，杜绝安全隐患，规避法律风险，各成员企业要加强工程分包管理。严审分包商各种资信证明和综合施工能力，不允许引进不合格的分包商；严格遵循分包商评价程序；有序、受控、规范履行分包合同；坚决禁止通过出借企业证照及资质证书收取管理费或把分包商冠名为企业的下属单位等行为。

第七条 针对目前出现的部分施工项目管理较差，施工安全、工期、质量等存在的问题，要求各

成员企业切实加强在建项目的管理，在工程承揽的数量、规模上必须量力而行，有序受控，要始终坚持在做优做强的基础上再做大的经营战略，不得盲目扩张而导致系统性管理失控。

第八条 为提高企业市场竞争能力，更好地反映企业的综合素质与管理水平，要求各成员企业注重编标质量，提高编标水平，科学运用先进的技术和设备，认真做好施工组织设计，认真做好商务文件。努力做到技术方案科学可行，项目单价报价合理。

第九条 进一步树立合作共赢的理念，在工程建设中，成员企业要强化诚信、合作、共赢的意识，主动加强与业主、设计和监理的交流沟通，全面履行合同义务，要努力做到工期受控、安全确保、质量优良、理赔同步、结算及时、收款到位。在向业主提供优质服务的同时，行之有效地维护企业合法权益，提升企业品牌形象。

第十条 建立和强化企业的诚信体系，树立自尊、自信、自律、自强的市场经营理念，在集团内部成员企业之间的交流与合作中讲求诚信，互相支持，精诚合作，严格自律，共同维护集团规范有序的经营秩序和集团整体利益。

第十一条 为了保证工程质量进度、安全文明施工，提升项目经营管理水平，解决由于市场竞争造成集团公司成员企业合同不均衡的问题，解决合格的高层次的分包商资源不足的问题，集团公司鼓励中标多的成员企业在征得业主同意后，向集团公司其他成员企业进行工程分包，并收取3%～5%的分包管理费。

第十二条 在市场经济中，本着互相尊重的原则，对于业主邀请参加投标的项目，有关企业要积极参与，认真履行投标义务。集团公司要求参加项目竞标的单位，成员企业应坚决执行，以维护集团市场经营战略的有效实施。

第十三条 （略）。

第十四条 集团公司各成员企业凡违反上述规定的单位或个人，集团公司将酌情严肃追究行政责任或经济责任。涉嫌违法的将依法追究法律责任。

第十五条 本规定由集团公司市场经营部负责解释，本规定自印发之日起执行。

中国水利水电建设集团公司
国内联营体运营管理暂行规定

（中水电经［2005］2号·2005年5月30日）

第一章 总 则

第一条 根据国家法规及国务院国资委的有关规定，为加强集团公司子公司所属施工项目联营体的管理工作，进一步提升联营体施工项目管理水平，促进联营体施工项目管理工作科学、规范、有序和受控地进行，确保联营体在如期实现施工项目履约目标的同时实现经营效益最大化目标，特制定本规定。

第二条 本规定适用于集团公司子公司所属国内施工项目联营体的运营管理。国际施工项目联营体的运营管理规定参照本规定另行制定。

第三条 本规定所称施工项目联营体，是指集团公司内部某一子公司作为责任方、集团公司内部其他一个或多个子公司作为协作方，彼此针对某一具体施工项目履约而联合成立的经济共同体。

集团公司可根据发展战略、市场开拓、优势资源整合等情况或需要指定有关子公司组建联营体。未经集团公司批准，集团公司各子公司不得与集团公司子公司以外的单位组建联营体。经集团公司批准组建的以集团公司某一子公司为联营体责任方、协作方含有非集团公司成员企业的联营体应参照本规定执行。

联营体成立之后，联营体应将联营协议、联营体章程和联营体运营管理办法报集团公司备案后执行。

第四条 本规定所称施工项目联营体的运营管理，是指联营体为了实现施工项目合同的履约目标和经营管理目标，采取各种有效手段，对联营体的施工项目从中标起始，经项目启动、实施到终结的全过程和全部工作（包括各种施工生产要素）进行的计划、组织、管理和控制的活动。

第五条 制定本规定是为了充分体现集团公司在联营体国有资产管理中的出资人意志，是集团公司履行联营体国有资产出资人职责的具体表现。集团公司内部各子公司、各部门、各联营体及各级管理人员必须认真遵照执行。本规定所明确的实质性内容应作为通用条款列入联营体章程和运营规则中。

第六条 联营体党建和精神文明建设、党风廉政建设、群众工作、工程技术管理、工程施工管理、工程质量管理和安全文明生产管理等工作，由联营体责任方严格按国家和集团公司及责任方本部的有关规定牵头执行。

第七条 集团公司授权市场经营部牵头对联营体实施战略及政策层面的归口管理。

第二章 联营体、责任方和协作方的责权利

第八条 联营体的责权利：

（一）联营体对业主承担全面完成施工项目合同履约目标的责任，对联营各方承担实现施工项目经营目标的责任。

（二）联营体对联营各方为联营体配置的施工生产要素拥有依法占有、使用和经营权。

（三）联营体实行独立经营、单独核算的经营方式。

（四）联营体负有使用、维护集团统一品牌形象的权利和责任。

第九条 责任方的责权利：

（一）责任方在联营体中处于中心领导地位，在联营体运营管理过程中发挥主导作用，是联营体完成施工项目合同履约目标和经营目标的责任单位。

（二）责任方不得以自身企业的名义干预联营体的经营管理活动。

（三）责任方有权派员出任联营体董事会董事长。

（四）责任方有权派员出任联营体监事会副主席。

（五）严格执行联营体董（监）事会的决议、决定。

（六）当联营体董事会不能对某一事项形成决议，而责任方又认为这将使联营体难以完成施工项目合同履约目标和经营目标时，在不违背联营体章程的情况下，责任方有权作出决断，并由董事会形成特别决议，同时免除协作方在此事项上的责任。如责任方决策失误，则由责任方承担补偿协作方在此事项中合同既得利益的责任，但经集团公司批准免责的除外。

（七）对联营体的技术成果、专利及其他无形资产享有权利。在联营体解体后，对联营体最终形成的依据国家法律、法规和规章应予保留的文件、档案和资料等承担保管责任。

（八）联营体竣工决算时，若营业收入利润率低于目标利润率时，由责任方承担补足责任。联营体营业收入目标利润率至少在2%以上（含2%），在此基础上的具体比例由董事会根据实际情况确定。降低营业收入目标利润率应经集团公司特别批准。

（九）按股份比例参与利益分配的权利。

第十条 协作方的责权利：

（一）协作方在联营体中处于协作地位，在联营体运营管理过程中发挥配合作用。

（二）协作方有权派员出任联营体董事会副董事长。

（三）协作方有权派员出任联营体监事会主席、副主席。

（四）严格执行联营体董（监）事会的决议、决定。

（五）当责任方对某一事项行使责任方决断权时，协作方有责任和义务配合责任方完成此事项的施工项目合同履约目标和经营目标，事后有权要求责任方就此事项作出必要的澄清说明。

（六）对联营体运营管理状况负有监督责任。

（七）对联营体的技术成果、专利及其他无形资产享有权利。

（八）按股份比例参与利益分配的权利。

第三章 联营体组织机构

第十一条 联营体的命名规范：

联营体名称格式为：×××水电站×局×局×局联营体。

联营体名称由两部分组成，前半部分为联营体所实施施工的水电站名称，后半部分由各联营方的企业简称组成，并按股份比例由高到低进行排列。股份比例相同的，其排序由当事双方协商解决。

第十二条 董事会：

（一）联营体设董事会对联营各方负责。

（二）董事会是联营体的最高权利和决策机构，由联营各方派出人员组成，集团公司可以根据情况决定是否派员担任董事会独立董事一职。

（三）在表决董事会决议时，当投票结果出现赞成票与反对票相同的情况时，董事长享有加投一票的权利。

第十三条 监事会：

（一）联营体设监事会对联营各方负责。鉴于联营各方的法定代表人都是董事会成员，监事会实际对董事会负责。

（二）监事会是联营体的最高监督和监察机构，由联营各方派出人员组成，集团公司可以根据情况决定是否派员担任监事会独立监事一职。

（三）监事会有权要求联营体总经理及其他高级管理人员出席监事会会议并回答有关问题，监事会

的监督记录以及专项检查的结果应成为联营体总经理和其他高级管理人员绩效评价的主要依据。

（四）当联营体总经理及其他高级管理人员有重大失职行为或损害联营体利益时，监事会应当要求其予以限期纠正，必要时向董事会提出罢免或解聘的提议，董事会应就监事会的提议进行讨论和表决。

第十四条 联营体经理班子：

（一）联营体实行董事会领导下的总经理负责制，总经理及其班子对董事会负责，并接受监事会的监督、监察。

（二）联营体经理班子成员的配置限额方案由联营各方协商确定，经董事会同意后，由董事长聘任。

（三）财务、机电物资设备等主要岗位的配置限额方案由联营各方协商确定，联营体的其他职能部门的主要岗位可不采用由各联营方派员交叉任职的方式进行配置，具体配置方案由总经理办公会根据需要及人力资源状况确定。各职能部门的主要负责人由总经理聘任。

（四）总经理依《联营体章程》及董事会批准的运营规则行使职权时，重大问题实行总经理办公会决策制。

重要事项均应经总经理办公会在充分讨论、研究、取得一致意见后及时作出决策。意见不能取得一致时，由总经理作出决断并承担最后责任；持异议者可向董事会提起申诉，但在董事会作出修正前，必须先按总经理的决断意见办理，但不承担决策责任。

未经总经理办公会通过，因总经理独断决策行为而给协作方造成经济损失且无法给出合理解释的，由责任方承担全额补偿协作方经济损失的责任，但因总经理违反法律法规和联营体章程规定而导致的责任除外。对责任者个人责任的追究另按有关规定办理。

（五）总经理必须根据董事会或监事会的要求向董事会或监事会报告合同履约情况、资金运用情况和盈亏情况。

第四章 人事管理

第十五条 董事会应依据集团公司有关规定，在强化施工项目的合同履约责任和经营损益责任的基础上，结合联营体和合同施工项目的实际情况，制定联营体人事管理细则，明确联营体岗位设置、岗位职责、岗位权限、岗位行为规范、任免程序、业绩考核、工作评价和奖惩办法。

第十六条 董事会应给予总经理约定范围内的人事管理自主权。联营体的人事管理应积极引入市场竞争机制。

第十七条 由联营各方派往联营体工作的人员，其人事关系、工资关系等应转移到联营体人事管理部门；联营各方调动、调整已派往联营体工作的人员时，必须得到联营体的同意。

第十八条 由国家、行业主管部门、地方政府和集团公司发布，涉及联营体人员的职称、执业资格、继续教育、专业培训、专业会议等的文件或通知，联营各方应及时向联营体转达，联营体应及时向联营体有关人员转达。

第五章 施工生产要素的配置

第十九条 施工生产要素配置原则：

施工生产要素包括组织实施项目所必需的人力资源、施工设备资源、施工材料、施工技术资源和周转资金。配置的主要原则为：

（一）满足实施项目需要前提下的优化配置和动态管理。

（二）在确保质量、安全和进度前提下的效益最大化。

（三）在充分利用联营各方所拥有的优势资源的前提下，合理利用市场配置资源，实现资源的优化配置和最佳利用。

（四）优先发挥联营各方专业施工单位的专业优势。

（五）采用多种形式组织施工力量分担任务和化解经营风险。

第二十条 联营各方投入施工生产要素的回报：

联营体应采用经济的办法来处理联营各方向联营体投入施工生产要素并获得回报的关系。计算联营各方向联营体投入施工生产要素获得回报的费用标准和执行办法，应经董事会审定，并接受监事会的监督。

第二十一条 施工生产要素配置管理办法：

联营体应当制定《施工生产要素配置管理办法》，明确联营各方向联营体投入人力资源、施工设备资源、施工材料、施工技术资源和周转资金等施工生产要素应承担的责任、权利和义务，以及联营体在占有、使用、经营这些施工生产要素过程中应承担的责任、权利和义务；联营体利用市场配置施工生产要素时所应承担的责任、权利和义务。

第六章 工程分包与物资设备采购行为准则

第二十二条 工程分包与物资设备采购行为准则：

联营体应当制定《工程分包管理办法》和《施

工物资设备采购管理办法》。

联营体参与进行工程分包与施工物资设备采购活动和实施管理的单位、部门和人员，都必须遵守以下行为准则：

（一）工程分包与施工物资设备采购行为应当合法，即应符合国家法律、法规、政策的规定。

（二）工程分包与施工物资设备采购行为应当守约，即应符合施工项目主合同有关工程分包与施工物资设备采购的规定。

（三）工程分包与施工物资设备采购行为应当受控，即工程分包与施工物资设备采购的全过程行为应符合联营体的有关规定。

（四）工程分包与施工物资设备采购必须通过市场竞争方式，择优选择工程分包队伍和供应商。

（五）工程分包与施工物资设备采购必须订立有效和规范的工程分包与施工物资设备采购书面合同。

（六）必须对工程分包与施工物资设备采购有关的质量、进度和施工安全等进行严格的控制。

（七）必须严格遵守国家和联营体有关工程分包与施工物资设备采购的岗位规范和个人行为准则。

第七章　财务管理与会计核算

第二十三条　会计机构和会计人员：

（一）联营体必须建立完善的财务管理体制，单独设立会计机构。会计机构内部必须建立稽核制度。

（二）联营体不得设置与总会计师职权重叠的项目副总经理。

（三）联营体会计人员的配备和工作交接必须符合《会计法》的要求。

（四）联营体必须按照财政部规定组织会计人员参加继续教育活动，完成规定的学时。

联营体会计人员参加集团公司统一组织的培训活动，由责任方负责通知联营体。

第二十四条　财务管理：

（一）联营体必须严格执行国家财经法规，执行集团公司下发的各项财务管理制度。

（二）联营体董事会必须制定内部经营业绩考核办法时，并同时制定施工项目目标责任成本编制、修订、审定办法，并以施工项目目标责任成本作为量化经营损益责任考核结果的基础。

（三）联营体是施工项目成本管理与控制中心，应当建立健全目标责任成本的编制、分析、调整、核算、过程控制等管理体系，科学地对目标责任成本进行层层分解，将目标责任落实到人，实施目标成本的全面管理与控制。

（四）联营体必须建立健全货币资金、材料、固定资产管理等方面的内部控制制度，及时办理各项结算业务，及时进行债权债务清理，确保资产安全，提高资产使用效率。

第二十五条　风险控制：

（一）联营体不得对外出借营业执照、印鉴、银行账户，不得为任何外部单位和个人刻制行政或财务印章。

（二）联营体一律不得对外投资，不得涉足期货、股票、外汇炒卖等金融及衍生品高风险投资业务，不得通过证券机构购买国债，不得进行委托理财业务。

（三）联营体不得为任何外部单位及个人提供担保和借款。

第二十六条　会计核算：

（一）联营体必须严格按照《中华人民共和国会计法》、《企业财务会计报告条例》、《企业会计准则》、《企业会计制度》、《施工企业会计核算办法》、《中国水利水电建设集团公司会计核算办法》以及其他相关制度，根据实际发生的经济业务事项进行会计核算，填制会计凭证，登记会计账簿，编制财务会计报告。

（二）联营体的一切收支必须全部纳入会计核算，总经理对会计工作和会计资料的真实性、完整性负责。

（三）联营体必须及时向联营各方报送月度财务快报、季报和年度会计报表。报送以上报表应附详细的编表说明，若出现亏损，必须详细分析亏损原因，提出扭亏增盈措施。

（四）非法人联营体的会计报表，由联营各方按出资比例汇入母公司会计报表；法人联营体的会计报表，由联营各方按出资比例汇入合并会计报表。

（五）联营体必须采用集团公司统一推广的财务管理信息系统应用软件开展会计核算业务。原则上，联营体应当建立财务管理信息系统计算机网络，对其经营活动进行实时反映与过程监控。

联营体财务管理信息系统应用软件由联营体的责任方负责配备，相应费用由联营体承担。

第二十七条　清算：

（一）联营体的某一项目结束之后，必须编制该项目的竣工决算，竣工决算的编制由联营体财务部门牵头，其他部门必须积极给予配合。

（二）联营体应根据竣工决算审计意见及时进行相关处理。

（三）联营项目全部结束后，联营体的责任方必须及时组织联营各方对联营体进行财务清理，注销银行账户，收回财务印鉴，完成与联营各方的结账工作。

（四）联营体的会计档案必须按照财政部《会计档案管理办法》的有关规定进行管理，联营体解散后，其会计档案交由联营体的责任方进行妥善保管。

第八章 资金管理

第二十八条 联营体资金管理的基本原则：

（一）集中统一管理的原则。即资金的筹集和使用必须纳入联营各方的统一管理范畴；现金流量管理必须纳入集团公司统一管理范畴。

（二）有偿使用的原则。即从联营各方融入的资金必须按照约定的资金成本支付相应的资金占用费。

（三）过程受控的原则。即建立健全资金预算和计划管理制度，资金使用必须纳入联营各方统一的资金预算和计划管理范畴。

（四）管理责任制原则。即责任方对资金的全过程管理及资金使用安全和效益负全责，协作方负责全程监督。

第二十九条 联营体资金管理机构：

（一）联营体下设的财务部门为项目资金的归口管理部门，负责项目资金的筹集、工程价款结算、应收款项的回收以及资金的使用和分配等。

（二）联营各方以责任方负责、协作方参与设立项目资金结算中心，负责联营体银行账户的统一管理和项目内部资金结算，并按国家法规、集团规定及联营体运营规则监督项目资金预算和计划的执行及合规使用情况。

（三）集团公司资金结算中心根据集团公司《资金结算中心管理实施办法（试行）》（中水电资[2003] 2号文）和相关规定负责对联营体现金流量实行集中统一管理。

第三十条 资金筹集：联营体应对项目现金流量进行科学合理预测，项目资金如有缺口，应制定切实可行的融资计划，经报请联营体董事会（或类似权利机构）批准后予以实施。

第三十一条 开户和资金结算：

（一）联营体资金结算中心代表联营体开设银行账户，银行账户原则上只能开设一个基本结算户，因业务需要另开银行账户，需报责任方财务资金管理部门批准后方可办理，且新开账户实行限额管理，超出限额资金部分必须转入基本结算账户。

（二）联营体应在联营体资金结算中心开设内部结算账户，联营体全部资金收支必须通过联营体资金结算中心银行账户和联营体在联营体资金结算中心的内部账户办理。

（三）联营体资金结算中心在集团公司资金结算中心开设内部结算账户，并将所在地银行基本结算账户以授权管理方式纳入集团公司现金流量管理网络。集团公司核定基本结算账户日常备付资金余额，超出部分上存集团公司资金归集账户，并根据联营体资金结算中心需要即时下拨。上存资金的所有权和使用权不变，上存资金利息由集团公司资金结算中心按银行规定标准计付给联营体资金结算中心。

第三十二条 联营体应建立健全资金预算和计划管理制度以及内部资金审批制度，联营体资金结算中心应加强对联营体资金预算和计划执行情况及合法合规性的监督。

第三十三条 联营体应依据有关规定制订资金管理实施细则，加强资金筹集、使用、分配等各个环节的内部管理。集团公司及联营各方有权随时对联营体资金筹集、结算、使用、分配等进行检查和监督。

第三十四条 联营体上存集团公司资金结算中心的资金总流量，由集团公司按联营各方的股份比例相应增加责任方和协作方的资金归集总流量，以此考核联营各方负责人的经营业绩。

第九章 联合审计

第三十五条 联营体内部审计实行联合审计制度。对联营体的联合审计由责任方根据董事会的要求列入责任方年度审计计划，并牵头组织实施。当集团公司认为有必要时，集团公司将对联营体的年终财务决算或竣工决算实施直接审计。

第三十六条 联合审计组由联营体监事会和联营各方委派专业人员组成。组长原则上由责任方派员出任，但对竣工决算进行审计时，组长由集团公司派员担任。

第三十七条 根据内部审计工作规定，联合审计组应在实施审计前5个工作日，将由董事会签发的审计通知书送达被审计单位。被审计单位接到通知后，应按联合审计组的要求，准备相关资料，作好迎审准备。

第三十八条 联合审计组应按照内部审计工作规定的审计程序实施审计。审计完毕，应形成审计报告初稿，与被审计单位就审计结果交换意见。对审计中有争议的问题，审计组要实事求是听取意见，核准事实；个别意见分歧较大或难以确定的，将审计报告和被审计单位书面意见一并报送董事会进行裁定。审计报告应由审计组成员签字。

第三十九条 董事会接到审计报告和书面意见后，组织有关部门进行审定，并做出处理决定，通知被审计单位执行。如董事会在做出处理决定的过程中出现重大分歧，可报集团审计部，由集团裁决并按裁决意见执行。被审计单位应将执行审计意见的情况及时向董事会或集团公司汇报，必要时可要求联合审计组进行后续审计。

第十章　效能监察

第四十条　效能监察工作由董事会授权责任方牵头组织实施，协作方派员配合。

第十一章　维护联营体正常运营管理秩序

第四十一条　联营体内部的制度保证：

联营体必须建立健全与内部运营管理有关的各项规章制度，明确规定运营管理过程中有关部门、单位和个人的职责、权限和应遵守的行为规范、办事规程和工作流程，为维护联营体内部正常运营管理秩序提供制度保证。对于制度未及或没有做出具体规定但又涉及联营体内部不同单位之间或联营体与联营方之间经济关系事项，关系双方都必须签订内部书面协议，并严格履行协议。

第四十二条　争议的调解与裁决：

联营方之间、联营体与联营方之间或董事会内部出现重大争议时，关系一方或双方应及时申请集团公司归口主管部门予以协调。协调不成的，由集团公司实施裁决。

第四十三条　运用国有资产出资人的权力进行决断：

当因联营各方难以处理彼此之间的关系，导致联营体运营管理过程中出现的重要事项，已经对联营体合同施工项目的正常运营管理秩序和效益产生了严重的不良影响，或可能对联营体履约和联营体信誉具有较大的不良影响时，集团公司将根据情况与项目业主协商后及时做出决断。

第十二章　附　　则

第四十四条　本规定解释权归集团公司。本规定自颁布之日起施行。

第四十五条　本规定颁布之日后组建的联营体即应执行本规定，本规定颁布之日前组建的联营体可根据实际情况按本规定逐步调整完善。

中国水利水电建设集团公司工程项目管理暂行办法

（中水电工［2005］35号·2005年11月16日）

第一章　总　　则

第一条　为切实加强中国水利水电建设集团公司（以下简称集团公司）工程项目管理工作，提高企业管理和项目管理的总体水平，充分发挥集团公司整体优势，不断提升企业市场形象，及时解决工程施工中发生的重大工程问题，特制定本办法。

第二条　本办法适用于集团公司所属企业（以下简称各单位）承建的国内在建工程施工项目（以下简称工程项目）。集团公司国内投资的建设项目，国际投资项目与施工项目不在本办法管理范围之内。

第二章　管理体制与职责

第三条　按照分级管理的原则对工程项目管理分别实行宏观管理、经营管理和目标管理。

第四条　集团公司作为母公司，对各单位承建的工程项目实施宏观管理，集团公司工程科技部作为集团公司职能部门具体负责工程项目的综合管理工作。

（一）贯彻落实国家相关的法律法规，制定贯彻落实宏观管理制度；

（二）决策集团公司重大工程项目管理事项，协调处理重大工程管理问题；

（三）引进先进的工程项目管理理念，推行新型的生产方式和经营管理模式，总结推广先进的管理经验；

（四）加强项目经理职业化培训与资格认证工作；组织国家优秀项目、优秀项目经理的申报工作，开展集团公司的评比工作；

（五）树立品牌意识，大力宣传、鼓励创建优质工程，特别是省（部）级以上的项目；组织优质工程申报工作、集团优质工程的评比工作；

（六）组织集团公司重大关键工程技术问题的研究、先进技术的推广与交流工作；组织专家开展技术咨询活动；

（七）加强资质管理，在集团公司产业结构的总体布局下，鼓励各单位资质增资升级；推动工程总承包、工程建设项目管理资质建设与业务开展工作；

第五条　各工程局（厂）、公司作为法人企业，在遵守国家法律法规、集团公司管理规定，接受集团公司宏观管理并予项目管理组织合理授权的前提下，对其工程项目实施全面管理，并负全责。

第三章　工程项目管理体系建设

第六条　继续推进项目法施工，加强企业生产关系与项目生产力相互适应的工程项目管理体系建设，按照"三层关系、两制建设、三位一体、综合运行"的框架，构建新型的生产方式和经营管理模式。

第七条　各单位要进一步理顺企业与项目的管理层次关系。

企业作为法人层次，是利润中心，也是项目管理的决策中心。要通过生产要素的控制，强调从项目跟踪、投标、签约、履约合同到售后服务等全过程控制，不断提高集约化程度。

项目作为成本中心，也是项目管理的实施中心。要在企业授权范围内，实施对工程项目计划、组织、指挥、控制、协调管理，完成工期、质量、安全、成本及现场管理等综合目标。

第八条　各单位要以项目经理责任制和项目成本核算制的"两制"建设为中心，不断完善工程项目管理责任体系。

项目经理责任制是项目管理责任体系的核心，要形成一个覆盖全方位、全过程和全员的责任整体。要引导项目经理建立正确的经营理念与业绩观；着重解决项目经理挂虚名、不到位的现象；建立健全总分包中的责任体系，使各专业、各分包商真正纳入项目管理的整体责任体系。

加强项目评估管理与目标管理工作，建立动态项目成本核算制度，发挥经济杠杆作用，促进项目管理目标的顺利实现。

第九条　各单位要逐步完善"过程精品、标价分离、项目文化"三位一体的新型管理方式。

要按照ISO-9000族质量管理体系运行要求，把创建"精品工程"与加强质量管理落实到过程控制之中。要从资源配置；进度安排；质量、安全、成本控制；现场管理；项目文化等各个方面进行全方位动态预测、控制和快速调整，并实现全员参与的管理格局。

第四章　工程质量管理制度与优质工程

第十条　进一步建立健全以贯彻ISO-9000族质量标准为主要内容的质量管理体系，并保证体系持续有效运行。

第十一条　树立"过程精品"、"过程管理"的新型质量管理理念并运用到项目管理之中，形成诚信支撑全员、全员覆盖过程、过程提升基础管理的局面。

第十二条　要通过技术进步，通过新材料、新工艺、新技术的推广应用提高工程质量的水平；要树立"质量效益"的理念，在质量管理中出效益。

第十三条　要注重优质工程的品牌效应，开展争创优质工程的活动。集团公司积极创造条件、争取名额，鼓励各单位申报国家级优质工程（国家优质工程、鲁班奖）；支持各单位参加各行业、地区、流域的质量杯评比活动。

第十四条　集团公司开展集团公司优质工程评比活动，评选集团公司优质工程（评比及奖励办法另行颁发），并从中优选推荐国家级优质工程。

第五章　工程技术管理与交流制度

第十五条　各单位在经营领域不断扩大、生产规模快速增长、建设条件愈加复杂的新形势下，要加强项目的技术管理工作。在项目施工中积极采用新材料、新技术和新工艺，制定先进的技术方案，注重项目重大技术的研究。依靠技术进步降低工程成本、提高效益。

第十六条　要围绕投标组织设计、合同后方案再设计、施工条件变化时的设计变更等重要环节加强技术管理，提高技术管理的水准。

第十七条　要瞄准未开工流域与项目、开发潜力大的领域（如抽水蓄能电站、风电与核电站等）提前进行技术储备，提高重大技术课题的凝练能力和研究能力。

第十八条　集团公司逐步整合全集团的技术资源，工程科技部牵头组织具有集团共性、事关行业发展与产业结构调整的重大技术研究工作。

第十九条　集团公司工程科技部牵头组织集团重大科技成果的推广与交流工作，积极开展技术咨询活动，减少重复低效科技投入，逐步实现集团科技成果的（有偿）共享。

第二十条　各单位要重视技术类无形资产（如专利、工法、施工新记录等）的总结、申报和保护工作，集团公司工程科技部负责集团技术类无形资产的统计与推荐工作。

第六章　分包工程管理制度

第二十一条　各单位要充分合理利用国家鼓励施工总承包单位、专业承包单位、劳务承包单位不同发展方向的政策，既合理利用社会资源，又严格遵守国家及行业的法律法规，使分包工程行为控制在合法范围之内。

第二十二条 严禁在投标中转借资质给其他单位或个人使用，如有需要与工程咨询、社会力量合作，必须保证本单位人员掌握资质文件，保证本单位人员控制投标的关键环节。

第二十三条 在按规定范围、规定程序选择分包商并签订合同后，要建立相应的工程项目管理体系，工程管理、质量管理、安全管理、技术管理、财务管理的主要负责人必须是本单位人员。严禁只收管理费，不参与分包工程项目管理的分包行为。

第二十四条 对分包工程项目与有劳务分包的工程项目，要加强对农民工的管理与培训，采取有力手段确保农民工工资的到位。

第二十五条 各单位要对工程项目的分包商与分包合同制定管理办法严格控制，特别是在分包队伍选择、工程价款结算等环节，要本着公开、公正、公平的原则，建立严格的评审程序。要建立责任追究制度，各单位在进行工程分包过程中，还要按照集团公司规定，进行保廉合同的签订和验收。对由于分包不当、疏于管理而造成重大损失、严重损害单位声誉的责任者予以惩戒，性质特别严重的追究刑事责任。集团公司对给集团声誉造成严重损害的单位和个人予以责任追究。

第七章 项目经理管理制度

第二十六条 项目经理是工程项目实施过程中的最高组织者和责任者，要继续推进项目经理队伍的职业化、专业化、规范化建设进程，以适应建筑市场的要求并加速与国际接轨的步伐。

第二十七条 项目经理是工程项目的一次性负责人，大中型工程项目必须由经过专门培训、资质认证、行政审批并持证上岗的相应级别的建造师来担任。

第二十八条 各单位要高度重视项目经理的职业化培训与继续教育工作，集团公司工程科技部牵头负责有关部委的对口组织工作。

第二十九条 要加大培养国际化技术管理人才的培养，集团公司牵头组织集团工程师、建造师等专业资格的国际互认工作。

第三十条 要认真解决项目经理兼职不到位的现象，确实需要兼职时，大中型项目一般要设常务副经理，并对主持工作的副经理充分授权、明确责任。

第三十一条 集团公司开展优秀工程项目与优秀项目经理的评选活动（评选及奖励办法另行颁发），并从中优选向国家有关部门、协会推荐。

第八章 工程项目信息报送制度

第三十二条 各单位要建立在建（新中标）工程项目信息的收集、整理、汇总并上报的有关制度，确保集团公司工程项目信息的畅通。

第三十三条 各单位要根据集团公司规定的表格内容和报送日期及时报送给集团公司工程科技部。

第三十四条 在建工程项目报送表格内容详见附表，内容如下：

（一）在建工程项目统计表；

（二）在建工程完成产值汇总表；

（三）在建工程累计完成主要工程量统计表；

（四）在建工程质量统计表（季报、年报）。

第三十五条 在建工程项目信息报表报送日期规定：

（一）每季度季后20日前以电子邮件的形式将在建（含新开工）工程完成的主要工程量、完成合同价款情况报集团公司工程科技部；

（二）每年度2月10日前除了按电子邮件的形式上报外，还要以正式报表的形式上报集团公司工程科技部。

第九章 重大工程事项报告制度

第三十六条 集团公司对工程项目实行重大工程事项报告制度。凡属在工程施工过程中对集团公司声誉有重大影响、给企业造成重大损失、引起社会特别关注的事项，均属重大工程事项。主要包括：

（一）造成重大损失的安全、质量事故；

（二）（可能）发生在工程区域大的自然灾害事件；

（三）（可能）在工程区域发生的社会政治事件。如：群体性不稳定、大的团体性违法案件等；

（四）即将举办的重大社会政治活动。如：国家领导人视察、大型工程的开工、截流、发电等；

（五）有特别严重影响，或被业主、当地政府、新闻媒体特别关注的其他事件。

第三十七条 发生在各单位、有重大损失或严重不良后果的重大工程事项，发生单位必须在事情发生的24小时内报告工程科技部。可能出现的重大工程事项，要提前报告，留有充足的制定预案与决策的时间。发生在工程区域其他单位的重大工程事项，各单位有责任口头通报集团公司工程科技部。

第三十八条 发生在各单位的重大工程事项的报告要以书面形式上报，内容必须实事求是、准确客观。时间紧急时，可先以口头形式上报，再行文上报。有重大损失或严重不良后果的，一般包括以下内容：

（一）重大工程事项发生的时间、地点、工程简介、项目名称；

（二）重大工程事项的简要经过、人员伤亡情况、直接经济损失、社会影响程度等有关方面的初步估计；

（三）重大工程事项发生原因的初步判断；

（四）重大工程事项发生后采取的措施及控制情况；

（五）重大工程事项报告单位。

第三十九条 重大工程事项属有重大损失或严重不良后果的，发生后，发生单位要采集第一手资料，妥善保存现场物证，采取有效措施防止事态扩大。

第四十条 对重大工程事项故意不报或瞒报、并造成严重后果的单位责任人要予以责任追究。

第十章 附 则

第四十一条 本办法自印发之日起执行。

编者注：

附表1 在建工程项目统计表（略）；

附表2 在建工程完成产值汇总表（略）；

附表3 在建工程累计完成主要工程量统计表（略）；

附表4 在建工程质量统计表（季报、年报）（略）。

中国水利水电建设集团公司统计管理办法

（中水电经［2005］9号·2005年12月2日）

第一章 总 则

第一条 为进一步加强和规范集团公司综合统计工作，确保综合统计工作真实、科学、规范、有效地进行，依据国家有关法律、法规及相关规定，结合中国水利水电建设集团公司（以下简称集团公司）战略发展需要，特制定本办法。

第二条 集团公司综合统计工作的基本任务是：对集团公司市场营销、经营、管理、建设等经营活动进行统计、调查、分析和研究，提供全面、准确的综合统计资料并实行统计监督；为领导决策提供参考、为开展经营管理活动提供借鉴和指导、为内外信息沟通提供重要依据；各项统计工作的开展以集团经济效益为中心，以服务集团战略发展为宗旨，建立健全统计数据质量监控和综合评估制度。

第三条 集团公司综合统计工作实行综合统计职能归口管理，按专业部门分工负责的统计管理体制。

第四条 集团公司综合统计归口管理部门要结合集团公司的实际情况，及时健全和强化统计报表制度、统计指标体系、统计标准、统计调查制度、统计规章并组织、指导、协调集团公司各部门、集团公司所属企业的统计工作。

第五条 集团公司负责和监督各单位的统计机构、统计人员和其他相关人员必须执行《中华人民共和国统计法》及相关法律、法规、统计制度及本规定。

第六条 集团公司的统计机构和统计人员，依照《中华人民共和国统计法》独立行使统计调查、统计报告、统计监督的职权，不受干扰。

第七条 集团公司有权行使集团公司系统统计管理职能。

第二章 统计机构及统计人员职责

第八条 集团公司市场经营部负责归口管理综合统计工作。各专业部门根据统计工作任务，协同做好支持和配合工作，认真履行向归口管理部门提供统计资料的责任和义务，按集团公司的规定和要求及时、准确、全面地报送统计资料。

第九条 集团公司综合统计归口管理部门统筹集团公司统计工作，制定计划方案，协调有关活动，各项统计调查应纳入统筹范围。

第十条 集团公司所属企业应根据统计任务的需要指定一个部门负责归口管理综合统计工作，设置专职统计人员并明确统计负责人。遵照集团公司要求，落实并完成本单位统计任务，协调本单位统计工作，制定本单位统计工作制度，对本单位二级单位综合统计工作执行情况进行检查监督。

第十一条 集团公司及所属企业综合统计机构的主要职责是：

（一）集团公司综合统计机构的主要职责：负责集团公司及所属企业的综合统计工作；制定和完善集团公司系统综合统计报表制度、统计指标体系、统计标准、统计调查制度、统计工作规章和统计工作现代化建设规划；汇编综合统计年报和定期报表，认真做好报表信息分析工作；定期开展综合性的统计分析和统计预测工作；增强信息管理的系统性、整体性，强化集团公司整体管理职能；统一上报和对外公布集团公司的综合统计资料；负责集团公司的综合统计信息网络建设。

（二）集团公司所属企业综合统计机构的主要职责：组织本单位的统计人员完成上级主管部门下达的统计调查任务；统一对外提供统计资料；负责本单位综合统计信息网络建设；协调本单位各专业统计工作；对本单位生产经营和投资状况等方面进行统计分析、统计预测和统计监督。

为强化责任意识，保证统计信息质量，集团公司实行统计资料提供和上报单位（部门）负责人签字确认制度。

第十二条 集团公司各专业统计按集团公司现行职责划分由专业主管职能部门负责完成，并向综合统计归口管理部门提供所需统计资料。综合统计归口管理部门有责任和义务向专业部门提供综合统计资料。

集团公司所属企业的专业统计机构，应按时完成集团公司各专业统计机构下达的统计调查任务并受当地政府统计部门专业统计机构的业务指导。

第十三条 集团公司及所属企业的统计机构和统计人员有权要求有关单位和人员，依照国家有关规定，如实提供统计资料；检查统计资料的准确性，要求改正不确实的统计数据；揭发检举和抵制统计调查工作中的违法行为。

第十四条 集团公司及所属企业配备的统计人员均需持有统计从业资格证书，应当实事求是，恪守职业道德，具备执行统计任务所需的专业知识。各级统计人员岗位安排应保持相对稳定。

第三章 统计制度与统计调查

第十五条 集团公司及所属企业必须严格执行国家统计局和集团公司颁发的统计调查制度。

第十六条 国家重大统计调查由集团公司综合统计部门依照国家统计局要求，组织有关专业统计部门共同负责实施。

第十七条 集团公司及所属企业综合统计机构对统计调查与统计制度实行归口管理，制定统一调查计划、调查方案，统筹协调各专业部门的统计调查内容，规范统计工作。

第十八条 集团公司及所属企业非统计部门所需统计资料可以从综合统计机构和专业统计机构收集，一般不允许单独进行统计调查。如确实需要，可作为一次性调查预先纳入集团公司统计调查计划，并按计划开展有关活动。

第十九条 集团公司及所属企业统计调查方式以年度和定期报表为主，以快速调查、抽样调查、重点调查、典型调查为补充。

第二十条 集团公司所属企业执行集团公司制定的统计标准，以保证统计调查中引用的指标含义、计算办法、分类目录、调查表示和统计编目等的标准化。

第二十一条 集团公司及所属企业必须依照《中华人民共和国统计法》、国家有关规定和本办法，如实提供统计资料，不得虚报、瞒报、拒报、迟报，不得伪造、篡改。

第四章 统计资料的公布与管理

第二十二条 集团公司及所属企业的统计资料由综合统计机构负责统一对外公布。对外使用的统计数据以综合统计部门公布的数据为准，专业数据以专业主管部门的专业统计数据为准。

第二十三条 集团公司及所属企业应利用统计资料，逐步建立统计数据库和信息自动化处理系统，实现数据安全上网、信息共享，形成良性互动工作机制。

第二十四条 集团公司对综合统计信息开发应用贯彻统一规划、统一标准、分级实施的原则。集团公司所属企业在集团公司统一规划下，可结合本单位需求，研究制定本企业的综合统计信息开发应用实施计划。

第二十五条 集团公司及所属企业必须建立统计档案管理制度，按档案管理规定做好统计资料立卷、归档、交接和保管工作。

统计信息的保密管理按照国家有关法律、法规执行。

第五章 统计分析与人员培训

第二十六条 集团公司及所属企业应加强统计工作现代化建设，组织开展统计指标体系、统计调查方法、统计标准、统计制度的研究工作，定期开展统计分析和统计预测工作，对异常情况应认真分析并及时提出建议。

第二十七条 集团公司及所属企业应重视统计队伍建设，加强统计专业人员的培养，有计划地加强对统计人员的专业知识和技术培训，组织专业学习，加强对统计人员的职业道德教育，提高统计人员的综合素质。

第六章 检查与监督

第二十八条 集团公司及所属企业应设置统计

检查监督小组或统计检察员，依法检查本系统统计法规和统计制度的执行情况，行使统计监督权。有关单位对统计机构、统计人员反映、揭露的问题和提出的建议，应及时处理并做出答复。

第七章　奖励与惩罚

第二十九条　集团公司所属企业应制定本企业的统计奖惩制度，对在统计工作中做出显著成绩的单位和个人给予适当的表彰和奖励。

第三十条　对违反法律、行政法规和本办法有关规定的，视情节轻重由主管部门按规定给予行政处分；构成犯罪的，依法追究其刑事责任。

第八章　附　　则

第三十一条　集团公司各专业统计机构和所属企业可依据本办法制定相应的实施细则。

第三十二条　本办法由集团公司市场经营部负责解释。

第三十三条　本办法自发布之日起施行，原办法（中水电总［2001］35号）同时废止。

财务、资金管理

中国水利水电建设集团公司账销案存资产管理暂行办法

（中水电财［2005］17号·2005年3月9日）

第一章　总　　则

第一条　为加强中国水利水电建设集团公司（以下简称集团公司）所出资的全资及控股子企业（公司）［以下简称各子企业（公司）］财务监督，规范集团公司清产核资账销案存资产管理，建立和完善集团公司内部控制制度，依据《国有企业清产核资办法》（国资委令第1号）和国资委《中央企业账销案存资产管理工作规则》及国家有关财务会计制度规定，制定本办法。

第二条　本办法适用于各子企业（公司）在清产核资中清理出来的属于账销案存资产的管理工作。

第三条　本办法所称账销案存资产是指集团公司通过清产核资经确认核准为资产损失，进行账务核销，但尚未形成最终事实损失，按规定应建立专门档案和进行专项管理的债权性、股权性及实物性资产。即：清产核资申报表中按原制度损失申报的所有核销资产，包括需在以后年度摊销的、在“长期资产”科目中反映的已摊销的资产部分。

（一）债权性资产包括应收账款、其他应收款、预付账款、短期债权性投资、长期债权投资、委托贷款和未入账的因承担连带责任产生的债权及应由责任人或保险公司赔偿的款项等；

（二）股权性资产包括短期股权性投资及长期股权投资等；

（三）实物性资产包括存货、固定资产、在建工程、工程物资等；

（四）清产核资批复后，在“长期资产”科目中反映的已摊销的资产部分。

第四条　本办法所称资产的事实损失是指企业有确凿和合法的证据表明有关账销案存资产的使用价值和转让价值发生了实质性不可恢复的灭失，已不能给企业带来未来经济利益的流入。

第五条　账销案存资产是企业资产的组成部分。各子企业（公司）应按照规定对清产核资中清理出的各项资产损失进行认真甄别分类，对不符合直接销案条件的债权性、股权性及实物性资产，应当按照规定建立账销案存管理制度，组织进行专项管理。

第六条　集团公司依据本办法对各子企业（公司）账销案存资产管理的工作进行指导、监督和检查。

第二章　工作机构及职责

第七条　集团公司账销案存资产管理工作实行“统一领导、分级管理”的原则，集团公司全面负责集团内账销案存资产管理工作的组织、监督和检查。具体工作责任部门为财务产权部、审计部、企业发展部、监察部，其工作职责是：

（一）财务产权部：贯彻落实国资委账销案存资产管理工作规则，制定集团公司账销案存资产管理办法，并组织实施，负责各子企业（公司）账销案存资产处理和销案的核准、审批及备案工作，并指导、监督各子企业（公司）账销案存资产的管理工作，定期向国资委上报账销案存资产清理情况表及年度专项报告；

（二）审计部：对集团公司及各子企业（公司）账销案存资产的处置、审批程序和销案工作实施审计，并对账销案存资产管理工作进行监督；

（三）企业发展部：对各子企业（公司）账销案存资产清理、追索过程中产生的法律纠纷给予法律指导、支持和监督检查；

（四）监察部：对各子企业（公司）账销案存资产的处置、审批程序和销案工作实施监督和必要的责任追究。

第八条 各子企业（公司）负责人、总会计师（或主管财务负责人）应对本单位账销案存资产的管理负领导责任；财务、经营、设备物资、投资、审计和监察等部门对账销案存资产的清理、追索及销案工作负管理监督责任。

（一）财务部门职责：根据集团公司账销案存资产管理办法，制定适合本单位的实施细则，并组织实施本单位账销案存资产的管理工作，建立本单位账销案存资产的备查账，建立账销案存资产管理报表体系，加强账销案存资产的动态管理；

（二）经营部门职责：负责对账销案存资产中涉及经营活动的债权性资产进行清理和管理，负责债权性资产的最终追索以及进行债务重组等事宜；

（三）设备物资部门职责：负责对账销案存实物资产台账、卡片的登记和资产的处理工作，负责对实物资产的保管以及定期盘点；

（四）投资部门职责：负责对账销案存所有股权性资产进行清理和管理，负责股权性资产的最终追索以及进行资产重组等事宜；

（五）审计部门职责：负责对账销案存资产的管理、处置程序、销案及档案保管等工作进行日常监督、跟踪审计和专项检查；

（六）监察部门职责：负责对账销案存资产的管理工作进行监督，制定对本单位账销案存资产的监督计划和程序，负责对账销案存资产的管理、处置程序及销案等工作进行日常监督和专项检查及责任追究。

各子企业（公司）也可根据本单位账销案存资产的特点和实际情况，成立专门的账销案存资产管理及工作机构，对本单位账销案存资产实行统一管理。

第三章 账销案存资产的管理

第九条 账销案存资产的管理在内容上分为价值管理和实物管理。即：价值管理包括对账销案存资产的原账面价值、清产核资损失数额及处理收入等方面的管理；实物管理包括对账销案存资产的保管、维护、处理等方面的管理。

账销案存资产管理形式上可分为集中管理和分级管理。集中管理为各子企业（公司）对所属单位、项目的账销案存资产实施集中管理；分级管理为由于客观原因不能集中的，由各占有账销案存资产的单位、项目实施自行管理。

第十条 各子企业（公司）依据清产核资资金核实批复文件要求，按照《中国水利水电建设集团公司清产核资结果会计处理办法》进行账务处理。

同时，财务部门应分别按原会计科目和资产类别设立账销案存资产××科目备查明细账（附参考格式），负责记载其管理的各项账销案存资产的转入、处置、结存及销案情况。

经营、设备物资、投资等相关部门应对账销案存资产实行台账与卡片同步管理，确保账实相符，责任明确。

第十一条 各子企业（公司）财务与经营、设备物资、投资等相关管理部门对账销案存资产的变动情况应进行及时、准确、完整的记录，分别在单独设立的账销案存资产备查明细账和股权、债权台账及实物卡片内如实反映，并按期核对账目，定期进行盘点。

第十二条 各子企业（公司）每季度应向集团公司报送账销案存资产清理情况汇总表（格式附后）及半年和年度账销案存资产管理情况专项报告。专项报告主要内容包括：

（一）账销案存资产本期的清理、追索情况，包括清理、追索的手段，处置情况，申报审批的程序等；

（二）对追索收回资金或残值的账务处理情况；

（三）账销案存资产本期的销案情况；

（四）其他需要说明的事项。

第十三条 各子企业（公司）应对账销案存资产的销案情况建立专门档案管理制度，以备查询和检查，并按照会计档案存放期限规定进行保管。存档资料内容主要包括：

（一）销案资产的基本情况；

（二）销案资产的清理和追索情况；

（三）销案资产的销案依据；

（四）销案资产的销案程序；

（五）销案资产损失原因分析及责任追索情况；

（六）其他相关材料。

第十四条 集团公司及各子企业（公司）账销案存资产处置的审批权限：

（一）集团公司审批权限：

1. 用账销案存资产进行企业债务重组或折价出售（收回）的，和需委托社会中介机构对账销案存资产进行清理和追索的，在经各子企业（公司）局（厂）长、经理办公会或董事会讨论批准后，不论金额大小，均需报集团公司审批。

2. 实物性资产处置：

（1）集团公司总部投资的全资、控股子公司实物性资产的处置，不论金额大小，均需报集团公司审批；

（2）各工程局、厂实物性资产一次性处置超过60万元（含60万元）的，需报集团公司审批。

（二）各工程局可根据本单位清产核资资产损失构成情况，规定局总部及所属单位、项目的审批权限。

第四章　账销案存资产清理与追索

第十五条　各子企业（公司）应对清产核资中清理出的各项资产损失进行认真剖析，查找原因，明确责任，提出整改措施，建立和完善各项管理和内部控制制度，防止前清后乱；同时应当按照《国有企业清产核资办法》规定，组织力量对账销案存资产进行进一步清理和追索，通过法律诉讼等多种途径尽可能收回资金或残值，防止国有资产流失。

第十六条　各子企业（公司）应根据实际情况，对账销案存资产清理和追索采取多种方式处理，可以指定内部相关部门、成立专门工作小组或机构进行处理，也可以委托社会专业机构按照市场化原则处理。清理与追索工作应坚持公开透明原则，制定相关配套制度和措施，接受监督，避免暗箱操作。

（一）指定内部相关机构对账销案存资产进行清理追索，建立追索责任制，明确清欠任务和工作责任，加强对清理和追索工作的领导和督促；

（二）对账销案存资产进行清理追索，在明确清理任务和工作责任的基础上，建立追索奖励制度，对造成资产损失的直接责任人的追索工作不得奖励，但可以根据追索结果适当减轻其相关责任。

（三）委托社会专业机构对账销案存资产进行清理和追索，可以采取按收回金额一定比例支付手续费或折价出售等多种委托方式。委托工作应通过市场公开竞价，不能市场公开竞价的应以多种方案择优比较后确定。

第十七条　对账销案存的债权性资产、股权性资产进行清理和追索，各子企业（公司）结合实际情况，可以采取债务重组、折价出售（收回）等处理方法。

第十八条　对账销案存股权性资产进行清理和追索，属于有控制权的投资，必须按规定依法组织破产或注销清算，属于无控制权的投资，必须认真参与破产和注销工作，维护企业自身权益，并取得相关销案证据。

第十九条　对账销案存实物性资产进行清理，应当认真做好变现处置工作，尽量利用、及时变卖或按其他市场方式进行处置，尽可能收回残值。

第二十条　对账销案存资产清理和追索收回的资金，应当按国家有关财务会计制度规定及时入账，不得形成“小金库”或账外资产，并建立账销案存资产定期核对制度，及时做好销案和报备工作。

第五章　账销案存资产销案依据

第二十一条　各子企业（公司）账销案存资产销案时应当取得合法的证据作为销案依据，包括具有法律效力的外部证据、社会中介机构的法律鉴证或公证证明和特定事项的企业内部证据等。

第二十二条　债权性资产依据下列证据进行销案：

（一）债务单位被宣告破产的，应当取得法院破产清算的清偿文件及执行完毕证明；

（二）债务单位被注销、吊销工商登记或被政府部门责令关闭的，应当取得清算报告及清算完毕证明；

（三）债务人失踪、死亡（或被宣告失踪、死亡）的，应当取得有关方面出具的债务人已失踪、死亡的证明及其遗产（或代管财产）已经清偿完毕、无法清偿或没有承债人可以清偿的证明；

（四）涉及诉讼的，应当取得司法机关的判决或裁定及执行完毕的证据，无法执行或债务人无偿还能力被法院终止执行的，应当取得法院的终止执行裁定书等法律文件；

（五）涉及仲裁的，应当取得相应仲裁机构出具的仲裁裁决书，以及仲裁裁决执行完毕的相关证明；

（六）与债务人进行债务重组的，应当取得债务重组协议及执行完毕证明；

（七）债权超过诉讼时效时，应当取得债权超过诉讼时效的法律文件；

（八）可以公开买卖的期货、证券、外汇等短期投资，应当取得买卖的交割单据或清理凭证；

（九）清欠收入不足已弥补清欠成本的，应当取得清欠部门的情况说明及局（厂）长、经理办公会或董事会讨论批准的会议纪要；

（十）其他足以证明债权确实无法收回的合法、有效证据。

第二十三条　股权性资产依据下列证据进行销

案：

（一）被投资单位被宣告破产的，应当取得法院破产清算的清偿文件及执行完毕证明；

（二）被投资单位被注销、吊销工商登记或被政府部门责令关闭的，应当取得清算报告及清算完毕证明；

（三）涉及诉讼的，应当取得司法机关的判决或裁定及执行完毕的证据；无法执行或债务人无偿还能力被法院终止执行的，应当取得法院的终止执行裁定书等法律文件；

（四）涉及仲裁的，应当取得具有仲裁资格的社会仲裁机构出具的仲裁裁决书及执行完毕证明；

（五）其他足以证明股权确实无法收回的合法、有效证据。

第二十四条 实物性资产依据下列证据进行销案：

（一）需要拆除、报废或变现处理的，应当取得已拆除、报废或变现处理的证据，有残值的应当取得残值入账凭证；

（二）应由责任人或保险公司赔偿的，应当取得责任人缴纳赔偿的收据或保险公司的理赔计算单及银行进账单；

（三）涉及诉讼的，应当取得司法机关的判决或裁定及执行完毕的证据；无法执行或债务人无偿还能力被法院终止执行的，应当取得法院的终止执行裁定书等法律文件；

（四）涉及仲裁的，应当取得具有仲裁资格的社会仲裁机构出具的仲裁裁决书及执行完毕证明；

（五）抵押资产损失应当取得抵押资产被拍卖或变卖证明；

（六）其他足以证明资产确实无法收回的合法、有效证据。

第六章 账销案存资产销案程序

第二十五条 各子企业（公司）应建立健全账销案存资产销案管理和内部控制制度，明确审批工作程序，并按照集团公司账销案存资产管理的审批权限进行核准、备案工作。

第二十六条 各子企业（公司）账销案存资产销案应遵循以下基本工作程序：

（一）各子企业（公司）依据提请的销案申请（填列账销案存资产销案核准、备案表），说明对账销案存资产的损失原因和清理追索工作情况，并提供符合规定的销案证据材料；

（二）经营、设备物资、投资等部门对资产损失发生原因及处理情况进行说明，审计和监察部门对资产损失发生原因及处理情况进行审核，并提出审核意见；

（三）财务部门对销案报告和销案证据材料进行复核，并提出复核意见；

（四）根据销案材料及相关部门意见，经总会计师或主管财务工作负责人审核，报局（厂）长、经理核准同意或局（厂）长、经理办公会（或董事会）讨论批准，并形成会议纪要；

（五）各子企业（公司）根据相关证据及审核意见，由企业负责人、总会计师（或主管财务负责人）签字确认后，进行账销案存资产的申报和销案工作。

第二十七条 账销案存资产的销案核准、备案权限：

（一）集团公司总部投资的控股子公司的销案，不论金额大小，实行集团公司核准制。

（二）各工程局、厂账销案存资产单笔价值在30万元（含30万元）～50万元（不含50万元）之间的，实行集团公司备案制；单笔价值在50万元（含50万元）以上的，实行集团公司核准制。

（三）各工程局可根据本单位清产核资资产损失构成情况，规定局总部及所属单位、项目账销案存资产的销案核准、备案权限。

第七章 监督检查及处罚

第二十八条 集团公司对账销案存资产管理工作建立不定期抽查制度，加强账销案存资产管理的监督和检查工作。

第二十九条 各子企业（公司）在账销案存资产管理过程中有下列行为之一的，集团公司将责令限期改正，并给予通报批评：

（一）未按照本办法要求，建立账销案存资产相关管理制度，或建立的管理制度不符合有关规定或企业实际情况，建立了制度但未得到有效执行的；

（二）未遵循本办法规定和企业内部程序，擅自对账销案存资产进行处置和销案的；

（三）未按照本办法规定对账销案存资产的损失原因进行分析、整改，因内部管理原因致使企业又产生新的同类资产损失的；

（四）未按照本办法规定对因工作失职、渎职或者违反规定，造成损失的人员进行责任追究和处理的。

第三十条 各子企业（公司）在账销案存资产管理过程中有下列行为之一的，集团公司将给予通报批评，并追究企业责任人和相关责任人的责任，构成犯罪的，依法追究刑事责任：

（一）在账销案存资产的处理过程中进行私下交

易、个人从中获利的；

（二）将账销案存资产恶意低价出售或无偿被其他单位、个人占有的；

（三）对账销案存资产的追索及变现收入不入账、私设“小金库”或私分、侵吞的；

（四）其他严重违反本办法或国家有关财务会计制度规定的行为。

第八章 附 则

第三十一条 各子企业（公司）应依据本办法要求，制定本单位账销案存资产管理实施细则，报集团公司备案。

第三十二条 本办法由集团公司财务产权部负责解释。

第三十三条 本办法自2005年1月1日起施行。

编者注：

附件1 账销案存资产清理情况汇总表（略）；

附件2 账销案存资产××科目备查明细账（参考格式）（略）；

附件3 账销案存资产处置申请表（略）；

附件4 账销案存资产销案核准、备案表（略）。

中国水利水电建设集团公司担保管理办法

（中水电资［2005］7号·2005年5月20日）

第一章 总 则

第一条 为加强担保业务管理，规范担保行为，防范担保风险，根据《中华人民共和国担保法》、《内部会计控制规范——担保》（试行）等法律法规和其他有关规定，结合中国水利水电建设集团公司（以下简称集团公司）实际，制定本办法。

第二条 本办法所称担保是指保证人和债权人约定，当债务人不履行债务时，保证人按照约定履行债务或者承担责任的行为。

第三条 担保业务遵循的原则：

（一）平等、自愿、公平、诚信的原则；

（二）依法担保、规范管理的原则；

（三）审慎担保和促进发展兼顾的原则。

第四条 本办法适用于集团公司及所属子公司（包括：工程局、厂及其他全资和控股子公司，下同）。

第五条 集团公司所属子公司应根据本办法制定具体的实施细则。

企业负责人对本企业担保政策及担保业务内部控制制度的建立健全及有效实施负责。

第二章 担保人的资格和权限

第六条 集团公司及所属子公司作为担保人应当具备以下条件：

（一）具有企业法人资格，能独立承担民事责任；

（二）具有良好的资信及偿债能力；

（三）具有本办法规定的担保权限并符合规定的风险控制条件。

第七条 集团公司的担保权限：

（一）可为全资子公司提供担保；

（二）在本办法风险控制规定范围内，可为控股和参股子公司提供担保；

第八条 集团公司所属子公司的担保权限：

（一）可以为其投资的全资子公司提供担保；

（二）在本办法风险控制规定范围内，可为其投资的控股和参股子公司提供担保；

（三）集团公司所属全资子公司之间可以相互担保；

（四）可为集团公司提供担保。

第九条 集团公司所属子公司向集团公司申请担保，还应具备以下条件：

（一）财务状况较好、具有一定的盈利能力和良好的资信及偿债能力，具有良好的成长性和发展前景；

（二）遵循集团公司现金流量网络管理的有关规定，资金集约化管理程度较高；

（三）流动资金借款用途仅限于主营业务项目及集团公司认可的其他事项，且项目业主支付风险小，合同标价符合集团公司市场管理准则，预期获现能力较强；

（四）对集团公司以往提供的担保没有违约记录；

（五）及时缴纳担保费，无拖欠记录；

（六）没有其他潜在风险。

第十条 集团公司所属子公司在规定权限内提

供的担保由单位自主决定，超出本办法规定权限的担保，必须报集团公司批准。

第三章　担保的种类和方式

第十一条　集团公司及所属子公司在担保权限和风险控制规定内可受理下列担保申请：

（一）流动资金贷款业务担保；

（二）银行承兑汇票业务担保；

（三）工程投标、履约、预付款保函及其他保函担保和出具“履约担保书”；

（四）银行信贷证明担保；

（五）其他认为可以担保的经济事项。

第十二条　集团公司及所属子公司原则上不得提供综合授信额度担保。特殊情况下，可以提供银行中间业务最高额度担保。

第十三条　集团公司及所属子公司提供担保的方式为保证担保。

第四章　担 保 程 序

第十四条　担保申请：担保申请人申请担保，须按不同业务内容提供以下有关文件资料，并保证其真实性。

（一）申请流动资金贷款和银行承兑汇票担保业务：

1.《流动资金贷款担保业务申请书》、《银行承兑汇票担保业务申请书》；

2. 企业章程、营业执照复印件；

3. 企业法定代表人身份证明；

4. 具有资格的会计师事务所审计的企业最近两年的财务报告复印件及有关资信和履约能力等证明文件；

5. 被担保项目主债务合同或者贷款意向书及其他有关文件；

6. 还款计划、方式及资金来源；

7. 担保适用主营业务项目合同复印件；

8. 担保受理人认为有必要提供的其他文件资料，如：政府有权部门出具的审批文件或权属证明、公司发起人协议、申请单位董事会决议、担保项目的可行性研究报告等。

（二）申请保函、信贷证明及其他单项担保业务：

1.《单项担保业务申请书》；

2. 资格预审、投标文件中有关业主单位名称、金额及期限、项目业主保函文本格式等；

3. 保函的合同期限、合同金额、付款方式等相应章节的复印件，对于履约保函，还应提供中标通知书复印件；

4. 担保受理人要求提供的其他有关文件和材料。

（三）申请额度担保业务：

填写《额度担保业务申请书》，提供银行额度授信通知，以及担保受理人要求提供的其他有关文件和材料。

第十五条　资信调查与担保业务审核：担保受理人接到担保申请人有关资料后，业务经办人员应及时对资料和担保项目的真实性、有效性、安全性等情况进行审核调查，业务主管负责复核把关。

第十六条　担保业务评审：

（一）评审机构：对所属子公司的担保由业务主办部门负责评审；对外担保由业务主办部门牵头，单位财务、资金、合同管理、审计、监察、法律及其他相关部门负责人共同组成担保评审小组进行评审，或委托有资质的中介机构进行评审。

（二）评审原则：应重点审查担保事项是否存在法律政策风险和合同风险，重点审查担保申请人的资产质量、财务状况、偿债能力和财务信用是否存在财务风险，如向集团公司申请担保，还应重点审查其资金集约化管理程度和担保项目的预期现金流量情况，在此基础上，对担保事项进行风险评估。

（三）评审程序：

1. 业务主办部门负责评审的担保业务，由业务经办人员进行初评，并出具担保评审报告，业务主管进行复评，部门负责人审核；

2. 评审小组共同评审的担保业务，由业务主办部门牵头组织评审，并综合评审小组人员的评审意见出具担保评审报告，评审人员签字确认。

第十七条　担保审批。根据申请资料审查和担保业务评审结果，严格按以下程序办理担保审批手续：

（一）对所属子公司的审批：

1. 业务主办部门编制《担保业务审批表》，并对担保业务提出初步审查意见；

2. 单位总会计师（或分管领导）对担保事项签署意见；

3. 单位法定代表人（或授权代理人）对担保事项进行审批。

（二）对外担保实行集体审批制度。由业务主办部门编制《担保业务审批表》，提出初步审查意见，报单位总经理办公会（或党政联席会及其他类似权力机构）审批。

第十八条　合同签订：担保申请批准后，担保人应与债权人签署担保合同。需要提供反担保的，在签订担保合同前，担保人还应与反担保人办理反

担保手续并订立书面反担保合同。主合同、担保合同以及反担保合同必须符合法律、行政法规的规定。

第五章　风 险 控 制

第十九条　担保权限控制。

（一）集团公司担保权限控制：

1. 集团公司对控股子公司提供的担保额度一般不得超过其按股权比例应承担债务的总额。若控股子公司为改制企业，且短期内难以从其他途径获得担保，在改制后的控股子公司全部收支结算纳入集团公司统一管理的前提下，可在三年内超出一定股权比例，但不超过规定的风险控制额度为其提供担保；除改制企业外，若其他控股子公司符合集团产业结构调整方向和投资管理规定，经营期内效益良好，在参股股东以股权质押作为反担保的前提下，可超过一定股权比例为其提供担保。

2. 集团公司对参股子公司提供的担保额度不得超过其按股权比例应承担债务的总额。

3. 集团公司原则上不对集团外企业提供担保，特殊情况确有必要提供担保的，必须报总经理办公会议审批决定。

（二）集团公司所属子公司担保权限控制：

1. 集团公司所属子公司为控股子公司提供的担保额度原则上不得超过其按股权比例应承担债务的总额。若控股子公司为改制企业，且短期内难以从其他途径获得担保，在改制后的控股子公司全部收支结算纳入控股方母公司统一管理的前提下，报经集团公司批准，可在三年内超出一定股权比例，但不超过规定的风险控制额度为其提供担保；除改制企业外，若其他控股子公司符合集团产业结构调整方向和投资管理规定，经营期内效益良好，在参股股东以股权质押作为反担保的前提下，报经集团公司批准，可超过一定股权比例为其提供担保。

2. 集团公司所属子公司对参股子公司提供的担保额度不得超过其按股权比例应承担债务的总额。

3. 集团公司所属子公司原则上不得对集团外企业提供担保。确因业务需要与集团外企业开展互保合作的，应报经集团公司批准，且合作业务仅限于银行中间业务担保，同时，互保合作企业至少应具有与本企业相当的企业资信、资产和经营规模，其在金融机构贷款规模和资产负债率原则上应低于本企业。

集团公司所属子公司以上三种超出担保权限的担保情形，应以正式文件上报集团公司批准，并附送本单位党政联席会议或类似权力机构同意对担保申请人进行担保的会议决议或会议纪要及担保申请人最近年度经审计的财务会计报告及其他相关资料。

（三）集团公司所属子公司投资的全资及控股子公司只能为其母公司或控股方提供担保，除此之外，不得提供其他任何担保。

（四）集团公司及所属子公司的分支机构、项目联营体及其他组织不得对外提供担保。

第二十条　担保额度控制：

（一）集团公司对所属全资子公司及改制后的控股子公司担保额度控制：

1. 各项融资担保总额（含承兑汇票，下同）原则上不得超过担保申请人上年末资产总额的15%；工程投标、履约及预付款保函的担保总额原则上不超过担保申请人上年末资产总额的35%。

2. 各项融资担保额度可以用作其他各类保函额度使用，各类保函额度不得用作各项融资担保额度使用。

3. 担保申请人必须在担保适用项目合同期内如期履行债务合同，担保适用项目合同期满后，集团公司即不再提供担保。

4. 集团公司提供的各项融资担保及各类保函、信贷证明等单项业务担保起点为100万元，提供的额度担保业务担保起点为2000万元。

（二）集团公司所属子公司按规定提供的各类融资担保总额不得超过本企业总资产的15%，且对单个担保申请人提供的融资担保总额不得超过本企业总资产的3%。

第二十一条　担保期限控制：担保人提供担保业务的有效期限原则上不超过2年，对于履约保函和信贷证明担保可以视合同情况延长担保时间。担保人不得承担任何无截止日期或无有效期的担保业务。

第二十二条　担保程序控制：

（一）担保业务遵循逐级担保的原则，不得越级或越权担保；

（二）被担保人要求变更担保事项或担保到期后需要继续担保的，应当重新履行评估与审批程序；

（三）集团公司所属子公司之间相互担保的复印件和经批准允许与集团外企业开展互保合作业务的互保协议及担保合同复印件，应及时报集团公司备案；

（四）投资或改制后的控股子公司申请担保，必须报经本公司董事会审议批准，并形成董事会决议文件，同时，担保人委派的公司监事会负责人必须结合该公司的财务、资产状况和履约能力在担保申请书上签署意见。

第二十三条　反担保措施：

（一）被担保人如为全资子公司，其向担保人提供的担保业务申请书即被视为被担保人对担保人提供的保证方式的反担保；

（二）担保人超出本办法第二章规定的权限为控股、参股子公司或集团外企业提供担保的，必须要求被担保人提供反担保，反担保方式可以是债务人提供的抵押或质押，也可以是第三人提供的保证、抵押或质押。

第二十四条 有下列情况之一的，担保人应通过协商或法律手段立即解除或终止担保合同：

（一）担保申请人提供的主合同、财务及其他资料不具真实、合法、有效性；

（二）未经担保人同意，债权人与被担保人擅自修改主债务合同；

（三）在担保合同的有效期内债权人未按照债务合同履行义务的。

第二十五条 担保申请人有下列情形之一的，集团公司及所属子公司不得为其提供担保：

（一）与集团公司及所属子公司逾期债务尚未解除的；

（二）有明显不良信用行为的；

（三）有重大民事经济纠纷或进入诉讼程序的；

（四）不按要求提供反担保措施的；

（五）经济状况恶化，一时难以改变现状的。

第二十六条 集团公司所属子公司对外投资必须严格按集团公司投资管理办法施行，所需资金由本企业自行解决，集团公司对所属子公司项目投资借款原则上不予提供担保。

第二十七条 集团公司、集团公司所属子公司及其下属单位不得对民营、私营及非国有资产成分的企业或自然人提供担保。

第二十八条 集团公司所属子公司原则上不得提供境外融资担保和外汇担保，确有必要提供的，须经国家有关部门批准和有资质的中介机构出具风险评估报告后，上报集团公司批准。

第六章 担保的管理

第二十九条 集团公司各类担保业务的集中归口管理部门是集团公司资金结算中心，集团公司所属子公司各类担保业务的归管理部门是本单位资金结算中心（或财会机构的资金管理部门）。

第三十条 集团公司及所属子公司应建立担保业务台账和担保档案管理制度，定期对担保业务进行统计分析，并确保担保资料及时分类，整理和归档。集团公司提供的各类担保合同到期后，由被担保人负责归档保管。

第三十一条 集团公司及所属子公司应加强担保的全程跟踪监督管理，及时对被担保人的担保履约情况进行追踪检查，发现问题，及时处理。担保人一次担保数额超过其总资产的3%，应向集团公司备案。被担保人若发生影响履约能力的重大事项，或因担保事项承担重大连带责任或发生民事诉讼的，应及时书面告知担保人，同时采取相应补救措施。

第三十二条 集团公司及所属子公司应及时清理到期的对外担保业务，积极督促被担保人如期履约，如发生向债权人履行担保责任，必须及时向被担保人追偿。

第三十三条 担保合同按以下要求进行管理：

（一）担保申请书相关内容与主合同必须完全一致，主合同的修改、变更须经担保人同意，并重新签订担保合同；

（二）担保合同一经签订，未经担保人书面同意，不得转让、抵押。

（三）担保合同的变更修改、展期均应按规定程序重新审批办理；

（四）担保合同按规定执行完毕后，被担保人应在10日内书面通知担保人；

（五）担保人应当在担保合同中明确要求被担保人定期提供财务会计报告，并及时报告担保事项的实施情况。

第三十四条 担保人应完善反担保手续并加强对反担保财产的管理，妥善保管被担保人用于反担保的财产和权利凭证，定期核实财产的存续情况和价值，确保反担保财产安全、完整。

第三十五条 集团公司及所属子公司违反本办法规定，未按规定履行担保程序，擅自对外担保的，将追究企业主要负责人的经济责任和行政责任；有关责任人未按本办法规定处理对外担保事宜，应视情节轻重给予处理。

第七章 担保的收费

第三十六条 担保人可遵循有偿原则向被担保人收取一定的担保费用。对全资子公司和互保企业的担保收费，可按规定标准收取或由双方协商确定；对控股和参股子公司的担保收费，按与其他股东对等原则办理。

第三十七条 集团公司对单项担保业务按以下标准收取担保手续费，额度业务按单项业务收取标准分别计算收取担保手续费。

（一）流动资金贷款担保：3.0‰/年；

（二）银行承兑汇票担保：2.0‰/年；

（三）各类保函担保：0.5‰/年；

（四）信贷证明担保：0.1‰/年。

第三十八条 集团公司根据授信银行上年度认定的企业信用等级（以授信银行的信用等级证书为准），对集团授信担保业务按第三十七条规定标准下浮一定比例收取手续费：

（一）认定为“AAA”信用等级的企业：下浮30%；

（二）认定为“AA”信用等级的企业：下浮20%；

（三）认定为“A”信用等级的企业：下浮10%。

第三十九条 担保申请人必须在办理担保手续时一次性缴清担保手续费。

第八章 附 则

第四十条 本办法由集团公司负责解释，此前集团公司相关规定与本办法不一致的，以本办法为准。

第四十一条 本办法自印发之日起执行，原《中国水利水电建设集团公司担保管理办法》（中水电资［2004］1号）文同时废止。

编者注：

附件1 流动资金贷款担保业务申请书（格式）（略）；

附件2 银行承兑汇票担保业务申请书（格式）（略）；

附件3 单项担保业务申请书（格式）（略）；

附件4 额度担保业务申请书（格式）（略）。

关于规范和加强资金集约化管理有关事项的通知

（中水电资［2005］17号·2005年9月29日）

各工程局（厂）、公司，总部有关部门：

为健全和完善集团集中式资金管理体系，提高资金使用效率，根据集团公司2005年度工作会议精神，现就进一步规范和加强集团资金集约化管理有关事项通知如下：

一、各单位要严格执行中国人民银行颁布的《人民币银行结算账户管理办法》和集团公司规定，加强银行账户统一管理，所有外部账户要集中进行一次全面清查，账户要适当集中。除集团公司允许在中国建设银行开设的收支账户、各类社会保险、公积金、税收、保证金等专户，以及有特殊需要的外币账户外，单位本部在各类各级银行开设的银行账户最多不得超过5个，且不得在同一金融机构的多家支行开户，不得在非银行金融机构开户，其他账户及此前不合规定开立的账户必须在2005年底前全部取消，接本通知后，各单位应根据本通知要求尽快做好有关账户的撤并及其他相关工作，并妥善处理好与各有关银行的业务关系；各单位所属内部单位和项目机构在外部银行开户，必须报本单位财务资金管理部门批准，必须按集团公司资金集约化管理的要求进行规范，各单位资金结算中心是本单位银行账户管理的责任部门。

二、各单位要认真贯彻落实集团公司与中国建设银行签订的《资金结算网络合作协议》和集团公司有关规定，严格按照资金“收支两条线”的要求，规范收、支账户管理：各单位建行系统内账户资金结算形成的现金流量应无条件通过单位本部建行收入专户汇集，该账户只收不支；单位支出账户资金只能由集团公司从其上存资金拨付，除此之外，该账户只支不收。严禁将其他银行账户存量资金向收入专户循环倒入资金，虚增现金流量。

三、各工程局应根据集团公司下发的《关于各工程局实施资金集约化管理的指导意见》（中水电资［2004］8号）抓紧组织本单位资金集约化管理工作，进一步健全资金结算中心组织机构，完善各项职能，优化业务流程，制定科学的方案，加快本单位现金流量管理网络建设，强化资金监督，提高资金流转速度。各工程局通过设立资金结算中心网点或银行网络结算系统纳入资金结算中心管理的银行账户，2005年底前必须达到单位全部银行账户的90%以上。

四、各单位应严格执行《中国水利水电建设集团公司联营体运营管理暂行规定》（中水电经［2005］2号）和《关于对项目联营体实施资金集中管理的通知》（中水电资［2005］13号），加强项目联营体资金的集中统一管理，原有项目联营体和新设项目联营体都必须按照集团公司规定的实施范围、集中管理方式、实施步骤和具体要求纳入集团公司现金流量管理网络。

五、各单位内部资金集中度指标和上存集团公司的资金集中度指标已纳入集团公司考核单位负责人的经营业绩指标，各单位要结合实际，将现金流量管理考核指标延伸到内部基层核算单位，切实加强现金流量管理考核工作。

六、切实加强资金结算中心的各项制度建设。建立健全内部有效的组织管理制度、岗位责任制度、内部控制制度以及其他与资金集中管理相关联的业务管理制度。

七、健全和完善资金预算和计划管理工作，从源头监控资金的合理使用，确保资金流转过程受控，并以现金流量监控为重点，把好关键点，严格限制预算外资金支出，实施大额资金的联签和跟踪监控。

八、充分发挥资金内部结算功能，减少在途资金占用，节约财务成本，集团公司总部与成员企业之间的所有结算业务在合同齐全、相关手续完备的前提下，可通过集团公司资金结算中心进行结算。集团公司资金结算中心不代理集团成员企业其他支付业务。

九、高度重视并认真做好资金集中管理实施过程中的各项安全防范工作，建立起覆盖全部业务流程的综合的多层次的安全防范体系。

十、凡单位内部资金网络建设没有达到本通知规定要求，或违反集团公司资金集约化管理和本通知有关规定，一经发现，集团公司在给予有关责任人员行政处分的同时，还将通过减少集团授信额度、限制担保等经济手段进行必要控制，以降低企业信贷风险。

投　资　管　理

中国水利水电建设集团公司
控股公司办理投资事项相关规定

（中水电投［2005］12号·2005年5月12日）

一、本规定规范的工作主要为各项目公司新项目投资、项目收购、参与其他项目公司重组以及项目资本金注入、项目融资担保等事项。

二、各公司应在上述工作安排进入工作程序实施前书面报送集团公司并经集团公司总经理办公会批准后实施。

三、股东代表、董事参加各项目公司股东会或董事会进行决策时，应按照集团公司总经理办公会的决议执行。

四、各公司在股东会或董事会形成决议后，关于新项目投资、项目收购、参与其他项目公司重组等事项可以进入正常的洽谈工作，根据洽谈结果决定实施时书面报请集团公司核准。

五、各公司在股东会或董事会形成决议后，关于项目资本金注入、项目融资担保等事项应书面文件报送集团公司核准后办理相关手续。

六、各公司召开股东会、董事会形成的会议纪要应及时上报集团公司，以利于办理相关决议事项。

七、集团公司协调办理上述事项的工作机构为集团公司投资部。

八、集团公司参股的项目办理相关事项进入集团公司内部决策程序时按本要求办理。

中国水利水电建设集团公司投资管理办法

（中水电投［2005］37号·2005年11月21日）

第一章　总　　则

第一条　为规范企业投资行为，规避投资风险，提高投资收益，根据国家有关法律、法规及相关政策、规定，制定本办法。

第二条　本办法适用于集团公司、集团公司所属全资和控股企业（以下统称为集团公司所属企业）。

第三条 本办法所指的投资是指企业将所拥有的一定数量的资产（有形的或无形的）进行投入以取得一定收益和利益的活动，包括投资设立新公司；出资于其他公司；收购并购其他公司；对项目进行长期投资；土地、非生产性房屋等不动产的购建；企业购买债券等债权性投资以及进行股票买卖等资本性投资的所有投资项目。

第四条 投资行为应符合国家法律、法规和国家产业政策；符合国务院国有资产监督管理委员会对集团公司的主业及相关产业定位，严格控制跨主业投资，科学决定投资规模，坚决控制管理层级，缩短投资管理及产权管理链条；符合集团整体发展战略，符合集团战略管理模式及集团公司与所属企业的功能定位。

第五条 投资行为应遵循决策科学化、行为程序化、管理制度化的准则。投资项目必须进行充分论证，科学评审，规范决策，防范主要投资风险，争取合理的投资收益水平。投资决策应坚持国有及国有控股企业决策原则，严格遵循相关管理制度。

第二章 投资准入

第六条 集团投资管理级次严格控制在二级以内，禁止形成集团公司层面的四级产权链。集团公司所属企业不得再单独成立履行投资管理和经营职能的法人投资机构，其二级企业未经集团公司批准不得进行投资。如需投资设立二级法人经营机构的，必须报经集团公司批准。现已形成集团公司层面四级产权链即四级公司的所属企业，应有计划地进行整合提升到三级。在未整合提升前，应加强对四级公司的监管。

第七条 严格坚持“项目投资与投资能力”相结合、有所为有所不为的原则，严禁恶性举债投资，严格防止因盲目投资造成本企业乃至全集团财务能力的下降，影响企业的财务信誉。

拟投资的企业应同时具备下列条件：

（一）不得为亏损企业，已亏损企业需连续实现两年盈利后才能从事投资业务；

（二）企业资产负债率原则上不得超过80%，其权益性投资总额原则上不得超过企业净资产的50%，特殊情况须经集团公司特别批准；

（三）企业当年资本金性质的投资总额原则上不得超过本企业上年固定资产折旧额与净利润之和的80%。

第八条 投资项目准入限制：

（一）不符合本办法第四条要求的不得投资；

（二）国家法律、法规和产业政策明令禁止的不得投资；

（三）凡非控股的项目、规模小的项目、收益差的项目、行业跨度大的项目，集团公司原则上不予批准；

（四）严禁购买企业债券、公司股票，严禁委托券商进行购买国债、企业债券、股票、基金等理财活动；

（五）企业在对拟投资项目进行项目可行性研究、环境评价、土地供应和信贷融资、电力上网等申报工作中要严格执行国家行业审批相关规定，未获得审批手续的投资项目不得实施实质性投资建设；

（六）对拟建项目，一律要纳入国家或各省（自治区、直辖市）编制的行业发展规划中，按照行业准入条件及有关程序进行审核合格后，方可进行投资建设。

第三章 投资管理机构

第九条 集团公司为集团最高投资决策机构，由集团公司总经理办公会议实施决策；集团公司投资部（以下简称投资部）为集团投资业务归口管理部门；集团公司所属企业如存在或发生投资行为，应明确或设置投资归口管理机构。

第十条 为保证投资项目审查、审批的科学化、规范化，集团公司和所属拟（已）投资企业应设立相应的投资审查机构。集团公司设立投资项目评审委员会（以下简称评审委员会），评审委员会由集团公司分管领导及有关职能部门的负责人和外聘专家组成。评审委员会负责对拟投资项目的市场前景，科技可行性、先进性，经济效益及财务运作等进行系统地研究、分析、评价，并形成书面评审报告报集团公司决策。评审委员会的日常事务由投资部负责。

第四章 投资项目审批

第十一条 集团公司所属企业拟投资的项目，不分金额大小，一律报集团公司审批。未经集团公司批准，不得进行实质性的投资活动。

第十二条 向集团公司报批拟投资项目时，应以《投资项目建议书》的形式并附上相应的项目证明文件。《投资项目建议书》应包括：

（一）项目背景；

（二）投资条件；

（三）资金来源和投入方式；

（四）合作方情况；

（五）科技及经济评价；

（六）投资前景；

（七）风险评价。

第十三条 对上报的拟投资项目，投资部负责初审，并提交项目建议报告报评审委员会评审，评审委员会形成评审报告后，由投资部提交集团公司总经理办公会议审批。

第十四条 投资项目的初审和评审主要包括以下内容：

（一）是否符合本办法对投资准入的规定；

（二）投资项目的资金来源、资金形态、投资效益及投资行为的合法性、合规性等；

（三）投资项目的可行性分析报告、投资计划及风险分析；

（四）有关的经济合同、协议及公司章程草案的合法性。

第十五条 评审和审批具体步骤如下：

（一）由投资部受理《投资项目建议书》后提出初步审核意见；

（二）评审委员会对投资项目进行评审，形成评审报告；

（三）投资部将评审报告及相关资料提交集团公司总经理办公会议审批；

（四）形成项目批复文件。

第十六条 项目批复视不同情况作如下处理：

（一）不符合本办法对投资准入规定的，项目虽然具备一定投资条件，但存在严重缺陷或缺少落实的必要条件的，由投资部请示集团公司领导后以投资部名义回复否决意见；

（二）经集团公司总经理办公会议批准的投资项目以集团公司名义下发批准文件。

第五章 投资项目资金来源与要求

第十七条 企业权益性投资应以自有资金进行。项目投资需要的资本金，原则上由投资企业自行筹措。资金来源应符合国家资本金制度的有关规定，主要包括：

（一）所属全资子公司上缴的利润；

（二）从所属控股、参股公司分得的股息、股利；

（三）转让国有资产所得收入；

（四）转让国有股权所得收入；

（五）依法取得的其他收益；

（六）银行提供的项目资本金贷款（软贷款）；

（七）经国家批准发行债券和股票筹集的资金；

（八）实物、无形资产等；

（九）其他符合国家规定的资金。

第十八条 集团公司所属企业对外投资的公司注册资本金累计额度最高不得超过其注册资本金或净资产的50%。主营业务为电力或房地产投资及经营的公司，可适当提高占注册资本金或净资产的比例。用国家政策性银行发放的资本金贷款或发行债券、股票筹资进行权益性投资的可不受此限制。

第十九条 集团公司所属企业对经批准的投资项目的担保，按照集团公司有关规定执行，相关资料报投资部备案。需由集团公司担保的，项目公司应以项目资产对集团公司进行反担保。

第二十条 未经集团公司批准，集团公司所属企业不得擅自个人集资参股投资或组建混合所有制公司投资与经营。

第二十一条 未经集团公司批准，集团公司所属企业不得交叉持股（相互投资设立公司），存在相互持股的企业应进行清理，并按国家规定的产权转让程序和方式予以转让，以确保集团内产权转让行为合规和产权关系清晰。

第六章 投资项目的实施

第二十二条 所有投资项目，必须纳入企业年度投资计划管理。其中资本性支出和融资计划应纳入企业年度财务预算管理。

第二十三条 对外投资应制定投资实施方案，报投资部备案，内容包括：

（一）出资时间、金额、出资方式及责任人；

（二）公司发起协议及章程；

（三）公司注册事宜。

第二十四条 集团公司所属企业对外投资方案变更，应报集团公司重新核准。

第二十五条 经批准的控股投资项目董事、监事及公司高级管理人员的任用按《中国水利水电建设集团公司企业领导人员管理暂行办法》、《中国水利水电建设集团公司投资企业负责人管理暂行规定》执行。

（一）集团公司投资项目由集团公司人力资源部按照上述规定推荐人选；

（二）集团公司所属企业按照《公司法》、公司章程及上述规定推荐人选并报投资部备案。

第二十六条 派出董事、监事人员的责任、权利、义务及工作管理按《中国水利水电建设集团公司投资企业负责人管理暂行规定》和集团公司相应管理办法执行。集团公司所属企业可按照上述管理规定结合实际制定具体管理细则。

第二十七条 项目公司涉及如下事项，集团公司所属企业应报集团公司批准：

（一）公司合并、分立、变更形式、解散方案；

（二）增资扩股方案；

（三）公司注册资本增加、减少方案；

（四）公司股东、股权结构变化情况。

第二十八条 项目公司涉及如下事项，集团公司所属企业应报投资部备案：

（一）公司高级管理人员（含董事、总经理、副总经理、财务负责人、股份有限公司董事会秘书）发生变化；

（二）公司年度财务预算、决算方案；

（三）公司利润分配、弥补亏损方案；

（四）公司重要资产抵押、质押和转让方案；

（五）重大资产、资金转移情况；

（六）贷款担保情况；

（七）公司经营活动出现违法、违纪、违规情况；

（八）公司重大经营失误情况。

第二十九条 全资或控股投资项目建设期、运行期的管理应按照集团公司相应管理办法执行。

第三十条 全资或控股投资项目法人，应在投资项目竣工验收后进行自我总结评价；股东单位实施项目后评价。具体后评价实施办法按照集团公司相关规定执行。

第七章 投资项目的监督和考核

第三十一条 对外投资项目应建立相应的投资管理授权批准制度和岗位责任制，形成投资主体与责任主体相一致的机制。出资企业应责成并督促投资企业董事会建立健全经营层任期经营业绩责任考核奖惩机制及内部控制制度并使之有效实施。

第三十二条 办理投资业务的不相容工作岗位，应相互分离、相互制约和监督。不相容工作岗位包括：

（一）对外投资项目可行性研究与评估；

（二）对外投资的决策与执行；

（三）对外投资处置的审批与执行。

第三十三条 投资业务人员应具备良好的职业道德，掌握金融、投资、财会、法律等方面的知识。相关人员可视具体情况定期进行岗位轮换。

（一）从业人员应具有从事项目开发及投融资业务、资产管理等相关工作所需学历、工作经验。

（二）高级管理人员应具有三年以上投资从业经验。

（三）投资经营管理机构的主要人员如有违规违法操作行为，除依法追究责任外，情节严重的，不得再继续从事集团系统内的投资及管理活动。

第三十四条 建立符合政策法规的对外投资决策机制。严格执行“三重一大”民主决策程序，以决策的科学化、民主化来规范用权行为，推进依法治企。严禁任何个人擅自决定对外投资或者改变集体决策意见进行投资。

第三十五条 建立对外投资责任追究制度。对于违反法律、国家产业政策投资；未经集团公司批准实施项目投资；对先实施、后报批投资项目；对未履行规定决策程序的；对项目可行性研究及评审不负责任出现较大失误的；对项目建设投资失控和项目经营异常亏损及其他违反管理规定的，集团公司将严肃追究有关责任人员的领导责任和直接责任（领导集体决策的，主要领导承担主要领导责任，分管领导承担直接领导责任，其他领导承担非直接领导责任）。对触犯刑律的将移送司法机关追究违法责任。集团公司对投资项目的审核批准并不取代投资主体的违规或失职责任。

第三十六条 规范投资业务流程，加强投资全过程管理，实施有效的流程管理和经营损益监控。加强对投资项目的内部审计和效能监察工作，建立从立项、审核、制定方案、组织实施、检查监督、总结、直到效益评估的程序体系，确保投资全过程得到有效控制，维护投资者权益。

第三十七条 集团公司所属企业按照集团公司相关规定，分季度向集团公司报送投资项目相关情况表，四季度报表合并为年报报送。企业投资发生意外情况时要及时书面报告集团公司。

第三十八条 建立投资档案管理制度，加强对外投资过程资料收集整理存档及权益证书的管理并指定专门部门保管。

第三十九条 对外投资的收回、转让与核销，应按规定程序决策并报集团公司审批。

第四十条 建立派出董事、监事、财务和其他管理人员岗位责任制度、适时报告工作制度与轮岗制度，加强对派出董事及项目公司经营者的履责管理。

第四十一条 派出董事、监事或其他管理人员的考核参照集团公司相关管理规定执行。集团公司所属企业可按照集团规定制定派出董事、监事或其他管理人员的履责考核细则并报投资部备案。

第八章 附 则

第四十二条 本办法自印发之日起执行，原《中国水利水电建设集团公司投资管理规定》（中水电投［2004］13号）、《中国水利水电建设集团公司投资准入管理暂行办法》（中水电投［2005］11号）同时废止。

第四十三条 集团公司所属企业可按照本办法制定具体规定；集团国外投资项目管理规定按照本办法基本原则另行制定。

第四十四条 本办法由集团公司负责解释。集团公司将根据实施情况及国家法规的变更，适时制定相关具体规定对本办法进行补充、完善。

科技、信息管理

中国水利水电建设集团公司科学技术进步奖励办法

（中水电工［2005］12号·2005年4月18日）

第一章 总 则

第一条 为促进中国水利水电建设集团公司（以下简称集团公司）科学技术的发展，奖励在集团公司科学技术进步活动中做出重要贡献的单位和个人，充分发挥广大科学技术工作者的积极性和创造性，设立中国水利水电建设集团公司科学技术进步奖。

为规范中国水利水电建设集团公司科学技术进步奖的推荐、评审和授奖工作，制定本办法。

第二条 集团公司科学技术进步奖励贯彻“尊重劳动、尊重知识、尊重人才、尊重创造”的方针，鼓励集团公司科技资源高效配置和综合集成，鼓励团结协作、联合攻关，鼓励自主创新、攀登科学技术高峰，鼓励应用推广先进科学技术成果，促进科学研究、技术开发与水利水电建设、经济、社会发展的密切结合，促进科技成果商品化和产业化，加速集团公司科技创新与可持续性发展战略的实施。

第三条 集团公司科学技术进步奖的推荐、评审和授奖，实行公开、公平、公正原则，不受任何组织或个人的非法干涉。

第四条 集团公司科学技术专家委员会（以下简称专委会）是集团公司科学技术进步奖的最高评审机构，集团公司科学技术进步奖的承办机构为集团公司工程科技部，办公室设在集团公司工程科技部，集团公司工程科技部负责中国水利水电建设集团公司科学技术进步奖的组织工作。

第五条 专委会委员20～30人，设主任委员1人、副主任委员1人、秘书长1人。

专委会奖励评审工作下设3～5个评审组。各评审组设组长1人，副组长1～2人，专家若干人，秘书1人。评审组组长人选、评审组成员由专委会主任委员确定。

第六条 集团公司科学技术进步奖每年奖励一次，授予在集团公司科技进步活动中做出重要贡献的单位和个人。

第七条 集团公司科学技术进步奖，是对有关单位或个人在促进科学技术进步活动中做出重要贡献的表彰，获奖证书不作为确定科学技术成果权属的直接依据。

第二章 奖励设置与授奖条件

第八条 集团公司科学技术进步奖按如下分类评审：

（一）技术开发项目；

（二）新技术集成项目；

（三）先进技术推广应用项目；

（四）社会公益项目；

（五）重大工程项目。

第九条 集团公司科学技术进步奖设立特等奖及一、二、三等奖，各等级奖励金额为：特等奖8万元，一等奖4万元，二等奖2万元；三等奖1万元，其中重大工程项目只给予荣誉奖励。

第十条 集团公司科学技术进步奖授予在如下方面对集团公司科学技术进步做出重要贡献的单位和个人：

（一）技术开发项目：在科学研究和技术开发活动中，完成具有重大科技创新和重大市场实用价值的产品、技术、工艺、材料和设计的；

（二）新技术集成项目：在采用新技术及其系统集成、技术改造活动中，所完成的取得重大技术成果和经济效益的新产品、新技术、新工艺、新材料和新型设计以及相应实用化系统集成的；

（三）先进技术推广应用项目：在先进科学技术成果的应用推广活动中，积极推进做出重要贡献并取得显著经济或社会效益的；

（四）社会公益项目：在科学理论研究、标准、计量、科技信息、科技管理、软科学、科学技术普及等科学技术基础性工作和环境保护、劳动保护和节约能源与资源合理利用等社会公益性科学技术事业中，对促进集团公司科技进步或社会和谐发展做出重要贡献的；

（五）重大工程项目：在完成重大基建工程、技

术改造工程以及其他重大综合工程过程中，做出重要贡献并取得显著经济或社会效益的。

第十一条 集团公司科学技术进步奖候选单位或候选人所完成的项目应当符合下列条件：

（一）具有科技创新性：项目在科学技术方面有创新，有相当的技术难度，解决了集团公司发展中的热点、难点和关键技术问题，总体技术水平和主要技术经济指标达到同类技术或产品的先进水平；

（二）取得经济或社会效益：项目经过一年以上相应规模的实施应用，产生了相应的经济或社会效益，实现了科技创新的市场价值或社会价值，为集团公司发展作出了贡献；

（三）推动科技进步：项目具有相应的成熟程度和科技示范、带动、扩散能力，可提高集团公司的整体技术水平、竞争能力和系统创新能力，可促进产业结构的调整、优化、升级，对集团公司的发展具有推进作用。

第十二条 集团公司科学技术进步奖候选单位或候选人所完成项目的授奖等级根据如下标准进行综合评定：

（一）技术开发项目：

关键技术有重大创新且拥有自主知识产权，技术难度大，总体技术水平和主要技术经济指标达到或接近国际同类技术或产品的先进水平，市场竞争力强，创造了重大的经济效益，对促进集团公司科技进步和产业结构优化升级有重大意义的，可以评为一等奖，达到国际领先水平或特别突出的可以评为特等奖。

关键技术有较大创新，技术难度较大，总体技术水平和主要技术经济指标达到了国内同类技术或产品的先进水平，市场竞争力较强，创造了较大的经济效益，对促进集团公司科技进步和产业结构调整有较大意义的，可以评为二等奖。

关键技术有一定创新，有一定技术难度，总体技术水平和主要技术经济指标达到国内同类技术或产品的先进水平，市场竞争力较强，创造了一定的经济效益，对促进集团公司科技进步和产业结构调整有一定意义的，可以评为三等奖。

（二）新技术集成项目：

采用的新技术和完成的相应系统集成，总体技术水平和主要技术经济指标达到或接近国际同类技术的先进水平，实用化程度高，取得重大经济效益，有很大的推广应用前景，对促进集团公司科技进步有重大作用的，可以评为一等奖，达到国际领先水平或特别突出的可以评为特等奖。

采用的新技术和完成的相应系统集成，总体技术水平和主要技术经济指标达到了国内同类技术的先进水平，实用化程度较高，取得较大经济效益，有较大的推广应用前景，对促进集团公司科技进步有较大作用的，可以评为二等奖。

采用的新技术和完成的相应系统集成，总体技术水平和主要技术经济指标达到国内同类技术的先进水平，满足实用化要求，取得一定的经济效益，有一定的推广应用前景，对促进集团公司科技进步有一定作用的，可以评为三等奖。

（三）先进技术推广应用项目：

技术水平达到了国内外同类技术的先进水平，推广应用过程有较大技术难度，已推广应用面占集团公司可推广应用面的比例高，取得显著经济或社会效益的，可以评为一等奖，达到国际领先水平或特别突出的可以评为特等奖。

技术水平达到国内同类技术的先进水平，推广应用过程有一定技术难度，已推广应用面占集团公司可推广应用面的比例较高，取得重大经济或社会效益的，可以评为二等奖。

技术水平接近国内同类技术的先进水平，推广应用过程有一定技术难度，就集团公司可推广应用面而言有一定的已推广应用面，取得较大经济或社会效益的，可以评为三等奖。

（四）社会公益项目：

科技创新程度很高或技术难度很大，总体技术水平达到和接近国际、或达到了国内同类技术的先进水平，实用化程度高或具有很大的推广应用前景，取得或具有重大经济或社会效益，对促进集团公司科技进步或社会和谐发展有重大作用的，可以评为一等奖，达到国际领先水平或特别突出的可以评为特等奖。

科技创新程度较高或技术难度较大，总体技术水平达到国内同类技术的先进水平，实用化程度较高或具有较大的推广应用前景，取得或具有较大经济或社会效益，对促进集团公司科技进步或社会和谐发展有较大作用的，可以评为二等奖。

有一定的科技创新程度或技术难度，总体技术水平接近国内同类技术的先进水平，满足实用化要求或具有较大的推广应用前景，取得或具有较大的经济或社会效益，对促进集团公司科技进步或社会和谐发展有一定作用的，可以评为三等奖。

（五）重大工程项目：

团结协作、联合攻关，在关键技术、系统集成和系统管理等方面有重大创新，工程复杂、技术难度大，总体技术水平、主要技术经济指标接近国际同类项目的先进水平，取得了重大的经济或社会效益，对解决同类工程项目的热点、难点和关键技术问题有很好的示范作用，对推动本领域的科技发展有重大意义的，可以评为一等奖。

团结协作、联合攻关，在关键技术、系统集成和系统管理等方面有较大创新，工程较复杂、技术难度较大，总体技术水平、主要技术经济指标达到了国内同类项目的先进水平，取得了较大的经济或社会效益，对解决同类工程项目的热点、难点和关键技术问题有较好的示范作用，对推动本领域的科技发展有较大意义的，可以评为二等奖。

团结协作、联合攻关，在关键技术、系统集成和系统管理等方面有一定创新，有一定工程复杂程度和技术难度，总体技术水平、主要技术经济指标达到国内同类项目的先进水平，取得了一定的经济或社会效益，对解决同类工程项目的热点、难点和关键技术问题有一定的示范作用，对推动本领域的科技发展有一定意义的，可以评为三等奖。

第三章 推 荐

第十三条 集团公司科学技术进步奖由集团公司各成员企业推荐。

第十四条 集团公司科学技术进步奖实行限额推荐制度。原则上各工程局、公司限推荐5项，各厂限推荐2项，各推荐单位在限额范围内进行择优推荐。

第十五条 集团公司科学技术进步奖推荐的基本程序如下：

科技成果的第一完成单位属于推荐单位集团公司成员企业时，按第一完成单位的隶属关系逐级推荐。

科技成果的第一完成单位不属于集团公司成员企业但属于是与集团公司成员企业合作完成的成果时，按集团公司成员企业第一完成单位的隶属关系逐级推荐。

科技成果完成单位为联营体时，责任方为集团公司成员企业的由联营体责任方单位推荐，责任方不属于集团公司成员企业的，由股份最大的属于集团公司成员企业推荐。

第十六条 推荐单位推荐集团公司科学技术进步奖的候选人、候选单位应按照有关要求填写统一格式的申报书，提供必要的证明、评价材料等附件。申报书及有关材料应当完整、真实、可靠。申报材料至少应包含：

（一）报奖公函一份；

（二）《电力科技成果数据库》查新检索报告（原件）一份；

（三）技术资料、有关技术报告一份；

（四）技术评价证明：《科学技术成果鉴定证书》、《软科学研究成果评审证书》一份；

（五）科技成果应用证明；

（六）《中国水利水电建设集团公司科学技术进步奖申报书》文件一式四份及电子文档一份；

（七）预审单一份；

（八）申报材料清单一份；

（九）申报项目介绍多媒体光盘一张（每个申报项目演示介绍时间限15分钟）。

第十七条 符合本奖励办法第十二条规定的推荐单位，应当在规定的时间内向工程科技部提交申报书及相关材料。工程科技部负责对推荐材料进行形式审查；对不符合规定的推荐材料，可以要求推荐单位在规定的时间内补正，逾期不补正或经补正仍不符合要求的，可以不提交评审并退回推荐材料。

第十八条 推荐单位认为有关专家学者参加评审可能影响评审公正性的，可以要求其回避，并在推荐时提出书面意见，说明理由。每项推荐所提出的回避专家人数不得超过3人。

第十九条 凡存在知识产权以及有关完成单位、完成人员等方面争议的，在争议未解决前不得推荐参加中集团公司科学技术进步奖评审。

第二十条 同一技术内容不得在同一年度重复推荐参加中国水利水电建设集团公司科学技术进步奖不同奖励类别的评审。但推荐重大工程项目奖励类别的，不影响其子项成果按照有关要求另行推荐其他奖励类别的评审。

第二十一条 已推荐过或曾获过集团公司科学技术进步奖励的项目，如果在此后的研究开发活动中获得新的实质性进展，并符合本奖励办法有关规定条件的，可以按照规定的程序重新推荐；但连续两年参加评审未获奖的，如要继续推荐，须间隔一年后进行。

第二十二条 集团公司科学技术进步奖候选单位应当是在项目研制、开发、投产、应用和推广过程中提供技术、设备和人员等条件，对项目的完成起到组织、管理和协调作用的主要完成单位。

第二十三条 集团公司科学技术进步奖候选人应当具备下列条件之一：

（一）在项目的总体技术方案中作出重要贡献；

（二）在关键技术和疑难问题的解决中做出重大技术创新；

（三）在成果转化和推广应用过程中做出创造性贡献。

主要完成人的创造性贡献应当具体、属实、相对独立，并与项目创新点对应。

第二十四条 对同一项目授奖的单位和个人按

照贡献大小排序。推荐项目主要完成单位、主要完成人的排序原则上应与项目技术资料或技术评价证明（科技成果鉴定证书、评审证书、项目验收报告等）所记载的排序一致。如有变动应说明原因，并出具相应情况的证明材料。

第二十五条 集团公司科学技术进步奖单位数和受奖人数实行限额。原则上特等奖受奖单位数不超过12个，受奖人数不超过20人；一等奖项目受奖单位数不超过10个，受奖人数不超过15人；二等奖项目受奖单位数不超过7个，受奖人数不超过10人；三等奖项目受奖单位数不超过5个，受奖人数不超过7人。如确属联合攻关、多方协作的科技成果，可以申请适用受奖单位数或受奖人数的特殊限额（有关具体要求在中国水利水电建设集团公司科学技术进步奖申报书填写说明中另有明确），由工程科技部审核后报专委会批准。

第四章 评 审

第二十六条 集团公司科学技术进步奖的有关评审规则由工程科技部制定，报专委会主任委员批准。

第二十七条 集团公司科学技术进步奖实行专委会和评审组两级评审制。

第二十八条 工程科技部室负责组织评审组评审会议，将经形式审查合格的推荐材料提交相应评审组进行评审。

评审组评审以会议方式进行评审，以记名投票表决产生评审结果。

第二十九条 专委会评审会议负责审定评审组提交的评审结果。

专委会评审以会议方式进行评审，以记名投票表决产生评审结果。

专委会有权否决评审组的评审结果，有权裁定对获奖项目的异议。

第三十条 集团公司科学技术进步奖的评审表决规则如下：

（一）专委会及其评审组的评审会议应当有三分之二以上（含三分之二）委员（专家）参加，会议表决结果有效；

（二）特等奖和一等奖的推荐或评定应当由到会专家或委员的三分之二（含三分之二）通过；二、三等奖的评定或审核应当由到会专家或委员的二分之一以上（不含二分之一）通过。

第三十一条 集团公司科学技术进步奖评审实行回避制度，被推荐为中国水利水电建设集团公司科学技术进步奖的候选人不得作为评审委员或专家参加本组的评审工作。与被推荐项目有利害关系的评审委员或专家应当回避。

第三十二条 专委会及其评审组的评审委员或专家和相关的工作人员应当对候选人和候选单位所完成项目的技术内容及评审情况严格保守秘密。

第五章 异议处理

第三十三条 集团公司科学技术进步奖励接受社会的监督。集团公司科学技术进步奖的评审工作实行异议制度。

拟授奖项目的相关信息在集团公司网站、水利水电工程报等媒体上公布。任何单位或个人对拟授奖项目及其候选单位、候选人持有异议的，应当在公布之日起30日内向工程科技部署名书面提出，并提供必要的证明文件；逾期且无正当理由或匿名异议的，不予受理。异议者姓名需要保密的，应在异议材料中注明。

第三十四条 异议分为实质性异议和非实质性异议。凡对涉及候选项目的创新性、先进性、实用性等，以及申报书填写不实所提的异议为实质性异议；对候选人、候选单位及其排序的异议，为非实质性异议。

推荐单位及项目的完成人和完成单位对评审等级的意见，不属于异议范围。

第三十五条 实质性异议由工程科技部负责处理，由有关推荐单位协助。必要时，奖励办公室可以组织专家进行核实，提出处理意见。

非实质性异议由推荐单位负责协调，提出初步处理意见报送奖励办公室审核。涉及跨单位的异议处理，由工程科技部负责协调，相关推荐单位协助。

第三十六条 工程科技部向专委会报告异议核实情况及处理意见，提请专委会决定，并将决定意见通知涉及异议的各方。

第六章 授 奖

第三十七条 专委会作出的获奖项目及其奖励等级的决议（包括对项目异议的处理）为最终结论，由工程科技部负责发布奖励通报。

第三十八条 由工程科技部负责向各推荐单位或经推荐单位同意直接向获奖项目的第一完成单位发放获奖证书并拨付获奖项目奖金。

第三十九条 集团公司科学技术进步奖证书同时盖用“中国水利水电建设集团公司”和“中国水利水电建设集团公司科学技术专家委员会”印章。

第七章 附 则

第四十条 剽窃、侵夺他人科学技术成果的，或以其他不正当手段骗取奖励的，由工程科技部报专委会批准后撤销其奖励。

第四十一条 集团公司科学技术进步奖的奖励费用从集团公司科技开发费中列支。

第四十二条 经集团公司批准同意，集团公司工程科技部负责组织中国水利水电建设集团公司科学技术进步奖优秀获奖项目申报中国电力科学技术奖以及国家级科学技术奖励的推荐评审工作。

第四十三条 集团公司授权专委会审定《中国水利水电建设集团公司科学技术进步奖励办法》的修订；授权集团公司工程科技部组织《中国水利水电建设集团公司科学技术进步奖励办法》的修订。

第四十四条 本办法由集团公司工程科技部负责解释。

第四十五条 本办法自发布之日起实施。

中国水利水电建设集团公司技术开发费管理办法

（中水电工［2005］19号·2005年5月20日）

第一条 为贯彻落实《中华人民共和国科技进步法》、《中共中央、国务院关于加速科学技术进步的决定》及财政部和国家税务总局《关于促进企业技术进步有关财务税收问题的通知》等法律法规，促进中国水利水电建设集团公司（以下简称集团公司）科技进步工作，规范集团公司技术开发费的管理行为，特制定本办法。

第二条 集团公司技术开发费主要来源包括：

（一）由国家税务总局批准税前开支，在集团公司收取的投资收益中按总经理办公会确认的金额列支；

（二）上级主管部门（财政部、科技部以及其他部委）提供的科技开发专项费用；

（三）社会力量（科研院校、企业等）合作开发项目的资金。

第三条 集团公司技术开发费的使用范围是：

（一）研究开发水电施工过程中的新产品、新技术、新材料、新工艺所发生的各项费用，包括新产品设计费、工艺规程制订费、设备调整费、原材料和半成品的试验费、技术图书资料费、未纳入国家计划的中间试验费、研究机构人员的工资、研究设备折旧、与新产品的试制及技术研究有关的其他经费、委托其他单位进行的科研试制费用及试制失败的损失等；

（二）有关的行业标准、规程、规范制定、修订及推广费用等；

（三）经批准集团公司用于信息技术开发的部分费用；

（四）其他经批准对企业产业结构调整、拓展和持续发展有重大意义的科研项目；

（五）集团公司总部发生的各项科技项目管理费：科研项目的立项审批、中间检查、成果鉴定、验收、科技进步奖评选、奖励等科技活动发生的各项会务费、差旅费、评审费、培训费、奖励开支、专项办公费用等。

第四条 集团公司技术开发费作为专项资金实行预算管理，由工程科技部负责经费预算、经费使用计划的编制报审和执行。工程科技部依据集团公司的整体经营形势和发展需要，在每年12月31日前提出下年度技术开发费预算比例的申请，报总经理办公会议批准。

财务产权部负责技术开发费的财务收支管理、检查、监督与审核，确保专款专用、独立核算。

第五条 集团公司财务产权部牵头向国家税务总局申请科研经费年度免税指标，工程科技部协助提交相关的技术资料。

第六条 集团公司工程科技部、财务产权部、各科研项目承担单位应严格按规定使用和管理技术开发费。不得擅自扩大收取范围和标准、禁止挪用技术开发资金。执行期间需要变更预算需提交书面申请报告，经工程科技部审核后，呈报集团公司分管副总经理批准。

第七条 集团公司技术开发费的使用由工程科技部按照合同要求和项目执行情况提出计划，报分管副总经理批准后由财务产权部统一下拨；总部发生的科研项目管理费超过一万元的由主管副总经理批准，一万元以下的由工程科技部主任批准。技术开发费实际需要改变、补充合同或计划的，由工程科技部提交报告，由主管副总经理批准执行。

第八条 科研项目验收完成后，科研项目承担单位应及时向集团公司工程科技部、财务产权部提交科研项目财务决算报表，对科研项目全部财务收支情况全面反映。在集团公司收取的技术开发费在核销有关费用支出后，形成资产的部分作为集团公司投资，相应增加国有资产权益。

第九条 集团公司技术开发费收支预算情况、技术开发费的收取和使用应接受国家税务总局、科研项目承担单位属地国税局的检查监督。

第十条 集团公司技术开发费实行每年结算一次。提取的技术开发费年终如有节余，需经批准后方可结转。

第十一条 本办法由集团公司工程科技部商财务产权部解释，自发布之日起执行。原《中国水利水电建设集团公司技术开发费收取使用管理办法》（中水电工［2004］8号）同时废止。

中国水利水电建设集团公司科技进步工作考核办法

（中水电工［2005］26号·2005年10月14日）

一、总　　则

第一条 为了贯彻党中央、国务院《关于加速科学技术进步的决定》，实施"科技兴企"战略，推动企业科技进步。根据中国水利水电建设集团公司（以下简称集团公司）科技进步工作总体部署，特制定本办法。

第二条 制定和实施集团公司科技进步考核办法，构建科学有效的科技进步管理和考核机制，是规范集团公司及各成员企业的科技进步工作，加强科技创新，增强企业核心竞争力的一项重要措施。

第三条 科技进步考核工作由集团公司工程科技部具体负责组织实施。

第四条 本办法适用于集团公司所属各工程局（厂）、公司（以下统称各单位）的科技进步考核工作。

二、考核对象

第五条 科技进步工作的考核，是以集团公司所属成员企业为考核基本单位，各工程局（厂）局（厂）长、公司总经理对本单位科技进步工作全面负责，是第一责任人；分管科技工作的副局（厂）长、副总经理或总工程师直接领导本单位的科技进步工作，是直接责任人。

三、考核的基本内容和要求

第六条 科技进步是提高企业综合竞争力、谋求可持续发展的必由之路，集团公司从战略管理的高度推动这项工作，建立考核制度，要求各单位必须做到：

（一）切实加强对科技进步工作的领导，立足于长远，立足于可持续发展，制定中长期科技发展规划，并不断完善、分步实施。

（二）进一步完善科技进步工作管理体系，组织机构落实，管理人员到位，科技目标管理责任明确。

（三）建立科技发展基金，保证科研经费的资金来源。各单位要视本企业情况，每年科技经费的投入不少于本单位主营业务收入的0.2%，并保证随经济效益的增长逐步增加科技投入；采取措施，积极争取国家和工程建设单位的科技经费支持。

（四）加强制度建设，建立科技工作长效机制。系统地建立和完善科技工作管理、考核与奖励制度，科技工作会议制度，科研项目管理、科研经费管理、科技人才管理等规章制度，把科技发展和企业的生产经营活动融会一体。

（五）各单位要围绕工程建设中关键性技术问题积极开展科技攻关活动，在工程建设中开发和采用高效率的施工手段、先进的工艺、先进的操作技能和科学的管理方法，促进企业劳动生产率、工程质量和经济效益的不断提高。

（六）集团公司鼓励各单位与科研院所、设计单位、大专院校进行技术协作，承接国家、各行业及集团公司的科研项目，承接和参与各类规程、标准、工法及行业法规的编写工作，使企业站在行业技术发展的前沿，保持集团公司行业技术的领先地位。

（七）各单位要结合企业经济发展、产业结构调整和转换经济增长方式开展科研工作，重视科技成果的转化工作，积极推广先进技术、新技术、新工艺、新材料和新型高效的施工设备，并建立相应的鼓励措施。努力提高科技经费的使用效率，使投入产出比达到1∶5以上。

（八）各单位要高度重视科技人才与技术工人的培养、使用与引进工作，拥有达到国际、国内先进水平的施工技术和一流的专业技术人才和技工人才，保持本企业在市场中具有较强的核心竞争力。

（九）集团公司创造条件支持并鼓励各单位参加各类科技进步奖的评比工作，各工程局（厂）也应设置企业的科技进步奖，积极发挥科技奖励的导向作用。

（十）各单位要把开展技术革新和合理化建议活动纳入科技工作的重要组成部分，并建立相应的鼓励措施，扎扎实实地开展工作。

（十一）认真贯彻国家“标准化法”、“专利法”、“计量法”、“技术合同法”等法规。积极推进企业管理现代化，积极开展科技信息工作。提高本企业信息化管理水平，提高管理工作效率。

四、考核指标和标准

第七条 以上述基本考核内容和要求为基础，具体划分为两类、十一个方面、二十子项评价指标，采用量化计分方式，对各单位科技进步工作的实际效果进行综合评价。

基本评价项目主要考核各单位的科技管理制度建设、科技发展规划、科技投入、技术创新、推广应用和人员培训等基础性管理工作。

特别评价项目主要考核各单位重大科技项目、专利技术的研发能力、科技成果的获奖水平以及组织研究开发新技术、新产品的实施效果。

具体指标分解见《中国水利水电建设集团公司科技进步考核评分标准一览表》。每项指标的打分标准将具体细化后，由考评组掌握使用。

五、考核评定

第八条 集团公司组织考评检查组，负责考评工作。综合考评结果超过90分的单位，可命名为“集团公司科技进步先进企业”；考评结果高于70分、不足90分的单位，为“集团公司科技进步达标企业”；考评结果不足70分的单位，为“集团公司科技进步不合格企业”。

第九条 各单位每年进行一次自查考核，并将自查考核结果报集团公司备案。集团公司采用抽查的方式予以复核确认。

第十条 集团公司每年评选一次科技进步先进企业，凡连续两年以上自查（或抽查）考核结果在90分以上的单位均可申报。经集团公司考核组检查核实，集团公司总经理办公会议批准，授予“科技进步先进企业”称号。

第十一条 凡取得“科技进步先进企业”称号的单位，由集团公司授予荣誉证书，企业负责人当年年薪上浮1%～5%；对“集团公司科技进步不合格企业”的单位，由集团公司进行通报批评，并要求制定整改措施、限期整改，企业负责人当年年薪下浮1%～5%；“集团公司科技进步达标企业”的单位企业负责人年薪不变。上浮或下浮的具体比率由总经理办公会议决定。

第十二条 本办法自2006年1月1日起执行。

编者注：

附件1 中国水利水电建设集团公司科技进步考核评分标准一览表（基本评价项目）（略）；

附件2 中国水利水电建设集团公司科技进步考核评分标准一览表（特别评价项目）（略）。

中国水利水电建设集团公司科研立项审批管理办法

（中水电工［2005］30号·2005年10月27日）

1 目的

为解决工程施工中具有创新性的关键技术难题和有目的地组织对集团公司长远发展有较大影响并有可能形成新兴产业的科研项目进行研究开发，科学规范地组织集团公司的科研管理工作，规范科研项目的申报、审核、审批、核准立项程序，保证科研项目技术上的先进性、适用性和顺利实施，特制定本管理办法。

2 适用范围

本管理办法适用于集团公司科研项目的申报、审核、审批、核准立项。

3 引用标准及文件

《中国水利水电建设集团公司科技发展规划（2003～2010）》；

《中国水利水电建设集团公司科学技术专家委员会章程》；

《中国水利水电建设集团公司科学技术专家委员会工作细则》；

《中国水利水电建设集团公司科技工作管理办法》。

4　术语和定义

本管理办法采用所有引用标准及文件中所规定的术语及下列术语：

科研项目：根据集团公司科技发展规划和企业科技进步要求，由集团公司本部或各成员企业根据本单位科技发展需要提出的科研课题。

立项：由集团公司本部或各成员企业根据本单位科技发展提出科研项目。

审核：集团公司工程科技部对科研项目进行预审查。

审批：由集团公司科技专家委员会对科研项目进行集中审核和批准。

核准立项：由集团公司对经集团公司科技专家委员批准的项目发文确认，并由集团公司分管科技的副总经理与申请立项单位签订科研合同。

5　职责和权限

5.1　集团公司工程科技部负责本管理办法的制定、修订和实施过程的归口管理。

5.2　集团公司企业、各职能部门负责本单位科研项目的申报，集团公司工程科技部负责立项项目的汇总、审核、组织科技专家委员会进行会议审批，并代表集团公司拟订与各科研项目承担单位签订合同。

5.3　集团公司分管科技的副总经理代表集团公司与与项目承担单位签订科研合同。

6　管理程序

图 1　科研项目立项审批程序框图

7　工作程序

7.1　集团公司每年度组织一次科研项目的立项审批。

7.2　集团公司科研立项分三个层次进行管理，按：①集团公司立项并提供资助；②集团公司立项各成员企业自筹资金；③各成员企业自行立项等进行层次划分，扩大集团公司科研立项规模，并建立包括内部参股合作开发、招标开发、自主开发在内的多种开发模式对具有前瞻性的项目进行开发。

7.3　各子公司、工程局（厂）、职能部门在申报科研项目之前，应就项目国内外同类技术的背景和对比情况进行基本分析，拟就《科研课题立项申请书》、《科研项目可行性研究报告》（格式附后）并委托国家科委、国务院有关部门和省（自治区、直辖市）科委认定的，有资格开展检索任务的科技信息机构进行科技查新，对研究项目的创新性、先进性进行技术认定。

7.4　各子公司、工程局（厂）、职能部门应在每年的 1 月 15 日前将本单位拟申报的科研项目的相关资料报送到集团公司工程科技部。申报资料包括《科研课题立项申请书》、《科研项目可行性研究报告》以及查新结论报告，单位申请公函。

7.5　集团公司工程科技部应在每年的 3 月 1 日前完成立项科研项目申报资料完整性的预审核，并在 3 月 31 日前组织召开集团公司科技专家委员会会议，将通过预审核的当年度科研项目提请科技专家委员会集中审议。

7.6　集团公司科技专家委员会根据集团公司科技发展规划和企业科研发展需要对经预审核的当年度科研项目进行集中审议，审议程序如下：

（1）由申报单位利用多媒体介绍科研项目，阐述项目的主要技术指标、需要解决的关键技术、最终研究成果内容及完成方式、完成时间、可预期的经济效益和社会效益等。

（2）科技专家委员就申报项目进行提问，申报单位答疑。

（3）科技专家委员会就所有申报项目就项目可行性、必要性、经费预算准确性等进行讨论、审议。

（4）科技专家委员会就申报项目的审批进行投票表决。

（5）参加会议的科技专家委员会委员签字确认审议结果。

（6）由科技专家委员会主任委员宣布审议结果。

7.7　集团公司工程科技部应在科技专家委员会会议结束后 15 天内将审批结果书面报分管科技的副总经理批准；在副总经理批复后 15 天内拟定批复文件下发各单位；在副总经理批复后 30 天内与各项目承担单位签订科研合同。

编者注：

附件 1　《科研课题立项申请书》格式（略）；

附件 2　《科研项目可行性研究报告》格式（略）；

附件 3　《科研合同》格式（略）。

中国水利水电建设集团公司信息化“十一五”规划

（中水电信［2005］5号·2005年5月18日）

序　言

中国水利水电建设集团公司（Sinohydro Corporation）是中央管理的、跨国经营的综合性大型企业，是中国规模最大、最具实力的水利水电建设企业，注册资本20亿元人民币，截至2003年年末，资产总额207亿元，所有者权益33亿元。公司在中国各大区域分别设有23个全资企业和3个控股企业，目前在世界上一些国家和地区分别设有16个经理部、代表处和分公司，拥有各类科研技术和经营管理人员35000多人。

公司主要从事国内外水利水电建设工程的总承包和相关的勘测设计、施工、咨询、监理等配套服务，以及机电设备、工程机械的制造、安装、贸易业务；电力、公路、铁路、港口与航道、机场和房屋建设、市政公用、城市轨道、机电安装等工程的设计、施工、咨询和监理业务；投融资业务；进出口贸易业务等。公司具备年完成土石方开挖15000万立方米、混凝土浇筑1500万立方米、发电机组安装800万千瓦、钢结构制作安装10万吨的综合施工能力。

中国加入WTO以后，中国水利水电工程建设业面临巨大挑战。中国是世界上的水电大国之一，中国水电建设的规模和复杂性吸引了包括国际国内的众多建设单位。美国、挪威、加拿大、澳大利亚等国家的建设单位均在争先恐后进入中国市场，与中国的同行在国内和国际两个市场上一争高低。这些外国的建设单位在国际上有较高的声誉，有较强的实力，他们经营灵活，人员素质高，管理较科学，技术装备先进。面对巨大挑战，集团必须深化改革，进行战略重组，加强管理，发挥集团优势，以提高市场的竞争力，使集团在国内外水利水电建设的激烈竞争中立于不败之地。而提高集团的信息化水平，是增强集团竞争力的必备条件。

为了贯彻落实党的十六大提出的“以信息化带动工业化，以工业化促进信息化”的战略方针，结合电力行业的特点和优势，以及我们水电施工行业的现状，明确“十一五”期间中国水利水电建设集团公司信息化的战略、发展目标和主要任务，指导集团公司开创信息化建设新局面，推动信息化建设迅速有序地发展，制定本规划。

第一章　指导思想和基本原则

1·1　指导思想

以国家信息化建设的方针、政策为指导，紧紧围绕中国水利水电建设集团公司的发展战略目标，加快信息基础设施建设，加强信息资源开发利用，以信息化带动管理现代化、生产自动化和信息产业化，为集团公司按照“组织集团化、管理现代化、经营国际化”的战略思路，正在通过制度创新、科技创新和管理创新，实现跨越式发展，向国际一流的大型企业集团的战略目标迈进。

1·2　基本原则

坚持以提高企业的效益和竞争力为目标；坚持“统一领导、统一规划、统一组织开发、分步实施”的原则，促进信息化建设的有序、协调发展，防止盲目扩大规模和低水平重复建设；坚持技术创新和管理创新，以市场为导向、以经济效益为中心、以实用化为基准，加大信息资源开发力度；坚持在信息化建设中建、管、用并重；遵循国际和国家标准，坚持先进性、开放性、可扩性和实用性相结合；坚持信息服务市场化、产业化的发展方向。

第二章　信息化现状

2·1　信息化现状

“十五”期间，集团公司各级领导的信息化意识大大提高，信息化建设投资力度加大，在信息网络和应用系统建设、信息技术推广和培训等方面开展了大量的工作，培养锻炼了一支技术队伍，积累了经验，有力推动了信息化工作，为“十一五”期间信息化工作打下了良好的基础。

1. 组织管理机构基本落实。集团公司和所属的各工程局、厂均已落实了信息化主管部门，并建立了一支技术服务队伍，基本形成了统一的组织管理体系。

2. 网络基础建设达到一定规模。集团公司在信息化基础设施建设上不断加大投入力度，累计投资并形成的固定资产达到了相当规模，目前，公司所属各单位已建立了不同规模的计算机网络18个，拥

有近5000台计算机，各种服务器50多台，新建大楼均建有先进的综合布线系统。

3. 应用系统建设不断深入，管理的技术手段不断提高。集团公司下属各工程局、厂已建成了办公自动化、计划统计管理、人事管理、财务管理、设备管理、工程项目管理和电子邮件等应用系统，以及以信息发布、对外宣传与交流为主的因特网网站。各单位坚持实用、效益原则，建设了不同程度的管理信息系统。

4. 信息资源开发利用得到加强。各类业务信息基本实现了计算机管理，并分类建立了一批数据库，为各级领导、管理人员和工程技术人员提供了查询服务。公文、通知、报告等信息的数字化、网络化程度有了很大的提高。

2·2　存在的问题

“十五”期间，在加强信息化工作和信息工程建设方面，取得了较好的成效，但也存在着不少问题。总体上，主要有以下几方面：

1. 个别单位信息化意识不够强，组织管理相对薄弱。尽管一直在强调“三统一”的原则，但仍然存在项目建设分散、软件重复开发的问题，数据资源没有充分挖掘和合理利用，数据标准不一，产生了大量信息垃圾，造成信息的利用率低，信息不能共享，既浪费资金，又浪费资源。主要原因在于缺乏一个整体的规划框架，没能统一地组织有效的应用开发。

2. 信息技术专业人才缺乏，尤其缺乏能及时为信息化建设出谋划策的人才，运行管理水平与先进技术的应用不相适应，信息化职责分工不明确。

3. 网络基础建设滞后于信息化应用需求。不少单位的网络建设起步低，网络基础设施不够完善，只是实现了简单的internet浏览，不能满足多媒体等带宽较高的系统的应用。

4. 信息技术的应用程度不高。多数应用系统仅仅是传统手工作业的副本，实质性的工作效率得不到充分体现。内外信息互通不及时，对来自政府和社会关心的信息缺乏快速反应的技术手段。

5. 企业信息资源管理分散，基础标准工作严重滞后。存在部门业务“信息孤岛”，信息的及时性、惟一性、准确性与共享性不高。没有建立与企业信息化标准体系相应的标准规范，信息管理的基础标准工作严重滞后，极大约束了信息资源开发利用。

6. 信息安全没有保证，缺少系统的管理手段和防范措施，缺少故障及时的恢复方法和策略，缺少实时的网络安全监视手段。

7. 系统建设资金投入不足，尤其是运行维护资金没有得到保证。

第三章　发展目标和主要任务

3·1　发展目标

按照国家信息化建设的总体要求，大力推进中国水利水电建设集团公司的信息化建设，进一步完善信息化基础设施，大力推广信息技术应用，加强信息资源开发利用、信息技术教育培训、信息技术队伍建设、产品化软件开发和组织管理等信息化工作。

按照《中国水利水电建设集团公司综合信息网络建设规划方案》建成以光纤通信为主的现代化通信传输网络，构建高速数据通信网络平台，实现通信干线光纤化、数据传输网络化。运用现代企业管理系统的理念，对物流、资金流、人流、信息流、工作流程统一规划，形成集团公司的信息系统整体框架，实现集团公司内部管理的信息化。

通过信息化建设，健全公司的现代企业制度，提高公司的创新能力、竞争能力、经济效益、服务质量和安全运行水平。

总之，通过集团公司的信息化建设来带动管理现代化、生产自动化和信息产业化，按照“组织集团化、管理现代化、经营国际化”的战略思路，正在通过制度创新、科技创新和管理创新，实现跨越式发展，向国际一流的大型企业集团的战略目标迈进。

3·2　主要任务

“十一五”期间要完成以下主要任务：

1. 采用当今国内外的新技术、新设备，装备和改造现有通信网络，按照《中国水利水电建设集团公司综合信息网络建设规划方案》将其建成与现代企业管理水平相适应的，具有高速传输能力的综合业务数据网。

建成以光纤通信为主，综合利用数字微波、卫星通信、无线通信和电力线传输等通信介质，构建覆盖全系统的高速数据通信网络平台，为提高集团公司的管理水平，为集团公司的综合管理系统提供网络平台。

具体要求为，到2006年底，初步实现各工程局、厂的局域网与集团公司局域网的互联；到2008年，全部工程局、厂实现与二级单位和大中型项目点的网络互连，形成集团公司到工程局、厂机关，集团公司到大型项目点，各工程局、厂到二级单位和各项目点的星型传输网络。

2. 建成完善的信息网络安全防护体系。研究和制定信息安全策略，解决信息系统中身份认证、信息流加密、完整性确认和安全审计等问题，保障信息资源的合法使用;建立网络防火墙、网络防病毒系统,提高系统的抗攻击能力和免疫能力;建立完善的系统监测、预警和控制管理系统,提高网络安全监督与控制的能力;建立紧急状态下的安全保障措施。

3. 全面推行办公自动化系统,2006年底之前,在各工程局、厂推广集团公司的办公自动化系统,统一平台,在集团公司实现与各工程局、厂的网络互连后,实现办公自动化系统的全系统联网,达到集团公司内公文流转无纸化,提高办公效率,降低管理成本。

4. 尽快完成工程局、厂的企业上网工程,建立对外交流与服务的信息窗口,加强企业对外宣传,提高企业的知名度和竞争力。

目前各工程局、厂基本上都开通了网站,但是由于各家的基础情况不一样,存在着网页制作水平较低、域名规划以及版面的标识不统一,网站容量、安全性等存在大量问题,要求在集团公司联网前各单位要加强各自的网络建设,提高整体水平。

5. 进一步推广财务管理系统,在“十五”期间,我们已经完成了财务管理系统的采购和推广工作,从集团公司到工程局、厂、项目点都下发了我们的用友财务管理系统,并作了大量的培训工作,脱离了手工账,实现了财务电算化。但是由于受传统的工作习惯限制,不少二级单位和项目点还没有应用,这样就存在着财务管理系统不统一、版本不一致的情况,为了下一步的财务系统联网,实现财务数据的实时传递和查询,提高企业的管理水平和财务预算、决策能力,必须对财务管理系统的推广落实到位。

6. 应用先进的项目建设、管理经验和理念,结合国内水电建设的实际情况,建设水电工程项目分级管理系统。

一是建设规范、标准的项目施工管理系统,在项目点和施工单位推广使用。随着电力体制的改革,国家在水电开发上投入,以及成功开拓国际市场,目前我们在建的水电项目很多。但是应该看到在水电建设管理水平上的差距,其中很大一部分原因就是项目经理和管理者的培训不够,经验不足造成的,我们在水电建设这么多年中已经形成了一整套的管理经验,并且也借鉴了国外的先进思想,完全能管好、建好水利水电工程,但是关键就是并不是每个项目经理都能掌握这套管理经验,不是所有管理人员都能按照这套管理思想去认真执行,这就需要将其标准化、规范化,形成制度和手段,强化管理,严格执行,才能普遍提高我们的项目管理水平。

二是开发集团公司的在建工程综合管理系统,应用在局机关和集团公司总部。目前我们的所有在建项目实行的是项目经理负责制,在建项目多,地点分散,每个项目不光要实现盈利的经济指标,同时还要达到安全生产、满足业主的要求,提高整个企业的形象等,要求从局机关到集团公司对所有在建项目都要实时管理、严格控制,管理难度较大。同时,这些项目的管理又不能是像项目现场那样的生产管理,是宏观的、综合的。研究开发基于GIS为平台的在建项目综合管理系统,实现项目立项及招投标、工程形象进度、安全生产、设计纠偏、进度偏差、安全告警、质量评价、查询等智能化管理,真正做到实时跟踪、信息在线、闭环控制、偏差管理,提高工程协调效率,增强对外界环境的反应能力。以信息网络形式虚拟现实在建项目全过程管理。

在建项目综合管理系统的工程管理数据的来源就是上面一条提到的水电项目施工管理系统,只有提供最基础的现场数据才能实现整个系统的智能化管理,因此上一个系统是这条的实施关键。

7. 建成中国水利水电建设集团公司的设备租赁和物资采购电子商务系统,充分发挥集团公司现有施工设备的作用,进一步提高集团公司经济效益,降低设备购置费和各工程局、厂物资采购的成本,同时推进集团公司资源的合理运用和流动,加快集团公司信息化建设步伐,提升管理水平,适应网络经济发展的需要。

8. 实现网上三维可视化协同设计、施工和管理。引进国际先进的三维设计平台,研究开发本地化规程规范、设备库及编码系统,开展工程的三维优化设计应用;研究建立三维施工模型,实现施工实体图可视化;研究开发可视化工程管理系统。

9. 建成集团公司数字图书馆。数字图书馆是运行在网络上、使用方便、服务快捷、没有时空限制的知识中心,主要提供行业的规范、标准、专业手册、定额和已建、在建项目的合同以及工程数据,为工程投标、设计和管理提供方便。

10. 建立基于综合网络信息平台的视频会议系统和综合语音网络。

第四章 重点项目

为了完成“十一五”期间的主要任务,重点抓好以下重点项目。

1. 加快建成中国水利水电建设集团公司综合信息网络。

采用当今国内外的新技术、新设备,装备和改造现有通信网络,按照《中国水利水电建设集团公司综合信息网络建设规划方案》将其建成与现代企业管理水平相适应的,具有高速传输能力的综合业务数据网。

建成以光纤通信为主，综合利用数字微波、卫星通信、无线通信和电力线传输等通信介质，构建覆盖全系统的高速数据通信网络平台，为提高集团公司的管理水平，为集团公司的综合管理系统提供网络平台。

具体要求为到2006年底，初步实现各工程局、厂的局域网与集团公司局域网的互联；到2008年，全部工程局、厂实现与二级单位和大中型项目点的网络互连，形成集团公司到工程局、厂机关，集团公司到大型项目点，各工程局、厂到二级单位和个项目点的星型传输网络。

2. 管理信息系统工程。

统一组织企业信息资源总体规划，建立企业信息化标准体系及相应信息标准和技术规范，统一组织开发一批重点应用系统。

1）制定出符合集团公司业务特点的信息编码体系，建立公司系统不同业务层次的基础数据库体系，组建数据中心，有效整合管理信息资源。

2）完善办公自动化系统功能，全面实现集团公司文件交换电子化，支持远程办公能力，提高企业办公“无纸化”率，营造现代化办公环境。

3）应用先进的项目建设、管理经验和理念，结合国内水电建设的实际情况，建设水电工程项目分级管理系统，普遍提高我们的项目管理水平。

3. 建成完善的信息系统安全防护体系。

研究开发信息安全认证系统，解决信息系统中身份认证、信息流加密、完整性、安全审计和防抵赖等问题，保障信息资源的合法使用；建立网络防火墙、防病毒系统，提高系统的抵抗攻击能力和免疫能力；建立完善的系统监测、预警和控制管理系统，提高网络安全监督与控制的能力；建立紧急状态下的网络保障系统。

第五章　保障措施和组织实施

5·1　保障措施

1. 统一认识，准确定位。

转变观念、增强信息化意识，统一认识，积极主动、全方位地进行战略性调整和定位，把信息化建设与企业的战略目标和管理目标紧密联系起来，以信息化带动工程建设、生产管理、经营服务和企业管理等方面的现代化，把信息化作为“三个代表”重要思想的实践，作为集团公司的标志性工程。

2. 完善组织管理，加强技术队伍建设。

各级领导要重视、支持并亲自参与信息化工作，进一步完善信息化工作的组织管理体系，明确“一把手”负责制，信息化工作目标要按照集团公司的《信息化建设工作考核办法》进行考核。

各单位要明确信息化归口管理部门，负责信息化建设与发展的规划和协调工作，研究和落实信息化工作的方针、政策。

加强技术队伍建设，稳定技术骨干，把信息技术人才的引进作为人力资源开发的重点之一，提高信息技术人才的比重。

3. 全面推进基础管理的规范化，完善信息化工作制度。

进一步优化业务流程，建立与信息技术应用相适应的管理规范和相应的信息化制度，自上而下贯穿管理思想和理念，全面实施部门业务管理流程化、网络化等信息化工作制度，为企业管理信息系统建设和发挥信息化最大效益营造良好的管理环境；建立完善的运行管理制度、科学的信息维护分工和制度，确保投运系统的可靠、稳定、有序运行。

加强信息化工程的全面计划和预算管理，建立完善的工程审批、监督、检查、验收、考核和推广办法。

按照信息工程方法，做好企业信息资源总体规划，制定企业信息资源管理的基础性标准，加强企业信息资源的统一管理，全面建立企业信息资源的数字化管理和网络化共享制度，提高信息资源的网络化综合开发和利用水平。

集团公司统一组织制定信息标准、技术规范、运行管理制度、项目验收办法和实用化考核办法及推广应用办法。加强各工程局、厂的信息化工程的实用化检查工作。

4. 落实信息化建设投入资金，保证系统维护所需费用。

加强信息基础设施工程建设的统一规划和统一组织工作，落实集团公司综合信息网、各工程局、厂的计算机网络等信息基础设施建设和重点工程项目的投入资金，高度重视系统投入运行后的维修、升级和完善等维护工作，保证系统维护所需资金，确保系统的可用性、适用性和可靠性。

5. 继续抓好全员信息技术培训工作。

积极开展多形式、多层次的信息技术知识培训，建立在岗人员的培训制度和信息化技能考核办法，提高全员信息化技能和企业信息技术应用水平。

5·2　组织实施

1. 本规划是集团公司“十一五”发展规划的重要组成部分，各单位要贯彻落实本规划的要求，做到“四个到位”，即认识到位、组织到位、工作到位、责任到位。

2. 要研究投资来源，做好各项信息化建设项目的可行性研究工作，要“抓住重点、突出关键，示范突破、重在推广”，注重投资效益分析，落实资金来源，有计划地统一组织实施，确保各项工程的顺利进展。

3. 集团公司信息化归口管理部门统一组织规划的实施工作，各部门、各工程局、厂协力配合，做好各项信息化工程建设的专业规划，制定各业务领域信息化的基础准备工作和相应的技术规范，指导各业务的信息化建设。

4. 集团公司统一组织重大信息工程项目的建设。在集团公司的统一组织下，各单位按照集团公司信息化的总体规划，结合实际情况，制定切实可行的年度实施计划和发展目标。

5. 集团公司将统一组织对信息化工作进行定期检查，对信息化建设项目进行监督，按照集团公司的《信息化建设工作考核办法》，将信息化工作作为领导班子的主要考核内容之一。

安　全　管　理

中国水利水电建设集团公司安全生产责任制

（中水电安［2005］2号·2005年6月9日）

第一章　总　　则

第一条　安全生产工作是中国水利水电建设集团公司（以下简称集团公司）的一项综合性工作，是企业经营管理工作的重要组成部分。为加强安全生产管理，规范各级管理人员的安全责任，依据《安全生产法》和有关安全生产法律法规要求，结合集团公司的生产经营实际，特制定本责任制。

第二条　集团公司所属各单位行政正职是本单位的安全生产第一责任人，对本单位的安全生产工作负全面领导责任。各行政副职必须抓好各自分管范围内的安全生产工作，对分管工作范围内的安全生产负直接领导责任。

第三条　集团公司各部门及全体员工都必须在各自岗位上对安全生产负责，坚持“安全第一，预防为主”的方针，相互支持，密切配合，实现全员、全过程的安全管理。每位员工都要努力把各自的岗位建设成“安全岗位”（全面达到岗位安全标准）。

第四条　各级人员除应履行本规定所列的安全职责外，还应完成上级单位或主管领导安排的其他的安全工作。各级人员安全职责的履行情况，由其主管领导和上级安全部门负责监督检查。

第二章　领导人员安全职责

第五条　集团公司总经理安全职责：

1. 总经理是集团公司安全生产第一责任人，对本公司安全生产负有全面领导责任。

2. 认真贯彻执行国家有关安全生产的方针、政策、法规，把安全工作列入重要议事日程。

3. 负责正确处理好眼前利益与长远利益、主业与多种经营的关系，保证本单位不发生损害企业的安全行为。

4. 在选聘干部时，应把安全生产管理业绩作为重要条件之一，坚持对安全工作不称职的领导干部不予聘任的原则。

5. 负责健全集团公司的安全监察机构，完善监察手段，支持安全监察人员履行安全监察职责。

6. 组织审批集团公司安全生产规划、计划、规章制度、标准和有关安全生产的重大决定及奖惩等。

7. 每年对一个主要工程项目进行一次生产现场安全巡视检查，掌握一线实际情况。组织和督促有关人员解决安全生产中的重大隐患和职业危害问题。

8. 每年主持召开一次集团公司安全工作会议和两次安委会会议；及时解决安全生产中的各类重大问题。

9. 保证安全生产工作的各项投入和有效实施。

10. 组织重大伤亡、设备事故的调查处理工作。

第六条　集团公司主管安全生产副总经理安全职责：

1. 分管安全生产的副总经理是集团公司安全生产主管负责人，协助总经理抓好安全生产工作，并对集团公司安全生产工作负直接领导责任。

2. 根据国家安全生产监督管理总局、国务院国有资产管理委员会、国家电力监管委员会、建设部和国家有关部门对安全生产的文件和指示，组织贯

彻落实。负责协调和各部门的安全生产工作。

3. 负责组织制定集团公司年度安全生产工作目标、规划和工作重点，并组织实施。

4. 主持集团公司的安全情况分析会，听取安全监督管理部门的工作汇报，及时掌握集团公司安全生产基本情况，研究解决安全生产中存在的重大问题。

6. 组织集团公司的安全生产大检查。

7. 主持重大伤亡事故的调查和处理工作，组织制定预防事故重复发生的措施，追查事故责任和提出处理意见。

8. 协助总经理抓好安全监察机构的管理，完善安全监察管理手段。

第七条 集团公司其他副总经理安全职责：

集团公司其他副总经理是各自分管项目和部门的安全责任人，应对各自分管工作内的安全工作负责，并督促分管部门认真履行安全职责。

第八条 总工程师（副总工程师）安全职责：

1. 总工程师对集团公司的安全技术工作负有全面领导责任；协助分管安全的副总经理抓好全面的安全技术工作。

2. 负责健全安全技术管理和安全技术监测检验系统，审查重大的安全技术措施和施工组织设计、施工方案是否符合安全技术要求。

3. 组织审定集团公司安全技术规程、标准、操作规程，及其修编和实施工作。

4. 负责组织行政管理人员、工程技术人员及工人学习安全技术知识，组织岗位培训、安全规程考试等工作。

5. 负责组织新技术、新工艺、新设备、新材料的推广应用，及其相应安全技术措施的制定。

6. 负责组织对生产中存在重大隐患和职业危害问题的课题研究，有计划、有步骤地下达科研项目，改善劳动条件。

7. 协助分管安全生产的副总经理工作。

8. 参加伤亡事故和重大设备事故的调查工作，提出技术鉴定和技术改进措施。

第九条 总经济师（副总经济师）安全职责：

1. 协助集团公司领导落实“安全第一，预防为主”的方针，正确处理好安全与效益的关系；负责在工程项目承包合同中明确有关安全生产的责任、权限和要求，并督促履约。

2. 负责在审核经营计划的同时，审核安全技术措施计划是否完备，保证安全技术措施计划与生产经营计划同时下达。

3. 参加重大安全技术措施、更新改造工程项目的审定，参加安全经济分析活动，为保证安全生产提出资金费用的落实方案和建议。

第十条 总会计师（副总会计师）安全职责：

1. 积极组织资金，协助集团公司有计划地改善劳动条件和环境，指导财务部门建立和提取安全生产专项费用。

2. 负责安全技术措施经费的提取，审定与安全生产有关的经费计划和报告，并保证资金到位，专款专用。

3. 负责督促和指导有关部门及时做好设备保险、人身保险及工伤抚恤等工作，并保证资金到位。组织并参与对重大以上事故经济损失的审核及索赔工作。

4. 负责监督分管处（部）室严格执行各类事故费用报销审批制度，检查各单位的安全生产专项费用、安全技术措施经费、安全奖励经费和活动经费的到位及执行情况。

第三章 各职能部门安全职责

第十一条 总经理工作部安全职责：

1. 及时传达、转发国家和上级主管部门有关安全生产法规、指示和文件。

2. 负责各职能部门与集团公司领导之间有关安全生产事宜的上传下达工作。

3. 抓好公务车辆的交通安全，发生违章和事故及时通知安全部门研究处理。

4. 协助安排安全会议、活动等各项工作。

5. 抓好集团公司安全生产对外宣传工作。

6. 负责对劳动保护用品发放标准的执行情况进行监督检查，并根据上级有关规定，制定和修改劳保用品发放标准。

第十二条 工程科技部安全职责：

1. 组织有关安全施工的标准、规范、规程制定和审查。

2. 负责检查落实各单位防汛、度汛项目措施制定情况。

3. 负责组织集团公司现代安全管理科学技术的研究、开发、引进推广和应用工作。

第十三条 企业发展部安全职责：

1. 参与集团公司安全管理改革方案的制定，提出安全管理建议，编制安全管理战略规划。

2. 拟定集团公司所属各单位资产经营目标的同时，必须把安全生产列入管理范围。

3. 负责集团公司有关安全管理工作方面的法律事务。

第十四条 人力资源部安全职责：

1. 认真贯彻执行《劳动法》，负责解决劳动保护制度和员工保健中存在的问题。

2. 负责组织新入厂人员的“三级”安全教育培训工作，未经教育培训，不得分配上岗。

3. 负责组织员工身体健康检查和有毒有害作业工种人员职业病普查工作。

4. 负责安排变换工种人员的新岗位安全教育培训及考试工作。

5. 在考核提拔干部、调资晋级、制定奖金分配方案时，应把安全生产作为重点内容之一。

第十五条 财务产权部安全职责：

1. 确保劳动保护专项费用的开支。负责监督检查其使用情况。

2. 负责建立和提取安全生产专项费用，及时承付安全部门提出的安全奖励用款计划。

3. 根据有关规定，负责办理职工的保险业务，以及保险资金返还的使用。

4. 负责安全事故的罚款收缴和管理。

第十六条 审计部安全职责：

1. 负责对安全生产专项费用提取、使用情况的审计。

2. 负责对事故处理费用情况进行审计。

第十七条 监察（纪检）部安全职责：

1. 将安全生产管理工作纳入监察（纪检）工作范畴。负责对犯有失职渎职错误，造成重大生产性安全事故的有关责任党员、干部进行立案调查。

2. 负责根据中纪委有关规定，对造成重大安全事故的党员、干部提出处理意见。

3. 负责对职能部门安全生产职责的履行情况进行效能监察。

第十八条 党群工作部安全职责：

1. 参与对全局性重大安全问题、安全活动的研究和监督工作。

2. 利用思想政治工作的优势，组织党、工、团组织积极开展安全教育、动员工作，积极宣传安全生产法律、法规。

3. 负责对安全生产管理工作，开展群众监督。

第十九条 市场经营部安全职责：

1. 参与制定集团公司国内外建筑市场的开发战略与发展规划的安全管理工作。

2. 要求各单位在投标中明确报价中的安全生产费用。

3. 要求各单位必须对分包队伍的企业资质建立审查制度，并提取安全生产风险抵押金。

第二十条 信息中心安全职责：

1. 利用网站积极宣传党的安全生产方针、政策，提高职工安全意识。负责集团公司在网站上的安全生产宣传。

2. 积极配合安全部门开展安全活动，总结、宣传指导安全生产中先进经验。

第二十一条 报社安全职责：

1. 利用报纸积极宣传党和国家安全生产方针、政策，提高员工安全意识。

2. 积极配合安全部门开展安全活动，总结、宣传指导安全生产中先进经验。

第二十二条 海外事业部职责：

1. 负责管理、指导、监督集团公司所属各单位有关国际经营业务中的安全生产工作。

2. 负责制定集团公司国际业务安全生产有关规章制度和操作规程。

3. 负责指导和监督所属各单位海外在建项目的安全生产管理工作。

4. 负责集团公司所属各单位国际工程工作有关安全生产管理的人力资源的培训和管理。

第二十三条 投资事业部职责：

1. 负责管理、指导、监督投资有限公司所属各单位的安全生产工作。

2. 负责制定集团公司有关投资和控股公司的安全生产管理的有关规章制度和操作规程。

3. 负责指导和监督所属各单位在建项目的安全生产管理工作。

第四章 集团公司安全监督管理机构职责

第二十四条 安全生产委员会职责：

1. 贯彻国家、行业的安全生产方针、政策、国家法规和上级指示，努力实现集团公司安全生产目标。

2. 制定、修订集团公司安全生产管理的方针、规章制度、目标、措施。

3. 定期召开会议，讨论集团公司安全形势，布置、安排、检查、总结安全生产工作，对重大安全问题进行研究，并做出决议。

4. 对安全生产取得优异成绩的单位和个人进行表彰和奖励，研究对重、特大事故单位和责任人进行处罚。

第二十五条 安全生产监督管理部（安全生产委员会办公室）职责：

1. 负责集团公司安全生产监督管理和集团公司安全生产委员会日常工作。

2. 建立和完善集团公司安全管理体系和安全监督体系，负责对各单位安全生产工作的监督管理。

3. 负责组织制定、修订集团公司安全生产管理制度及重大事故应急救援预案。

4. 负责年度安全生产责任制的考核及对各单位

安全机构的考核。

5. 组织或参加重大安全事故的调查处理。

6. 组织推广目标管理、标准化作业等现代安全管理方法和先进的职业安全技术和设施。

7. 协助集团公司领导组织召开安全工作会议和大型安全活动。

8. 负责集团公司安全生产专家组的组织和领导工作。

第五章 附 则

第二十六条 本责任制由集团公司安全生产委员会负责解释。

中国水利水电建设集团公司安全生产监督管理规定

（中水电安［2005］3号·2005年6月9日）

第一章 总 则

第一条 为切实加强中国水利水电建设集团公司（以下简称集团公司）安全生产工作，规范安全管理，防止和减少安全事故，保障人民生命和财产的安全，维护集团公司的改革、发展和稳定，依据《中华人民共和国安全生产法》（以下简称《安全生产法》），制定集团公司企业安全监督管理规定。

第二条 各单位必须严格遵守《安全生产法》，建立健全企业内部的安全生产管理体系和安全生产监督体系，严格遵守国家以及单位所在地地方政府有关安全生产的相关法律、法规和规定；严格执行有关安全生产相关的国家和行业标准。

第三条 本规定根据集团公司生产安全现状以及今后一段时间安全生产工作的需要而制定。各单位应依据本规定的总体要求，结合本单位生产经营特点、安全管理重点，制定本单位安全生产管理制度。

第四条 本规定适用于集团公司总部、所属各单位，以及由集团公司所属各单位承担安全管理责任的各种独资公司、合资公司和多种经营公司（以下简称各单位）的生产安全活动。

第二章 安全管理的方针和目标

第五条 集团公司安全工作方针是：“安全第一、预防为主”。紧紧抓住安全生产责任制、规章制度和操作规程的执行和落实，强化安全监督，严格责任追究制度，确保集团公司安全管理目标的实现。

第六条 集团公司安全生产工作目标是：健全安全生产管理体系和安全生产监督体系，建设一支满足安全生产管理要求的安全生产管理队伍；各单位建成完善的体系化的安全管理制度。杜绝重、特大安全事故，努力减少其他各类事故的发生频率，提高企业的安全生产管理水平。

第七条 集团公司遵循“以人为本”的安全生产管理理念，珍爱生命，关注安全，关注健康，以营造一个安全、健康的工作环境为己任。

第三章 安全监督管理原则

第八条 集团公司安全生产工作实行分级管理，一级抓一级。所属各单位加强对下一级安全生产监督管理，坚持分级管理，谁主管谁负责的原则。

第九条 安全生产管理是一项系统工程，必须严格执行各项安全规章，杜绝违章指挥和违章操作。必须加强检查、强化监督，加强教育培训，提高全员的安全综合素质。营造“珍惜生命、关爱生命、关注健康”的安全生产氛围，从根本上提高集团公司的安全生产管理水平。

第十条 集团公司内部涉及众多生产经营领域，各单位要根据本单位生产经营的具体情况，确定安全工作的重点。要有长远规划，也要有近期目标；要抓好重点，防止重、特大事故的发生，又要兼顾一般，减少各类事故的发生频率。集团公司及各单位的安全生产工作重点应放在在建项目和生产车间。

第十一条 安全工作的第一要素是人。各级领导和全体员工认真落实安全生产责任制，认真学习、认真执行各项规章制度和操作规程是集团公司生产安全的根本保证。

第十二条 在严格按照“四不放过”原则处理事故、严格执行事故责任追究制度的同时，维护员工的合法权益，充分发挥全体员工在安全工作中主观能动作用。

第四章 安全管理体制、机构设置和职责

第十三条 管理体制：

一、总经理全面负责集团公司的安全生产工作，副总经理协助总经理负责职责范围内的安全生产监

督管理工作。

二、各部门按照职责分工在分管副总经理的领导下，负责本部门职责范围内的安全生产监督管理工作。

三、安全生产委员会（以下简称安委会）办公室在主管副总经理领导下，承担本部门安全生产监督管理的职责，负责集团公司安全生产监督管理的协调工作。

四、根据职责分工，集团公司安全生产监督管理部门为安全生产监督管理部。

第十四条 机构设置：

一、集团公司实行安全生产委员会（简称安委会）的安全组织制度。集团公司安委会由集团公司有关领导、集团公司安全监督管理相关部门负责人和集团公司直属单位主要负责人组成。集团公司安委会在总经理的领导下，对企业安全生产工作进行宏观管理。

二、安委会下设办公室。办公室在集团公司安委会领导下，根据开展安全生产管理工作，为安委会和集团公司领导提供决策意见。

三、安委会办公室设在集团公司安全生产监督管理部。

第十五条 职责。

集团公司领导、相关部门职责见集团公司《安全生产责任制》。

第五章 安全管理规章制度

第十六条 安全生产责任制。

集团公司安全工作实行分级管理、谁主管谁负责的原则，各单位主要负责人对本单位的安全生产工作负全面责任。集团公司以签订《安全生产工作责任书》的形式，明确各单位的安全生产责任。

第十七条 安全生产考核管理制度。

集团公司定期对各单位生产安全进行督查，督促各单位严格履行《安全生产工作责任书》所确定的安全生产责任；根据实际情况，集团公司还将对其他重点单位进行专项检查或监督，促进安全生产责任制和各项规章制度得到有效的落实。

集团公司每年对所属各单位进行一次安全生产考核检查，对各单位所属项目部采取抽查方式进行安全生产监督检查，并在年底根据安全生产目标的实现情况，结合考核结果进行综合评定。

各单位在建立健全本单位安全生产管理体系的同时，要进一步完善企业内部的安全生产监督体系，明确安全生产管理部门在企业内部安全生产监督职责。

第十八条 安全教育培训制度。

按照《安全生产法》等有关法律法规要求对主要安全管理人员、特种作业人员和新入厂员工进行安全教育和操作规程培训。集团公司生产经营单位必须建立安全教育培训制度，集团公司以及所属各单位法人代表、分管安全生产工作的副职、项目经理每年必须接受不少于20小时安全教育培训；专职安全管理人员每年必须接受不少于40小时安全教育培训；其他岗位人员必须接受不少于20小时安全教育培训，严格新入厂员工及时获得入厂安全教育，严格实行三级安全教育培训制度和持证上岗制度。

第十九条 安全生产信息报送制度：

一、为了保证安全事故及时报告，集团公司建立安全事故报送制度，各单位应严格执行集团公司《安全生产信息报送制度》。

二、为了保证集团公司各类事故统计的准确性，以便科学、客观地分析事故，各单位应按照集团公司的规定，按时报告事故统计报表。

三、为了保证集团公司内部安全工作能得到及时、有效的交流，集团公司领导和有关职能部门能及时了解各类事故的发生、处理和结案情况，集团公司建立总部内部安全工作报告制度。

第二十条 应急预案和安全事故调查处理制度：

一、集团公司成立生产安全事故应急指挥中心。应急指挥中心根据集团公司各单位发生的重大事故和应急事故情况，提出处理意见或建议，或直接对事故处理的指挥。集团公司应急指挥中心根据实际情况决定是否派员参加事故现场处理工作，并根据事故情况和发生事故单位的要求提供支持。

二、集团公司应急指挥中心办公室设在集团公司安委会办公室。

三、集团公司各单位发生一般事故，原则上由事故单位按照“四不放过”的原则自行处理，并按规定上报集团公司安委会对事故的处理情况。

第二十一条 安全事故责任追究制度。

集团公司实行重、特大事故责任追究制度。

第六章 安全管理制度的实施和要求

第二十二条 各单位的主要负责人对本单位的安全生产工作全面负责。集团公司每年初与直属各单位签订《安全生产工作责任书》，并在年终按责任书内容进行考核。

第二十三条 各单位要按照《安全生产法》和其他相关的安全生产法律、法规和标准的要求，结合本单位的生产经营特点和规模，设置独立的安全管理机构，配备专职或兼职安全监督管理人员。

第二十四条　各单位应研究建立本单位职业安全健康管理体系。在此之前应按 ISO 9000 质量管理体系思想开展安全生产管理工作，使安全生产管理工作有计划、有依据、有记录。

第二十五条　为保证安全管理工作不留空白、不留死角，集团公司所属各单位应掌握本单位安全生产动态。

第二十六条　各单位应按照“分级管理、谁主管谁负责”的原则，建立安全生产责任制度。安全责任应与年终经济考核挂钩。

第二十七条　各单位必须按照《安全生产法》和有关安全生产法律和法规的要求，定期对主要负责人、安全生产管理人员、新入厂员工、特种作业人员进行安全教育和培训；坚持特种作业人员持证上岗制度。

第二十八条　各单位必须完善安全生产条件，确保安全生产所必须的投入，为员工提供安全健康的作业环境。

第二十九条　各单位必须严格执行国家对重大危险源的安全管理要求；严格执行安全设备、特种设备、以及危险物品的容器、运输工具的管理要求；严格执行危及生产安全的工艺、设备淘汰制度。

第三十条　各单位必须严格执行国家或主管部门对交叉作业的安全管理的要求；严格执行对租赁承包作业的安全管理要求。

第三十一条　各单位应根据本单位的生产经营特点，建立并实行对在建项目现场安全检查制度，对安全生产进行经常性检查。对检查中发现的安全管理问题，应当立即处理，对检查中发生的事故隐患、应责成主要责任人予以整改；对不具备安全生产条件的工作场所应责令停工处理。

第三十二条　各单位应严格执行安全生产事故报告制度，根据本单位的安全工作特点，建立健全应急救援预案，当事故发生时能够迅速组织施救，防止事故扩大，减少人员和财产损失。

第三十三条　各单位应按照“四不放过”原则调查处理事故。查清事故原因，查明事故责任人，吸取事故教训，提出整改措施并立即实施纠正，并按规定追究事故责任。

第七章　安全监督管理的方法和措施

集团公司遵循分级管理的原则，要求各单位建立安全生产监督体系，安全生产管理部门履行安全生产监督管理职责，按照以下的方法和措施实施安全监督管理。

第三十四条　对本单位各职能部门开展安全监督管理。

集团公司及各单位安全管理部门履行安全生产监督管理职责，对本单位各职能部门的安全管理进行监督管理。

第三十五条　对独资公司和控股公司的安全生产监督管理：

一、签订安全责任书：

集团公司安全监督管理实行安全生产责任制度。根据集团安全监督管理体系的要求，集团公司与各单位主要负责人签订《安全生产工作责任书》，明确安全管理责任，提出履职要求。

二、安全检查和考核：

集团公司根据《安全生产工作责任书》上的履职要求，对直属单位进行定期督察和年度检查考核，并根据《安全生产工作责任书》的履职情况，年终对各单位进行综合评价。

三、专项安全检查：

集团公司将根据国家和政府主管部门的要求，对各单位进行专项安全检查。

第三十六条　对非控股公司的安全监督管理。

对非控股公司，集团公司通过派出的董事，向董事会提出建议，由该公司的董事会提出安全管理的要求。当该公司的董事会提出委托集团所属单位进行安全监督管理的请求时，应签订相关的协议或合同，并按协议或合同的规定执行。

第八章　其　　他

第三十七条　集团公司全体员工（包括临时聘用员工）有依法获得安全生产保障的权利，有依法履行安全生产职责的义务。

第三十八条　集团公司支持各级工会依法组织职工参加本单位安全生产工作的民主管理和民主监督，维护职工在安全生产工作中的合法权益和权利。

第三十九条　集团公司各相关部门和所属各单位应当采取多种形式，加强员工安全法律法规、安全知识和操作技能等方面的教育和培训，提高职工的安全意识和责任感，提高员工业务工作能力、操作技能和安全素质。

第四十条　对在改善安全生产条件、防止安全事故、参加抢险救护等方面取得显著成绩的单位和个人，集团公司和所属各单位将予以表彰和奖励。

第四十一条　集团公司鼓励和支持安全生产新技术和新工艺的研究、推广和应用，努力提高安全生产管理水平和本质安全度。

第九章　附　　则

第四十二条　定义：

一、集团公司所属单位：指集团公司各工程局（厂）、公司、各工程局（厂）公司下属的分公司和各级子公司（独资公司和控股公司）、项目部、联营体。

二、其他合资公司：指集团公司或集团公司所属公司与集团公司以外其他公司的合资公司、联营公司等。

第四十三条 本规定自发布之日起执行。

第四十四条 本规定由集团公司负责解释。

关于印发中国水利水电建设集团公司安全生产各项管理制度的通知

（中水电安［2005］4号·2005年6月9日）

各工程局（厂）、公司，总部各部门：

为保证集团公司安全管理的规范化、标准化，按照国家安全生产有关方针、政策和法律法规要求，结合企业自身情况，现将集团公司修编后的安全生产管理制度印发给你们，请认真贯彻执行。

编者注：

附件1 《中国水利水电建设集团公司安全生产会议制度》（略）；

附件2 《中国水利水电建设集团公司安全生产检查制度》（略）；

附件3 《中国水利水电建设集团公司安全生产考核管理制度》（略）；

附件4 《中国水利水电建设集团公司水工制造企业安全生产考核管理制度》（略）；

附件5 《中国水利水电建设集团公司安全教育培训管理制度》（略）；

附件6 《中国水利水电建设集团公司安全生产投入管理制度》（略）；

附件7 《中国水利水电建设集团公司安全生产资料管理制度》（略）；

附件8 《中国水利水电建设集团公司分包队伍（外协队）与外雇人员的安全管理制度》（略）；

附件9 《中国水利水电建设集团公司安全事故报告制度》（略）；

附件10 《中国水利水电建设集团公司安全事故调查处理制度》（略）；

附件11 《中国水利水电建设集团公司重大事故“说清楚”制度》（略）；

附件12 《中国水利水电建设集团公司安全生产责任追究制度》（略）。

外事、国际工程管理

关于进一步加强对海外项目当地劳务人员管理的通知

（外［2005］7号·2005年5月12日）

各工程局、厂、驻外机构：

2005年4月下旬以来，集团公司所属海外个别项目连续发生项目部中方职工与当地劳务的纠纷事件，此前，一些项目也曾发生过类似问题。此类事件造成了中方人员受伤以及当地劳务罢工等后果，对项目的实施产生了不利的影响。为此，集团公司要求各单位务必从此类事件中吸取教训，进一步加强本单位海外实施项目当地劳务人员的管理，避免发生与当地劳务人员的争执与冲突，确保中方人员的安全，以保证项目的顺利实施，并提出以下要求：

一、各项目部要根据所在国劳动法、合同中对当地劳务管理及项目部制定的当地劳务人员管理办法的相关规定，妥善处理好项目部中方员工与当地劳务人员的关系，既要遵守当地的法律、法规，按项目部制定的当地劳务管理的办法，严格管理当地劳务人员，同时，要针对目前各项目存在的部分中

方现场人员与当地劳务人员语言交流不畅，对当地的法律、法规、风俗习惯等情况了解不深以及在管理当地劳务人员中存在的其他问题等状况，加强对中方员工出国前及现场的教育培训管理工作，使我们的员工充分认识到管理好当地劳务人员是项目能够顺利实施的必要条件，要使每一个现场人员了解如何组织、管理、使用好当地劳务人员，以充分利用当地劳务为项目服务。

二、各项目部要主动与项目业主、当地政府有关部门、我国驻外使馆、经商处进行沟通、联系，寻求相关部门的有力支持与合作，并在发生突发事件时，及时上报我驻外使馆及集团公司海外事业部等相关部门。

特此通知。

法律、审计、监察工作管理

中国水利水电建设集团公司重大法律纠纷管理暂行办法

（中水电企［2005］21号·2005年7月18日）

第一章　总　　则

第一条　为规范集团公司的法律事务管理，维护出资人的合法权益，建立健全集团公司法律风险防范机制，根据《企业国有资产监督管理暂行条例》（国务院令378号）、《中央企业重大法律纠纷案件管理暂行办法》（国资委令11号）的有关规定，制定本办法。

第二条　本办法所称重大法律纠纷，是指具有下列情形之一的诉讼、仲裁，或者可能引起诉讼、仲裁的争议：

（一）争议标的额超过1000万元的；

（二）集团公司的全资、控股企业（以下统称所属企业）作为当事人，一审由高级人民法院管辖的；

（三）可能引发群体性诉讼、仲裁或者系列诉讼、仲裁的；

（四）其他涉及集团公司重大权益或者具有重大影响的。

第三条　所属企业应当加强对法律事务工作的管理，依法独立处理本企业发生的法律纠纷。

所属企业应当建立并完善本企业的法律顾问制度，建立健全法律风险防范机制，避免重大法律纠纷的发生。

第四条　集团公司指导所属企业处理重大法律纠纷。

集团公司法律顾问室对所属企业发生的重大法律纠纷进行统计、备案、上报国资委，并根据规定报请国资委协调处理。

第五条　所属企业的法律顾问应根据有关规定，对企业经营管理决策中的相关法律风险提出防范意见，避免或减少法律纠纷的发生。

企业负责人应当听取和重视法律顾问提出的意见和建议，并及时采取措施防范和消除法律风险。

对所提意见和建议不被采纳，决策事项法律风险较大，可能造成重大经济损失，严重损害出资人合法权益的，企业法律顾问应当向集团公司报告。

第二章　处　　理

第六条　所属企业发生重大法律纠纷，应当引起高度重视，并组织专门力量进行处理。

案件的处理原则上应当由法定代表人统一负责，分管领导牵头组织，法律事务机构具体承办，有关部门协助配合，建立分工明确、职责清楚的工作机制。

第七条　所属企业处理重大法律纠纷，视案情需要，可以聘请社会律师代理处理纠纷。

集团公司建立统一的法律服务中介机构数据库，供所属企业选择。

所属企业聘请社会律师代理重大法律纠纷时，原则上应当通过招投标形式选聘。

第八条　所属企业的法律顾问可以以社会律师身份代理本企业的法律纠纷。

第九条　所属企业法律事务机构应当加强对企业所聘社会律师的管理，对其代理工作进行监督和评价，及时向企业分管领导和集团公司法律顾问室汇报。

第三章　报　　告

第十条　所属企业发生重大法律纠纷，应当及时（最迟不得晚于立案之日起30日）向集团公司法律顾问室进行专题报告，并填报集团公司《重大法律纠纷备案表》（见附件1）。

专题报告的基本内容主要包括：基本案情、工作思路、结果预测分析、法律顾问的书面意见等。

重大法律纠纷结案后，所属企业应当及时将处理结果汇报集团公司法律顾问室。

第十一条 集团公司法律顾问室负责对集团公司范围内发生的重大法律纠纷的统计工作，定期对重大法律纠纷的发案原因、发案趋势、处理结果和预防措施进行综合分析和评估，并向集团公司汇报。

第四章 协 调

第十二条 所属企业发生的下列重大法律纠纷，在本企业独立处理确有困难的情况下，可以请求集团公司协调处理：

（一）法律未规定或规定不明确的；

（二）有关政策未规定或者规定不明确的；

（三）受到不正当干预，严重影响所属企业和集团公司合法权益的；

（四）其他确需协调的情况。

集团公司法律顾问室对于上述重大法律纠纷可以报请国资委协调处理。

第十三条 所属企业发生下列情况的法律纠纷，也可以请求集团公司指导和帮助：

（一）所属企业之间发生的法律纠纷；

（二）所属企业在所在地以外地区发生的法律纠纷，需要其他所属企业协助的；

（三）处理法律纠纷中，需要向有关法律专家咨询的。

第十四条 所属企业请求集团公司对其发生的重大法律纠纷进行协调、指导和帮助的，应当填写集团公司《重大法律纠纷协调申请表》（见附件2）。

第十五条 所属企业应当在次年1月底前向集团公司法律顾问室书面报送本企业重大法律纠纷的发生、处理情况总结。

第五章 奖 惩

第十六条 所属企业发生和处理重大法律纠纷的情况，列入集团公司年度考核、检查的内容。

集团公司对在处理企业重大法律纠纷中作出突出贡献的单位和个人给予表彰和奖励。

第十七条 所属企业未按照规定建立健全法律风险防范机制和企业法律顾问制度，或对本企业发生的重大法律纠纷处理不当，或不重视企业法律顾问提出的意见和建议，没有及时采取措施防范和消除法律风险，或未按照本办法报告的，由集团公司予以通报批评。

情节严重或者造成企业国有资产重大损失的，由集团公司对相关责任人员给予纪律处分，有渎职及其他犯罪嫌疑的，依法移送司法机关追究相应的法律责任。

第十八条 企业法律顾问发现重大法律风险、法律隐患，没有及时向有关领导和机构提出防范意见的，由集团公司通报批评；因此造成重大损失的，由集团公司责令所在企业报请管理机关暂停执业或者吊销其企业法律顾问执业证书。

企业法律顾问和有关工作人员在处理重大法律纠纷中玩忽职守、滥用职权、谋取私利，给企业造成重大损失的，依法追究其相应法律责任；有犯罪嫌疑的，依法移送司法机关处理。

第六章 附 则

第十九条 本办法由集团公司法律顾问室解释。

第二十条 本办法自发布之日起施行。

编者注：

附件1 中国水利水电建设集团公司重大法律纠纷备案表（略）；

附件2 中国水利水电建设集团公司重大法律纠纷协调申请表（略）。

中国水利水电建设集团公司内部审计工作规定

（中水电审［2005］3号·2005年6月6日）

第一章 总 则

第一条 为了加强中国水利水电建设集团公司（以下简称集团公司）的内部审计工作，建立健全内部审计制度，根据《中华人民共和国审计法》、《审计署关于内部审计工作的规定》、国务院资产监督管理委员会（以下简称国资委）的《中央企业内部审计管理暂行办法》，制定本规定。

第二条 集团公司及各工程局（厂）依据国家的法律规定，实行内部审计制度，设立独立的内部审计机构，配备专职的工作人员，有效开展内部审计工作，强化内部监督和风险控制。

第三条 本规定所称内部审计是指集团公司总部及各工程局（厂）的内部审计机构在本单位主要负责人的领导下开展工作，依据国家有关法律法规、财务会计制度和企业内部管理规定，独立监督和评价本单位及所属单位财务收支、财务预算、财务决算、资产质量、经营绩效，以及有关经济活动的真实、合法和效益的行为，以促进加强经营管理和实现企业经济目标。

第四条 集团公司总部及各工程局（厂）应当按照国家有关规定，依照内部审计准则的要求，认真组织做好内部审计工作，及时发现问题，明确经济责任，纠正违规行为，检查内部控制程序的有效性，防范和化解经营风险，维护各单位正常生产经营秩序，促进提高经营管理水平，实现国有资产的保值增值。

第五条 控股、参股企业及集团公司系统内联营项目的内部审计工作在董事会（代表委员会）或监事会的领导下，受托进行。

第六条 集团公司的内部审计工作接受国资委的指导和监督。集团公司系统各工程局(厂)的内部审计工作接受集团公司审计部的指导、评价和监督。

第二章 内部审计机构与人员

第七条 集团公司设立审计部，负责集团公司总部及系统审计工作，定期地或根据审计专题向集团公司主要领导报告工作。

第八条 集团公司所属各工程局（厂）应当按照国家有关规定，建立独立的内部审计机构，并配备相应的专职工作人员。各工程局应根据需要下设审计派出机构或配备专职审计人员。

不具备条件设立内部审计机构的其他单位，应当设立专职审计员。

第九条 各工程局（厂）内部审计机构的负责人直接对本单位负责人负责并报告工作。

第十条 各工程局（厂）内部审计机构负责人的任免，应事先征求集团公司审计部的意见。

第十一条 内部审计人员应当具备审计岗位所必需的会计、审计等专业知识和业务能力；内部审计负责人还应具备相应的专业技术职务资格。

第十二条 内部审计人员实行岗位资格和后续教育制度，集团公司及各工程局（厂）应当予以支持，要保证内部审计人员后续教育的必要学时。岗位资格证的认证和考试工作，按属地原则进行。

第三章 内部审计机构主要职责

第十三条 集团公司审计部及各工程局（厂）内部审计机构应当履行下列主要职责：

（一）建立健全内部审计工作制度，编制年度内部审计工作计划；

（二）对本单位及所属单位的财务收支、财务预算、财务决算、资产质量、经营绩效及其有关的经济活动进行审计；

（三）对所属单位主要领导人的任期经济责任进行审计；

（四）对所属单位经营管理和效益情况进行审计；

（五）对所属单位内部控制制度的健全性、合理性和有效性进行评审；

（六）对发生重大财务异常情况的所属单位进行专项审计调查；

（七）开展工程项目竣工决算审计；

（八）对本单位及所属单位的物资采购、工程招标、对外投资及风险控制等经济活动和重要的经济合同等进行审计；

（九）组织或参与对控股、参股企业及集团公司系统联营项目的审计；

（十）其他审计事项。

第十四条 集团公司审计部要积极协调与指导集团公司审计学会开展工作。

第十五条 集团公司所属各工程局（厂）内部审计机构应当与外部审计协调相关审计工作，并按规定对外部审计提供必要的支持和相关工作资料。

第十六条 集团公司及各工程局（厂）应当制定相应规定，确保内部审计机构具有履行职责所必须的权限，主要是：

（一）参加本单位有关经营和财务管理重大决策会议，参与有关职能部门研究制定和修改企业规章制度并督促落实；

（二）要求集团公司有关职能部门及所属单位及时提供年度预算决算及执行情况、会计报表和生产经营等有关文件、资料，有关职能部门及所属单位应对其提供文件资料的真实性、完整性负责；

（三）检查被审计单位会计报表、会计账簿、会计凭证，现场勘察相关资产，查阅生产经营活动等方面的有关文件、会议记录、电子数据等资料；

（四）对与审计事项有关的部门和个人进行调查，并取得相关证明材料；对正在进行的严重违法违规和严重损失浪费行为，做出临时制止决定，并及时向单位主要负责人报告。

（五）对可能被转移、隐匿、篡改、毁弃的会计报表、会计账簿、会计凭证以及与经济活动有关的资料，经本单位主要负责人批准，有权予以暂时封存；

（六）提出改进管理、提高效益的建议和纠正、处理违规行为的意见，并责成有关单位按规定限期纠正；

（七）对违法违规和造成严重损失浪费的单位和个人，给予通报批评或者提出追究责任的建议；对审计中查处的超出审计范畴的违纪违法问题，移交本单位纪检、监察部门处理；

（八）重大事项，有权直接向集团公司及各工程局（厂）法定代表人报告；

（九）其他有关内部审计工作必须的权限。

第四章　内部审计工作程序

第十七条　集团公司各级审计机构应在考虑集团公司及各工程局（厂）当年的工作重点、经营目标和审计可用资源的基础上，制定年度审计计划，并报本单位负责人批准后下达。

第十八条　内部审计机构应当按照内部审计基本准则要求的程序，即：制定项目审计计划、下达审计通知书、组织实施审计、交换审计意见、出具审计报告、下达审计意见（决定）、开展后续审计，进行内部审计工作。

第十九条　内部审计机构负责人应当根据年度计划确定的审计项目和时间安排，指定审计项目负责人，选派内部审计人员。

第二十条　审计项目负责人在充分了解被审计单位有关情况的基础上，制定项目审计计划和具体审计方案，做好实施审计前的准备工作。

第二十一条　内部审计机构应在实施审计前5个工作日，向被审计单位送达审计通知书，特殊情况可在实施审计时送达。对于领导干部的离任审计项目，审计通知书应抄送离任领导本人。

第二十二条　在实施审计时，内部审计人员应深入调查、了解被审计单位内部控制制度情况，并按一定方法进行测试和评价；

第二十三条　内部审计人员可以运用审核、观察、询问、函证和分析性复核等方法，获取充分、相关、可靠的审计证据，以支持审计结论和建议。

第二十四条　内部审计人员应将审计程序的执行过程及收集和评估的审计证据，记录于审计工作底稿。

第二十五条　内部审计人员应在实施必要的审计程序后，出具审计报告。出具审计报告前应当与被审计单位交换审计意见。被审计单位有异议的，应当自接到审计报告之日起10个工作日内提出书面意见，逾期不提出的，视为无异议。

第二十六条　集团公司及各工程局（厂）内部审计机构应当将审计报告与被审计单位意见一并报本单位负责人，被审计单位若对审计报告有异议且无法协调，由集团公司或各工程局（厂）负责人处理。

第二十七条　审计报告上报本单位主要负责人审定后，内部审计机构应当根据审计结论向被审计单位下达审计意见（决定）。

第二十八条　内部审计人员对主要审计项目应进行后续审计，督促检查被审计单位对审计意见的采纳情况和对审计决定的执行情况。

第二十九条　内部审计机构对已办结的内部审计事项，应当按照国家档案管理规定建立审计档案。

第三十条　内部审计机构应当每年度向本单位负责人提交内部审计工作总结报告，并按民主管理的要求向本单位职工代表大会报告工作。

第五章　内部审计工作要求

第三十一条　集团公司及各工程局（厂）内部审计机构应当遵守内部审计准则和规定，按照本单位主要负责人的要求实施审计，加强内部监督，纠正违规行为，规避经营风险。

第三十二条　集团公司及各工程局（厂）内部审计机构应当对违反国家法律法规和本单位内部管理制度的行为及时向单位主要负责人报告，并提出处理意见；对发现的被审单位内部控制管理漏洞，及时提出改进建议。

第三十三条　对于被审计单位及相关工作人员不及时落实内部审计意见，给本单位造成损失浪费的，集团公司及各工程局（厂）应当追究相关人员责任；对于给本单位造成重大损失的，还应当按有关规定向上一级机构及时反映情况。

第三十四条　根据国资委的要求，集团公司审计部的下列工作事项报国资委备案：

（一）年度内部审计工作计划和工作总结报告；

（二）重要子公司负责人的经济责任审计报告；

（三）审计中发现的重大违法违纪问题，重大资产损失问题，重大经济案件及重大经营风险，重大财务异常情况，专项报送。

第三十五条　各工程局（厂）审计机构的下列工作事项报集团公司审计部：

（一）年度内部审计工作计划和工作总结报告；

（二）季度、年度审计统计报表；

（三）内部审计报告；

（四）审计工作向职代会的报告；

（五）重大审计事项报告。

第三十六条 集团公司及各工程局(厂)内部审计机构应当不断提高内部审计业务质量，并依法接受上级主管部门对内部审计业务的指导、监督和管理。

第三十七条 内部审计人员办理审计事项，遇有下列情形之一的，应当自行回避；被审计单位有权申请审计人员回避：

（一）与被审计单位负责人或有关主管人员之间有夫妻关系、直系血亲关系、三代以内旁系血亲以及近姻亲关系的；

（二）与被审计单位或者审计事项有其他经济利益关系的；

（三）与被审计单位或者审计事项有其他利害关系的；可能影响公正执行公务的。

审计人员的回避，由审计机构负责人决定；审计负责人的回避，由本单位主要负责人决定。

第三十八条 内部审计人员办理审计事项，应当严格遵守内部审计职业规范，坚持原则、客观公正、忠于职守、保持廉洁、保守秘密，不得滥用职权，徇私舞弊，泄露秘密，玩忽职守。

第三十九条 各级内部审计机构对本集团公司所属单位严格遵守财经法纪、经济效益显著、贡献突出的集体和个人，可以向本单位主要负责人提出表扬和奖励的建议。

第四十条 集团公司及各工程局（厂）主要负责人应当保障内部审计机构和人员依法行使职权和履行职责；各单位应当积极配合内部审计工作，并提供必要的工作条件，保证内部审计机构及人员能够及时掌握相关信息资料。任何组织和个人不得对认真履行职责的内部审计人员进行打击报复。

第四十一条 内部审计机构履行职责所必须的经费，应当列入财务预算，由集团公司及各工程局（厂）予以保证。内部审计人员参加相关专业技术职务资格的考评、聘任和后续教育，集团公司及各工程局（厂）应当按照有关规定予以执行。

第六章 内部审计工作责任

第四十二条 内部审计机构应当依法行使职权，履行职责，积极开展内部审计工作，并对出具的内部审计报告的客观真实性承担责任。

第四十三条 对于滥用职权、徇私舞弊、玩忽职守、泄露秘密的内部审计人员，由所在单位依照国家有关规定给予行政或者纪律处分；有犯罪嫌疑的，依法移交司法机关处理。

第四十四条 对于认真履行职责、忠于职守、坚持原则、做出显著成绩的内部审计人员，集团公司及各工程局（厂）应当给予奖励。

第四十五条 任何组织和个人不得对认真履行职责的内部审计人员进行打击报复。对于打击报复内部审计人员的问题，有关单位应及时予以纠正；有犯罪嫌疑的，依法移交司法机关处理。受打击报复的内部审计人员有权直接向集团公司或国资委报告。

第四十六条 被审计单位相关人员不配合内部审计工作，拒绝审计或者不提供资料、提供虚假资料、拒不执行审计结论的，集团公司及各工程局（厂）主要负责人应当及时予以严肃处理；涉嫌犯罪的，移交司法机关处理。

第七章 附 则

第四十七条 本规定适用于集团公司总部、各工程局（厂）。

第四十八条 本规定由集团公司负责解释、修订。

第四十九条 本规定自发布之日起施行，原《中国水利水电工程总公司内部审计工作实施细则》（中水电审［1998］13号）文件同时废止。

中国水利水电建设集团公司内部控制审计测评办法

（中水电审 ［2005］ 4号·2005年6月6日）

第一章 总 则

第一条 为了规范内部审计人员审查和测评单位内部控制，保证审计测评质量，根据《中华人民共和国审计法》、审计署《审计机关内部控制测评准则》和中国内部审计协会《内部审计具体准则第5号——内部控制审计》，制定本办法。

第二条 本办法所称内部控制，是指中国水利水电集团公司（以下简称集团公司）及各工程局（厂）为了实现经营目标，保护资产的安全完整，保证遵守国家法律法规，确保会计信息的真实可靠，提高经营管理活动的效率和效果，而制定和实施的各种政策、程序和措施。

第三条 本办法所称内部控制审计测评，是指集团公司及各工程局（厂）内部审计人员，通过调查了解被审计单位内部控制的设置和运行情况，并进行相关测试，对内部控制的健全性、合理性和有效性做出评价的一种审计方式。

第四条 建立健全内部控制并保证其有效实施，是集团公司及各工程局（厂）的责任，内部审计人员的责任是对内部控制的健全性和有效性进行审查和评价。

第五条 本办法适用于集团公司及各工程局（厂）内部审计机构及其审计人员从事内部控制审计测评活动。

第二章 测评的主要内容

第六条 内部控制由控制环境、风险评估、控制活动、信息与沟通和监督五个要素组成。内部审计人员进行内部控制审计测评，应以内部控制五要素为测评的主要内容，并采取适当的方法进行测试。

第七条 测评“控制环境”的内容主要有：决策管理人员和其他管理人员的经营理念和控制意识；经营规模及业务的复杂程度；管理权限的集中程度；管理行为守则的健全性和有效性；管理层对逾越既定控制程序的态度；企业文化的内容及企业成员对此的理解与认同；单位（项目）治理结构的健全性和有效性；单位（项目）各职工的知识与技能；部门设置和职责划分的合理性；重要岗位人员的权责相称程度及其胜任能力；员工聘用程序及培训制度；职工业绩考核与激励机制；各年度的主要财务预算和经营计划等。

第八条 测评“风险评估”的内容主要有：可能引发风险的内外因素；风险发生的可能性和预计带来的后果；对抗风险的能力；风险管理的具体方法及效果，即如何将风险发生的可能性与管理目标、经营计划和财务报告的相关内容联系起来，并采取相应的措施。

第九条 测评“控制活动”的内容主要有：各项业务处理程序的授权批准，职责分工，实物控制，凭证与记录的设置与运用，独立的检查程序等控制手段的设置与执行效果；控制活动对风险的识别和规避以及对经营目标实现的作用。

第十条 测评“信息与沟通”的内容主要有：信息系统运行情况，包括信息来源、传递、处理、反馈；管理信息系统的安全性和可靠性；所有信息和数据记录的及时性、准确性、完整性和统一性；获取财务信息、非财务信息的能力，处理各项财会业务所依据的信息来源和处理程序；各部门之间信息传递渠道和方式的便捷性和畅通性。

第十一条 测评“监督”的内容主要有：设置的日常性监督检查方法，即管理者为监督各项工作的运行而使用的预算、计划、责任报告等制度与方法，内部审计机构实施的独立监督，管理机构对内部控制的自我评估等。

第三章 测评的主要步骤和方法

第十二条 审计人员进行内部控制测评的主要步骤如下：

（一）对内部控制环境进行调查了解；

（二）对内部制度的政策、具体程序与控制措施进行检查和做出相应评价；

（三）对内部控制的执行情况及其效果进行符合性测试；

（四）提出内部控制测评的结果，指出内部控制实施的效果和存在的薄弱环节，分析失控点的性质和可能造成的后果；

（五）撰写《内部控制审计测评报告》，提出整改意见和建议，并下达《审计意见书》；对违规违纪事项，审计可提出初步意见，报本企业主要领导批准后，下达《审计决定书》，由相关单位和部门执行。

第十三条 审计人员对内部控制的调查了解，要拟定调查提纲，查阅被审计单位内部控制的管理制度、程序和相关文件，检查其是否遵循合法合理原则、授权分工原则、业务程序化原则、相互制约原则和效益原则等。主要从三个方面进行测评：

（一）健全性，即指所设置的控制环节是否齐全，有无失控环节或缺失必需的控制点，对关键环节是否有严密的控制措施。要注意控制措施的适当性，即审计各单位是否根据其经营业务的特点和管理过程的复杂程度，合理确定控制环节的数量和繁简程度，控制措施具有可操作性和实际控制面的能力。

（二）科学性，指各项内部控制的政策、程序和措施是否科学、合理，相互之间的联系是否紧密、协调、和谐，有无相互矛盾或明显不合理，或难以操作的现象。

（三）符合性，指对经济业务实行的控制措施、控制程序是否符合国家法律规定、上级的相关规定和本单位的实际情况，是否对拟控制的业务起到监控作用。

第十四条 为了方便归纳和分析内部控制状况，内部审计人员应根据被审计单位的实际情况和职业判断能力，设计内部控制测评“调查表”。审计人员可以根据各自审计重点、范围和内容列出调查项目；“调查表”的格式一般用“是”和“否”（或以“×”和“√”）回答。另外，设置一栏“说明”栏，以便被审计方对特殊情况作简单说明。最后，在每一问题后留一空格栏，给审计人员必要时做简要注释和说明。调查表可自用，也可分别交被审计单位有关部门或人员进行自查时使用，审计人员可从中抽选部分内容对其进行核实。

第十五条 在调查了解的基础上，检查内部控制过程中形成的文件和记录是否符合内部控制的要求；可以模拟运营过程选定的业务事项，验证其控制状况和实施效果。主要测试两个方面：

（一）审批制度，即每项经济业务是否都经过授权、主办、批准、执行、记录及复核等工作步骤；

（二）职务分离制度，即对不相容的职务是否进行分离等进行测试与分析。

第十六条 观察被审计单位的业务活动和内部控制的实际运行情况。内部审计人员应根据职业谨慎原则，在被审计单位的主要经济业务中，挑选数个有代表性的关键控制点，并设计相应的业务流程图，对其制度设置的科学性、有效性和符合性，进行程序的穿行性测试。

第十七条 询问被审计单位管理人员和其他有关人员，了解内部控制制度执行过程中存在的问题及处理方式。

第十八条 内部审计人员应对调查表和业务流程图进行分析，找出其中最可能出现问题的部分或部位，抽取少量项目进行限制测试。限制测试一般与穿行测试结合在一起进行。对限制性测试的结果应形成审计工作底稿。

第十九条 审计人员在完成以上工作的基础上，整理审计情况，形成“审计情况汇总表”。审计情况应包括五个部分：内部控制的现状、标准或期望、影响、原因、建议。

第二十条 审计测评记录是证明所取得的结果或提供所完成活动的证据文件。内部审计人员从事内部控制测评时，必须从实际出发，以记录的适用性和针对性为目的，对测评记录进行设计，形成审计记录，并编制审计工作底稿。

第二十一条 审计人员可以采用如下形式，对被审计单位内部控制状况进行描述，并写入审计日记或审计工作底稿：

（一）用文字记录的形式描述被审计单位内部控制的设置情况；

（二）使用调查表的形式向被审计单位管理人员或有关当事人询问内部控制的设置情况并加以记录；

（三）以特定的语言符号，绘制经济活动的业务流程，以描述被审计单位内部控制的设置情况。

以上方法可以单独使用，也可以结合使用。

第二十二条 内部审计人员应向集团公司及各工程局（厂）的适当管理部门报告内部控制审计的测评结果，说明审查和评价内部控制的目的、范围、审计结论、审计决定及对改善内部控制的建议。

第四章 审计测评的注意事项

第二十三条 内部审计人员进行初步测试后，应当评估控制风险，对是否依赖被审计单位的内部控制及依赖的程度做出判断和决策。

第二十四条 内部审计人员在评价被审计单位内部控制时，应当保持应有的职业谨慎，充分考虑到内部控制的下列固有限制因素：

（一）内部控制的设置和运行受制于成本效益原则；

（二）内部控制一般仅针对常规业务活动而设置；

（三）即使是设置完善的内部控制，也可能因有关人员的疏忽、误解和判断错误而失效；

（四）内部控制可能因有关人员相互勾结、内外串通而失效；

（五）内部控制可能因执行人员滥用职权或屈从于外部压力而失效；

（六）内部控制可能因经营环境、业务性质的改变而削弱或失效。

第二十五条 确定实质性测试重点领域时，应当考虑以下三个方面：

（一）缺少内部控制的重要业务领域；

（二）内部控制设置不合理，控制目标不能实现的领域；

（三）内部控制没有发挥作用的领域。

确定实质性测试的具体方法时，应当针对内部控制缺陷和可能产生的后果，提出对应的措施建议，以核实相关的经营结算、采购业务、财务预算、财务收支和会计处理是否真实、合法与合规。

第二十六条 审计人员对被审计单位内部控制的测评不能代替实质性的测试。无论被审计单位的内部控制如何健全和有效，审计人员都应当选择适当方法对被审计单位重要的财务收支活动进行实质性测试。

第二十七条 在应用计算机进行信息处理的条

件下，审计人员应当对被审计单位计算机信息系统的控制环境和应用控制进行测评，以确定其可靠程度和下一步的审计方法。

第二十八条 对规模较小的单位是否开展内部控制审计测评，审计人员应当按成本效益原则，并利用其职业判断做出决定。

第二十九条 审计人员应当将调查了解、测试和评价被审计单位内部控制的过程及结果作好审计日记或审计工作底稿，并将在测评中发现的内部控制的重要缺陷与被审计单位进行沟通。

第五章 附 则

第二十九条 本办法由集团公司负责解释。

第三十条 本办法从发布之日起实施。

附名词解释：

1. 业务流程图：是指用图形来描述经营过程和内部控制的方法。它分两种类型：一是水平式流程图，即以水平的方式反映了一项业务所涉及到的不同的部门；二是垂直式流程图，即逐一反映整个业务的各个步骤。

2. 穿行性测试：是指审计人员对被审计单位的某一控制的全过程，从起始到结束全过程地一步步模拟执行一遍，以证明控制的有效性的一种方法。

3. 限制测试：是指以抽样来检查系统的各要素。

党群工作和精神文明建设

中国水利水电建设集团公司
保持共产党员先进性教育活动实施方案

（中水电党 ［2005］ 14号·2005年2月3日）

根据《中共中央关于在全党开展以实践“三个代表”重要思想为主要内容的保持共产党员先进性教育活动的意见》（中发［2004］20号）、《国资委党委关于在中央企业开展党员先进性教育活动的实施意见》（国资党委组织［2005］1号）和国资委保持共产党员先进性教育活动工作会议部署，按照国资委保持共产党员先进性教育活动领导小组要求，集团公司党组决定，从2005年2月开始到2005年7月基本结束，用六个月左右的时间，在集团公司总部党组织和共产党员中开展以实践“三个代表”重要思想为主要内容的保持共产党员先进性教育活动。为了切实搞好保持党员先进性教育活动，提出如下实施意见。

一、充分认识保持党员先进性教育活动的重要性和必要性

（一）保持共产党员先进性教育活动是贯彻落实中央精神和国资委党委要求的需要

在全党开展先进性教育活动，是党中央着眼于改革开放和发展社会主义市场经济的历史条件下使我们党与时俱进、始终保持共产党员先进性而作出的一项重大战略决策。认真搞好这项活动，对于用“三个代表”重要思想武装全党，对于加强党的执政能力建设，对于巩固党的执政基础，对于完成党的执政使命、全面推进党的建设新的伟大工程，对于实现全面建设小康社会宏伟目标、推进中国特色社会主义伟大事业，对于全面提高中央企业的整体实力和发展壮大国有经济，都具有十分重大的意义。集团公司各级党组织和全体党员要以高度的政治责任感，把开展先进性教育活动作为学习贯彻党的十六大和十六届三中、四中全会精神的一项重大举措，作为促进集团公司改革、发展、稳定的一件大事，作为实现国有资产保值增值的重要保证，作为加强集团公司党的建设的一项基础工程，切实抓紧抓好，抓出实效。

（二）保持共产党员先进性教育活动是加强和改进集团公司总部党建工作的需要

集团公司总部是集团公司系统的领导机关和指挥枢纽，是企业发展的重要环节，对发展先进生产力，提高企业的综合实力，抓好系统的党建工作至关重要。目前，集团公司总部有181名党员（其中包括离退休党员17名），总体上看，党员队伍是适应这些要求的，是有战斗力的。机关党委通过加强理论学习、开展“创建学习型组织，争做知识型职工”

活动、开展争创“五好党支部”、争当“五个模范”活动和先进党支部、先进党员评选等措施，使广大共产党员在企业改革、发展、稳定的各项工作中，在生产经营和关键岗位上，在突发事件和关键时刻的考验面前，发挥了先锋模范作用，为党的事业做出了贡献，涌现出一批优秀共产党员。但是，对照《党章》和中央的要求，对照集团公司跨越式发展的要求，在党员队伍中也存在着与党员先进性要求不相适应、不相符合的问题。有的党员理想信念淡薄，党性观念不强，缺乏改革进取精神；有的党员学习理论的热情不高，对党的路线、方针、政策掌握不够，学以致用和解决问题的能力不足；有的党员不注重业务知识的学习，业务水平不高，服务意识不强，创新意识不强，工作一般化；有的党员适应社会主义市场经济和管理现代企业的能力不强，素质和能力同所肩负的责任和任务不相适应；个别党支部对党员的党风党纪教育不够，尤其是近三年集团公司总部接收的毕业生党员、新发展党员数量较多，对这部分党员进行党的知识和优良传统教育还需要“补课”。这些问题影响了党的先进性，影响了集团公司党的工作，损害了集团公司的改革、发展，必须尽快加以解决。

（三）保持共产党员先进性教育活动是适应集团公司新形势、新任务的需要

当前和今后一段时间，集团公司的改革、发展将步入一个新的阶段。集团公司工作要以邓小平理论和“三个代表”重要思想为指导，认真贯彻十六届三中、四中全会和中央经济工作会议精神，贯彻落实国资委工作部署，用科学发展观统领全局，以转变经济增长方式、提高企业经济效益为中心，加快改革步伐，增强可持续发展能力，推进跨越式发展，努力发挥集团公司在水电建筑行业的排头兵作用和在国民经济发展中的骨干作用，尽快推进集团化、国际化、现代化进程，实现建设具有国际竞争力的大型企业集团的战略目标，这是新时期集团公司新的指导思想和新的任务。新的形势和任务，对集团公司广大共产党员保持先进性提出了新的更高的要求。在新的历史条件下，集团公司总部广大共产党员保持先进性，就是要自觉学习实践邓小平理论和“三个代表”重要思想，坚定共产主义理想和中国特色社会主义信念，胸怀全局、心系群众、立足岗位、无私奉献，增强推动发展的历史使命感和政治责任感；就是要树立和落实科学发展观，积极推进企业经济增长方式的转变，全面把握跨越式发展的要求，通过充分发挥党组织的作用全面提高党员自身的素质，奋发进取、开拓创新，推动机关的工作，履行好对基层的指导和服务职能，更好地发挥总部在集团公司实现跨越式发展中的作用，进而推动全集团的发展。

集团公司广大共产党员要按照中央的要求，以高度的政治责任感，积极投入到先进性教育活动中来。通过学习文件，查找问题，提高思想认识，增强素质和能力，用总部党建工作的新成绩推动集团公司总部和系统的改革、发展。

二、保持共产党员先进性教育活动的指导思想和目标要求

集团公司总部保持共产党员先进性教育活动的指导思想是：以邓小平理论和“三个代表”重要思想为指导，贯彻党的十六大和十六届三中、四中全会精神，贯彻国资委党委保持共产党员先进性教育活动的要求，树立和落实科学发展观，按照立党为公、执政为民的要求，加强党组织的执政能力建设，坚持党要管党、从严治党的方针，紧密联系集团公司改革、发展、稳定工作实际和党员队伍建设现状，结合总部党建工作和各项业务工作的实际，抓住学习实践“三个代表”重要思想这条主线，把握保持共产党员先进性这个主题，切实解决党员和党组织在思想、组织、作风以及工作方面存在的突出问题，不断增强党员队伍和党组织的创造力、凝聚力、战斗力，保持共产党员的先进性，使党员对先进性的认识有一个新的飞跃，使总部党建工作开创新的局面，使各项业务工作有新的进步，从而推动集团公司的改革、发展再上新的台阶，为完成集团公司新时期的新任务提供坚强的政治保证和组织保证。

集团公司总部保持共产党员先进性教育活动的目标要求是：

（一）加强和改进党的组织建设，党组织更加坚强有力

加强集团公司党组的思想建设、作风建设，把集团公司党组率先建成“四好班子”，充分发挥集团公司党组对全系统改革、发展的领导职责，充分发挥对系统党建工作的领导职责，全面加强党建工作，使党组织在成为贯彻“三个代表”重要思想的组织者、推动者和实践者上取得新进展。全面加强总部党的建设，党的活动与企业中心工作结合更加紧密，党组织更加具有活力，思想政治工作更加有效，创造力、凝聚力、战斗力进一步增强。加强机关党委和各党支部的建设，发挥党支部的战斗堡垒作用，基层党支部工作有新进展，推动机关建设，打造一流的总部。

（二）提高党员素质，党员的先锋模范作用更加

突出

通过保持共产党员先进性教育活动，使每一名党员学习实践“三个代表”重要思想的自觉性、坚定性进一步增强，对新时期保持共产党员先进性的要求进一步明确，理想信念进一步坚定。党员领导干部要对照党章的有关规定，按照中央和国资委党委对党员领导干部的要求，通过提高认识找准问题，提出整改措施，充分发挥先锋模范作用。普通党员要对照党章中规定的党员义务，按照上级党组织对党员的要求，通过提高认识全面提高素质，在思想上、作风上、工作上都有新的进步，立足本职工作，艰苦奋斗，爱岗敬业，带领职工群众建功立业。

（三）服务职工群众，党群、干群关系更加密切

党员特别是党员领导干部全心全意为人民服务的宗旨观念进一步增强，作风明显改进，组织群众、宣传群众、教育群众、服务群众的本领和自觉性进一步提高，真正做到心系职工、求真务实、廉洁从业，做群众的表率。党组织和党员领导干部要全心全意依靠职工群众，用加快改革、发展的成果来解决前进中的问题和职工群众工作生活中的困难，党群、干群关系进一步密切。全面提高集团公司总部为基层单位和基层群众服务的水平，形成服务理念，制定服务制度，改进服务作风，使基层单位和基层群众在实际工作中感受到总部服务水平的提高。

（四）促进各项工作，改革、发展、稳定更加富有成效

党的方针政策在集团公司进一步贯彻，科学发展观和正确政绩观进一步树立，各项工作取得新的进展。集团公司各级党组织和广大共产党员执政意识进一步增强，用科学发展观统领全局，通过经济增长方式的转变和推进跨越式发展的进程，实现集团公司改革、发展的新目标。

三、保持共产党员先进性教育活动的指导原则

（一）坚持理论联系实际，务求实效

弘扬求真务实精神，用科学理论武装头脑、指导实践、推动工作。结合集团公司总部的实际，做到五个结合。一是把保持共产党员先进性教育活动与机关党建工作实际结合起来，建立健全基层党组织建设的长效机制；二是把保持共产党员先进性教育活动与机关的队伍建设结合起来，打造集团公司总部一流的员工队伍；三是把保持共产党员先进性教育活动与创建首都文明单位活动结合起来，推动总部的三个文明建设；四是把保持共产党员先进性教育活动与总部各项业务工作结合起来，促进工作质量和服务质量的提高；五是把保持共产党员先进性教育活动与推动集团公司的改革、发展结合起来，加快集团公司建设具有国际竞争力的大型企业集团的进程。在保持共产党员先进性教育活动中，要始终坚持结合实际，注重实际效果，切忌形式主义和走过场。集团公司保持共产党员先进性教育领导小组和办公室要精心组织，周密安排，切实做到学习教育和改革发展、生产经营“两不误、两促进”。

（二）坚持正面教育、自我教育为主，认真开展批评与自我批评

采取多种形式认真组织全体党员学习《中国共产党章程》、党的十六大和十六届三中、四中全会精神以及《中共中央关于加强党的执政能力建设的决定》、《中共中央关于在全党开展以实践“三个代表”重要思想为主要内容的保持共产党员先进性教育活动的意见》和《国资委党委关于在中央企业开展党员先进性教育活动的实施意见》，全面理解和认识新的历史时期保持共产党员先进性的具体要求。坚持正面引导为主，激发党员参加教育活动的积极性，主动查找和切实解决自身存在的问题。要深入学习思考、认真查找问题、注重自我剖析、主动落实整改。把保持共产党员先进性教育活动与“创建学习型组织、争当知识型职工”活动、争创“五好党支部”、争当“五个模范”活动有机地结合起来。大力宣传党员和党员领导干部中的先进典型，弘扬正气。要结合总部的特点，开展多种形式的宣传教育活动，为党员加强党性锻炼，发挥先锋模范作用创造条件，提供舞台。要广泛开展谈心活动，开好专题民主生活会和专题组织生活会，营造良好氛围，互相帮助，共同进步。

（三）坚持发扬党内民主，走群众路线

尊重党员的民主权利，调动全体党员参加保持共产党员先进性教育活动的主动性、积极性。要通过多种有效方式，广泛听取职工群众的意见，听取工程局（厂）党委的意见，听取基层党政工领导的意见，找准党员和党组织存在的表现最突出、职工群众最关注的问题，深入剖析，认真解决，自觉接受群众的评议和监督。

（四）坚持领导带头，发挥表率作用

各级党员领导干部要积极参加保持共产党员先进性教育活动，要按集团公司党组和保持共产党员先进性教育活动领导小组的要求，带头参加学习，带头撰写党性分析材料，带头听取群众评议，带头开展批评与自我批评，带头制定和落实整改措施，按规定参加组织生活，切实发挥表率作用。党组书记要认真履行第一责任人职责，抓好集团公司保持共产党员先进性教育活动，带头结合实际讲党课、

作专题报告，发挥示范和表率作用。集团公司党组成员、总部副总师、各部门正副主任、公司正副经理等领导干部尤其要认真解决理想信念、执政意识、改革发展、廉洁自律、求真务实、联系职工群众等方面存在的突出问题。党支部书记要履行保持共产党员先进性教育活动直接责任人的职责，按照集团公司党组的要求，切实抓好活动的开展，带头学习，带头分析思想作风问题，带头在党支部学习交流会上发言，带头在党支部分析评议会上发言。

（五）坚持区别情况，分类指导

集团公司保持共产党员先进性教育活动领导小组根据党员的不同情况，有针对性地提出党组成员、中层领导干部、普通党员先进性的具体标准以及重点学习内容和重点解决的问题。在职党员按照党组的统一安排参加集中学习和党支部的学习活动；离退休党员以学习教育、提高认识为主，应视其身体情况，采取灵活方式参加保持共产党员先进性教育，学习内容不宜过多，学习时间不宜规定过死，评议的方式可灵活掌握；各部门（公司）聘用、借用人员中的党员，应在聘用、借用部门（公司）党组织参加先进性教育活动；长期在国外的党员参加所在国中国大使馆党组织安排的学习教育活动，使每个党员都参加先进性教育活动，确保活动取得实际效果。集团公司保持共产党员先进性教育活动领导小组办公室要对总部全体党员进行摸底，登名造册，落实到人。按国资委保持共产党员先进性教育领导小组办公室的要求，保证总部应参加此次保持共产党员先进性教育活动的党员一个不漏地参加教育活动，覆盖面达到100%。

要着重解决集团公司总部党组织、党员和党员领导干部队伍存在的突出问题。要按照《中共中央关于在全党开展以实践“三个代表”重要思想为主要内容的保持共产党员先进性教育活动的意见》和《国资委党委关于在中央企业开展党员先进性教育活动的实施意见》的要求，找准问题。明确是否找准问题和解决存在的突出问题是此次党员先进性教育活动取得成效的重要标准之一。要按照上级文件要求，分层次明确集团公司总部党员先进性的具体标准，党员和党员领导干部要对照标准，查找问题。结合实际，党员领导干部的先进性主要体现在四点：一是要有坚定的理想信念，自觉学习实践邓小平理论和“三个代表”重要思想，坚定共产主义理想和中国特色社会主义信念，站在改革、发展的前列，积极谋划和推进改革，加快发展；二是树立科学发展观和正确的政绩观，用科学发展观来制定企业的发展战略，形成符合实际的发展思路，提高创新能力和领导改革、发展的能力；三是要有适应社会主义市场经济的能力；四是要有求真务实、联系群众、扎实工作、廉洁守纪、团结协作的作风。具体体现在政治素质好、经营业绩好、团结协作好、作风形象好。结合实际，集团公司总部普通党员的先进性标准是“五个模范”：要做刻苦学习的模范，通过学习邓小平理论和“三个代表”重要思想，学习党章和党的路线方针政策，全面履行党员义务，不断提高业务工作水平，成为本职工作的骨干和业务工作的强手；要做勤奋工作的模范，立足本职岗位，爱岗敬业，无私奉献，顽强拼搏，增强开拓创新的能力；要做发扬党的优良作风的模范，扎实工作，求真务实，廉洁奉公，遵纪守法；要做联系群众的模范，积极为群众和基层单位服务，做群众的知心人；要做精神文明建设的模范，积极参加总部创建首都文明单位活动，遵守公民道德规范，遵守职业道德，推进总部的“三个文明”建设。结合实际，离退休党员要通过学习，提高认识，正确理解改革，支持改革，关心企业的改革发展，达到“政治坚定、思想常新、理想永存”的总体要求，与党中央保持一致。结合实际，集团公司总部党支部先进性的标准是“五好党支部”：党支部班子好，坚强有力，团结务实，得到党员肯定；党员队伍好，在本单位、本部门工作中成为骨干，在学习、工作、团结、遵纪、精神文明等方面模范作用突出；活动开展好，充分调动党员的积极性和创造性，推动本单位、本部门的工作；制度建设好，能做到工作制度化、规范化、日常化；发挥作用好，结合本部门（公司）业务工作的实际，在工作中充分发挥党支部的战斗堡垒作用和党员的先锋模范作用。

集团公司总部各党支部和全体党员，要按照具体的先进性标准要求，在保持共产党员先进性教育活动中对照标准，找准问题，寻找差距，把切实解决问题作为活动的重要环节，全面提高素质。

四、保持共产党员先进性教育活动的总体安排和方法步骤

集团公司保持共产党员先进性教育活动，要在国资委领导小组、督导组、指导组和集团公司党组的领导和指导下，由集团公司保持共产党员先进性教育活动领导小组进行统一动员、统一部署和统一培训。按照国资委的要求，集团公司总部的先进性教育活动为第一批，各工程局（厂）为第二批，每批半年左右时间。

集团公司总部从2005年2月开始到2005年7月基本结束。

各工程局（厂）从2005年8月开始到2006年1月基本结束。

在总体安排的前提下，各工程局（厂）的学习教育活动按属地管理的原则，接受地方党组织的领导，同时要在集团公司保持共产党员先进性教育活动领导小组和办公室的指导下进行，要确保保持共产党员先进性教育活动覆盖到企业所有的基层党组织，使每个党员都参加活动、受到教育。

集团公司总部的学习教育分三个阶段进行，具体安排如下：

第一阶段：学习动员阶段（时间为2月26日至3月26日——4周左右，具体安排见附件2）

（一）思想动员

按照国资委保持共产党员先进性教育活动动员大会精神，在认真准备的基础上，结合总部党员队伍状况，联系集团公司工作实际，于2005年2月26日（星期六）上午召开保持共产党员先进性教育活动动员大会，要求全体党员参加，由国资委督导组组长作重要讲话，集团公司党组书记、总经理郭建堂同志作动员报告。针对国资委的要求，具体落实保持共产党员先进性教育的方法步骤，进行广泛深入的思想发动，使广大党员明确保持共产党员先进性教育活动的重要性和必要性。要力争每位党员明确保持共产党员先进性教育活动的目标要求、方法步骤。

（二）组织学习

结合国资委党委的要求，制定学习计划，保证学习培训时间不少于40学时。集团公司总部的学习教育活动分为集团公司党组成员、中层领导干部、普通党员三个层次进行。集中学习主要采用业余时间，采取措施保证参学率达到100%。集团公司保持共产党员先进性教育活动领导小组办公室要制定学习考勤表，定期检查，提前安排学习时间、内容、方式。党员和党员领导干部外出要避开集中学习时间，一般不允许请假，如有特殊情况，党员领导干部本人要向党组书记请假，批准后方可离开，返回后要及时补课。根据每个层次的不同情况，提出具体要求如下：

组织学习的第一个层次：集团公司党组成员

1. 党组成员要采取个人自学的方式认真学习《保持共产党员先进性教育读本》、《江泽民论加强和改进执政党建设专题摘编》、党章、胡锦涛总书记就先进性教育活动所作的专题报告以及曾庆红、贺国强同志的重要讲话等，先学一步、学深一点、学透一点，并就上述内容采取主题发言的形式适时安排两次中心组学习，要认真解决理想信念、执政意识、改革发展、廉洁自律、求真务实、联系职工群众等方面存在的问题。

2. 党组成员要在学习中发挥表率作用，带头参加学习，带动全体党员在工作中学习、在学习中工作，做到两不误、两促进。

3. 要主动参加先进性教育活动骨干人员的学习培训和所在党支部的学习。

组织学习的第二个层次：中层领导干部（包括总部副总师、各部门正副主任、公司正副经理等）

1. 2005年2月27日至3月3日，对党支部书记等骨干进行集中培训。集团公司保持共产党员先进性教育活动领导小组办公室人员及各党支部书记和联络员等骨干要集中学习《中共中央关于在全党开展以实践“三个代表”重要思想为主要内容的保持共产党员先进性教育活动的意见》，按照国资委保持共产党员先进性教育活动领导小组批准的《中国水利水电建设集团公司保持共产党员先进性教育活动实施方案》，研究具体实施过程中的操作办法，使活动的组织者在组织开展活动的过程中认识更加到位、措施更加得力、方法更加贴近实际、效果更加明显。

2. 2005年3月5日至12日，集团公司保持共产党员先进性教育活动领导小组成员、办公室人员、集团公司总部副总师、各部门正副主任、公司正副经理等党员领导干部及各党支部书记和联络员采取听辅导报告、学习交流会、集体讨论的方式集中学习《中国共产党章程》、党的十六大和十六届三中、四中全会精神、《中共中央关于加强党的执政能力建设的决定》、《保持共产党员先进性教育读本》、《江泽民论加强和改进执政党建设专题摘编》、胡锦涛同志在党的十六届四中全会上的重要讲话、胡锦涛同志在新时期保持共产党员先进性教育专题报告会上的讲话、中央和国资委领导关于保持共产党员先进性教育活动的讲话以及集团公司保持共产党员先进性教育活动实施方案，全面掌握中央关于开展保持共产党员先进性教育活动的要求，按照保持共产党员先进性教育活动办公室所出的讨论题分组进行讨论，研究在具体工作中如何贯彻落实“三个代表”重要思想、保持共产党员先进性、推动集团公司党的建设和跨越式发展目标的实现。

3. 参加所在党支部组织的学习。

组织学习的第三个层次：普通党员

1. 2005年2月26日下午（星期六），在集团公司先进性教育活动动员大会结束后，各党支部要召开本支部的学习会，集中学习《中共中央关于在全党开展以实践“三个代表”重要思想为主要内容的保持共产党员先进性教育活动的意见》和《中国水利水电建设集团公司保持共产党员先进性教育活动实施方案》，学习讨论集团公司党组书记、总经理郭建堂同志和国资委督导组领导在总部保持共产党员先进性教育活动动员会上的讲话，使全体党员掌握保持共产党员先进性教育活动的主要内容、方式方法和有关要求，进一步提高认识，统一思想。

2. 2005年3月4日，集团公司党组书记、总经理郭建堂同志为总部全体党员上专题党课，主题为“结合总部实际，谈机关党员先进性具体标准”。专题党课结束后，各党支部要就如何落实党员先进性标准进行讨论。

3. 2005年3月9日至19日，各党支部采取学习、讨论和交流会的方式集中学习《中国共产党章程》、《保持共产党员先进性教育读本》、《江泽民论加强和改进执政党建设专题摘编》和胡锦涛同志在新时期保持共产党员先进性教育专题报告会上的讲话等。在学习中，重点要学习好党章，要组织党员原原本本学原著，在组织党员通读《保持共产党员先进性教育读本》的基础上，结合集团公司和本部门的实际，以党支部为单位（支部人数较多的，可以党小组为单位）组织必要的专题讨论。要求党支部书记要先作指导性发言，带动党员学习。要按照保持共产党员先进性教育活动办公室统一印发的讨论题，围绕集团公司跨越式发展的战略目标，立足岗位，讨论在具体工作中如何保持共产党员先进性，发挥党员的先锋模范作用。

4. 2005年3月20日（星期日），集团公司党组书记、总经理郭建堂同志为总部全体党员作形势任务报告，主题为“集团公司2005年及今后一段时间改革发展形势报告”。

5. 2005年3月21日至24日，以各党支部为单位，在学习培训的基础上，组织党员根据“三个代表”重要思想、党章和中央关于开展先进性教育活动意见中提出的新时期共产党员保持先进性的基本要求，认真开展党员保持先进性具体要求大讨论。大讨论要通过报纸和网站等媒体，广泛听取职工群众的意见。结合活动前期制定的党员先进性要求，在广泛讨论的基础上，概括提炼出体现时代精神、反映不同群体特征、符合集团公司发展和岗位实际的共产党员先进性的具体标准，在广大党员中形成共识，使党员在分析评议时有标尺，在整改提高时有方向，在日常工作生活中有行为准则，从而进一步展现共产党员的精神风貌，树立共产党人的良好形象。

6. 离退休党员以学习教育、提高认识为主，应视其身体情况，采取灵活的方式参加先进性教育。学习内容以学习《中共中央关于在全党开展以实践“三个代表”重要思想为主要内容的保持共产党员先进性教育活动的意见》和《保持共产党员先进性教育读本》中的部分重要内容为主。学习时间不宜规定过死，由离退休党支部具体安排。讨论的议题主要是离退休党员如何保持先进性，作一个遵纪守法的好公民；如何关心和支持集团公司的改革、发展和党的建设；如何在实现集团公司跨越式发展的进程中发挥余热。评议的方式可由离退休党支部灵活掌握。

（三）明确党员先进性的基本要求

组织党员对照党章的规定和中央提出的新时期保持共产党员先进性的基本要求，结合集团公司总部和本岗位的实际，认真学习讨论，通过多层次、有重点、多种形式、务求实效的学习，明确新时期保持共产党员先进性的具体要求，不断深化全体党员对“三个代表”重要思想科学内涵和精神实质的理解，进一步增强党员意识和党的执政意识，不断提高在集团公司贯彻落实“三个代表”重要思想的自觉性与坚定性，进一步推动各级党组织在各项工作中充分发挥战斗堡垒作用和政治核心作用，进一步推动广大共产党员在各自工作岗位上充分发挥先锋模范作用。

经过一个阶段的学习，要求每个党员结合自己的实际，认真总结参加保持共产党员先进性教育的学习收获，写一份3000字以上的学习心得体会，重点要搞清保持共产党员先进性教育活动的重要性和必要性、指导思想和目标要求、指导原则和重点内容；搞清楚“三个代表”重要思想的时代背景、实践基础、科学内涵、精神实质和历史地位；搞清楚集团公司总部党员先进性的具体标准，并在支部大会上进行交流。保持共产党员先进性教育活动办公室将统一下发专用笔记本，要求每一名党员在学习的过程中作笔记，记录学习体会。集团公司党组和保持共产党员先进性教育活动领导小组办公室将组织检查，并将学习情况纳入年度对部门和党支部的考核评价，以确保学习效果。

第二阶段：分析评议阶段（时间为2005年3月27日至4月30日——5周左右，具体安排见附件2）

要组织党员按照“三个代表”重要思想的要求和《中国共产党章程》规定的标准，对照检查、进行党性分析。全面总结近年来思想、工作、作风方面的情况，重点检查存在的问题，从世界观、人生观、价值观上剖析思想根源，撰写党性分析材料。分析评议阶段重点要抓好七个环节。

（一）广泛征求意见，并向党员进行反馈（时间为3月27日至4月2日）

党组织要采取座谈会、个别谈话等方式广泛征求群众意见，并将征求到的意见如实向党员反馈；党员领导干部要多渠道多层次征求所属企业和职工群众的意见，采取自己找、群众提、组织帮、分层次的方法，找准存在的突出问题；党员个人也要主动征求和听取职工群众意见。

1. 由机关党委牵头，在总部范围内分片组织召开党外群众座谈会，并采取个别谈话等方式广泛征求职工的意见。

2. 在前期利用工作会征求意见的基础上，在召开集团公司党组专题民主生活会前，征求各工程局（厂）党委和集团公司总部党员群众对集团公司党组及成员在党性、党风、党纪和党员先进性方面存在的问题，为召开党组专题民主生活会创造条件。

3. 在各党支部召开保持共产党员先进性教育活动专题组织生活会前，征求本支部范围内有关部门党员群众对党支部所属党员在党性、党风、党纪和党员先进性方面存在的问题。

（二）开展谈心活动（时间为4月3日至9日）

集团公司党组书记要与党组成员谈心，党组成员要与所分管的部门领导谈心，党支部书记要与党员特别是近三年入党的新党员谈心，党员之间、党员与职工群众之间要广泛开展谈心交心活动，沟通思想，增进了解和团结。

（三）撰写党性分析材料（时间为4月10日至21日）

在广泛征求意见的基础上，组织党员和党员领导干部，对照党章规定的党员义务和党员领导干部的基本条件，按照“两个务必”和“八个坚持、八个反对”的要求，总结自己近几年来的思想、工作和作风等方面的情况，重点检查存在的问题，从世界观、人生观、价值观上剖析思想根源，党员领导干部还要从权力观、地位观、利益观、科学发展观、正确的政绩观等方面进行剖析，撰写党性分析材料，逐级把关。党组成员要从权力观、地位观、利益观、科学发展观、执政意识特别是领导企业改革发展的能力等方面进行剖析。党组书记的党性分析材料由党组会议讨论把关，其他党组成员的党性分析材料由党组书记把关，党性分析材料形成后要报国资委督导组审查，并在党组专题民主生活会上宣读。党组成员的党性分析材料要向总部全体职工和各工程局（厂）主要负责人通报公示并征求意见，公示方案要提前报国资委督导组审批，由集团公司先进性教育活动领导小组办公室具体落实。总部副总师、各部门正副主任、公司正副经理的党性分析材料由分管的党组成员负责把关。党员的党性分析材料要由支委会把关，然后在支部专题组织生活会上交流，支部书记和支部委员要带头发言，每个党员都要在会上宣读本人的党性分析材料，其他党员进行评议，做到党员分析评议率达到100%。

（四）开好专题民主生活会（时间为4月22日至27日）

党组专题民主生活要在广泛征求意见的基础上，根据征求意见情况，找准问题，把握和明确会议主题，宣读党性分析材料，认真修改党组成员个人的党性分析材料，开展批评和自我批评，开好党组专题民主生活会。届时，国资委督导组将参加集团公司党组专题民主生活会，并进行督导。集团公司总部党员领导干部要过好双重组织生活，参加所在支部专题组织生活会，还要参加党组理论学习中心组的专题学习。在广泛征求意见和开展谈心活动的基础上，以党支部为单位开好专题组织生活会，党员个人要进行对照检查，党员之间进行评议，开展批评和自我批评，根据评议意见，认真修改自己的党性分析材料并在支部专题组织生活会上交流。

（五）召开支委会（时间为4月28日至29日）

支委会要根据民主评议的情况、职工群众的意见和党员的一贯表现，提出对每个党员的评议意见。

（六）向党员反馈意见（时间为4月29日）

党支部要向每个党员反馈评议意见，指出存在的问题。对不履行党员义务、不具备党员条件的党员，进行批评教育，帮助其认识问题，要求其认真改正。

（七）通报评议情况（时间为4月30日）

党支部要以一定方式，在一定范围内向职工群众通报民主评议党员的情况。

第三阶段：整改提高阶段（时间为2005年5月8日至28日——3周左右，具体安排见附件2）

在分析评议的基础上，抓住主要问题，明确整改重点，制定整改措施，落实整改责任，并将整改措施和整改情况向总部职工群众公示。

1. 党员要根据党支部反馈的群众意见，针对自身存在的突出问题，提出个人整改措施。经党小组讨论并报党支部委员会通过后在本支部内公布。

2. 党组成员要充分听取群众意见，针对自身存在的问题提出整改措施，整改措施和整改情况要在总部全体职工和各工程局（厂）主要负责人的范围内公示，自觉接受干部群众的监督。整改过程中，党员领导干部要为下属企业和其他党员作出表率。

3. 集团公司党组要针对党员和干部职工反映最强烈的问题和自身建设存在的突出问题，研究制定整改方案，明确整改目标，提出整改措施。整改方案和措施经集团公司党组会议讨论通过后，要报国资委督导组审核同意。各党支部也要针对党员和职工群众反映的问题，研究制定本支部的整改方案和整改措施，经党支部大会讨论通过后报集团公司保持共产党员先进性教育活动领导小组备案。

集中学习教育基本结束后，要用两个月左右的时间，切实做好巩固和扩大整改成果的工作，对整改情况进行梳理。党组书记作为第一责任人要亲自抓、负总责，各党支部书记作为直接责任人要做好落实工作。党员、党员领导干部和党的基层组织要按照整改方案和整改措施，认真整改。要明确整改重点，确定整改时限，落实整改责任。要坚持边学边改的原则，对那些需要解决又能够解决的突出问题，要集中时间，立即整改。对暂时解决不了的，要向群众作出说明，列出明确的时间表和责任人。整改效果不好，多数群众不满意的，要在上级党组织的监督下，重新进行整改。按照国资委保持共产党员先进性教育活动的要求，由上级党委组织对集团公司保持共产党员先进性教育活动进行群众满意度的测评，多数职工群众不满意的，要及时“补课”。结合整改，认真贯彻落实《中央组织部、国务院国资委党委关于加强和改进中央企业党建工作的意见》，把保持共产党员先进性教育活动中的好经验好做法转化为加强党员教育管理的经常性工作，建立健全基层党组织建设和党员教育管理常抓不懈的工作机制，进一步建立健全有关规章制度，切实巩固整改成果。上述工作结束后，党组织要向党员和职工通报整改情况，接受群众监督，党支部要以适当的方式对优秀党员进行表扬。

根据中央的统一部署，这次先进性教育活动不单设组织处理阶段。对那些不履行党员义务、已不具备党员条件的同志要多做深入细致的思想教育工作，使他们尽快转化为合格的共产党员；对经教育仍不改正、不符合党员条件的要根据党章的有关规定，按照正常程序进行处理。对违纪党员，要按照《中国共产党纪律处分条例》规定，给予纪律处分。对问题一时查不清楚的党员，待问题查清后再根据有关规定进行处理。在保持共产党员先进性教育活动中，要把那些符合党员条件的先进分子吸收到党内来，壮大党员队伍。

集团公司保持共产党员先进性教育活动的做法、经验和需要解决的问题，由先进性教育活动领导小组办公室负责在征求国资委督导组意见的基础上及时报国资委党委保持共产党员先进性教育活动领导小组办公室，先进性教育活动结束后，集团公司党组将及时召开保持共产党员先进性教育活动总结大会，并在20日内把总结报告报送国资委保持共产党员先进性教育活动领导小组。总结报告要注意按中央和国资委的要求总结工作，注意总结集团公司总部保持共产党员先进性教育活动的经验，以指导下半年二级单位保持共产党员先进性教育活动，总结报告要通过集团公司保持共产党员先进性教育活动领导小组的讨论，并经国资委督导组审查同意后，报国资委保持共产党员先进性教育活动领导小组办公室，通过总结工作，进一步提高集团公司保持共产党员先进性教育工作的水平。

五、加强对保持共产党员先进性教育活动的组织领导

保持共产党员先进性教育活动是全党的大事，也是集团公司2005年党建工作的首要任务。集团公司各级党组织要高度重视，统筹安排，精心组织，切实做到把学习实践“三个代表”重要思想作为主线贯穿始终，把学习贯彻党章、党的十六大和十六届三中、四中全会精神贯穿始终，把不断提高党员的思想认识、调动党员的积极性贯穿始终，把加强领导，抓落实、求实效贯穿始终。

（一）突出党组对活动的领导，建立领导责任制

先进性教育活动的领导关系，原则上按照党组织隶属关系确定。集团公司成立集团公司保持共产党员先进性教育活动领导小组（领导小组和办公室的机构设置见附件3），在国资委保持共产党员先进性教育活动领导小组和集团公司党组的领导下开展工作，负责对总部和各工程局（厂）保持共产党员先进性教育活动的指导。集团公司保持共产党员先进性教育活动，党组要全面负责，党组书记是第一责任人，要亲自抓，一级抓一级，层层抓落实。要突出党组对保持共产党员先进性教育活动的领导，将保持共产党员先进性教育活动的各项工作置于党组的领导下，方案的制定、动员报告的起草、活动措施的落实、整改方案的制定、整改措施的落实及上报材料的把关等，均要由党组会议、保持共产党员先进性教育活动领导小组会议研究决定。

（二）建立联系点制度

集团公司党组成员要结合各自分工的实际情况，每人确定1～2个党支部作为联系点，有重点地参加各阶段的活动，帮助联系点查找差距理清思路，解决问题。通过调查研究、督促检查、具体指导、总结经验，使联系点成为保持共产党员先进性教育活动的示范点。

按照国资委党委的要求，各工程局（厂）保持共产党员先进性教育活动均安排在第二批。由于各工程局（厂）党组织关系在地方，因此其保持共产党员先进性教育活动由所在地方党委领导，集团公

司党组协助配合，但要派出巡回检查组，督导二级单位开展保持共产党员先进性教育活动。各工程局（厂）保持共产党员先进性教育活动的实施方案要先报集团公司保持共产党员先进性教育活动领导小组和办公室，审核同意后再报地方先进性教育活动领导小组审批实施。下半年，集团公司党组成员要根据实际情况，每人确定1～2个工程局（厂）作为联系点。

（三）充分发挥领导小组和办公室作用，建立工作责任制

集团公司保持共产党员先进性教育活动领导小组要定期召开会议，研究解决活动中的具体事宜；要加强对总部保持共产党员先进性教育活动的指导，做好协调工作。为更好地推动活动的开展，建立工作责任制，领导小组办公室下设组织组、文秘组、宣传组，负责活动的日常工作，发挥上传下达、统筹协调、掌握动态、反映情况、具体指导和督促检查等作用。

1. 组织组要做好活动开展前的情况摸底和调查，确保不留死角和空白，不漏一人，覆盖面达到100%；负责收集整理活动资料，确保资料质量；负责与国资委保持共产党员先进性教育活动领导小组、督导组、指导组以及总部各党支部的联系，确保活动开展情况沟通渠道顺畅。

2. 文秘组负责起草活动实施方案和相关的文件，确保文件质量。

3. 宣传组负责起草动员报告和编辑活动简报，及时向上反馈信息并指导总部保持共产党员先进性教育活动的开展。

各组之间要加强联系沟通，相互配合，共同做好保持共产党员先进性教育活动的日常工作。

（四）充分发挥党支部作用，建立联络员制度

总部各党支部书记作为直接责任人，要组织好本支部保持共产党员先进性教育的各项活动。要充分调动和发挥好支委会作用，加强日常工作。各党支部要确定一名同志作为联络员，报集团公司保持共产党员先进性教育活动办公室组织组。形成党组负总责，保持共产党员先进性教育领导小组具体负责，党组书记为第一责任人，党支部书记为直接责任人，党员领导干部为骨干，先进性教育活动办公室和联络员为参谋助手的组织网络。联络员要及时反馈本支部活动开展情况，做好信息沟通工作。领导小组要做好对党支部书记和联络员的培训工作。

（五）抓好落实，建立检查制度

集团公司党组、保持共产党员先进性教育活动领导小组将不定期地组织对活动开展情况的检查，通过各种有效方式，了解各支部的活动情况，提出建议，及时总结和推广经验，督促解决问题，防止形式主义，防止走过场。

（六）建立职工群众监督评价制度

保持共产党员先进性教育活动的有关情况要及时向职工群众公布，广泛征求和听取职工群众意见，充分吸收职工群众参与，主动接受职工群众监督，把事关职工群众切身利益和职工群众反映强烈的突出问题，作为先进性教育活动的重点来解决。

（七）加强舆论宣传和引导，建立宣传制度

做好保持共产党员先进性教育活动的舆论宣传工作，在《中国水利水电工程报》和集团公司网站上开辟保持共产党员先进性教育活动专栏，总结经验，指导工作。集团公司网站和报纸要大力宣传保持共产党员先进性教育活动的重大意义，宣传党员和党员领导干部中的先进典型，宣传先进性教育活动的成功经验和实际效果，强化活动效果，使先进性教育活动充分体现时代性和创造性，为先进性教育活动营造良好的舆论氛围。

（八）积极争取国资委保持共产党员先进性教育活动领导小组、办公室、督导组和指导组的指导

要根据《中共中央关于开展以实践“三个代表”重要思想为主要内容的保持共产党员先进性教育活动的意见》的精神和国资委党委的实施意见，结合总部的实际，认真制定好具体实施方案，主要包括总部党员干部队伍的情况分析、要解决的重点问题以及开展先进性教育活动的具体安排、活动方式等，要结合具体情况、突出特点。要积极争取国资委保持共产党员先进性教育活动领导小组、办公室、指导二组和督导四组对集团公司保持共产党员先进性教育活动全过程的指导和帮助，严格按照中央和国资委的文件要求，规范操作，按照督导四组和指导二组的具体要求开展各项工作、按时报送各类材料、及时反馈各类信息，要尊重督导组和指导组的工作，主动向督导组和指导组汇报情况，在重点环节上要请督导组把关。

编者注：文中提及的附件从略。

进一步规范职代会制度，提高企业民主管理水平的意见

（中水电党［2005］13号·2005年2月1日）

一、正确认识新形势下规范职代会工作制度、提高企业民主管理的意义

职工代表大会是企业民主管理的基本形式，企业民主管理是社会主义保障职工当家作主的权力的一项措施。在企业改革不断深入的新形势下，规范职代会工作制度，提高企业民主管理，是全面贯彻党的全心全意依靠工人阶级根本指导方针的重要标志。

职工群众参与民主管理的一个重要内容是民主评议干部。坚持通过职代会形式进行年度评议干部，对于提高职工参政议政的责任意识，保证职工依法行使民主参与、民主决策、民主管理和民主监督的权力，对于加强企业“四好”班子建设、转变干部的思想作风和工作作风、密切干群关系，保证企业重大问题决策的科学性和民主性，推动改革、发展、稳定，将发挥积极的促进作用。

二、落实职代会职权，发挥职代会作用

（一）认真学习贯彻《工会法》，依法行使职代会的基本权力

《工会法》第四章第三十五条规定：“国有企业职工代表大会是企业实行民主管理的基本形式，是职工行使民主管理权力的机构，依照法律规定行使职权。”职工代表大会的性质是由我们国家的性质和职工的主人翁地位决定的，职工参加民主管理的权力是法律赋予的，是企业管理体制的重要组成部分。职代会有下列职权：

1. 落实审议建议权。听取和审议局（厂）长关于企业的经营方针、长远规划、年度计划、职工培训计划等重大事项，提出意见和建议。审议单位重大改革计划和措施、其他按有关规定应当提交职代会审议的事项。按照党政的统一部署实行厂务公开，定期在职代会上公布公开的内容。

2. 落实审议通过权。审议通过企业的工资分配方案、奖金分配方案、劳动保护措施、奖惩办法、改革方案以及其他重要的规章制度。

3. 落实审议决定权。审议决定职工福利基金使用方案和其他有关职工生活福利的重大事项。

4. 落实评议监督权。评议、监督企业各级领导干部，提出奖励和任免的建议。

5. 落实民主推荐权。根据干部管理权限，在上级干部主管部门的组织下，按照有关规定，民主推荐领导干部和后备干部。

职代会职权落实既体现在职代会会议期间，也反映在职代会闭会之后。职代会职权的落实应从两方面进行：一是围绕单位的中心工作确定职代会议题，按期召开职代会，认真征集、处理、落实职工代表提案。落实审议建议权、审议通过权、审议决定权、评议监督权、民主推荐权。二是在职代会闭会期间，认真落实职代会决议，组织职工代表定期对决议的落实情况进行检查，进一步落实各项职权。

（二）加强领导，明确职责，重视和支持民主管理工作

按照《职工代表大会条例》的规定，党委、行政、工会对于职代会工作负有各自重要的工作职责。党委对职代会进行思想政治领导；行政要支持职代会工作，执行职代会依法做出的决定并接受职代会的监督；工会是职代会的工作机构。

党委要重视企业的民主管理工作。一是党委每年至少两次研究职代会工作，在政治原则、政治方向、重大决策上实施领导。二是在职代会制度建立和实施中，引导和教育职工代表中的党员发挥先锋模范作用。三是确立职代会为职工行使民主管理权力的基本形式和基本制度，职代会成为单位管理体制的重要组成部分。四是工会主席代表职工参加或列席党委会、局长办公会及其他有关的重要会议形成制度，源头参与落实到位。五是协调职代会与行政的关系，保证职代会依照法律和有关规定行使职权，独立负责地开展活动。

行政要尊重、支持职工行使民主管理权力。行政组织要正确处理法人代表职权与职工民主管理职权的关系，尊重职工依照法律和有关规定参与民主管理和民主监督。制定和实施支持职工代表大会行使职权和职责的措施。

工会组织作为职代会工作机构应履行工作职责。一是加强对民主管理理论的研究和实践探索。二是按要求做好职代会的各项筹备工作和会议组织工作。三是职代会工作要有计划，有向上级的报告和总结。

四是在职代会闭会期间认真履行职代会工作机构的各项职责。负责职代会的日常工作，检查、督促职代会决议的执行。

（三）完善职代会工作制度，加强组织体系的建设

随着改革的深化和企业的发展，要建立健全《职代会实施细则》、《职代会专门委员会制度》、《民主评议干部制度》、《职工代表团（组）长联席会制度》、《职代会档案管理制度》等等，为职代会在领导体制、组织制度、工作程序等方面提供可操作性的基础和依据，促进职代会工作制度化、规范化。要建立健全职代会组织体系。职工代表要按照代表的产生比例、条件进行民主选举。每年对职工代表进行专门培训，培训率要达到95%以上。职工代表要明确权力，认真履行职责，具有全局观念，正确代表职工的利益。要定期评议职工代表，帮助职工代表改进工作。要评选表彰优秀职工代表和优秀提案形成制度。要及时通过民主程序罢免和替换不能履行职责的代表，对代表的缺额及时补充。职工代表数量完整、素质达标，是职代会组织体系基础完善的标志。

职代会工作机构——包括职代会召开期间的大会主席团、职工代表团（组）、职代会专门委员会、二级民主管理组织机构等，要根据职代会工作内容，结合各单位的实际建立和完善。

（四）加大民主管理力度，充分发挥职代会的重要作用

要继续坚持和发展以职工代表大会为基本形式的职工民主管理制度，要在健全、完善和创新上下功夫，认真落实职代会的各项职权，要坚持做到：凡属职代会职权范围内的问题，必须提交职代会审议、通过或决定；企业重大改革、改组、改制方案，不经职代会审议不应实施；企业裁员、再就业、分流安置等涉及职工切身利益的重大方案，未经职代会审议通过的不应执行；对涉及职工切身利益重要方案的通过，宜采取无记名投票方式表决，赞成票必须达到全体职工代表的半数以上方为有效；积极探索现代企业制度下职代会的工作方式，公司制企业要积极推行职工董事、职工监事制度，促进企业法人治理结构的完善。要不断充实和丰富职代会的内容，完善职代会制度，努力使之与股东大会、董事会、监事会相互并存，和谐运作，各自依法履行职责，在企业新体制中发挥各自优势。要正确处理职工民主管理与企业负责人依法管理的关系，既要尊重维护职工的合法权益，发挥职工民主管理和监督的积极作用，也要尊重维护出资人权益，支持企业负责人依法行使经营管理权力，发挥企业负责人对企业改革、发展的关键性作用。

要进一步加大厂务公开的工作力度。各级工会要在党组织的领导下，与纪检、人事等部门通力合作，积极主动地承担起厂务公开的日常工作。要进一步规范厂务公开的内容、程序和方式，把解决企业的难点和职工关心的热点问题作为厂务公开的重点，进一步扩大公开的范围，在公开的质量上下功夫，保证公开的真实性、及时性和实效性，使之真正成为职工参与民主决策、民主管理、民主监督的重要渠道。

三、结合实际，规范创新，坚持职代会民主评议领导干部制度

民主评议领导干部是职工群众参与民主管理的一个重要内容，是落实职代会对领导干部的民主监督权、维护职工合法权利的重要手段，有利于促进党风廉政建设和班子建设，有利于企业的改革、发展、稳定。

（一）加强领导，形成组织保证

一是要建立工程局（厂）级及其二级单位“职代会民主评议领导干部工作委员会”，由局（厂）党委统一领导，由职代会民主评议领导干部委员会具体负责实施。各基层单位的民主评议领导干部委员会，在局民主评议领导干部委员会的指导下开展工作，形成系统的工作体系。二是每年局（厂）职代会要听取职代会民主评议领导干部工作情况报告。局（厂）党委坚持要定期听取工作汇报，指导工作，研究和解决评议中存在的问题。要做好对评议结果的处理，照章办事，不徇私情，不走过场。

（二）规范运作，明确评议程序，保证评议质量

1. 坚持规范运作。要规范评议程序，做到评议的客观性。评议要按以下程序进行：制定方案、思想动员、被评议的领导干部作工作述职和廉洁情况述职、组织评议、评议票的整理统计、评议工作总结、材料上报、向职代会报告工作、评议结果处理、向单位职工公开评议情况。

2. 坚持评议结果的处理。要把领导干部评议和领导干部的使用结合起来。要根据领导干部年度考核测评“优秀、称职、基本称职、不称职”的规定，确定被评议领导干部的分类。对评议为“优秀”的领导干部给予表彰。对当年评议中后两类相加达到40%，或不称职率达到20%的领导干部，要分别建议有关方面领导对其进行戒勉谈话。评议中不称职率达到25%的，经组织人事部门考核后，确属不称职的，按有关规定解除其领导职务。对连续两年评

议中后两类相加达到40%，或不称职率达到20%的领导干部，经组织人事部门考核后，确属不称职的，要建议调整其工作或免去其领导职务。

（三）建立制度，形成工作机制

民主评议领导干部是一项长期性的工作，要加强制度建设，保证民主评议领导干部工作全面落实。要制定《民主评议领导干部工作实施意见》等，对评议的原则、内容、形式、方法、程序、组织领导等进行规定，使民主评议工作基本做到有章可循，有法可依。

四、关于规范职代会制度、做好评议领导干部工作的要求

（一）加强组织领导，落实工作职责

规范职代会制度，加强民主管理，做好职代会评议领导干部工作，是企业党组织、行政和工会共同的任务。各单位要通过党政联席会或党委会，专题研究《意见》精神，结合本单位实际制定工作方案，落实此项工作任务。要形成党委领导和支持职工民主管理，行政尊重和保证职工民主管理，工会重视和组织职工民主管理的工作格局，使党政工各司其职、各尽其责、相互协调、相互配合，共同把工作落到实处，从根本上加强企业的民主管理。

（二）做好动员发动工作

职代会的主体是职工代表，职工代表在规范职代会制度，民主评议领导干部工作中，要发挥重要作用。各单位要广泛宣传规范职代会工作制度、提高企业民主管理的意义；广泛宣传职代会制度在基层民主建设中的重要作用；调动职工代表和广大职工积极参与民主管理。要把组织发动与对职工代表民主管理知识的培训和民主意识的提高结合起来，为职工代表与职工群众评价职代会、评议领导干部做准备。

（三）要做好自检自查总结工作

各单位党委要对领导职代会的工作自检自查。行政要对支持职代会的工作自检自查。职代会工作机构——工会组织要对职代会日常工作、职工权益源头维护工作自检自查。职工代表要对职代会作综合评价。党委、行政、工会领导必须将自己在职代会方面的工作向职工代表报告，使职工代表在了解情况的基础上进行评价。必须明确，工程局（厂）和所属二级单位必须按期召开职工代表大会，对未坚持按期召开职代会，工作制度不健全，工作机制不完善，工作程序不到位，要加强整改工作，切实规范职代会制度。

（四）做好年终评议领导工作

各单位要在2005年职代会前做好2004年评议领导干部工作。要加强组织领导，规范运作程序，保证评议质量。要把评议工作与加强班子建设结合起来，与党风廉政建设结合起来，与干部的任用结合起来。通过民主评议领导干部，切实转变思想作风和工作作风，为企业改革、发展、稳定提供坚实的保证。

（五）各单位要将规范职代会制度情况、职代会召开情况和对局（厂）级班子民主评议情况及时上报集团公司人力资源部、集团公司工会工作委员会。

关于进一步加强和改进新形势下中国水利水电建设集团公司共青团和青年工作的意见

（中水电党 ［2005］ 20号·2005年3月10日）

各工程局（厂）党委：

根据共青团中央下发的《关于加强和改进共青团工作的意见》（中团发［2002］2号）、国务院国有资产监督管理委员会党委和共青团中央联合下发的《关于国资委监管企业共青团工作有关问题的通知》（国资党发群工[2003]6号）文件精神和《团章》的有关规定，结合集团公司的实际情况，现就进一步加强和改进集团公司共青团和青年工作提出如下意见：

一、制定下发《意见》的意义

共青团组织是党的助手和后备军，是党联系青年的桥梁和纽带，是企业“三个文明”建设的生力军和突击队。在团结、教育、引导青年，充分调动和发挥青年的积极性、主动性和创造性，推动企业生产经营中发挥着越来越重要的作用。

近年来，集团公司的发展进入了快速、持续的轨道，各工程局（厂）年产值、承揽合同额，以及劳动生产率、产值利润率、职工人均收入等重要经济指标连年刷新，不断创造历史新高。2002年，我们成立了集团公司，在内部体制上迈出了一大步。这些都为我们的大发展提供了必不可少的内部条件。分析内外形势，我们得出的结论是，本世纪的头十年是集团公司的重要战略机遇期，因此集团公司提出了实现跨越式发展的目标。对集团公司而言，跨越式发展是指集团公司要抓住前所未有的新机遇，在一些重要的发展阶段、发展内容和发展速度上实现加速发展，为建设具有国际竞争力的大型企业集团奠定基础。集团公司跨越式发展的战略体现了科学发展观、正确的政绩观和科学的人才观，同时也是一项系统工程，实现这些跨越，必须站在全局和战略的高度抓住重点，带动全面，才能收到好的效果，这是十几万水电人多年来的夙愿，也是历史交给青年一代的一项极其光荣的任务。特别是2004年，集团公司完成企业总产值244.5亿元，新签工程合同额383.2亿元，全员劳动生产率20万/(人·年)，实现利润1.56亿元，实现了国有资产的保值增值。2005年工作会提出要用科学发展观统领全局，以转变增长方式、提高企业经济效益为中心，加快改革步伐，增强可持续发展能力，推进跨越式发展。这就要求我们把握好企业大发展的良好机遇，用发展的成就鼓舞青年，以更高的目标激励青年，在实现跨越式发展的进程中发挥青年的生力军和突击队作用。同时，也对共青团组织在深化企业改革、建立现代企业制度和实现跨越式发展中培养适应需要的人才提出了新的任务和课题，为团组织服务“人才强企”战略提供了新的舞台。

当前，集团公司系统青年队伍的构成发生了深刻变化。过去80%以上的团员青年来自于招工、接班、技校毕业和复转军人。随着企业市场化进程的加速，职工队伍人数呈负增长的态势，新增青年主要是大中专毕业生和少部分复转军人，团员数量骤减。随着队伍结构的变化，青年的文化层次有很大程度的提高，由过去以工人为主转变为以各方面的经营技术管理人员和高素质的工人为主，青年的知识结构由单一趋于多元化，接受再教育和再培训的比例逐年增加，整体素质明显提高。青年的思想更加活跃，认识上更强调个性发展和自我价值的实现，共青团和青年工作的方式方法也随之发生了较大变化。

目前，集团公司青年职工接近职工总数的二分之一，青年已成为集团公司职工队伍的重要组成部分，青年工作是一项关系企业持续健康和长远发展的重要工作。为了全面推动集团公司共青团和青年工作，适应跨越式发展和新形势下青年工作的新特点，集团公司各级党委、行政要从党的事业薪火相传、后继有人和实现集团公司跨越式发展的战略高度重视和加强青年工作，领导和支持共青团组织充分发挥作用，实现共青团和青年工作创新发展，使集团公司系统的共青团和青年工作更符合集团公司和各工程局（厂）的实际需要，带领和引导团员青年认清形势和任务，统一思想，振奋精神，积极投身到集团公司改革、发展的实践中来，为推动集团公司跨越式发展目标的顺利实现做出贡献，制定下发本意见具有重要意义。

二、集团公司共青团和青年工作指导思想和主要任务

今后一个时期，集团公司共青团和青年工作的指导思想是：以邓小平理论、“三个代表”重要思想和党的十六大精神为指导，认真贯彻落实团的十五大和中央企业共青团工作会议精神，按照集团公司党组和中央企业团工委的要求，紧密围绕企业生产经营、改革发展和队伍建设，围绕跨越式发展战略目标，坚持结合实际、明确定位、发挥作用、体现特色、努力创新的思路和服务大局、服务企业、服务青年的原则，充分发挥团员青年的积极性和创造性，努力为集团公司深化改革、转变经济增长方式、推进跨越式发展和建设具有国际竞争力的大型企业集团的目标做出贡献。

按照指导思想的要求，集团公司共青团和青年工作的主要任务可以概括为“一条主线”、“三项工程”和“两个体系”。“一条主线”是：共青团工作要围绕企业的改革、发展和生产经营的中心工作，开展好具有青年特点和共青团特色的活动，推动企业持续健康快速协调发展。“三项工程”是：“青年人才工程”、“号手工程”和“创新创效工程”。“两个体系”是：团组织建设的保障体系和服务青年的保障体系。各级团组织必须紧紧抓住经济建设这个中心不放，围绕企业改革、发展的大局，寻找与共青团工作最佳的结合点，在企业改革、发展的关键阶段，扎实推进“三项工程”，抓好“两个体系”建设，把青年的热情、干劲和创造力最大程度地调动起来，发挥出来。通过抓住“一条主线”，推动“三项工程”，建设好“两个体系”，进一步加强和改进集团公司共青团和青年工作。

三、“三项工程”建设的主要内容

（一）“青年人才工程”建设

人才问题是关系企业发展的关键问题。企业应对越来越激烈的市场竞争，关键在人才；转变经济增长方式、实现跨越式发展，关键在人才。企因人兴、企因人衰，从某种意义上说，一个企业的长远发展取决于青年人才的数量和质量。大力开发青年人力资源，培养和造就青年人才大军，是共青团服务经济建设的有效途径，也是优势所在。各级团组织要按照企业的发展战略来制定青年人才规划，特别是注重培养青年人才队伍，为发展提供支撑力。集团公司系统目前最为紧缺的是四类人才：复合型的技术管理带头人；具有国际工程经验和能力的国际型人才；高素质的项目经理、技师、工段长；复合型的政工干部。人才工程是一个系统工程，共青团组织要协助党政组织做好青年人才工作，要形成青年人才的吸引、评价、培养、激励和约束机制，营造青年成才的良好氛围。团组织抓好“青年人才工程”建设的对象主要是青年职工，特别是大中专毕业生，要把握青年的需求，提供切实有效的服务，做好“拴心留人”工作。要认真学习贯彻全国人才工作会议和国资委人才工作会议精神，自觉服从和服务于经济建设的大局，鼓励青年主动走向企业改革、发展的第一线，积极参与生产经营管理的各个环节，充分发挥团员青年的生力军和突击队作用。在实施“人才强企”战略中，要在广泛凝聚青年人才上下功夫，继续以独特的优势吸引大批青年人才，围绕中心工作发挥作用。团组织的工作重点是服务青年职工成长成才，特别是做好吸引、留住、培养大中专毕业生的工作，使大中专学生能够吸引进来，安心工作，健康成长，要防止人才流失，避免人才出现断层。通过坚持实施“青年人才工程”，为企业积蓄财富，创造人才辈出、人尽其才的发展环境。

（二）“号手工程”建设

“争创青年文明号、争当青年岗位能手”活动是共青团组织服务生产经营的有效载体和品牌活动。共青团组织在深化“号手”活动的过程中，要紧紧跟上企业改革、发展的步伐，在保持以往行之有效方法的基础上，坚持“活动中育人”的原则，突出项目和岗位两个载体，在稳步推进中不断取得新成果，使“号手”活动保持健康发展的态势。要以项目为载体，围绕急、难、险、重、新的生产任务开展形式多样的活动，着重提高队伍自身的管理水平、施工能力、全员劳动生产率，降低成本，通过优质的工程和良好的服务来展示企业形象，体现水电施工企业服务社会的方向。在岗位技能培养上要强调一岗多能、一专多能，激励青工自觉钻研业务、自觉提高岗位技能，把岗位成才和岗位建功有机结合起来。要逐步形成从申报、考核、评价到激励的完整的、科学的“号手”活动机制。要结合实际，继续开展好以项目为载体的青年突击队活动，把青年文明号和青年突击队活动结合起来，使这一传统形式对项目施工和管理发挥更大的作用。要结合青年文明号、青年突击队活动，开展好“安全生产月”活动，把安全生产活动纳入“号手”活动的评选之中，引起高度重视。同时，我们要意识到，推动“号手工程”的有效开展不能仅仅依靠共青团组织的力量，党组织、工会组织和项目党政领导要支持此项活动的开展，明确“号手工程”是项目共青团和青年工作的重要内容，要通过抓典型和召开现场会等形式推动“号手”活动。

（三）“创新创效工程”建设

“创新创效”活动是培养青年职工创新意识和创效能力的有效手段，是共青团组织推动企业科技进步和效益提高的有效实现形式。各级团组织要以创新为手段，以创效为目的，做好与青年岗位相关的技能和知识培训，特别是为青年职工开展岗前适应性培训和岗位强化性培训，引导青年职工开展岗位练兵、技术交流、QC 小组、五小成果竞赛等活动，着力推动青年职工素质提高，这是增强“创新创效”活动后劲、扩大青年参与面的一项重要的基础工作。要针对工程建设的实际，通过深入开展管理创新和技术创新活动，在新设备的应用、新工艺的开发及管理方式的革新等方面，开展攻关研讨，不断提高工程质量，降低工程成本，提高企业的利润水平，增强企业应对市场竞争的综合实力，在项目规模增长的同时实现效益提高。各级团组织要主动争取有关职能部门的支持和配合，突出强调活动的实际效果，并组织好“创新创效”成果展示活动，宣传在活动中取得的优秀成果，促进成果转化为生产力。

四、“两个体系”建设的主要内容

（一）共青团组织建设的保障体系

集团公司临时团委的成立，为加强和改进集团公司共青团和青年工作创造了条件，要进一步明确集团公司团组织的领导关系，形成工作机制，积极开展工作。集团公司临时团委受集团公司党组和上级团组织的双重领导，以集团公司党组领导为主。临时团委的日常工作由集团公司党群工作部归口管理。各级党政组织要为团的建设创造良好的政策环境和必要的外部条件，主动关心、支持共青团组织的工作，为共青团组织开展活动创造条件。

——要切实加强团干部队伍建设。各级党组织要把共青团作为培养年轻干部的重要基地，加强团干部队伍建设。要抓好团干部的选拔工作，各级党组织要做好对团干部的考核工作，团干部的选拔和配备应由同级党组织负责考察、提名，在征求上级团组织的意见后，按照合理、精干、高效的原则和德才兼备的标准，把作风好、热情高、有能力、在团员青年中有一定威信的优秀青年选拔到团的岗位，经受实践锻炼，并切实解决团干部的各项政治经济待遇，努力培养和建设一支高素质的团干部队伍。各工程局（厂）必须配备团委书记，并可根据工作需要配备副书记，35岁以下青年职工在1000人以上或团员在500人以上的企业，应设置专职团干部（如团委书记为兼职，则应设置专职副书记或干事）。要按照《团章》的规定，抓好工程局（厂）团委的班子建设，按时召开团代会。

——要切实加强团的基层组织建设。基层组织建设是共青团全部工作和战斗力的基础。只有把团的基层组织建设好，才能够增强共青团的吸引力、凝聚力和战斗力，才能团结带领青年去实现我们的奋斗目标。要突出强调共青团和青年工作重心下移的重要性，注重全面提高团支部的活力；要加强松散团支部的整顿和重建，解决个别基层单位团建空白或长期不开展活动的现象，逐步探索新形势下加强基层组织建设和改进运行机制的有效途径，有条件的单位可以成立青年工作处或青年工作委员会，拓展团的工作领域；要合理调整和设置团的基层组织，不断改进工作方式方法，以活动求活跃，不断增强团组织的活力；工程项目上要建立健全团的组织，无论兼职与否，一定要有人抓、有人做共青团和青年工作，做到组织健全、干部得力、活动正常开展；要继续开展“五四红旗团委”创建活动，形成团组织正常的工作机制，推进基层团组织建设和工作的制度化、规范化、科学化。

（二）服务青年的保障体系建设

服务青年是共青团工作的重要任务之一，共青团的各项工作和活动要体现以人为本的理念，通过为青年提供切实有效的服务，来提高团组织的吸引力、凝聚力。

——为团干部的健康成长提供服务。一要抓好团干部培训工作，全面提高团干部的素质。要按照培养复合型人才的要求，注重团干部的培养，坚持进行政治立场、理想信念教育，组织团干部学习马列主义、毛泽东思想、邓小平理论、“三个代表”重要思想及团务知识和经济知识，努力提高团干部的综合素质，实现由单一政工型向复合型干部转变。各级团干部的培训要纳入党政干部培训序列，积极选送优秀团干部到党、团校或其他培训部门进行基本理论、岗位知识和实践能力的培训；选送部分团干部到党务、行政和技术部门或生产一线挂职锻炼，促进团干部早日成才。二要抓好团干部的转岗工作。要逐步健全团干部转岗输送机制，积极为团干部的转岗创造机会和条件。党政领导要为团干部的成长和担当重任创造条件，把经过团的岗位锻炼，思想作风硬、业务能力强、工作业绩好的团干部安排到其他关键、重要的岗位再经受实践锻炼，使共青团真正成为为党组织输送干部的重要基地。三是广大团干部要以只争朝夕的责任感和紧迫感，勤于实践，勇于创新，在实践中特别是艰苦的环境中锻炼成长，要自觉加强学习、改进作风、知难而进、开拓创新，为企业的经济发展和各项事业做出更大的贡献。

——为青年成才提供服务。要在优化青年成才的机制上下功夫，与工会、人力资源部门共同研究激励青年成长的机制，实施“青工技能振兴计划”，在青年中倡导学习型组织建设活动，积极组织开展青工技能大赛、技术比武、岗位练兵和导师带徒等活动。要争取社会劳动保障部门的支持，鼓励青年职工积极参与技师和高级技师的考试。既要在工作上给青年压担子，通过组织教育培训等方式为青年提供锻炼机会和空间，也要在生活上关心他们，为青年排忧解难，通过召开见面会、联谊会等有效形式，切实关心青年的工作和生活，保持青年人才队伍的稳定。同时，也要鼓励青年自学成才，积极引导青年根据企业需求和个人发展方向，开展职业生涯设计，引导青年在企业发展中找准位置，早日成才。

——各级工会组织要支持青年职工参与民主管理和监督，职工代表大会中青年职工代表应保证适当比例，团委书记应是职代会主席团成员，以便代表广大青年职工参与企业民主管理和监督，并及时了解企业有关重大事项，有针对性地开展好共青团和青年工作。

五、加强对共青团和青年工作的领导和支持

团的建设是党的建设重要组成部分，各级党组织一定要站在事关企业前途命运的战略高度，进一步加强和改进对共青团工作的领导，要站在巩固党的群众基础，增强党的生机与活力，确保事业薪火相传、后继有人的战略高度，充分认识新时期加强“党建带团建”工作的重要性和紧迫性，采取切实有力的措施，把青年工作抓好。

各级党组织要把团的建设作为党建工作的重要组成部分来抓，列入党委的重要议事日程，做到同规划、同安排、同落实、同考核。在改革和发展过程中，党政组织要及时关心和协调团组织的机构设置、班子配备、人力物力的保障，理顺团组织与职能部门之间的关系，支持和帮助团组织解放思想，实事求是，创造性地开展工作，进一步发挥团组织联系广大青年的桥梁和纽带作用，发挥共青团员和青年在生产经营中的主力军和突击队作用。党政领

导要有专人分管共青团和青年工作，并定期听取共青团组织的工作汇报，定期研究共青团和青年工作中存在的问题，一般每年不少于2次。各级行政组织要为团组织开展工作提供必要的经费，根据35岁以下青工数，一般按照每人每年不少于20元的标准拨给经费，日常计划内开支由团组织按照财务制度管理使用。团的专项大型活动和团代会所需经费，可由行政拨付专项经费解决。

各级共青团组织要自觉遵照党政组织的要求，配合党政组织的工作安排，积极开展有共青团特点和青年特色的活动，认真开展“推优”工作，充分发挥党的助手和后备军作用。要按照“三个代表”重要思想的要求，认真履行职责，不断加强自身建设，改进工作方式方法，加强与党组织、工会组织和各职能部门的联手工作，促进企业改革、发展和稳定，服务青年成长成才，团结带领广大团员青年，为集团公司跨越式发展作出更大的贡献。

中国水利水电建设集团公司党风廉政建设责任制考核评价办法

（中水电党［2005］45号·2005年5月12日）

为做好集团公司党风廉政建设各项责任目标落实情况的考核工作，依据公司党组《贯彻实行党风廉政建设责任制的实施细则》和《中国水利水电建设集团公司党风廉政建设责任书》（以下简称《责任书》），制定本考核评价办法。

一、考核对象、期限

考核对象为与集团公司签订《责任书》的工程局（厂）。以公历年为考核期。

二、方法和说明

（一）在各单位自查的基础上，集团公司党组组织检查考核。

（二）在《责任书》执行期限内发生、发现的案件和问题，属于考核范围，但只考核一个年度。由本单位主动发现、查处，并按规定上报集团公司备案的案件和问题，考核时不扣分。

（三）领导干部离任后，发现其在原单位发生的问题，属于考核范围。

（四）考核评分标准中，涉及的有关材料以原始的、书面的资料为依据，否则扣分。

（五）由于实行责任追究而受处罚的领导干部，除本人另有严重违纪或违法问题外，不再计入考核范围。

（六）出现加重扣分条件时，该单项考核时不再扣分。

（七）考核评分表（见附件2）中涉及二（二）、（三）、（五）、（六）方面内容，发生多起的，可重复扣分，累计扣分可以超出本栏设定的分值。二（九）分值最高分为5分，累计得分不超过5分。

其他方面，累计扣分以本栏设定分值为限，扣完为止。

三、加重扣分条件

有下列一种情况的，分数降15分；有下列两种情况的，分数降30分；有下列三种情况的，考评为不合格。

（一）领导体制、工作机制不健全或领导小组未开展工作或责任书未层层签订或配套制度不完善的。

（二）本级领导班子中第一责任人有严重违纪或违法的。

（三）下一级单位、部门领导班子的正职有2人（含）或下一级领导班子成员中有4人（含）以上严重违纪或违法的。

（四）本级领导班子成员失职、渎职给企业、国家造成巨大经济损失的。

（五）违反“三重一大”民主决策程序，给企业带来严重后果的。

（六）本单位发生影响政治稳定或重大经济、质量、安全事件，被国家级新闻单位曝光，且造成严重后果的。

（七）有两起（含）以上案件和问题，该追究责任而未追究的。

（八）违反集团公司《所属企业负责人年薪制暂行办法》（中水电人［2005］24号）第十五条规定的。

四、考评成绩确定及奖惩

（一）考评得分由考核得分加自评得分加测评得

分折合成百分制组成。公式为：考评得分＝100×（考核得分＋自评得分＋测评得分）/250。考核及自评分值满分为100分，测评分满分为50分，测评问卷内容另行制定，考核时直接发给职工。最终考评得分90分（含）以上者为“优秀”；80分（含）以上未满90分者为“良好”；65分以上未满80分者为“合格”；不满65分者为“不合格”。

（二）党风廉政建设责任制考核评价结果及兑现奖惩。1. 对单位第一责任人年度经营业绩考核，按照公司《所属企业负责人年度经营业绩考核暂行办法》（中水电财［2005］9号）相关规定执行。2. 兑现奖惩：按照公司《所属企业负责人年薪制暂行办法》（中水电人［2005］24号）中的年薪计算办法确定。3. 成绩评定为“不合格”时，除经济处罚外，取消单位和第一责任人一年的评先资格，并对其进行责任追究。

编者注： 文中提及的附件从略。

集团公司先进党组织、优秀党员和优秀党务工作者评选实施方案

（中水电党［2005］51号·2005年5月30日）

为贯彻落实《中央组织部、国务院国资委党委关于加强和改进中央企业党建工作的意见》（中办发［2004］31号）文件精神，形成集团公司各级党组织和广大党员创先争优的长效机制，结合集团公司的实际，特制定本方案。

一、指导思想

坚持以邓小平理论和“三个代表”重要思想为指导，以提高执政能力为重点，以保持共产党员先进性为核心，以改革创新为动力，全面加强集团公司党组织建设，增强党组织的创造力、凝聚力、战斗力，发挥党员的先锋模范作用，塑造党组织和广大党员与时俱进、求真务实的新形象，使党组织真正成为贯彻“三个代表”重要思想的组织者、推动者和实践者，建立党组织创先争优的长效机制，通过定期推荐表彰集团公司先进党组织、优秀党员、优秀党务工作者，调动各级党组织和广大党员、党务工作者的积极性、创造性，掀起学先进、赶先进的热潮，为推动集团公司跨越式发展，转变经济增长方式，实现具有国际竞争力的大型企业集团的战略目标提供坚强的组织保证。

二、评选条件

（一）先进党委、党工委的评选条件

先进党委、党工委应能结合实际出色地完成《党章》、《中央组织部、国务院国资委党委关于加强和改进中央企业党建工作的意见》赋予的各项基本任务，在本单位党组织工作中处于先进行列。

1. 领导班子建设好。党政领导班子团结，坚持和落实各项工作制度，发展思路清晰，任务目标明确，措施得力，较好地完成了工程局（厂）下达的主要经营指标，取得了较好的经济效益和社会效益。民主集中制坚持好，坚持发挥党组织的保证监督作用，发扬党内民主，坚持“三重一大”问题集体讨论决定，坚持领导班子民主生活会，认真开展批评与自我批评。党风廉政建设好，各项党风廉政建设规章制度健全，任务落实，层层签订党风廉政建设责任书，考核成绩优秀。

2. 党建工作机制好。建立健全党委工作机制和例会制度，健全工作安排和检查制度，落实党建工作责任制。党建工作思路清晰，任务、目标、责任明确，做到定期检查，半年有书面总结，年终有自检总结。健全中心组学习制度，做到年初有计划安排，学习有专题、有重点、有准备，能够结合实际确定中心发言人，坚持考勤、记录，理论联系实际，有学习论文或心得体会。

3. 党支部作用发挥好。不断加强党支部建设，发挥党支部的战斗堡垒作用，不断加强党员队伍建设，党员目标管理和民主评议党员工作扎实，富有成效；积极开展党员教育活动，围绕生产经营大力开展“党员先锋工程”、“共产党员示范岗”、“创先争优”等活动，充分发挥党员的先锋模范作用，认真做好发展党员工作，积极培养入党积极分子，加强对“推优”工作的领导。

4. 思想政治工作开展好。围绕改革、发展、稳定加强调查研究，定期分析职工思想动态，思想政治工作取得良好成效。

5. 精神文明建设好。坚持“两手抓、两手都要

硬”的方针，加强对精神文明建设的领导，文明单位建设成果得到巩固发展，“三创建”活动取得显著成效，被评为工程局（厂）以上文明单位。

6. 群团工作开展好。党委重视和支持群团工作，定期召开会议研究工会和共青团工作，工会、共青团工作能围绕生产经营中心开展卓有成效的活动。

（二）先进党支部的评选条件

1. 党支部班子好。充分发挥党支部的战斗堡垒作用，党支部班子健全，党支部书记素质高、胜任工作，领导班子朝气蓬勃，奋发有为，坚强有力，团结务实，廉洁勤政，能发挥领导核心作用，得到党员肯定，受到群众的拥护。党支部一班人热爱党的工作，认真钻研并熟练掌握党建工作知识，认真执行上级党组织的决议，落实上级党组织的工作部署，不等不靠，结合本单位实际，创造性地开展工作，使本支部党建工作充满生机与活力。

2. 党员队伍好。充分发挥党员的先锋模范作用，党员能立足本职工作，在学习、工作、团结、遵纪、精神文明等方面作用突出，得到上级组织和广大群众的肯定。能够着眼于保持党的先进性和纯洁性，根据形势任务变化和党员队伍变化的实际，积极探索党员队伍建设的新路子。不断改进党员教育管理的内容和方式、方法，做好新党员发展工作。党员队伍的年龄、文化结构合理。党员的先锋模范作用得到较好发挥。

3. 活动开展好。党支部对党的工作重视程度高，把党建摆上了工作的重要位置，定期研究党的思想、组织、作风建设等问题，提出意见，抓好落实。党支部的工作能紧密联系本单位实际，体现时代性、把握规律性、富于创造性，充分调动党员的积极性和创造性，紧紧围绕本单位的改革发展和生产经营的中心工作开展具有自身特色的活动，能精心设计有效载体，并在促进本单位完成各项任务中作用突出。

4. 制度建设好。能做到工作制度化、规范化、日常化；坚持党要管党、从严治党的方针，认真贯彻落实《党章》、《中央组织部、国务院国资委党委关于加强和改进中央企业党建工作的意见》的规定，建立健全党支部工作制度，严格规范组织生活，党的思想建设、组织建设、作风建设、廉政建设各项制度健全落实，能有效地对党员进行监督。

5. 发挥作用好。党的工作责任制落到实处，党支部积极主动承担党建工作的职责，党建工作责任人的职责落到了实处。结合本单位业务工作的实际，在工作中充分发挥党支部的战斗堡垒作用和党员的先锋模范作用。

（三）优秀共产党员的评选条件

模范执行《党章》对党员的各项要求，在工作、学习和社会生活中发挥先锋模范作用，为党员和群众公认，做到“五个模范”、“两高两好”：

1. 刻苦学习的模范。要通过刻苦学习，扎扎实实地提高实践“三个代表”重要思想的自觉性和本领。要自觉学习马克思列宁主义、毛泽东思想、邓小平理论和“三个代表”重要思想，学习党的基本理论、基本路线、基本纲领和各项方针政策。学习党的知识，学习党章规定的党员八项义务和党员领导干部六个基本条件，牢记党的宗旨，增强党性观念，树立正确的世界观、人生观和价值观，树立共产主义理想和社会主义信念，树立全心全意为人民服务的宗旨，做到真学、真懂、真信、真用，通过学习和实践，做到“高觉悟”。

刻苦学习本职工作需要的业务知识，学习法律、科学、文化、社会、历史等方面的知识，学习现代科技知识，学习提高自身业务工作水平的相关知识，刻苦钻研业务，努力提高工作水平和自身素质，成为本职工作的行家里手，提高工作质量和工作效率。在工作实践中学习，要勤于思考，勇于实践，解放思想，转变观念，善于总结经验，理论与实际相结合，在建设学习型组织、争当知识型员工中争当先锋，通过刻苦学习、钻研业务，勇于实践，做到“高技能”。

2. 勤奋工作的模范。要立足本职工作和岗位，在本单位的改革、发展、稳定的各项工作中发挥先锋模范作用，要有强烈的事业心和责任感，把自己的理想信念和实际工作结合起来，有敬业精神，吃苦在前，享受在后，克己奉公，多作贡献。在工作中，要善于学习，勤于思考，具有强烈的创新精神，与时俱进，创造一流的工作业绩。工作认真负责、工作效率高、质量好，成为本单位、本部门的工作骨干，得到群众的公认。

党员要通过刻苦学习和勤奋工作，努力成为“忠诚事业、忠诚企业、爱岗敬业、岗位成才”职业道德观的模范；成为“做实、做新、做大、做强”集团公司的骨干；成为“学习型、管理型、服务型、效能型、廉洁型”员工的表率，做到“好业绩”。

3. 发扬党的优良传统和作风的模范。要发扬党的谦虚谨慎、艰苦奋斗的优良作风，坚持“两个务必”，坚持勤俭办一切事情，不铺张浪费。树立共产党员的良好形象。要发扬实事求是、求真务实的优良作风。工作中办实事、求实效，不搞形式主义。要发扬努力创新、与时俱进的优良作风，不断解放思想、转变观念，不断破除僵化陈旧的观念，工作中有新思路、新举措、新成果，创造性地做好各项工作。要发扬遵纪守法的优良作风，自觉遵守党的政治纪律、组织纪律、工作纪律、群众纪律，遵守国家、上级和集团公司廉政建设的有关规定，做到清正廉洁。要发扬团结协作的优良作风，具有强烈的团队精神，不但要搞好本单位同志之间的团结，还要搞好外部的团结，共同做好工作。要发扬批评与自我批评的优良作风，勇于揭露和纠正工作中的缺点、错误，坚决同消极腐败现象作斗争。通过坚持和发扬党的优良传统和作风，做到“好作风”。

4. 联系群众的模范。牢记全心全意为人民服务的宗旨，坚持党的群众路线，密切联系群众，做群众的贴心人，维护群众的正当利益，遇事同群众商量。要有强烈的服务意识和为员工群众服务的责任观念，转变工作作风，积极为基层和群众提供优质服务。

5. 精神文明建设的模范。发扬社会主义新风尚，努力实践《公民道德建设实施纲要》，按照创建文明单位的要求，积极参加各项创建活动，积极参加社会公益活动，积极参加有益身心健康的文化体育活动，杜绝“黄、赌、毒”行为；积极参加党组织的各项精神文明建设活动，在精神文明建设活动中发挥模范作用。

高觉悟：树立共产主义的理想信念，实践马列主义、毛泽东思想、邓小平理论、“三个代表”重要思想，做到真学、真信、真用。

高技能：就是要刻苦学习业务知识，努力实践，成为本职工作的行家里手。

好作风：就是要吃苦耐劳，团结同志，求真务实，廉洁奉公。

好业绩：就是党员在本职工作中要做出一流的业绩。

（四）优秀党务工作者的评选条件

要有坚定的理想信念，自觉学习实践邓小平理论和“三个代表”重要思想，坚定共产主义理想和中国特色社会主义信念，站在改革、发展的前列，积极谋划和推进改革，加快发展；树立科学发展观和正确的政绩观，用科学发展观来指导工作，形成符合实际的工作思路；要有适应社会主义市场经济的能力，解放思想，转变观念，与时俱进，具有强烈的开拓创新精神，能创造性地开展工作，有与自己担负的职务相符合的能力和素质；要有求真务实、联系群众、扎实工作、廉洁守纪、团结协作的作风。

在优秀党员条件的基础上，努力实践“三个代表”的重要思想；坚决贯彻执行党的基本路线，热爱、熟悉党务工作，积极探索社会主义市场经济条件下党务工作和思想政治工作的方式方法，在加强和改进基层党组织建设工作中成效显著；坚持党性原则，廉洁奉公，敢于开展批评与自我批评；密切联系群众，表率作用突出，受到党员、群众的敬重和信赖。

三、评选的办法

（一）活动时间

每两年开展一次评选活动，在七一前后表彰。

（二）活动步骤

1. 组织学习。各工程局（厂）党委要根据集团公司党组的安排，组织党员认真学习政治理论；学习《党章》、《中央组织部、国务院国资委党委关于加强和改进中央企业党建工作的意见》；学习政治时事等。同时，组织学习本方案，使广大党员干部都能了解掌握评选条件和评选要求，并自觉地投身到创先争优活动中来。

2. 自查完善。由各基层党组织、党员和党务工作者仔细对照评选的目标和条件进行自查，找出存在的差距和不足，并有针对性地积极加以改进和完善。各基层党组织要在对照的基础上进一步建立工作责任制，健全目标管理办法和各项制度，切实抓好工作落实。

3. 推荐申报。经过学习和对照、完善，各工程局（厂）党委根据评选条件，结合本方案，本着实事求是的原则，认真负责地组织评选推荐。要坚持基层单位党组织把关，在广泛征求党员群众意见的基础上，经基层党组织讨论通过后报上级党组织，自下而上，层层进行评选和推荐，并由工程局（厂）党委会通过推荐人选。原则上要在工程局（厂）先进党组织和优秀党员、优秀党务工作者的基础上推荐集团公司先进党组织和优秀党员、优秀党务工作者。对符合条件的基层党组织、党员和党务工作者由工程局（厂）党委填写申报表，按照规定的时限上报集团公司党组，逾期视为自动放弃。各工程局（厂）党委和局级党员领导干部不在评选范围内。

4. 组织评选。在各工程局（厂）党委推荐申报的基础上，集团公司将召开党组会。在党组会上，对照集团公司先进党组织、优秀党员、优秀党务工作者的评选条件进行评选确认。

5. 进行公示。初评出来的先进党组织、优秀党员和优秀党务工作者将在本单位范围内进行 5 天公示。对公示后收集到群众反映的意见和问题要本着实事求是、客观公正的原则调查核实。对所反映的问题不属实的，向群众作出解释并继续推荐；若确有问题不符合条件的，将不予批准。

6. 总结表彰。在适当的时候将对先进基层党组织颁发奖牌，对优秀党员、优秀党务工作者颁发证书。并推荐突出的先进党组织和优秀个人参加国资委党委组织的中央企业创先争优先进集体和优秀个人的评选。

（三）工作要求

1. 加强领导。各工程局（厂）党委要高度重视这一工作，切实加强领导，真正做到认识到位，责任到位，措施到位。各基层党组织要以高度的政治责任感，良好的精神状态，认真抓好本单位的创先争优活动，争取创出自己的特色。与本单位的精神文明建设结合起来，与完成当年的各项工作结合起来，增强创先争优活动的实效性和责任感。

2. 广泛宣传。各级党组织要认真做好先进典型的宣传工作。使每一个党员、干部认识到此项工作是进一步加强和改进基层党建工作的有效途径。要采取各种形式，加大宣传力度，营造浓厚的舆论氛围，促进创先争优活动的深入开展。

3. 抓好典型。选树典型，总结经验，以点带面，是抓工作、出成效的一个很重要的方法。各级党组织在创先争优活动中，要注意发现、培养先进典型，总结、推广先进经验，使活动不断向纵深发展。

4. 注重实效。开展评选工作务必注重实效，坚持标准，确保质量，防止弄虚作假，克服形式主义。凡是在评选活动中弄虚作假，搞形式主义的，不仅要取消其参评资格，而且要严肃批评，造成恶劣影响的要对相关责任人进行组织处理。

第三篇 专 论

Chapter III Special Thesis

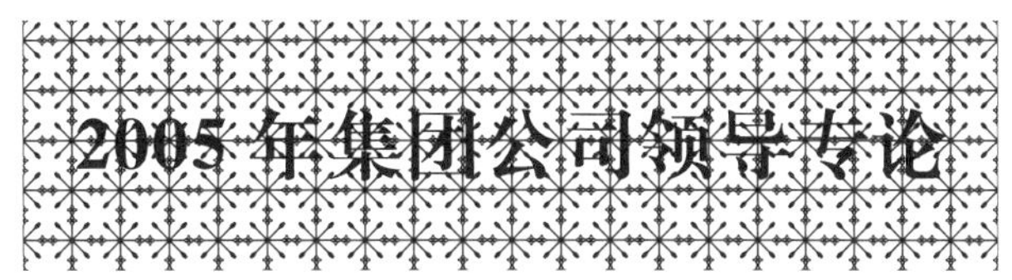

惩防并重　强化监督
扎实推进党风建设和反腐倡廉工作

——在集团公司纪检监察工作会议上的讲话

（2005年2月2日）

郭　建　堂

同志们：

在前不久召开的中央纪委五次全会上，胡锦涛总书记作了重要讲话，强调了从提高党的执政能力、巩固党的执政地位的战略高度，来认识党风建设和反腐倡廉工作的极端重要性，指出了抓紧建立健全惩治和预防腐败体系的重大意义。在刚刚结束的中央企业纪检监察工作会议上李荣融主任、李毅中书记都作了重要讲话，针对国有企业开展党风建设、构筑惩防腐败体系作了重要指示，我们要认真学习，深刻领会，坚决贯彻执行。

我们这次会议要以邓小平理论和“三个代表”重要思想为指导，认真贯彻落实中央纪委五次全会精神、中央企业纪检监察工作会议精神和集团公司工作会议精神，在集团公司贯彻科学发展观、深化企业改革、实现跨越式发展的新形势下，研究如何更好地加强和改进党风建设和反腐倡廉工作。一会儿，唐苏军同志还要代表纪检组做工作报告，这个报告已经过党组会议讨论，我完全赞成。下面我就进一步扎实推进党风建设和反腐倡廉工作讲几点意见。

一、肯定成绩、正视问题、坚定信心、增强责任感，做好党风建设和反腐倡廉的各项工作

刚刚过去的2004年，是集团公司大力开拓市场、稳步推进改革、各方面工作全面推进的一年。企业党的各项工作，包括领导班子建设，党风建设和反腐倡廉工作取得了明显成效。

近年来，集团公司纪检监察工作力度不断加大，反腐倡廉成效日益显著，有效遏止了腐败现象的滋生蔓延，保证和促进了企业的生产经营和改革发展。去年各单位责任制考评全部为优秀，考核得分和职工民主测评得分逐年提高，职工群众对领导班子开展党风建设和反腐倡廉工作，对领导人员廉洁自律工作，给予了较高的评价。责任制工作规范化开展、制度化常态运行，实现了与生产经营、企业管理工作协调一致，同步发展。教育工作不断深入，各级领导人员廉洁自律意识逐步增强。企业各项管理制度，包括领导班子民主议事制度，资金管理、人事管理、投资管理等经营管理制度，以及廉洁从业专项制度，日趋完善，初步形成了规范的制度体系。案件工作扎实开展，违纪违法分子得到惩处。效能监察工作开始受到重视。队伍建设也得到了加强。几年来纪检监察工作的稳步推进，保证了管理和改革工作的顺利进行，促进了企业生产经营任务的完成，实现了企业平稳运行，经济持续发展。

这些成绩的取得，我认为有以下几点经验值得肯定：一是抓住领导重视这一关键点，为深入开展纪检监察工作提供重要保障。集团公司成立纪检组以来，纪检监察工作的组织和领导力量得到加强，各单位党政领导重视程度不断提高，切实认识到了党风建设和反腐倡廉工作不只是纪委或是监察部的部门工作，把它摆到了应有的重要位置。二是抓住党风廉政建设责任制这一“龙头”，带动党风建设和反腐倡廉工作取得整体实效。以责任制工作统揽党风建设和反腐倡廉工作全局，把党风建设和反腐倡廉工作的重要内容纳入党政领导班子、领导人员目标管理，做到与经营管理、企业改革、发展规划紧密结合。三是抓住反腐倡廉教育这一重要形式，促进领导人员廉洁自律。四是抓住制度建设这一薄弱环节，堵塞漏洞，防止腐败，为开展反腐败工作提供制度保证。五是抓住队伍建设这一保障基础，使党风建设和反腐倡廉工作落实有力。经过几年的加强和调整，集团公司各级纪检监察机构已经健全，人员配备也比较得力，专业人员素质不断提高。

党风建设和反腐倡廉工作取得了很大成绩，要充分肯定，但我们的工作中仍然存在不少应该引起高度重视的问题：

一些党员不注意理论学习和党性修养，党员意识淡薄，纪律松弛。个别党员领导人员不能正确对待国家、社会和企业长远利益，不能依法经营、廉洁从业。

制度不完善，适应新形势下反腐倡廉要求的制度体系还不健全，一些好的制度没有发挥出应有的作用。在人事、财务等权力的关键岗位上还存在缺陷。有的领导人员民主意识不强，在人事安排、资金使用、重大事项决策上个人说了算。个别领导人员违反规定，在工程分包、设备物资采购、企业改革改制等方面工作透明度不高，把廉洁从业规定当耳旁风，不认真执行。

监督机制不健全，监督工作不到位，存在监督缺位或流于形式，暴露出了在监督方面存在的弱点。

这些问题使我们认识到，企业改革、发展和内外部条件、环境的变化，为党风建设和反腐倡廉工作提出了新的问题、新的情况，因此对反腐倡廉形势不可盲目乐观，不能掉以轻心，要警钟长鸣。要通过不懈努力，积极构筑教育、制度、监督并重的惩治和预防腐败体系，从源头上解决党风建设和反腐倡廉方面存在的问题。

二、加强教育、完善制度、强化监督，构筑惩治和预防腐败体系

党的十六届四中全会从加强党的执政能力建设的要求出发，强调要坚持标本兼治、综合治理、惩防并举、注重预防，抓紧建立健全与社会主义市场经济体制相适应的教育、制度、监督并重的惩治和预防腐败体系。中央最近颁布了《建立健全教育、制度、监督并重的惩治和预防腐败体系实施纲要》，对建立健全惩防腐败体系提出了具体要求。在企业发展面临新形势的情况下，怎样构筑惩防腐败体系是摆在我们面前的崭新课题。

构筑惩防腐败体系要与企业实际紧密结合，结合企业特点，制定出符合企业实际的有效的教育、制度、监督体系；要与现有的制度体系紧密结合，要与建立现代企业制度紧密结合，与企业发展战略相统一，立足现在，放眼将来，同步发展，与时俱进。

（一）加强教育，使领导人员自觉拒腐防变，带头廉洁自律

加强反腐倡廉教育，是建立健全教育、制度、监督并重的惩治和预防腐败体系的重要内容。目的是要全体党员牢固树立马克思主义世界观、人生观、价值观，牢固树立正确的权力观、地位观、利益观。重点进行党的基本理论、基本路线、基本纲领和基本经验教育，以及理想信念教育、法律纪律教育和优良传统教育，使广大党员和各级领导人员牢记立党为公、执政为民，常修为政之德、常思贪欲之害、常怀律己之心，切实做到勤政为民、廉洁从业。

在反腐倡廉教育中，坚持以人为本，积极探索新的教育方式方法。采用多种形式，开展丰富多彩的活动，使单纯的说教艺术化、深奥的道理形象化、抽象的概念具体化、单调的形式多样化。改变过去那种“我说你听”的强迫式教育，使各级领导人员和职工群众乐于并自觉接受教育。在运用案例进行警示教育时，注意引导党员和领导人员剖析案情发生的主客观原因，认识犯罪给社会、家庭及个人造成的严重危害，深刻吸取违法犯罪的惨痛教训，让大家受到活生生的法纪教育，真正在心灵深处受到强烈震撼，自觉做到警钟长鸣。高扬改革主旋律，理直气壮地宣传时代楷模、先进典型，使广大党员和各级领导人员在正面宣传教育中坚定反腐败的信心，根治腐败现象产生的“认同心理”、“趋众心理”、“侥幸心理”，弘扬正气。

党中央决定从今年1月份开始，利用一年半的时间，在全党开展以实践“三个代表”重要思想为主要内容的保持共产党员先进性教育活动。各级党委要结合反腐倡廉的要求，推动解决党员和党组织在思想、组织、作风以及工作方面存在的突出问题，进一步筑牢广大党员、各级领导人员反腐倡廉的思想基础。

（二）完善制度，推进反腐倡廉工作制度化，发挥法规制度的规范和保障作用

近几年，集团公司在建立健全制度方面做了大量卓有成效的工作，但离建立现代企业制度要求，离反腐倡廉形势发展的要求，还有一定的距离。当前要突出抓好企业领导班子民主决策，规范领导人员行为方面的制度建设，包括企业党政议事制度、“三重一大”民主决策制度，确保领导班子民主决策有制度可依，有章可循。企业内部控制制度、各项管理制度非常重要，是制度体系的重要组成部分，要不断完善投资决策、财务管理、工程分包、设备物资采购及国外项目管理制度，涵盖人事、资金、项目等重点部位和关键环节。集团公司近几年来制

定的集团化管理、人事、财务、资金、物资、投资以及反腐倡廉等方面的管理办法、规章制度，是集团公司规范化管理的保证，也是做好党风建设和反腐倡廉工作的保证，各单位都要认真贯彻执行，并结合实际，制定实施细则，抓好落实。通过制度加强管理，通过制度防止腐败。

制度建设重在质量，要科学、管用，体现预防、严密和可操作性，防止脱离实际。制度建设必须贴紧中心，把反对和防止腐败寓于企业管理的重要决策和措施之中，围绕发展大局制定制度。制度建设须不断创新，坚持客观性、严密性相统一。注意与现有法律、法规的衔接，避免出现与现行法律法规相违背或是发生冲突的现象。制定制度的过程中，还应加强调查研究，全面了解情况，尤其是党风建设和反腐倡廉中迫切需要解决的问题。还必须坚持与时俱进，对现行的制度及时调整、充实、完善，使之与发展相适应，与企业实际相适应。建立健全一套有效的内控制度，真正形成用制度规范行为，靠制度管人，按制度办事的机制。

（三）强化监督，保证各级领导干部规范履行职责

加强权力运行的制约和监督，是有效预防腐败的关键。要认真分析信访案件发生的特点和规律，剖析产生腐败问题的原因，找出监督方面存在的不足，完善能够实现有效监督的体制、机制。建立结构合理、配置科学、程序严密、制约有效的权力运行机制，和决策、执行、监督相协调的工作机制。企业监督工作的重点要放在领导人员和关键岗位上的员工，尤其是各级领导班子主要负责人。以人事、财务产权、决策事项为重点，强化对领导班子主要负责人行使权力的监督。

监督工作要依照中央和国资委的要求，按照集体领导、民主决策、个别酝酿、会议决定的原则，建立和完善领导班子内部议事和决策机制，规范议事规则和程序。涉及企业“三重一大”问题的决策，不仅要领导班子集体讨论决定，而且要逐个表决，防止研究重大事项时，“一把手”提议，众人随声附和。积极发挥职代会监督作用。领导人员述职时要述廉，勤廉情况要公示。把对各级领导人员忠于职守、廉洁从业的知情权、监督权、评判权交给职工群众。让领导人员更多地了解来自群众的批评和建议，更好地坚持群众路线，切实转变工作作风。认真发挥信访监督作用，强化认识，提高实施和接受信访监督的自觉性。把监督关口前移，从源头上预防和治理腐败。

教育、制度、监督三者相互联系，密不可分。教育是基础，制度是保证，监督是关键。监督不到位，教育效果很难体现，监督不得力，再好的制度也失去意义。因此，教育须长抓不懈，制度须不断完善，监督须大力加强，让各级领导人员“不想”腐败、“不能”腐败和“不敢”腐败，达到从源头预防和治理的目的。

中央颁布的《建立健全教育、制度、监督并重的惩治和预防腐败体系实施纲要》，明确了制定惩治和预防腐败体系的指导思想、主要目标和基本要求，体现了注重治本、加大预防的工作精神，是当前和今后一个时期深入开展党风建设和反腐倡廉工作的指导性文件。各级党委和领导班子要坚决贯彻党中央的战略部署，把惩治和预防腐败体系建设作为事关企业改革发展，加强党的执政能力建设的重要政治任务，认真做好贯彻落实，各单位党委书记要负总责，行政领导和纪委书记要协助具体落实，把它纳入到企业改革发展的战略规划中，列入企业党委和领导班子的重要议事日程，结合实际制定贯彻意见，落实措施，明确责任，搞好组织协调，把这项工作扎实向前推进。各级党委和领导人员既要增强工作的紧迫感，又要树立长期作战的思想，总结经验，与时俱进。制定一套好的制度体系不是一朝一夕的事情，需要付出加倍的努力。相信经过扎实的工作，一定能建立起思想道德教育的长效机制、反腐倡廉的制度体系、权力运行的监控机制，建成符合施工企业实际的比较完善的惩治和预防腐败体系。

三、忠于职守、规范行为、廉洁从业，树立企业领导人员的良好形象

我们企业里集中了大量优秀的人才，特别是各级领导骨干，他们是这些优秀人才的代表，是国家、社会和企业的宝贵财富，为国家和企业的发展做出了重大贡献。但也有少数人因为教育不够、监督不力、自我约束不严，走上了违纪、犯罪的道路，教训是深刻的。为防止此类现象的发生，一方面要在建立惩防腐败体系上下功夫，研究如何加强预防腐败，使企业领导人员不犯或少犯错误，提高及时发现和纠正企业领导人员犯错误的能力；另一方面作为企业领导人员不能把希望寄托于外部的监督，自身也要不断加强修养、加强学习、加强自律，实现自我约束。中国有悠久的廉政文化传统，2000多年前的孔子就讲“义利之辨”，哪些是该拿的，哪些是不该拿的，要十分清楚。通过提高自身修养，守住道德底线，守住党纪国法防线。古语说得好，“兰芳不厌谷幽，君子不为名修”。领导干部要多读书，读书使人立志，“志正则众邪不生”。让自我修养达到

更高的境界。

企业各级领导人员要带头执行各项廉洁从业规定。中央纪委等四部委在去年12月下发了《国有企业领导人员廉洁从业若干规定（试行）》，这个规定是国有企业领导人员的行为准则和行为规范，内容规定非常具体，企业各级领导人员必须不折不扣地加以贯彻执行。身教胜于言教。一个企业风气正不正，首先看领导班子和领导人员风气正不正。领导人员廉洁自律做得如何，是检验一个企业党风建设和反腐倡廉工作的试金石。

各级领导人员要牢记“两个务必”，坚持勤俭办企业。这两年各单位经营和发展形势好一点，日子好过一点，但是不注意节约、铺张浪费现象开始抬头。接待消费升级，超标准配备豪华小汽车问题比较突出。有的项目亏损，项目经理坐的是高档奥迪车；工程项目不大，却配备了豪华越野车。有的单位领导班子奖金兑现不了，下岗职工上访不断，单位还在讲排场。集团公司最近出台了控制购买小汽车的规定，对配备车辆的标准进行了严格的规定，对抵债车也有了说法。目的是要严格控制非生产性开支，降低成本，制止奢华浪费。“成由勤俭败由奢”，治家、治企、治国，无不是这样。要看到，目前企业盈利能力还很低，职工收入并不高，下岗内退职工生活还很困难。企业各级领导人员一定要牢记“两个务必”，不骄不躁，保持和发扬艰苦奋斗的优良传统，坚决抵制铺张浪费不良风气。

各级领导人员要严守组织纪律，切实维护集团公司的整体利益。坚持重大事项报告制度。有的单位对经营管理的重大事项不报告，自作主张，在对外担保、借款和证券投资等方面造成了一定损失。还有一些单位，发生了重大安全事故或突发事件不报告，造成工作上的被动。信息不通畅问题已经不是主要原因，主要还是单位领导人员报告意识不强，担心考核受影响。一些单位集团意识淡薄，在投标协调中不听指挥、我行我素，损害了集团公司的整体利益，影响了集团公司的整体形象。今后必须严肃纪律，保证指令畅通，提高集团的控制和协调能力。

结合领导干部廉洁自律，各单位还要按照国资委党委的要求和部署，认真开展创建政治素质好、经营业绩好、团结协作好、作风形象好的“四好”领导班子活动。以活动促进企业领导人员树立良好形象。

四、加强领导、提高素质、认真履责，切实提高纪检监察工作能力

各级党的组织和行政领导都要重视纪检监察工作，切实加强对纪检监察工作的领导。要落实责任，明确分工，完善机制，做到思想到位，责任到位，机制到位。不能把纪检监察部门当成摆设，不发挥作用，也不能把纪检监察部门当成挡箭牌，凡事都要纪检监察人员参加，推卸自身责任。纪检监察部门是监督部门，必须摆正位置。各级党政领导要支持纪检监察部门的工作，自觉接受纪检监察部门的监督，认真听取他们的意见和建议，党委和行政要定期听取纪检监察部门的汇报，汇报的重要问题和重大事项要及时做出决策。各级党政领导人员都要真心关爱纪检监察干部。纪检监察工作难度大、风险大。要在政策允许的范围内积极帮助解决他们的实际问题和具体困难，免除他们的后顾之忧。要落实办案津贴，提高工作待遇，充分调动和发挥纪检监察干部的积极性。纪检监察干部自身也要不断加强学习，努力提高业务素质，树立有为才能有位的思想，加倍努力工作，为党风建设和反腐倡廉工作多作贡献。

纪检监察部门和人员要认真履行职责，以求真务实的工作态度和作风，全面做好今年各项纪检监察工作任务，确保党风建设和反腐倡廉工作取得实效。纪检监察工作覆盖面大，不可能面面俱到。要抓住重点，分清主次，在成效上下功夫。责任制工作，要不断完善考评体系，优化考核标准，细化考核内容，提高考核质量，实现动态运行，鼓励工作创新。案件查办工作要把重点对准容易发生腐败问题的关键岗位，生产经营的关键环节，监督工作难度大的部位。借助信访举报、审计监察，发现线索、拓展案源。办案要讲求效率、讲求质量，注重证据、注重程序、注重方法。通过做好信访工作，维护职工队伍的稳定。效能监察工作行政一把手要亲自抓，帮助确定选题，审批立项。克服避重就轻，应付了事，要抓出实效。安全执法工作监察部门不能缺位。出现安全事故要参与调查，对责任人员要认真处理。

反腐倡廉能力是党的执政能力的重要体现，是巩固党的执政地位的重要保证。落实到企业中，就是要求各级党政领导高度重视纪检监察工作，纪检监察部门和人员认真履行职责，切实有效地开展工作，保证中央反腐倡廉各项措施的贯彻落实，保证党风建设和反腐倡廉工作取得实效。

同志们，2005年是集团公司经营管理和改革发展任务十分繁重的一年，做好党风建设和反腐倡廉工作是完成好这些工作的根本保证。我相信，经过我们的不懈努力，一定能够开创党风建设和反腐倡廉工作的新局面，为集团公司实现更大的发展作出新的贡献。

在集团公司安全生产工作会议上的讲话

（2005年3月29日）

郭　建　堂

同志们：

今天，我们召开集团公司2005年安全生产工作会议。这次会议得到了国家有关部委的高度重视，在此，我代表集团公司，向出席会议的部委领导表示热烈欢迎，对各位领导莅临指导表示衷心感谢！向常年工作在安全生产第一线的同志们表示衷心的感谢和崇高的敬意。

在今天的会议上，我主要讲两个方面的内容，一是介绍集团公司企业改革和生产经营总体形势；第二，就今年集团公司开展安全生产管理工作讲几点意见。

一、2004年集团公司保持良好发展势头

2004年是集团公司实施跨越式发展战略的第一年。一年来，我们以“三个代表”重要思想为指导，以建设具有国际竞争力的大型企业集团为主线，圆满完成了年度各项任务，取得了可喜成绩，呈现出经营规模大幅增长、资产质量不断改善、利润计划超额完成的良好发展态势。

（一）跨越式发展战略体系基本形成

确立和实施跨越式发展战略是2004年集团化建设的一项重大历史性成果。2004年初，我们在正确判断形势，深刻分析企业发展阶段和发展条件的基础上，提出了跨越式发展战略，明确了新的历史阶段的战略任务。一年来，我们在实践中不断丰富跨越式发展的内涵，特别是提出了要实现“五大跨越”，即规模和效益上的跨越、市场领域和产业结构上的跨越、体制和机制上的跨越、管理和技术上的跨越、队伍结构和思想观念上的跨越，标志着跨越式发展战略体系已基本形成。跨越式发展战略的确立在集团公司的发展历程中具有重要的里程碑意义，它对集团公司当前和长远发展都有着十分重要的指导作用。跨越式发展战略是我们贯彻科学发展观的重大实践，体现了与时俱进的精神，符合党和国家对中央企业的要求，代表了广大水电职工的根本利益。这一发展战略提出后，在集团公司内外产生了强烈反响，得到了广泛认同。一年来，集团公司各项工作围绕着跨越式发展战略全面展开，实施跨越式发展战略取得了初步成效。

（二）经营工作成绩显著，经营规模大幅增长，经营质量和效益有所提高

据统计，全年完成企业总产值244.5亿元，同比增长31.5%，新签工程合同额383.2亿元，同比增长16.6%；全员劳动生产率20万元/(人·年)，同比增长32.4%，均超额完成年计划，创历史最好水平。全年实现利润计划1.56亿元，同比增长2.06倍，净资产收益率3.91%，同比提高两个百分点，资产经营责任全面落实，超额完成国资委下达的年度经营目标，实现了国有资产的保值增值。

在国内市场开发方面，全年新签国内工程合同额300.2亿元，同比增长12.8%。项目结构明显优化，大项目比例增加，单项工程平均合同额达3453万元，同比高出30.6%。

在国际经营方面，国际项目履约情况良好，保持了较高的盈利水平。国际市场运作日益成熟，对苏丹麦洛维项目进行了外币资金保值运作，带来了可观的预期收益；经受了巴基斯坦高摩赞项目人质突发事件的考验，驾驭国际市场的能力逐步提高。国际经营层次有所提高，运作了几个国际投融资项目；市场领域进一步拓展，开辟了新的国别市场和非水电工程建设市场。

（三）品牌形象得到提升，扩大了“中国水电建设第一品牌”的影响力

在去年召开的联合国水电与可持续发展研讨会上，集团公司受到国内外各界的广泛关注；2004年8月份公布的2003年全球最大225家国际承包商排名中，集团公司由上年的第89位上升至第81位。集团公司国际业务起步晚、发展快，经过几年的艰辛努力，取得了突破性进展，已成为集团公司新的重要的经济增长点。1999～2004年，以集团公司品牌对外签约项目总计合同额34亿美元，完成营业额10亿多美元，集团公司已成为中国水电产业“走出去”的排头兵和中国企业“走出去”的一支重要力量。

集团公司取得了前所未有的发展，这些成绩的

取得，是国家有关部门正确领导、关心和支持的结果，是广大干部职工共同努力的结果，同时也有赖于正在形成的安全生产的工作环境，有赖于安全生产管理工作者的辛勤工作。在此，我代表集团公司党组向关心支持我们的各级领导和社会各界朋友，向奋战在集团公司安全生产战线上的同志们表示衷心的感谢！

二、对集团公司2005年安全生产工作的几点意见

几年来，集团公司始终高度重视安全生产工作，有力促进了企业稳定、健康发展。2004年，我们认真落实党中央、国务院关于安全生产的重要指示精神，严格执行有关法律法规，探索实践水电建设企业安全生产管理工作的新思路，在面临严峻挑战的情况下，集团公司整体安全生产状况平稳，有效控制了各类生产性事故的发生，较好地完成了安全生产管理工作目标，保证了一批国家重点工程建设项目的顺利实施。

在看到安全生产局面保持稳定的同时，我们还要清醒地认识到，安全生产的形势仍然严峻。我们在总结经验，肯定取得成绩的同时，我们也要清醒地看到存在的问题，正确认识当前安全生产面临的形势，提高对安全生产极端重要性的认识。为了搞好安全生产工作，我在此要求：

（一）进一步提高安全思想意识，树立正确的安全管理理念

《国务院关于进一步加强安全生产工作的决定》，明确了我们今后一个时期的目标任务和工作重点，各工程局、厂和项目部要认真学习，领会精神，并以此为指导开展今年的工作。

企业安全生产工作关系到改革、发展、稳定的大局，关系到职工生命安全和身体健康。能否保障安全生产是衡量企业负责人是否真正贯彻“三个代表”重要思想、维护人民群众根本利益的一个重要标志。我们今年的工作重点就是进一步完善安全生产责任体系，强化安全管理保证体系和安全生产监督体系，强化责任追究制度；进一步继续加强安全生产基础管理工作；大力推进安全质量管理标准化工作，建立职业安全健康管理体系。从这几个方面入手，解决对安全生产的认识问题，解决对安全生产的投入问题，解决开展安全生产工作的方法问题。各单位要充分认识目前安全生产形势的严峻性，充分认识新形势下安全生产工作的长期性、艰巨性和复杂性，进一步提高对安全生产工作重要性的认识，增强做好安全生产工作的责任感和紧迫感。要以“三个代表”重要思想为指导，坚持以人为本，坚持“安全第一、预防为主”的方针，牢固树立安全生产“责任重于泰山”的意识，认真学习贯彻全国安全生产工作会议精神，统筹企业发展和安全生产工作，总结经验，明确任务，切实整改安全生产中存在的问题，努力推动安全生产状况的进一步好转。

（二）安全管理工作思路、工作方法，要遵循与时俱进的原则

全面做好我们水电施工企业的安全生产工作，安全管理工作思路、工作方法，要遵循与时俱进的原则，必须加快推进“五个转变”：

1. 要推进安全生产工作从人治向法治转变，依法规范，依法监管，建立和完善安全生产法制秩序，不断完善安全生产各项规章制度；

2. 要推进安全生产工作从被动防范向源头管理转变，严格准入制度，管住源头，防止不具备安全生产条件的分包单位、物资、人员进入我们的施工现场；

3. 要推进安全生产工作从集中开展安全生产专项检查整治向规范化、经常化、制度化管理转变，建立安全生产长效管理机制；

4. 要推进安全生产工作从事后查处向强化基础转变，普遍开展安全质量标准化活动，夯实安全生产工作基础；

5. 要推进安全生产工作从以控制伤亡事故为主向全面做好职业安全健康工作转变，把职工安全健康放在第一位。

（三）求真务实，转变作风，提高安全生产综合管理能力

各级领导要弘扬求真务实精神，大兴求真务实之风，深入基层，深入实际，加强调查研究，切实转变作风。要抓安全生产各项措施的落实，加强检查督促，从严管理，严格要求，切实做到安全生产工作层层落实，责任到人。要注意发现安全生产工作中出现的新情况、新问题，及时采取有针对性的措施。各工程局、厂要以“三个代表”重要思想为指导，牢固树立“以人为本”的思想，始终坚持“安全第一、预防为主”的方针，发扬脚踏实地的作风，从薄弱环节抓起，从解决突出问题入手，明确责任，落实措施，严格管理，强化监督，扎扎实实地把安全生产工作抓紧抓好。要深入开展安全生产专项整治，继续做好排查生产过程中的各种事故隐患和消除事故隐患的工作，加强对危险源的识别和控制，巩固和扩大整治成果；同时加强日常监督检查，发现问题，集中力量建设和完善安全生产监测和防范设施，改善作业环境和条件，最大程度地

提高安全生产综合防御能力，提高企业安全生产整体水平，从源头上防止重特大生产安全事故发生。使安全生产工作的重心从事后查处转变为事前预防。

（四）密切配合，齐抓共管，营造全员安全生产管理新格局

安全生产涉及面广，工作复杂，需要各方面通力合作，形成齐抓共管的工作格局。安全生产管理部门要积极发挥安全管理、监督作用，切实履行安全管理监督职能，各级管理人员、各职能部室按照全员安全生产责任制的规定，各司其职、各负其责地开展安全生产管理工作，各级监察、工会、共青团组织要围绕安全生产，发挥各自优势，开展群众性安全生产活动，在做好安全生产工作中积极发挥作用。从而营造全员安全生产管理格局，从而推动集团公司安全生产管理水平上一个新的台阶。

同志们，集团公司已进入新的发展阶段，进入跨越式发展的关键年，今年改革与发展任务十分艰巨，更需要一个安全稳定的环境，我们安全管理的压力也将加大，我们安全管理的任务重，责任重大，让我们以高度的责任感和历史使命感，以“三个代表”重要思想为指导，树立和落实“以人为本，尊重生命”的安全管理理念，全面完成今年安全生产各项任务，以崭新的业绩推进集团公司跨越式发展，为水电建设的平稳较快发展和社会的全面进步做出新的贡献！

紧紧围绕集团公司改革发展大局
全面实施“人才强企”战略

——在集团公司人才工作会议上的讲话

（2005年6月23日）

郭　建　堂

同志们：

集团公司首次人才工作会议，经过充分酝酿和长期准备，今天开幕了。关于会议的任务、前几年人才工作总结以及今后人才工作部署等，刘起涛同志将作专题报告。这里，我想就实施“人才强企”战略讲几点意见。

一、实施“人才强企”战略，必须增强集团公司人才工作的使命感和紧迫感

作为国内水利水电建设的主力军，中国水利水电建设集团公司在几十年的发展过程中，培养和造就了一大批优秀的经营管理人才、专业技术人才及高技能人才，他们为我国的水利水电建设事业做出了突出的贡献，也为我们企业的发展奠定了坚实的基础。但是，随着市场经济的不断发展和完善，随着集团公司占有市场份额的不断增大，特别是国内外建筑市场竞争日趋激烈，我们的人才队伍和人才工作还跟不上企业发展和市场竞争的需要，还远远不能为集团公司的“跨越式”发展和成为世界水利水电建筑企业第一品牌提供坚强的智力支持和技术保障。分析集团公司内部人才现状，主要存在以下几个方面的问题：一是人才队伍整体素质偏低；二是人才队伍结构不尽合理，缺乏产业结构调整所必须的急需人才；三是人才流失现象比较严重；四是人才工作机制缺乏新意，传统方式方法依然明显；五是很多企业缺乏科学的人才培养、选拔、激励和评价办法，尚未制定出与企业发展战略相适应的人才战略。近几年，集团公司各成员企业普遍认识到了人才的重要性，加大了人才工作力度，在培养、使用和稳定人才方面进行了积极探索，取得了一定成效，这对推动集团公司改革发展起到了积极作用。但也必须看到，无论是在人才观念方面，还是在人才成长和培养、使用的环境体制方面，我们与外企、民企和国内优势企业相比都存在一定的差距。由于劳动、人事、分配三项制度的改革还有待继续深化，企业经营机制转换滞后以及受社会再就业压力的制约，一方面需要分流的人员不能及时分流出去，人浮于事的问题较为突出；另一方面，需要留住的人才留不住，急需的一些高层次人才难以吸引进来，部分单位经营管理人才和专业技术人才流失现象较为严重，已成为影响和制约集团公司加快改革发展、提高竞争力的一个重要因素。

目前，水电施工企业面临人才竞争的多重压力。一是世界500强中已经进入中国的400多家企业，纷纷加速人才的本土化，突破国籍界限，千方百计吸引优秀人才，人才竞争日趋国际化。二是民营企业的迅速崛起和发展壮大，对人才的需求量越来越大，他们千方百计的引进优秀人才，不少民营企业的高级管理人员和专业技术人员均来自国有企业。三是业主单位和行业内一些条件较为优越的单位，也采取各种高招挖人，往往把目标对准企业的高级管理人员和优秀技术人员。如果我们不能及时调整人才工作思路，改进人才工作方法，创新人才工作机制，就无法顺利实现我们提出的各项既定目标。

因此，面对竞争激烈的人才市场和集团公司人才缺乏的严峻形势，我们要认清形势，增强集团公司人才工作的使命感和紧迫感，以高度的责任感、饱满的工作热情和改革创新精神，把实施"人才强企"战略作为集团公司一项重要的工作思路坚持不变，并且切实落实到人才工作实践中去。

二、实施"人才强企"战略，必须树立科学的人才观

思想观念的更新是改革创新的先导。做好新形势下集团公司人才工作，实施"人才强企"战略，其基础和前提在于树立科学的人才观。我们必须解放思想，实事求是，与时俱进，树立适应新形势下企业发展要求的人才观念，克服在人才问题上的各种不合时宜的思想观念。全体人才工作者要以科学的人才观为指导，切实加强和改进集团公司人才工作。

一是要牢固树立人才优势是企业发展最大优势的观念。人才资源是企业发展的第一资源，也是最重要的战略资源。在知识创新、科技创新、产业创新不断加速的时代背景下，企业竞争归根结底是人才的竞争，谁拥有人才优势，谁就拥有了竞争优势。

二是要牢固树立以人为本的观念。以人为本是做好新时期人才工作的本质要求。人才队伍建设要始终着眼于促进各类人才健康成长，着眼于调动各类人才的积极性、主动性和创造性。在人才吸引、培养、使用的三个关键环节中，既要充分遵循人才发展的一般规律，又要充分尊重特殊禀赋和个性，放手让一切劳动、知识、技术、管理和资本的活力竞相迸发，让人力资源优势得到充分发挥。

三是要牢固树立人才工作先行的观念。发展大计，人才为本。人才培养是集团公司改革发展的先决条件。在改革发展过程中，人才工作必须先行一步，始终处在"领跑"状态。要把促进人才发展作为集团公司工作的根本出发点，只有为集团公司各项工作提供充足的人才准备，才能使集团公司的改革、发展成为有源之水、有本之木。

四是要牢固树立人才市场化的观念。要实现跨越式发展、争创世界水利水电建设第一品牌，必须有一流的人才。要充分发挥市场机制在人力资源配置中的基础性作用，充分利用各类人才市场，大胆吸引外部优秀人才，在一定范围内尽可能聚集集团公司急需的各类优秀人才。

五是要牢固树立竞争择优的观念。要破除论资排辈的陈旧观念，变伯乐相马为赛场选马，要全面引入竞争机制，要建立以公开、公正、竞争、择优为导向，有利于促进各类优秀人才脱颖而出，充分施展各自才能的选人用人机制，在竞争中发现人才、使用人才和造就人才，通过竞争择优使集团公司需要的各类优秀人才层出不穷。

六是要牢固树立人人都能成才的观念。要克服把能否做管理及职位大小作为判断是否是人才及人才作用大小依据的思想；要坚持德才兼备的原则，把品德、知识、能力和业绩作为衡量人才的主要标准。无论是生产经营干部还是党群干部，无论是高级知识分子还是普通工人，只要能恪尽职守、辛勤工作、努力学习、创新进取，就都能够成为人才。

三、实施"人才强企"战略，必须建立和完善人才工作的新体制和新机制

实施"人才强企"战略，建设一支适应集团公司改革与发展的较为充足的人才队伍，是一项长期而艰苦的任务，也是推进集团公司改革与发展亟待解决的重大课题，需要集团公司上上下下多方面的不懈努力。同时要结合集团公司人才工作现状，把握好以下几个重点。

（一）明确目的，全面推进人才队伍建设

围绕生产经营中心，服务改革发展稳定大局，是加强和改进集团公司人才工作的出发点和落脚点。要围绕提高集团公司核心竞争力，全面推进企业人才队伍建设，力争用3年左右的时间，使集团公司人才工作的体制、机制更加科学规范，使人才的政策环境、创业环境、生活环境及人文环境更加优越，使人才总量充足、人才结构趋向合理、人才队伍素质逐步提高。

人才工作制度创新要取得明显进步。要基本建立起能够充分把握人才发展趋势、有效遵循人才工作规律、符合集团公司实际、并能够满足"人才强企"战略发展需要，具有前瞻性、体系化的人才工作政策与制度，推动人才工作的规范化、制度化和

法制化；要完善分配激励机制，坚持科学有序的人才奖励制度，建立健全人才保障制度，不断改善各类人才的生活待遇；要以建立健全干部选拔任用和监督管理机制为重点，带动其他相关人才制度建设，真正做到用事业造就人才、用环境凝聚人才、用机制激励人才、用制度保障人才，使集团公司人才工作保持正确的发展方向和与时俱进的活力。

人才队伍结构要得到明显优化。要不断开展集团公司人才队伍建设调研活动，分析问题，提出对策，使集团公司人才队伍与不断发展的我国基础设施建设、水电建设相适应，与不断发展的集团公司的产业技术管理要求相适应。初步建立一支适应集团公司战略发展需要、年龄结构合理、层级结构清晰、专业结构配套的人才队伍，在集团公司核心业务领域形成高度密集的人才优势。

人才队伍素质要得到明显提高。要使各类人才的素质得到普遍提高，使人才队伍整体素质能够有效适应集团公司发展战略的需要，在主营业务领域涌现出一批行业技术与管理水平领先，善于在市场竞争中攻坚破难、开拓创新的高素质人才。并切实做到人尽其才、才尽其用、协调发展。

人才市场化配置要得到明显推进。要根据各类人才的不同特点，采取竞争上岗、公开选拔、人才市场招聘等人才配置方式，使人才选聘工作的竞争机制建立健全，人才的内部交流与市场流动有序有度，集团公司内部人才市场与外部人才市场全面接轨，从而使人才市场在人力资源配置中的基础性作用得以充分发挥。

人才成长环境得到明显改善。要进一步形成尊重知识、鼓励创新，有利于各类优秀人才脱颖而出和充分发挥作用的选人用人环境；形成工作有保障、事业有舞台、贡献有回报的工作环境；形成相互信任、和谐融洽的人际环境；形成身心健康、敬业爱岗的奋进环境。

（二）建立学习型团队，促进人才队伍素质和能力的整体提升

加强人力资源发展和建设，是实施“人才强企”战略的重要基础，是我们必须做好的重点工作。为此，我们要特别注重强化人力资源能力建设，培养员工的持续学习能力和综合实践能力，提升员工的开拓能力和创新能力。

人才工作是企业的长期工作，各级领导特别是人才工作的领导干部，要深入学习和领会全国人才工作会议及中央企业人才工作会议相关文件和精神，充分认识实施“人才强国”和“人才强企”的内涵。要提高全体人才工作者队伍的学习研究能力、实践创新能力、社会交往能力、组织协调能力及具体操作能力。使他们在学习中不断更新观念、开阔视野，真正做到知人善用、德才并举、广纳群贤。

积极构建企业员工长期培训、教育体系，使员工树立终身学习的理念，形成“人人学习，天天学习”的学习氛围。集团公司各成员企业要积极给员工创造学习的机会，利用多种形式，在集团公司内营造一个“尊重学习、尊重知识、尊重劳动、尊重创造”的氛围。

要加大教育培训力度，加强继续教育体系建设，构建有特色的继续教育体系，建设学习型企业、学习型团队和学习型组织，培养知识型员工，用知识和科技提高企业的竞争力。

（三）突出重点，促进各类优秀人才队伍建设协调发展

要推进集团公司跨越式发展，就必须建设一支数量充足的人才队伍，就要提高全体员工的素质，充分发挥他们的聪明才智。当前重点是要抓好优秀企业家人才队伍、专业技术人才队伍、项目经理人才队伍、国际业务人才队伍和高技能人才队伍等五支人才队伍的建设。优秀企业家人才队伍肩负着企业重大战略决策和组织生产经营的重要职责，是企业的领军人物；专业技术人才肩负着科技创新和科技成果转化的重任，是增强企业科技创新能力和核心竞争力的重要力量；项目经理人才队伍肩负着企业向客户提供合格产品，保障企业收益的重任；国际业务人才队伍关系到集团公司提高国际竞争力，推进国际化战略，实现跨国经营目标的实现，是企业走向世界的排头兵；生产技能人才是企业产品和服务质量的决定性因素，其数量和质量影响到集团公司竞争力的提升。以上五支人才代表着集团公司人才队伍的整体水平和综合实力，决定着集团公司改革创新的进度和经营管理水平的提升，是我们当前和今后一段时期内人才工作的重中之重。

加强人才工作，实施“人才强企”战略，既要着力抓好以上五支重点人才队伍的建设，还要注重培养造就一批企业急需的熟悉生产经营的思想政治工作者队伍，他们肩负着宣传教育、释疑解惑、鼓舞斗志和凝聚人心的重要职责，在企业文化建设和精神文明建设中发挥着极其重要的作用。

（四）拓宽视野，广泛吸引和发现优秀人才

集团公司要在激烈的国内国际竞争中取得主动、赢得优势，发展成为具有强劲国际竞争力和影响力的大企业，必须拓宽选人用人的视野，必须面向集团公司内外的两个人才市场，广泛发现，积极合理地调配人才和吸引优秀人才。引进人才是解决人才

短缺的捷径，是集团公司快速形成人才优势、占领人才竞争制高点的重要手段。要积极吸引社会优秀人才，结合集团公司实际，重点引进国际经营、资本运作、资金融通和投资发展、工程建设、企业管理等方面的高级人才和技术创新方面的紧缺人才。

广泛吸引和发现人才，必须破除求全责备的思想，突破唯学历、唯职称、唯资历的传统观念。重学历，但不唯学历；重经历，但不唯经历。选人、用人要论能力、重业绩、看经历、听群众公论，真正做到选人用人看主流、看本质、看发展，以才干和业绩为考核重点，依照岗位的要求，不拘一格选好人才，用好人才。

（五）创新制度，完善人才工作的体制和机制

要形成人才辈出、人尽其才的局面，从根本上讲，取决于人才工作体制和机制的创新。我们要培养和造就大批人才，就必须深化人事制度改革，建立起有利于人尽其才、才尽其用的体制和机制。有了好的体制和机制，高素质的人才就会不断涌现，就会在激烈的市场竞争中处于不败之地。当前，重点要围绕人才的吸收、培养和使用三个关键环节，经过3～5年，努力形成三种机制：

要努力形成符合各类人才特点的开发、培养机制。人才培养是人力资源能力建设的重要环节，是人力资源能力建设的基础和保障。人力资源能力建设是人才培养的核心，其重点是培养和提高人的学习能力、实践能力和创新能力，鼓励真正有志于事业的年轻人主动到基层，到生产一线去锻炼。目前，新技术、新工艺、新管理技术发展很快，作为中国水电建设第一品牌企业，我们必须紧跟新形势，制定好适应市场经济的人才发展战略，建立择优进入、监督严格、激励有效、退出有序的良性人才工作机制，形成人才辈出、人尽其才的人才工作环境。

要努力形成绩效优先的人才评价机制。人才评价是识才用才的基础和前提。要改进和完善经营管理人员、专业技术人员考核办法，研究、探索绩效考核评价体系，提高考核工作的科学化水平。要积极推进专业技术职务聘任制度改革，建立以业绩为重点，由品德、知识、能力等要素构成的分类科学的评价标准。要通过建立科学的人才考核评价体系，真正做到客观、公正、全面地反映人才的业绩、能力和贡献，为选拔和使用好人才提供科学依据。

三是要努力形成与市场接轨的人才激励约束机制。人才激励约束机制是人才工作的重要内容。要以鼓励劳动和创造为根本目的，加大对人才的有效激励。建立与工作业绩和实际贡献紧密联系，确保人才创新积极性充分发挥的激励保障机制和相应约束机制。要坚持效率优先，兼顾公平，完善向关键岗位、有突出贡献人员倾斜的分配激励政策。要将精神激励与物质激励有机结合，引导员工树立正确的世界观、人生观和价值观，形成诚实守信、爱岗敬业、创业创新的良好氛围，充分调动人才的积极性，发掘和释放人才的潜能。

要尽快制定集团公司人力资本投资、人才价值实现、人才结构调整、人事制度改革、人才成长环境等方面的战略性对策，使人力资源最大化地向人才资本转变，并为集团公司跨越式发展提供永不枯竭的人才资源。

四、实施“人才强企”战略，必须加强对人才工作的组织领导

全面贯彻全国首届人才工作会议和中央企业人才工作会议精神，做好集团公司人才工作，全面实施“人才强企”战略，关键在于加强组织领导。

（一）建立健全人才工作领导责任制，切实加强对人才工作的领导

不重视人才的领导不是合格的领导，不重视人才的企业不可能成为可持续发展的企业。集团公司各级组织要高度重视人才工作，各成员企业“一把手”更要身体力行高度重视和紧紧抓住“人才第一资源”要务，真正把人才队伍建设摆在重要议事日程上，切实加强对人才工作的领导。要以强烈的责任感和使命感，从战略高度做好本企业的人才工作。“一把手”要切实履行好第一责任人的职责，对本企业人才工作负总责。要层层建立和完善人才工作领导责任制，做到责任到人，任务到人，在研究本单位发展战略、生产经营、党群工作等任务时，要将人才工作放在优先位置，加以研究、规划和落实。要根据企业发展战略的要求，科学制定和不断完善人才总体规划，更好地衔接人才工作与企业其他工作。要重点做好确定规划、制定政策、改善环境、整合力量和提供服务工作。各单位要加大在人才工作方面的投入，确保人才引进、人才培养等方面的经费开支。

（二）建立分工负责、协调高效的工作机制

要坚持党管人才的原则，形成党委统一领导，组织人事部门牵头抓总，有关部门各司其职、密切配合、齐抓共管的工作机制。党委主要是管宏观、管政策、管协调、管服务，整合各方面力量，形成做好人才工作的合力。组织人事部门要认识到“牵头抓总”的分量，树立甘为人梯、乐于奉献的精神，根据企业发展战略，认真研究人才需求数量、素质和结构，科学制定人才发展规划，既要坚持原则不

动摇、执行标准不走样、履行程序不变通、遵守纪律不放松，又要讲科学、讲效率、讲成本，发扬求真务实的作风，不断提升自身的业务素养和政治素质，做好人才选拔、引进、培养、使用和储备等工作，为加快集团公司跨越式发展提供坚实的人才保障。各级党政工团等组织要发挥各自优势，将党员先进性教育、企业文化建设、职工素质教育和员工培训纳入企业人力资源建设的整体规划，形成实施“人才强企”战略的整体合力。

（三）以制度创新促进和推动集团公司人才工作

建立现代企业制度是国有企业改革的方向。我们的人才工作，必须与现代企业制度相适应、相衔接。要积极探索党管干部原则与市场化选聘优秀人才机制相结合的有效途径。要进一步加快推进企业内部劳动用工、人事、分配三项制度改革，真正达到管理人员能上能下，职工能进能出，收入能增能减，使企业充满生机与活力。

五、实施“人才强企”战略，必须加大人才培养工作的宣传力度，努力营造人才成长的良好氛围

做好人才工作，事业是基础，感情是关键，待遇是保障。我们要调动各方面人才的积极性，形成尊重知识、尊重劳动、尊重人才、尊重创造的良好氛围，营造有利于吸引、留住和用好人才的良好环境。

要加大对人才工作的宣传力度。要通过多种形式，采取多种措施，创造有利于人人成才的良好环境，为每位员工提供充分施展才华与发挥作用的空间和机会，使追求事业、爱岗奉献成为广大员工普遍的认同、自觉接受的价值理念，这样，就会以此促进企业的不断发展壮大。加大宣传工作力度，也是树立和落实科学的人才观、创造良好的人才工作氛围的一项重要措施。进一步提高对“人才强企”战略的重要性和紧迫性的认识，进一步更新人才观念，真正树立科学的人才观。要加大对企业人才工作先进经验和做法的总结与宣传，充分发挥舆论导向的作用，推动和促进集团公司的人才工作。

同志们，时代呼唤人才也造就人才，我们所从事的事业需要人才也成就人才。让我们在科学发展观的指导下，全力实施“人才强企”战略，努力营造广纳群贤、人尽其才、人才脱颖而出、企业充满生机与活力的良好环境，奋力推进集团公司可持续发展的步伐，为构建和谐社会和国民经济的平稳较快发展做出新的贡献。

结合实际　努力创新　边议边改　打造群众满意工程　推动改革发展再上新台阶

（2005年6月27日）

郭　建　堂

编者按：2005年，集团公司党组在保持共产党员先进性教育活动中，坚持“结合实际，规范运作，努力创新，扎实推进，注重实效”的工作思路，取得了显著成绩。2005年6月27日，在国资委中央企业第二批保持共产党员先进性教育活动动员培训会议上，时任集团公司党组书记、总经理的郭建堂同志作了大会经验交流。集团公司作为国资委系统5家典型单位之一，其先进性教育的经验在国资委系统进行了推广，取得了很大反响。现将郭建堂同志代表集团公司党组所作的会议经验交流材料全文载录如下。

中国水利水电建设集团公司党组在保持共产党员先进性教育活动中，在国资委党委和督导四组、指导二组的领导下，按照中央有关文件和国资委领导的要求，以创新为出发点，取得实效为落脚点，以打造群众满意工程、推动企业改革发展再上新台阶为最终目的，经过近四个月的先进性教育活动，我们取得了明显的成效，较好地达到了“提高党员素质，加强基层组织，服务人民群众，促进各项工作”的目标要求。具体体现在“一个提高，四个促进”，即：提高党员意识和素质，促进党员在本职岗位发挥先锋模范作用；促进总部各项工作，保证工作质量和效率；促进党建长效机制的建立，使总部党建工作再上新台阶；促进集团公司改革发展，增强核心竞争力。上半年企业经济工作取得显著成绩，较去年同期有明显进步。

作为国资委首批开展保持共产党员先进性教育活动的企业，我们按照中央和国资委党委的部署，在国资委先进性教育活动领导小组领导下，严格执行集团公司党组制定的《中国水利水电建设集团公司保持共产党员先进性教育活动实施方案》和各个阶段具体的安排意见，在全体党员和群众的积极参与下，认真落实各个阶段、各个环节的要求，圆满完成了各项工作任务，达到了预期目的，取得了明显成果。活动开展过程中，在国资委召开的两次交流座谈会上，集团公司均受到了国资委领导的表扬：3月18日，国资委主任李荣融在国资委先进性教育活动座谈会上的讲话中，对我们分层次明确集团公司总部党员争当"五个模范"、支部争创"五好党支部"的标准，作了肯定和表扬；5月11日，国资委副主任王勇在国资委先进性教育活动座谈会上的讲话中，对我们"五个必须谈"和广泛征求意见作了充分肯定和表扬。国资委先进性教育活动简报5次报道了我们的做法，国资委网站10次推广了我们的经验。最近，国资委以文件的形式将集团公司先进性教育活动的《实施方案》确定为第二批开展先进性教育活动的范本。我们的工作还受到了国资委督导四组、指导二组的肯定和赞扬，受到了集团公司总部广大党员和群众的普遍好评和肯定。我们的主要做法是：

一、统筹安排，用创新指导整个先进性教育活动工作，做到"规定动作不走样，自选动作有创新"

1. 确定工作思路，做到"五个结合"。在活动开展之初，我们就确定了"结合实际，规范运作，努力创新，扎实推进，注重实效"的工作思路，结合集团公司及总部的实际情况，按照中央和国资委党委的要求，在结合实际上，努力创新，在先进性教育活动中，我们提出了要做到"五个结合"的工作原则，一是把先进性教育活动与机关党建工作实际结合起来，建立健全基层党组织建设的长效机制；二是把先进性教育活动与机关的队伍建设结合起来，打造集团公司总部一流的员工队伍；三是把先进性教育活动与创建首都文明单位活动结合起来，推动总部的三个文明建设；四是把先进性教育活动与总部各项业务工作结合起来，促进工作质量和服务质量的提高；五是把先进性教育活动与推动集团公司的改革发展结合起来，提高企业核心竞争力，转变经济增长方式，实现规模和效益同步增长，提高企业的经济效益和创利能力，加快集团公司建设具有国际竞争力的大型企业集团的进程。

2. 以"五个模范"主题实践活动为载体，制定党员先进性具体标准，全面提高党员素质。早在2003年，我们就提出了总部共产党员要做"五个模范"，即刻苦学习的模范、勤奋工作的模范、发扬党的优良传统和作风的模范、密切联系群众的模范和精神文明建设的模范，开展"五个模范"主题实践活动。先进性教育活动开始后，我们以"五个模范"为基础，分层次地制定党员、党员领导干部先进性的具体要求。强调制定先进性标准，贵在对路（符合党章要求，符合党组织、党员的实际情况），贵在具体，贵在行动。我们分四步走：第一步是调查研究，提出要求。在调查总部各层次党员基本情况的基础上，采取共性与个性相结合的办法，初步提出党员具体先进性要求。共性是党章提出的党员八条义务和党员领导干部六条基本条件、胡锦涛同志提出的"六个支持"；个性是结合行业、集团公司总部、岗位三个实际，提出了普通党员的标准是"五个模范"；还有党员领导干部的四条要求、离退休党员的四条要求。第二步是充分讨论，取得共识。我们把党员、党员领导干部具体要求发给各党支部，组织党员进行了三次讨论，对党员标准进行补充完善。有的党员在讨论中说，党员先进性的具体要求最终要落实到每一个党员的具体岗位和本职工作上，体现在发挥先锋模范作用上。党员在本职工作中，与群众相比，应该思想觉悟较高，工作本领较强，吃苦耐劳等作风较好，创造的业绩较显著，这就是党员的先进性，我们归纳了党员意见，对普通党员标准又加了"高觉悟、高技能、好作风、好业绩"的"两高、两好"具体要求。通过讨论，我们对"五个模范"、"两高、两好"，在分析总部工作特点、分析党员岗位实际的基础上，每一条都加了详细的内容，使党员一看就明白，指导行动有具体标准，具有可操作性，很多都是党员自己的话，新鲜生动，然后编发了集团公司总部党员先进性标准和具体要求，每个党员人手一册，使大家在查找问题时有标尺，日常工作中有标准，整改时有方向，党员反响很好。第三步是主题实践，化为行动。我们早在两年前，就在机关党员中开展了争当"五个模范"、争创"五好党支部"的主题实践活动，每年的优秀党员主要按"五个模范"来评比，支部按"五好"来评比，年年都搞表彰。在先进性教育活动中，按共性与个性相结合的原则，对"五个模范"做了补充和修订。国际党支部的党员说，我们在国外工作，也要按"五个模范"、"两高、两好"来规范自己的行动，发挥先锋模范作用，党员不管走到哪个国家，在外工作，都要做模范、当先锋。第四步是分层要求，广为覆盖。我们对普通党员有具体要求，对党员领导干部的先进性要求是在做到"五个模范"的基础上，还要做到四条要求，实现"四好"：政治素质好、经营业绩好、团结协作好、作风形象好。我们分析了离退休党员的具体情况，提出了"关心企业、理解改革、健康生活、理想永存"的四条要求，组织离退休党员在先进性教育活动中进行座谈，得到大家共识。对党支部提出了五好党支部的具体要求，即党支部班子好、党员队伍好、活动开展好、制度建设好、发挥作用好。这样，各个层次的党员和党组织都有了可以遵循的具体要求。

3. 按照PDCA循环的原理，用目标管理的方法开好党组民主生活会和支部专题组织生活会。我们抓住计划、实施、检查、处理几个基本阶段，并把此项工作与贯标的要求结合起来，确保支部组织生活会的质量。

按照目标管理的要求，集团公司先进性教育活动领导小组首先按照中组部和国资委党委的要求制定计划，确定了分析评议阶段的一个重要目标，就是开好党组民主生活会和支部专题组织生活会。

为了实现这一目标，集团公司先进性教育活动领导小组把目标管理的原理用于工作之中，按照PDCA的原理，形成一个封闭循环。主要原则有目标分解，制定详细的对策，细化、规范每一个环节的工作，对每个环节制定详细的保证措施和办法，并将这些规范的要求形成制度，以文件的形式下发到每一个支部，以保证目标的实现。

为做好党支部组织生活会的准备工作，集团公司先进性教育活动领导小组专门下发了《关于召开党支部专题组织生活会的通知》，明确保证组织生活会质量的前提是支部书记在会前要做到三个到位：一是组织学习到位，要组织党员有针对性地学习；二是谈心到位，要广泛听取党内外群众的意见和建议，开展好谈心活动，做好会前的思想沟通；三是征求意见到位，要广泛征求意见，开展批评和自我批评，为党员撰写党性分析材料奠定基础。

集团公司先进性教育活动领导小组下发《关于认真组织广大党员撰写党性分析材料的通知》，对党性分析材料的文体、内容、要求、交稿时间、审查程序都作了详细规定，特别明确要对照集团公司总部党员先进性的具体要求，实事求是地进行分析。同时要求党支部书记要审阅本支部党员的党性分析材料，要按照《党支部书记工作职责和操作流程》、《"两册"登记制度》做好相关的工作，重点要把好五关：一是对照标准关，看党员是否以党员保持先进性的要求为标尺，联系实际对照检查。二是查找问题关，关键是启发党员自觉查找自身存在的突出问题、主要问题：一查理想信念，看理想信念强不强，党员意识强不强，执政意识强不强，是否牢固树立了共产主义理想和中国特色社会主义信念，在大是大非面前是否旗帜鲜明，意志坚定；二查思想观念，看是否解放思想、实事求是，与时俱进，树立起与我国水电建设事业、集团公司的改革发展相适应的思想观念，坚定不移地与党中央保持一致，与国资委党委和集团公党组保持一致；三查精神状态，看事业心和责任感强不强，是否做到团结奋进、昂扬向上、开拓进取、奋发有为，扎实做好本职工作，圆满完成本岗位的职责和任务；四查素质能力，看带领群众前进的能力强不强，是否具备与建设中国特色社会主义、实现集团公司持续快速协调健康发展、建设具有国际竞争力的大型企业集团相适应的理论水平和业务能力；五查服务群众，看群众观念牢不牢，执政为民的意识强不强，是否做到自觉坚持群众路线、服务群众、服务基层、转变机关作风，自觉做到立党为公、执政为民；六查工作作风，看干群关系亲不亲，遵纪守法的模范作用好不好，自身形象正不正，是否做到为民、务实、清廉，要根据党中央、国资委党委和集团公司党组提出的廉政规定一条一条地对照，找出差距和不足，三是剖析根源关，要根据找出的问题，根据征求到的意见进行"四对照、四剖析"：一是对照学习实践"三个代表"重要思想、树立和落实科学发展观的要求，剖析世界观、人生观、价值观和权力观、地位观、利益观的情况；二是对照《党章》对党员的要求，剖析履行责任义务的情况，特别是要对照已经提炼的党员先进性标准在本单位的具体要求开展学习，把自己摆进去，对照标准学习，提高对先进性标准的理解和认识，提高对"三个代表"重要思想的理解和认识，在提高认识的基础上，找出党员先进性方面存在的差距，真正实现增强党性修养、达到自我教育的目的；三是对照"两个务必"、"八个坚持、八个反对"的要求，剖析思想和工作作风的情况；四是对照"五个模范"的要求，剖析新时期保持共产党员先进性的情况。从自觉提高觉悟、提高认识出发，端正态度，以亮出问题不怕丑、触及思想不怕痛的精神，对产生问题的原因、后果、危害逐一进行分析，从而做到就事说理，使对问题的剖析具有一定的深度。四是整改方向关，对照存在的问题与不足，提出今后改进的意见和措施，关键是要有针对性、具体可行。要在坚持理想信念、党的宗旨、路线方针、履行民主决策、群众路线、勤政廉政诸方面有新的、具体的打算，把整改的措施真正落到实。五是用好谈心、征求意见的材料关，党员要与周围党员群众深入谈心，真心诚意地征求意见，力求谈得面宽一些，谈得深一些，自我认识更全面、更准确一些。谈心活动中要认真开展批评与自我批评，做到与人为善，坦诚相见，沟通思想，增进团结。在广泛征求意见的基础上，要对群众的意见和建议进行梳理汇总，分层次、按程序做好意见的反馈工作。对党组成员的意见在党组会上反馈，对党员的意见在党支部会上反馈。分层次谈心交流征求到的意见和建议、党支部书记和支委通过与群众谈心征求的意见和建议，要反馈给党员，作为撰写党性分析材料的重要参考资料。

集团公司先进性教育活动领导小组严格规定支部专题组织生活会的程序，要求一是会前召开预备会议，即召开支委会，研究支部专题组织生活的具体方法，提前谋划，并检查会前各环节工作的落实情况；二是支部书记在会上要进行引导性发言，对会议提出要求；三是党员领导干部带头发言，要领好路子，做好样子；四是要求全体党员逐一宣读党性分析材料进行自评；五是其他党员逐一进行民主评议，充分发表意见，要对照标准客观评价，本着与人为善的原则，做到思想见面，大胆开展批评，点出党员存在的突出问题，这是支部组织生活会成败的关键；六是在每天的会议结束时，支部书记要对会议情况进行总结。

对党员的评议意见，集团公司先进性教育领导小组规定：一要经过支委会讨论，不能是支部书记的个人意见；二要征求党员所在部门领导的意见，与党员的日常表现、一贯表现相结合；三要对照标准，客观评价，点出突出问题，提出整改方向；四要结合党员个人党性分析材料、部门领导意见和征求到的党员群众意见；五要形成书面意见，领导小组根据中组部的要求制定党员民主评议意见的参考范本，规定评议意见的内容要对照党员先进性要求，既要肯定党员的成绩，也要指出存在的主要问题，并提出整改方向，党员民主评议意见一式两份，一份留支部，一份向党员反馈；六要填写《党员民主评议手册》。

按PDCA的循环原理对计划的实施情况进行检查，集团公司先进性教育活动领导小组采用了不同的方式：一是定期召开支部书记汇报会，二是领导小组不定期进行检查，三是在每个环节结束时进行“回头看”。

对检查中发现的问题，领导中组及时向各党支部和党员进行反馈并修正，从而保证了支部专题组织生活会的质量。

二、建立制度体系，在追求实效上下功夫

1. 制定系统制度，规范和保证各环节工作效果。我们对三阶段的工作制定了系列制度，并把这些制度落实贯穿到先进性教育活动的全过程，使整个先进性教育活动规范、有序、受控。为保证学习质量，我们制定了党员调查摸底制度、集中学习制度、学习考勤制度、请假补课制度、学习笔记制度、学习心得体会交流制度。特别是我们建立的“两册”登记制度，即《党员学习手册》和《党员民主评议手册》的登记制度。“两册”是每一位共产党员参加先进性教育活动的基础档案，包括了活动各环节的所有内容。《党员学习手册》包括党员基本情况、专用学习笔记检查情况、学习心得评定情况、学习心得交流情况和机关党委对党员学习心得评定情况；《党员民主评议手册》包括党员基本情况、征求群众意见情况、党性分析材料情况、党支部书记（支委、党小组长）同党员谈话情况和机关党委对党员党性分析情况的审定。“两册”登记制度明确规定了“两册”填写的具体要求。

我们还制定了集团公司党组成员示范点制度，一个党组成员抓一个支部，参加支部活动，提出指导性意见，效果很好。我们制定了群众监督制度，从活动一开始，就注意让群众参与和监督，召开了专题座谈会，通报情况，广泛征求群众意见，把群众监督贯穿于整个活动中。

2. 形成五级组织网络，做到“五个到位”，为先进性教育活动提供组织保证。在先进性教育活动中，党组担负领导责任，全面负责，党组书记作为第一责任人要工作到位；领导小组对先进性教育活动具体负责，对每一阶段的安排、总结进行专题研究、安排部署；领导小组办公室是先进性教育的具体工作机构，负责做好日党组织工作、文件起草工作和宣传工作，我们整个活动有实施意见，每个阶段有细化安排，每周有计划表，大型活动专门发通知；党支部书记是先进性教育的直接责任人，要组织好本支部的先进性教育活动，要带头在支部会上作辅导性发言，带头查找问题，要做好与党员谈心工作；联络员协助支部书记做好活动的日常组织工作，处理日常事务。这自上而下形成的五级组织网络，一级抓一级，层层抓落实，把责任落实到每个党员、每个支部。

3. 充分发挥基层党支部书记、支部联络员作用，抓实支部工作。我们明确了党支部书记、支部联络员工作职责和工作流程。

集团公司总部在开展保持共产党员先进性教育活动中，各党支部作为活动的主要实施单位，确定

一名同志作为联络员，并建立联络员制度，明确联络员工作职责和工作流程，以保证活动的顺利开展。联络员的主要工作职责有：协助支部书记做好活动的日常组织工作，处理日常事务；列席支委会，在党支部先进性教育活动中，提出建设性意见；按照《中国水利水电建设集团公司保持共产党员先进性教育活动实施方案》的要求，协助支部书记，起草制定支部先进性教育活动计划，做好活动的归档工作；负责和集团公司保持共产党员先进性教育活动领导小组办公室联系工作；负责信息传递和简报稿件的撰写工作；承担会务工作，协助支部书记做好会议通知、会议记录和编发会议纪要工作；协助支部书记做好《党员学习手册》、《党员民主评议手册》的填写工作；负责文件、学习材料的领取、发放等工作；完成总部先进性教育活动办公室临时交办的任务。我们还明确了党支部书记在先进性教育活动三个阶段、八个环节的工作职责。不少党支部书记说，这个工作流程很好，量化细化，内容明确，把党支部书记的职责落到了实处。在先进性教育活动中，我们召开了三次支部书记培训会议，支部书记汇报工作，领导小组对下一阶段的工作提出要求。

三、坚持把边学边改、边议边改、边查边改贯穿始终，在取得实效上见成果

我们从广大干部群众看得见、摸得着的事情做起，做到立说立行，见诸行动，从而推动了全员整改。党组整改方案的形成，分四步：第一步，我们分工程局(厂)、总部中层干部、总部全体党员、总部群众四个层次广泛征求意见,共征求到各种意见和建议534条,经过梳理、提炼,归纳出突出的、主要的意见和建议共6个方面47条;第二步,把基层群众意见化为决策意见,化为制度和方案。我们把征求到的意见和建议分解到各有关部门,提出相应的整改方案,并报分管领导审批;第三步,党组对各部门提出的整改措施逐条讨论,形成方案初稿;第四步,将整改方案初稿在征求各方面意见后,修改完善。

为了抓好整改方案的实施，集团公司党组认真落实责任制，制定了整改措施一览表，对每一个整改问题明确了总负责人，具体负责人、责任部门、配合部门以及整改期限。规定立即整改的问题，原则上应在今年上半年完成；限期整改的问题，原则上应在今年年内完成；中长期内逐步整改的问题，今年要拿出方案，列入计划，着手整改，分步实施，逐步到位，争取在二三年内完成整改工作。在边议边改的过程中，我们有以下几点体会：

1. 围绕集团公司改革发展大局，紧扣生产经营中心，查找突出问题，在重大问题上体现边学边改。在先进性教育活动开展之前，我们利用召开集团公司工作会议之机，组织集团公司下属18个工程局(厂)的主要负责同志对集团公司党组和党组成员在党风、党纪、党性和领导改革发展中存在的突出问题进行问卷调查，提出了34条意见和建议。基层干部提出希望集团公司在这几年快速发展的基础上，提高创利水平，实现规模和效益的同步增长。集团公司党组认真研究了大家的意见，提出了2005年全集团的中心工作是转变经济增长方式，实现规模和效益的同步增长，提高创利水平和经济效益，提高企业的核心竞争力，实现快速、持续、协调发展；提出新的一年的利润指标，比历史上最好水平的2004年的利润总额翻一番还多。基层干部提出希望进一步加强集团公司战略管理，贯彻科学发展观，实现既快又好的发展。近期，我们在认真研究原有发展战略的基础上，提出了建成具有国际竞争力的大型企业集团，必须推进跨越式发展的战略，实现跨越式发展战略在近10余年时间里要分三步走、三个阶段：一是第一阶段用六七年的时间，实现以规模扩张为重点的综合发展目标；二是第二阶段用六年左右的时间，实现以提高经济效益为重点的全面发展的目标，重点解决提高企业核心竞争力的问题，实现规模和效益同步增长，解决企业体制和机制的问题、产业结构的问题，在改革发展的基础上，解决一些主要的历史遗留问题；三是再用几年时间，实现以提高企业综合竞争力为重点的跨国公司发展目标。"三个阶段"、"三步走"的战略目标的提出，解决了跨越式发展的目标细化和实现途径的问题，将对集团的长远发展产生影响。

集团公司党组和机关党委的整改方案形成后，我们在总部各党支部召开的党员会和机关党委召开的总部群众座谈会、离退休干部职工座谈会上对此进行了讨论和征求意见。讨论中，大家认为：集团公司党组和机关党委的整改方案，能够针对存在的突出问题制定整改措施、落实整改责任，在内容上具体实在，做到了"三挂钩"和"三落实"，即与存在的突出问题挂钩、与整改措施挂钩、与整改时限挂钩，确保整改方案落实、整改时限落实、整改责任人落实。两个整改方案都实实在在，具有可操作性，让党员和群众看到了集团公司党组和机关党委整改问题的决心，反响很好。

2. 围绕服务群众、服务基层、转变机关作风的突出问题，边学边改。在征求意见过程中，我们了解到基层和群众反映强烈的党风、政风、行风方面的突出问题和涉及群众切身利益方面的突出问题，以及基层单位需要集团公司帮助解决的突出问题，对此都做了归类和分析，很多问题都已经解决或正在着手解决，从而拉近了总部和基层的距离，拉近了干部和群众的距离，党群、干群关系进一步密切了。基层干部提出总部机关部门对改革发展中重大问题，深入基层调查研究不够，指导不够。最近，我们集团公司领导深入到10个工程局（厂）参加工作会、职代会，现场解决问题，面对面地指导工作，帮助基层单位解决企业改革、发展和稳定工作中存在的问题。集团公司领导和有关部门领导对进行股份制改造的两个试点单位，进行调查研究，现场解决基层单位提出的问题，使这两个单位改制工作加快，并在近期正式挂牌。在上半年管理工作任务十分繁重的情况下，总部各部门党员都做到了思想稳定，干劲不减，勤奋工作，立志“让先进性在岗位上闪光”，保证了各项工作的顺利进行。总部领导、员工的工作作风转变，总部各部门工作效率提高，质量提高，推进改革发展。党员服务基层、服务群众的意识进一步增强，机关的作风明显得到改善，基层干部说，这是集团公司总部开展先进性教育活动出现的新气象，我们看到了总部帮助基层解决突出问题的新成果，看到总部干部转变的工作作风的新变化。

3. 加强各项管理工作，提高企业核心竞争力，实现规模、效益的同步增长，做到“两不误、两促进”。围绕提高企业核心竞争力，实现经济增长方式的转变，上半年我们召开了13个业务工作会议，制定下发和转发了35项管理制度措施，加强了管理，保证了集团公司2005年工作会确定的各项任务的完成。先进性教育活动的成果在集团公司经济工作中取得显著成绩，集团公司规模和效益同步增长、转变经济增长方式取得了初步成效，推动了生产力提高，推进了发展。今年1～5月份，集团公司国内、国际两个市场运作都取得了显著成绩，各项主要经济指标比去年同期都有大幅度的提高，已完成产值110亿元，与去年同期相比增长29%，利润水平较往年有明显增长。在今年前5个月的工作中，国内市场成绩明显，项目管理工作进一步加强，经济效益有明显提高。国际工程发展势头良好，国际公司新签合同额97189万美元，已经接近2004年全年承揽合同额的水平，完成产值15726万美元，较上年同期增长20%。

我们加大对经营管理者经营业绩的考核评价力度，大力推行以经营效益为中心的对经营者评估、考核、奖惩制度体系，进一步落实集团公司制定的《所属企业（公司）负责人年度经营业绩考核暂行办法》和《所属企业负责人年薪制暂行办法》，引导、促进经营者切实转变经济增长方式。

针对集团公司国际工程业务发展较快、投资项目稳步推进的实际，我们先后制定了多项措施，注意防范风险，提高经济效益：《中国水利水电建设集团公司投资管理规定（试行）》，加强了对集团公司投资工作的管理；《中国水利水电建设集团公司投资项目管理规定》，从制度上规范投资工作符合国家规章制度的要求；《中国水利水电建设集团公司投资准入管理暂行办法》，规范投资行为；《中国水利水电建设集团公司控股公司办理投资事项相关规定》，规范控股及参股公司的工作，为投资工作防范风险提供制度保证；《中国水利水电建设集团公司投资项目管理规定（试行）》，明确资本金拨付程序、招投标审核批准程序、项目建设负责人考核办法、项目建设审计办法、建立项目工程建设检查制度及派出管理人员任免制度，使投资项目管理有法可依，有章可循；建立健全了对国际工程防范风险的长效机制，成立了合同风险部，明确了防范风险的职能。

4. 在加强基层组织方面，我们着重在建立党建工作长效机制上下功夫、见成效。我们制定出台了评先评优的方案，以制度的形式保证党组织的创造力、凝聚力和战斗力进一步加强，形成长效机制。下一步我们还要制定集团公司直属党委工作条例，健全党员长期受教育、永葆先进性的长效机制，使党组织在成为贯彻“三个代表”重要思想的组织者、推动者和实践者上取得新的进步。因此，很多基层单位反映，这些制度措施的出台，为基层的党建工作受到重视和走上良性发展轨道创造了很好的条件。

在先进性教育活动中，我们得到了国资委保持共产党员先进性教育活动领导小组及办公室及时得力的指导，督导四组、指导二组多次到我们单位指导帮助工作，提出了许多指导性意见，这是我们搞好先进性教育活动的必要条件。我们要认真总结经验，探索建立新形势下党员“长期受教育、永葆先进性”的长效机制，把继承传统与改革创新结合起来，把这次先进性教育活动中的成功做法和经验用制度的形式固定下来、支持下去；把先进性教育活动取得的成效和创造的经验转化为经常之举，建立长效的党员学习机制、党员教育机制、党员管理机制、党员联系群众机制、党内民主参与机制等，更好地落实提高党员素质、加强基层组织、服务人民群众、促进各项工作的目标。团结和带领广大党员开拓创新、真抓实干、再接再厉，为提高企业的核心竞争力，促进集团公司改革发展再上新台阶，作出新的贡献！

在中国水利水电建设集团公司 2005年年中工作座谈会上的讲话

（2005年7月25日）

郭　建　堂

同志们：

今天，我们召开集团公司2005年年中工作座谈会，简要回顾上半年的工作，根据全年工作安排，安排部署下半年的重点工作，统一思想，振奋精神，扎实工作，保证全年工作目标的实现，努力推进集团公司的跨越式发展进程。

一、上半年工作的简要回顾

上半年，集团公司以"三个代表"重要思想为指导，以科学发展观统领全局，认真贯彻落实国资委的工作部署，全面落实集团公司2005年工作会议精神，转换经营管理模式，转变经济增长方式，提高可持续发展能力，各项工作取得新的成绩。

（一）经营工作成绩显著

主要经营指标完成较好，经营效益明显提高。据统计，截至6月底，全系统新签工程合同额184亿元，同比增长28.7%，占年计划的70.8%；完成营业收入126.7亿元，同比增长26.4%，占年计划的50.3%，其中主营业务收入122.8亿元，同比增长27.9%。从经营效益和质量看，实现利润总额8707万元，比上年同期（亏损1986万元）增加了1.07亿元；营业收入利润率达到0.69%；产值利润率达到0.68%；净资产收益率达到2.17%。1～6月份集团公司保持了持续快速发展的良好态势，整体经营形势特别是效益情况好于往年。

国内市场开发取得新成效。截至6月底，新签国内工程合同额103亿元，其中非水电工程合同额12亿元。国内单项工程平均合同额达3084.8万元，新签亿元以上项目23个。市场协调工作取得明显成效，1～6月份共协调项目50个，集团公司已协调项目合计金额80.4亿元；已定标项目27个，中标金额65.39亿元；投标报价水平有所回升，项目单价逐步趋于合理。

国际化经营取得新突破。一是经营规模持续大幅增长。上半年，新签约和即将签约的国际项目合同额为9.8亿美元，到目前为止，已中标签约22个项目，合同额13.7亿美元，约为去年全年的150%；完成国际工程营业额2.1亿美元。二是经营层次明显提升。以BOT方式中标柬埔寨甘再水电站项目，签约额达2.8亿美元；签订了老挝南欧8水电站项目开发备忘录，项目直接总投资约5亿美元。三是适应集团模式的国际经营新体制和新机制正逐步完善。一方面，明确了集团公司海外事业部和国际公司的定位、性质和职能，基本理顺了国际公司与集团公司、成员企业的经济关系、管理关系，作为集团公司国际化战略的经营实体和创新载体的功能得到增强。另一方面，坚持"四个统一"原则，进一步强化了以集团公司为龙头、以成员企业为后盾的集团化运作体制。上半年，在不同国家新设立了6个驻外机构。

贯彻集团产业结构调整战略的投资开发稳步推进。上半年，四川毛尔盖、沙湾水电站的股权收购获得成功，甘肃2×60万千瓦火电合作开发协议签署，使我们总的开发权达到327万千瓦以上，另约有270万千瓦的项目开发正在洽谈之中；投资领域继续拓展，长岭风电场项目开发协议和水务公司增资扩股协议正式签署。投资体制逐步理顺，完成了集团公司与投资公司的股权划转工作，启动了四川电力投资有限公司的筹备工作。投资管理力度加大，初步完善了投资管理制度，规范了决策和评审程序，加强了对投资行为的监管。

通过近两年的努力，到6月底，集团公司共计投资项目9个，电力项目的参股控股在建装机容量316.35万千瓦，其中集团公司权益装机容量152.88万千瓦。预计投入权益性资本金和项目开发资本金约20亿元，预计项目开发总投资约190亿元（含资本金）。建成后集团公司控股项目预计年发电销售收入约25.4亿元。为集团的产业结构调整，产业链升级迈出了实质性的坚实的一步。

（二）集团公司发展战略体系进一步完善

2003年，我们提出建设具有国际竞争力的大型企业集团的奋斗目标。为实现这个目标，2004年，我们确立了跨越式发展战略，目的是尽快缩短与先进企业的距离，加快集团化建设进程。为推进跨越式发展战略的实施，2005年年初，集团公司作出了转换集团管理模式，转变增长方式，增强可持续发展能力的重大战略决策。上半年，我们在总结近几年集团公司改革发展的成功经验，展望集团公司未来10年发展前景的基础上，进一步提出“三步走”战略步骤，即：第一步，从20世纪90年代末到2004年，实现以规模扩张为主要内容的综合发展目标。这一阶段的任务基本完成。第二步，从2005年到2010年，实现以转变经济增长方式，提高经济效益和经营质量，增强企业可持续发展能力为主要内容的全面发展目标。这一阶段的主要任务是：转变经济增长方式，提高企业经济效益；加快企业改革，建立适应市场的体制和机制；推进产业结构的调整和升级；在发展的基础上，彻底解决历史遗留问题。普遍建立股权多元化、产权多元化的现代企业制度。第三步，2010年到2015年，实现以建成具有国际竞争力的大型跨国公司为主要内容的国际化发展目标。国际经营在总体业务中的比重达到50%以上，在国际上的影响进一步扩大，实现资本的国际化、经营的国际化、管理的国际化。“三步走”战略步骤的提出，使集团公司发展战略形成了一个由战略目标、战略任务、战略步骤构成的较为完整的体系，将对集团公司的长远发展产生重大而深刻的影响。“三步走”战略步骤提出后，在集团公司内外产生了强烈反响，得到广泛认同。

（三）集团化管理力度加大

出资人职责进一步到位。加强资产管理，大力推行年度经营业绩考核制度，建立健全资产经营业绩责任体系，着力提高资产运营能力和运营质量；加大投资收益权的落实力度，实行上缴集团指标对经营业绩的“一票否决”制；加强领导班子建设，认真做好对领导班子成员的选聘、考核和监督工作；行使重大决策权，积极发挥在重大投资、经营活动中的决策与管理中心作用。对控股和参股子公司，依法建立健全法人治理结构，行使出资人权利。通过上半年的进一步努力，集团公司作为出资人应当享有的投资收益权、经营者选择权、重大决策权得到强化，集团治理结构建设初见成效。

集团统一的战略管理深入实施，管理的集约程度明显提高。进一步明确集团公司（母公司）的战略管理中心地位，除对集团公司总体发展战略予以实施和对子公司发展战略进行审核外，按照战略管理高度集权、经营管理充分授权的管理模式，制定了一系列的集团管理制度，统筹集团市场经营战略、国际化战略，统筹集团的投融资及产业结构、产权结构调整战略，努力实现集团整体效益最大化，增强了集团整体的控制力和总部的指导服务功能。

在财务管理方面，全面推进财务预算管理，加强了对预算执行情况的监控与分析。在资金管理方面，集团公司和成员企业两个层面的资金管理的集中程度进一步提高，对联营体资金管理的力度加大；加强银企高端战略合作，获得了中国建设银行166.99亿元集团综合额度授信。在人力资源管理方面，创新选聘机制，出台了《集团公司领导干部公开选聘暂行办法》，启动了集团公司总会计师职位面向全国公开招聘工作；创新分配机制，完善与经营业绩考核紧密结合的企业负责人薪酬管理制度，全面推行经营者年薪制；健全人才评价机制，开展了集团公司成立以来的首次职称评审工作。在项目管理方面，加大了集团公司对项目的指导、协调和服务力度。在安全管理方面，层层落实安全生产责任制，加强监督检查，严格执行事故责任追究制度，集团公司整体安全生产状况平稳。在科技管理方面，加强对科研项目的管理，组织开展了科研项目的立项、评审工作。在信息化建设方面，完成了信息化建设的规划，基本形成了信息化建设的组织体系，信息技术的应用更加广泛和深入。

（四）市场经营战略进一步推进

以完善市场统筹协调机制为重点，大力实施统一的市场经营战略。上半年，集团公司积极发挥主导作用，制定并推行建筑市场经营战略实施办法，促进了市场统筹协调工作制度的完善和市场竞争的规范有序；严格执行纪律，加大激励和约束的力度。各成员企业的集团意识、大局意识、自律意识、效益意识进一步增强，有力地促进了市场竞争环境的改善和集团整体盈利水平的提高。

（五）企业改革取得新成果

整体改制试点工作取得实质性突破，基础局和富春江厂的整体改制工作已顺利完成。主辅分离、改制分流稳步推进，到目前为止，第一批已有17家单位完成改制，第二批主辅分离方案得到有关部委批准。分离企业办社会工作全面展开，目前已进入实质性操作阶段。

（六）党的建设和精神文明建设取得新成绩

保持共产党员先进性教育活动取得显著成绩。圆满地完成了总部先进性教育活动各个阶段的工作，综合评价满意和基本满意率达到了99.4%，得到国资委党委的充分肯定。

加强了企业党建工作的制度建设和组织建设，完善了党内创先争优机制，企业党建工作、反腐倡廉工作、精神文明建设、思想政治工作和群众组织的工作以生产经营为中心，取得新的成绩。

上半年，集团公司各项工作取得了新的成绩，但还存在不少不容忽视的问题：企业效益不理想，利润指标离计划安排还有较大差距，个别企业亏损较大，成本费用增幅较高；项目管理粗放，成本控制不严的现象仍然严重存在，合同和商务管理、工程成本管理普遍薄弱，导致经营质量效益与规模相比并无明显好转，资金集中管理差距较大，应收账款数额居高不下，经营资金异常紧张，对银行的高度依赖导致融资成本增加隐含系统性财务风险；在建项目履约及安全生产形势不容乐观；系统内诚实、守信意识有待强化。对这些阻碍集团发展的问题，我们要高度重视并采取果断措施尽快加以解决。

二、关于下半年的重点工作

（一）加强领导，确保全年工作目标实现

年初，我们确定了2005年集团公司和各成员企业的经营指标和阶段性工作目标，并进行了层层分解和落实。完成年度各项计划任务，对实现集团公司阶段性发展目标具有至关重要的作用。从上半年的情况看，整体完成情况较好，但不能盲目乐观。对此，集团公司将加大过程跟踪、监管、检查的力度，各成员企业要对照年度目标，针对存在的突出问题，认真分析原因，研究对策，采取切实有效的措施，确保全年经营目标的实现。存在严重亏损或利润增长较差的成员企业，要按有关规定及时向集团公司报告情况，说明原因，要制定扭亏增盈的措施并坚决贯彻，务求实效。努力降低消耗，节约成本，增加盈利。

（二）坚定不移地实施市场经营战略，规范市场秩序，提高竞争能力

发挥集团整体优势，规范市场竞争行为，依法创建相对公平合理的市场环境，提高集团整体的市场竞争力和盈利水平，是集团公司市场经营战略的主要任务。当前工作的重点，就是要继续加强市场开拓战略，完善工作机制，规范市场秩序。

从上半年的情况看，集团公司的市场开拓战略在业内引起较大反响，对此我们要有正确的认识。一方面，这说明集团的市场影响力、社会地位进一步提升，我们维护合法收益，保证国有资产保值增值的做法得到各方面的理解；另一方面，说明在工作策略上、方法上还需要从实际出发，作出适当的调整。会上，市场经营部要作专题汇报，对解决当前市场战略中的突出问题提出一个基本思路，希望大家在此基础上认真讨论，集思广益，共同探讨今后的指导思想、运作方式和策略，促进市场竞争机制的健全。总的来说，实施集团统一的市场经营战略的决心不能动摇，集团公司的营销中心地位和市场开拓战略的主导地位不能动摇，建立有效的市场竞争机制不能动摇。各成员企业必须统一思想，提高认识，要进一步强化集团意识、大局意识、持续发展意识、诚实守信意识，自觉维护集团整体利益，坚决反对无视集团整体利益，违反集团规定及指令的行为。要正确看待和处理局部利益与整体利益的关系、规模与效益的关系、近期损失与长远利益的关系。各个企业要努力提高竞争力，充分发挥企业的技术优势、业绩优势、品牌优势，提高业主和市场的认同度。必须不断提高市场营销水平、企业管理水平，提高综合实力，只有这样才能在市场竞争中争取主动。在投标工作中，除价格因素外，还要加强对项目其他风险性因素的评估，如不公平的合同条款、业主的综合实力、资信和管理水平等，要采取切实可行的应对措施，维护企业的正当权益。

（三）大力推进经营管理转型，加快经济增长方式转变

经营管理转型是集团公司实现全面协调可持续发展的客观要求，是实现跨越式发展的重大战略举措。我们必须抓住当前有利时机，大力推进经营管理转型，创建适应市场经济的经营机制，加快经济增长方式转换。关于这方面的工作，年初已经作了全面部署，下半年，要继续做好工作，确保集团公司经营战略决策的贯彻落实。这里，我再强调几点：

1. 转变经营管理观念。一是进一步增强集团意识，维护集团整体利益。集团模式下的经营管理战略，是以产权关系为纽带，高度集权的战略管理和充分授权的经营管理相结合，宏观调控与自主经营相统一的集团化管理模式。集团公司履行出资人权利，实施统一的经营管理战略，目的是发挥综合竞争优势和规模经济优势，实现集团整体效益最大化，推动集团公司的整体发展。各成员企业要适应这种变化，彻底转变传统的各自为战、各自为政的观念，自觉、主动地服从集团公司的依法监管和以追求集团效益最大化为宗旨的统一经营战略管理。同时，要充分认识到集团是一个有机的战略共同体和利益共同体，各成员企业之间要形成和谐的经营管理关系，互相沟通，诚实守信，信息共享，特别是在同一个工程中，要有一致的对外基本原则，严禁表里不一、互相拆台，损害整体利益。二是进一步增强效益意识，树立实现企业效益最大化这个共同的价值观，树立一切管理以经营为中心、一切活动围绕集团价值最大化来开展的观念，从观念、制度和方法上推动增长方式从规模型向效益型转变、从粗放型向集约型转变。三是树立现代企业管理的观念。

要增强资产、资本经营意识，建立投入产出和投入回报的经营理念，注重提高资产运营水平、资本运作能力和资源配置效率，推动管理方式从计划经济的生产型管理向市场经济的经营型管理转变，加速企业主要经营者从传统的生产型施工局长向公司经理人的转换，不断增强战略决策能力、政策执行能力、统筹协调能力、市场应变能力和经营管理能力。

2. 继续推进集团公司资产经营业绩责任体系的建设。建立以集团公司战略目标为导向、以落实出资人权益为核心，体现激励与约束的资产经营业绩责任体系，是集团公司贯彻国资委部署，推动经营管理转型的重大举措。今年，是集团公司推行新的年度经营业绩考核制度和年薪制的第一年，我们要高度重视，切实做好制度落实工作，严格按照标准，真实地评价经营业绩和经营能力，根据考核结果确定兑现经营者业绩年薪，评价成员企业经营班子的经营执政能力。在此基础上，集团公司将着手开展任期经营业绩考核制度的制定工作，实现年度经营业绩考核与任期经营业绩考核的有机结合。各成员企业要以推行年度经营业绩考核制度和年薪制为契机，层层建立以经营业绩、责任及奖惩为主要内容的激励与约束机制，以此建立和强化集团成员企业经营者真正树立业绩取向支持发展战略、市场营销追求质量效益、精细化管理创造最大价值的长效激励与约束机制，使各级资产经营责任落到实处。

3. 注重集约化、精细化、规范化管理，加快管理创新步伐。

——在财务管理方面，要进一步强化集团公司的投资中心、工程局（厂）的利润中心、施工项目的成本中心的功能定位，完善各级内部控制制度，规范资产管理流程，明确审批权限，健全集团统一框架下的资产管理体系；继续推行全面预算管理，提高预算编制、审查、分析、监控的质量和水平；做好清产核资账销案存工作，巩固清产核资成果；切实加强成本管理，降低成本费用的增长幅度。要对成本管理中的关键环节、薄弱环节认真分析，采取有针对性的措施解决存在的问题，坚决反对非生产性消费的盲目攀比，对非生产性费用的支出一定要严加控制。要健全和强化债权回收责任制度及资产损失问责追究制度，务必卓有成效地解决好债权回收的难题。当前，部分工程局应收账款数额仍然过大，今年是解决地方政府及项目业主陈年拖欠工程款的关键一年，要抓住时机做好催收工作并务求实效。

——在资金管理方面，继续从集团公司和工程局两个层面提高资金管理的集中度，增加资金结算回收量；落实联营体管理有关规定，将联营体资金纳入集团公司现金流量管理网络；巩固和发展与金融机构的战略合作关系，扩大集团的资信实力，积极尝试开拓新的融资渠道，为产业结构调整和生产经营提供资金保障；加快推进资金管理信息系统建设，构筑信息化资金管理平台，提高资金结算效率。要加强资金管理的风险防范与控制，各成员企业贷款及对外投资、担保、借款等风险性业务情况，要按规定及时、准确地报告集团公司。

——在人力资源管理方面，要认真贯彻落实集团公司首次人才工作会议精神，以科学的人才观为指导，共同开创集团公司人才工作的新局面。大力实施“人才强企”战略，推进人才工作机制和人才培养、引进、选用机制的创新，改善人才结构，全面提高人才素质，不断满足跨越式发展对各类人才的需要。为推进干部人事制度改革，目前集团公司正在系统内首次公开选聘成员企业正副局级领导人员，要精心组织，坚持标准，保证选聘质量。

——在科技管理方面，要加快建立集团管理体制下的科研组织体系，优化组合内部科技资源，实现科技管理上的集团规模效益。加快建立科技成果转化为现实生产力的机制，将现有的技术优势、品牌优势真正转化为企业的竞争优势和经济效益优势。

——在项目管理方面，要加强项目的商务管理，各成员企业要采取有力措施，坚决扭转经营管理组织体系薄弱、项目商务管理严重滞后于工程进度的不利局面，使商务管理与工程建设协同并进，切实维护企业的合法权益。要加强对联营体施工项目的管理，推动联营体管理的规范、有序，确保联营体在如期实现施工项目履约目标的同时实现经营效益最大化目标。要加强项目的成本管理，厉行节约，精打细算，降低消耗，提高资源利用效率，提高项目的创利水平。要加强项目履约管理，严格按合同约定确保工程质量，保证合同工期，做好安全生产，协调好各方关系，努力为业主提供优质服务。

（四）深入推进国际化战略，加快国际经营步伐

一是抓紧完善国际化战略，针对外部环境特点和国际市场发展趋势，权衡利弊，确定目标和措施，制定出中长期发展规划，确保国际经营持续快速发展。二是继续构建适应集团模式和现代企业制度要求的国际经营新体制和新机制。一方面，国际公司要加快实现体制和机制的转化，推动企业与国际市场的快速接轨。集团公司海外事业部并国际公司，要用现代企业的理念、制度和方法，紧扣集团发展战略，进一步规范、完善、理顺管理关系及经济关系，带动整个集团公司国际化的快速发展；要在稳健扩大市场营销份额的同时，更加注重把经营工作

的重点切实转到提高经营效益上来，逐步形成集团公司坚实的经济增长点。另一方面，本着发挥规模优势、优化资源配置的原则，总结经验，进一步强化国际经营的集团模式，完善由集团公司统一战略管理、归口统筹协调、国际公司和成员企业分层经营的经营模式，国际公司逐渐将重点转移到运作大项目及投融资项目上去。三是积极拓展新的市场地域和经营领域，推动承包方式的升级转变，大力开发投资或融资项目，以扩大国际经营规模，提高国际经营层次，逐步增加国际业务在总体业务中的比重。四是认真抓好在建项目的管理，加强质量、进度、成本和风险控制，严格履约，注重预防工期延误、工程款结算滞后、过度垫资投入、工程成本失控、过度应收账款增加可能导致的集团系统性运营风险，争取好的经济效益和社会效益。要加强国际项目的风险管理，建立健全快捷有效的风险防范和应急处理机制。

（五）提高投融资能力，推进产业结构调整

扩大优质项目的投资规模，加大西南地区的水电、西北地区的坑口火电开发力度，加快风能项目的开工建设进度，继续开拓水务市场，争取年内实现新的突破。完善各项投资管理制度，加强对投资行为和投资项目的监管，集团所属企业的长期投资必须严格执行集团管理规定，不准各行其是、先办后报。为提高集团公司投资管理水平，建立集团公司项目投资后评价制度，年内将出台集团公司固定资产投资项目后评价实施细则。继续加强投资项目评审工作，规范项目投资决策、评审程序，规避投资风险。

大力开展集团租赁业务，培育新的经济增长点。租赁业务具有很大的市场空间，同时又形成了较好的体制基础。要抓住机遇，在扩大传统市场的同时，拓展新的发展领域，创新服务方式。要增强国际融资能力，积极利用外国政府贷款和国际金融组织贷款，筹措资金，争取优惠政策，提高设备更新速度。

（六）增强紧迫感，不失时机地推进企业改革

当前，集团公司的改革工作任务十分艰巨，正处在攻坚阶段，面临着很大的挑战，但同时也面临着良好的机遇：国家对国有企业改革的法规和配套政策逐步健全，电力体制改革中的扶持政策正在得到落实，市场形势和企业发展状况总体看好，广大职工对改革发展的认识普遍提高，清产核资等基础性工作逐步到位。我们要进一步增强紧迫感和责任感，坚定不移地推进改革。集团公司改革重组的总体思路已经明确，相关的工作正在进行。下半年，要按照工作计划，继续推进主辅分离改制分流工作，今年是辅业改制优惠政策的最后一年，要抓住时机努力推进，同时争取年内完成企业办社会机构的分离移交任务。同时，积极开展国有独资公司改建工作试点，探索专业公司重组的途径。关于企业改革，这里提几点要求：一是要做到依法规范改制。要按照中央要求，坚持正确的改革方向，认真贯彻执行有关法律、法规和政策，切实维护出资人的合法权益，维护职工合法权益，防止国有资产流失。二是要理顺产权关系。要把企业改制与建立现代产权制度结合起来，加强对企业国有产权的各项管理工作。三是要确保企业稳定。要严格执行有关政策和操作程序，增强工作的主动性和预见性，及时化解各种矛盾，确保企业改革和调整的顺利进行。

（七）高度重视安全生产工作，为企业发展提供保障

上半年集团公司整体安全生产形势保持平稳，但也存在一些不容忽视的问题。这项工作必须警钟长鸣，常抓不懈。各级领导对企业安全生产负有重要责任，要树立法制安全的观念，认真抓好各项制度、措施的落实工作，依法、规范地做好安全生产工作。要加强安全生产监督管理体制和责任体系的建设，层层落实各级安全生产责任，严格管理，确保今年安全生产指标控制在集团公司考核指标以内。要认真执行重大事故报告制度和责任追究制度，遇到重大情况，要依法办事，要及时、如实、规范地报告集团公司。目前，正处在汛期，要切实做好安全度汛工作，在确保人员安全的前提下，最大限度地减少财产损失。

（八）认真开展保持共产党员先进性教育活动，务求取得实效

目前，各成员企业先进性教育活动已经启动，各企业党委要深刻认识开展先进性教育的重大意义，高度重视，统筹安排，精心组织，务求实效。要以开展先进性教育活动为契机，切实加强和改进企业党建工作，解决突出问题，促进改革发展。要处理好开展活动与生产经营的关系，在人员和时间安排上要服从生产经营的需要，切实做到学习教育和生产经营“两不误、两促进”。根据规定，各成员企业先进性教育活动接受地方党委领导，同时接受集团公司党组的指导。为此，集团公司党组已派出了先进性教育活动巡回检查组。各企业要密切配合地方督导组和巡回检查组的工作，加强沟通联系，主动汇报工作，接受指导和帮助。

同志们，集团公司的奋斗目标已经确定，宏伟蓝图已经绘就，我们担负的任务光荣而艰巨。我相信，在大家的共同努力下，集团公司一定能够实现全年工作目标，以新的发展业绩推进跨越式发展进程，为国民经济的发展和建设和谐社会做出新的贡献。

在中国水利水电建设集团公司安全生产专题会议上的讲话

（2005年8月23日）

郭 建 堂

同志们：

今天，我们召开安全生产专题会议，这是一次非常重要的会议。国资委、国家安监总局、国有企业监事会、电监会高度重视我们这次会议，有关领导出席会议指导工作。首先，我代表集团公司党组，向出席会议的领导表示热烈的欢迎，对各位领导光临指导表示衷心感谢！

今年以来，集团公司先后在2005年工作会议、安全工作会议、年中工作座谈会等重要会议上，对安全生产工作作出安排部署。同时，加强机构建设，集团公司单独设立了安全生产监督管理部，进一步完善安全责任制，加快制度建设步伐，加大安全生产宣传工作力度，加强对安全生产的检查和监管，安全生产工作取得新的进展。虽然我们在安全生产管理方面做了大量工作，但是，目前集团公司安全生产形势依然十分严峻，安全生产事故多发、频发，特别是发生多起重特大事故，造成职工生命和国家财产的重大损失，给企业全面协调持续发展造成重大负面影响，引起国务院领导、国家有关部委和地方政府的高度重视和密切关注。鉴于目前安全生产的严峻形势，集团公司党组决定召开这次会议，目的是以科学发展观为指导，认真贯彻落实《安全生产法》和全国安全生产电视电话会议精神，深刻分析当前安全生产面临的严峻形势和现状，针对存在的问题，深入查找原因，采取强有力措施，下大决心遏制重特大事故的发生，彻底扭转安全生产的被动局面。统一思想，理清思路，切实加强和改进安全生产工作，全面提高安全生产管理水平，促进安全生产状况稳步好转，努力为企业发展创造安全健康和谐的环境。

下面，我讲两个方面的意见。

一、集团公司安全生产面临的严峻形势

近几年，随着国民经济平稳较快发展，集团公司在国资委、国家安监总局、电监会等国家有关部委的坚强领导和有力支持下，进入了跨越式发展的新阶段，经营规模迅速扩大，经营效益不断提高，2004年新签合同额300.2亿元，实现营业收入250.63亿元，与集团公司成立前的2002年相比，分别增长37.3%、74.7%。今年以来，集团公司继续保持持续快速发展的良好势头，整体经营形势特别是经营效益好于往年。1～6月份，新签工程合同额184亿元，同比增长28.7%；完成营业收入126.7亿元，同比增长26.4%；实现利润总额8707万元，比上年同期（亏损1986万元）增加了1.07亿元。

与集团公司持续快速发展的新形势相比，我们的安全生产工作相对滞后，还没有完全适应新形势、新任务的要求，存在许多薄弱环节，暴露出不少问题，呈现出事故多发、频发的势头。据统计，1～8月份，集团公司共发生一起特大事故、三起重大事故，这四起事故分别是：

——2月11日，水电五局紫坪铺工地发生一起岩石坍塌事故，死亡3人；

——5月26日，水电十四局水布垭工地发生一起山体塌方事故，死亡3人（非责任事故）；

——5月26日，水电十一局拉西瓦工地发生一起岩爆事故，死亡6人；

——8月1日，水电八局谷拉工地发生一起门机倒塌事故，死亡14人。

尤其是拉西瓦“5.26”事故和谷拉“8.1”事故，损失和影响极其严重。“5.26”事故除造成6人死亡外，水电十一局在事故发生后没有及时报告当地安全监督管理部门，集团公司没有及时报告主管部门，涉嫌瞒报事故，华建敏国务委员对此专门作了批示，责成国资委、国家安监总局核查事实，依法追究责任，作出处理。目前这一事件仍在调查中。“8.1”事故是近20年来系统内发生的最大一起特大安全生产责任事故，造成14人死亡，4人受伤，经地方主管部门初步调查，这是一起违章指挥、违章操作的责任事故。

今年以来安全事故接连出现，令人痛心，发人深省，这暴露出我们安全生产管理工作存在着相当

严重的问题。事故发生后，尽管集团公司和有关成员企业高度重视，做好事故的调查处理工作，尽力减少事故造成的损失和影响，但是，如果我们不深刻反省、下大力气整治，就难以遏制这种势头，就无法保证我们企业全面协调可持续发展。针对这一严重问题，最近集团公司安全生产委员会专门召开了扩大会议，对事故频发的原因特别是主观原因进行了深入的剖析，归纳起来，主要有以下几个方面：

（一）对《安全生产法》贯彻不得力，法制观念不强

近两年，一些成员企业对国家有关安全生产的法律、法规的学习和教育不深入，一些企业负责人依法管理安全生产的思想没有真正树立起来，对“依法治安”的重要性和对违法违规的危害性缺乏足够的认识。有的企业在事故发生后，依法处理的意识不强，对依靠国家和地方有关部门依法调查处理事故的重要性、必要性认识不足，忽视了国家和地方安全监督管理部门的重要作用，习惯于关注企业内部对事故进行处理，从上半年的情况看，报告不及时、处理不严肃、“内部消化”等现象在个别企业已相当严重。

（二）企业安全生产第一责任人的责任落实不到位

第一责任人对安全生产具有关键性的作用。《安全生产法》明确规定了企业法定代表人作为安全生产第一责任人的六项基本职责。对照这些职责，不难看出我们一些企业负责人身上不同程度地存在责任不到位的问题：有的“安全第一、预防为主”的指导思想有所淡化，未能组织确立具有本企业特色的安全生产工作思路。有的对健全本企业安全生产责任体系及对责任制的落实督促检查不到位。有的对健全安全生产的内控制度及制度的落实督促力度不够，不掌握情况，不检查落实。有的对重大隐患不过问或过问不多、不摸底，心中无数，更谈不上加大投入进行治理，给安全生产工作造成了很大被动。有的在制定企业发展规划时，忽视或弱化安全生产工作，没能做到“同步规划、同步实施、同步实现”，使安全生产工作缺乏系统性的手段和措施。有的对应急预案不掌握，缺少必要、充分的应急预案。

剖析这一问题的思想根源，一是有些企业负责人对科学发展观和构建和谐社会学习不够、理解不透，缺乏贯彻落实的主动性和创造性。反映在安全生产工作中，“以人为本”的观念淡薄，没有把事关人的生命和健康的安全生产工作摆在重要位置上，“安全第一”的思想没有真正树立起来。二是不能全面、正确地把握企业发展规模和效益的关系，对安全生产的重要性和忽视安全生产的危害性认识不充分，重生产经营、轻安全管理，重规模、轻效益，重当前、轻长远，没能树立正确的业绩观。在这种思想支配之下，盲目追求生产规模的低层次扩张，在市场开发的过程中，忽视了企业的安全生产管理，带来了安全生产组织、制度和措施上的一系列问题。三是对现代企业管理和现代安全生产管理学习不够、执行力不强。安全生产管理是企业管理的重要组成部分，安全生产管理好坏直接反映出企业负责人的综合素质和管理水平。我们一些领导同志缺乏安全生产管理的系统观念，片面、孤立地看待安全生产问题，没有把安全生产与企业整体发展目标真正统一起来，就安全抓安全，就事故处理抓事故处理，没有全局性、系统性的管理思路，更谈不上安全生产的治本之策。

（三）安全生产保证体系和安全生产监管体系不完善

一是组织体系不完善。有的企业还没有建立独立的安全监管机构，安全监管网络没有覆盖全部的工程项目；有的企业安全监管人员明显配备不足，特别是小型项目甚至出现现场没有安全监管人员的情况。一些安全监管人员专业能力不强，素质不高，经验不足，安全监管队伍缺乏稳定性，随意进行调换。

二是责任体系不完善。个别企业还没有层层建立安全生产责任体系，没有真正层层落实安全生产责任制。在实际工作中，既有“一把手”责任不到位的问题，也有分管领导、安全生产监管部门及相关专项安全生产管理部门责任不到位的问题。在安全生产监管上，一些企业的安全生产检查流于形式，查不出问题，提不出有价值的意见。检查完后，不复查，不验收，不仅没能解决问题，而且使被查单位形成应付检查的不良习惯。

三是制度体系不完善。近些年，从集团公司到成员企业建立了一整套的安全生产规章制度及操作规程，但有些制度脱离企业实际，缺乏针对性和可操作性。特别是各项规章制度未能得到很好的落实，在严明纪律、确保制度严肃性方面有较大差距，使企业安全生产的自我约束机制一定程度上失灵，极大地破坏了整个安全生产保证体系和安全生产监督体系的完整性和有效性。据统计，近几年发生的安全事故一半以上是违反规章制度等人为因素所致，而且在个别事件上表现特别严重，值得警醒。

四是安全生产教育培训不到位。有的企业安全生产的教育和培训不够或流于形式，造成一部分安全生产监管人员不了解安全生产方面的法律、政策、规定，不熟悉安全生产监督的业务知识，没有很好

地掌握安全生产监督业务的技能，不能有效地履行安全生产监督职责；职工的安全意识、自我防护意识和能力不够；特别是分包队伍，缺乏系统的安全生产教育培训，给安全生产造成很大隐患。

五是安全生产投入不到位。有些企业片面强调标价低、企业困难等客观因素，不舍得投入或不愿投入，使必要的安全生产条件不具备，监测设备、防护设施不到位，有些设备陈旧老化，存在不少的安全隐患。有的项目没有为职工创造一个起码的生产、生活环境，工作环境十分恶劣，职工住宿条件相当差，不同程度地影响了职工情绪，挫伤了安全生产的积极性，而我们有些领导，对此缺少应有的关注。

（四）对事故的处理不严肃、不严格、不彻底

一是依法处理事故不严肃。这个问题刚才已经讲到。二是内部处理不严格。对有关责任人员的处理力度不够，甚至在出了事故后，袒护、包庇，这种情况给安全生产责任体系带来了系统性的危害，遗患无穷。三是对事故处理不彻底。有的企业，以客观掩盖主观，没有真正按照“四不放过”原则，认真剖析事故的主观原因，举一反三，警示教育，吸取教训，落实整改，隐患不能消除，事故还有可能发生。血的代价起不到应有的警示作用，这方面的教训十分深刻。

（五）对安全生产的规律性、挑战性认识不足

从宏观层面看，安全生产具有周期性规律，随着工业化进程的加快，事故也呈现快速上升趋势。研究表明，在GDP人均1000～3000美元这个区间，是安全事故的“易发期”，目前我国正处在这样一个阶段。从水电建筑行业看，我国水电开发的主战场由中下游地区逐渐转移到中上游地区，这些地区多处在我国青藏高原与云贵高原的过渡带，地质构造复杂；水电工程不安全因素增多，有效防范安全事故的困难和压力增大；建筑市场不尽规范，承包商的正当权益得不到很好的保证，标价过低、合同条款不公平、拖欠工程款、抢赶工期、降低安全生产专项费用等现象依然存在，给安全生产工作带来很大影响。此外，近几年我们经营规模迅速增长，施工项目明显增多，分包比重迅速增加而分包队伍素质参差不齐，对安全生产管理的跨度和深度提出了很高的要求，安全生产的资源和管理力量明显不足，压力很大。

以上客观因素的存在，确实增加了安全生产管理工作的难度，给安全生产工作带来很大挑战。而我们和企业负责人、项目负责人，对这种形势的认识明显不足，更缺乏应有的对策和措施，甚至产生消极或侥幸心理，给安全生产工作带来很大危害。如工程分包的管理问题，目前集团公司分包产值已经占企业总产值较大的比重，而且比重将会进一步增加，分包活动已经成为企业经营管理转型和项目管理的重要内容。同时，由于我国工程分包市场不成熟，分包队伍的管理水平和队伍素质普遍较低，而从事的工作危险度很高，发生事故的概率较大。我们个别领导对这一趋势缺乏正确的判断，对分包队伍的管理没有给予足够的重视，更缺少行之有效的管理办法和监控措施，听之任之，如资质审查不严，合同不规范，培训、管理不到位，甚至“以包代管”、违法分包、非法转包、非法挂靠等，给安全生产造成了很大隐患，在这种情况下出现问题就绝非偶然。

二、切实加强和改进安全生产工作，努力实现安全生产状况的根本好转

（一）以科学发展观为指导，促进企业全面协调发展

——安全生产是落实科学发展观、构建社会主义和谐社会的必然要求

科学发展观是我党在理论上的重大创新。从科学发展观的要求看，“以人为本”首先要保障人的生命安全，要把事关人的生命和健康的安全生产工作摆在重要位置上。“全面协调和可持续发展”就是发展应当注重质量和效益。搞好安全生产，保护职工的生命安全和人力资源的可持续性，是推动经济增长方式转变、实现可持续发展的重要方面。

科学发展首先要安全发展，和谐社会首先要关爱生命。我们要坚持用科学发展观统揽安全生产工作全局，加强和改进安全生产工作，在企业大发展的同时，切实解决好安全生产出现的重大问题。

——安全生产是集团公司实现战略发展的客观需要

集团公司确立了建设具有国际竞争力的大型企业集团的奋斗目标，为实现这个目标，我们提出“三步走”战略步骤。目前我们正处在第二步或者说第二阶段，这一阶段的主要任务是推进管理转型，转变经济增长方式，增强企业可持续发展能力，实现全面协调发展，从而为第三步，即建设成为具有国际竞争力的大型跨国公司奠定坚实的基础。实现这一宏伟蓝图，必须要有安全、健康、和谐的发展环境。第一，安全生产是集团公司推进管理转型，转变增长方式，增强可持续发展能力重大战略决策的重要方面。没有安全生产管理的规范、有序、受控，就谈不上集团管理的现代化、科学化，就谈不上高质量的发展、可持续的发展、全面的发展。第二，安全生产是集团公司

战略发展的重要保障。安全生产是调动职工生产积极性、创造性的基本前提和必要条件，是企业增强凝聚力、向心力的客观要求。如果职工的生命健康都没有保障，工作和生活中事故隐患四伏，就会严重挫伤工作和生活热情，损害积极性。此外，从一定意义上讲，“安全就是品牌”，只有做到安全生产，才能建立强有力的品牌信誉，才能不断提高核心竞争力，才能真正实现与国际市场的全方位接轨。第三，安全生产工作做不好，一旦出现事故尤其是重特大事故，不仅直接导致生命、财产的损失，还会给企业发展带来难以估量的影响。

（二）务实创新，树立符合新形势要求的安全生产工作理念

树立符合新形势要求和企业自身实际的安全生产管理理念，是我们必须深入思考和研究的重大课题。总结以往的经验和教训，安全生产工作要树立以下几个理念：

一是“安全第一”理念。安全是社会和企业永恒的主题。安全生产必须真正做到警钟长鸣，居安思危，常抓不懈。领导干部要按照“三个代表”重要思想要求，贯彻科学发展观，树立正确业绩观，真正做到“以人为本”，把人民生命财产安全放在首位，落实好“安全第一、预防为主”的方针。同时，要加强安全教育培训，增强全员的安全意识，提高安全生产监管人员的素质，使“安全第一”的理念深入人心，层层落实。

二是“依法治安”理念。用法律来规范企业、职工的安全行为。要加大对《安全生产法》的宣传贯彻力度，提高全员的法律意识。要结合实际建立和完善安全生产规章制度。将那些被实践证明切实可行的措施办法上升为制度，使安全生产各方面工作都有章可循，依法办事。要通过各种手段，加强对制度落实情况的监督检查力度，坚决杜绝有章不循、违章作业的恶性现象。

三是安全责任理念。责任是安全生产的灵魂。安全生产工作必须明确各级责任，落实各级责任。企业是安全生产的责任主体，企业法定代表人是安全生产的第一责任人，必须按照《安全生产法》的规定，切实履行好自己所承担的职责。要不断完善责任体系建设，在业绩考核中，将各级经营者的安全责任与经营责任有机结合起来，加大考核、惩处力度，使各级安全责任落到实处。严格执行责任追究制度，一旦发生安全生产事故，要严格依法、按制度处理，根据国家和集团公司的规定，该降级的降级，该处分的处分，该处罚的处罚，决不能姑息、迁就；要按照“四不放过”原则进行处理，做到查处一起事故，解决一些问题，整治一批隐患，教育警示一批人员。

四是安全科技理念。一方面，安全生产管理是一门管理科学，有其特定的规律性，我们要通过主观努力掌握其规律性，增强对管理对象的安全控制能力。另一方面，安全是企业管理、科技进步的综合反映。安全需要科技的支撑，需要实施“科技兴安”战略。无数事实证明，对安全问题必须从科学技术的角度出发，应用现代多种学科领域的知识和专门技术，才能有效地防止和避免事故，保障安全。要加快科技创新步伐，淘汰危及安全的落后工艺和设备，采用安全性能可靠、先进的新技术、新工艺、新设备和新材料。

五是安全投入理念。凡是有施工生产的地方就有不安全因素存在，适当投入，就能减少和避免事故。因此，安全生产的投入是企业经营管理活动必须付出的成本。企业是安全生产投资主体，要按规定从成本中列支安全生产专项资金，确保专款专用。要加大安全生产投入，确保安全生产具备必要的条件。

六是安全系统理念。安全生产不是孤立的，安全生产与经济效益、经营管理、生产环境、社会条件等因素紧密联系在一起，安全生产管理作为企业管理的一个有机组成部分应当贯穿到所有方面，所有人员及全过程中去。要正确处理安全生产与经济效益的关系，正确处理安全生产与企业改革发展的关系。对事故的处理，应当从系统、总体出发，全面地观察分析和解决问题才可能实现系统安全的目标。

（三）彻底检查，认真整改，迅速扭转安全生产工作的被动局面

全面深入地开展一次安全生产大检查。目前，集团公司正采取上下结合、组织检查与发动职工相结合、普遍检查与重点检查相结合、检查与整改相结合、检查与考核相结合的方式，在集团公司范围内认真全面彻底地进行一次安全生产大检查，检查内容包括：上级关于安全生产的指示精神是否贯彻落实到基层；安全第一责任人是否正确履行《安全生产法》规定的六项职责；安全生产责任制是否落实，各职能部门、生产班组安全职责是否明确；安全生产管理制度是否健全，是否得到认真执行；安全投入是否满足工作需要；生产施工过程的安全技术措施和方案是否落实；安全隐患是否在规定时间内得到了整改；危险源是否处于受控状态；特种作业人员是否持证上岗，证件是否持续有效；违章指挥、违章作业行为是否得到了纠正；分包商是否进行了资质审查，是否对分包商生产与管理人员进行

了安全教育培训；今年以来发生的各类事故是否按照“四不放过”原则，查明了原因，分清了责任，制定了纠正措施。对这次检查，各企业主要领导要亲自抓、负总责，严格按照要求，组织做好在本企业范围内的自查自纠工作。要联系实际，务求实效，坚决避免搞形式、走过场；切忌只讲客观，不讲主观，只见工作，不见思想；检查要彻底，防止工作不到位，留下死角。

通过全面检查，找出安全生产工作中存在的问题、差距，深刻剖析原因，在此基础上，从解决思想根源上的问题入手，制定切实可行的整改方案，进行广泛深入彻底的整改，加强安全生产管理的基础工作，从思想、组织、制度和措施上将“安全第一、预防为主”的方针落实到位，下决心从根本上扭转安全生产工作的被动局面。集团公司将加大工作开展过程中的检查监督力度，各企业要将整改方案及整改结果及时报集团公司。

（四）切实加强领导，提高安全管理水平

认真履行第一责任人职责。各企业“一把手”要充分认识安全生产的重要性，正确处理安全生产与其他各项工作的关系，按照《安全生产法》对安全第一责任人的要求，切实履行好职责，抓好安全生产管理工作。要按照责任层层分解、各负其责的原则，组织建立完善安全生产责任体系，落实好安全生产责任制，明确各级机构和人员的职责，各司其职，各负其责。要组织做好本企业安全生产制度体制的完善工作，加大对制度落实情况的督促检查力度。要保证本企业安全生产的必要投入及其有效实施，从投标报价入手、从安全生产计划入手，完善企业内部的安全费用提取制度，逐级提取安全专项费用，建立企业和项目部的安全教育与监察基金，专款专用。在与分包商签订的施工合同中，要预留安全费用，确保分包项目的安全投入。要高度重视安全生产教育、培训工作，通过制度化、经常化的培训提高全员的安全意识，提高职工的安全生产操作技能和遵守安全生产规章制度的自觉性。特别是狠抓薄弱环节，做好对分包队伍、轮岗职工、新职工、特种作业人员的三级教育培训。对分包商和民工的安全生产管理，要作为一项重点工作来抓，研究具体办法，把分包商和民工的安全生产事故频率和死亡率降下来。

加强组织体系建设。集团公司已下文明确要求各成员企业要设置独立的安全生产监管机构，各企业要严格遵照执行。同时，要进一步完善安全生产组织体系，使安全监管网络覆盖到所有项目，不留死角。要加强安全生产管理的队伍建设，充实安全监管力量，选配懂专业、有经验、责任心强的人员担任各级安全监管机构负责人，在项目上特别是在现场配备相应的安全监管人员；要进一步完善培训考核、持证上岗制度，引导和教育安全生产监管人员不断适应新形势，学习新知识，提高安全工作技能，创新安全工作手段。各级领导要支持安全生产监管人员的工作，关心他们的生活，使他们能够安心、顺利地开展工作。

安全生产管理是一项系统工程，涉及面广，工作复杂，需要各方面通力合作。要组织各级监察、工会、共青团组织围绕安全生产，发挥各自优势，开展群众性安全生产活动，在做好安全生产工作中积极发挥作用，形成齐抓共管的工作格局。

同志们，集团公司已进入新的发展阶段。企业的发展需要一个安全、健康、和谐的环境，安全生产责任重大。让我们以高度的责任感和使命感，贯彻和落实科学发展观，开拓创新，扎实工作，把安全生产落到实处，尽快实现安全生产状况的好转，为集团公司的发展创造一个安全稳定的环境，为国民经济发展和构建和谐社会做出新的贡献！

在集团公司2005年度科学技术进步奖颁奖会议暨科研立项评审会议上的讲话

（2005年8月29日）

郭　建　堂

同志们：

今天，在这里召开集团公司2005年度科学技术进步奖颁奖会议暨科研立项评审会议。十分高兴地看到，有20项科技成果获得了集团公司科技进步奖，成果水平有较大幅度的提高。我代表集团公司向获奖项目的单位及课题组的同志表示热烈的祝贺，向

为集团公司科技工作做出不懈努力的广大科技工作人员表示衷心的感谢！

下面，我讲三个方面的意见。

一、集团公司科技工作取得初步成就

近几年，随着国民经济的稳步较快发展，集团公司进入跨越式发展的新阶段。在这种形势下，各级领导与广大科技工作人员积极探索科技工作的新思路，努力推进“科技兴企”战略，在科技投入不足、科技人才队伍力量相对薄弱的情况下，迎难而上，扎实工作，取得了新的成绩。

2002年，集团公司成立了科学技术专家委员会，重新制定了科技发展规划，为集团公司组建后的科技工作创造了重要条件。三年来，作为集团公司工程技术的权威咨询机构，科技专家委员会在制定规划、科技立项、项目评审与科技发展决策等方面起了重要作用。集团公司科技发展规划构建了集团科技进步的总体框架，为科技攻关明确了方向与重点，促进了科技工作的整体发展。

2003年，集团公司建立科技发展基金，自筹资金设立科研项目，有力推动了成员企业科技意识的增强，激发了科技人员的工作热情。在这项举措的引导、带动下，各企业积极申请项目，开展科研攻关，初步形成了依托生产实践开展科研、以科研来提高企业整体技术水平的机制。

三年来，集团公司科技管理工作开始步入制度化、规范化、标准化的轨道。从工作体系、科研项目管理到成果应用推广，形成了较为完整的制度体系。各成员企业的科技意识普遍增强，科技投入逐步增加，科技工作体制与机制进一步创新，“科技兴企”战略的实施日渐深入。如有的企业建立了科技发展基金，加大了人才培养力度，进行了积极而有益的探索和实践，取得了明显成效。

集团公司科技项目开始步入成果收获阶段，成果水平不断提高。这些项目大多很好地作用于成员企业的生产实践，解决了一批国家级或世界级技术难题，提高了企业品牌的科技含量。在集团公司组织的项目中，基础局“长江三峡二期上游围堰防渗墙施工技术研究与工程实践”项目获得国家科技进步二等奖；水电八局“沙牌碾压混凝土拱坝筑坝配合技术研究”等3个项目获得中国电力科技进步奖，去年完成的“三峡700MW水轮发电机组安装技术研究与工程实践”课题被专家鉴定为国际领先水平，成为今年集团公司向中国电力科技进步奖重点推荐的项目。目前，集团公司在研科技项目进展顺利。所有这些，表明集团公司的科技工作取得了初步的成就，迈出了重要的一步。

在看到成绩的同时，我们要清醒地认识到当前科技工作存在的差距：与集团公司的发展要求相比，科技意识有待增强，科技工作体制和机制亟待完善，科技投入不高，科技人才的数量与质量明显不能满足发展的需要，科研能力和成果水平与我们作为“中国水电建设第一品牌”的要求相比存在明显的差距。对这些差距和问题，我们要高度重视，在今后工作中采取有效措施认真加以解决。

二、集团公司科技工作面临的新形势、新任务

党和国家提出落实科学发展观，把科学技术作为推动经济发展、建设和谐社会的主要动力，科学技术作为第一生产力的影响和作用进一步扩大。从行业形势看，水电事业大发展的局面已经展现，今后若干年将是我国水电发展的大好时期，一批大型、特大型水利水电工程项目已经或将相继开工建设。当前集团公司正面临难得的发展机遇期，为抓住机遇，2003年，我们确立了建设具有国际竞争力的大型企业集团的奋斗目标，为实现这个目标，提出“三步走”战略步骤。目前，我们已圆满完成了第一步或者说第一阶段的目标任务，顺利步入第二阶段，这一阶段的主要任务是推进管理转型，转变经济增长方式，增强企业可持续发展能力，实现全面协调发展，从而为第三步，即建设成为具有国际竞争力的大型跨国公司奠定坚实的基础。实现这一宏伟蓝图，任务十分艰巨。

新的形势为科技工作提供了难得的机遇，也对科技工作提出了新的要求和挑战，赋予了新的任务。一方面，众多大型、特大型工程项目的开工建设，使各成员企业恰逢参与世界级高坝大库、大容量水电站项目建设的机遇，从而为科技创新构建了广阔的平台，使科研工作有所依托、有题可立；企业的持续快速发展和效益的逐步提高，使加大科技投入成为现实；企业集团的组建，十分有利于科技资源的整合，发挥整体实力开展技术攻关。这是几代科技工作者盼望的大好机遇，为我们全面赶超世界水平奠定了基础。另一方面，水利水电工程建设越来越复杂，项目上存在大量的世界级技术课题，施工中有着无数个技术难点，这需要科技工作充分发挥对经济工作的支撑作用，依靠科技攻关来解决；集团公司推进经营管理转型，转换经济增长方式、增强可持续发展能力，需要通过科技手段提高生产效率，向科技要效益；我们加大投资开发力度，拓宽经营领域，推进产业结构调整，需要科技工作发挥先导作用，率先涉足相对陌生的领域；集团公司要

成为行业排头兵，对科技工作的整体实力、成果水平、科技人才队伍建设等提出了更高的要求，国际知名品牌必然要求与之相适应的科技支撑。

在这种情况下，我们要认清形势，抓住机遇，应对挑战，以新的思路、新的举措努力开创集团公司科技工作的新局面。

三、落实科学发展观，实现科技工作的新跨越

（一）实施“科技兴企”战略，创新科技工作体制与工作机制

实施“科技兴企”战略，实施科技工作的新跨越，是集团公司跨越式发展战略体系的组成部分。集团公司跨越式发展，不仅包括经营规模与效益、市场领域与产业结构、管理体制与运行机制、队伍结构与思想观念上的跨越，还包括管理与技术上的跨越，是一个有机的体系，缺一不可。集团公司各级领导要从落实科学发展观的高度，深刻理解集团发展战略的重要意义与深刻内涵。

过去一段时间中，由于企业处在规模扩张、资金初期积累的阶段，加上科技工作的效益经常有间接性和滞后性，一定程度上导致“科学技术是第一生产力”的理念停留在口头上，技术进步呈现出较强的被动性，这既有客观因素，也有主观因素。在新的发展阶段，集团公司作出转变增长方式、增强可持续发展能力的重大战略决策，作为企业的经营者，必须按照这一要求重新审视科技工作，树立正确的业绩观，采取新的工作思路；各级科技工作者也要以新的视角认识科技工作，齐心协力，把“科技兴企”战略落到实处，推动科技工作以谋求企业的可持续发展。

实现科技工作的新跨越，要以体制与机制的创新为基础。在集团公司发展战略体系下，加快建立集团体制下的科研组织体系，整合集团科技资源，实现集团规模效应。集团模式的科技管理体制有利于科技工作高端层面上争取政策、统一规划，多渠道筹集资金；有利于广泛合作，吸纳科研院校等社会力量；有利于选择重大技术课题，组织力量开展攻关，取得重大突破；有利于有效利用资源，减少低水平重复研究；有利于科技成果的转化与推广，在集团内部实现成果共享。这应作为集团公司科技工作体制与机制创新的主体思路。

各企业要在这一思路指导下，创新本企业的科技工作体制与机制，使集团科技管理体系构成有机整体。要在集团公司科技规划框架下，制定本企业的计划，明确科技工作的主攻方向；要建立健全涵盖组织体系、队伍建设、责任体系、考核和评价体系、激励机制等内容的有效的工作体系，建立健全从项目立项、项目管理、成果总结到成果登记保护、申报奖励和推广应用等规范的管理制度，以科学的方法管理和推动科技进步。

（二）增强科技创新能力，实现科技进步由培育阶段向壮大发展阶段的转变

与企业发展历程相辅相成，企业科技发展也有着必须遵循的客观规律，大致要经历培育、壮大发展和全面产业转移三个阶段。

在培育阶段，企业要建立健全科技工作的工作体系，建设人才队伍、培育创新能力、创造科技工作的发展环境。这一阶段中，健康发展的企业树立了自己的技术品牌，拥有了技术实力，但科技工作经常呈现出被动性和滞后性。

在壮大发展阶段，要求科技工作充分发挥支撑作用和先导作用，支持企业快速发展，引导企业向高新技术与技术密集创新型发展，科技工作呈现出强大的实力和产业化趋势。

到全面产业转移阶段，科技工作一方面以自身非营利性质支撑企业的经济发展，另一方面自身形成独立生存的产业群，科技开发基本摆脱对企业主体的完全依赖性。

这三个阶段的各个要素互相交叉，协同发展，能否顺利实现，要依靠企业的战略发展与科技自身的进步。依此衡量，集团公司科技工作具备了向第二阶段转变的基本条件。要实现这样的转变，目前要具体做好如下工作：

加大科技投入。科技未形成产业之前，科技投入是必要的前提。要进一步加大企业的资金投入，依托建设项目实现连带投入，积极申请国家、行业及各大业主的科研项目争取资金投入。集团内部的投入也要实现总部、成员企业、科研机构的多层次投入，实现科技投入的多渠道、多元化。

组织研究重大技术课题。科技进步要实现重大突破，必须研究具有战略性、前瞻性的重大技术课题。要依托在建与拟建的大型、特大型工程项目，针对集团公司产业结构调整和转变经济增长方式的需要，组织研究一批重要课题，解决工程建设中的世界级难题，消除企业发展中的技术瓶颈。

提高科技攻关能力。科技进步的灵魂在于创新，要提高科技研究中的技术含量，在解决工程技术难题的同时，注重创新水平和理论升华；要整合集团的科技力量，抓住事关行业、事关集团全局性的课题进行研究；要与社会力量广泛合作，发挥各自的优势，取得重大科研成果。

坚持引进开发与自主研发相结合的原则。鉴于

水电建设企业的现状，在鼓励自主研发的同时，要充分认识引进开发的重要性。我们在引进先进技术的基础上，能够充分消化吸收并实现再创新，本身就是科技进步。在引进技术的工作中，要注意引进技术的层次，降低引进成本，同步开展内部消化工作，并与引进人才和智力相结合。

正确处理继承发扬与原始创新的关系。水电施工技术是应用型实用技术，50多年来水电建设的实践经验非常珍贵，要认真总结以往的成就特别是近20年来的成就，提炼其中的精华加以推广，融合汇集相关成果加以创新。

加大科技成果推广与保护力度。充分利用集团科技资源整合的优势，加大科技成果的转化与推广力度，通过技术交流减少重复投入，通过市场手段实现科技成果的共享。对有市场前景、经济效益明显的成果，要加以扶持形成产业，提高科研机构的自我发展能力。要重视成果保护工作，形成集团自有的知识产权。

（三）实施“人才强企”战略，培育科技人才

分析集团公司科技工作中存在的问题，如不能敏锐地找准科技攻关方向、科技重大突破数量不足、成果水平不高、不能先于企业发展作出正确产业导向等，根本源于人才队伍的薄弱。今年6月份，我们召开了集团公司人才工作会议，提出了实施“人才强企”战略、推进企业可持续发展的思路。科技人才是集团公司现阶段需要重点建设的人才队伍之一，需要重点加以研究，加快培育科技人才，大力推行“科技兴企”战略。

要按照集团公司人才工作会议的总体部署与工作要求，树立科学的人才观，加强领导，建立有效的人才工作机制，确立人才战略目标，确保工作措施落实。在科技人才队伍建设中，要把握人才特点，创造环境吸引人才，搭建平台培养人才，有效激励留住人才。要重点造就一批代表行业水平的专家，一批刻苦钻研、献身求实的专业人才，一批能够直接将成果转化为生产力的高技能人才。总的来讲，要建设一支适应企业发展需要、总量适当、结构合理、素质较高、机制灵活的科技人才队伍，为创造一流的科技工作业绩提供强有力的人才保证。

同志们，集团公司已进入新的发展阶段。企业的发展离不开科学技术的支持，科技工作责任重大。让我们以高度的责任感和使命感，贯彻和落实科学发展观，开拓创新，扎实工作，使科学技术真正成为企业发展的第一生产力，为实现集团公司的宏伟战略目标而努力奋斗！

在集团公司改革工作座谈会上的讲话

（2005年9月13日）

郭　建　堂

同志们：

集团公司召开的这次改革工作座谈会是一次非常重要的会议。这次会议在贵阳召开，一方面带有学习九局经验的意思；另一方面是分析集团公司改革面临的形势，研讨加快推进集团公司改革进程的思路与措施。

关于改革的任务、措施，袁总的报告讲得很系统，我就不再重复，下面我主要讲讲集团公司为什么要加快推进企业改革的背景情况。

国有企业的任务主要有三个方面，一是改革，二是发展，三是稳定。近几年我们在发展方面进展较快，稳定工作基本得到缓解，有很大改观，改革取得较大进展，现在已是到了攻坚破难的阶段，任务还相当艰巨。从集团的整体情况来看，集团公司改革的条件已基本具备，当前应该是大力推进改革的较好时机。

首先是中央政策明确。中央对国有企业，包括对国有建筑施工企业的改革政策已经非常明确，总的原则就是股份制改造，建立现代企业制度，这也是国有企业改革的方向。一方面，建筑施工企业经过多年改革实践，已形成了改革的基本框架，最近以建设部为主要部门，又提出了建筑施工企业改革的政策意见，已正式下发了文件。另一方面，国资委对中央企业改革的政策意见也是非常清楚明确的。因此，从宏观上看，从中央到国资委，对中央建筑施工企业改革的方针政策是非常明确、具体的，这是很好的外部条件。其次是目前的市场环境对我们推进改革很有利。不仅建筑施工企业的市场环境好，

水电施工市场项目之多也是历史上最好的时期。今后，预测较大规模的水电施工市场还可持续10年左右的时间，这样的市场环境对我们推进改革是一个千载难逢的机会，错过这个时期，再来抓这项工作就难了。第三，企业竞争实力增强。改革需要付出成本，集团公司通过几年的改革与发展，虽然面临的困难还有很多，但实力大大增强，效益明显改善。第四，集团的发展战略已基本形成。“三步走”战略的明确，为我们推进企业改革，加快企业发展树立了目标，奠定了方向，明确了思路。这样的情况下，应该是内外环境、政策环境都为改革创造了条件。因此，我们就应该抓住当前的有利时机，抓住机遇，大力推进企业改革。企业的改革、发展、稳定是一种辩证的关系，改革和发展之间的关系更为突出。企业发展到一定程度不进行改革，继续维持计划经济条件下形成的僵化和保守，与市场的距离就会越来越大，企业的发展必然就会受到影响，所以这个时候必须解决企业发展的体制问题。

“三步走”发展战略实际上就是对这几年集团公司改革发展所走过的路程的一个总结和对今后一个时期集团发展目标的定位。第一阶段的任务到2004年已经完成，集团发展主要以规模扩展为主；从今年开始进入到了第二阶段，企业发展要转变到一个以转变经济增长方式、提高经济效益为特点的发展阶段，从规模型到规模效益型，规模上去了，效益也要上去。企业的经营规模达到一定程度之后必须抓效益，使规模和效益相匹配。第二阶段的主要任务之一，是要深化企业改革，从根本上解决企业发展的体制问题，解决历史遗留问题和包袱，为2010年后企业进入第三阶段的发展奠定基础。第二阶段的任务相当繁重，非常重要，规模不能下滑，效益必须上去，产业结构的调整要有突破。在产业结构方面，我们提出的目标是投资规模要达到电站装机容量1000万千瓦的目标。在企业改革方面，要健全现代企业制度，实现公司制，完善法人治理结构。所以说，第二阶段的任务相当繁重，是重头戏，也只有做好了第二阶段的工作，我们才能顺利地跨入第三个阶段。如果第二阶段结束后，我们还是一个产权结构单一的老面孔，就很难进入第三阶段。第二阶段的困难很多，是企业发展很难迈过的坎，是我们目前面临的重要挑战。要实现企业的跨越式发展，使我们水电施工企业彻底摆脱几十年来的困境，我们也只有通过不断深化改革，加快发展来摆脱过去单一承包商的角色，向综合经营、跨国经营的国际公司迈进。

企业改革怎么做？(1) 辅业的改制分流正在做。(2) 企业办社会移交由国家财政部组织，财政拿钱，正在办。(3) 主辅分离的同时二级单位改制也有很大进展。从目前集团公司的实际情况来看，当前主要还是要探索劳务作业层和经营层分离的改革工作。这方面九局作了一些有益的尝试，有很大突破。我们集团主要的问题和困难就是人多，现有12万人。庞大的队伍，人员素质相对较低的群体，我认为我们改革的主要障碍还是在这里。我们不能拖着这么大的集团进行股份制改革，国家要求引进战略投资者，如此庞大的工程局，别人怎么敢来。另外就是职工参股的问题。一个工程局1万多人，职工怎么参，这是一个很难解决的问题。从工程局的层面上讲，要实现股份制改造，主要的突破口应是劳务层和经营层的分离。十四局几年前曾操作过劳务层与经营层分离，可惜后来没有继续做下去。近两年，九局大刀阔斧进行劳务层与经营层分离，成立专业劳务承包公司，劳务专业进入市场，由面对一个市场到多个市场，是一种很好的探索与尝试。工程局最终要实现股份制改造，工程局之间要进行重组，都有待于劳务层和经营层的分离，这项工作有了突破后，工程局的产权多元化并向现代企业转化才具有可能性。所以说，劳务作业层和经营层的分离，我们必须大胆探索，积极推进。

推进企业改革的关键主要还是在于企业的领导人。工程局（厂）的领导班子一定要勇于开拓，不断进取，绝不能满足于现状，因循守旧，不能满足于目前暂时的好形势。目前我们的平均工资每年还不到2万，还是比较低的，所以一把手必须敢于担风险，努力推进企业的改革。企业的领导班子要研究企业长远发展的战略问题，要认识到不从根本上改革企业的管理体制，企业的发展就会受到多方面的制约，发展的速度就会跟不上形势的要求。在改革问题上，领导班子特别是一把手的改革意识、精神状态非常重要。实践证明，一个单位的领导班子改革意识强，这个单位的改革就搞得比较好，反之，则不然。一个企业，领导班子不研究决定企业发展的根本性问题，不研究企业的改革，没有主动性，中央再讲，国资委再讲也无济于事。我们集团的情况就是这样，领导班子改革意识比较强的单位，改革工作进展就比较快。大家知道，九局原来是非常困难的企业，我没有想到在改革上会有突破。九局在集团公司系统内，企业实力、竞争力都不算强，也没有地区优势，但是领导班子认识到了如果不进行改革，企业就会永远落后下去，直到被市场淘汰。九局和其他工程局相比，旁边有七局、八局、十四局，夹在他们中间，什么时候能赶上他们？所以必须走自己的路，走好后超过他们。因而必须以新的体制，新的面貌出现在市场上。近年来，九局的对外形象有了很大的提升，企业影响力增大，市场份额增多，职工思想观念也发生了很大的变化，最主要的就是在于领导班子有强烈的改革意识，有紧迫感、有压力，所以说，改革工作是决定我们企业发展速度快慢的重要环节，各工程局（厂）、各单位都要结合各自的实际情况，认真研究企业的改革问题，抓住时机，坚定不移地加快企业改革的进程。

（根据录音整理）

加强和改进党建工作　为完成跨越式发展任务而努力奋斗

——在集团公司2005年党建工作会议暨思研会一届六次理事会议上的讲话

（2005年12月28日）

郭　建　堂

同志们：

我们召开这次党建工作会议是一次十分重要的会议。今年是集团公司进入跨越式发展第二个阶段的第一年，党的十六届五中全会通过的十一五规划，对我们的改革发展提出了新的更高的要求，在这样一个特定的历史时期和发展的关键阶段召开这次会议，意义十分重大。下面，我主要讲三个方面的问题。

一、对近几年党建工作的基本评价

近几年是集团公司改革发展的重要历史时期，集团公司经历了变革、跨越和发展，可以说是在变革中跨越，在跨越中发展，各项事业发生了巨大的变化，顺利完成了跨越式发展“三步走”第一个阶段的任务。在这个重要发展阶段，我们的党建、思想政治工作发挥了重要的推动作用，积累了不少宝贵的经验，初步建立了集团公司党建工作新体制。我们各级党组织，工作有思路、有特点、有成效，我们的党务工作者和政工干部队伍，付出了艰苦的努力，得到了很好的锻炼，取得了显著的成绩，为今后的工作奠定了坚实的基础。

（一）集团公司党建工作的基本经验

经过多年的工作实践，我们已初步形成了集团公司党建、思想政治工作的总体原则，那就是“围绕大局，服务中心；结合实际，不断创新；虚实结合，注重实效”的原则，以及努力形成以“融合、服务、务实、复合、推进”为中心内容的党建工作新体制，这既是我们党建工作的思路，也是几年来党建的基本经验。

1. 坚持围绕大局、服务中心的原则

围绕大局，服务中心，主要是坚持企业党建工作与经营管理相结合，与企业的改革发展稳定相结合，保证企业党组织政治核心作用的充分发挥，为企业的发展提供思想保证和政治保证，促进企业发展。

一是深入实践“三个代表”重要思想，创新工作思路，为企业的改革发展提供思想保证。我们始终把学习理论、武装头脑作为党建工作的重要任务。为了推进集团公司跨越式发展，我们在集团公司总部先进性教育活动形势任务报告中，提出了集团公司跨越式发展“三步走”的战略步骤和目标。“三步走”战略构想的提出，总结了集团公司1999年以来实现初步跨越的实践经验，规划了今后10年集团公司的发展远景，明确了集团公司发展的方向和任务，标志着跨越式发展的体系已基本形成，在各成员企业和广大职工中引起了强烈的反响。

在2004年党建工作会议上，我们提出了以建立“融合、服务、务实、复合、推进”为中心内容的集团公司党建工作新体制，就是集团公司党建工作必须以创新为主线，要站在推进集团公司跨越式发展的高度，围绕企业的中心工作，用变革和创新精神来指导党建工作，开创企业党建工作的新局面，使企业党建工作在转变中适应，在改进中加强，在创新中发展。

二是党建工作为企业的改革发展提供组织保证。主要体现在以下几个结合上：（1）坚持企业党的工作与经营管理相结合，保证企业党组织政治核心作用的充分发挥；（2）坚持党管干部的原则与市场化配置人才的机制相结合，保证企业的领导人员和人才队伍建设与规范的法人治理结构相适应；（3）坚持社会主义精神文明建设与企业文化建设相结合，保证职工队伍建设适应企业改革发展稳定的需要；（4）坚持发挥职工民主监督管理的作用与维护领导人员经营管理的权威相结合，保证全心全意依靠工人阶级这一指导方针的全面贯彻落实。

三是以工程项目为载体，把党建工作渗透项目施工与管理全过程，取得了较好的效果，这是党建工作围绕大局、服务中心的有效体现。通过开展“党员先锋工程”、“党员先锋岗”、“党员身边无事故”等一系列主题实践活动，促进了项目的党建工作。有些单位还举办了党群干部生产经营管理知识学习班，增强党群干部参加生产经营管理的能力。不少单位的党组织有针对性地指导施工项目的党建工作，帮助解决工作中的难题，使员工素质、生产环境、外部形象、内部管理等各方面，都提升了一个新台阶，企业的经济效益和市场竞争能力明显提高。特别是在先进性教育活动中，各单位的主题实践活动得到了普遍开展，有力地推动了生产经营任务的完成。

2. 坚持结合实际、不断创新的原则

几年来，各级党组织以发挥政治核心作用为目的，着眼于解决改革发展的重大问题，通过各种形式和载体，丰富了党建的创新工作。

一是在企业精神文明建设中，把“创建文明工程、文明小区、文明机关”作为创建文明单位的重要内容和载体，是精神文明建设的一个创新。特别是创建文明工程的活动在各单位普遍开展，找到了党的建设、精神文明建设与项目管理相结合的好形式，受到各级行政领导、党委领导、党员群众的普遍欢迎。目前，这一活动开展得有声有色，推动了企业的两个文明建设。

二是在企业文化建设工作中，通过深入调研和试点工作，启动了集团公司企业文化“12345工程”。企业文化“12345工程”就是解决企业文化的内容是什么，企业文化在企业发展中的作用是什么，怎样结合实际开展企业文化建设的三个问题。不少成员企业结合实际，贯彻企业文化“12345工程”的要求，企业文化与企业管理、队伍建设紧密结合，已成为企业核心竞争力的一个重要内容，创造了新鲜经验，发挥了显著作用。

三是在工会工作中，我们坚持全心全意依靠工人阶级的方针，有针对性地提出了四项工作，收到了较好的效果。为弘扬劳模精神，集团公司于2003年、2005年两次评选表彰了20名劳动模范和91位先进生产工作者，这项工作走在国资委系统前列。

四是在先进性教育活动中，我们始终坚持“结合实际，注重实效，群众认可，贵在长效”的工作思路，把这一思路贯穿于先进性教育的全过程，坚持规定动作不走样，自选动作有创新，取得了先进性教育和企业生产经营工作的双丰收。总部第一批先进性教育活动，是国资委5个先进单位之一，受到了国资委领导的表扬。各成员企业第二批先进性教育活动大都是各省市的先进单位，不少成员企业先进性教育的经验在当地省市推广。可以说，先进性教育活动的成功开展，是我们近年来集团公司党建工作最为精彩的一笔，将载入集团公司党建工作的史册。先进性教育活动的成功开展，是对集团公司党建工作的一次集中的检验，是对集团公司党组织卓有成效工作的一次充分肯定。先进性教育活动的经验将对集团公司党建工作产生巨大的推动作用和长远的影响。

3. 坚持虚实结合、注重实效的原则

坚持党建工作虚实结合、注重实效的原则，就是党建工作在内容和形式的结合上，要把握工作任务，避免形式主义。要坚持实事求是，一切从实际出发的原则，认真研究企业改革发展的实际和党建、思想政治工作的实际，采取切实措施，促进党建、思想政治工作。

比如以“三创建活动”为载体，使文明单位的创建工作有了可以操作的具体形式，把队伍建设好、工程质量好、工程安全好、工程进度好、施工环境好、工程效益好作为文明工程“六达标”，真正体现了创建文明工程的实效性，体现了我们在工程项目上，以创造经济效益为中心，实现安全、进度、质量、工地环境、队伍建设的全面推进，不但推动了项目施工与管理，也推动了队伍建设，收到了较好的效果。

我们在开展素质工程中，紧紧抓住职工培训、岗位练兵、技能大赛三大载体，把这项看似虚的工作做实了、做活了。今年，集团公司组织的首次焊工技能比赛，认真组织，精心安排，受到了国务院国资委群工局的表扬，我们的3名获奖选手组团参加国资委、劳动社会保障部组织的焊工比赛，中央企业有150多名选手参加，单位众多，强手如林，我们有两名选手获得铜奖，集团公司获得优秀组织奖，提高了企业的知名度，这是十分不容易的。最近，集团公司还起草了职业技能竞赛管理办法，形成了机制，使这项工作更加规范、更加有效。

（二）党建工作已进入制度化、规范化的轨道，

形成了集团公司党建工作基本的制度体系

近年来，我们切实加强了制度建设，用制度推动和保障党建、思想政治工作和精神文明建设，保证了党建工作的制度化、规范化和日常化，实现了党建、思想政治工作的制度创新。

一是建立党工团例会制度。集团公司每年召开一次党建工作会议，套开思研会理事会，全面总结、安排党建和思想政治工作；集团公司工会每年召开一次工会工作会议，套开工会主席联席会议，总结、安排工会工作，使工会工作得到加强。今年年初我们还召开了青年工作会议，对集团公司的青年工作作出了全面部署和安排。

二是加强精神文明建设，出台了集团公司《精神文明建设纲要》、集团公司《文明工程考核实施意见》等一系列文件，使精神文明建设从创建到考核有了明确的指导思想和依据。

三是在工会工作中，制定了集团公司《厂务公开实施办法》、《职工素质工程实施意见》、《关于落实职代会制度、加强民主管理的实施意见》等基本制度，确保了工会工作的有效开展。

四是在共青团工作的制度建设上，提出“一条主线、三项工程、两个保障体系”的共青团工作原则，下发了《关于进一步加强和改进青年工作的意见》，规范了青年工作，开创了共青团工作的新局面。

五是加强了党工团组织建设，为企业的改革发展提供了组织保障。通过几年的努力，目前集团公司党工团组织已经健全起来。2002 年 4 月成立了集团公司工会工作委员会，使集团公司这个层面上第一次有了工会组织。工委成立后，加大了对成员企业工会工作的领导和指导，工会工作在总结、安排、检查、评比等方面形成了体系，工会工作有了长足的进步，工会组织发挥了越来越重要的作用，取得了显著的成绩，几年来，集团公司工委连续三年被中国能源化学工会评为先进单位，受到了表彰。2005 年初，我们召开了集团公司青年工作会议，成立了集团公司临时团委，集团公司层面有了共青团工作组织机构。我们的党组织一直是健全的，有较为坚实的工作基础。

六是集团公司各成员企业也都根据本单位的工作实际，建立了相应的工作制度，从制度上进一步明确和规范党建的工作内容、工作程序和工作方法，使各项工作更加系统化、制度化。

（三）集团公司党建工作在推动企业发展中，发挥了重要的推动作用

近年来，集团公司的党建工作不断加强，成效显著。党建工作的地位和作用，归纳起来，体现在以下几个方面：

一是企业的改革离不开党群工作。改革是企业发展的永恒主题，是企业发展的重要动力，而改革必然会涉及到职工的利益调整。因此做好职工的思想政治工作，使广大职工理解、支持改革，是顺利推进改革的必要条件，是企业党建工作的重要课题和任务。各级党组织和党群干部为此作了大量深入细致的工作，发挥党群组织的保证作用，为深化改革提供了思想保证和组织保证。

二是企业的发展离不开党群工作。企业是经济组织，主要任务是发展经济，几年来，各级党组织围绕中心，发挥了党组织的政治核心作用，党支部的战斗堡垒作用，党员的先锋模范作用，推动了经济工作的完成，功不可没。

三是企业的稳定离不开党群工作。稳定是发展的前提，是企业党政工团组织的共同责任，也是党组织责无旁贷的任务。近年来，企业党组织围绕维护稳定的工作，协调党政工团组织做好工作，发挥了牵头组织作用。在企业出现不稳定的事件中，党委书记、工会主席总是和行政领导一起，站在最前列，积极疏导矛盾，解决问题，发挥了重要的协调作用。

四是企业的队伍建设离不开党群工作。几年来，各级党组织在队伍建设中，首先抓了领导班子建设，使各级领导班子思想、组织、作风建设有了长足进步，成为企业和单位的坚强领导核心。各级党组织坚持党管人才的原则，和行政组织一道，加强人才队伍建设，在树立人才观念，形成人才机制，创造适应人才成长环境等工作中，出谋划策，精心组织，发挥了重要的推动作用。

五是建立和谐企业离不开党群工作。近几年，集团公司各级党组织围绕建立和谐企业，做了大量宣传教育工作，形成了整体氛围。各级工会组织依法维护职工的合法权益，推进签订劳动合同、集体合同的工作，推进职代会制度的落实，推进扶贫济困送温暖工程，为建立和谐企业做出了贡献。

二、集团公司改革发展的形势任务分析

按照集团公司跨越式发展“三步走”的战略步骤和目标，今年已经进入了第二个发展阶段，这一阶段承上启下，非常关键。纵观集团公司改革发展形势，我们既有良好的发展机遇，又将面临着严峻的挑战。

（一）我们面临着千载难逢的发展机遇

一是十六届五中全会提出的十一五规划实施的五年，也是我们完成跨越式发展第二阶段任务的五

年。今后的五年，正值国家全面落实十一五规划的关键时期，国家经济建设继续保持快速、健康发展的强劲势头。同时，贯彻科学发展观，促进经济社会全面、协调、可持续发展，在这种大形势下，国家加强基础产业、基础设施建设，大力开发水电、核电，以大型高效机组为重点，优化发展火电，扩大西电东送规模，为我们提供了广阔的市场空间。前不久，国资委对集团公司的主业进行了确认发布，集团公司的主业确认为：建筑工程；相关工程技术研究、勘察、设计、服务与专用设备制造；水电投资建设与经营；房地产开发经营。集团公司主业范围和领域大大拓展，加上成立集团公司后，我们又具有投融资的权力和条件，这就为集团公司进一步调整投资结构，加大电力等领域的投资规模，拓展经营领域，创造了良好的条件。

二是水利水电市场前景看好。国家加大水电的投入，加强大江大河治理，南水北调等工程规模扩大，使水利水电市场的春天还能维持一段时间，这为我们进一步扩大规模，并实现规模和效益同步增长，提供了有利的条件。

三是集团公司的快速发展，为我们今后的发展奠定了坚实的基础。近6年来，集团公司经营规模持续大幅增长，经营质量和效益逐年改善。从统计数字看，企业总产值从1998年的88亿元增长到2004年的244.5亿元，增长178%；当年新签工程合同额从1998年68亿元增长到2004年的383.2亿元，增长464%；全员劳动生产率从1998年6.5万元/（人年）增长到2004年的20万元/（人年），增长208%；当年实现利润从1998年的亏损，到2004年盈利1.56亿元。总之，这几年经营规模大幅增加，效益逐年改善，职工生活水平不断提高，企业的竞争能力显著增强，这为我们今后的发展创造了条件。

2005年，集团公司的经济工作取得了新的显著成绩，有几大亮点，首先是转变经济增长方式，转变经营管理模式，提高经济效益，实现规模和效益同步增长等工作，取得了空前成绩。今年集团公司首次实现了上半年盈利，截至11月底，集团完成企业总产值243亿元，新签合同363.8亿元，均超过去年同期水平，年底还会大大超过这个数字。利润总额突破了3亿元，比去年同期的1.46亿元增长了120%，到年底会更多一些。这是集团公司历史上效益最好的指标，也是各项经济指标最好的一年，是贯彻转变经济增长方式、提高经营效益这一思路的胜利。其次是国际化经营有了长足的进步。截至11月底，国际项目完成产值35.9亿元，新签合同113.6亿元，都好于去年同期水平，有大幅度增长。第三是调整产业结构，在投融资工作中取得了显著的成绩，又有了新的增长。第四是通过连续几年坚持不懈的努力，在争取有利于企业发展的政策上，有了突破性进展。截至今年11月底，（1）困难补助资金基本得到落实；（2）国家注入水电集团公司资本金4亿元，今年也已到位，增强了企业走出去的实力；（3）离退休人员统筹外费用问题基本解决。

近年来，我们企业快速发展，完成了跨越式发展第一阶段的任务，为今后的发展打下了良好的基础，这首先得益于集团公司党组的坚强领导，得益于我们的思路正确、措施得力；得益于各级党政工团组织共同努力，发挥了组织保证和推动作用；得益于全体职工的齐心努力、艰苦奋斗。在我们奋斗的历程中，我深深感到，我们的党组织坚强有力，作用明显。我们有一支模范作用突出的党员队伍，有一批清政廉洁、勤奋敬业、素质良好的干部队伍，包括广大党群干部。在这里，我代表集团公司党组，对近年来为企业改革发展和党建工作做出卓越成绩的各级党组织、党群干部、全体共产党员，表示衷心的感谢和崇高的敬意！

（二）不可回避的挑战

一是长期困难和短期崛起的挑战。由于历史原因，我们这个有50多年历史的企业，尽管这几年有很大发展，但长期积累的困难很多，存在着人多、企业办社会包袱沉重、企业发展和经济实力不强等问题。在这种情况下，近几年又面临着前所未有的发展机遇，我们必须更快、更好的发展，才能从根本上解决历史遗留下来的困难。我们这样一个困难企业，要快速崛起，跨越式发展，内部条件并不是很好，企业不发展不行，要发展又很艰难，这是一个严峻的挑战。

二是实现规模和效益同步增长、转变经济增长方式的挑战。近几年，企业经营规模快速增长，但效益提升相对较慢，要从根本上解决这个问题，实现规模和效益同步增长，实际上是一次革命，在观念、体制、机制、管理模式等各方面都需要进行脱胎换骨的改造，进行革命性的变革，实现一系列的转变，这对于我们的干部职工都是一个严峻的挑战和考验。

三是体制、机制的挑战。几年的改革发展，我们的思想观念、生产经营方式发生了很大的变化，但没有得到根本的转变，我们的体制、机制还没有真正与市场接轨，与现代企业制度差距仍然很大，我们最终要建立股份公司，建立现代企业制度，目前的体制还不能适应这个需要，机制、体制改革的任务十分繁重。

四是纵向发展和横向要求的挑战。从集团公司纵向发展来看，通过几年努力，第一个阶段发展得比较快，企业的各项经营指标大幅增长，有的翻了几番，成绩的确显著，初步实现了跨越。但与国资委系统的优势企业相比，与国外先进企业相比，我们还存在着不少差距。前不久，国资委领导提出，按照体制先进、有市场前景、有创新能力、有发展后劲的标准，把现有的169家公司压缩到80～100家，建筑领域大概就留5～6家特大型企业集团。目前，国资委管辖的建筑集团有12家，我们集团按规模、利润等情况排在第6名，因此，我们集团公司一定要奋发图强，在目前较快发展的基础上，进一步做大做强，努力跻身于优秀企业的行列。

三、对2006年党建工作提几点要求

2006年是第二个发展阶段中很关键的一年，企业改革正处于攻坚阶段，发展正处于重要关口，调整正处于关键时期。如何起好步、开好局，是各级党组织要认真思考的问题。面对新形势、新任务，企业的党建工作必须从企业改革发展大局出发，进一步增强工作的使命感、责任感和紧迫感，切实加强和改进企业党建工作，为企业改革发展稳定提供坚强有力的思想、政治和组织保证，为实现跨越式发展作出应有的贡献。

（一）围绕中心，服务大局，发挥党组织在改革发展稳定中的保证作用

发展经济是我们党和国家的第一要务，党组织在企业中的政治核心作用，必须围绕经济工作和生产经营这个中心，在深化改革、推动发展、维护稳定中发挥党组织和群众组织的保证作用。

企业的党建工作首先要在推动企业更好更快发展中发挥作用，像我们这种完全靠竞争的行业，一切问题、一切困难只有靠发展来解决。发展是硬道理，不发展一切都无从谈起，发展慢也会被市场淘汰，不能全面、协调、可持续的发展，最终也会落伍。在今后的党建工作中，企业党组织首先要组织广大干部、职工学习理论，解放思想，转变观念，形成思路，推动工作。这是我们过去党建工作的经验，今后更要这样做。当前，我们要组织广大干部职工贯彻落实党的十六届五中全会精神，学习《中共中央关于制定国民经济和社会发展第十一个五年规划的建议》，在贯彻《建议》的工作中，我们一定要认识到《建议》的根本指导方针是科学发展观。对于集团公司而言，就是要用科学发展观指导我们完成跨越式发展第二阶段的任务。第二阶段的中心任务是实现以提高经济效益为中心的全面发展，实现以五大跨越为中心内容的发展，推动集团公司走效益、科技集约化管理的发展之路。也就是说，发展不但要快，而且要全面、可持续，经过五年的奋斗，使集团公司的面貌彻底改变，为初步建设具有国际竞争力的大型跨国公司奠定基础。2006年，我们要用科学发展观统领全部的经济工作，转变经济增长方式，提高经济工作的质量和效益，提升科学化、精细化管理水平，加大调整产业结构的力度，创新体制、机制模式，推进企业进入效益科技集约化管理的轨道。各级党组织要围绕以上目标，发挥企业党组织的政治核心作用，推动企业更好更快发展。各级党组织要围绕生产经营任务，搞好项目党建工作，开展各具特色的主题实践活动，发挥党员的先锋模范作用，保证2006年生产经营任务的完成。

深化改革是加快发展的动力，各级党组织要围绕企业改革的任务，参与改革决策，做好干部职工的思想政治工作，保证改革措施的顺利实施。

维护稳定是推动改革、发展必不可少的保证性条件，是党政工团组织的共同责任。党组织在维护企业稳定中要发挥组织协调作用，整合党政工团组织的力量，落实稳定工作责任制，做好信访工作，妥善处理群体性事件，把问题解决在基层和萌芽状态，确保企业有一个和谐稳定的发展环境。

（二）结合实际，继续贯彻中办发［2004］31号文件精神，充分发挥党组织的政治核心作用

坚持党的领导，发挥国有企业党组织的政治核心作用是一个重大原则，任何时候都不能动摇。企业重大问题决策是企业党组织的重要职责，是党组织在企业中发挥政治核心作用的基本途径。要结合实际明确党组织参与企业重大问题决策的范围和方法途径。首先要明确党组织参与企业重大问题的内容，保证企业的重大问题必须经过集体讨论，发挥班子的整体功能。要结合实际，明确党组织参与重大问题决策的领导体制和工作机制，关键是坚持民主集中制的原则，按照集体领导、民主集中、个别酝酿、会议决定的原则，完善与严格执行党委内部的议事规则和决策程序，保证协调有效运转，增强班子的整体合力。要结合实际，制定党政一把手会前沟通制度，《党政联席会议制度》、《党委会议制度》。实践证明，党组织参与重大问题决策能否落实，关键在于党政一把手的民主意识，在于能否严格执行制度。党委会议决策后，党组织要发挥组织的作用，组织广大党员职工，积极推动重大问题的落实和重大决策的实施。

（三）坚持党管干部、党管人才的原则，加强企业领导班子建设，加强人才队伍建设，为改革发展

提供队伍保障

企业党建工作的关键是抓好领导班子建设，党组织要抓好领导班子的思想理论建设、民主集中制建设、作风建设，提高各级领导的素质，提高班子的整体合力。坚持党管干部的原则，党组织的主要职责是确定用人标准，研究推荐人选，严格组织考核，完善评价体系，加强监督管理，形成班长带班子，班子带干部、干部带队伍、队伍促发展的机制。实践证明，一个单位好不好，先看班子好不好，一个单位强不强，先看班子强不强，没有一个坚强有力的领导班子，单位的改革发展任务是无法完成的。

各级党组织要坚持党管人才的原则，首先要组织广大干部职工学习中央关于加强人才队伍建设的一系列文件，树立正确的人才观，树立以品德、能力、知识和业绩为导向的人才选用标准，这是加强人才工作的思想条件。要结合企业实际，制定吸引、培养、使用人才的机制，通过建立良好机制和环境，形成一个人才能吸引进来、成长起来的整体氛围，为跨越式发展提供人才保证。

（四）坚持“融合、服务、务实、复合、推进”的原则，形成集团公司党建工作新体制，努力实现党建工作创新

提出这个新体制，总结了集团公司近几年党建工作的基本经验，体现了实事求是的精神。要坚持党建工作指导思想上的创新，总结我们多年来党建工作的经验，体现融合的精神，就是要做到五个结合。

要坚持党建工作内容上的创新，就是坚持党建工作为企业改革发展稳定的大局服务，为企业的人才队伍服务，为生产经营服务，为建设和谐企业服务，在服务中找任务、定内容，使党建工作真正有效。

要坚持党建工作方法上的创新，关键是根据内容的需要，寻找有效的载体，把党建工作做实、做活、做具体、见实效。

同志们，集团公司跨越式发展已经步入新的阶段，新形势对我们党建、思想政治工作提出了更高的要求，任重而道远。我相信，只要我们以“三个代表”重要思想为指导，以科学发展观统领全局，围绕大局，服务中心，结合实际，不断创新，党建工作一定会大有作为，一定能为推动集团公司的跨越式发展作出新的贡献。

以科学发展观为指导　围绕转变增长方式
努力提高财务资金管理工作水平

——在集团公司2005年财务暨资金管理工作会议上的讲话

（2005年3月28日）

范　集　湘

同志们：

今天我们召开集团公司2005年度财务暨资金管理工作会议，这次会议是在集团公司2005年工作会议提出了“继续深化企业改革，切实转变增长方式，努力推进跨越式发展进程”目标、任务和工作重点后，财务、资金管理系统为贯彻落实工作会议精神召开的一次专业工作会议，开好这次会议，对贯彻集团2005年工作会精神，推进集团跨越式发展具有重要意义。下面，我讲三点意见。

一、过去一年集团公司改革发展呈现良好态势，财务、资金管理工作成绩应当充分肯定

2004年以来，集团公司以建设具有国际竞争力的大型企业集团为愿景目标，积极推进实施跨越式发展战略，改革发展呈现良好的发展态势。

一是企业生产经营的主要经济技术指标继续大幅增长。

在市场营销方面：全年新签工程合同总额383.2亿元，同比增长16.6%，其中新签国内工程合同额300.2亿元，同比增长12.8%；新签国际工程合同10亿美元，同比增长31.4%。一年来，由于集团公司积极发挥主导和指导作用，集团统一的国内市场战略开始向良性发展，新签项目合同结构明显优化，大项目比例增加，非水电项目份额也稳中有升，中标价格逐步趋于合理；国际市场营销战略日益成熟，市场领域进一步拓展，品牌形象继续提升。

在经营规模方面：全年完成营业收入250.66亿元，同比增长31.55%，其中：国内实现营业收入230.66亿元，同比增长31.43%；国际工程实现营业收入20亿元，同比增长56.41%。全年，集团全员劳动生产率达到20.46万元/（人·年），同比增长35.4%。国际、国内两个市场经营规模得到了同步扩张，国际市场上，还运作了几个投融资项目，经营层次也有所提高。

在经营效益和质量方面：全年实现利润总额2.41亿元，同比增长4.4倍；净资产收益率5.47%，同比提高4.37个百分点；资产保值增值率107.3%，同比提高3.64个百分点；主营业务收入利润率0.85%，同比增长0.65个百分点。经营效益和质量开始理性回归。

二是产业结构调整取得了新的进展。

以建筑业为基础，加快产业结构调整，实现企业快速健康和可持续发展是集团发展战略的重要组成部分。去年，新增投资项目规划总投资47.1亿元，新增规划电力权益装机容量54.01万千瓦。目前，参与投资的电力项目规划装机容量350.1万千瓦，集团公司享有权益的装机容量约114万千瓦。项目类型不仅有水电、火电，去年还参股开发了燃气发电项目，启动了风电项目投资开发，并以项目投资开发为依托，与有关成员企业共同出资组建了投资有限责任公司。作为主要发起人之一，参与组建了“中国水务投资公司”。

三是体制创新取得了新的突破。

一方面，各个层面之间的产权关系和功能定位进一步明晰，集团化管理体制逐步完善，以资产经营为主线，以构建规范的母子公司经营体制为目标，资本经营、资产经营和生产经营并举，主业突出，产业多元化的经营新格局初步形成。另一方面，主辅分离辅业改制工作稳步推进，第一批53家改制分流企业（单位）得到国家有关部委的批准，涉及三类资产19.11亿元，职工8870人。整体改制试点工作也取得了新的成果，基础工程局的整体改制基本完成，富春江厂所属企业（单位）的改制也基本结束，外资企业已进驻，总厂已进入清盘阶段。

上述成绩的取得与集团财务和资金结算中心系统同志们的工作是分不开的。一年来，财务、资金结算中心系统认真贯彻落实集团公司工作会议精神，紧紧围绕集团发展战略，开拓创新，辛勤工作，较好地发挥了财务、资金管理工作在企业经营管理中的应有作用。突出表现在以下三个方面：

一是各项基础工作进一步夯实。理顺了集团公司与成员企业、成员企业与所属被投资企业的产权关系，使出资人的职责和功能定位更加明确；通过开展清产核资工作，摸清了家底，核实了资产质量，为开展资产经营责任考核、企业改制改革和有效解决历史遗留问题奠定了良好基础；制定了统一的会计核算办法及相关配套措施，完成了执行《企业会计制度》的各项准备工作，有利于建立会计核算制度，规范企业日常会计核算行为，真实反映企业财务状况、经营成果和资产质量；建立健全了月度财务快报和资金结算业务统计报表制度，加强了对财务预、决算报表的集中审核，规范了基础管理，提高了信息反馈的真实性和时效性。

二是财务、资金管理和监督进一步加强。加强了资产管理，按照不同资产类别制定了相应的管理办法，完善了资产经营考核体系，通过资产经营考核强化了对成员企业的资产经营管理，成员企业大多结合自身特点层层建立了相应的经营考核机制；加强了预算管理，自上而下建立了预算管理制度，并以预算管理为龙头，以现金流量管理为重点，从源头上加强了对资本项目的预算控制和成本、费用管理；加强了内部财务监督，统一了决算报表、清产核资和企业改制有关资产评估中的审计管理，规范了预、决算报表的审核，建立了财务、审计和监察的联动机制，有针对性地开展了专项财务检查监督工作。

三是财务、资金一体化步伐进一步加快。统一了有关财务政策和企业会计制度。统一了财务、资金信息系统建设规划和信息实时反映方式。集团公司和成员企业两个层面的资金集约化管理同步推进，集团公司以现金流量管理为重点的集中式资金管理网络结算平台初步形成，在遵循“存款自愿，取款自由”的原则下，去年通过集团公司进出的结算量已达80多亿元；各成员企业通过优化结算模式和推广应用现代网络结算方式，资金流转速度明显加快，资金集中度明显提高，多数成员企业资金结算中心统一管理的存量资金已占到单位资金平均余额的50%以上。由于实施资金集中管理，有效整合了内部资源，集团整体信用明显提高，去年，集团公司获得了建设银行120亿元的综合授信额度，银企合作进一步深化。

二、必须以科学发展观为指导，围绕转变增长方式，切实抓好财务、资金管理工作

党中央提出科学发展观是我们党推进社会主义现代化建设指导思想的新发展，科学发展观揭示了现代化建设的普遍规律，对指导我们集团包括财务、资金管理工作在内的各项工作具有重要指导意义。

2004年，集团公司工作会议提出了跨越式发展战略。今年，集团公司工作会议着重围绕提高可持续发展能力，全面推进跨越式发展，提出了转变增长方式，强化经营管理，提高经济效益这一课题。企业管理的核心是财务管理，财务管理的核心是资金管理。现代企业制度要求企业实行集约化经营，集约化经营的本质就是实现经济效益最大化，因此，做好财务、资金管理工作对集团公司实现增长方式转变意义重大。

应当看到，虽然财务、资金管理工作取得了一定成绩，管理水平也有较大程度提高，但仍然存在一些不容忽视的问题，需要在今后工作中认真加以研究解决：一是企业资产损失较为严重，从去年清产核资结果看，集团各类资产损失占资产总额的8.35%，资产损失的形成虽有客观方面的原因，但主要是企业经营管理不善、内控机制不健全、业务流程管理粗放随意、风险意识淡薄、财务监督不力、责任追究不严等原因造成的；二是企业的创利能力和盈利质量不高，与施工行业的平均水平有一定差距，同时，部分工程局所属项目亏损还相当严重；三是财务、资金风险防范意识不强，只重视外延扩张，忽视内涵发展，盲目负债经营，违反规定和程序对外投资、对外担保、对外拆借资金；四是管理理念及方式落后，对资金集中管理认识不够，资金集约化程度不高，现代理财方法和理财手段的应用还存在一定距离。

还应当看到，当前财务、资金管理工作既有有利的条件，也面临不利的形势，我们应当正确分析和判断。从有利的方面分析：一是当前的水电建设市场形势和集团公司内部统一市场战略的实施，对增加收入、开辟财源、形成资本积累创造了相对有利的外部条件；二是国家对中央企业十分重视和关注，企业主辅分离、辅业改制以及分离企业办社会职能政策，对国有企业是一大长期利好；三是国资委代表国家行使出资人职责，对中央企业的监管将进一步加强，有利于企业规范的财务资金管理体制的建立和内部管理的加强。不利因素主要来自三方面：一是集团的盈利能力、发展能力处于较低水平，对政府、对银行业、对优质资源性项目缺乏足够的吸引力，影响集团的产业结构调整及可持续增长力的再造；二是国家宏观调控政策2005年仍将继续严把信贷闸门，银行业对企业集团总体贷款风险控制的意愿和要求增加；三是汇率政策及人民币汇率走势仍可能面临很大压力，不确定因素很多。

因此，财务、资金管理战线的同志们一定要正视困难和问题，增强紧迫感和责任感，利用好有利条件，化解不利因素，切实抓好财务、资金管理的各项工作。为此要重点把握好以下几点：

——必须把财务、资金发展规划与近期工作目标结合起来。

去年，集团公司已经制定了集团发展战略，明确了集团发展总体战略构想、战略定位、远期和近期目标、战略措施，财务、资金管理应当围绕集团发展战略和财务、资金工作实际推进财务、资金规划管理，按照现代化财务管理要求，制定发展规划，提出目标和措施，在此基础上明确年度工作重点，使财务、资金工作有目标、有步骤、有计划向前推进。

——必须把建立出资人财务、资金监督管理体系和加强经营者财务、资金管理结合起来。

新国有资产管理体制的建立，使国有企业财务管理形成出资人财务管理和经营者财务管理两个层次。国资委李毅中书记在中央企业清产核资工作总结及财务监督工作会议上的讲话中强调："加强对所出资企业的财务监督工作是出资人的基本职责""出资人财务监督要贯彻管资产和管人、管事相结合的要求"。在母子公司管理体制和一元化的产权形式下，要抓紧构建新型财务、资金管理体制，建立高效财务治理结构，同时从建立出资人财务、资金监督管理制度体系和建立经营者财务、资金管理的执行体系两个方面推进集团财务、资金管理体系的建立，维护出资人的合法权益，履行好经营者责任，实现国有资产的保值增值。

——必须把经济效益量的增长和质的提高结合起来。

提高经济效益是实现增长方式转变的最直接体现，但经济效益量的增长应当以提高企业创造现金的能力和资产利用效率为基本前提，应当以实施集约化管理，集中整合集团和成员企业两方面的资源，发挥规模优势为重点，这样才能确保企业的盈利质量和资产经营质量，才能真正实现企业的持续健康发展。

——必须把财务、资金传统的管理方式与推动财务、资金管理创新结合起来。

财务管理是企业管理的基础，财务、资金工作既为企业各项决策提供基础数据，又通过财务的预测、控制、分析和评价引导着企业经营发展方向。在立足财务、资金传统管理方式的基础上，通过继续推进财务的一体化建设和资金的集约化管理，通过推动财务、资金管理信息化建设，改变分散的财务、资金管理为集约式的财务、资金管理，改变与其他业务分隔的孤岛型财务、资金管理为集成式的财务、资金管理，改变局限于账户反映的核算型、事后型财务、资金管理为管理型、全过程财务、资金管理，实现财务、资金管理的全面创新。

三、做好2005年度财务、资金管理工作的总体要求和重点任务

2005年是集团公司继续推进企业改革和调整，切实转变经济增长方式，提高可持续发展能力的重要一年。财务、资金管理工作的总体要求是：贯彻落实集团公司工作会议精神，用科学发展观统领全局，以转变增长方式，提高企业经济效益为中心，加快推进适应集团化发展的新型财务管理体系建设，加快推进财务、资金集约化管理，夯实基础，完善内控机制，推动管理创新，努力提高财务、资金管理工作水平。具体来说，主要有以下几个方面的任务。

（一）要在建立新型财务管理体系方面有新突破

建立新型财务管理体系是适应国有资产管理体制改革和集团化发展的必然要求。一是要加紧研究集团财务发展战略，确立财务发展目标、治理结构、管理模式和战略措施，支持集团总体发展战略的实现。成员企业要根据集团公司财务发展战略相应制定与本单位发展规划相配套的财务发展规划。二是要制定集团财务管理制度，从制度上建立集团统一的财务管理体制，进一步明确集团公司作为投资中心的功能定位，以此为基础建立以确保资本保值增值为核心的出资人财务监管体系；进一步明确工程局（厂）作为利润中心的功能定位，以此为基础建立以确保企业利润最大化为核心的经营者财务管理体系；进一步明确施工项目作为成本中心的功能定位，以此为基础建立以确保资源效用最大化、成本费用最小化为核心的目标成本控制体系。三是集团公司要逐步试行财务总监委派制，工程局（厂）内部要全面推行财务负责人委派制，分层次建立高效财务治理结构。四是要继续推进财务、资金一体化管理，发挥集团财务资源的整合优势，在统一财务、会计政策的基础上，继续对资金和重大投资实行集约管理，条件成熟后，要适时对融资实施集约管理。

（二）要在加强出资人财务监管和经营者财务管理方面有新进展

加强出资人财务监督和经营者财务管理必须结合集团公司实际，从两个层面共同推进。当前，要重点做好以下工作：

第一，加强产权管理。要继续理顺内部各个层面的产权关系，完善产权手续，进一步做好产权登记、年检、变更和注销等工作；要加强对企业内部改制重组、主辅分离和分离企业办社会职能过程中的产权监督工作，防止国有资产流失；要加强产权管理研究，积极探索产权管理应用的新途径。

第二，加强资产管理。要建立与集团经营发展战略相适应的集团统一框架下的资产管理体制，明确集团公司、成员企业及其所属工程项目各个层面之间以及单位内部不同部门之间的资产管理权责，规范资产管理流程，强化资产监督管理，形成价值管理与实物管理相制约，资产管理与资产经营相统一的资产管理体系。要重视和加强清产核资的后续管理工作。要把国资委批复的清产核资结果的处理与执行《企业会计制度》衔接起来，结合集团公司制定下发的《会计核算办法》制定本单位稳健的会计核算制度。对已批准核销的资产损失，要建立账销案存管理制度；要有针对性地进一步完善清产核资后的建章健制工作；要在原有重大经济责任事故报告制度的基础上，建立企业资产损失责任追究制度。凡出现重大资产损失，不仅要作为企业负责人业绩考核的重要评价依据，还要严肃追究责任人的经济、行政责任。

第三，加强绩效管理。绩效评价与考核是集团公司履行出资人职责，维护出资人利益，落实国有资产保值增值责任的重要手段。温家宝总理在2004年中央经济工作会议上提出，要建立和完善激励约束机制，在中央企业全面实行年度经营业绩责任制和任期经营业绩考核制。今年，集团公司结合实际再次修订下发了经营业绩考核办法，与原办法相比，最大的变化：一是考核指标的设计体现了经营利润最大化、经营效率最优化和可持续发展的原则；二是考核方式上把企业负责人的经营业绩同薪酬有机结合，进一步规范和完善了成员企业负责人的收入分配办法。财务、资金管理部门下一步的主要任务：一是要切实抓好与经营业绩考核相关的具体实施工作；二是要把经营业绩考核指标对经营利润的导向延伸到工程项目；三是要根据企业发展规划和不同阶段的目标要求进一步完善经营业绩考核，最终建立年度考核与任期考核相结合、企业发展规划与业绩考核体系相对接，目标责任、全程考核、过程监督相统一的经营者考核评价管理体系。

第四，加强预算管理。预算是企业经营思想的具体体现，是经营流程过程控制的重要标准，预算管理在企业资产经营和财务、资金控制等各个方面发挥着重要作用。要以发展规划为导向，以年度预算为控制目标，滚动执行预算为控制手段，建立起全员参与、全过程控制的全面预算管理体系；要以资产为纽带，实行分级预算，集团公司应侧重资本经营预算，工程局（厂）应以生产经营预算为主，重点加强成本费用和现金流量预算；要把预算与企业经营业绩考核结合起来，确保预算得到切实执行。各单位要加强预算管理的组织领导，加强内部单位和部门之间的协调，切实改变目前经营消耗放任自流，财务预算形同虚设的状况。

第五，加强成本费用管理和控制。在控制范围上，既要考虑国际工程项目，又要考虑国内工程项目和联营体项目。在控制环节上，既要考虑节支，又要考虑增收，既要考虑生产成本，又要考虑非生产费用开支。在管理、控制方法上，应重点把握三个方面：一是建立有效的责任机制，明确相应的责任主体；二是建立健全有效的激励机制，充分调动责任主体成本节约和费用控制的积极性；三是要与单位预算、特别是资金预算结合起来，使成本、费用开支得到有效的过程控制。

第六，要认真研究国家对企业的各项政策法规，认真学习研究运用依法纳税及合理避税方略。要正确发挥国家政策工具的积极作用，凡是国家法规规定不许做的，我们坚决不做；凡是国家没有规定不许做但只要对集团发展有利的，我们都可以创造条件努力去做。

（三）要在全面推进资金集约化管理方面有新成效

首先，要进一步完善资金管理体制，继续从两个层面全面构建集团公司集中式资金管理体系。从集团公司层面，要完善已经建立起来的现金流量管理网络，规范收支两条线运作，实现与成员企业内部资金集中结算系统集成，使成员企业的资金链条延伸到集团公司，使集团内资金在更大范围内流动，使各成员企业逐步共享资金集中流动形成的滚存量效益。集团公司管理的重点是现金流量，但不能改变和影响成员企业资金的所有权和使用权，不能影响成员企业资金的正常运作。从工程局层面，要将工程局所属单位和项目的资金集中到本部，增强工程局本部的资金控制力，最大限度发挥资金的使用效益。在推进资金集约化过程中要把握好三个方面：一是要以资金集中管理为手段，以现金流量管理为重点，结合企业全面预算管理，加强资金管理和控制；二是在防范风险的前提下，谨慎开展内部资金调剂、融通等工作，提高资金利用效率，降低企业融资成本；三是资金集中过程中要建立规范、灵活、快捷的操作机制，并要做好指导、协调和服务工作，确保两级资源共享。今年，我们已经把资金集中度指标纳入到单位负责人经营业绩考核指标之内，据我所知，很多单位已经把该项指标延伸到工程项目，我相信，只要各级领导充分认识到实施资金集约化管理的重要性，并努力去推动这项工作，就一定会取得良好的成效，就会切身感到这项工作给我们企业带来的益处。

其次，要巩固和发展与各类、各级银行的战略合作关系。资金集约化的实施离不开银行在结算、信贷等各方面的支持。一方面，要通过资金集约化管理产生的聚合效应，以及集团公司不断扩大的资信实力，全面提升银企合作层次，在银企合作方式上形成高端合作为主，成员企业自主开展银企合作为补充的格局。高端银企合作不影响各单位自主开展银企合作。另一方面，要通过加强各个层面的银企合作，体现合作共赢的理念，加快资金周转、扩大企业信用、优化信贷条件、提高工作效率，助推资金集约化管理的全面实施。

最后，要继续做好有关财务公司的咨询、调研和可行性研究工作，适时建立集团财务公司，打造集团金融平台。

（四）要在加强财务、资金基础管理工作方面有新提高

财务、资金管理基础工作是财务、资金管理工作的基本环节，也是企业经营管理工作的重要基础。它直接关系到企业会计信息质量，并由此影响到企业内部经营管理决策和财务、资金管理工作的正常发挥，影响到出资人对单位负责人经营业绩的评价，以及监管部门和社会公众对企业的有效监督。因此，加强财务、资金管理的基础工作，提高会计工作质量，这是一个企业在任何情况下都不能放松的工作。一是要扎扎实实、认认真真地做好新旧会计制度的衔接工作和新的《企业会计制度》的执行工作。新制度从会计思想理念和会计实务操作上与旧的施工企业会计制度有很大不同，财务部门应自上而下做好督导工作，需要培训补课的要抓紧培训补课，要确保新制度在集团内得到全面、准确执行。二是要以执行新的《企业会计制度》为契机，结合《会计法》和《会计基础工作规范》的要求，进一步建立健全企业内部会计控制制度和相应的业务操作规程，逐步实现会计基础工作规范化、制度化、程序化和科学化。三是要进一步加强财务预（决）算、资金结算业务统计报表的编报工作，财务报表要月有快报，季有季报，要结合财务、资金管理信息化工作，提高报表和其他会计信息的时效性，要加强当期会计报表和会计资料，特别是半年报和年报的分析，未雨绸缪，对当前的财务状况和经营成果提出改善

和加强管理的建议，为企业领导提供可靠的决策依据。四是要始终加强对财务、资金管理基础工作的管理和指导，要从本单位实际出发，以提高财务、资金管理相关制度的“执行力”为重点，定期或不定期组织相应的基础工作检查，整顿、制止财务、资金管理工作中的不规范做法和行为。

（五）要在建立有效防范机制，规避经营风险方面有新举措

要加强风险研究，健全完善相关制度，建立有效的风险预警机制和内部控制体系，从信息反映、预测、决策和控制整个流程加强对风险的监测和控制。要切实改善企业财务状况，密切银企关系，规避银行信用风险。要加强对企业财务杠杆的分析运用，防止盲目负债经营，防范筹资风险。要全面实施资金预算和计划管理，并重点加强对大额资金的监控，严禁对外拆借资金，防范资金运作风险。要严格执行集团公司担保管理、投资管理相关规定，严禁超越权限和违反程序擅自对外担保、对外投资，严禁超出企业资本和资金承受能力，违规盲目投资，严禁进行股票、期货等高风险业务投资，防范担保和投资风险。对此，企业法人代表及总会计师要认真依法履行职权并承担责任。

工程局（厂）发生过因投资失误造成损失的惨痛教训，去年，中航油新加坡公司因违规越权从事石油衍生品期权交易形成巨额亏损事件，再次敲响了防范风险的警钟。我们要引以为戒，吸取教训，坚决防止类似事件再次发生。这次会上，我们专门安排财务管理比较稳健的十四局进行经验交流，还请来在风险管理和控制方面有专门研究的知名教授给大家培训，就是要使大家充分认识加强风险管理的重要性，尽快建立和完善有效的内部控制和风险防范机制。

（六）要在加快财务、资金信息化建设，推动财务管理创新方面迈出新步伐

信息化是推动财务、资金管理手段创新的重要手段。随着信息网络技术的迅猛发展，信息化管理已在财务、资金领域得到广泛应用，很多跨国企业和国内大中形企业已借助远程数据传输、远程结算、银企直联等手段实现会计集中核算和资金一体化管理，最终达到实时反映、实时集中和实时监控的目标。经过近年来的推广普及，财务、资金在信息化建设方面取得了一定成绩，但离财务、资金现代化管理的目标还有一定的差距。为此，财务、资金信息化建设要加大力度，力争在已有成绩的基础上，迈出新步伐。一是要加快推进财务信息化，要在会计电算化的基础上实现集团公司能实时收集成员企业重要财务指标和基本会计信息，成员企业能实时监控和收集所属单位所有会计信息，并在一定范围内实现信息共享，为企业管理提供及时、准确的决策支持。二是要尽快启动资金管理信息系统，逐步实现银行网络结算、内部远程结算和银企直联三位一体的资金结算信息化体系。在推动财务、资金信息化过程中，财务、资金管理部门要和信息部门一道作好统一规划，制定完善的方案，有计划、有步骤推进。成员企业要按照集团公司的统一规划和部署实施，不能自行其是，各唱各的调。财务、资金信息化要尽可能统一到一个平台，软件的选择和信息化的实施既要尽可能节省投入，又要做到适度超前。要以信息化带动财务、资金管理理念、方法、模式的创新。

（七）要在贯彻以人为本，积极稳妥推进分离办社会职能方面探索新经验

根据中央和国务院的决策，以及国资委的统一部署，在去年中石油、中石化和东风汽车三家单位分离企业办社会试点取得成功之后，今年第二批74家中央企业分离办社会工作已经正式启动，集团公司已被纳入第二批分离工作范畴。分离企业办社会职能是党中央、国务院深化国有企业改革、实现政企分开、提高国有企业竞争力，完善社会主义市场经济体系的一项重大举措。集团公司系统由于队伍庞大、流动作业，基地分散等特点，历史原因形成的企业办社会负担十分沉重，中央和国务院选择在现阶段时机和条件基本成熟的情况下，适时启动分离企业办社会工作对集团公司减轻负担、调整结构、精干主业、参与市场竞争，实现集团跨越式发展提供了重要机遇。这项工作做好了，将为集团下一步改制分流工作提供宝贵经验。各单位一定要统一思想，提高认识，加强领导，周密部署，切实做好分离企业办社会的各项工作。对此，集团公司已经召开了专题动员会，这里，我再强调三点：一是要切实贯彻以人为本的工作思路，维护好移交单位和人员的利益；二是要切实把握好政策界限，使分离企业办社会工作真正有利于企业减负和长远发展；三是要切实规范操作程序，确保国有资产和移交资产顺利完成而不流失，确保移交不留死角，移交后不留尾巴。

（八）要在创建财务、资金管理文化，建设一流财务、资金管理团队方面有新思路

财务、资金管理系统长期以来有着良好的作风和传统，已经形成了特有的财务、资金管理文化，我总结这种特有的文化内涵就是：团结、协作、原则和敬业精神。财务、资金管理系统的同志们要继

续保持和发扬这种优良传统，同时，要不断适应市场经济的客观规律和集团公司改革发展的新要求，适应理财环境的新变化。一是树立现代化的财务、资金管理理念。要按照财务、资金一体化要求，树立“大集团、大财务、大资金、大效益”的理念；按照科学发展观和正确业绩观的要求，树立财务、资金精细化和安全高效的管理理念。二是建设现代化的财务、资金管理队伍。要按照集团公司提出的“建设一支适应市场经济和现代企业制度需要的总会计师队伍，培养一批专业知识扎实、职业判断能力强、职业道德素质较高的财务骨干，造就一支爱岗敬业、无私奉献、业务熟练的从业队伍”的总体规划，建立集团总会计师队伍和财务、资金骨干队伍人才库。要加强专业知识以及金融、商务、法律等相关知识的学习和培训，熟悉和掌握各种必备技能，努力把各级财务、资金管理机构建设成学习型机构，进一步提高财务、资金管理队伍的综合素质和工作能力，特别要做到忠于职守，规范作业，真实、全面、准确反映会计信息，不做假账、虚账。三是要切实转变工作方式和工作作风，要增强工作的主动性，努力当好领导的参谋助手。要加强与相关部门之间的联系和互动，努力完善企业整体服务功能，要意识超前、服务靠前，努力提高工作质量和工作效率。

同志们，集团公司改革和发展正处在一个重要的战略机遇期，能否抓住这一机遇，直接关系到集团公司跨越式发展和建设一流的具有国际竞争力的企业集团奋斗目标的成功实现。这既为财务、资金管理战线的同志们提供了广阔的发展舞台，同时也赋予我们光荣而艰巨的历史任务，我们一定要以党的十六大以来的历次会议精神为指导，坚持“三个代表”重要思想，贯彻落实集团公司工作会议精神，树立和落实科学发展观，切实围绕转变增长方式，以高度的政治责任感和使命感，开拓创新，扎实工作，为进一步提高集团财务、资金管理水平，推动集团持续、快速、健康发展做出新的更大的贡献！

牢固树立科学发展观 大力推进经营管理转型
强化审计监督 提高经营质量 促进集团跨越式发展

——在集团公司2005年市场经营管理暨审计工作会上的讲话

（2005年4月24日）

范 集 湘

同志们：

今天，我们召开集团公司2005年市场经营管理暨审计工作会。这次会议是在集团公司2005年工作会议提出继续推进跨越式发展战略，切实转变经济增长方式，提高经济效益，增强集团可持续发展能力这一重大决策并提出系统性战略措施、任务、目标后，集团市场经营管理、审计系统为贯彻落实工作会议精神召开的专业工作会议。本次会议的主要任务是：进一步解放思想，更新观念，促进管理转型，强化集团意识，总结交流经验，研究经营方略，提升管理层次，推进经济增长方式转换。开好这次会议，对推进集团跨越式发展战略，实现集团阶段发展目标及年度工作目标具有重要意义。受郭建堂总经理委托，我讲六个方面的意见。

一、2004年度集团公司经营管理及审计工作简要回顾

2004年，集团公司确立并大力实施跨越式发展战略，取得了可喜成绩，呈现良好发展态势。

一是经营规模大幅增长，经营质量效益明显提高。

在经营规模方面：全年完成营业收入250.66亿元，同比增长31.55%。其中，国内实现营业收入230.66亿元，同比增长31.43%；国际工程实现营业收入20亿元，同比增长56.41%；集团全员劳动生产率20.46万元/（人·年），同比增长35.4%，创历史最好水平。

在经营质量效益方面：全年实现利润同比增长4.4倍；净资产收益率5.47 %，同比提高4.37个百分点；资产保值增值率107.3%，同比提高3.64个

百分点；主营业务收入利润率0.85%，同比增长0.65个百分点。经营行为和目标开始向效益质量型理性回归。

二是市场开发统筹协调力度加强，市场营销额大幅提升。

全年新签国内工程合同额300.2亿元，同比增长12.8%。项目结构明显优化，大项目比例增加，亿元以上项目65个，同比增长44.4%；新签合同额达20亿元以上的成员企业有7家，较上年增加4家；非水电工程合同额稳中有升，达到33.6亿元，占国内工程签约总额的11.1%。“中国水电建设第一品牌”的影响力进一步扩大。由于集团公司积极统筹、指导市场开发，规范市场经营行为，规避内部无序恶性竞争，大部分成员企业认识提高，主动性增强，市场开发秩序有所改善，中标价格趋于合理，减少了恶性低价竞标导致的利润损失。

三是产业结构调整迈出新步伐，新的市场领域得以拓展。

以投资开发为突破口，推进产业结构调整，拓展新的经营发展领域，是集团跨越式发展战略的重要方面，是集团健康协调可持续发展的重要保证。去年，集团公司新增投资项目规划总投资47.1亿元，新增规划电力权益装机容量54.01万千瓦。投资项目7个，其中控股项目2个。目前，参与投资的电力项目规划装机容量350.1万千瓦，集团公司权益装机容量约114万千瓦。同时，参股开发了燃气发电项目，启动了风电项目的投资开发，作为主要发起人之一，参与组建“中国水务投资公司”，着手开发水务市场。这些优质资源性项目的开发，使集团的可持续发展前景更为向好。

四是集团化管理体制及管理制度进一步健全。

一方面，集团各个层面之间的产权关系和功能定位进一步明晰，集团化管理体制逐步健全，以资产经营为主线，以构建规范的母子公司体制为目标，资本经营、资产经营和生产经营并举，主业突出，产业多元化的新格局初步形成。另一方面，主辅分离辅业改制工作稳步推进，企业整体改制试点工作也取得了新的成果，为集团构建现代企业制度奠定了基础。再一方面，集团公司加强对战略管理、投融资、市场开发、财务资金管理、风险管理、科技开发、品牌建设等方面工作的控制或协调，出台了战略规划，制定并实施了一系列的集团管理制度，集团的整体功能在逐步提升。

五是管理创新力度加大，管理效率在不断提高。

集团公司和各成员企业在人力资源管理、财务管理、资金管理、设备管理、项目管理、科技管理等方面，加强制度建设，不断夯实基础管理工作，推进管理创新，提高管理效率，促进了经营管理效益的提升。

六是集团内部审计工作进入一个新的阶段，取得初步成效。

主要体现在四个方面：一是各级领导提高了对企业内部审计重要性和必要性的认识，接受审计的自觉性在增强。二是审计领域不断拓展，审计覆盖面逐步扩大。工程局层面的内部审计开始从比较单一的财务收支、承包兑现审计，向经济责任、经济效益、内部控制、联营体经营审计发展。集团公司对任期届满的工程局（厂）主要领导都进行了经济责任审计。三是企业内部审计制度已经建立，审计工作管理体制基本形成。集团公司总部和工程局都已设置独立的审计机构，并逐步建立和完善了审计工作规章制度，从而使审计工作逐步走向法制化、制度化、规范化。集团公司制定了《中国水利水电建设集团公司领导干部经济责任审计办法》，正在修订的《中国水利水电建设集团公司内部审计工作规定》、《中国水利水电建设集团公司关于对境外子公司（项目）财务决算审计工作的暂行规定》等一系列审计办法将陆续出台。四是初步形成了一支具有良好职业道德和较高专业素质的审计队伍。审计工作的科学性、原则性、规范性、服务性、权威性逐步强化，审计工作质量及审计工作对经济效益的贡献率不断提高。

上述成绩的取得和良好发展态势的形成，是集团公司大力推进跨越式发展战略和集团全体员工努力工作、奋力拼搏的结果，与市场经营管理和审计系统同志们艰辛而卓有成效的工作密不可分，大家共同为促进集团的跨越式发展做出了突出的贡献。在此，我代表集团公司向市场经营管理和审计系统的同志们表示衷心的感谢和问候！

我们在总结、肯定成绩的同时，也要客观地认识到，与同行业先进企业相比，与同行业先进企业集团相比，我们还存在较大差距与不足。距集团公司跨越式发展战略、根本转变经济增长方式的要求还有很大的距离。集团经济效益还没有实现与经营规模、资产总量协调增长。盈利能力低、规模效益低、企业成长性低，仍然是我们面临的主要问题。审计方面的主要差距是工作发展不平衡，审计专业队伍亟待加强，审计效率、审计质量有待提高。

利润创造力不强，产值利润率低，品牌效益低，规模效益低，揭示集团还没有从粗放型的经营方式向集约型的经营方式完全转变，集团经济增长的特征还主要是经营规模的粗放型快速扩张。究其原因在于：我们的经营理念、观念、方法、手段还不适应时代发展的要求。集团整体优势及集团化战略管理效能还没有充分显现出来，集团的规模优势，对水电市场的高比例份额优势以及中国第一水电品牌优势还未体现为经济效益优势。因此，牢固树立科学的发展观和正确的业绩观，进一步转变经营观念，切实转变经济增长方式，围绕集团战略发展目标，实施科学有效的集团战略管理，发挥集团整体优势，创造较为合理的外部市场环境，提高集团各成员企业的集约化、精细化经营管理水平，提高集团的经营质量效益，是我们面临的十分艰巨而紧迫的重要使命。

二、依法构建集团治理结构，正确认识母子公司功能定位，强化集团意识，自觉服从集团统一战略管理

中国水利水电建设集团公司的组建，从法律上确立了集团母子公司的管理体制，从法律意义上明确了母子公司的产权关系及权利与责任。作为集团母公司的集团公司，是成员企业国有资产出资人代表，依法享有资产收益权、重大决策权、经营者选择权，具有对成员企业按管资产、管人、管事相结合的原则进行监管的权力及提供服务的义务。作为集团子公司的各成员企业，则是以被投资者的身份，行使法人财产占有、使用和经营权，自主经营，自负盈亏，并向母公司承担资产保值增值责任。集团公司产权一元化条件下的母子公司的管理体制，决定了集团公司是投资中心，工程局（厂）是利润中心，工程项目部是成本中心的主要功能定位，决定了集团公司对各成员企业既有资本控制权力，也有行政控制权力。

集团公司的战略管理模式是以产权关系为纽带，高度集权的战略管理和充分授权的经营管理相结合、宏观调控与自主经营相统一的母子公司管理模式。整个集团应该是一个战略管理有效、经营管理灵活的战略共同体和利益共同体。集团公司把集团整体发展作为一切工作的出发点和落脚点，实施统一战略管理，创造集团的统一形象品牌，创造集团的规模经济效益。集团公司讲求战略的高度统一性，发展的协同性，资源配置的合理有效性，子公司经营的主动、自主、灵活性。着力使集团公司成为战略管理中心、战略投资中心、信息情报中心，负责对集团的产权管理、市场开发、战略规划、投资决策、宏观调控、资金融通、综合协调、监督评价以及母公司本级的资产和资本经营活动。着力于强化集团内部的凝聚力、控制力，增强集团的统一性、协调性和对市场及业主的吸引力、影响力。统筹集团市场经营战略，统筹集团的投融资及产业结构、产权结构调整战略，统筹资金和财务管理，增强集团的综合竞争能力，增强集团的规模经济优势，努力实现集团整体效益最大化，这是国家组建水电建设集团的出发点和落脚点。

集团公司在满足集团整体发展目标，在集团统一战略管理框架内，充分尊重成员企业依法行使经营管理自主权、财产使用权，支持鼓励成员企业充满活力地创造性地开展自己的经营活动，努力为成员企业创造较为宽松的外部环境和激励约束机制强劲的内部环境，主动、热情、优质、高效地为成员企业办理职责范围内的事务，促进子公司努力实现经营效益最大化这一企业本质目标。

概括地讲，集团公司实行的管理是两个层次的，一是高度集权的战略管理，二是充分授权的经营管理。这两个层面是不可替代不交叉的。集团公司战略管理的内容，主要是围绕集团的战略发展方向，对一些大的战略、制度和方针作一些规范性的规定，让各成员企业支持和满足集团公司的发展战略向正确的方向推进，如市场的问题，争取国家政策的问题，外部经营环境的问题，对被委托人（经营者）的选聘、考核与奖励问题。集团公司解决的是宏观层面的问题。至于成员企业在战略框架内的一切正当的经营管理活动和资源配置及资产的依法使用，完全由成员企业自主决定，集团公司不代理、不干预、不干涉。

各成员企业的经营管理者，一定要增强集团意识，增强集团整体效益观念，自觉、主动服从集团公司的依法监管和以追求集团效益最大化为宗旨的统一战略管理。作为成员企业经营管理者，对出资人负责，为集团公司创造最大收益是应当承担的责任，是应该履行的义务。集团公司的监管权力不容置疑，出资人意志不容侵犯，集团统一战略管理不容违背。

三、强化集团市场经营战略管理，发挥集团市场主导优势，巩固扩展水电市场，着力调整建筑产业结构，努力开创有利于集团发展的外部市场环境

我们集团目前占有国内 65 %以上水电建筑市场份额，但市场地位偏低，对市场缺乏应有的影响力，规模效益低。究其原因是外部市场竞争失范，集团内部缺乏强有力的市场战略管理，没有形成一个强有力的市场竞争整体。较长一段时间，同属一个出资人的各工程局之间，为了中标竞相压价，无序恶

性竞争，把人气、人格、市场地位搞得很低，把应有的社会平均利润让出去了，交易成本很高，规模效益低，使自己丧失了合法的市场经营主动权和收益权。我们多数工程局，目前正在消化前期恶性中标项目所延续的亏损苦果。各成员企业领导人和经营管理者大多数时间耗在重复地跑市场项目上，没有充分的时间和精力研究发展战略、研究资本经营、研究人才队伍建设、研究工程局的精细化管理，影响了企业经营方式和经济增长方式的转变。还有就是业主市场也在变化，业主的内部约束机制不断强化，低价中标，高额索赔回补的市场策略已基本失效。因此，强化集团统一市场经营战略管理，是关乎集团发展的一个非常急迫和重大的问题。这个问题解决好了，有利于提升集团的市场地位，促使扭曲的市场价格水平理性回归，维护集团合法的市场权益，获得正常的市场价格待遇，增加集团的盈利空间，确保实现集团公司和成员企业国有资产的保值增值；同时还能够为成员企业创造相对宽松、相对公平的市场环境，使成员企业从无序的、低效的、疲于奔命的市场竞争中解放出来，增强精细化管理及资本运营的力量，提高成员企业经营管理者的时间效率和价值贡献率。

我们依法强化市场经营战略管理，实施集团市场统筹、协调自律，并非为了垄断市场，也不可能垄断市场。我们的目的也并非为了追求垄断暴利(因为我们几乎没有利润)，而是要让背离价值规律的市场价格，理性地回归到正常价值，从而规范水电市场价格秩序，维护我们的正当利益。

我们要坚定不移地强化市场经营战略管理，强化集团公司的营销中心地位和市场统筹协调的主体地位，发挥集团整体功能和整合优势，统一市场营销战略及相关制度的制定和实施，统筹协调市场开发行为，实现有序的协作和共赢式的良性竞争。

当前，实施市场开发经营战略管理的主要任务是采取强有力的措施，加快构建市场统筹协调机制，规范内部市场竞争行为，依法创造相对合理的市场环境，提高集团整体的市场竞争力和盈利水平。各工程局在市场开发经营中，在继续拓展巩固水电建筑主业市场的基础上，要采取横向拓展、纵向延伸的方式，放开眼界，向非水电建筑如路桥、铁路、市政等市场延伸，努力增加非水电项目中标额，再造集团公司及成员企业的可持续经济增长力，实现建筑产业结构的调整。要牢固树立经营管理第一、市场开发为先的思想，在人、财、物的配置上，充实和加强市场经营力量，要从业绩考核、分配制度上给予市场营销部门大力支持。

四、大力推进经营管理转型，创建适应市场经济的经营机制，加快经济增长方式转换

目前，集团公司正处于从水电总公司向集团公司的转型期，出资人的职责、权益、义务正在逐步到位，集团发展战略管理体系正在逐渐建立和完善，母子公司经济关系、管理关系正在理顺，集团母公司的驾驭能力、统筹能力、指导能力、服务能力在逐步提升；集团成员企业正处于从计划经济的生产型管理向市场经济的经营型管理转型的关键时期。我们要抓住经营规模跨越式增长的有利时机，大力推进经营管理转型，创建适应市场经济的经营机制，加快经济增长方式转换。

(一) 着力构建并大力推行以经营效益挂帅的对经营者的评估、考核、奖惩制度体系，加大对经营管理者经营业绩及经营能力的考核评价力度，引导、促进经营者切实转变经济增长方式

今年集团公司结合国资委《中央企业负责人经营业绩考核暂行办法》，制定了《所属企业（公司）负责人年度经营业绩考核暂行办法》和《所属企业负责人年薪制暂行办法》，重新设计、规定了二级经营者的经营业绩指标体系和考核指标值，突出了经济效益这个企业发展的本质，体现了出资人的收益权要求，是集团公司经营管理理念提升的具体体现，是构建集团战略体系的重要内容，是推进集团协调持续发展的重要措施。集团的各级经营管理者应充分认识这是集团公司树立科学发展观和正确业绩观，推动经营管理转型的重大战略举措。各成员企业要借助年度经营业绩考核制度和年薪制的推行，大刀阔斧地解决企业内部激励与约束机制问题，排除有碍经济增长方式转换的各个方面、各个环节的阻力，把以经营业绩、责任及奖惩为主要内容的激励与约束机制层层下延至各个经营项目，形成纵到底、横到边的有机体系。集团公司决心很大，如果没有主要的客观原因，工程局、厂经营者完不成经营业绩指标，不仅不发一分钱的业绩年薪，而且还要对班子进行组织调整。要充分体现效益优先原则，干得好的要敢于奖励，干得差的要敢于追究，不胜任的必须撤换。要求各成员企业要严格执行年薪制度，对违规为经营者发放年薪以外的工资性收入的，集团公司除责令收回发放的钱款外，还将追究其负责人、责任人的行政责任。

(二) 重视工程局内部现行经营管理体制的重组整合，向制度创新要效益

集团多数工程局的经营管理体制基本上还是计划经济管理体制的延续，内部二级单位多，小而全，资源分散，人力资源隐性浪费，规模不经济，生产

关系割裂，管理成本太高，运营效率低，整体利润水平低。我们必须适时而变，下决心、下力气重组、整合经营管理体制，按规模经济的要求，减少经营单位，减少管理层次，再造规模经营优势。经营管理机构的设置，以整合优化生产要素为前提，贯彻“立足市场、突出中心、规模经济、精干高效、运营顺畅”的原则，使各个层面的工作规范、有序、有效、受控地良性运作。

（三）着力构建人力、资金、物资、技术、品牌等资源动态优化配置的管理运作机制，实现资源配置的动态优化，实现资源运用的效率最大化

经营管理从本质上说，就是对资源有效配置与运营管理。充分运用、优化配置各种资源，使各种资源系统的、因时因地的、高效的发挥作用，是转变经营方式，提高经济效益的重要方式和手段。各局（厂）要注重将人才资源、技术、品牌优势转化为经营效益优势，要注重向优化施工技术方案、施工技术措施要效益。技术创新系统和经营管理系统要密切结合，高度协同，以提高技术创新和技术方案优化对经济效益的贡献率。对技术创新的预期经济价值要进行效益评估，这一点经营系统要起主导作用。要借鉴国外大企业集团的经营理念，按照经营战略目标设定技术创新目标，让技术创新目标为经营目标服务，这才是企业持续协调发展的本质理念。要按照市场经济的要求，将企业的品牌优势转换为经济效益增长的优势，不断实施、放大品牌增值战略，否则，品牌再硬，技术再强也只是撑门面而无实效。

（四）着力培养、加强经营管理者队伍，强化企业经营管理

目前集团成员企业一把手多数以工程施工管理见长，因而分管经营管理、审计工作的副职责任更加重要和急需。一是强化经营管理组织系统，要形成从集团公司到工程局、分局、项目部的纵到底、横到边的经营管理组织体系。工程局（厂）要配备较高素质的分管领导，专职领导本单位的经营管理工作。要组织或聘用集团内外的专兼职经济专家组成专家委员会，对项目进行管理输入，以提升项目管理的层次和水平。二是要采取多种措施对经营管理者进行培训、交流，增强职业操守，提高执行能力，提升经营管理队伍的综合素质，在企业内乃至整个集团内实现管理资源共享，以强化经营管理的系统性功能。要像重视工程技术管理系统的建设一样重视经营管理系统、审计系统的建设，这是传统的施工企业领导人向企业经理人转型的标志，是实现企业效益目标的重要条件，是事半功倍的战略措施。

（五）着力推进观念更新，不断总结、提炼、推广管理经验

多年来，我们成员企业没有从根本上摆脱效益低、积累少、资金紧张的困扰，主要原因之一就是粗放经营，制度不全，管理不细，重干轻管、先干后算、干而不算等问题突出。根源在经营管理观念和方式没有切实转变。所以，必须加大观念转变的力度，坚决贯彻落实精细管理、有序受控管理、规范化管理、标准化管理、法治化管理的要求；坚决反对粗放管理、无序混乱管理、经验式管理、习惯性管理、人治管理的陋习，使集团各成员企业真正走上集约型经营之路。要适时而变，不断探索创新，让收入减支出等于利润的等式充满变数，激活资源，增加收入，控制消耗，提高盈利。一是按市场经济的要求，找准企业文化建设与经营管理的结合点，在开展企业文化建设中，加强经营观念转变的宣传，使全体员工树立企业本质目标是提高经济效益这个共同价值观，树立一切管理以经营为中心，一切活动围绕提高经营利润开展，一切工作满足和服从于工程局（厂）和项目的效益最大化的观念，努力实现增长方式的“四个转变”，即：从规模型向规模效益型转变，从粗放型向集约型转变，从生产型向经营型转变，从无序恶性竞争型向有序规范竞争型转变，以观念转变推动、促进、实现经营利润的最大化。二是要不断总结、提炼、推广管理经验。由于集团经营规模扩张的速度远远大于经营人才增长和培养的速度，经营难度也在同向增大，所以必须高度重视经营管理经验的总结、提炼、推广，以弥补人才资源不足以满足经营管理要求的缺陷，从整体上提高集团的管理能力。集团公司各局（厂）都要高度重视将零散的、感性的、局部的经验理性化、系统化、模式化，向全集团、全局（厂）推广和输出：第一个层次是集团公司要有开放的思路，学习、借鉴其他集团先进的观念、制度和方法，要注重汇聚提炼集团成员企业的管理经验，不断提升集团的模式化管理、制度化经营的水平，并及时向工程局输出；第二个层次是成员企业之间要互相交流、学习，主动扬弃，适时而变，不断更新自己的管理观念、管理方式和方法；第三个层次是各工程局要抽调内部管理精英，同时聘用外部的管理人才，对项目进行“专家门诊”、“循回医疗”，将精细化管理的理念强制性地、快速地输入到项目上去，强化项目的成本控制和收入增长，充分发挥项目成本控制中心的职能，保证工程局成为真正的利润中心。

五、围绕提高经营质量效益，重点做好以下几项工作

（一）加强项目经营管理

经营管理观念和方式的转换，关键在经营者，着力点在项目。作为工程局，首先必须选准选好项目经理、建好项目班子，这是项目经营管理的关键；其次要建立健全对工程项目的动态管理、监督体制和机制。可以实行项目财务人员委派交流制、项目经理资金回收清欠终身责任制，以加强项目的成本控制，杜绝项目资金沉淀和挪用，再次要实现项目资源的优化配置，提高技术进步对效益的贡献率。作为项目部，必须建立健全项目责任成本集约化管理体系：一是明确成本费用发生的项目部门、工程队、班组和岗位应负的成本效益责任，使成本与经济活动紧密挂钩；二是分时段对施工成本进行预测、预算等方面的策划，制定成本费用管控标准；三是综合运用强制或弹性纠偏手段，围绕增效及时发现和解决偏离管控标准的问题；四是认真加工和处理成本会计信息，以期改善管理、降本增效；五是按期进行成本偏差和效益责任的分析评价，严格业绩考核与奖罚兑现。要堵住"四个漏洞"，即堵住工程分包、物料采供、设备购管和非生产性开支等效益流失管道。要实行"三项制度"，即物料采供质价对比招标制、购置设备开支计划审批制、管理费开支核定制。要创新项目施工管理和作业流程，达到层次最少、效率最高、速度最快、流程最短，实现效益最好。要按效率优先、兼顾公平的原则，构建不同层次、不同考核方法、不同评价指标的业绩及薪酬决定机制，创造强有力的对员工的激励机制，充分激活人力资源对经营效益的贡献率。坚决贯彻经营管理者以业绩决定薪酬，管理层以岗位履责、绩效高低决定薪酬，作业层以有效工作、劳动量决定薪酬的分配原则。

（二）加强对分包商的管理

目前，集团公司范围内，单项工程和工序分包已占主营业务的65%以上。分包商已成为项目作业层的主要力量和主导力量，分包商履行合同的质量和效益，直接影响工程局和集团的声誉和效益，这说明各工程局正在从劳务型企业向技术管理密集型企业转型。对分包商的有效使用与管理已是各工程局规模扩张和追求效益最大化的一个必选措施，对分包商的管理、培养、指导、服务已成为项目管理的重要内容。建立对分包商的选择、淘汰机制，与优秀分包商建立虚拟的、松散的战略联营关系，已成为做优做强做大工程局和项目的关键因素。

当前一些工程局和项目部在对分包商的使用与管理中，存在严重的有章不循或不规范现象。主要表现在：少数企业经营管理者指定推荐各种"关系"分包商，使用无资质、低资质、低素质的分包商队伍等。一旦分包商出了问题，责任和损失全由企业承担，造成项目严重亏损。有的企业和项目部对分包商重包轻管、以包代管，安全质量事故频发，质量效益下降，砸了企业的牌子，损害了企业的信誉，使企业丢了市场。因此，加强对分包商的使用与管理是项目管理的又一重大课题。必须把对分包商的管理，作为工程局的一个重点来抓。

对分包商的管理，总体要求是有序、受控、规范。对分包商要无情管理、有效沟通，坚决反对关联分包、感情分包，收受分包商的礼金、礼物，对造成管理目标失控和盈利目标不能达到的项目部，要追究项目经理和管理人员的经济和行政责任。要树立为分包商服务的意识。具体要求：一是严格资审与分包。做到"资审三严、分包二必须"：严格遵循分包商评价程序，严审各种证件和资信证明，严查设备、技术、资金、业绩等综合实力；必须签订和履行规范合法的经济合同，必须保证重难点和高技术含量工程以我为骨干，杜绝整体分包和层层转包。二是加强动态管理。抓好"三个重点"：抓好企业代表、技术监理人员选派工作，实行分包工程施工全过程"旁站"制度，确保分包工程安全、质量和工期监管有效；抓好分包工程物资采供和验收计价等管理工作，堵塞效益流失管道；抓好分包商的制度化建设与管理，适时进行"形势任务、安全质量、遵纪守法和工艺技术"教育，使其以良好的技术、管理素质和精神风貌，维护集团企业信誉和形象。

（三）坚持工程建设进度与商务管理进度两轮驱动协同并进

商务管理一直是工程局经营管理和项目管理的薄弱环节。主要问题是项目内部管理、商务管理普遍滞后于生产进度，支付了项目商务管理滞后的巨额时间成本。不少项目部往往是在工程结束后才来关注合同和商务管理，使自己处于任人宰割的十分被动的地位，这是生产型企业、计划经济型企业的显著表现，与市场经济要求严重相悖。加强商务管理，首先要以市场经济观念及施工合同诠释业主、设计、监理、承包商共同的进度概念，做到项目的工程进度与商务结算、理赔、补偿、变更调差同步共进，避免经营商务严重滞后于工程进度，造成时间成本俱增导致的效益损失，做到履约管理和商务管理"两手硬"。只有这样才能营造一个甲乙双方之间有效沟通的相对平等的经营协商平台。再次是要重视项目投标阶段的商务管理，把市场开发和项目经营有机结合起来，市场开发人员要全面弄清投标文件提供的资料及现场自然特点、施工条件，从根源上把好利润损失关。项目经理及主要管理成员要尽早介入投标工作，全面了解影响合同履行的有关重要因素和施工现场情况，及时发现澄清经营风险，共同推进项目经营管理方式的转变，促进项目经营效益的提升。

（四）加强对联营体的管理，使其提高经营质量，有效防范经营风险

联营体的产生和运营，为集团各成员企业占领市场、扩大经营规模，为集团公司的跨越式发展做出了重要贡献。但联营体在其运营过程中，也存在不容忽视的问题：联营体的治理结构难以发挥其应有的作用；责任方行使责任难以到位，形成了管理盲区；大量资金游离于集团公司甚至工程局的管理范畴外，资金循环过程失去监控，经营风险很大；各联营体缺乏统一的形象品牌，不利于集团公司品牌形象的塑造放大。

为加强对联营体的管理，集团公司拟订了联营体运营管理规则，各位代表要认真审议，提出建议。集团公司的目的是加强对联营体运营的有效管理，以保证联营体按照“科学、规范、有序、受控”的方针运营，提高经营质量，防范经营风险，实现经营效益的最大化并公平评价经营者的业绩。联营体的责任方、协作方要按照联营体运营管理规则明确的责、权、利，认真履责、行权、分利并承担亏损责任，董事会、监事会和总经理要严格按照职能权限，各行其职，各负其责；要提高各生产要素的有效配置，联营体的干部人事管理要积极引入竞争机制，择优聘任经营管理人员；必须建立健全项目运营管理的各项规章制度和内部协调机制，明确办事规程和工作流程，维护联营体内部运营管理秩序；要加强联营体项目的资金、财务、工程分包、物资设备采购管理，着力控制和降低运营成本，提高经营效益；监事会要认真履行监督职能，促进联营体运营效能的提高，规避经营风险。

（五）加强设备材料采购管理

设备材料采购是各成员企业的重要经营活动之一，是降本增效的重要环节，是管理工作的重要方面。设备材料采购要坚持规模化、规范化、关键性采购三者有机结合的经营管理原则。规模化采购可以降低采购成本、提高规模效益。规范化采购就是要严格制定实施招标采购制度和程序，反对关联交易，从制度上有效防范腐败行为。关键性采购就是指工程建设的核心设备自主采购、自主拥有，通用设备面向市场租赁、分包，以有效控制通用设备闲置期间占用、沉淀资金，从而最大限度地提高资金流动效率，提高经营效益。

六、认真做好集团审计工作，科学监督，强化约束，为集团跨越式发展保驾护航

集团公司今年提出：坚持科学发展观，落实正确业绩观，构建支持集团发展战略的经营业绩考核制度体系和经营者年薪制度，引导经营者切实转变经济增长方式。这是保证集团在规模高速扩张的同时经济效益协调增长、全面可持续发展的重要措施。集团公司在建立经营业绩考核制度和实行年薪制的激励机制的同时，必须健全强劲有力的约束机制，制定集团的企业处罚通则。内部审计监督作为集团整体战略中的有机组成部分，应在集团激励与约束两轮强劲驱动中充分发挥作用。

（一）进一步加强经济责任审计工作

要通过对领导班子经济责任审计，正确评价经营者的业绩，客观、公正、准确、全面地评价企业领导班子的经营能力和经济责任，促进其提高经营能力、创新能力、领导能力，促进其廉洁自律。一是从审查主要经济指标的真实性入手，看有无虚报浮夸等问题；二是从审查重大经营决策是否班子集体决策科学决策入手，看经营决策的效果和效益情况及损失问题；三是从审查工程分包招投标入手，看有无暗箱操作、账实不符、损公肥私问题；四是从审查资金管理及使用情况入手，看有无违规私设小金库、坐收坐支、挪用截留、资金体外循环等问题；五是从审查资产的管理、使用及保值、增值入手，看有无资产流失、浪费等问题；六是从审查债权债务的完整性、合法性入手，看有无会计核算不实、账外债权债务等问题；七是从内部控制制度入手，看是否存在有章不循、管理混乱等问题；八是从审查领导干部廉洁自律入手，看有无以权谋私、中饱私囊问题。

（二）内部审计要紧紧围绕经营管理这个中心和转变经济增长方式、提高经济效益、推进集团可持续协调发展这个大局开展工作，在促进企业“抓管理、促效益”上做文章

加强审计工作，最根本的一条，就是要自觉做到围绕中心、服务大局。中心就是经营管理这个中心，大局就是集团公司转变经济增长方式、提高经济效益、推进集团可持续协调发展的战略大局。内部审计要树立“不能因为姑息一个失职的人而弱化或破坏规范的制度体系和运营机制，不能因为放纵一件违规的事而造成一大片违规事项”的观念，敢于坚决查处违规、违纪、弄虚作假的不良行为。要把“揭露矛盾，解决问题，促进经营管理，提高盈

利能力，服务集团公司发展”作为审计工作的出发点。充分发挥内部审计的监督、诊断、评价和服务职能，促进企业盈利能力和经营管理水平不断提高。要通过审计的监督作用，强化经营管理过程监控，把监督的关口前移，尽可能将损失浪费和弄虚作假等不良行为消灭在萌芽状态。同时，要重视审计成果的运用，跟踪检查审计成果的落实情况，真正把落实审计成果转化为各单位加强经营管理、提高经济效益的具体行动。

（三）努力提高依法审计能力和审计工作质量

审计质量是审计工作的生命线。审计职能发挥得怎么样，审计工作的效果如何，主要在于各级审计部门和审计工作人员的素质、能力、态度和作风，在于单位领导特别是主要领导的重视和支持程度。所以，加强审计工作，推动审计事业的发展，必须把着力点放在提高审计干部队伍素质上。审计干部既要关心宏观经济形势，熟悉宏观政策，还要善于从实现企业发展目标的角度去研究分析问题，努力提高审计水平和层次。要把围绕中心、服务大局的指导思想贯彻到全体审计人员当中去。要树立严谨细致的工作作风。审计监督必须靠事实说话，来不得半点虚假，必须确保审计披露事实和审计定性处理客观公正。审计人员要充分认识在新形势下树立严谨细致的工作作风，努力提高审计工作质量的重要性，加强学习，主动适应审计工作发展的需要，认真总结实践经验，创造性地开展审计工作。要采用先进的审计方法和手段，以计算机和信息化手段为依托，提高审计工作的质量和效率。

最后，希望市场经营管理和审计工作系统的同志们，认真学习，提高素质，忠于职守，开拓创新，真正做到有位有为，通过自己扎扎实实的创造性的工作，为集团公司的跨越式发展做出应有的贡献。

在集团公司人才工作会议上的总结讲话

（2005年6月24日）

范　集　湘

同志们：

在全体与会同志和会务工作人员的共同努力下，集团公司人才工作会议就要结束了，受郭总委托，我作一个简要的会议总结。

一、会议的基本情况和主要收获

这次会议是集团公司在推进跨越式发展的战略进程中，深入贯彻全国人才工作会议和中央企业人才工作会议精神而召开的一次重要专业工作会议，对全面实施集团公司的“人才强企”战略，促进集团持续、协调、跨越发展，具有重要的意义。

集团公司党组对这次会议非常重视，很早就对会议的召开进行了部署和安排。会上，集团公司党组书记、总经理郭建堂同志，国务院监事会主席范有年同志紧紧围绕集团公司改革发展大局，针对大力实施“人才强企”战略的重要性、紧迫性、实践性作了重要讲话，从促进深化改革、跨越发展、转变增长方式的战略高度，指出要牢固树立“人才优势是企业发展的最大优势”；人才发展战略要立足于支撑企业总体发展战略；要加大对现有人力资源的复合型培养；要关注人才的政治素质，创新人才使用新思路、新方法；强化对经营班子综合能力的培养等科学的人才观念，并对建立和完善人才工作的新体制及新机制、切实加强对人才工作的组织领导和宣传提出了明确要求。刘起涛副总经理作了题为《全面实施“人才强企”战略，为集团公司深化改革、跨越发展提供人才保证和智力支持》的工作报告，简要回顾了三年多来的人才工作情况，总结了成绩，指出了不足，重点围绕集团公司深化改革、跨越发展的大局，对全面实施“人才强企”战略的思路、机制、具体目标、措施、办法等进行了深刻分析，明确了今后一个时期集团公司人才工作的总体目标和具体任务，对当前人才工作进行了总体部署。六个单位的代表作了大会交流发言，对强化“人才强企”观念，提高集团“人才强企”工作水平，起到了示范和促进作用。

会议期间，与会代表认真听取和学习领导讲话及工作报告，围绕会议主题进行了热烈讨论，对提交会议讨论的五个文件，提出了很好的意见和建议。通过讨论和交流，大家一致认为，这次会议主题明确，内容丰富，组织严谨，是一次统一思想、提高认识、明确任务、求真务实的大会。郭总和范主席的讲话高瞻远瞩，为集团公司人才工作指明了方向。刘副总的报告全面透彻，各项工作部署和要求具有很强的指导性和可操作性。这次会议对于在集团范围内全面实施“人才强企”战略，对促进企业深化改革、跨越发展、转变增长方式有着十分重要的意义。会议开得圆满成功，达到了预期目的。概括起来，主要有以下收获：

（一）提高了对全面实施“人才强企”战略重要性和紧迫性的认识

通过这次会议，大家对集团在跨越式发展进程中面临的人才工作新形势新挑战有了更清醒的认识，对集团公司全面实施“人才强企”战略的重要性、紧迫性的认识和理解也更加深化，一致认为，集团公司要持续、协调、健康发展，归根到底要靠一支数量充足、层级协调、结构合理、素质优良的人才队伍。我们要站在全面推动跨越式发展，切实转变增长方式，加快推进建设具有国际竞争力的大型企业集团的战略高度，进一步学习和领会集团公司领导的讲话和报告精神，结合各单位实际，切实把关于人才工作的指导思想和行动统一到集团公司人才工作总体部署上来。

（二）明确了实施“人才强企”战略的主要目标和任务

大家认为，这次会议明确了要坚持党管人才的原则，集团公司和各单位要相互配合、上下互动，为尽快建设一支适应跨越式发展和经济增长方式转变，数量充足、结构合理、素质优良的人才队伍而努力工作。会议强调，集团公司要以五支人才队伍建设为重点，以人才能力建设为核心，围绕培养、选拔、吸引、用好、激励人才等关键环节，建立健全各项人才工作机制，提高整体人才工作水平，为企业可持续发展提供可靠的人才保证和智力支持。概括起来，集团公司当前人才工作主要是要贯彻“一一四五”行动方针。就是要牢固树立一个观念，即科学的人才观念；认真搞好一个规划，即人才战略规划；努力创新四个机制，即人才培养机制、人才选用机制、人才评价机制、人才激励机制；重点建设五支人才队伍，即企业家队伍、专业技术人才队伍、项目经理队伍、国际业务人才队伍和高技能人才队伍。大家一致认为，五支人才队伍关系到企业深化改革、跨越发展、转变增长方式，建设具有国际竞争力的大型企业集团战略能否得以顺利实施，是企业当前及今后一个时期需要花大力气重点培养的核心人才队伍。关于建设五支人才队伍的重要性和紧迫性，郭总的讲话和刘副总的工作报告中都有深刻阐述，集团公司人才战略规划当中，提出了五支人才队伍的具体培养目标和主要培养措施。大家表示要给予高度重视，并在实际工作当中认真研究，尽快结合本单位实际制定出具体培养措施，与集团公司上下一致，共同努力，为企业持续发展提供坚强的人才保证。

（三）通过交流讨论，拓宽了人才工作的新思路和新方法

会议期间，同志们通过听取部分单位的大会发言，通过会上会下的讨论交流体会到，各单位在实际工作当中，探索出了很多很好的人才工作思路和办法，总结出了许多有益的经验。这些成绩和经验的取得，得益于集团公司党组和各单位党政班子的正确领导，得益于各单位人力资源管理部门同志们的奋发努力和辛勤工作。大家认为，通过交流各单位人才工作的做法和体会，增进了了解，沟通了情况，相互启发很大，进一步拓宽了各自的工作思路，达到了相互促进、取长补短、共同提高的目的。

（四）坚定了做好人才工作的信心和决心

大家一致认为，这次会议为集团公司加强和改进人才工作，全面实施“人才强企”战略奠定了坚实的思想基础和工作基础，使大家统一了思想，提高了认识，增强了信心和决心。一致表示，现在集团公司的人才战略指导思想、目标、任务、工作要求都已经明确，一定要以高度的责任感和使命感，按照集团公司的总体部署，以新的观念、新的办法、新的措施，大力抓好人才工作，以人才工作超常规跨越式进展不断推进集团的跨越发展。

二、关于大家的意见和建议

会议期间，大家通过讨论交流的方式，对集团公司的人才工作积极献言献策，尽抒己见，对提交会议讨论的五个文件提出了很多修改意见和建议。会后对还需补充和完善的意见和建议，请各单位于7月10日前书面上报集团公司人力资源部。对大家的意见和建议，集团公司和有关部门将认真研究，积极采纳，进一步修改完善后正式下发到各单位贯彻执行。

三、贯彻落实会议精神的几点要求

这次集团公司人才工作会议，明确了当前及今后一个时期集团人才工作的指导思想、目标任务和总体要求，会后，集团公司总部和各成员企业要大力抓好贯彻落实。首先，要及时传达贯彻这次会议精神，认真组织学习郭总、范主席的重要讲话和刘副总的工作报告，使各级领导和人才工作部门全体同志，以及广大干部职工及时了解和掌握集团公司关于人才工作的重要部署和要求，把思想和行动统

一到会议精神上来，开创人才工作的新局面。其次，这次提交会议讨论的《集团公司关于加强和改进人才工作的意见》等5个文件，要根据同志们提出的意见和建议，尽快修改完善，以正式文件印发后希望各单位认真执行。再次，集团各成员企业要按照这次会议关于全面实施“人才强企”战略的工作部署和要求，结合各单位实际情况，及时研究制定加强人才工作的具体措施，真正把人才工作提到重要的议事日程，放到重要的位置来抓。

当前，要特别关注和强化以下几点：

（一）各级领导班子要普遍提高对“人才强企”工作的基础性战略地位的认识，身体力行，实实在在的营造崇尚尊重人才，关心爱护人才，科学使用人才的和谐人才生态环境

政治路线确定之后，干部就是决定的因素。一般而言，强势企业能吸引、占有一流人才，相对弱势企业只能吸引、占有二流人才。但在现实情况中却并非如此，有的强势企业人才流失比较严重，而有的相对弱势企业却同样能吸引和留住一流人才，其主要原因是经济上相对弱势的企业内部有一个和谐的人才生态环境。同属集团成员企业，同属一个工程局的不同分局、不同项目经理部，吸引和流失人才的程度差别很大，这不能简单地说是经济问题，其根本原因是单位领导班子营造的人才使用、培养、成长的生态环境存在质的差别，这必须引起我们的深思和关注。“人才强企”战略的成效取决于各级领导班子重视程度和亲历亲为的有效的执行力及其营造的和谐的人才生态环境。

（二）认真制定或完善全面支撑企业总体发展战略的人才战略规划

当前，集团成员企业步入了快速发展期，经济总量在高速扩张，经营范围在不断拓展，又面临深化改革、调整结构、做强主业、转变经济增长方式、提高质量效益、创造持续增长力的艰巨任务。而人力资源增长的速度、人才数量的增长幅度落后于经济总量增长和经营管理范围扩展的速度，职业经理型人才、管理人才和技能人才严重缺乏，对集团经营规模的集约化扩张及管理水平的提升形成了瓶颈性制约，形成了对集团持续协调发展的严峻挑战。因此，各单位应该围绕集团及本单位企业总体发展战略规划，结合现行人力资源及各类人才状况，在集团人才战略规划的框架内，尽快制定或完善本单位人才战略规划，紧扣当前急需和长远的需求，有的放矢，配置、培养、引进人力资源和紧缺人才。这是实施人才战略的重要的基础性工作，必须认真做好，动态完善。

（三）创新思路、创新机制、创新办法，提高现有人才的使用效率，是立竿见影的重要举措

人才的培养、引进是一个较长的过程。因此，我们必须大力实施人才增值工程，着力于建设学习型企业、学习型班子、学习型管理团队。要使现有人才从单一型向复合型强制性培养，从一把手，从领导班子，从管理团队开始做起，增加现有人才自身价值量；要用其长，避其短，不拘一格，超前增压使用人才；要实行差别激励、正负向激励，激发人才的创造激情；要变革人才管理体制，使管理层次优化，管理岗位整合，管理技能复合，改变企业内部岗位过多，职责分解过细，人才使用效率不高，人才资源浪费的状况，释放出潜在的人才资源，相对增加人才，降低人才使用的成本，提高人才的使用价值；要面向市场引进稀缺人才，解决关键专业岗位人才需求，满足企业发展的现实迫切需要。我们要进一步解放思想，重塑全新的人才价值理念，突破小生产者和计划经济的用人思路，实施“一局两制”的人才定价及引进机制，通过建立有竞争力的薪酬激励制度及考核制度，面向市场，放开视野，招聘、聚合我们集团企业无法产生或短时间无法培养的稀缺人才，以尽快弥补稀缺人才缺口。

（四）在人力资源配置及人才队伍建设上要遵循“木桶”原理，即局部劣势决定整体水平，采取有力举措补强“木桶”短板

我们集团的核心主营业务是水利水电施工。现在主营市场经济秩序已走向法治、有序、规范、理性，业主已向合同、商务管理专家变化。我们作为承包商，传统的路径依赖及历史惯性是精于干而不善于算，精于施工管理而不善于合同及商务管理。因此，我们的当务之急就是要解决人才结构中的局部劣势问题：着力培养选拔各级一把手，经营副局长、副总经理，项目经理、经营商务副经理、总会计师或财务主管；要着力于经营管理体系的建立、完善、强化，经营管理队伍的培养、配置。这是我们集团经营发展的当务之急和重中之重，是集团人才“木桶”最短的板块，是人才结构最薄弱的环节，务必引起高度重视，采取超常规的措施，促进相关人才的增长。当然，各成员企业的人才构成和结构不尽相同，要根据实际，针对薄弱环节，采取相应措施。

人才工作是一项事关当前、影响深远的重要战略任务。集团公司总部和各成员企业都要与时俱进，开拓进取，创造性地开展工作，发挥人才工作部门同志的积极性和创造性。要加快传统人事管理向现代人力资源管理的战略调整，积极研究探索人才工作的新方法和新路子，从理论和实践两方面进行改

革创新，取得更大的成绩。我们坚信，只要我们坚持科学的发展观和人才观，振奋精神，常抓不懈，集团公司“人才强企”战略必将得以顺利实施，人才工作必将迈上新的台阶，集团必将人才辈出，日益富强。

在中国水利水电建设集团公司2005年年中工作座谈会上的总结讲话

（2005年7月26日）

范　集　湘

同志们：

受郭建堂总经理委托，做会议总结，讲三部分内容：

一、会议基本情况及会议精神的贯彻

会议开得非常好，大家很认真。郭建堂总经理的重要讲话，是年初工作会工作报告的延续、深化，也是贯彻落实过程中的调整和深化。讲话思路非常清晰，内容非常全面，分析非常深入，很有操作性。希望大家要认真学习郭总的讲话，提高经营班子及管理团队的经营管理水平，认真贯彻以指导全局工作。

国务院监事会范有年主席的重要讲话，使我们从宏观上对中央企业的发展形势有了一个全面的认识，使我们对自己集团有一个正确定位，我的认识就是有喜有忧。喜的是集团呈全面增长态势，忧的是成本费用利润率在11个中央建筑集团中居中下水平，所以我们应该更清醒些，认识到我们集团的短处，经营质量效益偏低对企业来讲这是本质性的问题。希望大家回去后，组织班子成员及中层干部做有针对性的客观分析，认真贯彻。

集团总部六个职能部门做了专题汇报，会前他们做了充分准备，从职能管理的角度，从不同侧面，总结了上半年的工作，肯定成绩，指出问题，提出了很好的建议和意见，对成员企业的工作有指导意义。各单位要根据自身情况，有针对性地参照、调整、改进。

听了大家的讨论，我很欣慰，感觉各位领导的发言，有新的东西，有的领导的发言，很有理性，很有深度，很有建设性。这说明我们企业主要负责同志在学习上，在面向市场复合提升自身综合素质上，在思考和研究问题上有所重视、有所提升。这是一个十分可喜的现象，这是集团跨越式发展的重要因素。

根据大家的座谈发言，对几个具体问题，归纳如下：

（一）关于集团公司市场战略问题

大家一致认识到，市场开拓战略作为集团公司阶段性的经营战略之一，必须坚定不移地贯彻执行。但在市场统筹的层面上、范围上、操作的技巧上，要更加重视兼顾各个工程局的品牌，兼顾业主的取向和选择，提高预见性、超前性，不断探索、研究、完善市场统筹方略。集团公司实施市场经营战略的目的是为了杜绝低于成本价竞标，维持水电建设市场秩序。在不断成熟的市场经济条件下，行业的自律规范是非常必要的，发达国家也是如此。

（二）关于离退休统筹外费用政策的兑现和操作问题

大家的意见集团公司会充分听取，再研究细化拟定方案报财政部核准，集团公司在财政部核准后下发实施办法，成员企业严格按集团公司文件贯彻执行。

（三）关于上半年的经营业绩

根据财务快报公布的数据，从总体看，家家都有增长，从横向上比较则参差不齐，让人忧虑的是上半年利润主要集中在少数工程局。这里有两个方面要引起注意：一方面，如果单位的业绩偏低或亏损是真实的，各单位一定要认真从本质上找问题；另一方面，如果单位的业绩是由于核算原因导致不真实，比如说没有按权责发生制的核算原则，收入和成本没有科学规范核算反映出来造成的，那就应该规范核算，全面、真实反映自身的经营业绩，让国资委给我们集团给我们各级经营班子以正确的评价，这是必要的。另一点是要合理避税，适度纳税，这也是我们要认真研究的问题。从本质上讲，没有纳税贡献的企业是没有成长性的。

总的来看，上半年在集团公司的领导下，通过各单位领导班子和全体职工的艰苦努力，经营形势呈现好于去年同期的态势。借此机会，我代表集团公司，向大家表示真诚的感谢！

这次会开得及时、圆满、成功，会后，各单位要抓紧进行贯彻落实。

二、关于集团公司的战略定位

集团公司作为出资人代表，对自己的定位是：集团的成立，就赋予了集团公司一个历史使命，就是通过集团化运作来承载工程局的层次，来提升成员企业的市场主体地位，推动集团跨越式发展。

集团公司承载历史使命，要做些什么？第一，就是利用中央企业集团的平台，争取高端政策。大家看到了，这几年，通过郭总为首的集团公司领导班子的努力，集团的资本金注入问题基本解决，统筹外费用政策基本落实，改制分流、主辅分离和企业办社会的移交也得到国家政策的有力支持。这些政策的获得，只能在集团层面上运作，这是成员企业各自为政基本上办不到的事。这些政策，是集团公司千方百计，锲而不舍争取到的。第二，从国际、国内两个平台上创造较为合理的外部经营环境，提高成员企业的市场主体地位。它的战略手段就是市场统筹战略，重大经营活动统筹战略。如果不搞集团，不十指成拳，不聚合成强大的集团化板块，大家还是“散兵游勇”，各自为战，就形不成“气候”，我们虽然有65%以上的市场占有率却对市场形不成影响力，就会被市场忽视，业主及客户就会不在乎我们的存在。第三，转换经济增长方式，调整单一的产业结构，创造持续发展能力，为下一步集团公司的企业制度改革创造条件，打造有吸引力的改制改革平台。如不能引入战略投资人，集团公司产权一元化的格局永远解决不了。从什么地方入手改变这种现状？就是从转变经济增长方式，加快实现资本积累，加速调整产业结构，把资产结构、资本成长性、收入结构做成比较优质的企业集团，只有这样才可以吸引战略投资人加盟，快速放大集团资产。第四，筹划实施集团内外的战略并购、重组及资源优化配置，整合内部、外部资源，从体制、机制上解放生产力，从而为战略重组筹措资金成本。第五，充分发挥集团公司总部的监管、指导、考核、服务、协调功能。这就是集团公司的战略定位和集团化的作用。我们将与时俱进、一以贯之地使这种作用充分发挥。

因此，成立集团及集团公司的使命及其不可替代的重要功能是不容置疑的，集团公司正在按照跨越式发展的总体战略，按三步走的战略步骤在坚定不移地负重推进。

三、几点要求

（一）进一步认清外部市场环境变化，找准现阶段跨越式发展中存在的关键性主要矛盾，进一步统一思想，进一步提高集团化的意识，各成员企业和总部各部门要从思想上、组织上、行动上，全力支持和服从集团公司的战略管理，同心协力，团结拼搏，高度协同地应对现阶段集团面临的主要矛盾和系统性风险。

外部市场环境变化主要体现在：业主在对项目公司的权力上收得很厉害，业主合同管理水平提高很快，业主的标准提高很多，业主的监督机制强化了，业主的业绩观也在变化。作为集团成员企业领导人首先是要高度关注外部的环境变化，其次是关注内部的变化。因为外部的变化是不可控的，内部的变化是可控的。

集团跨越式发展现状及面临的主要矛盾。初步分析集团的现状是：一方面经营规模持续快速增长，集团呈现全面发展态势，总体利润总量增加，另一方面工程项目履约任务相当艰巨，各级领导及管理团队非常艰辛，但经营质量效益却相对下降，盈利水平相对降低。主要矛盾在于：市场提供的施工合同量与施工能力相比仍然不足，市场份额的争夺仍然激烈；市场地位低、中标价低、合同条件恶劣，有的业主及其他合作方无视我们的合理要求，将自己的风险不平等地通过合同条款强势转移给集团成员企业，我们仍要无奈“埋单”；经营过程的精细化管理、合同管理、工程财务管理凸显为集团的主要局部劣势，从而影响集团整体水平；成员企业内部的管理体制、经营组织结构、经营机制不适应市场环境的变化已成为继续发展的阻力；企业调整结构，改制改革以及解决历史遗留问题缺乏经济支持；集团的盈利能力及净资产增长水平太低，缺乏抵御系统性市场风险的能力；实施“走出去”战略，从事国际化经营，急需国际人才及管理体制支持。这些矛盾集中突出体现为经营质量效益未能实现与经营规模协调增长的矛盾。所以我们要充分肯定成绩不妄自菲薄，要客观正视问题和困难不文过饰非，更要未雨绸缪，居安思危，自我加压，知难勇进。

形成上述矛盾的主要客观原因，还是外部市场环境太恶劣，在项目经营的源头即市场营销上造成先天不足的效益低下。因此，在现阶段，集团公司必须通过市场统筹，解决效益低下的源头问题。如果不协调，用传统的方法去做，各成员企业各自为战，各自为政，无序恶性竞争，我集团产值及市场份额规模肯定还能上去，但是效益必然丧失，使我们会陷入GDP增长的怪圈而难以自拔。所以各成员企业必须从思想上、组织上、行动上，真心诚意地支持集团公司市场统筹和重大经营活动统筹。从上半年的情况看，对集团公司市场统筹的认识，有些人是没有到位的，一定要进一步提高认识，不要再搞阳奉阴违，不要再搞“中标就是硬道理”，不要再单纯片面地以干好工程而“自豪”，连企业的本质目标都忽略了。

当然，集团公司也不会永远协调下去。集团公司的市场统筹战略分三个阶段，第一个阶段是具体项目计划性协调，市场经济也必须有计划（就是现阶段），是想通过这种指令性的统筹来遏制各自为政、无序竞争的惯性行为；第二个阶段是方向、原则性协调；第三个阶段是市场及经营成员企业自觉自律。市场计划性统筹协调是阶段性的不得已而为之的过渡性的战略措施，希望大家理解、支持。如果集团内部各企业自律了，都把经营质量效益放在第一位来考虑了，集团公司就不协调了。同时希望大家多花精力关注支持、积极参与国际市场竞争，建议大家把国际和国内两个市场统筹起来同重并进。

（二）量力而行，控制规模，严格按合同履约，确保工程质量，保证合同工期，做好安全生产，协调好各方关系，确保为业主提供优质工程，努力为用户提供优质服务。这也是集团市场经营战略的重要战略措施。一方面，作为承包商，这是我们应该履行的责任和义务，另一方面，这可以缓解业主对集团公司市场战略统筹、价格理性回归、合同正常索赔的反感和对立情绪，业主就可以真正感受到优质优价是双赢模式。

当前，安全管理已经进入法制安全阶段，我们一定要依法管理好安全，依法处理安全事务，千万不能漠视安全法规而影响企业的生存空间。

（三）努力层层构建支持集团发展战略的长效经营机制。长效经营机制的本质内容有三个方面：市场营销要追求最佳经营质量效益；精细化管理要围绕创造企业的最大价值；每个单位的业绩导向要切实支持本单位发展目标。如果长效机制建立并有效，我们就能从单一的、畸形的、不全面的发展回归到科学、统筹、协调的全面发展。为此，集团公司及各成员企业都要树立以质量效益为核心的全面发展观和业绩观，用科学发展观、正确业绩观统帅经营管理行为。集团公司将不断强化综合、全面地评价各成员企业的经营业绩和经营班子的经营执政能力。

（四）紧扣集团发展目标，从国际、国内两个层面，积极、稳健、专业、务实地推进集团的产业结构调整。调整产业结构主要意义是再造集团新的经济增长力，规避集团发展过程中可能带来的系统性市场风险。我们集团的系统性市场风险主要有两个：一个是产业太单一的市场波动风险，另一个是劳务型企业的可普遍替代风险。集团只有在具有自身优势的与主营业务相关的关键的领域创造持续增长力，才能规避系统性市场风险。我们调整产业结构，投资取得收益用来干什么？其目的：一是为成员企业的战略性体制重组、行业重组、专业重组创造改革成本；二是为解决历史遗留问题积累必需资金；三是按有所为有所不为的原则，大力支持成长性强的成员企业快速发展，统筹兼顾发展较慢的成员企业的正常生产经营；四是为战略投资人参股集团公司改制打造集团有吸引力的资源、资产平台，为集团公司产权多元化、构建现代公司制度创造条件，这也是集团公司的使命所在。集团公司实现产业结构调整战略的措施：一是要寻找短平快项目，尽快取得收益；二是在国内国际两大平台，从产业高端寻找占领优质资源性项目；三是提高主营业务的盈利能力，不断创造集团的投资能力。集团公司把盈利能力看得很重，因为利润是企业发展的源泉；四是控制风险，做好风险评估，努力建设、管理好项目，力争尽早获得投资效益回报；五是加强与银行高端合作，谋求资本金支持。

（五）在国内国际两大平台，尽快从组织上超常规地加强经营管理系统。各成员企业要系统梳理主要生产经营流程，下大决心，花大力气，建设一支适应市场经济、适应外部环境变化的经营管理者队伍，抓好市场营销源头创效，资源科学配置创效，合同履约管理创效，成本费用控制创效，价款结算和资金回收创效工作。项目经营过程的源头是市场营销，中间是商务和合同管理，后端是结算收款，这三个环节往往是我们最薄弱的。对市场营销，资源配置，合同管理，成本费用控制，价款的结算特别是资金的回收，一定要下大功夫，花大力气抓好，这是计划经济的施工局长向市场经济的企业经理人转换的重要标志。

（六）加强财务及资金统筹管理，高度重视企业系统性运营风险。由于我们的长期投资及经营规模过度扩张，过度举债，依赖银行，目前我们的贷款增长率已超过主营业务的增长率。同时，又存在运营资金沉淀的问题，债权的大量积淀可能导致资金周转断链的风险。因此，要注意几个问题：一是经营规模控制在受控范围内，要适度，不能盲目扩张。如果规模持续扩张，经营质量效益相对下降要坚决控制规模。二是不能过度举债来扩大规模。三是债权一定要控制一个风险线，超过风险线要有预警措施，我们要认识到拥有实质债权或隐性债权实质是为他人垫资，所以要重视工程项目过程及时结算，要加大力度追收应收款。四是无论国内、国际项目都要避免工程延误，工程款结算滞后，过度垫资投入，成本失控，应收款过度增加造成资金链断裂风险的出现，危及集团运营安全。五是内控制度必须健全、完善、有效，特别要关注分包、采购、分包结算、财务收支环节的内控系统的完善有效。

（七）强化改革创新理念，积极、稳妥、因势利导地破除内部管理体制、组织结构、管理模式、经营机制对转换经济增长方式，实现跨越式发展的束缚，向体制创新、组织创新、模式创新、机制创新要效益。目前各工程局的组织结构、管理模式虽然有所调整，但总体上还是沿袭十年前的管理模式，这种组织结构、管理体制、管理模式已经形成跨越式发展的障碍。第一，希望各单位根据自己的情况，认真研究管理体制改革。要力求管理幅度有效扩大、管理层次优化简化、管理距离“扁平化”缩短，以精干人员，提高效能。第二，企业内部组织架构，要从提高规模经济、实现资源使用效率最大化、实现管理效能最大化出发，进行整合、重组、撤并，通过体制创新、模式创新、机制创新再一次解放和提高生产力。第三，进行管理体制的调整和优化。当企业的管理手段、经营机制与激励机制到了一定阶段必然受体制束缚的时候，就要从体制上去进行研究和解决。在退休职工统筹外费用基本解决、主辅分离基本解决、企业办社会分离基本解决的情况下，内部体制改革要摆到各级党政班子重要议事日程上来。各级党政班子要有改革的新思路、新方案、新举措，要有改革的勇气和魄力！我们要正确处理改革、发展、稳定的关系，但决不能用稳定来做不愿改革的挡箭牌。

统一思想认识　加强投资管理
稳步推进集团公司产业结构调整优化

——在集团公司第二次投资工作研讨会上的讲话

（2005年8月17日）

范　集　湘

同志们：

集团公司在推进跨越式发展战略，加快实施产业结构调整、优化的关键时期，在各单位认真开展保持共产党员先进性教育活动的有利形势下，不失时机的召开集团公司第二次投资工作研讨会。这次研讨会的主旨是按照集团公司发展战略和集团公司今年的工作任务及要求，针对当前和今后一个时期的投资管理工作，重点研讨如何统一思想认识，加强投资管理，保证投资质量，规避投资风险，提高投资效益，稳步推进产业结构调整、优化，这对于认真贯彻落实集团公司2005年工作会议精神，不断增强集团公司可持续发展能力，早日实现跨越式发展战略目标，具有重要的现实意义。

这次研讨会，我们选择在甘肃兰州召开，也有其特殊的意义。甘肃矿产资源丰富，民风纯朴。兰州古称金城，是中国古代丝绸之路的必经之地，也是从古到今的战略要地，现在兰州已经成为国家实施西部大开发战略以来，商家的必争之地。集团公司投资控股的第一个火力发电项目，就坐落在甘肃华亭县风景秀丽的关山脚下。前不久，在兰州经济与贸易洽谈会上，集团公司与平凉市政府签署了建设4×600兆瓦火电项目协议，对在甘肃投资开发火电项目的前景充满信心。希望华亭发电有限公司不负众望，借西部大开发的东风和美丽金城的灵气，切实做好在建项目管理和新项目前期工作，早日投产发电并取得良好的投资效益。

今天我讲三个方面的意见。

一、认真总结投资工作，不断提高投资管理水平

（一）电力体制改革以后集团公司的投资工作取得的成效

一是实施集团产业结构调整及优化战略，与主营业务相关的项目投资规模迅速增大。电力体制改革以来，集团公司获得投资开发权，投资业务发展很快。两年多来，集团公司根据国务院赋予的投资权力，按照实施企业发展战略的总体要求和产业结构调整、优化的需要，结合企业的实际情况，在电

源、房地产和水务等领域通过参股、控股方式投资了一些较优质项目，使投资规模跟过去相比迅速增大。到目前为止，集团公司本部投资规模累计已达到80.75亿元人民币，其中电源项目权益容量121.11万千瓦，投资规模75.16亿元人民币。各工程局也不同程度的进行了一些投资活动，投资规模约21.56亿元人民币。

二是投资机构逐步健全。集团公司在成立投资部的基础上，发起设立了集团公司控股、部分工程局参股的中国水电建设集团投资有限责任公司，并完成了已投资项目股权变更。各工程局普遍重视投资工作，有些成立了投资主管部门，有些明确了投资管理人员。投资机构的健全进一步理顺了投资渠道，规范了投资管理，落实了投资责任。

三是投资领域不断拓展。为了规避结构性风险，在重点开发水力、火力发电项目的基础上，充分利用水利水电建设的有利条件，参与了重组中国水务投资有限公司的项目。根据国家产业政策，投资开发了吉林省风力发电项目。在房地产等方面也进行了投资探索。

四是投资管理基础工作不断加强。投资项目管理对我们来讲的确是一个全新的课题。我们绝大多数从事投资项目管理工作的同志都不是这方面的专业人员，集团公司也没有这方面的管理制度。经过各级投资主管部门及有关人员的共同努力，我们通过各种渠道选聘和培养了一些专业管理人才，投资项目管理的基本管理制度已经建立并逐步健全。特别是去年集团公司组织参加的国家项目管理师培训班，使集团公司和各单位投资项目管理方面的主要管理人员从理论上得到了比较系统的培训，对正在进行的投资项目管理工作有很大的促进作用，投资项目管理的各项工作正在逐步走上规范化，集团公司资本经营、资产经营的管理架构初步形成，管理水平不断提高。

（二）当前投资工作中存在的主要问题

一是主要投资电源项目，使投资项目的行业集中度太大，有可能导致较大的投资结构性风险。随着经济周期的变化，电力市场可能会出现不景气的局面，电力市场的不景气肯定会导致水电施工市场的不景气。这种产业单一的投资，在整个产业不景气的时候，就可能使投资活动陷入非常不利的被动局面，有可能导致整个集团陷入困境。所以，我们必须认真考虑这样一个问题，就是在明确投资方向和确定投资重点的同时，充分、审慎考虑投资多元化和优化投资结构问题，既通过“多元化”防止“把鸡蛋全都放在一个篮子里”的风险，又通过优化投资结构来解决“以丰补歉”的问题，从而使集团能够稳定持续发展。

二是投资管理的基础工作比较薄弱。经过电力体制改革以后两年多的努力，集团公司系统投资规模已经达到100亿元人民币以上，投资工作已经取得了阶段性的成果。在投资规模不断增大的同时，我们也做了大量投资管理的基础工作。但是，由于投资工作对于我们是一个全新的工作，加之这方面专业人才缺乏，致使投资管理基础工作没有跟上去。主要反映在投资项目评审决策，投资能力评估，项目管理，特别是项目造价、质量、进度、安全的控制等方面，还没有健全的规章制度，项目管理控制也没有完全到位。

三是理性投资的意识需要进一步增强。投资是集团公司产业结构调整、优化的重要举措，是企业的重大经营活动。因此，投资一定要建立在对国家产业发展政策有充分的认识，对经济前景有良好预测的前瞻性的基础上，建立在对所要投资项目的内外部环境有充分了解，对企业自身投资条件有充分认识的基础上。但是，目前有一些单位和投资管理人员，对投资、资源性项目与集团公司产业结构调整、优化的关系，投资项目的外部环境和内部条件等并不完全清楚，理性投资的意识比较淡薄。还有一些成员企业虽然充分认识到单一施工产生结构的市场波动风险，有调整、优化结构向资产经营型企业转型的强烈意识，但由于主客观原因导致主营业务利润低，净资产增长缓慢，投资能力脆弱却不顾企业生存盲目过度举债投资，这种粗放的风险投资行为对企业的危害是十分严重的。我们急需进一步增强理性投资的意识。

二、统一思想，提高认识，稳步推进产业结构调整优化

（一）集团公司“三步走”战略与产业结构调整优化

为了实现建设具有国际竞争力的大型跨国企业集团的战略目标，集团公司提出了“三步走”的跨越式发展战略。第一步，实现以规模扩张为主要内容的综合发展目标的阶段已经基本完成。第二步，实现以转变经济增长方式，提高经济效益和经营质量，增强企业可持续发展能力为主要内容的全面发展目标阶段刚刚开始。第三步，将要实现以建成具有国际竞争力的大型跨国公司为主要内容的国际化发展目标。

我们面临的跨越式发展任务十分艰巨，现阶段的主要任务是：

第一，转变经济增长方式，提高企业经济效益。转变增长方式是解决跨越式发展面临突出问题的前提，一定要遵循以人为本，全面、协调、可持续的科学发展观，把经济增长方式由粗放型转变为集约型，由数量的增加转变为质量的增长，由规模型转变为效益型。

第二，加快企业改革，建立适应社会主义市场经济的管理体制和经营机制。要建立真正意义上的现代企业制度，要敢于在用人、分配、创新等企业管理的敏感问题上动真格。决不能瞻前顾后，优柔寡断，丧失机遇，也不能穿新鞋，走老路，使改革流于形式。

第三，紧扣集团发展目标，从国际国内两个层面，积极稳健地推进产业结构的战略调整、优化。充分利用“中国水电建设第一品牌”，由国内向国际发展；充分利用国有特大型企业的无形资产和国务院赋予我们的投融资权利，抓住有利的市场机遇，搞好属主营业务升级性质的电源等低风险、高回报项目的投资及经营。这是实现跨越式发展，建设具有国际竞争力和较强抗风险能力的跨国公司战略举措。

集团公司实现产业结构调整、优化的主要措施，一是要寻找短平快投资项目，尽快取得收益；二是在国内国际两大平台，从产业高端寻找占领优质资源性项目；三是提高主营业务的盈利能力，不断创造集团的投资能力；四是控制风险，做好风险评估，努力建设、管理好项目，力争尽早获得投资效益回报；五是加强与银行高端合作，谋求资本金支持。

（二）稳步推进集团公司产业结构调整优化的重要意义

集团公司作为国有特大型建筑施工企业，有独特的发展过程和历史渊源，在发展思路、经营理念等方面与其他企业有许多不同。这次电力体制改革，国家在资产划拨、资本金注入、历史遗留问题解决等方面给予我们很大的支持，使我们有了调整和优化产业结构的条件和加快发展的基础。

尽管这样，这次电力体制改革后，我们依然是电力行业中经济实力最弱的企业，我们的工作艰难程度、生活待遇水平与其他电力企业相比差距是很大的。更令人担忧的是，经济实力的差距和人才竞争的结果，使我们高素质管理人员和专业技术人员不断地流失，如果这种不利局面持续下去，就有可能导致整个集团的衰微。我们只有具备真正强大的实力和可持续发展的美好前景，只有具有良好的经济效益，才能吸引人才，留住人才，才能良性互动地推进集团的持续发展。所以，我们实施跨越式发展战略，加快调整、优化产业结构，搞好投资工作，主要意义就是再造集团新的经济增长力和新的经济增长源，规避集团发展过程中可能带来的系统性市场风险，为集团的稳定持续发展创造经济增长的人才资源原动力，这就是集团公司积极、稳步推进产业结构调整及优化的重要的现实意义。

我们集团的系统性市场风险主要有两个：一个是产业太单一的市场波动风险，另一个是人才流失导致劳务型企业的可普遍替代风险。集团只有在具有自身优势的与主营业务相关的关键的领域创造持续经济增长力，开拓新的经济效益源泉，吸引和留住人才，才能规避系统性市场风险。

具体地说，我们调整、优化产业结构，投资取得收益用来干什么？其主要目的有四个：一是为成员企业的战略性体制重组、行业重组、专业重组创造改革成本；二是为解决历史遗留问题积累必需资金；三是按有所为有所不为的原则，大力支持成长性强的成员企业快速发展，统筹兼顾发展较慢的成员企业的正常生产经营；四是为战略投资人参股集团公司改制打造集团有吸引力的资源、资产平台，为集团公司产权多元化、构建现代公司制度创造条件，这也是集团公司的使命所在。

（三）对投资的外部环境和内部条件的分析认识

企业之所以选择直接投资，是想获得比银行利率更高的利润。但投资也意味着有风险。为了尽量规避风险，需要仔细分析研究企业具有的内部条件和面临的外部环境，做到理性投资。所谓理性投资就是指投资行为不但是建立在对项目进行充分可行性论证的基础上，而且要对投资项目所处外部环境有比较准确把握，对投资企业内部条件有比较清醒的认识。

从宏观上说，我国经济快速稳定发展是主要的有利的外部环境，经济体制改革滞后是不利的外部环境。从微观上说，投资的外部环境，还应该根据不同地域经济社会等因素进行认真分析。

集团公司内部条件的优势主要体现在：一是跨越式发展战略目标的第一步已经基本实现，建筑施工业在国内国际取得了比较好的成效，为投融资工作奠定了良好的基础。这是来之不易的机遇，我们应该很好地抓住这个机遇；二是电力体制改革过程中已经并且还将通过不同途径给集团公司部分资金补偿，为投资提供了重要的保证。内部条件的劣势是：在重点投资的电力行业，集团的竞争力并不强，没有电网公司所具有的垄断优势和发电公司的资本优势，也相对缺乏一些投资、管理和技术方面的人才。

（四）工程局产业结构调整、优化和投资

近年来，不少工程局为了实现产业结构调整、优化，在投资方面积极动脑子，想办法，做了大量富有成效的工作，这是值得充分肯定的。电力体制改革以后，各工程局作为集团公司的成员企业，也是集团公司的全资子公司，依法行使法人财产占有、使用和经营权，并向母公司承担资产保值增值责任。

按照集团公司“以产权关系为纽带，高度集权的战略管理和充分授权的经营管理相结合、宏观调控与自主经营相统一的母子公司管理”的战略管理模式，集团公司应该是投资中心和战略管理中心。作为全资子公司的各工程局和其他控股、参股子公司一样，应该是利润中心，主要是做好自身的业务为企业创造最大价值。

在集团化功能定位下，子公司不承担产业结构调整、优化的主要任务，战略性投资活动不是工程局的主要经营任务。考虑到各工程局投资活动的历史延续和电力体制改革以后的实际情况，我们仍然支持有条件有发展能力的工程局参与符合集团产业调整战略要求的投资活动。但要求各成员企业对以前的投资项目必须认真进行清理，切实加强管理；对新投资项目除了项目优越、具备项目需要的资本金和融资能力等基本投资条件外，还必须严格依法按照集团公司的审批授权和有关规定有序进行。

总之，集团公司系统的投资活动必须坚持“积极、稳健、专业、务实”的决策管理方针，稳步推动集团公司产业结构调整。

三、加强管理，努力提高投资项目效益

投资是一个选择好的投资项目，策划和管理整个投资活动，最终使投资获得应有回报的系统、复杂、漫长的经营、管理过程。加强对投资项目的管理，是指在有限的资源条件下，用最少的资金投入，在最短的时间内实现投资效益的最大化目标。加强对投资项目的管理，主要是加强对投资项目决策、规划、实施和评价四个内容和过程的管理。

（一）明确方向，科学论证，严格把好投资项目决策关

把好投资项目决策关，理性确定投资方向。根据企业各方面的特点和优势，我们确定了以水电及坑口煤电电源项目投资为重点，适时进入交通道路、房地产、水务、高新技术和资本市场等领域的投资方向。电源项目有市场销售风险小，生产设备更新改造周期长，产品不用更新换代，融资难度较小等特点，加之与我们主营业务关联度较大，我们相对比较熟悉这个行业，具有明显的技术、施工、运营、管理优势。所以，我们把目前投资的重点方向确定为电源项目。考虑到规避投资项目结构性风险和优化投资结构等问题，我们还应该在一定程度上多元化。要多元化就必须结合企业自身的情况，认真分析研究能发挥我们自身优势的领域和项目。

把好投资项目决策关，最重要的是科学论证。科学论证是指对专业机构做的项目建议书和可行性研究报告，组织专家认真进行负责任的评审决策，要做到“谁评审，谁决策，谁承担责任”。要变集体共同承担责任的集体评审决策为个人责任非常明确的集体评审决策。请大家注意，为规避重复建设导致的产品过剩风险，今后，凡不具有明显的同业竞争优势的投资项目，凡拟投资企业不具备应有投资能力的，集团公司将不予支持。集团公司已经制定了《投资项目评审办法》，下发后大家一定要认真贯彻落实。

（二）统筹安排，精心组织，认真做好投资项目规划

“凡事预则立，不预则废”。项目管理要获得成功，在投资项目决策后，必须根据可行性研究的要求，结合项目当事人和项目干系人等有关方面的情况，尽快做出项目实施规划，包括进度规划、费用规划、质量规划、组织规划、采购和询价规划，以及风险管理规划等，提出实现目标、解决问题的有效方案、方针、措施和手段。各投资项目一定要统筹安排，精心组织，科学规划。今后，集团公司投资部要对项目规划组织系统全面的认真审批，项目规划做不好的不得开展下一阶段工作。

（三）组建班子，落实责任，切实做好投资项目实施与控制

投资项目规划审批通过以后，项目就进入了实施与控制阶段。现在集团已经有不少项目进入了这个极其重要的阶段。

首先应该组建项目管理班子。项目管理对班子成员的要求是比较全面的，也是很严格的。项目管理人员不但要有一定的项目管理专业知识和实践经验，而且必须有一定的管理知识和良好的思想道德品质。就专业方面来讲，项目管理班子绝对不等于项目经营班子，二者差异是非常大的。项目管理需要项目管理师，项目经营需要经济师。现在很多项目管理人员没搞过项目管理，有些甚至也没搞过经营管理，专业知识和技能也很差，给项目管理带来很多麻烦。要解决这个问题，一是坚持建立真正意义上的现代企业制度，从主要管理人员到一般员工全部实行公开招聘或择优选聘；二是对现有人员进行强化培训，实行持“合格证”上岗；三是全面落实各级管理人员的责任制。国家实行“谁投资、谁决策、谁受益、谁承担风险”的投资体制，我们要实行“谁管理、谁控制、谁承担责任”的投资项目

管理体制。

其次，是项目实施与控制。主要是加强费用控制、质量控制、进度控制、风险控制等，要特别注意费用控制和正确处理费用、质量、进度三者之间的关系。费用控制主要体现在各种设备、材料和工程等项目的招标和采购方面。控制的有效办法，一是招标采购严格按照有关规定和程序真正做到公开、公正、公平。从招标评标机构的组织设置、专业管理人员确定，到招标公告发布、资格审查、标书编制，到发标开标、评标定标等，都必须有具体人员负责，都必须有纪检部门监督。要坚持在技术条件满足的前提下实行最低价中标原则；二是一定要根据项目初步设计收口意见确定项目执行概算，并以此为标准定期不定期地监督费用控制情况，如发现实际费用与计划费用有偏差，必须立即查出原因并予以纠正或调整；三是签订合同要严谨，按照《建设工程施工合同条例》签订合同，尽量采用一次包死的施工合同，设备合同要注意签好技术协议。费用、质量、进度三者之间是辩证的关系，三者经常会有矛盾的情况出现。一般情况下，在实施与控制阶段，应该依照设计标准确定费用、质量、进度问题，不能随意改变设计标准，特殊情况必须经过项目规划批准部门裁定。

（四）善始善终，审计考核，认真做好投资项目总结评价

凡事要善始善终，不能虎头蛇尾，投资项目管理亦当如此。项目管理的总结评价，一是要做好结尾阶段的有关工作，要进行项目的范围核实，即核查项目规划范围内的各项工作或活动是否已经完成，可交付成果包括质量是否令人满意。还要进行行政扫尾，即编造、收集和分发信息，正式宣布项目的完成。还要进行合同结尾，即了结合同，进行结算，包括解决所有未尽事宜；二是项目法人要按照国家有关规定，依法聘请专门的审计机构，对投资项目按照客观公正、合法性和财务基建收支审计同概预算审计相结合等原则，依靠有关方面的配合和支持进行认真审计；三是要对投资项目进行全面总结评价。主要评价项目规划是否全面落实，项目效益是否达到了预期目标。如果达到了预期目标，就要认真总结经验，对投资决策项目管理人员按规定进行表彰奖励；如果没有达到预期目标，就要认真分析原因，汲取教训，是投资决策原因，还是项目管理原因，必须对有关决策和项目管理人员进行惩处。这个阶段不能做结论的事项，要记录在案待后结论，项目管理必须实行终身负责制。

总之，投资业务是企业重大经济活动，将对企业的生存发展产生重大影响。投资也并不全是通向财富的一帆风顺、洒满阳光的大道，投资充满各种风险，投资者必须具备基本的投资能力。只有那些智慧、专业、稳健、务实，勇于开拓的投资者才有希望获得投资的成功。

今年是集团公司实现跨越式发展的重要一年，也是投资业务发展的关键时期。大家可借这次会议机会，集思广益，畅所欲言，为搞好集团公司的投资工作出谋划策。我们要抓住有利的发展机遇，在争取投资规模不断有序、受控、良性增大的同时，切实加强投资管理，保证投资质量，使投资项目早日投产，早见效益，稳步推动集团公司产业结构调整、优化，不断增强集团公司抗风险能力和可持续发展能力，为早日实现集团公司“三步走”的跨越式发展目标而努力奋斗！

全面实施“人才强企”战略
为集团公司深化改革　跨越发展提供人才保证

——在集团公司人才工作会议上的工作报告

（2005年6月23日）

刘　起　涛

同志们：

2003年12月，党中央、国务院召开了党和新中国成立以来的首次全国人才工作会议，印发了《中共中央、国务院关于进一步加强人才工作的决定》；2004年5月，国务院国资委召开了中央企业人才工作会议，印发了《国务院国资委关于加强和改进中

央企业人才工作的意见》。全国人才工作会议和中央企业人才工作会议分别从党和国家以及中央企业事业发展全局的战略高度，明确了新时期新阶段全国人才工作和中央企业人才工作的方针政策、总体要求和目标任务。

一年多来，集团公司及各成员企业积极贯彻两次会议精神，不断创新人才工作思路，有的工程局还专门召开了人才工作会议，制定了人才规划和有关实施办法，人才工作取得了突出成绩。但从集团公司总体发展战略高度出发，十分有必要召开集团公司人才工作会议，这对进一步贯彻落实全国人才工作会议和中央企业人才工作会议精神，推进集团公司转变经济增长方式和跨越式发展进程提供人才保证有着十分重要的意义。这次会议的主要任务是：进一步认真贯彻落实全国人才工作会议和中央企业人才工作会议精神，总结交流各工程局（厂）人才工作的经验和做法，讨论修改《集团公司人才战略规划》等文件，研究部署今后一个时期集团公司人才工作的目标和任务。努力开创集团公司人才工作的新局面，为集团公司实现跨越式发展提供人才保证。

一、2002年以来集团公司人事人才工作简要回顾

自2001年12月总公司人事劳动工作会议以来，各单位按照会议研究确定的人事劳动工作目标和任务，结合各自的实际情况，紧紧围绕工程建设和经济发展的中心任务，以邓小平理论和“三个代表”重要思想为指导，扎实工作，开拓创新，同心同德，共同奋斗，人事人才工作取得了明显成效。

（一）领导班子建设进一步加强

领导班子建设是干部人事工作的核心和关键，公司党组历来高度重视，始终把领导班子建设作为头等大事来抓。三年来，在公司党组统一部署和正确领导下，我们坚持以邓小平理论和“三个代表”重要思想为指导，认真贯彻落实全国组织工作会议精神和《党政领导干部选拔任用条例》，紧紧围绕公司改革、发展和稳定的大局，进一步加强了领导班子建设工作力度。

一是加大了领导班子调整力度，领导班子组织结构进一步优化。三年来，公司共对17个单位的领导班子进行了调整和充实，其中领导班子换届调整11个；局（厂）级领导干部调整76人；任免党政“一把手”11人；交流干部25名，共选拔任用了58名45岁以下优秀中青年领导干部。截止到目前，在集团公司管理的干部当中，45岁以下有77名，比例达到40%，年龄结构进一步优化。通过调整、补充和交流，一批熟悉现代企业管理知识、具有较强市场意识和开拓能力的人才走上经营管理领导岗位；一批具有较强创新开拓能力，较高学术造诣和专业技术水平的人才走上专业技术领导岗位；一批综合素质好，熟悉生产经营，具有丰富党务和群众工作经验的人才走上思想政治工作领导岗位，领导班子专业和能力结构得到了进一步优化。

二是加大了培训工作力度，领导班子思想政治素质不断提高。三年来，我们以“三个代表”重要思想为指导，始终把领导班子思想政治建设工作放在重要位置来抓，进一步加强了领导干部政治理论培训。2002年1月至2004年12月，集团公司共选送了32名局（厂）级领导干部及其后备人员参加了中央党校、国资委党校和原国电公司党校培训。通过培训，进一步提高了领导班子政治理论修养，提高了政治敏锐性和政治责任感，提高了贯彻执行党的路线、方针、政策的主动性和自觉性；进一步坚定了政治意识，始终在思想、政治和行动上同党中央保持一致；进一步牢固树立了正确的世界观、人生观、价值观，树立了科学的发展观和正确的政绩观；进一步坚定了搞好国有企业的信心和决心，坚定不移地推进企业改革与发展。

三是加强和改进了领导班子的思想作风建设，进一步增强了领导班子的团结和凝聚力。领导班子思想作风建设是领导班子建设的重要组成部分，集团公司党组始终高度重视。三年来，通过加强和改进领导班子思想作风建设，坚持按照“四好班子”，即“政治素质好、经营业绩好、团结协作好、作风形象好”的要求积极稳健地开展工作；坚持将政治坚定、品行端正、能力突出、廉洁自律和群众公认作为企业领导干部选拔任用的五项具体标准；积极改进领导班子民主生活会制度，三年来，集团公司党组每位成员每年至少参加一个单位的民主生活会，集团公司人力资源部、监察部、党群工作部负责人也分别陪同公司领导参加了有关单位的民主生活会。通过这一系列措施，进一步提高了思想认识，改进了工作作风，加强了民主监督，增进了班子团结，领导班子的创新能力和解决问题与矛盾的能力大大提升，凝聚力和战斗力明显增强。

（二）人力资源结构不断优化，总体素质不断提高

三年来，为解决企业冗员过多、负担过重等历史问题，各单位按照国家有关政策，加强与地方政府沟通，求得他们的理解与支持，并千方百计筹措所需资金，加大了主辅分离，辅业改制，分离企业

办社会职能，推动下岗职工向失业保险并轨等一系列工作力度，并取得了一定成效。三年来，全系统共压缩企业办社会人员近500人；与1576名下岗职工和富余职工依法解除了劳动关系。通过采取这些措施，使企业人力资源结构不断得到优化。截止到2004年年底，集团公司共有员工124312人，其中管理和专业技术人员比例达到31%，比2001年年底上升了2个百分点。在专业技术人员当中，工程技术、经营管理等主业人员比例由2001年底的71.5%上升到76.4 %，教育卫生、行政后勤等企业办社会人员比例由2001年底的28.5%下降到23.6%。企业由劳务密集型向管理技术密集型迈进了坚实一步。

在企业人力资源结构得到改善的同时，总体素质也不断提高。各单位一方面积极引进高校毕业生，一方面大力开展内部培训活动。结合企业当前及今后发展需要，以提高业务工作能力和思想政治素质为重点，采取“请进来”、“送出去”等多种方式，积极与有关高校和党校等教育机构合作，举办各种培训班。据不完全统计，三年来，全系统共有200多名专业技术人员参加了硕士研究班学习；500多人参加了项目经理培训；各种业务技能和政治理论培训近8万人次。通过采取这些措施，使企业人力资源总体素质得到不断提高。截止到2004年年底，集团公司大学本科以上学历人员达到了管理和专业技术人员总数的24.3%，比2001年年底的19.9 %上升了4.4个百分点，大学专科以上学历人员达到39.4%，比2001年年底的34.5%上升了4.9个百分点；拥有高中级职称的专业技术人员达到15750名，其中高级职称4861名，中级职称10889名；技师以上高技能人员达到3300名，其中高级技师250名，技师3050名。全系统享受国家政府特殊津贴和国家级有突出贡献的中青年科学技术管理专家达到85名。

（三）三项制度改革不断深入，初步形成了符合企业当前需要的人才工作机制

企业内部劳动、人事、分配三项制度改革是转换企业经营机制的重点内容，是建立现代企业制度的迫切要求。近年来，这方面的改革不断深入，取得了积极成效，基本形成了符合企业当前需要的人才工作机制。

不断完善“公开选聘、竞争上岗”制度，初步形成了干部能上能下的工作机制。“公开选聘、竞争上岗”是我们党和国家干部人事制度改革的一项重大举措。集团公司总部从1994年开始，已经进行了四次中层干部竞争上岗，管理人员双向选择。2004年，集团公司加大公开竞聘领导人员的工作力度，经国资委同意，采取竞聘的方式在集团公司范围内公开选拔了两名集团公司副总经理。各单位也纷纷打破传统封闭的选人用人模式，引入市场竞争机制。在全面实行聘任制和任期制的基础上，按照公开、平等、竞争、择优的原则，对符合条件的经营管理和专业技术职位推行公开选拔、竞争上岗制度。通过“技术比武”、公开选聘方式，选拔吸收高技能人才。通过这些举措，扩大了用人视野，激活了用人机制。一大批年富力强、德才兼备、群众公认的优秀年轻干部通过竞争走上领导岗位和关键性管理、专业技术岗位。初步形成了人才梯次结构，同时也增加了广大中青年管理及专业技术人才的荣誉感和对企业的归宿感，增加了企业的凝聚力。

不断完善人才引进办法，初步形成了人员能进能出的工作机制。经过多年改革，我国高校毕业生分配体制，已经由国家统一指令性分配转变为在国家统一政策指导下，由毕业生自主择业的方式。这一转变给水电施工企业引进高校毕业生工作带来了挑战。同时，由于国家扩大招生，毕业生总体数量增加，也为我们提供了机遇。总体分析，水电施工企业引进高校毕业生的形势是机遇大于挑战。各单位也及时抓住了这一历史机遇，根据企业当前和长远发展需要，研究制定毕业生引进计划。很多单位领导班子成员亲自出面，带领人事部门同志到有关高校举行专场招聘会，大力宣传我国水电开发的大好形势，倡导有志青年积极投身水电建设企业，并取得了良好成效。三年来，全系统共接收大中专毕业生9690名，其中2004年引进毕业生3749名，创下了总公司成立以来的历史新高。引进毕业生的学历和专业结构较前几年也都有较大改善，为集团公司事业发展注入了新的生机与活力。

在大力引进高校毕业生的同时，对于国际业务等特殊人才，一些单位开始尝试面向社会公开招聘，并采取特殊人才特殊薪酬政策，取得了较好效果。部分已经调离企业的人才开始“回流”。一些原来在电力生产、设计等单位工作的人才也开始转投水电施工企业。初步形成了人才能进能出的工作局面。

不断进行工资制度改革，完善人才激励和约束办法，初步形成了工资能升能降的工作机制。集团公司从1999年开始对各工程局（厂）实行资产经营、安全生产和党风廉政三项责任制管理，并逐步建立完善了三项责任制考核办法，形成了一套完整的考核体系。根据考核结果对各工程局（厂）党政一把手给予奖励，取得了明显成效。在此基础上，集团公司研究制定了《所属企业经营业绩考核暂行办法》，并全面推行了企业负责人年薪制。各单位也进一步加强分配制度改革，坚持物质奖励和精神激励

相结合的原则，针对各类人才的特点，建立健全与市场经济体制相适应、与工作业绩紧密联系、鼓励人才创新创造的分配制度和激励机制。对各级主要经营管理者，建立了以生产经营责任制考核为依据的薪酬制度，保证了国有资产的保值增值和企业持续健康发展。对高层次专业技术人才、突出贡献人才和紧缺人才，探索“特才特薪”的新型分配方式，采取特殊岗位津贴、科技成果奖、协议工资等多种激励措施。对项目经理等重要岗位的经营者，普遍推行了年薪制。对社会通用职业（工种）推行市场价位工资制等多种分配方式。同时，各级党委、工会、共青团组织积极开展各级各类先进人物评选活动，涌现出一批国家级、省部级劳动模范和“青年文明号”。2003年，首次评选了集团公司十大劳动模范。

在看到人事人才工作取得成绩的同时，我们也要清醒地认识到，由于历史原因和长期计划经济体制的影响，我们的人才队伍现状和人才工作还存在着许多问题，与企业发展面临的形势和挑战相比，仍然存在着许多不适应的地方。

一是人才观念需要进一步增强，对人才工作重要性的认识需要进一步提高。集团公司和各工程局（厂）始终高度重视人事人才工作，但是对在新形势下如何更好地开展人才工作需要进一研究，对人才工作与企业可持续发展的关系需要进一步理解，在行动措施上需要进一步加强。

二是人才队伍整体素质仍比较低。首先是文化素质低，截止到2004年年底，全系统具有研究生学历人员仅114人，具有大学本科以上学历人员不到职工总数的8%；其次是经营素质低，很多项目管理人员具有较强的施工技术和施工组织能力，但缺乏足够的经营管理意识和能力。

三是人才专业结构还不够合理，缺乏产业结构调整所必需的人才。我们的工程技术人员，绝大部分为水利水电专业，路桥、环保、市政、工民建等水利水电以外建筑人才严重不足，限制了水电以外基础建设领域市场的开拓；擅长金融和资本运作，善于资金融通和经济分析，具有战略投资能力的人才更是凤毛麟角，限制了集团公司提高投融资能力，进行电力建设项目投资战略的实施；既懂技术，又擅管理，既熟悉国际惯例，又有外语交流能力的复合型国际业务人才奇缺，限制了进一步国际化战略的实施。

四是人才流失现象仍比较严重。据统计，从1999到2005年的6年间，全系统共流失管理和专业技术人员4116人，其中大部分是具备多年工作经验的专业技术骨干或者工作了3～5年的大学毕业生。

五是人才工作机制需要进一步创新。近几年，我们大部分企业纷纷将人事劳动部门传统的名称改为人力资源部，但是管理内容和管理方式却没有根本转变，总体上仍然沿袭着传统的做法。很多企业尚未制定出与企业发展战略相适应的人才战略。

人力资源管理在现代企业管理中的作用和地位日益提高。人才工作的重要性和紧迫性愈加明显。我们既要不断总结和发扬好的经验和做法，又要正确分析和认识存在的不足，必须不断深入学习研究，不断开拓创新，努力开创人才工作的新局面。

二、认清形势，抓住机遇，进一步提高对加强和改进集团公司人才工作和全面实施“人才强企”战略重要性和紧迫性的认识

（一）加强和改进人才工作和全面实施“人才强企”战略是贯彻落实全国人才工作会议和中央企业人才工作会议精神的重要任务

全国人才工作会议是在党和国家事业加快发展的重要时刻召开的一次重要会议。中央专门召开人才工作会议，在我们党和新中国历史上是第一次；把人才问题作为关系党和国家事业发展的关键问题，把实施人才强国战略作为党和国家一项重大而紧迫的任务，在我们党和新中国历史上也是第一次。中央企业人才工作会议，是国务院国资委在我国国有大中型企业改革与发展进入攻坚破难的关键时刻召开的重要会议；是为了在中央企业全面贯彻落实全国人才工作会议和《中共中央、国务院关于进一步加强人才工作的决定》精神而召开的重要会议。作为国资委监督与管理的中央大型企业之一，我们必须认真学习领会和全面贯彻落实两次会议精神，充分认识“人才强国”和“人才强企”战略的重要性和紧迫性，自觉增强大局意识和忧患意识，以高度的政治责任感和历史使命感，把实施“人才强企”战略作为集团公司和各单位一项重大而紧迫的任务抓紧抓好。把学习和贯彻全国人才工作会议和中央企业人才工作会议精神作为一项长期而重要的任务抓紧抓好。

（二）加强和改进人才工作和全面实施“人才强企”战略，是集团公司转变增长方式、加快跨越式发展进程的根本保证

本世纪头10年将是我国水电建设企业发展的重要战略机遇期，可遇而不可求。抓住了这个机遇，企业就能在市场竞争中发展壮大。集团公司的改革与发展进入了一个非常关键的时期。2003年，集团公司通过对国内外经济形势和建筑业市场特别是水

电建设市场的认真分析，在充分调研和反复论证的基础上，制定了集团公司发展战略，提出了组织集团化、业务多元化、管理现代化、经营国际化，努力建设具有国际竞争力的大型企业集团的战略目标。并于2004年工作会议上提出了跨越式发展的基本思路，于2005年工作会议上提出要继续深化企业改革，切实转变增长方式，努力推进跨越式发展进程。这些思路和措施根本目的就是加快提高集团公司的核心竞争力和国际竞争力，做强做大。总体目标就是努力使集团公司成为国内同行业的排头兵和国际同行业的一流企业。

“政治路线确定之后，干部就是决定的因素。”事业兴盛，人才为本。集团公司确定的跨越式发展和建设成为国际一流建设企业的重大战略，能否得以顺利实现，关键在干部，在人才。集团公司和各单位必须大力全面实施“人才强企”战略，坚定不移地走“人才强企”之路，大力培养造就与企业发展战略相适应的高素质人才队伍，为集团公司跨越式发展提供人才保证和智力支持。

（三）加强和改进人才工作和全面实施“人才强企”战略，是集团公司在同行业赢得主动、取得优势、提高核心竞争力的必然选择

市场经济的本质就是“竞争”。当今世界，国家与国家之间的竞争归根结底是人才之间的竞争；而企业与企业之间的竞争，说到底也是人才之间的竞争。谁拥有了人才，谁就拥有了竞争优势，谁就能在激烈的市场竞争中掌握主动权。随着经济全球化步伐的加快和科学技术的日新月异，国与国之间、企业与企业之间的人才竞争更趋激烈。根据中国入世协定，从2005年1月1日至所承诺的行业全部开放为止，我国将进入“WTO后过渡期”，意味着目前我国主要产业的所有非关税保护措施将逐渐减少直到完全取消，中国企业将面临更加激烈的竞争。在我们走出国门，实施国际化经营战略的同时，众多国际建筑承包商和跨国集团也将大规模进军我国建筑市场。这些国际大企业纷纷加速实现人才本土化，千方百计吸引优秀人才，人才竞争日趋国际化。

近几年来，我们面对日趋激烈的人才竞争，加大工作力度，在人才引进、培养、选用和激励等方面作了大量工作，也取得了一定成效，但与国内外优秀建设企业相比，我们的人才观念，人才工作机制还存在着较大差距。人才总量、结构和素质也不能很好地适应跨越式发展，做强做大的需要。因此，我们必须研究制定和全面实施与跨越式发展战略相配套的“人才强企”战略，并把“人才强企”战略作为关键环节纳入企业发展战略。尽快建立科学的人才工作机制，培养造就一大批与企业改革与发展相适应的各类高素质人才，把集团公司的人力资源优势转化为人才优势，从而提高集团公司在国内外同行业中的核心竞争力和综合实力。

三、更新观念，开拓创新，狠抓落实，努力开创集团公司人才工作的新局面

国务院国资委于2004年7月颁发了《关于加强和改进中央企业人才工作的意见》，对中央企业人才队伍建设进行了总体部署和战略规划，是指导我们做好人才工作的纲领性文件。根据中央企业人才工作会议精神和《意见》要求，结合集团公司人才队伍现状和跨越式发展战略的需要，经过认真讨论研究，提出集团公司实施“人才强企”战略的指导思想和总体目标。

今后一个时期集团公司人才工作的指导思想是：以邓小平理论和“三个代表”重要思想为指导，全面贯彻落实党中央、国务院及国资委对人才工作的部署和要求，坚持党管人才原则，树立科学的人才观，面向企业、面向市场、面向世界，积极倡导尊重劳动、尊重知识、尊重人才、尊重创造，以人才能力建设为主题，紧紧抓住培养、吸引、用好人才三个环节，建立和健全各项人才工作机制，全面实施“人才强企”战略，为实现跨越式发展、建设具有国际竞争力的大型企业集团提供坚强的人才保证和智力支持。

集团公司实施“人才强企”战略的总体目标是：力争通过5年左右的努力，人力资源总量控制在8万名左右，管理和专业技术人员达到总量的40%以上；通过3年左右的努力，初步形成适应集团公司发展战略需要、层级结构分明、年龄结构合理、专业结构配套的企业家人才、专业技术人才、项目经理人才、国际业务人才和高技能人才队伍；基本建立起符合集团化运作和现代企业制度要求的人才培养、选用、评价和激励约束机制。为确保实现集团公司“人才强企”战略目标，按照上述人才工作指导思想，集团公司今后一个时期人才工作的主要任务和基本要求是：

（一）进一步更新观念，牢固树立科学的人才观

一是树立以人为本的观念。要始终着眼于促进各类人才的健康成长，着眼于调动各类人才的积极性、主动性和创造性，在人才培养、吸引、使用的三个关键环节，既充分遵循人才发展的一般规律，又充分尊重人才的特殊禀性和个性，放手让一切劳动、知识、技术、管理和资本的活力竞相迸发，让人力资源优势得到充分发挥。

二是树立人才工作先行的观念。人才工作必须先行一步。紧密结合企业深化改革、实现跨越发展对各方面人才的现实需求和长远需要，着眼于人才的动态发展，做到早规划、早安排，提高人才工作的预见性和提前性。

三是树立人才市场化、国际化的观念。当前，人才的市场化、国际化趋势日益加强，水电建设企业面临着跨国公司和民营企业人才竞争的双重压力。要建设成为国际国内同行业先进的大公司、大企业集团，就必须积极应对这种挑战，变挑战为机遇，集聚一批一流的人才。一方面，发挥市场机制在人才资源配置中的基础性作用，疏通人才流动渠道，创造条件吸引国内国际两种人才资源。另一方面，充分利用水电建设企业既有的人才优势和“走出去”的广阔空间，争取主动，大力培养国际化人才。

四是树立竞争择优的观念。全面引入竞争机制，在竞争中发现人才、使用人才和造就人才，通过竞争择优使企业发展需要的各类优秀人才脱颖而出。

五是树立人人都能成才的观念。我国水利水电建设大发展局面的形成和集团公司的持续快速发展，为各类优秀人才发挥聪明才智、实现个人理想抱负提供了广阔舞台。应当鼓励广大员工爱岗敬业，人人争做贡献，人人力争成才。在人才选用上，不唯学历，不唯职称，不唯资历，不拘一格选人才。

（二）加强领导，建立分工负责、协调高效的人才工作机制

加强对人才工作的领导。应当从企业跨越式发展的高度重视人才工作，继续实施“一把手”抓“第一资源”的人才工作领导体制，各单位党政主要领导要切实履行好第一责任人的职责，对本企业人才工作负总责。层层建立和完善人才工作领导责任制，做到责任到人，任务到人。在研究工作时，切实将人才工作放在优先位置，加以研究、规划和落实。在工作中，注意更好地统筹人才发展与企业发展、人才工作与其他工作，重点做好确定规划、制定政策、改善环境、整合力量、提供服务工作。加大在人才工作方面的投入，确保人才培养、人才引进等方面的经费开支。

建立分工负责、协调高效的工作机制。坚持党管人才原则，形成党委统一领导，组织部门和人力资源管理部门牵头抓总，有关部门各司其职、密切配合、齐抓共管的工作机制。发挥企业党、政、工、团等部门各自优势，将党员先进性教育、企业文化建设、职工素质工程和员工培训计划纳入人才资源建设的整体规划，形成实施“人才强企”战略的整体合力。

加大宣传工作力度。通过各种形式，大力宣传党中央、国务院确定的人才工作的方针政策，宣传国资委对中央企业人才工作的安排部署，使干部员工树立科学的人才观，增强实施“人才强企”战略的紧迫感和责任感。加大人才工作成功经验和做法的总结和宣传，充分发挥舆论导向作用。加强对人才工作先进典型和努力成才先进人物的宣传和表彰，形成人人努力学习、努力工作、努力成才的良好氛围，在社会上形成水电建设企业大有作为的良好效应。

（三）以实现跨越式发展为目标，进一步建立和完善人才发展战略

紧紧围绕集团公司跨越式发展的总体战略目标，全面分析企业当前人才的现状及面临的形势，根据各类人才成长的特点和企业发展的需要，调整完善人才建设标准，创新育人、选人、用人的机制、内容和方法，使人才培养总量目标、结构目标和机制目标有机统一，促进人才总量同集团化、国际化、现代化战略发展目标相适应，人才结构同产业结构调整、经营领域扩展相适应，人才培养机制同水电建设企业人才特点相适应。在调整中，注重掌握企业不断发展对人才提出的新要求，保证战略规划的全面性与前瞻性；注重从实际出发，保证规划的现实性和可行性；注重吸收和借鉴国内外先进企业的管理理论和方法，充分利用咨询公司、专家学者等外部知识、智力资源，发挥内部员工的积极性和创造性，保证战略规划的科学性和开放性。集团公司根据企业总体发展战略，初步起草了《集团公司人才发展战略》，现在提交到大会进行进一步讨论修改，成熟完备后正式印发到各工程局（厂），将作为集团公司今后一个时期人才工作的纲领性文件加以执行。各单位要根据集团公司整体人才战略，结合各自实际情况，研究制定各单位的人才战略，从而加快完善人才战略体系，使“人才强企”战略与企业总体战略、各成员企业人才战略与集团公司人才战略相辅相成、统一配套。同时，健全各级实施战略的组织机构、战略管理的支持系统，保证战略的顺利实施。

（四）以提高企业核心竞争力为目标，重点建设好五支人才队伍

培养造就一支优秀企业家队伍，以保证企业按照正确的方向持续快速健康发展。加强和改进领导班子建设，既要重视领导班子的考核选配，也要重视领导人员的培养、激励和监督。特别对企业党政“一把手”及其后备人员，要通过培养和锻炼，千方百计提高他们的战略开拓能力和现代化经营管理水

平，使他们成为有思路、会用人，能正确分析企业内外形势，带领企业走正确发展道路的战略家、企业家。

培养造就一支专业技术人才队伍，以加快企业科技进步，保持和提高企业核心竞争力，赢得持续竞争优势。科学技术是第一生产力，专业技术人才是第一生产力的载体和开拓者。应进一步实施和加强专业技术带头人计划，以提高创新能力和弘扬科学精神为核心，巩固水利水电专业人才，培养一批具有本行业国际先进水平的高级专家；开发路桥、环保、市政、工民建、金融、投资等方面专业人才，以保证公司多元化发展战略的实施。

培养造就一支项目经理队伍，以努力促进企业经济效益和盈利能力的提高。以提高经营管理能力为核心，进一步加强和改进项目经理培训，培养造就一支既熟悉质量、安全、进度管理，又擅长资金、成本、人力资源管理的职业项目经理队伍，以全面提高项目管理水平和企业经济效益。

培养造就一支国际业务人才队伍，以进一步做大做强国际业务，全面实施国际化战略。以国内人才为基础，以海外项目为依托，有计划、有目的地选送优秀年轻人才到国外实践锻炼，培养造就一支层次高、外向型、复合型的国际业务人才队伍。以提高国际竞争力，推进国际化战略，实现跨国经营目标的实现。

培养造就一支高素质技能人才队伍，以保证优质的工程质量。以全面提高实际操作技能为核心，进一步加强职业技能鉴定和高技能人才培养工作，培养造就一支能够熟练掌握和使用新技术、新材料、新工艺、新设备，爱岗敬业、技术精湛、一专多能的高技能人才队伍。

（五）以能力建设为核心，大力开展人才培养工作

人才培养是人才使用的基础，是提高人才能力和素质的主要措施，是实施“人才强企”战略的重要环节。要以培养人的学习能力、实践能力、创新能力为核心，进一步加大人才培养工作力度。各单位要根据企业发展战略和人才发展战略的总体要求，制定相应的人才培养规划。要认真贯彻党的十六大提出的“形成全民学习、终身学习的学习型社会，促进人的全面发展”的要求，积极构建员工学习培养体系，在全集团进一步树立全员学习、终身学习、主动学习的观念，积极建设“学习型企业”，培养“学习型员工”。鼓励员工通过多种形式和渠道参与学习，激发员工自觉参加学习和培训的积极性。

要根据各类人才的特点和成长规律，科学确定培训的内容和形式。对集团公司提出的五支人才队伍，要通过培训学习、实践锻炼等多种形式，提高他们的综合素质和能力。对不同类型人才实施不同的培养计划，增加培训的针对性和有效性。

以提高战略决策能力、防范风险能力和识人用人能力为核心开展企业家队伍培训。在继续选送局（厂）级领导干部及其后备人员参加党校学习的同时，依托有关高校，以经营战略、市场营销、财务管理、人力资源管理、经济法等知识为主，对现任领导干部特别是中青年领导干部进行轮训，并配合岗位交流、到国内外有关企业考察等方式，以提高他们的全面管理知识和综合管理能力。

以提高科技创新能力、自主研发能力和成果转化能力为核心开展专业技术人才培训。集团公司高层技术专家队伍已出现严重断层，必须着力加快培养一支以中青年专家为主的专业技术人才队伍。对专业技术人员进行知识更新、技术提高与专业深化和拓展，不能满足于一般的知识和技术培训，要站在世界水电施工技术前沿，加大培训的超前性。结合水电施工新技术推广、新工程建设以及技术攻关、外部技术的引进等多种方法，将当代水电施工技术发展的最新动向和重大发明、创造融入专业技术人员培训当中。

以提高项目管理能力为核心开展项目经理培训。要认真总结过去项目经理培训的经验和不足。进一步加强和改进项目经理培训，将项目经理培训过渡到注册建造师培训上来。要科学设置培训内容，在原有内容基础上，结合企业当前需要，增加相应财务管理、人力资源管理等内容，提高经营管理知识和能力，在抓好质量、安全、进度管理前提下，尽可能提高项目的经济效益。将水电施工企业项目经理作为企业负责人和经营者的后备人选予以培养。

以送到国外实际锻炼为主大力培养国际业务人才。各单位要在国内选拔优秀中青年专业技术人才，分期分批选送到国外项目实际锻炼，使他们成为既懂技术、又善管理；既熟悉国际惯例，又具有较强外语交流能力的复合型国际业务人才。

以提高职业素质和技术作业水平为核心开展高技能人才培训。要结合水电施工新技术、新材料和新产品的应用，重点在技能训练和培养上下功夫，利用师傅带徒弟、技师带弟子、技术比武、岗位练兵、短期应急、高级研修等多种多样的培训形式，不断提高技能人员的技术作业水平和岗位工作能力，提高将新的科技成果转化为实际生产力的能力。

（六）以公开、平等、竞争、择优为导向，积极创新人才选用机制

2003年7月，国资委在成立仅4个月之际，就

选择了中国联合通讯有限公司等6户中央企业的7个高级管理职位面向海内外公开招聘。2004年6月，国资委又进一步加大力度，增加了公开招聘的数量，选择了22户中央企业的23个高级经营管理职位面向海内外公开招聘，国资委公开选聘高级经营管理人才的举措，极大地推动了国有企业人才选拔任用工作的制度创新和机制创新。对深化国有资产管理体制改革，建立现代企业制度、推动国有企业改革发展都起到了积极推动作用。

集团公司将按照国资委的要求和做法，进一步加大人才选用工作力度，积极创新人才选用办法。全面贯彻公开、平等、竞争、择优原则，普遍引入竞争机制。对不同类型人才采取不同选用方法，对包括局（厂）级领导人员在内的企业经营管理人才，继续巩固和完善聘任制和任期制，在加强和改进组织考核选聘的基础上，积极探索内部竞争上岗和面向系统及社会公开招聘等多种方式；对专业技术人才，采取竞争上岗、公开招聘、专家推荐等方式；对高技能人才，采取职业技能鉴定、技术比武、公开招聘等方式进行选聘。为了加大公开选聘人才工作力度，集团公司研究制定了《公开选聘领导干部暂行办法》，从2005年起，按照国资委的要求和做法，选择部分符合条件的局（厂）级领导职位面向全系统、全行业、全国进行公开选聘。各单位也要加大公开选聘、竞争上岗工作力度，通过上下共同努力，通过组织选拔、竞争上岗、公开招聘、人才市场选聘等多种方式，积极探索党管人才和市场配置人才相结合的有效途径，千方百计选聘企业发展所需的各类人才，尽快在集团范围内全面建立起市场化的人才选用机制。

（七）以能力和业绩为导向，建立科学完善的人才评价考核体系

要想做到正确使用人才、吸引人才和开发人才，首先必须做到能科学地评价人才、鉴别人才，必须要建立以能力和业绩为导向的科学完善的人才评价体系，广泛引入和运用科学的人才评价方法和手段，从而做到对各类人才的准确评价，为人才的选拔和奖惩提供准确依据。

集团公司各级党委和组织人事部门要进一步解放思想，在人才考核评价当中，要彻底打破论资排辈、求全责备的观念，坚持任人唯贤，坚持看本质、看主流、看发展。在制定人才考核评价标准时，要按照德才兼备的原则，建立不同层次和不同岗位用人标准的工作机制。把品德、知识、能力和业绩作为衡量人才的主要标准，不唯学历、不唯职称、不唯资历、不唯身份，做到不拘一格选人选。要根据集团公司提出的五类人才的不同特点，确定不同的评价标准，实行分类考核。对企业领导人员，主要考核其政治责任意识、全局意识、决策水平、创新能力，考核三项责任制完成情况；对专业技术人才，主要考核其科技攻关能力、技术创新能力，注重业内认可；对项目经理人才，主要考核施工组织、经营管理等项目管理能力，考核项目经济指标完成情况；对国际业务人才，主要考核国际工程开拓管理能力、菲迪克合同知识和外语交流等能力；对高技能人才，主要考核其解决技术难题的能力，以及完成任务的数量、质量、成本。

（八）以鼓励劳动和创造为根本目的，建立和完善有效的激励、约束机制

要建立与工作业绩和实际贡献紧密联系的薪酬激励机制，确保人才创新积极性的充分发挥。坚持效率优先，兼顾公平，完善向有突出贡献人员倾斜的分配激励政策。把精神激励与物质激励有机结合，通过企业文化建设，引导员工树立正确的世界观、人生观、价值观，形成诚实守信、爱岗敬业、创业创新的良好氛围，充分调动员工的积极性。加强内部审计和纪律监察工作，推进和完善民主监督工作，将激励与约束有机结合，保证企业的持续健康发展。在薪酬管理方面，集团公司近期将着力抓好以下三件事。

一是进一步加强和改进工资总额的宏观调控办法，建立和完善科学有效的工效挂钩制度。按照国资委的统一部署，改变过去工资总额单纯与企业总产值挂钩和总量控制的做法，研究工资总额与企业产值、利税、利润等经济指标复合挂钩的管理模式，取消工资总量控制的做法，使企业工资总额与经济效益切实挂起钩来。逐步形成集团公司宏观指导，各单位自主分配的薪酬管理模式，充分落实企业工资分配自主权，以更好地提高企业和职工工作积极性。

二是建立以岗位绩效工资制为基本工资制度的工资分配体系，切实发挥工资分配的激励作用。改革调整现行岗位技能工资制，逐步建立以岗位绩效工资制为主的基本工资制度，科学设计和规范管理各级各类管理岗位、专业技术岗位以及技术工人岗位，根据不同岗位性质科学设置岗位工资与绩效工资比例，绩效工资严格与企业经济效益和员工个人考核结果挂钩，彻底打破工资分配的平均主义和大锅饭。以市场价位为导向，适当合理拉开不同岗位之间的收入分配差距，提高关键岗位和紧缺人才的工资水平，对社会通用岗位人员要全面实行劳动力市场价位工资制，切实发挥工资分配的激励和导向作用。

三是全面推行和不断完善企业负责人年薪制度，进一步树立科学发展观和正确的业绩观。以经营业绩考核为核心，基薪与绩效考核薪金相结合，企业经营规模、经营管理业绩、经营风险因素等相结合，对企业负责人进行客观公正的评价，做到责、权、利相统一，以充分发挥企业负责人的积极性和创造性，从而全面实现国有资产保值增值，促进企业经济效益的提高。《集团公司所属企业负责人年薪制暂行办法》经过集团公司2005年工作会议讨论，已经正式下发，人力资源部根据《办法》核定了各成员企业负责人2005年的基薪。集团公司将组织有关部门对各单位年薪制执行情况进行抽查，并不断总结实施过程中的经验和存在的问题，充分听取各单位的意见，不断完善提高，切实发挥年薪制的激励和约束作用。

（九）加强人力资源部门自身建设，尽快实现由传统人事管理向现代人力资源管理的转变

国务院发展研究中心最新研究表明，中国企业在“人的管理”方面总体上还处在由传统人事管理向现代人力资源管理的转型时期。哪些企业早一点完成这一转变，哪些企业就将在人才竞争中占得先机，进而在市场竞争中赢得优势。

人才战略是企业发展战略的重要组成部分，人力资源部门也必须成为企业的战略支持部门。人力资源管理人员要从事务性工作中解脱出来，要由办事人员成为人力资源专家，由依靠经验转变为依靠技术和制度，不但要掌握人力资源本身的业务和技术，还应具备一定的经营管理知识，及时了解企业发展状况，参与企业发展战略的制定和实施。

各单位要加大对人力资源部门工作的支持力度，积极选送人力资源管理人员参加现代人力资源管理知识以及相关经营管理、战略管理等知识培训，以改善其知识结构，提高其综合素质和全面管理能力，在全集团形成一支高素质的人力资源和人才工作队伍。

社会进步造就人才，水电事业兴盛召唤人才，水电建设企业发展需要人才。我们坚信，在党中央、国务院关于人才工作方针、政策的正确指引下，在国务院国资委对中央企业人才工作的统一部署下，只要我们坚持解放思想，实事求是，与时俱进，开拓创新，我们的人才工作必将得到进一步加强和改进，“人才强企”战略必将得到全面实现，集团公司必将实现跨越式发展。

顺应时代潮流　顺应国际经济技术合作的需要 积极推动中国水电建设企业走向国际建筑市场

——在全国对外经济合作会议上的发言

（2005年10月31日）

刘　起　涛

尊敬的大会主席、各位代表：

大家好！下面，我按照会议的安排做一个汇报发言，我发言的题目是：顺应时代潮流，顺应国际经济技术合作的需要，积极推动中国水电建设企业走向国际建筑市场。

一、中国水利水电建设集团公司的基本情况

中国水利水电建设集团公司（以下简称集团公司）是跨国经营的综合性大型企业集团。资产总额258亿元，净资产40亿元；员工近13万人；1993年被原外经贸部批准获得对外承包工程及劳务合作经营权；具有国家施工总承包一级企业资质、AAA级信用等级；是中国规模最大、最具实力的水利水电建设企业，在全球最大225家国际承包商排名中进入百强行列。

作为综合性的企业集团，集团公司已经形成跨国经营、多元发展的产业格局，业务范围包括水利水电及相关工程建设、机电设备制造和电力投资开发、进出口贸易业务等。在工程建设方面，集团公司主要从事国内外水利水电建设工程的总承包和相关配套服务；电力、公路、铁路、港口与航道、机场和房屋建设、市政公用、城市轨道、机电安装等工程的设计、施工、咨询和监理业务。集团公司具备年完成土石方开挖15000万立方米、混凝土浇筑

1500万立方米、发电机组安装800万千瓦、钢结构制作安装10万吨的综合施工能力。

二、集团公司为中国成为世界水电建设大国作出了突出贡献

中国水电建设走过了不平凡的发展历程，取得了辉煌业绩。以装机容量和建坝数量来说，到2004年，中国水电总装机容量突破了1亿千瓦，建成各种类型的大坝25800多座，建坝数约占全世界已建大坝总数的51%，已建和在建的百米以上的大坝就达108座。目前，在建水电站总装机规模约为4000多万千瓦。

在中国水电建设事业中，集团公司先后承建了中国70%左右的大中型水电站和水利枢纽工程，先后建成国内大中型水电站近百座，其中100万千瓦以上的水电站15座，装机总规模6000余万千瓦，为中国常规水电站装机容量、在建规模位居世界第一作出了突出的贡献。目前，集团公司在国内的在建工程包括三峡、龙滩、小湾等特大型、大中型水利水电工程达50余项，形成了强大的综合施工能力。

伴随着中国水电事业的迅猛发展，自上个世纪90年代末以来，集团公司步入持续快速发展阶段，经营规模大幅增长，国际经营连续取得突破，经济增长方式不断转变，产业结构明显优化，管理体制发生重大变化，企业综合实力、国际竞争力和抗御风险能力显著增强，已经成为跨国经营的大型企业集团，在国际国内市场上牢固树立了“中国水电建设第一品牌”的形象。

根据经济全球化和中国加入WTO的新形势，集团公司积极贯彻和实施中央提出的“走出去”战略，面向全世界，谋求最广泛的合作和更大的发展，国际经营规模持续扩大，经营层次逐年提高，地域市场不断拓展，品牌形象稳步上升，取得了良好的经济效益和社会效益，赢得了国内外各界的广泛关注和认可。

自1999年以来，集团公司共中标86个国外项目，签约额近50亿美元，累计完成营业额近13亿美元。目前，在建项目分布在亚洲、非洲、南美洲的27个国家。集团公司自1999年连续六年进入全球最大225家国际承包商行列，2003年和2004年均为第81名。在2004年商务部发布的中国最大外经企业排名中，集团公司以对外签约额和营业额分别列第5名和第8名。目前，集团公司已成为全国政协所属“中国拉美经济技术合作小组”成员单位、中国对外承包工程商会常务理事单位暨水电分会会长单位、中国机电产品进出口商会电工产品分会副会长单位；获得国家商务部、中国对外贸易经济合作企业协会、中国外贸企业信用体系专家评审委员会联合授予的“中国外贸企业信用体系制定示范单位”称号；获得中国对外承包工程商会授予的“2000～2002对外承包工程优秀奖”。

在长期的工程建设实践和国际国内市场竞争中，集团公司积累了雄厚的实力，显示出明显的比较优势。

第一、具有辉煌的业绩和丰富的经验。集团公司在国际国内已建和在建上百项大中型水利水电枢纽工程，其中多项工程，其规模和技术在中国乃至世界水利水电建设史上具有举足轻重的影响，这是同行业其他企业不可比拟的。

第二、具有世界领先的技术水平。在长期的水电建设过程中，集团公司掌握和创造了各类坝型的成套建造技术和在复杂条件下建造水坝的技术、超大型成套水轮发电机组和机电设备的安装调试技术、大型金属结构的制作安装技术、高坝地基处理和对复杂地质进行基础处理的技术、大江大河上的施工导流的最新技术、复杂的地下结构施工技术、各种爆破技术等，集团公司在水电工程建设方面的整体技术实力处于世界同行业领先水平，创造了多项中国乃至世界之最。

第三、具有丰富的人力资源和相对低廉的人工成本。集团公司拥有数万名不同层次的管理、经营、技术人才，建立了自己的专家队伍。在开拓国际市场过程中，已培养出一支层次完备、外向型、复合型的国际人才队伍，在国际经营中发挥着重要作用。同时，从相当长一段时期看，集团公司在人工成本方面与国际承包商相比具有较强的竞争优势。

三、集团公司国际化经营快速发展的主要特点

1. 经营层次进一步提高

几年前，集团公司的国际工程业务主要集中在竞争性投标上。近两年，根据国际工程承包市场的发展趋势，我们积极推动产业升级，充分利用集团资源，向国际工程承包领域的高端和下游开拓，使海外经营从成本竞争战略向差别竞争战略转移，从而实现国际化在核心业务上的跨越式发展。

2004年以来运作的EPC工程总承包项目，出口信贷融资项目和BOT等项目达21个，其中几个重点项目已经进入实质性运作阶段。标价2.8亿美元的柬埔寨甘在水电站项目，集团公司自2004年5月通过资格预审以来，就积极组织了项目现场考察，认真分析研究了项目资料，从融资、保险、法律、设计、施工和运行管理等各个方面精心准备了投标文件。今年1月17日开标后，柬埔寨评标委员会评定水电建设集团公司的技术方案和商务方案最优，都列为第一标。柬方认为我公司的技术方案对原可行性研

究方案进行了非常深入细致的分析研究，提出了许多切实可行的设计施工优化和替代方案，而且，其商务方案的报价结构合理，融资方案切实可行。今年7月，在温家宝总理和洪森首相的见证下，在昆明签署了该项目的备忘录。该项目特许经营期44年，其中施工期4年，商业运行期40年。这是我公司第一个海外投资开发的大型水电站项目。

2004年，集团公司与老挝政府签订装机容量10万千瓦的南俄5水电站项目BOT开发备忘录，今年5月，又签订了南欧8水电站项目的开发备忘录。南欧8水电站项目是老挝大型的水电建设项目，总装机容量60万千瓦，年发电量近35亿千瓦时，直接投资约10亿美元。根据备忘录，集团公司将以BOT的方式进行项目开发，特许经营期为25年。这是公司与老挝政府的又一次重要经济合作。

在培育市场、开发市场和进入融投资领域方面，目前，融资开发印尼佳迪格蒂水电站项目、尼泊尔西塞提水电站、赞比亚卡里巴北岸水电站扩机项目、尼日利亚水电站项目，与鲁能集团及马来西亚沙捞越州日光公司联合开发电解铝项目等均有较大的进展。

2. 围绕国际经营工作，高层次商务运作活动日益频繁，并显现突出的工作成果

国际经营工作中，尤其是大型、特大型项目和融投资项目，往往都是项目所在国的重点工程、国家级工程，涉及到国计民生，涉及到国家的经济安全，因此，政府管理部门和国家领导人均高度重视。通过实践我们体会到，就要获取一个甚至几个这样的项目，就要把工作做到相当高的层次。近几年来我们高度重视这个问题，今年的力度更大一些。通过这些会见及适当的联谊活动，使相关国家高层进一步了解了我公司的综合实力和突出业绩，增进了友谊，建立了联系，直接或间接推动了项目的运作，效果极为明显。这对寻求我国政府对公司的支持也大有益处。

3. 市场范围进一步延伸和扩大，发展了新的国别市场

阿曼马斯喀特污水项目，是我们进入海湾国家的第一个项目，合同额为1.5亿美元，这为我们进入阿联酋、沙特阿拉伯、卡塔尔等国家奠定了基础。另外，我们在也门、阿曼、莫桑比克、阿富汗、安哥拉和蒙古这些新的国别市场，均已有了实质性突破。阿尔及利亚和安哥拉已迅速成为以项目群为依托的新的重要的国别市场。

4. 产业结构多元化更为明显

集团公司在坚持以水电建设为主业的同时，积极向非水电项目领域发展，仅2004年，在所签约的项目中，市政和公路项目占52%，水电站项目占26%，工民建项目占15%，水利工程占7%。集团公司以核心技术为支撑的竞争力正在向相邻相关专业发展，正在国际市场上呈扇面型扩散。在市场培育的过程中，我们不但涉足水电建设等核心专业领域，而且，积极探讨其他领域的合作，包括马来西亚的矿电合作、尼日利亚的石油与电力合作（互换）等。

5. 国外项目履约情况基本良好

目前，集团公司在建合同余额近40亿美元，从总体看，这些项目运行良好。我们在对所有在建项目综合管理的同时，对重大项目、问题项目和风险项目实行重点管理，对这些项目实施强制管理和提供全方位合同管理支持和技术专家支持。

四、集团公司在国际经营工作中积累了宝贵经验

集团公司的外经业务从零起步，在短短几年时间异军突起，并成为水电建设行业外经龙头企业和全国外经行业领军企业之一，成为全球国际工程承包商百强之一。总结起来主要有如下经验。

1. 明确的指导思想是国际经营工作的原动力

集团公司党组确立的集团国际化战略是集团外经业务的原动力和动力的源泉。集团公司党组审时度势，积极应对经济全球化和入世的新局面，积极响应中央“走出去”号召，确立了集团的国际化战略。这一战略为集团的外经业务提供了政治保障，是集团外经业务的原动力和动力的源泉。

2. 集团模式的国际经营是集团外经业务做大的保证

在集团公司正式成立之前，总公司与各成员公司从单纯行政隶属关系改革为以资产为纽带母子关系，实质上是现代企业组织形式上的企业集团。各成员基本上是在相同产业的同一产业链环节上运营。根据发展国际业务的需要，为使集团总部发挥龙头作用，带动各成员企业开拓国际业务，逐步规范集团外经业务的运作，我们提出集团化外经业务模式的要求，其目的就是要形成“航母式”的集团外经业务平台，使每个成员在开展外经业务时通过这个平台享受整个集团外经资源，各个成员在从事一项具体的外经业务时可以将自身资源和集团公司外经资源有机结合在一起，在自身运作时，受到“航母”的保护和整个“航母”的资源支持，从而交易成本最小化，形成经营上的集团效应。

3. 整合企业内部资源，建立现代企业机制

为了进一步适应扩大开放的要求，集团公司努力打造适应国际化发展的工作机构。顺应时代潮流，

顺应国际经济合作的需要，正式发起并组建了中国水电建设集团国际工程有限公司。

组建国际公司的宗旨是，通过体制和机制的转化，在国际经营领域中，建立现代企业制度，实现企业与国际的快速接轨，用现代企业的理念、制度和方法带动整个集团公司国际化的快速发展。

国际公司在国家工商行政管理总局注册登记，是建立现代企业制度和法人治理结构，具有法人地位的有限责任公司。总的注册资本金8.3亿元。

国际公司成立10个月以来，内抓管理，外抓经营，取得了优异的工作成果，共签约国外合同13.7亿美元，为去年全年的151%。

4.发挥技术优势，突出主业，增强核心竞争力

技术创新是推动世界经济发展的一个重要元素，是构成企业核心竞争力的主要条件。我们承建的国外大型项目均有很高的技术含量。泰国科隆泰丹项目，就碾压混凝土方量来讲，签约时是世界上首屈一指的巨型碾压混凝土坝；伊朗塔里甘水坝项目是综合水利枢纽工程，主坝是109米黏土心墙砂砾堆石坝；泰可泽水电站项目，是坝高185米的双曲拱坝，为埃塞俄比亚在建最大的基础设施建设项目，是东部非洲在建最高的大坝；巴贡水电站是马来西亚目前最大的水电工程项目，主坝为205米高的面板堆石坝；麦洛维项目是在世界第一长河——尼罗河上建起9200米的长坝。上述几个项目，在国际筑坝和水电建设界名声很大。这几个世界级的高坝或大型水电站由同一家公司来承担施工，在世界范围来说，也是一个奇迹。我们之所以能够做到这一点，靠的是长期从事水电建设所形成的核心技术和管理经验。将技术优势有效地转变为竞争优势是提高国际竞争力的关键。这些项目的取得和顺利实施，得益于集团公司充分发挥比较优势，将雄厚的技术实力转化为国际竞争力，转化为现实的生产力。

5.用科学的态度规避风险

在国际经营工作中，面对经营规模快速发展的态势，我们坚持按照市场经济规律办事，坚持审慎确定商务报价，不刻意追求低价中标。确定标价时，集中各方面专家发表意见，充分考虑各种成本因素，反复研究，充分论证，以确保商务报价的合理性和准确性，努力把规避经济风险的工作做在前头。这样做，就从源头上保证了企业应得的经济效益。

在规避风险问题上，集团公司已初步建立起科学的组织保障体系。组建了自己的合同与风险管理部，聘用了高级律师，还聘用了著名的国内外专家，组成专家委员会，对重大合同项目进行风险评估和技术论证，效果良好。

加强成本控制，努力实现效益最大化，是规避经济风险的重要方面。

在国际经营工作中，我们按照国家相关政策法规，结合公司的实际情况，制定国际工程财务会计制度，加强对国际工程财务管理和规范国际工程会计核算工作。通过合理经营，采用最优的财务政策，在考虑货币时间和风险报酬的情况下，追求效益最大化，不断提高公司的创利水平，扩大积累。我们还注意指导、监督、检查集团公司签约的国际工程项目、公司驻外机构财务管理与会计核算工作，组织国际工程财务预算、财务计划、财务控制、财务监督、财务分析、财务核算等工作。目前，国外项目经济效益普遍良好。

6.诚信守约、树立良好的品牌信誉是国际经营取得成功的重要保证

多年来，集团公司坚持诚信守约的经营方针，先后在亚洲、非洲、南美等几十个国家承建了水电站、灌渠、场地吹填、机场及船闸工程，受到各方的好评和赞誉。

乌兹别克斯坦塔什干国际机场修复工程项目，是集团公司在该国承接的第一个工程项目，也是中国建筑公司在独联体国家中标的最大的工程项目。在施工过程中，公司组织了多次工艺试验，成功地克服了黑色道面的试验与施工工艺、高寒干燥地区高标号混凝土施工工艺、机场导航灯光及控制系统的安装工艺、混凝土道面的大面积修复工艺等重大技术难题，按照合同工期，高质量地完成了工程项目。新建停机坪道面工程受到乌兹别克斯坦航空管理局和监理工程师的高度评价，他们认为，“这个停机坪是独联体最好的”，“这个项目是欧洲银行贷款的为数不多的成功项目”。中国驻乌兹别克斯坦大使称赞说：“这个项目的成功实施，标志着集团公司是中国在乌兹别克斯坦公司的‘大哥大’，为中乌经贸做出了重要的贡献”。

孟加拉迈格哈特电厂场地准备工程是一个包括设计和施工在内的交钥匙工程。经过300个日日夜夜的奋力拼搏，这个项目在孟加拉一炮打响，该国政府和人民都认为“中国人了不起”。同在该国的达卡城市供水工程，集团公司的施工人员在极其恶劣的条件下，克服了很多意想不到的困难，争分夺秒，比合同规定提前了半年工期，被当地媒体称之为“像暴风雨一样的速度”。孟加拉帕克西桥河道整治工程，从2000年9月起，在3年零9个月的时间里，项目部全体同志克服了恒河频繁发洪水、材料设备供应困难、地质条件恶劣等困难，于去年5月正式交验，该国政府举行了隆重的通车仪式。

7. 坚持“共赢”理念、开展国际间的广泛合作是国际经营取得成功的有效途径

世界是一体的，组成人类社会和推动人类社会向前发展的各要素之间是相互依存、共生共荣的关系，而且这种关系将随着社会的进步越来越紧密，越来越广泛和深化。勿庸置疑，市场间存在竞争，但竞争不是对立，也不是孤立。竞争与合作、自我发展与共同发展是并存的。任何一个有着理性思维、远大追求的企业，必然会以开放的姿态、广阔的视野、共赢共进的胸怀面对现在和未来。正是秉承这一理念，集团公司在进行国际竞争的同时，积极寻求与国际投资商、承包商、设计公司、监理公司、咨询公司、金融机构等相关组织、机构和各方人士的合作。事实证明，合作是愉快的，各方都得到了发展。

8. 坚持“以人为本”的基本方针，夯实人力资源基础

人本化管理是国际业务发展的基石。在集团公司党组的关怀下，海外事业部/国际公司的组织建设、制度建设得到了进一步的加强。我们做到“六个坚持”，即坚持以人为中心，突出人的发展，突出人的创造力，使员工的发展和奋斗目标与企业的经营发展目标一致起来；坚持充分信任、严格要求、大胆使用、热情帮助的原则；坚持人文关怀和道德情感交流；坚持采用多种形式，做好人力资源的开发和管理；坚持把海外事业部（国际公司）建成一个学习型组织；坚持在致力于人才培养的同时，注意提高企业自身的吸引力，培养员工对企业的忠诚。从而，把这支团队逐步发展成一个“四化”的团体，其中，中共党员占员工总数的60%；研究生及双学士学位人员约占40%；具有高中级专业技术职称人员约占60%；员工的平均年龄34岁。经过几年的培养锻炼，目前，这支队伍已经承载起集团公司国际经营业务的重任。与其他同类公司相比较，我们这支队伍具有较强的国际化经营能力和国际化程度。

紧紧抓住本世纪头20年重要战略机遇期，深度开发国际水电建设市场，是摆在我们面前的历史重任。我们将以科学发展观为指导，继续实施“走出去”战略，通过国际化进程，打造国际名牌，塑造国际形象，培育国际信誉，提升国际地位，为建设具有国际竞争力的跨国集团而不懈努力。

在集团公司2005年市场经营管理暨审计工作会议的总结讲话

（2005年4月26日）

袁　柏　松

同志们：

在大家的共同努力下，中国水利水电建设集团公司2005年市场经营管理暨审计工作会议今天就要闭幕了。现在，我作一个会议总结。

一、会议特点和基本情况

这次会议是集团公司成立以来召开的第一次经营管理工作会议，也是第一次套开审计工作会。这次会议是集团公司为继续推进跨越式发展战略，贯彻和落实年初工作会议的精神和部署，强化集团市场经营战略，大力提高科学化、规范化、精细化经营管理水平，着力转变经营管理方式和经济增长方式，提高经营质量效益而召开的一次重要专业会议。这次会议参会人员多，规模大，各工程局（厂）分管市场开发、经营管理、审计工作的局领导和部门负责人都参加了会议，有的工程局来了三位局领导，集团公司总部主要管理部门负责人也参加了会议。集团公司对这次会议高度重视，在会议筹备过程中，郭总、范副总多次听取会议筹备工作的汇报，提出了明确要求。各工程局也对这次会议给予了支持和配合，特别是水电七局为这次会议的召开作了精心准备和安排，提供了周到的会务服务。

会上，集团公司党组成员、副总经理范集湘作了题为《牢固树立科学发展观，大力推进经营管理转型，提高经营质量，强化审计监督，促进集团跨越式发展》的重要讲话，总结了集团公司2004年的经营和审计工作，提出了大力推进经营管理转型、切实转变经济增长方式的任务和要求，明确了当前的主要工作任务和工作重点。集团公司市场经营部和审计部的负责同志，根据工作会议精神和范副总经理的讲话要求，分别就市场经营管理、审计工作提出了具体工作要求及工作措施，是对范副总讲话

提出的工作任务和工作要求的延伸和细化。七局、十四局、四局、十二局四个成员企业分别作了经营管理、项目管理、审计工作经验交流发言。会议期间，大家认真审议了《中国水利水电建设集团公司联营体运营管理暂行规定》，认真听取了项目商务管理、审计专题讲座，围绕会议主题分组进行了深入讨论。这次会议主题突出、组织严谨、求真务实，达到了提高认识、统一思想、转变观念、开拓思路、明确任务、提出要求、指导工作的目的。在大家的共同努力下，会议圆满成功。

二、会议主要收获

（一）提高了认识，统一了思想，转变了观念

与会同志认为，这次会议充分体现了求真务实、改革创新精神，对推进集团切实转变经营管理观念和经济增长方式、提高经营质量效益、增强可持续发展能力，具有重要的指导作用。大家表示，通过这次会议，对集团公司市场经营管理工作和审计工作面临的新形势有了更清醒的认识，对加强市场经营管理和审计工作的理解更加深化，进一步明确了集团公司加强市场经营战略管理的重要性和必要性、进一步明确了转变经营管理方式的重要性和必要性，进一步明确了工作任务和要求，提高了认识，统一了思想，转变了观念，增强了集团意识和发挥集团整体优势的重要性、迫切性和自觉性。明确了集团化发展道路是维护出资人的意志，集团公司市场统筹协调要研究的主要问题是战略相对均衡问题，要统筹兼顾的是局部利益调整问题。决心一定要把经营管理思想和行动统一到这次会议的精神上来，严格服从集团公司统筹协调，维护集团公司整体利益。要将转变经济增长方式、提高经营质量效益作为经营活动的出发点和落脚点，求真务实，身体力行，支持配合集团公司的市场经营统筹协调，大力推进经营管理转型和经济增长方式的转变，推进本企业与集团公司协同持续发展，保证集团跨越式发展战略目标的实现。

（二）明确了工作任务要求，增强了推进管理转型、提高经营效益质量的紧迫感和责任感

通过这次会议，大家对集团公司市场经营管理和审计工作的问题以及推进管理转型、提高经营效益质量的客观要求有了深刻的认识，工作任务也更加明确了，普遍感到压力增大了，紧迫感、责任感和自信心也增强了。大家表示，现在集团公司战略管理已经很清晰，工作任务和要求都已经明确，一定以高度的责任感和紧迫感，按照集团公司的经营发展战略和工作部署，紧紧抓住机遇，以新的观念、新的思路、新的办法、新的举措，大力推进经营管理转型，推进经济增长方式转变，提高经营质量效益，创造良好的经营业绩。

（三）交流了工作经验，达到了相互学习、相互启发、相互借鉴、相互促进、相互激励、共同提高的目的

会上，与会人员通过经验介绍、分组讨论及会下探讨的形式，交流了体会和经验，达到了相互学习、相互启发、相互借鉴、相互促进、相互激励、共同提高的目的。水电七局的特点是领导班子的思路清晰，注重管理机制创新和制度创新，形成了激励和处罚两轮驱动的有效机制，形成了系统的管理制度体系，编成了《水电七局管理模块》，并通过这次会议提供给集团公司所有成员企业参阅借鉴。在管理实践过程中，注重抓制度的执行和落实，不断推动管理重心下移，抓规范化、精细化管理；水电四局直岗拉卡项目部注重全过程、全方位成本控制，实行了严格的责任追究制度，严格内部结算单价和工程量审核制度，创造了较好的效益；水电十二局桐柏电站项目部注重风险控制，从签订合同的风险防范，施工过程中的经营风险分散、转移，竣工结算的经营风险规避几个环节着手，有效强化了项目的风险控制，并注重分包招标实行量价分离的措施，建立了互相制衡的机制，对大宗材料采购采取了公开招标并予公示的办法，有效控制了费用支出，实现了项目经营管理水平的不断提升；小湾141联营体在联营体管理理念、管理体制、管理方法上进行了有效的探索实践；水电七局和十四局在审计工作上也各有好的作法。大家感到通过经验交流，启发很大，收获很大，表示要取长补短，相互学习兄弟单位的闪光点，结合本局的实际情况，不断创新，不断探索、实践新的方法和措施，开创新局面，促进经营质量效益不断提升，推进跨越式发展。这次会议虽然时间紧张，但仍聘请了中国内部审计协会张玉副秘书长和武汉大学水电学院周瑾如两位专家作审计和商务管理专题讲座，将审计工作的新思维和经营管理新理念介绍给大家，为集团公司各成员企业制定、完善经营管理制度，提升经营管理水平拓宽了思路。

在讨论交流中，不少同志为集团公司的跨越式发展出谋献策，各抒己见，提出了一些意见和建议。归纳起来主要有以下几点：

一是关于市场统筹协调的问题。通过这次会议，大家进一步认识到，只有强化集团统一市场战略管理，才能从长远和根本上维护各成员企业的市场地位和合法权益，才能将集团公司中国第一水电品牌优势体现为现实的市场优势和效益优势，大家表示

坚定不移支持集团公司实施统一的市场经营战略，支持集团公司的统筹协调，严格市场自律，维护集团整体利益。同时，一些同志从本企业角度出发，担心集团公司在处理集团整体利益和企业局部利益的矛盾时，不考虑企业的局部实际利益，这种担心是不必要的。集团公司作为集团出资人代表和市场统筹协调的主体，其统筹协调的出发点和根本原则当然是集团整体效益的最大化，是以实现整体利益和长远利益目标为取向的，同时，也会按照公平、公正的原则，处理整体利益和局部利益的矛盾，处理成员企业之间的关系。一些同志建议：集团公司要加强协调的综合研究，加大事先协调力度；要探索和改进协调方法；要创新经营管理机制，建立相关制度体系，调动市场经营管理人才的积极性；要组织经常性的交流，学习和培训，实现经营管理资源共享。这些建议都很好，集团公司将积极改进和推进。

二是关于《中国水利水电建设集团公司联营体运营管理暂行规定》讨论与建议。大家表示，集团公司加强对联营体的运营管理，以保证联营体提高经营质量，防范经营风险，实现经营效益的最大化并公平评价经营者的业绩，是十分重要和必要的，集团公司进行宏观管理，规范经营行为，必须得到强化。并以积极支持的态度提出了一些建设性的意见。认为本规定很好地解决了资金管理问题，其中目标利润率指标太刚性，建议结合具体情况制定相对柔性的指标。联营体的成果冠名问题，最终资料占有问题，有待完善。集团公司将进一步研究后正式行文施行。

三是关于审计工作的建议。一些同志提出，审计工作随着集团的发展进入新的阶段，其任务更加艰巨，各单位主要负责人要进一步重视审计工作，要进一步加强审计队伍建设，改善调整队伍结构，培养审计骨干力量；启用联合审计方式，缓解审计力量不足的矛盾；尽快修订出台或新制定的各项审计制度、办法，编制内审项目工作指南，制定审计负责人（或内审工作）绩效评价目标体系，制定审计人员管理方法；加快审计信息化建设等。集团公司将充分考虑这些建议，采取相应措施，加强审计工作。

三、全面贯彻落实会议精神，强化措施，狠抓工作任务要求的落实

（一）领会精神，做好会议精神传达贯彻

首先，要深刻领会这次专业工作会议的主题和精神。这次会议主题突出，工作重点明确，具有很强的针对性和指导性，大家一定要认真学习，深刻领会。其次，要抓实抓好会议精神的传达贯彻，提高全体员工的认识。大家回去后，要围绕管理转型和转变经济增长方式这个主题，层层传达此次会议精神，使各级经营管理人员和广大职工及时了解和掌握集团公司的工作部署。要以会议精神指导本企业的市场经营管理和审计工作，把会议精神融入到企业重大决策、重要制度和各项工作部署中去，使会议精神落到实处。

（二）进一步从战略高度统一思想，以强烈的责任感、奋发向上的精神，确保经营目标和战略发展目标的实现，以实际行动和良好的效果推进集团公司的跨越式发展

各单位要采取切实有效的方式，抓住重点，明确要点，认真制定和落实具体工作目标和工作措施，真正做到工作部署落实，经营管理及审计工作系统的组织建设落实，经营管理创新，措施切实到位，精细管理有效。大家要强化责任意识，不断增强责任感，要有事业心和进取精神，有所作为，有所成就。要深入项目施工第一线，坚决把工作重心转移到项目经营管理上，熟悉项目，指导工作，解决问题，确保安全质量履约这个基本目标，实现创造利润这个根本目标。要着力于建立健全规章制度，并带头执行经营管理规章制度，这是规范管理、以法治企的前提和基础，是精细化管理、提高经营效益的关键。各级领导干部和管理人员务必以身作则，以制度管人，也以制度律已。

（三）以求真务实的作风抓管理目标和经营目标的落实

转变经营方式，提高管理效益，提高经济效益，重在管理制度的科学规范、管理过程的有序受控、管理措施的完善落实、管理方式的精细到位。大家一定要围绕提高效益这个企业体质目标，贴近项目经营管理的实际，做到一切从有效管理出发，一切从提高效率出发，一切从提高效益出发，关注过程，关注细节，关注效果，管理到位，落实到位，监控到位，不走过场，不搞花架子，确保经营管理目标实现。坚持以务实的精神从生产经营的具体工作抓起，善于在管理过程实践中发现问题并想方设法解决问题，通过实实在在的努力，促进经营管理效率、质量、效益不断提高。集团公司总部各部门要认真研究与会代表提出的建议和意见，积极主动想办法，拟措施，订制度，抓落实。

同志们，面对新形势、新任务，让我们以“三个代表”重要思想为指导，与时俱进，开拓创新，强化管理，提高效益，为集团的可持续发展创造坚实的经济基础，共同开创集团公司市场经营管理工作和审计工作的新局面，不断推进集团的跨越式发展！

全面加强法治建设　为集团公司跨越式发展提供法律支持与保障

——在集团公司法治建设座谈会上的讲话

（2005 年 6 月 6 日）

袁　柏　松

同志们：

今天，我们在这里召开法治建设座谈会，在集团公司、水电总公司历史上还是第一次。这次会议的召开，对于促进集团公司的改革与发展，促进集团公司增长方式的转变，实现跨越式发展战略具有重要意义。

这次会议的任务是：贯彻落实国资委关于企业法治建设和对中央企业“四五”普法验收的精神，回顾总结前一阶段依法治理工作实践，研究探索在“五五”期间依法治企的新途径、新方法、新思路，为集团公司实现跨越式发展提供法律支持和保障。

市场经济是法治经济，是规则经济。企业要在市场中生存与发展必须熟悉市场规则，遵守市场规则，运用市场规则，谋求并维护企业利益。集团公司是电力系统中首先步入市场的企业，在企业法治建设方面也有初步实践，对此应该有所总结，有所探索，有所提高。下面我讲三个问题。

一、集团公司法治工作回顾

集团公司组建以来，我们集团各成员单位、各级领导的法治观念越来越强，在集团上上下下初步形成了决策依法、办事守法、解决问题靠法的良好局面，法治建设队伍不断壮大，企业依法治理不断深入，水电建设依法治理成功范例日益增多；成员企业对于促进地方经济的发展，稳定社会安定团结、文明进步所发挥的作用越来越大。具体来说有如下几个方面：

（一）集团公司法治建设体系基本确立

首先，早在“四五”普法规划之初，就成立了“四五”普法领导小组，设立了办事机构；集团公司成立以后，集团公司又设立了法律顾问室，并聘任了法律顾问。这些举措，对集团公司企业法治建设给予了组织上的保障。

其次，集团公司还有针对性地制定、下发了一系列文件。其中《法律事务管理暂行办法》（中水电企［2004］11 号）和《法律顾问管理办法》（中水电企［2004］28 号）从制度上明确了集团公司的法治建设的组织体系和工作程序。

另外，集团公司还印发了《“四五”普法检查验收标准》（中水电企［2004］27 号）。该标准分为 8 个大项，48 个小项，量化为 900 分，为我们集团法治建设明确了目标，确定了任务；为我们集团法治工作考核设定了标准，使集团的法治建设工作考核更趋于科学、合理。

（二）法治化管理的基本内涵得到初步实践

企业的法治化管理的基本内涵是：（1）企业必须按照国家的法律法规制定发展战略；（2）企业必须根据市场需求依法开拓市场、开发项目；（3）企业必须按照国家的产业政策以及相关文件合法经营、树立品牌，建设企业文化；（4）企业必须制定严格的规章制度，对生产经营环节实行科学管理和过程控制。

结合上述原则，集团上下各级领导，根据中共中央、国务院、中宣部、司法部、国资委有关布置，结合水利水电建设行业的特点，真抓实干、周密部署，广大法治工作者主动工作，展开了一系列的活动：

一是，围绕国家普法办要求的“两个转变、两个提高”的总体目标，提出了我们集团法治建设的重点。去年，集团公司接连下发了《关于做好迎接“四五”普法验收工作的通知》（中水电企［2004］21 号）、《关于迅速掀起学法用法新高潮的通知》（中水电企［2004］5 号）两个文件，明确了我们集团的法治学习的重点内容和依法治理工作重点。

二是，国家“四五”普法规划要求，各行业应根据本行业、本企业的特点，组织编写本系统的“四五”普法教材和资料。为了满足广大干部和职工学法用法的需要，集团公司组织有关专家完成了《四五普法读本》的编写工作。读本的编写，为“四五”普法期间行业法律法规学习、培训、考试、考核工作的顺利开展创造了条件。

三是，组织开展了多种形式的法治宣传教育活动。集团公司党组身体力行，带头学法用法。集团公司和部分工程局办的报纸开辟了法治专栏，宣传法律知识，推广典型经验，以案说法，成为法治宣传教育的重要阵地。

四是，普治并举，积极推进依法治理。主要表现为：决策的质量、规章制度的作用有所提高，体现了国家法律法规的精神；集团公司总部的治理、对子企业的治理，按母子公司体制逐步规范，充分调动了总部与子企业的积极性；生产、投资等经营活动也都不断寻求法律保障，降低了风险，减少了纠纷发生的概率。

五是，进行了首次法治工作的考核。去年年底，集团公司组织了一次法治工作检查，最后评定出了一些先进单位、先进个人。这次活动调动了大家的积极性，促进了集团公司法治建设工作的开展。

（三）法治的效益观念在员工中逐步加强

企业法律顾问，积极开展诉讼业务，依法保护企业利益。据不完全统计，全系统法律顾问在2003年1月至2004年11月之间，共处理法律纠纷案件610件，涉案金额6.5亿元，挽回经济损失1.38亿元。

依法开发、依法决策、依法经营、依法管理是企业法治建设的深层次内容。集团公司在进行生产经营重大决策时，都坚持按法律程序办理，做出了很好的表率。如在组织华亭电厂、吉林长岭风电场等投资项目论证时，邀请法律工作者现场说法，倾听他们的意见，形成了学习、运用法律知识的新方式。工程局也是如此。例如，十三局的同志通过认真学习并运用国际法，成功地开拓了国际市场，并且妥善处理了国际突发事故。

大家普遍认识到，法治可以促进生产力，法治就是效益。认识是行动的先导。决策层“决策先问法、违法不决策”；管理层、执行层平时学法、工作用法、遇事找法、解决问题靠法。常用法律经常学、专业法律重点学、新颁法律及时学、带着问题认真学。广大员工学习法律知识的积极性不断提高。

（四）各级领导依法决策、依法治理的要求越来越强

各级领导同志已经由过去的单纯依靠行政管理手段转变为行政、法治、制度诸手段并行管理；由个人决策转变为集体决策和民主决策。去年，郭建堂总经理在为《四五普法读本》一书写序时强调指出：“企业的持续发展、快速发展，在很大程度上取决于各级、各类经营者、管理人员依法决策、依法治理、依法经营、依法维权水平的提高”。在今年的工作会议上集团公司明确提出要建成法治企业。在实践上，主要表现为集团公司采取重大行动时，学习法律、依靠法律、运用法律。例如，今年年初，集团公司草拟了《建筑市场经营战略实施办法》，拟对工程局投标活动进行市场统筹、协调。为了更准确地把握有关法律界限，更有利地运用协调手段，责成法律顾问室进行专题研究，并要求出具专门的《法律意见书》。该文件颁布实施后，取得了良好的效果。

此外，民主管理、民主监督、民主决策、依法决策和局（厂）务公开活动也开展得有声有色。正在进行的主辅分离、改制分流工作中，各改制企业的改制方案、职工安置方案也都经过了本企业职工代表大会的审议，从法律程序上为规范改制提供了保证。所有这些，都是企业实现依法治理的重要环节和具体体现。

（五）对经济合同的管理水平普遍提高

合同是企业从事经济活动、取得经济效益的桥梁和纽带，同时也是产生纠纷的根源和环节，因而合同管理是企业管理的重要内容，是企业法治建设的关键环节。集团公司总部以及工程局（厂）都确立了合同管理责任制，由专门的部门、专门人员负责管理。在这方面，水电七局的做法特别值得推荐，他们编辑出版了《企业管理模块》，把法治管理作为其中一个模块，纳入管理体系，为依法决策、依法经营找准了切入点。

在肯定成绩的同时，也应该实事求是地看到我们集团法治建设还存在着一些缺点和不足，需要我们在下一阶段进行整改。主要表现如下：

（一）法治建设的组织体系需要进一步完善

与其他中央企业的实践相比，与国资委的要求相比，我们集团法治组织体系还需要进一步完善。主要表现在：一是法律事务机构不到位。到现在，尚有几个单位没有设立法律事务工作机构；还有的单位虽有机构，但是没有自己的法律顾问。二是人员配置不到位，总量不足与素质不高并存。一些工程局人才流失严重，长期培养的法治业务骨干所剩无几，应该引起高度重视。

（二）个别单位和同志对依法治理的认识不足

在去年年终检查考核时发现，个别单位没有把法治工作与企业的生产经营和效益联系起来，仅仅当作政治任务来完成。另外，还有个别领导对法治建设的意义认识不清，甚至认为可有可无。主要的表现是法治机构在萎缩，法律工作者在流失，甚至有的单位在机构调整中撤销了法治机构。

（三）在集团内部依法治理水平发展不平衡

通过检查和平时工作接触，我们发现集团公司内下属各单位的法治化管理水平不平衡。由于法治意识不强，法律工作体系不健全，这些年来，发生了一些较大的法律纠纷案件。如，某单位在进口设备时，没有意识到程序法也是法，只按照以往惯例，开了一个党政联席会议，没有进行法律论证，结果由于欠缺向有关国家机关报请免税批准的程序，遭到海关的追查，吃了大亏。再如，一个单位在河道上施工，有关人员不清楚交通部的法规也是法，不明白有关法规效力要强于合同的效力，结果翻船事故发生后，处理过程中陷入被动局面，给企业造成了损失，产生了不良的社会效果。我们的领导同志，对有些专业法吃不透不要紧，关键要有法律意识，要知道建立和依靠法律工作体系开展工作的重要性。

（四）法治工作者的素质有待进一步提高

企业法律工作者的素质在很大程度上，也决定着企业法治建设水平的高低。企业法治工作涉及到经营的方方面面，对法律工作者的素质提出很高的要求。企业法律顾问应当是复合型人才，而目前我们的法律顾问，多数知识结构单一，还不能充分满足实践工作的需要。因此，原来学法的要补课，要学习经济、技术、市场、管理等方面的知识；原来学其他专业的也要补课，要加强法律的功底，才能更好地满足企业法治工作的需要。

二、充分认识加强企业法治建设工作的重大意义

国家《宪法》第五条规定：“中华人民共和国实行依法治国，建设社会主义法治国家。”党的《章程》总纲中规定：“坚持扩大社会主义民主，健全社会主义法治，依法治国，建设社会主义法治国家，巩固人民民主专政。”“加强国家立法和法律实施工作，使国家各项工作逐步走上法治化轨道。”

可见，依法治国是党领导人民治理国家的基本方略，是指导政府开展各项工作的原则。依法治企也应当是我们治理企业的根本方针。法治促进生产力，可以提高企业效益；法治是助推器，可以推进企业改革与发展；法治是防火墙，可以为企业的生产经营建立风险防范体系。企业法治建设不仅是国家布置的一项任务，也是企业生产、经营的关键环节，也是促进集团公司实现跨越式发展、构建和谐企业的重要保证和智力支持。

（一）集团公司改革的迫切需要

当前，改革与发展是集团公司的两大主题。改革与稳定、发展又密切相关。改革的目的是为了促进企业的快速发展，巩固稳定的局面；稳定与发展的大局又可以为企业改革创造良好的条件。

国企改革涉及到国有资产的处置、职工劳动关系的处理、改制企业未来的发展等问题；改革过程中会存在职工与国家、职工与企业、不同群体职工之间利益的冲突、协调与处理，存在新政策与老政策、地方政策与国家政策、不同政府部门之间的政策差异、选择与适用等等问题。学会运用法律手段，处理上述问题，确保稳定与发展的大局至关重要。主辅分离、分离企业办社会、国有独资公司的董事会建设，乃至企业的公司化改造，都需要我们从法治的角度认真思考、认真研究。希望大家结合各自单位的实际情况，对改制工作、法治建设工作做出统筹安排。

（二）法治建设也是企业发展的需要

当前，集团公司的跨越式发展不断对法律服务提出新的需求。如，企业在贷款、融资、担保、发行债券、股票，设立分支机构，向其他企业投资、收购、兼并，组建集团，资产重组等资本经营决策方面；在科研开发、技术引进和技术转让、生产组织、技术改造、质量保证等方面；在经营责任制、成本控制、市场开发、形象策划、营销策略，商标、专利、商业秘密、重大采购等方面皆存在对相关法律服务的需求。无视这些需求，将会造成严重后果。

另外，在发展中也会遇到一些新事物、新问题。如合资、合作、联营、参股、租赁、托管、特许经营等方面，需要我们提供有关方面的咨询、合同性质的识别、合同内容的把关等等法律服务。

为了实现跨越式发展战略，集团公司以投资开发为突破口，正在大力推进产业结构调整。对集团公司来讲，投资领域是个相对生疏的领域。从项目的甄别、合约的签订，到项目的运营；从出资人资信调查、土地、资源等实物资产的缴纳，到项目公司的成立；从对项目的治理，到项目环境优化，无不涉及法律事务问题，需要我们的法律工作者去提供服务。

国际化经营是集团公司的既定战略。近年来，集团公司的国际化经营取得了令人瞩目的成绩，已经成为国际工程承包领域一支重要力量。但随着经营领域的扩大，经营方式的变化，所面临的风险也越来越大。与国内市场相比，国际市场更为复杂。如公司、合同等法律制度的差异，汇率变化、通货膨胀、国际收支恶化等国际金融秩序的变幻，司法制度不同、税收的歧视、双重纳税等问题，都可能会给企业带来较大的损失。这方面已有前车之鉴，如最近中航油集团下属中航油新加坡公司因从事石

油期权交易失误，产生了5.54亿美元的亏损，被称作“中航油事件”；四川长虹集团在美国拓展业务时失误，导致2004年度企业亏损约40亿元人民币；中储棉集团因从事棉花进出口业务失误，而导致亏损10亿元人民币，被称作“中储棉”事件等，教训深刻。我们应当切实加强国际经营风险控制体系建设，努力防范和化解各种潜在的危机，为企业的健康快速发展提供可靠保障。

（三）集团公司建立健全风险防范机制的需要

前一段时间，“中航油事件”、“中储棉事件”、“长虹事件”等等大案频频发生，暴露出国有企业在风险管理方面的严重缺陷。为此，《国务院关于2005年深化经济体制改革的意见》中明确指出：要“积极推进企业法律顾问制度建设，建立健全国有企业法律风险防范机制”。在中央企业负责人会议上，黄菊副总理强调指出，“要完善企业内部管理制度，高度重视风险的防范和管理，要建立健全企业法律顾问制度。”国资委李荣融主任也指出企业要善于识别风险、规避风险、控制和化解风险。国资委黄淑和副主任强调指出：“加强风险管理，是现代企业管理体系中不可或缺的重要组成部分”，“建立健全法律风险防范机制，是加强企业风险管理最基本的要求。”国资委也有针对性地发布了《中央企业重大法律纠纷案件管理暂行办法》，以重大法律纠纷案件为突破口，强调风险的防范。根据领导的讲话要求和国资委的布置，我们集团必须立即行动起来，针对企业经营的风险特点制定出自己的风险防范的有效机制。

（四）集团公司转变增长方式的需要

集团公司成立以来，企业营业收入实现了两位数的增长，经营规模实现了长足发展。但是，经济效益与经营规模、经济总量的增长不相适应，经济增长方式基本上是粗放型的，突出问题表现在“三低”上，即盈利能力低、规模效益低、企业成长性低。基于此情况，2005年初集团公司提出要实现增长方式的“四个转变”，即从规模型向规模效益型转变；从粗放型向集约型转变；从劳务、生产型向资产经营型转变；从无序、恶性竞争型向有序规范竞争型转变。从而大力提高集团公司的利润创造能力，提升经营质量，以保证集团公司的可持续发展。四个转变中，每个环节都涉及法治建设问题。

首先，法治建设有助于企业向规模效益型转变。建立法律风险防范机制是企业法治建设的一项重要内容。法律风险的降低，意味着企业的损失就会减少，利润就会增加。

其次，集约化经营基本特征是依靠提高生产要素的质量和利用效率来实现经济增长，而不是像粗放型经营那样，单纯依靠增加生产要素数量的投入来扩大生产规模，实现经济增长。集约化经营本身就意味着要寻求管理、智力的支持。很显然，这里的管理、智力支持，包括来自法律的支持。

再次，从内部经营规范的确立，到对抗外部的利益侵害；从内部对工程局协调管理，到对外集团品牌等共有资源的共享与维护；从母子公司关系的定位，到集合集团成员单位的合力，发挥集团优势；从优化集团内部产业结构，到改善企业外部经营环境；从市场开拓、生产经营全过程的开展，到经营成果的保护，法治工作都是至关重要的。

三、今后一段时间企业法治建设的工作安排

（一）落实国资委的指示，尽快制定措施，建立健全法律风险防范体系

关于建立健全法律风险防范体系，国资委6号令的第五条明确规定：“国有资产监督管理机构和企业应当建立防范风险的法律机制，建立健全企业法律顾问制度。”第十七条规定：“大型企业设置总法律顾问”。企业的各种行为如改制、并购重组、对外投资、契约合同和产销行为等都存在不同程度的法律风险，因此任何企业都要重视风险、防范风险、化解风险。集团公司也应当对建立健全法律风险防范机制作出安排。

一是要强化法律风险意识。法律风险意识是识别风险、化解风险的前提，也是建立健全法律风险防范体系的思想基础。今后，有关法律风险的案例要列为普法的重点内容；要定期邀请风险专家给大家讲一讲风险问题；要加大风险事故问责力度。

二是要完善法律风险防范工作体系。要建立健全法律风险预测评估体系；要加快建立健全法律风险控制的制度体系；要与完善法人治理结构有机结合起来，建立健全法律风险控制的组织体系；要强化企业各部门、各岗位的职责，建立法律事务部门与各业务部门的联动机制；建立健全法律风险问责制度等体系。集团公司今年先从重大法律纠纷案件入手，即将出台《重大法律纠纷案件管理办法》，希望各工程局（厂）要认真学习、贯彻、落实《办法》的精神，加快完善重大法律纠纷案件的防控、处理和备案机制。

三是突出工作重点，加强合同风险管理。合同是企业经营行为中最基本的法律文本，加强合同管理是防范企业法律风险的基础性工作。要进一步完善合同签订管理制度、合同有效履行监督管理制度；要加强对水利水电工程施工合同示范文本的研究；

加强对水电施工合同证据规则的研究；加强对水电施工的其他热点、难点法律问题的研究。

（二）运用法律手段，为企业改革保驾护航

企业改革意味着财产的再组合、再分配，涉及职工的切身利益，必须认真听取职工意见，规范操作，注重实效；在依法防范国有资产流失的同时，要保护职工利益。要理顺“三大关系”，即产权关系、劳动关系、分配关系；解决“五个难题”，即人往哪里去，钱从哪里来，债务谁来担，资产怎么活，稳定怎么保。具体说，应该做好以下工作：

第一，参与企业改革宣传发动，介绍国家有关法律、法规、政策，承担法律咨询和解释工作；

第二，参与选择改革模式，拟定企业改革方案、资产处置合同、劳动合同，化解改制风险；

第三，参与拟定改制企业的章程、组建公司治理机构、办理工商登记，筹建新公司；

第四，参与处理债权债务关系，处理改革过程中发生的纠纷案件。

（三）为企业发展提供法律服务与支持

今后随着法治建设的深入，应该重点做好以下工作：

第一，参与起草、审核企业规章制度。法律工作者参与起草、审核企业规章制度，不仅有利于保证企业规章制度的合法性、有效性，而且有利于保证法律赋予企业的权利在制度中得以充分体现。这方面，我们应当努力创造参与的条件。

第二，积极参与、推动国家在有关方面的立法。按照国家立法程序和惯例，特别是行业立法，法律草案都要事先征求、考虑该行业骨干企业的意见。这就是我们表达企业意愿和呼声的好机会。我们要予以珍惜，要进行调查研究，要收集例证，还要联合其他企业共同做好这项工作。希望我们企业法律顾问能够承担起这个重任，在工作中注意搜集资料，提出符合国情的、公正合理的行业立法建议。

第三，竭力推进确立大案、难案的协调处理机制。近年来，中央企业在地方受到不公正待遇时有发生。国资委制定下发的《中央企业重大法律纠纷案件管理暂行办法》，把“涉案金额超过5000万元”、“一审由高级人民法院受理”、“可能引发群体性诉讼或者系列诉讼”、“涉及国有资产重大权益或者具有国内外重大影响”等四种情况列为“重大法律纠纷案件”，必须报国务院国资委备案并及时汇报情况。国资委根据情况需要，还可以向有关部门予以协调处理。这既是一项重要任务，又是一件好事。集团公司也已经制定出与此配套的实施《办法》，这次会议上大家要认真讨论，会后发布实施。

第四，竭力推进确立法律事务互助联动机制。我们集团的成员企业分布于十几个省市，项目遍布在全国各地。工程局的同志跑遍全国，去签约、讨债、取证、打官司，不但辛苦、代价高，而且常常效果不佳，大多是由于实力单薄、信息不灵以及人生地不熟造成的。我们集团是一个整体，为什么不能实现资源共享呢？人力共享、智力共享、信息共享，社会资源、关系资源也可以共享。希望大家加强协作服务，搞一个协作办法，总部多牵线搭桥，把这个网络搞活，为集团的发展多做贡献。

（四）迎接国家“四五”普法验收，做好“五五”普法的准备

根据国资委的有关文件的布置，法治宣传教育也是企业法治建设的重要内容，应当予以重视。今年是“四五”普法的总结验收之年，也是“五五”普法的启动准备之年。“四五”普法的验收，集团公司已经下文安排，这次会议上还要做出专门布置，不再多讲。下面，强调一下“五五”普法有关问题。概括来讲，坚持九个“原则”，要实现两个“转变”、五个“突破”。

我们要在总结以往工作的基础上，按照国家有关部门的要求结合集团公司改革发展的实际，认真制定“五五”的普法规划。对于这项工作要坚持如下几项原则：（1）领导亲自负总责的原则；（2）党、政、工、团齐抓共管的原则；（3）普法工作责任制原则；（4）年年有计划、年年有活动、年年有考核的原则；（5）突出重点、不断深入的原则；（6）普法重点落实到项目上的原则；（7）加强合同跟踪管理的原则；（8）普法方式不断创新原则；（9）学法与用法、普法与治理、法治教育与思想道德教育紧密结合的原则。

在2006年乃至2010年五年里，法治宣传教育工作应该实现从行政手段管理向运用法律手段管理转变、从提高法律意识向提高法律素质转变，全方位实践依法治理。

“五五”普法要实现五个突破：（1）企业领导、干部法治教育成效有突破；（2）法治宣传教育与构建和谐企业有突破；（3）依法治理实践有突破；（4）法治建设促进企业效益增长有突破；（5）法治宣传教育与企业文化建设相结合有突破。

（五）完善企业法治工作机构，培养壮大法治工作者队伍

为加强法治工作机构和法律工作者队伍的建设，应当做到以下几点：

第一，确立集团法治队伍建设目标。争取尽快达到：每个子公司（含工程局、厂）都必须有专门的

法治工作机构；法律事务机构要配有专职的法律顾问，有条件的可设总法律顾问。

第二，建立健全集团法治工作体系。未来几年内，法治工作重点要从制度体系转移到组织体系上来；探讨法律顾问的职称评定问题；探索总法律顾问的建设工作；研究项目法治工作的开展模式；着手筹建集团公司法律工作研究会；规划组建集团公司普法宣讲团。

第三，充分发挥法律工作研究会的作用。干好任何一项事业，必须依靠有一批素质高、业务精、有组织的队伍作支撑。法治事业也是如此。为了加强法治工作队伍建设，有必要在集团公司范围内成立一个法律工作研究会。这次会议安排了筹备组建法律工作研究会的内容，希望大家认真讨论，把研究会办好，充分发挥它在开展队伍建设的特殊作用，促进集团法律工作者业务水平的提高。通过交流经验、互通信息，共同解决难点、重点、热点问题。

第四，加大培训力度。今后，要把法律业务培训纳入年度培训计划，通过各种形式开展培训活动，组织大家学习最新的、与水利水电建设行业紧密联系的法律、法规。

同志们，当前改革、发展的客观形势要求我们必须注重和加强法治工作，法治工作是生产经营的生命线。科学技术是生产力，法治也会促进生产力。希望通过这次会议，大家共同努力把我们集团公司的法治化建设的水平向前推进，从而加快集团公司的跨越式发展。

进一步加强和改进总部党建工作
为集团公司的改革发展而奋斗

——在集团公司直属党员大会上的工作报告

（2005年6月28日）

袁　柏　松

同志们：

在全党广泛开展保持共产党员先进性教育的活动中，在庆祝建党84周年之际，我们召开集团公司直属党委成立大会。这次大会的主要任务是，以邓小平理论和“三个代表”重要思想为指导，实事求是地总结机关党委几年来的工作，选举集团公司直属党委和直属纪委，提出今后一个时期总部党建工作的任务，在国资委党委和集团公司党组的领导下，在国资委组织部党建处的指导下，充分发挥党组织的战斗堡垒作用和党员的先锋模范作用，推进集团公司总部物质文明、政治文明和精神文明建设。下面，我代表机关党委向大会做工作报告。

一、近几年机关党委工作的简要回顾

几年来，机关党委在集团公司党组的领导下，坚持以邓小平理论和“三个代表”重要思想为指导，紧紧围绕集团公司的中心工作，结合总部的工作实际，突出工作思路和内容创新，确定了“围绕大局，结合实际，抓好党建，促进发展”的工作思路，各项工作取得了一定的成绩。主要有以下几个方面：

（一）加强理论武装工作，结合总部实际和企业的发展，认真抓好总部的政治理论学习和市场经济知识的学习

近年来，机关党委把学习政治理论、武装头脑，作为总部党建工作的重点。认真学习邓小平理论和“三个代表”重要思想，学习市场经济理论等，通过理论学习，推动解放思想，转变观念，理清思路，促进改革发展。有以下几个特点：

一是坚持领导带头，先学一步，坚持党组中心组学在前，带动总部学习。根据学习的主题，党组中心组的政治理论学习，采取分课题指定中心发言人，增强了学习效果，提高了学习质量。主要研讨集团公司改革发展的重大问题，如集团公司贯彻“三个代表”重要思想，推动改革发展；企业改革、改制问题；实施走出去战略和国际化经营的问题；集团公司跨越式发展和转变经济增长方式的问题。

二是坚持理论联系实际的学风，党组成员和机关干部在学习中，能联系系统和机关改革发展的实际，通过学习，转变观念，推动改革发展。比如在学习《胡锦涛同志在中纪委三次全体会议上的讲话》

中，着重学习大力弘扬求真务实精神和大兴求真务实之风的问题。为推进建立现代企业制度进程，机关党委与企业发展部一道，专门请国资委改制分流处处长为中心组成员作改制分流讲座。大家听了讲座后，对改制分流工作有了更加清醒的认识，启发了思路，促进了工作。

三是严格学习制度，配发学习书籍。机关党委给各支部配发了《中华人民共和国宪法》、《政府工作报告》、《中共中央关于加强党的执政能力建设的决定》及辅导读本、《理论热点18题》等书籍，还专门为全体党员和入党积极分子配发了《中国共产党党章》。

四是学习方式多样。机关党委采取专题讨论会、座谈会、收看录像等形式，增强学习效果。根据学习内容和知识特点，采取了灵活多样的学习形式。主要采取的形式有：专题发言和集体讨论相结合，深入领会学习内容；请专家进行专题辅导；购买专题录像带，并组织收看；购买、发放学习材料和相关书籍，进行系统理论知识学习。灵活多样的学习形式，取得了一定的学习效果。比如，机关党委组织总部全体员工，收看国资委党委书记李毅中同志传达十六届四中全会精神的辅导录像；请中央党校研究生院副院长段若鹏教授为总部全体员工作“科学发展观与跨越式发展”的专题讲座。收到了较好的效果。

（二）加强总部党员的思想作风建设，开展争当“五个模范”的主题实践活动

为了加强总部党员的思想作风建设，提高党员素质，充分发挥党员的先锋模范作用，在2003年“七一”建党纪念大会上，机关党委提出在总部全体党员中开展争当“五个模范”的活动。“五个模范”指的是，争当刻苦学习的模范，争当勤奋工作的模范，争当发扬优良传统和作风的模范，争当联系群众的模范，争当精神文明建设的模范。

开展争当“五个模范”活动的两年来，取得了很好效果。总部广大党员按照党员“五个模范”的要求，在本职工作上发挥着模范带头作用，涌现出不少优秀党员，成为广大党员和群众的表率。

特别是在先进性教育活动中，机关党委在总部全体党员中开展了党员“五个模范”的大讨论。党员在讨论中，对“五个模范”的具体要求进行了补充，又提出了“高觉悟、高技能、好作风、好业绩”的机关党员的要求。高觉悟就是树立共产主义的理想信念，实践马列主义、毛泽东思想、邓小平理论和“三个代表”重要思想，做到真学真信；高技能就是要刻苦学习业务知识，刻苦实践，成为本职工作的行家里手；好作风就是要吃苦耐劳，团结同志，求真务实，廉洁奉公；好业绩就是党员在工作中要做出显著的业绩。根据党员讨论的情况，机关党委对“五个模范”的具体内容又作了修改和补充，并把“五个模范”和“两高”、“两好”确定为总部党员先进性的具体标准，这在广大党员中已经取得了共识。在国资委保持共产党员先进性教育活动座谈会上，国资委党委书记李荣融在大会讲话中，对我们开展“五个模范”的主题实践活动提出了表扬，认为我们开展争当“五个模范”的活动，具有前瞻性和创新性，符合机关党建工作的实际，“五个模范”、“两高”、“两好”符合党员先进性的要求。

（三）加强总部党的组织建设，在集团公司总部开展争创“五好支部”活动

在总部全体党员开展争当“五个模范”活动的同时，机关党委又在集团公司总部开展了争创“五好党支部”的活动。“五好党支部”指的是，党支部班子好、党员队伍好、工作制度好、工作作风好、开展活动好。争创“五好党支部”的活动，得到了总部各党支部的积极响应和支持。活动开展两年以来，总部各党支部努力工作，取得了明显的成绩，为机关党委做好各项工作起到了促进作用。目前，各党支部组织机构健全，党支部书记工作得力。特别是在集团公司总部先进性教育活动中，各党支部充分发挥了作用，支部工作得到了一次很好的检验。

（四）加强精神文明建设，积极开展中央国家机关文明单位和首都文明单位创建活动

集团公司机关党委高度重视精神文明建设工作，积极开展中央国家机关文明单位和首都文明单位的创建活动，制定创建规划，健全创建机制，落实创建责任，修订了《集团公司文明部室、文明职工评选条件》。每年度，党组书记与总部各部门签订《创建中央国家机关文明单位、首都文明单位责任书》，由机关党委评选表彰集团公司总部年度文明部室和文明职工，取得了实效。目前，集团公司总部已经连续8年保持“中央国家机关文明单位”称号，连续4届保持“首都文明单位”称号，创建文明机关的活动搞得有声有色，卓有成效。

（五）加强革命传统教育，积极组织各种活动

一是在纪念建党80周年之际，开展革命传统教育活动，组织革命传统知识竞赛，总部全体党员认真做好答题，加深对党的发展历程、党的优良传统和党的知识的了解。

二是每年的“七一”，机关党委都要组织纪念活动，召开党员座谈会和全体党员大会，表彰先进党支部和优秀共产党员，并通过回顾党的奋斗历程，结合当前的形势任务，教育全体党员与时俱进、开

拓进取，发挥先锋模范作用。

三是组织参观革命教育基地西柏坡、中华世纪坛党建展览、延安精神展览，以及观看话剧《牛玉儒》等活动。通过直观教育，使广大党员群众牢记党的优良传统，感受党的先进性和共产党员的先进性，使广大党员群众、特别是新党员受到了教育。

（六）加强组织发展工作，不断壮大总部的党员队伍

近几年来，机关党委十分重视组织发展工作，根据集团公司总部积极分子较多的情况，提出了“立足培养、注重程序、保证质量、积极发展”的工作原则。各党支部积极工作，各部门领导给予大力支持，制定发展规划，与发展对象谈话，定期分析研究，严格按照程序，成熟一个，发展一个。在保证质量的前提下，组织发展工作进展快，群众反映好。近三年来，机关党委共发展党员 21 名，一大批骨干加入党组织，新党员在各部门普遍受到好评，不少青年员工写了入党申请书，集团公司总部党组织发展工作呈现出良好的局面。

（七）加强党风廉政建设，建立廉政制度，开展廉洁自律的教育活动

机关党委十分重视总部的党风廉政建设。首先，认真抓了对机关党员、干部的廉政教育工作，组织总部全体党员学习法律知识，提高廉洁自律的意识。2004 年，机关党委下发了《关于开展“两个条例”知识测试活动的通知》和《关于在集团公司总部开展“四五”普法知识学习和测试活动的通知》，总部全体员工参加了测试活动。集团公司党组成员带头学习有关文件并认真答卷。机关党委还配合企业发展部编写了《四五普法读本》，下发集团公司各单位，总部员工人手一册。

在党组中心组的学习上，机关党委重点组织学习了胡锦涛同志《在中纪委第三次全体会议上的讲话》和《中国共产党党内监督条例（试行）》、《中国共产党纪律处分条例》，使总部各级领导干部对加强党风廉政建设和加强监督机制的重要意义有了进一步的认识。

在开展廉洁自律教育活动的同时，重点抓了党员领导干部的廉洁工作。机关党委与有关部门一起认真组织每年的党组民主生活会，党组成员在民主生活会上既述职、又述廉，起到了表率作用。在机关党风廉政工作中，机关党委重点抓了对党员领导干部的教育，特别是结合总部实际，制定下发了《集团公司党组成员及总部中层管理人员有关内部公务活动的五条纪律规定》。“五条纪律”的具体规定是：一是集团公司党组成员及总部各单位负责同志到所属工程局（厂）从事公务活动，一律按工作餐安排吃饭，工作期间不得安排饮酒。要求各工程局（厂）对来本单位的集团公司总部工作人员实行部门对口接待，减少陪餐人员。二是在公务活动中，一般应安排在本单位的招待所住宿，不得住高级宾馆，不得超标准接待。三是在公务活动中，严禁到歌厅、舞厅公款消费，严禁到洗浴场所进行高消费活动。四是在公务活动中，不准收受下属单位以任何名义赠送的现金、有价证券、支付凭证。不准索要和接受有工作关系的单位和个人赠送的各种名义的奖金，不准接受贵重礼物和土特产品。五是在公务活动中，不准在下属单位报销应由集团公司总部财务开支的或应由个人支付的各项费用。

近年来，集团公司党组和机关党委严格按照“五条规定”要求党员领导干部，使领导干部在公务活动中严格要求自己，勤政廉政，注意形象，没有发现违反廉政规定的行为，在整个系统中起到了表率作用。

（八）加强总部队伍建设，开展“打造学习型总部，争做知识型员工”活动

为提高总部员工的素质，推动集团公司跨越式发展，机关党委在 2004 年“七一”纪念大会上，发出了“打造学习型总部，争做知识型员工”的号召，提出在总部范围内，创造一个“人人学习，终身学习”的良好氛围。

一年来，总部各部门、各公司都能够按照市场的要求和企业改革发展的需要，着眼于提高员工整体素质，推动企业改革发展，调动员工提高素质、努力成才的积极性。广大员工对学习的重要性，有了进一步的认识，做到在工作中学习，用学习促进工作。不少员工不但注重学习国内企业的先进经验，还认真向国外优秀企业学习，把一切有利于企业发展的知识、经验，运用到工作中。不少员工已成为工作上的多面手和企业发展所需要的复合型人才。

（九）加强总部的工团工作，改选了机关工会组织，成立了机关团委

为适应新形势对机关工会的要求，根据新《工会法》的规定，结合总部的工作实际，2003 年，在机关党委的指导下，由上届机关工会主持，选举产生了新一届机关工会，完成了机关工会的换届工作。两年来，机关工会积极开展工作，组织各项活动，丰富员工生活。组织员工到天津春游，陶冶了性情，加强了员工之间的沟通和交流。机关工会还组织系统各单位的职工积极参加全国电力系统“电力杯”书画大赛，有 14 幅书画作品入选并获奖，其中 3 幅作品获铜奖。2003 年“非典”期间，机关工会按照集团公司党组和机关党委的指示，配合总经理工作

部的同志，购买并发放药品，为抗击“非典”发挥了积极作用。

近年来，随着集团公司的发展，总部新分来的大学生不断增多，根据工作需要，在机关党委的指导下，于今年5月成立了机关团委。机关团委的成立，对于加强总部的青年工作将发挥重要的作用。

（十）加强集团公司总部党建工作，按照党中央的部署，积极开展保持共产党员先进性教育活动

按照党中央重大决策的要求和国资委的统一部署，集团公司总部于2月26日正式开展先进性教育活动。在这次活动中，机关党委配合集团公司先进性教育活动领导小组办公室，在集团公司党组的领导下，认真制定《实施方案》，制定各种工作措施和工作制度，认真组织，精心策划，在各党支部和全体党员的支持和配合下，圆满完成了学习动员阶段、分析评议阶段、整改提高阶段的各项任务。

在整个活动中，集团公司党组和总部各级党组织广泛征求各方面意见，并提出整改方案，解决了存在的突出问题，促进了企业的发展，充分发挥了党组织的政治核心作用和战斗堡垒作用；广大共产党员通过学习理论、查找问题和认真整改，提高了认识，锻炼了党性，进一步明确了党员先进性的具体标准，增强了政治责任感和使命感，充分发挥了党员的先锋模范作用。开展先进性教育活动，增强了党组织的凝聚力和战斗力，促进集团公司总部党的建设，整个活动得到了国资委领导和督导组的多次表扬。3月18日，国资委主任李荣融在国资委先进性教育活动座谈会上的讲话中，对我们分层次明确集团公司总部党员争当“五个模范”、支部争创“五好党支部”的标准，作了肯定和表扬；5月11日，国资委副主任王勇在国资委先进性教育活动座谈会上的讲话中，对我们“五个必须谈”和广泛征求意见作了充分肯定和表扬。国资委先进性教育活动简报5次报道了我们的做法，国资委网站10次推广了我们的经验。最近，国资委以文件的形式将集团公司先进性教育活动的《实施方案》确定为第二批开展先进性教育活动的范本。我们的工作还受到了国资委督导四组、指导二组的肯定和赞扬，受到了集团公司总部广大党员和群众的普遍好评和肯定。6月27日，在国资委第二批先进性教育活动动员培训会上，有5家单位在大会上交流经验，集团公司有幸在大会上发言，这是上级组织对我们的鼓励。

回顾机关党委近几年的工作，在充分肯定成绩的同时，也有一些不足之处。主要是，组织党员进行系统的政治理论学习不够，党内学习检查不够，抓得不紧。结合总部党建工作实际，在创新性工作方面存在研究不够、创新不足的问题。在群众性的文体活动组织方面，广泛性不够，形式比较单一，效果也不够好。这些方面，今后将努力改正。

回顾过去的工作，机关党委换届工作滞后，机关党委自1996年换届，至今已有8年多了。由于集团公司成立，总部的工作机构、直属公司发生较大的变化，机关党员队伍情况发生较大变化，加之机关党委人事变动，机关党委换届工作一直没有进行。按照党章和国资委党委组织部的要求，为加强和改进总部的党建工作，机关党委决定结合换届工作，选举成立集团公司直属党委。经过大量细致的工作，现在时机成熟。今天召开这个大会，将选举产生集团公司直属党委和直属纪委。这是总部党建工作的一件大事，我们一定要在国资委党委组织部党建处的指导下，做好这项工作。

二、围绕中心，结合实际，努力创新，认真做好集团公司直属党委的各项工作

集团公司直属党委今后一个阶段工作的指导思想是：坚持以邓小平理论和“三个代表”重要思想为指导，认真贯彻党的十六届三中、四中全会精神，认真落实《中央组织部、国务院国资委党委关于加强和改进中央企业党建工作的意见》。巩固和扩大先进性教育的成果，全面履行直属党委的工作职责。在把握中心工作上求思路，在结合实际上作文章，在努力创新上下功夫。以党支部建设为重点，大力抓好基层组织建设。结合总部党建工作实际，抓好总部党建工作的长效机制的建设。制定和完善直属党委的工作制度和工作机制，扎实做好直属党委的各项工作，推动集团公司的改革发展。具体做好以下几项工作：

（一）进一步巩固先进性教育成果，切实加强总部党建工作

集团公司总部在先进性教育活动中取得了较好的成绩，但这只是阶段性的成果，是一个良好的开端。我们要以这次集中教育活动为契机，继续巩固和扩大教育成果，并把这次先进性教育活动的经验，延伸到直属党委和直属纪委的各项工作中去。

1. 认真总结先进性教育的经验，继续开展争当“五个模范”、争创“五好党支部”的双争活动，把“双争”活动作为总部党建工作的长效机制 。

一是切实抓好党支部建设，建设好党支部班子，发挥党支部书记的作用，形成党支部工作制度，这是总部党建工作的基础。

二是以提高党员素质、发挥党员先锋模范作用为中心，开展争当“五个模范”、“两高”、“两好”

的主题实践活动。

三是开展评选先进党支部、优秀共产党员的活动，树立总部的先进典型，掀起学先进、赶先进的高潮。

四是抓好转变机关作风的工作，进一步提高机关工作人员的素质，树立强烈的事业心、责任感和求真务实的良好作风，不断提高工作质量和效率，为基层和群众提供优质服务。

2. 巩固先进性教育成果，要结合总部实际，制定直属党委工作条例。在工作条例中，要建立党员教育管理的长效机制。建立学习制度，对直属党委、各党支部、全体党员的理论学习作出安排。建立直属党委、党支部工作例会制度，定期研究布置总部党的工作，做到日常工作有布置、有检查、有成果；建立组织发展制度，对发展新党员的工作做出具体安排，在确保质量的前提下，做好新党员的发展工作。通过建立直属党委工作机制，使总部党的工作进入制度化、规范化的轨道。

3. 通过巩固先进性教育的成果，做到提高党员素质，提高工作质量，促进本部门、公司工作，促进集团公司的工作，使先进性教育工作能作为长效机制，长期起作用。

（二）坚持不懈地抓好理论学习和武装头脑的工作

加强理论学习、武装头脑，是企业发展重要的智力基础和思想保证，我们一定要深刻认识其重要意义。

一是制定学习计划，抓好计划落实。对党支部和党员理论学习进行认真安排，组织党员系统地学习理论知识，学习党的路线方针政策，提高实践“三个代表”重要思想的自觉性。直属党委对各支部的学习，要每月作出安排，做到有布置、有检查、有成效。

学习既要突出重点，又要统筹兼顾；既要有近期安排，又要有长期规划；既要形式多样，又要注重实效。

二是要切实抓好党员领导干部的学习。党组中心组学习，主要是根据形势任务需要，针对集团公司正在进行和将要进行的企业改革发展的重大问题进行学习讨论。机关党委要结合中央及上级的形势任务教育，围绕建设具有国际竞争力的集团公司、转变经济增长方式、实现跨越式发展等中心工作，列出学习主题，组织学习讨论。

三是注重理论联系实际。学习要同推动集团公司改革发展、生产经营等各项中心工作结合起来，同推动本部门的业务工作结合起来，做到学以致用。要联系党员和员工的思想实际，指导实践，务求实效，切实把邓小平理论、“三个代表”重要思想、十六届三中、四中全会精神落到实处。通过学习，统一思想，提高认识，转变观念，把学习成果转化为工作成果。

四是通过请专家讲课、自学、专题发言、学习论坛等多种形式，不断地把学习引向深入。要充分发挥党组中心组学习的带动和辐射作用，一级抓一级，一级带一级，推动总部的学习。要总结先进性教育活动的经验，以此为基础，深入持久地做好武装头脑的工作。

（三）要进一步加强总部的精神文明建设，继续保持中央国家机关文明单位、首都文明单位的光荣称号

集团公司直属党委要把加强总部的精神文明建设，作为长期的任务来抓。要继续保持中央国家机关文明单位、首都文明单位的光荣称号，进一步完善制度和机制，继续开展评选表彰文明部室、文明职工活动，以此提高员工素质，树立总部形象，推进总部的精神文明、政治文明和物质文明建设，推进总部各项工作和集团公司的发展。

（四）进一步做好组织发展工作，增强党的凝聚力，促进企业的发展

要在已取得成绩的基础上，进一步加强总部的组织发展工作，继续按照“立足培养、注重程序、保证质量、积极发展”的组织发展工作的原则，把群众中的先进分子吸收到党内来，增强党组织的凝聚力，壮大党员队伍，加强对新党员的教育，增强党员的先进性，促进企业的发展。

（五）加强总部企业文化建设，进一步开展“创建学习型组织，争做知识型员工”活动

要进一步抓好集团公司企业文化建设，抓好企业文化双层创建活动。集团公司直属党委要配合有关部门在征集各基层单位和总部广大员工意见的基础上，通过一定程序，提炼集团公司统一的企业精神、经营理念等，逐步打造集团公司文化，形成共有价值观。下半年，直属党委要配合有关部门积极制定实施意见，形成初步体系，使集团公司企业文化建设工作有较大进展。

在创建集团公司企业文化的同时，进一步开展“打造学习型总部，争做知识型员工”的活动，形成在工作中学习，在学习中创新，在创新中发展的良好氛围。

（六）进一步加强工团组织的群众工作

直属党委要大力支持机关工会和机关团委开展工作，并提出指导意见，充分发挥群团组织在总部

各项工作中的重要作用。机关工会、机关团委要围绕集团公司的中心工作，以促进企业发展为宗旨，坚持以人为本的思想，增强服务意识，充分调动总部员工的积极性和创造性，为集团公司跨越式发展建功立业。要根据总部工作和员工实际，开展丰富多彩的文体活动。比如，通过组织郊游、小型体育比赛、参观展览等各种活动，丰富员工文化生活，加强交流沟通，增进团结，把总部工作搞得生动活泼、有声有色。

（七）充分发挥直属纪委的职能作用，搞好廉洁自律教育，强化监督意识，加强党内监督

直属纪委首先要在搞好党员廉洁自律教育上下功夫，积极组织广大党员学习中央、国资委和集团公司有关廉洁自律的各项规定，学习上级领导有关廉洁自律的讲话，组织党员结合实际，开展讨论，筑牢思想防线。特别抓好党员领导干部的学习，教育引导各级领导，为人民用好权，勤政廉政，严格自律，为广大党员做出表率。

加强党内监督是集团公司直属纪委的重要职能。一是要强化监督意识，把监督工作落到实处。二是健全和完善党内各项监督制度，逐步做到规范化、制度化。三是要明确监督的重要内容。四是要充分发扬党内民主，拓宽党内监督的渠道。五是要切实承担起党内监督的责任，卓有成效地开展监督工作。

（八）进一步完善工作制度和工作机制，加强基层组织建设

要进一步做好党内建章立制工作，完善工作制度和工作机制。要有长远规划和年度计划。要坚持直属党委和直属纪委的例会制度，安排好直属党委和直属纪委的日常工作，及时指导党支部工作。

要切实做好党支部建设工作，选好配强党支部书记，提高党支部围绕集团公司中心工作和党建工作开展活动、解决问题的能力，把党支部建设成为团结带领党员干部完成各项工作任务的战斗堡垒，充分发挥作用。

同志们，成立集团公司直属党委和直属纪委，是集团公司党建工作的一件大事，同时也对我们的工作提出了新的更高的要求。我们要以此为契机，发扬已有成绩，巩固和扩大先进性教育的成果，在集团公司新的发展阶段，围绕中心工作，结合实际，努力创新，为集团公司的跨越式发展做出新的贡献。

围绕中心　服务大局
在企业发展的进程中充分发挥作用

——在集团公司 2005 年工会工作会暨全国水电工程局（厂）工会主席第十五次联席会议上的工作报告

（2005 年 8 月 18 日）

袁　柏　松

同志们：

集团公司 2005 年工会工作会暨全国水电工程局（厂）工会主席第十五次联席会议在西宁召开了。刚才，中国能源化学工会张萌萌副主席和青海省总工会刘西昆副主席作了重要讲话。他们的讲话对我们今后的工作有很好的指导作用，希望大家认真贯彻执行。在此，我代表集团公司党组和集团公司工委，对中国能源化学工会和青海省总工会领导表示衷心的感谢！

这次会议的主要任务是：贯彻全总十四届六次主席团（扩大）会议精神，贯彻落实中国能源化学工会一届三次全委会和一届七次常委（扩大）会议精神，总结一年多来集团公司的工会工作，安排部署下半年及今后一个时期的工作任务，表彰劳模，交流经验，研讨工会工作热点问题，适应企业改革发展的新形势，切实加强和改进集团公司工会工作，为推进集团公司跨越式发展做出新贡献。下面，我受集团公司工委的委托，作工作报告。

一、一年多来集团公司工会工作的简要回顾

回顾 2004 年和今年上半年的工作，集团公司系统的工会工作按照中国能源化学工会、地方省市工会和集团公司党组的要求，在集团公司工委的总体部署、组织协调和各工程局（厂）工会的共同努力

下，紧紧围绕改革大局和经济发展中心任务，有力地促进了企业改革发展稳定。

（一）坚持“组织起来、切实维权”的工作方针，民主管理工作取得新进展

近年来，集团公司各级工会组织以职代会、厂务公开为基本形式，积极探索现代企业制度下职工民主管理的有效途径。特别是在2003年我们召开第十三次工会主席联席会之后，各单位深入落实厂务公开制度，及时调整和补充厂务公开领导小组和工作机构，以职代会为主要载体，按照规定的内容、形式、时间和程序扎实推进厂务公开工作。今年初，为了进一步加强职代会建设，提高企业民主管理水平，促进领导班子建设，做好民主评议领导干部工作，集团公司印发了《进一步规范职代会制度，提高企业民主管理水平》的意见。集团公司党组成员还分别参加9个工程局（厂）的职代会，进行调研，了解情况，指导工作，帮助基层解决实际问题，为切实提高职代会的质量发挥了很好的作用。各工程局（厂）认真落实集团公司文件精神，结合实际确定职代会议题，按期召开职代会，认真征集、处理、落实职工代表提案，规范操作程序，落实职代会的各项职权，在提高实效上下功夫，进一步推动了职代会工作的规范化、制度化。各工程局（厂）在改革改制任务繁重的情况下，坚持凡涉及职工切身利益的重大问题、企业改制方案、职工安置方案等都是通过职代会审议通过后才进行实施的，充分发挥了职代会的作用，促进了改革的顺利进行，保障了职工民主权利，从源头上维护了职工的合法利益。这方面工作九局、基础局、富春江厂等单位做得比较好，保证了改制顺利进行。

（二）坚持做好职工群众的思想政治工作，化解矛盾，为维护企业稳定作出了贡献

各单位工会组织以学习贯彻《工会法》为契机，在维护企业整体利益的同时，积极维护广大职工的合法权益，关心困难职工群众，为维护企业和社会稳定做出了积极贡献。在维护企业稳定的工作中，各单位工会组织和工会主席做了大量工作。在处理企业改革改制中出现的矛盾时，工会主席、工会干部与其他党政领导一道做职工的思想工作，参与上访的接待和解释工作，保证了企业改革的顺利进行；各单位工会坚持开展“扶贫帮困送温暖”活动，采取多种形式关心职工，节假日坚持走访慰问制度，对困难职工登记造册，做到不让一个职工因生活困难出现意外，对特殊困难的职工采取了争取低保、给予救助等保障措施。据统计，2004年我们在扶贫帮困方面共支出2500余万元，为维护企业稳定发挥了很好的作用。去年，水电七局走访慰问离退休职工和困难职工及家属14832人次，发放慰问金320余万元。水电五局开展了“我向亲人说句话”活动，录制了节目录像，将组织的亲切关怀和亲人的祝福及时传送到国外项目上，充分体现了人文关怀。同时，各级工会组织对带有倾向性的问题也制定了相应的措施，如开展“金秋助学”活动等，保证困难职工子女的就学，受到职工的好评。

（三）大力实施职工素质工程，促进了人才队伍建设

在以促进职工素质工程为中心内容的第十四次工会主席联席会召开之后，各工程局（厂）认真落实集团公司职工素质工程实施意见，以职工素质工程为载体，广泛深入地开展职工岗位技能培训和技术比武活动，形成了工作机制，加强高技能人才培养，有力地配合和推进了集团公司“人才强企”战略的实施。对技术比武活动中的优胜者，各单位工会组织主动与地方劳动保障部门联系，推动技师、高级技师的评聘工作，开辟了职工成才的通道，激发了职工成才的积极性。各单位工会组织把参与企业技能培训作为工会的重点工作，不仅积极参与全局职业技能培训计划的研究制定，而且积极协助有关部门开展技能培训工作。2004年，集团公司系统各单位开展了1100多次、涉及43200人次的培训，为提高职工技能水平发挥了很好的作用。仅水电四局2004年就举办各种职业技能培训班171期，职工培训工作力度大，效果好。与此同时，各单位积极参加省市组织的技能竞赛活动。水电三局还承办了陕西省职工“水电杯”水轮机安装、水轮发电机安装工技术比赛。2004年，系统各单位有23人获省级技术能手称号，仅水电三局就有8名同志获此称号。

（四）开展了内容丰富的群众性经济技术创新活动，树立先进典型，弘扬劳模精神，组织职工为企业发展建功立业

各单位工会组织围绕生产经营目标，立足项目，特别是在重点工程中大力开展群众性经济技术创新活动，精心组织多种形式的劳动竞赛、合理化建议、技术革新和技术比武等活动，在生产经营和管理中发挥了较好的作用，涌现出一大批劳动模范等先进典型。一年多来，我们以开展评选劳动模范活动为契机，树立了一批先进典型，在全集团营造了尊重劳动、尊重知识、尊重人才、尊重创造的良好氛围，弘扬了劳模精神，掀起了学先进、赶先进的热潮。今年“五一”，在2005年全国劳动模范和先进工作者表彰大会上，集团公司7名同志获得了“全国劳动模范”荣誉称号，这是近年来集团公司年度产生全国

劳模最多的一次，为此，集团公司专门召开了座谈会，集团公司领导与劳模进行座谈，表彰他们的先进事迹，号召全体职工向全国劳模学习。去年，七局机电安装分局、五局福堂项目部荣获了“全国五一劳动奖状”；四局第一施工局、八局三峡机电制造安装项目部、十二局一分局三个集体获得人事部和国资委共同表彰的“中央企业先进集体”的光荣称号。除此之外，各工程局（厂）还涌现出一批省部级先进个人，2004 年我们有 25 名同志获得了省部级劳模称号。今年，我们评选了集团公司劳动模范 10 名，先进生产者 33 名。而且形成了机制，集团公司和各工程局（厂）都制定了劳模评选和管理办法。今天，我们在这里将为获得集团公司劳动模范的 10 名同志颁奖。希望获得荣誉的同志再接再厉，为企业的改革发展作出更大的贡献，希望各级工会组织继续加大培养和树立先进典型工作的力度，培养更多更好的先进典型。

（五）加强学习培训，提高工会干部素质，工会自身建设得到加强

各单位通过举办培训班等形式组织工会干部学习工会十四大精神和工会工作基本知识，加强了工会业务和思想建设，工会干部的整体素质有所提高。水电二局选派部分新上任的工会主席、副主席和工会干部，参加北京市总工会举办的工会干部岗位资格培训班，使工会干部达到了专业培训、持证上岗的要求。其他单位也采取“请进来”和“送出去”的办法对工会干部进行了培训，各级工会干部的整体素质有了提高。各单位工会将组织建设放到了突出位置来抓，建立健全规章制度，组织建设在规范化和制度化方面得到进一步加强。水电十三局在劳务工入会的问题上进行了有益的探索，在三分局温州工地组建了劳务工会，56 名劳务工全部加入了工会组织，真正融入到项目部的大家庭中，使劳务工的权益得到了更好的保障。各单位女工工作也在逐步加强，各级女工委员会通过开展劳动竞赛等活动，全面提高女职工整体素质。水电八局通过组织“芙蓉杯”竞赛活动，激发了女职工为改革发展建功立业的积极性，受到女职工的好评。

回顾过去，我们在工会工作中取得了一定成绩，但对比新形势的要求，还存在差距，主要表现在：一是工会工作创新不足，特别是在新形势下如何维护职工的合法权益问题上，研究探讨不够，工作还不到位；二是在落实工会工作有关制度方面，各单位发展不够平衡，有的单位差距较大；三是有的工程局（厂）的二级单位、大型项目部的领导对工会工作重视不够，工会机构不健全，工作人员不到位，很少开展活动。这些差距，我们要在今后的工作中引起高度重视，并采取得力措施加以纠正。

二、关于集团公司的改革发展形势

在今天这个会上，我讲一下集团公司的改革发展形势，目的是使同志们对集团公司的发展战略和中心工作有进一步了解，有利于我们各级工会组织围绕中心开展工作。

（一）发展战略体系逐步完善

近几年来，集团公司的各项工作取得了显著的成绩，特别是集团公司成立后，对企业的发展战略作了不断的总结、研究和完善，基本形成集团公司的发展战略。集团公司发展战略的形成大致经过四年的时间。2003 年，在成立集团公司之际，就提出了建设具有国际竞争力的大型企业集团的战略目标。为实现这个目标，2004 年，在分析企业内外形势的基础上，确立了跨越式发展战略，目的是尽快缩短与先进企业的距离，加快集团化建设进程。在 2004 年一年里，结合企业的实际，进一步丰富和完善了跨越式发展的内涵，特别是提出了要实现“五大跨越”，即规模和效益上的跨越、市场领域和产业结构上的跨越、体制和机制上的跨越、管理和技术上的跨越、队伍结构和思想观念上的跨越，标志着跨越式发展的战略体系基本形成。为推进跨越式发展战略的实施，2005 年年初，集团公司作出了贯彻科学发展观，转变经济增长方式，转换经营管理模式，提高经济效益，增强可持续发展能力的重大决策。上半年，集团公司在进行总部党员先进性教育活动中，在总结近几年集团公司改革发展的成功经验、展望未来 10 年发展前景的基础上，郭建堂总经理进一步提出“三步走”战略步骤，即：第一步，从 20 世纪 90 年代末到 2004 年，实现以规模扩张为主要内容的综合发展目标，这一阶段的任务基本完成。第二步，从 2005 年到 2010 年，实现以转变经济增长方式，提高经济效益和经营质量，提高创利水平，增强企业可持续发展能力为主要内容的全面发展目标。这一阶段的主要任务是：转变经济增长方式，提高企业经济效益；加快企业改革，建立适应市场的体制和机制；推进产业结构的调整和升级；在发展的基础上，基本解决历史遗留问题，普遍建立股权多元化、产权多元化的现代企业制度。第三步，2010 年到 2015 年，实现以建成具有国际竞争力的大型跨国公司为主要内容的国际化发展目标。国际经营在总体业务中的比重达到 50%以上，在国际上的影响进一步扩大，实现资本的国际化、经营的国际化、管理的国际化。“三步走”战略步骤的提出，使集团

公司发展战略形成了一个由战略目标、战略任务、战略步骤构成的较为完整的体系，将对集团公司的长远发展产生重大而深刻的影响。

（二）2005年上半年的主要工作情况

今年上半年，集团公司全面落实2005年工作会议精神，国内国际经营业务取得了显著成绩，总的发展态势比较好，达到了预期的目标。

1. 主要经营指标完成较好，经营效益明显提高。截至6月底，全系统新签工程合同额184亿元，同比增长28.7%，占年计划的70.8%；完成营业收入126.7亿元，同比增长26.4%，占年计划的50.3%，其中主营业务收入122.8亿元，同比增长27.9%。从经营效益和质量看，实现利润总额8707万元，比上年同期（亏损1986万元）增加了1.07亿元。1～6月份集团公司保持了持续快速发展的良好态势，整体经营形势特别是效益情况好于往年。

2. 贯彻集团产业结构调整战略，投资开发稳步推进。上半年，对两个水电站的股权进行收购，签署了2×60万千瓦火电合作开发协议；到今年6月底，集团公司共投资项目9个，电力项目的参股控股在建装机容量316.35万千瓦，其中集团公司权益装机容量152.88万千瓦。预计投入项目开发资本金约20亿元，预计项目开发总投资约190亿元（含资本金），为集团的产业结构调整，产业链升级迈出了坚实的一步。

3. 国内市场开发取得新成效。截至6月底，新签国内工程合同额103亿元，其中非水电工程合同额12亿元。国内单项工程平均合同额达3084.8万元，新签亿元以上项目23个。

4. 深入实施国际化战略，大力开拓国际市场，提高占有份额，国际化经营取得新突破。上半年，新签约的国际项目合同额为9.8亿美元，到目前为止，已中标签约22个项目，合同额13.7亿美元，约为去年全年的150%。

5. 党的建设和精神文明建设取得新成绩。圆满地完成了集团公司总部党员先进性教育活动各个阶段的工作，综合评价满意和基本满意率达到了99.4%，得到国资委党委的充分肯定，集团公司总部作为国资委先进性教育活动五个典型单位之一作了大会经验交流，提高了企业的影响力。前段时间，我们还召开了集团公司人才工作会议，制定下发了人才战略规划和管理办法，为建设高素质的水利水电建设人才队伍，增强集团公司核心竞争能力提供了保证。

（三）企业改革的简要情况

近几年来，集团公司的改革改制工作坚持积极稳妥的原则，稳步推进。在去年4月召开的集团公司改革方案论证会上明确了集团公司改革的总体思路，提出了“三步走”的改革战略。第一步是在现有体制框架内进行体制和机制的改革。主要内容是，实施主辅分离、改制分流，分离企业办社会职能，深化内部管理体制改革，转换经营机制。第二步，积极开展工程局（厂）整体改制的试点，开展国有独资公司董事会的试点，探索建立现代企业制度的途径，积极探索组建专业化公司的工作，着力培育优势企业，为战略重组创造条件。第三步，根据形势发展需要和市场化原则，进行资源整合、战略重组，构建具有国际竞争力的企业集团新体制。近年来，主辅分离、改制分流工作，按照成熟一个、操作一个的原则，取得了重要进展。到目前为止，已有17家单位完成改制，参与改制职工5040人。其中，基础局和富春江厂的整体改制已顺利完成，改制后的新公司已规范运作，发展势头良好。与此同时，我们组织上报了第二批主辅分离方案，经国资委、财政部、劳动保障部审核批准，有24家单位3774人纳入改制分流范围。兼并重组工作取得进展，我们于6月中旬与陕西省国资委签署了陕工局资产划转协议，陕工局以“中国水电建设集团十五工程局有限公司”的名义正式加盟集团公司。分离企业办社会工作全面展开，按照国家的统一部署，目前已进入实质性操作阶段。积极准备开展国有独资公司改建试点和专业公司重组等工作，已起草完成《国有独资公司改建试点工作意见》，并正在进行试点单位的落实工作，准备在下半年正式推开。

在解决历史遗留问题方面，经集团公司坚持不懈地努力，国家电力体制改革中明确的各项扶持政策正在逐步落实之中。

这些问题的逐步解决，为集团公司长远发展和解决长期困扰企业改革发展的难题打下了基础。希望各级工会组织与党政一道，按照集团公司的统一部署、统一口径，做好职工的思想工作，切实把好事办好、好事办实。

三、关于下半年及今后一个时期的工作

根据我们年初确定的“围绕中心，服务大局，突出重点，求真务实，努力创新”的工会工作思路，我就今年下半年及今后一个时期的工会工作讲几点意见。

（一）继续深入学习贯彻党的十六届四中全会精神，配合党组织开展好先进性教育活动

在先进性教育活动中，我们要认真贯彻落实胡锦涛总书记提出的先进性教育关键在取得实效、努

力建成群众满意工程的指示精神，把握先进性教育活动的精髓，即联系实际、取得实效、群众满意。开展先进性教育活动，加强党的执政能力建设，不仅是各级党组织，而且是各级工会组织和工会干部当前的一项重要政治任务。各级工会组织和广大工会干部都要从加强党的执政能力建设的高度出发来审视工会工作，充分认识工会工作在全局中的重要位置和重要意义，积极配合党组织开展好先进性教育活动，努力把工会工作提高到一个新水平。

首先是在学习内容上，要把十六届四中全会精神的学习和十六届三中全会、全总十四届六次主席团（扩大）会议精神的学习结合起来。要深刻理解加强党的执政能力建设，具有极为重要的现实意义和历史意义，深刻认识加强工会组织建设是加强党的建设、提高执政能力建设的重要组成部分。

其次是在具体实践中，要站在不断增强党的阶级基础、扩大党的群众基础、巩固党的执政地位的高度上，来思考、谋划和安排工会工作。工会工作是党的群众工作中十分重要的组成部分，覆盖面最大，联系范围也最为广泛。做好工会工作，提高做好群众工作的能力和水平，是加强党的执政能力建设的重要内容。因此，各级工会组织要围绕改革发展稳定大局和中心任务，求真务实，在企业改革中维护稳定，维护职工的合法权益，强化民主管理工作，推动改革发展。

（二）认真学习领会党中央关于工人阶级和工会工作的重要指示精神

前不久，中共中央书记处听取了全总党组的汇报；随后，中央政治局常委会又专门听取汇报并作了重要指示。胡锦涛总书记强调，工会组织要不断扩大覆盖面、增强凝聚力，维护好职工群众的合法权益，维护好职工队伍和社会政治的稳定。胡锦涛总书记的讲话对做好工会工作具有十分重要的意义。当前，广大工会干部特别是领导干部的一项重要任务，就是要加强对学习的组织领导，认真贯彻党中央的重要指示精神，深刻领会精神实质，真正落实到工会工作中去。

今年7月4日，全总第十四届六次主席团会议通过了《关于坚持走中国特色社会主义工会发展道路的决议》。王兆国同志在会上指出，我国社会经济成分、组织形式、就业方式、利益关系和分配方式呈现出多样化的特点，经济关系和劳动关系日趋复杂，只有坚持走中国特色社会主义工会发展道路，在社会主义市场经济条件下进行探索和创造，才能把中国工会事业不断推向前进。王兆国强调，制定《决议》有着非常深刻的历史根源和现实背景，面对当前复杂的国际形势和繁重的国内建设任务，明确提出坚持走中国特色社会主义工会发展道路，回答“建设什么样的工会、怎样建设工会”的问题，意义重大，影响深远。《决议》对指导我们今后的工会工作具有重要意义，各级工会组织和广大工会干部要深入学习，结合我们自身的工作，认真贯彻落实，推动工会工作。

最近，中央办公厅、国务院办公厅转发《中共中华全国总工会党组关于当前影响职工队伍稳定的突出问题及对策建议的报告》的通知，是一个十分重要的文件，全总的报告提出了当前影响职工队伍稳定的八个突出问题，提出了进一步维护职工队伍和社会政治稳定的八条对策建议。各级工会组织首先要认真传达学习《通知》精神，同时，要结合各工程局（厂）的实际，认真分析和研究当前影响职工队伍稳定的新情况、新问题，针对问题提出对策和措施，进一步完善和落实涉及职工群众的实际困难和问题，切实保证广大职工群众共享改革发展成果。

这次会议的特点是把工作会和联席会合并在一起召开。截至这次会议，联席会已经15届了，工会主席联席会主要是交流经验，研讨工会工作的热点问题，把理论务虚与推进实际工作结合起来，通过交流相互启发，促进工作，增进工会工作者的友谊，效果确实很好。今年合并在一起召开，既有总结部署工作的要求，同时还有研讨工会工作热点问题的任务。我们2003年联席会研讨的主题是厂务公开的问题，2004年联席会研讨的主题是职工素质工程的问题，今年的主题是贯彻全总十四届六次主席团会议精神，进一步搞好企业的民主管理，落实“组织起来、切实维权”的工作方针，推动企业的改革发展。我们主要是通过交流经验和专题讨论来进行研讨，希望大家在讨论中积极发表意见，取得研讨成果。

（三）贯彻落实中央、全总和国资委党委有关精神，进一步加强对工会工作的领导

工会工作是党的群众工作的重要组成部分，在企业改革发展稳定中发挥着举足轻重的作用。特别是在当前集团公司系统改革攻坚破难阶段，更要发挥工会在改革改制、协调稳定劳动关系、维护职工合法权益中的积极作用。集团公司党组对系统的工会工作高度重视，每年集团公司工作会议、党建工作会议都突出强调工会工作。各工程局（厂）党政领导和工会组织，要按照《关于加强和改进中央企业党建工作的意见》、全总十四届六次主席团（扩大）会议精神和《工会法》的要求，进一步加强对

工会工作的领导，积极发挥各级工会组织的作用。当前，各工程局（厂）党委要站在加强党的执政能力建设的高度上，重视工会工作，采取有效措施，切实加强和改进对工会工作的领导。要继续抓好工会组织建设，防止在企业改制中削弱工会工作的现象发生。

目前，集团公司各工程局（厂）工会工作的环境条件从总体上应该说是不错的，但也存在一些应当引起重视的情况和问题。个别基层单位存在着削弱工会工作机构的现象，致使工会难以开展工作、发挥作用。对这种情况，各单位党委要高度重视，切实采取措施加以预防和扭转，特别是在改革和改制过程中，要积极为工会工作创造有利条件，优化外部环境，建立健全工会机构，配备适应工作需要的人员，提供必须的经费保证和活动场所。

（四）围绕中心，服务大局，突出重点，切实抓好当前的几项重点工作

1. 大力推进职工素质工程，重点抓好职工技能大赛，提高职工队伍素质

今年9月，集团公司将开展一次全系统的焊工技能大赛，各工程局（厂）工会组织要高度重视、精心组织，以竞赛为契机，全面深化职工素质工程，推动各类技能人才队伍的发展，为集团公司“人才强企”战略的实施发挥作用。开展这一活动的目的，一是推动群众性的技术比武活动，特别是提高广大技术工人的技能水平，为跨越式发展作人才准备；二是选拔优秀选手参加上级组织的技能大赛，力争取得好成绩，展现水电工人的风采。因此，要求各工程局（厂）首先要对选手进行集中培训，提前演练。在此基础上，各单位要组团参加集团公司的焊工技能大赛，切实做好组织工作。这次大赛中表现突出的选手，我们将推荐参加10月份国资委组织的中央企业焊工技能大赛。

各级工会组织要站在人才强企的战略高度，和党政组织一道，努力建设一支高素质的技能人才队伍，培养一大批高素质的技术工人，这是企业人才队伍的一个重要的组成部分，是企业发展的需要。工会要继续抓好职工教育工作，鼓励大家树立“收入凭贡献，岗位凭竞争”的理念，教育职工成为具有一定思想觉悟、较高的技能水平、良好的职业道德的高素质人才，通过高素质获得岗位；要形成职工培训机制，工会组织要积极和人力资源部门、职工培训部门联手工作，共同组织好职工培训工作；认真组织好岗位练兵活动，促进职工学好技术、练好本领；认真组织好技术比武活动，要制定完善相关制度，对优胜人员给予适当的物质奖励，更重要的是与地方劳动保障部门建立联系，请地方的劳动保障部门参加活动，认可活动方案，为职工破格晋升技师、高级技师创造条件。同时，要抓好技师和高级技师待遇的落实工作，使技能型人才成为人才队伍的重要组成部分，这对企业长远发展将产生良好的影响。

2. 大力推进群众性经济技术创新活动，重点抓好项目劳动竞赛和技术创新工作，推进技术进步和经济效益提高

要积极探索群众性经济技术创新工程，以推进技术进步和提高经济效益为中心，以项目为载体，以提高技术素质为主攻方向，开展富有特色的群众性活动。各级工会组织要把开展“创争”活动作为有效载体，以加强生产一线班组、车间建设和增强技术攻关能力为重点，结合实际，讲求实效，广泛开展技术攻关、技术协作、合理化建议、劳动竞赛等活动。要在项目上广泛开展劳动竞赛，特别是按照中国能源化学工会的要求，在大型水电项目上开展劳动竞赛，及时总结开展劳动竞赛的经验，充分发挥典型的示范作用，研究探索新形势下劳动竞赛的新思路和新方法，赋予劳动竞赛新的内容和形式，项目劳动竞赛要体现转变经济增长方式，提高经济效益的精神，不但要完成工期目标，还要达到创造利润、提高效益的目标，项目劳动竞赛要赛工期，赛成本节约，赛安全质量，赛创造利润的业绩，这是新形势下项目劳动竞赛的新内容。大力加强职工技术协会的组织建设和队伍建设，积极开展职工技术协作活动，总结推广职工先进操作法，推广和应用职工技术创新成果，促进企业技术进步和科技成果向现实生产力转化，把职工经济技术创新活动不断引向深入。要继续搞好劳模和先进人物的选树工作，大力弘扬爱岗敬业、争创一流，艰苦奋斗、勇于创新，淡泊名利、甘于奉献的劳模精神。落实已建立的劳模评选机制、程序和办法，集团公司每两年要评选表彰一次劳动模范。

3. 进一步推进职代会制度建设，重点抓好干部民主评议工作，更好地发挥职代会职能，切实加强民主管理

要通过职工代表大会制度，把职工的民主管理和民主监督融入企业的各项工作当中。进一步完善职代会工作制度和工作机制，建立健全《职代会实施细则》、《职代会专门委员会制度》、《民主评议干部制度》、《职工代表团长联席会制度》、《职代会档案管理制度》等，为规范职代会的内容和工作方式、工作程序提供可操作性的依据；要认真落实集团公司党组《进一步规范职代会制度，提高企业民主管

理水平的意见》文件精神，重点做好民主评议干部工作，评议的原则、内容、形式、方法、程序、组织领导全面落实，使民主评议工作做到有章可循，有法可依。要进一步完善职代会的组织体系、运行机制，落实和发挥职代会的各项职权，做到企业的改革改制方案和涉及职工切身利益问题，必须经过职代会审议通过，以此推进企业的民主管理走向制度化、规范化。要通过建立健全职代会制度，更好地发挥职代会职能，进一步探索新形势下民主管理的有效途径，研究现代企业制度下如何发挥职代会作用的问题，研究在职代会闭会期间如何通过适当形式开展好工作的问题，研究改制企业如何建立工会组织，发挥工会组织作用，落实职代会制度的问题，切实提高企业的民主管理水平。

4. 要继续推进厂务公开工作，重点抓好工作机制的形成，切实发挥职工群众的民主监督作用

随着形势的变化，我们要继续深化厂务公开工作，扩大覆盖面，使厂务公开的制度不断完善，内容更加具体，操作程序更加规范，并向更深层次延伸，切实发挥职工群众的民主监督作用。要下功夫重点抓好厂务公开工作机制的形成，进一步完善党委统一领导、党政共同负责、党政工团齐抓共管、职工群众全员参与的领导体制和工作机制。要坚持把企业改革、发展、稳定的重点、职工关注的热点以及与领导班子建设和反腐倡廉密切相关的重要问题，如实公开，不断深化厂务公开的内容，提高针对性和实效性。

5. 大力推进企业民主管理，重点抓好集体合同和工资集体协商制度的落实，积极表达和维护职工合法权益

工会作为群众组织，要积极履行维护职工合法权益的基本职责，从维护职工根本利益和长远利益出发，协调企业与职工之间的关系，处理好各种矛盾和纠纷。要按中央办公厅、国务院办公厅转发全总党组报告的通知精神，以推进集体合同签订工作为突破口，推动职工民主管理、平等协商与集体合同、工资集体协商等制度机制的建立和完善，推动解决职工最关心的劳动就业、收入分配、社会保障、劳动安全卫生等方面的突出问题，尤其要注意维护职工在企业改革改制过程中的合法权益，通过完善平等协商和集体合同制度，维护好职工的民主权利和劳动经济权益。平等协商和集体合同的内容、标准和形式，必须紧密结合企业的实际。凡涉及职工切身利益和劳动关系重大问题的有关方案，都要在充分听取职工意见后做出决定。要提高劳动合同、集体合同的签订率和履约率，企业劳动关系遇到的要害问题和职工最关心的问题，特别是员工工资问题、资金分配问题，必须作为平等协商的重点，纳入到集体合同中。要在企业效益提高的基础上，实现职工收入的稳步增长，要让职工感受到效益提高带来的实惠，特别要解决好职工收入偏低的问题。

6. 大力推进构建和谐社会的进程，重点抓好改革中职工的思想政治工作，维护企业和职工队伍的稳定

各级工会组织要认真落实中央办公厅、国务院办公厅转发全总党组报告的通知精神，在认真调查本单位影响职工队伍稳定问题的基础上，采取得力措施，维护企业和职工队伍的稳定。下一步深化改革，包括主辅分离、企业改制等，是一次利益机制调整，会牵涉到一部分职工的切身利益。虽然近年来广大职工对改革发展的认识普遍提高，但是改革过程中的稳定问题却不容忽视，仍旧是一个大问题。各级工会组织要积极引导广大职工支持企业的各项改革措施，正确对待利益关系的调整。要引导职工理解改革政策，积极参与改革工作，推动改革改制工作顺利进行。各级工会组织要增强工作的主动性和预见性，要积极配合党政组织做好职工的思想政治工作，参与信访接待，协助有关方面作好上访人员的说服和疏导工作，进一步完善处理群体事件、突发事件的工作预案，一旦发生此类事件，工会组织要配合党委和行政做好群众工作，及时化解矛盾，防止矛盾激化和事态扩大，确保企业改革的顺利进行，维护企业和社会稳定。

各级工会组织要建立健全工会安全生产工作责任制，切实履行法律赋予工会的职责，发挥工会组织对安全生产的监督管理作用，积极参与对员工的安全培训工作，特别是对一线职工和劳务工的安全教育和培训工作，要认真做好。工会组织要认真组织“安康杯”竞赛活动，提高广大职工的安全意识。对违章指挥、违章操作的行为，职工有权拒绝施工。工会组织要坚持以人为本的原则，维护职工在安全生产方面的合法权益，维护职工和劳务工的生命安全，这是工会维权工作的重要内容。工会组织要依法参加事故查处和安全大检查的工作，努力杜绝和减少重大人身伤亡等责任事故，在安全生产工作中发挥工会组织的作用。

要积极探索完善帮困救助工作机制，加大帮扶中心的建设力度，总结建立困难职工帮扶中心的经验，进一步完善困难职工帮扶中心建设，在政策和资金保障方面，积极主动地取得行政的大力支持，建立与行政部门共同帮扶困难职工的工作机制和渠道，使帮扶资源得以有效配置和整合，切实提高帮

扶救助水平。要落实帮困救助各项措施，帮助职工解决工作生活上的实际困难，重点要解决好弱势群体的实际困难，要为特困职工解决好基本生活保障问题，积极争取进入社会低保范围；对长期下岗、生活困难的职工要给予特殊的经济帮助；要为双职工下岗的家庭解决困难，必须保证一方上岗；要加强对下岗职工的培训工作，提高他们的技能水平，增加就业机会；对困难职工子女就学问题要关注，决不能出现因家庭经济困难辍学的现象。各单位工会组织要积极做工作，一定要把国家和企业对职工的关怀落到实处，落实到职工的身上，把好事办好、办实，为维护企业和社会稳定、构建和谐社会做出积极贡献。

（五）进一步推进工会组织自身建设，重点抓好工会干部队伍建设，促进工会工作再上新台阶

工会要更好地履行职责，有效发挥作用，必须适应市场经济建设和企业改革发展的新形势，进一步加强工会组织的自身建设。各工程局（厂）工会组织要健全，人员配备要得力，局（厂）所属二级单位，如果工会主席是兼职的，应配备一名专职副主席或专职工会干事。党委要定期听取工会的工作汇报，及时研究解决工会工作中的困难和问题。要坚持“党建带工建”，充分发挥工会组织联系广大职工的桥梁和纽带作用。要加强工会干部队伍建设。要按照稳定队伍、优化结构、提高素质的要求，努力建设一支高素质的工会干部队伍。各级工会干部要做好工作，必须对职工有浓厚的感情，对企业有高度的责任心，要做到热心、耐心、细心，成为党委靠得住、行政离不开、职工信得过的工会干部。

同志们，让我们以邓小平理论和“三个代表”重要思想为指导，深入学习贯彻全总十四届六次主席团（扩大）会议精神，贯彻落实中国能源化学工会一届三次全委会和一届七次常委（扩大）会议精神，树立和落实科学发展观，振奋精神，扎实工作，围绕中心，服务大局，在实现跨越式发展的进程中充分发挥工会组织的作用，为集团公司建设具有国际竞争力的跨国公司的宏伟目标，不断做出新的贡献！

积极实施“三步走”战略　努力推进企业改革

——在集团公司改革工作座谈会上的讲话

（2005年9月13日）

袁　柏　松

同志们：

集团公司正处于改革发展的重要阶段，开好这次会议，对于深化集团公司的改革，全面完成集团公司跨越式发展新阶段的任务，具有十分重要的意义。这次会议的主要任务是：总结交流2003年集团公司改革与发展研讨会以来深化企业改革的工作情况；传达贯彻国资委、建设部等部委关于改制改革问题的文件精神；研究如何贯彻落实集团公司“三步走”发展战略，进一步加快企业改革步伐的策略与措施。刚才，集团公司党组书记、总经理郭建堂同志作了重要讲话。郭总在讲话中全面分析了集团公司改革发展面临的新形势，提出了进一步加快企业改革进程，切实加大改革工作力度的任务与要求。这对于我们进一步提高认识，把握全局，开拓进取，进一步做好企业改革工作，具有非常重要的意义。各单位一定要认真学习领会，认真加以贯彻落实。下面我讲几点意见。

一、2003年以来改革工作的简要回顾

2003年9月，集团公司在浙江杭州组织召开了集团公司成立以来的首次改革与发展研讨会。会议在研究分析国有企业改革形势和集团公司改革发展现状的基础上，提出了建立现代企业制度的总体设想，部署了主辅分离辅业改制的工作任务与要求。经过两年来的努力，集团公司整体改制试点和主辅分离工作取得了实质性突破，内部管理体制和经营机制改革取得了新的成效，分离企业办社会职能工作取得了阶段性成果，为集团公司的进一步发展奠定了基础。

（一）改革重组的总体思路进一步明确

改革与发展是企业的永恒主题。集团公司的改革工作始终围绕发展战略目标来展开。随着集团公司发展战略的逐步深化，改革重组的思路也得到了

进一步明确。在集团公司成立之初，集团公司就组织力量对改革重组的总体思路进行专题研究，在广泛调查研究的基础上，形成了集团公司改革重组的总体方案。围绕全面建设具有国际竞争力的大型企业集团的战略目标和跨越式发展战略，对集团公司的战略重组和公司制改造工作进行了总体设计。2004年4月，集团公司在北京组织召开了建立现代企业制度框架方案论证会，聘请国家有关部门和专业研究机构的专家对集团公司建立现代企业制度的必要性和可行性、基本思路、主要措施和备选方案进行了研究、论证，提出了以建立具有国际竞争力的企业集团为目标，推进产权结构调整、产业结构调整、组织结构调整和队伍结构调整，在集团范围内全面建立现代企业制度的框架方案。

改革重组总体思路的进一步明确，为我们今后一个时期的改革作出了整体部署和安排，对加快集团公司的改革进程具有重要意义。

（二）整体改制试点工作取得重要进展

对工程局（厂）进行公司制改造，建立起适应市场经济要求的现代企业制度，是集团公司改革重组的重要战略目标。按照“先试点、后推广，积极、稳妥推进”的思路，集团公司在2003年确定了基础局和富春江厂作为试点进行整体改制。经过一年多的努力，这两家企业都已于2004年底基本完成了公司制改造。基础局采取“将经济补偿金转换为等价股权并实行职工信托持股”的形式进行股份制改造，改制为中国水电基础局有限公司，企业目前的股权比例为职工股75%，集团公司参股25%。富春江厂积极引进外资进行改制，原总厂控股的双富公司由日本东芝公司收购大部分股权后，改制成了东芝（杭州）水电设备有限公司，东芝公司控股80%，集团公司直接参股20%。总厂所属其他控股、参股企业，采取向内部职工公开转让股权的方式，国有资本全部退出。目前，总厂的最终清算销号工作由集团公司委托十二局正在抓紧进行。基础局和富春江厂改制试点工作的顺利推进，正式拉开了集团公司对全资企业进行公司制改造的序幕，为改革改制工作提供了新鲜的经验。

（三）改制分流工作取得实质性突破

按照国家八部委859号文件及其配套政策要求，集团公司从2003年9月开始组织部署系统的改制分流工作，并先后于2004年2月和2005年1月向国资委、财政部、劳动和社会保障部申报了二批共77家拟改制企业（其中，第一批53家，第二批24家）。截至今年6月底，第一批拟改制企业中有16家完成了企业改制，第二批有1家改制完成。其中，改制为非国有控股的14家（国有资本完全退出的4家），改制为国有控股的有3家，参与改制分流的职工人数达5040人。水电九局、七局、基础局、富春江厂的改制分流工作进展较快，除基础局整体改制外，水电九局已完成7家，水电七局完成5家，富春江厂完成4家。这些企业改制后，随着体制的变革，积极转换内部经营机制，加强管理，总体呈现出良好的发展态势。首批企业改制的成功，带动了集团改制分流工作的全面开展。目前，水电四局、八局、十一局、十二局、十三局、十四局等单位的改制分流工作已积极展开，部分拟改制企业已基本完成了财务审计、资产评估等前期工作，进入实施操作阶段。

（四）集团化建设和内部管理体制改革取得新成绩

集团公司成立以来，积极探索建立科学的集团管理体制，通过不断深化集团公司总部改革，基本转变了过去总公司体制下的管理模式，逐步建立起了具有自身特点的集团管理新体制。在完成集团公司总部机构改革的基础上，按照集权的战略管理与充分授权的经营管理相结合的原则，逐步理顺了集团公司与各工程局（厂）之间的母子公司关系。通过实施资产经营、安全生产、党风廉政建设三项责任制以及市场经营统筹、资金集中管理等措施，较好地履行了集团公司作为出资人代表的职责，维护了集团的整体利益。在理顺与总部经营机构的管理关系方面，通过组建或重组国际公司、租赁公司、投资公司以及项目开发公司，不仅理顺了集团公司与这些单位的责、权、利关系，而且有效地调动了其独立参与市场竞争，进一步强化内部管理，提高效益的积极性。

在内部管理体制和经营机制改革方面，各单位进行了积极的探索。近几年来市场形势发展变化很快，对我们传统的管理体制、运作机制提出了很多新的挑战。各单位根据市场形势变化，结合企业的实际情况，不断改革内部运作机制，重建管理流程，有效地促进了企业管理效率的提高。水电七局运用现代企业管理理念，改革管理流程，建立起能对市场作出快速反应的管理模块，促进了企业管理的加强。水电九局结合企业的自身特点，积极探索管理层与作业层相对分离的作法，在一定程度上解决了项目工地大量使用临时工而自有职工却大量待岗的矛盾，而且也为工程局向管理、技术密集型企业转变创造了条件。水电八局适应市场需求和国家政策要求，积极探索与地方政府、职工个人共同投资组建专业劳务公司的作法，不仅为解除劳动合同的职工提供了新的再就业渠道，而且规范了企业的劳务用工管理，避免了直接从社会招用劳务而带来的风险。

人事、劳动和分配制度改革既是企业内部改革的重要组成部分，也是加强企业管理的重要内容。各单位围绕强化企业内部管理，提高经济效益目标，在推进三项制度改革方面，通过引入市场机制，坚持突出效率优先，兼顾公平的原则，在实践中创造了很多很好的经验。水电七局、基础局有限公司等单位通过采取干部竞争上岗，实行项目经理、经营管理人员年薪制、经营责任制，建立绩效考评体系，执行收入与贡献挂钩，不仅稳定了队伍骨干，而且促进了管理工作的加强。集团公司在充分总结各单位干部人事制度改革经验的基础上，按照国资委的要求，继2003年公开集中选聘集团公司总部管理部门负责人后，今年又公开集中选聘16名工程局（厂）的负责人，不仅在集团公司产生了强烈反响，在整个水电系统都产生了良好的反响，标志着集团公司干部人事制度改革迈出了新的步伐。

（五）分离企业办社会职能取得重要进展

集团公司成立以来，在分离企业办社会职能方面进行了积极的探索和努力，在中小学校、公检法机构、医疗卫生机构的移交方面取得了一定的成果。到2004年底已向地方政府移交学校9所，医院1家。但由于国家政策不配套，不仅需要自行承担较高的移交成本，而且还有离退休教师管理等遗留问题无法得到解决。为此，集团公司积极向国家有关部门反映情况，经过努力争取，终于被列入第二批中央企业分离办社会职能试点。集团公司按照财政部、国资委的统一部署，精心组织，认真安排，移交工作已取得重要进展。目前，中小学和公安机构向地方移交的相关数据核对工作已经完成，正在抓紧与各省财政厅联合行文报财政部审批。这一问题的解决，将在很大程度上减轻各工程局（厂）的历史负担，促进各单位轻装上阵，快速发展。

总结几年来集团公司的改革工作，总的来看，做了不少的工作，尽了很大的努力，取得了进展和实质性的突破，在整体改制试点、辅业改制分流和集团化建设方面，有明显的成效，值得充分肯定。但我们也应当清醒地认识到，这几年的改革工作进展还不够理想，主要表现在以下几个方面：

一是总体进展不平衡。在一些领域取得局部突破的同时，整体的战略重组工作明显滞后，离中央和国资委对国有企业改革的要求还有很大的差距。

二是各单位之间不平衡。在一些单位取得实质性突破的同时，部分单位几乎没有动。与2003年改革与发展研讨会上提出的工作目标相对照，存在一定的差距。

三是改革主动性不够。这几年随着市场形势的好转，“得过且过”的思想有所抬头，怕担风险，怕担责任，使部分领导干部的改革意识落后于形势、落后于群众。口头上要改革，实际上没有行动，主动研究改革，创造性地开展工作的局面还没有形成。

希望大家正视这些问题，从企业长远发展战略出发，从大局出发，树立高度的责任感和使命感，按照集团公司的总体战略部署，充分发挥主动性和创造性，积极稳妥地把集团公司的改革不断推向前进。

二、当前面临的改革形势与任务

当前，国有企业改革和集团公司的改革发展都已进入了一个新的历史阶段，我们面临着新的形势与任务。

（一）集团公司改革面临的形势

首先，加快企业改革是国有企业改革形势的要求

党的十六届三中全会以来，国有企业改革的步伐进一步加快。从国有经济布局和结构调整的情况来看，一般性竞争行业，国有资本退出的速度在逐步加快，力度在进一步加大。从国有企业改革的进展情况来看，全国国有企业的改革面已达90%，县级国有企业的改革已基本完成，国有中小企业的改革已接近尾声。与国有中小企业相比，国有大企业旧体制的弊端和痕迹更为突出，改革的难度也要大得多。国有大企业改革的方向是明确的，这就是建立现代企业制度，使股份制成为公有制的主要实现形式。近年来，尤其是国资委成立以来，中央企业的改革步伐不断加快。在最近召开的中央企业负责人会议上，国资委主任李荣融明确把加快国有企业改革重组作为下半年主要工作任务之一。进一步强调，为了加快培育和发展80～100家技术先进、结构合理、机制灵活、具有自主知识产权、有较强国际竞争力的大公司、大企业集团，将进一步加快中央企业的重组和调整，推动国有资本更多地向关系国家安全和国民经济命脉的重要行业和关键领域集中，向具有竞争优势的行业和未来可能形成主导产业的领域集中，向具有国际竞争力的大公司大企业集团集中。因此，能不能抓住当前的有利时机，加快企业的改革步伐，实现体制和机制创新，不仅是关系到能不能进国家重点培育的80～100家大企业行列的问题，而且是关系到我们未来生存发展的重大问题，务必引起大家的高度重视。

第二，加快企业改革是建筑业改革发展形势的需要

当前建筑业发展的趋势，主要表现在几个方面：

一是企业功能的提升，实现产业链向上、向前延伸，从单一的施工承包向融资投资、设计、施工、采购总承包方向发展；二是承包领域的横向扩展，打破原有的专业界限，逐步向综合承包发展；三是市场化程度提高，生产要素主要依靠市场配置，如施工设备、机具的租赁，专业承包、劳务分包等；四是顾客（业主）需求多样化，与此相适应，企业功能分化，不同的企业在不同的层次上向业主提供服务；五是技术复杂性提高，大型企业逐步从劳务密集型向管理技术密集型转变。与其他行业相比，我国建筑业的改革不仅起步早，而且市场发育相对充分。目前，大多数地方建筑施工企业已基本完成了公司制改造和队伍结构调整工作，初步建立了现代企业制度，并实现了管理层与作业层的分离。在国资委管理的中央建筑企业中，改革重组的步伐也在不断加快。按照建设部和国资委的思路，在中央企业层面的建筑企业只保留管理技术密集型、具有较强综合承包能力的特级企业，一般性的专业承包和劳务作业队伍将按社会化、市场化的原则进行分离。中建总公司、中铁工、中铁建等企业已在这方面走在前面，他们在努力推进子公司股份制改造的同时，大力鼓励工程局以下层面的劳务作业队伍成建制改制为产权多元化的公司制企业。建设部、国家发改委、国资委等六部委于今年7月下发了《关于加快建筑业改革与发展的若干意见》，再次明确提出：要重组整合具有国际竞争力的大型建筑企业集团，并按照市场需求、优势互补、企业自愿、政府引导的原则，鼓励具有较强海外竞争力和综合实力的大型建筑企业为龙头，联合、兼并科研、设计、施工等企业，实行跨专业、跨地区重组，形成一批资金雄厚、人材密集、技术先进，具有科研、设计、采购、施工管理和融资等能力的大型建筑企业集团。由此可见，国家对建筑企业与改革发展的要求，已不仅仅是局限于要求建筑企业进行改制改革，而是提出了更新更高的要求。

第三，加快企业改革也是集团公司发展战略的需要

集团公司组建后，明确提出了全面建设具有国际竞争力的大型企业的战略目标。为实现这一目标，又于2004年初提出了跨越式发展战略。今年上半年，集团公司党组书记、总经理郭建堂同志在集团公司总部开展先进性教育活动中，代表公司党组进一步提出了集团公司改革发展的“三步走”战略，即：第一步，从上世纪九十年代末开始，实现以规模扩张为主要内容的综合发展阶段；第二步，从2005年开始，实现以转变经济增长方式，提高经济效益和经营质量，增强可持续发展能力为主要内容的全面发展阶段；第三步，从2010年开始，实现以建成具有国际竞争力的大型跨国公司为主要内容的国际化发展目标。要实现上述战略目标，迫切需要通过改革解决长期计划经济遗留下来的体制、机制以及结构性问题，为发展扫清障碍、提供动力。目前，正处于“三步走战略”第二阶段的关键时期。在这个阶段有三大战略任务，一是切实转变经济增长方式，努力提高经济效益；二是加快企业改革步伐，全面建立现代企业制度；三是进行产业结构调整，形成新的经济支柱。因此，加快企业改革是集团公司“三步走”战略第二阶段的三大战略任务之一，是实现集团公司发展战略的客观要求。

（二）集团公司改革的主要任务

按照集团公司“三步走”战略，今后一个时期改革工作的总体思路是：以建立现代企业制度为目标，以调整产业结构、队伍结构为主线，以实施主辅分离、辅业改制为重点，用2～3年的时间，基本完成主辅分离、辅业改制和产业结构、队伍结构的初步调整，在此基础上实施战略重组，力争在2010前在集团企业范围内基本建立起规范的现代企业制度。具体任务是：

1. 在体制创新方面，逐步实施公司制改造，实现投资主体多元化，并按照现代企业制度的要求，建立起规范的法人治理结构。

2. 在机制创新方面，结合企业实际，努力改善管理流程，提高管理效率，积极探索建立具有企业自身特点，符合现代企业管理理念的经营管理运作机制。

3. 在产业结构调整方面，在大力开拓国内外市场、实施“走出去”战略、拓展投融资业务的同时，按照市场化原则，辅之以必要的行政措施，进行战略重组，实现资源优化配置，通过专业化公司的组建，努力拓展路桥、市政、地铁、疏浚、机电制造安装等专业市场。

4. 在队伍结构调整方面，压缩队伍规模，提高队伍整体素质。在保留骨干队伍的同时，充分利用主辅分离改制分流的政策，组建专业承包企业和劳务分包企业，探索管理层和劳务层作业分离的途径，主要依靠市场机制解决企业的用工问题。

改革的基本步骤是：三步推进，分步实施。第一步，在现行体制框架下进行主辅分离、改制分流；第二步，在进行试点的基础上，全面推进公司制改造，建立规范的公司法人治理结构，整合资源，着力培育优势企业；第三步，根据形势发展需要和市场化原则，实施集团范围内的战略重组，构建具有国际竞争力的企业集团新体制。

三、下一阶段改革工作的具体安排

根据集团公司“三步走”发展战略和推进改革的总体思路和目标，今后一个时期的改革主要应做好以下几个方面的工作。

（一）切实加大改制分流工作力度

实施主辅分离改制分流是集团公司三步走改革战略第一步的主要内容。从目前的进展情况看，虽然整体上取得了一些成效，但各单位发展不平衡。少数工程局尽管辅业资产量大，也有条件实施改制分流，但至今未上报一家拟改制企业。最近，国资委已明确，改制分流相关政策的有效期已由原来的2005年底延长至2007年，这是一个不容错过的重要机遇，要求各个单位抓紧时间，加大工作力度，充分利用好这项政策，切实解决好各单位普遍存在的富余人员多、主业不精、辅业不活的问题。

按照集团公司的发展战略，集团公司的主体企业，应当逐步从高度竞争、处于产业链末端的劳务作业领域中有序退出，重点加强技术含量较高、盈利空间较大的项目管理和总承包业务，努力形成核心竞争力。为此在继续做好多经后勤单位改制的同时，要把重心转移到劳务作业层的改制上来。根据建设部《关于建立和完善劳务分包制度发展建筑劳务企业的意见》（建市［2005］131号）精神，参考兄弟单位的经验，下一步应当把劳务作业层的改制作为重点，鼓励工程局通过多种途径、多种形式将劳务作业层改制为专业化、市场化的劳务作业企业和专业承包企业，以充分发挥其灵活、机动的体制优势，为下一步的战略重组打下基础。

在开展这项工作的过程中要充分考虑职工的心理承受能力，因地制宜、因企制宜。一般情况下主体企业不再保持对改制分流企业的控股甚至可以完全退出，改制企业职工与主体企业解除劳动合同关系。但如果职工一时难以接受，也可以先改制为工程局控股的有限责任公司，保留国有企业职工身份，待改制企业稳定发展、职工承受能力提高后再调整产权结构、变更职工身份。

改制形式可多样化。可以是职工个人自由组合，也可以是班组、作业队、二级单位成建制改制。劳务作业和专业承包企业的发展方向是：市场化、社会化、专业化。劳务作业企业组建后，应按《公司法》规范运作。原主体企业与劳务作业之间只能是企业与企业之间的经济关系、协作关系，不能是行政隶属关系。对改制企业的扶持应规范。可签订一定期限的协作协议，在同等条件下优先分包主体企业承包的工程。与此同时，应当按合同加强对改制企业分包项目的合同管理和质量安全监控。

要进一步加强组织领导，建立健全工作机制。辅业改制工作，集团公司没有下指标，布置任务，实际上是给了各工程局（厂）很大的空间和余地。改制工作进展较慢的单位，主要领导要高度重视，认真负起责任，亲自抓。要把改制分流纳入企业的发展战略，和企业的产业结构、人员结构、产权结构调整，和每一届领导班子的发展规划结合起来，列入年度工作计划加以认真落实。要进一步建立健全辅业改制的专门工作机构，明确职责任务，确保这项工作积极稳妥推进，精心组织实施。第一、二批已获批准但尚未操作完成的拟改制企业，有关单位应认真加以分析，对已具备条件的，应进一步加大工作力度，抓紧操作实施；对暂不具备操作条件的，要认真研究工作中存在的困难和问题，提出工作方案，积极创造、培育改制条件，加快工作进程，做到成熟一个，操作一个，完成一个，成功一个。

要进一步加强对已改制企业的跟踪关注，切实巩固改制工作成果。辅业改制成功与否的一个根本的检验标准是，不仅要看主体企业通过辅业改制后实力是否得到增强，而且要看改制的辅业单位是否能独立于市场，并且得到较好地发展，要看改制企业的体制是否得到理顺，机制是否得到创新，职工是否得到实惠。因此辅业改制不是简单的甩包袱，而是要使辅业得到更好地发展。只有辅业发展起来了，有了自我生存发展的能力，才能真正走向市场，彻底摆脱对主业的依赖，达到改制分流的目的。对已经改制的单位，决不能持一改了之，撒手不管的态度，而是要加强对改制企业的跟踪与服务，努力巩固改制成果。要进一步搞好对改制企业的扶持工作。在内部市场、任务外包方面，在符合市场规则，条件同等的前提下，对改制企业应给予优先考虑。对改制企业的法人治理结构的运作应进行必要的指导和监控，积极引导改制企业规范运作、科学管理，防止出现恶意侵犯职工权益和企业利益的行为。要积极帮助改制企业落实好社会保险经办机构，建立好党、团、工会组织，理顺相应的工作关系，使改制企业能尽快适应体制改革以后带来的新变化。总之，对改制企业的相关优惠政策一定要落实到位，因地方政府原因，优惠政策落实有困难的，要积极加强与地方政府的沟通联系；对改制企业反映的困难和问题，相关单位要引起足够的重视，认真研究，能帮助解决的要积极给予帮助，不能解决的要耐心细致地做好说明解释工作，不允许有改制企业走回头路的情况发生。

（二）继续推进整体改制试点

工程局（厂）的整体改制是集团公司建立现代

企业制度的基础，要在认真总结基础局和富春江厂整体改制试点经验的基础上，努力探索工程局（厂）公司制改造的途径。

要积极探索产权多元化的实现形式。产权多元化是国有企业改革的基本方向。由于859号文只适用于辅业单位，基础局和富春江厂的改制模式难以简单复制到各工程局，需要积极探索其他途径。六部委《意见》中提出的“国有建筑企业产权制度改革应通过引进战略合作伙伴、规范上市、中外合资、互相参股等途径改制为投资主体多元化的股份制企业”，对我们很有启发意义。此外，积极吸收本单位经营管理人员、技术人员、项目经理和关键岗位的职工参股，有条件的再吸收非国有成分法人和其他社会资本参股，也是一种实现产权多权化的有效形式，有待各单位在实践中积极探索。

要主动思考集团公司的改革重组。目前，国资委对中央企业的重组和调整力度加大，六部委《意见》也明确提出“大型建筑企业要以产权制度和现代企业制度改革为契机，按照区域性或专业化原则，归并重组子公司，理顺各级公司之间的产权组带关系，实现资源优化配置，充分发挥集团公司的总体优势”。资源整合、战略重组，是集团公司改革发展的必由之路，各工程局（厂）应当根据自身情况，作好战略定位，积极培育和发展优势业务，为今后的战略重组创造条件。

（三）开展建立和完善国有独资公司董事会试点

实现产权结构多元化，建立现代企业制度是改革的根本方向。然而，由于种种原因，战略重组的条件尚未成熟。按照国资委关于在一时不能实现产权多元化的国有企业建立国有独资公司董事会的要求，集团公司拟在全资企业中开展建立和完善国有独资公司董事会试点工作。

建立国有独资公司董事会的主要好处，一是可以改变传统的国有企业领导体制，代之以比较科学规范的法人治理结构，有利于企业内部管理体制和经营机制的创新；二是可以进一步依法界定集团公司与子企业之间的责权，规范母子公司关系，有利于推进集团化建设。

集团公司已决定水电十五局为首家试点单位，希望水电十五局按照集团公司的要求，抓紧做好相关工作，确保试点工作取得实际成效。

（四）积极开展专业公司组建工作

组建专业公司，逐步调整产业结构，是解决集团公司长期以来水电施工比重过大，单一市场周期性经营风险较大的重要途径之一。目前，集团公司各成员企业分布在路桥、市政、机电安装、金属结构制作、基础处理等方面的资源已有相当规模，但因资源分散在各个不同单位和不同地域，一方面，虽然整个集团在这些专业领域拥有的资源总量较大，但就各单位而言，经营规模并不大，市场竞争力并不强，难以形成市场品牌和专业特色；另一方面，分散经营的结果，不仅影响了市场竞争力，而且提高了经营成本，在一定程度上造成了资源的浪费，不利于集团品牌优势的发挥和做大专业市场的规模。为此，集团公司将在进行可行性分析论证的基础上，逐步对集团范围内的专业资源进行整合，组建以集团为体制平台的专业公司。这样做，一方面有利于各单位集中力量做优做强主营业务，另一方面，也有利于整合同类资源，培育和发展几个在国内外市场具有较强竞争力和较高市场知名度的专业公司。集团公司已决定首先组建“中国水电建设集团路桥工程有限公司”，组建路桥公司的初步方案已形成，目前正在进行筹备工作。这项工作涉及到人、财、物资源的重新配置，涉及到利益关系的调整，希望各有关单位能从集团发展的大局出发，给予积极支持、配合。

（五）深化内部管理体制改革，转换经营机制

当前重点要抓好以下三个方面的工作。

1. 认真贯彻落实建设部《关于建立和完善劳务分包制度发展建筑劳务企业的意见》（建市［2005］131号）文件精神。《意见》对建筑企业的劳务作业分包、劳务用工等问题作了具体的规定，并明确了相应的监管处罚措施。从各工程局目前的劳务用工情况看，不符合《意见》要求的情况还比较严重，应给予高度重视，并对照《意见》要求及时进行整改。《意见》提出要“引导建筑业企业进行内部机制创新，通过参股、入股等方式，促使‘包工头’转为合法的企业职工或股东；引导大型施工总承包企业分离富余职工，成立建筑劳务分包企业”。我们应当根据这一精神，利用辅业改制政策，积极探索管理层与劳务作业层分离的途径。

2. 进一步深化三项制度改革。要充分引入市场机制，进一步建立起管理人员能上能下的人事制度、员工能进能出的劳动用工制度、收入能高能低的分配制度。领导岗位的管理人员应实行竞聘制，做到择优聘用，其他岗位也要积极创造条件实行竞聘上岗。要进一步增强合同意识，强化劳动合同管理。分配制度改革主要应将职工的收入与实际贡献、企业效益挂钩。

3. 进一步调整和优化内部管理体制和运作机制。企业内部的管理体制和运作机制是影响企业管理效率的重要原因。从各单位的实际情况看，管理链条过长现象比较普遍，管理方式还比较粗放，精细化管理还有待加强，科学的管理体制、运作机制、管理流程还

有待进一步建立和完善。各单位都要认真贯彻集团公司经营管理会议精神，结合各自的实际情况，对内部的管理体制、运作机制、管理流程进行一次认真的审核，采取得力措施，及时调整那些不合时宜的管理体制，推进内部整合，缩短管理链条，减少管理层次，并解决运行机制上存在的问题，促进企业管理水平的提高。当前，尤其要切实规范和加强对联营体的管理，理顺管理关系，控制经营风险。

（六）努力完成好企业办社会职能的移交工作

各单位应认真总结前一阶段的工作，进一步加强组织领导，确保移交工作平稳进行。要继续加强与地方政府部门的沟通汇报，及时办理资产、财务、劳动工资、社会保险、人事关系等划转手续，做到客观、真实、准确，确保不留隐患。

在搞好中小学校、公安机构移交工作的同时，要进一步研究后勤生活服务、物业管理、医院等办社会职能机构的改革，有条件的，要积极争取向当地政府移交。

四、几点要求

（一）提高认识，统一思想，进一步增强企业改革的紧迫感和责任感

当前是集团公司发展的重要机遇期，也是集团公司改革的重要机遇期。国家允许利用国有净资产支付改革成本，以及清产核资、分离企业办社会职能，为国有企业改革提供了前所未有的政策环境；电力体制改革扶持政策（困难补助、离退休职工统筹外费用、发电资产分配、补充资本金等）正在逐步得到落实，在相当程度上帮助我们解决了历史遗留问题；集团公司当前的经营形势看好，经济效益逐步上升，资产质量提高，改革的物质条件正在逐步改善；广大职工对改革的认识不断深化，改革热情比较高，也为推进改革提供了群众基础和思想保证。

集团公司能不能加快推进企业改革，跟上国有企业的改革步伐，关系到我们跨越式发展战略目标能否顺利实现。各单位特别是领导班子应进一步提高认识，统一思想，以只争朝夕、时不我待的精神，切实增强改革的紧迫感和责任感。

（二）正确处理好改革发展稳定的关系

推进国有企业改革，涉及到国有企业的深层次矛盾，关系到多种利益的重新调整和分配，给企业稳定确实带来一定的风险。有些单位因此担心，怕推进改革会引发矛盾，影响到企业的稳定和当前有利的生产经营形势。有这种担心是正常的，是对我们的事业发展一种负责任的体现。但我们在认识到改革的艰巨性和复杂性的同时，也应该认识到企业改革有困难、有挑战是必然的，正是因为有困难、有挑战才需要改。要充分认识到惟有加快改革的步伐，企业才能更好地适应市场的需求，发展的体制和机制才能更科学；企业人多，结构不合理，历史负担重、效率低等深层次的矛盾和问题才有可能得到根本解决，企业的长期稳定发展才能更有保障。片面强调稳定而放慢改革的步伐，甚至把稳定与改革对立起来，对企业的现状和长期稳定发展都是不利的。从集团公司已改制企业的实践情况看，关键是工作中要把握好改革的时机和节奏，协调好改革力度，把握好职工对改革的心理承受能力，做好深入细致的思想宣传工作，把国家的政策，企业面临的形势向职工讲清、讲透。在集团公司总部保持共产党员先进性教育活动中，集团公司征集了总部职工和各工程局（厂）对集团公司工作的意见。同时，今年以来，我们已先后到9家单位进行专题调研，听取广大职工对改革改制问题的意见和建议。这些意见说明，广大职工和各工程局（厂）对改革寄予了迫切的期望，支持和拥护改革，希望通过改革促进企业快速发展。相信各单位都能根据各自的实际情况，积极主动地去推进企业改革的进程，不要因为某种既得的利益可能受到调整而错失改革的大好机遇。

（三）准确把握政策，依法规范操作

结合前期改革工作特别是改制分流工作中的一些情况，主要强调以下几个方面：一是操作程序上，应严格按照有关法律法规和政策进行，该报批的要报批，该职工代表大会讨论通过的应经职代会讨论通过，做到程序合法，内容合规。二是在国有资产处置上，一定要规范操作，防止国有资产流失。真正做到按政策规定该给职工的，一分也不要少；按政策规定不能给的，一分也不要多。三是在改制企业的法人治理结构建立上，应严格按照《公司法》等法律法规的要求进行，注重听取改制企业职工的意见，帮助改制企业选择好领导班子和带头人。四是在处理改制企业与工程局（厂）的产权关系上，不论是控股还是参股，产权关系都要清晰明确。特别是在处理由改制企业占有、使用的土地、房产等资产时，一定要通过协议、合同的形式给予明确，做到各方责、权、利关系清楚。五是在处理改制企业与工程局（厂），改制企业与相关企业单位的债权债务关系时，在理顺与改制职工的劳动关系等重大问题上，不能留后遗症。

（四）总结经验，相互学习，共同提高

经过积极探索和实践，改制分流工作已积累了一些好的工作经验，归纳起来主要有以下几点：

1. 领导班子重视是搞好改制分流工作的前提。从改制分流工作力度较大，进展较快的几个单位的情况来看，领导班子对改制分流工作都能做到思想统一、高度重视。首先是思想认识上能从企业长远发展的战略高度、从企业结构调整的高度来考虑企

业改制问题，其次是工作安排上能将辅业的改制分流纳入整体工作计划，目标明确。一些单位的党政主要领导充分发挥班子的核心作用，认真研究改革，思路清晰，措施得力，对于推进所在单位的辅业改制工作发挥了重要的作用。

2. 积极引导职工转变观念参与改革是改制成功的关键。改制分流涉及职工的切身利益，因此，能不能让职工理解、接受、参与改革就成了改制工作的关键。推进改制分流比较顺利的单位，都有一个共同的经验，这就是对政策的宣传解释工作都非常到位，能通过各种形式向职工宣讲改革的形势、国家的政策；对职工提出的问题能认真释疑解惑，打消职工的思想顾虑，消除认识上的障碍，引导职工逐步转变观念，积极参与改制；在具体操作过程中，能做到改制方案经职代会讨论，充分听取职工的意见。与此同时，积极指导拟改制企业理清发展思路，制定发展规划，引导职工把注意力主要放在企业的发展上，增强职工对改制企业的信心。由于政策宣传到位，工作认真细致规范，职工权益得到维护，已改制企业的改制工作总体上都比较平稳。

3. 确保国有资产不流失和维护好职工的合法权益是改制工作的基本要求。已操作完成的改制单位，在执行国家政策和法律法规方面都比较规范。财务审计、资产评估工作能积极配合集团公司指定的中介机构，资产处置、职工经济补偿金测算支付、理顺劳动关系等方面能严格按照相关政策要求规范进行，总体上做到了公开、公正、透明。

4. 选择好改制企业的带头人是改制成功的组织保证。一些改制企业的经验表明：改制企业建立规范的法人治理结构，对企业转变机制和长远发展，具有重要的意义。尤其是改制企业经营者和领导班子的人选，不仅直接关系到企业的改制能否顺利推进，而且关系到改制企业今后的兴衰成败。一些单位在这方面积极进行了很多有益的探索，如改制前对经营班子及时进行调整，由职工民主推荐，主体企业帮助考核，依法定程序选举董事会成员并聘任经营班子。由于充分尊重了职工的意见，并严格按法律程序进行操作，保证了改制工作顺利推进。

5. 对改制企业给予必要的扶持是改制成功的重要因素。辅业改制初期，面临的困难较多，既有独立适应市场的问题，又有适应新体制、新机制的问题，还有进入市场初期的流动资金不足、任务不饱满等问题，主体企业不给予必要的扶持，改制企业就很难在短期内迅速发展起来。从已操作完成改制单位的情况来看，辅业改制以后，都没有采取“一改了之”的简单做法，而是“扶上马，送一程”，确保了改制企业的平稳过渡。实践证明，对改制企业给予一定的扶持是很有必要的，不仅有利于改制工作的顺利推进；而且有利于改制企业逐步适应市场，迅速发展，这是一条很重要的经验。

这次会议专门安排了已改制单位的经验介绍，希望大家加强交流，相互学习，共同提高。

同志们，集团公司的改革发展已迈入到了一个新的历史阶段，发展的速度要加快，改革的力度也要加大。我们一定要紧紧抓住当前的有利时机，认真按照集团公司改革发展的总体战略部署，进一步解放思想，开拓创新，以高度的责任感和历史使命感努力搞好企业的改革工作，为把集团公司早日建设成具有国际竞争力的大型企业，作出更大的贡献！

巩固教育成果　建立长效机制
进一步加强和改进集团公司党建工作

——在集团公司2005年党建工作会议暨思研会一届六次理事会议上的工作报告

（2005年12月28日）

袁柏松

同志们：

我们这次会议是在集团公司进入跨越式发展第二阶段的关键时期，总部和各成员企业的先进性教育活动圆满完成，正在探索建立党建工作长效机制的时候召开的。会议的主要任务是，在党的十六届五中全会精神指导下，认真贯彻落实《中央组织部、国资委党委关于加强和改进中央企业党建工作的意见》精神，深入实践“三个代表”重要思想，总结一年来的党建和精神文明建设工作，研讨在新的发展形势下，如何建立党建工作长效机制，巩固和扩大先进性教育活动成果，部署新一年的党建工作，推动2006年生产经营和改革发展任务的完成，推动集团公司跨越式发展第二步战略目标的实现。下面，我向会议报告工作。

一、一年来党建工作回顾

一年来，在以党组书记、总经理郭建堂同志为首的集团公司党组的领导下，各级党组织以“三个代表”重要思想为指导，以生产经营为中心，围绕发展主题，坚持“两手抓，两手都要硬”的方针，扎实开展保持共产党员先进性教育活动，不断加强和改进党的建设，加强精神文明建设和思想政治工作，企业党建工作的活力和实效不断提高，有力地推动了改革发展，维护了稳定。具体表现在以下几个方面：

（一）坚持围绕中心、服务大局，发挥党组织的政治核心作用

1. 坚持贯彻党的路线、方针、政策，加强党建工作和生产经营管理工作，近几年的经济工作取得辉煌成绩，为集团公司今后发展奠定了良好基础

近年来，集团公司跨越式发展取得显著成绩。2003年集团公司成立之初，党组提出了建设具有国际竞争力的大型企业集团的目标。2004年，结合企业的实际又提出了以“五大跨越”为中心内容的跨越式发展战略。在今年先进性教育活动中，郭建堂同志结合企业的实际提出了集团公司跨越式发展“三步走”的战略构想，这是集团公司长期以来改革发展经验的宝贵结晶，是今后一个时期集团公司改革发展的战略纲领，是激励全体员工发奋图强的战略目标，将对集团公司的长远发展产生重大的影响。在过去的六年中，集团公司实现了以规模扩张为中心的综合发展，完成了跨越式发展第一阶段的任务。主要标志是生产经营规模大幅扩张；国内市场份额和国际市场规模快速扩大；企业在承揽合同额、完成年产值、劳动生产率、职工人均收入、实现利润等主要经济指标，每年都上一个新台阶；产业结构调整取得了突破性进展，我们抓住有利时机，投资水电、火电、风电等项目，已形成一定的规模，为集团公司培养了新的经济增长点，提高了企业的经济实力和抗风险能力，是功在当今、利在今后的一个重大的战略举措；集团公司大力推进企业改革，党组提出了改革的总体思路和规划，主辅分离、改制分流、剥离企业办社会职能以及清产核资，夯实基础等工作都有了重大进展；1999年以来，集团公司党组抓住电力体制改革的有利时机，积极争取有利于水电施工企业改革与发展的政策，经过不懈的努力，在划拨发电资产、补充注入资本金、给予困难补助、解决离退休人员统筹外费用等重大问题上，有了突破性进展，为解决企业长期遗留下来的部分历史问题、推动企业的生存和发展创造了有利条件。2005年，是集团公司跨越式发展“三步走”第二阶段的开局之年，集团公司党组提出以科学发展观统领全局，转变经济增长方式，提高经济效益和可持续发展能力的任务。集团公司完成利润指标比去年翻一番还多，各项经济指标也好于往年，是我们历史上最好的成绩。六年来，集团公司党组及各级党组织和全体职工创造了辉煌的业绩，是集团公司历史上变化最大、发展最快的时期，为企业完成跨越式发展“三步走”的战略目标奠定了基础，作出了不可磨灭的历史性贡献，将永远载入集团公司改革发展的史册。

各级党组织在集团公司党组的领导下，贯彻党的十六届三中、四中、五中全会精神，贯彻科学发展观，形成了本单位的发展战略和发展思路，推动了企业的改革发展。各单位围绕生产经营的中心任务，广泛开展了“党员先锋工程”、“党员责任岗”、“党员身边无事故”、“我为党旗添光彩”等主题实践活动，发挥了党组织在生产经营中的推动作用，发挥了党员的先锋模范作用，有力地促进了生产经营任务的完成。

2. 坚持参与企业重大问题决策的原则，发挥党组织的政治核心作用

各级党组织围绕生产经营中心任务，服务改革发展稳定大局，适应新形势和新任务的要求，积极探索参与重大问题决策的内容、程序和方式，形成了基本的制度体系，推进了企业决策的规范化、民主化和科学化。围绕集团公司2005年工作会议确定的中心任务，各级党组织在改革改制方案的确定、重要干部任免、生产经营中重要问题的决策等方面积极参与，规范程序，开展大量卓有成效的工作，促进了2005年各项任务的完成。

3. 坚持以人为本，抓好班子和队伍建设，促进改革发展

各级党组织把抓好领导班子建设作为党建工作的重点，一是抓好思想建设，在集团公司关于开展“四好班子”创建活动的文件下发之后，各单位积极

开展创建活动，制定了活动方案，有效地推动了各级班子的思想建设。二是抓好领导班子制度建设，建立健全了《班子议事制度》、《评议与任免制度》等，有效地促进了领导班子整体功能的发挥。三是抓好领导班子作风建设，进一步完善了党风廉政建设责任制，加强对各级领导干部党风建设和反腐败教育，有效地加强了班子的作风建设。

集团公司党组十分重视人才队伍建设，在“党管人才”思想的指导下，于今年6月份召开了集团公司第一次人才工作会议，制定了集团公司关于人才工作的指导思想、目标和措施，为今后一个时期集团公司的人才工作指明了方向。会后，根据国资委《关于加快推进中央企业公开招聘经营管理者和内部竞争上岗工作的通知》要求，集团公司于7月在系统范围内对10个企业16个企业负责人职位进行了公开选聘，取得了较好效果，开展了集团公司总部中级管理岗位负责人公开选聘工作，进一步规范了集团公司总部人事管理，推进了企业经营管理者选拔任用制度改革的进程。

（二）总结先进性教育的基本做法和经验，推动党的建设和企业各项工作

1. 先进性教育活动基本情况和总体评价

按照胡锦涛同志关于开展先进性教育活动的三次讲话精神和中央、国资委党委及地方党委的要求，结合实际，我们形成了先进性教育活动“结合实际，注重实效，群众满意，贵在长效”的总体思路，以指导总部和各单位的活动，通过精心组织，先进性教育活动取得了显著成绩。

集团公司各级党组织共计1961个（其中党委、党工委349个、党支部1625个）、44466名党员参加了先进性教育活动，整个活动的覆盖面达到了上级的要求。集团公司总部作为首批先进性教育的单位，成绩突出，为成员企业开展先进性教育活动提供了经验。国资委召开的两次交流座谈会上，国资委李融荣主任、王勇副主任两次在大会上表扬和推广我们的做法。在6月27日召开的中央企业第二批先进性教育活动动员会上，我们作为五家典型单位之一，郭建堂总经理作了大会经验交流，在国资委系统产生了很大反响。国资委还以文件的形式将集团公司先进性教育活动的《实施方案》确定为第二批开展先进性教育活动的范本。

集团公司的各局、厂、公司全部参加了第二批开展的先进性教育活动，为更好地指导各单位开展好先进性教育活动，集团公司成立了四个巡回检查组，代表党组深入到基层检查指导工作，较好地履行了工作职责，发挥了沟通协调、具体指导的作用。通过共同努力，各成员企业也得到了省市督导组的普遍好评，认为中央企业党建工作基础好，工作规范，创造了新的经验，大都是各省市的典型。集团公司成员企业在省级交流会上介绍经验8次，在市级交流会上介绍经验12次。其中一局的先进性教育活动受到了中央督导组的表扬；一局、七局、十四局分别在所在省召开的大会上作了经验交流；三局、五局、六局、九局、十三局、十五局、基础局均在所在市作了经验交流，大多数单位的先进性教育活动受到了地方党组织的高度赞扬。

2. 先进性教育的特点和基本经验

回顾集团公司先进性教育活动的全过程，我们的特点和经验主要体现在八个“贯穿始终”上：一是坚持把认真学习贯穿始终，不断提高党员的思想认识；二是坚持把领导带头贯穿始终，为广大党员作出表率；三是坚持把发扬党内民主、正面教育和自我教育及群众参与、群众监督贯穿始终，广泛发动群众参与；四是坚持把结合实际、努力创新贯穿始终，确保各阶段和各环节任务的完成；五是坚持把边学边改、边议边改、边查边改、建立长效机制贯穿始终，在取得实效上见成果；六是坚持把促进工作、促进教育贯穿始终，努力做到“两不误、两促进”；七是坚持把领导重视、精心组织、层层落实贯穿始终，确保活动的顺利开展；八是坚持把积极争取地方党委和督导组的有力指导贯穿始终，为提高先进性教育的质量和效果提供切实保证。

3. 先进性教育的成果显著

经过近四个月的先进性教育活动，我们取得了明显的成效，较好地达到了中央提出的“提高党员素质，加强基层组织，服务人民群众，促进各项工作”的目标要求，可以概括为达到了“三个满意”、取得了“三大成果”。

（1）“三个满意”为上级党组织满意、本单位党组织满意、职工群众满意。

集团公司先进性教育活动整体上受到了国资委的肯定，大部分工程局被所在地党组织树为活动的典型；各单位党组织在活动的组织过程中，对党员表现出来的政治热情和积极态度非常满意；在各单位进行的群众满意度测评中，平均满意率为97.7%。

（2）三大成果为思想成果、工作成果、组织成果。

一是思想成果，增强了党员模范意识。经过学习动员、分析评议和整改提高三个阶段的工作，广大党员的思想认识有了明显提高，受到了一次集中的“三个代表”重要思想和党章、党纪的教育，发

挥先锋模范作用的积极性和自觉性有了明显增强。很多党员表示，通过系统学习和党性分析，个人的思想上受到了很大的震动，这是终生难忘的。

二是工作成果，解决了一些影响企业改革发展稳定的突出问题。先进性教育活动与生产经营相结合，为企业的改革发展和稳定提供了精神动力，解决了一些企业改革发展中最突出的问题。集团公司提出了跨越式发展“三步走”战略，修改了战略规划、改革规划等；各成员企业找出了影响改革发展最突出的问题，制定了整改措施。各单位市场开拓、经营管理、资本运营、内部改革和经济效益有了新的突破，呈现出政治稳定、经济发展、改革深入、职工团结的喜人局面。各单位一手抓先进性教育，一手抓生产经营，相互结合，相互促进，圆满完成了2005年的经营任务和经济指标，实现了转换经营方式、提高经济效益的预定任务，做到了“两不误、两促进、双丰收”。

先进性教育活动与加强领导班子建设相结合，解决了领导班子存在的突出问题。通过广泛征求意见和开展谈心活动等准备工作，各单位召开了质量比较高的民主生活会，针对群众提出的问题制定了整改方案，对领导班子建设长效机制进行了初步探讨，促进了班子建设。

先进性教育活动与为群众办实事、办好事相结合，解决了群众关注，通过努力又能解决的问题，让群众得到了实惠。一些单位下决心解决群众切身利益问题，如解决双职工下岗问题、基地基础设施建设及职工取暖问题、离休干部补助的问题等，让广大职工群众得到实惠。

先进性教育活动与发挥党员先锋模范作用相结合，解决了部分党员先进性不强，模范作用不突出的问题。

对一些暂时不具备条件、需要逐步解决的问题，各单位都做到了有方案、有措施、有时限、有责任人，正在逐步落实，这是下一步工作重点之一。

三是组织成果，全面加强了党的组织建设。在活动中，各级党组织对企业党建工作进行了研讨，形成了一些长效机制。党组印发了《集团公司先进党组织、优秀党员和优秀党务工作者评选实施方案》，集团公司总部成立了直属党委，出台了《直属党委工作实施办法》，各单位分别修订或制定了关于加强和改进党建工作的一系列制度措施。对党支部进行了整顿，发挥了支部的战斗堡垒作用。

（三）精神文明建设、思想政治工作取得显著成绩

精神文明建设效果明显。以文明单位创建为中心的系列创建活动全面开展，推动了改革发展、生产经营、队伍建设。按照分层创建的原则，涌现出一批文明单位、文明班组、文明家庭、文明职工，创建活动已渗透到企业的各项工作中，推动了队伍建设。水电四局获得全国文明单位的称号，中央电视台在黄金时段对四局的经验作了报道，反响很好。

“三创建”工作有声有色，卓有成效。特别是文明工程创建活动，各单位按照“六达标”的要求坚持不懈地开展创建活动。在创建活动中以经济效益为中心，实现安全、质量、进度协调推进，发挥了很好的导向作用，评出了一大批局（厂、公司）和集团公司级的文明工程项目，促进了项目施工与管理。在这次会议上，集团公司将对2005年度5个文明工程项目进行表彰。

企业文化建设逐步深入。按照集团公司企业文化的整体定位和“12345工程”的要求，各单位普遍开展了企业文化建设工作，在原有的基础上逐步深入，制定了企业文化建设规划，明确了指导思想，并结合实际情况有序推进。

史志编研工作取得阶段性成果。自集团公司开展史志编研工作以来，在集团公司党组的高度重视和各单位党委的大力支持下，通过史志办和各单位史志工作人员一年来的努力，集团公司150万字的《年鉴》编辑工作已经完成，2006年1月正式出版。《年鉴》全面系统地载录了2003、2004年集团公司改革发展的思路、举措和成就，为社会各界和市场各方了解集团公司提供了窗口，为各级领导研究工作、科学决策提供了依据，为企业相互了解、共赢发展提供了桥梁和纽带。

工会工作围绕中心、服务大局，富有成效，成绩突出。各级工会组织以发展为主题，以推动生产经营为主线，开展群众性经济技术活动，动员职工群众为加快发展建功立业。各单位工会组织依托项目，开展新形势下的劳动竞赛，竞赛比效益、比形象、比品牌、比安全、比质量，深入贯彻“项目是成本中心、是工程局效益源泉”的指导思想，大力开展技术创新活动，出现一大批创新成果，解决了施工项目技术难题，推进了进度、质量、效益。

各单位认真落实集团公司下发的《劳动模范评选管理办法》，结合自身实际制定了实施意见，并在实施过程中取得较好的效果。今年，集团公司7名同志获得全国劳模荣誉称号，这是近年来集团公司年度产生全国劳模最多的一次。我们评选了集团公司劳动模范10名，先进生产者33名；各单位也评选表彰了一大批劳动模范，弘扬了劳模精神，掀起学劳模、学先进、作模范、创业绩的热潮，在全集团营

造了尊重劳动、尊重知识、尊重人才、尊重创造的良好氛围，推进了队伍建设。

各级工会组织围绕建设和谐企业，在维护队伍、企业稳定方面作了大量工作。集团公司党组下发了《关于学习贯彻中央办公厅、国务院办公厅转发全总党组报告通知的意见》，围绕建设和谐企业，维护队伍稳定和职工合法权益，结合实际，提出8条具体措施。各单位结合自身存在的问题，制定实施意见，认真落实党组文件精神，在维护稳定和建设和谐企业的实践中收到了实效。

为了进一步加强职代会建设，提高企业民主管理水平，集团公司印发了《进一步规范职代会制度，提高企业民主管理水平》的意见。集团公司党组成员还分别参加9个工程局（厂）的职代会，进行调研，了解情况，指导工作，帮助基层解决实际问题，为切实提高职代会的质量发挥了很好的作用。各工程局（厂）认真落实集团公司文件精神，结合实际确定职代会议题，在提高实效上下功夫。各级工会认真组织职代会民主评议领导干部的工作，收到了较好效果。

各级工会组织广泛开展职工素质工程活动。各单位认真落实集团公司职工素质工程实施意见，以职工素质工程为载体，广泛深入地开展职工技能培训、岗位练兵和技术比武活动，形成了工作机制。各单位工会组织把参与技能培训作为工会的重点工作，不仅积极参与职业技能培训计划的研究制定，而且积极协助有关部门开展技能培训工作。2004年以来，各单位就开展了2010次、涉及65090人次的培训，为提高职工技能水平发挥了很好的作用。在组织职工技能竞赛活动中，激发了行政领导、党群干部、广大一线员工三个积极性，通过主动与地方劳动保障部门联系，推动了技师、高级技师的评聘工作，开辟了职工成才的“快车道”，破格晋升了一大批技师、高级技师，一大批选手通过竞赛受到了锻炼，晋升了技术职称。各单位还积极参加省市组织的技能竞赛活动，2004年和2005年，我们共有41人获得省级技术能手称号。

群众性岗位练兵活动的普遍开展和集团公司焊工比赛的规范化，受到了国资委群工局领导表扬，值得一提的是，今年集团公司组织的焊工技能大赛对推动职工素质工程发挥了很好的促进作用，特别是获胜选手代表集团公司参加中央企业焊工技能大赛（国家一类竞赛）获得了好成绩，两名选手获得铜奖，被授予中央企业技术能手称号，团体获得优秀组织单位奖。集团公司通过竞赛活动总结了经验，针对存在的问题，制定了集团公司技能竞赛管理办法，规范了竞赛活动。

共青团工作取得了新的成果。在集团公司青年工作会议召开以后，各级团组织认真贯彻落实会议精神，健全共青团组织，围绕中心工作，落实青年工作会议提出的“三项工程”的主要任务，在青年人才工程、创新创效工程和号手工程等方面均取得了较好成绩。今年，有3名同志获得中央企业青年岗位能手等称号，水电七局机电安装分局青年突击队荣获国家级青年文明号。集团公司下发了《关于进一步加强和改进青年工作的意见》，规范了团的组织建设，明确了工作的指导思想和主要任务，实施效果较好。按照团中央的统一部署，各级团组织正在开展增强团员意识主题教育活动，必将达到增强意识、健全组织、促进工作、长效推进的目标要求，取得较好效果。

在回顾集团公司党建工作取得成绩的同时，我们也要看到工作中存在的不足。一是有些单位的领导对党建工作的重要性还认识不足，工作还不到位；二是我们对形成党建工作长效机制的研究不深，思考不够，取得的成果还是初步的。三是近年来党群干部新老交替加快，一些单位对党群干部的培养、培训工作抓得不紧，党群工作还存在后继乏人的现象。这些不足，我们将在下一步工作中采取有力措施予以解决，努力开创党建工作的新局面。

二、围绕改革发展稳定主题，明确重点任务，进一步加强和改进党建工作

近几年是集团公司发展的重要战略机遇期，在今后一段时间内，集团公司党建工作的指导思想是：围绕中心，服务大局；抓好班子，带好队伍；推动改革，维护稳定，促进发展。2006年是实现“三步走”战略第二步的关键之年，各级党组织的任务是，继续推进郭建堂同志提出的以“融合、服务、务实、复合、推进”为中心内容的党建工作新体制，结合实际，实现党建工作创新。各级党组织要与行政组织一道，用科学发展观统领全局，以转变增长方式、提高企业经济效益为中心，加快改革步伐，增强可持续发展能力，确保各项工作目标的实现，共同推动企业各项工作，为实现集团公司跨越式发展战略目标提供坚强的思想保证和组织保证。按照这个指导思想和任务，各级党组织要切实做好以下六项重点工作：

（一）总结先进性教育经验，形成长效机制，巩固扩大先进性教育成果

1. 做好巩固和扩大先进性教育活动成果的工作

中央要求，在集中学习教育活动基本结束后，

要用两到三个月的时间，做好巩固和扩大整改成果的工作。各单位按照中央精神和集团公司党组的要求，下阶段要着手制定本单位巩固扩大成果的方案，积极进行巩固和扩大整改成果工作，及时进行“回头看”，针对本单位存在的突出问题，抓好各项整改方案和措施的落实，巩固、深化和扩大先进性教育活动的成果。

（1）要坚持不懈地抓好保持共产党员先进性的思想认识工作，努力使广大党员在本职岗位上自觉主动地发挥先锋模范作用。

（2）要扎扎实实地逐项落实整改方案和措施，重点是各级领导班子、特别是局（厂、公司）领导班子的整改措施。要抓好整改方案的配套措施，做到整改内容、责任部门、责任人、整改时限四落实。对中长期整改规划，要采取综合措施逐步解决，真正取信于民。

2. 明确建立党建工作长效机制的原则

建立健全保持共产党员先进性长效机制，是加强党的先进性建设的重要举措。在长效机制建设中，要坚持把先进性教育活动中好的做法固定下来的原则，通过认真总结先进性教育活动的成功经验，把诸如党员集中学习、召开专题组织生活会等一些好的做法以制度的形式固定下来；要坚持实事求是、结合实际的原则，总结各单位党建工作长期以来形成的好机制，进行整理、修订和汇编，强化落实，使其发挥应有的作用；要坚持对新形势、新问题作一些重建性工作的原则，针对新提出的问题研究制定解决的办法，形成制度措施。

3. 建立长效机制的内容

按照中央的统一部署，结合我们的实际，集团公司和各单位建立长效机制的内容主要有八个方面：（1）建立健全领导班子建设机制，特别是开展创建“四好班子”活动的长效机制；（2）建立健全党员学习培训机制，建立领导班子、党组织、党员理论学习和业务学习的机制，提高思想理论水平和业务素质，建立党员队伍管理长效机制，更好地发挥广大党员的先锋模范作用，增强各级党组织的创造力、凝聚力和战斗力；（3）建立健全党内民主、严格组织生活的机制，切实保障党员的民主权利；（4）建立健全党员联系群众、服务群众的机制，贯彻党的群众路线，为群众做好事、办实事、解难事，使党建工作成为群众满意工程；（5）建立健全党员监督约束机制，贯彻落实中央和国资委文件精神，积极推进惩防体系建设，加强反腐倡廉教育，增强干部职工廉洁自律意识；（6）建立健全企业党组织建设机制，贯彻落实《中央组织部、国资委党委关于加强和改进中央企业党建工作的意见》，建立健全发挥党组织政治核心作用、参与企业重大问题决策的体制和机制，加强党务干部队伍建设和基层党组织建设；（7）建立健全党建工作督导检查机制，建立和完善局（厂、公司）党委工作条例、二级单位党委工作条例、联营体和项目党工委工作条例、党支部工作条例，明确基层党建工作的目标、责任、措施和办法，用以规范各方面的党建工作，完善督促检查和考核制度；（8）建立健全奖惩激励机制，形成党内创先争优的制度，激发党员创先争优积极性。

我们这次会议套开思研会的理事会，研讨的中心议题就是贯彻中央十六届五中全会精神，贯彻中央办公厅31号文件精神，总结先进性教育的经验，建立党建工作的长效机制，推动党建工作再上一个新台阶。希望大家在讨论中畅所欲言，集思广益，交流经验，多提建设性建议。

（二）加强学习，推动理论创新，创建学习型企业，为改革发展提供思想保证

要加强学习，加强理性思考，不断推动理论创新。近期，理论学习要以学习十六届五中全会精神，贯彻中央经济工作会议精神，学习《中共中央关于制定国民经济和社会发展第十一个五年规划的建议》为主要内容。通过学习，结合实际，统一思想，形成思路，为改革发展提供思想保证。在贯彻《建议》的工作中，我们要认识到贯穿《建议》全文的一条红线是全面贯彻落实科学发展观，把科学发展观作为集团公司经济工作的指导思想，贯穿到2006年的整个经济工作中。

贯彻《建议》的精神，我们一定要认真把增强自主创新能力作为科技发展的战略基点和结构调整的中心环节。2006年，集团公司要加快科技创新的步伐，加强机制创新，建立与技术创新工作相适应的管理机制和激励机制，形成我们独有的技术品牌和创新成果，为企业发展提供动力。

贯彻《建议》的精神，就要积极推进社会主义和谐社会建设。结合实际，我们的主要任务是建设和谐企业，树立以人为本的观念，贯彻全心全意依靠工人阶级的方针，依靠广大干部和职工群众的积极性、创造性，完成跨越式发展的任务，完成2006年的生产经营任务。同时，要让广大职工群众分享改革发展成果，在经济发展的同时，不断提高职工群众的经济收入和福利待遇，让群众得到实惠。各级党政工团组织要高度重视企业稳定工作，解决影响稳定的突出问题，维护企业和队伍的稳定，为改革发展提供保证。

（三）落实中央和国资委党委有关文件精神，发

挥企业党委的政治核心作用

要切实抓好《中央组织部、国务院国资委党委关于加强和改进中央企业党建工作的意见》的贯彻落实。《意见》是国资委成立以后，认真学习贯彻党的十六大和十六届二中、三中、四中全会精神，深刻总结中央企业党建工作经验，对加强和改进新时期中央企业党建工作做出的重大部署。各单位要结合各自实际，切实抓好贯彻落实。

1. 对党委参与重大问题决策作出制度规定，形成长效机制

参与重大问题决策，是《党章》赋予国有企业党组织的重要政治职责，是保证和监督企业贯彻执行党和国家路线、方针、政策的重要措施。随着改革的深入，为适应改革和发展的要求，我们要努力改进党组织发挥政治核心作用、参与企业重大问题决策的方式，积极探索和思考有效途径。

坚持党组织参与重大问题决策，关键是党政一把手要提高民主决策的意识，提高大局意识和合作意识。党组织参与重大问题决策效果如何，重点是制定参与决策的制度并能严格执行。因此，要求各单位要制定党委会制度、党政联席会制度，坚持企业重大问题必须经过会议集体讨论，并形成机制。要坚持重大问题决策的程序，只有坚持程序，才能保证决策的质量。在党委会或党政联席会议召开之前，要建立党政一把手事前沟通制度，通过沟通确定议题。会上要充分听取党委成员的意见，经过集体讨论形成一致意见。会后，各级党组织要发挥推动作用，保证决议的贯彻执行。

2. 抓好班子建设，开展“四好班子”创建活动，提高各级领导班子的合力

各级党组织要把班子建设放在突出位置来抓，大力开展“四好班子”创建活动，重点提高班子成员的政治素质和思想素质，努力把各级领导班子建设成为模范实践“三个代表”重要思想，朝气蓬勃、奋发有为的坚强集体。要通过班子建设，形成班长带班子，班子带干部、干部带人才、人才促队伍的有效机制，为企业的发展提供坚强的组织保证。

要进一步加强各级班子的作风建设，树立艰苦奋斗、求真务实、勤政廉洁、团结协作的作风。要加强对各级领导干部的监督，认真贯彻落实《国有企业领导人员廉洁从业若干规定（试行）》和集团公司关于构建惩防体系的实施意见。各单位要结合实际，制定具体的实施方案，形成教育、制度、监督为一体的惩防体系。要强化党内监督，加强对企业经营管理、重点环节和部门的有效监督，加强对企业投融资、物资设备采购、分包工程、企业改革和产权变更与交易环节的监督，建立起结构合理、配置科学、程序严密、制约有力、运转高效的权力运行机制。采取有力措施，加强事前防范，争取不出或少出腐败问题，杜绝出大问题。

3. 抓好人才队伍建设，为改革发展提供人才支持

实践证明，企业的发展要坚持以人为本的原则，关键是建设一支高素质的人才队伍。要建立一支以人才为骨干、适应市场经济要求的现代化、高素质的“四有”职工队伍，为改革发展提供人才支持。一是要树立党管人才的观念和大人才观念，认真研究落实党管人才原则的方法和途径，切实加强人才工作。要按照集团公司人才工作会议精神，根据发展要求，培育各方面工作骨干，形成适合企业跨越式发展需要的人才队伍。二是加强人才队伍的机制建设，提供人才成长的土壤和环境。三是建设学习型企业，发挥人才作用，充分贯彻“尊重劳动、尊重知识、尊重人才、尊重创造”的方针，充分调动广大职工群众的创造力，真正建立起有利于留住人才、吸引人才、人尽其才的激励机制，促进企业和个人共同发展。要通过党政工团联手开展以学知识、学技术、学技能为主要内容的职业培训，培养更多一专多能的职业技术复合型职工，培养综合素质较高的人才，培养既懂技术、又懂管理、又善经营的复合型人才。

（四）加强精神文明建设和思想政治工作，为发展提供思想文化支撑

1. 做好发展、改革、稳定中的思想工作，为发展提供环境保障

（1）建设和谐企业，维护企业稳定。建设和谐企业，不仅是构建社会主义和谐社会的题中应有之义，而且是企业不断发展壮大的必然要求。各级领导要关心职工生活，推进送温暖工程，做好暖人心、稳人心、得人心的工作，扎扎实实地为职工特别是困难职工办实事、做好事、解难事，在实现企业经济效益稳步增长的同时逐步提高职工的经济收入和福利水平，让广大职工充分享受到企业改革发展的成果，不断增强企业的向心力和凝聚力，维护企业稳定。

（2）各级党组织要落实稳定工作责任制，发挥党政工团组织的作用，共同搞好稳定工作，要落实《信访工作条例》精神，增强工作的主动性和预见性，积极做好职工的思想政治工作，组织好信访接待，做好上访人员的说服和疏导工作，努力把矛盾解决在基层和萌芽状态。

（3）各级党组织要做好改革政策的宣传工作，积极引导广大职工支持企业的改革措施，正确对待

利益关系的调整，确保改革改制工作顺利进行。各级党组织、各级领导干部要坚持党的群众路线，关心群众生活，特别要维护弱势群体的合法权益，要采取得力措施，安排好困难职工的生活，坚决杜绝双职工下岗的现象。要认真组织下岗职工再就业培训工作，为他们重新就业创造条件。最近，集团公司召开专题会议，安排补助发放两项统筹外养老金费用的问题，已发了文件，请各单位按会议精神认真做好此项工作，把好事办好、好事办实，让广大离退休人员真正感受到党和国家及集团公司的关怀。中华民族的传统节日马上就要来临，各单位党、政、工组织要认真贯彻落实中办、国办关于切实做好元旦春节期间有关工作的通知，搞好慰问离退休职工、困难职工、职工遗属等工作，搞好困难补助工作，让大家过一个欢乐祥和的春节。

2. 扎实推进精神文明建设工作，为改革发展提供动力支持

2006 年，集团公司精神文明建设的思路是：贴近实际，重在创建，巩固提高，扎实有效。我们要按照十六届五中全会精神的要求，在总结近几年精神文明建设经验和不足的基础上，重新修订《精神文明建设实施意见》，特别是文明单位创建条件，对党建工作和经济指标体系进行重新修订，使其更加符合实际，更便于操作。要继续开展“三创建”活动，在文明工程创建中按照“六达标”的要求突出经济效益中心，全面推进工程项目质量、进度、安全、效益、工地环境的协调发展，提高项目的创建水平。

3. 继续抓好集团公司企业文化“12345 工程”，为发展提供文化支撑

企业文化是企业核心竞争力的一部分，是企业可持续发展不可缺少的动力条件，是集团公司跨越式发展“三步走”战略的文化支撑。为此，集团公司和各单位需要把握好以下几个环节：

一是企业文化建设一定要按照企业的发展战略制定本单位 3 至 5 年的企业文化建设规划，做到统筹规划。要落实国资委《关于中央企业文化建设的指导意见》的精神，总结各单位企业文化建设的经验，起草集团公司企业文化建设的实施意见，指导各单位的工作。

二是各单位要发动全体职工认真提炼企业精神、经营理念、管理理念、职工行为守则，形成共有价值观。集团公司要在汇总成员企业和总部员工征集情况的基础上，确定集团公司统一的企业精神、经营理念、管理理念、制度体系、职工行为守则、企业标识等。集团公司企业文化建设总体要求是开展双层创建活动，即开展集团公司总部和各成员企业的双层创建。各单位企业文化建设要层层延伸，一直延伸到项目部、科室、班组和每个员工，形成企业文化横到边、纵到底的完整体系。

三是领导重视、支持企业文化建设工作，把企业文化建设同精神文明建设、生产经营、人才队伍建设和管理工作紧密结合起来，组织有关部门制定体现企业精神的制度体系，进一步完善人才制度、分配制度和各项管理制度，在落实制度的过程中推进企业文化建设。

四是领导带头，典型引路，形成企业文化创建的整体氛围。要大力倡导和落实我们提炼的企业精神、经营理念，使其变为广大干部职工的习惯和日常行为，这样的企业文化才能推动队伍建设和企业发展。

五是成立各级企业文化建设委员会，建立强有力的工作班子，层层抓好创建和延伸工作。要建立以党工部为主，包括人力资源部、经营部门和办公室等部门协调工作的机构，不断推进企业文化建设。

（五）加强领导，充分发挥工会、共青团组织的作用

工会工作要围绕建立和谐企业，重点抓好企业民主管理工作、群众性经济技术创新活动、职工素质工程三项工作。同时，做好维护企业稳定、队伍稳定的工作。

各级工会组织要进一步推进职代会制度建设，重点抓好干部民主评议工作，更好地发挥职代会职能，切实加强民主管理。各单位要认真落实集团公司党组《进一步规范职代会制度，提高企业民主管理水平的意见》文件精神，重点做好民主评议干部工作，使民主评议工作做到有章可循，有法可依。要进一步落实和发挥职代会的各项职权，做到企业的改革改制方案和涉及职工切身利益问题，必须经过职代会审议通过，以此推进企业的民主管理走向制度化、规范化。

要大力推进职工素质工程，重点抓好职工技能竞赛，提高职工队伍素质。工会要继续抓好职工教育工作，形成职工培训机制，积极和人力资源部门、职工培训部门联手工作，共同组织好职工培训工作；认真组织好岗位练兵活动，促进职工学好技术、练好本领；要认真贯彻执行《集团公司关于开展职工技能竞赛的实施办法》的精神，规范竞赛活动，形成长效机制。

要大力推进群众性经济技术创新活动，重点抓好项目劳动竞赛和技术创新工作，推进技术进步和经济效益提高。各级工会组织要把开展“创争”活动作为有效载体，以加强生产一线班组、车间建设和增强技术攻关能力为重点，结合实际，讲求实效，

广泛开展技术攻关、技术协作、合理化建议、劳动竞赛等活动，推动企业技术创新。

共青团工作要继续建立健全工作长效机制，在实施“青年人才工程”、“创新创效工程”、“号手工程”上，要结合新形势提出新的内容，采取新的方法，确保取得实效。近期，各级党组织要重视团员意识主题教育活动，支持共青团组织开展好这一活动，坚持教育、制度、活动三位一体的方法，把团员意识教育活动搞得有声有色，激发团员青年为推进企业跨越式发展建功立业的热情。

（六）加强党建队伍自身建设，为加强党建工作提供队伍保证

提高党群干部素质，加强理论学习。党群干部要先学一步、学深一点，才能组织好干部职工的学习。从事党务工作的同志、特别是新进入党群工作岗位的党委书记、工会主席、政工干部要加强自身修养，尽快找准位置、进入角色、加强学习，树立大局观念，发扬拼搏精神，勤政廉洁，以身作则，率先垂范，这是做好党建工作的前提条件。要按照《中央组织部、国资委党委关于加强和改进中央企业党建工作的意见》中“合理设置党组织工作机构和配备党务工作人员”的要求，重视党建机构设置，配备专职干部队伍，做到党组织健全、专职人员得力。要加强对党群干部的培训工作，通过交流研讨、送出培训、轮岗、交叉任职等方式，全面提高党群干部队伍的整体素质，加强政工后备队伍建设，解决党群干部后继乏人的问题。

要结合实际，加强党的基层组织建设。各单位要抓住先进性教育活动刚刚结束的有利时机，加强党的基层组织建设，特别是各单位党委、二级单位党委、党工委、联营体党组织、工程项目党支部的制度建设，要做到层层都有工作条例，使党建工作规范化，推动基层党组织工作。

同志们，集团公司的改革发展已经步入新的阶段，新形势对我们党建工作提出了更高的要求。只要我们以“三个代表”重要思想为指导，围绕2006年集团公司提出的改革发展任务，充分发挥党组织的政治核心作用，发挥党员的先锋模范作用，加强和改进企业党建工作，就一定能推动企业改革发展再上一个新台阶。

加强安全管理　营造职业安全健康环境为实现集团公司总体发展目标而奋斗

——在中国水利水电建设集团公司2005年安全生产工作会上的报告

（2005年3月29日）

孙　洪　水

各位领导、同志们：

今天，我们中国水利水电建设集团公司在长沙市召开集团公司2005年安全工作会议，首先，我代表中国水利水电建设集团公司党组和集团公司安全生产委员会向今天参加会议的国家有关部委领导表示衷心感谢，向公司系统从事安全工作的同志们，尤其是常年工作在安全一线的同志们表示衷心的感谢，并致以诚挚的问候。

这次会议主要内容是学习贯彻《安全生产法》、《建设工程安全生产管理条例》、《安全生产许可证条例》等有关安全生产的法律法规，学习贯彻《国务院关于进一步加强安全生产工作的决定》和国家有关安全生产工作的指示精神；总结、交流经验，表彰先进，分析当前安全生产面临的形势，研究部署今年集团公司安全生产工作，提高企业各级管理人员，尤其是第一责任人对安全生产管理工作的认识，统一思想，开拓创新，求真务实，加强安全管理，营造职业安全健康环境，为实现集团公司总体发展目标而奋斗。

刚才，郭建堂总经理根据国务院有关安全生产工作方针政策，结合集团公司成立以来强化安全生产管理工作的中心思想，从提高安全意识，树立正确的安全管理理念；与时俱进、不断探索安全管理工作新思路、新方法；提高安全生产综合管理能力；营造全员安全生产管理新格局的战略高度，作了重要讲话，内容深刻，针对性强，具有很重要的指导

意义，是我们集团公司今年安全生产管理工作的思路总纲。一会儿，国家有关部委领导还要作重要指示，我们将一并认真学习贯彻落实。

下面我简要介绍一下集团公司2004年安全生产工作情况，然后就今年安全生产工作的措施、思路谈几点意见。

一、2004年安全生产情况

2004年，集团公司各工程局（厂）认真学习《安全生产法》、《建设工程安全生产管理条例》，积极探索安全生产管理工作的新思路、新方法。

1. 进一步加强了对安全生产工作的组织领导和监督管理。年初成立了以郭建堂总经理为主任的集团公司安全生产委员会，进一步明确了集团公司安全生产第一责任人，加强集团公司安全生产工作的集中领导，把安全生产的监督管理工作提到了集团公司最高决策层面上来。

2. 进一步加快了安全生产管理制度建设步伐。在认真贯彻实施《安全生产法》的同时，先后修编出台了集团公司《安全生产责任制》、《安全生产管理规定》、《水电施工企业安全生产考核管理制度》、《安全生产责任追究制度》等二十多项制度和规定，逐步将安全生产工作纳入规范化、标准化工作轨道。各工程局（厂）和项目部结合本单位生产实际和管理工作的特点，制定了切实有效的管理制度，为搞好安全生产管理工作打下了扎实的基础。

3. 进一步加大了对安全生产的投入。各工程局（厂）和项目部普遍加强了对安全生产工作的人力资源配置，加大了安全教育培训和现场安全设施的投入，为保证安全生产目标的实现提供了必要的资源保障。据不完全统计，2004年集团公司所属工程局（厂）对安全生产的投入达到建安产值的1.3%左右。

4. 进一步加强了安全培训教育工作。根据《安全生产法》和《建设工程安全生产管理条例》要求及集团公司安全生产管理工作的需要，去年，举办了一期企业法人代表和分管领导安全生产管理培训班，参加培训的人员均通过了国家安监局组织的考核，实现了持证上岗；举办了两期项目经理和安全部门负责人安全教育培训班。通过集团公司、工程局（厂）和项目部三级安全教育培训，提高了包括分包商员工和民工在内的全体员工安全意识和企业安全生产管理水平。

5. 进一步强化了安全生产检查和年度考核。各工程局（厂），尤其是项目部把安全生产检查作为一项经常性的工作，体现了安全生产工作“预防为主”的方针。集团公司继续组织了2004年的安全生产考核检查。通过对18个局（厂）75个项目部的全面检查考核，增加了对工程局（厂）本部的考核检查内容，进一步落实了局（厂）级的安全责任制。通过检查考核，促进了各级安全生产责任制的落实，起到了发现和消除安全隐患的作用，同时也有利于各单位、各项目部之间的经验交流。

总的来说，集团公司的安全生产管理工作正在朝标准化、规范化方向发展。各单位安全生产目标明确，责任落实，资源投入基本到位，管理制度较为完善，管理体系运行有效。做到了安全记录齐全，安全隐患检查整改及时；危险源辨识、监控有效；安全培训教育有计划、有记录、有考核；特种作业人员按规定持证上岗；安全技术措施配套并落实到生产班组；施工现场布置有序，开展了设备材料定置管理，营造了一个良好的文明施工环境。在全体员工的共同努力下，面对高危边坡、大跨度洞室、高深竖井等危险因素（源）相对集中的施工环境，安全生产工作保持了相对平稳的态势，有效控制了各类生产性事故的发生，较好地完成了集团公司安全管理目标规定的各项任务。

虽然我们在2004年保持了集团公司安全生产形势的稳定，但我们必须清醒的看到安全生产形势仍然非常严峻，从2004年发生的安全事故来看，我们的安全生产管理工作还存在许多问题，归纳为以下几点：

1. 有的单位口头上重视安全管理工作，思想跟不上，行动上没有把安全施工真正放在首位。领导人往往有三个主义，好人主义、官僚主义、形式主义。好人主义就是不管，不敢管，怕得罪人。官僚主义就是不深入基层，不到第一线去。形式主义，检查也不少，制度也不少，他不落实，所以就严格不起来，落实不下去。为什么落实不下去呢？从职工的层面上，老毛病、坏习惯，不是严格地按规章制度去办事，而是按自己过去的一套经验去办事，去操作。他可能操作了99次没出问题，但是第100次出问题了。有的领导常常把安全工作交给副手，交给业务部门，自己撒手不管。还有的领导同志认为“水电建设死人不可避免”，片面强调妨碍水电安全施工的客观原因，忽视或开脱自己的主观原因和责任。

2. 有的单位安全生产责任制没有真正落实，安全生产的保证体系和监督体系运行不畅，安全监督管理不到位。一些单位没有建立健全和真正落实各级安全生产责任制；普遍存在现场的安全监督管理人员配备不足的情况，作业现场往往没有安全监督人员。特别是对分包队伍和农民工的安全监督管理差距较大，以包代管的现象普遍。

3. 有的单位安全生产各项规章制度不健全。有的单位不能及时结合国家有关安全法律、法规要求，结合自身单位特点和工程实际情况，制定、完善安全生产各项规章制度；安全工作没做到用制度管人，按制度办事，有的还处于“人治”状态；距系统化、规范化、科学化的安全管理体系有很大的差距。

4. 有的单位安全技术措施、事故救援预案的制定和实施不到位。安全技术措施是实现生产的技术保障，有的施工组织设计没有包含详尽的安全技术措施，或者安全技术措施不具有针对性和可操作性；有的安全技术措施的交底工作，没有形成文字记录，做不到可追溯，或者不深入，有的只有管理层知道，操作人员不明白；有的安全部门对安全技术交底工作的监督、检查不深入，不处在过程受控状态。事故救援预案工作开展不深入、不具有可操作性、笼统，且不全面，也没有演练过程。

5. 有的单位安全宣传培训教育不到位。安全教育有时流于形式，不能分工种、分专业、分阶段、分季节、分层次的进行安全教育；安全教育内容有时不具有针对性；不能适时对作业人员进行安全教育，施工人员缺乏安全意识，安全操作技能差。特别是在施工现场，大量使用的外包队伍和农民工的安全意识和安全操作技能比较低；不能及时对分包民工、轮岗职工、新职工、特种作业人员进行人场教育和三级教育；安全管理人员的素质不高，有待进一步提高。

6. 有的单位安全检查考核流于形式。有的单位不能结合工程项目特点定期、不定期的进行综合性、专项安全检查，不能进行针对不同阶段、分季节的安全检查；另外安全检查工作不细，根本查不出问题；有的安全检查后，对问题、隐患的处理、解决没有跟踪整改，不复查，不验收。

7. 有的单位对施工现场的安全投入不足。由于各种原因，施工单位对施工现场的安全投入不足，致使现场安全设施标准偏低，有些不能够满足安全生产的要求，存在的不安全隐患得不到及时的消除。有些单位的领导在侥幸心理的支配下，舍不得必要的安全投入（甚至油库、炸药库消防器材不足）。

二、2005年，围绕集团公司跨越式发展战略，加强安全管理，营造职业安全健康环境

2005年，集团公司跨越式发展进入关键时期。企业快速健康的发展，对各方面的工作提出了更高的要求，我们共同面临着严峻的考验，倍感责任重大。2005年集团公司的安全生产控制目标是，不发生一次死亡3人及以上的重特大事故，死亡事故率控制在0.1‰，不发生一次损失50万元以上的其他重大事故，不发生群体性职业健康事故。

为确保上述目标的实现，我们必须着重抓好以下工作。

（一）充分认识安全工作的长期性，不断提高全体员工安全意识

党和政府高度重视安全工作，以人为本、把人民群众的生命安全放在第一位，把安全生产提高到党的执政能力的高度来抓。要认识到我国正处于社会主义初级阶段，水电施工企业的生产力水平还不高，安全生产工作是长期、复杂而又艰巨的。特别是近年来，集团公司经营规模不断扩大，市场条件要求越来越高，各单位承担的自然条件恶劣、社会环境复杂，且工期紧的施工项目逐步增多，使安全生产管理工作难度越来越大，更需要我们警钟长鸣、加倍努力、常抓不懈，需要我们不断更新安全生产管理观念，以发展的观念，改革的思路，树立安全管理新观念，坚持“以人为本，尊重生命”的管理理念，把关心人、理解人、尊重人、爱护人作为工作的出发点，从而把“安全第一，预防为主”的方针落到实处。

（二）进一步完善安全生产责任体系，强化安全管理保证体系和安全生产监督体系，强化责任追究制度

各单位安全的第一责任人是法人代表，项目的安全第一责任人是项目经理，要按照责任层层分解、各负其责的原则，建立完善安全生产责任体系，落实好全员安全生产责任制度，明确各级人员职责，各司其职，各负其责，安全第一责任人要建立和完善安全管理保障体系与安全监督体系。要从《中华人民共和国安全生产法》对安全第一责任人六个方面的要求开展安全生产管理工作：建立、健全本单位安全生产责任制；组织制定本单位安全生产规章制度和操作规程；保证本单位安全生产投入及其有效实施；督促、检查本单位的安全工作，及时消除安全事故隐患；组织制定本单位的安全生产事故应急救援预案；及时、如实报告生产安全事故。

去年，集团公司制定了一系列安全规章制度，十分明确的规定了安全生产管理的各项要求。我们要通过集团公司安全生产管理规章制度的贯彻落实，进一步强化各单位的安全生产管理保证体系和安全生产监督体系，特别是通过事故的调查处理，加大执行力度。对确实玩忽职守、疏于管理、造成重大损失和恶劣影响的责任者要严肃处理，真正起到惩戒、警示作用，以及按照“重责轻奖”的原则，对安全生产第一责任人实施考核，从而达到强化安全生产责任体系的目的。

（三）进一步加强安全生产基础管理工作

1. 进一步完善安全管理制度，加强安全检查、评价工作。制度是安全工作的基础。各单位要通过制度的建立和落实，保证安全生产管理工作的规范化和标准化，保证生产过程中的各种安全因素处于可控、在控、受控状态。安全检查是发现、消除隐患，预防事故的有效手段，要求各单位要及时、如实向集团公司上报定期安全检查情况，坚持“安全第一，预防为主”的工作方针，把安全检查作为预防事故的基础，规范各种形式的安全生产检查工作，通过开展定期检查、不定期检查、专项检查、季节性检查，及时发现隐患、消除隐患。建立并逐步完善安全生产监测设施和方法，不断改善作业环境，提高安全生产综合防御能力，从源头上防止重（特）大生产安全事故发生，从而使安全生产工作的重心从事后查处向事前预防转移。开展科学的安全评价工作，对企业的总体或局部生产经营活动的现状进行综合评价；对工程项目进行预评价、验收评价；针对特殊的项目、场所、工序、装置进行专项评价。特别是危险因素（源）的识别、控制与应急预案的工作更是重中之重，防范的重点，逐步形成基于风险管理的安全生产长效管理机制。

2. 进一步加强安全培训工作。企业员工安全素质的高低，直接关系到安全生产工作的成败。要进一步加强安全培训工作。通过安全培训，提高企业管理人员的安全生产管理水平，提高生产工人的安全操作技能。根据《安全生产法》和《建设工程安全生产管理条例》要求和集团公司安全生产管理工作安排，今年继续举办企业主要领导安全生产培训班，继续举办项目经理和企业安全部门负责人的安全教育培训。同时要求各单位尤其是项目部要根据自己工作特点，开展安全生产培训教育工作，特别是针对分包民工、轮岗职工、新职工、特种作业人员的三级培训教育。

3. 进一步加大安全生产投入。为了保证安全管理和安全生产的有效运行，配置资源是保证，有效投入是关键。各工程局（厂）要从投标报价入手、从安全生产计划入手，完善企业内部的安全费用提取制度，逐步提取安全专项费用，建立企业和项目部的安全教育与监察基金，专款专用。同时，加强专职的安全管理人员队伍建设，保证安全管理和安全生产所需资金和人力资源的有效投入。在规范安全投入工作的同时，逐步规范安全投入的统计口径。需要强调的是，在与分包商签订的施工合同中，要预留安全费用，确保分包项目的安全投入，不能节省这项开支。

4. 进一步加强分包商和民工的安全管理，减少非生产安全事故。随着企业向管理密集和技术密集型的过渡和发展，以专业分包企业承担施工任务为主的局面将会逐步形成，这是社会分工的需要，也是市场经济发展的必然趋势，我们必须对此有一个正确认识。目前，各项目部、联营体在组织施工生产过程中，采取了形式多样的分包经营方式，分包的范围和规模不断扩大。因此，对分包商和民工的安全管理工作已经不再是一项简单的、临时性的工作，而是一项系统的、需要长期重视的管理任务，必须认真研究，针对近几年生产性伤亡事故受伤害主要对象是民工这一情况，各单位要切实加强对民工和分包商的安全生产管理工作，加强对民工的安全培训和基本技能培训，把发生在民工中的各类事故降下来。在安全工作的重视程度上，要做到大项目与小项目一样，自营项目与分包项目一样，企业职工与民工一样。此外，各工程局（厂）要重视加强诸如基地、交通等非生产活动的安全工作管理，包括员工八小时以外的安全问题，真正做到“珍惜生命”、“守土有责”。

5. 进一步加强安全生产文化建设。逐步建立以人为本的精神激励机制。坚持“以人为本，尊重生命”的管理理念，把关心人、理解人、尊重人、爱护人作为企业文化建设的出发点，把普及安全知识、传播安全文化、营造安全氛围作为企业文化建设的重要组成部分，全方位培育企业安全文化，提高全体员工的安全素质。开展多种形式的全员安全生产文化宣传，营造关心安全、关爱生命的安全氛围，为安全生产工作创造强有力的舆论支持和思想保证。

6. 进一步深化落实安全事故报告制度，保证信息渠道畅通。要坚持安全事故报告制度，做到及时、准确、畅通，从而保证在安全事故的处理过程中，正确把握形势的判断、方案的制定、措施的采取以及舆论正确导向工作。对发生事故不及时报告拖延时间、谎报甚至瞒报的，要按照相关规定严肃查处。通过强化“四不放过”的事故处理原则，做到查处一起事故，解决一些问题，整治一批隐患，使安全管理水平得到一次较大的提高。

（四）在进一步做好安全生产基础工作的同时，大力推进安全质量标准化工作，建立职业安全健康管理体系

今年，集团公司将根据国家安全生产监督管理总局、国家电力监管委员会安全监管局和建设部的统一部署和要求，深入推进安全质量标准化活动，在做好安全基础管理工作和完善安全管理体系的基础上，逐步规范各生产环节、各岗位的安全作业规程、现场的各项安全设施标准。要求各单位尽快建

立和有效运行职业安全健康管理体系，职业安全健康管理体系的核心就是企业通过自我约束，规范管理，持续改进，形成一种安全生产的自我约束机制，从而实现预防为主、持续改进的工作目标。这与以往事后处理、忽视根本的安全管理方式有着决然不同的含义。因此在深入学习、贯彻落实《安全生产法》和《建设工程安全生产管理条例》、按照质量管理体系（ISO－9000）的基本思想开展安全生产管理工作的同时，各单位要抓紧职业安全健康管理体系的认证工作，对已经取得第三方认证的单位，要确保体系的有效运行，进一步推动集团公司的安全生产管理工作。

同志们，一年来，集团公司安全生产工作通过大家的努力工作，无私奉献，取得了较好的成绩，在此，谨向你们表示感谢！同时希望大家在新的形势下，认清安全生产工作面临的新任务，充分认识安全生产工作的极端重要性，进一步强化责任感和紧迫感，本着对人民群众、对企业和职工高度负责的态度，加强安全管理，营造职业安全健康环境，为我们集团公司建设具有国际竞争力的企业集团夯实基础。

在2003～2004年度集团公司科技进步奖评审会暨工程科技管理座谈会上的讲话

（2005年4月23日）

孙　洪　水

各位专家委员、同志们：

今天，我们在这里召开2003～2004年度集团公司科技进步奖评审会暨工程科技管理座谈会，这次会议很重要，必将对集团公司科技进步工作起到积极的推动和促进作用。参加今天会议的有集团公司新一届科学技术专家委员会的各位专家委员、申报集团公司2003～2004年度科技进步奖的各单位科研项目的负责人。各位专家和代表风尘仆仆、汇聚昆明，十分辛苦，在此，我代表集团公司对各位专家和各位代表的光临表示欢迎，对大家历年来为集团公司科技进步工作所付出的辛勤劳动表示感谢。这次会议主要议题是：评审集团公司2003～2004年度科学技术进步奖；签订集团公司2004年度科研立项合同；审议研究集团公司科技专家库专业设置方案；研讨集团公司在建工程项目管理工作。

今天到会的各位专家和代表，大多数是各单位科技工作的主管领导，因此，借这个机会，我代表集团公司向各位通报一下集团公司科技管理工作的情况和2005年集团公司科技工作的基本思路。

一、集团公司科技管理工作的现状

集团公司成立以来，在集团公司各位专家委员、广大科技工作者和全体员工的共同努力下，集团公司科技进步工作取得了可喜的成绩：

（一）科技管理工作制度建设进一步加强。集团公司科技管理方面的成套管理办法已全部编制完成并在集团公司科技管理工作中成功试用，即将正式颁布实施，这标志着集团公司的科技管理工作已步入规范化、标准化、制度化轨道。

（二）在2004年度，由集团公司组织、基础局完成的《长江三峡二期上游围堰防渗墙施工技术研究与工程实践》项目荣获国家科技进步二等奖，这是十分可喜可贺的成绩。由水电八局参加的《沙牌碾压混凝土拱坝筑坝配套技术研究》项目获中国电力科技进步一等奖，由水电四局参加的《高寒地区碾压混凝土拱坝筑坝技术研究》获中国电力科技进步二等奖，由集团公司组织完成的《利用软岩筑面板堆石坝的应用研究》项目获中国电力科技进步三等奖。

（三）科研项目的立项、执行、成果总结、奖项申报等工作有序进行。原国家电力公司立项项目已全部完成，其中3个项目通过成果鉴定；2004年分两次拨付2003年批准立项科研项目经费共378万元。目前2003年度立项项目进展顺利，已有4个项目完成预定研究内容正式通过集团公司鉴定；2004年新批准立项23项，其中集团公司资助项目10项，自筹资金项目13项；本次申报集团公司2003～2004年度科技进步奖的20个项目中有12个项目已正式通过成果鉴定，申报项目的整体水平与2001～2002年度相比有显著提高。

（四）加强组织机构建设、拓宽科研经费渠道。

2004年，集团公司加强了与国家科学技术部、财政部等部门的工作联系，拟申请部分科研经费和建立科技专项经费；通过与国家税务总局沟通，确定了科研经费税前列支，2003年度免税科研经费额度1290万元，2004年度免税科研经费1372万元。

集团公司科学技术专家委员会自成立以来，全体委员为集团公司科技进步工作做出很大的贡献，为集团公司科技进步工作奠定了坚实的基础。考虑到各单位负责科技管理工作的同志职务变更的实际情况，集团公司对科技专委会进行了较大幅度的调整。调换了部分成员单位的专委会委员；新增国际公司、投资公司、租赁公司分管科技工作的领导进入专委会，还补充了几位机电、基础处理方面的专家，我们的科学技术专家委员会专业更全，涵盖面更广，也更强大了。新一届的专委会仍由集团公司顾问付元初同志担任主任委员，集团公司希望充分发挥付元初同志在我国水电施工专业技术领域的威望和影响力，我本人作为集团公司分管科技工作的领导将积极关注、大力支持专委会的工作，我相信新一届的集团公司科技专家委员会，将会带领集团公司全体科技工作人员为集团公司的科技进步和跨越式发展做出新的更大的成绩。

为了加强科技工作的组织和管理，集团公司总部调整了科技工作专职管理机构——工程科技部，由集团公司副总工程师宗敦峰同志兼任部门主任。工程科技部主要围绕着集团公司科技发展战略，开展科技进步、工程质量、工程技术的管理工作；组织集团公司科技研发，专利技术、新技术、新工艺、新材料的交流、推广和应用工作。应该说调整后的工程科技部的管理职能更加专一了，目的就在于进一步深化集团公司的科技进步管理工作，使我们集团公司的科学技术始终达到行业的领先水平。

二、2005年科技进步工作思路

2005年集团公司科技管理工作，将主要围绕四个大的方面开展工作：

（一）全面推进科技管理工作的制度化、规范化、标准化

2005年集团公司将进一步推动建立以取得科研成果为目的的科技管理体制，在建立健全科研管理制度的基础上，建立集团公司自己的各级各专业的专家库，全面推进集团公司以及各成员单位科研管理的制度化、规范化、标准化；规范集团公司科技管理的各个环节。在这次会议上，还要请各位专家委员对专家库的专业设置提出具体意见。

继续督促、推动各成员企业建立健全科技管理机构，严格按照科研合同和集团公司科技管理的有关规定成立研究课题组，制定并及时报告科研计划、阶段进展情况，对完工项目及时组织成果总结、鉴定和验收。

集团公司工程科技部在日常科技管理工作中，要严格执行集团公司各项科技管理办法，使集团公司每年的科研立项、审批、科研项目中间检查、科研项目成果鉴定、科研成果申报、评审等日常工作更为规范化、标准化，并且在时间上相对固定，以便各成员单位科研管理部门、各位专家委员会委员安排日常工作。

集团公司2003年度批准立项的绝大部分科研项目和2004年度批准立项的部分项目，今年将全面进入成果总结、鉴定阶段，集团公司要以此为契机，进一步加强科研项目成果总结、鉴定的组织工作。

对这次评审获得二等奖以上的科研项目，争取申报中国电力科技进步奖和其他有关省部一级的奖项，集团公司工程科技部、各获奖单位应努力做好相关的组织工作，对申报材料进行严格把关。

我们目前的科研项目，在选项和立项时，主要还是围绕着我们承担的工程项目为主体，为了改变这种单一的科研模式，拓宽科研工作领域，使我们的科研工作对企业发展起到先导作用，2005年集团公司将在拓宽科研领域方面做出积极尝试，围绕集团公司的发展战略、产业结构的调整和管理工作的实际需要，引导各成员企业在新兴行业、新兴领域方面，在新产品开发、安全生产技术、信息化建设应用技术等方面的科研工作有所突破，加大这方面的科技投入。

为了加强标准、规范、工法方面的编制工作，集团公司将在2005年度科研课题立项审批时，有意识地选择、批准一些编制标准、规范、工法的项目作为科研课题，投入部分经费。鼓励各成员企业在编制标准、规范、工法方面多做工作。

（二）加强技术攻关能力和重大技术课题的研究能力

重大技术课题的研究能力与关键技术掌握水平是企业科技水平的标志，是构成企业核心竞争力和企业品牌的重要因素，也是企业科技创新与科技进步的龙头。集团公司在国内水电市场占有70%左右的市场份额，一大批世界级的工程由我们负责施工，集团公司水电建设第一品牌的技术优势已被国际所接受，集团公司今后的科技工作和科研成果要与之相适应，要站在集团发展的前沿，围绕大型、特大型水利水电工程，针对世界级高坝、大库容、大容量电站以及日趋复杂的地质条件下开发水利水电工程的关键技术凝练重大综合技术课题；要围绕水利

水电工程的前沿技术和重大工程问题展开科技攻关。要广泛建立与国家科技管理部门、科研院校以及兄弟企业的沟通交流机制，争取好的项目，提高科研项目的理论水平和研究深度，取长补短，使我们的科研项目更具前瞻性、科学性和先进性。

（三）加强科技成果的交流、推广和应用工作

科技是第一生产力的落脚点要落实在提高企业的核心竞争力、提高企业管理水平和效益水平上。集团公司的科技工作与成果要为企业进一步开拓国内、国际市场，为企业产业结构调整和转化经济增长方式，为建设具有国际竞争力的大型跨国企业集团而服务。集团公司各成员单位在多年的市场形势调节下，已形成了各自的专业优势，尤其近年来在高坝施工技术、洞室开挖技术、人工砂石料生产技术、大容量电站机组安装技术、深基础处理技术等各个方面，已经培养了一大批的专家，形成了具有一定规模的专家群体。很有必要把这些专家组织起来就各个专业领域的技术问题进行交流沟通，进一步凝练，共同提高。要发挥集团优势，形成长效的工作机制，实现集团公司技术水平的整体提高和成果共享。所以，今年集团公司将具体组织各专业领域的沟通协作工作，在科技攻关已取得一定成果、不断总结集团公司五十多年来水利水电建设施工经验的基础上，采用多种方式，包括发挥集团公司一报、一刊、一网站的媒体作用，加大科技成果的推广、交流和应用的工作力度，在集团公司内部全面推广应用实现科研成果的有偿共享机制，发挥集团公司的整体专业优势，提高科技管理体系的凝聚力和集团公司的整体科技水平。将科技成果和技术积淀转化为实实在在的生产力，提高集团公司的整体经济效益。

（四）要高度重视科技人才的培养与使用

科技工作离不开人才，要着手研究制定相关政策，为科技人员的深造与继续教育创造条件，为满足科技人员的上进心与成就感提供环境，为增加科技人员的待遇提供保证。以“感情留人、事业留人、待遇留人”为准则，千方百计地让科技人员静下心来，保持他们高涨的工作热情，积极发挥他们的创造力。

三、加强在建工程项目、技术和质量管理工作

作为一个世界最大的水电施工企业集团，集团公司十分关注在建工程项目的管理，在管理的方式、方法、重大工程问题的研究解决、技术管理的整体水平、质量体系的有效运行和质量事故的防范机制等各个方面，如何有效地开展工作，值得我们进一步的研究和探讨。这次会议还有一个议题，就是请同志们就集团公司层面如何开展工程项目、技术和质量管理工作进行研讨，充分听取大家的意见。希望同志们从集团公司整体发展的角度，各抒己见，畅所欲言，积极为集团公司工程技术与质量管理工作出谋划策，以便形成对集团公司工程项目、技术与质量的管理行之有效的管理机制，提高集团公司在建工程的整体管理水平。

这次会议会期三天，其中，两天时间评审集团公司2003～2004年度科学技术进步奖，签订集团公司2004年度立项科研项目科研合同。利用一天的时间，主要讨论集团公司科技专家库专业设置方案和研讨集团公司在建工程管理工作。时间紧，任务重，希望大家不辞辛苦，圆满完成工作任务。

最后，对协办这次会议的水电十四局所做出的辛勤努力表示衷心的感谢，预祝会议圆满成功。

在集团公司2005年信息化建设业务工作会上的讲话

（2005年6月29日）

孙　洪　水

同志们：

今天，我们召开集团公司2005年信息化建设业务工作会，会议的主要任务是总结2004年度信息化建设工作，进一步统一认识，围绕集团公司“十一五”信息化建设规划，确定信息化建设工作的具体实施方案，把信息化建设工作脚踏实地的落到实处。开好这次会议，对系统地推进集团公司信息化建设工作，促进管理理念的更新、管理模式的创新、管理手段的升级和管理水平的提高具有重要意义。借这个机会，我讲三个方面的意见。

一、集团公司信息化总体发展形势

信息化组织机构基本建立。集团公司信息化组织管理体系基本形成，专业技术队伍初步建立。截至2004年底，集团公司及所属的各工程局（厂）均已落实了信息化建设主管部门，从事信息化建设工作的专业人员编制得到落实。建立了信息协管员制度，首批聘用的近100名兼职信息协管员做到了实时、快速地为网站提供集团新闻及项目管理动态，加强了集团网站新闻的时效性，提升了集团门户网站的影响力。

网络平台建设初具规模。集团公司不断加大信息化建设基础设施投入力度，累计投资并形成固定资产5000多万元，达到了相当规模。目前，集团系统内已建立了不同规模、不同档次的计算机网络18个，拥有计算机近5000台，各种服务器80多台。绝大部分成员企业建成了各自的局域网络，为实现办公自动化系统、工程项目管理信息系统建立了初步的网络基础平台。各单位都建有因特网出口，并开通了在因特网上的门户网站，成为企业对外宣传的窗口和电子商务交流的平台。可喜的是水电六局和闽江局在这次会议前都开通了门户网站，加上新重组的水电十五局，集团公司总共19家工程局（厂）都拥有了自己的独立的门户网站，我在这里向新开通门户网站的工程局（厂）表示祝贺。

应用软件系统初步发挥作用。基于网络应用的软件系统开发不断深入，管理的技术手段不断提高。财务管理信息系统基本建立，办公自动化、投标管理系统、经营计划统计管理系统、项目管理软件等应用系统逐步形成，审计系统、资金管理信息系统正在逐步实施，企业信息交流的数字化、网络化程度明显提高。集团公司在2004年度全国企业信息化测评活动中，名列第136位。

在去年集团公司信息化建设工作考核中，二局、七局、十一局、十四局排在前四名，他们的共同特点是在加大投入力度的同时，更注重应用和实效。

我们必须清醒地看到，在企业信息化建设方面我们还有很长的路要走，与其他行业或企业相比，我们在实现信息化的程度上存在很大的差距。主要是对信息化建设的现实意义和长远意义理解不够深刻，对企业信息化工作的认识存在偏差。具体表现为：(1) 对信息化建设资金的投入不足，与企业的发展不相适应；(2) 对信息化专业人员的配备和培训不到位，导致这方面人员数量缺乏、水平不高；(3) 脱离企业管理，为信息化而信息化，搞空中楼阁，缺乏实用性等。只有充分了解我们的现状，才有可能在企业信息化潮流中迎头赶上，不至于掉队。

二、落实"十一五"信息化建设规划的总体要求

集团公司已经制定并下发了集团公司的"十一五"信息化建设规划，稍后会上还要传达和学习规划的具体内容，今后我们的信息化建设要按规划的内容进行实施，我在这里主要讲一下落实信息化建设规划的总体要求。

1. 进一步加强领导层的信息化意识。我们水电施工企业信息化建设的成败，很重要的一点是在于是否有一套有利于创新活动开展的制度安排。应用信息技术，搞信息化建设，是我们创新管理方式的实际需要，目的在于以先进的信息技术为载体，在生产控制、经营管理各个方面彻底改变不合时宜的传统管理理念和管理模式，实现管理流程的再造和创新，使经营活动、管理水平适应市场的需要，使企业处于领先的地位。因此，离开管理创新搞信息化，或者脱离管理，为信息化而信息化，终将不会成功。

2. 加大对信息化建设的资源投入。企业信息化建设的意义在这里我就不再重复了，集团公司从成立伊始就一直把信息化建设放到重要位置来抓，要求信息化建设成为集团公司管理创新的重要手段。信息化建设工作既涉及资源的投入，也触及到管理模式与观念的更新，甚至触及到利益调整与关系的协调，领导层是否重视无疑成为信息化建设工作的关键因素。目前各工程局（厂）已经按照去年信息化工作会议精神成立了信息化建设领导小组，也组织建立了相应的组织机构，但是要把信息化工作落到实处，还得要求各级领导进一步在资源投入、组织软件系统应用上、人才培养上下功夫。以软件的系统应用拉动企业的信息化。

要加大对信息化建设的资源投入，一是要进行软硬件资金投入，根据目前的效益水平与分步实施的原则，从网络基础设施建设着手，安排好资金投入计划，做到投入不影响企业的正常运行；二是专业人才的使用与培养，这里讲的人才着重需要既懂计算机业务，又懂专业技术和管理，熟悉水电行业特点的人才，在信息化人才培养和使用方面要打破传统观念的束缚。

3. 统一规划、分部实施、高标准建设集团公司信息化系统。"统一领导、统一规划、统一组织开发，分步实施"是我们信息化建设工作的重要原则，在这一原则指导下，实现集团公司网络的互联互通和资源共享。各单位要贯彻落实集团公司"十一五"信息化建设规划的要求，做到"四个到位"，即认识到位、组织到位、工作到位、责任到位，在集团公司的统一组织下，按照集团公司信息化的总体规划，

结合实际情况制定切实可行的年度实施计划和发展目标。

集团公司信息化的总体目标是要建成统一的企业广域网络，在软件系统的选型与应用上要统一规范、统一接口，在信息资源的采集、分析与决策上要整合统一。各工程局（厂）的信息化实施计划和发展目标与集团公司“十一五”信息化建设规划保持一致。各成员单位上新的信息化项目要符合集团公司的统一要求，要经过总部信息中心的审批。这次会议还将与应用办公自动化系统和项目管理系统的部分工程局签订项目应用合同，由集团公司提供部分资金和技术上的支持。这次会上，在软件系统应用上做得好的工程局还要介绍他们的经验。另外，请来了几家项目管理软件的开发公司，与大家共同交流，目的是为在集团公司选择适用的项目管理软件，经过一段时间的试用，总结经验，在集团范围内组织推广。通过长期不断的努力，相信我们在信息化建设的道路上会取得新的成绩。

4. 进一步完善信息化工作制度。进一步优化业务流程，建立与信息技术应用相适应的管理规范和相应的信息化制度，自上而下贯穿管理思想和理念，全面实施部门业务管理流程化、网络化等信息化工作制度，为企业管理信息系统建设和发挥信息化最大效益营造良好的管理环境；建立完善的运行管理制度、科学的信息维护分工和制度，确保系统可靠、稳定、有序的运行。

加强信息化工程的全面计划和预算管理，建立完善的工程审批、监督、检查、验收、考核和推广办法。按照信息工程方法，做好企业信息资源总体规划，制定企业信息资源管理的基础性标准，加强企业信息资源的统一管理，全面建立企业信息资源的数字化管理和网络化共享制度，提高信息资源的网络化综合开发和利用水平。

集团公司统一组织制定信息标准、技术规范、运行管理制度、项目验收办法和实用化考核办法及推广应用办法。加强各工程局（厂）的信息化工程的实用化检查工作。

5. 做好人才的培养工作。积极开展多形式、多层次的信息技术知识培训，建立在岗人员的培训制度和信息化技能考核办法，提高全员信息化技能和企业信息技术应用水平。2004 年组织了第一期信息化技术培训班，收到了很好的效果。今年工作会后还要搞培训，要搞多层次的培训，有面对领导层的，有针对专业技术人员的，进行全方位思想更新和技术提高。总部信息中心要编制年度信息化培训规划，有组织、有计划地进行培训，培训要讲求实效，出效果。

三、近期信息化建设的主要工作

近期信息化建设的主要工作要紧紧围绕“十一五”信息化建设规划的步骤进行。随着集团新办公大楼、新网络环境的启用，总部信息化条件和应用会上一个新的台阶，同时，集团广域网会随之逐步建设，也会相应带动各工程局（厂）信息化建设的步伐。为了完成“十一五”期间信息化建设的主要目标，要抓好以下重点项目。

1. 加快建成集团公司综合信息网络平台

综合信息网络平台是集团企业信息化的基础，只有在统一的企业网络应用平台上才能建立较完善的集团业务管理网络体系及企业数据库的完美运作。建立起以公司总部为核心的网络与通信系统，为项目提供全方位的信息服务，使项目在集团公司总部、业主、承包商和项目现场间有效地执行。在企业的内部广域网结构中，集团公司总部和各部门及各分公司可以随时相联处理业务，运行内部办公自动化系统、各业务部门专有系统、内部邮件系统，运行基于网络的音频电话系统、运行视频会议系统及互联网信息发布等，同时提供文件传输、数据库、文件共享以及外部设备共享、特殊应用服务，使参与项目的各方都能够迅速地交换和共享信息。采用当今国内外的新技术、新设备、新装备和改造现有通信网络，按照《中国水利水电建设集团公司综合信息网络建设规划方案》将其建成与现代企业管理水平相适应的，具有高速传输能力的综合业务数据网。

建成以光纤通信为主，综合利用数字微波、卫星通信、无线通信和电力线传输等通信介质，构建覆盖全系统的高速数据通信网络平台，为提高集团公司的管理水平，为集团公司的综合管理系统提供网络平台。

今年年底集团公司新的办公大楼将要启用，利用这个契机，总部的网络环境，网络服务将上一个新的台阶，广域网的建设也将随之启动。总部在网络平台搭建的基础上，要增设虚拟专用网网关，建立与各成员企业以及项目部间的虚拟专用网隧道，同时也为移动办公提供条件。企业网平台的搭建，将为集团各软件系统的应用提供运行的空间与安全通道。

2. 管理信息系统工程

统一组织企业信息资源总体规划，建立企业信息化标准体系及相应信息标准和技术规范，统一组织开发一批重点应用系统。

（1）制定出符合集团公司业务特点的信息编码

体系，建立公司系统不同业务层次的基础数据库体系，组建数据中心，有效整合管理信息资源。目前信息中心正与清华大学合作，申请集团公司信息资源管理系统规划方案的项目，目标是制定出集团公司各业务流程信息资源需求体系，并编制相应的规范的编码体系。将为各业务系统的建立提供编码标准和业务系统数据模型。

（2）整合集团公司内网和办公自动化系统。在完善和优化办公自动化系统的基础上，建立企业内网应用体系。在现在办公系统基础上，整合各部门业务协作流程，实现集团整体协同办公的职能，集成电子邮件、在线交流、智能提醒、数据共享等功能，全面实现集团公司业务交流、文件交换电子化，支持远程办公能力，完全实现企业办公的“无纸化”，营造现代化办公环境。建立内网应用机制，与企业对外宣传、外部交流的门户网站分离。同时向成员单位推广办公自动化系统，本次会议，将选出未应用办公自动化系统的工程局厂两家，进行办公自动化系统的应用，并给予资金扶持。

（3）应用先进的项目建设、管理经验和理念，结合国内水电建设的实际情况，建设水电工程项目分级管理系统，普遍提高我们的项目管理水平。工程项目管理系统对施工企业提高施工效率，实现资源集中统一管理，节省人力、物力、财力起着关键作用。集团公司企业信息化的核心也是工程项目管理信息系统的应用，达到施工项目部集中管理，分局、工程局乃至集团总部各部门及高层领导，能够实时或分实在线提取相关数据，掌控项目总体进展情况及施工质量，从而进行指导及项目管理决策。

这次会议要在吸取先进单位项目管理系统应用经验的基础上，选定几家有应用项目管理软件基础的单位，进行技术上乃至资金上的扶持，选定并建立项目管理软件应用系统，取得经验后再扩大推广。

（4）推广资金管理系统和审计应用软件系统。历经一年左右时间的试用，审计系统在审计部的领导下试用金剑审计软件已经取得了一定的成效，试用单位已经提出了许多建议，合作开发软件公司也做了相应的修改，下一步就要在确定适宜的软件产品基础上，进一步扩大试点单位进行推广应用。资金管理系统规划也正在制定之中。下一步将对有关公司的产品进行试用，一旦确定应用软件，随后就将在全部成员单位逐步推广。再下一步，集团公司电子商务、人力资源管理系统等也都要逐步建立。

3. 建成完善的信息系统安全防护体系

完善的信息系统安全防护体系包括信息安全认证系统，解决信息系统中身份认证、信息流加密、完整性、安全审计电子签名等问题，保障信息资源的合法使用；建立网络防火墙、防病毒系统，提高系统的抵抗攻击能力和免疫能力；建立完善的系统监测、预警和控制管理系统，提高网络安全监督与控制的能力；建立紧急状态下的网络保障系统。

总部新大楼的启用，将建立硬件防火墙、虚拟专用网网关，并建立软件防病毒机制。在企业广域网应用中建立身份认证、电子签名的应用，保证信息传递的安全。

4. 信息化知识的普及工作

在信息化建设过程中，普遍存在着投入大、应用率低、效果差等问题，我们集团公司同样存在。除了系统规划和系统建设本身的原因外，很重要的因素就是员工对应用系统操作熟练程度较低和计算机、网络操作技能低造成的。硬件平台搭建的很完善、软件应用系统做得很成熟，但是作为前台应用的业务人员技术水平有限，同样不能发挥其应有的作用。因此普及信息化知识，完善应用环境，是一项非常紧迫的任务。集团公司从今年开始要着手加大培训力度，分期分批采用不同方式，对不同层次人员进行培训。

同志们，集团公司信息化建设工作在总体上是不断向前推进的，并取得了相应的成果，集团公司的发展前景充满了希望，实现集团公司跨越式发展、建设具有国际竞争力的大型企业集团的宏伟目标，为信息化建设的发展搭建了广阔的舞台。在信息化建设战线上的领导者以及技术人员任重而道远，让我们一起努力，为集团公司实现跨越式发展做出贡献。

在中国水利水电建设集团公司安全生产专题会议上的总结讲话

（2005年8月23日）

孙 洪 水

同志们：

中国水利水电建设集团公司安全生产专题会议，历时一天，圆满地完成了大会的各项议程，即将结束了。受郭建堂总经理的委托，现就会议总结报告如下：

一、会议的基本情况

这次专题会议是在集团公司面临着生产安全事故频率有所上升，特别是重、特大安全事故明显增多，集团公司整体形象和社会声望受到严重影响，职工生命和国家财产蒙受重大损失的严峻形势下召开的。

会议的目的是总结今年以来安全生产工作的经验教训、分析形势、审视现状、查找根源、准确定位，研究和部署今后一个时期安全生产工作的强有力措施，最大限度地减少和避免安全事故，特别是重、特大安全事故的发生。

会议得到了国家有关部委的关心、支持。国务院国有企业监事会范有年主席、国家安全生产监督管理总局王力争副司长、国务院国有资产监督管理委员会王晞副局长、国务院电力监管委员会池建军处长出席会议并作了重要讲话，各位领导的讲话具有很强的针对性和指导意义，坚定了我们的信心，拓宽了我们做好安全生产工作的思路。

集团公司党组书记、总经理郭建堂同志在会议上作了安全生产专题工作报告，郭总在报告中全面客观地总结了年初以来集团公司的安全生产工作，深刻分析了安全生产所面临的严峻形势，针对存在的问题，深入查找原因，制定了集团公司安全生产的系统性战略措施，全面部署了今后一个时期安全生产的各项任务。

会上，邀请的安全管理专家和集团公司安全生产监督管理部分别从安全生产管理的法律法规、安全意识、管理理念、具体的业务工作常识等方面作了专题报告，进一步提高了我们对安全生产的理性认识。四个成员企业从正反两个方面作了大会发言，结合自身实际，总结经验和教训。会议通报了对安全生产事故责任单位和事故责任人做出的行政处分和经济处罚的决定，对尚在调查处理过程中的几起事故，待最终定论后，将做出严肃处理。

这次会议对于进一步推进集团公司安全生产工作，提高安全管理水平，落实安全措施，应对当前安全生产的严峻形势，遏止重、特大安全事故有着十分重要的意义。会议内容丰富，准备充分，对安全形势分析透彻，对事故的症结原因定位准确，采取的措施符合集团公司的实际，是一次提高认识、统一思想、求真务实，形成集团公司全员安全生产合力的大会。在大家的共同努力下，会议圆满成功，达到了预期目的。

二、全面贯彻落实会议精神，彻底扭转安全生产的不利局面

（一）领会精神，把握实质，做好会议精神的学习传达贯彻

首先，要深刻领会郭总专题工作报告的精神实质。郭总的专题工作报告以科学的发展观统揽全局，站在全局的高度，深刻分析了当前安全生产的形势，特别剖析了发生安全事故的五个方面主观原因，即：(1) 法制观念淡薄、安全意识不强；(2) 安全生产责任不落实，尤其是第一责任人的安全责任更不落实，忙于生产经营，对安全工作思考不多、督促不力，形成虚位；(3) 安全监管体系不完善，管理机构不落实，管理人员配备不齐、素质不高；(4) 责任追究不严肃、不彻底；(5) 对安全生产的规律性、挑战性认识不足，安全措施执行不力，有章不循，违章操作现象时有发生。针对这五方面的薄弱环节，郭总在报告中，提出了相应的战略措施和管理理念，主题突出，目标明确，贯穿了科学发展观念，具有很强的实践性、指导性和针对性，是指导我们今后安全生产工作的纲领性文件。其次，要把会议精神传达贯彻工作抓实抓好，要把会议精神融入到安全生产工作的各项部署中去，使会议精神落实到实处。

（二）提高认识，进一步树立“以人为本，安全第一”的指导思想

郭总的专题报告，在深刻分析集团公司安全生产形势的基础上，强调了进一步树立“以人为本，

安全第一”的安全生产工作指导思想，抓住了落实第一责任人的安全责任和安全意识这个关键，提出了实现安全生产形势根本好转的战略措施，这一指导思想的进一步贯彻和战略措施的实施，体现了新形势条件下的客观要求，是集团公司跨越式发展的基础保证，符合广大职工的根本利益，我们一定要把思想和行动统一到会议的决策和部署上来，以正确的指导思想、崭新的精神风貌抓好安全生产工作。

（三）更新观念，增强依法管理安全事故的自觉性

通过这次会议，大家对安全事故的处理问题有了更清醒的认识，加强安全管理，必须贯彻“预防为主”的方针，把事故消灭在萌芽状态。发生了事故，就必须严格按照“四不放过”的原则，做到查处一起事故，解决一些问题，整治一批隐患，使安全管理水平得到一次较大的提高。要实现安全生产形势的根本好转，长期保持安全生产的平稳态势，就必须坚持标本兼治的原则，从思想深处彻底摒弃头痛医头、脚痛医脚的形而上学观点，全面系统地抓好安全生产的管理工作。就集团公司的层面上来讲，主要着重点是放在安全生产的宏观监督管理上，从加大责任追究力度入手，促进安全生产意识提高、规章制度的落实、管理机制和管理手段的创新，以此来塑造集团公司的社会形象，创造声誉，提升资质。我们的目标是防范事故、消灭事故、依法处理事故，那种一味地保护、掩盖矛盾、遮羞式处理事故的做法再也不能主导我们的安全生产管理工作了。保护了一时，保护不了一世。对事故责任人的宽容，实际上就是对事故受害人的犯罪。

（四）走出误区，规范安全生产管理工作

目前，存在着两种误区，严重影响着我们的安全生产管理工作。一个误区是片面地理解“业主就是上帝”的市场经济法则，置国家法律、集团公司的规章于不顾，不讲原则地迎合业主的意图，唯业主是从。经常去做一些替别人“扛杠”的事，一味地妥协，以为这样就会博得业主的好感，维护我们的利益，其实不然，当出现问题时，业主首先就会一推了之，逃避责任。不也出现过业主在事故调查过程中，出假证明、做假口供，甚至修改原始记录的事情吗？诚然，我们要与业主搞好关系，但是，维系这种关系的底线就是不能严重损害我们施工企业自身的利益，更不能丢弃原则，否则，就失去了搞好这种关系的根本意义。我们也是合同双方的平等一员，有理、有利、有节的抗争，也是达到与业主和睦相处、获得我们应得利益的一种必不可少的重要手段，只要我们团结一致，这个目标是可以实现的。在招投标过程中，市场的统筹协调不是已经证明了这一点吗？

另一个误区就是事故处理简单化。担心降低企业资质、吊销安全生产许可证，影响企业的生产经营，当然，也不排除个别的有逃避追究责任的想法。有些人在侥幸心理的支配下，不是从抓好安全生产管理工作的正面入手，事前不控制，防止或减少安全事故的发生，而是事后手忙脚乱，投机取巧，掩耳盗铃，不按规定程序处理，不与地方有关部门协调沟通，简单化处理，觉得不会有人知道。其实不然，在当今国家重视、监察严格、举报频繁的现实下，你是瞒不住的，必将造成更严重的后果。

至于对企业资质和安全生产许可证的影响问题，大家不要过分忧虑，这种影响是有条件的，大多数安全事故只要处理得当，切实加强整改、完善安全管理工作，就不会对企业资质造成影响。对于个别确实产生影响的事故，我们可以换一种方式，换一种思维，通过与相关部门的多沟通、勤联络，主动接受安全监管，争取得到更多的理解和支持。应当相信，政府部门在关注安全生产监管的同时，同样也在关注企业、特别是国有企业的生存和发展，在法律法规框架内，尽可能地减小或消除对企业资质的影响。对那些一贯无视安全生产的单位和经营者，即便是真的被降低资质，吊销安全生产许可证，追究责任，我看也是一个触动，否则，起不到震撼作用。

（五）强化责任意识，加大事故责任追究的力度

在企业生产规模扩张、生产力水平不高、管理相对粗放的发展阶段，安全生产管理水平、人员素质等明显滞后，这就要求我们的生产经营管理者，作为安全生产第一责任人，必须以对职工生命和国家财产高度负责的精神对待安全生产，必须全面综合考虑生产、经营和安全工作，把安全生产工作融汇到企业日常经营管理活动之中，常抓不懈，均衡发展。安全为了生产，生产必须安全，无论你的生产经营贡献有多大，也不论所面临的客观条件有多差，发生了责任性的安全生产事故，就表明了你不是一个完全合格的经营者，这就是安全工作赋予我们的法定责任，具有强制性，一票否决，不容争辩。各单位要加强责任追究制度建设，从业绩、经济、行政，甚至移交司法机关等方面，追究事故责任人的责任。对确实玩忽职守、疏于管理、造成重大损失和恶劣影响的责任者要严肃处理，真正起到惩戒和警示作用。

（六）加强组织机构和监管队伍建设，完善安全生产监管体系

集团公司年初成立了安全生产监督管理部，进一步加强了对集团公司系统安全生产工作的监督、管理和指导工作。郭总在专题报告中已经明确要求，各单位要建立独立的安全生产管理机构，配备相应数量和相应素质的专职安全管理人员。有的单位没有独立设置安全生产管理部门，或者人员配备不足，不能满足安全生产管理需要的，必须马上落实。项目部是安全生产工作的重点，必须按规定设置相应的安全管理机构，配备满足安全生产工作需要的安全管理人员。同时，加强安全教育培训，提高安全管理人员的素质，逐步建立起一支素质好、能力强、适应集团发展要求的安全生产专业化监管队伍，使我们的安全生产监管体系逐步完善起来。

（七）进一步加强检查考核力度，落实安全生产责任制

国家安全生产监督管理总局和国有资产管理委员会将在近期督察集团公司安全生产管理工作，结合这次督察，集团公司将组织有关安全专家对各单位本部和部分重点项目进行安全生产监督检查考核，落实安全生产的主体责任，特别是企业法人代表、项目经理的安全责任。各单位要按照郭总报告中明确的十二项检查要求，依据集团公司安全检查考核制度的规定，分条逐项地对照，开展一次拉网式的安全生产大检查，从思想上、认识上、制度上、措施上，查隐患、找不足，做到事无巨细，不留死角。检查和整改情况要在年底前书面报告集团公司。各单位要把安全生产检查融汇到企业日常经营管理活动之中，作为一项经常性的工作来抓，通过季节性和专项安全检查，发现和消除安全隐患，促进各级安全生产责任制的落实。

（八）加强安全生产投入，保证安全生产费用

加强安全生产，要有费用的投入。从投标报价入手，抓安全生产费用的落实；从安全技术措施、安全生产计划入手，保证安全生产费用的到位。从落实企业内部的安全专项费用提取制度、建立安全教育监察基金入手，逐步实现企业安全生产投入的长效机制。这是第一责任人的一项重要职责，也是确保安全生产的关键。集团公司将积极与国家有关部委加强联系，开展工作，争取政策支持。

会议同时要求各单位要进一步加强安全生产的基础建设，切实加强对民工和分包商的安全生产管理工作，杜绝有法不依、习惯性违章的不良倾向，减少安全事故的发生。

同志们，安全责任重于泰山，安全管理工作任重道远，让我们在这次专题会议精神指导下，共同担负起安全生产的历史重任，不断提高安全生产管理水平，为集团公司的跨越式发展提供安全稳定的基础保障。

坚持“科技兴企”战略
开创科技工作新局面

——在2005年度科学技术进步奖颁奖会议暨科研立项评审会议上的讲话

（2005年8月29日）

孙　洪　水

各位专家委员，同志们：

今天，我们在这里召开集团公司2005年度科学技术进步奖励大会暨科研立项评审会。会议的主要议题是：

（1）颁发集团公司2005年度科学技术进步奖；

（2）审议集团公司2005年度科研立项项目。

中国电力科技奖励办公室魏光耀主任、胡湘燕副主任；中国水利学会李赞堂秘书长；中国水力发电工程学会邴凤山秘书长；国务院国有大型企业监事会于岚处长出席会议，并要作重要讲话，充分体现了对集团公司科技工作的关心与支持。参加今天会议的有集团公司科学技术专家委员会的各位专家委员、集团公司2005年度科学技术进步奖获奖单位的代表、2005年度申请科研课题立项的负责人。各位专家和代表从全国各地来到北京，十分辛苦。在此，我代表集团公司向各位专家、代表表示热烈欢迎和衷心感谢，对获得集团公司2005年度科学技术进步奖的单位和个人表示真诚祝贺。

这次会议是在集团公司跨越式发展取得辉煌成绩、战略发展步入第二阶段的新形势下召开的，集团公司党组书记、总经理郭建堂同志对集团公司的科技进步工作非常重视，亲自到会并作重要讲话。郭总在讲话中从集团全局发展的高度提出了非常重要的科技工作新思路，这是集团公司今后的科技进步与科技创新工作的指导方针。

下面，借这个机会，我代表集团公司向各位专家、代表通报集团公司科技管理工作的情况，并就集团公司科技管理工作的思路和总体安排谈几点意见。

一、集团公司科技管理工作情况

集团公司成立以来，在各位专家委员、广大科技工作者和全体员工的共同努力下，集团公司科技进步工作取得了可喜的成绩：

（一）科技管理组织进一步加强，科研投入逐年增加

为了加强科技工作的组织和管理，集团公司总部调整了工程科技部的工作职责，集中精力围绕着集团公司科技发展战略，开展科技进步、工程质量、工程技术的管理工作；组织集团公司科技研发，开展新技术、新工艺、新材料的交流、推广与应用工作。调整后的工程科技部的管理职能更加专一，进一步加强集团公司的科技进步管理工作，更好地服务于经济工作的快速发展。

集团公司科学技术专家委员会得到进一步的充实，新增国际公司、投资公司、租赁公司分管科技工作的领导进入专委会，还补充了几位机电、基础处理方面的专家，使专委会的工作力量更强、专业涵盖面更广。各单位也依据科技管理工作需要，理顺管理机制，充实管理机构，加大人员投入，科技管理组织体系进一步完善。

集团公司加强了与国家科学技术部、财政部等部门的联系工作，积极争取科技专项经费与政策。经国家税务总局同意，集团公司已获得了2662万元的科研经费免税额度，其中：2003年度1290万元，2004年度1372万元。

各单位依托生产建设设立科研项目，拓宽科技投入渠道，有的还设立了科技进步专项基金，增加了科技开发经费，有力地促进了科技攻关活动的开展。

（二）科技管理工作制度建设进一步加强

集团公司加强了科技管理制度建设，从科研立项、中间检查、成果鉴定、结题验收、经费管理使用等各方面制定了系列管理办法，使集团公司的科技管理工作继续向规范化、制度化方向迈进。今年，集团公司重新修订了科学技术进步奖励办法，新办法与国家科学技术奖励办法已经完全接轨，申报、评审、授奖的程序更加明确、公正，可操作性大大加强。评审周期由原来的两年一次改为一年一次，在申报时间上也与部奖和国家奖更好地衔接。优秀科研项目可以在较短的时间周期内依次连续申报各个层次的奖项，缩短了科研成果得到社会公认的时间周期。按照新办法评审的20个获奖项目，研究面更宽，整体水平与往年相比也有了显著提高。

各单位根据企业自身的特点，建立健全科技工作规章制度，规范科研项目管理，科技管理工作体系日趋完善。

（三）科技项目的研究工作有序进行

自集团公司开展科技立项研究工作以来，今年已进入第三个年度。课题的立项和审批工作有条不紊。2004年新批准立项23项，其中集团公司资助项目10项，自筹资金项目13项；2005年各单位申报科研立项项目共42项，经过预评审，提交本次会议评审的项目共33项。

集团公司及时对批准立项的课题进行中间检查指导，到目前为止已经完成了10个项目的成果鉴定。从总体情况来看，各单位科研项目实施情况比较好，科研项目目标管理意识有所加强，科研成果的总结水平有较大提高。

（四）科研项目多渠道获奖

在2004年度，由集团公司组织、基础局完成的《长江三峡二期上游围堰防渗墙施工技术研究与工程实践》项目荣获国家科技进步二等奖，这是十分可喜可贺的成绩。由水电八局参加的《沙牌碾压混凝土拱坝筑坝配套技术研究》项目获中国电力科技进步一等奖，水电四局参加的《高寒地区碾压混凝土拱坝筑坝技术研究》获中国电力科技进步二等奖，由集团公司组织完成的《利用软岩筑面板堆石坝的应用研究》项目获中国电力科技进步三等奖。2005年集团公司已推荐10个项目申报中国电力科学技术奖，推荐1个项目申报2005年度华夏建设科学技术奖。

（五）积极参加有关学会、协会工作，加强技术交流

集团公司积极加强与水利水电行业、建设管理行业各学会、协会的沟通联系工作，为加强技术交流搭建平台；积极推荐各类专业技术人员加入各相关行业学会、协会，为广大技术人员创造交流、学习的机会。

总体来说，集团公司科技工作取得今天的成绩是十分不易的，成绩的取得与各级领导的重视、广大科技人员不懈的努力是分不开的。但是，必须看到，我们的科技工作与集团公司跨越式发展的要求还有较大的差距，具体表现为：科技进步意识相对薄弱，体制与机制不健全，科研投入不足，科技人才匮乏，选题水平不高，科研成果推广应用力度不够，缺乏科技产业化意识等。对此大家要有充分的认识。

二、扎实工作，开创科技工作新局面

2005年，集团公司跨越式发展取得辉煌成绩，“三步走战略”进入以转变经济增长方式，提高经济效益和经营质量，增强企业可持续发展能力为主要内容的全面发展阶段。在这样一个新的形势下，科技进步工作的总体思路是：全面贯彻落实“科学技术是第一生产力”的思想，实施“科技兴企”战略，按照集团公司科技发展规划的总体布局，紧紧围绕集团公司产业结构调整与转变经济增长方式的要求，加强科技体制与机制建设，增强科技创新能力，促进科技成果的转化、推广与应用工作，认真总结水电建设的优秀成果，引进、消化、吸收世界先进技术，提高企业核心竞争力，开创科技工作新局面。

（一）整合集团科技资源，创新工作体制与机制

郭建堂总经理在年中工作座谈会上，就科技工作提出了总的要求：“加快建立集团公司管理体制下的科研组织体系，优化组合内部科技资源，实现科技管理上的集团规模效益。”这个要求为我们创新科技工作体制与工作机制指明了方向。

在集团公司层面，要组合全系统的科技力量进行事关集团发展、集团品牌的科技开发；进行具有前瞻性、战略性重大技术课题的攻关；促进重大科技成果的推广、交流和应用工作，实现集团内部科技成果的有偿共享。结合集团公司的改革改制工作，探索科技产业化，组合建立科研、设计、咨询机制的可行性方案。

各单位要在集团公司科技战略管理框架下，进行科技体制创新与机制创新，制定科技发展战略与科技规划，理顺科技组织体系与科技创新机制。建立健全科技工作责任体系、科技评价体系与奖励体系，使集团公司的科技工作形成一个有机的整体。

（二）全面推进科技管理工作的制度化、规范化、标准化

以取得科研成果为目的，规范集团公司科技管理的每一个环节建立健全科研管理制度，全面推进集团公司各单位科研管理的制度化、规范化、标准化。集团公司正在考虑科技进步考核办法对各单位科技进步工作实施全面的考评管理。主要考评各单位在科技管理体系建设、科研经费投入、人才队伍建设、新技术、新设备、新工艺的推广应用等各方面工作开展情况，为科技工作创造良好的环境。

按照科研合同和集团公司科技管理的有关规定继续加强对已经立项的科研课题的监督检查工作，通过检查指导，保证项目受控，保证科技经费的使用效果。对完成的课题项目及时组织成果查新、鉴定和验收，确保科研课题按预定研究目标取得成果。

（三）加强科技攻关能力、提高重大技术课题的研究能力

集团公司在国内水电市场占有70%左右的市场份额，国际工程规模不断扩大，投资建设项目初具规模，这为科技攻关创造了良好的条件。要站在国际水电施工技术发展的前沿，围绕大型、特大型水利水电工程，针对世界级高坝、大库容、大容量电站以及日趋复杂的地形地质条件下开发水利水电工程的关键技术，凝练重大综合技术课题；围绕水利水电工程的全局性、关键性技术问题展开科技攻关，借鉴兄弟企业科技攻关的先进经验，提高科研项目的理论水平和研究深度，使科研项目更具前瞻性、科学性和先进性。

要实现科技工作的突破性进展，必须调动全系统的科技资源，要与科研院校等社会科研力量广泛合作，集成基础理论、材料制造产业、高新技术等相关技术成果，以实现施工技术全面赶超世界先进水平，保持国内综合水平的领先地位。

（四）拓宽科技创新思路，引导集团公司产业转移

我们目前的科研项目，主要还是围绕在建工程项目选项立项，为了改变这种单一的科研模式，要拓宽科研工作领域，使科研工作对企业发展真正起到先导作用。要针对集团产业结构调整、主业延伸的实际需要，对建设项目环保、移民等关键性问题进行研究，对工业民用建筑、交通、市政、港湾等已开始涉足领域的技术开展研究，并引导各单位在新兴行业、新兴领域方面，在新产品开发、安全生产技术、信息化建设应用技术等方面的科研工作有所突破。

（五）积极参与行业技术管理，扩大企业影响力

作为国内水电施工领域最大的集团公司，集团公司应在行业公益性事业方面承担相应的社会责任，并以此提高集团品牌的科技含量，提高集团公司的知名度。积极参加政府部门组织的行业政策研究，参加各协会、学会组织的活动，为规范行业发展、提高技术水平作出贡献。积极参加相关行业标准、规程、工法的编审工作，为整个行业基础技术工作奠定基础。为了保证这项编制工作的经费投入，集

团公司将在科研课题立项审批时，有意识地选择、批准一些编制标准、规范、工法类项目，列入科技项目管理范畴，鼓励各单位在编制标准、规范、工法方面多做工作。力争花几年时间将水电施工方面的行业标准进一步完善，构建较为完整的工法体系。

（六）高度重视科技人才的培养与使用，重点培育高端技术人才

科技工作的基础是人才。要着手研究制定相关政策，创造良好的人才环境，广开渠道吸引人才，为科技人员的深造与继续教育创造条件，提高科技人员的待遇，激发科技人员的上进心，维系科技人员的成就感。以“感情留人、事业留人、待遇留人”为准则，千方百计地让科技人员静下心来，保持他们高涨的创新工作热情，积极发挥他们的创造力。

充分利用现有条件，建立集团公司内部高端技术人才的培育体系。集团公司要逐步探索以建立技术中心、博士后工作站，选择推荐参加研究生教育等各种方式，有计划、有目标地提高有丰富施工经验的高级专业技术人才的理论水平。着力推出具有行业技术权威的专家人才，提高集团公司在行业技术领域的发言权和技术权威性。

（七）发挥集团规模效益，推动科技成果商业化机制建设

坚持科技必须面向经济建设的原则，充分利用集团优势，推动科技成果的转化工作，加大科技成果的推广应用力度。把集团公司五十多年工程建设的成功经验与专业优势充分挖掘整理，形成系统标准的工法技术；把科技攻关的优秀成果及时宣传，通过现场观摩、学术交流、媒体介绍等多种方式加以推广；把集团公司各种专业技术中已经颇具规模的专家群体组织起来，开展技术咨询、技术服务工作；按照市场规则，逐步实现集团公司科技成果的有偿共享机制。

增强商品意识、建立推广队伍、构建科技成果商业化运作机制，对确有市场前景和经济效益的成熟的技术推动其产业化。提高科研机构的自我发展能力。

各位专家、同志们，科技工作实现新跨越、开创新局面的任务十分紧迫而艰巨，我们要解放思想、调整思路，创造性地开展工作，多出成果，多出高水平的成果，为建成具有国际竞争力的大型跨国集团作出我们应有的贡献。

在建立健全教育、制度、监督并重的惩治和预防腐败体系中全面推进党风建设和反腐倡廉工作

——在集团公司纪检监察工作会议上的工作报告

（2005年2月2日）

唐　苏　军

同志们：

这次会议的主要任务是：以邓小平理论和“三个代表”重要思想为指导，深入贯彻党的十六届三中、四中全会和中纪委四次、五次全会精神，全面落实中央企业纪检监察工作会议和集团公司工作会议部署的各项任务，总结2004年工作，共同探讨如何建立健全符合中国水利水电建设集团公司自身特色的教育、制度、监督并重的惩治和预防腐败体系，研究和部署2005年工作。

一、2004年集团公司党风建设和反腐倡廉工作回顾

2004年，在国资委和集团公司党组的正确领导下，集团公司各项工作都取得了显著的成绩。集团公司的纪检监察工作，在全体纪检监察人员的共同努力下，紧紧围绕企业改革发展中心工作，围绕集团公司确定的实现跨越式发展的目标，继续坚持“标本兼治、综合治理”的方针，不断加强教育，完善制度，强化监督，集团公司党风建设和反腐倡廉各项工作取得了新的成效。

（一）党风廉政建设责任制各项工作得到有效落实

2004年是集团公司实施党风廉政建设责任制的第五个年头。一年来，各单位按照集团公司党组的要求，继续把党风廉政建设责任制工作同企业生产经营和安全生产工作放到同等重要位置，周密部署，

落实责任，扎实开展，严格考核，真正做到相互促进，同步推进。年初，集团公司总部和各工程局（厂）两级共签订责任书798份。经年底全面考核，各单位党风廉政建设责任制工作综合得分全部在90分以上，较上年有所提高，尤其是职工问卷测评得分明显提高，按百分折算都超过了80分。这反映了党风建设和反腐倡廉工作深入人心，深得民心，也反映了各单位的党风建设和反腐倡廉工作是措施得力的、富有成效的。

（二）反腐倡廉教育活动重点突出，效果明显

强化反腐倡廉教育，筑牢思想道德防线，是关口前移，从源头治理腐败的第一道防线。一年来，各单位纪检监察部门结合企业实际，突出教育重点，改进教育方式，注重教育实效，反腐倡廉教育工作深入开展。一是深入开展了以《中国共产党纪律处分条例》和《中国共产党党内监督条例（试行）》为重点的宣传教育活动。各单位按照集团公司要求，利用中心组学习、报告会、座谈会、知识竞赛、党课等多种形式，组织广大党员特别是各级领导人员开展学习活动。据统计，2004年，各工程局（厂）共举办“两个条例”培训班18期，有1141人接受培训；组织党内法规知识测试和竞赛25场，共有14271人参加。有的单位在地方组织的竞赛中取得了优异成绩。二是继续坚持“分层施教、因人施教”方针，结合实际、形式多样地开展反腐倡廉教育活动。集团公司纪检组、监察部利用《水利水电工程报》两期专刊刊登了纪检监察干部的优秀论文，交流工作经验，并在集团公司纪检监察网页设立了警示教育的相关栏目。各工程局（厂）纪检监察部门采取灵活多样的教育手段，开展了丰富多彩的反腐倡廉教育活动。据统计，集团公司各工程局（厂）纪检监察部门共组织廉政报告及观看反腐倡廉电教片257场，共有11687人参加。

（三）领导人员廉洁自律工作得到加强

2004年，各级纪检监察部门进一步强化对廉洁从业规定执行情况的监督检查，使集团公司系统各级领导人员廉洁自律意识不断增强，廉洁自律工作得到进一步深化。一是进一步完善了领导人员廉洁从业制度体系。据统计，一年来，各单位修订和完善廉洁从业制度104项。集团公司党组制定印发了《中国水利水电建设集团公司领导人员廉洁谈话制度》，对任职谈话和诫勉谈话的工作原则、组织领导、实施程序等方面进行了规范。二是继续加强了对各单位民主生活会的指导。各级党委把贯彻落实“四大纪律、八项要求”和“三个不得”作为民主生活会的主要内容，认真对照检查，找出存在的问题和不足，并加以整改。集团公司和各工程局（厂）领导班子成员继续坚持参加下级领导班子民主生活会的制度，有力地促进了基层领导班子建设。三是各级领导人员继续认真执行收入申报、述职述廉、民主评议、廉政档案等各项廉洁从业制度。据统计，一年来，集团公司和各工程局（厂）两级共进行述职述廉579人，由职工代表进行民主评议203人，进行廉政承诺86人，对领导人员进行任前廉洁谈话330人次，诫勉谈话33人次，查处违反廉洁从业规定的问题5件，纠正5件，对2人进行了组织处理。通过完善制度，强化监督，规范了领导人员廉洁从业行为。

（四）认真受理信访举报，严肃查处违纪违法分子

一是认真做好信访工作。2004年，各单位选派人员参加了由集团公司组织的信访管理软件操作培训，配备了必要的信访管理设备，提高了信访工作管理水平，并按时报送了信访统计情况。据统计，2004年度，集团公司各级纪检监察部门共收到信访举报204件次。反映的主要问题有：贪污贿赂53件，占25.9%；组织人事类11件，占5.4%；为亲友经商提供条件15件，占7.4%；失职类41件，占20.1%。举报涉及工程局（厂）的领导班子成员45人次，处级干部53人次，科级干部21人次。贪污受贿、以权谋私仍然是群众反映的热点问题。

二是严肃查处违纪违法分子。一年来，集团公司各级纪检监察部门共初核案件线索94件次，了结91件。立案22件，其中涉及经济类案件13件，失职类案件3件，其他类案件6件。结案20件，结案处分23人，其中：处级5人，科级8人，其他人员10人。受处分人员中，受党纪处分14人，政纪处分16人，双重处分9人，刑事处分3人。通过办案共为企业挽回经济损失124.53万元。集团公司纪检组、监察部重点对3件线索进行了直接核查，对其中1名存在一定问题的干部向集团公司党组提出了组织处理意见，为另一名干部和一个基层企业澄清了事实。通过查办案件，严肃了党的纪律，维护了企业的稳定。

（五）效能监察工作有了新进展

2004年，各级监察部门围绕企业改革、发展中心工作，积极开展效能监察工作。一是集团公司监察部围绕清产核资工作，积极开展效能监察。组织力量开展了对水电五局、闽江局清产核资工作专项效能监察。派员全过程参加了对18个工程局（厂）上报集团公司审批权限内的资产损失申报的初审、预审、复审工作，并就审核工作中发现的问题提出

纠正和改进工作意见，对账销案存、损失认定、完善相应的管理制度等方面工作提出意见和建议。分别参与对水电五局、九局等7个工程局（厂）现场实物资产、应收账款的审核鉴证工作。还参与了基础局、富春江厂两个企业改制工作的监督检查。二是各工程局（厂）继续围绕工程分包、物资采购、废旧物资处理等生产经营中的薄弱环节和群众关心的热点问题开展效能监察。据不完全统计，一年来，集团公司各单位通过效能监察挽回经济损失659.78万元，节约资金911.04万元，发现案件线索28个，其中立案5个，处理6人。效能监察工作在保证企业国有资产安全，促进国有资产保值增值的作用日渐显现。

（六）加强纪检监察队伍建设，全员素质不断提升

一年来，从适应工作形势的发展，加强纪检监察人员的思想意识修养，提高业务能力和水平，改进工作方式等方面需要出发，进一步加强了队伍建设工作。一是组织各单位召开了纪委民主生活会，从了解到的情况看，通过召开纪委民主生活会这一形式，促进了各级纪委组织的健全、纪检监察队伍素质的增强和工作能力、水平的提高。二是举办了纪委书记法规培训班和第四期纪检监察岗位培训班。在纪委书记法规培训班期间，通过讲座和播放电教片的形式，重点学习了“两个条例”以及国资委近期颁布的涉及企业改革发展的一系列重要制度和文件。在纪检监察岗位培训班期间，对参加培训的纪检监察业务骨干和基层单位的纪委书记，进行了经营管理、财务、审计和纪检监察相关知识的系统培训。三是集团公司和部分单位建立了纪检监察网页，促进了纪检监察工作业务的学习和交流。

回顾2004年，在集团公司党组的正确领导下，党风建设和反腐倡廉各项工作按照年初部署全面完成。在总结回顾一年来所取得的成绩的同时，我们必须保持清醒的头脑，清楚地看到在党风建设和反腐倡廉方面存在的问题：一是有的单位的领导人员不顾国家利益和出资人利益，滥用职权，违反规定进行债券投资、对外借款和对外担保，有的已经造成损失，有的可能造成严重损失；个别企业盲目投资，有的已经造成损失，有的可能给企业造成重大损失。二是一些单位的领导人员经营行为不规范，与供应商、分包商交往过密，有利用职务上的便利，以权谋私，损害企业利益的嫌疑，群众反映强烈。三是有的单位的领导人员贪图享乐，缺乏勤俭办企业的意识，盲目追求过高的职务消费，在用车、业务招待等方面相互攀比，与困难职工的生活形成强烈反差，应当引起重视。上述种种行为违反了《国有企业领导人员廉洁从业若干规定（试行）》的有关要求，给集团公司带来了极大的政治风险和经济风险，必须尽快采取措施加以制止，今后决不允许再有类似的问题发生。对于已经造成严重损失的单位和个人，集团公司党组将根据有关规定严肃追究相关人员的责任。

二、建立健全教育、制度、监督并重的惩治和预防腐败体系是今后一个时期集团公司党风建设和反腐倡廉工作的根本任务

党的十六届四中全会强调，要坚持标本兼治、综合治理、惩防并举、注重预防的方针，抓紧建立健全与社会主义市场经济体制相适应的教育、制度、监督并重的惩治和预防腐败体系。这是党中央从全面建设小康社会，提高党的执政能力，巩固党的执政地位的战略高度出发，做出的带有全局性意义的重大决策。不久前，党中央印发了《建立健全教育、制度、监督并重的惩治和预防腐败体系实施纲要》（以下简称《实施纲要》），这是全面落实十六届四中全会精神，指导今后一个时期党风廉政建设和反腐败工作的重要的纲领性文件。对于我们深入开展党风建设和反腐倡廉工作具有极其重要的指导意义。我们一定要认真学习，深刻领会，不折不扣地贯彻执行。

（一）集团公司各单位要认真组织学习《实施纲要》，不断提高对建立健全教育、制度、监督并重的惩治和预防腐败体系重要性的认识，真正把贯彻《实施纲要》的工作落到实处

建立健全教育、监督、制度并重的惩治和预防腐败体系，是我们今后一段时期深入开展党风建设和反腐倡廉工作的一项根本性任务。全面贯彻落实《实施纲要》，不仅是集团公司各单位各级纪检监察部门的头等任务，也是集团公司一项全局性工作，必将对完善符合企业实际的监督战略，深化从源头上预防和治理腐败，进一步实行党风廉政建设责任制起到极大的推动和促进作用。

首先要认真、扎实地做好《实施纲要》的学习、宣传、教育工作。各级党政领导人员要带头学习党中央关于建立健全惩治和预防腐败体系的一系列重要讲话和文件精神，做到先学一步，学深一点，充分认识建立健全惩治和预防腐败体系对于提高党的执政能力的重要意义，充分认识构筑惩防体系对深入开展集团公司党风建设和反腐倡廉工作的重要意义，对集团公司维护稳定，深化改革，促进增长方式改变，进而实现跨越式发展目标的重要意义。各单位要做好《实施纲要》宣传教育工作，各级党委

要加强对《实施纲要》的宣传教育工作领导，把《实施纲要》的教育同保持共产党员先进性教育有机结合，统筹考虑，认真部署，运用报纸、广播、内部电视、互联网等多种媒体，加强宣传。利用中心组学习、座谈会、讲党课等形式，组织广大党员特别是各级领导人员对《实施纲要》进行系统学习。要制定详细的教育计划，明确教育对象、教育方式、完成时间，务期使教育工作取得扎扎实实的实效，为《实施纲要》的贯彻落实打下坚实的思想基础。

其次，要紧密结合企业实际，抓紧制定贯彻《实施纲要》的具体意见和办法。《实施纲要》是站在全党、全国反腐败工作全局的高度提出的指导文件，具有全局性、根本性的特点。要保证《实施纲要》在企业中得到贯彻落实，各级领导人员既要在政治上、思想上和党中央保持一致，还要认真总结本企业在党风建设和反腐倡廉工作中的成熟经验，分析企业改革发展过程中存在的滋生腐败的土壤和条件，制定《实施纲要》在本企业具体实施的意见和办法。实施的意见和办法要有明确的工作思路、目标任务、工作原则、具体操作办法和实施步骤。

第三，要切实加强领导，落实组织保证，按期完成任务。各单位要把加快构建惩治和预防腐败体系工作当作一项重要政治任务抓紧抓好。《实施纲要》的贯彻落实需要集团公司上下的共同努力。要充分发挥反腐倡廉工作领导体制和工作机制的作用，形成构建惩治和预防腐败体系的整体合力。各单位党政领导班子必须共同努力，切实加强领导，党委书记要负总责，统一组织指挥，纪委书记做好协调配合，督促各项任务的落实。有关部门和人员要切实履行职责。纪检监察部门要积极发挥组织协调和监督保证作用。通过共同努力，在集团公司尽快建立健全惩治和预防腐败体系。

（二）各级纪检监察部门要在构建惩治和预防腐败体系中发挥积极作用

在建立健全教育、制度、监督并重的惩治和预防腐败体系工作中，作为企业从事党风建设和反腐倡廉工作的专门机构，各级纪检监察部门必须履行好应尽职责，广大纪检监察人员要振奋精神，创新工作，以《实施纲要》为指导，把教育、制度、监督并重的系统思想寓于纪检监察各项工作之中。

首先，纪检监察人员要做学习《实施纲要》的表率。通过自觉学习，深刻领会党中央反腐败的工作方针，理清今后深化企业党风建设和反腐倡廉工作的工作思路，把是否坚持了教育、制度、监督并重，并使三者有机结合作为衡量工作是否到位的标准，把教育、制度、监督三管齐下，作为开展每一项纪检监察工作的基本工作方法。各单位纪委要以适当的方式，集中组织纪检监察人员学习《实施纲要》；有培训计划的，要把《实施纲要》作为培训的一项重要内容。纪检监察人员要在学习深度上，高标准严要求，要通过学习贯彻《实施纲要》，使纪检监察工作在能力和水平上有较大的提高。

其次，要进一步提高教育、制度、监督等方面的能力和水平。《实施纲要》对纪检监察工作提出了新的要求，国资委制定的《关于中央企业贯彻落实〈建立健全教育、制度、监督并重的惩治和预防腐败体系实施纲要〉的意见》也在制定之中。对照党中央和国资委的要求，我们集团公司纪检监察工作的能力和水平还存在很大差距。因此，特别要求我们的纪检监察人员，在工作中继续加强学习，认真总结经验，大胆探索创新，在《实施纲要》规定的时间内，使教育、制度、监督等方面的能力和水平尽快地有较大提高，以期与市场经济发展相适应，与构建惩治和预防腐败体系的目标相适应。在教育方面，要把各级领导人员特别是工程局（厂）和二级单位领导班子成员、施工项目经理作为重点教育对象，注重教育的普遍性、层次性、针对性和时效性的有机结合，取得教育实际效果。在制度建设方面，要牢固树立制度化管理、制度化监督意识，充分认识当前制度建设、制度落实滞后给企业发展带来的不良影响，结合本单位改革发展的实际，不断发现制度上存在的漏洞和薄弱环节，及时建立和完善确保企业健康运行的科学的制度体系。在监督方面，要改进监督方法，提高监督能力，围绕企业改革发展工作，以程序监督为重点，把握介入时机，灵活运用事前、事中、事后监督，切实解决纪检监察人员数量、知识结构同繁重的监督任务之间的矛盾，切实解决监督缺位、监督乏力问题，实现对用权行为实施有效的监督和制约。

第三，要把教育、制度、监督作为一个有机的整体，融入纪检监察整体工作之中。在党风廉政建设责任制工作中，要调整和完善责任制工作内容，修订评价办法，体现教育、监督、制度并重的要求；在廉洁自律和源头治理工作中，要教育、制度、监督齐抓并举，互有侧重，并有机结合；在案件查办和效能监察工作中，要在实施检查和惩处的同时，分析问题产生的原因，找出管理漏洞，完善相关制度，并结合案例开展有针对性的反腐倡廉教育活动，取得反腐倡廉工作的综合治理效果。还要把《实施纲要》的各项要求寓于正在制定的监督战略中，使监督工作与正在建立的现代企业制度、法人治理结构有机融合。

同志们，构建惩治和预防腐败体系意义重大，任务艰巨，需要集团公司全体党员和各级领导人员的共同努力，我们要按照《实施纲要》确定的目标和时间要求，在集团公司转变增长方式，实现跨越式发展进程中，同步构建惩治和预防腐败体系，最大限度地铲除腐败滋生蔓延的土壤和条件，保证集团公司确定的各项奋斗目标的实现。

三、在构建惩治和预防腐败体系中，认真做好2005年各项工作

2005年是集团公司转变增长方式，全面实施跨越式发展战略的关键一年。集团公司纪检监察工作要在集团公司党组领导下，认真贯彻党的十六届三中、四中全会，中纪委四次、五次全会，中央企业纪检监察工作会议和集团公司工作会议精神，以保障国有资产安全、促进国有资产保值增值为中心，按照建立健全教育、制度、监督并重的惩治和预防腐败体系的要求，全面深入开展党风建设和反腐倡廉工作，为集团公司的改革、发展提供有力政治保证。

2005年集团公司党风廉政建设的责任目标是：

1. 坚持“两手抓、两手都要硬”，切实担负起职责范围内党风建设和反腐倡廉工作职责。

2. 进一步健全党内民主会生活制度，全面落实理论学习领导责任制，深入开展党性党风党纪教育，并取得明显成效。

3. 自觉遵守国家法律法规和党纪政纪条规，严肃查处违纪违法案件，严格实行责任追究。本级和下一级领导班子及其成员不发生违法和严重违纪问题，本年度职工违法和严重违纪人数少于职工总数的1.5‰。

4. 继续落实党内监督五项制度和企业“三重一大”民主决策程序，规范厂务公开工作。

5. 在企业改制、推进主辅分离的改革过程中，全力做好稳定工作，不发生影响稳定的重大事件、突发事件。

6. 全面落实集团公司各项管理制度，围绕企业生产经营，开展效能监察和安全执法监察工作。

为实现上述目标，我们要重点做好以下五项工作：

（一）坚决贯彻执行《国有企业领导人员廉洁从业若干规定（试行）》，规范领导人员从业行为

去年底，中纪委、中组部、监察部和国资委联合印发了《国有企业领导人员廉洁从业若干规定（试行）》（以下简称《从业规定》），《从业规定》是国有企业领导人员从业道德的底线，也是检验一名领导人员是否称职的最基本条件，各级领导人员必须不折不扣地自觉执行，做廉洁自律的表率。各单位纪检监察部门要把贯彻落实《从业规定》作为今年廉洁自律工作的重点，在普遍开展教育的同时，切实加强对领导人员执行《从业规定》情况的监督检查。集团公司纪检组、监察部将结合工作安排，不定期组织重点检查。对于违反《从业规定》的人和事，发现一个，查处一个，决不姑息。各单位要把《从业规定》执行情况作为领导班子民主生活会重点检查内容，每一名领导人员都要严格对照《从业规定》，开展自查自纠。对于自查自纠查出的问题，一般不再做违纪处理。

（二）加大查办案件力度，严肃查处违纪违法分子

要继续认真贯彻执行《中国共产党纪律处分条例》，通过加大查办案件的力度，始终保持对腐败分子坚决打击、决不手软的高压态势。

今年查处案件的重点是：涉及各单位中层以上领导人员的案件；领导人员利用职权，为亲友经商、办企业提供便利，造成国有资产流失的案件；项目管理人员在分包、采购过程中收受回扣、贿赂的案件以及改制分流过程中，暗箱操作，侵吞企业资财的案件。在办案中要继续坚持领导包案责任制。

要进一步严肃办案纪律。坚决杜绝压案不查和瞒案不报现象。今后，凡涉及贪污、受贿在5万元以上或造成国有资产流失50万元以上的案件，涉及各单位领导人员特别是主要领导人员配偶子女的案件，各级纪检部门在调查过程中，都要及时向上级纪检监察部门汇报工作进展情况和最终处理结果。为确保加大办案力度，集团公司将加强对典型案件的交叉办案和督办工作，必要时，组织人员直接查办。对于违反办案纪律的人员，必须给予严肃处理。

继续做好群众来信来访受理工作。对于线索具体可查的来信来访，必须组织力量认真初查，不让任何违纪分子逃脱应有的处罚。要通过妥善处理来信来访，及时化解内部矛盾。凡因延误信访受理，或处理失当而引发的群体上访，严重干扰企业正常工作秩序或造成恶劣社会影响的，集团公司将对有关责任人进行严肃处理。

（三）进一步在注重成果上下功夫，提高效能监察工作水平

今年的效能监察工作，一定要在注重取得实实在在的成果上下功夫。通过贯彻落实集团公司《效能监察暂行办法》和近年来的工作实践，集团公司各单位效能监察工作在立项和过程管理上已经得到初步规范，但工作中“重过程，轻成果”的现象比较普遍。这主要是因为：效能监察工作没有切入企业改革发展过程中急需解决的问题；工作中存在形

式化、表面化现象，调查研究和深入实际不够；部分单位领导对效能监察工作重视不够，监察部门的主动性也不高。今年，各单位要在取得效能监察工作成果上下功夫。首先要抓好选题立项工作，要以“降本增效”和“提高管理水平”为目的，重点围绕企业“三重一大”民主决策程序、项目成本控制、主辅分离、改制分流过程以及工程分包、设备物资采购等热点、难点课题选题立项。在效能监察实施过程中，要组织精干力量，深入调查研究，制定周密计划，采取扎实步骤，务期取得实实在在成果，避免工作虎头蛇尾。要做好效能监察成果的总结和鉴定工作，进行必要的定量分析，促进效能监察工作能力和水平的提高。

要继续加强安全生产执法监察力度，认真全面地履行安全生产管理方面的监督职责。应当指出，在过去的一年，集团公司安全生产形势不容乐观，违规指挥、违章操作造成人员伤亡的安全责任事故触目惊心。进入 2005 年，安全生产形势更加严峻，大量处在艰险环境条件下的施工项目和超历史的分包规模，带来更多的不安全因素和事故隐患，因此加大安全生产执法监察工作力度刻不容缓。各单位安全生产第一责任人要充分重视监察部门在安全生产管理中的重要作用，安委会机构中必须有监察部门负责人参加；监察部门必须切实履行在安全生产管理中的职责。今后在检查考核中，如发现监察部门没有参加责任事故调查处理工作，集团公司将追究该监察部门负责人的责任，如发现监察部门在参加责任事故调查中遇到阻挠，集团公司将追究该单位安全生产第一责任人的责任。

（四）抓好党风廉政建设责任制各项工作的落实

党风廉政建设责任制是企业开展党风建设和反腐倡廉工作的重要帮手。从近年考核结果看，通过各单位不懈努力，考核评价得分在逐年提高，其中的成绩应予以充分肯定。但从另一方面看，一些单位满足于只做考核标准、评分项目列出的工作，工作缺乏深度，缺乏创新，以至于在当前责任制工作中出现考核得分同职工测评得分、信访举报情况不相协调、反差较大的现象，考核结果难以真实反映企业反腐倡廉工作的全面情况。对此，集团公司除将修订完善考核评价办法体系外，还将进一步做好调查研究工作，寻求更好的解决之道，推进党风廉政建设责任制不断健康发展。

今年，各单位要将完善联营体党风廉政建设责任制工作列入工作重点。联营体作为集团公司参与市场竞争过程中形成的特殊经济实体，且大都承担着国家大型和特大型工程，然而多数联营体党风建设和反腐倡廉工作还很薄弱，一旦出现违纪违法问题，其不良后果和影响会相当严重，已经引起集团公司党组的高度重视。在前段时间调查研究的基础上，集团公司已经着手制定包括党风廉政建设责任制工作在内的联营体一揽子管理办法。希望联营体各方按照集团公司要求，切实履行责任，互相协调配合，使联营体党风建设和反腐倡廉工作尽快扭转被动局面。

（五）加强队伍建设，适应形势需要

党的十六届四中全会作出了加强党的执政能力建设的决策，对我们纪检监察部门的工作提出了更高的要求。我们要按照中纪委要求，切实提高“五个能力”，首先要把纪检监察队伍建设好。应当指出，企业纪检监察部门不仅是党群工作部门，更是与企业生产经营工作密不可分、息息相关的监督部门、管理部门，因此，企业纪检监察人员与企业其他管理人员一样，同样是企业的宝贵财富。作为企业人力资源管理战略的一个重要子系统，纪检监察队伍建设、人员配备应当纳入企业人力资源管理的整体盘子中统筹考虑。对于这一点，请各单位予以充分关注。发展中的纪检监察事业对纪检监察队伍建设和人员素质不断提出新的要求，纪检监察人员应当是复合型人才，应当有定期培训提高的机会，应当有畅通的交流渠道，纪检监察队伍应当是一支结构配置合理、不断优化的队伍。这就需要各单位在制定人力资源战略时也充分考虑纪检监察队伍建设问题。

作为纪检监察人员，一定要按照中纪委四次全会提出的“五个能力”要求，不断加强学习，努力提高自身素质，满足构建惩防体系的需要。在思想上，要领会党中央反腐败精神实质；在个人修养上，要做廉洁自律的表率；在工作业务上，要不断更新原有的知识，提高解决企业实际问题的能力。集团公司纪检组、监察部将继续发挥集团公司和工程局（厂）两个积极性，对纪检监察人员开展各种形式的培训，为提高纪检监察人员能力和水平创造必要条件。

同志们，当前，集团公司维护稳定、深化改革、促进发展的任务依然十分繁重，同时，集团公司正处在转变增长方式，实现跨越式发展战略目标的关键时期，机遇和挑战并存，困难与光荣同在，我们相信，成功必将属于我们！让我们紧密团结在以胡锦涛同志为总书记的党中央周围，在国资委和集团公司党组的正确领导下，以坚韧不拔、百折不挠的勇气，以实事求是、求真务实的作风，以与时俱进、开拓创新的精神，努力构筑起教育、制度、监督并重的惩治和预防腐败体系，以我们的努力奉献，铸就集团公司未来的辉煌！

抓住机遇　求真务实
使科技进步真正成为推动集团公司发展的
第一生产力

——在2005年度科学技术进步奖颁奖会议暨科研立项评审会议上的讲话

（2005年8月29日）

付　元　初

各位专家委员、同志们：

刚才郭总、孙总作了十分重要的讲话，进一步阐述了“科技兴企”战略的重要性和集团公司科技进步发展三个阶段的具体目标和要求，具有指导意义。另外还有几位学会的领导也分别将有关水利、电力科技进步的情况作了介绍，由于时间的关系，我只想着重讲一下我们水电建设集团站在施工企业战略发展的角度上，如何认真对待我们的科技进步，使科技真正成为推动集团公司发展的第一生产力。

集团公司发展到今天，我们的内外围环境条件都发生了很大的改变，我们水电几代人盼望的大好时期已经到来。对于集团公司来说，将建设一个有国际竞争力的大型企业集团作为自己的发展战略目标，那么作为企业集团领先于他人的标志之一，作为我们平时经常提及的“第一生产力”的科技进步应该怎么做，希望有一个共同的认识，一个大型施工企业对科技进步的认识。在座的各位是科技工作的领导，也是科技工作者，我们应该继续努力，为我们集团公司的科技进步实现跨越式发展再做贡献。

一、集团科技进步面临的形势与机遇

（一）内部环境

当前，集团公司总体形势非常好，集团化经营的格局已经初步形成，通过在很多方面履行出资人的权力和义务，通过资金集中管理，通过国内建筑市场的招投标的协调，通过电力市场体制改革的政策的逐步落实，集团公司生产性经营的形势条件是空前的大好。

集团公司经营规模不断扩大，市场拥有量和营业额不断攀升，截至7月底，集团公司合同存量589亿元，其中国内431亿元，国际158亿元，在经营活动中的效益明显提高，产值利润率逐步回归到期望的最低下限指标3%左右。企业利润的好转，为科技进步真正成为企业发展的第一生产力、从培育阶段发展到引领企业经营盈利阶段创造了条件。

作为企业，如何把科技工作作为企业经营盈利的主要手段，这是集团公司在第二阶段发展过程中要着重研究的。现在的集团公司已具备了：

1. 可以整合科技资源；

2. 可以实现科技开发的最低标准投入；

3. 集团公司领导的高度重视，“科技兴企”科学发展观统领全局发展的观念加强，“科技发展规划”列入到集团发展的战略规划之中；

4. 集团公司科技进步管理机构的配置及完善工作已开始起步。

（二）外部环境

水电建设又一次进入大规模发展时期，为技术进步提供了广阔的研发平台和实践基地，这主要表现在：

1. 在建规模大于6000万千瓦，建设强度为每年投产大中型机组800万千瓦；

2. 流域整体开发形成规模；

3. 高难度的、世界级的工程，如300级高拱坝、长隧洞（锦屏二级16.6公里）、深厚覆盖层（大于等于70米）、超厚度埋深隧洞1500～2000米；

4. 世界第一的碾压混凝土大坝，大体积混凝土重力坝（三峡1600万立方米）、面板坝等一系列坝型；

5. 水冷、空冷70万千瓦机组及750千伏高压电器设备安装。

（三）科技进步是集团公司进一步发展的需要

1. 集团公司要保持国内水电第一品牌，应有相应的科技人才、科技成果、样板工程、知识型无形资产、行业领先水平的综合技术实力来作为品牌的基础与内涵，作为市场竞争力的具体体现。只有这样，才能保持我集团公司作为水电施工龙头企业的地位，才有可能建成高质量的世界级工程（包括工程级别、质量水平、管理水平、相应的科技成果）。

2. 建成具有国际竞争力的大型跨国企业的需要。名副其实的跨国企业应有一套自己的独立的或独特的技术体系，不同于以劳动力输出为主要经营方式或以资本运作为主要经营方式的工程公司或投资公司，技术体系的输出是利润最大的一种经营方式，世界上所有跨国大企业无一例外，包括它们的规范、专利技术、工艺、材料和施工管理。

3. 提高经营效益的需要。将经济效益的提高建立在技术进步的基础上，即便是资本输出也是以技术为载体，技术是资本输出的传媒，这是任何一个大公司的经营特点。

（四）市场竞争的客观需要

国内市场业主管理水平不断提高，对施工企业技术能力的考核（考查）更加严格，响应这些要求是企业的商业运作本能，但必须以科技实力作为基础，以优质工程来兑现承诺，在溪洛渡、锦屏、小湾、向家坝等这样的世界级工程面前，我们也只有以综合技术实力为先导，而不是以低价为条件向这些工程要项目。

二、科技专家委员会应做的工作，亦即今后应注意的科技发展问题

（一）修订集团公司“科技发展规划”，提出咨询意见，站在战略发展和技术开发、品牌持有和行业领先的高度，以占领水电施工技术制高点的姿态重新修订“规划”，并将其要点列入集团公司的战略发展规划。

重点在于针对郭总报告中的“壮大发展”阶段提法，我们要：

1. 研究在本阶段科技进步如何作为支撑和先导，支持企业经济发展和增长方式转变。

2. 实现集团公司技术品牌的系列化。

3. 全面系统地总结水电建设工程的各项重大关键技术，推出工程技术专著和手册。

4. 能实现科技与现实生产力的互相转换的机制建设与体制建设（再过几年，到那时，成果已经有了，多了，该如何办），科技进步转化为现实生产力的具体措施。

5. 集团公司科技人才建设的战略规划和分步实施方案。

6. 对科技进步率的考核。如果科技不能为企业的经营效益的上升起到重要或决定性的作用，科技规划将没有任何意义。

7. 科技攻关项目的战略安排（而不是现在的因事而议）。

8. 知识产权的构建、保护和向效益转化的规划性、计划性安排和措施等。

（二）关注集团公司现有科技成果的技术含量、理论水平、创新点，成果转换成生产力（推广应用）的能力。

普遍问题是立项和起步偏低，能解决工程中技术难题，但归纳、总结不足，理论化、逻辑性、系统化欠缺，指导性问题阐述不够，就事论事。

因而产生成果水平偏低、级别难以提升，开发与推广应用脱节。

要加强产、学、研三结合，与设计、科研、大专院校结合做出有水平的成果来，同时通过立项研究培养出相应的我们的人才，而不是简单的课题委托。

（三）关于科技成果转换问题。成果不推广应用，不转换为现实生产力（效益）等于无意义，所以必须考核成果应用，计算投入产出比。这里的应用不是评奖时的应用，而是成果鉴定时提出的应用意见是否落实，应用才有效益，才能减少重复。对有市场前景、经济效益明显的成果，集团公司要抓住、抓紧形成产业化，提高其自我发展的能力。集团公司要抓紧进行科技成果如何形成生产力的转换机制研究。

（四）关于依托工程项目设立开发课题的问题。完全依托工程项目建立科技开发课题不是惟一的立题方式，在集团内科技开发进一步发展后，将摆脱对企业主体的依赖，形成高层次的自我良性循环，使科技产业化，建成集团公司内能自主经营的科技研发机构。

今后立题，除一般性地依托在建工程外（所谓“一般性”即因事设题），集团公司必须依靠科技专委会研究中长期、有战略性、前瞻性并对集团发展有较大促进作用或对企业品牌有显著提升效应的重大技术课题，或代表企业技术品牌的一系列工艺法规，或属世界级的施工技术难题，尤其是在复杂地形地质条件下的施工组织，洞群施工、筑拱坝技术、超大型机组安装等。

同时，要开展集团公司产业发展方向所确定的新领域的涉足性技术研究，为涉足新的建筑领域提前做好技术准备。例如地铁施工研究，入海口海潮水工建筑物施工研究，特殊施工技术研究（气垫式调压井工法），水务工程技术，火力发电工程等。有些项目对别的行业不是最先进的，但对我们都是新的技术，是属于引进开发和学习型技术开发，今后类似的课题比重应当占10%～15%。

（五）关于五十年施工技术总结、创新、标准化、国际化问题。中国水电施工不论各方专家如何

评论，事实上无疑已达到国际先进水平，世界上没有任何一个国家及其相关的工程公司在短短的几十年内建成这么多的水电工程，遇见和解决这么多的工程技术难题，实践证明这些工程是成功的，尤其举世瞩目的三峡工程，我国正在将其申报世界文化遗产。

如何总结已经有的这些技术，是采用系列工法还是手册，还是专著和百科全书？我看还是系列工法为重，手册和专著我们都已经有了，工法能代表企业的施工水平和管理层次。

总结提炼过去已经有的技术的目的有两个：

1. 指导下一轮市场竞争，形成市场竞争力；

2. 中国的水电开发完了以后，走向国际、技术输出，以中国的工法、规范、标准，指导世界水利水电工程，将技术变成财富。

总之，我们已经为建成中国的无数个水电工程作出了实践的贡献，取得了宝贵的、世界上其他国家工程技术人员难以取得的技术经验。在面临集团公司与中国水电大发展的大好时期，新的机遇与挑战已经明确，我们科技工作的领导者和工作者，一定要不负使命，不失时机，继续努力，抓住机遇，求真务实，为集团公司科技进步实现跨越式发展，为实现科技成为企业第一生产力的目标，为将中国的水电施工技术提高到世界领先水平，再作出新的历史性的贡献。

编者注：付元初原为集团公司副总经理、党组成员，2004年12月被聘为集团公司顾问。

第四篇　综　　述

Chapter IV　Introductory　Collection

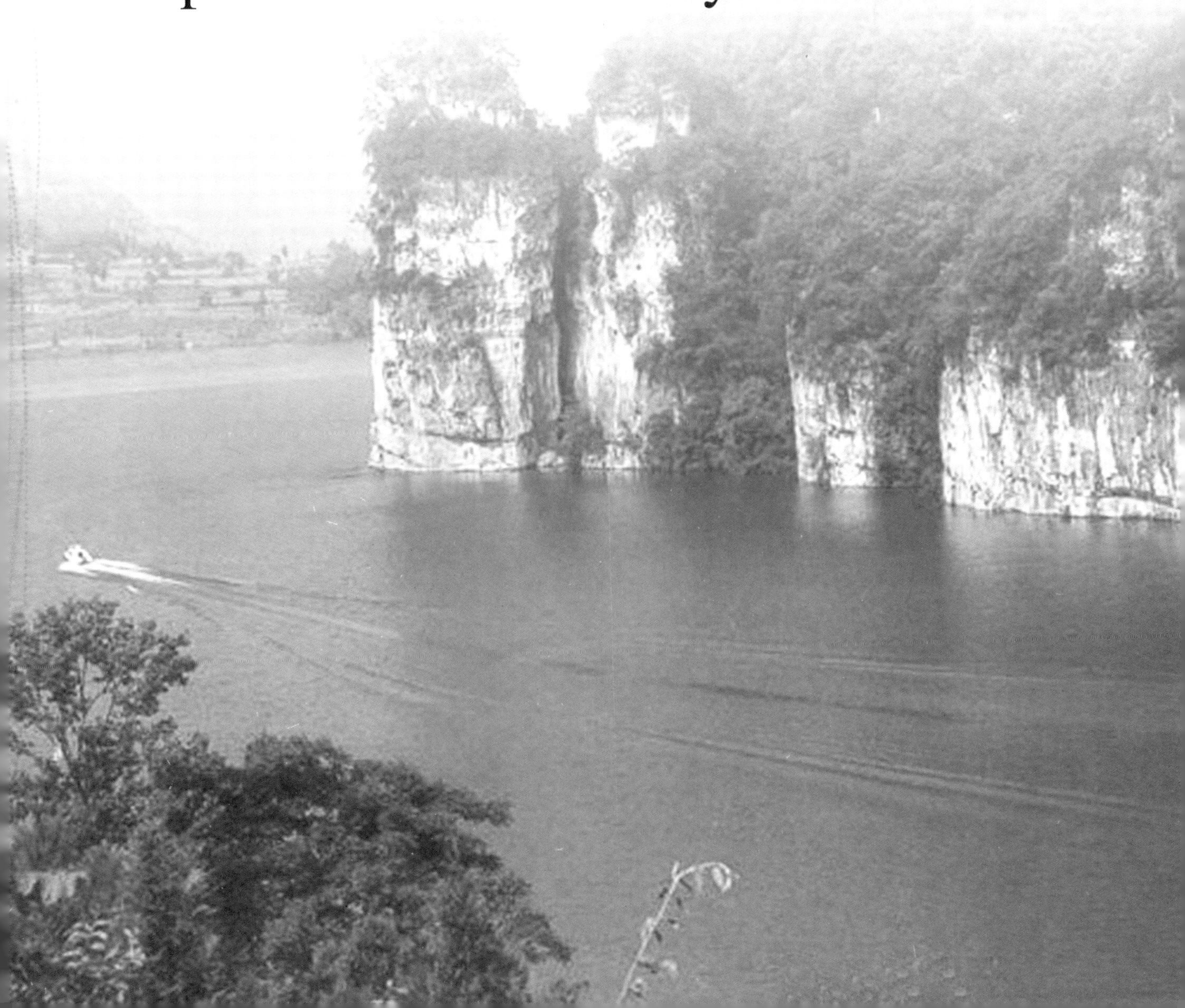

中国水利水电建设集团公司概况

中国水利水电建设集团公司始于20世纪50年代初，时称水力发电建设总局，承担水利水电勘测设计、施工任务，隶属于中央燃料工业部。后在国家部委机构调整中，经过几次合并与拆分，名称有所变化。1988年10月，经国务院批准，成立中国水利水电工程总公司（以下简称水电总公司），由原能源部和水利部共管。1993年，原能源部撤销，成立电力工业部，水电总公司转归电力工业部管理。1998年，电力工业部撤销，水电总公司与国家电力公司建立资本纽带关系，成为其全资子公司。2002年12月29日，在国家电力体制改革中，由国务院批准正式组建为中国水利水电建设集团公司（英文全称Sinohydro Corporation，以下简称集团公司），成为中央管理的企业，由中央企业工委监管。2003年，随着国有资产管理体制改革的深化，集团公司成为由国务院国有资产监督管理委员会监管的中央企业。

集团公司是特大型综合性工程建设企业（集团），主要从事国内外水利水电工程总承包以及勘测设计、施工、咨询、监理业务，电力、公路、铁路、港口与航道、机场、房屋建筑、市政公用、城市轨道等方面的工程的施工、设计、咨询和监理业务，投资开发、进出口贸易业务等。集团公司和所属企业具有水利水电及相关工程总承包特级、一级等资质、对外工程承包经营权、进出口贸易权、AAA级信用等级，具备年完成土石方开挖15000万立方米、混凝土浇筑1500万立方米、发电机组安装800万千瓦、钢结构制作安装10万吨的综合施工能力。

国资委确认的集团公司主营业务是：建筑工程；相关工程技术研究、勘察、设计、服务与专用设备制造；水电投资建设与经营；房地产开发经营。

集团公司注册资本金40亿元，截至2005年底，所有者权益44.8亿元，资产总额343.6亿元。至2005年底，集团公司（总部）设有15个职能部门，所属子企业包括中国水利水电第一至十四工程局、闽江工程局、夹江水工机械厂、十五工程局有限公司等17个全资子企业，国际工程有限公司、投资有限公司、租赁控股有限公司、圣达水电开发有限公司、阿坝水电开发有限公司、华亭发电有限公司、中环房地产有限公司等7个控股子公司。集团共有员工约12万余人。集团所属全资子企业中，7个子企业具有水利水电施工总承包特级企业资质。

作为中国水电资源开发和江河治理的主力军，自20世纪50年代以来到2005年底，集团公司先后建成了国内70%的大中型水电站和水利枢纽工程，总装机容量6100多万千瓦。正在建设的水利水电工程中，包括三峡、溪洛渡、向家坝、龙滩、小湾、拉西瓦、构皮滩等一批具有世界影响的特大型水利水电枢纽工程。集团公司为中国水电已建和在建装机规模、建坝数均居世界第一位做出了突出贡献。

在进行江河治理、水电开发的同时，自改革开放以来，集团公司积极实施相关多元化战略，从事交通、市政、工业与民用建筑、江河湖库疏浚及其他工程的建设，取得了辉煌的业绩，出色地完成了一大批重点工程的建设，展示了雄厚的实力，赢得了盛誉。

在从事工程建设的同时，自集团公司组建以来，集团公司发挥规模和品牌优势，大力开展融投资业务，拓展了多种融资渠道，发行了12亿元的企业债券，投资建设了水电、煤电、气电、风电等一批优质能源项目和房地产开发项目，显示了雄厚的资本运作能力和项目开发能力。

20世纪90年代末以后，集团公司进入持续快速健康发展阶段，经营规模大幅增长，国际化经营连续取得突破，经济增长方式不断转变，产业结构逐步优化，管理体制发生重大变化，企业综合实力、国际竞争力和抗御风险能力不断增强，在国际国内市场上树立了“中国水电建设第一品牌”的良好形象。集团组建后的2003～2005年，集团企业累计实现营业收入755.32亿元，与2002年比年均增长26.8%，累计新签工程合同额1198亿元，与2002年比年均增长32%，2005年末集团合同存量达811亿元。累计实现利润总额6.76亿元，与2002年比年均增长99.83%。集团净资产从2002年末的33.06亿元增长至2005年末的49.04亿元，年均增长14.05%；集团资产总额从2002年末的172.67亿元增长至2005年末的343.6亿元，年均增长24.52%；2005年净资产收益率（含少数股东权益）比2002年提高4.57个百分点，年均增长81.38%。三年内共消化以前年度潜亏3.36亿元。2005年总资产报酬率比2002年提高0.99个百分点，资产质量和运营效率逐步提高，职工生活水平不断改善。在国际经营方面，三年中累计自主签约国际工程合同额33亿美元，占集团累计总签约合同额的22%；累计完成营业收入66.44亿元，占集团累计实现营业收入总额的8.8%；累计实现利润总额6401万元，占集团累计利润总额的9.5%。2005年以上三项指标与2002年相比分别增长1237%、313%、484%，营业收入、新签工程合同额占集团总体指标的比重与2002年相比分别提高10.25%、10%。自1999年以来，集团公司连续进入全球最大225家国际工程承包商行列，2002年跃入“百强”，居第89位，2003年、2004年居第81位，2005年居68位；在中国企业500强排名中2003年居第102位，2004年居第91位。

改革开放以前，集团公司执行国家指令性任务。改革开放以后，集团公司全面走向市场，积极适应社会主义市场经济发展的需要，探索实践符合行业特点的企业发展规律，成为中国水电建设管理体制改革的推动者和实践者。20世纪80年代中期，著名的“鲁布革冲击”拉开了水电建设管理体制改革的序幕，中国水电开始改革原有的计划经济管理模式，将市场机制、竞争机制引入水电建设中，逐步形成了以业主（项目法人）负责制、招标承包制、工程监理制为主要内容的新的水电建设管理体制，形成业主、设计、施工、监理协调运作的新格局。在投资体制方面，经历了由中央拨款到拨改贷、引进外资、集资办电、多方投资、上市融资的演变过程，实现了投资主体的多元化和投资方式的多样性。与之相适应，水电开发的运作普遍实行了公司制，一批流域开发公司应运而生，以母体电站为龙头的滚动开发机制得以形成。生产关系的变革大大解放了生产力，有力地推动了水电产业的迅猛发展。在这个变化过程中，集团公司始终走在改革的前列，在推动水电建设管理体制改革的同时，积极实施企业内部管理体制和经营机制的创新，实现了由计划经济模式向市场经济模式的重大转变。特别是在工程项目管理方面，在20世纪80年代中后期大力推行项目法施工，采用科学的动态平衡管理体系，引入市场化手段调配项目生产要素，优化资源配置，实现了管理上的质的飞跃，并由此带动了企业各项管理向现代化、国际化方向转变，从而使企业自身不断发展壮大。

2005年集团公司基本形成了跨越式发展战略体系。为推进跨越式发展战略的实施，2005年，集团公司作出了转变经济增长方式、增强可持续发展能力的重大战略决策，并在总结成功经验、展望未来10年发展的基础上，形成了跨越式发展的“三步走”战略步骤，科学地构画了集团改革发展的宏伟蓝图。“三步走”战略步骤的提出，使集团公司发展战略形成了一个由战略目标、战略任务、战略步骤构成的较为完整的体系，在集团内外产生强烈反响，得到广泛认同。

2005年集团公司经营工作成绩显著。全年完成企业总营业收入320.8亿元，增长率为28%；新签工程合同额506亿元，比2004年同比增长32%；全员劳动生产率达到25.66万元/(人·年)，增长率为26.28%；实现利润总额3.93亿元，增长率为114%；资产保值增值率达到109.94%；净资产收益率（含少数股东权益）达到7%；职工全员人均收入达到17152元/(人·年)，增长率14.87%。全面超额完成国资委下达的年度经营目标，圆满地实现了国有资产的保值增值。

2005年，集团公司坚定不移地推进国际化发展战略，取得了显著的成绩。2005年全年完成国际工程营业收入37.96亿元，占集团总营业收入的12.09%，与2004年同比增长86%；新签国际工程合同额17.3亿美元，占集团总签约合同额的27%，与2004年同比增长70.3%；实现利润总额5530万元，占集团利润总额的14.44%，与2004年同比增长835.7%。2005年，以BOT方式中标了柬埔寨甘再水电站项目，签约额达2.8亿美元，实现了国际融投资领域的重大突破。矿产资源开发项目稳步启动，国别和地区市场地域快速延伸。截至2005年底，共在24个国家和地区签订77个国际项目合同，形成一批稳定的地区性市场。高层国际性商务运作活动日益增加，取得明显成果。

2005年，集团公司积极行使国家赋予的投融资权利，强化集团公司投资中心地位，推进产业结构调整，不断拓展了新的发展领域。到2005年底，集团公司共计投资项目13个。电源项目的参股控股在建装机容量318万千瓦，其中集团公司权益装机容量153万千瓦。集团公司已投入权益性资本金和项目资本金22.2亿元，预计还需投入权益性资本金和项目开发资本金约8.4亿元，目前已有项目预计开发总投资约200亿元。全部建成后集团公司控股参股项目预计年发电销售收入约32亿元，年预计实现股本收益约3亿元。投资领域不断拓展，风电和水务项目的投资取得实质性进展，房地产开发业务稳健推进。

集团公司已经由单一的水电施工企业，初步发展成为四大主业协同发展、国内国际“两个市场”双向拓展、建筑和投融资“两条主线”清晰的综合性企业集团，初步奠定了资本经营、资产经营和生产经营并举的经营新格局。

按照集团发展战略，集团公司正在以科学发展观统揽全局，紧紧抓住“科学发展，自主创新，开创新局面，增强集团的创新能力、可持续发展能力和国际竞争能力”这一主题，着力推进集团统一的发展战略，着力创新企业发展模式，着力提高经济增长质量和效益，着力加快改革创新步伐，着力调整产业结构，着力增强国际化经营能力，努力追求集团财富创造最大化，全面实现集团公司“三步走”跨越式发展的第二步战略目标。到2010年，将集团初步建成具有较强自主创新能力、可持续发展能力和国际竞争力的跨国企业集团。

（总经理工作部）

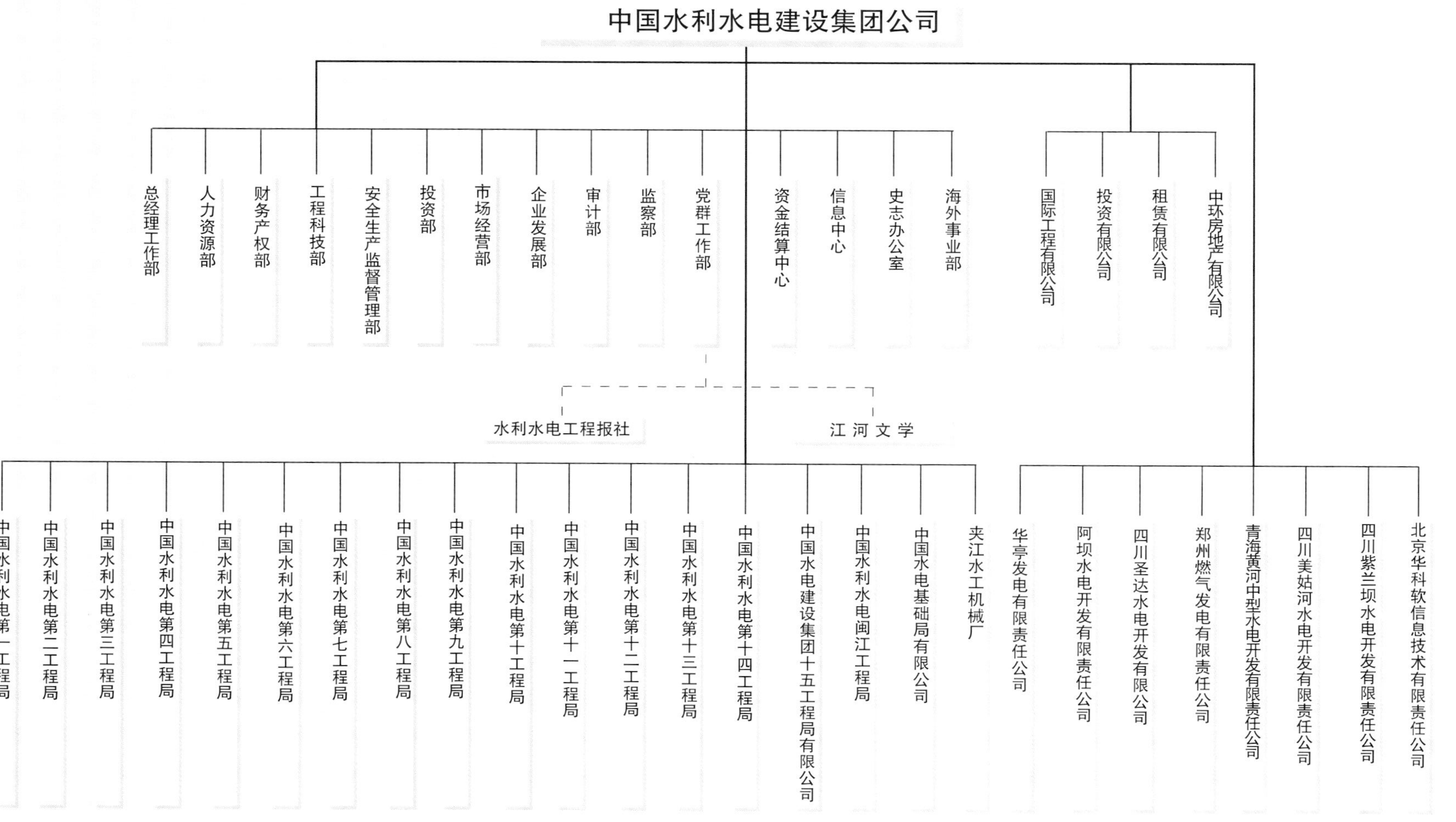

中国水利水电建设集团公司组织机构图(截至2005年)
中国水利水电建设集团公司
总经理工作部
人力资源部
财务产权部
工程科技部
安全生产监督管理部
投资部
市场经营部
企业发展部
审计部
监察部
党群工作部
资金结算中心
信息中心
史志办公室
海外事业部
国际工程有限公司
投资有限公司
租赁有限公司
中环房地产有限公司
水利水电工程报社
江河文学
中国水利水电第一工程局
中国水利水电第二工程局
中国水利水电第三工程局
中国水利水电第四工程局
中国水利水电第五工程局
中国水利水电第六工程局
中国水利水电第七工程局
中国水利水电第八工程局
中国水利水电第九工程局
中国水利水电第十工程局
中国水利水电第十一工程局
中国水利水电第十二工程局
中国水利水电第十三工程局
中国水利水电第十四工程局
中国水电建设集团十五工程局有限公司
中国水利水电闽江工程局
中国水电基础局有限公司
夹江水工机械厂
华亭发电有限责任公司
阿坝水电开发有限责任公司
四川圣达水电开发有限公司
郑州燃气发电有限责任公司
青海黄河中型水电开发有限责任公司
四川美姑河水电开发有限责任公司
四川紫兰坝水电开发有限责任公司
北京华科软信息技术有限责任公司

中国水利水电建设集团公司业务发展示意图
（2002～2005年）

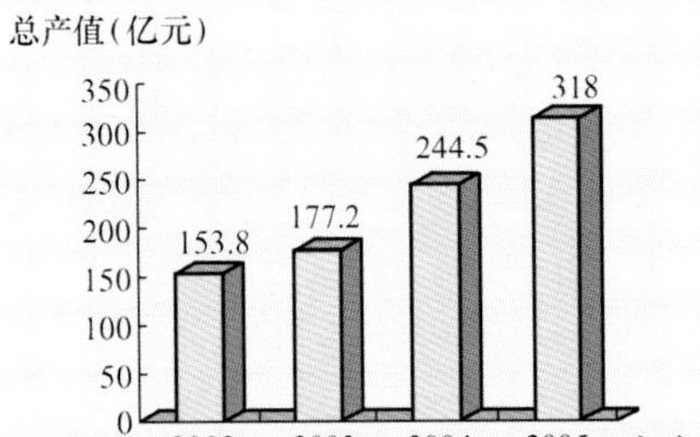

图 1　集团公司经营业绩成长图示

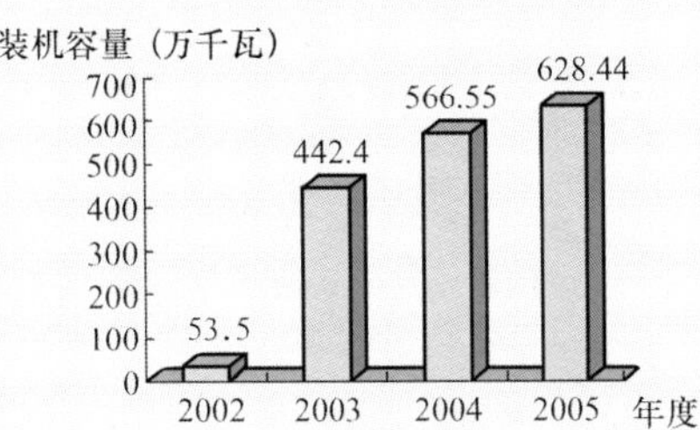

图 2　集团公司大中型水电机组安装业绩成长图示

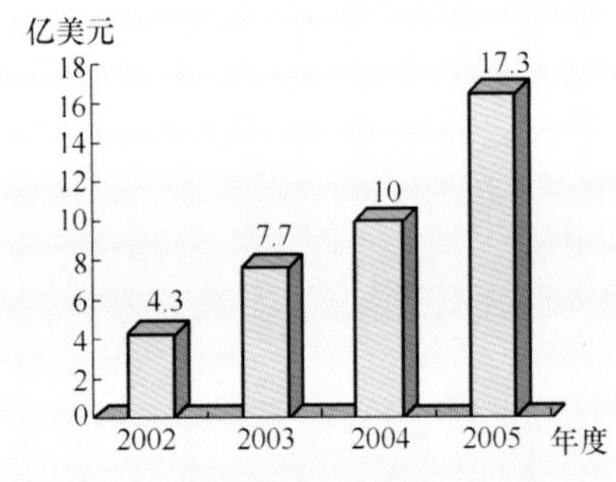

图 3　集团公司国际经营签约额图示

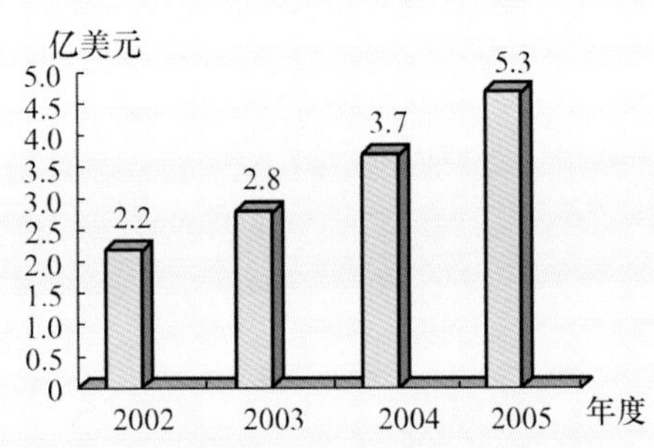

图 4　集团公司国际经营实现营业额图示

中国水利水电建设集团公司国际经营营业额排名
（2000～2005年）

	2000年	2001年	2002年	2003年	2004年	2005年
国际排名	136	128	89	81	81	68
国内排名	25	31	13	11	8	6

注　国际排名是指全球最大225家国际承包商排名名次。
国内排名是指全国最大50家外经企业排名名次。

（总经理工作部）

第五篇　大事记

Chapter V　Memorabilia

大 事 记

2005 年

一月

1 月 6 日，集团公司参与重组中国水务投资公司协议在北京签署，集团公司副总经理范集湘出席签字仪式。

1 月 6～7 日，集团公司系统安全生产考核检查总结会在京召开。会议对 2004 年集团公司安全生产情况进行总结，对 2005 年安全生产工作作出部署。集团公司党组书记、总经理郭建堂出席会议并讲话，集团公司顾问付元初在会上作了总结讲话。

1 月 8 日，由集团公司水电八局、三局联营体和葛洲坝集团、水电一局联营体承建，水电十四局参建的云南大朝山水电站枢纽工程荣获中国建筑工程鲁班奖。

1 月 9 日，集团公司副总经理刘起涛一行考察集团公司承建的苏丹麦洛维大坝工程，了解工程建设和施工管理情况，并向集团公司七五联营体职工表示慰问。

1 月 10 日，中华全国总工会副主席、书记处第一书记张俊九，在浙江省有关领导陪同下，到水电十二局考察工作。

1 月 18 日，集团公司与吉林省长岭县人民政府就长岭风电场项目开发在长春正式签署开发协议。集团公司副总经理范集湘代表集团公司签署协议书。长岭风电场位于吉林省长岭县境内，规划可装机容量 42.5 万千瓦，其中一期开发 4.95 万千瓦。

同日，集团公司副总经理范集湘到水电一局检查指导工作并在水电一局干部大会上讲话。

同日，水电十局承建的老挝南梦 3 水电站项目圆满竣工。老挝总理本扬·沃拉吉、中国驻老挝大使馆参赞刘永信参加了南梦 3 水电站项目竣工庆典仪式。

1 月 25 日，国务院南水北调工程建设委员会办公室主任张基尧、副主任宁远及河北省副省长宋恩华考察水电十一局承建的南水北调中线河北滹沱河倒虹吸工程。

1 月 28 日，浙江省省长吕祖善考察由水电十二局承建的滩坑水电站建设工地。

同日，集团公司以中水电党群［2005］2 号文，授予 8 个工程局（厂），93 个局（厂）属二级单位为 2004 年度集团公司文明单位荣誉称号。

1 月 29 日，四川省委书记张学忠、省长张中伟视察由水电七局承建的新政航电枢纽工程。

1 月 31 日～2 月 1 日，集团公司 2005 年工作会议在北京召开。集团公司党组书记、总经理郭建堂作了题为《继续深化企业改革，切实转变增长方式，努力推进跨越式发展进程》的工作报告，总结了集团公司 2004 年的工作，提出了切实转变经济增长方式、提高经济效益，增强集团公司可持续发展能力的战略措施，安排部署了 2005 年的各项工作。集团公司副总经理范集湘、刘起涛、袁柏松、孙洪水分别作会议专题报告，集团公司党组纪检组组长唐苏军、顾问付元初出席会议。集团公司副总经理范集湘作了会议总结。会上，对 2004 年度三项责任制进行了考核兑现，签订了 2005 年度经营业绩责任书。国务院南水北调工程建设委员会办公室主任张基尧、国务院国有企业监事会主席范有年、国务院国资委办公厅副主任刘长虹、中国能源化学工会主席赵永金、中国电力企业联合会副理事长孙玉才、国家安全生产监督管理局协调司司长任树奎、国家发展与改革委员会能源局史立山处长等出席会议并讲话。

二月

2 月 1 日，集团公司党组以中水电党［2005］13 号文，印发《进一步规范职代会制度，提高企业民主管理水平的意见》。

2 月 2 日，集团公司 2005 年纪检监察工作会议在北京召开。集团公司党组书记、总经理郭建堂作了题为《惩防并重，强化监督，扎实推进党风建设和反腐倡廉工作》的讲话。集团公司党组成员、党组纪检组组长唐苏军作了题为《在建立健全教育、制度、监督并重的惩治和预防腐败体系中全面推进党风建设和反腐倡廉工作》的工作报告。会上，集团公司党组书记、总经理郭建堂与各工程局（厂）的党委书记、局长签订了 2005 年度党风廉政建设责任书。集团公司党组成员、副总经理范集湘、刘起涛、袁柏松、孙洪水，顾问付元初出席会议。国务院国资委纪委审理室副主任林琳出席会议。

2月3日，集团公司党组以中水电党［2005］14号文，印发《中国水利水电建设集团公司保持共产党员先进性教育活动实施方案》。

2月4日，集团公司以中水电市［2005］2号文，印发《中国水利水电建设集团公司建筑市场经营战略实施办法》。该办法自2005年1月起执行。

2月10日，中共中央总书记、国家主席、中央军委主席胡锦涛在贵州省委书记钱运录、省长石秀诗的陪同下，视察了由集团公司水电八局、九局联营体、水电六局等单位承建的贵州索风营水电站工地，亲切接见了参建单位代表并合影留念。

2月21日，集团公司党组以中水电党［2005］17号文决定，任命陈纯鹏同志为闽江工程局党委书记；集团公司以中水电人［2005］20号文决定，聘任李良顺同志为闽江工程局局长。

2月24日，集团公司以中水电人［2005］24号文，印发《中国水利水电建设集团公司所属企业负责人年薪制暂行办法》。

2月26日，集团公司总部保持共产党员先进性教育活动动员大会召开。集团公司党组书记、总经理郭建堂，国资委保持共产党员先进性教育活动领导小组督导四组组长王泰文出席会议并讲话。集团公司党组成员、副总经理范集湘、袁柏松、孙洪水，党组成员、纪检组组长唐苏军出席会议。集团公司总部保持共产党员先进性教育活动进入实施阶段。

2月28日，中国水电基础局有限公司正式注册成立。

三月

3月1日，中国水利水电建设集团公司被中央国家机关精神文明建设指导委员会授予2004年度“中央国家机关文明单位”，这是集团公司自1997年以来连续八年获此荣誉称号。

3月2日，集团公司以中水电人［2005］43号文，印发《集团公司行业特有工种高级技师鉴定考评办法》。

同日，集团公司与安哥拉农业部、教育部签订了安哥拉农业部灌溉项目、安哥拉教育部农业中专项目，工程合同额1.4亿美元。

3月3日，集团公司总部工作会议在北京召开。会议贯彻落实集团公司2005年工作会议精神，安排部署总部2005年工作。集团公司党组书记、总经理郭建堂出席会议并讲话，集团公司副总经理范集湘、袁柏松、孙洪水，顾问付元初出席会议。

3月6日，集团公司调整安全生产委员会成员，集团公司党组书记、总经理郭建堂任主任，集团公司党组成员、副总经理孙洪水、刘起涛任副主任。

3月9日，集团公司以中水电财［2005］17号文，印发《中国水利水电建设集团公司账销案存资产管理暂行办法》（修订）。

3月10日，集团公司党组以中水电党［2005］20号文，印发《关于进一步加强和改进新形势下中国水利水电建设集团公司共青团和青年工作的意见》。

3月11日，国家发展与改革委员会以发改能源［2005］386号文正式核准了集团公司控股的甘肃华亭发电有限责任公司华亭电厂建设项目。这是集团公司加快产业结构调整，加大投资力度获得的第一个正式核准的火力发电厂建设项目。华亭电厂一期建设规模为2×13.5万千瓦，工程动态总投资为14.6亿元，年发电量14亿千瓦时。

3月15日，中国水利水电建设集团公司被首都精神文明建设委员会授予2004年度“首都文明单位”荣誉称号。

3月16日，集团公司分离企业办社会职能工作动员及布置会议在北京召开，集团公司副总经理范集湘出席会议并讲话。集团公司分离企业办社会职能工作正式启动。

3月18日，集团公司党组书记、总经理郭建堂在集团公司总部保持共产党员先进性教育活动专题党课上，为总部全体党员作《关于集团公司“三步走”发展战略》的形势任务报告。

同日，安徽省省委书记郭金龙、省长王金山到水电五局参建的琅琊山抽水蓄能电站检查指导工作。

3月19日，集团公司安全生产监督管理部成立。

同日，集团公司以中水电人［2005］54号文决定，聘任集团公司副总工程师宗敦峰同志兼任工程科技部主任；聘任高翔同志为集团公司安全生产监督管理部主任。

3月20日，苏丹总统巴西尔及其内阁成员100余人视察集团公司承建的苏丹麦洛维水电站工地。

同日，蒙古总理额勒贝格道尔吉视察了由集团公司水电十一局承建的蒙古泰西尔水电站工地。

3月22日，集团公司总经理郭建堂、副总经理刘起涛在钓鱼台国宾馆拜会了来华访问的刚果（金）总统约瑟夫·卡比拉，就集团公司参与刚果（金）的水资源开发、交通建设等问题交换了意见。

3月23日，尼日利亚外交部长在钓鱼台国宾馆会见集团公司副总经理刘起涛，就尼日利亚蒙贝拉水电站（总装机容量396万千瓦）的开发建设进行磋商。

3 月 25 日，集团公司召开总部保持共产党员先进性教育活动转入分析评议阶段动员大会。集团公司党组书记、总经理、集团公司先进性教育活动领导小组组长郭建堂作动员报告。国资委保持共产党员先进性教育活动领导小组督导四组组长王泰文出席会议并讲话。

同日，《中国水利水电建设集团公司三年（2004～2006）发展规划》正式呈报国资委。规划明确了中国水利水电建设集团公司的战略定位和发展目标，提出了实现发展目标的战略措施。

3 月 25～26 日，集团公司副总经理范集湘考察了龙滩水电站大坝工程、地下引水发电系统工程，并就龙滩工程建设、联营体建设工作、强化企业市场经营运作等进行调研。

3 月 28 日，在 2004 年度国家科技奖励大会上，中国水电基础局有限公司《长江三峡二期上游围堰防渗墙工程施工技术研究与工程实践》项目获“国家科技进步二等奖”。

3 月 28～30 日，集团公司 2005 年度财务暨资金管理工作会议在西安召开。集团公司副总经理范集湘出席会议并作了《以科学发展观为指导，围绕转变增长方式，努力提高财务资金管理工作水平》的讲话，集团公司副总经理袁柏松主持会议。

3 月 29 日，浙江省省长吕祖善、副省长金德水到基础局有限公司承建的曹娥江工地考察工作。

3 月 29～30 日，集团公司 2005 年安全生产工作会议在长沙召开。集团公司总经理郭建堂出席会议并讲话，副总经理孙洪水作了题为《加强安全管理，营造职业安全健康环境，为实现集团公司总体发展目标而奋斗》的工作报告，集团公司顾问付元初出席会议并讲话。会议对集团公司安全生产工作先进集体和个人进行表彰。

四月

4 月 4 日，集团公司党组以中水电党〔2005〕32 号文，印发《中国水利水电建设集团公司企业负责人公开选聘暂行办法》。该办法自颁布之日起实施。

4 月 5 日，集团公司市场部更名为市场经营部。

4 月 6 日，中共中央政治局委员、国务院副总理曾培炎视察水电三局参建的四川向家坝工程建设工地，并亲切接见水电三局职工。

同日，由美国《工程新闻纪录》和中国《建筑时报》共同举办的首届“中国承包商企业 60 强”颁奖典礼在上海举行。集团公司以 183.59 亿元人民币（2003 年）的总营业额位列第七位。

同日，集团公司以中水电人〔2005〕61 号文决定，聘任刘伟民同志为集团公司市场经营部主任。

4 月 8 日，集团公司与中国兵器工业集团公司在北京签署战略合作框架协议，共同开发国际工程市场。会上，集团公司总经理郭建堂、中国兵器工业集团公司副总经理张国清分别代表双方集团签署了战略框架协议。集团公司副总经理刘起涛、北方国际合作股份有限公司董事长王晖分别代表双方公司签订了老挝赛德 2 水电站项目（EPC）分包合同，合同金额 9100 万美元。

4 月 11 日，集团公司党组书记、总经理、华亭发电公司董事长郭建堂，集团公司副总经理范集湘在甘肃省兰州市拜会了甘肃省委书记苏荣。

同日，集团公司党组以中水电党〔2005〕35 号决定，王争鸣同志任水电四局党委书记。

同日，水电十二局中标湖南黑麋峰抽水蓄能电站地下厂房工程，中标合同价为 3.66 亿元。

4 月 13 日，集团公司副总经理刘起涛到水电四局检查指导工作，并在干部大会上宣布集团公司党组、集团公司关于调整水电四局领导班子的决定。

4 月 15 日，集团公司党组书记、总经理郭建堂，副总经理范集湘到水电三局检查指导工作。

4 月 16 日，集团公司与日本东芝集团共同投资成立的东芝水电设备（杭州）有限公司，在富春江和杭州举行开业庆典。集团公司副总经理袁柏松出席庆典并致辞，集团公司顾问付元初出席庆典仪式。

4 月 18 日，集团公司以中水电工〔2005〕12 号文，印发《中国水利水电建设集团公司科学技术进步奖励办法》，该办法自发布之日起实施。原《中国水利水电建设集团公司科技进步奖励办法》和《中国水利水电建设集团公司科技进步奖励办法实施细则》同时废止。

同日，水电八局中标云南金安桥水电站左岸砂石加工系统及相关工程，中标价为 4.18 亿元。

4 月 22 日，集团公司党组以中水电党〔2005〕39 号文决定，授予吕文中、张凤凯、蒲华、任俊友、黄印、连普选、余明川、吴秀荣、东义军、李启江十名同志为集团公司劳动模范，授予 33 名同志为集团公司先进生产（工作）者。

4 月 23～25 日，集团公司 2003～2004 年度科技进步奖评审会暨工程科技管理座谈会在昆明召开。集团公司副总经理孙洪水，集团公司顾问、专家委员会主任委员付元初出席会议并讲话。

4 月 24～26 日，集团公司 2005 年度市场经营管理暨审计工作会议在成都召开。集团公司副总经理范集湘在会上作题为《牢固树立科学发展观，大力推进经营管理转型，强化审计监督，提高经营质量，促进集团跨越式发展》的工作报告。集团公司副总经理袁柏松作会议总结讲话。

4月25日，水电二局工会、水电四局工会、水电七局工会、水电十三局工会被中华全国总工会授予全国模范职工之家荣誉称号，集团公司5个基层工会组织被授予全国模范职工小家荣誉称号。

4月25～26日，集团公司纪委书记工作座谈会在杭州召开。会议就如何做好集团公司党风建设和反腐倡廉工作进行了广泛而深入的研讨。集团公司党组成员、党组纪检组组长唐苏军出席会议并讲话。

4月27日，集团公司中标柬埔寨甘再水电站BOT项目。这是集团公司中标的第一个在海外投资开发的大型水电站项目。该电站总装机容量19.3万千瓦，工程总投资2.8亿美元。特许经营权40年，其中施工期4年，商业运行期40年。

同日，水电十四局中标云南小湾水电站左、右岸坝肩抗力岩体地质缺陷加固处理工程，合同额2.87亿元。

4月29日，集团公司党组书记、总经理郭建堂，副总经理范集湘、刘起涛、袁柏松等接见了来京参加2005年全国劳模表彰大会的集团公司刘春和、郭均峰、闫海平、贺鹏程、姜洪飞、朱川、杨文清等7位全国劳动模范。

同日，集团公司党组以中水电党［2005］43号文决定，曾兴亮同志任国际工程有限公司临时党委书记，黄保东同志任临时党委副书记（兼）。

4月30日，来京参加2005年全国劳模表彰大会的集团公司刘春和、郭均峰、闫海平、贺鹏程、姜洪飞、朱川、杨文清等7位全国劳动模范在人民大会堂受到中共中央总书记、国家主席、中央军委主席胡锦涛及其他党和国家领导人的亲切接见并合影留念。

五月

5月1日，中共中央政治局委员、中共新疆维吾尔自治区党委书记王乐泉视察由水电十五局承建的新疆引额济乌一期工程“500”水库工地。

5月5日，中共中央政治局委员、中共新疆维吾尔自治区党委书记王乐泉视察由水电七局承建的吉林台水电站工地。

5月7日，中国水电建设集团国际工程有限公司、中国鲁能集团有限公司、马来西亚沙捞越州日光公司三方联合开发的马来西亚SIMILAJAU电解铝厂合作意向书签字仪式在山东济南举行。至此，集团公司业务范围又扩大到矿产资源领域。集团公司副总经理刘起涛，山东省省长韩寓群、副省长孙守璞，马来西亚政府沙捞越首席部长泰益玛姆、联邦政府能源水务电讯部部长林敬益等100多人出席签字仪式。

5月9日，集团公司召开总部保持共产党员先进性教育活动转入整改提高阶段动员大会。集团公司党组书记、总经理郭建堂作动员报告，集团公司副总经理范集湘、刘起涛、袁柏松、孙洪水，党组纪检组组长唐苏军出席会议。

同日，经国务院国有资产监督管理委员会批准，陕西省水电工程局（集团）有限责任公司以无偿划转方式划归集团公司管理，成为集团公司全资子公司。

5月11日，交通部部长张春贤、四川省副省长王怀臣视察水电七局承建的嘉陵江新政航电枢纽工程。

5月12日，集团公司党组以中水电党［2005］45号文，印发《中国水利水电建设集团公司党风廉政建设责任制考核办法》和《中国水利水电建设集团公司党风廉政建设责任制考核评分标准》。

同日，由水电十二局施工的桐柏抽水蓄能电站下水库下闸蓄水。

5月13日，重庆市委书记黄镇东视察由水电八局承建的彭水水电站工程。

5月18日，集团公司以中水电信［2005］5号文印发《中国水利水电建设集团公司信息化“十一五”规划》。

5月20日，集团公司以中水电工［2005］19号文，印发《中国水利水电建设集团公司技术开发费管理办法》，该办法自发布之日起执行。原《中国水利水电建设集团公司技术开发费收取使用管理办法》（中水电工［2004］8号文）同时废止。

同日，集团公司以中水电资［2005］7号文，印发《中国水利水电建设集团公司担保管理办法》，该办法自印发之日起执行。原《中国水利水电建设集团公司担保管理办法》（中水电资［2004］1号文）同时废止。

5月21日，集团公司党组书记、总经理郭建堂在水电五局、七局、十局主要领导的陪同下，考察了集团公司投资水电开发建设的久隆公司和松林河流域水电开发公司，以及正在施工的松林河流域洪坝一级、洪坝二级和大金坪水电站。

5月23日，在珠江流域检查防汛工作的水利部部长汪恕诚到西部大开发标志性工程之一的龙滩水电工程工地视察。水电七局、八局、葛洲坝集团联营体及十四局、七局、八局联营体承担了龙滩水电

站的主要建设任务。

5月25日，全国政协原副主席钱正英到贵阳市金阳新区考察，参观了水电九局修建的贵阳市人大政协办公大楼，对水电九局走出水电，拓展市政工程的思路给予肯定。

同日，福建省委书记卢展工考察由水电十二局和闽江局联合承建的街面水电站工程。

同日，由集团公司向全国工程建设企业管理现代化成果审定委员会推荐的《水电工程联营体的组织和管理》（由水电十四局和水电一局组成的141水电工程联营体申报）被评为第九届全国工程建设企业管理现代化成果一等奖。

5月25～29日，闽江工程局举行建局50周年系列庆典活动，全国政协原副主席钱正英、福建省委书记卢展工等领导专门题词，集团公司党组书记、总经理郭建堂参加庆典活动并致辞。

5月26日，甘肃省委书记苏荣考察由集团公司控股，华亭发电有限责任公司实施的崇信电厂项目厂址。

5月28日，集团公司副总经理袁柏松，到水电十二局承建的桐柏抽水蓄能电站工地考察指导工作。

5月28～29日，集团公司2005年新闻宣传工作会议在杭州召开。集团公司党组成员、副总经理袁柏松到会并讲话。会议对2004年度集团公司新闻宣传工作中成绩突出的记者站和记者、通讯员进行了表彰。

5月30日，中国水利水电建设集团公司在老挝首都万象与老挝政府签订了老挝南欧8水电站项目的合作备忘录（MOU）协议。集团公司副总经理刘起涛，中国驻老挝大使馆经济参赞徐延春等出席签字仪式。

同日，集团公司以中水电经［2005］2号文，印发《中国水利水电建设集团公司国内联营体运营管理暂行规定》。该规定自颁布之日起执行。

同日，集团公司党组以中水电党［2005］51号文，印发《集团公司先进党组织、优秀党员和优秀党务工作者评选实施方案》。

5月30日～6月1日，集团公司年鉴审稿编辑工作会议在四川都江堰召开，集团公司副总经理袁柏松到会并讲话。

5月31日，水电七局三分局青年突击队被国务院国有资产监督管理委员会和共青团中央授予2004年度“全国青年文明号”荣誉称号。

六月

6月1日，集团公司与伊朗德黑兰水组织签署了伊朗卡拉奇——德黑兰输水工程及德黑兰第六净水厂工程的合同协议书，水电十局将负责项目的具体实施。此项目为EPC合同方式的交钥匙工程，合同总金额1.192亿美元，合同工期48个月。

6月2日，山西省委书记田成平、副省长兼山西省引黄领导小组组长范堆湘视察水电七局承建的万家寨引黄工程项目部头马营工区。

6月6日，国务院国有企业监事会范有年主席率54办事处工作人员开始对集团公司进行一年一度的工作检查。

根据54办事处工作计划，监事会于2005年6～9月，对集团公司租赁有限公司、水电七局、阿坝水电开发公司、水电八局、基础局有限公司、集团公司总部、国际工程有限公司进行实地监督检查。

同日，集团公司以中水电审［2005］3号文，印发《中国水利水电建设集团公司内部审计工作规定》，该规定自发布之日起施行，原《中国水利水电工程总公司内部审计工作实施细则》（中水电审［1998］13号）同时废止；集团公司以中水电审［2005］4号文，印发《中国水利水电建设集团公司内部控制审计测评办法》，该办法自发布之日起实施。

6月6～7日，集团公司法治建设座谈会在北京召开，集团公司副总经理袁柏松出席会议并讲话。

6月9日，集团公司以中水电安［2005］2号文，印发《中国水利水电建设集团公司安全生产责任制》；以中水电安［2005］3号文，印发《中国水利水电建设集团公司安全生产监督管理规定》，该规定自发布之日起执行；以中水电安［2005］4号文，印发《中国水利水电建设集团公司安全生产会议制度》等12个安全生产管理制度。

6月13日，集团公司、陕西省水电工程局（集团）有限公司签订企业重组协议和资产划转协议。陕西省水电工程局（集团）有限公司全部资产、人员划归集团公司，成为集团公司全资子公司。陕西省水电工程局（集团）有限公司名称变更为“中国水电建设集团十五工程局有限公司”。

6月14日，集团公司党组书记、总经理郭建堂一行到水电三局检查指导工作。

6月17日，国有企业监事会主席范有年一行在集团公司党组书记、总经理郭建堂陪同下对水电七局进行实地监督检查。范有年主席在听取水电七局党政领导2004年经营情况汇报后发表讲话。

6月18日，国有企业监事会主席范有年一行前往阿坝水电开发有限公司进行实地监督检查。

6月19日，集团公司总经理郭建堂考察由集团公司控股的阿坝水电开发有限公司投资开发，水电十局等单位承建的黑水河流域上的柳坪水电站和色尔古水电站施工现场。

6月20日，河南省省长李成玉视察由水电一局承建的宝泉水电站施工现场，了解工程施工进展情况。

6月21日，山东省委书记、省人大常委会主任张高丽、省长韩寓群与参加山东省科学发展情况现场交流会的全体代表，考察由水电四局、水电十二局等单位承建的山东泰安抽水蓄能电站。

6月22日，集团公司总部召开保持共产党员先进性教育活动总结大会，历时近4个月的集团公司总部先进性教育活动集中教育圆满结束。集团公司党组书记、总经理、先进性教育活动领导小组组长郭建堂作总结报告，国资委先进性教育活动领导小组企业督导四组组长王泰文出席会议并讲话。

6月23～24日，集团公司首次人才工作会议在北京召开。集团公司党组书记、总经理郭建堂出席会议并讲话，集团公司副总经理刘起涛作了题为《全面实施“人才强企”战略，为集团公司深化改革，跨越发展提供人才保证》的工作报告，副总经理范集湘作会议总结讲话。国有企业监事会主席范有年出席会议并讲话。

6月26日，集团公司首家整体改制企业——中国水电基础局有限责任公司正式挂牌成立。国务院南水北调办公室主任张基尧，国有企业监事会主席范有年，原水利部副部长陈赓仪，集团公司党组书记、总经理郭建堂，集团公司党组纪检组组长唐苏军出席成立大会。

基础局的改制工作从1999年开始酝酿，2003年初正式确定为集团公司首批改制试点单位之一，2004年6月得到国资委正式批准，2005年2月底完成新公司注册登记。改制后的中国水电基础局有限公司为产权多元化的混合所有制企业，其资本结构以职工个人股为75%，集团公司的国有法人股为25%。

6月28日，中国共产党中国水利水电建设集团公司直属委员会成立，袁柏松任书记，段尚毅任副书记兼纪委书记。

6月29日，国务院南水北调工程建设委员会办公室主任张基尧到四川紫坪铺水利枢纽工程检查指导工作，亲切慰问水电建设者。

6月29～30日，集团公司信息化建设业务工作会议在辽宁丹东召开，集团公司副总经理孙洪水到会并讲话。

6月30日，中国建设银行下发《关于同意给予中国水利水电建设集团公司一般额度授信的通知》（建总信［2005］559号），正式授予集团公司166.99亿元的综合授信额度，授信期限2.5年。

七月

7月1日，黑龙江省省长张左已视察由水电一局、六局承建的松花江大顶子山航电枢纽工程。

同日，集团公司党组书记、总经理郭建堂在国资委中央企业第二批保持共产党员先进性教育活动动员培训会议上，代表集团公司党组作《结合实际，努力创新，边议边改，打造群众满意工程，推动改革发展再上新台阶》的经验介绍。

7月3日，集团公司总经理郭建堂、副总经理刘起涛在昆明拜会了老挝总理本南。

7月4日，国务院总理温家宝在昆明出席大湄公河次区域经济合作第二次领导人会议期间，接见了集团公司总经理郭建堂、副总经理刘起涛一行。温总理对集团公司开发海外市场和“走出去”战略给予肯定，对集团公司中标柬埔寨甘再水电站表示祝贺。

同日，在昆明举行的大湄公河次流域国家首脑峰会上，在国务院总理温家宝和柬埔寨首相洪森的见证下，集团公司与柬埔寨矿产能源部签订了柬埔寨甘再水电站BOT项目投资开发备忘录。集团公司总经理郭建堂、副总经理刘起涛出席签订仪式。

7月5日，水电三局中标南水北调中线水源工程丹江口大坝加高右岸土建施工及金属结构设备安装工程，中标合同金额为3.24亿元。

7月6日，四川省委书记张学忠视察水电八局承建的四川武都引水工程。

同日，集团公司党组书记、总经理郭建堂与平凉市政府马学军市长，在第十三届中国兰州贸易洽谈会重大项目签约仪式上，签署了崇信电厂2×60万千瓦建设投资协议书，标志着甘肃省最大的坑口电厂进入了正式实施阶段。甘肃省委副书记、省长陆浩参加了签约仪式。

同日，集团公司开展慰问抗日战争老战士、老同志工作。集团公司所属各成员企业开展了各种形式的慰问活动，并且给全系统共331名抗日战争老战士发放了中国人民抗日战争胜利60周年纪念章。

7月7日，集团公司副总经理刘起涛在昆明拜会了柬埔寨首相洪森，就集团公司与柬埔寨工业矿产能源部合作投资开发柬埔寨甘再水电项目作了交流。

7月8日，集团公司副总经理兼阿坝水电开发有限公司董事长范集湘，在阿坝水电开发有限公司召开现场工作会，对阿坝水电开发有限公司工作提出要求。

7 月 12 日，国务院南水北调办公室主任张基尧到南水北调中线干线京石段应急供水工程漕河渡槽项目视察工作。

同日，集团公司中标阿尔及利亚苏福河谷水净化管网工程。合同金额超过 1 亿美元。

7 月 13 日，集团公司党组以中水电党［2005］70 号文决定，李海石同志任中国水电建设集团十五工程局有限公司党委书记；集团公司以中水电人［2005］104 号文决定，聘任王增发同志为中国水电建设集团十五工程局有限公司董事长，聘任徐中秋同志为中国水电建设集团十五工程局有限公司总经理。

7 月 13～22 日，国务院副总理吴仪出访哈萨克斯坦、乌兹别克斯坦、土库曼斯坦和塔吉克斯坦中亚四国。集团公司副总经理刘起涛随团出访。此次出访团由政府代表团及 16 家中国大型企业高层领导和企业家代表团组成，是中国首次组织大规模的经济代表团出访中亚国家。

7 月 14 日，集团公司与四川圣达集团有限公司就重组四川圣达水电开发有限公司在成都签署正式协议书。集团公司以认缴增资及受让股权的方式，出资 5.88 亿元人民币拥有增资后的四川圣达水电开发有限公司 51％的股权，成为该公司绝对控股股东。集团公司同时获得了大渡河沙湾水电站的建设开发和经营管理权。集团公司党组书记、总经理郭建堂，副总经理范集湘出席签字仪式。

7 月 16 日，水电三局中标湖南清水江白市水电站主体土建工程，合同金额为 4.84 亿元。

7 月 18 日，集团公司以中水电企［2005］21 号文，印发《中国水利水电建设集团公司重大法律纠纷管理暂行办法》。该办法自发布之日起施行。

7 月 19 日，陕西省委书记李建国到水电十五局承建的陕西引红济石工程工地检查指导工作。

7 月 25 日，集团公司 2005 年年中工作座谈会在北京召开。会议对集团公司上半年工作进行了简要回顾，对下半年重点工作作了安排部署。集团公司党组书记、总经理郭建堂、国有企业监事会主席范有年出席会议并讲话，集团公司副总经理范集湘作会议总结讲话。集团公司副总经理刘起涛、孙洪水，党组纪检组组长唐苏军出席会议。

7 月 26 日，闽江局与水电四局合作中标贵州光照水电站碾压混凝土大坝工程，最大坝高 200.5 米，合同造价 6.67 亿元。

7 月 28～29 日，集团公司效能监察座谈会在西宁召开。集团公司党组成员、纪检组组长唐苏军出席会议并讲话。

八月

8 月 1 日，集团公司以中水电人［2005］109 号文，印发《中国水利水电建设集团公司关于加强和改进人才工作的意见》、《中国水利水电建设集团公司人才战略规划（2005 年～2010 年）》、《中国水利水电建设集团公司企业领导人员管理暂行办法》、《中国水利水电建设集团公司专业技术带头人管理办法》和《中国水利水电建设集团公司关于进一步做好职业技能鉴定培养高技能人才工作的意见》。

同日，水电八局中标云南小湾水电站右坝土建及金属结构安装工程，中标价 8.76 亿元。

8 月 6 日，中共中央政治局常委、国家副主席曾庆红在青海省委书记赵乐际、省长宋秀岩陪同下，视察水电三局、四局等单位承建的青海公伯峡水电站工地，亲切慰问水电建设者。

8 月 12 日，集团公司召开企业负责人公开选聘动员大会，集团公司党组书记、总经理郭建堂作动员讲话，集团公司党组成员、副总经理范集湘、刘起涛、袁柏松、孙洪水，集团公司党组成员、纪检组组长唐苏军出席了会议。集团公司系统 46 人竞聘 10 家企业的 16 个负责人岗位，其中包括 4 个企业的正职岗位（水电五局局长、十局局长、夹江厂厂长、水电十四局党委书记），8 个企业副职岗位和 4 个总会计师职位。

同日，全国人大常委会副委员长蒋正华视察由水电八局、水电九局参建的索风营水电站工地。

8 月 13～26 日，集团公司公开选聘企业负责人面试工作及人选考察工作结束。8 月 13 日至 14 日，经过两天紧张的工作，集团公司各基层单位推举的 46 名考生的面试工作完成，8 月 17 日至 26 日，完成对参加集团公司企业负责人公开选聘人选的实地考察工作。

8 月 15 日，经国务院批准，财政部、国资委联合下发了《关于中央财政注入资本金有关问题的通知》，中央财政一次性向集团公司注入资本金 4 亿元，专项用于开拓国际市场。

8 月 16 日，集团公司以中水电企［2005］24 号文，印发《中国水利水电建设集团公司发展战略和规划管理暂行办法》。该办法自公布之日起施行。

8 月 17 日，国务院南水北调办公室主任张基尧、北京市副市长牛有成视察水电二局南水北调中干线北京房山惠南庄泵站工程施工工地。

8 月 17～19 日，集团公司第二次投资研讨会在甘肃兰州召开。集团公司副总经理范集湘、党组纪检组长唐苏军出席会议。

8月18日，集团公司2005年工会工作会议暨全国水电工程局（厂）工会主席联席会议在西宁召开。集团公司副总经理、工会工作委员会主任袁柏松作了题为《围绕中心，服务大局，在企业发展的进程中充分发挥作用》的工作报告。中国能源化学工会副主席张萌萌出席会议并讲话。会上表彰了集团公司10名劳动模范。

8月20日，集团公司党组书记、总经理郭建堂到水电一局检查指导工作并参加水电一局党委民主生活会。

同日，集团公司副总经理袁柏松到水电三局检查指导工作。

8月23～24日，集团公司安全生产专题会议在北京召开。国务院国有企业监事会主席范有年出席会议并讲话，集团公司党组书记、总经理郭建堂在会上作安全生产专题工作讲话。会议总结2005年以来安全生产工作的经验教训、分析当前安全生产的严峻形势、研究和部署今后一个时期的安全生产工作。集团公司副总经理孙洪水主持会议并作会议总结。集团公司副总经理范集湘、刘起涛、袁柏松，顾问付元初出席会议。

8月25日，由美国《工程新闻纪录》评选的2004年度全球最大225家承包商排行榜出台，集团公司以总营业额29.9亿美元的成绩位列排行榜第49位，比2003年度的第53位上升了4位，并以此成绩位列上榜的22家中国公司的第8位。同时集团公司以3.3亿美元的国外营业额位列全球最大225家国际承包商的第81位，并位列上榜的49家中国公司的第8位。

8月26日，集团公司以中水电经［2005］3号文，印发《中国水利水电建设集团公司市场经营管理若干规定》。该规定自印发之日起执行。

8月29日，集团公司2005年度科技进步奖颁奖暨科研立项评审会议在北京召开。会议表彰2005年度科学技术进步奖20个获奖项目。集团公司党组书记、总经理郭建堂、副总经理孙洪水、专家委员会主任付元初等为获奖项目颁奖。

8月31日，全国人大常委会副委员长、民革中央主席何鲁丽考察由水电四局、十二局等单位承建的山东泰安抽水蓄能电站工程。

九月

9月1日，湖北省省长罗清泉到水电十四局承建的水布垭电站地下厂房施工现场考察工作。

9月8日，集团公司副总经理袁松柏到水电五局检查指导工作。

9月9日，集团公司党组以中水电党［2005］92号文，印发《中国水利水电建设集团公司企业领导人员管理暂行办法》。该办法自发布之日起执行。

9月9～11日，集团公司焊工技能大赛在四川彭山水电七局安装分局大型金属结构厂举办，来自集团公司成员企业的48名选手参加比赛。经过三天激烈角逐，水电七局李金明、水电十二局钱放华、水电八局童中华获得一等奖，同时获得“中国水利水电建设集团公司技术能手”称号，6名选手获得二等奖，12名选手获得三等奖。国务院国资委群工局副局长李学东，集团公司副总经理袁柏松，集团公司顾问付元初等出席焊工技能大赛开幕式并讲话。

9月13～14日，集团公司改革工作座谈会在贵阳召开。集团公司党组书记、总经理郭建堂出席会议并讲话，集团公司副总经理袁柏松作了题为《积极实施“三步走”战略，努力推进企业改革》的主题讲话。国资委有关部门领导在会上就国有企业改革问题作了专题报告。

9月14日，集团公司副总经理范集湘到水电八局检查指导先进性教育活动工作，并在中层干部大会上讲话。

9月15日，中共中央政治局委员、国务院副总理曾培炎到水电十四局施工的三峡右岸地下电站厂房工地视察并了解地下厂房施工情况。

同日，中国水电建设集团十五工程局有限公司在西安正式挂牌成立。国务院南水北调工程建设委员会办公室主任张基尧、陕西省副省长王寿森、集团公司党组书记、总经理郭建堂出席仪式并讲话。

9月16日，集团公司以中水电人［2005］123号文决定，聘任郑久存同志为水电五局局长；集团公司以中水电人［2005］128号文决定，聘任茹彩江同志为水电十局局长；集团公司以中水电人［2005］129号文决定，聘任雷建容同志为夹江水工机械厂厂长。

9月20日，集团公司与卡塔尔多哈新国际机场筹备委员会在卡塔尔多哈签约卡塔尔多哈机场项目，合同金额为4.94亿美元。

9月21日，国务院国有资产监督管理委员会《关于公布中央企业主业（第三批）的通知》（国资发规划［2005］251号）中明确中国水利水电建设集团公司的主业为：建筑工程；相关工程技术研究、勘察、设计、服务与专业设备制造；水电投资建设与经营；房地产开发经营。

同日，国务院国有资产监督管理委员会以国资任字［2005］97号文决定，聘任孙璀为中国水利水电建设集团公司总会计师，试用期一年。

9月21～23日，集团公司副总经理兼国际工程有限公司董事长刘起涛随国务院副总理吴仪率领的企业家代表团在泰国清迈参加中泰经贸合作研讨会暨洽谈会，并出席了由吴仪副总理和泰国颂奇副总理共同主持的中泰经贸联委会第二次会议。

9月22～23日，集团公司副总经理范集湘先后到水电十局、五局检查指导工作，宣布领导班子调整决定，并在中层领导干部大会上讲话。

9月23日，水电二局承建的北大科技园孵化中心一期工程、北京银地小区南区9号、10号楼工程等两个工程项目，被评为2004年度北京市结构长城杯金质奖工程。

9月27日，集团公司党组以中水电党［2005］98号文决定，任命洪坤同志为水电十四局党委书记。

9月30日，四川紫坪铺水利枢纽拦江大坝工程正式下闸蓄水。四川省委书记张学忠，省委副书记、省长张中伟，省委副书记甘道明，集团公司副总经理范集湘等有关领导参加下闸蓄水仪式。集团公司水电五局、七局、十局、十二局、闽江局等单位参加紫坪铺水利枢纽建设。

同日，水电十一局中标南水北调中线一期穿黄一标南岸土建及设备安装工程，合同金额3.93亿元。该工程是南水北调中线一期工程在河南省开工建设的第一个项目。

十月

10月1日，全国人大常委会副委员长、全国妇联主席顾秀莲考察由水电四局、十二局等单位承建的山东泰安抽水蓄能电站工程。

10月4日，全国政协副主席周铁农考察由水电四局、水电十二局等单位承建的山东泰安抽水蓄能电站工程。

10月8日，集团公司与阿尔及利亚水利部水净化司在阿尔及利亚首都阿尔及尔签约阿尔及利亚苏夫管线项目，合同金额为1.21亿美元。

10月9日，根据国资委关于开展国有独资公司建立和完善董事会试点工作的精神，集团公司将中国水电建设集团十五工程局有限公司确定为建立和完善国有独资公司董事会工作的试点。

10月11日，中国工程院院士潘家铮、罗绍基、谭靖夷一行到水电五局宜兴施工局指导工作。

10月12日，山东省人民政府批准追认水电十三局王鹏同志为革命烈士。王鹏同志是2004年10月，在前往巴基斯坦高摩赞水电站项目施工现场途中遭到恐怖分子武装绑架，不幸遇难的。

10月14日，集团公司以中水电企［2005］29号文，印发《关于建立和完善国有独资公司董事会的指导意见（试行）》。

同日，集团公司以中水电工［2005］26号文，印发《中国水利水电建设集团公司科技进步工作考核办法》。该办法自2006年1月1日起执行。原《中国水利水电建设集团公司科技进步工作考核办法》（中水电工［2003］53号）同时废止。

10月18日，集团公司设备管理座谈会在京召开，集团公司副总经理袁柏松出席会议并讲话。会议交流设备管理经验，探讨加强设备管理工作的思路和方法。

10月20日 中共中央政治局委员、国务院副总理吴仪在访问塔吉克斯坦期间，接见了闽江局塔吉克斯坦项目部项目经理等中资企业代表。

10月21日，集团公司决定，原北京中环房地产开发有限公司重组为中国水电建设集团中环房地产有限公司。

10月25日，坦桑尼亚总统姆卡帕到集团公司承建的维多利亚湖供水项目现场视察，并参加维多利亚湖供水项目揭碑仪式。

同日，集团公司以中水电人［2005］147号文决定，聘任王亘同志为集团公司信息中心主任。

10月26日，在全国精神文明建设工作表彰会上，水电四局被中央精神文明建设指导委员会授予“全国文明单位”荣誉称号。

10月27日，集团公司以中水电工［2005］30号文，印发《中国水利水电建设集团公司科研立项审批管理办法》、《中国水利水电建设集团公司科研项目中间检查管理办法》、《中国水利水电建设集团公司科技成果鉴定管理办法》和《中国水利水电建设集团公司科技项目结题验收管理办法》。

10月28日，集团公司副总经理袁柏松一行到闽江局调研改制工作情况。

同日，集团公司总会计师孙璀到夹江水工机械厂考察工作。

10月31日，中共中央政治局委员、湖北省委书记俞正声到水电八局承建的湖北松树岭水电站工地调研，并详细询问工程建设和首台机组发电运行情况。

十一月

11月2日，集团公司副总经理袁柏松到水电一局检查指导工作，并听取水电一局党政负责同志保持共产党员先进性教育活动开展情况和生产经营情况汇报。

11月6日，水利部部长汪恕诚到集团公司承建的马来西亚巴贡水电站工地考察指导工作。集团公司副总经理刘起涛陪同考察。

11月7日，贵州省省长石秀诗到水电九局、水电十二局等单位承建的三板溪水电站工程考察指导工作。

同日，集团公司以中水电人［2005］149号文决定，聘任杨南安同志为水电二局局长；以中水电人［2005］150号文决定，聘任陈学云同志为水电九局局长。

11月9～10日，集团公司副总经理范集湘出席水电九局中层以上干部大会并讲话，到水电九局建设公司金阳新区工地检查指导工作。

11月9～11日，集团公司总会计师孙璀到水电一局进行资金管理工作调研。

11月10日，由集团公司承建的伊朗塔里干水利枢纽大坝工程全部达到设计高程并顺利封顶，塔里干大坝主体工程历时42个月胜利结束，成为伊朗第一个按合同工期顺利完工的项目以及伊朗第一个以EPC方式成功实施的项目。

同日，水电六局中标贵州思林水电站引水发电系统工程，合同金额为4.5亿元。

同日，水电八局与闽江局合作中标贵州思林水电站大坝工程，合同造价3.599亿元。

11月11日，水电十一局与伯利滋洽利洛水电站业主正式签订移交证书，标志着由水电十一局承建施工的洽利洛水电站项目圆满履约，顺利竣工。

11月12日，锦屏一级水电站开工。四川省委书记、省人大常委会主任张学忠出席开工仪式并宣布锦屏一级水电站正式开工建设。集团公司副总经理范集湘作为嘉宾出席开工仪式。集团公司水电七局、十一局、十四局分别承担了左岸揽基平台开挖、左岸导流洞、右岸导流洞及场内公路等前期工程施工。

同日，集团公司副总经理范集湘到水电七局久隆水电开发有限公司检查指导工作。

11月15日，集团公司党组书记、总经理郭建堂视察水电十三局安哥拉经理部和水电十三局承建的帕尔梅别墅项目，郭建堂对该经理部为集团公司发展非洲市场所作的贡献给予肯定。

11月16日，集团公司以中水电工［2005］35号文，印发《中国水利水电建设集团公司工程项目管理暂行办法》，并自印发之日起执行。

同日，四川省发展和改革委员会正式核准了集团公司阿坝水电开发有限公司柳坪水电站项目的开工建设。柳坪水电站总装机容量为12万千瓦，动态总投资9.1亿元。

11月18日，2005年中央企业职工技能大赛焊工决赛胜利闭幕，代表集团公司参赛的3名选手取得喜人成绩。水电七局李金明、水电八局童中华获得铜奖，同时获得中央企业技术能手称号，集团公司获优秀组织奖。

11月20日，经国务院评定，水电十四局的“大型水利水电工程可视化仿真技术及工程应用”科研成果获国家科技进步二等奖。

11月21日，集团公司以中水电投［2005］37号文，印发《中国水利水电建设集团公司投资管理办法》。该办法自印发之日起执行，原《中国水利水电建设集团公司投资管理规定》（中水电投［2004］13号）、《中国水利水电建设集团公司投资准入管理暂行办法》（中水电投［2005］11号）同时废止。

11月22～24日，集团公司总经理郭建堂到集团公司承建的苏丹麦洛维大坝工地检查指导工作，听取麦洛维项目部对麦洛维工程进展情况的汇报并讲话。

11月24～25日，集团公司2005年财务决算、2006年财务预算暨财务资金工作汇报会在成都召开。集团公司副总经理范集湘，国务院国有企业监事会主席范有年，国家税务总局所得税司副司长孙午珊，财政部企业司运行处副处长陈颖涛等出席会议并讲话。集团公司总会计师孙璀主持会议。

11月25日，集团公司副总经理刘起涛到中国水电基础局有限公司检查指导工作。

11月29日23时，由水电一局承建的白山抽水蓄能电站1号机组并网发电。

11月29～30日，集团公司纪委书记座谈会在昆明召开。会议讨论集团公司建立惩治和预防腐败体系实施办法，研究2006年工作安排。集团公司党组成员、党组纪检组组长唐苏军到会并讲话。

十二月

12月1日，集团公司先进性教育活动领导小组在北京召开巡回检查组总结会议，各巡回检查组汇报了工作，集团公司党组成员、副总经理袁柏松代表党组书记、总经理郭建堂同志作了讲话。集团公司各成员单位第二批先进性教育活动集中教育阶段（7月上旬～11月底）工作圆满完成。

12月2日，集团公司以中水电经［2005］9号文，印发《中国水利水电建设集团公司统计管理办法》。该办法自发布之日起执行，原办法（中水电总［2001］35号文）同时废止。

12月5日，由集团公司中标，水电十三局承建的坦桑尼亚布则扬博—盖塔公路项目开工典礼隆重

举行，坦桑尼亚总统姆卡帕出席仪式并为工程开工剪彩。该项目全长100公里，合同额3780万美元，是集团公司目前在非洲承接的最大公路项目。

12月6日，水电十一局建局五十周年庆典大会在三门峡隆重举行。李鹏同志为十一局题写“兴利除害，治黄先锋”以示祝贺。国务院南水北调工程建设委员会办公室主任张基尧及河南省、洛阳市、三门峡市有关领导、集团公司副总经理范集湘出席庆典大会。水电十一局局长王宗敏致辞，党委书记孙玉民主持庆典仪式。

12月7日，国务院南水北调工程建设委员会办公室主任张基尧一行视察基础局有限公司参建的南水北调穿黄工地。

同日，水电十四局中标承建金沙江溪洛渡水电站右岸地下电站工程，合同额24.85亿元，创国内水电地下电站工程单项合同额历史新高。

12月10～21日，集团公司党组组织6个党风廉政建设责任制考核组对集团公司各工程局（厂）、公司进行了2005年度党风廉政建设责任制全面考核，对其中4家集团公司在实施产业结构调整战略过程中新成立的子公司进行了工作检查和指导。集团公司党组成员、党组纪检组组长唐苏军听取了考核组的汇报。

12月12日，云南澜沧江小湾水电站首仓混凝土顺利开盘浇筑。该电站由水电四局、八局联营体负责施工。小湾水电站坝型为双曲拱坝，坝高292米，是目前世界已建和在建水利工程中的最高拱坝，总装机容量420万千瓦。

12月14日，集团公司以中水电人［2005］185号文，印发《中国水利水电建设集团公司享受教授、研究员同等有关待遇的高级工程师评审实施细则》（试行）。该实施细则自颁布之日起试行。

12月15日，集团公司党组授予王恩德、李日方、訾衢清同志“反恐勇士”荣誉称号；授予高摩赞十三局渠道项目部“反恐集体”荣誉称号。

同日，水电十四局中标糯扎渡水电站左岸导流隧洞、左岸泄洪隧洞土建及金属结构安装工程，合同额12.37亿元。

12月16日，中国水电建设集团中环房地产有限公司第一届股东会、董事会和监事会第一次会议在北京召开。集团公司副总经理范集湘代表控股方主持会议。股东会通过了公司章程。董事会选举王岩峰任董事长，董事会决议万小伦任常务副总经理。集团公司副总经理范集湘代表郭建堂总经理发表了讲话。

12月19～20日，以国务院国有资产监督管理委员会副主任王瑞祥为组长的国务院安全生产第二督查组一行12人，来到贵州构皮滩水电站工地，对集团公司安全生产工作进行督查，集团公司副总经理孙洪水、水电七局局长刘明江、水电十四局长李跃平向督查组就安全生产工作进行了专题汇报，督查组对构皮滩水电八局、九局联营体的安全生产资料和构皮滩施工现场进行检查。王瑞祥代表督查组就集团公司安全生产工作提出了督查意见，针对这次督查发现的问题，对下一阶段集团公司开展安全生产工作提出了要求。

12月20日，集团公司以中水电人［2005］191号文，印发《中国水利水电建设集团公司职业技能竞赛管理办法》。该办法自发布之日起执行。

12月21日，集团公司在北京中民大厦召开了补助发放两项统筹外养老金费用专题会议，布置启动发放工作的具体事项。集团公司党组书记、总经理郭建堂出席会议并讲话，副总经理范集湘、刘起涛、袁柏松参加了会议。

同日，四川省发展和改革委员会正式核准了集团公司阿坝水电开发有限公司色尔古水电站项目开工建设。色尔古水电站位于四川省阿坝藏族羌族自治州黑水县境内，最大坝高34.5米，总装机容量为15万千瓦，静态总投资10.28亿元，动态总投资11.2亿元。

12月22～23日，水利部部长汪恕诚、国务院南水北调工程建设委员会办公室主任张基尧分别会见印度尼西亚公共工程部长柯曼托。在谈到开发印尼佳迪格蒂水电站项目时，汪部长、张主任都向印尼方详细介绍了中国水利水电建设集团公司，以及集团公司近年来在国内外取得的工程业绩，明确支持由中国水利水电建设集团公司开发印尼佳迪格蒂水电站项目。

印尼佳迪格蒂水电站项目，是由中国政府提供优惠贷款支持的项目之一，预计装机容量17.5万千瓦，工程总造价为4亿美元。

12月26日，金沙江溪洛渡水电站工程正式开工。四川省委书记张学忠、省长张中伟，云南省省长徐荣凯出席开工典礼。国家发展改革委员会副主任张国宝宣布溪洛渡水电站工程正式开工。集团公司四、六、七、八、十、十四工程局近千名建设者参加开工典礼。溪洛渡水电站设计总装机容量1260万千瓦，位居世界第三、中国第二，是三峡的姊妹电站。

12月27日，中国水电建设集团中环房地产有限公司和四川圣达集团有限公司在四川省成都市举行合作签字仪式。中环房地产有限公司董事长王岩峰、四川圣达集团董事长王光友分别代表两家公司在合作协议书上签字。与圣达集团公司的合作是中环房地产有限公司实施企业区域化战略的一个重要组成部分。

12月28日，集团公司对富春江水电设备总厂清算有关问题进行了批复，将富春江水电设备总厂截至2005年9月30日经中介机构审计后的剩余资产，采取无偿划转方式，全部划转水电十二局。

12月28～29日，集团公司2005年党建工作会议暨思研会一届六次理事会在长春召开。集团公司党组书记、总经理郭建堂作题为《加强和改进党建工作，为完成跨越式发展任务而努力奋斗》的重要讲话，集团公司党组成员、副总经理袁柏松作题为《巩固教育成果，建立长效机制，进一步加强和改进集团公司党建工作》的工作报告，集团公司党组成员、纪检组组长唐苏军出席会议。会议表彰了集团公司五个文明工程项目。

12月29日，“中国电力装机突破5亿千瓦”庆祝大会在人民大会堂新闻发布厅举行。国家发展和改革委员会副主任张国宝、国家电力监管委员会副主席王禹民分别作了讲话，并共同为5亿千瓦机组揭牌。中国电力企业联合会理事长赵希正宣布“中国电力装机突破5亿千瓦”并致辞。集团公司副总经理范集湘出席会议，并代表全国电力工程建设企业作了发言。

同日，国家发展与改革委员会下发《国家发展改革委关于下达2006年第一批企业债券发行规模及发行核准有关问题的通知》（发改财金［2005］2800号），确定了集团公司发行企业债券规模为12亿元，同时，集团公司将企业债券申报材料正式报国家发展改革委审批。

同日，集团公司第一笔养老保险统筹外费用补助资金4.19亿元到位。

12月30日，中共国务院国有资产监督管理委员会委员会以国资党委组织［2005］177号文印发《关于中共中国水利水电建设集团公司党组改设党委的批复》。同意将中共中国水利水电建设集团公司党组改设为中共中国水利水电建设集团公司委员会；中共中国水利水电建设集团公司党组纪检组改设为中共中国水利水电建设集团公司纪律检查委员会。在正式选举前，设立中共中国水利水电建设集团公司临时委员会和中共中国水利水电建设集团公司临时纪律检查委员会。将中共中国水利水电建设集团公司直属委员会由国资委党委领导调整为由中共中国水利水电建设集团公司委员会领导。

同日，集团公司承建的非洲最大的水电项目苏丹麦洛维大坝工程胜利实现尼罗河主河道截流即二期截流。苏丹共和国副总统阿里·奥斯曼·穆罕默德及内阁成员，中国驻苏丹大使张栋，集团公司副总经理刘起涛应邀专程前往苏丹麦洛维工地出席二期截流仪式。

12月31日，由水电四局安装的山东泰安抽水蓄能电站1号25万千瓦发电电动机组一次启动成功，顺利并网发电。至此水电四局2005年全年安装8台发电机组，总装机容量238.25万千瓦。

同日，水电八局与成都勘测设计研究院等共同承担的沙牌碾压混凝土拱坝筑坝配套技术研究项目获2005年度国家科学技术进步奖二等奖。

第六篇　集团化建设

Chapter VI　Development into a Group

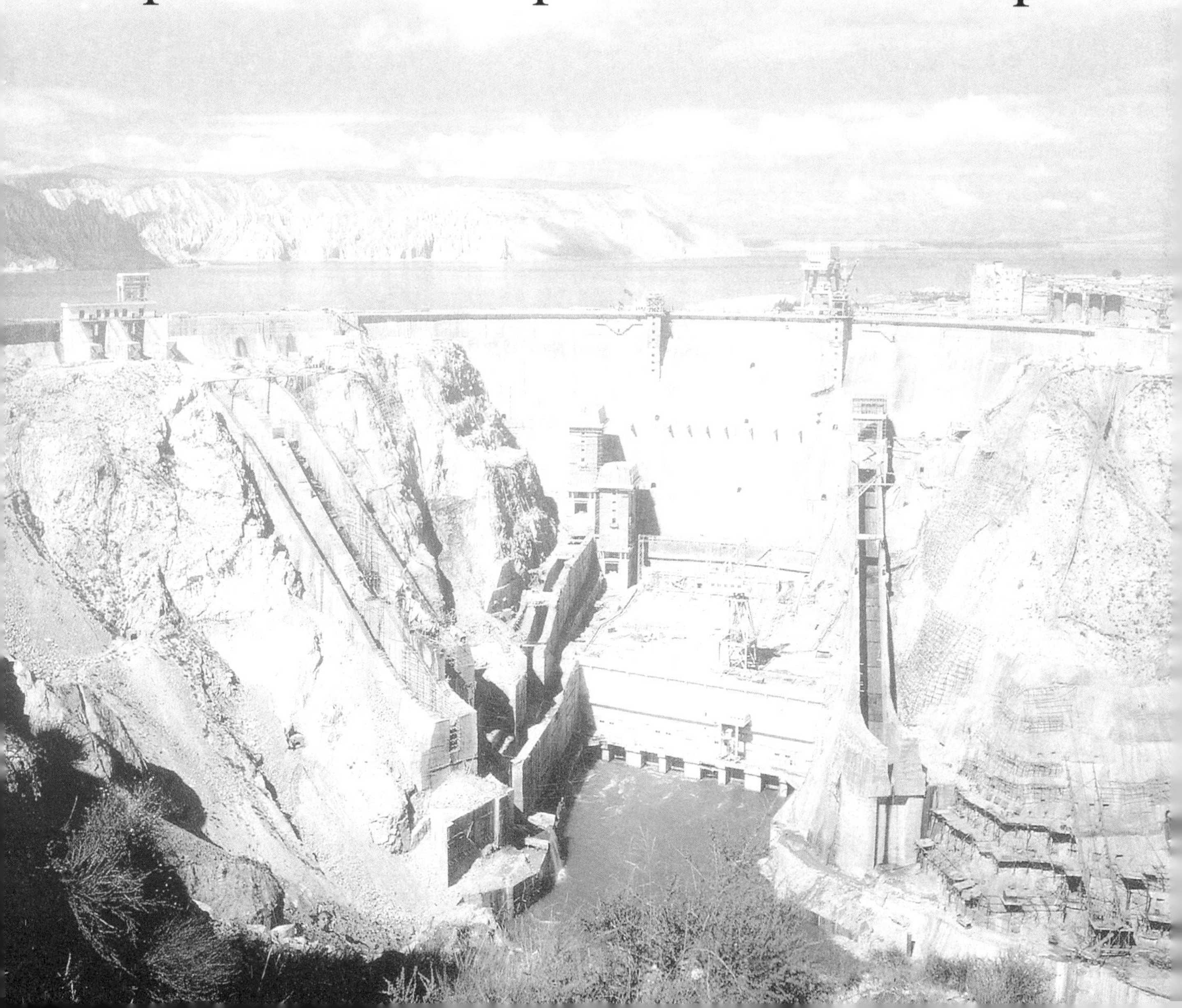

中国水利水电建设集团公司人才战略规划

（2005～2010年·中水电人［2005］109号）

为建设高素质的水利水电建设人才，增强集团公司核心竞争能力，为集团公司尽早实现“组织集团化、业务多元化、经营国际化、管理现代化”，成为具有国际竞争力的大型企业集团的战略目标提供人才保证和智力支持，制定本规划。

一、人才战略规划背景

（一）集团公司经济持续快速发展为全面实施人才战略打下了坚实基础

随着我国西部大开发、西电东送、南水北调等战略的实施，一批特大型、大型水利水电工程陆续开工建设，标志着我国水能利用和水资源开发进入了一个前所未有的良好发展阶段。作为我国水利水电建设的主力军——中国水利水电建设集团公司，在承建了上述大部分工程项目的同时，自身经济实力也得到了迅速提升，企业综合实力不断发展壮大。1999～2004年，企业总产值年均增长19.9％，新签工程合同额年均增长46.5％，全员劳动生产率年均增长19.9％。集团公司经济持续快速发展为全面实施人才战略打下了坚实的基础。

（二）集团公司发展战略对人才工作提出了新的要求

2004年2月，集团公司根据宏观经济和国内外建筑市场形势，结合企业自身实际情况，通过深入调研和科学论证，确定了企业发展战略，提出了以水利水电建设及相关工程建设为核心业务，通过资产和业务重组，积极寻求与国内、国际有关企业的联合与合作，加大技术创新力度，逐步发展成为具有较强投融资、设计、施工总承包能力，组织集团化、管理现代化、经营国际化，具有国际竞争力的国际一流大型企业集团的战略目标，并提出了阶段性战略目标、战略步骤和战略措施。政治路线确定之后，干部就是决定的因素。集团公司发展战略能否顺利实施，关键在干部，在人才。集团公司必须要根据总体发展战略的要求制定人才战略规划，为企业总体战略目标的实现提供人才保证。

（三）全国和中央企业人才工作会议的召开为集团公司人才工作指明了方向

2003年12月，党中央和国务院召开了全国人才工作会议，印发了《中共中央、国务院关于进一步加强人才工作的决定》。2004年5月，国资委召开了中央企业人才工作会议，印发了《国务院国资委关于加强和改进中央企业人才工作的意见》。全国和中央企业人才工作会议的胜利召开标志着我国人才工作进入了一个新的发展阶段，会议精神和有关文件为企业开展人才工作指明了方向。作为国资委监管的大型企业集团之一，集团公司应认真贯彻会议精神，结合企业实际加强和改进人才工作，将企业人才工作推向新的高潮。

二、集团公司人才工作现状分析（略）

多年来，公司系统各单位坚持“建一座大坝、树一座丰碑、培养一批人才”的理念，以邓小平理论特别是邓小平人事人才理论为指导，扎实工作，积极进取，人才工作取得了明显成效。

（一）人力资源结构不断改善。

（二）人才总体素质不断提高。

（三）各类专家队伍不断壮大。

由于历史原因和长期计划经济体制的影响，企业人才队伍和人才工作还存在着许多问题，集中表现在以下几个方面：

（一）人才队伍整体素质偏低。

（二）人才队伍结构不尽合理，缺乏产业结构调整所必需的人才。

（三）人才流失现象比较严重。

（四）人才工作机制缺乏新意，传统色彩依然明显。

三、指导思想和基本原则

集团公司今后一个时期人才工作的指导思想是：以邓小平理论和“三个代表”重要思想为指导，全面贯彻落实党中央、国务院及国资委对人才工作的部署和要求，坚持党管人才原则，树立科学的人才观，面向企业、面向市场、面向世界，积极倡导尊重劳动、尊重知识、尊重人才、尊重创造，以人才能力建设为主题，紧紧抓住培养、吸引、用好人才3个环节，建立和健全各项人才机制，全面实施人才强企战略，为实现跨越式发展、建设具有国际竞争力的大型企业集团提供坚强的人才保证和智力支持。

集团公司人才战略要坚持以下基本原则：

（一）坚持服务于集团公司整体发展战略的原则。以为集团公司整体发展战略提供人才保证和智力支持为出发点，将人才战略纳入集团公司整体发展战略当中，从而保证整体发展战略的顺利实施，促进集团公司可持续发展。

（二）坚持把“是否有利于促进人才的成长，是否有利于促进人才的创新活动，是否有利于促进人才工作同经济社会发展相协调”作为衡量人才工作标准原则。坚决破除那些不合时宜、束缚人才成长和发挥作用的观念、做法和体制，推动人才工作体制和机制的全面创新，充分发挥人才的积极性、主动性和创造性。

（三）坚持以人才能力建设为核心，全面提高人才素质的原则。在提高人才资源思想政治素质、科学文化素质和健康素质的基础上，重点培养人才的学习能力、实践能力，着力提高人才的创新能力，将创新贯穿于集团公司人才工作的全过程。

（四）坚持“党管人才”的原则。充分发挥集团公司各级党组织在人才工作上的领导作用，从而保证人才工作沿着正确方向前进。要以企业发展和市场需要为原则，统筹规划，分类指导，依法管理，积极创造人才成长和发挥作用的良好社会环境。

（五）坚持树立人才安全意识的原则。面对日益激烈的人才竞争状况，必须要牢固树立人才安全意识，防止人才进一步流失。及时掌握人才供求情况，做到集团公司宏观调控、统筹规划。加强和改进对骨干人才的管理、服务和激励机制，确保重点人才不流失、少流失。

四、人才战略规划总体构想和主要目标

（一）人才战略规划总构想——总量控制，重点培养，提高素质，健全机制

根据企业整体发展战略，以市场为导向，对人力资源总量进行总体控制，进一步压缩队伍规模，改善队伍结构；重点培养企业家、专业技术人才、项目经理人才、国际业务人才和高技能人才等5支人才队伍；全面提高人才队伍整体素质，改善人才的知识、专业和能力结构；建立健全人才培养机制、选拔机制、激励机制和评价机制。

（二）主要目标

力争通过5年左右的努力，人才队伍和人才工作达到以下主要目标。

1. 人力资源和人才总量

人力资源总量控制在8万人左右；其中具有中专以上学历或初级以上职称或高级工以上人才达到人力资源总量的70%以上。

2. 人才结构

将行政后勤等非主业人员压缩到职工总数的2%以内；在巩固水利水电建设人才的同时，着力培养一批路桥、环保、市政、工民建等非水电专业人才，培养一批投资、金融等产业结构调整所需人才；着力培养一批企业发展所需的复合型人才。

3. 人才机制

基本建立起有利于吸引人才、留住人才、人才成长和科学、规范、完善的人才培养、选用、激励和评价机制。

4. 企业文化

创造优秀企业文化，在集团内形成尊重人才、爱护人才、理解人才、鼓励创新、有利于优秀人才脱颖而出和充分发挥作用的良好环境，使人才将个人价值的实现自觉融入到企业发展当中去，积极主动为企业发展做贡献。

5.5 支重点人才队伍

培养100名左右优秀企业家，重点培养50名左右政治过硬、素质全面、能力突出的企业“一把手”。

培养200名左右科技水平和创新能力在国内同行业处于领先地位的专业技术带头人，重点培养工程技术、经济管理和财务经营等专业技术带头人。

培养2000名左右具有一级建造师资质，既熟悉质量、安全、进度等技术管理，又擅长资金、成本、人力资源等经营管理的职业项目经理。

培养2000名左右层次高、外向型、复合型国际业务人才，重点培养300名左右既懂技术，又善管理，即熟悉国际惯例，又有外语交流能力，能够胜任国际工程项目经理的复合型国际人才。

培养30000名左右具备高级工以上，爱岗敬业，技艺精湛，具有专门技能，善于解决技术难题的高技能人才，其中高级技师、技师比例达到20%以上。

五、主要任务和基本措施

（一）进一步更新观念，牢固树立科学的人才观

一是树立以人为本的观念。始终着眼于促进各类人才的健康成长，着眼于调动各类人才的积极性、主动性和创造性。

二是树立人才工作先行的观念。紧密结合企业深化改革、实现跨越发展对各方面人才的现实需求和长远需要，着眼于人才的动态发展，做到早规划、早安排，提高人才工作的预见性和前瞻性。

三是树立人才市场化、国际化的观念。一方面，

发挥市场机制在人才资源配置中的基础性作用，疏通人才流动渠道，创造条件吸引两种人才资源。另一方面，充分利用水电建设企业既有的人才优势和“走出去”的广阔空间，争取主动，大力培养国际化人才。

四是树立竞争择优的观念。全面引入竞争机制，在竞争中发现人才、使用人才和造就人才，通过竞争择优使水电建设企业需要的各类优秀人才脱颖而出。

五是树立人人都能成才的观念。我国水利水电建设和集团公司经济持续快速发展，为各类优秀人才发挥聪明才智、实现个人理想和抱负提供了广阔舞台。应当鼓励广大员工爱岗敬业，人人争做贡献，人人力争成才。在人才选用上，不唯学历，不唯职称，不唯资历，不唯身份，不拘一格选人才。

（二）加强领导，建立分工负责、协调高效的人才工作机制

加强对人才工作的领导。继续实施“一把手”抓“第一资源”的人才工作领导体制，各单位党政主要领导对本企业人才工作负总责。层层建立和完善人才工作领导责任制，做到责任到人，任务到人。加大在人才工作方面的投入，确保人才培养、人才引进等方面的经费开支。

建立分工负责、协调高效的工作机制。坚持党管人才原则，形成党委（党组）统一领导，组织部门和人力资源部门牵头抓总，有关部门各司其职、密切配合、齐抓共管的工作机制。将党员先进性教育、企业文化建设、职工素质工程和员工培训计划纳入人才资源整体规划，形成实施“人才强企”战略的整体合力。

加大宣传工作力度。通过各种形式，大力宣传党中央、国务院和国资委确定的人才工作方针政策，使全体员工树立科学的人才观，增强对实施人才强企战略的紧迫感和责任感。加强人才工作先进典型和努力成才先进人物的宣传和表彰，形成人人努力学习、努力工作、努力成才的良好氛围，在社会上形成水电建设企业大有作为的良好效应。

（三）建立健全科学、有效的人才培养、选用、评价和激励机制

建立健全人才培养机制。人才培养是人才战略的基础，以能力建设为核心大力开展人才培养工作，重点培养人的学习能力、实践能力和创新能力，做到理论培训与实践锻炼相结合，业务培训与政治培训相结合，组织培养与个人学习相结合，创立学习型企业，形成人人学习、终身学习的良好风气，制定实施人才培养规划，加大人才培养投入。

建立健全人才选用机制。使用是培养的目的，以公开、平等、竞争、择优为导向，建立人才选用新机制，做到组织选配人才与市场配置人才相结合，即要强调组织需要，也要尊重个人意愿，普遍实行竞争上岗，要对人才的不同类型、不同特点进行科学分析，做到人与人之间、人与岗位之间的科学搭配，尽可能将人才放到其最适合的岗位上，以最大限度地发挥作用，做到人尽其才。

建立健全人才激励机制。进一步深化分配制度改革，建立科学的薪酬体系和有效的激励机制。研究制定与现代企业制度相适应的收入分配制度，切实搞活企业内部分配，逐步建立起重实绩、重贡献、向优秀人才和关键岗位倾斜的分配激励机制，研究和探讨企业经营者年薪制度、对做出重大贡献的人才实行奖励制度，真正做到收入分配与人才贡献大小和企业经济效益相结合，与劳动力市场价格接轨，适当拉开不同岗位间的收入差距，提高关键岗位和有突出贡献人员的收入水平，彻底打破工资分配的“大锅饭”和平均主义现象。

建立健全人才评价机制。坚持德才兼备、走群众路线和客观公正的原则，建立以业绩为导向，由品德、知识、能力等要素构成的评价指标体系，对不同类型人才采取不同的评价机制，完善评价标准和评价手段，探索使用现代化人才测评技术。

（四）培养造就与企业发展战略相适应的5支队伍

培养造就一支优秀企业家队伍，以保证企业按照正确的方向持续快速健康发展。加强和改进领导班子建设，既要重视领导班子的考核选配，也要重视领导人员的培养、激励和监督。特别对企业“一把手”及其后备人员，要通过培养和锻炼，千方百计提高战略开拓能力和现代化经营管理水平，使他们成为有思路、会用人，能正确分析企业内外形势，带领企业走正确发展道路的战略家、企业家。

培养造就一支专业技术人才队伍，以加快企业科技进步，保持和提高企业核心竞争力，赢得持续竞争优势。科学技术是第一生产力。专业技术人才是第一生产力的载体和开拓者。要进一步加强和改进专业技术带头人建设，以提高创新能力和弘扬科学精神为核心，巩固水利水电专业人才，培养一批具有本行业国际先进水平的高级专家；开发路桥、环保、市政、工民建、金融、投资等方面专业人才，以保证公司多元化发展战略的实施。

培养造就一支项目经理队伍，以努力促进企业经济效益和赢利能力的提高。以提高经营管理能力为核心，进一步加强和改进项目经理培训，使他们

成为既熟悉质量、安全、进度等技术管理，又擅长资金、成本、人力资源等经营管理的职业项目经理人，全面提高项目经济效益，从而提高企业的赢利能力。

培养造就一支国际业务人才队伍，以进一步做大做强国际业务，全面实施国际化战略，将国际业务尽快发展成为集团公司的经济支柱。以国内人才为基础，以海外项目为依托，有计划、有目的地选送优秀年轻人才到国外实践锻炼，培养造就一支层次高、外向型、复合型的国际业务人才队伍。

培养造就一支高技能人才队伍，以保证优质的工程质量。以全面提高实际操作技能为核心，进一步加强职业技能鉴定和高技能人才培养工作，培养造就一支能够熟练掌握和使用新技术、新材料、新工艺、新设备，爱岗敬业、技术精湛、一专多能、善于解决技术难题的高技能人才队伍。

（五）积极稳妥压缩队伍规模，控制人力资源总量

1. 严格控制人员增长，把住入口关；加强劳动合同管理，依法解除、终止有关人员劳动合同；大力清理各种临时用工，建立临时用工审批制度，未经企业主管部门批准一律不得使用临时工。

2. 加大主辅分离，辅业改制工作力度，积极促进下岗人员出中心与社会失业保险并轨工作，分流人员出企业。

3. 改革薪酬福利制度，适当控制非关键岗位劳务人员工资，对社会通用岗位人员，向劳动力市场价格工资并轨；适当开展内部退养；调整内部分配关系。切实发挥工资分配在压缩队伍规模，改善人力资源结构方面的杠杆作用。

（六）加强人力资源部门自身建设，尽快实现由传统人事管理向现代人力资源管理的转变

国务院有关部门最新研究表明，中国企业在“人的管理”方面总体上还处在由传统人事管理向现代人力资源管理的转型时期。哪些企业早一点完成这一转变，哪些企业就将在人才竞争中占得先机，进而在市场竞争中赢得优势。

人才战略是企业发展战略的重要组成部分，人力资源部门也必须成为企业的战略支持部门。人力资源管理人员要从事务性工作中解脱出来，要由办事人员成为人力资源专家，由依靠经验转变为依靠技术和制度，不但要掌握人力资源本身的业务和技术，还应具备一定的经营管理知识，及时了解企业发展状况，参与企业发展战略的制定和实施。

各单位要加大对人力资源部门工作的支持力度，积极选送人力资源管理人员参加现代人力资源管理知识及相关经营管理、战略管理等知识培训，以改善其知识结构，提高其综合素质和全面管理能力，在全集团形成一支高素质的人力资源和人才工作队伍。

国务院国有资产监督管理委员会公布第三批中央企业主业内容

2005年9月21日，国务院国资委以（国资发规划［2005］251号）文，对第三批34家中央企业的主业进行了确认；其中确认中国水利水电建设集团公司主业内容为：建筑工程，相关工程技术研究、勘测、设计、服务与专用设备制造，水电投资建设与经营，房地产开发与经营。

关于中共中国水利水电建设集团公司党组改设为党委的批复

国资党委组织［2005］177号

一、同意将中共中国水利水电建设集团公司党组改设为中共中国水利水电建设集团公司委员会；中共中国水利水电建设集团公司党组纪检组改设为中共中国水利水电建设集团公司纪律检查委员会。

二、在正式选举前，设立中共中国水利水电建设集团公司临时委员会和中共中国水利水电建设集

团公司临时纪律检查委员会；临时党委由7人组成，设书记1名、副书记1名；临时纪委由5人组成，设书记1名，副书记1名。

三、将中共中国水利水电建设集团公司直属委员会由国资委党委领导调整为由中共中国水利水电建设集团公司委员会领导。

2005年12月30日

综 合 管 理

概述

2005年，集团公司以科学发展观统领全局，努力推进年初确定的转变经济增长方式、增强可持续发展能力的重大战略决策的落实，推进战略管理转型，管理工作在不同层面上取得新进展、新成效。

一、经营管理成果

2005年，集团公司继续保持良好的发展态势，全年完成企业总营业收入320.8亿元，增长率为28%；新签工程合同额506亿元，比2004年同比增长32%；全员劳动生产率达到25.66万元/人·年，增长率为26.28%；实现利润总额3.93亿元，增长率为114%；资产保值增值率达到109.94%；净资产收益率（含少数股东权益）达到7%；职工全员人均收入达到17152元/人·年，增长率14.87%。全面超额完成国资委下达的年度经营目标，圆满地实现了国有资产的保值增值。

集团公司综合实力不断增强，控制力、带动力、影响力日益提高。2005年，连续3年稳居全国500强行列，2004年以国外营业29.9亿美元营业额列全球最大225家国际工程承包商第81位。一个主业突出、产业相关多元的综合性大型企业集团正在快速成长。

二、战略管理

战略发展思路目标日益清晰，跨越式发展战略体系基本形成。为推进跨越式发展战略的实施，2005年，作出了转变经济增长方式、增强可持续发展能力的重大战略决策，并在总结成功经验、展望未来10年发展的基础上，形成了跨越式发展的“三步走”战略步骤，科学地构画了集团改革发展的宏伟蓝图。“三步走”战略步骤的提出，使集团公司发展战略形成了一个由战略目标、战略任务、战略步骤构成的较为完整的体系，在集团内外产生强烈反响，得到广泛认同。

三、管理体制、经营机制和职能管理

一是集团模式下的体制创新取得新进展，集团化运作机制框架基本确立。

集团公司作为出资人的职权职责逐步到位，集团管理体制不断完善，集团治理结构得到强化。集团母子公司的功能定位逐步明确清晰，集团公司对所出资企业的投资收益权、经营者选择权、重大决策权不断强化。集团高度统一的战略管理与充分灵活的自主经营管理有机结合的集团战略管理模式逐步实施，集团系统内的战略协同、资源优化配置机制正在建立，规模效益得以显现。走集团化发展道路是做强做大集团，促进成员企业加快良性发展的客观理性选择的观念，已被各成员企业所认同。

企业改革稳步推进，经营机制进一步转变。主辅分离、辅业改制取得阶段性成果，剥离企业办社会职能基本完成，全资公司董事会试点工作有序启动，“三项制度”改革引向深入。到2005年，两个成员企业完成了整体改制工作，一批新组建公司的股权结构得到优化，经营负责人公开选聘、竞争上岗的范围进一步扩大，分配机制继续创新，与工效挂钩的收入分配调控机制逐步健全。

二是集团总部战略管理中心职能不断强化，经营管理转型成效显现，成员企业经营业绩取得可喜成果。

集团公司（总部）的战略管理能力、统筹协调能力不断增强，指导、协调、服务、监控力度不断强化，初步确立了以实现集团战略目标为导向、关注资本增值和企业本质追求、注重培育企业全面可持续发展能力的经营管理新机制。

经营管理转型大力推进，增长方式有所转变。企业负责人经营业绩考核评价体系不断完善，推行了年度经营业绩考核制度和年薪制，对经营行为从规模粗放型向效益质量型的引导、激励和约束作用逐步发挥。坚定地实施市场经营战略，力排阻力促进市场统筹协调机制不断健全，市场竞争行为趋于理性，约60%的新签合同的质量及价格初步理性回归，集团社会影响力和市场地位有较大提升。清产核资工作目标全面完成，《企业会计制度》得以推行，预算管理不断加强，适应集团化运作的财务管理体制逐步健全，成本效益意识有所强化。资金管理的集中度逐步提高，对资金的控制力有所增强，资金的使用效率明显提高。集团高度重视银企高端沟通与合作，提升集团资信等级，获得中国建设银行等金融机构220亿元人民币中期授信额度，为成员

企业创造了较为稳定宽松的金融环境。集团公司经国家发展改革委批准发行10年期企业投资债券12亿元，实现了直接融资的重大突破，对提升集团公司社会正面影响力已大大超过融资本身。加大了集团公司对安全生产管理的监督、指导力度，安全生产工作得到加强。科研项目管理成效明显，有5个项目获国家级奖励。支持成员企业提升企业资质，水电三局、水电五局晋升特级资质，使集团拥有6家水电特级企业。初步形成了信息化建设的实施体系，信息技术的应用更加广泛深入。"四五"普法工作取得成效，法律保障作用逐步发挥。

承担集团产业结构调整任务的集团直接控股和间接控股公司，在集团公司领导支持下，从熟悉的电源建设施工管理向陌生的电源开发业主管理的转换，全力推进项目核准、融资、建设初见成效。

四、安全生产监督管理

集团公司高度重视安全生产工作，认真贯彻落实党中央、国务院关于安全生产的重要指示精神，加强安全生产监管组织体系建设，加强对安全生产的检查与监管，进一步健全安全生产责任制。各成员企业领导对安全生产高度重视，认真组织实施安全管理措施，在经营规模扩大、管理难度增加、安全形势严峻的情况下，总体维持了安全生产基本良好的态势。2005年，集团公司所属26个全资和控股子公司，有20个单位没有发生责任事故，13个单位实现了零死亡目标。全系统人身死亡事故控制在0.1‰以下，与2004年相比，死亡人数持平，事故件数减少。但重特大安全事故增加，发生安全事故后的上报处置工作存在差距，给集团公司造成一定的负面影响。针对安全生产的严峻形势，集团公司从去年开始，从事故的处理入手，对集团安全生产工作进行全面整改，着力构建安全生产的长效机制。总体来看，安全生产状况明显好转。

五、管理经验

（一）坚持以科学发展观为指导，发挥战略管理的作用。

（二）坚持改革创新，构建企业发展新体制和新机制。

（三）坚持"走出去"战略，提升管理的国际化水平。

（四）坚持转变经济增长方式，不断提高可持续发展能力。

（五）坚持走人才强企之路，强化人力资源管理。

六、管理面临的难点与薄弱环节

第一，安全生产管理亟待加强。安全形势虽然总体受控，但是所发生的事故性质比较恶劣，没有实现根本性的好转。

第二，内部的治理结构还程度不同缺失，管理的精细化、规范化程度还相对偏低，财务资金状况不容乐观，两级总部的管控能力亟待加强。

第三，三级（集团公司、工程局、分局）经营班子和管理团队的能力建设，与集团面临的多市场、多方位的快速的生产经营发展不相适应，经营管理团队的经营思路、观念、模式、手段传统色彩较浓，领导人员的魄力和能力，管理团队博弈水平、战略战术水平需要提高。

第四，经营规模、经营范围的急剧扩张与资源保证能力不足的矛盾凸显，潜在的系统性经营风险、财务风险、安全风险明显增加或不断暴露，强化风险管理已是当务之急。

（赵新华）

总经理工作部

【部门职责编制】　根据集团公司《关于印发〈中国水利水电建设集团公司总部机构设置方案〉的通知》（中水电企［2003］30号），总经理工作部主要职责是：

1. 研究制定集团公司总部工作制度并组织落实。
2. 做好集团公司决定事项的督察督办工作。
3. 负责集团公司文秘、档案、保密工作。
4. 负责集团公司信访接待工作。
5. 开展集团公司企业形象宣传和公关外联工作。
6. 负责集团公司综合信息工作。
7. 归口联系与集团公司有关的协会、学会工作。
8. 负责集团公司总部行政事务和后勤服务工作。

根据集团公司《关于重新确定集团公司总部管理部门编制及职位序列的通知》（中水电人［2005］57号）和《集团公司总部管理人员竞争上岗实施办法》（人［2005］39号）的有关规定，集团公司决定取消总部组织机构岗位设置中执行层高级主管的设置及称谓，增设处长编制。总经理工作部设秘书处处长1人、文档处处长1人、总务处处长1人。其职责是：①秘书处处长：在部门主任的领导下，协助分管副主任工作，主持秘书处全面工作。负责起草集团公司重要公文；负责集团公司文件核稿，保证文件符合规范化要求；负责集团公司党组会、总经理办公会的秘书工作；负责重要信息的收集、编写、发送；负责公司形象策划，组织编写、制作企业形象宣传资料以及对外展览、广告宣传；负责编写集团公司总部大事记；负责各类学会、协会管理。②文档处处长：在部门主任的领导下，协助分管副主任工作，主持文档处全面工作。负责集团公司文件的收、发、登记、传阅、管理；负责集团公司印章、党组印章和专用章的日常使用和管理；负责集团公司文书档案的归档、管理（收集、整理、立卷保管、提供利用和销毁）；负责中央文件（机要）的登记、传阅、保管和保密工作；负责通知以集团公司名义召开的各类会议，安排集团公司会议的服务工作；负责集团公司营业执照、资质、法人代码等证照的申请、注册登记、变更登记及年检、印章刻制等工作；负责接待来访人员，转办来访信件，填写各类信访报表，研办和查办落实情况，答复来访人员和来信；负责集团公司本部公文的打印、复印、传真工作；负责贯标工作中有关本部文件管理程序的运行。③总务处处长：在部门主任的领导下，协助分管副主任工作，主持总务处全面工作。负责集团公司总部房产管理；负责职工住房公积金、住房补贴管理；负责接待工作；负责物业管理工作；负责办公设备办公用品管理；负责本部车辆交通安全、内部保卫、人防管理；负责总部计划生育、爱国卫生、扶贫办的日常工作。

总经理工作部编制 13 人。

主　任：王志平

副主任：赵景涛

（张　丽）

【部门 2005 年工作】　2005 年，总经理工作部积极发挥“四个中心”——参谋中心、联络中心、信息中心和服务中心作用，推进企业办公室从传统型向以“五型”为标志的新型企业办公室转变。2005 年，总经理工作部主要工作如下：

一、围绕中心，较好发挥参谋助手作用

总经理工作部在做好事务工作的同时，积极参与政务，较好地发挥了参谋助手作用，工作内涵有所突破，工作层次明显提高。在信息调研方面，抓住领导关注的全局性的大事，深入开展战略性调研；抓住企业发展中的热点、难点以及倾向性、苗头性问题，及时开展专题性调研和即时性调研，为集团领导决策提供了一批有价值的参考信息。在决策落实方面，把一个时期的中心工作、重大问题，落实有难度或易于反复的问题作为工作重点，进行督察督办和综合协调，确保了领导决策准确、及时地贯彻实施。加强了文字工作，工作报告等重要文稿的起草质量进一步提高，得到了集团公司领导的肯定。为辅助领导科学决策、快速决策，部门对集团公司重要议事和决策会议的议题征集工作作了规范，特别是要求上会的议题要论证充分、方案可行、意见成熟，起到了较好的把关作用。同时，部门开展了集团公司工作规则的修订工作，促进科学决策、民主决策方针的落实，推进规范、有序、高效的集团治理结构的建立。

二、与时俱进，思想观念和工作方式不断创新

一方面，充分发挥职能作用，与其他部门一道将集团公司的决策部署贯彻到规划、计划、制度和工作安排中，同时认真做好督促检查工作，促进了集团公司重大决策事项的落实。另一方面，组织或引导子企业办公室积极参与、支持集团公司的办文、办事、办会工作，使各办公室与总经理工作部和总部相关部门一道，共同完成了一些重要任务，增强了办公室系统的集团意识。

随着国际化战略的深入实施，集团公司国际业务迅猛发展。总经理工作部一方面，努力为国际业务的开展办好事、服好务，做了大量具体工作。另一方面，通过工作实践和自身建设，推进办公室工作理念和工作方式与国际接轨，着力提高办公室处理涉外事务的能力和水平，如办公的自动化、信息传输的网络化、公文格式的规范化，推动办公方式与国际接轨，并取得初步成效。

在会议组织管理方面，总经理工作部按照领导要求，不仅规范了工作流程，而且将会议组织与企业形象建设有机结合起来，凡集团公司重要会议的会场选择、会场布置、文件印制、接待管理都统一安排、统一标准；凡总部人员参加重大活动，都要对其着装提出明确要求。此外，指导改制企业办公室和控股公司办公室根据实际，按照现代企业制度要求再造办公室业务流程，较好地实现了办公室工作与新型企业制度的对接。

三、转变作风，服务水平进一步提升

一是注重主动服务、超前服务、优质服务。对信访工作中的倾向性、苗头性问题，增强工作的敏感性、预见性，使有些矛盾和问题解决在萌芽状态；对易发生的突发性问题，早做预案、做足应急准备。对重要会议和重大活动，早考虑、早准备，集中力量，精心组织，提高了服务质量。对涉及生产经营的事项，基本做到了有事快办、急事急办、特事特办，提高了服务的时效性，保证了企业经营工作的正常运转。在集团总部办公大楼的建设中，部门作为建设领导协调小组的具体办事机构，承担着大楼

装修、办公家具的购置、信息化建设、办公用房分配等多方面的具体协调工作，时间紧、任务重、责任大。对此，部门在年初就开始筹划这项工作，为保证不出差错，还深入到外部几家单位开展了调研，使整个工作进展较为顺利。二是与贯彻企业质量管理体系标准相结合，狠抓规范服务。部门按照贯标要求，修订了文件管理程序和信息管理程序。同时，严格按照程序规定，对公文处理进行了规范，除做好日常运行工作外，及时将总部新成立部门纳入统一的管理系统，并对控股公司给予了必要的指导和协调。总的来看，总部公文办理基本做到了及时、准确、安全和高效。特别是上报公文，国资委办公厅明确对不符合要求的公文实行退文和通报制度，对此，总经理工作部严把审核关，全年没有发生被退回的情况。为保证部门工作规范有序、协调运转，总经理工作部实行了周例会制度，使各项工作有计划、有安排、有检查、有落实，在人员缺编、工作量增加的情况下，较好地完成了各项任务。

四、促进集团模式下的办公室工作网络的形成

一是加强了与国资委等有关部委、有关企事业单位、协会、学会的联系，已建立起较为顺畅的对上、对外办公室工作关系。二是适应集团运作体制，着力构建“将集团整体发展和本企业发展有机结合、办公室上下联动、协同配合、形成合力”的集团办公室系统工作机制。与各成员企业办公室及各驻京办公室之间的联系更加紧密。与一批新成立或新加入的成员企业的办公室，及时建立了工作联系，使其纳入了集团办公室工作体系。三是在保持共产党员先进性教育活动中，总经理工作部一方面积极参与活动的组织工作，一方面以活动为契机，查摆不足，认真整改，使办公室的思想作风建设迈上了新台阶。

五、服务大局，维护稳定和信访工作得到加强

随着集团企业改革的深化，集团总部来信来访总量呈上升趋势，特别是一些历史遗留问题造成的信访事件较为复杂，给信访工作带来很大难度。总经理工作部对信访工作中的倾向性、苗头性问题，增强工作的敏感性、预见性，使有些矛盾和问题解决在萌芽状态；对易发生的突发性问题，早做预案、做足应急准备；通过艰苦细致的工作，化解矛盾，解决问题，维护了企业和社会的稳定。为加强信息沟通，总经理工作部还创办了《信访月报》。

（赵新华）

【部门例会制度】　为建设以“现代型、国际型、助手型、服务型、创新型”为标志的新型企业办公室，总经理工作部以（总［2005］12 号）文，印发了《总经理工作部例会制度（试行）》（以下简称《工作例会》），决定从 7 月 1 日起执行《工作例会》制度。工作例会主要内容是：①传达贯彻集团公司领导指示和有关会议、文件精神；②主办以上工作人员汇报上周主要工作完成情况，并提出本周工作计划；③部门领导安排布置本周重点工作；④研究需部门领导协调解决的问题。

（张　丽）

【集团公司文件管理】　按照《中国水利水电建设集团公司公文处理办法》（中水电总［2003］31 号），规范了集团公司文件管理的收发流程，重新确认了集团公司总部有关部门和经营公司发文代字，2005 年共印发集团公司文件 815 件，计 2 万份。国资委为了拓宽与中央企业的文件交流渠道，于 2003 年开设了非涉密电子公文信息传输系统，采用专线传输方式，将文件从传输系统发至各中央企业，加快了文件的传递速度。2005 年集团公司收文、登记、传阅各类文件 2046 件，其中通过非涉密文件传输系统接收文件 370 份，通过中央国家机关机要文件交换站和国资委机要文件交换站接收各类机要文件 658 件。

（马　靖）

【总部有关部门和经营公司发文代号确认】　为规范和做好总部公文处理工作，根据总部机构变动情况，集团公司印发了《关于确认集团公司总部有关部门和经营公司发文代字的通知》（中水电总［2005］15 号），对总部有关部门和经营公司发文代字重新进行了确认。

一、管理部门

市场经营部：发集团公司文件时发文代字为“中水电经”，发部门文件时发文代字为“经”。部门称谓简称为“市场部”。原发文代字“中水电市”和“市”同时废止。

工程科技部：发集团公司文件时发文代字为“中水电工”，发部门文件时发文代字为“工”。部门称谓简称为“工程部”。

安全生产监督管理部：发集团公司文件时发文代字为“中水电安”，发部门文件时发文代字为“安”。部门称谓简称为“安监部”。

史志办公室：发集团公司文件时发文代字为“中水电史办”，发部门文件时发文代字为“史志”。部门称谓简称为“史志办”。

海外事业部、投资部、机电物资公司发文代字仍按照中水电总［2003］31号文执行。

二、经营公司

中国水电建设集团国际工程有限公司：发文代字为“中国水电国际”，公司各部门发文代字据此自行确定。办理公文时公司称谓简称为“国际公司”。

中国水电建设集团投资有限责任公司：发文代字为“中水电投资”，公司各部门发文代字据此自行确定。办理公文时公司称谓简称为“投资公司”。

中国水电建设集团租赁有限公司：发文代字为“中水电租赁”，公司各部门发文代字据此自行确定。办理公文时公司称谓简称为“租赁公司”。

规定各经营公司发文代字，不得与集团公司发文代字相混同。

（刘　涛）

【会议管理】　按照工作职责要求，总经理工作部对总部各部门以集团公司名义召开的各种专业会议提供服务和会议管理。各部门根据本年度工作安排，提出本部门将要召开的专业会议，由总经理工作部整理汇总后，报集团公司领导审核。2005年3月11日，集团公司印发了《关于集团公司2005年专题会议计划的通知》（中水电总［2005］9号，会议计划中对会议名称、主办部门、协办单位、会议地点、时间、参加会议人数都有详细注明，并要求所有专业会议的会务工作由会议主办部门负责，按以会养会的原则，集团公司不再另拨会议费；全年各专业会议按年初的计划召开。

（张　丽）

【印信管理】　集团公司印信管理包括：集团公司总部各种印章实行统一刻制、备案。对集团公司印章、集团公司党组印章、集团公司合同专用章、总经理名章，集团总部各部门、公司各种公章和业务专用章统一刻制；严格按照印章使用程序管理集团公司印章、集团公司党组印章、企业法人印章等并做好用印登记，严格执行“用印单”制度。各部门、公司印章由各部门、公司专人负责管理。根据《关于陕西省水电工程局（集团）有限公司更名的通知》（中水电总［2005］22号），集团公司印发了《关于启用中国水电建设集团十五局有限公司印章的通知》（中水电总［2005］23号），“中国水电建设集团十五局有限公司”印章正式启用，原陕西省水电工程局（集团）有限责任公司印章同时废止。

对集团公司的企业集团登记证、企业法人营业执照、建筑业企业资质证书、组织机构代码证、环境保护设施运营资质证书、授权委托书、法定代表人证明书等严格进行管理，使用证件需填写“借用证件登记表”。2005年，共办理借用证件155人次。

（张　丽）

【VI手册应用】　为树立集团公司企业形象，强化集团意识，打造“中国水电”品牌，集团公司统一的标识已在各工程局（厂）、公司广泛推广使用。集团公司VI手册包括《中国水利水电建设集团企业形象识别手册》、《中国水利水电建设集团成员企业形象识别手册》（以下简称《企业形象手册》）。《企业形象手册》包括基础设计系统、应用设计系统，对集团公司及成员企业的名称、文字、徽识及名称缩写和图文标识等作了统一规范。集团公司总部、各子企业、公司按照《企业形象识别手册》所确定的企业标志已广泛推广使用。总经理工作部对各工程局（厂）、公司在使用中遇到问题及时通过电话、邮件的方式给予指导和解答。各成员企业按照《企业形象手册》的规定，在企业网站、报刊杂志、办公场所、办公用品、会场布置以及项目施工地点的旗帜、标语、宣传栏、施工设备、工作服、安全帽等都使用了集团公司的统一标识 。

（张　丽）

【信访接待】　集团公司总经理工作部是信访接待的主要部门，按照部门职责和“分级管理、归口办理”的原则，对上访的信件根据来信内容及时进行转办、回复，涉及业务部门的及时交有关部门办理，上访信件处理率为100％。其中对建设部交办的举报投诉转办通知以及国家有关部委转来并要求回复的信件，都及时向有关工程局了解情况，并按规定时间及时进行了回函。2005年5月1日，国务院新颁布的《信访条例》（国务院令第431号）开始正式执行。按照新的《信访条例》，为进一步做好信访工作，2005年下半年，总经理工作部专设了1名兼职信访接待工作人员，对来信及时妥善处理，及时热情接待来访人员，耐心细致地做好工作，根据信访事项反映的不同内容做出相应的处理。涉及成员企业的信访事项及时转交给所属成员企业办理，并及时与责任单位沟通办理情况；对于较重要的信访事项，要求限时反馈办理结果；对涉及业务部门的信访事项及时转送相关部门；对国家部委等上级单位转来并要求上报处理结果的信访事项，及时办理并回函。8月份，总经理工作部创办了《信访工作月报》，将每月的信访情况呈报给集团公司有关领导，并抄发相关业务部门，使集团公司领导和相关部门能及时了解信访工作情况及动态。2005年，总经理工作部共收到来信171件次，接待来访178批次共511人次，集体上访11批次共164人次。

（张 丽）

【总部行政事务】 2005年，随着集团公司跨越式发展"三步走"战略的进一步推进，总部行政事务及管理工作量增大。在继续做好总部土地产权管理，房产管理以及总部职工住房公积金及住房补贴的汇缴、转移、支取等工作的同时，还参与了总部办公大楼建设中有关办公房间的分配、办公区工作位置平面布置方案的设计和修订、装修方案的审定及落实、办公家具的采购招标、物业管理、餐饮管理的招标等工作。做好了总部日常办公设备、办公用品的管理、采购、发放工作及总部计划生育工作，集团公司总部被国家计划生育委员会评为2005年度计划生育先进集体；完成了集团公司召开的各种会议的用餐和接待工作。此外，还做好了总部车辆的交通安全、内部保卫以及消防管理工作，全年未发生任何包括治安、消防等方面的事故。2005年，集团公司被北京市西城区评为2005年度交通安全先进单位。

（许建辉）

【总部员工住房制度改革】 按照建设部、财政部、国家经济贸易委员会和全国总工会《关于进一步深化国有企业住房制度改革加快解决职工住房问题的通知》（建房改［2000］105号）精神，集团公司进行了总部职工住房制度改革，通过实行住房补贴制度，提高职工购房支付能力，由职工个人根据需要和经济承受能力自行解决住房问题，改善职工住房条件。2005年4月25日，集团公司又印发了《中国水利水电建设集团公司总部住房制度改革补充规定》（中水电总［2005］11号），对总部职工住房面积标准、住房补贴发放期限、住房未达标职工差额补贴标准等进一步作出了明确规定。

（许建辉）

【总部员工住房公积金管理】 总部员工住房公积金由总经理工作部归口管理，统一办理住房公积金及住房补贴的汇缴、建账、转移、支取、对账、分账等工作。截至2005年底，为集团公司总部360人建立了住房公积金账户，办理总部员工住房公积金支取400人次/年，办理住房补贴支取200人次/年；同时完成了2005年度总部员工住房公积金、住房补贴的核定工作。

（许建辉）

【集团公司办公大楼建设协调小组】 为便于集团公司总部办公大楼建设过程中的协调管理工作，2005年4月25日，集团公司成立了集团公司办公大楼建设协调小组。成员如下：

组长：孙洪水

成员：宗敦峰 王志平 刘伟民 楚跃先

总部大楼建设协调小组职责，分为主要职责和具体职责。

（一）主要职责：从用户角度提出标准性、功能性要求，经集团公司总经理或总经理办公会批准后，督促落实。

（二）具体职责：

1. 制定办公楼基本布局和功能设置方案。

2. 审查办公楼风、水、电、供暖、消防、通信等工程设计方案，主要侧重标准性要求。

3. 审查电梯、照明等主要设备器械的选型。

4. 审查办公楼装饰工程设计方案。

5. 参与工程阶段性验收和竣工验收。

6. 负责与水电二局、中环公司的联络工作，协调解决有关问题。

（许建辉）

【集团公司办公大楼建设】 集团公司办公大楼，位于北京市海淀区车公庄西路22号。大楼共23层，其中地上20层，地下3层。地下3层分别为设备层、停车场和人防层，地上1层为接待大厅，2层为餐饮区，3～18层为办公区，19～20层为电梯设备层，总建筑面积31246平方米。集团公司办公大楼由中联环建文建筑设计研究院设计，北京中城建监理工程咨询有限公司承担监理任务，水电二局承担施工任务。2004年1月8日开工工程建设，2005年6月11日，大楼结构封顶，进入装修期。截至2005年底，完成大楼90%装修任务。

（许建辉）

【协会、学会管理】 根据集团公司总部管理部门职能划分，协会、学会等社团组织工作的归口管理部门为总经理工作部。2005年8月30日，集团公司印发《关于加强协会学会管理工作的通知》（总［2005］20号），规定申请加入新成立的专业协会、学会等社团组织，需经集团公司领导批准，并在总经理工作部备案。同时要求经办部门需将集团公司领导批示、组织章程、会员登记表、会费标准等相关材料复印件抄送总经理工作部；专业协会、学会联系人在日常工作中需加强与总经理工作部的联系沟通，以便协助办理有关事项。

（赵新华）

集团公司工作会议

【2005 年工作会议】 2005 年 1 月 30 日，集团公司 2005 年工作会议在北京召开，集团公司党组书记、总经理郭建堂，副总经理范集湘、刘起涛、袁柏松、孙洪水，纪检组组长唐苏军，集团公司顾问付元初出席会议，国务院南水北调工程建设委员会办公室张基尧主任，国有企业监事会范有年主席、国务院国资委办公厅刘长虹副主任，中国能源化学工会赵永金主席、中国电力企业联合会孙玉才副理事长、国家安全生产监督管理局任树奎司长，国家发展改革委能源局史立山处长应邀出席会议。各工程局局（厂）长、党委书记、纪委书记，总部副总师、各部门正副主任、公司正副总经理，控股公司总经理、党委书记 127 人参加会议。

会议主要任务是：传达贯彻中央经济工作会议和中央企业负责人会议精神，总结集团公司 2004 年工作，研究部署 2005 年工作。集团公司总经理郭建堂作了题为《继续深化企业改革，切实转变增长方式，努力推进跨越式发展进程》的工作报告，集团公司副总经理范集湘、刘起涛、袁柏松、孙洪水分别作了专题工作报告。会议讨论了经营业绩考核、企业负责人年薪制、领导干部竞争选聘、市场经营战略管理等方面的制度；会议进行了 2004 年度三项责任制考核兑现，表彰了 2004 年度集团公司文明单位；集团公司党组书记、总经理郭建堂与各工程局（厂）党政主要领导签订了 2005 年度经营业绩责任书。范集湘副总经理作了总结讲话，会议于 2 月 1 日结束。

（赵新华）

【2005 年年中工作座谈会】 2005 年 7 月 25～26 日，集团公司年中工作座谈会议在北京中民大厦召开。集团公司党组书记、总经理郭建堂，党组成员、副总经理范集湘、刘起涛、袁柏松、孙洪水，党组成员、纪检组组长唐苏军出席会议，国务院国有企业监事会主席范有年应邀出席会议，总部各部门负责人，各工程局（厂）、公司党政主要负责人 62 人参加会议。会议主要内容是，总结 2005 年上半年工作，研究部署 2005 年下半年工作。范集湘副总经理、刘起涛副总经理分别主持 25 日、26 日的会议。郭建堂总经理作了讲话，从经营工作、发展战略体系、集团管理、市场经营、企业改革、党建工作和精神文明建设 6 个方面对集团公司上半年的工作进行了总结，并对集团公司下半年的工作从 8 个方面进行了安排部署。范集湘副总经理作了会议总结，要求各工程局（厂）、公司和总部各部门，要按照会议部署，认真做好市场统筹协调，项目管理，产业结构调整，财务、资金统筹管理，企业改革等各项工作，提高创新水平，规避经营风险。

总部市场经营部、财务产权部、人力资源部、安全生产监督管理部、海外事业部、党群工作部 6 个职能部门在会上做了专题发言。

（刘　涛）

集团公司总部工作会议

【2005 年总部工作会议】 2005 年 3 月 3 日，集团公司总部工作会议在白广路总部 3 楼大会议室召开。集团公司党组书记、总经理郭建堂，党组成员、副总经理范集湘、刘起涛、袁柏松、孙洪水，党组成员、纪检组组长唐苏军，集团公司顾问付元初出席会议。集团总部全体职工参加会议。会议由范集湘副总经理主持，会议主要内容是总结 2004 年总部工作，贯彻落实集团公司 2005 年工作会议精神，安排部署 2005 年总部各项工作。郭建堂总经理作了讲话，对集团总部 2004 年工作作了全面总结，要求总部各部门要全面落实集团公司工作会议精神，推进集团公司重大决策和战略部署的实施，全面完成全年工作任务。范集湘副总经理作了总结讲话，要求总部全体职工增强危机感和成就感，认真加强学习，全面提高整体素质和工作水平，研究集团的大规划、大经营、大战略，努力开创集团总部工作新局面。会上，考核兑现了 2004 年度总部经营单位经济责任制，签订了 2005 年度总部责任书；党群工作部、人力资源部、财务产权部、国际工程一部、国际工程三部、国际财务部、机电物资公司招投标部、深圳能科达机械工程有限公司 8 个文明单位和 38 名文明职工在会上受到了表彰。

（刘　涛）

办公室业务会议

【2005 年办公室主任工作座谈会】 2005 年 11 月 11 日，集团公司办公室主任工作会议在山东省济南市翰林大酒店召开，各工程局（厂）办公室（总经理工作部）主任、水电十三局各二级单位办公室主任共 40 人参加和列席会议。集团公司总经理郭建堂出席会议并作讲话，他通报了集团公司 2005 年总体工作情况和集团公司战略发展思路；在充分肯定 1 年来

集团办公室系统工作的同时，从5个方面对办公室工作提出了要求：第一、服务全局，求实创新，不断提高工作水平；第二、加强学习，研究政策，提高把握大局的能力；第三、加强调查研究，掌握下情，当好参谋；第四、练好基本功，提高自身素质；第五、发扬创新务实精神，提高协调能力和服务水平。集团公司总经理工作部主任王志平作了题为《做好新形势下的企业办公室工作，为推进集团公司“三步走”发展战略服务》的专题讲话；水电十三局、水电五局、水电八局、水电十一局、水电十四局、水电三局6个成员企业办公室主任在会上作了经验交流，会议于12日结束。

（赵新华）

人力资源管理

概述

2005年人力资源部认真贯彻落实集团公司2005年工作会议精神，结合集团公司整体工作部署，围绕集团公司跨越式发展，转变增长方式，全面提高经济效益的大目标，进一步实施人才强企战略，加强企业家、专业技术、项目经理、国际业务、高技能5支人才队伍建设，提出了培养100名左右优秀企业家、200名左右专业技术带头人、2000名左右具有一级建造师资质的职业项目经理、2000名左右复合型国际业务人才、30000名左右高技能人才的人才战略规划（以下简称“12223”人才工程），为推进集团公司转变经济增长方式和跨越式发展进程提供人才保证和智力支持。不断深化3项制度改革，积极开展企业负责人、总部处长岗位公开竞聘工作；加强集团公司薪酬管控力度，全面推进人力资源工作的创新；启动2项统筹外养老金补助发放工作，保持企业的稳定。为提高集团公司可持续发展能力，增强核心业务竞争力，提供坚强的组织保证和人才、智力上的支持方面取得了显著的成绩。

（郭　志）

人力资源部

【部门职责编制】　根据集团公司《关于印发〈中国水利水电建设集团公司总部机构设置方案〉的通知》（中水电企［2003］30号）文，人力资源部主要职责是：

1. 研究制订集团公司人力资源发展规划并组织实施。

2. 协助集团公司做好总部各部门（单位）负责人和子公司领导班子成员的考核调配工作以及后备干部队伍建设工作。

3. 负责集团公司向控股、参股企业外派董事、监事和高管人员的遴选和考核工作。

4. 负责集团公司劳动工资、社会保险管理和离退休人员的管理服务工作；指导子公司做好下岗职工管理、富余人员分流工作。

5. 负责集团公司职工教育培训、职称评审、职业技能鉴定和专业技术人员管理工作。

6. 负责集团公司总部机构编制、人员管理和绩效考评工作。

7. 负责集团公司管理人员因公出国的审查工作。

8. 负责集团公司人事、劳动工资统计和档案管理工作。

岗位职责设置：根据集团公司《关于重新确定集团公司总部管理部门编制及职位序列的通知》（中水电人［2005］57号）和《集团公司总部管理人员竞争上岗实施办法》（人［2005］39号）的有关规定，集团公司决定取消总部组织机构岗位设置中执行层高级主管的设置及称谓，增设处长编制。按照集团公司《中国水利水电建设集团公司总部中级管理岗位负责人公开选聘公告》（中水电党［2005］105号），人力资源部设处长3人。其职责是：①班子建设处处长：在部门主任的领导下，协助分管副主任主持班子建设处全面工作。负责企业领导人员管理、领导班子和后备干部队伍建设；贯彻执行中央、国家和上级单位有关干部政策、规定，接受国资委的工作指导，研究制定企业领导人员管理办法并组织实施；负责企业领导班子换届和企业负责人的选聘（任）、免、调整交流以及与地方协管组织的联系等业务工作；负责企业领导人员和后备干部的监督管理及政治、业务培训工作；监督指导企业落实上级有关政策、决定，开展干部队伍和后备干部队伍建设；监督指导企业离退休干部管理工作；完成相关的业务工作和主任、分管副主任交办的其他工作。②人才开发处处长：在主任领导下，协助分管副主任主持人才开发处全面工作。负责组织系统人力资源预测、分析工作，拟定人才发展战略规划和人力资源需求计划；负责拟定并组织实施系统薪酬制度、社会保险等管理实施办法；负责系统教育培训，职业技能鉴定等管理工作；负责系统人力资源管理统计信息工作；负责指导集团公司所属企业有关业务工作。③机关人事处处长：在部门主任领导下，协助分管副主任主持机关人事处全面工作。负责集团公司总部人事及劳动工资管理工作；贯彻执行中央、国家和上级有关部门的人事及劳动工资管理的政策、规定；接受上级有关部门的工作指导；组织制定实施集团公司总部人力资源管理办法；负责集团公司总部组织机构设置及定员定编；负责集团公司总部人员考核、调配、职称评聘、政审及劳动合同管理；贯彻执行北京市社会保险有关政策、规定；负责拟定并实施集团公司总部社会保险、补充保险、住房公积金的管理办法；负责集团公司总部人力资源管理统计信息工作；负责集团公司总部高校毕业生、军转干部接收、离退休人员管理；完成相关业务工作和主任、分管副主任交办的其他工作。

人力资源部编制 10 人。

主　任：郭　志

副主任：李　捷　何　明

（门　旭）

【部门 2005 年工作】　2005 年，人力资源部认真贯彻落实集团公司 2005 年工作会议精神，以开展保持共产党员先进性教育活动为契机，结合集团公司整体工作部署，进一步实施人才强企战略，加强 5 支人才队伍建设，不断深化 3 项制度改革，全面推进人力资源工作的创新，主要抓了以下工作：

1. 组织召开了集团公司首次人才工作会议。制定出台了“关于加强和改进人才工作的意见”、“人才战略规划（2005～2010 年）”、“职业技能鉴定培养高技能人才工作的意见”、“企业领导人员管理暂行办法”等 5 个文件，进一步规范了集团公司人力资源管理工作。

2. 首次在集团公司开展了企业负责人公开选聘工作。根据集团公司党组的决定，组织策划了部分企业负责人的公开选聘工作，印发了《中国水利水电建设集团公司企业负责人公开选聘暂行办法》（中水电党［2005］92 号）。发布了集团公司所属 10 个全资企业的 16 个负责人岗位（其中 4 个正职岗位）面向系统进行公开选聘的公告，对确定的 46 名符合条件参加公开选聘的人员进行了公示。组织专家评委在北京对竞聘者进行了面试和演讲答辩。8～9 月，又组织了 5 个考察小组，对竞聘者进行了实地考察。

3. 首次在集团公司推出企业负责人年薪制。制定印发了《关于印发〈中国水利水电建设集团公司所属企业负责人年薪制暂行办法〉的通知》（中水电人［2005］24 号），通过对各企业的营业收入、总资产、利润总额、在岗职工平均工资和职工平均人数等考核要素，确定各企业党政正职的年度基薪，建立激励与约束机制相结合的薪酬体系，促进企业的全面协调科学发展。

4. 首次在集团公司开展了 4 个主系列的专业技术职称评审工作。2005 年 4～5 月，在北京相继召开了 2004 年度政工、工程、经济和会计专业技术资格评审会议，全系统共有 658 人申报，经复审后提交各专业评委会参评 513 人，评审通过 463 人，通过率为 90%。成立了集团公司“教授级高级工程师”评审委员会，并下发了有关“教授级高级工程师”评审实施细则，恢复了中断 4 年之久的专业技术职称评审工作。

5. 首次在集团公司总部开展中级管理岗位负责人竞聘工作。10 月初，集团公司根据总部实际情况，决定对中级管理岗位设置进行调整，取消高级主管岗位，增加处长岗位；人力资源部具体组织了公开选聘总部中级管理岗位负责人工作。

6. 首次举办了集团公司人力资源管理高级培训班。对各成员企业人力资源、组织人事和社会保障部门负责人进行了专业培训。

7. 首次在集团公司召开工资分配调控会议，对集团工资管理工作提出了新的要求。

8. 首次在集团公司召开启动两项统筹外养老金补助发放专题会议。涉及到全系统近 10 万名离退休职工切身利益的两项统筹外养老金补助问题，在中央领导和上级部门的关心下得到了解决后，集团公司专门召开了专题会议，要求在 2006 年春节前将两项统筹外养老金补助发放到离退休人员手中。

9. 首次在集团公司总部建立基本医疗保险和补充医疗保险。根据（京劳社发［2004］185 号）文件要求，集团公司自 5 月起，为总部 316 名在职职工和退休人员建立了基本医疗保险和补充医疗保险，同时人力资源部还制定了相应的管理办法。

10. 协助国资委对集团公司领导班子进行调整补充工作及选聘集团公司总会计师工作，完成了国资委交给的工作任务。全年共换届、调整、补充了 15 个单位的领导班子，其中涉及一把手的单位有 12 个。共调整班子成员 77 人，其中提升 32 人，平移或兼任 11 人，重新确认 8 人，改任咨询 2 人，另行任用 2 人，调集团公司 4 人，调系统外 6 人，退休 11 人，病逝 1 人。完善了水电基础局、四川圣达水电开发有限公司、东芝水电设备（杭州）有限公司、中环房地产有限公司等控股公司董事会、监事会、经理层有关人员的配备推荐工作。

11. 完成了总部 2004 年度部门考核工作。重新确定了总部编制及职位序列工作；为总部 21 名同志解决了京外调干户口指标；招收了 19 名本科以上应届毕业生，其中研究生 13 名；全年办理档案转递手续145份；主动热心为老同志做好管理服务工作；看望病号，办理退休干部何荣金同志的丧葬事宜。截至2005年12月31日，集团公司总部共有员工286人，其中新增53人，减少12人。

12. 完成了企业负责人年薪制实施、基薪测算和确定工作。组织召开了水工建筑专业12个工种高级技师试卷库的撰写及终审会议，重新修订了《集团公司行业特有工种高级技师鉴定考评办法》。组织召开了2004年度集团公司高级技师评审会议。

13. 接待并处理了大量来信来访人员的信件处理和接待工作，配合总经理工作部比较稳妥地处理了水电三局解除劳动关系人员集体进京上访事件。

14. 在抗日战争胜利60周年的活动中，认真做好了慰问抗战老战士工作，为全系统336名抗日老同志发放了抗日战争胜利60周年纪念章。

（郭　志、李　捷、何　明）

领导班子建设

【领导班子换届与调整补充工作】　2005年，集团公司对15个工程局（厂）领导班子进行了换届调整，其中部分单位的领导班子换届是结合集团公司首次公开选聘进行的，换届调整涉及党政主要负责人的单位12个。全年调整系统领导班子成员77人，其中晋升32人，平级调整或兼任11人，确认水电十五局领导班子成员8人，改任咨询2人，免职2人，局聘顾问1人，调集团公司工作4人，调系统之外工作6人，退休11人。另外有1人病逝。

此外，集团公司还完善了基础局有限公司、四川圣达水电开发有限公司、东芝水电设备（杭州）有限公司、中环房地产有限公司、郑州燃气发电有限公司、中国水务投资公司6个控股参股公司董事会、监事会、经理层有关人员的配备推荐工作。

（张顺兴）

【领导干部任前公示】　2005年，集团公司对拟提升的51名领导干部全部在所在单位进行了任前公示，公开拟提升干部的简历情况，公示时间为7个工作日，同时公布了举报电话，设立了举报箱，接受群众监督。对在公示期间群众反映的问题，集团公司进行了认真核实，对在公示期间群众反映的有关贪污腐败、压制民主、生活作风等比较严重的问题，集团公司都派人进行了调查核实，既严肃了组织纪律，又保护了公示对象，确保了干部提升的质量。

（张顺兴）

【企业领导人员管理暂行办法】　为适应社会主义市场经济体制和国有资产管理体制改革的要求，进一步加强和改进企业负责人管理，建立与市场环境和集团公司改革发展要求相适应的选人用人机制，根据国资委关于中央企业负责人管理的有关规定，集团公司制定了《中国水利水电建设集团公司企业负责人管理暂行办法》（中水电党［2005］92号）（以下简称《企业负责人管理暂行办法》)。《企业负责人管理暂行办法》分为“总则”、“运行体制、任职期限、职数”、“选拔任用”、“考核”、“薪酬、奖励”、“监督、惩诫、回避”、“培训、交流、教育”、“免职、辞职、离岗、退休”、“后备人员管理”、“附则”共10章95条，对企业负责人管理的原则、任职期限、企业负责人应当具备的基本条件、职位要求、任期考核、薪酬奖励、责任追究、培训与交流、免职、辞职、离岗和退休、后备人员的管理等作出了明确的规定。《企业负责人管理暂行办法》已于2005年9月9日，以（中水电党［2005］92号）文正式下发。

（张顺兴）

【企业负责人公开选聘】　2005年，集团公司对10个全资企业的16个负责人岗位全部面向系统公开选聘，公开招聘的16个岗位中职位包括4个行政正职岗位。7月19日，印发了《中国水利水电建设集团公司2005年度企业负责人公开选聘公告》（中水电党［2005］72号）（以下简称《公告》)，《公告》同时在集团公司网站和《水利水电工程报》刊载。《公告》刊载后，4200多人次点击了集团公司网页，先后有70名符合条件的人员通过组织推荐或以个人自荐形式向集团公司报名。集团公司通过资格审查，最终确定了46名人员参加公开选聘，并对竞聘者进行了公示。集团公司组成了专家评委会，分3个组在北京分别对46名竞聘者进行了面试（演讲答辩）。9月下旬，集团公司又组织了5个考察小组，对所有参加竞聘者进行了考察，最终经集团公司党组研究，对19名（比原定增加3名）竞聘者正式下文聘任，其中正职4人，交流5人。这次公开聘任的领导干部，文化层次都比较高，其中具有研究生学历的4人，大学学历的13人，大专学历的1人；年龄最大的44岁，最小的36岁，平均年龄为41.5岁。未被聘任的竞聘者，全部纳入了集团公司人才库。

（张顺兴）

【企业负责人公开选聘暂行办法】　根据国资委《关于加快推进中央企业公开招聘经营管理者和内部竞

争上岗工作的通知》（国资党干［2004］123号）精神，集团公司制定了《中国水利水电建设集团公司企业负责人公开选聘暂行办法》（以下简称《公开选聘暂行办法》）。《公开选聘暂行办法》分为“总则”、“公开选聘岗位及应聘范围”、“应聘条件和资格”、“组织工作及工作机构”、“公开选聘程序”、“应聘待遇”、“纪律和监督”、“附则”共8章17条，对企业负责人公开选聘的原则、应聘岗位和范围、应聘者条件及待遇、公开选聘的工作机构、选聘程序、选聘组织纪律等作出了明确规定。《公开选聘暂行办法》已于2005年4月4日，以（中水电党［2005］32号）文正式下发执行。

（张顺兴）

【工程局（厂）领导班子专题民主生活会】 2005年，各工程局（厂）、公司结合下半年开展的“保持共产党员先进性教育”活动安排，于9月份先后召开了领导班子民主生活会。集团公司领导和集团公司先进性教育巡回检查组成员分别参加了各单位的民主生活会。

（张顺兴）

【后备干部培训】 集团公司注重加强对后备干部的管理和培训，2005年共分两次组织后备干部参加了中共中央党校国资委分校的培训学习。其中参加春季学习班5人，参加秋季学习班4人。

（张顺兴）

人才开发管理

【集团公司人才战略规划】 为建设高素质的水利水电建设人才，增强集团公司核心竞争能力，为集团公司早日实现“组织集团化、业务多元化、经营国际化、管理现代化”，成为具有国际竞争力的大型企业集团的战略目标提供人才保证和智力支持，集团公司制定了《中国水利水电建设集团公司人才战略规划（2005～2010年）》（以下简称《人才战略规划》）。《人才战略规划》对集团公司人才战略的指导思想、基本原则、总体构想、主要目标、主要任务、基本措施等作出了规划。《人才战略规划》已于2005年8月1日，以（中水电人［2005］109号）正式下发执行。

（王　勃）

【集团公司关于加强和改进人才工作的意见】 《中国水利水电建设集团公司关于加强和改进人才工作的意见》（以下简称《人才工作意见》），是集团公司为贯彻落实全国首届人才工作会议和中央企业人才工作会议精神，实施集团公司“人才强企”战略而提出的有关加强和改进人才工作的意见。《人才工作意见》就人才在实施“人才强企”战略中的重要性；人才工作的总体目标；创新人才工作机制；人才的选用、教育培训；人才的激励、约束和人才工作规划等18个方面提出了基本意见，基本涵盖了人才工作的方方面面内容。《人才工作意见》已于2005年8月1日，以（中水电人［2005］109号）正式下发执行。

（侯　敏）

【人力资源管理高级培训班】 2005年10月24日，集团公司第一期人力资源管理高级培训班在国家电网公司高级培训中心举办，集团总部和各工程局（厂）从事组织人事、人力资源、社保管理方面的人员56人参加了为期10天的学习培训。培训班于11月2日结束。

（侯　敏）

【集团公司专业技术带头人管理办法】 为进一步实施《集团公司人才战略规划（2005～2010年）》，推进“12223工程”的开展，促进专业技术人才队伍建设，集团公司制定了《中国水利水电建设集团公司专业技术带头人管理办法》（中水电人［2005］109号）（以下简称《专业技术带头人管理办法》）。《专业技术带头人管理办法》分“总则”、“专业技术带头人的专业分类和任职条件”、“专业技术带头人的组织机构”、“专业技术带头人的评选程序及日常管理”、“专业技术带头人的职责”、“专业技术带头人的待遇”、“专业技术带头人的考核与奖惩”共8章29条，对集团公司专业技术带头人的评选程序、专业分类、任职条件、日常管理以及职责、待遇和考核与奖惩等作出了明确规定。

（王　勃）

【集团公司教授级高级工程师评委专家推荐工作】 为更好地加强集团公司人才队伍建设，促进高素质专业技术人才队伍的发展，集团公司拟成立教授级高级工程师评审委员会，负责对集团公司系统申报教授级高级工程师专业技术资格人员进行评审。2005年7月22日，集团公司印发《关于推荐集团公司“教授级高级工程师”评审委员会评委专家的通知》（中水电人［2005］106号），要求各工程局（厂）、公司作好评委专家的选拔推荐工作，并对推荐人选的条件，推荐原则、推荐名额和推荐时间进行了规定。

（王　勃）

【集团公司享受教授研究员同等有关待遇的高级工程师评审委员会】　经各单位推荐，集团公司审核，集团公司决定成立“教授级高工”评审委员会。成员如下：

主　任　委　员：孙洪水

常务副主任委员：付元初

副 主 任 委 员：刘经迪　黄保东

委　　　　　员：荀达平　高　翔　张长源

蔡启光　李祥年　李启友

司　勤　席　浩　吴高见

蒋宗民　申茂夏　涂怀建

夏一勇　陈君钫　衡富安

马如骐　随守信　朱镜方

王育阳　刘永祥　赵存厚

（王　勃）

【集团公司享受教授研究员同等有关待遇的高级工程师评审实施细则】　为加强集团公司人才队伍建设，客观公正地评价集团公司系统工程技术人员的专业技术水平，集团公司制定了《中国水利水电建设集团公司享受教授研究员同等有关待遇的高级工程师评审实施细则（试行）》（以下简称《高级工程师评审实施细则》）。《高级工程师评审实施细则》分为“总则”、“申报条件”、“评审条件”共3章16条，对享受教授研究员同等有关待遇的高级工程师申报人员的申报范围、申报条件、评审条件、评审程序等作出了详细规定。《高级工程师评审实施细则》已于12月14日，以（中水电人［2005］185号）文正式印发。

（王　勃）

专业技术职称评审

【职业技能鉴定工作意见】　为进一步规范集团公司职业技能鉴定工作，提高劳动者素质及专业技能水平，使职工队伍由劳动密集型向技术技能型、知识型、学习型和创新型转变，为集团公司实现发展战略目标提供有效的智力支撑和人才保证，集团公司制定了《中国水利水电建设集团公司关于进一步做好职业技能鉴定培养高技能人才工作的意见》（以下简称《职业技能鉴定工作意见》）。《职业技能鉴定工作意见》，就做好职业技能鉴定培养高技能人才工作的指导思想、工作目标、工作流程和总体要求提出了5个方面的指导意见。《职业技能鉴定工作意见》已于2005年8月1日，以（中水电人［2005］109号）正式下发执行。

（侯　敏）

集团公司2004年度职称评审情况汇总表

项　目	各单位初审通过	集团公司复审通过	复审通过率（%）	评委会评审通过	评审通过率（%）
工程系列	339	284	83.78	254	89.44
经济系列	137	104	75.91	91	87.5
会计系列	77	61	79.22	49	80.33
政工系列	105	64	60.95	59	92.19
总　计	658	513	77.96	453	88.3

职业技能鉴定

【集团公司高级技师鉴定考评办法】　根据中国电力企业联合会职业技能鉴定指导中心《关于印发〈电力行业特有工种高级技师鉴定考评办法〉的通知》（技鉴考［2004］37号）精神，集团公司制定了《中国水利水电建设集团公司高级技师鉴定考评办法》（以下简称《高级技师鉴定考评办法》）。《高级技师鉴定考评办法》包括高级技师职业（工种）设置范围、高级技师申报条件、鉴定考评方法、鉴定考评的内容和原则、鉴定考评组织和职责分工、考评程序及总体要求等6个方面的内容，对集团公司高级技师鉴定考评工作进行了明确规定。《高级技师鉴定考评办法》已于2005年3月2日，以（中水电人［2005］43号）文正式印发执行。

（侯　敏）

【水电施工企业高技能人才培训基地评估】　受中国电力企业联合会委托，2006年7月16～28日，集团公司组成电力行业高技能人才培训基地评估工作专家评估组，分别对水电七局、水电五局、水电三局、水电九局4个单位的教育培训基地进行了综合评估考核。经考核评估，符合申报教育培训基地条件的单位是：水电七局、水电五局、水电三局培训中心，综合考核材料已上报中国电力企业联合会待批。

（侯　敏）

【集团公司职业技能竞赛管理办法】　为规范集团公司各级、各类职业技能竞赛的组织和管理，根据劳动和社会保障部《关于加强职业技能竞赛管理工作的通知》精神，集团公司制订了《中国水利水电建设集团公司职业技能竞赛管理办法》（中水电人［2005］191号）（以下简称《职业技能竞赛管理办法》）。《职业技能竞赛管理办法》分为“总则”、“组织技能竞赛的指导思想和原则”、“竞赛的组织工作”、“裁判员”、“竞赛的场地和材料”、“竞赛工作流程”、“竞赛的表彰和奖励”、“竞赛的领导和考核”、“附则”共9章37条，对职业技能竞赛的指导思想、组织原则、工作流程、组委会工作、组织领导和考核、裁判员的资格和条件、竞赛场地的选择、表彰和奖励等作出了明确的规定。《职业技能竞赛管理办法》已于2005年12月20日，以（中水电人［2005］191号）文正式印发。

（侯　敏）

【2005年高级技师评审工作】　2005年12月6～9日，集团公司在厦门组织召开了2005年度高级技师评审会议。集团公司高级技师评审委员会委员14人参加会议。按照集团公司高级技师评审办法，评委委员通过分组看材料、集中讨论和投票表决，127名申报高级技师人员中，有110人通过评审，通过率达到87.4%。

（侯　敏）

劳动工资管理

【工资总额管理】　根据国资委《关于做好2004年度工效挂钩清算工作有关事项的通知》（国资分配函［2005］039号）精神，经过对集团公司2004年财务数据的核对和测算，4月底，集团公司向国资委企业分配局上报了《中国水利水电建设集团公司关于2004年工效挂钩清算工作情况的报告》（中水电人［2005］72号）。同时，下发了《关于下达2004年度各工程局（厂）工效挂钩方案及做好2004年工资总额清算工作的通知》（中水电人［2005］74号），通过清算工作，理顺了2004年工资总额状况。

2005年10月，国资委企业分配局以（国资分配［2005］1316号）文下发了《关于2004年度中央企业工效挂钩清算结果的批复》，对集团公司工效挂钩清算结果进行了批复。根据文件要求，集团公司将2004年工效挂钩工资总额清算结果分解到各全资子公司。

（顾建新）

【企业负责人年薪制暂行办法】　按照国资委的要求，为切实履行出资人职责，进一步规范对各成员企业负责人收入分配的管理，建立有效的激励和约束机制，集团公司制定了《中国水利水电建设集团公司所属企业负责人年薪制暂行办法》（中水电人［2005］24号）（以下简称《企业负责人年薪制暂行办法》）。《企业负责人年薪制暂行办法》分为“总则”、“年薪的构成及确定”、“年薪兑现”、“管理与监督”、“附则”共5章20条，对企业负责人年薪的构成、基本原则、适用范围、年薪的兑现、管理与监督等作出了明确规定。《企业负责人年薪制暂行办法》已于2005年2月24日正式印发。

（顾建新）

【企业负责人年薪制】　国资委从2004年开始对集团公司负责人执行年薪制，并对年薪制基薪进行了核定。根据国资委《关于做好中央企业负责人2004年绩效薪金兑现方案和2005年基薪方案申报工作的通知》（国资分配函［2005］078号）要求，集团公司对公司负责人2004年的绩效薪金进行了核定，并计算了2005年基薪情况上报国资委。2005年10月，国资委以（国资分配函［2005］117号）印发了《关于中国水利水电建设集团公司负责人2004年绩效薪金兑现方案和2005年基薪方案的复函》，对集团公司负责人2004年绩效薪金兑现方案和2005年基薪方案进行了批复。

（顾建新）

总部人事管理

【总部中级管理岗位负责人公开选聘工作】　为进一步规范集团公司总部人事管理，推进总部机关中层管理人员选拔任用制度改革，集团公司决定对总部中级管理岗位负责人进行公开选聘。2005年10月26日，集团公司印发了《中国水利水电建设集团公司总部中级管理岗位负责人公开选聘公告》（中水电人［2005］105号），成立了以集团公司副总经理范集湘为组长、总部各部门主任为成员的考评小组。集团公司总部35人参加了报名应聘，28人参加了总部23个岗位竞聘面试演讲答辩。经综合考评和组织研究，最终22名应聘人员被聘用为总部有关部门处长。

（赵　莉）

【总部员工年度考核】　为加强集团公司总部员工管理，提高工作效率和工作质量，建立有效的激励和约束机制，2005年1月28日，集团公司印发《关于2004年度集团公司总部员工考核工作安排及有关办法修订的通知》（中水电人［2005］15号），决定对总部员工进行考核。按照考核程序，首先各部门主任在年终考核总结会议上分别向集团公司领导汇报上年度主要工作总结和本年度主要工作计划；之后集团公司领导对各部门主任、副主任进行考核评价和打分，再经过各部门之间相互考核打分、各部门自我考核打分、各工程局（厂）对总部各部门考核打分以及考核评价，然后根据考核打分情况进行加权平均，确定各部门年度考核结果以及年终奖励标准；最后在集团公司总部年度工作会议公布考核结果。集团总部13个管理部门、23个正副主任及62名员工参加了总部2004年度考核。按照综合考评得分情况和A、B、C三个级别划分，评出2004年度总部A级部门3个、B级部门8个、C级部门2个；员工考核21人被评为A级、32人被评为B级、9人为C级。

（赵　莉）

【总部重新确定管理部门编制及职位序列】　根据集团公司管理部门工作的需要，2005年6月22日，经总经理办公会议研究决定，重新对集团公司总部管理部门编制及职位序列进行了确定。原则上部内设处，各部门人员总体编制和中层管理人员（主任、副主任、处长）职数由集团公司总经理办公会讨论确定。副处长以下（含副处长）各类人员的职数在不突破本部门总体编制前提下由各部门提出意见，报分管领导确认，由总经理批准。调整后总部管理部门编制见表。

序号	部　门	编制	主任	副主任	处长
1	总经理工作部	13	1	1	3
2	人力资源部	10	1	2	3
3	财务产权部	16	1	2	3
4	工程科技部	6	1	1	2
5	安全生产监督管理部	5	1	1	1
6	市场经营部	8	1	1	2
7	企业发展部	6	1	1	2
8	审计部	5	1	1	2
9	监察部	5	1	1	2
10	党群工作部	5	1	1	2
11	史志办	3	1		2
12	资金结算中心	7	1	1	2
13	信息中心	6	1	1	2
14	报社	7		1	2
合　计		102	13	15	30

调整后总部管理部门职位序列如下：

（一）总经理助理。

（二）副三总师、主任。

（三）副主任。

（四）处长。

（五）副处长。

（六）主管。

（七）主办。

（八）业务员。

（九）见习员。

（赵　莉）

【补充医疗保险管理办法】　为提高集团公司总部在职职工和退休人员医疗保障水平，根据《北京市基本医疗保险规定》，集团公司制定了《中国水利水电建设集团公司总部补充医疗保险管理办法》（以下简称《补充医疗保险管理办法》）。《补充医疗保险管理办法》共12条，对医疗保险费用的提取、支取范围、保险公司应负的责任、不负给付保险金责任、报销（给付保险金）程序、总部补充医疗保险的管理等作出了明确规定。《补充医疗保险管理办法》已于2005年7月28日，以（中水电人［2005］108号）文正式下发执行。

（赵　莉）

【总部员工基本医疗和补充医疗保险】　根据北京市劳动社会保险局关于基本医疗保险参保范围等有关问题的通知》（京劳社医发［2004］185号），经集团公司总经理办公会议研究决定，集团公司总部员工自2005年5月1日起，参加北京市基本医疗保险，并在此基础上，为总部职工建立了补充医疗保险。集团公司制定了《中国水利水电建设集团公司总部补充医疗保险管理办法》（中水电人［2005］108号），建立了参保人员医疗保险数据库，每月及时向北京市报送医疗保险月报表，为新增及调出人员及时办理医疗保险手续。截至2005年底，集团总部参加基本医疗保险人员共316人。

（赵　莉）

慰问抗战老战士

2005年，是中国人民抗日战争暨世界反法西斯战争胜利60周年。根据中共中央组织部等部委联合下发的《关于做好慰问抗战老战士、老同志及国内抗日将领或其遗属工作的通知》（中宣发［2005］22号）文精神，集团公司在全系统开展了慰问抗战老战士、老同志的工作。截至2005年10月，集团公司系统健在的抗战老战士、老同志共336人。其中，水电一局12人，水电二局16人，水电三局22人，水电四局29人，水电五局58人，水电六局10人，水电七局11人，水电八局34人，水电九局11人，水电十局10人，水电十一局32人，水电十二局23人，水电十三局21人，水电十四局21人，水电十五局14人，水电闽江局9人，水电基础局有限公司2人，夹江厂1人。各工程局（厂）按照集团公司党组的要求，分别走访和慰问了抗战老战士、老同志，并为他们送去了由中共中央、国务院、中央军委颁发的“中国人民抗日战争胜利60周年纪念章”以及慰问品和慰问金。

（门　旭）

专业会议

【集团公司人才工作会议】　2005年6月23日，集团公司首次人才工作会议在北京召开。集团公司总经理郭建堂，副总经理范集湘、刘起涛出席会议，各工程局（厂）、公司主要领导及组织、人力资源部门负责人80人参加会议。郭建堂总经理做了题为《紧紧围绕集团公司改革发展大局全面实施“人才强企”战略》的讲话，刘起涛副总经理做了题为《全面实施“人才强企”战略为集团公司深化改革跨越式发展提供人才保证》的工作报告，范集湘副总经理做了总结讲话。与会代表对集团公司《关于加强和改进人才工作的意见》、《人才战略规划》、《企业领导人员管理暂行办法》、《专业技术带头人管理办法》、《关于进一步做好职业技能鉴定培养高技能人才工作的意见》5个文件（讨论稿）进行了讨论。水电四局、水电七局、水电八局、水电十三局、水电十四局、总部国际公司在会上分别作了人才工作经验交流。

国务院国有企业监事会主席范有年应邀出席会议，会议于24日结束。

（王　勃）

【集团公司工资分配调控会议】　2005年11月29日，集团公司在北京召开工资分配调控会议，各工程局（厂）、公司主管劳资工作的领导和人事部门负责人48人参加了会议。集团公司副总经理范集湘、刘起涛副出席会议。范集湘副总经理在会上做了讲话，刘起涛副总经理作会议总结，会议于当日下午结束。

（侯　敏）

【补助发放两项统筹外养老金费用专题会议】　12月21日，集团公司在北京中民大厦召开了为期1天的启动补助发放两项统筹外养老金费用专题会议。集团公司郭建堂总经理、范集湘副总经理、刘起涛副总经理、袁柏松副总经理出席会议，总部有关部门负责人，各工程局（厂）、公司分管劳资工作的领导和劳资部门负责人42人参加会议。会议主要内容是落实集团公司总经理办公会有关启动补助发放两项统筹外养老金费用的精神；布置启动发放工作的具体事项。两项统筹外养老金（原国家电力公司人工［1998］96号和人工［1998］125号），涉及到集团公司数万名离退休职工，关系到企业的稳定和持续健康发展。郭建堂总经理和袁柏松副总经理分别在会上作了讲话，范集湘副总经理作会议总结。会议于当天下午结束。

（顾建新）

财务与产权管理

概述

2005年，财务产权部以提高集团经济效益为中心，以夯实集团财务管理基础为目标，不断完善内控机制，推动管理创新，加快推进适应集团化运作的新型财务管理体系建设，集团的财务管理工作水平不断提高。

一、全面加强财务基础管理工作。以做好清产核资后续工作和执行《企业会计制度》为契机，加强财务基础工作，将联营体项目、国外项目纳入集团日常会计监督体系中，加强了对日常财务数据的及时披露和全面分析，加大了对重大亏损和经营风险的监控力度，建立并完善了预、决算报表的汇报、会审、分析和批复制度，月度财务快报和年终决算工作及时准确，会计信息反馈的真实性和时效性得到保证，信息质量和资产质量明显改善。

二、构建出资人财务监管体系。以实现国有资产保值增值为核心，加强出资人财务监管，产权、绩效、预算和资产管理不断向广度和深度拓展，基本构建了适应集团化运作的出资人财务监管体系，母公司的财务控制力显著增强。以产权登记和产权报表为基础的“产权清晰、权责明确、保护严格、流转顺畅”的产权管理日趋完善，以现金流量预算和资本预算为重点的财务预算管理得以推行。从规范资产管理流程入手，建立价值管理与实物管理相制约，资产管理与资产经营相统一的资产管理体系的总体资产管理思路基本成熟。特别是以转变经济增长方式、提高经营质量效益为本质内容的集团经营业绩考核制度，正不断完善和强有力的全面推行，对集团系统企业的经营方向、目标、行为的导向作用十分明显，集团整体经营效益显著提升。

三、构建经营者财务管理执行体系。以确保企业利润最大化为目标，指导子企业加强财务管理，推动经营者财务管理执行体系的建立；项目部的成本控制和管理得到有效延伸，债权债务的催收、清理工作取得一定进展，预、决算报表的编制、审核程序基本落实，经营业绩考核盈利指标的导向作用层层得到强化，信息化建设得到有力推动，基本甩掉了手工作账，各成员企业的财务管理水平稳步提高。

四、树立服务集团战略大局意识。以集团公司发展战略为导向，适应集团职能中心功能定位，增强财务管理工作的主动性，提高工作质量和效率，主动参与和协助集团的市场开发、改制重组、投融资、历史遗留问题的解决等事关全局的重要工作，使财务管理工作内涵有所突破，管理服务层次得到提升；协调沟通并具体落实了4亿元国家资本金及离退休职工两项统筹外养老金补助政策，财政部已明确的电网和发电公司拨付给水电施工企业的困难补贴资金，财政部下拨的下岗职工生活补助费用正逐步到位；2005年，财务产权部筹集各类资金11.3亿元，支持集团产业结构调整，还牵头组织并实施了集团分离企业办社会职能工作。

（李　莹）

财务产权部

【部门职责编制】　根据集团公司《关于印发〈中国水利水电建设集团公司总部机构设置方案〉的通知》（中水电企［2003］30号）规定，并结合集团发展，财务产权部主要职责作了相应调整，其主要职责是：

1. 制定集团公司财务管理制度及会计核算办法并组织实施。

2. 负责集团公司预算管理工作，编制财务与资金计划，组织开展经济活动分析。

3. 办理集团公司财务管理与会计核算业务，编制审核会计报表，负责财务管理信息系统建设，提供企业经营决策所需的各类会计信息。

4. 负责集团公司国有产权管理工作，负责资产重组、租赁、拍卖、托管、出让等资产管理工作。

5. 组织实施对各成员企业经营业绩考核工作。

6. 负责集团公司总部管理部门的费用管理与核算工作。

7. 办理集团公司各项应税事宜，指导各成员企业的应税工作。

8. 参与集团投资项目财务评价及项目资本金的筹措。

根据集团公司《关于重新确定集团公司总部管理部门编制及职位序列的通知》（中水电人［2005］57号）和《集团公司总部管理人员竞争上岗实施办法》（人［2005］39号）的有关规定，集团公司决定取消总部组织机构岗位设置中执行层高级主管的设置及称谓，增设处长编制。按照集团公司《中国水利水电建设集团公司总部中级管理岗位负责人公开选聘公告》（中水电党［2005］105号），财务产权部在已有会计处、机关财务处的基础上，增设预算产权处处长职务。预算产权处处长职责是：在部门主任的领导下，协助分管副主任工作，主持预算产权处全面工作。组织管理有关预算、资产、产权、投资、业绩考核等工作。具体包括：负责建立健全有关预算、资产、产权、投资、业绩考核等管理制度和管理体系；组织编制、下达和考核集团总部、所属企业财务预算及执行情况；组织实施资产处置、产权变更、业绩考核等方面的工作；参与集团投资项目的论证，拟订项目资本金的筹措和使用方案。

财务产权部编制17人。

主　任：唐定乾

副主任：党　卫、黄华波

（方世绿）

【部门2005年工作】　2005年，财务产权部以提升集团财务管理水平为目标，以“领导的参谋、智囊”为定位，较好地完成了全年的各项财务工作。2005年，财务产权部主要抓了以下几方面的工作。

1. 组织召开了集团公司2005年财务工作会议，印发了《中国水利水电建设集团公司2005年财务工作要点》（中水电财［2005］46号），对集团公司2005年财务工作进行了全面部署。

2. 在集团公司有关部门的配合下，制定下发了《中国水利水电建设集团公司所属企业（公司）负责人年度经营业绩考核暂行办法》（中水电财［2005］9号），在指标的设计上更加突出了经营利润和规模效益最大化，资产经营效率最优化的原则；核定下达了成员企业2005年业绩考核指标；完成了成员企业2004年三项责任制的考核兑现。

3. 制定下发了《中国水利水电建设集团公司账销案存资产管理暂行办法》（中水电财［2005］17号）和《关于加强账销案存资产管理的补充通知》（中水电财［2005］87号），规范了集团公司账销案存资产管理工作，并对7个工程局实物资产的处置以及资产核销进行了批复确认。

4. 完成集团公司预算报表的编制、上报工作，并下达了集团成员企业的财务预算指标，同时，按季度对各成员企业的预算报表进行了分析汇总，加强了对预算执行情况的实时监控；并于8月份对水电十四局本部及小湾项目的预算工作的落实情况进行了检查。

5. 组织完成了各成员企业拖欠工程款申报认定工作，配合建设部进行拖欠工程款的清欠工作，2005年，共收回拖欠工程款8.91亿元（其中：政府偿还1.98亿元、房地产企业偿还1.05亿元、其他企业偿还5.88亿元），占业主拖欠工程款（14.5亿元）的61.5%。

6. 完成了水电十五局产权关系划转工作，并具体指导水电十五局完成了清产核资工作。

7. 筹集各类资金11.3亿元，主要用于集团公司投资项目增资；此外，还协助投资公司，为长岭风电项目筹集设备款5098万元。

8. 对集团目前投资的项目进行了认真地梳理，建立健全了相关投资资料的保管制度，并按期编制《对外投资项目明细表》，向集团公司领导及时反映投资项目情况，供领导参考。

9. 配合国务院国有企业监事会54办，对集团公司本部及6家成员企业（机电物资公司、国际公司、水电七局、水电八局、水电基础局有限公司、阿坝水电开发公司）进行了实地监督检查，并对检查中提出的各种问题制定了整改措施，财务工作得到了范有年主席和监事会其他领导的充分肯定；还配合国资委对水电五局进行清产核资情况核查，核查结果得到国资委领导的充分肯定。

10. 完成2004年下岗职工生活费财政补助资金的清算、上报任务；落实2005年下岗职工基本生活费财政补助资金预拨款4563万元，对解决下岗职工生活困难、维护社会稳定起到了积极的作用。

11. 根据财政部、国资委的要求，结合集团财务监管的需要，重新设计了月度财务快报格式，增加了考核指标、风险预警指标，使会计信息更加快捷和全面；集团公司2005年月度快报的编制工作获得财政部的通报表扬；财务产权部还印发了《关于做好联营体财务信息上报工作的通知》（中水电财［2005］71号）和《关于报送〈中国水利水电建设集团公司国外项目财务情况简表〉的通知》（中水电财［2005］129号），加强了对联营体、国外项目财务监管。

12. 组织完成了2004年度会计决算的编制、上报工作，并以“组织工作得力、上报资料及时完整、数据质量较好以及其他有关工作成绩突出”而受到财政部的通报表扬；完成了向国务院国有企业监事会上报《企业基础材料》的工作。

13. 牵头组织召开了分离企业办社会职能工作会议，印发了《中国水利水电建设集团公司分离办社会职能工作实施方案》（中水电财［2005］22号）。针对分离企业办社会职能移交过程中出现的有关问题，先后赴贵州、青海、陕西、云南、吉林、辽宁等省，与各省财政厅进行沟通协调，与浙江、湖南、四川、青海、河北、吉林、辽宁等13个省的财政部门联合上报了经费补助对账文件，其中浙江、湖南、四川、青海、河北、吉林、山东等7个省得到批复。与四川、湖南、河北、吉林、青海5个省人民政府签署了移交协议；上报了资产和经费补助基数的划转申请文件，并得到财政部、国资委的正式批复，5个省份的移交工作提前完成。

14. 在集团公司有关部门的配合下，落实了电力体制改革中的相关扶持政策。经国务院批准，财政部、国资委于8月份下发了《关于中央财政注入资本金有关问题的通知》（财企［2005］118号），中央财政一次性向集团公司注入资本金4亿元；同时收到财政部拨付的第一笔养老保险统筹外费用4.2亿元；收回补贴资金1.14亿元。历史遗留问题的基本解决，增强了集团公司的实力，改善了10余万离退休职工和下岗职工的生活。

15. 举办了财务信息研讨会，分析总结了财务管理信息系统建设中的经验和不足，进一步对加强集团公司财务管理信息系统建设进行了探讨。

16. 参加了国家税务总局在成都的西部大开发税收优惠政策调研工作和国税总局、财政部、国资委对改制企业的改制税收调研工作；完成了集团公司向财政部、国家税务总局上报的《关于明确中国水利水电建设集团西部成员企业继续享受西部大开发税收优惠政策的请示》的报送工作。

（张　黛）

产权与投资管理

【产权管理暂行办法】　为规范集团产权管理工作，维护国家、集团公司对国有资产的合法权益，建立和完善集团公司内部控制制度，根据国资委、财政部令第3号《企业国有产权转让管理暂行办法》及有关规定，制定了《中国水利水电建设集团公司产权管理暂行办法》（以下简称《产权管理暂行办法》）。《产权管理暂行办法》，分为“总则”、“管理职责分工”、“产权关系的确立”、“产权登记管理”、“产权转让管理”、“国有产权无偿划转管理”、“责任追究”、“附则”共8章39条，对产权管理职责的分工、产权关系的确立和登记管理以及产权登记程序、国有产权的转让和批准程序、国有产权的无偿划转和程序、责任追究等作出了明确规定。

（李　莹）

【国有资产产权登记】 按照国资委《关于换发企业国有资产产权登记表证工作的通知》（国资产权［2005］636号）的部署，8月2～3日，集团公司在辽宁丹东组织召开了集团公司国有资产产权登记工作布置培训会议，集团公司总部和各工程局（厂）、公司负责产权登记工作的财务负责人、经办人48人参加会议。会议对2005年产权证换证工作和产权登记工作进行了布置，提出相关工作要求。财务产权部采取集中会审的方式，对各成员企业上报的产权登记资料进行逐户审核、整理、汇总上报国资委，共为各工程局（厂）所属的71个经营单位办理了产权登记换证工作，为30户企业办理了产权占有登记，为25户企业办理了变动登记，为3户企业办理了注销登记。

（李　莹）

【2005年度基本产权关系报表编报工作】 集团公司基本产权关系报表的编报工作，是在2005年度财务决算、2006年度财务预算及财务资金工作汇报会上系统布置的，对2005年度基本产权关系报表的编制范围、编制内容和编制要求以及产权软件系统的操作方法等进行了详细的讲解。3月1日，财务产权部采取集中会审的方式，就各成员企业上报的产权报表进行审核、汇总，编制完成2005年度集团公司基本产权关系报表和产权结构分析报告。

（李　莹）

【高风险投资业务摸底调查工作】 为建立有效的风险防范机制，确保国有资产安全和保值增值，按照国资委关于开展中央企业高风险投资业务摸底调查工作的要求，集团公司决定对总部及所属成员企业，从事高风险投资业务情况进行摸底调查，3月24日，集团公司印发了《关于开展高风险投资业务摸底调查工作的通知》（中水电财［2005］24号），明确了摸底调查工作的内容、要求和责任。根据各成员企业上报的资料，集团公司对各单位高风险投资业务风险情况进行了评价，形成了向国资委上报的《关于高风险投资业务摸底调查结果的报告》。通过对高风险投资业务风险情况的摸底调查，集团公司加强了对所属成员企业投资业务的规范管理，建立了授权审批、责任联签、定期报告、定期内审、风险预警等防控制度，以防范国有资产的流失。

（李　莹）

【水电十五局国有产权划转】 原陕西省水电工程局（集团）有限责任公司，于2005年5月9日整体划归集团公司后，为明确有关财务产权关系，财务产权部印发了《关于明确中国水电建设集团十五工程局有限公司有关财务问题的通知》（中水电财［2005］81号），确定2004年12月31日后，原陕西省水电工程局所有资产、负债、所有者权益和有关事项，转由中国水利水电建设集团十五工程局有限公司继承管理。根据国资委《国有企业清产核资办法》（2003年国资委令第1号）中对清产核资范围的规定，结合水电十五局拟从2005年1月1日起执行企业会计制度的工作安排，财务产权部具体组织指导了水电十五局的清产核资工作；对水电十五局上报的资产损失证据和清产核资报表等资料进行了专项审核，并组织了水电十五局清产核资损失的申报和损失处理工作，使水电十五局顺利实现执行《企业会计制度》的接轨。在此基础上，按照国务院国资委产权登记办理规则的要求，为水电十五局及其所属4家子公司办理了产权占有登记，明确了集团公司的出资人地位。

（李　莹）

【改制企业国有资产管理】 根据《关于中国水利水电建设集团公司主辅分离辅业改制分流安置富余人员总体方案的批复》（国资分配［2004］417号）和《关于中国水利水电建设集团公司主辅分离辅业改制分流安置富余人员第二批实施方案的批复》（国资分配［2005］517号），集团公司共计77家单位，经国资委、财政部和劳动和社会保障部批准为主辅分离、辅业改制企业。截至2005年底，集团公司共完成17家单位的改制工作，并在改制后整合为14家。在17家单位改制工作中，共对3776人支付了经济补偿金18047万元，移交社保机构费用3266万元，预留内部退养人员费用355万元，改制费用合计为21667万元。按照（国经贸企改［2002］859号）文中，有关对企业改制过程中用国有净资产进行各项支付和预留造成账面国有资产减少的，可以冲减国有权益的规定，集团公司于2005年8月向国资委申请上报了核销国有权益的报告，需申请核减国有权益为15889万元。

（傅国钢）

【账销案存资产管理暂行办法】 为进一步加强清产核资后续管理工作，规范集团账销案存资产管理，建立和完善内部控制制度，2005年3月9日，集团公司印发《中国水利水电建设集团公司账销案存资产管理暂行办法》（中水电财［2005］17号）（以下简称《账销案存资产管理暂行办法》）。《账销案存资产管理暂行办法》分为："总则"、"工作机构及职责"、"账销案存资产的管理"、"账销案存资产清理与追索"、"账销案存资产销案依据"、"账销案存资产销案程序"、"监督检查及处罚"、"附则"共8章32条。《账销案存资产暂行办法》，对账销案存资产管理的工作机构、工作职责、账销案存资产的管理、清理与追索、账销案存资产销案的依据和程序、监督检查等作出了明确的规定。

（傅国钢）

【不良资产后续管理】　按照国资委对账销案存资产管理要求及《账销案存资产暂行办法》规定，集团公司指导各成员企业对账销案存资产进行了清理。同时，集团公司针对资产管理中的一些不足，于2005年9月9日下发了《关于加强账销案存资产管理的补充通知》（中水电财［2005］87号），对有关经济行为进一步明确了工作要求，重申了工作的重要性和规范操作的严肃性，并要求各单位积极清理催收，有效盘活账销案存资产。

2005年集团公司累计销案资产45324万元，占账销案存资产的33%，其中，经集团公司审批的销案资产累计32017万元，共回收资金2430万元。截至2005年末，集团公司剩余账销案存资产总额共计为85422万元。

（傅国钢）

【投资融资业务】　为满足集团公司投资需求，保证投资项目的资金供应，财务产权部充分挖掘集团内部资源利用品牌和信用优势，在较短的时间内，权衡不同融资方式，积极筹措各类资金，为集团公司产业结构调整战略的顺利实施提供了资金保障。截至2005年12月31日，共筹集资金11.3亿元。

按照集团公司产业结构调整的总体目标，财务产权部积极配合投资部开展投资项目的可行性分析，完成了审批项目的注资和增资工作。2005年，完成了投资项目的增资和注资12.97亿元。其中，用于投入资本金38412万元，注资项目分别是：青海黄河苏只电站2400万元、四川紫兰坝水电项目450万元、四川美姑河水电项目1224万元、华亭发电有限公司4000万元、郑州燃气电站工程7800万元、中国水务投资公司10600万元、四川圣达公司5100万元、集团投资公司6838万元；用于增资扩股资金21900万元，增资扩股企业为：中环房地产有限公司14900万元，租赁控股有限公司7000万元；用于收购资金69400万元，收购资金分别用于沙湾电站股权资金58800万元，阿坝水电开发公司10600万元。投资融资业务的开展，为集团公司的产业结构调整，拓展经营领域，进一步提高可持续发展能力奠定了基础。

（方世绿）

【集团公司分离企业办社会职能工作实施方案】《集团公司分离企业办社会职能工作实施方案》，全称为《中国水利水电建设集团公司分离企业办社会职能工作实施方案》，是根据国务院（国办发［2005］4号）文和财政部、国资委《关于做好第二批中央企业分离办社会职能工作的通知》（财企［2005］21号）文精神制定的。《分离企业办社会职能工作实施方案》，分"总则"、"分离移交工作组织机构和职责"、"分离范围及方式"、"工作步骤"、"分离移交内容"、"移交协议"、"附则"共7章31条，对集团公司分离办社会职能工作的组织机构、分离方式和移交内容、工作步骤以及移交协议的签订等作了明确要求。

（林　锋）

【集团公司分离企业办社会职能工作领导小组】　为加强集团公司分离企业办社会工作的组织和领导，确保分离企业办社会工作的组织落实和各项工作规范有序地进行，2005年3月2日，集团公司成立了分离企业办社会工作领导小组。

组　长：范集湘

副组长：唐定乾　郭　志　许贺龙

成　员：黄华波　李志勇　李江波　林　锋　侯　敏

集团公司分离企业办社会领导小组下设分离企业办社会工作办公室，办公室设在集团公司财务产权部。

办公室主任：唐定乾

办公室副主任：黄华波　李志勇　李江波

（林　锋）

预算与资产管理

【预算管理工作】　为加强集团预算管理工作，及时跟踪、掌握各经营单位的财务预算执行情况，分析和查找在预算执行中存在的问题；2005年，财务产权部要求各成员企业，分季度上报财务预算执行报表。这项工作的启动，对加强各经营单位的监督控制力度，推动实施集团全面预算管理起到了积极的促进作用。

为保证集团总部资金的合理使用，2005年8月，集团公司总部开始执行资金使用计划月报制度，总部各部门对资金预算的认识及重视程度不断加强，对资金使用的计划性逐步增强，总部费用开支得到了一定的控制，同时，也为集团公司领导及时了解总部资金状况，统筹考虑、合理安排资金使用提供了依据。

（何　洁）

【经营业绩考核暂行办法】　《中国水利水电建设集团公司所属企业（公司）负责人年度经营业绩考核暂行办法》（中水电财［2005］9号）（以下简称《经营业绩考核暂行办法》），分"总则"、"年度经营业绩考核工作职责"、"年度经营业绩考核对象"、"年度经营业绩考核原则及方式"、"年度经营业绩考核指标及计分"、"年度经营业绩责任书的签订程序"、"年度经营业绩考核程序"、"奖惩"、"附则"共9章37条，对集团公司年度经营业绩考核工作的职责、对象、原则及方式、指标及计分、责任书的签订程序、考核程序、奖惩措施等作出了明确规定。《经营业绩考核暂行办法》，已于2005年2月24日正式印发。

（张　黛）

财务管理

【全面执行《企业会计制度》】　根据国资委（国资清办［2004］1222号）批复精神和集团公司关于执行《企业会计制度》工作方案（中水电财［2004］47号）文的要求，从2005年1月1日起，集团公司正式执行《企业会计制度》。在《企业会计制度》的执行过程中，针对有关执行《企业会计制度》中存在的账务接轨、建造合同收入及成本的核算、计提减值准备相关涉税等问题，为规范集团会计核算工作，集团公司以（中水电财［2005］115号）文，对以上存在的问题进行了明确界定，确保了2005年度全面执行《企业会计制度》工作的顺利进行。

（杨桂仙）

【月度财务快报分析】　为加强对各成员企业财务监管力度，财务产权部结合集团财务监管的需要，于2005年5月份重新设计了月度财务快报格式，在月度财务快报中增加了考核指标、风险预警指标，规范了月度快报的编制和上报程序，实现了会计信息更加快捷方便。此外，财务产权部还加强了对国内联营体项目、国外项目的会计监督，及时了解其财务状况及经营成果；印发了《关于做好联营体财务信息上报工作的通知》（中水电财［2005］71号）和《关于报送集团公司国外项目财务情况简表的通知》（中水电财［2005］129号），将联营体项目、国外项目的财务管理纳入了集团月度财务快报分析范畴。

（黎　东）

【编制会计决算报表】　按照国资委《关于做好中央企业2005年度财务决算和2006年度财务监管工作的通知》（国资发评价［2005］281号）和《关于印发2005年度中央企业财务决算报表的通知》（国资发评价［2005］282号）要求，集团公司印发了《关于做好2005年度财务决算工作的通知》（中水电财［2005］115号文），对2005年的财务决算工作进行了安排部署，并编制了《中国水利水电建设集团公司2005年度财务决算报告》。

（杨桂仙）

【集团公司2004年度财务决算获财政部通报表扬】　2005年8月16日，财政部印发《关于2004年度企业财务会计决算工作情况的通报》（财企［2005］115号），对37家中央直管企业和23个省（区、市）财政厅、局2004年度企业会计决算工作予以通报表扬，集团公司位列其中。

（黎　东）

【总部财务管理工作】　2005年，集团公司总部进一步完善财务决算、财务预算、会计核算监督、企业利润分配、会计电算化等方面的管理工作。集团公司机关财务处、会计处分层面分别组织了机关本部和母公司日常财务核算工作，编制机关和母公司的财务决算、财务费用收支、预算及预算执行等报表。从2005年1月1日起，按照2004年度制订的《中国水利水电建设集团公司会计核算办法》（中水电财［2004］92号文）等一系列的关于执行《企业会计制度》的配套办法，总部开始执行《企业会计制度》，并对预计损失8818017.67元进行了财务处理，对母公司账销案存资产153万元加强了跟踪管理，向国资委上报了集团公司2005年度利润分配预案。

（杨桂仙）

【总部职工保险基金委托付款办法】　《中国水利水电建设集团公司总部职工保险基金委托付款办法》（以下简称《总部职工保险基金委托付款办法》），共计11条，对总部员工基本养老保险、失业保险、工伤保险、生育保险、企业补充保险、医疗保险、住房公积金及住房补贴的存储、资金的划拨等流程顺序作了明确的规定。《总部职工保险基金委托付款办法》要求总部各付款单位的财务部门，要与人力资源部、总经理工作部、资金结算中心统一签订《缴

款委托书》，并承诺保证履行付款义务，杜绝账户透支现象。《总部职工保险基金委托付款办法》已于2005年12月15日，以（中水电财［2005］123号）文正式印发。

（杨俊芳）

【业主拖欠工程款清理】 按照建设部《关于上报2004、2005年度竣工工程、2005年在建工程及2003年以前清欠情况调查表的紧急通知》（传真件）精神，集团公司开展了对业主拖欠工程款情况的全面调查和清理工作。通过调查认定：截至2003年底，业主拖欠集团公司各成员企业工程款项目为429个，共拖欠工程款金额14.5亿元；截至2005年底，共清理拖欠工程款项目248个，收回金额8.91亿元（其中：政府偿还1.98亿元、房地产企业偿还1.05亿元、其他企业偿还5.88亿元），占业主拖欠工程款（14.5亿元）的61.5%。

（朱亦红）

【应税工作】 2005年，财务产权部继续与国家税务总局沟通，向国家税务总局申请增加技术开发费和管理费用额度。2月21日，国家税务总局下发了《关于中国水利水电建设集团公司所属企业2004年度技术开发费扣除标准的通知》（国税函［2005］155号），4月5日，国家税务总局又以（国税函［2005］271号）下发了《关于中国水利水电建设集团公司所属企业2004年度总机构管理费扣除标准的通知》，对集团公司2004年度向所属企业提取技术开发费和总机构管理费进行了确认。

此外，财务产权部还配合企划部，向国家税务总局申请建筑类改制企业3年免税的税收优惠政策。2005年11月，财务产权部领导陪同财政部、国家税务总局及国资委领导前往已改制的水电基础局有限公司进行政策调研工作。这次调研使国家有关部委领导，进一步了解了水电施工企业存在的历史困难。2005年12月，财政部、国家税务总局联合下发《关于下岗失业人员再就业有关税收政策问题的通知》（财税［2005］186号），批准“从事工程总承包以外的建筑类企业吸纳原企业富余人员达到本企业职工总数70%以上”可以享受3年免税的税收优惠政策。水电基础局和水电九局等改制企业，符合这一条件，将享受国家此项优惠政策。

（刘　静）

【西部大开发税收优惠政策申请工作】 2005年，集团公司积极申请西部大开发税收优惠政策。8月，国家税务总局下发《税收减免管理办法（试行）通知》（国税发［2005］129号文），按照其附件“企业所得税减免税审批条件”中的规定：“单纯承揽项目建设的施工企业不得享受优惠政策”。按照这项规定，集团公司所属在西部注册的9家企业将不能再继续享受15%的税收优惠政策。对于此项规定，集团公司及时和其他在西部的国有建筑类企业沟通，共同向国家税务总局汇报，希望能继续得到国家有关政策支持。为此，国家税务总局于10月18日，在成都召开现场调研会，听取在西部的国有建筑企业的情况汇报。财务产权部代表集团公司参加了调研会，并汇报了水电建设集团公司所属企业，在“国家西部大开发”建设中所作出的贡献和面临的困难，使国家税务总局的领导较为全面地了解国有建筑企业存在的困难。10月28日，财务产权部又进一步向国家税务总局提交了《关于中国水利水电建设集团西部成员企业享受西部大开发税收优惠政策的请示》（中水电财［2005］104号），详细汇报了集团公司西部企业申请继续享受西部大开发税收优惠政策的4点理由，引起了国家税务总局领导的关注。集团西部企业继续享受国家西部大开发税收优惠政策的申请，正在国家有关部委的审核之中。

（刘　静）

【审计人员培训】 为全面提高国有企业总会计师以及其他会计专业、审计专业人员的职业道德水平、执业能力以及风险防范意识，2005年3月28日～4月22日，集团公司组织各工程局（厂）20名审计负责人和审计业务骨干，参加了由国资委在北京国家会计学院组织的“第十八期国有企业总会计师岗位（审计专题）培训班”，培训班主要就企业内部审计以及企业风险管理等内容进行了系统学习。

（黎　东）

【会计人员培训】 集团公司非常重视对企业财会人员的业务培训工作，2005年5月24日～6月17日，财务产权部组织各工程局（厂）41名财务、资金负责人及业务骨干，参加了由国资委在北京国家会计学院举办的“第21期国有企业总会计师岗位培训班”。6月，根据国务院机关事务管理局财务司的要求，集团公司于6月21日～9月27日，分4期对包括集团总部、国际公司、租赁控股公司、水电二局、华科软公司在内的113名财务人员进行了《会计人员继续教育》培训，培训班主要学习了企业纳税筹划、国有企业产权转让等方面的前沿内容。

（黎　东）

【企业领导人员财务知识培训】 2005年4月25～29日，由国资委组织的“第三期国有企业领导人员财务知识培训班”在北京国家会计学院举办，部分工程局（厂）主管经营工作的局长、副局长11人参加了为期1周的学习培训。另外由国资委组织的“第五期国有企业领导人财务知识培训班”，6月24～30日，在北京国家会计学院举办，集团公司副总经理范集湘和水电三局、水电四局、水电六局、水电十四局局长参加了为期1周的学习培训。

（李毅华）

财务监督

【联营体财务信息上报】 为加强集团的控制力，及时掌握和了解联营体的财务状况及经营情况，按照《中国水利水电建设集团公司国内联营体运营管理暂行规定》（中水电经［2005］2号文），2005年7月，财务产权部对联营体财务信息上报工作进行了规范，要求各联营体必须按照集团公司统一的月度财务快报格式，按时向联营各方报送月度快报，联营体各方必须按比例将其纳入报表汇总、合并范围。财务产权部还设计了《联营体月度财务情况简表》，要求由联营体的责任方填写，随集团公司月度快报一起上报财务产权部。

（李毅华）

【国外项目财务信息上报】 为及时了解集团国外项目的财务状况和经营成果，完善集团会计信息体系，根据国资委、监事会和集团公司领导的有关要求，财务产权部设计了《中国水利水电建设集团国外项目财务情况简表》，要求各工程局（厂）按月（年），全面、规范、准确地做好相关数据的收集、汇编及分析工作，随月度财务快报和年终决算一并报送集团公司财务产权部。

（李毅华）

【年终财务检查】 为了真实、准确、全面地反映集团公司2005年经营成果，正确评价各成员企业年度经营业绩，2006年1月5～15日，集团公司组织了由财务产权部、市场经营部、资金结算中心、审计部等部门人员组成的3个检查组，分别对水电一局、水电三局、水电四局、水电八局、水电十一局、水电十二局、水电十三局、水电十四局、闽江局9家单位2005年的经营情况进行检查。检查组依据集团公司下达的年度经营计划、批复的年度财务预算、与各工程局签订的年度经营业绩考核责任书以及各工程局编制的2005年3季度财务报表以及2005年度财务预算执行报表等；对被检查单位的“经营收入情况”、“主营业务收入”、“应收账款”和可能隐瞒收入的“工程施工”、“成本费用情况”、“预收账款”等科目变动情况和业主结算单的签证情况进行了检查。同时，对涉及成本费用的“工程结算成本”、“工程施工”以及往来科目中的费用挂账、“工程施工”的年末余额和清产核资的挂账损失费用资本化等情况进行了重点检查。被检查单位基本都完成了集团公司年初下达的预算指标，但仍然存在应收款项占所产比率偏高、资产负债率偏高的情况和重市场开发、轻经营管理等问题。

（李毅华）

落实国家改革政策

【中央财政向集团公司注入资本金】 为进一步增强集团公司国际竞争力，推动集团公司国际化发展进程，集团公司一直向国家有关部委申请中央财政向集团公司注入资本金，财务产权部向财政部上报了《关于落实中央财政注入资本金投资组建集团国际公司的情况报告》（中水电财［2005］94号）。2005年8月15日，财政部、国资委联合下发《关于中央财政注入资本金有关问题的通知》（财企［2005］118号），决定向集团公司一次性注入资本金4亿元，专项用于国际业务的拓展。

（李　莹）

【中央财政向集团公司注入资本金启用】 2005年8月15日，财政部、国资委以（财企［2005］118号）文正式向集团公司一次性注入资本金4亿元后，9月20日，财务产权部向财政部上报了《关于申请启用中央财政注入资本金的请示》（中水电财［2005］95号）。在得到财政部的批复后，财务产权部及时履行了相关请款手续，注入资金很快到位。为规范资金使用、确保中央财政注入资金的安全和使用效率，在财政部《中央财政注入两户水电施工企业资本金使用管理办法》（财企［2005］118号）的基础上，财务产权部制定了有关中央财政注入资本金使用管理规定，并将此项资金由集团公司一次性拨入集团国际公司银行专户，实施专户管理，分管印章，封闭运行。在具体使用审批过程中，财务产权部明确专人，按照资本金使用办法，对资金使用性质、用途、及相关资料进行审核，确保了资金使用的有序、受控。该项资金的申请和及时到位，为集团国际业务的发展提供了资金支持，有力地推动了集团“走出去”战略的实施。

（李　莹）

【分离企业办社会职能】　截至2005年12月31日，经过集团公司和有关省（市）财政厅的审核确认，联合向财政部上报了13个省的25个自办中小学机构和3个公检法机构的数据核对工作情况，确认在职教师1819人，公安人员119人，离退休教师1756人，核定经费补助基数13467万元。财政部对集团公司7个办社会职能机构对账结果进行了复函，财务产权部会同人力资源部、企业发展部对与有关省的移交协议进行了审核，并与四川、湖南、青海、吉林、河北5个省签署了移交协议，并联合5省财政厅向财政部和国资委上报了资产和经费补助基数的划转申请。有关单位在集团公司与有关省人民政府签署的协议框架下，与当地人民政府签署了补充移交协议。根据财政部与国资委的正式批复，财务产权部及时办理了机构和人员的交接手续，提前完成了分离移交任务。山东、河南、云南、贵州、陕西、辽宁、甘肃、浙江8个省的分离移交工作正在进行之中。

（林　锋）

【离退休人员“统筹外两金”】　“统筹外两金”是指过渡性养老金和调整机制养老金，是国家养老制度改革过程中，由于电力施工企业的特殊性，在移交地方时所形成的特殊问题，一度曾影响到电力施工企业的稳定和发展。集团公司多次向国家有关部委汇报这一情况，多次请求国家电力体制改革领导小组帮助协调统筹外两项费用所需资金问题。2005年3月23日，劳动和社会保障部、财政部下发了《关于解决电力体制改革中水电施工企业养老保险有关问题的函》（劳社部函［2005］31号），对反映多年的水电施工企业养老保险统筹等有关问题进行了答复。集团公司及时贯彻落实劳动和社会保障部、财政部复函精神，并及时向财政部上报了《关于落实劳动和社会保障部、财政部函复精神解决水电施工企业养老保险有关问题的情况报告》（中水电财［2005］85号），12月下旬，第一笔补助养老金资金到账。困扰企业多年的历史遗留问题，终于得到妥善解决。

（李　莹）

【电力企业补贴资金】　按照财政部《关于对水电施工企业给予困难补贴问题的通知》（财企［2003］190号）精神，集团公司多次与国家电网公司、南方电网公司和中国国电集团公司、中国华能集团公司、中国大唐集团公司、中国电力投资集团公司及华北电力集团公司五大发电集团联系，要求尽快落实国家电力体制改革过程中的各项政策，得到他们的理解和支持。2005年，集团公司收到国家电网公司、中国大唐集团公司、华北电力集团公司及中国电力投资集团公司补贴资金共11410万元。截至2005年底，集团公司已收到国家电网公司、中国华能集团公司、中国大唐集团公司、中国电力投资集团公司、华北电力集团公司拨付的补贴资金共28781万元，占应收总金额的58%。中国华能集团公司和中国电力投资集团公司已承诺，于2006年支付剩余的全部资金。

（刘　静）

【下岗职工基本生活保障财政补助资金清算】　按照财政部《关于2004年度中央管理企业下岗职工基本生活保障财政补助资金清算及有关问题的通知》（财社［2004］93号）要求，集团公司对所属18个工程局（厂）下岗职工基本生活补助资金进行了年度清算。经清算，截至2004年底，下岗职工签托管协议并在中心人数为17854人，全部满3年，集团公司已连续3年无下岗职工进入再就业中心；2004年，集团公司所属各工程局（厂）领取基本生活费的下岗职工，累计为249159人次。3月25日，集团公司以（中水电财［2005］19号）文，向财政部社会保障司上报了《关于2004年度企业下岗职工基本生活保障财政补助资金清算结果的报告》，就集团公司下岗职工基本生活保障财政补助资金清算及有关问题，作了专题汇报。

（黎　东）

财务管理信息系统建设

【财务管理信息系统建设情况摸底调查】　为了建立适应集团公司发展需要的财务管理信息化模式，集团公司财务产权部于2004年7月2日起草了《中国水利水电建设集团财务管理信息系统建设规划》，对现阶段集团财务管理信息系统建设的目标作出了明确的规划。为及时掌握集团所属企业贯彻落实《集团公司财务管理信息系统建设规划》（中水电财［2004］41号）和财务信息系统建设的运行情况，解决集团财务管理信息系统建设过程中出现的新情况、新问题。2005年4月12日，财务产权部印发了《中国水利水电建设集团公司用友软件使用情况调查表》，对各工程局（厂）财务管理信息系统建设情况进行了摸底调查。调查结果表明，集团财务管理信息系统建设基础工作扎实，财务管理信息化建设得到加强，初步达到了集团财务管理信息系统建设规划的要求。

（黎　东）

专业会议

【2005年度财务暨资金管理工作会议】 2005年3月28日，集团公司2005年度财务暨资金管理工作会议在西安召开，各工程局（厂）总会计师、财务部主任、资金结算中心主任84人参加会议。会议由集团公司副总经理袁柏松主持，集团公司副总经理范集湘作了题为《以科学发展观为指导 围绕转变增长方式 努力提高财务资金管理工作水平》的讲话。范集湘副总经理在讲话中要求财务、资金工作要把握“四个结合”：即必须把财务、资金发展规划与近期工作目标结合起来；必须把建立出资人财务、资金监督管理体系和加强经营者财务、资金管理结合起来；必须把经济效益量的增长和质的提高结合起来；必须把财务、资金传统的管理方式与推动财务、资金管理创新结合起来。会议总结了2004年度集团公司财务暨资金管理工作取得的成绩，并对2005年度财务、资金管理工作进行了部署；水电三局、水电七局、水电八局、水电十二局、水电十四局、闽江工程局在会议上做了专题交流发言。

财政部企业司运行处副处长陈颖涛出席了会议，会议于30日结束。

（黎 东）

【集团公司分离企业办社会职能工作动员及布置会议】 2005年3月16日，集团公司分离企业办社会职能工作会议在北京召开。总部人力资源部、财务产权部、企业发展部负责人，各工程局（厂）主管改制工作的领导以及财务、人力资源等部门负责人共50余人参加会议。集团公司副总经理范集湘出席会议并做了讲话。范集湘副总经理在讲话中要求集团公司有关单位，在分离移交企业办社会职能工作中，要做好六个方面的工作：一要统一思想，提高认识；二要加强组织领导，落实工作责任；三要加强调查研究，周密制定方案；四要严格执行政策，规范移交程序；五是要积极主动做好与各方面的沟通、协调配合工作；六要加强宣传教育，维护职工利益，保持队伍稳定，积极稳妥地推进分离办社会职能工作。

财政部企业司二处处长曾晓安、国资委企业分配局配套改革处处长吕关发应邀出席会议并讲话，并对分离办社会职能工作相关政策进行了讲解。与会人员对分离企业办社会职能工作中可能遇到的问题进行了讨论。会议于17日结束。

（林 锋）

【财务管理信息系统建设研讨会】 为总结财务管理信息系统建设工作的经验和教训，进一步推动集团公司财务管理信息化建设的步伐，集团公司于2005年10月13～15日在广东省珠海市召开了财务管理信息系统建设研讨会。各工程局（厂）财务信息系统主管人员参加了会议，会议还邀请了远光软件公司的软件技术人员到现场就远光软件使用中存在的问题进行交流。会上各工程局（厂）认真总结了近年来财务管理信息系统建设情况，以及财务管理信息系统建设过程中存在的问题，在确保软件稳定运行、优化软件性能等方面提出了许多好的意见和建议。

（黎 东）

【国有资产产权登记工作布置培训会议】 2005年8月2～3日，集团公司国有资产产权登记工作布置培训会议在辽宁丹东水电六局召开，集团总部和各工程局（厂）、公司负责产权登记工作的财务负责人、经办人48人参加会议。国务院国资委产权管理局产权一处副处长李光林应邀出席会议。会议的主要内容是讲解产权转让、收购、资产划转等产权管理有关规定；讲解《国有资产产权登记业务办理规则》和《国有资产产权登记表证填报说明》；培训国有资产产权登记软件操作使用办法；布置2005年国有资产产权登记和换证工作。

（李 莹）

【2005年度财务决算暨财务资金工作座谈会】 2005年11月24日，集团公司2005年财务决算暨财务资金工作会议在四川省成都市望江宾馆召开。总部财务、审计和资金管理部门负责人，各工程局（厂）及总部各经营公司总会计师、财务部主任、资金结算中心主任和各类报表主编人员155人参加会议；集团公司副总经理范集湘、总会计师孙璀出席会议，国有企业监事会主席范有年，国家税务总局所得税司副司级调研员孙午珊，财政部企业司企业运行处副处长陈颖涛，国务院国资委统计评价局企业二处副处长王海林，中天运会计师事务所董事长祝卫、总经理刘晓榛应邀出席会议。会议由集团公司总会计师孙璀主持，范集湘副总经理作了讲话，范集湘副总经理要求各级财务部门和财务人员，要加强资金集约化管理，有效防范财务风险，规范投资行为，加强投资监管力度，对违规及不当经营行为要敢于说“不”。

会议传达了财政部、国务院国资委2005年财务决算会议精神，布置了集团公司2005年度财务决算、产权报表、预算报表及《企业基础资料》的编写工

作，并对相关报表软件进行了培训。会议于25日结束。

（杨桂仙）

资 金 管 理

概述

2005年，是集团公司实施跨越式发展第二阶段战略目标的第1年。集团公司强化财务资金管理，进一步提高资金管理水平，一方面以现金流量管理为主线，全力推进资金集约化管理进程；另一方面以集团信用为基础，深化银企高端合作关系，努力创新资本市场融资方式，为集团可持续发展开拓更为广泛的融资渠道。2005年，集团公司利用中国建设银行（以下简称建行）的重要客户服务系统与所有工程局（厂）建立了“收支两条线”的资金管理模式，一个以网络为手段，覆盖全集团的统一的“收支两条线”的资金管理模式初步形成；集团公司资信实力不断增强，获得建行166.99亿元的综合授信额度和经国务院批准集团公司发行12亿元企业投资债券的批复。集团公司与其他商业银行的银企高端合作也取得明显成效，融资平台趋于稳健、高效；与此同时，资金的风险防控体系逐步完善，对企业经营财务风险的控制力进一步增强，集团统一、科学、规范、高效、安全的资金管理体系正在逐步形成。

集团公司资金结算中心作为集团公司资金管理的职能部门，在着力提升资金管理对集团创效及可持续发展的贡献力方面做出了积极努力。2005年，共有29个成员单位在资金结算中心开立内部结算账户42个，全年流入集团公司的现金总量为156.09亿元，占集团总产值的48.66%，各成员企业与集团公司结算现金流量总额达到268.22亿元，资金结算中心实现利润814.54万元；工程局（厂）资金集中度达到62.65%。资金结算中心在提高集团资金集中度和集约化管理水平、提升企业财务资金的创效能力方面，发挥了重要作用。

（吕　杰）

资金结算中心

【部门职责编制】　根据集团公司《关于印发〈中国水利水电建设集团公司总部机构设置方案〉的通知》（中水电企［2003］30号），资金结算中心主要职责是：

1. 负责集团公司资金结算体系的建立，研究制定资金结算、信贷及其他相关业务管理制度并组织实施。

2. 统一管理、规划、调剂集团资金，加强结算、信贷、资金调剂的规范化管理，有效防范和规避财务风险。

3. 统一管理集团银行账户，办理各工程局（厂）、总部各公司在结算中心的开户。

4. 办理开户单位日常结算业务，动态掌握集团资金活动流向。

5. 负责对外融资，筹集集团生产经营和资本营运所需资金。

6. 根据国家金融政策法规，办理对工程局（厂）、总部各公司的内部信贷业务。

7. 统一向银行申请综合授信额度，在规定范围内办理对外担保、代办保函和信用证业务。

8. 协助开户单位资金预算管理制度的实施和办理对业主的工程造价款结算，帮助开户单位理财。

部门岗位设置：根据集团公司《关于重新确定集团公司总部管理部门编制及职位序列的通知》（中水电人［2005］57号）和《集团公司总部管理人员竞争上岗实施办法》（人［2005］39号）的有关规定，经集团公司研究，决定取消总部组织机构岗位设置中执行层高级主管的设置及称谓，增设处长编制。按照集团公司《中国水利水电建设集团公司总部中级管理岗位负责人公开选聘公告》（中水电党［2005］105号），资金结算中心设处长2人，其职责是，处长1：在部门主任、副主任的领导下，协助负责集团授信及管理工作，协调本部门和集团成员企业与各级银行的关系，建立有利于公司长远发展的银行关系网络；协助负责审核对集团内各单位的担保业务，防范集团担保风险；协助负责总部及总部各单位的中间业务及总部信用等级评定及其他相关业务的办理；根据部门筹、融资计划具体落实资金筹措渠道和办理借款业务；协助负责集团对内部单位的贷款审核、发放、收回及相关工作；负责部门主任交办的其他工作。处长2：在部门主任、副主任的领导下，协助负责对银行结算各业务、对集团内部结算各业务的管理工作；协助负责制定本部门会计制度和具体规范管理、实施业务操作；协助编制本部门相关资金报表、财务报表，定期进行经济活动分析，对发现的问题及时报告和提出处理意见；协助负责掌握集团总体资金流向、分布、结构及资金需求，为集团及系统各单位业务的开展做好资金的计划、调剂工作；根据协议和审批意见具体管理与指导各开户单位资金的上存、下拨以及资金调度，确保资金的安全和合理使用；协助负责银行网络系统的规范操作及印鉴保管、计算机数据备份、会计资料等的安全工作；负责部门领导交办的其他工作。

资金结算中心编制7人。

主任：丁永泉

（吕　杰）

【部门2005年工作】　2005年，资金结算中心认真贯彻落实集团公司工作会议精神，以科学发展观为指导，在集团发展战略的统领下，以现金流量管理为主线，以逐步构建统一的资金管理体系为目标，以提高企业创现和创效能力为目的，主要做了以下工作：

1. 全面推进集团公司和工程局两个层面的资金集约化管理。年初，集团公司确定工程局资金集中度动态考核指标，纳入对成员企业经营业绩考核范畴，完善了企业效益评价体系，强化了对成员企业的激励约束。水电十五局划转集团公司后，于10月纳入了集团公司现金流量管理网络范畴，至此，集团公司利用中国建设银行重要客户服务系统实现了对所有成员单位的资金集中管理。印发了《关于项目联营体资金集约化管理实施有关事项的通知》（中水电资［2005］10号），进一步规范了项目联营体的资金管理。2005年通过中国建设银行重要客户服务系统直接纳入集团公司统一管理的国内项目联营体有3个，纳入责任方管理的国内项目联营体共8个。开展了对水电十四局、水电十二局、水电一局、水电六局资金集约化管理实施情况的专项调研，了解各工程局在实施资金集约化管理过程中的具体情况以及存在的问题，推进资金集约化管理进程。

2. 以加强对现金流量控制为核心的资金预算管理体系逐步完善。随着资金集约化管理的推动，配合全面预算管理的推行，集团公司加强了资金预算和计划管理，要求各单位以现金流量控制为核心，加强预算管理制度建设，逐步完善资金预算管理体系，加大对大额资金、预算外资金的监管力度，从而增强了成员企业对所属单位和项目资金的控制力。

3. 集团信用进一步提升，银企高端合作进一步深化，尝试资本市场融资取得有效进展，融资环境趋于稳定、高效。在银行信用评级门槛升高的情况下，2005年，集团公司仍然获得“AAA”信用等级。基于高端的银企合作关系和良好的集团信用，集团公司获得了建行授信期限为2年半、授信额度为166.99亿元的综合授信和多项优惠政策，还获得除中国建设银行外的7家银行36.5亿元的授信额度，在授信额度内灵活采取多种方式如异地信贷、额度调剂、委托贷款等，为成员企业搭建了更广泛的融资平台和服务桥梁。着手尝试资本融资方式，积极为集团开创新的融资渠道，获得了经国务院批准集团公司发行10年期12亿元企业投资债券的批复。

4. 强化了内部控制和风险管理，有效防范和规避资金风险。全面清理了集团对外担保和集团内部担保，共清理出8个单位存在的对外违规担保问题；针对不同情况提出了处理意见，加强了担保业务管理，防范了担保和信贷风险。修订下发了集团公司担保管理办法，以支持符合集团公司市场管理准则、预期经济运行效益较好、经济质量较高的项目和具有成长性的单位作为集团担保的重点。截至2005年底，集团公司对全资、控股、参股的成员单位和项目累计提供总额为27.46亿元的融资担保，集团公司批复成员企业为其控股、参股公司提供固定资产贷款担保总额为20.32亿元。在控制财务风险的前提下，支持了集团各成员企业的发展。2005年，集团公司还组成检查组，对水电三局、水电四局、水电七局、水电八局、水电九局、水电十局、水电十三局共8个单位的投资、资金、担保等5项管理制度执行情况进行了重点检查，对检查中发现的问题进行了及时通报，对整改情况进行了全面跟踪。集团公司通过集团授信的统一管理，合理把握成员企业信贷规模，满足成员企业发展需要，通过完善报表制度，及时掌握各单位信贷需求，加强了内部信贷的统一管理。

5. 完善了相关管理制度和业务操作制度。修订了《中国水利水电建设集团公司担保管理办法》（中水电资［2005］7号），先后印发了《关于规范和加强资金集约化管理有关事项的通知》（中水电资［2005］17号）、《关于项目联营体资金集约化管理实施有关事项的通知》（中水电资［2005］10号）、《关于对项目联营体实施资金集中管理的通知》（中水电资［2005］13号）、《关于重新印发资金结算及相关业务统计报表的通知》（中水电资［2005］5号）、《关于切实维护工程项目资金所有者权益的通知》（中水电资［2005］9号）等规章制度等，对加强资金管理、防范风险，推动资金结算中心系统的各项工作起了积极的作用。

6. 组织集团资金结算中心系统内熟悉信息化管理的业务骨干，对目前具有一定市场占有率的软件产品，如用友NC资金管理软件、软通动力资金管理软件、北京九恒星资金管理软件进行了认真分析研讨，重新设计下发了资金结算及相关业务统计报表，形成了产品分析报告，并向集团公司信息中心提交了资金管理信息系统建设规划，进一步完善了远光报表软件编制系统。

7. 组织召开了2005年资金管理工作会议和资金管理座谈会，交流了集团各成员企业资金集约化管理的工作经验，安排部署了资金集约化管理的工作任务和工作重点。

8. 参加了集团公司总部进行的保持共产党员先进性教育活动，做到学习工作两不误。

（吕　杰）

【集团资金管理体系建设】　集团公司利用建设银行的重要客户服务系统与所有的工程局（厂）建立了“收支两条线”的资金管理模式；工程局（厂）利用银行网络、设立资金网点等方式与二级单位、施工项目普遍建立了“收支两条线”的资金管理模式；各责任方工程局与主要项目联营体建立了“收支两条线”的资金管理模式。资金结算中心系统的制度建设、资金管理信息化建设和资金预算管理工作逐步完善，一个以网络为手段、覆盖全集团的统一的资金管理模式初步形成。集团公司以集团信用为基础，深化银企高端合作，努力扩大集团授信，为集团搭建稳定的融资平台；各成员企业充分利用当地金融资源，积极争取当地银行的授信，为企业自身发展提供良好的融资环境，一个以集团授信为主、各成员企业自主授信相结合的相对稳健、高效、全新的融资平台初步形成。集团公司与各子公司通过网络信息手段实时监控资金流程、通过预算管理规范资金使用、通过统计报表制度及时反馈资金信息、通过集团授信和担保调控集团融资规模等两级资金管理体系逐步健全；资金信息反馈机制和风险预警机制逐步完善。集团统一、科学、规范、高效、安全的资金管理体系正在逐步形成。

（吕　杰）

资金集约化管理

【资金集约化管理全面推进】　2005年，按照国资委要求，围绕集团财务资金战略管理思路，资金结算中心全面推进资金集约化管理进程，强化了集团公司对成员单位资金集约化管理力度。水电十五局划归集团公司后，于10月份资金管理纳入集团公司现金流量管理网络范畴，至此，集团公司利用中国建设银行重要客户服务系统实现了对所有成员单位的资金集中管理；制定下发了《关于规范和加强资金集约化管理有关事项的通知》（中水电资［2005］17号），要求各成员企业按照“银行账户适当集中、统一管理”的原则，对银行账户进行全面清理。通过清理，各成员企业外部银行账户取消369个，各单位对银行账户的管理更加统一、规范；根据《中国水利水电建设集团公司国内联营体运营管理暂行规定》（中水电经［2005］2号），制定下发了《关于对项目联营体资金集约化管理实施有关事项的通知》（中水电资［2005］10号），进一步规范了项目联营体的资金管理。2005年，通过重要客户服务系统将3个国内项目联营体直接纳入集团公司统一管理，8个国内项目联营体纳入责任方管理。项目联营体资金集约化管理的加强，提高了集团整体层面的集约化管理水平。此外，集团公司以推动现金流量管理网络建设为主要手段，强化成员企业层面的资金集约化管理，各成员企业充分利用现代先进管理办法和手段，一方面扩大和优化资金结算网点布局，另一方面加快推进了银行网络建设，按照“收支两条线”要求设定资金管理模式，逐步建立科学、规范、高效、安全的资金管理体系。集团公司和工程局两个层面的资金集约化管理得到了全面推进。

（吕　杰）

【现金流量管理网络建设】　现金流量管理网络建设是集团公司实施资金集约化管理的必然选择，集团公司根据系统行业特点和业务需求选定了中国建设银行重要客户服务系统，实现了对所有成员单位以及3个项目联营体的资金集中统一管理，借助现金流量管理网络全面推进了集团资金集约化管理进程。在集团公司的指导和推动下，各成员企业加快现金流量管理网络建设，通过现金流量管理网络逐步实现对内部单位及工程项目资金的远程监控和实时集中，提高了工程局层面的资金集约化管理水平。

（宁　晁）

【资金预算管理】　随着资金集约化管理的推动，各成员企业以现金流量控制为核心，加强预算管理制度建设，逐步完善资金预算管理体系，加大对大额资金、预算外资金的监管力度，增强了成员单位对所属单位和项目资金的控制力。各单位通过建立资金计划编制制度和资金使用月报制度，严格资金使用审批程序，对所属单位和项目资金支出进行严格监控。各成员企业通过不断完善资金预算管理体系，加大预算管理对企业经营活动的控制力，规范了资金支付行为，提高了资金利用效率，防范了经营财务风险。

（宁　晁）

集团融资管理

【银企高端合作】　集团公司以集团信用为基础，深化银企高端合作关系，为集团打造稳定的融资平台。继2004年获得中国建设银行120亿元综合授信后，银企合作向高端延伸，2005年再获建行授信期限为2年半的166.99亿元综合授信，授信期限的延长和授信额度的增加是银企合作关系向高端延伸的结果。集团公司充分利用银企高端合作平台，为成员企业发展服务，为成员企业解押保证金1亿元，解决了历年保函等保证金质押问题；争取到中国建设银行在贷款利率、中间业务手续费下调的优惠政策，其中集团公司和“AAA”企业可享受到流动资金贷款免担保、保函业务免保证金的最大程度的优惠，为集团节约了财务费用。此外，集团公司还积极发展与其他商业银行的合作关系，获得了多家银行的集团综合授信，利用集团信用品牌积极拓展了在北京的银行与在异地的集团各成员企业的业务合作，实现了异地贷款零的突破。在授信额度内还采取如委托贷款、额度调剂等灵活方式为成员企业搭建更广泛的融资平台和服务桥梁。

（何　宁）

【集团公司发行12亿元企业债券】　为拓宽融资渠道，集团公司积极尝试资本融资方式，以改变传统、单一的融资结构，满足集团公司产业结构调整和跨越式发展需要。资金结算中心通过调研，根据国家金融政策和集团公司发展的内在资金需求，向集团公司领导提交了关于集团公司开展企业债券融资的可行性分析报告，提出了集团公司尝试开展企业债券融资的建议。2005年6月15日，集团公司召开专题办公会议，通过了开展企业债券融资的可行性报告。经过认真筛选主承销机构，选定了由国家财政部和央行全额出资且综合实力较强的银河证券公司作为主承销商承担企业融资债券的发行工作，并与其签订了《发行企业债券前期工作委托协议书》和《保密协议》，明确集团公司不承担债券额度申报发生的各项费用。资金结算中心及时收集集团财务会计报告、拟发债项目可行性研究批复或核准文件等各项资料，向国家发展改革委提交了关于集团公司申请发行2006年度企业债券申请，并多次与发展改革委财经司、能源司等进行汇报、沟通，得到了国家综合管理部门对集团公司快速发展的充分肯定。2005年12月29日，国务院正式批准集团公司发行10年期企业投资债券12亿元之后，资金结算中心通过收集国家最新金融政策和债券发行有关信息，精心选择了最佳发行时机，设定了最佳发行利率，制定了企业债券发行章程和企业债券募集办法；并反复和中国建设银行、中国农业银行、兴业银行进行沟通、协商，最终获得中国建设银行北京分行为集团公司发行企业债券提供无条件不可撤消的连带责任信用担保。这次发行企业债券募集的12亿元资金，将全部用于四川大渡河沙湾水电站、甘肃华亭矿区煤矸石电厂、黑水河柳坪水电站、黑水河色尔古水电站、松林河大金坪水电站、长岭风力发电场等6个大中型电力项目的基本建设。

（何　宁）

【筹资融资业务】　集团公司以集团信用为基础，通过继续深化银企合作关系，积极筹措资金，满足集团发展需要。截至2005年底，共向银行筹集资金10.1亿元，以满足集团跨越式发展和产业结构调整方面的资金需求。所筹措的资金，解决了阿坝水电开发公司、华亭发电有限责任公司部分前期流动资金周转问题；为集团国际公司置换了部分高成本借款，同时帮助解决了阿坝水电开发公司、华亭发电有限责任公司因资金需求而周转困难的紧张状况；利用集中的资金头寸在工程局范围内开展了内部资金调剂，一定程度上解决了部分单位在临时开具存款证明和争取银行续贷先期还款资金不足，以及外部融资一时难以到位等方面的困难，提高了资金的利用效率，降低了资金使用成本。

（何　宁）

【中间业务】　随着集团公司与银行合作关系的发展，资金结算中心选择利用有业务特色的银行，如交通银行、上海浦东发展银行、民生银行等，委托集团国际公司、租赁公司等经营单位为其办理包括人民币、美元、日元在内的各类本、外币保函；办理银行承兑汇票、信用证等，为经营单位提供了更加安全、可靠、快捷的服务，满足经营单位生产经营发展需要。

（何　宁）

【授信业务】　为满足集团发展需要，集团公司积极与各家银行开展集团授信业务合作。经过努力，2005年集团公司共取得8家银行即中国建设银行、工商银行、兴业银行、交通银行、上海浦发银行、民生银行、招商银行、光大银行共计214.49亿元的授信额度，比2004年新增额度57.09亿元。其中获得中国建设银行期限为2年半、额度为166.99亿元的综合授信，是建筑企业在中国建设银行获得的最大的授信额度。通过集团授信打造的银企高端合作平台和形成的有效的工作协调机制，还为成员企业有效调剂了授信额度，其中通过中国建设银行授信共为9个成员单位有效调剂授信额度19.5亿元，及时解决了部分成员企业因区域性障碍当地金融资源不能满足成员企业发展需要的困难。除中国建设银行集团授信外，集团各成员企业共获得其他银行共计94.5亿元的综合授信，集团公司总部还获得工商银行、民生银行等7家银行共计47.5亿元的综合授信额度。在授信额度内，集团总部办理业务均以信用方式享受各家授信银行最优惠的待遇。集团授信和各成员单位的综合授信为集团搭建了更广泛的融资平台，也一定程度上满足了集团产业结构调整下新成立公司经营发展的需要。

（何　宁）

【集团公司连续多年获“AAA”信用等级】　随着金融市场的规范发展，银行信用评级对企业资质条件的要求进一步提高，2005年，集团公司在中国建设银行的协助下再获“AAA”信用等级，这是集团公司继2004年获得“AAA”信用等级以来，第四次获得“AAA”信用等级，也是集团公司和中国建设银行合作深入发展的结果，为集团公司以集团信用为基础，继续发展银企高端合作关系奠定了基础。

（何　宁）

资金风险管理

【资金管理信息系统建设】　集团公司一方面利用中国建设银行的重要客户服务系统，健全现金流量管理网络，实现对所有成员单位资金的远程监控和实时集中；借助远光报表软件，完善了资金业务报表软件编制系统；熟练运用用友总账和资金管理软件系统办理日常结算业务和核算工作，另一方面指导和推动各成员单位充分利用银行现代化管理手段，通过网上银行建设推动资金集约化管理全面进步。

（吕　杰）

专业会议

【2005年资金结算中心工作会议】　2005年3月25日，集团公司资金管理工作会议暨财务工作会议在西安召开，总部有关部门和各工程局（厂）总会计师、资金结算中心负责人、财务负责人共95人参加了会议。会议由集团公司副总经理袁柏松主持，集团公司副总经理范集湘作了题为《以科学发展观为指导，围绕转变增长方式，努力提高财务资金管理工作水平》的讲话。要求财务、资金管理工作要做到“八个创新”，即：要在建立新型财务管理体系方面有新突破；要在加强出资人财务监管和经营者财务管理方面有新发展；要在全面推进资金集约化管理方面有新成效；要在加强财务、资金基础管理工作方面有新提高；要在建立有效防范机制规避经营风险方面有新举措；要在加快财务、资金信息化建设，推动财务管理创新方面迈出新步伐；要在贯彻以人为本，积极稳妥推进分离办社会职能方面探索新经验；要在创建财务、资金管理文化，建设一流财务、资金管理团队方面有新思路。资金结算中心主任丁永泉作了题为《适应新形势，增强紧迫感，以科学发展观促进资金结算中心工作全面进步》的资金管理工作报告。水电三局、水电七局、水电八局、水电十二局、水电十四局、水电闽江局就财务信息系统建设、预算管理、资金集约化管理等方面内容，在会上作了经验交流。会议于27日结束。

（吕　杰）

【2005年资金管理工作座谈会】　2005年11月24日，集团资金管理工作座谈会暨财务总结会在成都召开，总部有关部门和各工程局（厂）资金结算中心负责人、财务负责人等85人参加会议。集团公司副总经理范集湘、国有企业监事会主席范有年、集团公司总会计师孙璀出席会议。会议由总会计师孙璀主持，范集湘副总经理作了讲话，他简要回顾了集团公司2005年度经营状况和财务、资金管理工作情况，充分肯定了2005年集团公司财务、资金管理工作所取得的成绩，并对2006年的财务、资金管理工作提出了要求。这次资金管理工作座谈会是集团公司利用中国建设银行重要客户服务系统实现对所有成员单位资金集中管理后，召开的一次总结会议。会上各工程局（厂）资金结算中心负责人，汇报了各单位2005年度资金结算中心工作情况，资金结算中心主任丁永泉对2006年集团公司资金管理工作进行了安排部署。会议于26日结束。

（吕　杰）

工程科技管理

概述

2005年，集团公司对工程科技部职责和编制重新予以确认，工程科技部加强部门建设，切实履行部门职责，努力服务于集团公司快速发展的经济建设。在科技开发工作中，坚持“科技兴企”战略，推动“创新型企业”建设，通过科研立项开展技术攻关、支撑经济发展，加强管理制度建设，实现科技管理的规范化、标准化，利用总部宏观管理推动科技成果的推广与应用，发挥科技奖励的激励与导向作用，加强科技人才队伍建设，打造集团公司科技品牌。在工程项目管理方面，积极探索新形势下集团公司战略管理模式，妥善解决在建工程的重大问题，不断健全质量管理体系，加速项目经理职业化进程，开展评优创先工作。工程科技部还积极开展学（协）会工作，开展标准化工作与企业资质升级工作，努力为打造一流的总部，履行好工程科技部的工作职责。

（宗敦峰）

工程科技部

【部门职责编制】 2005 年 3 月 19 日，集团公司以（中水电人［2005］52 号）文，对工程科技部工作职责及编制予以重新确认。工程科技部工作职责是：

1. 研究制订集团公司科技发展战略，研究构建工程项目管理、工程质量管理、工程技术发展的有效管理体系。

2. 指导子公司在建工程项目管理，组织重大工程课题的研究工作。

3. 负责集团公司工程质量管理工作，归口管理集团公司质量体系的建立、审核与有效运行工作。

4. 组织集团公司科技研发工作，负责集团公司科技管理工作。

5. 负责集团公司技术管理工作，促进集团公司技术进步、技术交流工作，组织新技术、新工艺、新材料的推广工作。

6. 归口管理集团公司知识产权有关工作，参与集团公司无形资产管理工作。

7. 归口管理集团公司施工、设计、监理、咨询资质工作。

8. 负责施工技术规范、标准的编制与修订工作。

9. 负责集团公司技术学会工作、负责集团公司技术委员会日常工作、负责水利水电施工技术信息网日常工作与集团公司技术刊物工作。

另外根据集团公司《关于重新确定集团公司总部管理部门编制及职位序列的通知》（中水电人［2005］57 号）和《集团公司总部管理人员竞争上岗实施办法》（人［2005］39 号）的有关规定，集团公司决定取消总部组织机构岗位设置中执行层高级主管的设置及称谓，增设处长编制。按照集团公司《中国水利水电建设集团公司总部中级管理岗位负责人公开选聘公告》（中水电党［2005］105 号），工程科技部设科技管理处处长 1 人、工程管理处处长 1 人，其职责是，①科技管理处处长：在部门主任的领导下，协助分管副主任工作，主持科技管理处全面工作。具体负责集团公司科技管理工作，负责集团公司科学技术委员会日常工作，研究构建集团公司科技发展的有效管理体系；具体组织集团公司科技研发工作，具体组织集团公司科技进步考核工作，负责管理集团公司知识产权有关工作，参与集团公司无形资产管理工作；具体组织施工技术规范、标准的编制与修订工作，参与相关标准化技术委员会、专业技术委员会工作；完成部门主任交办的其他工作。②工程管理处处长：在部门主任的领导下，协助分管副主任工作，主持工程管理处全面工作。具体负责集团公司在建工程项目管理工作，研究制订集团公司在建工程项目有效管理办法、工程质量管理办法，研究构建先进的项目管理体系；指导子公司在建工程项目管理，组织重大技术问题的研究，协助领导处理在建工程的重大问题；具体负责集团公司工程质量管理工作；具体负责集团公司施工、设计、监理、咨询资质工作，负责项目经理职业化管理与培训工作；组织参加相关学会工作，牵头组织各级优秀项目经理、优秀项目、优质工程评审与申报工作；完成部门主任交办的其他工作。

工程科技部编制 7 人。

主任：宗敦峰

副主任：楚跃先

（楚跃先）

【部门 2005 年工作】 2005 年，工程科技部围绕集团公司“跨越式发展”战略，认真履行部门职责，在工程项目管理、科技开发、以及部门其他工作等方面作了以下工作：

在工程项目管理方面：

1. 开展在建施工项目调研工作，制订集团公司工程项目管理办法。工程科技部先后到小湾、龙滩、西龙池、水电十四局总部等工地和单位调研、检查；在调研的基础上，制订出台了工程项目管理办法，形成了工程项目管理总纲性文件，为加强总部控制力，全面开展总部项目管理工作奠定了基础。

2. 协调解决重大工程问题，先后牵头组织协调处理了如工程分包、履约纠纷、合同争议、重大事故近 10 起有可能影响到集团公司信誉与利益的工程问题，维护了集团公司整体形象。

3. 健全质量管理体系，打造集团公司质量品牌。开展了集团公司质量体系文件换版工作，通过了 ISO—9000 质量体系 2005 年第二次监督审核；在调研各单位质量体系运行现状的基础上，启动集团公司总部与工程局（厂）质量体系的整合工作。牵头组织推荐国家级与省部级优质工程报奖工作，并获得国家优质工程奖1项、中国电力优质工程奖1项。

4. 开展了项目经理继续教育工作，培育建造师队伍。2005年继续开展了项目经理继续教育工作，共培训项目经理945人次。按照建设部要求，组织了集团公司一级建造师培训工作，共培训432名一级建造师，并取得了资格证书。

5. 开展了评优创先活动，积极与有关部委、行业管理部门联系，推出集团公司国家级优秀项目经理5人，省部级优秀项目经理12人。此外，由集团公司牵头，与葛洲坝集团、安能总公司共同发起成立了中国电力企业协会水电分会，为水电施工企业打造高层交流平台。

科技开发管理方面：

1. 加大科技管理工作的制度化建设力度，先后颁发了一系列管理办法并汇编成册；从科研立项、中间检查、成果鉴定、结题验收以及科技工作考核等形成了较为完整的科技管理制度体系。

2. 起草出台了《集团公司科技进步考核办法》（中水电工［2005］26号），科技工作考核结果从2006年起，将与各工程局（厂）主要负责人年薪挂钩，加强了科技工作责任体系建设。

3. 开展了集团公司科研立项工作。2005年，经集团公司科学技术专家委员会评审，共批准科研立项26项，资助经费项目23项，合计批准科研经费1400万元。

4. 召开了2005年度科学技术进步奖颁奖会议，其中“70万千瓦水轮发电机组安装技术研究”项目获得特等奖，另有5个项目获得一等奖，5个项目获得二等奖，9个项目获得三等奖。经集团公司推荐，各成员单位共申报中国电力科学技术奖10项，其中1个项目获得二等奖，6个项目获得三等奖，获奖率占整个水电项目获奖指标的50%。

5. 加强在研项目的检查指导工作，通过现场检查、集中汇报、专家指导及适时培训等多种方式加强在研项目的指导工作，确保科研项目受控。此外，还开展了设计资质和专利技术专项摸底调查工作以及科技成果推广活动，消除了科技项目的重复立项。

综合工作方面：

1. 抓了企业资质管理工作。2005年，各工程局（厂）全部通过建设部资质年检；水电三局、水电五局还获得了建设部核准的水利水电总承包特级资质，水电二局、水电十一局、水电十三局也取得了部分资质增项。

2. 开展了学会、协会工作。集团公司作为网长单位，组织了全网大会，除技术交流外，在会上发行了水利水电施工手册；2005年，工程科技部还加强了与水利水电行业、建设管理等行业，各学会协会的沟通与联系，参与其政策研究、学术交流与专家咨询等活动，扩大了集团公司在行业的影响力。

3. 开展了标准化工作。对由集团公司牵头的水电施工和水电站水轮发电机两个标准化委员会进行了调整；2005年共组织审查了由长江水利委员会科学院等单位主编的《水工混凝土配合比设计规程》《水电水利爆破安全监测规程》，由混凝土断裂力学信息网等单位主编的《混凝土断裂试验规程》以及《水电水利基本建设工程单元工程质量等级评定标准第11部分 灯泡贯流式水轮发电机组安装工程》和《水电水利基本建设工程单元工程质量等级评定标准第1部分土建工程》5项电力行业标准；5项电力行业标准已于2005年11月28日，由国家发展改革委以［2005］71号《公告》正式公布；向中国电力企业联合会上报了《灌浆自动记录仪技术导则》、《面板堆石坝积压边墙混凝土试验规程》、《水利水电工程工自密实混凝土试验规程》、《水工建筑物覆盖层灌浆施工技术规范》等立项项目。

（宗敦峰）

工程项目管理

【在建工程项目调研】 为了解集团公司工程项目管理的现状，总结成熟的工程项目管理经验，2005年上半年，工程科技部先后到小湾工地、龙滩工地、西龙池工地、水电十四局总部等进行项目管理检查和调研，并利用集团公司科学技术专家委员会会议机会，与各工程局负责工程技术的负责人一起对项目管理工作进行研讨。在调研的基础上，集团公司制订出台了第一个工程项目管理办法《中国水利水电建设集团公司工程项目管理暂行办法》（中水电工［2005］35号），为加强工程项目管理工作奠定了基础。

（刘华俊）

【集团公司工程项目管理暂行办法】 《中国水利水电建设集团公司工程项目管理暂行办法》（以下简称《工程项目管理暂行办法》），是集团公司制订出台的第一个工程项目管理办法。《工程项目管理暂行办法》分“总则”、“管理体制与职责”、“工程项目管理体系建设”、“工程质量管理制度与优质工程”、“工程技术管理与交流制度”、“分包工程管理制度”、“项目经理管理制度”、“工程项目信息报送制度”、“重大工程事项报告制度”、“附则”共10章41条，对工程项目的管理体制、管理职能、工程质量管理制度、工程技术的管理与交流，分包工程管理、项目经理管理、项目信息报送、重大工程事项报告制度等作出了明确规定。

（宗敦峰）

【在建工程项目协调管理工作】 2005年，集团公司加强了对发生在在建工程项目、事关集团公司信誉的重大问题，按照集团公司领导指示，查找原因，协调各方关系，寻找解决办法，妥善处理问题。先后牵头协调处理了包括工程分包、工程结算、履约纠纷、合同争议等6起有关问题，维护了集团公司的整体利益。

（刘华俊）

【集团公司2005年度承建工程项目统计】 截至2005年底（根据各单位上报资料统计）集团公司系统承建的在建水利水电工程（不含国外和其他非水电工程）数量共370个，项目部个数1643个。其中水电工程共231个，水利工程共110个，抽水蓄能工程共13个，南水北调工程16个。

（刘华俊）

【淮安立交地涵工程获优质工程银质奖】 淮安水利枢纽工程位于淮河入海水道与京杭运河交汇处，是淮河入海水道的第二级枢纽。其作用是实现入海水道与京杭运河的立体交叉，维持京杭运河水路航运，同时满足入海水道泄洪及渠北运西地区排涝要求和连接淮扬公路交通。淮河入海淮安立交地涵工程是淮安水利枢纽工程的主要建筑物。立交地涵轴线与京杭运河中心线斜交，采用钢筋混凝土上槽下洞的结构型式，用于入海水道泄洪的下部涵洞按近期设计泄洪2270立方米/秒，强迫泄洪2890立方米/秒的标准设计。洞身为3孔一联的箱形结构，共5孔，单孔断面尺寸6.8米×8.0米。上部通航渡槽按Ⅱ－(3)级航道的通航标准设计，净宽80米，最小通航水深5米。淮河入海淮安立交地涵工程主要有3大技术难题：超大型基坑深井降水，高开挖强度软基施工，10万立方米薄壁钢筋混凝土防裂。

淮河入海淮安立交地涵工程由集团公司水电第十一工程局施工，2000年12月14日开工，2003年6月27日比合同工期提前65天竣工。

淮河入海淮安立交地涵工程，经集团公司组织申报，2005年5月，获中国电力建设企业协会颁发的2005年度中国电力优质工程奖；同年12月，获国家工程建设质量奖评审委员会颁发的2005度国家优质工程银奖。

（刘华俊）

2005年集团公司系统获优秀项目经理称号人员情况

获中国建筑业协会授予“全国建筑企业优秀项目经理”称号人员：金万福　叶建洪　刘明江　刘光　杨　涛

获中国施工企业管理协会授予“全国建筑行业优秀项目经理”称号人员：张海东　郑智仁　孙　阳

获中国电力建设企业协会授予“全国电力建设优秀项目经理”称号人员：陈泽鑫　方飞来　贺鹏程　黄敏吾　刘海军　胡海涛　万连宝　涂建湘　范亦农　张　桥　黄　岗　随守信　刘国良　李　伟

（刘华俊）

资质管理

【建筑业企业资质升级】 按照《建筑业企业资质管理规定》（建设部令［2001］第87号）和《关于工程勘察、设计、施工、监理企业及招标代理机构资质申请及年检有关问题的通知》（建办市函［2005］456号）等文件要求，符合条件的企业可以申请企业资质升级和增项，建设部将随时受理企业申请材料。集团公司及时组织了水电二局、水电三局、水电五局、水电七局、水电十一局、水电十三局、水电十四局7个工程局进行企业资质升级和增项的申请工作；共申报了15项工程总承包资质和专业承包资质的升级和增项。集团公司审查汇总后，分别于2005年5月15日、2005年10月26日，分两批将申报材料报送建设部建筑市场管理司。2005年12月5日，建设部发布《建设部关于公布核准的工程勘察设计企业、建筑施工企业、工程监理企业、招标代理机构及建筑工程设计事务所结果的公告》（建设部公告第393号），公布了建设部批准的1383家建筑业企业名单。水电二局通过了建筑装饰装修工程专业承包一级企业资质、钢结构工程专业承包一级企业资质；水电十一局通过了公路路基工程专业承包一级企业资质；水电十三局通过了土石方工程专业承包一级企业资质。获得通过升级和增项资质的工程局均已由建设部换发了新的资质证书。

（臧文义）

【成员企业设计资质调查】 为全面了解集团各成员企业设计资质及设计能力，更好的发挥集团在施工、设计方面的专业优势，2005年1月11日，集团公司印发《关于对成员企业设计资质进行调查的通知》（中水电工［2005］2号），在集团内部开展企业设计资质调查摸底工作，着重对各成员企业现有设计资质等级、现有设计能力、现有设计人员情况、已建和在建设计工程项目情况进行了调查。经摸底调查，各工程局都有设计能力和设计资质，但资质等级不高。

（臧文义）

【项目经理继续教育培训】 按照中国建筑业协会《关于转发〈全国建筑业企业项目经理继续教育培训提纲〉的通知》（建协字［2000］第56号）和（建协字［2001］第6号）《关于印发〈项目经理继续教育培训工作有关问题的规定〉的通知》要求，2005年，集团公司继续开展项目经理教育培训工作，3～11月，集团公司联合清华大学，在水电八局培训中心共举办项目经理培训班16期，对集团公司所属各工程局项目经理进行了继续教育培训工作，培训学员945人。参加培训人员全部取得建设部颁发的项目经理继续教育培训合格证书。

（臧文义）

【项目经理资质复查工作】 按照建设部《关于印发〈建筑施工企业项目经理资质管理办法〉的通知》（建建［1995］1号）要求，项目经理资质管理部门每两年要对《建筑施工企业项目经理资质证书》持有者进行1次复查。集团公司在2004年开展项目经理资质复查的基础上，2005年10月，印发了《关于开展项目经理资质复查工作的通知》（中水电工［2005］27号），12月20～22日，集团公司对各成员企业项目经理资质进行复查，12月30日，以（中水电工［2005］40号）文印发了《关于公布2005年项目经理资质复查结果的通知》，对复查结果进行了公布。集团公司各成员企业参加2005年项目经理资质复查人员共944人，复查合格944人。

（臧文义）

【一级建造师培训】 集团公司系统取得一级建造师资格人员共425人。2005年，集团公司按照建设部、水利部等的要求，对已通过一级建造师考核认定的人员开展了培训工作。4月份，对集团总部、水电二局、水电十三局、水电基础局75名通过一级建造师资格人员，在水电二局进行了为期3天的集中培训；集团其他各工程局已通过一级建造师考核认定的人员，分别在所在地进行了学习培训。9月21日，集团公司已通过考核认定的425名一级建造师人员，全部取得建设部和人事部共同颁发的一级建造师执业资格证书。

（臧文义）

【中国水利水电建设物资设备合格供应商名录】 为规范集团公司在工程建设过程中的物资设备采购工作，降低采购成本，为集团公司今后开展电子商务模式的物资设备采购招标奠定基础，2005年4月，集团公司以（中水电信［2005］3号）文，开始在全集团内征集各工程局厂合格的供应商名录。经过近5个月的征集活动，共征集到供应厂商名单1570家。经整理剔除重复厂商378家、不合格厂商200家，最终992家供应商入选名录。12月6日，集团公司以（中水电工［2005］39号）文，发布了2005年度合格供应商名录。

（楚跃先）

科技开发与管理

【科技管理文件选编】 为便于集团系统内各科技管理部门和科研工作人员学习掌握国家和集团公司有关科技管理工作的规定，2005年，工程科技部编辑出版了《科技管理文件选编》一书。《科技管理文件选编》分国家部分和集团公司部分，共收录《中华人民共和国科学技术进步法》、《中华人民共和国科学技术普及法》等国家法律法规19篇，收录集团公司“科技发展规划”、“科技进步奖励办法”、“科研项目成果鉴定管理办法”等管理规定13篇。《科技管理文件选编》已于11月正式出版在集团内部发行。

（李红春）

【集团公司2005年度科技开发项目立项】 2005年，集团公司各成员企业及集团总部共申报立项科研项目45项；经预审和集团公司科学技术专家委员会集中评审、投票表决，并报集团公司领导审批，最终审定立项科研项目26项。其中：同意立项并由集团公司提供经费的科研项目22项，同意立项但经费自筹的科研项目4项；集团公司资助经费总计600万元，自筹经费总计800万元，合计批准科研经费1400万元（批准项目详见《中国水利水电建设集团公司2005年度批准立项科研项目汇总表》）。

中国水利水电建设集团公司2005年度批准立项科研项目汇总表

序号	课题名称	承担单位	审议意见	提供经费（万元）	自筹经费（万元）	总经费（万元）
1	深厚覆盖层防渗技术研究	水电基础局	同意立项，课题合并为《深厚覆盖层防渗灌浆技术研究》，由集团公司工程科技部牵头组织水电基础局、水电八局、水电九局等共同研究	40	40	80
2	灌浆压力自动控制系统	水电基础局		0	30	30
3	大块石架空层土石围堰基础防渗施工新技术研究	水电八局		30	30	60
4	围堰防渗控制性帷幕灌浆技术研究	水电九局		30	30	60
5	高坝基础灌浆综合技术研究	水电四局	同意立项，课题合并为《高拱坝施工关键技术研究与实践》，由水电四局与小湾四八联营体共同研究	20	40	60
6	小湾电站高拱坝施工关键技术研究及实施	四八联营体		60	60	120
7	高寒地区高拱坝冬季施工综合技术研究与应用	水电四局		30	40	70
8	面板堆石坝垫层料上游坡面翻模施工新技术研究及面板堆石坝施工工法编制	水电一局	同意立项	30	30	60
9	采用双掺料水工混凝土施工技术研究	水电三局	同意立项	20	20	40
10	快速击实控制法的应用研究	水电三局	同意立项	20	30	50
11	三峡ALSTOM机组安装技术与施工管理研究	水电四局	同意立项	15	20	35
12	起旋器施工工艺研究应用	水电四局	同意立项，经费自筹	0	40	40
13	高性能薄壁结构混凝土抗裂性能试验研究	水电四局	同意立项，经费自筹	0	30	30
14	土卡河电站复合掺合料碾压混凝土的应用	水电五局	同意立项	20	20	40
15	水电站混凝土重力坝防渗芯墙施工技术研究	水电六局	同意立项	50	50	100
16	特大型引水隧洞竖向弯曲段混凝土衬砌用无内撑定形大模板设计与安拆工艺研究	水电七局	同意立项	20	40	60
17	龙滩70万千瓦全空冷式水轮发电机安装工艺技术研究	水电七局	同意立项	20	20	40
18	高贝利特水泥掺高性能掺合材料配制高性能水工混凝土研究	水电八局	同意立项	40	40	80
19	混凝土布料机研发和试制	水电八局	同意立项	40	60	100
20	水轮发电机转子现场装配工艺导则制订	水电八局	同意立项	10	10	20
21	气垫式调压室施工工法研究	水电十局	同意立项	10	10	20
22	顶管施工工艺	水电十一局	同意立项，经费自筹	0	30	30
23	深覆盖层高面板堆石坝快速施工技术研究	水电十二局	同意立项	30	30	60
24	利用工业废渣研制缓凝高效减水剂	水电十四局	同意立项	15	30	45
25	大型散件转轮的现场制作	水电十四局	同意立项	10	20	30
26	集团信息资源管理与规划系统	信息中心	同意立项	40	0	40

（李红春）

【科技成果鉴定】 2005年，集团公司先后9次组织国内水电行业相关专家，对集团公司立项的“700米级高陡边坡及堆积体开挖与锚固施工技术研究”等9个科技项目，分别进行了成果鉴定（鉴定情况详见2005年集团公司科技成果鉴定汇总表）。

2005年集团公司科技成果鉴定汇总表

序　号	项　目　名　称	完成单位	项目来源	鉴定等级	鉴定时间
1	连续拉伸式液压千斤顶-钢绞线斜井滑模系统	水电一局	集团公司 2003年立项	国际先进水平	2005年1月28日
2	不良地质条件下超大型调压井工程关键施工技术研究	水电五局	原国家电力公司立项	国际先进水平	2005年2月25日
3	昌马水库泄洪排砂洞大塌方处理—大型管棚综合施工技术	水电五局	自主立项	国内领先水平	2005年2月27日
4	自一里水电站气垫式调压室施工技术	水电十局	集团公司 2003年立项	国内领先水平	2005年2月28日
5	硬岩及不良地质条件下国产反井钻机快速施工技术研究	水电十四局	集团公司 2003年立项	国内领先水平	2005年3月4日
6	城市地铁大断面软土层浅埋隧道施工技术研究	水电十四局	自主立项	国内领先水平	2005年3月9日
7	淤泥软基框格式钢管桩潮汐围堰研究与应用	水电十三局	集团公司 2004年立项	国内先进水平	2005年3月9日
8	辉绿岩人工砂石粉在RCC中的利用研究	水电四局 闽江局	自主立项	国际先进水平	2005年6月19日
9	700米级高陡边坡及堆积体开挖与锚固施工技术研究	水电四局 水电八局 水电三局 水电七局 四川准达岩土工程公司	集团公司 2003年立项	国际领先水平	2005年9月26日

（李红春）

【梯段爆破软件培训】 2005年3月11～12日，集团公司在福建省街面电站举行了梯段爆破软件培训班，各工程局有关爆破技术人员35人参加了为期两天的学习培训，培训班就“梯段爆破计算机模拟技术”进行学习和演练。

（李红春）

【科研项目中间检查】 为确保集团公司在研科技项目能按照合同计划执行，集团公司开展了2005年科研项目中间检查工作，要求各承担科研项目的单位，提交科研课题阶段进展报告。工程科技部于9～12月，先后组织专家对在龙滩水电站工地、西龙池水电站工地、索风营水电站工地、构皮滩水电站工地、冶勒水电站工地、瀑布沟水电站等工地进行的科研项目研发情况进行了中间检查。在这次检查中，所有在研项目均按照要求提交了科研课题阶段进展报告，对未检查的科研项目，工程科技部委托了有关承担单位科研管理部门组织专家进行了自查，检查结果表明：集团公司所有在研项目均按合同要求有序进行。

（李红春）

【科技奖励】 集团公司于2005年4月23～25日在云南昆明召开集团公司2005年度科技进步奖评审会议，共有20个项目获得集团公司2005年度科技进步奖（获奖情况详见表）。

2005年度中国水利水电建设集团公司科学技术进步奖获奖项目、完成单位及主要完成人一览表

序号	授奖等级	项目名称	完成单位	完成人员
1	特等奖	70万千瓦水轮发电机组安装技术研究	中国水利水电第八工程局	付元初、龚长清、张燕滨、戴昆、王启茂、杨刚、曾辉、陈楚贵、奚中庭、李红春、徐宗林、邓常义、梁仁贵、周光荣、王胜利、李毅、廖立、刘新松、廖峻峰、唐文富
2	一等奖	水轮发电机组启动试验规程的制修订及标准化体系的建立	中国水利水电建设集团公司 中国水利水电第四工程局 中国水利水电第五工程局 富春江水电设备总厂	付元初、李之勇、陈梁年、马军领、牟官华、马涪良、何少润、许松林、邵保安、陈燕新
3	一等奖	连续拉伸式液压千斤顶一钢绞线斜井滑模系统	中国水利水电第一工程局	常焕生、曲建军、张洪江、金晨、王克胜、钱洪有、宋宝强、于文江、范垂龙
4	一等奖	不良地质条件下超大型调压井工程关键施工技术研究	中国水利水电第五工程局 四川大学	高翔、吴高见、杨兴国、骆志明、陈新、王惠民、何鹏、郝丽雅、符文熹、蔡远武、肖培伟、牛效谦、李宗桂、肖红斌、黄金全
5	一等奖	梯段爆破计算机模拟技术	中国水利水电建设集团公司、北京理工大学 宜昌市中水科技发展公司、葛洲坝股份有限公司施工科学研究所、武警水电一总队、中国水利水电第十二工程局	何本善、金乾坤、付元初、丁刚毅、崔秉贵、傅志安、侯文理、段中平、赵方兴、王德军、马如骐、陆春江
6	一等奖	城市地铁大断面软土层浅埋隧道施工技术研究	中国水利水电第十四工程局	于涛、王仕虎、宋本宇、赵玉泉、田金国、范强盛、武志强、赵杰、刘辉、张爱
7	二等奖	天荒坪抽水蓄能电站700米长、大直径、陡倾角斜井快速、安全施工技术	中国水利水电第一工程局	张洪江、孙殿国、原有全、李波、于文江、王克胜、杨鹏飞
8	二等奖	云南小湾电站导流洞进口混凝土围堰及岩埂爆破拆除	小湾141水电工程联营体 华东水电工程咨询公司	刘光、沈嗣元、方新安、张宁、曾垒、王红军、朱宝凡、齐进喜、徐海祥、张超
9	二等奖	索风营下游倒张拱钢索桥工程	中国水利水电第九工程局	阮海涛、张昭兵、肖洪斌、卢太权、赵铁臣、牟志强、胡洪浪、杨胜军、何克、宋牧
10	二等奖	自一里水电站气垫室调压井施工技术研究	中国水利水电第十工程局	苏小明、陈茂、林德槐、郑道明、梁元球、陈波、王雪红、曾建、潘志明、郑志君
11	二等奖	辉绿岩人工砂石粉在RCC中的应用	闽江一黄河水电工程联营体 长江科学研究院	王松春、吴秀荣、田育功、任永义、高琚生、奚向军、华荣孙、杨松龄、林洁、吴丽华
12	三等奖	硬岩及不良地质条件下国产反井钻机快速施工技术研究	中国水利水电第十四工程局	周游、付勇、杨明伟、夏仲存、胡香伟、尹俊宏、马绍龙
13	三等奖	昌马水库泄洪排砂洞大塌方处理一大型管棚综合施工技术	中国水利水电第五工程局	闫志珍、万山红、杨晓华、张惠忠
14	三等奖	大型水电站发电洞进水塔液压滑模快速施工技术	中国水利水电第七工程局	熊绍华、杨庆华、陈德华、李宝成、王国力、陈万学
15	三等奖	瀑布沟人工骨料生产工艺及自动化控制设计研究	中国水利水电第七工程局	肖炯洪、曾倩彬、方鉴、余淑娟、李盛林

续表

序号	授奖等级	项目名称	完成单位	完成人员
16	三等奖	张河湾大坝底孔柔性钢围堰水下封堵技术	中国水利水电第十一工程局 河北张河湾抽水蓄能电站有限公司 北京国电水利电力工程有限公司张河湾抽水蓄能电站设计代表处	钟彦祥、张东刚、汪云芳、宋双虎、刘杰、郭清、刘其昌
17	三等奖	太浦河泵站斜抽水泵安装	中国水利水电第十一工程局	王安利、张应超、吕庆龙、王伟、董志勇、张芳丽、杨春铃
18	三等奖	云南高桥电站压力钢管WDB620高强钢焊接技术	中国水利水电第十工程局	张世平、曾竞、潘维齐、陈刚
19	三等奖	可调式悬臂翻升钢模板系列的研制应用	闽江—黄河水电工程联营体	王松春、吴秀荣、黎伦平
20	三等奖	复杂地质条件下岩壁梁岩台开挖技术研究	百色滇桂联营体 广西右江水利开发有限责任公司	沈洁、何少润、黄灵、阎斌、徐聪云、徐华山、王洋

（李红春）

【2005年度中国电力科学技术奖励项目推荐与获奖情况】 2005年，中国电力科学技术奖水电专业共评审出一等奖0个，二等奖3个，三等奖12个。集团公司推荐的10个项目申报中国电力科学技术奖，其中“三峡VGS 70万千瓦水轮发电机组安装技术研究”项目获二等奖，“水轮发电机组启动试验规程的制修订及标准化体系的建立”等6个项目获三等奖。这是集团公司历年来获奖项目最多的一年，也是2005年度水电行业获奖项目最多的单位（2005年度集团公司推荐中国电力科学技术奖项目及获奖情况见表）。

2005年度集团公司推荐中国电力科学技术奖项目及获奖情况表

序号	项目名称	主要完成单位	主要完成人员	申报单位	推荐奖励类别及等级	获奖等级
1	三峡VGS70万千瓦水轮发电机组安装技术研究	中国水利水电第八工程局	付元初、龚长清、张燕滨、戴昆、王启茂、杨刚、曾辉、陈楚贵、奚中庭、李红春、徐宗林、邓常义、梁仁贵、周光荣、王胜利	中国水利水电第八工程局	新技术集成一等奖	二等奖
2	水轮发电机组启动试验规程的制修订及标准化体系的建立	中国水利水电建设集团公司、中国水利水电第四工程局、中国水利水电第五工程局、富春江富士水电设备有限公司	付元初、李之勇、陈梁年、马军领、牟官华、马涪良、何少润、许松林、邵保安、陈燕新	中国水利水电建设集团公司	社会公益一等奖	三等奖
3	连续拉伸式液压千斤顶—钢绞线斜井滑模系统	中国水利水电第一工程局	常焕生、曲建军、张洪江、金晨、王克胜、钱洪有、宋宝强、于文江、范垂龙	中国水利水电第一工程局	新技术集成一等奖	三等奖
4	梯段爆破计算机模拟技术	中国水利水电建设集团公司、北京理工大学、宜昌市中水科技发展公司、葛洲坝科学研究所、武警水电一总队	何本善、金乾坤、付元初、丁刚毅、崔秉贵、傅志安、侯文理、段中平、赵方兴、王德军、马如骐、陆春江	中国水利水电建设集团公司	技术开发一等奖	三等奖

续表

序号	项目名称	主要完成单位	主要完成人员	申报单位	推荐奖励类别及等级	获奖等级
5	城市地铁大断面软土层浅埋隧道施工技术研究	中国水利水电第十四工程局	于涛、王仕虎、宋本宇、赵玉泉、田金国、范强盛、武志强、赵杰、刘辉、张爱、蒋稳坤	中国水利水电第十四工程局	新技术集成一等奖	三等奖
6	天荒坪抽水蓄能电站700米长大直径陡倾角斜井快速安全施工技术	中国水利水电第一工程局	张洪江、孙殿国、原有全、李波、于文江、王克胜、杨鹏飞	中国水利水电第一工程局	新技术集成二等奖	无
7	云南小湾电站导流洞进口混凝土围堰及岩埂爆破拆除	中国水利水电第十四工程局	刘光、沈嗣元、张正宇、刘美山、周华、方新安、吴新霞、张宁、刘兴宁、齐进喜	中国水利水电第十四工程局	新技术集成二等奖	无
8	索风营下游倒张拱钢索桥工程	中国水利水电第九工程局	阮海涛、张昭兵、肖洪斌、卢太权、赵铁臣、牟志强、胡洪浪、杨胜军、何克、宋牧、许景祥、侯泽刚	中国水利水电第九工程局	新技术集成二等奖	三等奖
9	自一里水电站气垫式调压室施工技术	中国水利水电第十工程局	苏小明、陈茂、郑道明、梁元球、王雪红、江秋萍、高建祥、郑志君、曾建、陈波	中国水利水电第十工程局	新技术集成二等奖	无
10	辉绿岩人工砂石粉在RCC中的利用研究	中国水利水电第四工程局、中国水利水电闽江工程局	田育功、程国银、朱国伟、王松春、吴秀荣、杨松玲、高琚生、任永义、康小春、周相东、奚向军、林洁	中国水利水电第四工程局	新技术集成二等奖	三等奖

（李红春）

【集团公司科学技术专家委员会】 2005年4月18日，集团公司印发《关于调整中国水利水电建设集团公司科学技术专家委员会委员的通知》（中水电人〔2005〕65号），对集团公司科学技术专家委员会进行了调整。调整后的集团公司科学技术专家委员会名单如下：

名誉主任委员：孙洪水

主任委员：付元初

副主任委员：宗敦峰

委员：孙洪水 付元初 宗敦峰 高翔 楚跃先 常焕生 李启友 王鹏禹 席浩 吴高见 戴占强 申茂夏 龚长清 涂怀健 夏一勇 陈茂 衡富安 沈益源 杨涛 和孙文 刘永祥 肖恩尚 陈梁年 曾文 李红春 张桥 牟官华 马邦凯 张长源 宋东升 张斌

聘请顾问：谭靖夷 马洪琪 刘经迪 何本善 王圣培 毛亚杰 刘颖 陈起舜 陈祖煜

特邀委员：彭启友 夏忠 戴波 吴质斌 赵三其 何少润 张建华 梅锦煜 周厚贵 王民浩 王学鲁 李维科 陆承吉 冯励生 刘俊峰 孙中弼 朱纯祥 周游 杨荣强

秘　书　长：宗敦峰（兼）

集团公司科学技术专家委员会下设办公室，办公室设在工程科技部。

（李红春）

【集团公司科技专家库】　为积极参与并推动中国电力建设企业协会（以下简称电建企协）组织的"中国电力优质工程（部级奖）"评优活动，按照电建企协要求，集团公司在向"电力工程评优专家库"推荐水电专家的同时，开始建立集团公司科技专家库。根据电建企协关于专家入选的条件、专业范围、推荐方式等要求，经各工程局（厂）推荐，工程科技部审核筛选，集团公司建立了科技专家库。专家库由集团公司各工程局（厂）具有高级工程师以上职称、并在所从事的专业领域取得突出成绩且具有较丰富的理论和实践经验的高级工程技术人员组成。截至2005年底，集团公司拥有在库专家676人。

（李红春）

【成员企业专利项目调查】　为全面了解集团各成员企业在专利技术的申报和取得等方面的情况，为制订集团公司专利技术管理办法提供依据；2005年4月，集团公司开展了内部专利技术调查摸底工作，全面清理集团公司专利技术类无形资产。经过为期半年的专利技术调查摸底，截至2005年底，集团公司共获得国家发明专利6项，实用新型专利27项，正在申报专利项目6项。

（李红春）

贯标工作

【集团公司质量管理体系文件换版及内审工作】2005年，集团公司内部管理机构发生变化，按照质量管理体系持续改进的要求，集团公司着手对质量管理体系文件（包括：《质量手册》、《质量管理程序文件汇编》、《各部门控制工作程序》等文件）进行换版工作。工程科技部组织采取滚动式内审，对总部各部门、公司进行了质量体系内部审核。2005年12月，大陆航星质量认证中心，第二次对集团公司质量管理体系运行情况进行监督性外部审核后，同意对集团公司"推荐保持认证注册"，明确了集团公司继续保持质量管理体系认证注册资格。

（臧文义）

学（协）会及标准化工作

【中国电力建设企业协会水电分会筹备工作】　根据中国电力建设企业协会的建议，由集团公司牵头的中国电力建设企业协会水电分会筹备工作会议，于2005年10月24日在北京召开，集团公司孙洪水副总经理出席会议，集团公司工程科技部、中国电力建设企业协会、中国安能建设总公司、葛洲坝集团以及集团公司水电四局、水电八局、水电十四局等有关方面负责人15人参加会议。筹备会议后，集团公司开始了中国电力建设企业协会水电分会会员的征集工作。截至2005年底，集团公司系统20家企业，葛洲坝集团所属8家企业，水电武警5家单位，广东省水电第三工程局、浙江省第一水电建设有限公司、江西省水电工程局、四川省水利电力工程局和广西水电工程局5家企业总共有38家单位报名参加水电分会。

（刘华俊）

【水利水电施工情报网会议】　4月18日，集团公司为网长单位的中国水利水电施工情报网全网会议在杭州召开，全网成员单位100名代表参加会议；集团公司顾问付元初、安能总公司总经理成方枢出席会议，中国工程院院士谭靖夷、马洪琪应邀参加会议。会议总结了2005年情报网工作，部署了2006年工作安排。由中国水电建设集团、葛洲坝集团、安能总公司等水电施工单位发起编写的《水利水电施工手册》1～5卷，在全网会议上举行了首发仪式。

（宗敦峰）

【水电施工标准化技术委员会换届调整】　根据水电施工标准化技术委员会（以下简称标准化委员会）人员变动情况，2005年6月6日，集团公司标准化委员会在换届的基础上，对标准化委员会进行了补充和调整。调整后的集团公司标准化委员会组成人员如下：

主　　任：孙洪水
顾　　问：付元初
副主任委员：梅锦煜　周厚贵　许松林
秘 书 长：宗敦峰
副秘书长：楚跃先　汪　毅
委　　员：高　翔　胡志根　戴会超
潘罗生　杨多根　孙来成
常焕生　吴新琪　席　浩
吴高见　申茂夏　涂怀建
夏一勇　衡富安　马如琪
李长春　周　宇　王松春
夏可风　孙国伟　张建华
吴晓铭　毛国权　杨溪宾
王　宁　王　琪　吴远海

范　灵

顾　　问：刘炎生

标准化委员会秘书处设在工程科技部。

（楚跃先）

【行业标准化管理】　集团公司负责牵头组织电力行业标准化技术委员会中水电施工标准化技术委员会、水电站水轮发电机标准化技术委员会两个委员会的工作。2005年，水电施工标准化技术委员会，组织审查了《水电水利基本建设工程单元工程质量等级评定标准（一）水工建筑工程》、《水工混凝土配合比设计规程》、《水电水利爆破安全检测规程》和《水工混凝土断裂试验规程》4部标准规范，4部标准规范已于2006年5月12日由国家发展改革委正式颁布实施。其中，标准《水电水利基本建设工程单元工程质量等级评定标准（一）水工建筑工程》，基本涵盖了几乎所有水工土建工程，内容涉及开挖、基础、混凝土3大领域的15个专业。2005年，水电施工标准化技术委员会，还组织了水电标准项目的立项申报工作，共向中国电力企业联合会标准化中心申报水电标准项目5项，获国家发展改革委批准项目3项。

2005年，水电站水轮发电机标准化技术委员会正在编写的标准共5部，其中《水电水利基本建设工程单元工程质量等级评定标准（十一）灯泡贯流式水轮发电机组安装工程》，已经过水电站水轮发电机标准化技术委员会组织审查，并于2006年5月12日颁布实施；2005年，水电站水轮发电机标准化技术委员会共组织向中国电力企业联合会标准化中心标准申报项目2项，均获中国电力企业联合会标准化中心批准。

（楚跃先）

专业会议

【2003～2004年度科技进步奖暨科技管理座谈会】2005年4月23日，集团公司2003～2004年度科技进步奖评审会暨工程科技管理座谈会在昆明召开。集团公司副总经理孙洪水，集团公司顾问、专家委员会主任委员付元初出席会议，集团总部有关部门负责人和集团公司科学技术专家委员会委员30人、各工程局（厂）申报项目汇报人18人参加了会议。会议评审了集团公司及成员企业申报的20个科技进步奖项目，签订了集团公司2004年度立项科研项目科研合同，审议研讨了集团公司科技专家库专业设置方案，并对工程项目技术、质量管理工作进行了研讨。会议于25日结束。

（李红春）

【2005年度科学技术进步奖颁奖会议暨科研立项评审会议】　2005年8月29日，集团公司2005年度科学技术进步奖颁奖会议暨科研立项评审会议在北京召开，集团公司总经理郭建堂，副总经理孙洪水，集团公司顾问、科学技术专家委员会主任委员付元初出席会议，国务院国有大型企业监事会处长于岚，中国电力科技奖励办公室主任魏光耀、副主任胡湘燕，中国水利学会秘书长李赞堂，中国水力发电工程学会秘书长郦凤山应邀出席会议。集团公司科学技术专家委员会专家委员和各成员企业获奖单位代表及申报项目代表72人参加会议。

经集团公司科学技术专家委员会评审，由水电八局完成的“70万千瓦水轮发电机组安装技术研究”项目荣获集团公司特等奖，获得奖金8万元；“梯级爆破计算机模拟技术”等19个项目分别获得集团公司一、二、三等奖。郭建堂总经理等与会领导为获奖项目颁奖。

集团公司科学技术专家委员会还对“面板堆石坝垫层料上游坡面翻模施工新技术研究”等32个2005年度科研立项项目进行了审议。会议于31日结束。

（李红春）

安全生产监督管理

概述

安全发展是推进集团公司管理转型，转变经济增长方式，全面落实科学发展观、增强企业可持续发展能力、构建和谐企业的必然要求。为进一步加强集团公司安全生产监督管理工作，2005年初，集团公司单独成立了安全生产监督管理部（以下简称安监部），负责集团公司安全生产监督管理工作、重大安全事故的调查处理以及安全生产有关人员的培训工作。集团公司安全生产监督管理工作，始终坚持“以人为本，关爱生命”的安全管理理念和“安全第一，预防为主，综合治理”的工作方针。以项目管理为重点，建立健全了安全生产责任体系，逐步完善了安全生产管理制度体系，加强了对各成员企业以及分包商的安全生产监管和安全教育培训工作，敦促各成员企业加大对安全生产的投入，同时加大了安全生产检查、监督、考核力度。建立了集团公司安全生产应急救援体系，加大了对安全生产责任事故的责任追究力度，推动安全生产企业文化建设。集团公司安全生产管理工作正逐步实现标准化、规范化和制度化。

2005 年，集团公司 26 个全资和控股子公司中，有 20 个单位没有发生生产性责任事故，13 个单位实现了安全生产零死亡事故目标。

（高　翔）

安全生产监督管理部

【部门职责编制】　根据集团公司《关于成立安全生产监督管理部的通知》（中水电人［2005］53 号），安全生产监督管理部的职责是：

1. 负责贯彻落实国家及上级安全生产法律、法规、方针、政策。

2. 负责集团公司安全生产监督管理工作。

3. 负责重大安全事故的调查处理。

4. 负责安全生产有关人员的培训、考核、持证上岗和有关队伍建设工作。

5. 负责集团公司安全生产委员会办公室日常管理工作。

部门岗位设置：根据集团公司《关于重新确定集团公司总部管理部门编制及职位序列的通知》（中水电人［2005］57 号）和《集团公司总部管理人员竞争上岗实施办法》（人［2005］39 号）的有关规定，集团公司决定取消总部组织机构岗位设置中执行层高级主管的设置及称谓，增设处长编制。按照集团公司《中国水利水电建设集团公司总部中级管理岗位负责人公开选聘公告》（中水电党［2005］105 号），安全生产监督管理部设处长 2 人，其职责是：处长 1：在部门主任的领导下，协助负责安全生产监督管理工作；协助负责制定集团公司安全生产检查计划；组织集团公司安全生产考核工作；安全事故的统计、归档、年报材料等管理工作，参与重大安全事故的调查处理；完成领导交付的其他工作。处长 2：在部门主任的领导下，负责安全生产日常管理工作；负责制定安全生产计划和安全生产制度建设；负责系统内外安全生产管理机构的联系，以及安全生产动态的报告；负责安全生产委员会办公室工作；负责安全生产培训、考核、持证上岗以及队伍建设；负责安全生产宣传教育管理；负责集团公司安全生产专家库建设与相关管理工作。

安全生产监督管理部编制 5 人。

主任：高翔

（高　翔）

【部门 2005 年工作】　2005 年 3 月，集团公司成立安全生产监督管理部以来，积极推动“以人为本、安全生产”的安全管理理念，积极推动各级安全生产责任制的建立和落实，积极推动对农民工和分包商员工的安全培训，积极推动企业安全文化建设。2005 年部门主要工作如下：

一、抓了安全生产责任事故的查处工作

2005 年，集团公司安全生产形势依然比较严峻。在集团公司所属 26 个全资或控股子公司中，共发生伤亡事故 20 起，其中：安全责任事故 8 起，死亡 31 人，重伤 4 人；非责任事故（包括自然灾害事故、交通事故）12 起，死亡 29 人，重伤 1 人。在 8 起责任事故中，一般责任事故 4 起，死亡 5 人；重大责任事故 3 起，死亡 12 人；特大责任事故 1 起，死亡 14 人。集团公司进一步加强事故管理，严格按照“四不放过”的原则，进一步加大了责任追究力度。2005 年，集团公司共查处安全事故责任人 22 人，其中，受到行政记过、警告处分的局级管理人员 6 人，受到撤职、降级、行政记大过、记过和警告处分的处级管理人员 8 人，科级管理人员 8 人。

二、加强了安全生产组织机构建设

集团公司高度重视安全生产工作，及时调整充实了集团公司安全生产委员会，同时要求各工程局、厂、公司，建立独立的安全生产管理机构，配足安全生产管理人员。各工程局（厂）按照集团公司的要求，都设立了独立的安全生产管理部门，其他经营单位也明确了分管安全生产的领导和安全生产管理责任部门。截至 2005 年底，集团公司共有专职安全管理人员 1409 人，兼职安全管理人员 6577 人。

三、开展了安全生产大检查

在 2005 年的安全生产检查中，大部分单位的安全生产管理体系运行有效，安全生产目标明确，所有工程局（厂）和项目部都建立了安全生产责任制，普遍加大了对安全生产的投入；据统计，各工程局（厂）2005 年对安全的投入达到完成生产总值的 1.2%～1.3%，特种作业人员按规定做到持证上岗。从检查的总体情况看，国内各施工项目部的安全生产管理工作，正在朝标准化、规范化方向发展，但工程前期准备阶段和规模较小的施工项目部，安全生产状况还没有达到受控目标。谷拉“8·1”事故后，集团公司安全生产监督管理部还组织了对集团所属各单位的 3357 台特种设备的专项安全检查。

四、加强了安全管理和教育培训工作

2005 年，先后 2 次筹备召开了集团公司安全

生产工作会议，3次筹备召开了集团公司安全生产委员会会议；接待并配合国资委安全生产检查组对集团公司的安全生产检查和国家安全生产监督管理总局和国资委对集团公司的安全联合督察；配合国家安全生产监督管理总局、建设部、国家技术监督及检验检疫总局对拉西瓦“5·26”事故和“8·1”谷拉事故的处理。此外，对集团公司现行的安全生产管理规章制度，进行了修订和完善；在长沙水电八局培训中心举办了四期安全生产管理培训班，共培训项目经理和安全生产管理人员353人，还组织学员参加了由水利部组织的安全生产三类人员的资格考试，实现了持证上岗。

五、开展了安全生产检查考核工作

按照集团公司安全生产工作计划，组织了对26个全资和控股子公司年终安全生产检查考核工作。在安全生产检查考核中，先后召开了32场安全生产专题会议，认真研讨了做好安全生产管理工作的方式方法。检查考核中，20个单位没有发生生产性责任事故，13个单位实现了安全生产零死亡目标；4个工程局（水电七局、水电十二局、水电十三局、水电十四局）被考评为“集团公司安全生产先进企业”，70个项目部被考评为“集团公司安全生产先进单位”。

（高　翔）

制度建设

【集团公司安全生产委员会】　为进一步加强集团公司安全生产领导工作，2005年3月9日，集团公司以（中水电人［2005］45号）文，对集团公司安全生产委员会做了调整。调整后的集团公司安全生产委员人员会如下：

主　任：郭建堂

副主任：孙洪水　刘起涛

成　员：宗敦峰　郭　志　黄保东　高　翔　王志平　唐定乾　张长源　许贺龙　刘伟民　邓孟元　孙宝田　段尚毅　楚跃先　解登发　丁永泉

集团公司安全生产委员会下设办公室为安全生产委员会的办事机构，办公室设在集团公司工程科技部（安全监察部）。

办公室主任：高翔（兼）

（张世园）

【安全生产委员会工作职责】　按照（中水电人［2005］45号）文规定，集团公司安全生产委员会工作职责是：

1. 贯彻执行国家有关安全生产法律、法规和方针政策；在集团公司的直接领导下，研究制定有关安全生产管理制度；检查监督和指导协调各工程局（厂）、公司安全生产工作。

2. 分析集团公司安全生产形式，研究解决安全生产工作中的重大问题。

3. 组织集团公司重大安全事故调查工作和特别重大安全事故应急救援等工作。

（张世园）

【安全生产责任制】　根据《中华人民共和国安全生产法》（中华人民共和国主席令第70号）和有关安全生产法律法规要求，2005年6月9日，集团公司印发《中国水利水电建设集团公司安全生产责任制》（中水电安［2005］2号）（以下简称《安全生产责任制》）。《安全生产责任制》由“总则”、“领导人员安全职责”、“各职能部门安全职责”、“集团公司安全监督管理机构职责”、“附则”共5章26条组成，对集团公司总经理、主管安全生产副总经理、总工程师（副总工程师）、总经济师（副总经济师）、总会计师（副总会计师），各职能部门，安全生产委员会、安全生产监督管理部的安全生产工作内容、任务、职责作出了具体规定。

（唐晓勇）

【安全生产监督管理规定】　为切实加强集团公司安全生产工作，规范安全管理，防止和减少安全事故，保障人民群众生命和财产安全，维护集团公司的改革发展和稳定；依据《中华人民共和国安全生产法》，2005年6月9日，集团公司印发了《中国水利水电建设集团公司安全生产监督管理规定》（中水电安［2005］3号）（以下简称《安全生产监督管理规定》）。《安全生产监督管理规定》由“总则”、“安全管理的方针和目标”、“安全监督管理原则”、“安全管理体制、机构设置和职责”、“安全管理规章制度”、“安全管理制度的实施和要求”、“安全监督管理的方法和措施”、“其他”、“附则”共9章44条，对安全生产管理的方针、目标、原则以及安全生产的考核管理制度、教育培训制度、信息报送制度、安全事故调查处理制度、责任追究制度等作出了明确的规定。

（唐晓勇）

监督检查

【集团公司2005年度安全生产考核检查工作】　按照

集团公司安全生产委员会的工作部署，从2005年7月开始，集团公司安全生产监督管理部，组织开展了2005年度全系统安全生产考核检查工作。在要求各成员企业自查的基础上，10～11月份，集团公司安全生产考核检查组按照集团公司安全生产专题会议要求，分别对水电五局、水电八局、水电十一局进行了安全督察。安全生产考核检查组通过召开工程局安全生产委员会会议、查阅安全生产管理部门的内业资料、召开安全工作座谈会，并在安全生产制度建设、建立健全安全生产监管与保证体系、如何加强施工现场的安全管理等方面提出了具体的整改要求。同时考核检查组还对其他工程局（厂）和总部经营公司进行了安全生产检查考核。在安全生产检查考核中，共召开了32场安全生产专题会议，对检查中发现的安全生产问题提出了整改意见。根据综合检查考核，水电七局、水电十二局、水电十三局、水电十四局被评为2005年度安全生产先进企业，水电一局宝泉项目部等70个项目部被评为集团公司安全生产先进单位，水电三局李桂兰等9名同志被评为集团公司安全生产先进工作者。

（张世园）

【安全生产管理培训】　10月11～28日，集团公司在长沙水电八局教育培训中心举办了第12～15期安全生产管理培训班，各工程局（厂）的企业主要负责人、项目经理、专职安全员参加了培训。培训班开设了机电安全生产技术、土建安全生产技术、安全生产管理、安全事故管理、安全生产法律法规5门课程。培训班还邀请了国家有关部委领导为学员授课。4期培训班，共培训学员353人。

（唐晓勇）

【特种设备安全管理专项治理】　随着集团公司的跨越式发展，各单位在项目施工中，起重机械、缆机、压力容器等特种设备应用越来越普遍。为加强对特种设备的安全管理，2005年初，安监部先后对集团公司现行的《设备安全管理制度》和《特种设备安全管理制度》进行了修订。9月9日，集团公司又在各成员企业针对特种设备的安全管理，开展了为期2个月的特种设备安全管理专项治理活动；要求各施工单位要按照国务院《特种设备安全监察条例》和集团公司有关特种设备的管理规定，逐条对照、逐项检查，并要求各单位在10月31日前，向集团公司安监部上报特种设备安全管理专项治理活动报告。

这次特种设备专项治理活动，共对3357台（套）特种设备进行了安全检查，消除了一些设备存在的安全隐患，提高了各单位设备安全管理能力，保证了特种设备的安全运行。

（王建伟）

【国资委安全生产第二督察组对集团公司安全生产进行督察】　2005年12月19～20日，以国资委副主任王瑞祥为组长的国务院安全生产第二督察组一行12人，到贵州构皮滩水电站工地，对集团公司安全生产工作进行督察。集团公司副总经理孙洪水、水电七局局长刘明江、水电十四局局长李跃平分别向督察组就安全生产工作进行了专题汇报。督察组对构皮滩水电站施工的水电八局、水电九局联营体的安全生产资料和构皮滩施工现场进行了检查，同时还深入到构皮滩水电站拦河大坝、地下厂房等主要施工现场进行实地安全检查。检查结束后，王瑞祥副主任代表督察组，在肯定工作成绩的同时，对集团公司安全生产工作提出了督察意见。

（张世园）

专业会议

【2005年安全生产工作会议】　3月29日，集团公司2005年安全工作会议在长沙举行，各工程局（厂）主管安全工作的副局长、安全管理部门负责人和联营体安全部门负责人100人参加会议。集团公司总经理郭建堂，副总经理孙洪水、集团公司顾问付元初出席会议，国家安全生产监督管理总局副司长王力争、国家电力监管委员会安全监管局副局长么虹、建设部安全监察处处长邓谦应邀出席会议。会议由安全生产监督管理部主任高翔主持，郭建堂总经理在会上作了讲话，他要求各成员企业要以“三个代表”重要思想为指导，牢固树立“以人为本”的理念，以高度的责任感和使命感，维护好职工的生命安全。孙洪水副总经理做了题为《加强安全管理　营造职业安全健康环境　为实现集团公司总体发展目标而奋斗》的安全工作专题报告，在总结2004年集团公司安全生产工作的同时，对2005年集团公司安全生产工作进行了安排部署。

水电七局、水电九局、水电十二局、水电十四局在会上作了安全管理经验交流。会议于30日结束。

（陈魏龙）

【集团公司2005年安全生产专题会议】　2005年8月23日，集团公司安全生产专题会议在北京召开，集团公司总经理郭建堂，副总经理范集湘、刘起涛、袁柏松、孙洪水，纪检组长唐苏军，顾问付元初出席会议，国务院国有企业监事会范有年主席、国家安全生产监督管理总局王力争副司长，国资委业绩考核局王晞副局长，国务院电力监管委员会池建军处长应邀出席会议。集团总部各部门负责人，各工程局（厂）主要领导、分管安全生产的领导及安全管理部门负责人70人参加会议。这次专题会议的中心任务是：总结2005年以来安全生产工作的经验教训，分析形势，查找根源，研究和部署今后一个时期的安全生产工作。会议由副总经理孙洪水主持，郭建堂总经理作了安全生产专题工作讲话。郭建堂总经理在讲话中全面客观地总结了上半年以来集团公司的安全生产工作，深刻分析了安全生产所面临的严峻形势，并重点从主观上剖析了在安全工作上的差距。他要求各工程局（厂）主要负责人，要充分认识安全生产的重要性，正确处理安全生产与其他各项工作的关系，按照《安全生产法》对安全第一责任人的要求，切实履行职责，抓好安全生产管理工作；要切实加强对农民工和分包商的安全生产管理工作，杜绝有法不依、习惯性违章的不良倾向，减少安全事故的发生。

（王建伟）

2005年度安全生产先进单位及先进个人

集团公司2005年度安全生产先进企业

水电七局

水电十二局

水电十三局

水电十四局

集团公司2005年度安全生产先进项目部、先进个人

序号	单位	项 目 部	项目经理
1	水电一局	宝泉蓄能电站项目部	沈志松
2	水电一局	双沟电站项目部	李 岱
3	水电一局	琅琊山蓄能电站项目部	艾 民
4	水电二局	建筑分局第七项目部	柯 勇
5	水电二局	四分局第五项目部	付首柱
6	水电二局	五分局第一项目部	于海安
7	水电三局	景洪施工局	胡海涛
8	水电三局	西霞院项目部	李云龙
9	水电三局	西龙池施工局	张育林
10	水电三局	柴家峡项目部	胡海涛
11	水电四局	第三施工局金安桥项目部	徐银林
12	水电四局	机电安装分局三峡项目部	牟官华
13	水电四局	第二施工局张河湾项目部	白明才
14	水电四局	第五施工局康扬项目部	王俊明
15	水电四局	水工厂三峡分厂	霍建民
16	水电四局	第一施工局拉西瓦施工局	曹明杰
17	水电五局	六分局宜兴施工局	贺 祝

续表

序号	单位	项 目 部	项目经理
18	水电五局	四分局大金坪项目部	周仁祖
19	水电五局	安装分局桐柏项目部	黄卫东
20	水电五局	水工机械厂	刘振宏
21	水电六局	宜兴蓄能电站施工局	毕可亮
22	水电六局	云峰电站项目部	雷 达
23	水电七局	宝泉电站项目部	吴越键
24	水电七局	龙滩项目部	张 桥
25	水电七局	硗碛项目部	莫永彪
26	水电七局	长洲岛项目部	张登柱
27	水电七局	彭水电站项目部	但 东
28	水电七局	姜射坝项目部	首联万
29	水电七局	水界路项目部	赵昌银
30	水电七局	工程机械公司	杨 愚
31	水电八局	四分局	刘海生
32	水电八局	武都施工局	成新文
33	水电八局	安装分局三峡项目部	姚正鸿
34	水电八局	贵阳机械厂	刘光华
35	水电八局	构皮滩施工局	何晓忠
36	水电九局	铜湾施工局	刘建安
37	水电九局	构皮滩厂房项目部	金 维
38	水电九局	思林电站导流洞项目部	赵黔明
39	水电九局	贵州建设有限责任公司	刘 豫
40	水电十局	湾坝河二级电站厂区项目部	何开平
41	水电十局	伊朗塔里干项目部	杜学泽
42	水电十一局	安装分局朝阳项目部	彭乃钦
43	水电十一局	二分局九甸峡项目部	李洪瑞
44	水电十一局	五分局大盈江项目部	周向东
45	水电十二局	滩坑施工局	陈泽鑫
46	水电十二局	黑麋峰施工局	方飞来
47	水电十二局	界竹口项目部	赵余红
48	水电十三局	温州戍浦江河口大闸项目部	徐剑亭
49	水电十三局	济南解放路综合改造项目部	王庭安
50	水电十三局	河南扶项高速公路项目部	徐世东
51	水电十三局	重庆涪陵项目部	戚继舫
52	水电十三局	天津疏浚工程项目部	葛 鹏
53	水电十四局	三峡地下电站项目部	付 勇
54	水电十四局	西霞院项目部	俞祥荣
55	水电十四局	泗南江项目部	杨大志
56	水电十四局	金沙江分局	樊明滇
57	水电十四局	构皮滩项目部	吴云红
58	水电十四局	广东分局	于 涛

续表

序号	单位	项目部	项目经理
59	水电十五局	公伯峡项目部	安新义
60	水电十五局	贵州锦丰金矿项目部	王国强
61	水电十五局	桂林南山水利枢纽项目部	杨　刚
62	水电闽江局	南平分局洋口电站项目部	王文飞
63	水电闽江局	基础分局	黄炳煌
64	水电基础局	田湾河仁宗海基础处理项目部	韩　伟
65	夹江水工厂	动力车间	刘毓峰
66	联营体	龙滩78葛联营体	文加海
67	联营体	构皮滩八九联营体	戴科夫
68	联营体	构皮滩八九联营体砂石项目部	连跃峰
69	联营体	141联营体	刘　光
70	联营体	龙滩1478联营体	黄　岗

集团公司2005年度安全生产先进工作者

序　号	单　位	安全生产先进工作者
1	水电一局	王景忠
2	水电三局	李桂兰
3	水电七局	徐志成
4	水电九局	况明胜
5	水电十二局	汪祖武
6	水电十三局	赵庆斌
7	水电十四局	罗　霖
8	水电闽江局	徐孝模
9	水电基础局	贺永利

（张世园）

企业改革

概述

2005年是集团公司改革发展取得重要进展的一年。企业发展部按照集团公司2005年工作会议和总部工作会议的部署，坚持“超前思考、审慎筹划、重点突破、规范运作”的工作方针，在企业改革、战略管理、法治建设、政策研究等方面积极探索、努力创新，取得了较好的成绩，为集团公司的改革发展作出了应有的贡献。

一、企业改革取得阶段性成果

1. 整体改制试点企业健康运行。集团公司确定的2家整体改制试点企业——基础局和富春江厂，相继于2005年初全面完成改制工作。改制后的新公司正式挂牌运作以来，新体制和机制的优势逐步得到体现，生产经营、经济效益情况良好，职工思想稳定、收入有所提高，达到了改制的预期目的。组织开展了富春江厂的清算工作，较好地处理了改制后的遗留问题。

2. 主辅分离、改制分流工作继续推进。在巩固已改制企业成果的基础上，又有5家企业完成改制工作。

3. 建立和完善国有独资公司董事会试点工作开始展开。为探索在国有全资企业建立现代企业制度的途径，按照国资委的要求，集团公司决定在水电十五局开展建立和完善国有独资公司董事会试点工作。水电十五局按照集团公司批准的试点方案，已进入实际运作阶段。

4. 专业公司的组建工作有实质性进展。经过反复调研论证，组建集团路桥公司的方案已经集团公司原则通过，筹备组建工作正式展开。路桥公司的建立将为集团公司内部资源整合、产业结构调整产生积极作用。

二、战略管理进入新阶段

1. 集团公司总体发展战略进一步完善。在原已制订的集团公司发展战略和3年发展规划的基础上，集团公司总体发展战略的思路在实践中得到进一步完善。郭建堂总经理提出的分三步走把集团公司建设成为大型跨国公司的战略设想，得到了广泛认同，极大地鼓舞了广大员工，已经成为共同的奋斗目标。围绕这一目标所提出的转变增长方式、实施集团化经营战略、推进企业改革和战略重组、进行产业结构调整等战略措施已经成为指导集团公司及其子公司工作的基本原则。

2. 集团公司的主业得到国资委确认。在审核集团公司发展战略和相关论证材料的基础上，国资委公布确认了集团公司的主业，在传统的工程承包及其相关设计、咨询、设备制造业务的基础上，增加了水电开发经营和房地产开发经营业务，为集团公司的更好发展提供了广阔空间。

3. 战略管理体系逐步形成。按照国资委的要求，结合集团公司的实际，制订了《集团公司战略管理暂行办法》，规范了战略管理的工作内容和程序，使战略管理工作纳入制度化、规范化轨道。为适应不断发展变化的形势需要，开始探索滚动编制发展规划，组织起草了《集团公司2006～2008年发展规划》初稿。在集团公司的指导下，绝大多数子公司已编制并向集团公司上报了发展战略。一个以集团公司总体发展战略为龙头，专业战略和子公司战略为支撑的战略管理体系正在开始形成。

三、依法治企取得新成绩

1. 以“四五”普法验收为契机，加强了依法治企的宣传。新《公司法》颁布后，及时组织了专题研究。按照国资委的部署，在年底组织进行了“四五”普法的检查验收，向国资委推荐了“四五”普法先进单位和先进个人。

2. 法治建设工作得到加强。2005 年 6 月组织召开了集团公司首次法治建设座谈会，在总结前一阶段集团公司法治建设工作的基础上，找出了法治建设中存在的不足和问题，提出了加强法治建设工作的具体措施和要求。

3. 开展了法律风险防范的初步研究。在调研的基础上形成了《关于加强集团公司法律风险防范的建议》，对集团公司及全资企业、控股子公司潜在的法律风险源进行了初步分析，提出了对策和建议。根据国资委的有关规定，制定了《集团公司重大法律纠纷案件管理暂行办法》。

4. 充分发挥法律顾问的作用，开展法律咨询，提供法律意见。在集团公司重大投资决策、重要经济合同签订、重要规章制度制订（如集团公司担保管理办法等）、企业债券发行、企业办社会职能移交等过程中承担了进行法律审核的责任，尽可能地避免了法律风险，为维护集团公司合法权益起到了一定的作用。

四、政策研究的作用得到较好发挥

1. 国家电力体制改革中明确的有关政策基本得到落实。经过多年来的艰苦努力，国家电力体制改革中明确对水电施工企业的扶持政策，如继续给予 3 年困难补助、补充资本金、帮助解决离退休职工统筹外费用等已陆续得到落实，为解决水电施工企业历史遗留问题创造了条件。920 万千瓦发电资产分配的政策，已确定基本原则，有待进一步落实。

2. 争取落实了改制企业免税政策。由于财政部和国家税务总局原先的文件明确规定建筑业不属于享受免税政策的范围，使改制分流的建筑施工企业难以享受国家 8 部委 859 号文规定的免税优惠。为解决这一问题，集团公司通过调研收集有关材料，向国资委、国家税务总局、财政部专题汇报，并提出了切实可行的政策建议，经过多方努力，终于使国家有关部门转变了认识，采纳了集团公司的建议。允许建筑施工企业有条件免税的政策已被作为鼓励改制分流的配套政策，即将正式出台。

3. 围绕集团化建设中的重大问题开展专题研究。先后组织了国有独资公司董事会建设、国有企业法律顾问制度、国际工程承包、新《公司法》等专题研究。

（许贺龙）

企业发展部

【部门职责编制】 根据集团公司《关于印发〈中国水利水电建设集团公司总部机构设置方案〉的通知》（中水电企［2003］30 号），企业发展部主要职责是：

1. 提出集团公司发展战略和中、长期发展规划的建议，经集团公司决策后组织实施。

2. 负责集团公司重大改革方案的制定，推进企业改革的深化。牵头开展集团公司建立现代企业制度、战略重组、改制改组等方面的工作，协调处理改革改制工作中有关问题。

3. 负责对集团公司集团化建设和管理方面重大问题的前瞻性和对策性研究，并进行操作性的策划。

4. 研究制定企业管理创新方面的规划措施，进行管理现代化成果评审和申报工作。

5. 负责集团公司的法律事务工作，为集团公司重大经营决策、经济活动提供法律服务与支持；指导子公司的法律事务工作。

6. 指导集团公司的普法教育工作。

岗位职责设置：根据集团公司《关于重新确定集团公司总部管理部门编制及职位序列的通知》（中水电人［2005］57 号）和《集团公司总部管理人员竞争上岗实施办法》（人［2005］39 号）的有关规定，集团公司决定取消总部组织机构岗位设置中执行层高级主管的设置及称谓，增设处长编制。按照集团公司《中国水利水电建设集团公司总部中级管理岗位负责人公开选聘公告》（中水电党［2005］105 号），企业发展部设处长 2 人。其职责是，处长 1：在部门主任、副主任的领导下，协助负责企业改革方面的具体工作，研究、起草企业改革重组方案，并参与组织落实；协调解决企业改革重组过程中的有关问题；指导子公司的企业改革工作；参与政策研究、战略管理等工作。处长 2：在部门主任、副主任的领导下，协助负责法律事务管理工作，牵头起草法律事务管理方面的制度，并检查落实；根据集团公司领导的要求、接受有关部门的咨询，提供法律意见，出具《法律意见书》；了解各子公司在法律风险防范方面的工作情况，及时进行业务指导和帮助；协助负责企业法律顾问队伍建设的有关工作；参与企业改革、政策研究、战略管理等工作。

企业发展部编制6人。

主　任：许贺龙

副主任：李江波

（王晓轶）

【部门2005年工作】　按照集团公司2005年工作会议和总部工作会议的部署，企业发展部在企业改革、战略管理、法治建设、政策研究等方面做了以下工作：

一、在企业改革方面

1. 整体改制试点企业健康运行。水电基础局、富春江水工厂2家整体改制试点企业，于2005年全面完成整体改制工作。改制后的水电基础局有限公司和东芝（杭州）水电设备有限公司，生产经营、经济效益良好，达到了改制的预期目的。企业发展部还组织开展了对富春江水工厂的清算工作，较好处理了改制后的遗留问题。

2. 完成了集团公司系统第二批改制单位的报批工作。2005年5月19日，经国资委、财政部、劳动和社会保障部批准，集团公司系统第2批改制单位共24家。

3. 在水电十五局开始了建立和完善国有独资公司董事会试点工作。

4. 起草了集团路桥公司的组建方案，有关组建筹备工作正在进行之中。

5. 9月，在贵阳组织召开了集团公司改革工作座谈会，对企业改革工作进行了回顾和总结，并部署了下一步的企业改革工作。

二、在集团公司战略管理方面

1. 在已有集团公司总体发展战略基础上，完成了集团公司3年（2004～2006年）发展规划的起草工作。

2. 完成了上报国资委关于在集团公司主业确认有关材料的准备工作，2005年9月21日，国资委以（国资发规划［2005］251号）公布确认了集团公司主业除了传统的建筑工程及相关工程技术研究、勘察、设计、服务与专用设备制造外，还包括水电投资建设与经营，房地产开发经营业务。

3. 起草了《中国水利水电建设集团公司发展战略和规划管理暂行办法》，并于2005年8月16日，以（中水电企［2005］24号）正式印发。

三、依法治企方面

1. 组织进行了“四五”普法的检查验收工作，并向国资委推荐了集团公司“四五”普法先进单位和先进个人。

2. 6月，在北京组织召开了集团公司首次法治建设座谈会，对如何开展集团公司法治建设进行了研讨。

3. 开展了法律风险防范的研究。在调研基础上形成了《关于加强集团公司法律风险防范的建议》，对集团公司及全资企业、控股子公司潜在的法律风险进行了初步分析，提出了对策和建议。根据国资委的有关规定，制定了《中国水利水电建设集团公司重大法律纠纷管理暂行办法》（中水电企［2005］21号）。

4. 开展了法律咨询，承担了在集团公司重大投资决策、重要经济合同签订、重要规章制度制订、企业债券发行、企业办社会职能移交等过程中的法律审核工作，为维护集团公司合法权益发挥了作用。

（王晓轶）

改革改制

【基础局整体改制健康运行】　基础局作为集团公司首批主辅分离辅业整体分流改制单位，于2005年1月22日召开了中国水电基础局有限公司（以下简称基础局有限公司）第一届股东会第一次会议，建立股东会、董事会和监事会；2005年2月28日，完成了工商注册登记，公司依法成立。

2005年，是基础局有限公司运营的开局之年，全年完成企业总产值5.2亿元，实现利润1431万元，全员劳动生产率34万元/人·年，新签工程合同额6.5亿元，职工人均收入33800元/人·年，投资收益率10％，固定资产折旧率9.88％；合同履约率为100％，工程交验合格率100％，优良率92.3％；安全生产指标控制在集团公司考核指标之内。截至2005年底，基础局有限公司承建工程71项，完成单元工程5106个，经业主和监理评定的单元工程3713个，优良单元工程3330个；单元工程合格率100％，优良率89.7％；交验工程9项，交验合格率100％，优良率92.3％。在国内市场开发方面，共参与投标56项，中标23项，新签合同额达6.5亿元。改制后的基础局有限公司，管理得到加强，企业发展健康运行。

（李江波）

【富春江厂整体改制健康运行】　富春江水电设备总厂于2004年底整体改制后，更名东芝水电设备（杭州）有限公司（以下简称东芝水电），2005年2月1日正式运行以来，经济效益和市场运营都有了较大发展。

一、2005 年度主要经营情况

2005 年，东芝水电全年共出厂机组 9 台套（29 万千瓦），完成销售 3.09 亿元；新增股东及增资工作顺利完成；全年共承接合同 52 项，合同总价 6.2 亿元；同时，公司通过加强资金管理和成本控制，公司的经济运行质量明显改善，财务管理水平不断提高，多数经济指标都有不同程度的增长，主要经济指标与 2004 年度相比均有较大提高。

二、企业运营情况

2005 年，东芝水电在管理、营销、设计、制造、产品质量等各领域都有了很大进步和发展。

1. 明确了经营战略、目标

2005 年 3 月 30 日，制定了《东芝水电设备（杭州）有限公司 2005 年事业计划》，明确了全年经营战略、目标和方针。8 月 5 日又进一步制定了《2005 年事业计划概要》，对具体经营目标予以强化。

2. 发挥了董事会的决策作用

自 2005 年 2 月 2 日召开第一届董事会后，全年共召开 6 次董事会，先后讨论和决定了东芝水电设备（杭州）有限公司（公司内部英文称 THPC、中文简称东芝水电）的成立、增资确认、《章程》修改、《2006 年度～2010 年度中期事业计划》审议、人事任免等 13 项涉及公司的一系列重大重要事项。

3. 举办了“开业庆典”

经过 2 个多月的筹划，4 月 16 日东芝水电“开业庆典”在杭州西湖国宾馆和富春江工厂举行。日本东芝公司社长冈村正、集团公司副总经理袁柏松、杭州市副市长沈坚等 300 多名地方政府官员和企业界人士出席了开业仪式。

4. 制定了公司中长期发展战略与规划

制定了东芝水电《2006 年度～2010 年度中期事业计划》。确定了东芝水电未来五年的经营目标及销售、设备投资、人力资源、损益等计划。

5. 完成了新增股东及增资工作

2004 年 11 月 2 日，株式会社东芝、中国水利水电建设集团公司以及富春江水电设备总厂共同起草签订了《增资协议书》，2005 年 7 月 20 日，《增资协议书》得到浙江省外经贸厅批准，获《中华人民共和国外商投资企业批准证书》；8 月 23 日，浙江省工商行政管理局颁发了东芝水电设备（杭州）有限公司新的营业执照，工商登记变更完成。截至 2005 年底，出资三方第一阶段缴付出资、验资已经完成，新增股东及增资工作完成。

6. 企业管理得到加强

规范和完善了企业内部管理制度，制定了东芝水电《员工守则》、《主要会议制度》、《一般经费事前审批相关规定》、《采购过程控制程序》、《文件管理规定》、《经营会会议纪要发布保管规定》以及 ISO 体系管理文件等一系列文件和管理规定，进一步完善了经营管理、财务资产管理、项目管理、质量管理、品质保证及采购管理等管理办法，并积极推进各项管理办法的落实，使公司各项工作向程序化、规范化管理迈进。

7. 导入先进管理经验，推进企业改革

为导入东芝先进的管理理念和先进的管理方法，达到真实反映产品实际制造成本的目的。2005 年 6 月，东芝水电在专家的指导下，以定价管理为切入点，推进企业改革工作，成立了改革领导小组和事务局，制定了工厂改革工作计划，具体指定了每一项工作对策、责任部门、责任人和完成时间等。改革工作的推进，使企业的成本管理工作得以明显加强。

（李江波）

【集团公司第二批主辅分离改制分流安置富余人员工作】 经有关工程局（厂）申报，集团公司审核确定，2005 年 1 月，集团公司向国资委、财政部、劳动和社会保障部（以下简称三部委）报送了拟进行第二批主辅分离改制分流实施方案。拟第二批主辅分离改制分流企业为 24 家，其中水电四局 5 家，水电八局 4 家，水电九局 3 家，水电十一局 10 家，水电十三局 1 家，富春江总厂 1 家。2005 年 5 月，拟第二批主辅分离改制分流实施方案获国家三部委批准。拟第二批改制分流的 24 个企业单位，涉及的资产总额 31506.48 万元，负债总额 18021.15 万元，国有净资产 13485.33 万元。涉及的职工人数为 3774 人，在 3774 名职工中有 3763 人参加改制分流，有 11 人另行安置。在 3763 名参加改制分流的职工中，有 1266 人进入到改制为非国有控股的改制企业，需支付解除劳动合同的经济补偿金 4268.52 万元；有 2497 人进入到改制为国有控股的改制企业，只变更劳动合同，不支付经济补偿金。进入到改制为非国有控股企业的职工与原主体企业解除劳动合同，并与改制企业签订 3 年以上的劳动合同。

截至 2005 年底，第二批改制企业中除 1 家单位完成改制分流工作外，其余单位改制分流工作正在进行之中。

（邓春芳）

【建立和完善国有独资公司董事会指导意见】 为指导全资子企业建立和完善国有独资公司董事会，加快和推进集团公司改制改革工作，根据《中华人民共和国公司法》（以下简称《公司法》）、《国务院国有资产监督管理委员会关于国有独资公司董事会建设的指导意见（试行）》，集团公司制订了《关于建立和完善国有独资公司董事会的指导意见（试行）》（以下简称《指导意见》）。《指导意见》对集团公司全资企业，建立和完善国有独资公司董事会的目的、指导原则、建立和完善董事会的范围、董事会的职责与权限、董事及外部董事制度、董事会的组成和专门委员会、董事会会议、董事会与总经理的关系、监事会、集团公司的职权等作出了明确界定。《指导意见》已于2005年10月14日，以（中水电企［2005］29号）文正式印发。

（李江波）

战略规划

【完善总体发展战略】 2005年，集团公司在2004年提出跨越式发展战略的基础上，提出了转变经济增长方式、增强可持续发展能力的重大战略决策，并在总结经验、展望未来的基础上，形成了跨越式发展的“三步走”发展战略。

第一步为综合发展阶段（20世纪90年代末～2004年）。以规模扩张为主要内容。这一阶段企业经营规模持续增长，经济效益和经营质量逐年改善。这一阶段的任务已基本完成。

第二步为全面发展阶段（2005～2010年）。以转变经济增长方式，提高经济效益和经营质量，增强企业可持续发展能力为主要内容。这一阶段的主要任务是：创新企业发展模式，提高经济增长质量和效益，加快改革创新步伐，调整产业结构，增强国际化经营能力，追求集团财富创造最大化，到2010年，初步建成具有较强自主创新能力、可持续发展能力和国际竞争力的跨国企业。

第三阶段（2010～2015年）为国际化发展阶段。实现资本、经营、管理的国际化，将集团公司建设成为具有国际竞争力的大型跨国公司。

至此，集团公司战略发展思路日益明晰，总体发展战略日臻完善。

（王晓轶）

【集团公司战略管理体系】 2003年初，集团公司提出了建设具有国际竞争力的大型跨国企业集团的战略目标。2004年围绕这一战略目标，集团公司确立了跨越式发展战略，提出了“五大跨越”的总体战略任务。即：规模和效益的跨越，市场领域和产业结构的跨越，体制和机制的跨越，管理和技术上的跨越，队伍结构和思想观念的跨越为主要内容的战略体系。跨越式发展战略的确立对集团公司当前和长远发展具有十分重要的意义。

2005年，集团公司提出了跨越式发展的“三步走”战略，即综合发展阶段、全面发展阶段和国际化发展阶段。3月，集团公司印发了《中国水利水电建设集团公司三年（2004～2006）发展规划》（中水电企［2005］7号）；8月16日，集团公司又以（中水电企［2005］24号）印发了《中国水利水电建设集团公司发展战略和规划管理暂行办法》。根据集团公司3年发展规划，集团总部有关部门相继制定了有关《集团公司国际业务发展规划》、《集团公司信息化发展规划》、《集团公司人才发展规划》、《集团公司投资规划》等规划。集团公司战略管理体系已经形成，集团公司发展的方向更加明确，集团公司的战略中心作用日益突显。

（王晓轶）

【集团公司发展战略和规划管理暂行办法】 为了规范集团公司战略管理工作，提高战略管理水平，按照国资委《中央企业发展战略和规划管理办法（试行）》（国资第10号令）集团公司制定了《中国水利水电建设集团公司发展战略和规划管理暂行办法》（中水电企［2005］24号）（以下简称《战略规划管理暂行办法》）。《战略规划管理暂行办法》共20条，对集团公司发展战略和规划管理的内容、发展战略和规划的决策机构、发展战略和规划管理的归口部门、集团公司和子公司发展战略的编制、企业发展战略和规划应包括的主要内容、集团公司对子公司报送的发展战略和规划的审核等作出了明确的规定。《战略规划管理暂行办法》，已于2005年8月16日正式印发执行。

（王晓轶）

【滚动编制发展规划】 在《中国水利水电建设集团公司三年（2004～2006）发展规划》（中水电企［2005］7号）的基础上，2005年集团公司组织滚动编制了《中国水利水电建设集团公司5年（2006～2010）发展规划》（以下简称《五年规划》）。《五年规划》根据集团公司外部环境发展趋势和集团公司自身发展实际对集团公司的发展目标进行了调整，明确了到2010年，集团公司各项主营业务包括工程承包、投资、房地产等发展的具体目标；提出到2010年建成具有较强自主创新能力，可持续发展能力和国际竞争力的跨国企业的战略目标，进一步明确了集团公司发展的方向和目标，全面构画了集团公司未来5年的发展蓝图。

（王晓轶）

企业法治建设

【“四五”普法总结验收】 按照国家“四五”普法办公室统一部署，“四五”普法工作从2001年开始至2005年底结束。2005年为普法总结验收年，根据国资委《关于中央企业“四五”普法总结验收工作的指导意见》(国资厅发法规［2005］10号）的统一布置，集团公司决定对各工程局（厂）“四五”普法工作进行考评验收。2005年6月，集团公司成立了“四五”普法总结验收考评小组，对各工程局（厂）“四五”普法工作，从组织落实、学法用法守法、依法维权、宣传教育、普法成效、普法创新等6个方面进行考评验收。经考评组考评验收，集团公司所属各单位都按照国家“四五”普法办公室的要求，开展了“四五”普法工作。其中，水电四局被中共中央宣传部、司法部授予“2001～2005年全国法制宣传教育先进集体”称号；水电七局、水电十三局被国资委授予“中央企业‘四五’普法先进单位”称号，集团公司6人获得国资委授予的“中央企业‘四五’普法”先进个人称号。

（杨春旭　丁新举）

【法律事务管理】 按照企业法律事务，主要侧重于执行国家各项法律法规以及企业的规章制度；同时结合企业发展实际研究国家各项法律法规，有效进行依法开拓市场，依法决策，依法经营，依法维权，依法防范企业风险的基本原则。集团公司本着法治化管理，国际化经营的战略目标，对于企业经常性的法律事务设置了基本岗位，即：合同管理岗位、法律事务咨询岗位、法治研究岗位、法治宣传教育岗位、法治队伍建设岗位和案件纠纷协调岗位。

对于以上6个基本岗位规定了岗位职责，建立了考核标准，使企业法律事务管理基本做到了任务明确、职责清楚，初步实现了管理规范的法治化管理基本模式，满足了事先预防法律风险防范的基本要求。

（杨春旭）

【企业法治建设】 2005年，集团公司进一步加强了企业法治建设。于2005年6月6日，召开了集团公司首次企业法治建设座谈会，对集团公司法制建设进行了总结；印发了《中国水利水电建设集团公司重大法律纠纷管理暂行办法》（中水电企［2005］21号），对重大法律纠纷案件的处理、报告、协调、奖惩进行了规范。

（丁新举）

专业会议

【集团公司企业法治建设座谈会】 集团公司首次企业法治建设座谈会，于2005年6月6日在北京中民大厦召开。集团公司总经理郭建堂、副总经理袁柏松，国资委政策法规局肖福泉处长出席会议，各工程局（厂）分管法律工作副局长、法律事务部门负责人以及集团总部有关部门负责人52人参加会议。郭建堂总经理在会上作了讲话，他要求各成员企业要不断提高对依法治企重要性的认识，做到遵纪守法，依法经营，充分发挥法律顾问在企业经营工作中的作用，用法律手段保护企业利益。袁柏松副总经理作了题为《全面加强法治建设，为集团公司跨越式发展提供法律支持与保障》的工作报告。报告对集团公司成立以来的法治建设工作进行了回顾，指出：集团公司法治建设体系基本确立，法治化管理的基本内涵得到初步实践，法治的效益观念在员工中逐步加强，各级领导依法决策、依法治理的要求越来越强，对经济合同的管理水平普遍提高。袁柏松副总经理要求各单位，一要认真落实国资委关于企业法制建设的指示，尽快制定措施，建立健全法律风险防范体系；二要运用法律手段，为企业改革保驾护航；三要为企业发展提供法律服务与支持；四要为迎接国家“四五”普法验收，做好“五五”普法工作的准备；五要完善企业法治工作机构，培养壮大法治工作者队伍。

会议对《集团公司重大法律纠纷案件管理办法》进行了研讨，对“2004年依法治企工作先进个人”进行了表彰。会议于当日下午结束。

（丁新举）

【集团公司改革工作座谈会】 9月13日，集团公司改革工作座谈会在贵阳召开。集团公司总经理、党组书记郭建堂，副总经理、党组成员袁柏松，国资委分配局副局长李燕斌出席会议，各成员企业主要负责人和集团总部有关部门负责人70人参加会议。郭建堂总经理在会上作了讲话，强调企业改革的好坏是决定企业发展快慢的重要因素，而企业改革能否顺利推进，领导班子，特别是企业一把手的态度至关重要。郭建堂总经理要求各成员企业的改革工作一把手要举旗，领导班子要勇于开拓进取，勇于创新，带领企业走出一条新路，走出一片新天地。

集团公司副总经理袁柏松作了题为《积极实施“三步走”战略　努力推进企业改革》的专题讲话，确定今后一个时期集团公司企业改革工作的整体思路是：以建立现代企业制度为目标，以调整产业结构、队伍结构为主线，以实施主辅分离、辅业改制为重点，用2～3年时间，基本完成主辅分离、辅业改制和产业结构、队伍结构的初步调整，在此基础上实施战略重组，力争在2010年前，在集团公司范围内基本建立起规范的现代企业制度。

水电七局、水电九局、水电基础局有限公司和富春江总厂，围绕企业改制、辅业分流作了经验介绍。会议于14日结束。

（李江波）

信息化管理

概述

2005年，集团公司信息化建设规划正式开始实施，信息资源规划已经正式立项；集团总部和各成员企业全部建成了局域网系统，集团广域网正在规划建设中；以财务管理为重点的经营管理信息系统得到成员企业普遍重视和广泛应用；在各成员企业不同程度应用的基础上，集团公司项目管理信息化试点工作已经开始。

信息化基础工作不断加强，信息化应用水平不断提高，有力地促进了企业提高管理水平和管理效率，使企业核心竞争力不断增强，经济效益不断提高。

（王　亘）

信息中心

【部门职责编制】　根据《中国水利水电建设集团公司总部机构设置方案》和集团公司信息化建设规划，按照集团公司领导对于信息化建设的指示，结合集团公司跨越式发展第二阶段的目标，信息中心的主要职责是：

1. 编制集团公司信息化建设规划和信息标准、规范、并组织实施。

2. 负责集团公司广域网的规划、建设、管理和集团公司总部网络的建设、运行、维护和管理工作。

3. 负责集团公司综合管理信息平台和各类应用软件系统的规划、设计、开发、实施、推广、维护、管理工作；负责集团公司电子商务的开发、运行和管理。

4. 规划和开发建设集团公司各类数据库和信息库，组织国内外水电信息资源的开发、收集、处理、分析、预测、建库及编发等工作；搜集掌握有关信息，提供信息服务。

5. 指导成员企业的信息化建设和计算机网络信息安全工作；负责集团公司信息队伍的建设。

6. 承办和参加有关信息方面的展览、交流活动；利用信息资源开展经营业务。

另外，根据集团公司《关于重新确定集团公司总部管理部门编制及职位序列的通知》（中水电人［2005］57号）和《集团公司总部管理人员竞争上岗实施办法》（人［2005］39号）的有关规定，集团公司决定取消总部组织机构岗位设置中执行层高级主管的设置及称谓，增设处长编制。按照集团公司《中国水利水电建设集团公司总部中级管理岗位负责人公开选聘公告》（中水电党［2005］105号），信息中心设处长2人，其职责是：处长1：在部门主任、副主任的领导下，协助负责集团公司的信息化建设的规划、广域网建设和信息管理系统建设。对各工程局（厂）的业务指导及信息管理系统的开发、应用和推广等工作的管理。处长2：在部门主任、副主任的领导下，协助负责集团公司总部局域网和网站日常维护及网络的安全运行、客户端的日常维护等工作的管理。

信息中心编制6人。

主任：王亘

（李东风）

【部门2005年工作】　2005年，信息中心认真贯彻执行集团公司工作会议精神，继续推进集团公司信息化建设，试点推广了办公自动化等应用系统，完成了办公楼网络和视频会议室系统建设的前期工作，开展了信息化专业人员培训工作，全年主要作了以下工作。

1. 起草了《中国水利水电建设集团公司信息化十一五规划》，并于2005年5月18日，以（中水电信［2005］5号）文正式下发。

2. 开展了信息系统的推广与应用。一是加强办公自动化系统的推广，提高办公效率，逐步实现无纸化办公。二是与有关部门一起做了有关管理系统的前期调研和选择工作。三是为集团公司的电子商务系统进行前期准备工作，在机电物资公司的配合下，完成了合格供应商名录的前期资料收集工作。

3. 完成了集团公司办公楼的网络和视频会议室等系统建设的前期工作。

4. 开展了对各成员企业信息化建设主管人员的业务培训工作。

5. 制定下发了《集团公司网站信息管理有关规定》(中水电信［2005］8号)，加强了集团公司网站信息发布和本部软硬件系统维护与服务工作。

（王　亘）

信息化建设

【集团公司信息化“十一五”规划】　为推进集团公司信息化建设，使信息化建设更好的为集团公司跨越式发展服务，集团公司制定了《中国水利水电建设集团公司信息化十一五规划》(中水电信［2005］5号)(以下简称《信息化十一五规划》)。《信息化十一五规划》共4章，对集团公司信息化建设的指导思想、基本原则、信息化现状、存在的问题、发展目标、主要任务以及信息化建设保障措施和组织实施等进行了深入分析和明确规划。《信息化十一五规划》已于2005年5月18日，以(中水电信［2005］5号)文正式印发。

（李东风）

【集团公司办公大楼信息网络建设】　从集团公司信息网络系统二期工程建成并开通以来，由于白广路办公区的网络硬件平台是由中国电力信息中心统一管理，因此，白广路办公区的信息网络系统建设暂告一个段落。信息中心的日常工作就是保证白广路办公区信息网络系统中服务器和终端设备的正常运行。

2005年，随着集团公司在车公庄西路办公大楼的建设，配套的信息网络系统建设工作随之全面展开。除了网络系统本身硬件平台的建设之外，与大楼信息化建设相关的综合布线系统、通信系统、视频会议室和机房环境建设等相关任务都陆续展开。集团公司办公大楼信息网络系统建设主要包括以下内容：

1. 大楼的综合布线系统作为基建项目的一部分，由中环房地产公司统一负责招标建设。信息中心对布线工程的整个过程，包括方案的制定、设计审查、设备的选型、布线工程的实施、测试都进行了严格的监督，确保了整个信息网络底层传输通道的质量。

2. 聘请中电飞华通信股份有限公司作为整个信息网络系统建设的设计单位，制定了办公大楼信息网络系统建设的设计方案和费用预算。

3. 根据集团公司的业务特点和实际需要，聘请有关方面的专家，组织专业人员，对信息网络系统设计方案进行了反复研究、论证，最终形成了比较完整和优化的信息网络系统设计审查意见和实施方案。

4. 设计方案审查通过后，集团公司办公大楼工程协调领导小组及时成立了信息网络系统招标协调小组和招标工作组。工作组按照协调小组的要求，组织编写了《中国水利水电建设集团公司办公楼信息网络系统和会议室工程招标大纲》，由中国水电建设集团租赁控股有限公司作为招标代理机构，严格按照国家有关规定进行了工程项目的招标。

5. 招标工作完成后，信息中心抽专人专职负责各个分项目的工作。并聘请专业的信息化建设监理公司协助作好办公大楼的信息网络系统建设。

截至2005年底，机房装修和视频会议室系统的建设工作已经全面展开，各个分项目承建商制定了详细的项目实施方案，并完成了设备的订货工作。

（王海涛）

【集团公司网站建设与管理】　继续推进集团公司信息化建设，充分利用集团公司网站的优势，整合信息资源，挖掘集团内部信息的利用价值。2005年上半年，信息中心聘用了包括总部和各工程局（厂）在内的共78名网站信息协管员，以保证集团公司网站信息发布的广泛、及时和准确。按照网站“准确及时提供有用信息，全面客观展示集团形象，充分体现集团宣传意图”的原则，在规划集团公司门户网站的同时，根据国资委确认的集团公司主业内容，对集团公司网站主导内容及栏目划分进行了适当调整，在首页增加了水电建设、国际业务、投资经营、设备物资、房产地产、技术研发等栏目，并定制了分栏页面。

2005年12月12日，集团公司印发了《关于集团公司网站信息管理有关规定的通知》(中水电信［2005］8号)，对集团公司网站设置的各级栏目进行了明确分工，各栏目信息内容的组织与发布由责任部门负责维护，并确定了栏目编辑及栏目责任人，以确保网站信息发布不出现失真或泄密等情况。

（洪宝恩）

【集团公司网站信息管理有关规定】　为确保集团公司网站信息发布及时、准确，防止信息失真或泄密等问题发生，2005年12月12日，集团公司印发了《关于集团公司网站信息管理有关规定的通知》(中水电信［2005］8号)，对信息的投递、一般信息发布、重要信息发布、部门主页信息发布等作出了明确规定。

（洪宝恩）

【集团公司信息化建设考评】　按照《中国水利水电

建设集团公司信息化建设工作考核办法》(中水电信[2004]2号)的要求,2005年度集团公司各成员企业的信息化建设考核工作,从2006年2月开始至3月31日结束,从各成员企业报送的有关资料情况看,各成员企业信息化组织机构全部落实,成立了信息化建设领导小组和信息化建设主管部门,配置了相关的技术和管理人员,组织保证体系完善;各成员企业都不同程度的建成了局域网系统,实现了Internet的宽带接入,方便了信息浏览和网络通信,同时各成员企业都建立了自己的网站。根据2005年度集团公司信息化建设综合考评,水电二局、水电七局、水电十二局、水电十四局、水电基础局在信息化建设中成绩比较突出。

(李东风)

【办公自动化系统应用】 集团公司办公自动化系统,是2002年初由中电普华公司负责实施的,同年9月正式运行;系统的主要功能包括发文管理、收文管理、签报管理、大事记等,主要解决集团公司总部的办公自动化应用。系统运行3年多来,经过不断的完善和修改,简单实用、稳定可靠,为实现集团公司内部文件流转过程的无纸化发挥了很大作用,提高了办公效率,节约了成本。集团公司办公自动化系统,采用莲花公司的Notes作为基础平台,B/S结构,数据存储和操作均在服务器端进行,保证了系统的安全稳定运行,减少了客户端的维护工作量。

(李东风)

【信息化建设人才培训】 2005年10月14~20日,集团公司第二期信息化人才培训班在北京中国科学院软件高级技术培训中心举办,集团总部及各工程局(厂)信息中心技术人员25人参加了为期一周的学习培训。这次培训的主要内容包括:基于Web应用的数据库应用技术,基于Web的动态网站开发技术,FrontPage2003网站开发软件,Flash动画制作软件。培训的目的是使学员掌握基础数据库技术、动态网站设计开发技术的综合网站设计、开发与制作技能,培训后能够独立进行或组织进行中型网站的开发与制作。

(洪宝恩)

专业会议

【2005年信息化工作会议】 2005年6月29日,集团公司2005年信息化建设业务工作会在辽宁丹东召开,会议的主要任务是总结2004年度集团公司信息化建设工作,安排部署2005年集团公司信息化建设任务,讲解集团公司“十一五”信息化建设规划,讨论集团公司信息化建设工作具体实施方案。集团公司副总经理孙洪水出席会议并作了讲话,各工程局(厂)信息化建设主管领导及信息化建设部门负责人60人参加会议。孙洪水副总经理在讲话中,要求各工程局(厂)要增加对信息化建设的资源投入,统一规划、分步实施,加快集团公司综合信息网络平台建设,建成完善的信息系统安全防护体系,高标准建设集团公司信息化系统。

会议邀请清华大学教授、博士生导师范玉顺为与会人员主讲了《水利行业信息化》课程;并对在2004年度信息化考评中成绩突出的水电二局、水电七局、水电六局、水电十一局、水电十二局、水电十四局进行了表彰。会议于30日结束。

(洪宝恩)

市场经营

概述

集团公司坚持以科学发展观统领全局,着力提升创新能力,坚定不移地推进集团全面可持续跨越式发展进程,加快建设具有较强国际竞争力的跨国企业集团,集团化建设取得较大成就,集团化市场经营开创了新的局面。

一是经营规模持续大幅增长,经营质量和效益逐年改善,集团继续保持良好的发展态势。2005年完成企业总营业收入318.11亿元,同比增长25.24%;全员劳动生产率24.49万元/人·年,同比增长27.24%;新签工程合同额506.23亿元,同比增长30%;实现利润总额同比增长58.26%;资产保值增值率同比提高1.29%;职工全员人均收入同比增长13.42%。全面超额完成国资委下达的年度经营目标,实现了国有资产的保值增值。

二是在做强做优水电建筑核心业务的同时,国内非水电建筑市场进一步延伸拓展。2005年,新签国内工程合同额367.59亿元,同比增长22.45%,其中非水电建筑签约金额约24.88亿元,路桥、市政、工民建、机场、核电、水务、环保等非水电建筑市场继续保持较大幅度增长,铁路等以前未涉足建筑市场取得突破,新的市场经营格局初步形成。

三是进一步理顺和强化了集团公司统筹经营的主导地位和营销中心地位。充分发挥集团公司的市场战略管理中心作用和市场统筹协调的龙头作用,不断提升企业核心竞争力。强化集团市场经营战略管理,加强工程合同经营管理,坚持经营管理转型,构建完善的激励和约束机制。坚定地实施市场经营战略，注重速度和结构、质量、效益的统一，把加快发展的着力点转到优化产业结构、提高经营质量效益上来，走集约化发展道路。市场竞争行为趋于理性，约60%的新签合同的质量及价格初步实现理性回归，集团公司的社会影响力和市场地位有较大提升。在市场经营中继续发挥集团市场经营主导优势，不断巩固和扩展水电市场，大力开展非水电市场，调整建筑产业结构，努力开创有利于集团发展的外部市场经营环境。

（陈国辉）

市场经营部

【部门职责编制】 2005年4月5日，集团公司以中水电人［2005］60号文印发了《关于集团公司市场部更名和重新确认部门工作职责及编制的通知》，将市场部更名为市场经营部，并对市场经营部职责及编制予以重新确认。市场经营部主要职责是：

1. 负责贯彻落实国家有关建筑市场经营法律、法规、方针、政策；按照国家有关法规和集团章程，制订集团公司建筑市场经营战略实施办法。

2. 负责集团公司国内建筑市场信息采集、分析，围绕重大投资建设项目和重要客户进行跟踪服务，建立集团公司国内建筑市场营销网络。

3. 负责编制集团公司年度经营计划，负责下达集团公司所属工程局（厂）、公司的年度经营计划。

4. 负责集团公司综合统计工作，组织集团年度统计数据的汇总、编辑、分析并形成统计汇编资料；完成主管单位、地方各级政府部门下达的各项统计任务。

5. 负责集团公司经济信息的收集、管理及各项经济指标的统计工作，掌握子公司市场开发情况和合同储备量，为集团公司生产经营决策和市场统筹协调服务。

6. 负责了解和掌握子公司重大工程承包合同的签约、履约情况，指导和监督子公司交易行为的契约化管理，解决联营体合同争议纠纷。

7. 负责与有关部门及子公司的联系工作，掌握集团公司国内建筑市场动态，编制企业定额所需的基础资料。

8. 收集成员企业经营管理情况和经验，并及时做好整理、分析、上报、反馈和交流推广。

9. 完成集团公司领导安排的其他工作。

部门岗位设置：根据集团公司《关于重新确定集团公司总部管理部门编制及职位序列的通知》（中水电人［2005］57号）和《集团公司总部管理人员竞争上岗实施办法》（人［2005］39号）的有关规定，集团公司决定取消总部组织机构岗位设置中执行层高级主管的设置及称谓，增设处长编制。按照集团公司《中国水利水电建设集团公司总部中级管理岗位负责人公开选聘公告》（中水电党［2005］105号），市场经营部设处长2人，其职责是：处长1：在部门主任、副主任的领导下，按照集团公司国内建筑市场经营战略制定有关市场经营管理规定实施细则，分析和总结各成员企业市场经营工作成效；协助负责建立集团公司国内水利水电工程造价控制体系，指导、总结成员企业国内水利水电工程成本控制和管理工作，协助负责建立健全集团公司和成员企业的国内水利水电工程施工定额编制和应用体系；协助组织实施集团公司工程造价专业人员的资格认证、培训工作，负责与有关工程造价协会建立工作联系；协助负责市场开发中的专业指导工作，参与对成员企业在市场竞争中价格自律的监控。处长2：在部门主任、副主任的领导下，协助负责跟踪、监控大型水电项目合同签订及执行情况，参与大型水电工程合同签订前的审查工作；协助负责评审联营体经营中各方之间的纠纷、争议，向部门领导提供裁决意见；协助对参与同一工程项目建设的各成员企业，在合同履行过程中进行指导、协调、服务及监督；协助组织召开成员企业项目经营管理工作经验交流会，协助负责组织从事经营管理工作的人员合同商务培训学习；总结、积累合同管理中的经验与不足，参与有关部门合同范本修订工作。

市场经营部编制8人。

主　任：刘伟民

副主任：王　礼

（陈国辉）

【部门2005年工作】 2005年，市场经营部认真贯彻落实集团公司工作会议精神，紧紧围绕集团公司改革发展大局，按照强化集团公司市场经营战略，以项目经营管理为重点，提高经营质量效益的工作思路，认真开展市场经营工作。

一是认真参加在集团公司总部开展的保持共产党员先进性教育活动。有计划的组织员工参加投标签约策略与合同管理实务知识培训，学习企业生产经营管理知识，不断加强自身素质建设，努力提高部门员工的政治理论素质和业务工作能力。

二是确立了以市场经营部为市场信息枢纽中心的地位，加强了与成员企业市场信息的交流与沟通。认真做好市场信息的研究预测，制定正确的市场开发策略，使市场信息更好地为集团公司成员企业的

经营工作服务。

三是完善了市场统筹工作的制度建设。制定了《中国水利水电建设集团公司建筑市场经营战略实施办法》(中水电市［2005］2号)，明确了集团公司的经营战略实施办法。

四是根据集团公司集团化经营管理的需要，结合各工程局上报的生产经营计划及近几年的发展趋势，制定并下达了2005年各工程局(厂)的生产经营计划。

五是加强了集团公司所属企业对在建项目经营活动的管理。为推进项目的顺利实施，市场经营部开展了深入的调研工作，制定了《中国水利水电建设集团公司国内联营体运营管理暂行规定》(中水电经［2005］2号)，进一步提升了联营体施工项目管理水平，促进了联营体施工项目管理工作科学、规范、有序和受控地进行。

六是按照集团公司市场经营战略的需要，制订了集团公司《市场经营管理若干规定》(中水电经［2005］3号)，开展了对工程建设施工合同进行审核制和备案制。

七是加强了集团公司成员企业市场经营及在建项目合同管理工作。为提高经营管理水平，2005年先后在西安和成都举办了3期商务管理培训班，聘请国内知名教授讲授投标签约策略与合同管理实务方面的知识。

八是进一步加强和规范集团公司综合统计工作，确保综合统计工作真实、科学、规范、有序地进行，结合集团公司战略发展需要，制定了《中国水利水电建设集团公司统计管理办法》(中水电经［2005］9号)。

九是开展了对集团公司所承揽工程项目履约情况、施工质量情况及工程竣工交付后服务情况等向业主单位的征求意见工作。向有关业主单位发放了《顾客意见征求表》、《施工企业工程质量回访表》，提高了业主单位对集团公司工作的满意度。

此外，市场经营部还参与了中国招标投标协会日常工作，参加了中国物价协会造价年会等国内有影响的专业会议，结合集团公司的具体情况及时向国家发展改革委等有关部委提交了有益于集团公司发展的建议。

(陈国辉)

市场经营管理

【集团公司建筑市场经营战略实施办法】 2005年2月4日，集团公司以(中水电市［2005］2号)文印发《中国水利水电建设集团公司建筑市场经营战略实施办法》(以下简称《建筑市场经营战略实施办法》)。集团公司《建筑市场经营战略实施办法》分为“总则”、“市场经营战略指标和主要任务”、“市场准入”、“市场信息的收集与利用”、“风险控制”、“市场部和海外事业部的职能”、“市场的统筹与协调”、“处罚制度”、“附则”等共10章28条；对集团公司市场经营工作进行了规范。

(陈国辉)

【集团公司国内联营体运营管理暂行规定】 为加强对集团子公司所属施工项目联营体的管理工作，提升联营体施工项目管理水平，确保联营体施工项目管理工作科学、规范、有序和受控地进行，集团公司印发了《中国水利水电建设集团公司国内联营体运营管理暂行规定》(中水电经［2005］2号)(以下简称《联营体管理暂行规定》)。《联营体管理暂行规定》分为“总则”、“联营体、责任方和协作方的责权利”、“联营体组织机构”、“人事管理”、“施工生产要素的配置”、“工程分包与物资设备采购行为准则”、“财务管理与会计核算”、“资金管理”、“联合审计”、“效能监察”、“维护联营体正常运营管理秩序”、“附则”共12章45条，对子公司联营体从人、财、物的管理等方面进行了规范。

(陈国辉)

【市场信息管理】 为有效开展市场经营统筹工作，加强与成员企业市场信息的交流和沟通，集团公司建立了以市场经营部为中心的市场经营信息枢纽中心，加强了对市场信息的管理工作。一是根据市场信息的不同种类划分，集团公司制订了“工程项目投标月报表”，要求成员企业每月25日前将下一个月工程投标表报集团公司。二是制订了“工程投标跟踪季报表”、“工程项目中标季报表”，要求成员企业每季度第一个月的5日前报集团公司，集团公司市场经营部依照各工程局月报或季报的市场经营信息，经过汇集、整理、分析，将有价值的信息再反馈给成员企业使用。三是要求集团公司成员企业市场开发部主任直接抓市场信息工作，及时上报经过筛选的可靠市场信息，并且由单纯的搜集信息数据变为对信息数据的分析、研究和应用。四是通过“中国采购与招标网”、“国家电力信息网”、“中国南水北调网”等信息网络平台，搜集工程项目的招投标信息，并认真做好市场信息的研究预测，制定市场开发策略，使市场信息更好地为集团公司成员企业的经营工作服务。

(陈国辉)

【集团公司统计管理办法】 为加强和规范集团公司综合统计工作，保证综合统计工作真实、科学和规范有效地进行，集团公司以（中水电经［2005］9号）文印发了《中国水利水电建设集团公司统计管理办法》（以下简称《统计管理办法》）。《统计管理办法》分为“总则”、“统计机构及统计人员职责”、“统计制度与统计调查”、“统计资料的公布与管理”、“统计分析与人员培训”、“检查与监督”、“奖励与惩罚”、“附则”共8章32条，对集团公司综合统计工作进行了规范。

（陈国辉）

【综合统计工作】 根据集团公司《关于加强集团公司综合统计工作的通知》（中水电总［2005］18号）要求，集团公司综合统计工作于2005年6月13日起由总经理工作部划转市场经营部归口管理。综合统计工作内容主要包括企业总产值、中标工程、企业财务、劳资以及安全生产、质量管理和投资开发项目等数据的统计，是集团经营管理中的基础性工作。2005年，综合统计工作，为集团公司领导提供了季度综合统计数据及分析、年度综合统计汇编等数据资料；完成了国家统计局、北京市地方统计局、国资委、建设部等部门的统计数据上报工作；参加了第一次全国经济普查活动。2005年集团公司统计工作荣获国家统计局建筑领域评比特等奖。

（郝维华）

【在建项目商务管理培训】 为加强集团公司各成员企业市场经营及在建项目合同管理工作，2005年10月18～19日，集团公司在西安举办第一期商务管理培训班；各成员企业从事经营工作的管理人员160人参加了学习培训。第二期商务管理培训班，于12月12～13日在成都举行，各成员企业从事经营工作的管理人员181人参加了学习培训。两期培训班均邀请武汉大学周瑾如教授讲授投标签约策略与合同管理实务方面的知识，培训班取得良好的效果。

（陈国辉）

专业会议

【经营工作座谈会】 2005年3月14日，集团公司市场经营座谈会在北京召开。集团公司总经理郭建堂，副总经理范集湘、刘起涛、孙洪水出席会议并作讲话。各工程局局长、主管市场开发工作的副局长和集团总部有关部门负责人共40多人参加会议。会议分析了国内水电建筑市场的发展形势，讨论了集团公司即将实施的市场经营管理方面的有关规定，征求了各成员企业对市场经营工作的意见和要求，并对进一步做好市场经营工作提出了意见和建议。

（陈国辉）

【2005年市场经营管理工作会议】 2005年4月24～26日，集团公司在成都召开2005年度市场经营管理暨审计工作会议。集团公司副总经理范集湘、袁柏松出席会议，各工程局（厂）主管市场开发、经营管理、审计工作的副局长以及部门负责人100多人参加会议。

集团公司副总经理范集湘在会上作了题为《牢固树立科学发展观，大力推进经营管理转型，提高经营质量，强化审计监督，促进跨越式发展》的工作报告。范集湘副总经理在报告中阐述了集团公司经营管理工作面临的形势和任务，提出了实施集团经营战略管理的目标、措施和要求，要将集团的整体优势、品牌优势转换为市场优势和经营质量效益优势，切实转变经济增长方式，实施科学有效的集团战略管理，创造较为合理的外部市场环境，提高集团的经营质量效益。与会代表审议了《中国水利水电建设集团公司联营体运营管理暂行规定》（草案），听取了武汉大学教授周谨如所作的“项目商务管理”专题讲座和中国内部审计协会副秘书长张玉所作的审计专题讲座。水电七局、水电十四局、水电四局、水电十二局在会上作了经验交流。集团公司副总经理袁柏松作了会议总结，他要求各级经营管理人员，要围绕管理转型和转变经济增长方式这个主题，切实转变观念，把会议精神融入到企业重大决策和各项工作部署中去。

（陈国辉）

【2005年度综合统计工作会议】 2005年12月14日，集团公司在成都召开综合统计工作会议。各工程局（厂）负责综合统计工作人员30人参加会议。会议主要内容是传达国家统计局年报会议精神，部署集团公司2005年统计年报和2006定期报表工作。水电二局、水电三局、水电七局、水电十一局、水电十四局、水电基础局6个综合统计先进单位在会上受到表彰。会议于15日结束。

（郝维华）

第七篇　跨越式发展

Chapter VII　Spanning Development

集团公司实施“三步走”跨越式发展战略

2003年初，集团公司提出了全面建设具有国际竞争力的大型企业集团的奋斗目标。围绕这一长期目标，2004年确立了跨越式发展战略，明确提出“五大跨越”的总体战略任务，即：规模和效益上的跨越；市场领域和产业结构上的跨越；体制和机制上的跨越；管理和技术上的跨越；队伍结构和思想观念上的跨越。为推进这一战略的实施，2005年，作出了转变经济增长方式、增强可持续发展能力的重大战略决策，并在总结成功经验、展望未来10年发展的基础上，形成了跨越式发展的“三步走”战略步骤，构画了集团改革发展的蓝图。“三步走”战略步骤的提出，使集团公司发展战略形成了一个由战略目标、战略任务、战略步骤构成的较为完整的体系。

2005年，集团公司提出的“三步走”跨越式发展战略基本内容如下：

第一步（20世纪90年代末～2004年）：以规模扩张为主要内容的综合发展阶段。

这一阶段也叫起始阶段，恢复性阶段。1999年以前的几年，集团公司处于从计划经济向市场经济的过渡时期，国内建筑市场处在双轨运行阶段，集团整体的思想观念、经营方式还没有完全转移到市场经济的轨道上来。同时，电力工业发展趋缓，水电开工项目较少。这一状况导致集团公司在90年代中期之前发展相当困难，形成了一些亟待解决的突出问题。从1999年以后，集团公司步入了较快的发展阶段，到2004年底，这一阶段的任务基本完成，主要有以下标志：

一是经营规模持续大幅增长，经营质量和效益逐年改善。从统计数字看，企业总产值从1998年的88亿元增长到2004年的244.5亿元，增长178%；当年新签工程合同额从1998年68亿元增长到2004年的383.2亿元，增长464%；全员劳动生产率从1998年6.5万元/人年增长到2004年的20万元/人·年，增长208%，当年实现利润从1998年的亏损，到2004年盈利1.56亿元。在效益方面，集团公司考虑到水电施工企业进入市场经济后，背着计划经济时期遗留下来的沉重历史包袱，对工程局（厂）采取了休养生息政策，把大部分利润留给各成员企业，部分地解决了历史欠账。总的来看，1999～2004年集团经营规模大幅增加，效益逐年改善，职工生活水平提高，企业的竞争力增强。

二是成功走向国际市场，国际化经营有了突破性发展。1998年国际营业额4900万美元，到2004年增长到3.7亿美元，当年新签工程合同额从1998年的2662万美元增加到2004年的10亿美元。在全球最大225家国际承包商的排名中，集团公司从1999年的第136位上升到2003年的第81位。经过几年的艰辛努力，集团公司已经成为中国水电产业“走出去”的排头兵和中国企业开拓国际市场的重要力量，在国际国内市场上树立了中国水电建设第一品牌的良好形象，为下一步国际经营向高端发展奠定了一定的基础。

三是积极推进多元化发展战略，参与水电等项目的投资开发，开拓了新的发展空间，推进了产业结构的调整。计划经济时期的社会分工，导致集团公司几十年来一直从事单一的水电工程施工。为改变单纯的承包商身份，几代水电人一直积极争取，但由于种种原因，始终未能如愿。电力体制改革为集团公司投资开发电源项目提供了机遇，集团的组建创造了前所未有的条件，经过不懈努力，到2004年底集团公司已经拥有了114万千瓦的权益电力装机容量，投资领域拓展到水电、火电、气电、风电等领域，几代人的夙愿正在逐步变为现实。

四是中国水电建设第一品牌得到了广泛的认可，积累了宝贵的品牌效益和无形资产。在国际国内水电建设市场上，集团公司已建和正在建设多项多种类型的大型水利水电工程，这些工程无论规模还是技术在中国乃至世界水利水电建设史上具有举足轻重的影响。在国内水电建设市场，集团公司始终保持主力军的地位，掌握了70%的市场份额。辉煌的业绩和表现出的雄厚实力，使集团公司积累了宝贵的品牌效益和无形资产。

五是体制创新取得新的突破。集团公司的成立，标志着真正意义上的企业集团初步确立，得到了国家、行业以及市场的认可。组建企业集团是水电建设企业发展的新的里程碑，至此，集团公司进入全面建设具有国际竞争力的大型企业集团的新阶段。集团的成立为今后的发展奠定了有利的体制基础，必将有利于企业优化资源配置，将规模优势转化为经济优势；有利于促进企业结构调整，改善市场竞争秩序，提高产业整体效益；有利于实施“走出去”战略，巩固和做强“中国水电建设第一品牌”，推进国际化经营战略；有利于进一步深化改革，建立现代企业制度，构建规范高效的集团治理结构。

第二步（2005～2010年）：以转变经济增长方式，提高经济效益和经营质量，增强企业可持续发展能力为主要内容的全面发展阶段。

第二阶段有以下几项主要任务：

（一）转变经济增长方式，提高企业经济效益。坚持和落实科学发展观，把工作重心放在提高效益、实现规模和效益的同步增长上来。因此，在2005年工作会议上，集团公司作出了转变经济增长方式、增强可持续发展能力的重大战略决策，主要基于以下考虑：

一是转变增长方式是解决跨越式发展面临突出问题的需要。这几年集团公司取得了前所未有的发展成就，但总的看来，经济增长方式仍较为粗放，经济效益与经济总量未能同步增长，经营质量仍然不高。

二是抓住机遇，促进发展，增强实力，提高可持续发展能力的需要。集团公司正处在一个发展的机遇期，市场环境、发展前景都比较好，但同时又面临着很多风险。从市场风险看，虽然水电建筑市场空前增大，集团公司产值规模大幅增长，但由于资本积累速度缓慢，资本总量偏小，缺乏可持续发展能力，限制了产业结构和产权结构的大幅度调整，一旦水电建筑市场萎缩，企业就有可能由于缺乏发展的雄厚经济基础而再一次陷入困境。因此必须抓住机遇、提高效益、积累资金、增强实力，以防范市场风险，保证集团公司的可持续发展。这几年集团公司市场份额不少、付出很多，但利润收获不大，一个重要原因就是内部恶性竞争，导致低价竞标，让度了社会平均利润率，恶化了成员企业的外部经营环境，直接导致了规模效益低下。对这一问题，集团公司要通过强有力的市场经营战略予以解决。

三是为第三阶段奠定基础，创造条件。虽然第一阶段取得了显著的发展成果，但基础还不够牢固，第二阶段的一个重要任务就是巩固提高第一阶段的发展成果，为第三阶段奠定基础、创造条件，主要手段仍然是提高经营质量和效益。要全面建成具有国际竞争力的大型企业集团，必然要跨国经营，重点是国际投资，这就需要有雄厚的资本积累，没有效益是根本无法实现的。

（二）加快企业改革，建立适应市场的体制和机制。加快股份制改造，按照建立现代企业制度的要求健全公司治理结构，促进企业转换经营机制。第一阶段由于不具备条件，集团公司在体制改革方面尚未取得重大的突破性进展。在第二阶段，体制改革的步伐要加快。按照中央的要求和国务院国资委的部署，用5年左右时间，分三步推进：第一步，在现行的体制框架内进行主辅分离、改制分流，同时选择若干家单位进行整体改制试点；第二步，全面推进公司制改造，建立规范的法人治理结构，着力培育优势企业；第三步，根据形势发展需要和市场化原则，进行战略重组，构建具有国际竞争力的企业集团新体制，2010年前在集团企业范围内全面建立起规范的现代企业制度。

（三）推进产业结构的调整和升级。通过由国内向国际、由施工向开发、由承包向建设的扩展，推进产业结构的调整和升级，同时实现身份的转换，不仅做乙方，还要做甲方。一方面，大力推进国际化经营战略，国内经营和国际经营的相对比例要调整，国际经营的比例要逐步加大。另一方面，推进产业结构的双向延伸。从横向上讲，水电建设市场规模毕竟有限，要向非水电工程建设市场拓展。从纵向上讲，向产业的上游延伸，由工程施工承包向投融资领域跨越。充分利用国务院赋予的投融资权利，抓住有利的市场机遇，通过5年左右的艰苦努力，使集团公司拥有的发电装机达到相当规模。在工程承包市场中，在进行施工承包的同时，继续运作BOT、BOOT等投资经营方式，实现国际投资和国内投资的同步增长。

（四）在发展的基础上，彻底解决历史遗留问题。第一阶段已经做了大量工作，消化处理了一些历史遗留问题，但一些重大的历史遗留问题，如离退休人员的养老保险问题、富余人员问题、改革成本问题，需要在集团层面上继续努力，通过争取国家政策来解决。第二阶段要彻底解决这些问题，最终使企业轻装上阵。

第三步（2010～2015年）：以建成具有国际竞争力的大型跨国公司为主要内容的国际化发展阶段。

到2010年，集团队伍结构得到优化，人才素质普遍提高，所投产的电站达到1000万千瓦，普遍建立了股权多元化、产权多元化的现代企业制度，国际经营在总体业务中的比重达到1/2甚至2/3，国际经营主要是国际投资，在国际上的声誉影响进一步扩大，有一大批从事国际经营的专门人才，在很多国家设有分公司、子公司，同时吸引国际大公司投资参股到集团企业中来，真正实现资本的国际化、经营的国际化、管理的国际化。

（赵新华）

集团公司跨越式发展概况

2005年是跨越式发展第二阶段的第1年，集团公司大力推进跨越式发展战略的实施。

一、经营工作情况

2005年，全年完成企业总营业收入320.8亿元，增长率为28%；新签工程合同额506亿元，比2004年同比增长32%；全员劳动生产率达到25.66万元/人·年，增长率为26.28%；资产保值增值率达到109.94%；净资产收益率（含少数股东权益）达到7%；职工全员人均收入达到17152元/人·年，增长率14.87%。全面超额完成国资委下达的年度经营目标，圆满地实现了国有资产的保值增值。经济增长方式有所转变，企业经济效益进一步提高。

二、体制机制创新情况

一是体制创新取得重要进展，集团化运作机制框架基本确立。

集团公司作为出资人的职权职责逐步到位，集团管理体制不断完善，集团治理结构得到强化。集团母子公司的功能定位逐步明确清晰，集团公司对所出资企业的投资收益权、经营者选择权、重大决策权不断强化。集团高度统一的战略管理与充分灵活的自主经营管理有机结合的集团战略管理模式逐步实施，集团系统内的战略协同、资源优化配置机制正在建立，规模效益得以显现。走集团化发展道路是做强做大集团，促进成员企业加快良性发展的客观的理性选择的观念，已被多数成员企业所认同。

企业改革稳步推进，经营机制进一步转变。主辅分离、辅业改制取得阶段性成果，剥离企业办社会职能基本完成，全资公司董事会试点工作有序启动，“三项制度”改革引向深入。到2005年底，两个成员企业（水电基础局和富春江设备总厂）完成了整体改制工作，一批新组建公司的股权结构得到优化，经营负责人公开选聘、竞争上岗的范围进一步扩大，分配机制继续创新，与工效挂钩的收入分配调控机制逐步健全。2005年，集团公司制定了《企业负责人公开选聘暂行办法》，对10个全资子企业的16个负责人岗位（其中4个正职岗位）面向全系统进行了公开选聘，在集团公司总部和子企业中层经营管理人员层面，普遍推行了公开竞争上岗工作。

二是集团总部的出资人地位和投资中心、战略管理中心、信息中心、服务中心的功能不断强化，经营管理转型成效显现，成员企业经营业绩取得可喜成果。

集团公司的战略管理能力、统筹协调能力不断增强，指导、协调、服务、监控力度不断强化，顺势而变、科学健全完善各项管理制度，初步确立了以实现集团战略目标为导向、关注资本增值和企业本质追求、注重培育企业全面可持续发展能力的经营管理新机制。

经营管理转型大力推进，增长方式有所转变。企业负责人经营业绩考核评价体系不断完善，推行了年度经营业绩考核制度和年薪制，对经营行为从规模粗放型向效益质量型的引导、激励和约束作用逐步发挥。坚定地实施市场经营战略，力排阻力促进市场统筹协调机制不断健全，市场竞争行为趋于理性，约60%的新签合同的质量及价格初步理性回归，集团社会影响力和市场地位有较大提升。清产核资工作目标全面完成，《企业会计制度》得以推行，预算管理不断加强，适应集团化运作的财务管理体制逐步健全，成本效益意识有所强化。资金管理的集中度逐步提高，对资金的控制力有所增强，资金的使用效率明显提高。集团高度重视银行与企业高端沟通与合作，提升集团资信等级，获得中国建设银行等金融机构220亿元人民币中期授信额度，为成员企业创造了较为稳定宽松的金融环境。集团经国家发展改革委批准发行10年期企业投资债券12亿元，实现了直接融资的重大突破，对提升集团社会正面影响力已大大超过融资本身。加大了集团公司对安全生产管理的监督、指导力度，安全生产工作有所加强。科研项目管理成效明显，有5个项目获国家级奖励。支持成员企业提升企业资质，水电三局、五局成功晋升特级资质，到2005年集团共拥有6家水电施工总承包特级企业。初步形成了信息化建设的实施体系，信息技术的应用更加广泛深入。“四五”普法工作取得成效，法律保障作用逐步发挥。集团多数成员企业身体力行地实施集团发展战略，重视提高经营质量效益，推行精细化、规范化、集约化管理成效明显，为推进集团跨越式发展进程做出了应有贡献。

三、产业结构调整情况

集团的组建，为调整产业结构创造了前所未有条件，为投资开发电源项目提供了良好机遇。集团公司积极行使国家赋予的投融资权利，强化集团公司投资中心地位，推进产业结构调整，不断拓展了新的发展领域。到2005年底，集团公司共计投资项目13个。电源项目的参股控股在建装机容量318万千瓦，其中集团公司权益装机容量153万千瓦。集团公司已投入权益性资本金和项目资本金22.2亿元，项目还需投入权益性资本金和项目开发资本金约8.4亿元。

在国际经营方面，坚定不移地推进国际化发展战略，取得了显著的成绩。2005年全年完成国际工程营业收入37.96亿元，占集团总营业收入的12.09%，与2004年同比增长86%；新签国际工程合同额17.3亿美元，占集团总签约合同额的27%，与2004年同比增长70.3%。2005年以上2项指标与2002年相比分别增长1237%、313%，营业收入、新签工程合同额占集团总体指标的比重与2002年相比分别提高10.25%、10%。2005年，以BOT方式中标了柬埔寨甘再水电站项目，签约额达2.8亿美元，实现了国际融投资领域的重大突破。矿产资源开发项目稳步启动，国别和地区市场地域快速延伸。截至2005年底，共在24个国家和地区签订77个国际项目合同，形成一批稳定的地区性市场。高层国际性商务运作活动日益增加，取得明显成果。

经营新格局初步形成。集团公司四大主业于2005年得到国资委批准，显示集团已由单一的水电施工企业，初步发展成为四大主业协同发展、国内国际“两个市场”双向拓展、建筑和投融资“两条主线”清晰的综合性企业集团，初步奠定了资本经营、资产经营和生产经营并举的经营新格局。

四、历史遗留问题解决情况

通过多年的艰苦努力和有关各方的大力支持，集团公司在国家电力体制改革中争取到相关支持和扶持政策，并坚持不懈地促进这些政策的落实。主要包括：4亿元国家资本金已经到位，离退休职工两项统筹外养老金补助政策得到落实，电网和发电公司拨给水电施工企业的困难补贴资金及财政部下拨的下岗职工生活补助费逐步到位，发电资产划转问题的解决取得新的进展。这些问题的基本解决，增强了企业实力，改善了10余万离退休职工和下岗职工的生活，减轻了企业的负担，为企业减负增效、轻装上阵，实现更快更好的发展创造了更加有利的条件。

五、企业党建工作情况

注重党建工作的不断创新和与生产经营管理工作的有机结合，形成了“围绕大局，服务中心；结合实际，不断创新；虚实结合，注重实效”的党建工作的总体原则，党组织政治核心作用明显加强，各级党委对企业的保证、监督作用通过双向进入、参与重大决策、组织党员发挥先锋模范作用等有效形式得到较充分的发挥，有力地促进了集团的跨越式发展。集团总部和各成员企业先进性教育活动取得成效，得到了国资委党委和地方党委的充分肯定和职工群众的认可。精神文明建设和企业文化建设深入开展，“三创建”活动、企业文化“12345工程”活动稳步推进。党风建设和反腐倡廉工作深入开展，党风廉政建设责任制层层落实，企业领导人员和重要岗位人员从业行为逐步规范，教育、制度、监督并重的惩治和预防腐败体系正在形成。

（赵新华）

国内水电建设

概述

2005年，是集团公司实施“三步走”跨越式发展战略，从以规模扩张为主要内容的跨越式发展第一阶段过渡到以转变经济增长方式，提高经济效益和经营质量，增强企业可持续发展能力为主要内容的第二发展阶段的第一年。国家继续加强基础产业、基础设施建设，大力调整产业结构，以可再生清洁能源为标志的国内水电建设得到国家的大力支持。新一轮水能资源普查结果显示，我国水能资源经济可开发量达4亿千瓦，到2010年，水电装机容量将达到1.8亿千瓦。作为清洁能源，国家继续大力开发水电，扩大西电东送规模；同时，加强对大江大河的治理工作，南水北调等工程投资规模巨大。今后10年仍将是我国水利水电发展的大好时期。

作为中国水电建设的主力军，集团公司始终站在中国水利水电建设的最前沿，先后承建或参建了中国70%的大中型水电站和水利枢纽工程。集团公司实施跨越式发展战略以来，在国内水电建设上取得了可喜的成绩，主要体现在以下几个方面：

一、在国内水电市场开发方面，2005年新签国内工程合同额367.59亿元，项目结构明显优化，大项目比例增加，尤其在一些有影响的国家重点工程项目上，单个项目中标金额较大，其影响力也较大。例如：2005年中标的溪洛渡水电站右岸地下厂房工程，金额24.5亿元；拉西瓦水电站混凝土双曲拱坝工程，金额10.97亿元；糯扎渡水电站左岸导流隧洞、泄洪隧洞土建及金属结构安装工程，金额12.37亿元；小湾水电站右岸大坝（1～23）坝段土建及金属结构安装工程，金额21.9亿元；金安桥水电站大坝土建及金属结构安装工程，金额21.27亿元等大的单项合同。

二、集团公司在国内水电工程建设涉足面广，遍布全国各地的大、中型项目数百个。特别是集团公司各成员企业承建的特大型水电站，在2005年工程建设均进入关键时候，标志性的工程进度均圆满实现。已建和正在建设的多项多类型的大型水利水电工程，无论规模还是技术在中国甚至世界水利水电建设史上具有举足轻重的影响。如：正在建设的三峡水电站，机组单机额定容量70万千瓦，总装机达到1820万千瓦，为世界之最。左岸14台机组已全部建成发电，右岸12台机组正在安装阶段，预计右岸首台机组2007年8月发电。

正在建设的小湾水电站，该坝型为混凝土双曲拱坝，坝高292米，为世界同类坝型之最，总装机容量为420万千瓦（6×70万千瓦）。2004年10月25日，提前1年实现了大江截流，2005年工程施工进入大坝基础开挖及混凝土浇筑阶段。

正在建设的拉西瓦水电站，总装机容量420万千瓦（6×70万千瓦），是黄河流域总装机容量最大、年发电量最大、单机容量最大的水电站，是“西电东送”北通道的骨干电源，也是实现西北水火电“打捆”送往华北电网的战略性工程。2004年1月9日，拉西瓦水电站大江截流后，2005年，工程施工进入大坝混凝土浇筑高峰期。

正在建设的龙滩水电站，拥有3项世界之最——最高的碾压混凝土大坝（坝高216.5米）、最大的地下厂房（长388.5米，高76.4米，宽30.7米）、提升高度最高的升船机（采用带中间明渠的两级垂直升船机方案，全长1700多米，最大提升高度179米，最大过坝船为500吨级），总装机540万千瓦（9×60万千瓦）。两院院士潘家铮曾这样评价龙滩水电站：“龙滩工程将成为新世纪水电大开发的成功典型，让全世界从龙滩工程的建设中，认识中国水电大军的志气和毅力，看到水电事业的光明前景”。2005年，龙滩水电站工程施工正处在机组安装及碾压混凝土大坝施工高峰阶段，已完成大坝混凝土浇筑500万立方米。

三、集团公司在水电机组安装方面成效显著。2005年集团公司水电机组安装投产100台，装机容量为628.44万千瓦；2005年，国内在建大中型抽水蓄能机组44台，装机容量为1140万千瓦，其中由集团公司在建及安装的有32台，装机容量为800万千瓦，占70.175%。在国内水电建设市场，集团公司始终保持主力军的地位，牢牢地掌握着国内水电建设市场70%的市场份额。

四、在国内水电投资建设与经营方面，除继续坚持水电施工建设核心产业外，集团公司按照“四大主业协同并举”的原则，加大了水电投资项目的开发力度。2005年集团公司绝对控股四川圣达水电开发有限公司，获得了大渡河沙湾水电站的建设开发和经营管理权；参股34%的四川美姑河水电开发有限公司，主要致力于四川省美姑河流域的水电资源开发。在国内水电建设领域，集团公司形成了建设、投资开发和自主经营的新格局。

集团公司始终按照“科学管理，保证过程质量；持续改进，优质服务社会”的宗旨，为顾客提供优质服务。集团公司承揽的众多工程建设项目进展顺利，项目履约情况良好，普遍受到了业主单位的好评。2005年，集团公司就施工项目的履约情况、施工质量及竣工交付后的服务情况，分别向有关重点工程项目业主征求意见。根据业主反馈的意见，普遍对集团公司成员企业承建的项目情况比较满意。2005年，集团公司在工程建设中，共完成土方开挖9086.1万立方米；石方开挖11882.3万立方米；混凝土浇筑2327.2万立方米；金属结构安装19.3万吨。完成单元工程个数205872个，合格率100%，优良率为94.4%。其中“黄河小峡水电站工程”、“重庆江口水电站工程”、“四川福堂水电站工程”、“宁波市白溪水库工程”、“温州市珊溪水库工程”、“太浦河泵站工程”、“淮河入海淮安立交地涵工程”获得中国电力企业联合会颁发的2005年度“中国电力优质工程奖”。“淮河入海淮安立交地涵工程”还获国家工程建设质量奖评审委员会颁发的2005年度国家优质工程银奖。

（陈国辉）

2005 年国内中标工程项目统计表

序号	工 程 项 目 名 称	项 目 所 在 地	中 标 时 间
1	石堤水电站导流工程	重庆市秀山县	1月
2	小浪底水利枢纽补强灌浆工程	河南省孟津县	1月
3	大顶子山航电枢纽闸门制造工程	黑龙江省哈尔滨市	1月
4	十三陵水库机组维护检修工程	北京市昌平区	1月
5	二龙山水利枢纽土建工程	湖北省来凤县	1月
6	塘口水电站扩机增容渗漏工程	湖北省来凤县	1月
7	张河湾抽水蓄能电站尾水管装配采购工程	河北省井径县	1月
8	张河湾抽水蓄能电站叉管制造工程	河北省井径县	1月
9	薛城水电站引水隧洞工程	四川省理县	1月
10	乌图河一级水电站隧洞、大坝工程	贵州省水城县	1月
11	石头山 110 千伏变电站工程	云南省腾冲县	1月
12	天荒坪抽水蓄能电站上下库公路挡墙、塌方处理、施工支洞喷锚支护工程	浙江省安吉县	1月
13	龙溪沟水电站厂房土建及金属结构制作安装工程	四川省九龙县	1月
14	安康水电站表孔消力池损坏处理工程	陕西省安康市	1月
15	多儿水电站厂房及机电设备安装工程	甘肃省迭部县	1月
16	龙头石水电站砂石料加工系统和混凝土生产系统工程	四川省石棉县	1月
17	长甸水电站锚固洞及渣场工程	辽宁省宽甸县	1月
18	渔滩水电站二期机电设备安装工程	贵州省道真县	1月
19	白山抽水蓄能电站平衡梁制作工程	吉林省桦甸市、靖宇县	1月
20	江口水电站水轮发电机大修工程	重庆市武隆县	1月
21	黄阁镇农民安置区内河涌整治工程	广东省广州市	1月
22	龙滩水电站闸门、启闭机及其监控系统工程	广西天峨县	1月
23	挂治水电站主体土建工程	贵州省锦屏县	1月
24	白莲河抽水蓄能电站闸门及启闭机、主厂房与球阀室起重设备工程	湖北省黄冈市	1月
25	大花水水电站大坝防渗帷幕灌浆工程	贵州省开阳县、福泉市	1月
26	官地水电站下游临时公路桥设计及施工工程	四川省西昌市、盐源县	1月
27	观水路（水口寺至中天大桥段）道路改造工程	贵州省贵阳市	1月
28	思林水电站导流隧洞工程	贵州省思南县	1月
29	桑坪水电站厂区枢纽工程	四川省汶川县	1月
30	干溪坡水电站金结制造（含拦污栅）工程	四川省天全县	1月
31	湾滩水电站边坡处理工程	四川省米易县	1月
32	姜射坝水电站引水隧洞边坡处理工程	四川省汶川县	1月
33	锦屏一级水电站左岸导流洞工程	四川省盐源县、木里县	1月
34	锦屏一级水电站混凝土拌和系统工程	四川省盐源县、木里县	1月
35	冲江河水电站机电设备安装工程	云南省香格里拉县	1月
36	西霞院反调节水库平面闸门设备采购工程	河南省洛阳市	1月
37	龙口水电站右岸连接道路工程	内蒙准格尔旗、 山西省偏关县和河曲县	1月
38	朝阳水电站引水隧洞、调压井工程	云南省龙陵县	1月
39	向家坝水电站右岸北线段公路工程	四川省宜宾县、云南省水富县	1月

续表

序号	工程项目名称	项目所在地	中标时间
40	糯扎渡水电站火烧寨沟左侧出渣公路工程	云南省思茅市、澜沧县	1月
41	张河湾抽水蓄能电站公路工程	河北省井陉县	1月
42	小浪底水利枢纽左坝肩帷幕灌浆工程	河南省洛阳市	1月
43	瀑布沟水电站乌金路甘乌段公路工程	四川省汉源县、甘洛县	1月
44	金康水电站二期进场公路工程	四川省康定县	1月
45	光照水电站引水发电隧洞工程	贵州省关岭县、晴隆县	1月
46	舟山钓梁促淤围垦工程	浙江省舟山市	1月
47	兰溪电厂水系统安装工程	浙江省兰溪市	1月
48	山东轻工业学校长清新校区道路、管网工程	山东省济南市	1月
49	济南市西区雨污水管道工程	山东省济南市	1月
50	曹妃甸围海造地工程	河北省唐山市	1月
51	三峡水利枢纽右岸地下电站主体土建及安装工程	湖北省宜昌市	1月
52	龙滩水电站中控楼、出线场一期开挖支护工程	广西天峨县	1月
53	阳江抽水蓄能电站地质探洞工程	广东省阳春市	1月
54	二铺塘河道整治工程	福建省宁德市	1月
55	鸭姆潭水电站技改机电设备及金属结构安装工程	福建省永安市	1月
56	留金坝水电站闸门制造及安装工程	江西省瑞金市	1月
57	岭澳二期防渗墙地连墙工程	广东省深圳市	1月
58	东风水电站右坝肩加固处理工程	贵州省清镇县、黔西县	1月
59	大隆水利枢纽大坝基础防渗处理工程	海南省三亚市	1月
60	嵩滩埔水电站进水口预留岩埂拆除及钻孔工程	福建省闽清县	2月
61	光明一期水电站进水口、引水隧洞、压力管道、调压井工程	吉林省安图县	2月
62	小孤山水电站地下厂房、主变尾压室、尾水洞母线洞工程	甘肃省张掖市	2月
63	小孤山水电站机电设备安装工程	甘肃省张掖市	2月
64	沙坝水电站厂房土建及机电设备安装工程	贵州省务川县	2月
65	薛城水电站引水隧洞工程	四川省理县	2月
66	安峰山水库除险加固工程	江苏省东海县	2月
67	金安桥水电站左岸边坡开挖及支护工程	云南省丽江市	2月
68	美姑河水电站勘探平硐及附属交通工程	四川省美姑县	2月
69	东旭二级水电站金结安装工程	青海省门源县	2月
70	拉西瓦水电站尾水锥管、肘管里衬、涡壳制造工程	青海省贵德县、贵南县	2月
71	桑坪水电站压力钢管制造及安装工程	四川省汶川县	2月
72	沙湾水电站厂区枢纽土建工程	四川省乐山市	2月
73	杨柳滩水电站闸门金属结构制造及安装工程	四川省宜宾市、云南省水富县	2月
74	古城水电站调压井工程	四川省理县	2月
75	青居航电船闸工程	四川省南充市	2月
76	蒲石河抽水蓄能电站1号施工支洞至2号、4号施工支洞交叉处施工通道工程	辽宁省宽甸县	2月
77	柘溪水电站扩建进水口与引水系统工程	湖南省安化县	2月
78	下硐水电站改造厂区防洪墙工程	重庆市长寿区	2月

续表

序号	工程项目名称	项目所在地	中标时间
79	瓦屋山水电站压力钢管制造工程	四川省洪雅县	2月
80	金安桥水电站左岸砂石加工系统及相关工程	云南省丽江市	2月
81	联补水电站前期工程	四川省布拖县	2月
82	资阳防洪堤工程	四川省资阳市	2月
83	色尔古水电站前期工程	四川省黑水县	2月
84	紫兰坝水电站机组安装工程	四川省广元市	2月
85	九甸峡水利枢纽厂房土建工程	甘肃省卓尼县	2月
86	长水至三门峡改建沥青路面工程	河南省洛阳市	2月
87	九甸峡水利枢纽大坝工程	甘肃省卓尼县	2月
88	济南市天成路综合改造工程	山东省济南市	2月
89	郑州新密电厂厂区道路工程	河南省郑州市	2月
90	锦屏一级水电站110千伏开关站工程	四川省盐源县、木里县	2月
91	锦丰金矿三通一平土石方工程	贵州省贞丰县	2月
92	林口水库导流洞及门槽安装工程	云南省镇雄县	2月
93	浦东机场二期飞行区附属设施新增服务车道工程	上海市浦东区	2月
94	街面水电站桥机安装工程	福建省尤溪县、大田县、德化县	2月
95	赛珠水电站厂房、引水隧洞及机电安装工程	云南省禄劝县	2月
96	蒲石河抽水蓄能电站对外交通公路工程	辽宁省宽甸县	3月
97	白山抽水蓄能电站进场交通洞工程	吉林省桦甸市、靖宇县	3月
98	松花江防护工程	吉林省松原市、扶余县	3月
99	小湾水电站上游侧山坡清理工程	云南省南涧县、凤庆县	3月
100	白山抽水蓄能电站泵站工程	吉林省桦甸市、靖宇县	3月
101	滨江景观公园中江塔至米厂段防洪工程	安徽省芜湖市	3月
102	二龙山水电站工程	甘肃省张掖市	3月
103	积石峡水电站交通洞及导流洞施工支洞开挖支护工程	青海省循化县、民和县	3月
104	炳灵寺景区基础设施建筑工程	甘肃省永靖县	3月
105	伊通河中段城市防洪工程	吉林省长春市	3月
106	龙马水电站引水道、排沙洞及厂房土建、机电及金属结构安装工程	云南省墨江县、江城县	3月
107	吉林市城市防洪第二合同段工程	吉林省吉林市	3月
108	吉林市城市防洪第五合同段工程	吉林省吉林市	3月
109	胡力斯台水库除险加固工程	内蒙古科左中旗	3月
110	沪蓉国道主干线支线分水岭（鄂渝界）至忠县高速公路工程	重庆市石柱县	3月
111	沙湾水电站右坝肩处理工程	四川省乐山市	3月
112	硗碛水电站闸门及启闭机工程	四川省宝兴县	3月
113	溪洛渡水电站右岸油库建筑安装及市政工程	四川省雷波县、云南省永善县	3月
114	龙头石水电站导流洞、泄洪洞闸门制造工程	四川省石棉县	3月
115	筱溪水电站机电安装工程	湖南省新邵县	3月
116	董箐水电站左岸导流洞工程	贵州省贞丰县、镇宁县	3月
117	杭钢高架通廊、转运站及A、B跨堆取料基础工程	浙江省杭州市	3月
118	桥巩水电站船闸部位土石方开挖工程	广西来宾市	3月

续表

序号	工程项目名称	项目所在地	中标时间
119	东郊献多水厂防洪堤工程	西藏拉萨市	3月
120	溪洛渡水电站右岸地下厂房通风系统工程	四川省雷波县、云南省永善县	3月
121	雷打滩水电站金属结构安装及压力钢管、溢洪道闸门制作工程	云南省弥勒县	3月
122	小湾水电站尾水洞出口检修闸门制造工程	云南省南涧县、凤庆县	3月
123	漫湾水电站二期水轮发电机组及其附属设备埋件工程	云南省云县、景东县	3月
124	小湾水电站山梁堆碴沟综合治理工程	云南省南涧县、凤庆县	3月
125	溪洛渡水电站左岸业主仓库建安及市政工程	四川省雷波县、云南省永善县	3月
126	小湾水电站水轮机及其附属设备埋件制作工程	云南省南涧县、凤庆县	3月
127	水电大厦土建工程	陕西省西安市	3月
128	留金坝水电站机电设备安装工程	江西省瑞金市	3月
129	龙潭水电站基础处理工程	广东省龙川县	3月
130	永安堤基础处理加固工程	新疆阿克苏	3月
131	内蒙古靠山水库除险加固工程	内蒙古扎兰屯市	3月
132	马山抽水蓄能电站输水系统岔管区域现场高压渗透及高压灌浆试验工程	江苏省无锡市	3月
133	大顶子山航电枢纽工程	黑龙江省哈尔滨市	4月
134	西金沟水电站前期工程	吉林省桦甸市	4月
135	水布垭水电站地下厂房快速门及进件、尾水检修门及埋件制造工程	湖北省巴东县、长阳县	4月
136	王峡口水库扩建工程	甘肃省华亭县	4月
137	思林水电站厂房排风洞工程	贵州省思南县	4月
138	团坡水电站引水隧洞及金属结构制安工程	贵州省惠水县	4月
139	万家寨水利枢纽缆机及附属设备拆除工程	山西省偏关县、内蒙古准格尔旗	4月
140	拉西瓦水电站混凝土双曲拱坝工程	青海省贵德县、贵南县	4月
141	青海铝厂铝锭堆场建筑工程	青海省大通县	4月
142	金沙峡水电站库区公路改建工程	青海省互助县	4月
143	长洲水利枢纽尾水管制造及运输工程	广西梧州市	4月
144	靖远电厂三期取水围堰管涌处理工程	甘肃省靖远县	4月
145	金河四级电站厂区土建及机电设备安装工程	云南省金平县	4月
146	联补水电站引水系统土建Ⅰ标段工程	四川省布拖县	4月
147	联补水电站引水系统土建Ⅲ标段工程	四川省布拖县	4月
148	薛城水电站砂石骨料系统工程	四川省理县	4月
149	古城水电站砂石骨料系统工程	四川省理县	4月
150	团坡水电站厂房工程	贵州省惠水县	4月
151	团坡水电站引水隧洞工程	贵州省惠水县	4月
152	大绥河水库除险加固工程	吉林省吉林市	4月
153	云峰水电站大坝上游面加固工程	吉林省集安市	4月
154	临淮岗洪水控制主坝坝顶道路及防浪花墙工程	安徽省霍邱县、颍上县	4月
155	双沟水电站水轮机埋件工程	吉林省抚松县	4月
156	锦屏一级水电站左岸开挖工程	四川省盐源县、木里县	4月
157	桐子林水电站右岸改线公路工程	四川省盐边县	4月

续表

序号	工程项目名称	项目所在地	中标时间
158	长洲水利枢纽右岸混凝土生产系统运行及管理工程	广西梧州市	4月
159	万家寨引黄联接段备用水源呼延调蓄工程	山西省太谷县、宁武县	4月
160	锦屏一级水电站高边坡防护工程	四川省盐源县、木里县	4月
161	武都水库左岸基础处理工程	四川省江油市	4月
162	武都水库右岸基础处理工程	四川省江油市	4月
163	官地水电站上游临时索桥工程	四川省西昌市、盐源县	4月
164	官地水电站下游临时公路桥设计及施工工程	四川省西昌市、盐源县	4月
165	深溪沟水电站场内交通工程	四川省汉源县、甘洛县	4月
166	董箐水电站左岸导流洞闸门制造工程	贵州省镇宁县、贞丰县	4月
167	大发水电站压力管道制作工程	四川省石棉县	4月
168	木座水电站金属结构制作工程	四川省平武县	4月
169	光照水电站厂房、升压站工程	贵州省关岭县、晴隆县	4月
170	金康水电站引水隧洞工程	四川省康定县	4月
171	董菁水电站左岸导流洞砂石系统工程	贵州省镇宁县、贞丰县	4月
172	黑麋峰抽水蓄能水电站地下厂房工程	湖南省望城县	4月
173	丽园北路市政道路工程	浙江省宁波市	4月
174	山东轻工业学院长清校区工程	山东省济南市	4月
175	济南市解放路改造工程	山东省济南市	4月
176	六十道沟水电站引水隧洞工程	河北省涞源县	4月
177	滇东火电厂东拉水库土建工程	云南省富源县	4月
178	水布垭水电站溢洪道事故检修闸门、地下厂房进水口检修闸门、导流洞封堵闸门制造工程	湖北省巴东县、长阳县	4月
179	小湾水电站左、右岸坝肩抗力岩体地质缺陷加固处理工程	云南省南涧县、凤庆县	4月
180	榆林矿区凉水井煤矿办公楼、机修车间、材料库工程	陕西省榆林市	4月
181	涵江区大洋乡土地整理工程	福建省莆田市	4月
182	象山大坝除险加固防渗墙及坝顶结构施工工程	黑龙江省黑河市	4月
183	金康水电站引水隧洞及引水副洞灌浆工程	四川省康定县	4月
184	大站水库除险加固扩容工程	山东省章丘市	4月
185	向家坝水电站一期围堰基础防渗工程	四川省宜宾市、云南省水富县	4月
186	小湾水电站尾水边坡防冲墙工程	云南省南涧县、凤庆县	4月
187	阳江核电水库基础处理工程	广东省阳春市	4月
188	构皮滩水电站烂泥沟排水系统工程	贵州省余庆县	4月
189	老龙口水利枢纽土石坝工程	吉林省珲春市	5月
190	石堤水电站主体土建工程	重庆市秀山县	5月
191	南水北调中线京石段应急供水（北京段）惠南庄泵站土建及金属结构安装工程	北京市房山区	5月
192	双河口水电站发电引水系统土建、厂区土建、金属结构制安及机电设备安装工程	贵州省罗甸县	5月
193	乌金峡水电站对外公路工程	甘肃省白银市	5月
194	白市水电站左岸厂内公路工程	贵州省天柱县	5月

续表

序号	工 程 项 目 名 称	项 目 所 在 地	中 标 时 间
195	张河湾抽水蓄能电站机电设备安装及厂房工程	河北省井陉县	5月
196	拉西瓦水电站巴卡台至拉西瓦公路改建工程	青海省贵德县、贵南县	5月
197	大通铝厂电解铝专用铁路工程	青海省大通县	5月
198	长洲水利枢纽内江左岸施工临时工程	广西梧州市	5月
199	凤凰谷水电站导流明渠工程	云南省师宗县	5月
200	马岩洞水电站引水发电系统土建工程	重庆市彭水县	5月
201	伊通河中段城市防洪工程	吉林省长春市	5月
202	二滩水电站泄洪洞掺气设施改造工程	四川省攀枝花市	5月
203	三峡水利枢纽左岸高程195米平台联通道路工程	湖北省宜昌市	5月
204	龙头石水电站地面厂房一期开挖工程	四川省石棉县	5月
205	长洲水利枢纽尾水管里衬安装工程	广西梧州市	5月
206	思林水电站冉家坨排水洞工程	贵州省思南县	5月
207	老江底水电站技术改造大坝、交通洞及金属结构设备安装工程	贵州省兴义市	5月
208	东风水电站扩机机电设备安装工程	贵州省清镇县、黔西县	5月
209	小河区长江路前段改造工程	贵州省贵阳市	5月
210	深溪沟水电站导流洞施工支洞工程	四川省汉源县、甘洛县	5月
211	松桃行政中心土石方工程	贵州省松桃县	5月
212	官地水电站大桥沟沟水处理泄水洞工程	四川省西昌市、盐源县	5月
213	向家坝水电站马延坡沟水处理工程	四川省宜宾市、云南省水富县	5月
214	绿叶水电站引水隧洞工程	四川省理县	5月
215	联补水电站挡水坝工程	四川省布拖县	5月
216	大发水电站机电安装工程	四川省石棉县	5月
217	姜射坝水电站两套尾水门制造工程	四川省汶川县	5月
218	杨柳滩水电站金结安装工程	四川省宜宾市、云南省水富县	5月
219	荣孔水电站改建工程	西藏定结县	5月
220	刘河坝水电站前期工程	四川省宝兴县	5月
221	桑坪水电站调压井灌浆工程	四川省汶川县	5月
222	万家寨引黄联接段备用水源呼延调蓄工程	山西省太谷县、宁武县	5月
223	龙口水电站公路桥左岸连接路工程	内蒙古准格尔旗、 山西省偏关县和河曲县	5月
224	冲江河水电站库区国道U型槽土建工程	云南省香格里拉县	5月
225	湖州500千伏变电所扩建工程	浙江省湖州市	5月
226	大佛寺110千伏变电所土建工程	浙江省金华市	5月
227	济南市济微路改造工程	山东省济南市	5月
228	蚌埠段河道整治（宋家淮段）河道疏浚工程	安徽省蚌埠市	5月
229	伊通河中段城市防洪工程	吉林省长春市	5月
230	南水北调中线京石段应急供水北京西四环暗涵工程	北京市海淀区	5月
231	糯扎渡水电站左岸导流洞施工支洞工程	云南省思茅市、澜沧县	5月
232	小湾水电站左岸6号山梁排水洞工程	云南省南涧县、凤庆县	5月
233	谷拉水电站闸门及清污设备制造工程	云南富宁县	5月

续表

序号	工程项目名称	项目所在地	中标时间
234	彭水水电站施工支洞工程	重庆市彭水县	5月
235	苏只水电站复合土工膜防渗堆石坝工程	青海省循化县、化隆县	5月
236	白莲崖水库大坝工程	安徽省霍山县	5月
237	高唐水电站土建工程	福建省将乐县	5月
238	思林水电站左岸坝肩开挖工程	贵州省思南县	5月
239	九龙江北溪水闸枢纽除险加固金属结构设备制造工程	福建省泉州市	5月
240	松树水库除险加固基础处理工程	辽宁省瓦房店市	5月
241	阿色水电站振冲基础和防渗墙工程	四川省白玉县	5月
242	小湾水电站尾水防冲墙工程	云南省南涧县、凤庆县	5月
243	小湾水电站无盖重灌浆试验工程	云南省南涧县、凤庆县	5月
244	清水河水库拦河坝塑性混凝土防渗墙及坝体上下游护坡工程	云南省新平县	5月
245	水布垭水电站瓦屋场滑坡治理工程	湖北省巴东县、长阳县	5月
246	锦屏一级水电站拱坝基础卸荷岩体固结灌浆试验工程	四川省盐源县、木里县	5月
247	小湾水电站下游围堰堰基防渗帷幕灌浆工程	云南省南涧县、凤庆县	5月
248	石碑水库除险加固工程	吉林省扶余县	6月
249	糯扎渡水电站右岸导流洞施工支洞工程	云南省思茅市、澜沧县	6月
250	梅河口优质玉米、水稻基地建设农田水利工程	吉林省通化市	6月
251	小湾水电站泄洪洞进口二期开挖及支护工程	云南省南涧县、凤庆县	6月
252	中远船坞东防波堤边坡灌浆加固工程	辽宁省大连市	6月
253	松花湖鳜鱼良种场施工工程	吉林省吉林市	6月
254	官地水电站场内交通左岸高低干线公路工程	四川省西昌市、盐源县	6月
255	常山渔场土方工程	吉林省桦甸市	6月
256	田湾河流域梯级水电站机电设备安装工程	四川省康定县	6月
257	金安桥水电站左岸缆机平台边坡处理及支护工程	云南省丽江市	6月
258	小湾水电站右岸大坝土建及金属结构安装、左岸拌和及制冷系统运行维护工程	云南省南涧县、凤庆县	6月
259	长洲水利枢纽尾水管里衬制安工程	广西梧州市	6月
260	长洲水利枢纽右岸主干道护坡工程	广西梧州市	6月
261	炳灵水电站导流洞金属结构制造工程	甘肃省永靖县、积石山县	6月
262	金窝水电站机电设备安装工程	四川省石棉县	6月
263	大顶子山航电枢纽金属结构工程	黑龙江省哈尔滨市	6月
264	龙滩水电站大坝基础帷幕灌浆及排水孔工程	广西天峨县	6月
265	炳灵水电站关家川砂石骨料加工系统工程	甘肃省永靖县、积石山县	6月
266	龙滩水电站地面开关站、出线平台及中控楼土建工程	广西天峨县	6月
267	义乌市商城大道延伸段工程	浙江省义乌市	6月
268	杭州燃气管道工程	浙江省杭州市	6月
269	尹武海坝隧洞续建工程	云南省巧家县	6月
270	呼和浩特抽水蓄能电站1号路公路工程	内蒙古呼和浩特市	6月
271	大花水水电站防渗灌浆工程	贵州省开阳县、福泉市	6月
272	高勒罕水库地下混凝土连续墙工程	内蒙古锡林郭勒盟	6月

续表

序号	工 程 项 目 名 称	项 目 所 在 地	中 标 时 间
273	仁宗海水电站大坝基础防渗墙工程	四川省康定县、石棉县	6月
274	大顶子山航电枢纽左岸泄洪闸金属结构设备安装工程	黑龙江省哈尔滨市	7月
275	大顶子山航电枢纽发电机组及其附属设备安装工程	黑龙江省哈尔滨市	7月
276	双沟水电站大坝及溢洪道基础处理工程	吉林省抚松县	7月
277	官地水电站场内交通右岸高低干线公路工程	四川省西昌市、盐源县	7月
278	五郎河二级水电站引水隧洞工程	云南省丽江市	7月
279	湟水北干渠扶贫灌溉工程	青海省大通县、互助县	7月
280	小浪底水利枢纽排水洞排水孔工程	河南省洛阳市	7月
281	丰满水电站桥式起重机更换工程	吉林省吉林市	7月
282	邵武发电有限公司第二灰场土建工程	福建省邵武市	7月
283	一汽铸造有限公司发动机缸体铸件改造工程	吉林省长春市	7月
284	二克浅镇二克浅村混凝土路面工程	黑龙江省讷河市	7月
285	江阴电厂循环水泵房土石方工程	福建省福州市	7月
286	蒲石河抽水蓄能电站中心火工材料库工程	辽宁省宽甸县	7月
287	丹江口大坝加高右岸土建及金结设备安装工程	湖北省丹江口市	7月
288	白市水电站主体土建工程	贵州省天柱县	7月
289	光照水电站大坝工程	贵州省关岭县、晴隆县	7月
290	溪洛渡水电站左岸导流洞、泄洪洞出口危岩体及覆盖层清理工程	四川省雷波县、云南省永善县	7月
291	小湾水电站测量中心运行工程	云南省南涧县、凤庆县	7月
292	滩坑水电站尾水渠护坡工程	浙江省青田县	7月
293	长洲水利枢纽左岸胶凝材料储运设备工程	广西梧州市	7月
294	九甸峡水利枢纽金属结构设备制造工程	甘肃省卓尼县、临潭县	7月
295	麒麟寺水电站泄洪闸工程	甘肃省文县	7月
296	古城水电站压力管道及厂区工程	四川省理县	7月
297	大花水水电站机电设备安装工程	贵州省开阳县、福泉市	7月
298	糯扎渡水电站火烧寨沟公路工程	云南省思茅市、澜沧县	7月
299	宝兴水电站调压室、压力管道及地下厂房工程	四川省宝兴县	7月
300	瓦屋山水电站机电设备安装工程	四川省洪雅县	7月
301	锦屏一级水电站导流洞封堵门门槽及填框制造工程	四川省盐源县、木里县	7月
302	景洪水电站机电设备安装工程	云南省景洪县	7月
303	构皮滩水电站泄洪洞及金结设备安装工程	贵州省余庆县	7月
304	沌口至水洪口高速公路工程	湖北省武汉市	7月
305	万家寨引黄运行维护工程	山西省太谷县、宁武县	7月
306	自一里水电站运行维护工程	四川省平武县	7月
307	罗坡坝水电站导流工程	湖北省恩施市	7月
308	洪口水电站引水发电系统及右岸厂房、开关站工程	福建省宁德市	7月
309	瑞安市阁巷围涂工程	浙江省瑞安市	7月
310	滩坑水电站金属结构制安工程	浙江省青田县	7月
311	大武口区南环路工程	宁夏石嘴山市	7月
312	济南市经一路延长线工程	山东省济南市	7月

续表

序号	工 程 项 目 名 称	项目所在地	中标时间
313	曹妃甸工业区供水管道工程	河北省唐山市	7月
314	彭水水电站右坝肩边坡开挖和支护工程	重庆市彭水县	7月
315	龙马水电站边坡开挖、支护及施工道路工程	云南省墨江县、江城县	7月
316	恰甫其海水利枢纽场内永久道路改建工程	新疆巩留县	7月
317	光照水电站大坝工程	贵州省关岭县、晴隆县	7月
318	毛家河水电站厂坝公路工程	贵州省水城县、云南省宣威市	7月
319	金鸡拦河闸机电安装、金属结构制安工程	福建省泉州市	7月
320	庙岭水库除险加固工程	吉林省汪清县	7月
321	东旭二级水电站机电设备安装工程	青海省门源县	8月
322	糯租水电站压力管道、厂区枢纽土建及金属结构安装工程	云南省华宁县、弥勒县	8月
323	西克尔水库除险加固工程	新疆伽师县	8月
324	南水北调中线京石段应急供水惠南庄泵站金属结构设备制造工程	北京市房山区	8月
325	本溪华厦街道路工程	辽宁省本溪市	8月
326	金湾水电站导流洞工程	黑龙江省黑河市	8月
327	庄河发电厂循环水泵房止水工程	辽宁省大连市	8月
328	二滩水电站机组检修工程	四川省攀枝花市	8月
329	本溪华厦街道路工程	辽宁省本溪市	8月
330	泸定水电站泸岚公路工程	四川省泸定县	8月
331	金安桥水电站大坝土建及金属结构安装工程	云南省丽江市	8月
332	康扬水电站库区防护工程	青海省尖扎县、化隆县	8月
333	马岩洞水电站引水发电系统工程	重庆市彭水县	8月
334	过军渡水利枢纽大坝工程	四川省遂宁市	8月
335	石堤水电站闸门、埋件制造及金属结构安装工程	重庆市秀山县	8月
336	禹门河反调节水库启闭机设备工程	河南省洛宁县	8月
337	马鹿塘水电站人工砂石加工系统及生产运行管理工程	云南省文山县	8月
338	长河坝水电站临时工程	四川省康定县	8月
339	光照水电站机电安装工程	贵州省关岭县、晴隆县	8月
340	筱溪水电站金属结构安装工程	湖南省新邵县	8月
341	龙头石水电站导流洞及泄洪洞监测、安装埋设及观测工程	四川省石棉县	8月
342	沙湾水电站厂房及冲砂闸工程	四川省乐山市	8月
343	挂治水电站机电及金结设备安装工程	贵州省锦屏县	8月
344	西霞院反调节水库机电设备安装工程	河南省洛阳市	8月
345	小湾水电站右岸大坝及金结安装工程	云南省南涧县、凤庆县	8月
346	小湾水电站左岸混凝土拌和及制冷系统运行及维护工程	云南省南涧县、凤庆县	8月
347	小湾水电站左岸缆机运行工程	云南省南涧县、凤庆县	8月
348	董箐水电站右岸导流隧洞工程	贵州省镇宁县、贞丰县	8月
349	大岗山水电站场内交通工程	四川省石棉县	8月
350	刘河坝水电站引水隧洞工程	四川省宝兴县	8月
351	刘河坝水电站厂区工程	四川省宝兴县	8月
352	宝兴水电站左岸坝肩边坡处理工程	四川省宝兴县	8月

续表

序号	工 程 项 目 名 称	项 目 所 在 地	中 标 时 间
353	脚基坪水电站金结制造工程	四川省雅安市	8月
354	丹江口大坝加高右岸土石坝工程	湖北省丹江口市	8月
355	南水北调中线京石段涵洞工程	河北省顺平县	8月
356	南水北调中线一期穿黄南岸土建及设备安装工程	河南省郑州市	8月
357	外雄水电站大坝工程	浙江省青田县	8月
358	白溪水库进水口加装流量计工程	浙江省宁海县	8月
359	萧山城区大浦河及支流河道整治工程	浙江省萧山市	8月
360	萧山市政道路工程	浙江省萧山市	8月
361	靖江环城东路主车道工程	江苏省靖江市	8月
362	滇南中心城市红河工业园区道路工程	云南省滇南市	8月
363	威远江水电站金属结构闸门工程	云南省景谷县	8月
364	马鹿塘二期水电站导流隧洞及金属结构工程	云南省文山县	8月
365	喀腊塑克水利枢纽导流洞工程	新疆阿勒泰市	8月
366	喀腊塑克水利枢纽供水系统大口井及泵站工程	新疆阿勒泰市	8月
367	引额济乌平原渠道大洼槽进口退水渠工程	新疆米泉市	8月
368	察汗乌苏水电站混凝土面板砂砾石坝工程	新疆和静县	8月
369	九龙江北溪水闸枢纽除险加固工程	福建省漳州市	8月
370	喀腊塑克水利枢纽人工砂石系统工程	新疆阿勒泰市	8月
371	洋口水电站金属结构制造及安装工程	福建省顺昌县	8月
372	大林江水电站机电设备安装工程	湖南省江华县	8月
373	钓鱼台水库除险加固一期工程	安徽省宿松县	8月
374	景洪水电站二期下游围堰渗水点灌浆处理工程	云南省景洪县	8月
375	白沙滩泵站进口段工程	吉林省白城市	9月
376	南水北调中线安阳河渠道倒虹吸四通一平工程	河南省安阳市	9月
377	海西湾造修船基地修造结合建设工程	山东省青岛市	9月
378	小湾水电站金属结构制安工程	云南省南涧县、凤庆县	9月
379	西金沟水电站主体工程	吉林省桦甸市	9月
380	湾龙乡中低产改造工程	吉林省梅河口市	9月
381	腊寨水电站大坝工程	云南省龙陵县	9月
382	柴家峡水电站二期工程	甘肃省兰州市	9月
383	泗南江水电站主副厂房、开关站、金属结构及机电设备安装工程	云南省墨江县	9月
384	团坡水电站大坝及泄洪系统工程	贵州省惠水县	9月
385	南水北调中线一期穿黄北岸土建及设备安装工程	河南省郑州市	9月
386	团坡水电站大坝及泄洪系统工程	贵州省惠水县	9月
387	长洲水利枢纽龙顶角石料开采及运输工程	广西梧州市	9月
388	明联水电站金属结构制造及安装工程	甘肃省永靖县	9月
389	柳坪水电站厂区工程	四川省茂县	9月
390	双江口水电站场内交通木足渡隧道工程	四川省马尔康县	9月
391	瀑布沟水电站左岸导流洞进口至觉托段护岸加高工程	四川省汉源县、甘洛县	9月
392	柳坪水电站首部枢纽工程	四川省茂县	9月

续表

序号	工程项目名称	项目所在地	中标时间
393	麒麟寺水电站材料采购供应工程	甘肃省文县	9月
394	东陵浑北拦河坝工程	辽宁省沈阳市	9月
395	糯扎渡水电站火烧寨沟右侧出渣公路工程	云南省思茅市、澜沧县	9月
396	蒙城水利枢纽加固工程	安徽省蒙城县	9月
397	康平发电有限公司再生水供水工程	辽宁省康平县	9月
398	太钢尖东铁矿井巷系统工程	山西省太原市	9月
399	三座店水利枢纽固定卷扬式启闭机设备工程	内蒙古赤峰市	9月
400	南水北调中线一期穿黄厂房及冲砂闸工程	河南省温县	9月
401	溪洛渡水电站渡口乡至新市镇辅助道路工程	四川省雷波县、云南省永善县	9月
402	沙湾水电站混凝土粗细骨料生产工程	四川省乐山市	9月
403	溪洛渡水电站左岸主变室排水洞工程	四川省雷波县、云南省永善县	9月
404	彭水水电站机电设备安装工程	重庆市彭水县	9月
405	三座店水利枢纽主坝工程	内蒙古赤峰市	9月
406	董箐水电站右岸坝肩及趾板开挖工程	贵州省镇宁县、贞丰县	9月
407	木座水电站机电设备安装工程	四川省平武县	9月
408	南水北调中线京石段应急供水漠道沟渠道倒虹吸工程	河北省石家庄市	9月
409	董箐水电站右岸砂石骨料生产系统工程	贵州省镇宁县、贞丰县	9月
410	三江口水电站扩建压力钢管道及金属结构制安工程	云南省保山市	9月
411	元河塘水利枢纽工程	江苏省苏州市	9月
412	小溶江水利枢纽导流洞工程	广西桂林市	9月
413	好溪堰堰顶加高工程	浙江省丽水市	9月
414	葫芦口水电站机电安装工程	云南省梁河县	9月
415	鄞州区下应大道道路桥梁工程	浙江省宁波市	9月
416	衢州立元烟囱工程	浙江省衢州市	9月
417	宏山一遂昌220千伏输电线路工程	浙江省丽水市	9月
418	济南高新开发区新区24号路道路工程	山东省济南市	9月
419	南水北调中线京石段应急供水渠道及倒虹吸工程	河北省正定县	9月
420	庙岭水库除险加固工程	吉林省汪清县	9月
421	桥巩水电站船闸、左岸重力坝、左岸上坝公路及金属结构安装工程	广西来宾市	9月
422	大春河梯级水电站压力钢管制作及安装工程	云南省玉溪市	9月
423	溪洛渡水电站右岸主变室排风洞工程	四川省雷波县、云南省永善县	9月
424	长沙引水及水质环境工程	湖南省长沙市	9月
425	赛珠水电站大坝及引水隧洞工程	云南省禄劝县	9月
426	南水北调中线京石段曲逆河中支排洪涵洞工程	河北省顺平县	9月
427	铁城水电站引水系统工程	甘肃省永登县	9月
428	蜀河水电站大坝工程	陕西省旬阳县	9月
429	九甸峡水利枢纽大坝基础灌浆工程	甘肃省卓尼县、临潭县	9月
430	洋口水电站机电设备安装工程	福建省顺昌县	9月
431	景洪水电站二期上游围堰渗水点灌浆处理工程	云南省景洪县	9月
432	卢村水库除险加固工程	安徽省广德县	9月

续表

序号	工 程 项 目 名 称	项 目 所 在 地	中 标 时 间
433	天堂水库除险加固工程	湖北省罗田县	9月
434	大哈门水库除险加固工程	青海省大通县	9月
435	糯扎渡水电站白莫箐沟排水洞工程	云南省思茅市、澜沧县	10月
436	五郎河二级水电站厂房及压力管道工程	云南省丽江市	10月
437	西崴子水电站金属结构工程	吉林省敦化市	10月
438	大伙房水库钻孔、灌浆工程	辽宁省抚顺市	10月
439	天津一汽丰田汽车有限公司第三工厂公用动力工程	天津市西青区	10月
440	星星哨水库除险加固工程	吉林省涌吉县	10月
441	三台子水库除险加固工程	辽宁省康平县	10月
442	柴家峡水电站厂坝金属结构制造工程	甘肃省兰州市	10月
443	炳灵水电站右岸主体工程	甘肃省永靖县、积石山县	10月
444	锦屏一级水电站1号缆机安装运行工程	四川省盐源县、木里县	10月
445	积石峡水电站左岸高边坡临时道路工程	青海省循化县	10月
446	长洲水利枢纽内、中江闸门设备制造工程	广西梧州市	10月
447	官地水电站大盐池平整工程	四川省西昌市、盐源县	10月
448	狮子坪水电站施工支洞封堵、引水发电系统闸门及栏污栅制造工程	四川省理县	10月
449	龙头石水电站大坝工程	四川省石棉县	10月
450	瓦屋山水电站调压室、压力管道及金属结构安装工程	四川省洪雅县	10月
451	鸟岛扩岸土建工程	辽宁省沈阳市	10月
452	思林水电站引水发电系统工程	贵州省思南县	10月
453	溪洛渡水电站渡口乡至新市镇辅助道路工程	四川雷波县、云南永善县	10月
454	龙头石水电站引水发电系统工程	四川省石棉县	10月
455	乌金峡水电站泄洪闸工程	甘肃省靖远县	10月
456	锦屏水电站场内公路工程	四川省盐源县、木里县	10月
457	武都水库碾压混凝土大坝及金结设备安装工程	四川省江油市	10月
458	溪洛渡水电站右岸坝肩开挖及缆机平台工程	四川省雷波县、云南省永善县	10月
459	崔家营航电枢纽导流明渠开挖及防护工程	湖北省襄樊市	10月
460	思林水电站引水发电系统工程	贵州省思南县	10月
461	干溪坡水电站机电设备安装工程	四川省天全县	10月
462	董箐水电站右岸导流隧洞工程	贵州省镇宁县、贞丰县	10月
463	金岭大道沥青混凝土拌合运输工程	江西省景德镇市	10月
464	糯扎渡水电站缆机平台工程	云南省思茅市、澜沧县	10月
465	西霞院反调节水库王庄引水渠工程	河南省洛阳市	10月
466	长清大学城5号路北延电缆埋管新建工程	山东省济南市	10月
467	济南解放路光缆管道工程	山东省济南市	10月
468	济南西区2号、5号路电缆沟工程	山东省济南市	10月
469	济南解放路专业管道工程	山东省济南市	10月
470	绿水河二级水电站新增工程	云南省屏边县	10月
471	宝象河水系统防洪整治工程	云南省昆明市	10月
472	三里坪水利枢纽导流洞、场内道路工程	湖北省房县	10月

续表

序号	工程项目名称	项目所在地	中标时间
473	十里铺至临潼兵马俑城市快速干道工程	陕西省西安市	10月
474	照口水电站金属结构制造及安装工程	福建省顺昌县	10月
475	大林江水电站机电设备安装工程	湖南省江华县	10月
476	大伙房水库消力池工程	辽宁省抚顺市	10月
477	东河水库除险加固工程	内蒙古包头市	11月
478	光明水电站一期金属结构设备制作工程	吉林省安图县	11月
479	象山供水引水工程	浙江省象山县	11月
480	北大湖雪场改扩建新建雪道整平工程	吉林省吉林市	11月
481	石龙水电站引水及发电厂房系统工程	吉林省抚松县	11月
482	积石峡水电站混凝土拌和系统工程	青海省循化县	11月
483	积石峡水电站左岸永久上坝隧洞工程	青海省循化县	11月
484	拉西瓦水电站引水发电系统进水口机组拦污栅制造工程	青海省贵德县、贵南县	11月
485	引黄调水星石泊泵站土建及金属结构安装工程	山东省沂南县	11月
486	泸定水电站场内公路工程	四川省泸定县	11月
487	长河坝水电站场内交通工程	四川省康定县	11月
488	瓦屋山水电站右岸泄洪洞及金属结构安装工程	四川省洪雅县	11月
489	江口水电站水轮发电机组检修工程	重庆市武隆县	11月
490	硗碛水电站新场镇公路工程	四川省宝兴县	11月
491	龙滩水电站金属结构安装工程	广西天峨县	11月
492	双河水电站厂区工程	四川省九寨沟县	11月
493	龚嘴水电站闸门设备制造安装工程	四川省乐山县	11月
494	毛尔盖水电站库区松黑县道改线公路工程	四川省黑水县	11月
495	官地水电站打倮砂石料、混凝土生产系统工程	四川省西昌市、盐源县	11月
496	思林水电站大坝工程	贵州省思南县	11月
497	南水北调中线京石段应急供水石家庄至北拒马河段工程	河北省石家庄市	11月
498	硗碛水电站砂石骨料供应工程	四川省宝兴县	11月
499	金康水电站气垫调压室及坝区环境景观、生活住房工程	四川省康定县	11月
500	薛城水电站尾水肘管制造工程	四川省理县	11月
501	绿叶水电站调压井工程	四川省理县	11月
502	糯扎渡水电站农场土料开采公路工程	云南省思茅市、澜沧县	11月
503	宝泉抽水蓄能电站办公楼工程	河南省辉县	11月
504	光照水电站厂房工程	贵州省关岭县、晴隆县	11月
505	深溪沟水电站导流洞工程	四川省汉源县、甘洛县	11月
506	董箐水电站左岸交通洞工程	贵州省镇宁县、贞丰县	11月
507	丽水市城市防洪工程	浙江省丽水市	11月
508	桥巩水电站船闸、左岸重力坝、左岸上坝公路及金属结构安装工程	广西来宾市	11月
509	惠州抽水蓄能电站机电设备安装工程	广东省惠州市	11月
510	泗南江水电站闸门制造工程	云南省墨江县	11月
511	锦屏一级水电站地下厂房系统辅助洞室工程	四川省盐源县、木里县	11月
512	锦丰金矿尾矿坝第一期建设工程	贵州省贞丰县	11月

续表

序号	工程项目名称	项目所在地	中标时间
513	掌鸠河供水工程	云南省昆明市	11月
514	可门火电厂一期临时道路及厂区挡土墙工程	福建省福州市	11月
515	上海浦东国际机场T2航站楼空侧站坪场道工程	上海市浦东区	11月
516	静安输变电工程	上海市静安区	11月
517	金安桥水电站导流及水流控制工程	云南省丽江市	11月
518	阜新至朝阳段公路工程	辽宁省凌源市	12月
519	卡索峡水电站机电设备安装工程	青海省互助县	12月
520	松花江富锦段防洪工程	黑龙江省富锦市	12月
521	高坑水电站土建工程	重庆市合川市	12月
522	武都水库安全监测工程	四川省江油市	12月
523	南水北调中线京石段北拒马河段工程	河北省涿州市、北京市房山区	12月
524	积石峡水电站导流洞、中孔泄洪洞及泄洪排沙底孔工程	青海省循化县	12月
525	三峡水利枢纽右岸电站机电设备安装工程	湖北省宜昌市	12月
526	毛尔盖水电站库区改线公路工程	四川省黑水县	12月
527	龙头石水电站捡槽岗至新民公路工程	四川省石棉县	12月
528	桐子林水电站混凝土生产系统及左岸供水系统工程	四川省盐边县	12月
529	沙坪水电站大坝、泄洪系统、进水口及引水隧洞工程	四川省大邑县	12月
530	马鹿塘水电站二期导流洞封堵闸门制作工程	云南省麻栗坡县	12月
531	两河口水电站坝区右岸公路整治工程	四川省雅江县	12月
532	坪头水电站首部枢纽工程	四川省凉山州	12月
533	色尔古水电站首部枢纽工程	四川省黑水县	12月
534	洪一水电站引水隧洞工程	四川省石棉县	12月
535	沙湾水电站砂石加工系统工程	四川省乐山市	12月
536	宝兴至雅安220千伏线路工程	四川省雅安市	12月
537	糯扎渡水电站火烧寨沟砂石加工、混凝土拌和及制冷系统工程	四川省思茅市、澜沧县	12月
538	溪洛渡水电站左岸泄洪洞及地下厂房进水口工程	四川省雷波县、云南省永善县	12月
539	新建衢常铁路站前工程	浙江省衢州市	12月
540	小湾水电站水垫塘、二道坝工程	云南省南涧县、凤庆县	12月
541	铜湾水电站机电设备安装工程	湖南省中方县	12月
542	麒麟寺水电站闸门制造工程	甘肃省文县	12月
543	柳坪水电站闸门制造工程	四川省茂县	12月
544	联补水电站机电设备安装工程	四川省西昌市	12月
545	锦屏一极水电站营地房屋建筑工程	四川省盐源县、木里县	12月
546	凤台电厂补给水管道工程	安徽省凤台县	12月
547	新风河水环境治理工程	北京市大兴区	12月
548	炳灵水电站砂石加工系统工程	甘肃省永靖县、积石山县	12月
549	溪洛渡水电站右岸地下厂房工程	四川省雷波县、云南省永善县	12月
550	糯扎渡水电站左岸导流隧洞、泄洪隧洞及金属结构安装工程	四川省思茅市、澜沧县	12月
551	龙滩水电站金属结构设备安装工程	广西天峨县	12月
552	积石峡水电站进场路、厂坝区供水工程	青海省循化县、民和县	12月

续表

序号	工程项目名称	项目所在地	中标时间
553	积石峡水电站左岸下游建筑物基础及边坡开挖工程	青海省循化县、民和县	12月
554	刘家道口水利枢纽节制闸、金属结构及电气设备安装工程	山东省临沂市	12月
555	铁岭毛家店至朝阳三十家子高速公路阜新至朝阳段路基工程	辽宁省阜新市	12月
556	三盛公水利枢纽跌水闸除险加固基础处理工程	内蒙古磴口县	12月

（陈国辉）

2005年国内在建工程项目统计表

序号	工程项目名称	项目所在地	施工单位
1	董箐水电站工程	贵州省镇宁县、贞丰县	水电九、十一、十二局
2	团坡水电站工程	贵州省惠水县	水电三、四、六、九局
3	金窝水电站工程	四川省石棉县	水电五局
4	栗阳抽水蓄能电站工程	江苏省栗阳市	水电十二局
5	洪口水电站工程	福建省宁德县	水电十二、闽江局
6	挂治水电站工程	贵州省锦屏县	水电八局
7	大岗山水电站工程	四川省雅安市	水电七、九、闽江局
8	深溪沟水电站工程	四川省汉源县、甘洛县	水电一、九、十一局
9	公伯峡水电站工程	青海省循化县、化隆县	水电三、四、十一、十五、基础局
10	洪家渡水电站工程	贵州省黔西县、织金县	水电八、九、十四局
11	小湾水电站工程	云南凤庆县、南涧县	水电一、三、四、六、七、八、九、十四、基础局
12	龙滩水电站工程	广西天峨县	水电七、八、九、十一、十四局
13	瀑布沟水电站工程	四川省汉源县、甘洛县	水电五、七、八、十、十一、十四、基础局
14	三板溪水电站工程	贵州省锦屏县	水电三、八、九、十二、十四局
15	索风营水电站工程	贵州省黔西县、修文县	水电六、八、九、十二、十四、基础局
16	构皮滩水电站工程	贵州省余庆县	水电四、六、八、九、十一、十四、闽江、基础局
17	水布垭水电站工程	湖北省巴东县	水电二、三、七、八、十四、基础局
18	青居水电站工程	四川省南充市	水电五、七、八局，双富公司
19	硗碛水电站工程	四川省宝兴县	水电七、十局
20	向家坝水电站工程	四川省宜宾市	水电三、七、八、九、十、十一、十四、基础局
21	溪洛渡水电站工程	云南省永善县、四川省雷波县	水电一、三、四、六、七、八、十、十四、基础局
22	拉西瓦水电站工程	青海省贵德县、贵南县	水电三、四、十一、基础局
23	苏只水电站工程	青海省循化县、化隆县	水电三、四、十五、基础局
24	恰甫其海水利枢纽工程	新疆巩留县	水电一、十、十四、十五局
25	宝泉抽水蓄能电站工程	河南省辉县	水电一、二、五、七、十一局
26	张河湾抽水蓄能电站工程	河北省井径县	水电一、四、八、十一局
27	白莲河抽水蓄能电站工程	湖北省黄冈市	水电一、八、十一局
28	西霞院水电站工程	河南省济源县	水电一、三、八、十一、十四、基础局

续表

序号	工程项目名称	项目所在地	施工单位
29	景洪水电站工程	云南省景洪市	水电三、四、八、十四局
30	光照水电站工程	贵州省晴隆县	水电四、七、八、九、十一、十二、闽江局
31	紫兰坝水电站工程	四川省广元市	水电五、七、十局
32	彭水水电站工程	重庆市彭水县	水电七、八、十一、十三、十四局
33	锦屏一级水电站工程	四川省盐源县、木里县	水电四、七、八、十一、十四局
34	云鹏水电站工程	云南省泸西县	水电五、九、十一局
35	泗南江水电站工程	云南省墨江县	水电三、八、十、十四、闽江局
36	思林水电站工程	贵州省思南县	水电四、六、八、九、闽江、基础局
37	糯扎渡水电站工程	云南省思茅市、澜沧县	水电一、三、四、六、七、十一、十四局
38	崖羊山水电站工程	云南省墨江县、普洱县	水电十一、十四局
39	康扬水电站工程	青海省尖扎县	水电三、四、十一、基础局
40	金安桥水电站工程	云南省丽江市	水电一、三、四、六、八、十四局
41	戈兰滩水电站工程	云南省绿春县	水电四、六、十一、十四、闽江局
42	柳洪水电站工程	四川省美姑县	水电三、五、六、七、十一局
43	土卡河水电站工程	云南省江城县、绿春县	水电三、四、五、十一局
44	长洲水利枢纽工程	广西梧州市	水电四、七、八、十一局
45	沙湾水电站工程	四川省乐山市	水电三、五、七、十局
46	大发水电站工程	四川省石棉县	水电五、十局
47	瓦屋山水电站工程	四川省洪雅县	水电五、七、八、九、十局
48	黑麋峰抽水蓄能电站工程	湖南省望城县	水电八、九、十二局
49	大花水水电站工程	贵州省开阳县、福泉市	水电六、八、九、基础局
50	栗子坪水电站工程	四川省石棉县	水电二、五局
51	白市水电站工程	贵州省天柱县	水电三局
52	龙马水电站工程	云南省墨江县、江城县	水电二、五、十三、十四局
53	狮子坪水电站工程	四川省汶川县	水电二、三、五、七、基础局
54	马鹿塘水电站二期工程	云南省麻栗坡县	水电五、十四局
55	蒲石河抽水蓄能电站工程	辽宁省宽甸县	水电一、二、六局
56	双河口水电站工程	贵州省罗甸县	水电三、闽江局
57	木座水电站工程	四川省平武县	水电十、十一局
58	双沟水电站工程	吉林省抚松县	水电一、六局
59	舟坝水电站工程	四川省沐川县	水电七、基础局
60	滩坑水电站工程	浙江省青田县	水电四、五、十二、闽江局
61	大顶子山航电枢纽工程	黑龙江省哈尔滨市	水电一、六局
62	黑河塘水电站工程	四川省九寨沟县	水电五、七、十局

续表

序号	工 程 项 目 名 称	项 目 所 在 地	施 工 单 位
63	沙坝水电站工程	贵州省务川县	水电二、九、十二局
64	双江口水电站工程	四川省马乐康县	水电三、五局
65	沙坪水电站工程	四川省雅安市	水电五局
66	九甸峡水利枢纽工程	甘肃省卓尼县	水电三、四、七、十一、十二、十五局
67	仁宗海水电站工程	四川省康定、石棉县	水电三、基础局
68	观音岩水电站工程	四川省攀枝花市	水电五局
69	凤凰谷水电站工程	云南省师宗县	水电五局
70	长甸电站改造工程	辽宁省宽甸县	水电六局
71	桑坪水电站工程	四川省汶川县	水电五、十局
72	白山抽水蓄能水电站工程	辽宁省桦甸市、靖宇县	水电一、六局
73	龙头石水电站工程	四川省石棉县	水电五、七局
74	铜湾水电站工程	湖南省中方县	水电八、九局
75	寺沟峡水电站工程	甘肃省永靖县、积石山县	水电三、四、七局
76	大隆水利枢纽工程	海南省三亚市	水电六、八、基础局
77	筱溪水电站工程	湖南省新邵县	水电三、七局
78	宝兴水电站工程	四川省宝兴县	水电七、十局
79	薛城水电站工程	四川省理县	水电一、二、三、十、十五局
80	古城水电站工程	四川省理县	水电五、十、基础局
81	石堤水电站工程	重庆市秀山县	水电一、六、十三局
82	官地水电站工程	四川省西昌市、盐源县	水电一、三、五、七、八、九、十局
83	三峡水利枢纽工程	湖北省宜昌市	水电三、四、七、八、十一、十四、基础局
84	龙口水利枢纽工程	山西省偏关县、河曲县	水电四、十一局
85	阳江抽水蓄能电站工程	广东省阳江市	水电十四局
86	色尔古水电站工程	四川省黑水县	水电五、七、十局
87	桐子林水电站工程	四川省盐边县	水电五、七局
88	长河坝水电站工程	四川省康定县	水电五、七、十四、基础局
89	泸定水电站工程	四川省泸定县	水电四局
90	柳坪水电站工程	四川省茂县	水电五、七、十局
91	积石峡水电站工程	青海省循化县、民和县	水电三、四、十、十五局
92	糯租水电站工程	云南省华宁县	水电一局
93	察汗乌苏水电站工程	新疆和静县	水电十五局
94	呼和浩特抽水蓄能电站工程	内蒙呼和浩特市	水电闽江局
95	喀腊塑克水利枢纽工程	新疆阿勒泰市	水电十四、十五、闽江局
96	两河口水电站工程	四川省雅江县	水电五局

续表

序号	工 程 项 目 名 称	项 目 所 在 地	施 工 单 位
97	蜀河水电站工程	陕西省旬阳县	水电三、十五局
98	麒麟寺水电站工程	甘肃省文县	水电三、五、十局
99	柴家峡水电站工程	甘肃省兰州市	水电三、四局
100	乌金峡水电站工程	甘肃省靖远县	水电三、七局
101	炳灵水电站工程	甘肃省永靖县、积石山县	水电三、四、十一局
102	毛尔盖水电站工程	四川省黑水县	水电一、五、七局
103	坪头水电站工程	四川省美姑县、昭觉县、雷波县	水电三、五局
104	佛子岭抽水蓄能电站工程	安徽省霍山县	水电六、十二局
105	双河水电站工程	四川省九寨沟县	水电七、十局
106	洪一水电站工程	四川省石棉县、九龙县	水电五、七局
107	金康水电站工程	四川省康定县	水电十局
108	崔家营航电枢纽工程	湖北省襄樊市	水电九局
109	联补水电站工程	四川省布拖县	水电五、十局
110	赛珠水电站工程	云南省禄劝县	水电十、十四局
111	桥巩水电站工程	广西来宾市	水电七、十三局
112	红岩一级水电站工程	湖北省竹溪县	水电一局
113	大峡水电站工程	湖北省竹溪县	水电一局
114	塘口水电站扩机工程	湖北省来凤县	水电一局
115	光明一期水电站工程	吉林省安图县	水电一局
116	乌图河水电站工程	贵州省水城县	水电一、九、十一局
117	西金沟水电站工程	吉林省桦甸市	水电一局
118	老龙口水利枢纽工程	吉林省珲春市	水电一局
119	东旭二级水电站工程	青海省门源县	水电一、四局
120	五郎河二级电站工程	云南省永胜县	水电一局
121	金湾水电站工程	黑龙江省黑河市	水电一局
122	嵩滩埔水电站工程	福建省闽清县	水电一局
123	二龙山水电站工程	甘肃省张掖市	水电一局
124	龙溪沟水电站工程	四川省九龙县	水电三局
125	多儿水电站工程	甘肃省迭部县	水电三局
126	腊寨水电站工程	云南省龙陵县、腾冲县	水电三局
127	渔滩水电站二期工程	重庆市黔江区	水电六局
128	马岩洞水电站工程	重庆市彭水县	水电四、五、六局
129	过军渡水利枢纽工程	四川省遂宁市	水电三、六、十局
130	云峰水电站工程	吉林省集安县	水电一、六局

续表

序号	工程项目名称	项目所在地	施工单位
131	三座店水利枢纽工程	内蒙古赤峰市	水电六、八局
132	柘溪水电站扩建工程	湖南省安化县	水电七局
133	武都引水二期工程	四川省江油市	水电三、八、九局
134	东风水电站扩机工程	贵州省清镇县、黔西县	水电八、九、基础局
135	杨柳滩水电站工程	四川省宜宾县、云南省水富县	水电五、十局
136	荣孔水电站改建工程	西藏定结县	水电十局
137	刘河坝水电站工程	四川省宝兴县	水电十局
138	湾滩水电站工程	四川省米易县	水电十局
139	脚基坪水电站工程	四川省天全县	水电十局
140	干溪坡水电站工程	四川省天全县	水电十局
141	姜射坝水电站工程	四川省茂县	水电九、十、基础局
142	绿叶水电站工程	四川省理县	水电七、十局
143	朝阳水电站工程	云南省龙陵县	水电一、三、十一局
144	罗坡坝水电站工程	湖北省恩施市	水电十一局
145	三江口水电站工程	云南省保山市	水电十一局
146	外雄水电站工程	浙江省青田县	水电十、十二局
147	小溶江水利枢纽工程	广西兴安县	水电十二局
148	葫芦口水电站工程	云南省梁河县	水电十二局
149	雷打滩水电站工程	云南省弥勒县、邱北县	水电三、八、十四局
150	谷拉水电站工程	云南省富宁县	水电八、十四局
151	威远江水电站工程	云南省景谷县	水电十四局
152	大春河一级水电站工程	云南省新平县	水电十四局
153	马过河水电站工程	云南省金平县	水电十四局
154	绿水河二级水电站工程	云南省屏边县	水电十四局
155	株溪口水电站工程	湖南省安化县	水电十五局
156	三岔湾水电站工程	贵州省安顺市	水电三、十五局
157	龙桥水电站工程	湖北省利川市	水电十五局
158	三里坪水利枢纽工程	湖北省房县	水电十五局
159	铁城水电站工程	甘肃省永登县	水电三、十五局
160	德泽水电站工程	云南省沾益县	水电十五局
161	鸭姆潭水电站技改工程	福建省永安县	水电闽江局
162	留金坝水电站工程	江西省瑞金市	水电闽江局
163	白莲崖水库工程	安徽省霍山县	水电闽江局
164	高唐水电站工程	福建省将乐县	水电闽江局

续表

序号	工程项目名称	项目所在地	施工单位
165	毛家河水电站工程	贵州省水城县、云南省宣威市	水电闽江局
166	街面水电站工程	福建省尤溪县、大田县、德化县	水电五、六、十二、闽江局
167	洋口水电站工程	福建省顺昌县	水电闽江局
168	大林江水电站工程	湖南省江华县	水电闽江局
169	照口水电站工程	福建省南平市	水电闽江局
170	阿色水电站工程	四川省白玉县	水电基础局
171	下硐水电站工程	重庆市长寿区	水电七局
172	金河四级水电站工程	云南省金平县	水电五局
173	西崴子水电站扩机工程	吉林省敦化市	水电一局
174	六十道沟水电站工程	河北省涞源县	水电十三局
175	南水北调中线京石段应急供水工程	北京市海淀区、房山区，河北省石家庄市、涿州市、定州市、顺平县、正定县	水电一、二、三、八、十、十一、十三、十四局
176	南水北调东线一期工程	山东省枣庄市	水电十一局
177	南水北调中线一期穿黄工程	河南省郑州市、安阳市	水电一、四、十一局
178	丹江口大坝加高工程	湖北省丹江口市	水电三局
179	万家寨引黄联接段工程	山西省偏关县、太谷县、宁武县	水电三、七、十、基础局
180	万家寨水利枢纽缆机拆除工程	山西省偏关县、内蒙古准格尔旗	水电四局
181	二龙山水利枢纽工程	湖北省来凤县	水电一局
182	松花江防护工程	吉林省扶余县	水电一局
183	石碑水库工程	吉林省扶余县	水电一局
184	西克尔水库工程	新疆伽师县	水电一局
185	白沙滩泵站工程	吉林省白城市	水电一局
186	湟水北干渠工程	青海省大通县、互助县	水电一局
187	通化市农田水利工程	吉林省通化市	水电一局
188	东河水库工程	内蒙古包头市	水电一局
189	东厢溪水库工程	湖北省咸丰县	水电一局
190	三台子水库工程	辽宁省康平县	水电一局
191	王峡口水库扩建工程	甘肃省华亭县	水电三局
192	星石泊泵站工程	山东省沂南县	水电四局
193	吉林市城市防洪工程	吉林省吉林市	水电六局
194	胡力斯台水库工程	内蒙古科左中旗	水电六局
195	大绥河水库工程	吉林省吉林市	水电六局

续表

序号	工程项目名称	项目所在地	施工单位
196	临淮岗洪水控制工程	安徽省霍邱县、颍上县	水电三、六、八、十一局
197	伊通河中段城市防洪工程	吉林省长春市	水电六局
198	东陵浑北拦河坝工程	辽宁省沈阳市	水电六局
199	蒙城水利枢纽工程	安徽省蒙城县	水电六局
200	禹门河反调节水库工程	河南省洛宁县	水电六局
201	萧山城区河道整治工程	浙江省萧山市	水电十二局
202	丽水市城市防洪工程	浙江省丽水市	水电十二局
203	蚌埠段河道整治工程	安徽省蚌埠市	水电十三局
204	伊通河中段城市防洪工程	吉林省长春市	水电十三局
205	庙岭水库工程	吉林省汪清县	水电十三局
206	东方红水库工程	新疆沙车县	水电十三局
207	林口水库工程	云南省镇雄县	水电十五局
208	陕西采兔沟水库工程	陕西省神木县	水电十五局
209	新疆永安堤基础处理工程	新疆阿克苏	水电基础局
210	靠山水库工程	内蒙古扎兰屯市	水电基础局
211	卢村水库工程	安徽省广德县	水电基础局
212	清水河水库工程	云南省新平县	水电基础局
213	天堂水库工程	湖北省罗田县	水电基础局
214	大哈门水库工程	青海省大通县	水电基础局
215	邵武发电有限公司第二灰场工程	福建省邵武市	水电一局
216	一汽铸造有限公司发动机缸体铸件改造工程	吉林省长春市	水电一局
217	庄河发电厂循环水泵房止水工程	辽宁省大连市	水电一局
218	华厦街道路工程	辽宁省本溪市	水电一局
219	北大湖雪场新建雪道整平工程	吉林省吉林市	水电一局
220	江阴电厂循环水泵房工程	福建省福州市	水电一、五局
221	北京电力管理干部学院教工单宿楼工程	北京市海淀区	水电二局
222	华电密云培训中心综合楼工程	北京市密云县	水电二局
223	北京八一中学科技楼工程	北京市海淀区	水电二局
224	华北电力大学第五教学楼工程	北京市昌平区	水电二局
225	水科院西区办公楼工程	北京市海淀区	水电二局
226	水科院西区1号楼住宅楼工程	北京市海淀区	水电二局

续表

序号	工程项目名称	项目所在地	施工单位
227	泛美花园东区公建工程	陕西省西安市	水电三局
228	大通铝厂电解铝专用铁路工程	青海省大通县	水电四局
229	靖远电厂三期取水工程	甘肃省靖远县	水电四局
230	康平发电公司再生水供水工程	辽宁省康平县	水电六局
231	沈阳鸟岛扩岸工程	辽宁省沈阳市	水电六局
232	太钢尖东铁矿井巷系统工程	山西省太原市	水电六局
233	沪蓉国道主干线支线分水岭（鄂渝界）至忠县高速公路工程	重庆市石柱县	水电七局
234	宝兴至雅安 220 千伏线路工程	四川省雅安市	水电七局
235	沌口至水洪口高速公路一期工程	湖北省武汉市	水电八局
236	新建衢常铁路站前工程	浙江省衢州市	水电八局
237	观水路（水口寺至中天大桥段）道路改造工程	贵州省贵阳市	水电九局
238	小河区长江路前段改造工程	贵州省贵阳市	水电九局
239	松桃行政中心土石方工程	贵州省松桃县	水电九局
240	长水至三门峡改建沥青路面工程	河南省洛阳市	水电十一局
241	舟山钓梁促淤围垦工程	浙江省舟山市	水电十二局
242	兰溪电厂水系统安装工程	浙江省兰溪市	水电十二局
243	瑞安市阁巷围涂工程	浙江省瑞安市	水电十二局
244	萧山市政道路工程	浙江省萧山市	水电十二局
245	余杭区危险废物安全填埋场一期工程	浙江省杭州市	水电十二局
246	义乌市商城大道延伸段工程	浙江省义乌市	水电十二局
247	杭州燃气管道工程	浙江省杭州市	水电十二局
248	杭钢高架通廊、转运站基础工程	浙江省杭州市	水电十二局
249	湖州 500 千伏变电所扩建工程	浙江省湖州市	水电十二局
250	大佛寺 110 千伏变电所土建工程	浙江省金华市	水电十二局
251	宏山-遂昌 220 千伏输电线路工程	浙江省丽水市	水电十二局
252	凤台电厂补给水管道工程	安徽省凤台县	水电十二局
253	山东轻工业学校长清新校区道路、管网工程	山东省济南市	水电十三局
254	济南市西区雨污水管道工程	山东省济南市	水电十三局
255	曹妃甸围海造地工程	河北省唐山市	水电十三局
256	曹妃甸工业区供水工程	山东省济南市	水电六、十三局

续表

序号	工 程 项 目 名 称	项目所在地	施 工 单 位
257	济南市天成路综合改造工程	河北省唐山市	水电十三局
258	新密电厂厂区道路工程	河南省郑州市	水电十三局
259	献多水厂防洪堤工程	西藏拉萨市	水电十三局
260	济南市济微路改造工程	山东省济南市	水电十三局
261	济南市解放路改造工程	山东省济南市	水电十三局
262	海拉尔至满洲里公路工程	内蒙古呼伦贝尔市	水电十三局
263	大武口区南环路工程	宁夏石嘴山市	水电十三局
264	济南高新开发区新区 24 号路工程	山东省济南市	水电十三局
265	济南解放路三网合一光缆管道工程	山东省济南市	水电十三局
266	济南西区 2 号、5 号路电缆沟工程	山东省济南市	水电十三局
267	济南解放路专业管道工程	山东省济南市	水电十三局
268	长沙市引水及水质环境工程	湖南省长沙市	水电十四局
269	咸阳市华昌路工程	陕西省咸阳市	水电十五局
270	锦丰金矿尾矿坝第一期工程	贵州省贞丰县	水电十五局
271	引红济石探洞工程	陕西省西安市	水电十五局
272	十里铺至临潼兵马俑城市快速干道工程	陕西省西安市	水电十五局
273	凉水井煤矿办公楼、机修车间、材料库工程	陕西省榆林市	水电十五局
274	中水十五局水电大厦工程	陕西省西安市	水电十五局
275	浦东国际机场二期飞行区（第二跑道）工程	上海市浦东区	水电闽江局
276	浦东国际机场 T2 航站楼空侧站坪场道工程	上海市浦东区	水电闽江局
277	铁岭毛家店至朝阳三十家子高速公路阜新至朝阳段路基工程	辽宁省阜新市	水电闽江局
278	丰泽区海星小区土方工程	福建省泉州市	水电闽江局
279	漳平发电有限公司灰坝加高工程	福建省漳平市	水电闽江局
280	可门火电厂一期机组临时道路及厂区挡土墙工程	福建省福州市	水电闽江局
281	涵江区大洋乡土地整理工程	福建省莆田市	水电闽江局
282	岭澳核电二期防渗墙及地连墙工程	广东省深圳市	水电基础局
283	阳江核电水库基础处理工程	广东省阳江市	水电基础局
284	静安 500 千伏输变电工程	上海市静安区	水电基础局

（陈国辉）

国际化经营

概述

2005年，海外事业部在集团公司领导下，坚持以科学发展观为指导，抓紧完善国际经营战略，加快建立国际经营新体制和新机制，稳步扩大市场范围，努力做好海外融资投资项目，积极推动经营结构和增长方式的转变，着力提高国际经营的层次，经营质量成效显著，集团公司国际经营业务自1999年以来，连续6年上新台阶。

2005年，集团公司国际经营工作具有以下主要特点。

1. 经营结构多元化，国际经营的产业链延长。

1年来，集团公司积极向国际工程承包领域高端和下游开拓，使经营从成本竞争向差别竞争战略转移，几个重点融资、投资项目已进入到实质性运作阶段并取得阶段性成果，这标志着集团公司国际经营在核心业务上实现了跨越式发展。

2005年5月，集团公司与老挝政府签订了南欧8水电站项目的开发备忘录，总装机容量60万千瓦，年发电量近35亿千瓦时，直接投资约10亿美元。2005年7月，在温家宝总理和洪森首相的见证下，集团公司在昆明签署了标价为2.8亿美元的柬埔寨甘再水电站BOT项目备忘录，这是集团公司运用BOT形式开拓国际市场的标志性项目。

在培育市场、开发市场和进入融投资领域中，集团公司已经在印度尼西亚、赞比亚、尼日利亚、马来西亚等国家的一些重点项目上均有较大的进展。集团公司国际经营业务已经迅速跨越了竞争性投标项目、EPC项目、融资条件下的EPC项目，融投资领域等几个阶段。

2. 企业地位上升、经营环境良好、品牌效果明显。

集团公司领导及国际公司领导多次参加高层会见活动，包括会见老挝总理本南、柬埔寨首相洪森等。在大湄公河次经济区域合作开发会议期间，郭建堂等领导同志直接向温家宝总理汇报工作，刘起涛副总经理代表集团公司陪同吴仪副总理访问老挝、蒙古及中亚4国。通过这些活动，宣传了集团公司的综合实力和丰富的经营业绩，创造了良好的经营环境，直接或间接推动了项目的运作，为集团公司寻找了新的生存空间，增加了“中国水电建设第一品牌”的含金量。

3. 呈现出一批以大项目和项目群为特点的国别市场。

2005年，在国际经营活动中，集团公司抓大项目、抓项目群国别市场的营销策略成果显著，印度、阿尔及利亚、安哥拉等国，已迅速成为以项目群为特点的新的重要国别市场。卡塔尔多哈机场及场地准备项目，阿尔及利亚苏夫供水项目等，都是1亿美元以上的项目。经过几年的奋斗，截至2005年年底，集团公司拥有1亿美元以上的项目11个，1亿美元以上的项目群国别市场13个。2005年，又通过中标项目相继进入阿联酋、沙特阿拉伯、卡塔尔等海湾国家。

4. 产业结构多元化更为明显。

2005年，在集团公司所签约的项目中，水电站项目仅占15%，而市政和公路项目占31%，工民建及机场建设项目占36%，水利工程占18%。这说明，集团公司以核心技术为支撑的竞争力正在向相邻相关专业发展。

5. 国外项目履约情况基本良好。

目前，集团公司签约并正在实施的项目60多个，涉及到32个国家，在建合同余额超过40亿美元。从总体看，这些项目运行良好。集团内外比较关注的几个重大项目风险，经过艰苦的谈判和工作已经基本解除。

（海外事业部）

集团公司海外事业部/国际工程有限公司

【海外事业部职责】　海外事业部是集团公司国际化战略的组织者和实施者，是集团公司开展国际工程承包的经营中心。根据集团公司《关于印发＜中国水利水电建设集团公司总部机构设置方案＞的通知》（中水电企［2003］30号）文，海外事业部主要职责是：

1. 研究制定并组织实施集团公司国际化经营战略；指导子公司国际工程承包业务。

2. 负责国际工程信息的跟踪、分析与处理工作，组织项目投标、合同谈判、合同签订、合同实施和项目管理。

3. 受集团公司委托，制定集团公司有关外事工作的管理办法，负责办理出国人员手续等外事管理的日常工作。

4. 经集团公司授权，负责管理集团公司的驻外机构。

5. 负责集团公司国际工程综合统计工作。

6. 完成集团公司下达的经营目标，按规定上交收益。

总经理：黄保东

常务副总经理：曾兴亮

副总经理：车伟力　林文进　章运礼　孙越　宋东升

（海外事业部）

【国际工程有限公司工作规则】　2005年6月14日，集团国际工程有限公司印发《中国水电建设集团国际工程有限公司工作规则》（中国水电国际［2005］12号）（以下简称《国际公司工作规则》）。《国际公司工作规则》由“总则”、“公司领导体制”、“公司领导及部门负责人职责”、“会议制度”、“公务活动制度”、“公文审批管理制度”、“附则”共7章40条组成。对国际公司的体制、职责、工作程序等作出了明确的规定。

总经理：黄保东

副总经理：曾兴亮、林文进、章运礼、宋东升

总会计师：沈国华

党委书记：曾兴亮

党委副书记：黄保东、孙越

（海外事业部）

海外事业部组织机构图

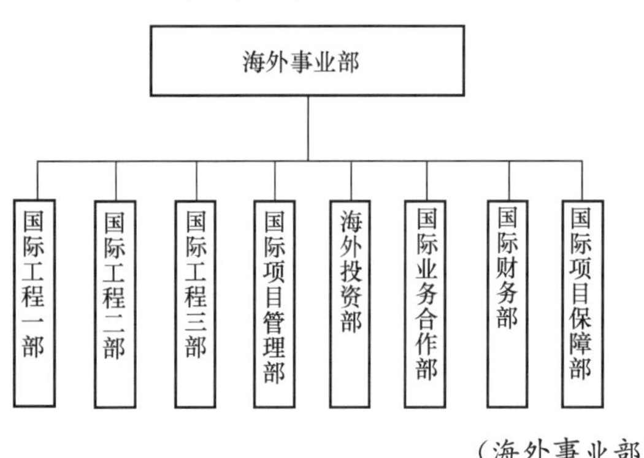

（海外事业部）

【2005年工作】　2005年，海外事业部作为集团公司国际化战略的组织者和实施者，国际公司作为集团公司国际经营工作的主要经营单位，努力按照集团公司提出的“深入推进国际化战略，加快国际经营步伐”的要求，抓紧完善国际经营战略，加快建立现代企业制度要求的国际经营新体制和新机制，大力开拓国际市场，稳步扩大市场规模，努力做好海外融资投资项目，使集团公司国际经营业务自1999年以来，连续6年上新台阶。

一、经营工作的主要业绩

2005年，集团公司国际经营活动涉及到70多个国家，投标项目100多个，中标项目38个，合同总额约20亿美元，排除联营体因素，集团公司中标合同额165302万美元，为2004年签约额90382万美元的183%。

在2005年中标项目中，合同额在1000万美元以下的项目14个，占中标项目总数的37%；1000万至5000万美元的项目14个，占37%；5000万至1亿美元的项目7个，占18%；1亿美元以上的项目达到3个，占8%。

2005年，国际经营业务实现营业额46674万美元，营业收入389845万元，实现利润18237万元，经济效益良好。

二、经营工作的主要特点

（一）经营层次进一步提高。

国际公司充分利用集团公司资源，积极向国际工程承包领域高端和下游开拓，使海外经营从成本竞争战略向差别竞争战略转移，从而实现国际经营在核心业务上的跨越式发展。

2005年5月，国际公司签订了南欧8水电站项目的开发备忘录，7月在昆明召开的大湄公河次区域经济合作第二次领导人会议期间，在国务院总理温家宝总理和柬埔寨首相洪森的见证下，在昆明签署了柬埔寨甘再水电站项目建设备忘录，集团公司以BOT形式中标了柬埔寨甘再水电站项目。继2003年郭建堂总经理率团访问赞比亚，并签署《合作开发赞比亚水电市场合作意向书》后，2005年1月30日，又与赞比亚国家电力公司签署了卡里巴北岸水电站扩机项目可行性研究的咨询合同。

柬埔寨甘在水电站项目，标价2.8亿美元，是集团公司运用BOT形式开拓国际市场的标志性项目。自2004年5月通过资格预审以来，国际公司就积极组织了项目现场考察，认真分析研究了项目资料，从融资、保险、法律、设计、施工和运行管理等各个方面精心准备了投标文件。经过3个多月的合同谈判，与柬方初步达成协议。该项目特许经营期44年，其中施工期4年，商业运行期40年。这是集团公司第一个海外投资开发的大型水电站项目。

南欧8水电站项目是老挝大型的水电建设项目。该电站采用混凝土面板堆石坝，总装机容量60万千瓦，年发电量近35亿千瓦时，直接投资约10亿美元，为老挝经济社会效益较好的水电项目之一。根据备忘录，集团国际公司将以BOT的方式进行项目开发，特许经营期为25年，发电后，除满足老挝国内用电需求外，大部分将出口到中国和泰国。这是集团公司与老挝政府的又一次重要经济合作。

此外，印度尼西亚佳迪格蒂水电站、赞比亚卡里巴北岸水电站扩机项目、尼日利亚水电站项目、与鲁能集团及马来西亚沙捞越州日光公司联合开发电解铝项目等几个融资开发项目的谈判均取得较大进展。集团公司国际经营业务已经迅速跨越了竞争性投标项目、EPC项目、融资条件下的EPC项目、融投资领域等几个阶段，这是很多国内外经公司20～30年甚至更长时间才能走完的路程，集团公司在短短几年时间里就做到了。

（二）国际商务中高层次活动频繁。

在国际商务运作中，郭建堂总经理和刘起涛副总经理多次参加高层会见活动。如：郭建堂总经理一行拜会巴基斯坦总理阿齐兹、刚果（金）总统卡比拉、老挝总理本南、柬埔寨首相洪森；刘起涛副总经理一行拜会尼日利亚外交部长奥利耶米·阿达尼吉；集团公司海外事业部总经理黄保东陪同中国进出口银行领导拜会尼日利亚总统奥巴桑乔等。此外，集团公司与国外部长级官员的交往和接触也非常频繁。在大湄公河次经济区域合作开发会议期间，郭建堂总经理、刘起涛副总经理直接向温家宝总理汇报工作；刘起涛副总经理陪同吴仪副总理访问老挝、蒙古及中亚4国；国际公司党委书记、副总经理曾兴亮陪同黄菊副总理访问马达加斯加，并在高层论坛上发表演讲。通过这些活动，宣传了集团公司的综合实力和丰富的经营业绩，增进了友谊，建立了联系，直接或间接推动了海外项目的运作，取得极为明显的效果。

（三）国际市场范围进一步延伸和扩大。

2005年，国际公司重点抓大项目、抓项目群国别市场，成果显著。如：印度、阿尔及利亚、安哥拉市场已迅速成为以项目群为依托的新的重要的国别市场。2005年，集团公司在海外的大型和特大型项目比较多，包括卡塔尔多哈机场及场地准备项目，阿尔及利亚苏夫供水项目等，都在1亿美元以上。截至2005年底，集团公司已经形成了一批1亿美元以上的单体项目和以项目群为特征的国别市场。其中1亿美元以上的项目11个，最大的项目额为5.5亿欧元；1亿美元以上的项目群国别市场13个，这种状况是国内外经公司绝无仅有的。

2005年，集团国际公司相继进入阿联酋、沙特阿拉伯、卡塔尔等国家，为提高国际经营活动的经济效益提供了重要的支撑点。

（四）产业结构呈多元化发展。

集团公司在坚持水电主业的同时，以市场为导向，积极向非水电领域拓展。2005年，在所签约的项目中，水电站项目仅占15%，而市政和公路项目占31%，工民建及机场建设项目占36%，水利工程占18%。表明集团公司以核心技术为支撑的竞争力正在向相邻相关专业发展，正在国际市场上呈扇面型扩散。在市场培育的过程中，国际公司不但涉足水电建设等核心专业领域，而且，积极探索与其他领域的合作，如：与马来西亚的矿电合作、尼日利亚的石油与电力合作（互换）等。

（五）国外项目履约情况良好。

2005年，集团公司签约并正在实施的项目57个，涉及到32个国家，在建合同余额超过40亿美元。在对所有在建项目综合管理的同时，对重大项目、问题项目和风险项目实行重点管理，对这些项目实施强制管理和提供全方位合同管理支持和技术专家支持，国外项目整体运行情况良好。

（六）基础管理工作得到加强。

2005年，围绕国际经营工作的开展，贷款、担保、保险业务日益增多，海外事业部财务部全年共办理资信证明33笔；授信证明73笔，金额约5.7亿美元；出具各类保函40笔，金额约3.7亿美元；办理信用证124笔，涉及合同金额6892万美元；申报退税额10611万元，已审核通过10611万元，退回10187万元。

在后勤保障支持方面，2005年共签订设备物资合同1600份，合同金额约17.5亿元；出口物资280批，13.3万立方米。集团公司海外项目物流管理体系基本形成，集团公司作为海外项目后勤保障中心的平台效应和规模效应初步得到体现。

2005年，海外事业部共办理出国团组1110个，办理出国人员有关证件5012人次。正式组建了利比亚、也门、约旦、安哥拉、坦桑尼亚代表处，成立了中国水电建设集团国际工程有限公司沙特分公司。集团公司已在23个国家设立了25个代表处、经理部、子公司、分公司。

（海外事业部）

【国际工程有限公司党委成立】 2005年10月21日，集团公司党组以（中水电党［2006］99号）文，正式批复中国水电建设集团国际工程有限公司党员大会和党委一届一次会议选举结果。同意中共中国水电建设集团国际工程有限公司委员会由孙越、宋东升、沈国华、林文进、章运礼、黄保东、曾兴亮（以姓氏笔画为序）同志组成，曾兴亮同志任党委书记，黄保东、孙越同志任党委副书记。国际公司党委暂不设纪委，在党委会中设纪检委员。

（海外事业部）

【国际公司成立安全生产委员会】 2005年7月13日，国际公司印发《关于成立国际公司安全生产委员会的通知》（中国水电国际［2005］17号），成立国际公司安全生产委员会。成员如下：

主　任：黄保东

副主任：曾兴亮　章运礼　宋东升

成　员：章运礼　吴文豪　盛玉明　杜　楠　郭华涛　夏　畅　江迎宪　杨天福　彭申映

安全生产委员会下设安全生产办公室，吴文豪任主任（兼）。

（海外事业部）

国际商务

【温家宝总理、洪森首相出席见证柬埔寨甘再水电站项目开发签约仪式】 2005年7月5日下午，在中华人民共和国国务院总理温家宝与柬埔寨王国政府总理洪森的见证下，集团公司与柬埔寨工业矿产能源部在昆明翠湖宾馆举行双方合作开发柬埔寨甘再水电站项目签字仪式。集团公司总经理郭建堂列席为中方高层主宾代表，副总经理兼集团国际公司董事长刘起涛、国际公司总经理黄保东与柬方工矿能源部长述赛、财政部副部长奥珀莫尼罗特分别代表双方在项目协议上签字。

集团公司拟投资开发的甘再水电站项目，是中柬双方贸易中最大企业投资项目，被列为中柬两国总理交流会的主要议题之一。中柬两国政府高层都非常关注甘再水电站项目的开发，表示支持集团公司与柬工矿能源部合作。

（海外事业部）

【温家宝总理接见郭建堂总经理一行】 2005年7月4日下午，出席大湄公河次区域经济合作第二次领导人会议的国务院总理温家宝，在昆明翠湖宾馆接见了集团公司总经理郭建堂，副总经理刘起涛。郭建堂总经理向温总理简要汇报了集团公司的基本情况特别是柬埔寨甘再水电站的情况，同时还简要介绍了集团公司在尼日利亚的水电项目情况。

温家宝总理对集团公司开发海外市场和实施“走出去”战略给予充分肯定，对集团公司中标柬埔寨甘再水电站表示祝贺。他详细询问了柬埔寨甘再水电站的装机规模、投资规模、工期等。他说：我了解中国水利水电建设集团公司，你们的海外业务开展得很不错；政府支持有能力的专业型企业大力开发投资海外市场，加强与周边国家的商贸活动。并嘱咐郭建堂总经理，甘再水电站是中柬双方合作的重大项目，一定要把工程项目建设、管理、运营好。

（海外事业部）

【郭建堂总经理拜会老挝总理本南】 2005年7月3日下午，集团公司总经理郭建堂、副总经理刘起涛，拜会了正在昆明出席大湄公河次区域经济合作第二次领导人会议的老挝总理本南·沃拉吉，并设晚宴招待老挝总理本南及其随行政府官员。晚宴期间郭建堂总经理向老挝总理及其随行代表介绍了集团公司简况、海外承包业务与海外投资项目情况等，并就集团公司在老挝已建、在建和拟投资开发水电站及矿产资源项目与老挝总理做了充分交流。郭建堂总经理向本南总理表示了不仅希望继续承建老挝国内水电工程，而且还愿意参与在老挝的水电和矿产资源开发，在开发承揽工程项目的同时，为老挝国内培养专门技术人才。

本南总理对集团公司在老挝市场运作的项目给了很高的评价，对集团公司提出的矿电联合开发的构想给予高度赞扬；表示老挝政府将大力支持中国水电企业投资开发老挝电力能源、矿产资源和基础设施建设。对郭建堂总经理提出的在工程建设中为老挝国内培养专门技术人才的建议表示赞赏。本南总理说：欢迎中国水电建设集团把资金、技术带到老挝，为老挝水电资源开发出力，为老挝培养技术人才。

（海外事业部）

【集团公司领导拜会柬埔寨首相洪森】 2005年7月7日下午，集团公司副总经理刘起涛拜访了正在昆明出席大湄公河次区域经济合作第二次领导人会议的柬埔寨首相洪森及其代表团。刘起涛副总经理向洪森首相和柬埔寨代表团团员介绍了集团公司简况、海外承包业务与海外投资项目情况等，并就集团公司与柬埔寨工矿能源部合作投资开发柬埔寨甘再水电站项目作了充分交流。刘起涛副总经理向洪森首相表示，中国水利水电建设集团将竭尽全力建好并运作好甘再水电站，为柬埔寨的基础设施建设和经济发展做出努力。

洪森首相对集团公司前期运作甘再水电站建设项目的工作给予很高的评价，他说柬埔寨有宽松的投资环境，柬政府欢迎并支持中国水电施工企业进入柬埔寨承建水电工程并参与项目的投资开发。洪森首相要求随团的有关政府部门，要大力支持与配合中国水电建设集团公司投资开发柬埔寨水电资源。

（海外事业部）

【集团公司领导随吴仪副总理出访中亚四国】 2005年7月13～22日，集团公司副总经理刘起涛，随国务院副总理吴仪出访哈萨克斯坦、乌兹别克斯坦、土库曼斯坦和塔吉克斯坦中亚四国。此次出访，是中国政府首次组织大规模的经济代表团出访中亚国家，代表团由中国政府官员及16家中国大型企业高层领导人和企业家代表组成。

（海外事业部）

【集团公司与中国兵器工业集团公司签署战略合作框架协议】 2005年4月8日，中国水利水电建设集团公司与中国兵器工业集团公司战略合作框架协议，在北京北方工业大厦中国厅签署。中国水利水电建设集团公司总经理郭建堂，副总经理刘起涛，中国水电建设集团国际工程有限公司总经理黄保东，副总经理曾兴亮，中国兵器工业集团公司副总经理张国清，中国北方工业公司副总裁何晓东，北方国际合作股份有限公司董事长王晖等出席签字仪式。战略合作框架协议本着各取所长、互惠互利、相互信任、共同发展的原则，共同携手开发国际工程市场。

（海外事业部）

【集团国际公司签订马来西亚SIMILAJAU电解铝厂合作意向书】 2005年5月7日，中国水电建设集团公司、中国鲁能集团有限公司、马来西亚沙捞越州日光公司三方联合开发的马来西亚SIMILAJAU电解铝厂合作意向书签字仪式，在山东济南举行。山东省省长韩寓群、副省长孙守璞，马来西亚政府沙捞越首席部长泰益玛姆、联邦政府能源水务电讯部部长林敬益及其代表团全体成员，集团公司副总经理刘起涛，山东电力集团公司总经理兼山东鲁能集团董事长谢明亮、山东电力总裁高洪德等出席签字仪式。

马来西亚SIMILAJAU电解铝厂拟采用300～350千安电解槽，工程总规模为电解铝年生产能力75万吨，铝用阳极炭块年生产能力45万吨，总投资为22.44亿美元。按照投资双方协商，山东鲁能集团控股，中国水电建设集团公司、马来西亚CMS公司参股。

（海外事业部）

【集团公司获首届“中国承包商企业60强”】 由美国《工程新闻记录》和中国《建筑时报》共同举办的首届“中国承包商企业60强”排名，2005年4月13日揭晓；集团公司以183.59亿元人民币（以2003年总营业额为依据）的总营业额排名第7位。《建筑时报》以《与时俱进，勇攀世界水电第一高峰》长篇通讯，详细介绍了集团公司在国内外水电建设中所取得的业绩。

（海外事业部）

【集团公司进入全球最大225家承包商前50强】 8月25日，由美国《工程新闻纪录》评选的2004年度全球最大225家承包商排行榜揭晓，集团公司以总营业额29.9亿美元的成绩位列排行榜第49位，首次进入50强，比2003年度的第53位上升了4位，并以此成绩位列上榜的22家中国公司的第8位；同时，集团公司以3.03亿美元的国外营业额位列全球最大225家国际承包商的第81位，并位列上榜的49家中国公司的第8位。

（海外事业部）

【全球最大225家承包商新排座次】 由美国《工程新闻纪录》评选的2005年度全球最大225家承包商新排座次，集团公司以总营业额38.67亿美元的成绩位列排行榜第39位，再次进入50强，比2004年度的第49位上升了10位。在进入全球国际承包商50强的23家中国公司中，集团公司位列第7位；同时，集团公司以4.6亿美元的国外营业额，位列全球最大225家国际承包商的第68位，比2004年的81位上升了13位，并以此成绩在上榜的46家中国公司中位列第7位。

（海外事业部）

【集团公司获2005年全国对外承包工程企业30强】 商务部对外经济合作司和《国际经济合作》杂志，3月联合发布了“2005年全国对外承包工程企业30强”排名，集团公司以完成营业额4.6亿美元再次入选，排名第6位，排名比2004年上升了2位。同时，集团公司以新签合同额16.37亿美元，在“2005年全国对外承包工程新签合同额前30名企业”排名中，名列第3位。

（海外事业部）

外事管理

【国际公司劳动人事管理暂行规定】 为加强集团国际公司劳动人事管理工作，根据国家法律、政策及集团公司有关规定，2005年10月25日，国际公司印发了《中国水电建设集团国际工程有限公司劳动人事管理暂行规定》（中国水电国际人［2005］1号）（以下简称《国际公司劳动人事暂行规定》）。《国际公司劳动人事暂行规定》由“员工录用”、“劳动合同”、“管理人员的聘任及管理”、“教育培训”、“工资和奖励”、“纪律处罚”、“保险”、“休假与考勤”、“考核”、“待岗”、“借调”、“附则”共12章65条组成；对集团国际公司人员的录用、聘任、奖罚、待遇、考核等作出了具体规定。

（海外事业部）

【国际公司聘用人员管理办法】 根据国家有关法律、政策及集团公司的规定，结合中国水电建设集团国际工程有限公司实际，2005年10月25日，国际公司印发了《中国水电建设集团国际工程有限公司聘用人员管理办法》（中国水电国际人［2005］2号文）（以下简称《聘用人员管理办法》)。《聘用人员管理办法》由“总则”、“聘用条件及程序”、“聘用人员的管理”、“工资报酬及相关待遇”、“附则”共5章20条组成；对国际公司人员的聘任、管理待遇等作出了规定。

（海外事业部）

【国际公司保密工作暂行规定】 为加强国际公司对外经营活动中的保密工作，防止有关商业机密的泄密，2005年10月27日，国际公司印发《中国水电建设集团国际工程有限公司保密工作暂行规定》（中国水电国际总［2006］2号文）（以下简称《国际公司保密规定》)。《国际公司保密规定》对保密范围、密级确定、保密措施，责任与处罚等作出了明确规定。

（海外事业部）

【集团公司外事管理培训会议】 根据集团公司获得全部外事权后出国程序变更的情况，经集团公司批准，由国际公司国际合作部主办的集团公司外事管理工作培训会议8月11日在北京召开，来自18个工程局、厂的31名代表参加了学习培训。

海外事业部副总经理孙越，在培训会议上介绍了集团公司海外业务发展的情况、外事管理工作的现状及存在的问题；国际合作部人员详细讲解了集团公司外事管理的有关规定及外事工作的办事程序，强调了劳务培训的重要性和必要性。水电七局、水电十一局和水电十三局在培训会议上，就外事管理工作的经验和教训以及外事工作办事程序等作了重点发言。培训会议于12日结束。

（海外事业部）

国际工程项目

【伊朗塔里干水利枢纽项目】 塔里干水利枢纽工程，位于伊朗德黑兰大峡谷塔里干长河厄尔布尔士山脉南部，距首都德黑兰市约150公里。工程主要用于城市供水兼顾发电。整个工程分为大坝工程和发电工程两大部分。

2001年2月，中国水利水电建设集团公司与伊朗德黑兰地区水组织签订塔里干水利枢纽工程承包合同，合同额1.43亿美元。其中85%的资金经国务院批准，由集团公司采用卖方信贷方式向中国进出口银行融资，并由中国出口信用保险公司承保；15%的资金由业主以现汇方式支付。该项目是集团公司成立以来成功运作的第一个出口信贷项目，它对于出口企业获得融资财团出口信贷的支持，以灵活的出口方式，提高企业竞争能力，为推动中国高技术含量的产品出口创汇提供了范例。

2005年11月10日，伊朗塔里干水利枢纽大坝工程施工全部达到设计高程并顺利封顶。塔里干大坝主体工程历时42个月已经实质性完工（业主尚未颁发竣工证书)，成为在伊朗第一个按合同工期顺利完工的项目以及伊朗第一个以EPC方式成功实施的项目。

（海外事业部）

【泰可泽水电站项目】 泰可泽水电站项目，位于尼罗河水系的泰可泽河上，是一个集水利、发电、灌溉于一体的综合水利枢纽工程。泰可泽水电站装机容量4×7.5万千瓦，一期工程装机3台。泰可泽水电站项目是中国水电施工企业迄今为止在非洲承建的最大的水电项目之一。它的双曲线性混凝土主坝设计高度为185米，是中国水电施工企业首次完整地在国外承建的最高拱坝。同时也是中埃乃至中非最大的经济合作项目之一，对中非经济合作具有深远影响。

2002年6月7日，以中国水利水电建设集团为责任方的联营体与埃塞俄比亚电力局正式签署了泰可泽水电站LOT1B/2/3标的承包合同，合同金额2.24亿美元，合同工期66个月。工程于2002年10月开工，2004年10月实现截流。工程施工进展顺利，截至2005年12月，完成产值占总合同额的40%。

（海外事业部）

【老挝赛德2水电站项目】 老挝赛德2水电站，位于老挝南部沙拉弯省和泉帕萨克省境内的赛德河上，是赛德河流域梯级规划中的第二个梯级电站。工程位于已建赛德1水电站的上游，电站引水流量33.7立方米/秒，利用水头271米，总装机容量2×3.8万千瓦，混流式机组。项目包括：从Houay Tapoung

河向赛德河的跨流域引水工程，赛德2水电站工程（包括首部枢纽、进水明渠、取水口、引水隧洞、调压井、压力管道、发电厂房及开关站），115千伏双回输电线路工程，Paksong变电站工程以及运行村、场内道路等配套工程。

老挝赛德2水电站，由中国北方工业公司国际工程公司中标，中国水利水电建设集团公司分包承担工程施工任务。2005年4月8日，老挝赛德2水电站的项目实施分包合同在北京签署，合同金额9100万美元。项目工期为48个月。

2005年11月13日，老挝赛德2水电站项目举行开工典礼。老挝副总理通伦、老挝工业部部长欧利亚、老挝国家电力公司总经理维拉蓬、中国驻老挝大使代办、北方国际副总经理杨小青、水电建设集团国际公司副总经理章运礼等出席开工典礼。截至2005年底，项目施工进展顺利，临建和业主营地建设基本完成。

（海外事业部）

【阿富汗喀布尔—贾拉拉巴德公路修复工程第一标段工程】　贾拉拉巴德公路修复工程第一标段，位于阿富汗喀布尔东区，自喀布尔到沙拉比。工程包括一般项目、土方工程、道路工程、排水工程、构筑物、交通疏导及管理。2004年6月13日，集团公司与欧盟签订了工程承包合同，合同总额2800万欧元，工期730天，保修期1年。

贾拉拉巴德公路修复工程第一标段工程，施工内容包括：土方开挖及填筑约10万立方米，拆除及废置9150立方米，路面处置及回复37万平方米，基层25.5万立方米，沥青路面10.4万平方米，浆砌块石12.3万立方米，干砌块石28500立方米，混凝土10080立方米，钢筋305吨。6月19日项目开工。截至2005年底，已累计完成产值1000万欧元。

（海外事业部）

【斯里兰卡瓦拉维灌溉渠改扩建工程4号合同项目】　斯里兰卡瓦拉维灌溉渠改扩建工程4号合同项目，主要包括灌溉和排水工程、社会基础设施工程。资金来源于日本贷款，合同金额约1000万美元，工期30个月，缺陷责任期12个月。

2005年1月28日签订该项目合同，1月31日开工。截至2005年底，完成产值105万美元，项目施工进展情况良好。

（海外事业部）

【中斯友谊村项目】　中斯友谊村项目，位于斯里兰卡的海啸重灾区，包括250套住宅（50平方米/套）、1所学校、1个培训中心和1个诊所，以及相应的道路、绿化、给排水、供电、娱乐场所等设施。项目为中国慈善总会和中国红十字总会援助项目，由集团国际公司通过议标实施项目承包。受中华慈善总会和中国红十字总会的委托，中国水电建设集团国际工程公司负责中斯友谊村的设计施工，项目于2005年开工，合同金额8000万元，工期9个月。

（海外事业部）

【苏丹麦洛维大坝项目】　苏丹麦洛维大坝项目，位于苏丹共和国北方声卡瑞玛城东北部27公里的尼罗河上，距首都喀土穆350公里，由苏丹灌溉及水力资源部投资兴建，主要用于发电和农业灌溉。该工程是苏丹最大的水电工程项目，也是目前尼罗河干流上仅次于埃及阿斯旺水坝的第二大水电站。麦洛维大坝项目包括混凝土重力坝、黏土芯墙堆石坝、混凝土面板堆石坝与土坝等几种混合坝型，总长约9200米，最大坝高65米，总土石方挖填量约25000万立方米，混凝土浇筑量164万立方米，水电站装机为125万千瓦，工程总施工期为5年，维修期2年。

2003年6月16日，中国水电对外公司、中国水电建设集团组成的联营体中标承建麦洛维大坝工程。合同签字仪式在苏丹总统府隆重举行，总额为5.55亿欧元（折合6.5亿美元），是我国国际承包史上中国企业承揽的最大单项国际工程。

2003年7月，麦洛维大坝项目开工，12月18日完成一期截流。截至2005年底，已完成开挖614万立方米，完成合同总量40%，填筑295万立方米，占合同总量21%，混凝土浇注63万立方米，占合同总量40%。二期截流成功后，麦洛维大坝将在截流形成的土石围堰保护下，进行主河道黏土芯墙坝填筑施工，使整个麦洛维大坝横跨尼罗河连成一体。

（海外事业部）

【苏丹麦洛维大坝项目金属结构及机械设备工程】苏丹麦洛维大坝项目金属结构及机械设备工程——第3D号合同项目，位于苏丹共和国的北方省卡瑞玛城的东北方27公里处的尼罗河上，距苏丹首都喀土穆350公里。工程包括：3—金属结构及水工机械、发电厂房取水口、变压器检修车间、发电厂房、厂房尾水管、冲沙底孔、溢洪道、溢洪孔等。2003年10月6日中标。工期46个月，中标合同额6089万美元。

截至2005年底，3D标设计工作基本完成，国内制造部分工作完成近一半。麦洛维大坝项目各类闸门、检修门、弧门制作安装，以及各类桥机、门机、启闭机、压力钢管及底孔过水道钢衬等已基本完成，累计金属结构量21567.7吨。现场制作部分已完成进水口闸门钢衬和厂房部件，累计完成61%工程量。

（海外事业部）

【阿曼马斯喀特污水收集系统项目】 阿曼马斯喀特污水收集系统项目，位于阿曼首都马斯喀特市，由阿曼政府投资，是阿曼国的重点建设项目之一。该项目涵盖大约5000公顷的城市面积，横跨首都马斯喀特市5个区，入户连接21000户用户。主要工程包括：长250公里、管径1000～2200毫米的玻璃钢（GRP）排水主干线管道铺设。其中有10公里跨越公路、建筑物的管道，采用顶管技术施工；还有长250公里、管径200～800毫米的PVC支线管道铺设；约300公里的PVC入户连接和灌溉管道铺设；建设流量为2000立方米/秒，水头为59米的中央污水泵站1座和流量为200立方米/秒，水头为20米的局部性泵站2座等。

2004年11月8日，中国水利水电建设集团公司与阿曼污水服务公司签订承包合同，合同额约合1.5亿美元，合同工期36个月，维修期12个月。2004年12月8日开工，截至2005年底，累计完成中心泵站混凝土浇筑5100立方米，管网管线铺设累计达到40公里，管理人员营地及办公室，新劳务营地等设施建设基本完成。

（海外事业部）

【刚果（布）英布鲁水电枢纽工程】 刚果共和国英布鲁水电枢纽工程，位于刚果河支流莱菲尼河下游巴泰凯高原地区，坝址距刚果河汇合口14公里，距首都布拉柴维尔215公里。英布鲁水电枢纽工程，主要任务是发电，承担刚果电力系统调峰、调频和骨干电站作用。总库容为5.84×108立方米，厂房安装轴流转浆式水轮发电机组4台，单机容量3万千瓦，总容量12万千瓦，年发电量6.85亿千瓦。工程级别为一等。永久性主要建筑物包括：大坝、泄水闸、电站厂房。次要建筑物包括：电站及泄水闸进口引水渠、泄水闸下游消能建筑物、电站尾水渠等。工程主要建筑物由土坝、泄水闸、电站厂房、引渠及尾水渠、开关站、进场公路及生活区建筑工程等组成。集团公司承担了英布鲁全部临时和永久工程的土建和机电设备的安装工作。

2004年10月29日，发包人中国机械设备进出口总公司（简称CMEC）与承包人集团公司在北京签署承包合同，合同总金额9.39亿元人民币。2004年11月1日开工，截至2005年底，英布鲁水电枢纽工程，砂石系统已经投产，料场投入开采，拌和系统完成大部分安装工作，各项临时设施正在修建或完善中；河床基坑开挖正在进行，引水渠土方开挖已完成并开始石方开挖。

（海外事业部）

【蒙古国泰西尔水电站项目】 泰西尔水电站，位于蒙古国西部地区戈壁阿尔泰省首府阿尔泰市以东约40公里与扎巴汉省交界处。大坝主体采用碾压混凝土（RCC）重力坝，最大坝高55米，坝顶长190米；水库流域面积50平方公里，库容约9.3亿立方米。土方开挖量28.71万立方米 。电站装机4台，总装机容量为1.1万千瓦，为坝后引水式电站。项目资金来源于科威特阿拉伯经济发展基金和阿布扎比基金。

2004年9月9日，中国水利水电建设集团公司与蒙古国能源部签订泰西尔水电站土建施工合同，合同金额2614万美元。2004年10月开工，工期38个月。截至2005年底，已完成坝肩及基坑开挖，混凝土浇筑施工已开始。

（海外事业部）

【约旦18号海堤修复项目】 约旦18号海堤修复项目，位于死海的前滩，距离约旦首都安曼约150公里，距离亚喀巴港口200公里。工程位于阿拉伯盐业公司的现有租界北部，在死海东南海岸。围绕SPOA盐池的18号海堤修复工程，主要是进行12公里海堤的加宽和加高。主要工程量为：钻孔和取芯2200m，仪器安装307支，土方开挖63.5万立方米，土方与砂砾石填筑465.3万立方米。合同额1600万美元，施工工期为469天，含充水工期为560天。2004年9月20日开工，截至2005年底，已完成营地和车间建设，坝体需要加宽部位施工基本完成，部分坝段土方填筑完成，累计完成近60%合同产值。

（海外事业部）

【塔吉克斯坦杜尚别—吉尔吉斯斯坦边境公路修复第一标段工程】 塔吉克斯坦杜尚别—吉尔吉斯斯坦边境公路修复第一标段工程，包括长74公里的道路修复、13座桥梁（4座新建、9座修复）、130个箱涵以及附属设施新建和修复。

2004年11月10日，中国水利水电建设集团公司与塔吉克斯坦交通部签署合同，合同额为1568万美元。总工期38个月，2004年11月开工，截至2005年底，路况调查（桥梁、涵洞、排水沟、路面）全部完成，60%涵洞施工完成，完成部分桥梁台身

混凝土浇筑和部分桩基、回填施工。

（海外事业部）

【卡塔尔多哈新机场项目】 卡塔尔多哈新机场项目，包括两条长度分别为4.85公里和4.25公里的跑道，3条平行的滑行道，5座碾压混凝土停机坪，排水系统，灯光系统，4个集水池，以及1条长约1000米的双向六车道的交通隧道的施工。

2005年7月18日，以中国水利水电建设集团公司为牵头方的中马联营体（Gamuda Berhad公司和WCT Engineering Berhad公司）（集团公司占60%份额），中标卡塔尔多哈新国际机场的道面、隧道和集水池项目。9月20日中马联营体与新多哈国际机场筹备委员会签订施工协议。合同总额17.98亿卡塔尔里亚尔，约合4.94亿美元。合同工期33个月，合同完工日期2008年4月18日。工程于2005年7月28日开工。截至2005年底，已开始进行交通隧道和排水系统开挖施工，完成部分渗透和抽水试验，办公营地、仓库等基础设施建设全面铺开。

（海外事业部）

【马来西亚巴贡水电站项目】 巴贡水电站项目，位于马来西亚沙捞越州境内最大的河流——拉让江上游的巴贡地区，分为土建和设备两部分，是马来西亚目前在建的最大工程项目，号称马来西亚的“三峡工程”，资金全部由马来西亚政府提供。巴贡水电站设计建造一座高205米、坝顶长度740米的混凝土面板堆石坝，设计总装机容量为240万千瓦，合同工期5年。中国水利水电建设集团公司与马来西亚森那美工程公司等6家马来西亚本地承包商组成的马—中联营体，以4.7亿美元的最低标价和经济技术指标综合第一名的优势中标。2002年9月30日，巴贡水电站项目主体工程得到马来西亚首相马哈蒂尔亲自批准，正式授予马—中水电联营体承担巴贡水电站的施工建设。该项目为合同形式，设计及关键的施工技术均由中国公司承担。中国水利水电建设集团公司分别获得P2&3标和P11B标，分包总额达到13.3亿马币，约合3.5亿美元。

2002年10月8日，巴贡水电站开工。截至2005年底，大坝、进水口开挖已全部结束，厂房、溢洪道的开挖也已接近尾声。一期面板于12月10日开始浇筑已完成3块。压力钢管焊接工艺及焊工技能评定已结束，已完成压力钢管制作400吨。大坝及溢洪道等部位的观测仪器埋设有序进行，进展良好。各项临建设施工进展顺利。

（海外事业部）

【泰国科隆泰丹水坝工程】 科隆泰丹水坝工程，位于泰国东部那空那育府，距泰国首都曼谷120公里，公路交通便利。科隆泰丹水坝工程是以防洪、灌溉兼旅游的水库大坝项目，为泰国国王倡导兴建。工程主要包括碾压混凝土主坝和鞍形土石副坝，碾压混凝土坝坝顶长2161米，坝高95米，布置有4孔表孔溢流坝，灌溉底孔和泄流底孔等。工程主要特点是碾压混凝土量大，为世界已建和在建单体工程碾压混凝土量最大的工程项目。

科隆泰丹水坝工程业主为泰国农合部皇家灌溉厅，建设资金来自泰国政府预算，监理工程师为法国科因贝里埃公司和泰国两家咨询公司组成的联营体。中国水利水电建设集团公司和另外3家中外公司组成的联营体，承揽了科隆泰丹水坝工程。1999年10月28日签约，合同金额1.8亿美元，同年11月24日正式开工，工期5年。2005年1月完工，8月取得工程竣工证明。

（海外事业部）

【伯利兹治利洛水电站】 伯利兹恰利洛水电站，位于伯里兹西部玛雅山脉西部的马可河上，距伯利兹城约150公里。项目由伯利兹政府投资，业主为伯利兹电力公司。工程主要包括一座约44米高，混凝土工程量13.5万立方米的混凝土大坝以及其他附属构筑物，土石方开挖量为5万立方米。

2003年2月15日，中国水利水电建设集团公司中标伯利兹恰利洛水电站项目。工程合同分为两部分，大坝采用单价合同，厂房、机组、输电线路采用EPC合同，合同总价2215万美元。2003年2月开工，2004年6月1日，大坝施工到坝顶，2004年底完工。整个工期为22个月。2005年9月12日，伯利兹恰利洛水电站正式并网发电。

（海外事业部）

【乌兹别克斯坦卡尔帕克灌溉项目】 乌兹别克斯坦南卡拉卡尔帕克斯坦主排渠设施修复及湿地改造项目一期工程（SKMD/1），工程主要内容包括：南卡拉卡尔帕克斯坦主排渠系统拓宽和加深工程、巴得图盖供水和环境整治工程，阿亚泽克拉湖供水和环境整治工程3部分。

卡尔帕克灌溉项目，是乌兹别克斯坦迄今最大的农业水利招标项目，项目资金为世界银行贷款。2005年6月30日，乌兹别克斯坦农业水利部水利项目执行组正式向集团公司颁发项目中标通知书，该项目是集团公司继塔什干国际机场修复项目后在乌兹别克斯坦获得的第二个大项目。2005年8月16

日，集团公司与业主乌兹别克斯坦农业水利部签署施工合同，合同金额 3359 万美元。项目工期 3 年，2005 年 11 月项目施工机具陆续进场，工程施工进展顺利。

（海外事业部）

【缅甸耶瓦水电站（机电标、金属结构标）】 耶瓦水电站位于眉特格河上，是缅甸境内在建最大的水电站，总装机容量为 79 万千瓦，比目前缅甸已建成水电总装机容量还大，有缅甸的“三峡工程”之称；同时，作为单机近 20 万千瓦的水轮发电机组成套出口也是我国出口的最大水轮发电机组。耶瓦水电站将安装 4 台 19.75 万千瓦的立轴混流式机组；最大坝高 137 米，坝顶总长 793 米；电站厂房为坝后式厂房；在主河床坝段共布置 8 个溢流表孔，导流洞布置在右岸。集团公司将设计、供货和安装、调试 4 台机组以及所有相关辅助设备，建造一个 230 千伏变电站；设计、供货、安装和调试发电洞进口闸门启闭设备，4 条发电压力钢管，泄流底孔闸门启闭设备等金属结构，共约 6000 吨。合同金额 1249 万美元。2005 年 7 月 15 日签订合同，项目前期准备工作正全面展开。

（海外事业部）

【柬埔寨甘再水电站 BOT 项目】 柬埔寨甘再水电站 BOT 项目，位于柬埔寨西南部大象山区的甘再河上，距贡布省贡布市西北部 15 公里，距金边 150 公里，交通方便。工程内容主要包括：114 米高碾压混凝土重力坝、取水口、发电引水隧洞、调压室、地面厂房、开关站、输变电线、尾水调节堰和导流截流工程等。电站总装机 19.3 万千瓦，年平均发电量 4.98 亿千瓦时，工程动态总投资 2.8 亿美元。项目特许经营期 44 年，其中施工期 4 年，商业运行期 40 年。2005 年 7 月 4 日，在昆明举行的大湄公河次区域经济合作第二次领导人会议上，在中柬两国总理的见证下，柬埔寨工业矿产能源部与集团公司签订了项目投资开发备忘录。

甘再水电站是柬埔寨目前最大的水电站项目，电站投资和建设将为柬埔寨提供大量优质、环保和低价能源，对加速柬国民经济发展和进一步吸引外资有着重要意义。甘再水电站项目是迄今为止中国政府在柬埔寨的最大投资项目，也是集团公司的第一个境外投资项目，将对集团公司调整产业结构，建设具有国际竞争力的大型企业集团有着十分重要的意义。

（海外事业部）

【赞比亚卡里巴北岸电站扩建项目】 卡里巴电站，位于赞比亚与津巴布韦的界河赞比西河的卡里巴河谷。卡里巴水库的水资源由赞比亚和津巴布韦两国共享。1976 年建成投产的卡里巴北岸电站，装机 60 万千瓦，为赞比亚国家电力公司（ZESCO）所有。而卡里巴南岸电站，于 1960 年投产，其装机容量为 75 万千瓦，为津巴布韦国家电力公司所有。

中国水利水电建设集团受赞比亚国家电力公司的委托，于 2004 年 10 月 25 日～11 月 5 日，对赞比亚卡里巴电站进行了现场考察，为进行扩建项目的可行性研究收集了有关的资料。2005 年 1 月，应赞比亚国家电力公司的要求，中国水利水电建设集团公司提交了可行性研究的启动报告，并获得了赞比亚国家电力公司的批准。2005 年 1 月 30 日，赞比亚卡里巴北岸扩机项目可行性研究的咨询合同正式签订，合同额 60 万美元。2005 年 11 月，中国水利水电建设集团公司按约向赞比亚国家电力公司提交了可行性研究报告的终稿。

赞比亚卡里巴北岸扩机项目可行性研究咨询项目是集团公司成立以后在国际市场承接的第一个咨询项目。集团公司正在与赞比亚有关方面继续讨论该项目的融资和作为 EPC 承包商承建该项目等事宜。

（海外事业部）

埃塞俄比亚工程项目群

1. 埃塞俄比亚 N—A 公路扩建项目

埃塞俄比亚 N—A 公路扩建项目，是由埃塞俄比亚首都亚的斯亚贝巴向南辐射公路的一部分，起点纳兹雷特距亚的斯亚贝巴环线约 100 公里，终点为阿塞拉，总长度为 79 公里，扩建后为宽 7 米的沥青路面。项目业主是埃塞俄比亚公路局。资金来源为世界银行。2004 年 8 月，集团公司与埃塞俄比亚公路局签订工程承包合同，合同金额 2020 万美元；工程与 8 月 25 日开工，截至 2005 年底，项目进展情况良好。

2. 内格默特—麦棵纳公路扩建项目

内格默特—麦棵纳公路扩建项目，是从埃塞俄比亚首都亚的斯亚贝巴向西辐射公路的一部分，起点内格默特距亚的斯亚贝巴 350 公里，终点为麦棵纳交，设计长度为 127 公里，扩建后为面宽 7 米的沥青路。项目业主是埃塞俄比亚公路局。资金来源为世界银行。2004 年 8 月，集团公司与埃塞俄比亚公路局签订工程承包合同，合同金额 3430 万美元。工程于 8 月 25 日开工，截至 2005 年底，项目进展情况良好。

3. 埃塞俄比亚安保公路改扩建项目

安保公路改扩建项目，是对从埃塞俄比亚首都亚的斯亚贝巴经根治市到安保市的公路进行修复、扩建、升级，全长112公里，其中32公里为新建路段。该条公路通车后，将连接并延伸到西部与邻国苏丹接壤的大部分区域。项目业主是埃塞俄比亚公路局。资金来源为德国复兴银行。2002年8月，集团公司与埃塞俄比亚公路局签订工程承包合同，合同金额3080万美元。工程于2002年11月14日开工，截至2005年底，项目进展情况良好。

（海外事业部）

安哥拉工程项目群

1. 安哥拉农业部灌溉项目（4个EPC项目）

安哥拉农业部灌溉项目，合同类型为设计、供货、施工、安装和调试培训（EPC）。安哥拉农业部灌溉项目，由4个合同段组成：

卢埃纳灌溉重建项目：位于安哥拉南部莫西希科省，工程包括1.2米高、宽3米的土坝和22公里的灌溉系统的重建。

甘德加拉思灌溉修复和升级项目：位于安哥拉南部维拉省，工程包括甘德加拉思大坝的重建，该大坝为1975年葡萄牙设计和修建的混凝土重力坝，由于战争，大坝溢流坝段没有建完而被迫停止，大坝高约70米。工程施工拟将溢流坝段浇筑完毕，对大坝消力池进行混凝土处理和对地基进行处理等。

卡西头灌溉重建和升级项目：位于安哥拉东北部，工程包括渠道修复22公里及农田配水管网，约32个泵站的替换及约32个柴油发电机组，40.5公里的供水管线及附件的供货和安装。

马吐布灌溉项目：位于安哥拉中部南宽扎省，工程包括进水口的重建和3台泵站及发电机组的供货和安装。

安哥拉农业部灌溉项目，工期18个月，合同金额9530.6万美元。项目资金来源为中国进出口银行的买方信贷，属于中国政府与安哥拉政府签署的中安一揽子合作项目之一。2005年3月2日签订项目合同。2005年7月开工，截至2005年底，项目施工进展顺利，已完成产值的30%，受到业主、咨询和安哥拉政府的一致好评。

2. 教育部两所农业中专学院扩建项目

安哥拉教育部农业中专学院项目，合同类型为施工交钥匙合同，分别在安哥拉万博省和比耶省安鲁市建设两所相同类型的农业学院；每所学校建筑面积8486平方米，并对学校实验室和实习工厂用仪器和设备供货。2005年3月7日签订项目合同，项目工期15个月，合同金额4556万美元。资金来源为中国进出口银行出口信贷，属于中国政府与安哥拉政府签署的项目换石油协议项目之一。截至2005年底，项目施工进展顺利，获得业主、咨询和安哥拉政府的一致好评。

3. 马兰芷医院项目

马兰芷医院修复项目，位于安哥拉中部的马兰热省马兰热市。2005年5月9日，集团公司与安哥拉卫生部签署马兰热地区医院项目合同，工程内容包括新建3875平方米的二层行政区办公楼和7875平方米的楼房修复，合同工期18个月，合同金额2918万美元，中国进出口银行的买方信贷，属于中国政府与安哥拉政府签署的中安一揽子合作项目之一。截至2005年底，项目前期准备工作基本完成。

4. 班戈拉中心医院项目

班戈拉中心医院修复和扩建项目，位于安哥拉南部的班戈拉省的班戈拉市。2005年5月9日，集团公司与安哥拉卫生部签署了班戈拉中心医院项目合同，合同内容包括新建门诊楼和住院部，修复住院部，合同工期15个月，合同金额4052万美元。项目资金来源为中国政府贷款。项目资金来源为中国进出口银行的买方信贷，属于中国政府与安哥拉政府签署的中安一揽子合作项目之一。截至2005年底，项目前期各项准备工作基本完成。

5. 安哥拉马兰热3所康复中心项目

安哥拉马兰热3所康复中心项目，位于安哥拉中北部的马兰热省马兰热市。2005年5月9日，集团公司与安哥拉卫生部签署了安哥拉马兰热3所康复中心项目合同，合同内容包括新建3所建筑面积为4890平方米的康复中心，合同工期12个月，合同金额1201万美元。项目资金来源为中国进出口银行的买方信贷，属于中国政府与安哥拉政府签署的中安一揽子合作项目之一。截至2005年底，项目前期准备工作基本完成。

6. 马兰热2所中学项目

马兰热新建2所中学项目，位于安哥拉中北部的马兰热省的马兰热市。2006年10月26日，集团公司与安哥拉教育部签署了项目施工合同，合同内容包括在马兰热新建2所中学，合同工期13个月，合同金额799万美元。项目资金来源为中国进出口银行的买方信贷，属于中国政府与安哥拉政府签署的中安一揽子合作项目之一。截至2005年底，项目前期准备工作基本完成。

7. 维拉理工学院和中学项目

维拉理工学院和中学项目，是在安哥拉维拉省建1所理工学院和1所中学。2005年10月26日，集团公司与安哥拉教育部签署合同，合同金额共计1431万美元，项目资金来源为中国进出口银行的买方信贷，属于中国政府与安哥拉政府签署的中安一揽子合作项目之一，工期13个月。截至2005年底，项目前期准备工作基本完成。

8. 卢班戈医院修复项目

卢班戈医院修复项目，位于安哥拉维拉省卢班戈市。2005年10月26日，集团公司与安哥拉卫生部签署卢班戈医院修复项目合同，合同金额4800万美元，项目资金来源为中国进出口银行的买方信贷，属于中国政府与安哥拉政府签署的中安一揽子合作项目之一。工期18个月。截至2005年底，项目前期准备工作基本完成。

9. 万博医院修复项目

万博医院修复项目，位于安哥拉万博省万博市，建设内容包括急诊室、用药室、手术室、药房、实验室、X光室、住院处等的修复和86辆救护车的供应。2005年10月26日，集团公司与安哥拉卫生部签订万博医院修复项目合同，合同金额3652万美元，项目资金来源为中国进出口银行买方信贷，属于中国政府与安哥拉政府签署的中安一揽子合作项目之一，工期18个月。截至2005年底，项目前期准备工作基本完成。

10. 纳米比地方医院建设项目

纳米比地方医院建设项目，位于安哥拉纳米比市，项目内容为纳米比市修建一所能容纳60个床位的地方医院，以改善当地的卫生条件。项目业主为安哥拉卫生部。2005年10月26日，集团公司与安哥拉卫生部签订纳米比地方医院建设项目合同，合同金额926万美元，项目资金来源为中国进出口银行买方信贷，属于中国政府与安哥拉政府签署的中安一揽子合作项目之一，工期15个月。截至2005年底，项目前期准备工作基本完成。

11. 万博健康中心项目

万博健康中心项目，位于安哥拉万博省万博市。项目业主为安哥拉卫生部。2005年10月26日，集团公司与安哥拉卫生部签订万博健康中心项目合同，合同金额400万美元，项目资金来源为中国进出口银行买方信贷，属于中国政府与安哥拉政府签署的中安一揽子合作项目之一，工期12个月。截至2005年底，项目前期准备工作基本完成。

（海外事业部）

莫桑比克—坦桑尼亚工程项目群

1. 坦桑尼亚达累斯萨拉姆供水管线供应及安装工程（C单元）

坦桑尼亚达累斯萨拉姆供水管线供应及安装工程（C单元），位于坦桑尼亚首都达累斯萨拉姆市。项目内容：提供和安装215.3公里的供水管道，管径为90～225毫米，材料为UPVC管道。沿管线设置100个供水亭，管道沿线设8000个用户连接处，在施工现场修建一座147平方米的现场办公室，另有气阀室、冲洗阀、消防栓、标志杆、标志牌等。合同类型为施工总承包，合同金额610万美元，资金来源为当地政府，工期15个月。该项目于2005年9月28日中标，10月26日开工，截至2005年底，已安装UPVC管线45公里。

2. 坦桑尼亚蒙杜利尔地区基松谷分区供水计划建设工程

坦桑尼亚蒙杜利尔地区基松谷分区供水计划建设工程项目，位于坦桑尼亚蒙杜利地区，离首都750公里。业主为坦桑尼亚蒙杜利尔地区政府，资金来源为非洲开发银行贷款，合同金额900万美元。2005年9月30日中标，11月23日开工。截至2005年底，已完成合同额的35%。

3. 莫桑比克169公路工程修复项目

莫桑比克169公路工程修复项目，位于莫桑比克因哈姆巴那省内的那臣古，距离马普托以北620公里处。项目内容为对ER520-EH212-威兰库斯公路EH段97.47公里进行路面加宽改造，并对路边排水系统进行改造和重建。项目业主：莫桑比克国家公路局。资金来源为世界银行贷款。2004年4月26日，集团公司与莫桑比克国家公路局签订了莫桑比克169公路工程修复项目施工合同，合同金额2500万美元。2004年5月17日开工，截至2005年底，已完成31.34公里地下基层施工；完成全线所有箱涵、管涵的施工以及混凝土浆砌石的防护；完成混凝土排水沟施工1.50公里；占整个混凝土排水沟量的35%；完成骨料生产20000立方米，完成骨料预拌15000立方米，为下一步的路面施工奠定了基础；完成了所有汽车站所需预制块的预制工作；完成了16.47公里的边坡修复、植草工作；工程施工进展顺利。

4. 莫桑比克克利马内新井群及输水干线项目

莫桑比克克利马内新井群及输水干线项目，位于莫桑比克赞比西省克利马内市，距首都1600多公里。工程内容为建设6个井群，包括潜水泵、电机、防护棚、机电设备及其他附件；7公里的UPVC管铺设，25米高、200立方米的高架水塔；40公里DN500球墨铸铁管及附属件的铺设。项目业主是莫桑比克供水投资基金会。资金来源为世界银行。2004年9月20日，集团公司与莫桑比克克利马内新井群及输水干线项目施工合同，合同金额896万美元。2004年12月20日开工，截至2005年底，完成了DN500球墨铸铁管安装15公里；完成了DN150 UPVC管道安装3.6公里；水塔从地下4米开始已建至地上4米；完成了88套移民房、1所学校和93套厕所的建设；完成工程量土方开挖68804立方米，土方回填68047立方米，建房3376平方米，混凝土浇筑1000立方米，金属结构安装2125吨，金属结构加工制作1.4吨。

5. 坦桑尼亚布齐拉约姆博—盖塔公路项目

坦桑尼亚布齐拉约姆博—盖塔公路项目，项目位于坦桑尼亚北部维多利亚湖附近，工程内容为对100公里的路段进行设计和施工。整个工程混凝土工程量约为14000平方米，沥青总用量约355.72万升，钢筋约653吨。项目业主是坦桑尼亚国家公路局，资金来源为当地政府投资。2005年1月，集团公司与坦桑尼亚国家公路局签订了施工合同，合同金额3786万美元。2005年1月4日中标，2005年2月10日开工，截至2005年底，已完成60公里底层路基填筑和相应的建筑物施工。

6. 坦桑尼亚辛扬加—卡哈马供水管线项目2号标

坦桑尼亚辛扬加—卡哈马供水管线项目，位于坦桑尼亚北部的辛扬加地区维多利亚湖附近，项目内容为铺设长67.6千米的高压钢管供水管线，以及相应的阀室和出水口等建筑物。项目业主是坦桑尼亚水利畜牧发展部。资金来源为坦桑尼亚政府。2005年2月4日，集团公司与坦桑尼亚水利畜牧发展部签订了坦桑尼亚辛扬加—卡哈马供水管线项目施工合同，合同金额4398万美元。2005年1月10日中标，2月17日开工，截至2005年底，已完成项目70%的施工任务。

7. 坦桑尼亚辛扬加—卡哈马供水管线项目3号标

坦桑尼亚辛扬加—卡马哈供水管线项目3号标，位于坦桑尼亚北部维多利亚湖附近，施工区距达累斯萨拉姆约1000公里。项目主要内容包括：主管线62.3公里（钢管管径为750毫米，压力为3500千帕），支管线共计48公里。合同额为625.4亿坦桑先令（约合5500万美元），合同工期为1年。2005年11月30日中标。

（海外事业部）

巴基斯坦工程项目群

1. 巴基斯坦卡拉奇输水箱涵工程

巴基斯坦卡拉奇输水箱涵工程，是巴基斯坦本国投资建设的大型项目，位于巴基斯坦南部信德省首府卡拉奇市，建成后每天向卡拉奇供水1亿加仑（1加仑=4.546升），有效缓解卡拉奇用水紧张的矛盾。2003年7月，集团公司承接输水箱涵工程WN-6、WN-7A标段，合同金额约合1632万美元，2003年6月30日开工，2005年10月27日工程竣工。

2. 巴基斯坦高摩赞项目

高摩赞大坝枢纽工程，位于巴基斯坦西北边境内的印度河支流高摩赞河上，工程以灌溉为主，兼顾防洪发电。工程主要有大坝、电站厂房、55公里的132千伏输变电线路、大坝下游35公里的分水堰及分水堰下游6.6万公顷的灌区组成。

高摩赞项目是集团公司在巴基斯坦以总承包形式承建的第一个综合水利水电枢纽工程，合同金额约合7200万美元。项目自2002年6月开工以来，现场的安全问题始终得不到有效保障，2004年10月9日发生举世瞩目的“10·9人质事件”后，中方人员撤出现场并致函业主终止合同，目前正在进行合同的有关清算工作。

3. 巴基斯坦杜伯华工程

杜伯华水电站项目，位于巴基斯坦西北边境省Kohistan地区，建在印度河主要支流Duber Khwar河上，南距巴基斯坦首都伊斯兰堡约270公里。工程包括：高水头、长隧洞引水式发电站，挡水建筑物，沉沙建筑物，引水建筑物，发电厂房，尾水结构，开关站及输电线路。装机容量为13万千瓦，年发电量约595×10^6千瓦时。资金来源为阿布扎比基金贷款，合同金额为4300万美元，合同工期5年，保修期3年。2003年6月30日，业主下达设计开工令，2005年10月5日，下达施工开工令。2005年10月，通过设计变更，新增合同额2504.5万美元，施工期从53个月延长至57个月。截至2005年底，项目详细设计全部提交业主/工程师审批并获得通过，完成了相关施工准备工作。

4. 巴基斯坦汗华水电站

巴基斯坦汗华水电站，位于巴基斯坦西北边境省（N. W. F. P.）Swat行政区的汗华河与印度河交汇处。工程所在地距巴基斯坦首都伊斯兰堡245公里，距西北边境省的首都白沙瓦270公里。该电站为引水式电站，总水头约250米，装有2台3.425万千瓦的混流式机组，1台0.365万千瓦的冲击式机组，年平均发电量306×10^6千瓦时，水库库容量40万立方米。项目总投资1.04亿美元，资金来源为阿拉伯阿布扎比发展基金会贷款及业主WAPDA自筹资金。

该项目由土建及金属结构标、机电安装标及输变电3个标组成，2003年5月30日集团公司中标电站的土建及金属结构标，总工期48个月，标价约

3065万美元。业主于2003年6月16日下达了设计开工令，2005年1月12日下达施工开工令。截至2005年底，营地、场内施工道路等临建设施完成，厂房一期开挖完成，引水隧洞、导流洞、压力隧洞等均已进洞。

（海外事业部）

印度工程项目群

1. 安德拉邦灌溉项目—印第拉萨格左主渠项目（合同6）

项目合同段位于印度安德拉邦维沙卡帕特南区印迪拉萨格尔河流域内。该项目为EPC总承包项目，工程主要包括印第拉萨格大型灌溉水利枢纽工程左侧自111～136公里的渠道输水系统工程。2005年3月23日签订施工合同，合同金额约4360万美元，工期2年，维护期2年。该合同段项目于签订中标合同之日起计算开工日期，截至2005年底，项目现场设计、勘测和布线等前期工作已完成，开挖工程进展相对顺利，除了业主征地遇到一些问题外，业主已移交承包商的征地都已在施工进度计划范围内有序地进行施工。

2. 安德拉邦灌溉项目—洪水主渠灌溉项目（合同17）

项目合同段位于印度安德拉邦卡瑞姆纳格尔区域内。该项目为EPC总承包项目，工程主要包括KARIMNAGAR区自103～122公里洪水渠的土方开挖、设计、评估和建造渠道输水系统工程。2005年3月19日签订施工合同，合同金额约4420万美元，工期30个月，维护期24个月。该合同段项目于签订中标合同之日起计算开工日期，截至2005年底，项目进展相对顺利，已超额完成了工程进度计划并有望在合同规定的施工工期内提前完工。

3. 安德拉邦灌溉项目—卡瓦库塞提灌溉项目（合同29）

项目合同段位于印度安德拉邦玛哈布纳格尔区域内。该合同段项目为EPC总承包项目，工程主要为KALWARKURTHY地区275个村庄提供灌溉和饮水工程，包括主渠的建造和覆盖18万英亩（1英亩=4046.856平方米）的渠道网络输水系统。2005年3月20日签订施工合同，合同金额12140万美元，工期2年，维护期2年。该合同段项目于签订中标合同之日起计算开工日期。由于该项目渠道线路较长，工程量较大，工期较短，截至2005年底，项目现场设计、勘测和布线工作已基本完成，但由于业主仍未能及时移交项目用地，征地问题影响到项目进度，此项目将会由于业主推迟移交征地而申请延期。

4. 安德拉邦灌溉项目—印迪拉萨格尔溢洪道项目

项目合同段位于印度安德拉邦维沙卡帕特南区印迪拉萨格尔河流域内。该项目为EPC总承包项目，工程主要为印迪拉萨格大型灌溉水利枢纽工程右岸建造长985.5米的溢洪道，48个泄水口，并设计安装、调试和运行48个闸门工程。2005年3月23日签订施工合同，合同金额约14080万美元，工期30个月，维护期24个月。该合同段项目于签订中标合同之日起计算开工日期，截至2005年底，项目现场勘测和设计工作已上报业主审批，并开展了部分基础清淤、开挖工程。

（海外事业部）

刚果（金）工程项目群

1. 刚果（金）RN1国道巴纳那—金沙萨路段修复工程项目

项目位于刚果金下刚果省马塔迪MPOZO桥至巴桑刚果，刚果（金）RN1国道巴纳那—金沙萨路段修复工程，西起Mpozo桥，东至Mbanza Ngungu市，全长197.2公里，双车道沥青路面，是刚果（金）国家主要交通干线。2004年9月10日中标，工期18个月，合同金额2040万美元。2005年2月开工，工程施工进展顺利。

2. 刚果（金）RN1国道LOT5公路项目

刚果（金）RN1国道LOT5公路工程，为该国RN1国道Masi-Manimba-Kikwit段的修复工程，位于刚果金班东都省基归特市，全长141.9公里。2005年4月10日中标，工期22个月，合同金额2565万美元。2005年6月9日开工，截至2005年底，主要施工机械设备全部进场，开始排水沟、路肩、新建翻松路段等施工。

3. 刚果（金）RN4国道LOT2000公路项目

刚果（金）RN4国道LOT2000公路工程，位于该国东部东方省和北基伍省境内，起点尼亚尼亚市，终点贝尼市，全长410公里，是刚果（金）国家东部主要交通干线。2004年10月中标，工程合同金额2973万美元，工期18个月，保修期36个月。2005年5月开工，工程施工进展顺利。

（海外事业部）

阿尔及利亚工程项目群

1. 阿尔及利亚米纳灌区项目

阿尔及利亚米纳灌区项目，位于阿尔及利亚西部埃利赞省，由阿尔及利亚政府投资兴建。主要施工内容为：总长约265公里的预制渠槽架设、约120

公里村道施工以及新建 1 个泵站。2003 年 12 月 25 日，集团公司与阿尔及利亚水利部排灌司，签订了米纳灌区项目施工合同，合同总额 3256 万美元。工程进入全面施工阶段，截至 2005 年 12 月底，预制渠槽总量 225 公里，渠槽架设 175 公里，便道施工 88 公里。由于征地、设计变更等原因，业主已延长工期至 30 个月。

2. 阿尔及利亚布谷斯大坝项目

阿尔及利亚布谷斯大坝项目，位于阿尔及利亚东部塔夫省，距首都阿尔及尔 600 公里，毗邻突尼斯。布谷斯大坝为坝高 71.4 米的土坝，坝顶长 635.61 米，大坝建成后，将为下游地区提供生活和工业用水，并为下游的麦克斯纳坝调节水量。

布谷斯大坝项目，是中国水利水电建设集团公司继米纳灌区项目后，在阿尔及利亚获得的第二个项目。2004 年 12 月，集团公司与阿尔及利亚水利部大坝司正式签约，合同金额 6929 万美元，工期 34 个月。2005 年 1 月 25 日开工，截至 2005 年 12 月底，已完成大坝主体开挖 80%工程量、取水塔基础开挖 75%的工程量以及导流洞开挖 70%工程量。

3. 阿尔及利亚 2516 公顷灌溉项目

阿尔及利亚 2516 公顷灌溉项目，位于阿尔及尔东部斯吉科达市，工程内容包括：引水系统，63.5 公里长的输水系统、泵站及水池建设、机电设备安装、排水系统、便道与防风墙的修建等。2005 年 3 月 12 日，集团公司与阿尔及利亚水利资源部排灌司签订了 2516 公顷灌溉项目施工合同，合同金额为 1647 万美元，工期 24 个月。2005 年 3 月开工，截至 2005 年底，主要进行预应力混凝土管管厂建设、石棉水泥管铺设、排水渠开挖、施工便道修筑等临建项目施工。

4. 阿尔及利亚苏夫管道项目 1 期

阿尔及利亚苏夫管道 1 期项目，位于南部沙漠地区瓦德省苏夫河谷地区。工程内容主要包括 258 千米长的 PVC 集水管、47.6 公里直径 800 毫米和 1000 毫米玻璃钢管、1.2 公里长抽水井管 PVC 管、井泵的供应和铺设。

阿尔及利亚苏夫管道 1 期项目，由集团公司和当地最大的建筑企业 COSIDER 联营实施，集团公司占 75%的份额。合同总金额约为 1.21 亿美元。2005 年 10 月 8 日开工，主要进行营地沙丘平整、碾压，临建施工和主要材料的采购等工作。

5. 阿尔及利亚苏夫管道项目 2 期

阿尔及利亚苏夫管道 2 期项目，主要包括 436 公里长 PVC 管道和 5.4 公里长玻璃钢管铺设和相关土建工程。

2005 年 11 月 16 日，阿尔及利亚水利部水净化司将苏夫二期管道项目授予集团公司，合同金额 7772 万美元，工期 37 个月。工程项目正在进行前期的准备工作，等待业主颁发开工令。

6. 阿尔及利亚安纳巴输水项目

阿尔及利亚安纳巴输水项目，位于阿尔及利亚东北部安纳巴市，主要用途是从美克萨大坝向卡拉、塔夫和安纳巴输送饮用水，主要工程为 38 公里长的铸管供货和铺设。

2005 年 12 月 17 日，集团公司与比利时 DENYS 公司组成的联营体中标安纳巴输水项目，合同总金额 6396 万美元，集团公司合同额为 2123 万美元（占 33%）。项目正在进行施工前期准备，等待业主颁发开工令。

（海外事业部）

也门工程项目群

1. 也门荷台达一期污水扩容项目二标段工程

也门荷台达一期污水扩容项目二标段（简称也门 HODCW-2 项目），位于也门西部港口城市荷台达，在荷台达市约 360 公顷城区内修建排水管网和泵站等附属设施。主要工程内容：52 公里长，直径为 200～630 毫米 UPVC 管提供和铺设；1 座能力为 360 立方米/小时泵站的土建施工和设备供货安装；新检查井 860 个；5 级提水泵站的施工与设备安装；对 2300 个旧检查井的修复。

2004 年 6 月 19 日，集团公司中标也门荷台达一期污水扩容项目二标段，合同额约合 502.336 万美元，资金来源为世界银行贷款。2004 年 8 月 14 日移交现场并开工，截至 2005 年底，已完成 65%的管线工程量，完成 30%的检查井施工，完成 30%的泵站建设，已完成合同额的 50%。

2. 也门荷台达一期污水扩容项目二标段工程

也门荷台达污水扩容项目三标段（简称也门 HODCW-3 项目），位于也门西部港口城市荷台达，在荷台达市区北 5 公里处修建 1 座污水处理厂，主要工程内容：3 个氧化池、3 个兼性池、6 个熟化池的改扩建；污水处理厂内管道的铺设；加氯房、办公楼的修建。

2004 年 6 月 19 日，集团公司中标也门荷台达一期污水扩容项目三标段，合同额约合 681.8319 万美元，资金来源为世界银行贷款。同年 8 月 14 日移交现场并开工，截至 2005 年底，已完成合同额任务的 90%。

3. 也门塔伊兹市政防洪 TMDFPP-2F 项目工程

也门塔依兹市政防洪工程二期 F 标段（简称也

门 TMDFPP-2F 项目），位于也门首都萨那南部 260 公里的塔依兹市。主要工程内容：修建 1130 米的防洪设施——混凝土箱涵 320 米、砌石明渠 810 米；建筑物的消能、防冲；沿渠道的交通道路及人行道；其他辅助工程。

2004 年，集团公司中标也门 TMDFPP-2F 项目，合同金额 303.767 万美元，工期自 2004 年 1 月 17 日～2006 年 7 月 17 日。这是集团公司在也门乃至西亚阿拉伯国家所承接的第一个工程，对集团公司开拓也门及邻近国家建筑市场具有重要意义。2004 年 1 月开工，截至 2005 年底，除沿渠道的交通道路耐磨层外，其他合同内容都已经完成。

4. 也门萨那卫生管网 14 标项目工程

也门萨那卫生管网 14 标项目工程，位于也门首都萨那市哈达区，为萨那卫生管网项目的组成部分。主要工程内容：在也门萨那上、下哈达城区铺设 54 公里的 100～600 毫米的 UPVC 管污水收集管网，混凝土人孔、检查井 800 多个，入户收集井 2000 多个。项目资金来源于阿拉伯发展基金贷款和当地政府配套资金。

2005 年 5 月 11 日，集团公司与也门水环境部萨那水务公司签署施工合同，合同金额 723.0787 万美元，工期自 2005 年 10 月 1 日～2007 年 3 月 31 日。截至 2005 年底，已经完成人员、设备、材料的定购和进场，并已进入正常施工阶段。

5. 也门穆卡拉弗瓦哈城市污水管网项目工程

也门穆卡拉弗瓦哈城市污水管网项目工程，位于弗瓦哈市南部，距海边最近的施工区域离海岸线仅 10 余米。弗瓦哈市是一个狭长的海滨城市，东临阿拉伯海。主要工程内容：长度大约 70 公里、直径为 150～400 毫米的污水管道铺设；963 个人孔井的制作、安装；2000 个检查井的制作、安装；两个污水提升泵站的建造及设备安装。施工区域约为 14.96 平方公里。项目资金来源于世界银行贷款。

2005 年 9 月 15 日，集团公司与也门水利环境部 Hadramout 省水利环境局签署施工合同，合同金额 544.17 万美元，工期自 2005 年 10 月 1 日～2007 年 3 月 31 日。截至 2005 年底，已经完成人员设备进场、施工区域的测量，压力管线的施工设计等前期工作，并转入工程施工阶段。

（海外事业部）

中国水利水电建设集团公司驻外机构

1	中国水利水电建设集团公司驻尼泊尔经理部	尼泊尔	加德满都	1994 年 4 月 19 日
2	中国水利水电建设集团公司驻马来西亚代表处	马来西亚	古　晋	1997 年 12 月 10 日
3	中国水利水电建设集团公司驻巴基斯坦经理部	巴基斯坦	卡拉奇	1998 年 2 月 23 日
4	中国水利水电建设集团公司驻孟加拉经理部	孟加拉	达　卡	2000 年 3 月 7 日
5	中国水利水电建设集团公司驻乌兹别克斯坦经理部	乌兹别克斯坦	塔什干	2000 年 3 月 7 日
6	中国水利水电建设集团公司驻津巴布韦经理部	津巴布韦	哈拉雷	2000 年 7 月 11 日
7	中国水利水电建设集团公司（新）有限公司	新加坡	新加坡	2000 年 8 月 7 日
8	中国水利水电建设集团公司驻泰国经理部	泰　国	曼　谷	2000 年 9 月 19 日
9	中国水利水电建设集团公司驻印度尼西亚经理部	印度尼西亚	雅加达	2000 年 11 月 10 日
10	中国水利水电建设集团公司驻缅甸经理部	缅　甸	仰　光	2001 年 4 月 2 日
11	中国水利水电建设集团公司驻伊朗代表处	伊　朗	德黑兰	2001 年 11 月 20 日
12	中国水利水电建设集团公司驻吉尔吉斯经理部	吉尔吉斯斯坦	比什凯克	2002 年 6 月 27 日
13	中国水利水电建设集团公司驻老挝代表处	老　挝	万　象	2002 年 6 月 27 日
14	中国水利水电建设集团公司驻埃塞俄比亚代表处	埃塞俄比亚	亚的斯亚贝巴	2002 年 7 月 12 日
15	中国水利水电建设集团公司驻伯利兹代表处	伯利兹	贝尔莫潘	2003 年 3 月 27 日
16	中国水利水电建设集团公司（马）有限公司	马来西亚	古　晋	2003 年 6 月 18 日
17	中国水利水电建设集团公司驻阿尔及利亚代表处	阿尔及利亚	阿尔及尔	2004 年 4 月 15 日
18	中国水利水电建设集团公司驻苏丹代表处	苏　丹	喀土穆	2004 年 5 月 10 日
19	中国水利水电建设集团公司驻印度代表处	印　度	新德里	2004 年 7 月 27 日
20	中国水利水电建设集团公司驻利比亚代表处	利比亚	的黎波里	2005 年 1 月 21 日
21	中国水电（沙特阿拉伯）有限责任公司	沙　特	利雅得	2005 年 2 月 5 日
22	中国水利水电建设集团公司驻也门代表处	也　门	萨　那	2005 年 4 月 13 日
23	中国水利水电建设集团公司驻约旦代表处	约　旦	安　曼	2005 年 5 月 31 日
24	中国水利水电建设集团公司驻安哥拉代表处	安哥拉	罗安达	2005 年 5 月 31 日
25	中国水利水电建设集团公司驻坦桑尼亚代表处	坦桑尼亚	达累斯萨拉姆	2005 年 5 月 31 日

投资开发

投资部/投资有限责任公司

【部门职责编制】 根据集团公司《关于印发〈中国水利水电建设集团公司总部机构设置方案〉的通知》（中水电企［2003］30号）文并结合集团公司实际情况确定投资部主要职责是：

1. 建立完善集团公司投资管理体系并组织实施。

2. 收集、分析与筛选投资市场信息，提出投资项目建议方案；组织意向投资项目的可行性研究，进行项目谈判。

3. 提出已定投资项目的实施方案，负责投资建设项目的前期筹备工作。

4. 负责对集团公司投资项目建设期、运行期的管理以及风险控制、项目后评估并协助进行投资收益的收缴。

5. 定期编制投资项目的经营情况统计报表。

6. 协调子公司的投资活动，指导其投资管理工作；组织对拟投资项目的评审工作，提出审核意见供集团公司决策。

7. 负责集团公司重大投资项目向国家发展改革委、国资委的上报工作。

投资部编制6人。

主任：张长源

副主任：吴洵　刘瑞杰　吴海平

（陈立峰）

【集团公司投资有限责任公司】 中国水电建设集团投资有限责任公司（以下简称投资公司），是根据中国水利水电建设集团公司发展战略的需要以及集团公司调整产业结构的总体规划而组建的投资有限责任公司。投资公司由集团公司总部、水电四局、水电八局、水电九局、水电十四局以及水电闽江局共同发起组建。2004年5月10日，投资公司发起人协议在北京签署，7月5日，投资公司注册完毕，注册地：北京市西城区裕民路4号。投资公司原注册资本金30000万元，增资后注册资本金为51680万元，现股权结构如下：

中国水利水电建设集团公司，34180万元，66.14%；

中国水利水电第四工程局，6000万元，11.61%；

中国水利水电第十四工程局，6000万元，11.61%；

中国水利水电闽江工程局，2500万元，4.84%；

中国水利水电第八工程局，1500万元，2.9%；

中国水利水电第九工程局，1500万元，2.9%。

投资公司业务范围涉及实业、电力、热力、煤炭等能源项目，交通、水务等基础设施以及高科技项目投资；投资咨询，信用担保等。截至2005年底，投资公司拥有郑州燃气发电有限公司39%的股权，青海黄河中型水电开发有限责任公司30%的股权，四川美姑河水电开发有限公司25.5%的股权，四川紫兰坝水电开发有限责任公司15%的股权以及北京中环房地产开发有限公司17%的股权，投资公司下设综合部、项目部、财务部、开发部以及吉林长岭风电分公司、内蒙风电分公司。

董事长：郭建堂

副董事长：袁柏松

监事会主席：孙宝田

总经理：张长源

（陈立峰）

投资公司组织机构图

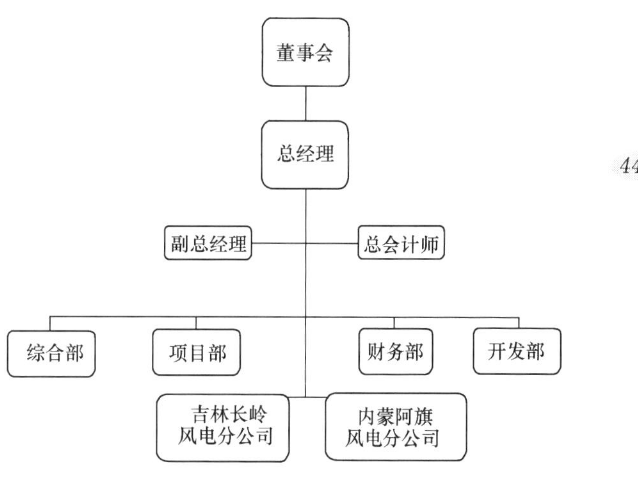

（陈立峰）

【部门2005年工作】 2005年，投资部认真贯彻集团公司工作会议精神，依据集团公司跨越式发展战略部署，加快调整产业结构步伐，优化战略投资结构，进一步完善和加强了集团公司投资管理工作。

1. 紧紧围绕主业调整、优化投资结构，明确发展目标。起草了《中国水利水电建设集团公司产业结构调整目标规划（投资类）》（草案），为集团公司跨越式发展第二阶段发展战略目标提供了产业结构调整目标规划。

2. 继续加大投资开发工作力度。2005年1月18日，集团公司与吉林省长岭县人民政府就长岭风电场项目在吉林省长春市正式签署开发协议。配合集团租赁公司就长沙华泰重工股权收购项目进行考察论证并达成协议。与华亭发电公司共同进行甘肃崇信 4×60 万千瓦项目前期准备工作。

3. 加快了长岭风电项目的开发。投资公司吉林长岭风电分公司相继完成该项目土地、电价预批；可行性研究报告、环评报告并通过了电力接入审查。11 月底，签订了风电机组供货合同，同时完成项目核准审批。

4. 进一步整合、规范投资机构资源配置。先后承担了北京中环房地产公司的重组、集团公司西南办事处机构的设置、中国水电建设集团圣达水电开发公司的组建注册、中国水电建设集团中环（成都）房地产开发有限公司的组建注册以及集团公司四川水电投资公司的筹备等项工作。

5. 拓展投资领域。2005 年 1 月 6 日，联合水利部综合事业局、山西万家寨引黄公司、北京持盈科技公司、内蒙古电力集团有限责任公司、浙江电联机电设备成套有限公司、中国水利水电科学研究院、北京恒德瑞公司等数家股东就中国水务投资公司增资扩股签署协议，集团公司以 33.125%成为第二大股东。

6. 强化集团公司投资中心地位，加强了投资行为的监管力度。2005 年投资部总计评审投资项目 23 个，对有关成员企业所报投资项目按照程序进行认真评审，协同有关工程局对拟投资项目进行考察，完成相关信息筛选处理和项目投资批复。按照《中国水利水电建设集团公司投资管理规定》（中水电投［2004］13 号），投资部起草并印发了《中国水利水电建设集团公司投资准入管理暂行办法》（中水电投［2005］11 号）、《中国水利水电建设集团公司控股公司办理投资事项相关规定》（中水电投［2005］12 号），进一步明确控股、参股公司办理投资事项相关工作程序；起草印发了《中国水利水电建设集团公司投资管理办法》（中水电投［2005］37 号），对投资主体、准入条件、监督考核等重新做了规范要求，进一步强调了集团公司投资中心地位，加强了对投资行为的监管和投资风险的控制。

7. 组织召开了集团公司系统第二次投资工作研讨会，对集团投资方向、投资项目选择及准入条件进行了规范，加强了对投资行为的监管，制定了投资统计半年报、年报制度。

8. 汇总完成了集团公司《项目开发投资情况统计表》、《股权投资情况统计表》、《基建投资情况统计表》、《待开发利用土地情况统计表》以及《证券投资情况统计表》，并形成了半年报和年报制度，及时掌握整个集团公司系统投资开发情况，为集团公司投资决策、统筹开发、规避投资风险提供了基础资料。

9. 投资部还承担了甘肃华亭发电有限公司、四川圣达水电开发有限公司、四川阿坝水电开发有限公司董事会办公室工作职能，代行处理日常事务工作，保障政令畅通和工程建设顺利进行。

10. 完成了集团公司股权划转工作。根据集团公司整体发展战略要求，集团投资公司注册成立后，集团公司将在青海黄河中型水电开发有限公司、四川紫兰坝水电开发有限公司、四川美姑河水电开发有限公司、郑州燃气发电有限公司以及北京中环房地产开发有限公司的股权全部转让给集团投资公司。

11. 组织完成了甘肃华亭工程项目执行概算的编制工作，为项目建设考核提供了依据。

12. 配合集团资金结算中心申请发行集团公司长期企业债券的准备工作。

13. 保持了与国家发展改革委、国资委相关部门的沟通与工作联系。

（陈立峰）

投资管理

【集团公司控股公司办理投资事项相关规定】 为规范集团公司所控股公司在办理项目投资业务中的投资行为，5 月 20 日，集团公司印发《中国水利水电建设集团公司控股公司办理投资事项相关规定》（中水电投［2005］12 号）（以下简称《控股公司投资相关规定》）。《控股公司投资相关规定》共 8 条，对集团各控股公司在新项目投资、项目收购、参与其他项目公司重组、项目资本金注入、项目融资担保以及工作程序、股东会、董事会归口管理部门等作出了明确规定。

（陈立峰）

【集团公司投资管理办法】 为规范集团公司投资行为，有效规避投资风险，根据国家有关法律、法规和相关规定，11 月 21 日，集团公司印发了《中国水利水电建设集团公司投资管理办法》（中水电投［2005］37 号）（以下简称《投资管理办法》）。《投资管理办法》分为“总则”、“投资准入”、“投资管理机构”、“投资项目审批”、“投资项目资金来源与要求”、“投资项目的实施”、“投资项目的监督和考核”、“附则”共 8 章 44 条，进一步明确投资主体、投资准入条件、投资评审程序等。《投资管理办法》印发后，原《中国水利水电建设集团公司投资管理规定》（中水电投［2004］13 号）、《中国水利水电建设集团公司投资准入管理暂行办法》（中水电投［2005］11 号）同时废止。

（陈立峰）

【投资管理工作】 集团公司投资管理工作主要从以下几方面入手：一是严格执行国家有关金融和投资管理的法律法规；二是加强制度建设，根据国家有关部委的投资管理规定，制定了《中国水利水电建设集团公司投资管理办法》（中水电投［2005］37号），进一步规范了集团公司投资行为，逐步完善了集团公司投资管理制度；三是加强了集团公司有关投资数据的统计工作，集团公司印发了《关于上报投资情况及土地资源情况报表的通知》（中水电投［2005］8号），要求各成员企业按期填报《项目开发投资情况统计表》、《股权投资情况统计表》、《基建投资情况统计表》、《待开发利用土地情况统计表》以及《证券投资情况统计表》，集团公司全面掌控集团投资情况；四是通过召开投资研讨会进一步加强投资管理工作，强化集团公司是投资中心、工程局是利润中心的战略定位。

（陈立峰）

【控股公司管理】 截至2005年底，集团公司拥有中国水电建设集团国际工程有限公司（以下简称国际公司）、中国水电建设集团投资有限责任公司（以下简称投资公司）、中国水电建设集团租赁控股有限公司（以下简称租赁公司）、中国水电建设集团华亭发电有限责任公司（以下简称华亭公司）、阿坝水电开发有限公司（以下简称阿水公司）、四川圣达水电开发有限公司（以下简称圣达公司）6个控股公司。集团国际工程公司主要负责国际工程及投资业务；集团投资公司主要从事国内投资项目开发及管理；集团租赁控股公司主要从事设备租赁及制造；华亭发电公司目前建设华亭一期27万千瓦煤矸石电厂；阿坝水电开发公司、圣达水电开发公司主要进行四川水电项目开发建设。集团公司对控股公司一方面按照现代企业管理制度的要求，充分发挥控股股东的主导作用及董事会、监事会的管理职能；二是将控股公司完全纳入集团全资子公司管理体系，通过完善制度，全面加强监管。

（陈立峰）

集团公司参股开发项目表

建设单位	项目名称	投资总额（万元）	建设内容	建设规模	股权结构
青海黄河中型水电开发公司	青海省黄河苏只水电站	135757	水电站	22.5万千瓦	黄河上游水电开发公司40%、集团投资有限公司30%、青海天河电力公司20%、青海富源电力公司10%
四川紫兰坝水电开发公司	四川省白龙江紫兰坝水电站	86400	水电站	10.2万千瓦	中国华电集团45%、四川省投资集团20%、集团投资有限公司15%、水电第五工程局10%、玉龙水电开发有限责任公司10%
四川美姑河水电开发公司	美姑河水电开发	65632（一期柳洪电站）	水电站	一期柳洪电站18万千瓦	中国水电工程顾问集团34%、集团投资有限公司25.5%、中国电力工程顾问集团25.5%、成都勘测设计研究院15%
郑州燃气发电有限公司	郑州天然气发电	250000	燃气发电	70万千瓦	中国电力投资集团51%、集团投资有限公司39%、郑州高新国有资产经营有限公司10%

集团公司控股及间接控股开发项目表

建设单位	项目名称	投资总额（万元）	建设内容	建设规模	股权结构
阿坝水电开发有限公司	太平驿		水电站	26万千瓦	中国水利水电建设集团公司53%，水电七局22%，中国水电工程顾问集团成都勘测设计研究院15%、四川远通水电开发公司10%
	色尔古水电站	123901	水电站	15万千瓦	中国水利水电建设集团公司53%，水电七局22%，中国水电工程顾问集团成都勘测设计研究院15%、四川远通水电开发公司10%

续表

建设单位	项目名称	投资总额（万元）	建设内容	建设规模	股权结构
	柳坪水电站	101733	水电站	12 万千瓦	中国水利水电建设集团公司 53%，水电七局 22%，中国水电工程顾问集团成都勘测设计研究院 15%、四川远通水电开发公司 10%
松林河水电开发公司	大金坪水电站	65000	水电站	12.9 万千瓦	阿坝水电开发有限公司 50%、四川启明星公司 16%、水电五局 10%、水电十局 14%，水电七局成都水电建设公司 7%、水电七局成都工程公司 3%
	洪一水电站	45000	水电站	7.8 万千瓦	阿坝水电开发有限公司 50%、四川启明星公司 16%、水电五局 10%、水电十局 14%，水电七局成都水电建设公司 7%、水电七局成都工程公司 3%
毛尔盖水电开发公司	毛尔盖水电站	580000	水电站	42 万千瓦	阿坝水电开发有限公司 68%、四川远通水电开发公司 12%、中国水电工程顾问集团成都勘测设计研究院 10%、四川鼎能电力投资集团有限公司 10%
华亭发电有限责任公司	华亭火电厂一期工程	149960	煤矸石电厂	2×13.5 万千瓦	中国水利水电建设集团公司 40%、甘肃电力明珠集团公司 30%、华亭煤电股份有限公司 15%、甘肃火电工程公司 10%、华亭县国有资产投资经营公司 5%
圣达水电开发公司	沙湾电站	332500	水电站	48 万千瓦	水电集团 51% 圣达集团 49%
集团中环房地产公司	北京中环房地产开发	45000	房地产（海赋国际）	11 万平方米	集团公司 63% 水电二局 20% 集团投资公司 17%
集团投资公司吉林长岭分公司	吉林长岭风电开发	45554	风电场	4.95 万千瓦（一期）	投资公司 100%
集团投资公司内蒙分公司	锡林郭勒盟辉腾梁风电开发	47249	风电场	4.95 万千瓦（一期）	投资公司 100%

集团公司股权投资情况

参股单位名称	注册资本（万元）	股权结构
中国水电建设集团国际工程公司	83000	集团公司 82%（68000 万元）、集团投资公司 12%（10000 万元）、租赁公司 6%（5000 万元）
中国水电建设集团租赁有限公司	20000	集团公司 65%（13000 万元）、水电四局 20%（4000 万元）集团投资公司 15%（3000 万元）
中国水电建设集团投资有限公司	51680	中国水利水电建设集团公司 66.14%（34180 万元）、水电第四工程局 11.61%（6000 万元）、水电第八工程局 2.9%（1500 万元）、水电第九工程局 2.9%（1500 万元）、水电第十四工程局 11.61%（6000 万元）、闽江工程局 5%（2500 万元）
中国水务投资公司	80000	水利部综合事业局 36.875%、集团公司 33.125%、山西万家寨引黄公司 25.625%、内蒙电力 2.5%、浙江电联 0.625%、中国水利水电科学研究院 0.625%、北京恒德瑞公司 0.625%

控股公司

华亭发电有限责任公司

【概述】 中国水电建设集团华亭发电有限责任公司(以下简称华亭公司)，成立于2003年9月，是由中国水利水电建设集团公司、甘肃华亭煤电股份有限公司、甘肃火电工程公司、甘肃电力明珠集团公司共同投资组建，注册资本2亿元。截至2005年底，在册职工168人，其中本科以上学历42人、大中专学历123人、高级职称15人、中级职称28人。华亭公司主要负责华亭电厂2×13.5万千瓦工程建设和崇信电厂2×60万千瓦项目前期筹备工作。

2005年是华亭发电公司工程建设与公司发展的起步年，按照突出抓好基建工程管理，把“安全、质量、进度、成本”四大控制作为常态管理重点，把招投标管理、合同管理和预算管理作为常态管理控制点；突出抓好项目运营准备，配备生产技术人员，健全生产规范、标准，确保基建与运营的有效衔接；突出抓好公司发展工作，抢占公司发展新领域，以全新的理念，加快公司规模发展；突出抓好职工队伍建设，增强企业精细化管理与运作能力；努力创建一流发电企业。即：“四个突出，一个创建”的工作思路，较好的完成了董事会确定的工程建设任务。2005年，华亭公司主要开展了华亭电厂项目的开发建设，华亭电厂项目得到甘肃省委、省政府的重视，省委书记苏荣先后4次听取华亭公司主要负责人的专题汇报，包括副省长、省政协副主席在内的有关领导多次到华亭公司视察并听取工程施工情况汇报。截至年底，华亭公司主要完成华亭电厂项目主厂房主体浇筑至17.5米层；1号锅炉钢架、大板梁完成吊装，完成汽包吊装；烟囱施工至110米；锅炉补给水处理室、化学试验楼、输煤综合楼等7个单位工程已基本完成。累计完成混凝土浇灌44314立方米。

此外，华亭公司还具体组织实施了崇信电厂规划建设前期准备工作，2005年4月27日，通过崇信电厂初步可行性研究报告预审查；7月13日，在甘肃兰州召开的第十三届兰州经济贸易洽谈会上，集团公司党组书记、总经理郭建堂，代表集团公司与平凉市政府签订了崇信电厂投资开发建设协议；8月25日，崇信电厂项目通过国家电力规划总院组织的可行性研究报告审查；12月1日，甘肃省发展改革委正式向国家发展改革委上报项目可行性研究报告，成为甘肃省向国家发展改革委上报的第一个单机容量为60万千瓦的发电项目，被甘肃省政府、西北电网公司、甘肃省电力公司分别列入“十一五”电源建设规划，同时被甘肃省发展改革委列入甘肃省“十一五”电源重点建设项目。

2005年，华亭发电公司建立健全各项管理规章制度，先后制定了有关工程施工、人力资源、财务与预算、计划合同、物资设备材料和党风廉政建设等方面的管理制度121项；基本涵盖了基建管理、公司运作的各个方面，构建了华亭公司的执行管理体系和运作流程。2005年，华亭公司还按照属地化管理的原则，参加了地方党委组织开展的保持共产党员先进性教育活动，使全体党员普遍受到了一次全面系统的党的理论和党的基本知识教育，受到了地方党委和督导组的好评。

（梁小成　查海东　王学文）

【华亭发电有限责任公司章程】 《甘肃华亭发电有限责任公司章程》（以下简称华亭公司章程），分“总则”、“股东名称与住所”、“公司名称及住所”、“公司组织形式和宗旨”、“公司经营范围”、“公司注册资本”、“股权的转让”、“股东的权利和义务”、“股东会”、“董事会”、“经营管理机构”、“利润分配”、“税务、财务和审计”、“保险”、“违约责任和不可抗力”、“合资期限、解散和清算”“其他”、“附则”共18章73条，对公司名称、住所、组织形式、经营范围、注册资本、股东的权利和义务、股东会、董事会、经营管理机构、利润分配以及税务、财务和审计等作出了明确的规定。《华亭公司章程》经各股东方2003年9月8日共同签署，已正式生效。

（查海东）

华亭发电有限责任公司组织机构图

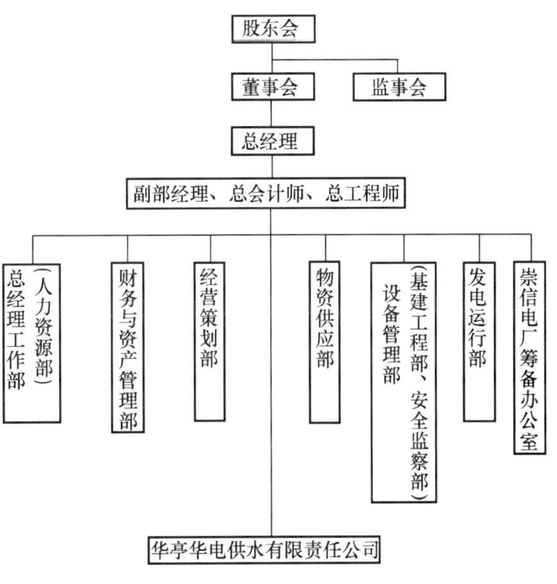

【华亭电厂项目】 华亭电厂项目，位于甘肃省平凉市华亭县，是甘肃省煤电联营的第1个大型火电建设项目，也是甘肃省首座煤炭资源综合利用的环保型坑口电站。华亭电厂建设规模为2×13.5万千瓦煤矸石机组，2005年3月11日，项目获得国家发展改革委核准，是国家电源建设实行核准制后甘肃省获得正式核准的第一个电源项目。项目利用华亭矿区煤矸石作燃料，采用先进的空冷方式循环流化床锅炉工艺，实现煤炭资源综合利用。华亭电厂项目，一期规模建设为2台13.5万千瓦煤矸石机组，二期规划建设规模为2台30万千瓦煤矸石机组。项目计划一期投资14.8亿元，建成后年发电量约14亿千瓦时。

截至2005年底，华亭电厂项目主厂房主体浇筑至17.5米层；1号锅炉钢架、大板梁完成吊装，完成汽包吊装；烟囱施工至110米；锅炉补给水处理室、化学试验楼、输煤综合楼等7个单位工程已基本完成。累计完成混凝土浇灌44314立方米。

（查海东　王学文）

阿坝水电开发有限公司

【概述】 2005年，阿坝水电开发有限公司（以下简称阿水公司）认真贯彻董事会确定的发展战略，以发展目标为主线，以电源建设开发为中心，以强化管理为基础，以项目核准和融资为重点，主要作了以下工作。

一、根据工程建设和市场开发需要。2005年，阿水公司在已有综合合同部、工程管理与开发部、财务产权管理部的基础上，报请董事会批准成立了安全管理部、党委工作部，进一步完善了组织机构建设。先后出台了工程项目现场管理，建设项目安全、质量、进度管理办法；项目管理结算，监理工程师、现场设计管理以及公司内部管理制度；党委工作有关制度等管理文件，规范了公司化管理程序。2005年，阿水公司招聘了20名应届大学毕业生，提前为柳坪和色尔古电厂运行进行人才储备。

二是抓了电源建设项目的核准工作。2005年，阿水公司先后取得了四川省国土资源厅和林业厅对柳坪水电站、色尔古水电站两个项目土地预审和林业用地的批复，争取到了国家环保总局授权四川省环保局对这两个项目的环境审批。11月16日，四川省发展改革委正式核准了柳坪水电站建设项目；12月21日，正式核准了色尔古水电站项目。

三是抓了电源建设项目的开发和项目融资工作。2005年初，阿水公司代表集团公司与四川省小金县人民政府签订了小金川流域开发协议，整个小金川河的开发初步规划规模约33万千瓦。2005年11月21日，阿水公司代表集团公司与四川省壤塘县签订了投资控股明达水电站的协议；同时还获得了四川省阿坝州政府对开发绰斯甲河流域的承诺。此外，6月18日，与四川阿坝州九寨水电开发公司，签署了毛尔盖水电有限公司的股权转让协议，阿水公司以68%的股份，对毛尔盖电站绝对控股。8月16日，还代表集团公司与国家开发银行四川省分行签署了贷款融资合同，贷款资金将用于柳坪水电站、色尔古水电站项目建设。

四是抓了项目建设管理工作。2005年，阿水公司直管项目共完成招标21项，签订主要合同项目累计资金总额达124369万元，完成合同金额14915万元。此外，柳坪水电站前期准备工程于2004年12月10日进场后，2005年9月15日，主体工程正式开工，10月25日一期围堰截流。色尔古水电站前期准备工程于2005年2月16日进场后，主体工程于2005年12月15日正式开工建设。

五是抓了党的组织建设。2005年7月，经四川省国资委和集团公司党组批准，阿水公司正式成立了中共阿坝水电开发有限公司党委。按照党中央和四川省国资委的部署，阿水公司党委组织公司全体党员开展了“保持共产党员先进性教育活动”，在四川石棉县安顺场红军渡开展了“高举红军旗，永葆先进性”的主题教育活动，得到了四川省国资委党委和省委甘道明副书记的充分肯定。

（新　山）

【阿坝水电开发有限公司章程】 《阿坝水电开发有限公司章程》（以下简称《阿水公司章程》），分为“总则”、“股东名称与住所”、“公司名称及住所”、“公司组织形式和宗旨”、“公司经营范围”、“公司注册资本”、“股权的转让”、“股东的权利和义务”、“股东会”、“董事会”、“监事会”、“经营管理机构”、“利润分配”、“税务、财务和审计”、“保险”、“违约责任和不可抗力”、“其他”、“合资期限、解散和清算”、“附则”共19章73条，对阿水公司组织形式、经营范围、管理机构、利润分配以及股东的权力和义务等作出了明确规定。

（新　山）

阿坝水电开发有限公司组织机构图

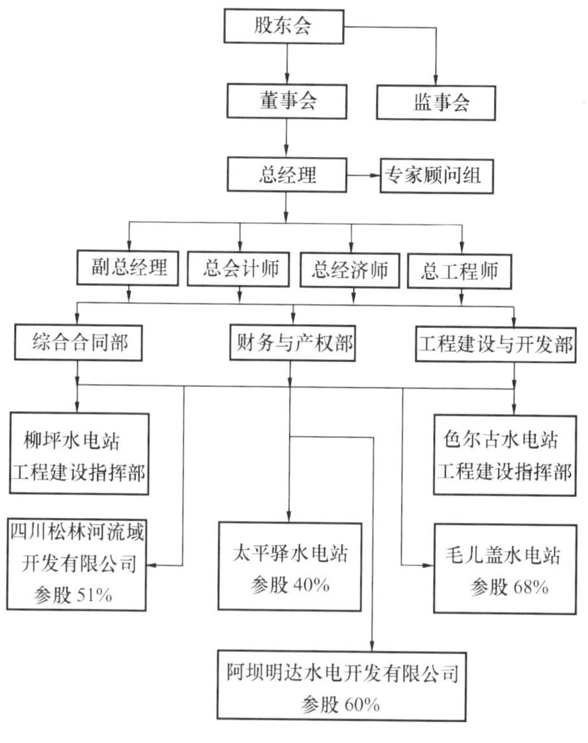

投资开发项目

【柳坪水电站】　柳坪水电站，位于四川省阿坝藏族羌族自治州茂县境内，是黑水河水电梯级开发的最末一级低闸引水式电站。电站由集团公司控股的阿水公司直接建设。工程由首部枢纽、引水系统和厂区枢纽等建筑物组成；电站引水隧洞全长10.67公里，装机容量12万千瓦，总投资9.1074亿元，年发电量为5.28亿千瓦时。柳坪水电站前期准备工程于2004年12月10日进场，2005年9月15日，主体工程正式开工；10月25日，一期围堰截流。

【色尔古水电站】　色尔古水电站，位于四川省阿坝藏族羌族自治州黑水县境内，是黑水河水电梯级开发的第四级电站。电站由集团公司控股的阿水公司直接建设。工程由首部枢纽、引水系统和厂区（地下厂房）枢纽等建筑物组成；电站引水隧洞全长10.198公里，装机容量15万千瓦，总投资10.3174亿元，年发电量为5.94亿千瓦时。色尔古水电站，前期准备工程于2005年2月16日开工，工程建设进展顺利。

【大金坪水电站】　大金坪水电站，位于四川省雅安地区石棉县境内的松林河干流上（首部枢纽建筑分别位于湾坝河、洪坝河两支流上），是由湾坝河、洪坝河分别建闸联合引水，松林河干流河段建厂发电的长隧洞引水式电站；是松林河流域“一库九级”梯级开发方案中松林河干流河段最上游一级梯级水电站。电站由阿水公司控股的松林河流域水电开发有限公司建设。大金坪电站是一座具有日调节性能的水电站，电站装机容量12.9万千瓦，年发电量6.32亿千瓦时，总投资8.38亿元。大金坪水电站主体工程于2003年12月18日正式开工，截至2005年底，湾坝河工程混凝土完成设计总量的99%，弧形闸门及液压启闭机安装完毕。洪坝首部枢纽混凝土完成设计总量的88%，弧形工作门及液压启闭机安装完毕。两库引水隧洞、发电引水隧洞、调压井和压力钢管、发电厂房工程基本完成。

（靳　山　蒋泽民）

四川圣达水电开发有限公司

【四川圣达水电开发有限公司】　四川圣达水电开发有限公司（以下简称圣达公司），前身为四川圣达集团子公司，属民营企业。2005年7月14日，中国水利水电建设集团公司与民营企业四川圣达集团有限公司战略合作，对圣达公司进行收购重组。重组后的圣达公司，注册资本8亿元；其中：中国水利水电建设集团公司出资40800万元，占51%的股份，四川圣达集团有限公司出资39200万元，占49%股份，由集团公司控股。圣达公司主要负责建设和经营管理大渡河沙湾水电站。

董事长：范集湘
总经理：张跃涛
副总经理：胡明亮、罗武
地址：四川省乐山市沙湾区沫若宾馆
电话：0833-3620783
传真：0833-3620806

（宋　燕）

【四川圣达水电开发有限公司章程】　《四川圣达水电开发有限公司章程》（以下简称《圣达公司章程》），分“总则”、“公司名称和住所”、“公司经营范围”、“公司注册资本”、“股东的姓名或者名称、住所、出资方式和出资额”、“股东的权利和义务”、“股东转让出资的条件”、“公司的机构及其产生办法、职权、议事规则”、“公司的法定代表人”、“公司利润分配和财务会计”、“公司的解散事由与清算办法”、“股东认为需要规定的其他事项”、“附则”共13章65条，对四川圣达水电开发有限公司的组织形式、经营的主要范围、股东方的构成及其注资额、股东的权力和义务、议事规则、利润分配等都作出了明确的规定。《圣达水电公司章程》经各股东方

2005年8月1日共同签署，已正式生效。

（宋 燕）

四川圣达水电开发有限公司组织机构图

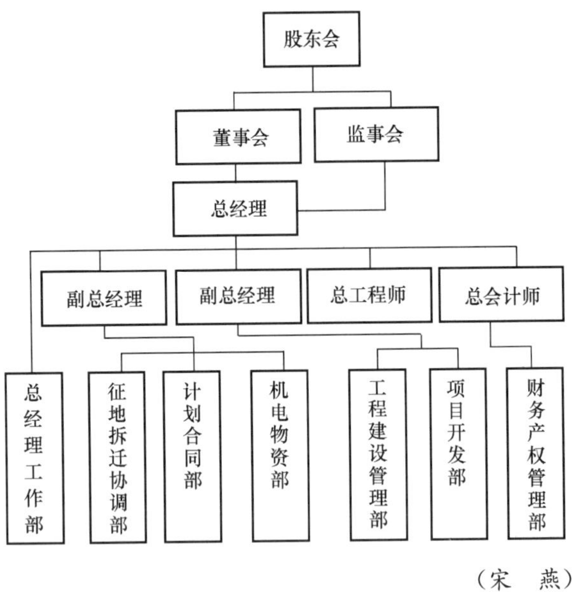

（宋 燕）

开发项目

【大渡河沙湾水电站】 大渡河沙湾水电站，位于四川省乐山市境内，系大渡河干流下游河段（铜街子以下）的一个梯级电站。沙湾水电站，坝轴线长699.82米，总库容4867万立方米，为一级混合式（河床式厂房加长尾水渠）。以发电为主，兼顾灌溉和航运功能；电站装机容量48万千瓦，年利用小时数5015小时，年发电量24.07亿千瓦时。2004年9月28日，国家发展和改革委员会以（发改能源［2004］2092号）文，正式核准了大渡河沙湾水电站的建设和经营，核定工程静态总投资为30.27亿元，动态总投资33.25亿元。沙湾水电站主体工程，2005年12月26日正式开工。

（宋 燕）

中环房地产有限公司

【概述】 中国水电建设集团中环房地产有限公司（以下简称中环公司），是根据集团公司发展战略需要以及集团公司产业结构调整的总体规划，由原北京中环房地产开发有限公司重组组建而成。2005年10月，根据国有资产监督管理委员会对集团公司主业的重新确定，集团公司对原北京中环房地产开发有限公司进行了注资重组，公司名称变更为中国水电建设集团中环房地产有限公司，公司注册资本金增到30000万元，由集团公司控股。重组后的中环公司，股权结构如下：

中国水利水电建设集团公司 18900万元 63%

中国水利水电第二工程局 6000万元 20%

中国水电建设集团投资有限责任公司 5100万元 17%

2005年11月21日，中环公司完成了公司名称及工商行政管理变更并领取了法人营业执照。中环公司经营范围包括：房地产开发经营、商品房销售、物业管理。注册地点：北京市西城区六铺炕一区二号院。

12月16日，中环房地产有限公司第一届股东会、董事会、监事会第一次会议在北京召开。根据中环房地产有限公司董事会决议及（公司董［2005］1号）文、（公司董［2005］2号）文、（公司董［2005］3号）文、（公司监［2005］1号）文：

王岩峰任公司董事长、法定代表人；

万小伦任公司常务副总经理（主持工作）；

秦普高任公司总会计师；

邓孟元任公司监事会主席。

（彭蕴周）

【中环房地产有限公司章程】 《中国水电建设集团中环房地产有限公司章程》（以下简称《中环公司章程》），分“公司名称和住所”、“公司经营范围”、“公司注册资本”、“股东的姓名（或名称）、出资方式、出资额”，“股东的权利和义务”，“股东转让出资的条件”，“公司的机构及其产生办法、职权、议事规则”，“公司的法定代表人”，“财务、会计、利润分配及劳动用工制度”，“公司的解散事由与清算办法”，“股东认为需要规定的其他事项”共11章38条。对中环公司的股东构成、注册资本、经营范围、议事规则、法人代表、利润分配以及劳动用工制度等作出了明确的规定。《中环公司章程》，经各股东方2005年10月21日共同签署并报工商行政管理部门登记备案，已正式生效。

（彭蕴周）

中环房地产有限公司组织机构图

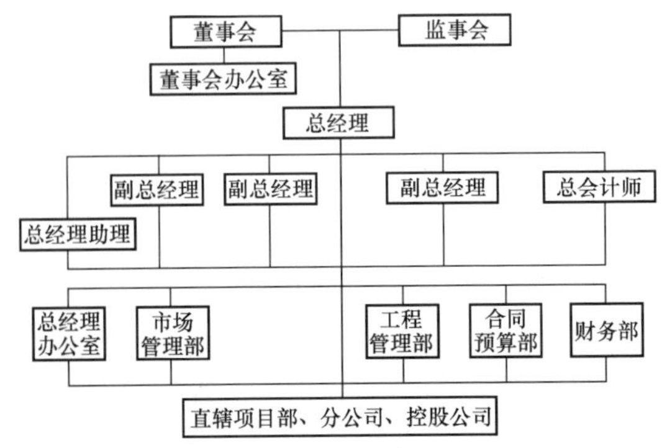

（彭蕴周）

开发项目

【海赋国际项目】 位于北京市海淀区车公庄西路22号，由1座写字楼和两幢公寓楼组成，共计11.5万平方米。写字楼A座为水电建设集团总部办公楼，总建筑面积31246平方米，2005年底基本完工。B座为水利水电科学院使用，总建筑面积20355平方米。两幢公寓楼，建筑面积共计6万平方米。其中一号公寓楼，2005年底已全部售出。二号公寓楼正在建设之中。

海赋国际项目，是中环公司在京开发的主要项目，2005年12月，海赋国际项目荣获2005年度中国城市地产运营博览会（CCPE2005）“中国十大土地价值提升楼盘奖”。

（彭蕴周）

吉林长岭分公司

【吉林长岭分公司】 是集团公司投资有限责任公司（以下简称投资公司）为开发吉林长岭县风能资源而成立的分公司，于2005年3月17日在吉林长岭县注册。2005年1月18日，集团公司与吉林省长岭县人民政府在吉林长春市正式签署长岭风电场项目开发协议。3月1日，投资公司召开一届二次董事会，决定设立投资公司吉林长岭分公司，并经投资公司总经理办公会研究决定：刘瑞杰兼任长岭分公司总经理，张秋野、张宏伟任副总经理。长岭分公司主要致力于吉林长岭风电场项目开发及风力发电运行。2005年，吉林长岭分公司相继完成项目预可行性研究、上网电价预批、一期建设用地、项目环境影响报告、项目入网可行性研究评审。签订了风电机组供货合同。两次进行现场风电机组微观选址。

（陈立峰）

参股公司

【郑州燃气发电有限公司】 郑州燃气发电有限公司，是中国电力投资集团公司、中国水利水电建设集团公司、郑州高新国有资产经营有限公司共同组建的燃气发电有限公司，共同投资开发郑州燃气电站工程。

2004年6月17日，郑州燃气发电有限公司在河南省郑州市正式注册，注册资本金约为5亿元人民币；其中中国电力投资集团公司出资51%，中国水利水电建设集团公司出资39%，郑州高新国有资产经营有限公司出资10%。郑州燃气发电有限公司的主要任务是建设郑州2×35万千瓦天然气发电项目。2005年3月10日，国家发展改革委以（发改能源［2005］334号）文对工程建设正式核准。郑州燃气发电工程项目建设进入全面开工建设阶段。2005年土建工程共验收分项工程179项，分部工程9项，安装分项工程2项。根据中国水利水电建设集团公司发展战略的需要，中国水利水电建设集团公司所持股份已转至中国水电建设集团投资有限责任公司。

董事长：张锋

总经理：王金堂

公司地址：河南省郑州市西环路2号

电　　话：0371-67848608

传　　真：0371-67848500

（陈立峰）

【青海黄河中型水电开发有限责任公司】 青海黄河中型水电开发有限责任公司，是以开发黄河上游青海境内水电资源为目的有限责任公司，由黄河上游水电开发有限责任公司、中国水利水电建设集团公司、青海天河电力股份有限公司、青海富源电力股份有限公司共同发起组建，2002年9月25日，在青海省西宁市注册成立。其中黄河上游水电开发有限责任公司持股40%，中国水电建设集团公司持股30%，青海天河电力股份有限公司持股20%，青海富源电力股份有限公司持股10%。青海黄河中型水电开发有限责任公司近期主要开发黄河苏只水电站。截至2005年11月，完成年度累计工程投资40164万元，年底实现首台机组发电。根据中国水利水电建设集团公司发展战略的需要，中国水利水电建设集团公司所持股份已转至中国水电建设集团投资有限责任公司。

董事长：夏忠

总经理：张生元

公司地址：青海省西宁市五四西路43号

电　　话：0971-6322335

传　　真：0971-6322333

（陈立峰）

【四川美姑河水电开发有限公司】 四川美姑河水电开发有限公司，是以开发建设四川省美姑河流域水电资源为目的而组建的有限公司，由中国水电工程顾问集团公司、中国水利水电建设集团公司、中国电力工程顾问集团公司、中国水电工程顾问集团成都勘测设计研究院共同投资组建。2003年5月23日，在四川省凉山州美姑县注册成立。中国水电工程顾问集团公司持股34%、中国水电建设集团公司持股25.5%、中国电力工程顾问集团公司持股25.5%、成都勘测设计研究院持股15%。四川美姑河水电开发有限公司一期开发项目为柳洪电站。截至2005年底，引水隧洞全线贯通，调压井上室工程全部完工，厂房交通桥已竣工验收。根据中国水利水电建设集团公司发展战略的需要，中国水利水电建设集团公司所持股份已转至中国水电建设集团投资有限责任公司。

董事长：李菊根

总经理：刘明宏

公司地址：四川省成都市清江东路1号温哥华广场

电　　话：028-87788065

传　　真：280-87788067

（陈立峰）

【四川紫兰坝水电开发有限责任公司】　四川紫兰坝水电开发有限责任公司，是由中国华电集团公司、四川省投资集团公司、中国水利水电建设集团公司、中国水利水电第五工程局、广元市玉龙水电开发有限责任公司共同组建的有限责任公司。中国华电集团公司持股45%，四川省投资集团公司持股20%，中国水利水电建设集团公司持股15%，中国水利水电第五工程局持股10%，广元市玉龙水电开发有限责任公司持股10%。四川紫兰坝水电开发有限责任公司于1998年在四川省广元市注册成立，主要业务是开发四川白龙江紫兰坝水电站。截至2005年12月，累计完成工程投资4.5亿元，完成混凝土浇筑13334立方米，钢筋制安505吨。根据中国水利水电建设集团公司发展战略的需要，中国水利水电建设集团公司所持股份已转至中国水电建设集团投资有限责任公司。

董事长：杨清廷

总经理：蒋晓明

公司地址：四川省广元市宝轮镇

电　　话：0839-8532383

传　　真：0839-8523033

（陈立峰）

【北京中环房地产开发有限公司】　北京中环房地产开发有限公司（以下简称北京中环公司），成立于1997年7月8日，由中国水利水电第二工程局和北京水利水电安装公司共同发起组建，注册资本金为1000万元，其中，中国水利水电第二工程局出资800万元，北京水利水电安装公司出资200万元。北京中环公司的主要业务是进入北京房地产业领域，进行房地产开发。

2001年9月，股东北京水利水电安装公司将所持股份转让给原水电总公司。水电总公司出资1000万元，水电二局出资4000万元对北京中环公司进行增资扩股，注册资本金增到5000万元，由水电二局控股。

2003年8月，北京中环公司再次进行增资扩股，注册资本金增到10000万元，其中，水电二局出资6000万元，集团公司出资4000万元，仍由水电二局控股。

董事长：万小伦

总经理：杨振明（代）

2005年10月，根据集团公司跨越式发展战略对产业结构的调整，集团公司对北京中环房地产开发有限公司进行重组，北京中环房地产开发有限公司名称变更为中国水电建设集团中环房地产有限公司，公司注册资本金增到30000万元，由集团公司控股。

（彭蕴周）

【中国水务投资公司】　中国水务投资公司，是水利部综合事业局投资注册的投资公司，原注册资本金2036万元。2005年1月6日，由中国水利水电建设集团公司、水利部综合事业局、山西省万家寨引黄工程总公司、北京持盈科技发展有限公司、内蒙古电力集团有限责任公司、浙江电联机电设备成套有限公司、中国水利水电科学研究院、北京恒德瑞科贸有限公司8个单位，就中国水务投资公司增资扩股达成协议，共同出资10亿元人民币对中国水务投资公司进行增资扩股。其中水利部综合事业局持股36.875%，集团公司持股33.125%，山西万家寨引黄工程总公司持股25.625%，内蒙古电力集团有限责任公司持股2.5%，浙江电联机电设备成套有限公司持股0.625%，中国水利水电科学研究院持股0.625%，北京恒德瑞公司持股0.625%。集团公司以33.125%股权成为第二大股东单位。中国水务投资公司，公司主要从事水源工程、城市供水、污水处理、苦咸水淡化等项目的投资、建设及经营管理。

2005年，中国水务投资公司逐步建立健全公司运行决策机制，完善机构建设和制度建设，重点推进四个方面业务，一是搭建区域投资平台，二是建设支柱型战略投资项目，三是控股收购城市自来水公司，四是控股上市公司。内蒙古准格尔黄河水务有限公司已经正式运营，控股“钱江水利”已经进入运作阶段。

董事长：王文珂

常务副总经理：刘正洪

公司地址：北京市宣武区南线阁10号

电　　话：63203399

传　　真：63203509

（陈立峰）

【北京华科软科技有限公司】　北京华科软科技有限公司（以下简称华科软），是由中国水利水电建设集

团公司、中国水力发电工程学会共同出资成立的高科技公司，是专业性软件开发、信息技术服务企业，2000年1月7日成立，注册地：北京市海淀区。2002年5月15日，通过北京市软件企业协会认证（证书编号：京R-2002-0105），2003年9月21日，通过北京市科学技术委员会认证（证书编号：GF10426）成为“双软企业”和“高新技术企业”。

华科软主要从事计算机软件开发、电子信息服务和技术开发，工程、企业集成化软件开发，数据库开发，三维仿真技术开发，企业咨询策划，遥感（RS）及地理信息系统（GIS），全球定位系统（GPS）技术开发应用，数值模拟和在线计算，监控及自动化等技术开发，网络建设，系统集成，互联网经营，电子商务等业务。2005年，华科软已开发出PMS工程建设管理系统（包括：施工管理、概算管理、计划管理、合同管理、结算管理、统计管理、进度管理、质量管理、安全管理、物资管理、机电安装管理、监理日志、移民搬迁管理模块、结算软件）、企业管理信息系统、企业计划经营管理可视化系统、OA办公自动化系统、物资与设备管理系统、EMS工程施工仿真系统、视景仿真系统、水电工程造价管理系统、3D—GIS三维地理信息系统、EBD工程电子图库、全国交通地理信息库系统、全国水文地理信息系统、PCF防洪决策支持系统等项目。

截至2005年底，华科软公司签订合同总金额约410万元。通过了广西龙滩水电站工程建设管理系统、河北张河湾抽水蓄能电站工程建设管理系统、广东惠蓄工程建设管理系统的验收。正在实施的项目包括：青海拉西瓦水电站工程建设管理系统、天津水电基础局办公大楼管理信息系统、河南宝泉抽水蓄能电站施工可视化系统、淮河委员会南水北调项目工程建设管理系统。华科软承接的山东泰安电站工程建设管理系统，获得山东省电力公司颁发的2005年山东电力科技进步二等奖。

华科软下设市场发展部、研发中心、项目开发部、网络信息部、财务管理部。截至2005年底，华科软拥有各类软件技术和经营人员30人，其中教授1人、博士后1人、博士2人、硕士21人。

董事长：郭建堂

副董事长：毛亚杰

总经理：张宏

副总经理：周先进

技术总监：原向阳

地址：北京海淀区车公庄西路22号海赋国际A座1219室

电话：010-58382291

传真：010-58582291

邮编：100044

公司网址：http：//www.hkrsoft.com.cn

（周先进）

投资项目

【郑州燃气发电项目】　郑州燃气电站项目是国家“西气东输”工程的配套项目，由中国水利水电建设集团公司、中国电力投资集团公司、郑州高新国有资产经营有限公司共同投资开发。郑州燃气发电项目，采用2×35万千瓦级燃气轮机联合循环机组，总投资估算为25亿元人民币。截至2005年底，工程主厂房行车就位；1号机主厂房钢结构吊装基本结束；集控室主体完工。计划2006年9月首台机组发电，12月第二台机组发电。

（陈立峰）

【青海黄河苏只电站】　青海黄河苏只电站，位于青海省循化县查汉都斯乡苏只村，是集团公司参股成立的青海黄河中型水电开发有限责任公司近期开发的主要电站项目。苏只电站规划装机容量22.5万千瓦，规划投资13.6亿元。2005年12月30日第1台机组并网发电，截至12月31日，发电100.74万千瓦时。

（陈立峰）

【四川紫兰坝电站】　四川紫兰坝电站，位于四川省广元市，是集团公司参股成立的四川紫兰坝水电开发有限责任公司投资开发项目。四川紫兰坝电站，规划装机容量10.2万千瓦，2004年6月22日实现大江截流。截至2005年底，累计完成土石方开挖707499立方米。累计完成投资44692万元。四川紫兰坝电站，计划2006年6月首台机组发电，2006年底工程竣工。

（陈立峰）

【北京中环房地产开发项目】　集团公司车公庄办公大楼，是集团公司与水电二局共同组建的北京中环房地产开发有限责任公司开发的主要项目，车公庄办公大楼项目包括办公大楼和两栋住宅楼，开发面积约11万平方米。截至2005年底，办公大楼及1号住宅楼基本具备入住条件，2号住宅楼计划2006年内入住，实现项目工程全部竣工。

（陈立峰）

【吉林长岭风电项目】　吉林长岭风电项目，是集团公司投资有限责任公司成立后投资的项目之一。长岭风电项目位于吉林省长岭县广太乡境内，规划面积122平方公里，规划可装机容量42.5万千瓦。其中一期开发4.95万千瓦，规划投资4.45亿元。2005年1月18日，集团公司与吉林省长岭县人民政府在吉林长春市正式签署长岭风电场项目开发协议。2005年底已经完成预可行性研究报告、上网电价预批等手续；完成项目一期建设用地预审批；完成国家开发银行项目贷款审批；完成项目环境影响报告表的审批；完成项目可行性研究评审、项目入网、项目核准审批；签订了风电机组供货合同。11月10日，220千伏送电工程农田部分12基线路基础开始施工。截至2005年底，已经完成主机、主变压器、箱式变压器及塔筒的招标工作并已签订合同。土建工程即将动工，计划一年内建成投产。

（陈立峰）

专业会议

【投资有限责任公司一届二次股东会、董事会暨监事会】 2005年2月2日，投资有限责任公司第一届二次股东会、董事会暨监事会在北京中民大厦召开。投资有限责任公司股东代表、董事、监事及集团公司投资部人员共20人参加会议。会议由集团公司总经理郭建堂主持，会议审议了投资有限责任公司总经理张长源所作的《关于投资开发吉林省长岭县风电场项目的报告》，一致同意投资开发吉林省长岭县风电场项目，同意设立吉林省长岭风电分公司，具体负责吉林省长岭风电项目工程开发建设。会议同时审议了《吉林省长岭县风电场项目第一期工程工作计划安排》以及《中国水电建设集团投资有限责任公司2005年度预算报告》。郭建堂总经理作了总结讲话，他要求投资公司要规范运作，在集团公司发展战略指导下，按照科学发展观的要求，加快投资公司投资项目的开发建设，争取吉林省长岭风电项目早日投产。会议于当日下午结束。

（陈立峰）

【投资有限责任公司一届三次股东会、董事会暨监事会】 2005年7月26日，投资有限责任公司第一届三次股东会、董事会暨监事会在北京中民大厦召开。集团公司总经理兼投资公司董事长郭建堂、副总经理范集湘及投资有限责任公司股东代表、董事、监事共14人参加会议。会议审议了投资有限责任公司总经理张长源所作的《投资公司2005年上半年工作总结》，审议了投资公司《关于增资扩股后股权变动情况的说明》。会议一致同意投资公司增资方案，并形成股东会决议，即集团公司增资14680万元，股权比例66.14%；水电四局增资3000万元，股权比例11.61%；水电十四局增资3000万元，股权比例11.61%；闽江局增资1000万元，股权比例4.84%；水电八局、水电九局原出资额不变，股权比例分别为2.9%。全部股权投资达到51680万元。

在随后召开的监事会会议，审议并通过了《中国水电建设集团投资有限责任公司监事会工作暂行办法》，会议于当日下午结束。

（陈立峰）

【2005年投资工作研讨会】 8月17日，集团公司第二次投资研讨会在甘肃兰州召开。总部有关部门负责人、各工程局（厂）以及集团控股公司分管投资工作局领导和部门负责人60人参加会议。集团公司副总经理范集湘、纪检组长唐苏军出席会议。范集湘副总经理在会议上作了讲话，范集湘副总经理对集团公司调整、优化产业结构发展战略作了全面阐述，要求投资公司要认真总结投资工作经验，不断提高投资管理水平，稳步推进产业结构调整优化；努力提高投资项目效益。集团公司纪检组组长唐苏军在讲话中，要求投资公司要加强投资项目管理，特别是注重资金的管理，注重人才的培养，严格遵守集团公司各项投资管理规定，保障项目投资早见成效。水电七局、水电九局、阿坝水电开发公司以及华亭公司在研讨会上作了经验交流，并对投资工作中存在的主要问题以及如何做好投资项目实施与控制进行了研讨。会议于19日结束。

（陈立峰）

机电物资设备租赁

租赁有限公司/机电物资公司

【租赁有限公司成立】 租赁有限公司，是由中国水利水电建设集团公司、中国水电建设集团投资有限责任公司、深圳市百业达投资发展有限公司3家共同出资组建。全称为中国水电建设集团租赁有限公司（以下简称租赁公司），注册资本金为人民币1亿元，其中，中国水利水电建设集团公司出资6000万元，占总股本的60%；中国水电建设集团投资有限责任公司出资3000万元，占总股本的30%；深圳市百业达投资发展有限公司出资1000万元，占总股本的10%。租赁公司于2004年11月1日成立。

租赁公司是集团公司控股的法人公司，是董事会领导下的经营性公司，其主营业务是租赁业务以及上下游相关业务，包括：各种施工机械、车辆以

及其他机械和电气设备的租赁、销售、维修，各种零配件的生产、销售，提供相关的技术服务，电子产品、新材料、建筑材料的销售和相关服务，进出口业务，技术咨询、培训、展览等。

董事长：郭建堂

副董事长：刘起涛

执行董事：吕瑞翔

董事：张长源　丁永泉

监事：邓孟元　孙宝田　刘爱国

总经理：吕瑞翔

副总经理：张斌　蔡启光　杨宁生　阎靖德　季晓勇

总会计师：沈沉

总工程师：钱庆云

总经济师：卜五洲

（白　巍）

【租赁有限公司章程】　《中国水电建设集团租赁有限公司章程》（以下简称《租赁公司章程》），共分“总则”、“股东名称及住所”、“公司名称及住所”、“公司组织形式和宗旨”、“公司经营范围”、“公司注册资本”、“股权的转让”、“股东的权利和义务”、“股东会”、“董事会”、“监事会”、“经营管理机构”、“利润分配”、“税务、财务和审计”、“保险”、“违约责任和不可抗力”、“其他”、“合资期限、解散和清算”、“附则”共19章72条，对租赁公司的组织形式、经营范围、注册资本、管理机构、股东的权力和义务、资金管理、利润分配和违约责任等作出了明确规定。《租赁公司章程》，经各股东方共同签字，已于2004年8月30日正式生效。

（白　巍）

中国水电建设集团租赁有限公司组织机构图

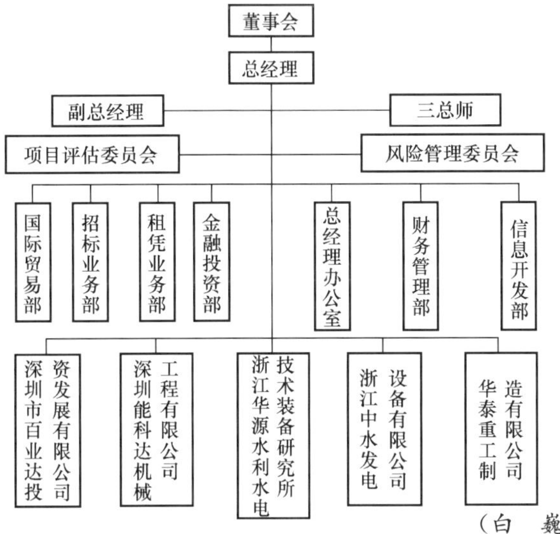

（白　巍）

【机电物资公司职责】　根据集团公司《关于印发〈中国水利水电建设集团公司总部机构设置方案〉的通知》（中水电企［2003］30号），机电物资公司的性质、主要职责和主要权限是：

1. 机电物资公司的性质

机电物资公司是以机电物资经销、设备租赁和进出口贸易为主要经营业务的经营单位，是集团公司的分公司。

2. 机电物资公司的主要职责

（1）开展机电物资设备的采购、供应和销售业务。

（2）开展设备租赁业务。

（3）开展机电设备制造、维修、检测、配套、选型、采购、监理、监造及咨询业务。

（4）开展进出口贸易业务，经集团公司授权，归口集团公司的进出口贸易管理工作；负责集团公司国际贸易综合统计。

（5）经集团公司授权，归口集团公司的设备物资管理工作，开展机电设备和大宗物资的统一招标采购和国际投标业务。

（6）完成集团公司确定的经营目标，并按规定上缴收益。

3. 机电物资公司的主要权限

（1）机电物资公司模拟企业化运作，实行内部独立核算。集团公司对机电物资公司实行经营目标责任制。

（2）机电物资公司在集团公司法人代表授权范围内，独立对外签订经济合同、发生经济往来。

（3）机电物资公司可根据工作需要，提出相应的组织机构、岗位设置和人员编制方案，经集团公司批准后执行。

（4）机电物资公司有权在集团公司批准的编制范围内，对所属员工进行劳动合同管理，决定员工的聘用或解聘。

（5）在确保完成经营目标和不突破集团公司核定的劳动工资计划的前提下，自主决定内部工资收入分配办法。

（6）机电物资公司财务部门对集团公司财务产权部负责，在其指导和监督下开展本公司财务管理和会计核算工作。经集团公司授权，办理与本公司有关的筹融资、保函、信用证、外汇、出口退税等业务。

总 经 理：吕瑞翔

副总经理：张斌　蔡启光　杨宁生　阎靖德　程超

总会计师：沈沉

总工程师：钱庆云

（白　巍）

【2005年工作】　2005年，是租赁公司发展的开局之年。租赁公司完成了公司初创阶段各种资源的整合和有关机构的重组任务。2005年，主要抓了以下几项工作：

一、进行了公司内部的治理和建设

一是理顺内部产权关系，租赁公司控股的百业达公司所持股份由租赁公司收回，解决了相互持股的问题，明晰了产权；二是按照现代企业运行机制，基本形成了股东大会、董事会、经营班子和监事会独立运行的运行管理机制；三是根据业务发展需要，新成立了金融投资部、信息开发部、招标业务部和租赁业务部等部门，撤销了深圳分公司，确立了北京本部为决策中心、资产运营中心、风险控制中心和管理中心的定位；四是在集团公司的支持下，2005年从光大银行、民生银行和建设银行获得了5.5亿元综合授信额度，为公司各项经营业务的发展提供了保证；五是6月份在浙江桐庐召开了租赁公司经营战略研讨会，对公司发展的目标、发展方向和存在的问题进行了研讨，梳理了公司的发展思路。

二、抓了实物租赁业务和国际进出口业务

租赁公司成立后，确立了设备营销、实物租赁、国际业务、金融业务、兴办实业、机械化施工等6个发展方向。一年来，租赁公司经营情况良好。一是实物租赁业务成绩显著，在全面完成水电四局拉西瓦项目后，所有设备全部转至水电九局襄樊项目，实现了租赁业务的无缝连接；二是国际业务进展顺利，进出口代理业务稳中有升，免税进口履带吊项目已经完成，乌兹别克斯坦项目、申请外国政府贷款项目正在运作之中。

截至2005年12月31日，租赁公司累计实现产值22168万元，超额完成了董事会年初下达的经营目标。

三、抓了企业资质申报和质量认证工作

2005年5月19日，租赁公司通过ISO9001质量体系认证，2005年11月28日，租赁公司取得了集团公司乙级国际招标资质。此外，租赁公司还代理了集团投资公司吉林长岭风电项目、集团公司新办公大楼局域网系统设备招标等项目的招标工作。

四、抓了对人才的引进和员工的教育培训工作

2005年，有重点地引进了本科以上学历的毕业生4人，通过借调、聘用、反聘等多种形式，从各工程局和人才市场聘用员工11人；全年共计派出30多人次参加了各种学习班、研讨会的学习培训。截至2005年底，租赁公司有大专以上学历员工63人，占员工总数的75%。

（白　巍）

【集团公司取得乙级国际招标资质】　按照集团公司“建设具有国际竞争力的大型企业集团”的目标，受集团公司委托，从2003年起，租赁公司就开始着手研究国际招标资质的申请事宜，指派专人收集和整理申请所需的各类资料。租赁公司多次与商务部、北京市商务局等主管机构进行沟通，并按要求对申请资料进行完善。经商务部审核，2005年11月28日，正式向集团公司颁发了《乙级国际招标资格证书》。《乙级国际招标资格证书》的取得，为集团公司所需大宗机电产品和特大型工程机械设备的集团采购提供有效保证，也将为集团公司投资的水电、火电、风电项目的主要设备采购提供更规范的招标平台。

（白　巍）

【租赁公司通过ISO9001质量管理体系认证】　为规范租赁公司的管理，更好地参与市场竞争，为用户提供优质的产品和优质的服务，2005年1月，在北京世标认证中心的帮助下，租赁公司开始了质量认证工作，颁布了质量管理体系文件。公司组织专人先后对质量体系运行情况进行内部审核和管理评审，对发现的问题及时纠正，做到持续改进、逐步提高。经北京世标认证中心的认真审核，2005年5月19日，北京世标认证中心批准租赁公司通过ISO9001认证审核，并颁发了ISO9001质量认证证书。

（白　巍）

【国际采购业务】　2005年7月28日，租赁公司与阿特拉斯·科普柯公司，在北京举行了工程机械采购签约仪式。此次采购业务为一次性向阿特拉斯·科普柯公司购买6台ROCKET BOOMER 353E火箭凿岩台车，15台ROC D7-11全液压履带钻机，采购金额约合人民币9000万元，作为租赁公司今后向各工程局提供销售和租赁的设备储备，以缩短设备的供货期，提高企业市场竞争力。

（白　巍）

【租赁公司中标日元贷款项目】　2005年9月1日，租赁公司中标日元贷款江西省城市防洪项目机电设

备包，并与招标代理单位中技国际招标公司签订正式设备采购合同，合同总金额为7.3亿日元。

江西城市防洪项目的资金来源为日本银行集团的官方发展援助贷款，主要用于江西省南昌、九江、上饶、抚州、景德镇5个城市的城区防洪泵站的建设。项目执行期为15个月。此次中标的日元贷款项目，是集团公司在国内利用国外贷款进行机电设备采购招标项目上的一大突破。

（白　巍）

【租赁公司代理长岭风力发电机组主机招标】　吉林长岭风电项目，是集团公司投资的首个风能发电项目。长岭风电厂一期工程总投资4.03亿元，年发电1.1亿千瓦时，将于2007年建成发电。此次发电机组主机招标代理合同金额达2亿多元人民币，作为该项目业主，集团投资公司确定租赁公司为电厂发电机组主机招标的代理方。2005年9月9日，集团投资公司与租赁公司在北京深圳大厦举行吉林长岭风力发电机组主机招标代理签约仪式。集团公司党组书记、总经理郭建堂，集团公司党组成员、副总经理刘起涛，集团公司党组成员、纪检组组长唐苏军出席了签约仪式。集团公司总经理助理、人力资源部主任郭志，福霖公司总经理徐洪亮及其他有关方面的领导20人出席签约仪式。集团投资公司总经理张长源，集团公司总经理助理、租赁公司总经理吕瑞翔分别代表双方签署了代理协议。

（白　巍）

【租赁公司与长沙鑫丰投资有限公司签署投资合作协议】　2005年10月30日，经过充分的评估与磋商，租赁有限公司与长沙鑫丰投资有限公司在深圳签署了共同投资合作协议，就租赁公司收购华泰重工制造有限公司股权问题，达成初步合作意向。租赁公司总经理吕瑞翔，副总经理张斌、蔡启光，总会计师沈沉以及水电九局局长杨南安，长沙鑫丰投资有限公司董事长张勇等出席签约仪式。租赁公司总经理吕瑞翔、长沙鑫丰投资有限公司董事长张勇分别代表双方，签署了投资合作协议。

华泰重工制造有限公司，注册资本1亿元人民币，以生产重型机械设备、大型物料输送设备为主，拥有现代化的生产基地和完整的研发、制造、营销体系。华泰重工由华天实业控股集团有限公司和长沙鑫丰投资有限公司共同投资组建，并分别拥有其50%的股权。租赁公司以华天实业控股集团有限公司转让其持有的华泰重工50%的股权为契机，提出控股华泰重工51%股权的意向，以此优化租赁公司产业布局，实现公司发展战略。按照集团公司有关要求，租赁公司专门成立了收购工作领导小组，聘请资深的法律顾问和投资顾问，并制定了分阶段的程序安排，做了大量的调研与评估工作，力求规范依法，有效防范投资风险。投资合作协议的签定，标志着华泰重工股权收购工作步入实质性操作阶段。

（白　巍）

【吉林长岭风电项目主机采购合同签约】　2005年11月30日，吉林长岭风电项目主机采购合同签约仪式在大连瑞士酒店举行，集团公司副总经理袁柏松、大连市副市长祁玉民、大连重工·起重集团有限公司董事长宋甲晶出席了签约仪式，集团投资公司总经理张长源、租赁公司副总经理张斌、大连重工机电设备成套有限公司总经理韩俊良共同签署了战略合作协议和长岭项目一期工程风能机组的采购合同。

此次合同的签署，是集团公司取得乙级国际招标资质后的首个代理招标项目。

（白　巍）

【深圳能科达机械工程有限公司】　深圳能科达机械工程有限公司（以下简称能科达公司），成立于1993年，是中国水利水电建设集团公司与阿特拉斯·科普柯（香港）有限公司和香港敏达机械服务有限公司共同投资经营的合资企业。注册资本50万美金，注册地深圳，经营期限15年。能科达公司建有整机和零配件仓库及3000多平方米维修厂房。经营范围为工程机械翻新和设备维修业务，以及相关的技术服务、培训业务；自行进口的机械设备翻新、维修，全部复出口，其中境外设备的翻新、维修业务应占总业务量的75%外销。2002年11月，阿特拉斯·科普柯（香港）有限公司授权深圳能科达机械工程有限公司负责其建筑与矿山产品在中国水利水电行业的总经销。

2005年，能科达公司共销售和代理多臂台车、全液压钻机、风动钻机、移动空压机等各种设备70余台，销售和代理收入HKD12119万元，销售和代理备品配件、钻具收入1750万元。

法人代表：吕瑞翔

总经理：钱庆云

公司地址：深圳市南山区凯虹第二工业村综合楼

电话：0755-26087515

传真：0755-26087512

（白　巍）

【深圳百业达投资发展有限公司】 深圳百业达投资发展有限公司（以下简称百业达公司），是由原中国水利水电工程总公司与水电五局、水电七局、水电八局等单位共同投资组建的有限公司，成立于1993年7月12日，注册资本2500万元人民币，注册地深圳。百业达公司经营范围为：兴办实业，国内商业、物资供销业，经营进出口业务。根据集团公司发展需要，2004年底百业达公司变更为水电建设集团公司和集团租赁有限公司共同投资组建。

2005年，百业达公司较好地完成了债权债务的清理工作，并实现房屋租赁、投资收益等收入420万元，实现利润200万元。

法人代表：吕瑞翔

总经理：李英明

公司地址：深圳市南山区南头关口路7号7楼

电话：0755-26471748

传真：0755-26471798

（白　巍）

【浙江华源水利电力技术装备设计研究所】 浙江华源水利电力技术装备设计研究所（以下简称华源所），是由原中国水利水电工程总公司投资注册的科研设计单位，成立于1989年3月3日，注册地浙江杭州，注册资本为人民币100万元。华源所经营范围为：主营水利电力工程技术装备的设计、检测，兼营代购、代销、研发和工程项目所需的配套设备、领配件、试制产品的销售。

法人代表：吕瑞翔

执行所长：方金校

公司地址：浙江省杭州市江城路887号银联大厦东楼1201室

电话：0571-87177113

传真：0571-87177115

（白　巍）

【浙江中水发电设备有限公司】 浙江中水发电设备有限公司（简称浙江中水设备公司），是由中国水利水电建设集团租赁有限公司出资，对原富春江水电设备总厂实业总公司进行重组后，于2005年9月23日新成立的。浙江中水设备公司，注册地点浙江桐庐县，注册资本2000万元，主要业务为成套水力发电设备及配件、电站水电机械设备及配件、纺织专用机械设备、冶金机械设备、建筑工程机械设备和金属结构件的制造、安装，并提供相关的技术服务；建筑工程机械设备、电梯设备的租赁、销售、维修。

2005年，浙江中水设备公司共完成经济合同23个，为河南三门峡电厂、福建沙溪口电厂、浙江乌溪江电厂、云南以礼河电厂、甘肃大峡电厂等提供了机组改造和技术服务，完成产值1200万元。

法人代表：吕瑞翔

总经理：方金校

公司地址：浙江省桐庐县富春江镇黄坡岭35号

电话：0571-64653358

传真：0571-64653588

（白　巍）

【维康机电设备公司】 北京维康机电设备公司（以下简称维康公司），由原中国水利水电工程总公司投资组建，成立于1993年2月，注册资金500万元人民币，注册地北京市西城区。2002年12月23日，维康公司整建制划入集团公司机电物资公司。维康公司主要经营范围为：购销机械电器设备及配件、金属材料、建筑材料、百货、针纺织品、五金交电、土产品、机电设备设计、租赁、技术咨询、技术服务。

法人代表：程超

公司地址：北京市宣武区白广路二条1号国电综合楼407室

电话：010-63416126

传真：010-63416126

（白　巍）

专业会议

【租赁有限公司一届二次董事会】 2005年4月1日，租赁公司一届二次董事会在集团总部召开。集团公司总经理兼租赁公司董事长郭建堂、副总经理刘起涛出席会议，集团公司总经理助理、租赁公司总经理吕瑞翔、集团投资公司总经理张长源、集团资金结算中心主任丁永泉参加会议。

董事会会议由集团公司总经理兼租赁公司董事长郭建堂主持，董事会听取了吕瑞翔总经理代表租赁公司经营班子所作的主要工作情况汇报，确定了租赁公司2005年度主要经营责任指标，并就劳动工资社会化、公司增资扩股、公司融资计划、收购浙江富春江水电设备总厂实业公司等问题进行了论证。

（白　巍）

【集团公司设备工作座谈会】 2005年10月18日，集团公司设备管理座谈会在北京召开，集团公司副总经理袁柏松出席会议，各工程局（厂）主管设备管理领导和物资设备管理部门负责人50人参加会议。袁柏松副总经理在会上作了讲话，他向与会人员通报了集团公司2005年的生产经营形势，强调了加强设备管理重要性，指出设备资产是相当大的国有资产，占集团净资产65%，加强设备管理是履行好出资人的管理义务，确保国有资产保值增值的必要手段，是施工企业提高管理精细化程度、提高经济效益的有效手段；袁柏松副总经理强调，集团内部成员企业之间进行设备共享、调配，也是贯彻科学发展观，转变经济增长方式，提高资源优化合理配置的重要手段。机电物资公司总经理吕瑞翔，在会上作了题为《加强集约化管理，探索集团化背景下的设备管理新思路》专题报告。与会人员对在集团化建设框架下如何进行设备资源的共享和调配进行了讨论。会议于当天结束。

（白　巍）

第八篇　党群工作

Chapter VIII　Corporate Culture & Party Construction

党 群 工 作

概述

集团公司党组坚持以邓小平理论和“三个代表”重要思想为指导，认真贯彻落实科学发展观，按照“围绕大局，服务中心；结合实际，不断创新；虚实结合，注重实效”的工作思路，进一步完善以“融合、服务、务实、复合、推进”为中心内容的党建工作新体制，认真组织开展保持共产党员先进性教育活动（以下简称先进性教育活动），全面加强企业党的建设，精神文明建设，思想政治工作和工会、共青团工作，为集团公司跨越式发展提供了坚强的思想政治保证。

一是认真组织开展先进性教育活动。

2005年，按照国资委党委的部署，集团公司党组认真开展先进性教育活动，把先进性教育活动作为全年党建工作的重点来抓，取得了显著成绩。集团公司总部作为首批开展先进性教育活动单位，在群众满意度测评中，党员群众满意率达到了99.4%。在国资委召开的2次交流座谈会上，国资委李融荣主任、王勇副主任对集团公司进行了表扬并推广了集团公司开展先进性教育活动的做法。在国资委组织的中央企业第二批先进性教育活动动员会上，集团公司总部作为国资委5家典型单位之一，集团公司党组书记、总经理郭建堂同志作了大会经验交流，提高了企业的知名度。

集团公司各成员企业，在第二批先进性教育活动中做到了上级党组织、本单位党委、广大党员群众“三满意”，党员群众平均满意度为97.7%。各成员企业的先进性教育活动大都是各省市的典型，有关单位先后8次在省级交流会上介绍经验，12次在市级交流会上介绍经验，得到了所在省市督导组的普遍好评。

二是围绕企业的中心任务，做好企业的党建工作。

通过开展先进性教育活动，加强和改进党建工作，出思路，出理念，用理论指导实践，解决企业发展中遇到的突出问题。集团公司提出了“三步走”的发展战略，各单位围绕集团公司的发展战略，也都确立了发展思路和目标，推动了企业持续、快速发展。在机制建设上，以开展党员先进性教育活动为契机，在集团公司2005年党建工作会议上，提出了党建工作8项长效机制，进一步完善以“融合、服务、务实、复合、推进”为中心内容的党建工作新体制，丰富了党建工作的制度体系，对推动集团公司的党建工作和改革发展工作具有十分重要的意义。建立党内创先争优的表彰机制。集团公司党组起草了《集团公司先进党组织、优秀党员和优秀党务工作者评选实施方案》（中水电党［2005］51号），规范了党组织创先评优工作，促进企业党组织政治核心作用的发挥。在班子建设上，集团公司党组按照“抓班子，创四好；带队伍，促发展”的工作思路，坚持以深化领导班子“四好”活动为载体，通过“四好”领导班子创建活动，带动企业领导班子建设；通过领导班子建设带动干部队伍；通过干部队伍建设带动“四有”职工队伍建设，做到思想认识到位、领导到位、制度到位、工作到位，促进了企业的改革发展稳定，推进了企业跨越式发展的进程。在项目党建工作中，从健全项目党群机构入手，加强项目党组织建设，增强了党建工作的生命力和队伍的凝聚力、战斗力。

三是围绕企业改革发展，进一步加强精神文明建设。

在精神文明建设方面，重点抓好文明单位创建工作和文明工程创建工作，继续深入开展“三创建”活动。各工程项目认真抓好“队伍建设、工程进度、工程质量、安全生产、经济效益、施工环境”等重要环节，使两个文明建设在项目上得到了有机结合和有效落实，从而丰富和完善了项目党建工作的内容和形式，促进了精品工程建设，推动了企业信誉、效益的提高。2005年，集团公司首次评选出5个工程项目为2005年度文明工程项目，并在2005年党建会上进行了表彰。集团公司总部已连续8年被评为中央国家机关文明单位。文明单位、文明工程、文明职工等系列创建活动，有力地推动了企业的生产经营，促进了各项工作。

在企业文化建设方面，继续开展企业文化

“12345工程”活动，开展集团公司和各工程局（厂）双层创建活动，为集团公司跨越式发展提供智力支持。

四是做好工团群众工作，为企业的改革发展稳定服务。

集团公司各级工会组织围绕企业改革、发展和稳定，不断增强基层工会组织的活力，以改革精神加强工会自身建设，进一步抓好重点工作，取得了显著成绩。进一步突出工会的维护职能，促进企业民主管理。2005年初下发了《进一步规范职代会制度，提高企业民主管理水平的意见》（中水电党［2005］13号），规范了企业民主管理工作。下发了《学习贯彻全总党组关于当前影响职工队伍稳定的突出问题及对策建议的报告》（中水电党［2005］80号），提出8条维护企业稳定的具体措施，各成员企业认真执行，为打造和谐企业，发挥了很好的作用。积极开展群众性技术创新活动和“创建学习型组织，争做知识型职工”的“创争”活动，推动了企业的发展。2005年，集团公司成功地组织了电焊工技能大赛，取得了很好的效果，促进了职工素质工程建设，受到了国资委群众工作局的表扬。集团公司下发了《集团公司职业技能竞赛管理办法》（中水电人［2005］191号），形成了机制，使这项工作更加规范。大力弘扬劳模精神，积极组织集团公司劳动模范和先进生产（工作）者评选工作。2005年“五一”国际劳动节前在全系统评选表彰了集团公司10名劳动模范、33名集团公司先进生产（工作）者。集团公司系统有7人被评为全国劳动模范，是历年来人数最多的一次。劳模评选形成了长效机制，受到国资委群众工作局领导的表扬。2005年度，集团公司工会工作委员会被评为全总能源化学工会先进工会组织。

结合集团公司工作实际，进一步加强共青团工作。2005年初，制定了《关于加强和改进青年工作的实施意见》（中水电党［2005］20号），作为长效性文件下发各成员企业，形成了青年工作的长效机制。按照团中央和国资委党委的指示精神，积极开展团员意识教育活动，达到了增强意识、健全组织、活跃工作的目的。机关团委利用上团课等形式，相互交流、相互促进，增强了团员意识，促进了各项工作。

（刘家玉）

党群工作部

【部门职责编制】　根据集团公司《关于印发〈中国水利水电建设集团公司总部机构设置方案〉的通知》（中水电企［2003］30号），党群工作部主要职责是：

1. 编制集团公司党建工作规划，在集团公司党组的领导下，联系和指导子公司的党建工作。

2. 组织和推进集团公司的思想政治工作、精神文明建设和企业文化建设工作。

3. 负责集团公司工会工作委员会的日常工作。

4. 负责集团公司机关党委的日常工作。

5. 负责集团公司的青年工作。

6. 指导《水利水电工程报》社工作，协调《江河文学》编辑部工作。

岗位职责设置：根据集团公司《关于重新确定集团公司总部管理部门编制及职位序列的通知》（中水电人［2005］57号）和《集团公司总部管理人员竞争上岗实施办法》（人［2005］39号）有关规定，集团公司决定取消总部组织机构岗位设置中执行层高级主管的设置及称谓，增设处长编制。按照集团公司《中国水利水电建设集团公司总部中级管理岗位负责人公开选聘公告》（中水电党［2005］105号），党群工作部设处长2人。其职责是：处长1：在部门主任、副主任的领导下，协助负责集团公司成员企业党建工作，党建工作的年度计划、党建工作会议的筹备工作。协助负责集团公司精神文明建设工作，负责年度集团公司精神文明建设的规划；协助负责文明单位、文明工程的检查验收工作的安排；协助负责集团公司总部精神文明创建工作；协助负责集团公司企业文化建设的规划、检查工作；负责年度思想政治工作的安排，筹备有关会议。处长2：在部门主任、副主任的领导下，协助负责集团公司工会工作委员会办公室的日常工作，集团公司工会工作的年度计划，筹备召开年度工会工作会议，对各成员企业的工会工作提出指导性意见，做好工会工作的检查；在党群工作部的归口管理下，协助负责集团公司共青团和青年工作，提出青年工作年度计划，筹备召开青年工作会议，明确重点工作，组织落实和检查；协助负责集团公司直属党委的日常工作，落实集团公司直属党委工作条例，协助负责直属党委例会的筹备组织工作，检查落实直属党委工作的完成情况；协助负责对机关工会和机关团委工作的指导。

党群工作部编制5人。

主任：段尚毅

（魏立军）

【部门2005年工作】　2005年，党群工作部在集团公司党组的正确领导下，坚持“围绕大局，服务中心；结合实际，不断创新；虚实结合，注重实效”的原则，全面履行党群工作部的工作职责，主要开展了以下几项工作：

一、认真组织开展党员先进性教育活动

开展党员先进性教育活动是集团公司2005年的重点工作之一，也是党建工作的重中之重。总部作为首批先进性教育单位，取得了明显成果，总部党员群众满意率达到了99.4%。在国资委召开的两次交流座谈会上，国资委李融荣主任、王勇副主任两次在大会上表扬和推广了集团公司的做法。在国资委组织的中央企业第二批先进性教育活动动员会上，集团公司总部作为国资委5家典型单位之一，郭建堂总经理作了大会经验交流，并将典型材料发放到国资委所属的169家成员企业，在国资委系统产生了很大反响，提高了企业的知名度。

在总部开展先进性教育活动期间，党群工作部作为先进性教育活动办公室的主要部门，具体承办了先进性教育活动组织工作，在党组和主管领导的领导下，在总部各部门和各支部的大力支持下，在全体党员和群众的积极参与下，通过认真制定《实施方案》，积极谋划、精心组织，起到了牵头作用和参谋作用。在总部先进性教育活动期间，党群工作部共起草主要文件86份，制定了16项工作制度，起草简报43期，召开了8次大型会议，保证了先进性教育活动任务的圆满完成，也为成员企业先进性教育活动提供了经验。

在各成员企业第二批先进性教育活动中，党群工作部起草了先进性教育活动指导性的意见，在党组的安排下，具体组织了巡回检查组培训会、总结会，收集掌握成员企业各个阶段开展活动的情况，陪同集团公司领导深入基层检查、指导工作。各成员企业先进性教育做到了上级党组织、本单位党委、广大党员群众“三满意”，各单位党员群众平均满意度为97.7%，达到了先进性教育和生产经营“两不误、两促进、双丰收”的目的。各成员企业的先进性教育活动大都是各省市的典型，有关单位先后8次在省级交流会上介绍经验，12次在市级交流会上介绍经验，得到了省市督导组的普遍好评，树立了集团公司的良好形象。

二、围绕企业的中心任务，做好企业的党建工作

1.在先进性教育取得成绩的基础上，经过充分准备，集团公司于2005年12月底在长春召开党建工作会议暨思研会一届六次理事会议。会议全面总结了近年来党建工作的成绩和基本经验，分析了改革发展的形势，部署了今后的工作。

2.建立党内创先争优的表彰机制。为贯彻落实“中办发［2004］31号”文件精神，建立企业党建工作的长效机制，根据集团公司党建工作的实际，2005年5月，起草并印发了《集团公司先进党组织、优秀党员和优秀党务工作者评选实施方案》（中水电党［2005］51号），规范了有关先进党组织、优秀党员和优秀党务工作者的评选工作。

3.组织好党组中心组和党支部两个层次的理论学习。

一是抓好党组中心组的学习。直属党委配合集团公司纪检监察部，组织中心组学习扩大会，请国资委纪委政策研究室负责人，为总部全体职工作了反腐倡廉的专题讲座。二是抓好党支部的学习。党群工作部对党支部和党员理论学习每月进行认真安排，及时检查，收到好的效果。

4.在总部各党支部和广大党员中开展“创优争先”活动，在先进性教育活动中，直属党委组织各党支部和全体党员，按照“五好党支部的条件”和总部党员的“五个模范”、“两高”、“两好”的标准，评选表彰了先进党组织3个和优秀党员17人。

三、围绕企业改革发展，进一步加强精神文明建设

在精神文明建设方面，重点抓好文明单位创建活动和文明工程创建活动。2005年，首次评选出5个工程项目为集团公司2005年度文明工程项目，在2005年党建会上进行了表彰。评选表彰了集团公司总部2004年度文明单位8个，文明职工38名，在2005年集团公司总部工作会议上进行了表彰。截至2004年，集团公司总部已连续8年被评为中央国家机关文明单位，连续3届被评为首都文明单位。文明单位、文明工程、文明职工等系列创建活动，有力地推动了企业的生产经营，促进了各项工作。

四、做好工团群众工作，为企业的改革发展稳定服务

1.2005年初制定下发了《2005年集团公司工会工作要点》（中水电工委［2005］1号），重点抓了几项工作。一是积极开展群众性技术创新活动；二是开展“创建学习型组织，争做知识型职工”的“创争”活动；三是突出工会的维护职能，促进企业民主管理，印发了《进一步规范职代会制度，提高企业民主管理水平的意见》（中水电党［2005］13号），对职代会工作制度进行了规范；四是印发了《学习贯彻全总党组关于当前影响职工队伍稳定的突出问题及对策建议的报告》（中水电党［2005］80号），结合实际提出8条维护企业稳定的具体措施，各成员企业认真执行，发挥了很好的作用；五是不断增强基层工会组织的活力，以改革精神加强工会自身建设。2005年，集团公司工会工作委员会被评为全总能源化学工会先进工会组织，受到全总能源化学工会表彰。

2. 组织了集团公司劳动模范和先进生产（工作）者评选工作。按照《集团公司劳动模范先进生产（工作）者管理办法》（中水电党［2003］92号）的要求，集团公司在“五一”前夕评选表彰了集团公司10名劳动模范、33名集团公司先进生产（工作）者。集团公司系统有7人被评为全国劳动模范，这是历年来人数最多的一次。劳模评选形成了长效机制，受到国资委群众工作局领导的表扬。

3. 与有关部门和单位一起共同组织了集团公司电焊工技能大赛，取得了很好的效果，受到国资委群众工作局的表扬。集团公司选派参加技能大赛的3名优秀选手组团参加了国资委、劳动社会保障部组织的焊工比赛，集团公司2名选手获得铜奖，集团公司获得优秀组织奖，这是集团公司在国家一类竞赛中取得的最好成绩。

4. 结合工作实际，加强共青团工作。一是制定了《关于加强和改进青年工作的实施意见》（中水电党［2005］20号），作为长效性文件下发各成员企业，形成了青年工作的长效机制。二是按照团中央和国资委党委的指示精神，积极开展团员意识教育活动，达到了增强意识、健全组织、活跃工作的目的。机关团委利用上团课等形式，相互交流、相互促进，增强了团员意识，促进了各项工作。

（刘家玉）

保持共产党员先进性教育活动

【集团公司保持共产党员先进性教育活动领导小组】按照《国资委党委关于在中央企业开展党员先进性教育活动的实施意见》（国资党委组织［2005］1号），2005年1月19日，集团公司成立了保持共产党员先进性教育活动领导小组。成员如下：

组　长：郭建堂

副组长：范集湘　刘起涛　袁柏松　孙洪水　唐苏军

成　员：郭　志　黄保东　吕瑞翔　段尚毅　王志平　孙宝田　解登发

（刘　晶）

【集团公司先进性教育活动实施方案】　根据《中共中央关于在全党开展以实践“三个代表”重要思想为主要内容的保持共产党员先进性教育活动的意见》（中发［2004］20号）、《国资委党委关于在中央企业开展党员先进性教育活动的实施意见》（国资党委组织［2005］1号）和国资委保持共产党员先进性教育活动工作会议部署，集团公司党组于2005年2月3日，以（中水电党［2005］14号）文印发了《中国水利水电建设集团公司保持共产党员先进性教育活动实施方案》（以下简称《先进性教育活动实施方案》）。《先进性教育活动实施方案》分为：①充分认识保持共产党员先进性教育活动的重要性和必要性；②保持共产党员先进性教育活动的指导思想和目标要求；③保持共产党员先进性教育活动的指导原则；④保持共产党员先进性教育活动的总体安排和方法步骤；⑤加强对保持共产党员先进性教育活动的组织领导5个部分，对集团公司开展保持共产党员先进性教育活动作出了详细安排。

（魏立军）

【先进性教育活动党支部书记职责和操作流程】2005年2月21日，集团公司先进性教育活动领导小组印发《关于印发中国水利水电建设集团公司保持共产党员先进性教育活动党支部书记职责和工作流程的通知》（中水电机党［2005］7号），要求各党支部书记组织好本支部的各项活动，充分调动和发挥好支委会和联络员的作用，加强日常工作，按照明确的职责和流程要求开展工作，充分发挥党支部书记作为活动直接责任人的作用，确保集团公司保持共产党员先进性教育活动取得实际效果。《党支部书记职责和操作流程》按照先进性教育活动3个阶段，对每个阶段若干个具体环节、每个环节中若干项具体工作、每项工作具体的时间和任务要求作出了明确规定。

（魏立军）

【集团公司先进性教育活动准备工作】　集团公司先进性教育活动准备工作，从2004年下半年开始。8月6日，集团公司印发《保持共产党员先进性教育活动准备工作专题调查表》，并于8月底完成了准备工作和有关数据的调查。在调研的基础上，成立了集团公司保持共产党员先进性教育活动领导小组和办公室；召开了领导小组及办公室成员会议，传达国资委保持共产党员先进性教育动员培训会议精神；在集团公司工作会上，采取无记名投票方式，征求了各方面的意见和建议，查找先进性教育要解决的突出问题；在调查摸底的基础上，加强基层党支部建设，针对党员队伍中存在的主要问题，制订先进

性教育活动实施方案，起草动员报告。

2005 年 1 月 26 日，集团公司党组召开党组中心组学习扩大会议，集团总部各部门（公司）负责人参加，讨论审议了《中国水利水电建设集团公司保持共产党员先进性教育活动实施方案》。2 月 22 日，集团总部召开了保持共产党员先进性教育活动骨干人员培训会议，集团公司保持共产党员先进性教育活动领导小组成员及办公室成员，各党支部书记、支委、党小组组长和联络员参加了培训会议。至此，集团公司先进性教育活动准备工作基本就绪。

（魏立军）

【集团公司总部召开先进性教育活动动员大会】 2 月 26 日，集团公司召开总部保持共产党员先进性教育活动动员大会，国资委保持共产党员先进性教育活动领导小组督导四组组长王泰文、副组长夏良振，企业指导二组组长、国资委企业领导人管理二局副局长张志强等 7 人出席动员会议，集团公司党组书记、总经理郭建堂，党组成员、副总经理范集湘、刘起涛、袁柏松、孙洪水，党组成员、纪检组组长唐苏军出席了会议；集团总部全体党员和部分离退休党员 150 人参加会议。会议由集团公司党组成员、副总经理袁柏松主持，集团公司党组书记、总经理郭建堂作了集团公司总部开展保持共产党员先进性教育活动的动员报告。郭建堂总经理要求集团公司总部开展先进性教育活动要坚持五项指导原则，一是必须坚持理论联系实际，务求实效的原则；二是必须坚持正面教育为主，认真开展批评与自我批评的原则；三是必须坚持发扬党内民主，走群众路线的原则；四是必须坚持领导带头，发挥表率作用的原则；五是必须坚持区别情况，分类指导的原则；在国资委先进性教育活动领导小组、国资委先进性教育活动督导组、企业指导组的领导和指导下，确保集团公司总部先进性教育活动取得实实在在的效果。国资委先进性教育活动督导四组组长王泰文在会上作了讲话。集团公司海外事业部党支部书记孙越代表总部全体党员在会上做了发言。至此，集团公司先进性教育活动全面展开。

（刘家玉）

【集团公司总部在先进性教育活动中推行“两册”登记制度】 为了切实搞好集团公司总部保持共产党员先进性教育活动，使每一位党员都能在先进性教育活动中得到提高、受到教育，2 月 28 日，集团公司总部保持共产党员先进性教育活动领导小组决定在先进性教育活动中推行《党员学习手册》和《党员民主评议手册》（以下简称“两册”）登记制度。其中《党员学习手册》包括以下几项内容：①党员基本情况；②专用学习笔记检查情况；③学习心得评定情况；④学习心得交流情况；⑤机关党委对党员学习心得评定情况。《党员民主评议手册》包括以下几项内容：①党员基本情况；②征求群众意见情况；③党性分析材料情况；④党支部书记（支委、党小组长）同党员谈话情况；⑤机关党委对党员党性分析情况的审定。

（刘家玉）

【集团公司召开先进性教育活动群众座谈会】 根据《中国水利水电建设集团公司保持共产党员先进性教育活动实施方案》（中水电党［2005］14 号）的安排，结合集团公司总部工作实际和先进性教育活动进展情况，3 月 14 日下午，总部机关党委召开了有 26 名非党员积极分子和职工群众参加的座谈会。党组成员、副总经理袁柏松主持会议并向参加座谈会的非党员群众通报了集团公司党组、机关党委的工作，重点介绍了中央开展党员先进性教育活动的目的、意义、内容以及时间步骤。集团公司党员先进性教育领导小组办公室主任段尚毅介绍了《中国水利水电建设集团公司保持共产党员先进性教育活动实施方案》和集团公司总部先进性教育活动开展情况。

（刘　晶）

【郭建堂总经理为总部党员作形势任务报告】 按照集团公司总部先进性教育活动学习动员阶段日程安排，3 月 18 日，集团公司党组书记、总经理郭建堂为总部全体党员作了题为《加快国际化、现代化、集团化建设步伐，为建设具有国际竞争力的大型企业集团而努力奋斗》的形势任务报告。国资委督导四组和指导二组的领导、集团公司党组成员及总部全体党员 120 人参加了形势任务报告会。

郭建堂总经理的形势任务报告分三个部分。第一部分是近年来集团公司经济工作的回顾和跨越式发展战略的实践。提出了集团公司要真正实现具有国际竞争力的跨国公司的战略目标，要经历三步走、三个阶段：第一个阶段是 1999 年到 2004 年，是以规模扩张为重点的综合发展阶段，初步实现跨越式发展的目标；第二阶段是以增加效益为重点的全面发展阶段；第三个阶段是以提高企业的综合竞争力为重点的建设跨国公司的高层次的发展阶段。第二部分是用科学发展观统领全局，转变经济增长方式，以经济效益为中心，增强企业持续发展的能力。提出了第二阶段的突出任务是转变经济增长方式，提高企业经济效益；加快改革，建立适应市场的体制和机制；基本完成产业结构调整；通过加快改革为企业发展提供动力，在改革发展的基础上初步解决历史遗留问题。第三部分是加快国际化、现代化、集团化建设步伐，建设具有国际竞争力的大型跨国公司。就是在完成前两个阶段战略任务的基础上，按照建设具有国际竞争力的跨国公司的目标，加快集团化、现代化、国际化的步伐，增强集团公司的综合竞争力，特别是核心竞争力，最终建成跨国公司。

（魏立军）

【集团公司先进性教育活动分析评议阶段安排意见】 根据国资委党委有关开展保持共产党员先进性教育活动的意见和有关要求，结合集团公司《先进性教育活动实施方案》，集团公司党组决定总部先进性教育活动分析评议阶段，从3月25日开始至4月30日结束。3月22日，集团公司党组印发了《集团公司保持共产党员先进性教育活动分析评议阶段的安排意见》（中水电党［2005］27号）（以下简称《安排意见》）。《安排意见》分为5个部分：①搞好分析评议阶段工作的重要性和总体要求；②分析评议阶段的任务目标和把握的基本原则；③重点抓好7个环节的工作；④需要把握的几个问题；⑤切实加强组织领导。对集团公司总部先进性教育活动分析评议阶段的工作作出了详细安排。

（魏立军）

【集团公司召开先进性教育活动分析评议阶段转段动员大会】 3月25日，集团公司召开先进性教育活动转段动员大会，集团公司总部全体党员、入党积极分子140人参加了动员大会。集团公司党组成员全体参加了会议。会议由集团公司党组成员、副总经理兼机关党委书记袁柏松主持。国资委保持共产党员先进性教育活动领导小组督导四组（以下简称督导四组）组长王泰文、副组长夏良振及其他成员，国资委企业指导二组李林臻等6人出席了动员会议。集团公司党组书记、总经理、集团公司先进性教育活动领导小组组长郭建堂作了题为《总结经验，注重实效，扎实推进分析评议阶段的各项工作》的转段动员报告，督导四组组长王泰文作了讲话。从3月25日起，集团公司总部先进性教育活动进入分析评议阶段。

（魏立军）

【国资委先进性教育活动领导小组来集团公司调研】 3月30日，国资委保持共产党员先进性教育活动领导小组办公室副主任、综合组组长谢俊一行5人来集团公司进行先进性教育活动开展情况调研。集团公司党组书记、总经理郭建堂向调研组汇报了集团公司基本情况及先进性教育活动的开展情况。谢俊对集团公司先进性教育活动第一阶段取得的成绩表示满意，他认为集团公司先进性教育活动第一阶段取得了明显成效，开局良好、成效明显、党组重视、领导带头、组织严密、工作扎实、富有特色，走在中央企业的前列。

（刘　晶）

【集团公司党组召开2005年度民主生活会】 根据《中共中央纪律检查委员会、中共中央组织部关于开好2005年度县以上党和国家机关党员领导干部民主生活会的通知》（组通字［2005］13号）的精神，按照国资委先进性教育领导小组关于2005年度民主生活会安排在先进性教育活动分析阶段召开的要求，集团公司党组于4月20日召开了民主生活会，党组全体成员参加了民主生活。这次民主生活会的突出特点是会前准备充分，一是组织了谈心活动：党组书记与党组成员谈心；党组成员之间谈心；党组成员与分管的部门（公司）领导谈心。二是采取座谈会、问卷和书面征求意见等形式，分四个层次征求对集团公司党组及其成员的意见和建议：各工程局（厂）党委，总部中层干部（副总师、部门正副主任、公司正副经理），总部全体党员，总部非党群众。三是在集团公司2005年工作会议期间，广泛征求了会议代表对集团公司党组及其成员的意见和建议，为开好这次民主生活会奠定了基础。

（刘家玉）

【集团公司党组印发做好第二批先进性教育活动准备工作通知】 根据国资委党委《关于在中央企业开展党员先进性教育活动的实施意见》（国资党委组织［2005］1号）精神，集团公司总部从2005年2月开始参加第一批开展先进性教育活动，各工程局（厂）从7月份开始参加第二批先进性教育活动。为确保第二批先进性教育活动扎实起步，顺利推进，4月28日，集团公司党组印发《关于认真做好第二批保持共产党员先进性教育活动准备工作的通知》，对即将在7月开始的第二批保持共产党员先进性教育活动的准备工作，从7个方面作出了安排。一是各工程局（厂）党委要高度重视，切实加强领导，认真领会先进性教育活动的各项要求，深刻领会先进性教育活

动的重大意义，提前掌握政策原则，增强主动性和积极性。二是要深入细致做好调查摸底工作。三是要建立健全党的基层组织，切实加强基层党组织建设，特别是党支部建设，着力提高基层党组织的凝聚力和战斗力。四是要成立先进性教育领导小组和办公室。五是要筹备成立集团公司先进性教育活动巡回检查组。六是要结合各自实际，提出开展先进性教育活动的具体实施方案，积极筹备先进性教育活动动员大会，做好先进性教育活动的各项启动工作。七是要明确先进性教育活动的领导和指导关系。

（魏立军）

【集团公司召开先进性教育活动整改提高阶段转段动员大会】　在完成了广泛征求意见、开展谈心活动、撰写党性分析材料、召开专题民主生活会和组织生活会提出批评意见、反馈评议意见和通报评议情况等7个环节内容，并认真组织了“回头看”后，经督导四组同意，集团公司先进性教育活动转入整改提高阶段。5月9日下午，集团公司召开保持共产党员先进性教育活动分析评议阶段向整改提高阶段转段动员大会。集团公司领导郭建堂、范集湘、刘起涛、袁柏松、孙洪水、唐苏军及集团公司顾问付元初参加会议，集团公司总部全体党员、离退休党员代表、部分群众共150人参加会议。国资委督导四组王泰文、夏良振、王世明、韩继荣，国资委企业指导二组李林臻出席会议。集团公司党组书记、总经理郭建堂作转段动员报告，要求集团公司保持共产党员先进性教育活动整改提高阶段的全部工作要做到“三挂钩”，即与存在的突出问题挂钩、与整改措施挂钩、与整改时限挂钩。要按照分层次公布整改措施和方案的要求，建立意见反馈机制，落实意见反馈的责任人和时间要求，做到“三落实”，即确保整改方案落实、整改时限落实、整改责任人落实，确保“党员受教育，组织增活力，群众得实惠，发展出成果”目标的实现。

督导四组组长王泰文在会上作了讲话。

（魏立军）

【集团公司建立先进性教育活动党组成员联系点制度】　5月30日，集团公司党组确定了各位党组成员在各工程局（厂）先进性教育活动中的联系点。集团公司党组要求党组成员在2005年6月底前与所联系单位建立必要的联系渠道，正式开展工作；主要是帮助联系单位在先进性教育活动中做好筹划安排，理清工作思路，通过调查研究、督促检查、具体指导、总结经验，努力使联系点成为集团公司先进性教育活动的示范点。

（刘　晶）

【集团公司成立先进性教育活动党组巡回检查组】按照中共中央保持共产党员先进性教育活动领导小组的要求和国资委党委的部署，第二批先进性教育活动即将开始；为指导和督促各工程局（厂）开展保持共产党员先进性教育活动，5月30日，集团公司党组决定向各工程局（厂）派出巡回检查组。巡回检查一组：组长曹保华、副组长王永和，成员胡玉华、程胜利；检查单位水电一局、水电二局、水电六局、水电十三局、水电基础局。巡回检查二组：组长王振南、副组长王明生，成员陈应年、靳山；检查单位：水电五局、水电七局、水电十局、夹江厂。巡回检查三组：组长郑庆路、副组长陈力实，成员杜永昌、杨宣峰；检查单位：水电九局、水电十二局、水电十四局、水电闽江局。巡回检查四组：组长魏藏振、副组长刘荣江；成员杨春旭、毛玉忠；检查单位：水电三局、水电四局、水电八局、水电十一局。

巡回检查组的主要职责：

（一）了解掌握所检查单位开展先进性教育活动的进展情况，代表集团公司党组向所检查单位开展先进性教育活动提出工作建议和意见。（二）与地方党委派出的督导组建立工作渠道，听取地方督导组的意见和建议。（三）了解所检查单位先进性教育活动的主要做法和特点，总结、推广典型经验。（四）听取所检查单位的意见和建议，注意发现先进性教育活动中存在的问题，及时向集团公司党组和地方党委反映，并督促解决。（五）与集团公司党组和地方党委先进性教育活动领导小组保持联系，及时反映情况、掌握动态、沟通信息、协调工作。

巡回检查组的工作方式：

（一）查阅所检查单位先进性教育活动相关资料，包括党委会记录、动员大会领导讲话、有关信息简报、相关工作总结报告等。（二）不定期地与工程局（厂）党委负责同志沟通。（三）与地方党委派出的督导组联系沟通。（四）在重要阶段，听取所检查单位先进性教育活动领导小组的工作汇报。（五）有选择地参加所检查单位先进性教育有关活动。

（刘　晶）

【集团公司领导班子整改方案】　按照党中央、国资委关于保持共产党员先进性教育活动实施意见和《中国水利水电建设集团公司保持共产党员先进性教育活动实施方案》（中水电党［2005］14号）、《集团公司保持共产党员先进性教育活动整改提高阶段的安排意见》的要求，经集团公司党组专题会议研究讨论，针对在先进性教育活动中广泛征求到的意见和建议以及存在的突出的问题，6月3日，集团公司党组以（中水电党［2005］59号）文印发了《中国水利水电建设集团公司领导班子整改方案》(以下简称《领导班子整改方案》)。《领导班子整改方案》分为两部分：①制定整改方案的原则；②党组整改方案的主要内容。对集团公司领导班子整改方案制定的原则进行了规定，对已经落实的整改措施、正在落实的整改措施等分类分项进行了细化，并落实了整改措施的责任部门、责任人和整改期限。

（刘家玉）

【集团总部先进性教育活动群众满意度测评】 6月8日，集团公司党组印发《关于做好集团公司总部保持共产党员先进性教育活动群众满意度测评工作的通知》(中水电党［2005］61号)（以下简称《先进性教育群众满意度测评工作的通知》)，总结通报先进性教育活动的有关情况和整改成果，组织各基层单位对先进性教育活动进行评议，了解各单位对集团公司总部开展先进性教育活动的满意度。

按照《先进性教育群众满意度测评工作的通知》要求，集团公司保持共产党员先进性教育活动领导小组办公室，采取个别访谈、召开座谈会等形式，听取党员和非党员群众对总部先进性教育活动的意见和建议，累计访谈23人次，召开座谈会9次。6月16日上午，集团公司召开总部先进性教育活动群众满意度测评大会，总部全体党员、非党员群众代表、民主党派和无党派人士、离退休干部职工代表共146人参加了会议，国资委组督导四组、企业指导二组领导到会进行监督、指导。集团公司党组书记、总经理郭建堂向总部全体党员及非党群众代表、民主党派和无党派人士、离退休干部和职工代表，通报了先进性教育活动情况及整改成果，并现场发放先进性教育活动满意度测评表。全体与会人员对总部先进性教育活动当场进行了无记名满意度测评。经对满意度测评表汇总，参加测评大会的党员和其他各方面代表共146人，占总部职工总数的80.1%。参加测评人员中，党员98人，基层群众40人，离退休干部职工5人，民主党派和无党派人士3人。测评结果，对集团公司总部开展先进性教育活动的总体满意率为99.4%。

（魏立军）

【集团总部召开先进性教育活动总结大会】 6月22日，集团公司总部召开保持共产党员先进性教育活动总结大会，全面总结先进性教育活动开展以来的基本情况和主要经验。国资委企业督导四组组长王泰文、国资委企业指导二组李林臻等6人参加总结大会，集团公司党组成员、总部全体党员、部分离退休党员、总部群众代表150人参加了总结大会。

集团公司党组书记、总经理、先进性教育活动领导小组组长郭建堂作了集团公司先进性教育活动总结报告，对集团总部先进性教育活动的基本做法和特点进行了全面总结。在为期4个月的先进性教育活动开展过程中，集团公司在国资委召开的两次交流座谈会上受到了国资委领导的表扬，国资委先进性教育活动简报5次报道了集团公司先进性教育活动的做法，国资委网站10次推广了集团公司先进性教育活动的经验，并以文件的形式将集团公司先进性教育活动的《实施方案》确定为第二批开展先进性教育活动的范本。国资委督导四组组长王泰文作了讲话，对集团公司集团公司先进性教育活动给予了很高的评价。至此，为期4个月的集团公司总部先进性教育活动结束。

（魏立军）

【先进性教育活动巡回检查组培训】 6月30日至7月1日，集团公司先进性教育活动巡回检查组培训会议在北京召开。集团公司党组书记、总经理郭建堂，党组成员、副总经理袁柏松出席会议并讲话，各巡回检查组全体成员、集团公司先进性教育活动领导小组办公室成员22人参加会议。

郭建堂总经理要求各巡回检查组全体成员要提高认识，端正态度，深刻领会开展先进性教育活动的重大意义；结合实际，注重实效，加强指导，认真履行巡回检查组的工作职责；认真总结集团公司总部先进性教育活动的工作经验，结合所检查单位实际，加强对各单位先进性教育活动的检查指导；摆正关系，发挥作用，积极配合集团公司党组和地方督导组做好工作，同时要加强自身建设，发挥好表率作用。

袁柏松副总经理向巡回检查组全体成员介绍了集团公司总部开展先进性教育活动的一些做法和经验，要求各巡回检查组指导所检查单位时，有选择地借鉴总部的经验，帮助他们出主意、想办法，从切实推动工作的角度抓好先进性教育活动；同时要求各检查组成员带头学习，明确职责、正确处理与地方党委、督导组及集团公司党组、先进性教育活动领导小组的关系，指导各工程局（厂）以“实际（紧密结合实际）、实效（切实取得实效）、满意（职工群众满意）”为原则开展先进性教育活动，高标准地完成集团公司党组交给的光荣任务。

（魏立军）

【集团公司在第一批中央企业先进性教育活动总结大会上作经验交流】 2005年7月5日，国资委召开第一批中央企业、直属单位先进性教育活动总结会，第一批开展先进性教育活动的36家中央管理领导班子主要负责人的中央企业先进性教育活动办公室主任、20家其他中央企业和国资委直属单位先进性教育活动领导小组组长及办公室主任、国资委党委派出的各督导组全体成员参加了会议。集团公司党组书记、总经理郭建堂代表集团公司党组在会上做了《结合实际 努力创新 边议边改 打造群众满意工程推动改革发展再上新台阶》的经验介绍。

（刘 晶）

【集团公司召开巡回检查组总结会议】 12月1日，集团公司先进性教育活动领导小组巡回检查组总结会议在北京召开，集团公司党组成员、副总经理袁柏松出席会议，4个巡回检查组全体成员及集团公司先进性教育活动领导小组部分成员和办公室成员23人参加会议。

各巡回检查组组长分别汇报了整个先进性教育活动巡回检查工作情况。在第二批先进性教育活动中，集团公司各成员单位按照中央和国资委党委的要求，认真贯彻党组的工作思路，先进性教育活动取得了显著的成绩。集团公司成员单位大都是各省市先进性教育活动的先进单位，群众满意度测评平均为97.7%，有4个单位在省级先进性教育活动会议上先后作了8次典型发言，有7个单位在市级先进性教育活动会议上先后作了12次典型发言；展示了集团公司党组织的政治优势和党建工作的成绩。

袁柏松副总经理在讲话中首先代表集团公司党组书记郭建堂，对各单位先进性教育活动和巡回检查组的工作给予了充分肯定；要求集团公司先进性教育活动领导小组办公室，要进一步总结工作经验，巩固和扩大活动成果，把先进性教育的成果转化为党建工作的长效机制，推动集团公司的改革发展。

至此，集团公司各成员单位第二批先进性教育活动全部结束。

（魏立军）

党建工作

【2005年党建工作会议】 12月28～29日，集团公司2005年党建工作会议暨思研会一届六次理事会在长春召开。集团公司党组书记、总经理郭建堂，党组成员、副总经理袁柏松，党组成员、纪检组组长唐苏军，吉林省国资委副主任孙宝海出席会议；总部有关部门负责人及各工程局（厂）党委书记、党委办公室负责人61人参加会议。郭建堂总经理作了题为《加强和改进党建工作，为完成跨越式发展任务而努力奋斗》的讲话；系统总结了集团公司近6年改革发展的成果，分析了集团公司改革发展形势，提出了集团公司跨越式发展第二阶段的中心任务是：认真贯彻落实国家“十一五”规划，用科学发展观统领全局，推动集团公司走效益、科技集约化管理的发展之路，经过5年的奋斗，实现以五大跨越、提高经济效益为中心工作的全面发展，使集团公司的面貌彻底改变，为初步建设具有国际竞争力的大型跨国公司奠定基础。郭建堂总经理要求各级党委面对新形势、新任务，企业的党建工作必须从企业改革发展大局出发，进一步增强工作的使命感、责任感和紧迫感，切实加强和改进企业党建工作，为企业改革发展稳定提供坚强有力的思想、政治和组织保证，为实现跨越式发展作出应有的贡献。袁柏松副总经理作了题为《巩固教育成果，建立长效机制，进一步加强和改进集团公司党建工作》的工作报告；提出了今后一段时间内，集团公司党建工作的指导思想是学习理论，武装思想；围绕中心，服务大局；抓好班子，带好队伍；抓住重点，以点带面；推动改革，维护稳定，促进发展。主要任务是继续推进以“融合、服务、务实、复合、推进”为中心内容的党建工作新体制，结合实际，实现党建工作创新。袁柏松副总经理对集团公司2006年的企业党建工作提出了6点要求：一是总结先进性教育经验，形成长效机制，巩固扩大先进性教育成果；二是加强学习，推动理论创新，创建学习型企业，为改革发展提供思想保证；三是落实中央和国资委党委有关文件精神，发挥企业党委的政治核心作用；四是加强精神文明建设和思想政治工作，为企业发展提供思想文化支撑；五是加强领导，充分发挥工会、共青团组织的作用；六是加强党建队伍自身建设，为加强党建工作提供队伍保证。

会上，水电一局、水电四局、水电七局、水电八局、水电十四局作了企业党建工作经验介绍，水电一局、水电六局、水电七局、水电十局、水电十二局的5个文明工程项目在会上受到表彰。

（魏立军）

【集团公司先进党组织、优秀党员和优秀党务工作者评选实施方案】 为贯彻落实《中央组织部、国务院国资委党委关于加强和改进中央企业党建工作的意见》（中办发［2004］31号）精神，建立保持共产党员先进性的长效机制，5月30日，集团公司党组以（中水电党［2005］51号）文印发了《集团公司先进党组织、优秀党员和优秀党务工作者评选实施方案》（以下简称《评选实施方案》）。《评选实施方案》共分为：一指导思想；二评选条件；三评选办法3部分。对集团公司先进党组织、优秀党员和优秀党务工作者评选的原则和指导思想，评选的条件，包括先进党委、党工委的评选条件，先进党支部的评选条件，优秀共产党员的评选条件，优秀党务工作者的评选条件作出了详细的界定。《评选实施方案》明确了集团公司先进党组织、优秀党员和优秀党务工作者每2年开展1次评选活动，在“七一”前后表彰。每次评选按照组织学习、自查完善、推荐申报、组织评选、进行公示、总结表彰的活动步骤进行。

（魏立军）

【集团公司直属党委选举】　2005年6月28日，中国共产党中国水利水电建设集团公司总部党员大会在北京召开。大会应到会党员146名，实际到会党员145名。大会以差额选举、无记名投票方式选举产生了中国共产党中国水利水电建设集团公司直属委员会，王志平、吕瑞翔、孙越、段尚毅、袁柏松、郭志、曾兴亮等7位同志当选为中国共产党中国水利水电建设集团公司直属委员会委员。同日，中共中国水利水电建设集团公司直属委员会召开第一次全体会议，会议以等额选举、无记名投票方式选举袁柏松同志当选为中共中国水利水电建设集团公司直属委员会书记；段尚毅同志当选为中共中国水利水电建设集团公司直属委员会副书记。

（刘　晶）

【集团公司直属纪委选举】　2005年6月28日，中国共产党中国水利水电建设集团公司总部党员大会在北京召开。大会应到会党员146名，实际到会党员145名。大会以差额选举、无记名投票方式选举产生了中国共产党中国水利水电建设集团公司直属纪律检查委员会，丁永泉、孙宝田、李捷、段尚毅、盛玉明5位同志当选为中国共产党中国水利水电建设集团公司直属纪律检查委员会委员。同日，中共中国水利水电建设集团公司直属纪律检查委员会召开第一次全体会议，会议以等额选举、无记名投票方式选举产生了直属纪律检查委员会书记。根据选举结果并经直属党委第一次全体会议通过，段尚毅同志当选为中共中国水利水电建设集团公司直属纪律检查委员会书记。

（刘　晶）

【直属党委制度建设】　为进一步加强和改进集团公司直属党委工作，规范直属党委、直属纪委及所属各基层党组织工作，11月9日，直属党委以（中水电直党［2005］5号）文印发了《中共中国水利水电建设集团公司直属委员会工作实施办法》（以下简称《实施办法》）。《实施办法》分为“总则”、“职责及分工”、“会议制度”、“议事程序”、“党委学习制度”、“组织发展制度”、“党员教育制度”、“党员联系群众、服务群众制度”、“党支部建设制度”、“监督制度”、“群众性文体工作制度”、“附则”共计12章40条，对直属党委的各项工作作出了明确规定，为直属党委的工作更加科学、规范提供了依据。

（魏立军）

【集团公司总部召开专题党课报告会】　10月25日下午，集团公司总部召开专题党课报告会，邀请国资委纪委政策研究室林景瑞主任和赵文忠副主任分别就“关于国有企业构建惩防腐败体系问题”和《企业领导人员廉洁从业若干规定》进行专题讲座。集团公司党组成员、总部全体党员126人听取了讲座。

（魏立军）

宣传工作

【水利水电工程报】　《水利水电工程报》，创刊于1994年5月1日，是原中国水利水电工程总公司（以下简称水电总公司）主办的内部刊物，以报道水利水电工程建设为主。1994～1998年，《水利水电工程报》为4开小报，每周一期，自办发行。刊号为：京内资准字1998—L0160。1999年1月，改为对开大报，信息量增大，报社开始有计划、有目的地组织稿件，并对重大活动进行前期策划，收到了较好的报道效果。1999年6月，《水利水电工程报》由水电总公司与中国水力发电工程学会联合主办，拓宽了报道面，所报道的内容更加丰富。

2005年，在集团公司开展的保持共产党员先进性教育活动中，《水利水电工程报》在一版显要位置开设了“保持共产党员先进性教育”栏目，对集团公司总部和各工程局（厂、公司）开展保持共产党员先进性教育活动，进行了全面系统地报道。根据集团公司改革发展的需要，在一版增设了“转变增长方式”栏目，刊登有关文章，帮助广大员工认识、理解集团公司提出的“四个转变”的精神实质。报

纸还开辟了“记者观察”、“企业时评”、“环境友好”、“和谐家园”、“共产党员就是不一样”等具有鲜明水电特色的栏目，并配发了大量画面生动、现场感强的照片，对活跃版面起到良好的烘托作用，收到较好的宣传效果。

2005年7月11日，《水利水电工程报》实现了电子版上网，从第559期开始，读者可以登录集团公司网站，方便快捷地阅读《水利水电工程报》内容。截至2005年12月31日，《水利水电工程报》共出版报纸584期。

（任乐云）

【2005年水电新闻宣传工作会议】 2005年5月28日，集团公司新闻宣传工作会议在杭州召开，各工程局（厂）从事新闻宣传工作人员40人参加会议。集团公司党组成员、副总经理袁柏松出席会议并讲话。他要求集团公司新闻宣传工作，要以“三个代表”重要思想为指导，坚持党的新闻宣传方针，认真贯彻集团公司2005年工作会议精神；进一步提高报纸的舆论影响力，为集团公司管理转型，推进跨越式发展提供强有力的思想保证和舆论支持。会议总结了2004年新闻宣传工作，部署了2005年新闻宣传工作任务，同时对在2004年度新闻宣传工作中成绩突出的3个标兵记者站、4个先进记者站、5名标兵记者、45名优秀记者、3名标兵通讯员、7名优秀通讯员、2名优秀特约记者进行了表彰。

（任乐云）

工会工作

【集团公司领导接见集团全国劳动模范】 4月29日，集团公司总经理郭建堂，副总经理范集湘、刘起涛、袁柏松，在集团总部接见了来京参加2005年全国劳动模范表彰大会的刘春和、郭均峰、闫海平、贺鹏程、姜洪飞、朱川、杨文清7位全国劳动模范。集团公司领导及集团公司先进性教育活动领导小组成员、总部机关各党支部书记（支委）25人与劳模们进行了座谈。7位劳模分别来自水电一局、水电三局、水电四局、水电五局、水电六局、水电九局、水电十四局。

（刘　晶）

【集团公司劳动模范和先进生产（工作）者】 4月22日，集团公司党组以（中水电党〔2005〕39号）文印发了《关于表彰集团公司劳动模范和先进生产（工作）者的决定》，授予吕文中等10名同志为集团公司“劳动模范”荣誉称号；授予张志强等33名同志为集团公司“先进生产（工作）者”荣誉称号。（详见第十一篇《人物及先进集体》）

（魏立军）

【集团公司举办焊工技能大赛】 9月9日至11日，集团公司焊工技能大赛在四川彭山水电七局机电安装分局金属结构厂举行。国资委群众工作局副局长李学东、国资委工会处处长郭保民，四川省总工会副主席罗茂乡，四川省国资委党委委员、机关党委书记任兴文，集团公司党组成员、副总经理、工会工作委员会主任袁柏松，集团公司顾问付元初出席焊工技能大赛开幕式并作讲话。这次焊工技能大赛是集团公司成立以来，第一次在全系统开展的具有高标准、高水平的焊工技能大赛。大赛由集团公司人力资源部、工程科技部、党群工作部主办，水电七局承办。来自系统内16个成员企业的48名选手，按抽签方式分3场竞技，并同场进行理论考试。经过3天紧张激烈角逐，李金明、钱放华、童中华等21人分别获得一、二、三等奖。名单如下：

一等奖：李金明（水电七局）、钱放华（水电十二局）、童中华（水电八局）

二等奖：吴才贵（闽江局）、周世春（水电七局）、魏客文（水电八局）、林诗波（水电八局）伊益财（水电十二局）、张安旭（水电四局）

三等奖：段虎（水电五局）、黄寅明（水电八局）、周智雄（水电闽江局）、郑淑娟（水电五局）、龙卫平（水电十一局）、霍兆光（水电四局）、赖刚（水电五局）、王伟（水电十一局）何勇（水电十局）、余丽梅（水电七局）、王松（水电闽江局）、叶明燕（水电十二局）

（刘　晶）

【集团公司组队参加中央企业职工技能大赛】 由国资委、劳动和社会保障部共同主办，中国石油化工集团公司承办的2005年中央企业职工技能大赛焊工决赛，11月18日闭幕。参加此次焊工技能大赛的共有来自61家中央企业的156名选手，集团公司参赛选手李金明（水电七局）、童中华（水电八局）获铜奖，同时被授予中央企业技术能手称号；钱放华（水电十二局）获优秀选手奖；集团公司获优秀组织奖。这是集团公司参加国家一类竞赛获得的最好成绩。

（刘　晶）

【2005年工会工作会议】 8月18日，集团公司2005年工会工作会议暨全国水电工程局（厂）工会

主席第十五次联席会议在青海省西宁市召开。集团公司党组成员、副总经理、工委主任袁柏松出席会议，中国能源化学工会副主席张萌萌，青海省总工会副主席刘西昆，中国能源化学工会电力工作部部长杨丽琴，青海省总工会民主管理部副部长张录明应邀出席会议，葛洲坝集团公司工会和广西水电工程局工会负责人应邀参加会议，各工程局（厂）工会主席、副主席及工会干部62人参加会议。

集团公司副总经理、工委主任袁柏松作了题为《围绕中心，服务大局，在企业发展的进程中充分发挥作用》的工作报告，总结了1年来集团公司工会工作的开展情况，要求各级工会组织要大力推进职工素质工程，重点抓好职工技能大赛，提高职工队伍素质；要大力推进群众性经济技术创新活动，重点抓好项目劳动竞赛和技术创新工作，推进技术进步和经济效益提高；要进一步推进职代会制度建设，重点抓好干部民主评议工作，更好地发挥职代会职能，切实加强民主管理；要继续推进厂务公开工作，重点抓好工作机制的形成，切实发挥职工群众的民主监督作用；要大力推进企业民主管理，重点抓好集体合同和工资集体协商制度的落实，积极表达和维护职工合法权益；要大力推进构建和谐社会的进程，重点抓好改革中职工的思想政治工作，维护企业和职工队伍的稳定。

葛洲坝集团公司、广西水电工程局、水电一局、水电六局、水电七局、水电八局、水电九局在会上分别作了经验交流。吕文中等10名集团公司劳动模范在会上进行了表彰，会议于当天结束。

（魏立军）

共青团工作

【共青团和青年工作】　集团公司临时团委自2004年11月19日成立以来，在集团公司党组和中央企业团工委的领导下，寻找中心工作与共青团工作的最佳结合点，通过抓住“一条主线”即：围绕企业的改革发展和生产经营的中心工作、围绕企业跨越式发展战略，开展好具有青年特点和共青团特色的活动，推动企业持续、健康、快速、协调发展；推动“三项工程”即“青年人才工程”、“号手工程”和“创新创效工程”；建设好“两个体系”即：团组织建设的保障体系、服务青年的保障体系。进一步加强和改进集团公司共青团和青年工作。通过各级团组织的努力，集团公司共青团和青年工作取得成绩，水电四局团委书记程胜利被中央企业团工委授予2004年度“中央企业优秀共青团干部”称号；水电十一局宁红涛被中央企业团工委授予2004年度“中央企业优秀共青团员”称号；同时水电十一局团委被中央企业团工委确定为“第五批中央企业五四红旗团委创建单位”；水电基础局有限公司一公司被中央企业团工委确认为2004年度“中央企业青年文明号”；水电十三局橡胶制品厂蓝恭琰被中央企业团工委授予2004年度“中央企业青年岗位能手”称号。

（魏立军）

【集团公司团委开展增强共青团员意识主题教育活动】　按照共青团中央委员会的要求和中央企业团工委的统一安排，9月12日，集团公司临时团委印发了《关于做好集团公司增强团员意识主题教育活动准备工作的通知》（党群［2005］9号），在全集团开展以学习实践“三个代表”重要思想为主要内容的增强共青团员意识主题教育活动（以下简称主题教育活动）。10月15日，临时团委又印发了《机关团委关于开展增强共青团员意识主题教育活动的通知》（党群［2005］22号）和《关于开展增强共青团员意识主题教育活动的实施方案》。总部机关团委在机关全体团员中开展了主题教育活动，主题教育活动分为宣传动员、学习教育、总结提高三个阶段。截至2005年底，全集团共有19669名共青团员和1432个基层团组织参加了主题教育活动，各级团干部以身作则，团员意识得到明显增强；逐步建立完善了服务团员青年保障体系，为青年成长成才搭建了舞台。

（魏立军）

【集团水电七局三分局青年突击队获“全国青年文明号”称号】　2005年5月31日，国务院国资委和共青团中央联合下发《关于命名和认定中央企业2004年度全国青年文明号的决定》（国资发群工［2005］106号），水电七局三分局青年突击队被授予2004年度“全国青年文明号”称号。

（魏立军）

【集团公司成立共青团机关委员会】　5月30日，总部机关第一次团员大会在总部三楼大会议室召开，总部机关31名共青团员参加大会。大会以差额选举、无记名投票方式选举产生了中国共产主义青年团机关团委第一届委员会，万明罡、宁晁、吕冬冬、李莹、张海涛、曹旸、魏立军7人当选为中国共产主义青年团机关团委第一届委员会委员。同日，中国共产主义青年团机关团委第一届委员会委员召开一届一次全委会，选举产生了总部机关团委书记和副书记，魏立军任团委书记，曹旸、李莹任副书记。6月

3日，集团公司机关党委以（中水电机党〔2005〕32号）文印发了《关于成立共青团中国水利水电建设集团公司机关委员会的决定》，确认总部机关第一次团员大会和机关团委一届一次全委会的选举结果及委员会委员的分工。

（魏立军）

精神文明和企业文化建设

【集团公司总部连续8年获中央国家机关文明单位称号】　2月14日，中央国家机关精神文明建设协调领导小组，向集团公司颁发"文明单位"荣誉证书，集团公司总部被评为2004年度中央国家机关文明单位；这是集团公司总部连续8年获中央国家机关文明单位称号。

（刘家玉）

【集团公司表彰2004年度文明单位】　1月28日，集团公司党组印发《关于表彰2004年度集团公司文明单位的决定》（中水电党群〔2005〕2号），决定授予水电七局等8个工程局（厂）和水电一局一分局等93个局（厂）属二级单位为2004年度集团公司文明单位荣誉称号。名单如下：

2004年度集团公司文明单位名单

中国水利水电第二工程局
中国水利水电第四工程局
中国水利水电第七工程局
中国水利水电第九工程局
中国水利水电第十一工程局
中国水利水电第十三工程局
中国水利水电第十四工程局
中国水利水电基础工程局

中国水利水电第一工程局一分局
中国水利水电第一工程局七分局
中国水利水电第一工程局基础处理分局
中国水利水电第一工程局一处
中国水利水电第一工程局口前基地管理处
中国水利水电第一工程局六分局

中国水利水电第二工程局建筑分局
中国水利水电第二工程局物资处
中国水利水电第二工程局接待中心
中国水利水电第二工程局第五工程分局

中国水利水电第三工程局公伯峡施工局
中国水利水电第三工程局小峡施工局
中国水利水电第三工程局安装公司
中国水利水电第三工程局交通分局
中国水利水电第三工程局基础处理公司
中国水利水电第三工程局三分局
中国水利水电第三工程局科研所

中国水利水电第四工程局第二施工局
中国水利水电第四工程局第四施工局
中国水利水电第四工程局第五施工局
中国水利水电第四工程局机电安装分局
中国水利水电第四工程局基础处理分局
中国水利水电第四工程局刘家峡分局
中国水利水电第四工程局水工机械总厂
中国水利水电第四工程局第三施工局
中国水利水电第四工程局铁路分局
中国水利水电第四工程局建筑二分局

中国水利水电第五工程局第五分局
中国水利水电第五工程局第六分局
中国水利水电第五工程局第七分局
中国水利水电第五工程局机电安装分局
中国水利水电第五工程局水工机械厂
中国水利水电第五工程局职教中心
中国水利水电第五工程局机电物资公司
中国水利水电第五工程局广元基地分局

中国水利水电第六工程局第一分局
中国水利水电第六工程局第二分局
中国水利水电第六工程局第四分局
中国水利水电第六工程局宽甸基地管理处
中国水利水电第六工程局第五分局

中国水利水电第七工程局第一分局
中国水利水电第七工程局第二分局
中国水利水电第七工程局第三分局
中国水利水电第七工程局第六分局
中国水利水电第七工程局安装分局
中国水利水电第七工程局工程机械公司

中国水利水电第八工程局机电制造安装分局
中国水利水电第八工程局基础处理工程分局
中国水利水电第八工程局砂石分局
中国水利水电第八工程局贵阳机械厂
中国水利水电第八工程局教育培训中心
中国水利水电第八工程局第四分局

中国水利水电第九工程局机电制造安装分局
中国水利水电第九工程局金阳分局
中国水利水电第九工程局施工总承包公司
中国水利水电第九工程局基础处理分局

中国水利水电第十工程局勘测设计院
中国水利水电第十工程局机电安装分局
中国水利水电第十工程局学校
中国水利水电第十工程局医院
中国水利水电第十工程局成都办事处通惠门宾馆
中国水利水电第十工程局基地建设管理处

中国水利水电第十一工程局第四分局
中国水利水电第十一工程局第七分局
中国水利水电第十一工程局安装分局
中国水利水电第十一工程局三隆公司

中国水利水电第十二工程局第六分局
中国水利水电第十二工程局施工科学研究所
中国水利水电第十二工程局第二分局
中国水利水电第十二工程局第三工程公司

中国水利水电第十三工程局第四分局
中国水利水电第十三工程局兴达公司
中国水利水电第十三工程局医院
中国水利水电第十三工程局第三分局
中国水利水电第十三工程局机电安装分局

中国水利水电第十四工程局曲靖分局
中国水利水电第十四工程局安装总公司
中国水利水电第十四工程局昆华实业总公司
中国水利水电第十四工程局科研设计院
中国水利水电第十四工程局大理离退休管理中心
中国水利水电第十四工程局昆明劳务管理中心

中国水利水电闽江工程局福州分局
中国水利水电闽江工程局安装分局
中国水利水电闽江工程局路桥分局
中国水利水电闽江工程局水口工程处
中国水利水电闽江工程局南平分局

中国水利水电基础工程局第一工程处
中国水利水电基础工程局第二工程处

中国水利水电夹江水工机械厂一结构车间
中国水利水电夹江水工机械厂动力车间

富春江富士水电设备有限公司金工工厂
富春江富士水电设备有限公司结构工厂
富春江富士水电设备有限公司铸造工厂

（刘家玉）

【集团公司2005年度表彰文明工程】 12月16日，集团公司党组印发了《关于表彰2005年度集团公司文明工程项目的决定》（中水电党［2005］119号），决定授予水电一局尼尔基水利枢纽工程主坝项目、水电六局索风营水电站地下厂房工程项目、水电七局碗米坡水电站项目、水电十局老挝南梦3水电站土建及机电安装项目、水电十二局泰安抽水蓄能电站上水库工程5个工程项目，为2005年度集团公司文明工程项目称号。

（刘家玉）

史志建设

【史志办公室职责编制】 集团公司史志办公室，是集团公司史志鉴工作的责任部门和主管部门，成立于2004年3月15日。其主要职责是：按照集团公司领导的指示和要求，组织进行集团公司史、志、鉴编纂工作；协调组织编纂史、志、鉴所需资料的搜集、整理、核实、归类和管理工作；编写设计年鉴篇目框架和史、志纲目；组织对编写、编辑人员的学习培训；负责年鉴、志书和史书的出版发行工作；具体指导协调集团成员企业史志编研工作。

部门岗位设置：根据集团公司《关于重新确定集团公司总部管理部门编制及职位序列的通知》（中水电人［2005］57号）和《集团公司总部管理人员竞争上岗实施办法》（人［2005］39号）的有关规定，集团公司决定取消总部组织机构岗位设置中执行层高级主管的设置及称谓，增设处长编制。按照集团公司《中国水利水电建设集团公司总部中级管理岗位负责人公开选聘公告》（中水电党［2005］105号），史志办公室设志鉴编写处处长1人、资料选编处处长1人。其职责如下，志鉴编写处处长：在部门主任领导下，协助负责集团公司年鉴框架方案的起草编写工作；协助负责集团公司年鉴部分篇目的编辑工作；协助负责集团公司年鉴部分篇目的编写工作；协助负责集团公司志稿部分篇目的撰写工作；开展集团公司年鉴和志稿编研的调查研究工作；协助组织工程局（厂）开展史志鉴文稿的编写工作；办理部门业务事务；完成部门主任交办的工作。资料选编处处长：在部门主任领导下，协助负责集团公司年鉴资料的选编工作；协助负责集团公司志稿资料的选编工作；协助负责集团公司年鉴部分篇目的编辑工作；协助负责集团公司志稿部分篇目的撰写工作；协助开展集团公司年鉴和志稿编研的调查研究工作；具体组织工程局（厂）开展史志鉴资料的选编工作；办理部门综合事务；完成部门主任交办的工作。

史志办公室编制3人。

主任：解登发。

（史志办公室）

【史志办公室2005年工作】 史志办公室认真贯彻落实集团公司2005年工作会议部署，树立服务集团公司跨越式发展科学理念，牢记保持共产党员先进性要求，在集中力量编纂《年鉴》（创刊号）的同时，全面开展集团公司史志鉴编纂工作。通过1年的努力，《年鉴》（创刊号）编纂完成并出版发行，史志鉴工作取得阶段性成果。

1.集团公司《年鉴》（创刊号）按期编就出版。史志办公室会同各单位编纂工作人员，从2005年3月到年底，经过设置年鉴框架结构、组织学习培训、编写统稿、编辑加工、校核编排等工作阶段，用8个月时间完成了编纂集团公司《年鉴》（创刊号）的任务，并为编纂集团公司2006年《年鉴》积累了经验。整部年鉴全面系统载录了集团公司2003～2004年两年来所取得的业绩。

2.修志工作全面展开。集团公司修志工作在2004年下半年起始开端的基础上，2005年初，经过广泛征求编委意见，史志办对集团公司志纲目初稿进行了修订，形成了《中国水利水电建设集团公司志纲目》（1953～2004年）一稿，集团公司志纲目，共设概述、大事记、组织沿革、工程局（厂）、水利电力工程、建筑、安装工程、开拓国际市场、投融资及多元化经营、企业改革、企业管理、企业监督、科技、教育、后勤工作、党群工作、精神文明与企业文化建设、人物等共16篇105章，依据确定的志稿纲目，与志稿纲目相配套，专门制定了编纂志书所必须进行的搜集资料详细提纲，全面部署了落实编纂志书的搜集资料工作。2005年，史志办公室按照先易后难、先近后远、内外结合的原则，组织各成员企业开展了搜集资料工作，完成了部分资料搜集任务，为编纂集团公司志打下了基础。

3.史志办公室在抓紧《年鉴》编纂工作和修志资料搜集工作的同时，还加强了史志鉴编研工作队伍建设。截至2005年底，集团公司有史志鉴专兼职编辑人员12人，兼职组稿人员58人，专兼职搜资人员51人，10个工程局（厂）成立了史志办公室，一支专兼职相结合的史志鉴编研队伍初步形成。

（史志办公室）

【集团公司《年鉴》（创刊号）编纂工作】 编纂《中国水利水电建设集团公司年鉴》（创刊号）（以下简称《年鉴》），是2005年1月集团公司工作会议部署给史志办公室的一项新任务。作为集团公司首部《年鉴》，需全面、系统地载录集团公司2003、2004年成立2年来的重要文献信息，任务艰巨。2005年3月7日，集团公司以中水电总［2005］5号文，印发了《关于开展〈中国水利水电建设集团公司年鉴〉编纂工作的通知》，年鉴编纂工作全面启动。

史志办公室在学习钻研《年鉴》编纂知识的同时，学习借鉴地方年鉴、行业年鉴、企业年鉴的编纂经验，请教北京市有关史志专家，按照编纂年鉴的基本要求和体例规范，3月中旬设计出《中国水利水电建设集团公司年鉴》（创刊号）篇目框架草稿。篇目框架草稿经送集团公司领导和各位编委审阅，并向北京市年鉴专家咨询，最后确定集团公司《年鉴》（创刊号）整体内容为卷首图片彩页、卷中图片彩页、卷尾图片彩页，文字设特载、文献、文件、专论、综述、大事记、集团化建设、跨越式发展、党群工作、检查监督、成员企业要览、人物及先进集体、附录共12个篇目，12个篇目分别设200多个栏目和若干具体条目。

3月24～30日，史志办公室在北京流芳宾馆召开《年鉴》编辑工作培训会议，8名《年鉴》兼职责任编辑人员和各工程局（厂）以及总部各部门、公司的53名组稿和搜集资料责任人，分别参加了编辑会议和培训工作会议。会议确定了集团公司《年鉴》各篇目的责任编辑，《年鉴》编纂工作全面展开。

从4月份开始，史志办对各工程局（厂）撰写的年鉴稿件在逐一个别指导的前提下，先后经过3次集中编辑审核，定稿后经送各单位党政主要领导审阅签字，确定了《成员企业要览》篇各工程局（厂）上鉴内容。对总部各部门、公司撰写的年鉴稿件，经3次以上往返修改，最后经各部门、公司主要领导审阅签字后，确定了相应篇目的上鉴内容。史志办对年鉴全部稿件进行统稿和编辑加工后，11月份将年鉴全书内容正式交付中国电力出版社进入出版流程。史志办公室与中国电力出版社密切合作，对年鉴板式编排反复磋商，全书内容反复校阅，付印清样后，报送集团公司领导终审阅定。12月中旬，集团公司《年鉴》（创刊号）从内容到版式正式确定。

《年鉴》（创刊号）共设文字12篇、231个栏目、1136个条目，载录文字稿150万字，图片128页。

（史志办公室）

【年鉴编纂工作培训班】 根据集团公司《年鉴》编纂工作需要，3月28日，史志办公室在北京流芳宾馆召开了集团公司《年鉴》培训工作会议。18个工程局（厂）和总部各部门、公司的53名组稿、撰稿和资料搜集责任人，参加了为期3天的学习培训。

培训班邀请了北京市地方志研究室主任谭烈飞，就《年鉴》的组稿、撰稿和编纂知识进行了专门的讲授培训，并对集团公司《年鉴》篇目框架设计进行了讲评，认为集团公司《年鉴》（创刊号）框架设置科学合理，栏目清晰，符合《年鉴》鉴体要求。

史志办主任解登发传达了郭建堂总经理和袁柏松副总经理关于抓紧、抓好集团公司《年鉴》编纂工作的指示精神，详细讲解了集团公司《年鉴》（创刊号）篇目内容，并将篇目有关内容的撰稿任务分解到了各工程局（厂）和总部各部门、公司，同时提出了时间和质量要求。史志办公室2名工作人员分别简述了《年鉴》各篇栏目、条目设置的内容和搜集资料工作任务。与会人员通过讨论，明确了各自所承担的编纂任务、完成任务时间以及工作流程。会议于30日结束。

（史志办公室）

【年鉴编辑工作会议】 5月30日，集团公司年鉴审稿编辑工作会议在四川都江堰市召开，各工程局（厂）从事年鉴统稿编辑工作的26名负责人参加了会议，集团公司党组成员、副总经理袁柏松出席会议并讲话。袁柏松副总经理对集团公司年鉴编纂工作所取得的进展表示满意，要求全体编辑人员要树立精品意识，把好质量关，力争把《年鉴》（创刊号）编辑成精品。与会人员集中对《年鉴》第十篇“成员企业要览”中各工程局（厂）撰写的稿件进行了审核。编辑工作会议于6月1日结束。

（史志办公室）

第九篇 检查监督

Chapter IX Inspection & Supervision

检查监督

纪检监察

【集团公司2005年纪检监察工作会议】 2005年2月2日，集团公司纪检监察工作会议在北京中民大厦召开。集团公司党组书记、总经理郭建堂，党组成员、副总经理范集湘、刘起涛、袁柏松、孙洪水，党组成员、纪检组长唐苏军出席会议；各工程局（厂）党委书记、局（厂）长、纪委书记，集团公司总部中层以上领导干部109人参加会议。郭建堂总经理作了题为《惩防并重，强化监督，扎实推进党风建设和反腐倡廉工作》的讲话；讲话中要求各工程局（厂），要进一步增强做好党风廉政建设和反腐倡廉工作的责任感，加强教育，强化监督、构筑惩治和预防腐败体系，切实提高纪检监察工作能力。纪检组长唐苏军作了题为《在建立健全教育、制度、监督并重的惩治和预防腐败体系中全面推进党风建设和反腐倡廉工作》的专题工作报告，对集团公司2004年度纪检监察工作进行了总结，对集团公司2005年纪检监察工作作了安排部署。

会上，集团公司党组书记、总经理郭建堂与各工程局（厂）党委书记、局（厂）长，签订了2005年度党风廉政建设责任书。国务院国资委纪委审理室副主任林琳应邀出席会议。会议于当天下午闭幕。

（陈应年）

纪检组监察部

【部门职责编制】 根据集团公司《关于印发<中国水利水电建设集团公司总部机构设置方案>的通知》（中水电企［2003］30号），监察部主要职责是：

1. 在集团公司党组的领导下，负责党风廉政建设和反腐败工作；进行党风廉政建设责任制的实施、考核和监督检查。

2. 制定集团公司纪检监察工作规章制度，编制集团公司监督战略和年度工作计划并组织实施。

3. 贯彻落实中央和上级有关领导干部廉洁自律规定，结合实际制定集团公司领导干部廉洁自律规定并监督实施，按干部管理权限，建立领导干部廉政档案；指导子公司的党风廉政宣传教育工作。

4. 按照干部管理权限，受理涉及集团公司管理的领导干部违反党纪、政纪行为的检举、控告，并组织调查，提出处理意见；受理对党纪、政纪处分不服的申诉；参与重大案件的查处并管理有关案件。

5. 监督检查集团公司管理的领导干部执行国家法律、法规、政策、决定、命令和集团公司制度、决策的情况及依法治企、履行职责的情况。

6. 组织协调集团公司效能监察工作。

7. 参与调查处理与集团有关的重大安全责任事故。

部门岗位设置：根据集团公司《关于重新确定集团公司总部管理部门编制及职位序列的通知》（中水电人［2005］57号）和《集团公司总部管理人员竞争上岗实施办法》（中水电人［2005］39号）的有关规定，集团公司决定取消总部高级主管的岗位设置，设处长编制。按照集团公司《中国水利水电建设集团公司总部中级管理岗位负责人公开选聘公告》（中水电党［2005］105号），监察部设处长2人。其职责是：

处长1：在部门主任、副主任的领导下，①协助负责落实集团公司所属各单位党风廉政建设责任制。具体内容包括签订党风廉政建设责任书；制定和修订党风廉政建设责任制考核评价办法及评分标准；组织考核组进行考核。②协助负责所属各单位纪检监察干部的培训工作。具体内容包括培训计划制定和实施，培训工作的总结。负责部门综合文字材料工作。

处长2：在部门主任、副主任的领导下，①协助负责组织开展效能监察工作。具体内容包括效能监察立项及汇总；组织检查工作情况；对系统效能监察工作总结；对重大事故进行协助调查。②领导干部廉洁自律工作。具体内容包括反腐倡廉教育工作及廉洁自律条规的指定和贯彻。

纪检监察部编制4人，主任：孙宝田。

（陈应年）

【部门2005年工作】 2005年，纪检监察部按照集团公司党组的要求和2005年纪检监察工作会议的安排部署，主要做了以下工作。

1. 负责了集团公司领导与各工程局（厂）党委书记、局（厂）长、集团公司总部各部门主任、公司经理层2005年度《党风廉政建设责任书》签订工作，对2004年党风廉政建设责任制考核进行了奖惩兑现。

2. 修定了《中国水利水电建设集团公司党风廉政建设责任制考核办法》、《中国水利水电建设集团公司党风廉政建设责任制考核评分标准》。

3. 按照国资委纪委《关于组织中央企业开展〈实施纲要〉、〈学习纲要〉和〈廉洁从业规定〉知识竞答活动的通知》（国纪发［2005］11号）要求，于8月5日，组织各工程局（厂），在全体党员中开展了反腐倡廉教育的知识竞答活动。

4. 拟定了集团公司《纪检监察信访管理办法》、《纪检监察案件查办规定》、《纪检监察案件审理规定》。在建立教育、制度、监督并重的惩治和预防体系过程中，进一步健全管理制度。

5. 加强对各工程局（厂）民主生活会的指导。两级领导干部分别按照分管业务，对口参加了16个单位的领导班子民主生活会。

6. 2005年，集团公司纪检监察部共收到各类信访件59件次，同比下降6.35%。

7. 抓了纪检监察干部的业务培训工作。2005年7月8日，监察部在水电八局技术培训学校举办了集团公司第二期信访案件管理软件升级培训班。按照国资委纪委要求，组织18个工程局（厂）对管理软件进行了升级，并对参加信访案件管理软件升级的20名管理人员进行了业务培训。11月，监察部与华北电力大学联合举办了为期20天的集团公司第五期纪检监察岗位培训班。48名基层企业纪检监察干部参加了培训。

8. 开展了效能监察工作。按照集团公司要求，监察部派员参加了对水电九局主辅分离，辅业改制的实地检查工作。2005年集团公司效能监察共立项490项，截至2005年底，共完成472项；通过效能监察发现违纪资金69.42万元，挽回经济损失2226万元，避免经济损失5778万元，债权清欠9259万元，提出建议566条，建章立制366项，推广先进典型14个。7月，在青海西宁召开了集团公司第一次效能监察工作座谈会，17个工程局（厂）的监察部主任参加会议。会议交流了近3年开展企业效能监察工作经验和体会。汇编印制了集团公司《企业效能监察实践与探索》一书。

9. 12月10～20日，集团公司党组组织6个考核组对16家成员企业进行全面检查考核，并对集团公司在实施产业结构调整战略过程中形成的4家新公司的党风建设和反腐倡廉工作情况进行了考察。2005年，经各单位自查、考核组考核、职工测评，各单位2005年党风廉政建设责任制工作综合得分全部在90分以上。

10. 纪检监察信息化建设进一步完善，“集团公司纪检监察网页”内容逐步充实，交流各单位纪检监察工作信息170余条。

（陈应年）

【党风廉政建设责任制考核办法和评分标准】 《中国水利水电建设集团公司党风廉政建设责任制考核办法》（以下简称《党风廉政考核办法》）、《中国水利水电建设集团公司党风廉政建设责任制考核评分标准》（以下简称《党风廉政考核评分标准》），是依据公司党组《贯彻实行党风廉政建设责任制实施细则》（中水电党［2003］45号）和《中国水利水电建设集团公司党风廉政建设责任书》而制定的。《党风廉政考核办法》，分考核对象和期限、考核方法和说明、考核中加重扣分的条件、考评成绩确定及奖惩四个方面的内容，对集团公司《党风廉政建设责任制实施细则》进一步作了细化。《党风廉政考核评分标准》分“执行《党风廉政建设责任制实施细则》规定，全面履行领导职责情况”和“领导班子落实党风廉政建设责任书，完成年度党风廉政建设责任目标的情况”两大方面内容，两大内容又分“考核内容”、“考核项目”、“具体考核要求”、“评分标准”、“自评分”、“考评分”6个科目。《党风廉政考核办法》和《党风廉政考核评分标准》，于2005年5月12日，以中水电党［2005］45号文正式印发。

（陈应年）

【党风廉政建设责任制考核】 按照集团公司党组《党风廉政考核办法》和《党风廉政考核评分标准》（中水电党［2005］45号）要求，12月10～20日，集团公司组织6个考核组，分别对16个成员企业进行全面检查考核，并对集团公司在实施产业结构调整战略过程中形成的4家新公司：华亭发电有限责任公司、阿坝水电开发有限公司、水电基础局有限公司、四川圣达水电开发有限公司的党风廉政建设和反腐倡廉工作情况进行了考察。初步了解了这四家控股、参股企业党的组织建设基本情况，对在现代企业制度下开展党风廉政建设进行了探索。

（陈应年）

【反腐倡廉教育工作】 按照国资委纪委《关于组织中央企业开展〈实施纲要〉、〈学习纲要〉和〈廉洁从业规定〉知识竞答活动的通知》（国纪发［2005］11号）要求，2005年8月5日，集团公司监察部组织各工程局（厂），在全体党员中开展了《建立健全教育、制度、监督并重的惩治和预防腐败体系实施纲要》、《学习建立健全教育、制度、监督并重的惩治和预防腐败体系实施纲要》和《国有企业领导人员廉洁从业若干规定》为主题的反腐倡廉教育的知识竞答活动。在为期一个月的活动中，全系统在岗党员22551人参加了知识竞答，参与率达到93.8%。各工程局、厂领导班子成员和总部中层以上管理人员有230人参加了反腐倡廉教育知识竞答活动，参与率达97%。集团公司领导班子全体成员参加了这次活动，优秀率达到100%。

2005年，集团公司和各工程局（厂）两级共制定反腐倡廉制度230余项；有530名领导人员对职工实行了廉洁承诺。371名领导人员进行了述职述廉，两级党政领导对289人进行了任职前的谈话，对39名领导干部进行了诫勉谈话，共有10人次上交礼金108002元。集团公司纪检组、监察部根据上级有关要求，责成有关单位对长江干堤重要堤防工程和四川“9·27特大交通事故”的相关责任人落实了党纪政纪处分，对集团公司管理的干部履行了处分手续。

（陈应年）

【2005年信访工作】 截至2005年底，集团公司纪检监察部共收到各类信访件59件次，同比下降6.35%。信访中反映的主要问题为：重要人事任免11件次，占20.37%；贪污6件次，占11.11%；贿赂5件次，占9.26%；其他检控类3件次，占5.56%；工资待遇3件次，占5.56%；申诉类1件次。涉及二级企业领导人员的举报26件次，占50.00%；涉及二级企业中层管理人员的举报3件次，占5.77%；涉及三级企业管理人员的举报13件次，占25.00%。以上信访件，监察部按照来信来访所反映的问题和分级管理原则，分别批转相关单位和部门调查核实。各级纪委、监察部门突出办案重点，严肃查处了一批危害国有资产安全、侵害职工权益案件。全年办案17件，受到党纪、政纪处分的共29人。

（陈应年）

【效能监察】 2005年，集团公司所属成员企业，年初效能监察立项490项，截至年底完成472项，通过效能监察发现违纪资金69.42万元，挽回经济损失2226万元，避免经济损失5778万元，债权清欠9259万元，提出建议566条，建章立制366项，推广先进典型14个，发现案件线索4个，立案2件，处分13人，其中党纪处分1人，政纪处分13人。

按照集团公司要求，集团公司监察部参与了对水电九局主辅分离，辅业改制的实地检查工作，抽查了9家单位有关投资、年薪制、资金管理、应收账款等制度的落实情况，从监督角度提出了整改建议，促进了被检单位管理水平的提高。

加强效能监察工作的交流。集团公司派员参加了中央纪委、监察部、国资委联合召开的国有企业效能监察工作座谈会，并书面交流了集团公司效能监察工作做法和经验。印制了集团公司《企业效能监察实践与探索》一书，收集整理了17个成员企业经验材料，为集团公司深入开展效能监察工作提供了参考材料。

（陈应年）

【纪检监察信息化建设】 2005年，集团公司纪检监察信息化建设进一步完善，“集团公司纪检监察网页”内容逐步充实，全年在“警钟”、“政策法规”、“经验交流”、“理论学习”、“工作信息”5个栏目中，交流各单位纪检监察工作信息170余条。

（陈应年）

【纪检监察岗位培训】 2005年，监察部共组织了两期纪检监察岗位培训。一是7月8日，在水电八局技术培训学校，举办了集团公司第二期信访案件管理软件升级培训班。按照国资委纪委要求，组织18个工程局（厂）对管理软件进行了升级，并对20名管理人员进行了业务培训。二是11月21日，集团公司与华北电力大学联合举办了第五期纪检监察岗位培训班。来自各工程局（厂）的48名基层纪检监察干部参加了为期20天的岗位培训。

（陈应年）

【集团公司成立“惩防体系”工作领导小组】 按照中共中央《建立健全教育、制度、监督并重的惩治和预防腐败体系实施纲要》（中水电党字［2005］109号）（以下简称《实施纲要》）精神和上级要求，2005年8月28日，集团公司成立了贯彻落实《实施纲要》工作领导小组。人员如下：

组　长　郭建堂
副组长　范集湘　刘起涛　袁柏松　唐苏军　孙　璀
成　员　郭　志　黄保东　吕瑞翔　王志平　唐定乾　宗敦峰　高　翔　张长源

刘伟民　许贺龙　邓孟元　孙宝田
段尚毅　解登发　丁永泉　楚跃先

领导小组办公室设在监察部，负责领导小组日常工作。

（陈应年）

【集团公司成立监察学会支会】　根据中国监察学会电力分会第三届会员代表大会精神和有关要求，为更好的加强与原电力系统纪检监察工作部门的相互联系、交流、沟通，搭建集团公司纪检监察系统内部工作协作平台。经集团公司批准，2005 年 8 月 30 日，中国水电建设集团公司监察学会水电支会（以下简称监察学会支会）正式成立。

监察学会支会第一届理事会组成人员如下：

名誉会长：唐苏军
会　　长：孙宝田
秘 书 长：陈应年
理　　事：吴进才　李文凯　付胜利　王科选
郝国英　马英怀　逯建华　刘敏立
张　镭　王坤任　王大刚　江章贵
刘炳刚　王景龙　陈尚林　王增发
雷建容
车洪阳　王铁林　吕存智　廖安珠
李怀明　邹荣春　张　禹　林爱民
刘元贺　陈思聪　翟　棹　郑建华
潘韵萍　杨兴泽　马贺群　徐建华
林木强　高定荣

集团公司监察部负责监察学会水电支会日常工作。

（陈应年）

【纪委书记座谈会】　2005 年 11 月 28 日，集团公司纪委书记座谈会在昆明召开。16 家成员企业纪委书记、副书记、监察部主任共 38 人参加了会议，集团公司纪检组组长唐苏军出席了会议。会议就集团公司《建立健全教育、制度、监督并重的惩治和预防腐败体系》（征求意见稿）进行了讨论，并提出修改建议；会议安排了 2005 年度党风廉政建设责任制考核工作，并对 2006 年纪检监察工作要点进行了讨论。会议于 29 日结束。

（陈应年）

审计工作

审计部

【部门职责编制】　根据集团公司《关于印发<中国水利水电建设集团公司总部机构设置方案>的通知》（中水电企［2003］30 号），审计部主要职责是：

1. 建立健全集团公司内部审计工作制度，并指导、监督子公司的内部审计工作。

2. 负责对集团公司总部经营单位和子公司的财务收支及有关经济活动进行审计。

3. 对子公司主要领导人任期经济责任进行审计。

4. 对子公司经营管理和效益情况进行审计。

5. 对子公司内部控制制度的健全性和有效性进行评审。

6. 开展集团公司审计系统信息化工作。

7. 协调与指导集团公司审计学会工作。

8. 完成法律、法规规定和集团公司主要负责人要求办理的其他审计事项。

部门岗位设置：根据集团公司《关于重新确定集团公司总部管理部门编制及职位序列的通知》（中水电人［2005］57 号）和《集团公司总部管理人员竞争上岗实施办法》（人［2005］39 号）的有关规定，集团公司决定取消总部组织机构岗位设置中执行层高级主管的设置及称谓，增设处长编制。按照集团公司《中国水利水电建设集团公司总部中级管理岗位负责人公开选聘公告》（中水电党［2005］105 号），审计部设处长 2 人。

处长 1：在部门主任、副主任的领导下，协助负责对所属单位主要领导人的任期经济责任审计，并能够在审计中担任主审；对所属单位有关内部控制制度的建立和执行情况审计，并能够在审计中担任主审；组织或参与对控股、参股企业及集团公司系统联营项目的审计，并能够在审计中担任主审；负责起草有关内部审计工作制度，编制年度内部审计工作计划；参与组织召开系统审计工作会议；参与协调、指导所属单位审计部门开展工作。

处长 2：在部门主任、副主任的领导下，协助负责对直属子公司资产经营责任审计，并能够在审计中担任主审；对所属单位资产、负债、损益审计，并能够在审计中担任主审；负责起草有关内部审计工作制度，编制年度内部审计工作计划；参与协调与指导系统审计学会开展工作；负责组织全系统审计人员业务培训工作。

审计部编制 5 人，主任：邓孟元。

（陈　美）

【部门 2005 年工作】　2005 年，审计部紧紧围绕以转变经济增长方式、提高经济效益、增强可持续发展能力、推进集团跨越式发展这个中心，坚持“全面审计，突出重点”的方针，加大审计工作力度，认真履行职责，充分发挥内部审计的监督与服务职能，超额完成了年度的审计工作计划。

一是围绕集团公司的经营和发展目标，突出重点开展所属单位资产经营责任制考核确认工作和直属子公司资产经营责任审计。与财务产权部一起根据集团公司《所属企业（公司）负责人年度经营业绩考核暂行办法》（中水电财［2005］9号），对所属单位资产经营责任制开展了考核确认工作，通过对集团公司下达的6项指标全面考核认定，准确地反映经营者的业绩，确定所属企业领导人的年终兑现奖金，为年终集团公司实施三项责任制考核兑现提供了可靠依据。

二是重点抓了有关成员企业领导干部任期经济责任审计。2005年，集团公司对有关单位的党政主要领导进行了调整和聘任。按照《关于印发＜中国水利水电建设集团公司各成员企业主要领导人员任期经济责任审计实施办法（试行）＞的通知》（中水电审［2004］11号），审计部及时组织审计人员，开展了对富春江水工厂、水电五局、水电六局、水电七局、水电十局、夹江水工厂主要领导干部任期经济责任审计。对被审计领导干部任职期间履行经济责任作出了客观公正的评价，同时也为人事部门考核、任用领导干部提供了可靠的依据。

三是与监察部、人力资源部、财务产权部、资金结算中心组成联合检查组，依据集团公司的有关制度规定，对水电三局、水电四局、水电五局、水电七局、水电八局、水电九局、水电十局、水电十三局的投资情况、担保管理情况、企业负责人年薪制执行情况、高风险投资业务情况、资金集中情况及应收账款的回收情况进行了检查，促进集团管控能力的提高。

四是开展了对境外项目的经济效益审计和财务决算审计。根据国资委《关于中央企业财务决算审计工作规则》（国资发评价［2004］173号），审计部对伊朗塔里干项目自开工以来至2004年底整个项目经济效益情况和2004年度财务决算情况进行了审计；对项目的经济效益情况和经营管理、财务管理、合同管理、内部经营及结算等内控制度执行情况进行了检查，并对项目提供的《2004年度会计决算报表》各项数据进行了核实，对主要财务指标以及有关数据的变化进行了核算分析，同时对项目管理中存在的薄弱环节提出了多项审计意见，审计意见得到了有关部门的采纳。

五是抓了审计工作制度建设和审计队伍建设。根据国资委《中央企业内部审计管理暂行办法》（国务院国有资产监督管理委员会令第8号）及其他有关法律、法规，审计部先后印发了《中国水利水电建设集团公司内部审计工作规定》（中水电审［2005］3号）和《中国水利水电建设集团公司内部控制审计测评办法》（中水电审［2005］4号），进一步规范了集团公司审计工作。

此外，组织各成员企业40名审计人员参加了由集团公司和金剑审计软件公司共同举办的金剑审计软件应用培训班。截至2005年底，集团公司有专职审计人员109名。

（陈　美）

【集团公司内部审计工作规定】　《中国水利水电建设集团公司内部审计工作规定》（以下简称《集团公司内部审计工作规定》），由“总则”、“内部审计机构与人员”、“内部审计机构主要职责”、“内部审计工作程序”、“内部审计工作要求”、“内部审计工作责任”、“附则”共7章49条组成。对集团公司内部审计机构、审计人员、主要职责、工作程序、工作要求、工作责任等作出了明确要求。《集团公司内部审计工作规定》已于2005年6月6日，以（中水电审［2005］3号）文正式印发。

（陈　美）

【集团公司内部控制审计测评办法】　《集团公司内部控制审计测评办法》，全称为《中国水利水电建设集团公司内部控制审计测评办法》。共分“总则”、“测评的主要内容”、“测评的主要步骤和方法”、“审计测评的注意事项”、“附则”共5章30条。对集团公司内部控制审计测评的主要内容、方法步骤、注意事项等作出了明确的规定。《集团公司内部控制审计测评办法》，2005年6月6日以（中水电审［2005］4号）文正式印发。

（陈　美）

【任期经济责任审计】　2005年，审计部共开展领导干部任期经济责任审计工作6项。

一是4月18～27日，对潘承东同志自2002～2004年任富春江水电设备总厂厂长期间的任期经济责任进行了审计。审计确认潘承东同志任厂长期间（2002～2004年），累计完成企业总产值5.67亿元；2002～2004年底，新签合同中标额16.79亿元，2004年底结转合同工作量14亿元，实现了国有资产保值增值。

二是7月11～22日，对孙洪水同志2001～2004年任水电六局局长期间的经济责任审计。审计确认孙洪水同志任水电六局局长的4年（2001～2004年）

中，累计完成企业总产值27.31亿元，2001年6月接手合同工作量2.02亿元，2001年6月～2004年11月底新签合同项目204个，中标金额46.62亿元，2004年11月底结转合同工作量25.04亿元。2001～2003年来共消化以前年度潜亏1215万元，实现考核利润2215万元，实现了国有资产保值增值，职工收入逐年增长。

三是8月11～22日，对范集湘同志2001～2004年任水电七局局长期间的经济责任审计。审计确认范集湘同志任水电七局局长的4年（2001～2004年）中，累计完成企业总产值79.14亿元，4年实现账面利润总额11495万元，实现考核利润14230万元。2001年1月～2004年11月底，共签订合同项目224个，中标金额145亿元，2004年11月底结转合同存量93.32亿元。范集湘同志任水电七局局长期间，使水电七局的总体业绩和综合实力位居集团成员企业前列，经营管理业绩显著，实现了国有资产的保值增值，职工收入逐年增长。

四是11月17～30日，对郭志强同志1999～2005年任水电五局局长期间的经济责任审计。审计确认郭志强同志任水电五局局长的7年（1999～2005年）中，累计完成企业总产值709582.07万元，7年实现账面利润总额1287.9万元，实现考核利润3794.29万元。1998年8月～2005年9月底，共签订合同项目231个，中标金额102.69亿元，2005年9月底结转合同工作量47.01亿元。1999～2005年度，水电五局经营管理业绩逐年提高，实现了国有资产保值增值，职工收入逐年增长。

五是11月17～30日，对文端超同志1999～2005年任水电十局局长期间的经济责任审计。审计确认文端超同志任水电十局局长期间（1999年～2005年9月），累计完成企业总产值41亿元，任期内共实现账面利润总额1823万元，实现考核利润2696万元。1999年4月～2005年9月底，共签订合同项目298个，中标金额50.37亿元，2005年9月底结转合同存量18.31亿元，实现了国有资产保值增值，职工收入逐年增长。

六是12月2～6日，对季晓勇同志2001～2005年任夹江水工机械厂厂长期间的经济责任审计。审计确认季晓勇同志任厂长期间（2001年4月～2005年9月），累计完成企业总产值6.4亿元，任期内共实现利润总额742万元（账面数）。2001年～2005年9月底，中标金额10.73亿元，2005年9月底结转合同存量3.88亿元，企业各项经济指标有了较大增长。

（陈　美）

【资产经营责任审计】　2005年，审计部共开展资产经营责任审计3项。一是5月13日～6月2日，对机电物资公司2004年度资产经营情况进行审计。审计组重点审核了机电物资公司本部及其所属子公司2004年的财务报表、会计账簿、部分会计凭证及清产核资相关资料，核实了机电物资公司2004年经营成果。2004年，机电物资公司完成收入总额56774.31万元，实现营业利润1180.77万元。营业收入利润率为2.08%。

二是5月30日，对海外事业部2004年资产经营情况审计。审计组检查了海外事业部本部提供的2004年会计报表、会计账簿及部分会计凭证，对该事业部的经营成果进行了核实。2004年，海外事业部完成收入总额204890万元（扣除出口信用保险费2091万元），实现利润2327万元。

三是7月4～6日，对华夏新技术开发公司2004年度资产经营责任审计。审计组按照集团公司下达的经营单位经济责任指标及有关规定，检查了华夏新技术开发公司2004年度的有关会计凭证、账簿及报表，并对该公司的经营成果进行了核实。2004年，华夏公司完成营业收入91.5万元，实现利润10.05万元。

（陈　美）

【国外项目经济效益和财务决算审计】　2005年，审计部进行国外项目审计1项。3月10～18日，集团公司审计组对伊朗塔里干水利枢纽工程项目2004年度财务决算、开工以来至2004年12月31日整个项目经营情况，就地进行了经济效益审计和财务决算审计。

（陈　美）

【五项制度专项检查】　为强化集团公司管控力度，提高集团内部管控能力，2005年9月6～17日，由审计部、监察部、人力资源部、财务产权部、资金结算中心5个部门组成的两个专项检查小组，分别对水电三局、水电四局、水电五局、水电七局、水电八局、水电九局、水电十局、水电十三局8个单位的投资管理情况、担保管理情况、企业负责人年薪制执行情况、资金集中管理情况、应收款项管理情况进行为期10天的重点专项检查。并将检查情况予以通报。

从被检查单位看，都设立了归口管理投资工作的机构，大部分成立了投资工作的审查机构和决策机构，对新近投资的项目，各被查单位能够坚持集体决策，认真履行投资管理程序，建立健全法人治理结构，规范公司运作程序。被检查单位均成立独立的资金结算管理机构，制定了相应的资金集中管理办法，初步建立了内部资金管理体系，并按照集团公司要求将本单位中国建设银行账户纳入集团现金流量管理网络，配合集团公司实施了资金集约化管理。被检查单位大都制定了债权债务管理办法，通过明确债权回收责任主体并实行债权回收终身负责制等措施，债权回收工作取得了明显效果。年薪制方面，被检查企业的党政领导班子成员工资，均按集团公司核定的标准发放，没有发生在核定年薪之外另行发放工资现象。

（陈　美）

【计算机辅助审计软件培训】　2005 年 7 月 24～29 日，集团公司审计部与西安金剑软件有限公司在西安联合举办计算机辅助审计软件培训班。各成员企业审计人员 40 人参加软件应用培训。培训内容为计算机辅助审计基础知识、《金剑审计系统 V2005》软件功能、《金剑审计系统 V2005》软件应用。通过培训，审计人员基本掌握了《金剑审计系统 V2005》软件的操作使用，能够把被审计单位的财务数据转换到审计软件中，能够利用审计软件对财务数据进行查询、筛选、分析、处理，能够在本单位开展的审计项目上试用该软件进行辅助审计。

（陈　美）

专业会议

【2005 年审计工作会议】　2005 年 4 月 24 日，集团公司在成都召开 2005 年度市场经营管理暨审计工作会议。集团公司副总经理范集湘、袁柏松出席会议，各工程局（厂）主管审计工作、市场开发和经营管理工作的副局长以及部门负责人 100 人参加会议。范集湘副总经理做了《牢固树立科学发展观，大力推进经营管理转型，强化审计监督，提高经营质量，促进集团跨越式发展》的讲话，指出要建设一支具有良好职业道德和较高专业素质的审计工作队伍，并要求审计工作要加强其科学性、原则性、规范性、权威性和服务性，不断提高审计工作的质量。与会人员还听取了中国内部审计协会副秘书长张玉所做的审计专题讲座。会议于 26 日结束。

（陈　美）

监事会

【国有企业监事会对集团公司进行实地监督检查】
2005 年，是国有企业监事会 54 办事处（以下简称 54 办）正式进驻集团公司第三年。6～8 月，国有企业监事会主席范有年带领 54 办彭岚主任等 4 人，分别对水电七局、阿坝水电开发有限公司、水电八局、水电基础局有限公司及集团公司总部进行实地监督检查。有关被监督检查单位主要负责人，向范有年主席等检查组人员全面汇报了本单位 2004 年生产经营、财务管理、内部管理、安全生产、对外投资和担保、清产核资、改制重组、主辅分离等方面的情况。

（杨俊芳）

第十篇　成员企业要览

Chapter X　Group Members

中国水利水电第一工程局

概　　况

【综述】　中国水利水电第一工程局（以下简称水电一局）前身是水利电力部桓仁水力发电工程局，始建于1958年。现具有建设部核发的水利水电工程施工总承包一级、市政公用工程施工总承包一级、机电安装工程施工总承包一级、土石方工程专业承包一级、公路路基工程专业承包一级、地基与基础工程专业承包二级、钢结构工程专业承包二级资质。拥有固定资产34021万元，其中设备23337万元，已通过ISO9001质量管理体系和ISO14001环境、OHSAS18001职业健康安全管理体系认证，获得了吉林省建设厅颁发的建设施工企业安全生产许可证，是国家专业从事大中型水电工程建设的骨干企业之一。

全局现有职工10310人，其中专业技术人员2256人，中级专业技术人员1957人，高级专业技术人员299人，具有建设部核发资质的项目经理315人。

建局以来，相继独立建成了多座大型水利水电枢纽和抽水蓄能电站工程。其中吉林白山水电站总装机容量150万千瓦，是东北地区最大的水电站，也是我国第一座三心圆重力拱坝；黑龙江莲花水电站是在严寒地区修建的我国第一座大型混凝土面板堆石坝，荣获2001年度中国建筑工程质量最高奖——鲁班奖；云南大朝山水电站荣获2004年度中国建筑工程质量最高奖——鲁班奖；江西长江干流江岸与堤防加固工程获2005年度中国水利工程优质奖。

水电一局先后荣获全国科学大会奖5项，国家科学技术进步一等奖1项，国家部委、省科技奖35项。2005年，《连续拉伸式液压千斤顶——钢绞线斜井滑模系统》由国家知识产权局在发明专利公报中公布，并获集团公司科技进步一等奖、中国电力科学技术三等奖。获国家工商总局“重合同、守信用”称号；吉林省委、省政府“精神文明建设先进单位”称号。

随着企业综合能力和整体素质不断提高，水电一局年度可完成建筑安装产值18亿元以上，年施工能力为：土石方开挖1000万立方米；混凝土浇筑120万立方米；钢结构制作安装2万吨；基础处理及岩石钻孔灌浆156万延米，可同期异地安装多台大型水轮发电机组。

【局领导班子】　水电一局党政领导班子成员共14人。局长姜戌年，党委书记车治中，副局长刘万海（兼总经济师）、茹彩江、常焕生（兼总工程师）、王征、文俊杰、赵冠群、刘士信、王佳多、刘忠长，党委副书记、纪委书记吴进才，总会计师张嘉军，工会主席肖奇。

【组织机构】　水电一局所属生产单位11个，分别为一分局、二分局、三分局、四分局、五分局、六分局、七分局、八分局、九分局、建筑安装施工局、第一工程处。非生产单位5个，分别为口前基地、桦甸基地、旅顺基地、教育处、卫生处。水电一局机关职能部门17个，其中行政部门14个，分别为局长工作部、审计部、监察部、工程技术部、市场开发部、人事管理部、财务管理部、设备物资部、经营管理部、安全监察部、社会保险部、新闻中心、综合管理部、培训中心。党群部门3个，分别为党委工作部、纪委、工会。其中监察部和纪委合署办公。

【2005年工作】　2005年，水电一局重点做好了以下几项工作：重视和加强市场开发工作的组织和领导，整合全局资源，加大了市场开发力度，市场开发突破预期目标；加强对项目的履约管理，精心组织施工，在建工程履约良好；依托在建项目，加强科技公关，科技工作取得新成果；以制度建设为重点，加大管理力度，管理水平稳步提升；坚持“两手抓，两手都要硬”，精神文明建设取得新成绩。

2005年，全年完成产值14.23亿元，完成计划的109.46%；新签工程合同金额17.8亿元，完成计划的116.67%；全年业绩利润完成计划的114.9%；职工人均收入较上年增长12%；工程质量达到质量目标要求；安全控制在上级规定指标。

（董红涛　尹荣君）

工程建设

【中标工程综述】 为了扩大市场占有率，水电一局加大了市场开发的力度，针对市场的变化，及时研究对策，调整策略，落实责任，明确任务。2005年市场开发创历史最好水平，全年新中标工程107项，合同金额178120万元，其中国外工程3项。

【老龙口水利枢纽土石坝工程】 2005年5月13日，水电一局中标吉林省老龙口水利枢纽土石坝工程，中标金额为1.1亿元。总工期为39个月。

老龙口水利枢纽工程位于珲春河干流上，控制流域面积3008平方公里，距珲春市区约30公里，坝址区位于吉林省延边朝鲜族自治州珲春市哈达门乡老龙口村，是一座以防洪、供水为主，结合灌溉、兼顾发电等综合利用的水利枢纽工程。该工程为大(2)型水利枢纽工程，主要建筑物由土石坝、溢洪道、引水隧洞、发电厂房等组成。土石坝坝顶高程为120.50米，坝顶长756.75米，最大坝高44.5米。坝顶宽6米，黏土心墙顶宽3.0米，心墙顶高程为118.90米，心墙底部设黏土截水槽，槽底设混凝土盖板，盖板下设帷幕灌浆。

【石堤水电站工程】 2005年5月25日，水电一局中标重庆石堤水电站工程，中标金额为19277万元。

重庆石堤水电站位于沅水支流酉水的上游，坝址位于重庆市秀山县石堤镇北河桥上游约1.7公里处。石堤水电站为二等大(2)型工程，枢纽建筑物由碾压混凝土重力坝、坝身溢流表孔、消力池、坝式进水口、坝后式电站厂房等组成。该水电站主要以发电为主，兼有改善库区航运、发展旅游等综合功能。电站装机2台，总装机容量12万千瓦。工程总工期为28个月。

【西金沟水电站主体工程】 2005年9月8日，水电一局中标西金沟水电站主体工程。工程位于吉林省桦甸市夹皮沟镇西崴子屯金银别河口下游二道松花江干流600米处，距夹皮沟镇26.5公里。中标金额为9000万元。工期为36个月。

西金沟水电站是一个以发电为主，集水产养殖和旅游为一体的综合项目。大坝由厂房坝段、溢流坝段和挡水坝段组成，总装机容量4.8万千瓦，由四台1.2万千瓦水轮发电机组成。

【南水北调京石段磁河倒虹吸S9标段】 2005年9月8日，水电一局中标南水北调京石段应急供水工程磁河倒虹吸S9标段，中标金额为8390万元。工期为36个月。

南水北调中线京石段应急供水工程南起河北省石家庄，北至北京团城湖，是结合向北京应急供水优先安排的工程。工程建成后，可联合调度河北省岗南、黄壁庄、王快、西大洋4座水库向北京供水。工期要求2007年具备每年向北京应急供水4亿立方米的能力。总工期为24个月。

【阜新至朝阳段26标段公路工程】 2005年12月7日，水电一局以9757万元中标铁岭（毛家店）至朝阳（三十家子）高速公路阜新至朝阳第26标段公路工程。

阜新至朝阳第26标段位于辽阳西部，里程桩号为K479+400～K489+000，公路全长9.6公里，起点位于凌源市凌北镇房身村南K479+400处。其中：开挖方总量为811774立方米，填方总量为895824立方米，改路、改河开挖方为17048立方米。工程主要建筑物有大桥两座：大凌河大桥、东庄大桥，桥梁总长1120.4米；中桥三座：总长144.2米；小桥、通道函16座，全长279.5米；涵洞八条，分离式立交桥一座。总工期为18个月。

【在建工程综述】 2005年，水电一局以项目管理为重点，着重抓好在建工程建设，并通过全局职工的不懈努力克服了工程项目多、分布范围广、资金和设备不足等困难，加强了对项目的履约管理力度，精心组织施工生产，主要在建工程较好地履行了施工合同，履约率良好，受到业主好评。白山水电站1号机组11月29日并网，实现了年度发电目标；双沟水电站大坝7月30日提前填筑；琅琊山、官地、桐柏、白莲河水电站等工程项目都按期、提前实现工期目标。2005年全部单元工程优良率88.7%，单元工程一次验收合格率为98.75%。2005年竣工工程5项，获奖工程2项。

【金安桥水电站导流洞及金属结构安装工程】 金安桥水电站位于云南省丽江市境内的金沙江中游河段上，是金沙江中游河段第五级电站，总装机容量250万千瓦。

水电一局于2004年1月16日中标承建导流洞及金属结构安装工程，中标金额19017万元。主要工程量为：土方开挖19.353万立方米；石方开挖90.9万立方米；混凝土71.5823万立方米；钢筋制作安装9440吨；机组安装2059.6吨。自开工到2005年12月累计完成量1.66亿，文明施工情况良好，受到业主、监理单位的好评。

【白莲河抽水蓄能电站引水系统工程】　白莲河抽水蓄能电站位于湖北省黄冈市罗田县白莲河乡境内，由华中电网公司和湖北省电力公司共同出资筹建。工程为一等大（1）型工程，电站安装4台30万千瓦可逆式抽水蓄能机组，总装机容量为120万千瓦。

工程永久建筑物由上水库主坝、副坝、引水系统和地下厂房等建筑物组成。水电一局主要承担的工程为引水系统，合同金额为1.58亿元。1号和2号主洞工程上半洞开挖进入尾声。总工期为39个月。

【大顶子山航电枢纽土建工程】　大顶子山航电枢纽是一座以航运、发电和改善哈尔滨市水环境为主，同时具有交通、水产养殖和旅游等综合利用功能的低水头航电枢纽工程。枢纽建筑物有船闸、泄洪闸及混凝土过渡坝段、河床式水电站、土坝、闸（坝）上公路（桥）等。水库正常蓄水位116.00米，最大库容16.97亿立方米，装机容量6.6万千瓦，最大下泄流量22704立方米/秒。枢纽工程为一等工程，工程规模为大（1）型，相应的土坝为2级建筑物，相应洪水标准为100年一遇洪水设计，300年一遇洪水校核。

水电一局所承担的松花江大顶子山航电枢纽工程土建标段工程施工，合同金额为17174万元。施工计划工期为18个月。

【桐柏抽水蓄能电站C2标土建工程】　桐柏抽水蓄能电站位于浙江省天台县，该电站是一座日调节纯抽水蓄能电站，共装有四台立轴单级混流可逆式水泵水轮机组，机组单机容量30万千瓦，总装机容量120万千瓦。电站枢纽由上水库、下水库、输水系统、地下厂房、开关站等部分组成。水电一局承建C2标上水库及上游输水系统土建工程，合同金额8100万元，总工期为60个月。

该项工程在施工中主要的施工方法为事故闸门井开挖采用“导井→扩挖”法施工，采用正导井开挖，然后自上而下进行正向扩挖施工；闸门井混凝土衬砌采用液压滑动模板进行施工；上、下平洞开挖均采用先导洞后扩挖，周边光面爆破；下平段采用自制全断面钢模台车衬砌施工；斜井开挖采用正、反导井相结合，导井贯通后采用自上而下全断面扩挖成形；斜井混凝土衬砌采用自行研制的连续拉伸液压式滑模体施工。1号输水系统工程已于2005年7月6日冲水试验成功。

【宝泉抽水蓄能电站引水系统工程】　宝泉抽水蓄能站位于河南省辉县市薄壁镇大王庙以上2.4公里的峪河上。电站与新乡市、焦作市和郑州市的直线距离分别为45公里、30公里和80公里。

水电一局承建电站引水系统工程（BQP/ C3）标段，中标金额12300万元。工期到2009年3月。

宝泉抽水蓄能站引水系统工程主要由上平洞、上斜井、中平洞、下斜井、下平洞、岔管、高压支管和相应的施工支洞及其他附属工程组成。引水系统按两洞四机布置，引水隧道全长2876.9米，其中单条斜井长度为761.7米，开挖直径7.5米，倾角50°，自开工累计完成工作量2567.7万元。

【双沟水电站大坝及溢洪道工程】　双沟水电站位于吉林省白山市抚松县双沟村，是一座以发电为主，兼有防洪任务的水利枢纽工程。枢纽由混凝土面板堆石坝、岸坡溢洪道、引水系统及发电系统组成。水库总库容3.88亿立方米，电站总装机容量28万千瓦。双沟水电站面板堆石坝最大坝高110米，坝顶长294米，上游混凝土面板共分29块，其中间部位12块，每块宽14米，左边8块，每块宽7米，右边9块，每块宽7米。坝顶高程为590米，坝顶宽度10米。坝顶上游侧有5.2米的实体挡墙，作为坝体的一部分及防浪墙，防浪墙高1.2米。坝顶为沥青路面。岸坡溢洪道布置在左岸，傍山开挖共3孔，溢洪道由进水渠、控制段、泄槽及消能防冲设施四部分组成，溢洪道采用挑流消能方式。水电一局中标承建大坝及溢洪道工程，合同金额12653万元。计划工期为56个月。

截至2005年，大坝堆石体填筑至497.0米高程；大坝主堆石基础验收结束；溢洪道梯段开挖进行中；趾板混凝土及基础处理混凝土18～21块施工准备结束，具备混凝土浇筑条件。

【琅琊山抽水蓄能电站地下厂房和水道系统土建工程】　琅琊山抽水蓄能电站位于安徽滁州市西南部，电站装机4台，总装机容量60万千瓦，单机容量15万千瓦。电站枢纽主要由上水库、水道系统、电站厂房系统及地面开关站和中控室系统工程等组成，工程等级为二等。电站建成后接入安徽省电网，在系统中担负着调峰填谷、调频调相和紧急事故备用等任务。水电一局中标承建地下厂房和水道系统土建工程，合同金额18933万元。工程总工期为60个月。

2005年主要进行厂房、尾水隧洞、出口明渠、调压井混凝土施工。

【官地水电站场内交通工程右岸高低线工程】 官地水电站位于四川省凉山彝族自治州西昌市与盐源县交界的雅砻江打倮河弯段上。该电站是雅砻江卡拉至江口河段水电规划5级开发方式的第3个大型梯级电站，上游有锦屏一、二级电站，下游有二滩、桐子林电站。二滩水电站已建成发电。本电站工程为雅砻江水电滚动开发的又一大型工程，由二滩水电开发有限责任公司投资建设。

2005年7月28日，水电一局中标官地水电站场内交通工程右岸高低干线工程，合同金额16817万元。合同工期为14个月。场内右岸高低线工程主要工程量包括：涵洞10条，总长105米；隧道5条，总长2805米，以及道路工程等。其中土方开挖16.172万立方米；石方开挖31.88万立方米；混凝土浇筑7.326万立方米；喷混凝土2.09万立方米；路面混凝土浇筑2.15万立方米；锚杆10.08万根；浆砌石4.27万立方米；钢筋制作安装1972吨；型钢架制作安装2412吨。自开工累计完成工作量1303万元。采用的施工方法是洞身开挖，根据岩石地质条件进行上台阶开挖，然后进行下台阶开挖。洞身支护同洞身开挖进行同样的支护形式。官地水电站场内交通工程达到了业主制定的三个节点工期。其一，右岸高低线连接便道全线贯通；其二，右岸低线1号隧洞全线贯通及相应的初期支护全部完成；其三，右岸低线路基全线贯通，达到设计断面尺寸。

【竣工工程】

（1）上沟水利枢纽工程。上沟水利枢纽工程位于吉林省敦化市沙河沿镇上沟村，工程主要由拦河坝、引水隧洞、发电厂、变电站组成，装机四台，工程总投资14142.98万元。水电一局承担合同金额为5052万元。

（2）调兵山市污水处理厂工程。调兵山市污水处理工程位于辽宁省调兵山市，工程设计规模为日处理污水3万吨（二级污水处理厂），主要工程有生化池、粗格栅污水提升泵房、细格栅间旋流沉砂池、两座二沉池、一座污泥脱水间等。2005年10月竣工。

（3）泰安抽水蓄能电站引水系统钢管制作安装工程。泰安抽水蓄能电站引水系统位于山东泰安市西部的泰山西南麓，距泰安市5公里。该蓄能电站由上水库、下水库、输水系统及地下厂房系统等建筑物组成，上库正常蓄水位410.0米，相应库容1127.6万立方米；下库正常蓄水位165.0米，相应库容2234.7万立方米，为不完全多年调节水库。地下厂房布置4台单级混流可逆式水泵水轮发电机组，总装机容量为100万千瓦（4×25万千瓦）。水电一局主要承担电站引水系统土建和钢管制作安装工程的施工，2005年4月钢管制作安装工程竣工。

【江西省长江干流江岸与堤防加固整治工程获中国水利工程优质奖】 2005年9月15日，在新疆召开的全国水利建设质量安全工作会议上，中国水利工程学会对武汉市龙王庙综合治理工程等12项工程颁发了2005年度中国水利工程优质奖，江西省长江干流江岸与堤防加固整治工程获此殊荣。

水电一局在江西省长江干流江岸与堤防加固整治工程施工中，按照设计要求完成了全部施工任务。采取强有力的组织和管理措施，精心组织、创优目标明确，施工管理规范，建立质量保证体系；施工中采用振孔高喷、模袋混凝土、土工格栅填筑等新工艺、新技术；工程质量优良，未发生过质量安全事故。工程建成后，经过两年的运行，运行状况良好，取得了显著的效果。

【嫩江右岸省界堤防工程被评为松辽流域优良工程】 嫩江右岸省界堤防工程半拉山第九标段，于2005年10月15日通过松辽嫩江右岸（省界）堤防工程建设管理局组织的竣工验收。该工程于2004年4月9日开工，2005年7月15日竣工。工程包括3个单位工程、19个分部工程。经过松辽委专家验收小组考核，单元工程合格率100%；单元工程优良率94%；外观质量评定86.1%。施工过程中未出现任何安全、质量事故，建设和监理单位给与了很高的评价。

（相鹏涛　尹荣君）

管理创新

【实施目标成本管理】 水电一局注重管理工作的创新，在2003年汇编管理文件的基础上，对几年来的管理制度进行了修订和整合，重新印发了《管理文件汇编》。汇编体现了从以往成员企业向集团公司所属子企业转换的基本要求，充分体现了集团公司作为“出资人”地位的定位。其次，在完善内部经营制度方面做到了与集团公司的要求相吻合，变过去延用的“内部经营合同”为新的“经营业绩责任书”，提高了工作效率，真正体现了法人意志。再次，在对项目的管理上，尝试变过去通由二级单位管理项目，为工程局对重要项目进行直接管理的管理模式，拟通过试点取得经验后，逐步在工程局所属的大项目和重要项目推开，达到缩短管理链条，提高管理效益的目的。第四，在实施项目目标成本管理方面，加大了工作力度。年初认真布置了项目

预算分解，并将其作为业绩考核指标之一；工程局负责对大项目（7000 万元以上）的预算分解，中型项目（1000～7000 万元）由项目所在二级单位负责分解，工程局批准；小型项目（1000 万元以下）由项目部分解，项目所在二级单位批准，报工程局备案。对大项目和百分之九十五的中小项目都进行了预算分解。为全面实行目标成本工作打下了基础。

【落实资产经营责任制】　自 2005 年起，水电一局认真贯彻实施资产经营责任制，对以往的合同指标进行实质性的调整。调整后的指标主要有：

上缴指标：保证全局生产经营所需的统筹资金、上缴投资收益资金、人力资源再生产所需资金。包括上缴无形资产占用费、上缴固定资产占用费、上缴利润、上缴统筹固定资产更新费、上缴地方统筹资金等。

业绩指标：体现出资人、经营者最关心的投资收益和经营效益，二级单位的经营能力和可持续协调发展能力，体现资产的运营效率和资金的使用效率。包括营业收入利润率、营业收入计划完成率、下年度工程储备计划完成率、资金集中度、应收款项回收率及新形成率等。

管理指标：是管理的基本要求、实现上缴指标和完成业绩指标的保证措施。包括质量、环境、职业健康安全管理体系有效运行；合同履约率；固定资产折旧率；财务预算管理；目标成本控制等。

年度经营业绩考核指标中，上缴指标作为否决指标；业绩指标作为重要考核指标；管理指标作为惩处指标只罚不奖。

2005 年，十一个与工程局签订责任书的施工单位已经有九个单位完成了责任书要求的指标，按照责任书规定予以奖励。有两个施工单位没有能够完成上缴指标，按照责任书规定予以处罚。

（王正春）

【加强预算管理】　自 2003 年以来，集团公司在系统内全面推行了预算管理工作，在 3 年的管理实践中，水电一局的预算管理工作也经历了从无到有、从不完善到逐渐完善的过程。目前已经成为工程局提高管理、增加效益的主要管理手段，管理体系相对来说比较健全。工程局制定下发了比较完善的、可操作的财务预算管理办法，在办法中明确了预算指标的预测、编制、审核、下达、执行、分析、考核、奖罚等具体工作流程。工程局成立了以主要领导为主任、副主任，相关部门负责人为委员的预算管理委员会，并明确了各部门在预算管理工作中的职责。工程局的财务预算编制采用自上而下，自下而上，上下结合，分级编制，逐级汇总的编制程序，即先由工程局决策层下达各项财务预算指标的参考目标，基层单位根据下达的参考目标，结合单位实际情况编制上报，工程局编制组织部门根据预算目标进行审核、汇总，对预算缺口提出综合平衡建议。通过决策层与预算执行单位的协调一致，最后形成预算目标，下达、分解、执行。这种编制流程充分发挥了民主集中制原则，即体现了工程局总目标，又充分考虑了基层单位实际，使预算能够得到有效的贯彻执行，避免了上下扯皮现象发生。

在预算执行过程中，建立了动态跟踪和定期反馈制度，随时掌握预算执行情况，同时避免了预算执行单位因不了解预算执行情况而出现控制松弛；对预算执行进度差异较大的单位，责成进行专项分析说明；建立了有效的绩效考核体系，并确定预算在绩效考核体系中的合理比重，提高了基层单位实施预算控制的积极性。建立并完善了预算管理与现金收支精细化管理相结合，预算管理同工程项目目标成本管理相结合，预算管理同落实工程局管理制度、提高企业约束力相结合，预算管理同二级单位经营者和职工经济利益相结合的预算管理体系。

（张大军）

【实行资金集约化管理】

（1）工程局下发了《实施资金集约化管理办法》，要求新中标 1000 万元以上工程项目，在当地建行开立收支签约账户开通网上银行进行“两条线”管理。在已签约的收支账户中，可以进行实时监控和上划资金。利用银行网络先进手段，加强了资金的可控管理。

（2）工程局在口前地区成立了资金管理中心分部，口前地区 17 个二级单位在资金中心分部开立了内部存款账户，撤消了外部银行账户，对二级单位资金实行了集中统一管理。

（3）工程局对二级单位开立银行账户和账户年检，严格审批程序，对以前年度不符合规定开立的银行账户，不予年检，限期撤消。共清理银行账户 68 个。加强了银行账户的管理，制止了滥开账户现象。

（4）工程局将资金集中度指标分解到二级单位并体现在经营业绩考核责任书里，对二级单位主要领导进行考核予以奖罚；根据资金集约化、银行账户管理等情况，对委派财务负责人进行业绩考核。

（丁　毅）

【加强大型设备统一管理】　水电一局现有大型设备317台（套），为了便于管理，充分发挥大型设备在施工生产中的作用，提高设备利用率，2005年对所有大型设备统一进行了编号并制作标牌，发给各二级单位。设备物资管理部全年两次派检查组到工程局主要施工现场对大型设备的实际状况及使用情况进行了调查、了解，根据工程需求对闲置的大型特种设备进行了平衡调剂。2005年，共为二级单位平衡调剂大型特种设备4台，并派专人到现场交接，跟踪验收，解决了生产急需，实现了大型特种设备使用效益最大化。

（宿桂琴）

【干部考核和聘任】　根据工程局行政干部管理的要求，对副处级以上领导干部提职进行考核，谈话236人，下文聘任34人；对十一个二级单位的财务科长进行重新聘任；对8个机关部室的主要领导进行了调整聘任（含培训中心）。行文聘任建筑安装施工局班子的行政副职。根据工程局整体部署下文聘任了两个直属项目部的项目经理。聘任了21个科级干部，因年龄原因改任调研员、协理员17人。考核了全局24个基层单位和局机关职能部门1764名在岗管理人员。与此同时，完成了普教处、公安局移交地方的相关人员档案、工资的审核工作。

【接收大学毕业生】　2005年，水电一局共接收大学毕业生243人。7月和10月，在工程局范围内开展了大学生工作表现反馈活动，争取做到正规院校大学生的跟踪培养，并及时的掌握各大院校毕业生素质情况。

建立了项目经理人才库、正规院校本科毕业生人才库、中高级专业技术人员库，对现有的管理人员数据库进行了近万条的数据统计，详细区分各类人才，做好人才使用的基础工作。

（吴秋梅）

【信息化建设】　水电一局在信息化建设方面，重点发展基于互联网的协同建造应用系统和建筑企业信息化的关键技术，推动标准化建设，全面提高信息化总体应用水平，提高企业管理效率，降低管理成本，达到提升企业核心竞争力的目的。

2005年，工程局以现有条件为基础，提高信息技术应用的标准化水平，制定信息化标准规范体系与编码体系；制定信息技术应用与信息安全的管理制度，建立工程局数据库，开展网上信息服务，实现工程局机关与二级单位、施工项目网络平台建设与互联。建立内部办公业务网、办公业务资源网、以互联网为依托的公众信息服务网、建筑业的电子信息资源库。在“三网一库”基本架构的基础上，建设应用系统，如自动化办公系统、综合项目管理系统和经营管理信息系统，实现网上办公。

（李亚胜）

【职工培训工作】　2005年，水电一局共举办干部培训班13期，539人参加培训。有学历培训3个班次：长春工程学院大专函授班25人，吉林建工学院函授本科班50人、专科班58人，学历培训每班组织函授2次/年；举办材料员培训27人，项目经理继续教育二期75人，党支部书记培训20人，一级建造师资格认定培训66人，质检员培训112人，一体化内审员培训37人，二级建造师培训25人，正规院校本科生培训16人，党务后备干部培训28人。全面开展职业资格等级培训642人。其他类培训699人。其中本年度定级为高级技师职业资格55人，技师职业资格118人，高级工职业资格203人，中级工职业资格67人，初级工职业资格34人。另外各施工单位根据工程和工作实际开展岗位技能培训和岗位练兵854人。

（吴　静）

企业改革

【调整内部管理机构】　水电一局原设施工生产单位17个：分局10个（分别是一至十分局），工程处6个（第一、二、三、四、五、七工程处），以及经营实体管理部。2005年根据生产需要，对原有机构进行了调整，将原经营实体管理部改为第八工程处，将十分局改为第九工程处，与原第二工程处、第三工程处、第四工程处、第五工程处、第七工程处整合，组建水电一局建筑安装施工局。撤消原工程管理部和总工程师办公室，新设立了工程技术部、设备物资管理部和国际工程开发部。

【完成学校移交】　根据集团公司的安排，水电一局于2005年底完成了学校的移交工作，并正式签订了移交合同。移交学校在职人员124人、退休人员313人。

【液化气站整体出售】　2005年12月份，按照集团公司批复，水电一局将已经达到报废程度，无力更新的液化气站实施了整体出售，总价139万元。液化气站职工15人，已由企业进行安排。

（王正春）

科技进步

【重视技术开发，加大科技投入】 水电一局十分重视科技进步管理工作，建立了比较完整的科研开发体制和运行机制。工程局下属各分局、处、项目部也相应建立了完善的技术管理机构。分局各项目部技术管理机构健全，人员配备落实，各级技术主管在本单位技术工作中责权明确。

建立了科技发展基金，投入600万元，实行专款专用。此费用主要用于技术开发创新、奖励科技成果、优秀论文、科技进步先进个人、支付科技工作会议经费、技术人员外出学习、培训费用等。各个项目上也投入了大量的资金用于新技术、新工艺、新材料的开发和应用及新设备的购置。集团公司资助的科技经费全部拨给承担科技项目的二级单位，专款专用。各生产单位的各项目部在研究和采用新技术、新工艺、新材料、新设备过程中投入相应的人力、物力和资金。

【加大科技管理制度的执行力】 水电一局重新修改和完善了科技管理的各项文件：《工程局技术管理办法》（局发［2005］70号）、《工程局科技进步考核办法》（局发［2005］71号）、《工程局工程质量管理办法》（局发［2005］90号）、《工程局技术进步奖励办法》（局发［2005］91号）和《工程局科技进步先进个人评选奖励办法》等，各单位按局发文对本单位进行管理并实施，工程局依据文件对各单位进行考核、检查、指导，并将量化考核结果计入各施工单位经营责任书，按其分值对经营责任者进行奖罚。

每年至少召开一次科技工作会议，年初由工程局总工程师总结过去一年科技工作取得的成绩和存在的不足，制定当年的科技工作计划。2005年10月30～31日在琅琊山项目所在地（安徽滁州市）召开了工程局技术、质量管理经验交流会，会上，各单位都用多媒体演示介绍本单位或项目先进技术、质量管理先进经验，使各项目都得到了交流。

【广泛运用新技术、新材料、新工艺】

（1）运用大型钢模台车加快导流隧洞混凝土衬砌速度。金安桥电站1号、2号导流隧洞工程，隧洞混凝土衬砌施工是整个工程的一个重点项目，是制约总体工期的一个关键项目。导流隧洞开挖洞径大、洞线长。采取合理的混凝土衬砌方案，对确保施工质量、降低施工成本、满足施工进度要求都具有十分重要的作用，因此决定采用小湾导流隧洞施工用的大型钢模台车进行衬砌。大型钢模台车的应用加快了金安桥导流隧洞洞身混凝土的衬砌速度，获得了业主的好评。

（2）反井钻机进行导井施工。张河湾抽水蓄能电站地下引水系统，有两条压力管道竖井，每条竖井深为386米，竖井开挖直径为7.76米。由于竖井深度较大，且高压管道所穿越的不整合接触带、底砾岩、砂页岩、火山砾岩和挤压破碎带均属Ⅳ类围岩，稳定性差，易产生坍塌，安全问题突出。采用先进的反井钻机进行导井施工，再从下往上进行直径3.6米的一次扩挖，最后从上往下进行全断面二次扩挖成形。采用先进的移动式龙门吊作为提升设备。由于精心准备、科学施工，竖井一次扩挖最高月进尺达270米，竖井扩挖支护最高月进尺75米，此开挖施工技术具有良好的推广价值和应用价值。

（3）引水隧洞弯段模板设计与施工在泰安抽水蓄能电站的应用。泰安电站有两条引水竖井，引水系统包括：上平段、上弯段、竖井、下弯段、下平段、岔管段及高压支管。引水竖井与上、下弯段相连，竖井井深200米，上、下弯段沿洞轴线长度分别为44.134米和47.124米，弯段转弯半径为30米，开挖断面直径为9.2米圆形。在施工中开挖方案选取导孔→反导井→一次扩挖→二次扩挖的开挖爆破方法，并在上、下弯段设计最经济合理的超挖范围，减少了施工作业难度。而且设计了一套安全防护及提升系统，有效地保证了开挖边线的偏差、工程进度及施工质量和人员安全。

（4）碾压式与振捣式相结合的沥青混凝土心墙结构。尼尔基水利枢纽主坝工程中，导流明渠段采用的是碾压式与振捣式相结合的沥青混凝土心墙结构形式，填补了工程局施工史的一项技术空白。此项目研究已被集团公司批准立项。此外，在尼尔基左岸灌溉管施工中，闸门井混凝土应用滑框倒模新技术、新工艺，取得了很好的技术经济效果。

（5）群孔灌浆工艺。在河南回龙抽水蓄能电站引水竖井固结灌浆施工中，为有效封闭混凝土裂缝的渗水通道，并对混凝土衬砌形成一定压应力以平衡运行时的内水压力，采用了群孔灌浆工艺。它结合了高压固结灌浆和预应力高压灌浆的优点，同时带有高速、高效的特点，且造价低廉。

（6）《混凝土面板堆石坝垫层料上游坡面翻模施工新技术研究》已于2005年被集团公司批准立项。4～10月，双沟项目部在施工现场进行了多次混凝土面板堆石坝垫层料上游坡面翻模施工新技术试验研究，取得了理想的结果。11月，邀请了国内水电行业专家六人，到双沟现场对试验结果进行了论证和咨询，认为此项发明“从总体上分析，此工艺全部满足挤压墙的效用，在结构、工程难度、成本方面均优于挤压墙，可以用于双沟水电站面板坝的施工。”此项目正在申请专利。

(7) 出线竖井液压滑模系统。在琅琊山工程项目中，自行设计和制造了出线竖井液压滑模系统。出线竖井井深137米，内部结构采用混凝土预制件拼装而成。出线竖井采用了先进的铜绞线放热焊技术进行出线竖井接地装置的施工。吊装采用人字型起吊系统，与传统的龙门架起吊、缆式起吊相比较，节省资金20万元，且系统施工速度快，操作简单，安全可靠。

【科技进步奖评审及获奖情况】 根据集团公司的要求，水电一局制定了《工程局技术进步奖励办法》，实施两级评审制度。二级单位在科技项目完成后并取得明显效益时，及时进行评审，并将评审结果报局工程技术部，局工程技术部初审后报局科技成果评审委员会进行评审。局级奖励每年评审一次，评审形式为会议评审。2005年评选出科技成果14项，优秀论文20篇；科技进步先进个人31人。

2005年水电一局向集团公司、中国电机工程学会申报科技成果两项，其中《连续拉伸式液压千斤顶—钢绞线斜井滑模系统》项目获集团公司科技进步一等奖、获中国电力科学技术奖三等奖；《天荒坪抽水蓄能电站700米长大直径、陡倾角斜井快速安全施工技术》项目获集团公司科技进步二等奖。

（曲　杰）

安全生产

【综述】 2005年，水电一局安全生产工作坚持“以人为本”的安全理念，贯彻落实“安全第一，预防为主”的安全生产方针，进一步完善安全生产监督和保证体系，加强对安全生产的监督和监管力度，增加安全生产投入，加强安全生产检查和安全教育，重视施工生产过程危险源的控制和管理，安全管理工作在职业健康安全管理体系运行的基础上，进一步得到了巩固和加强。

全年未发生特、重大安全事故和重伤事故，轻伤事故率为1.5‰。全局未发生重大以上机械、火灾和交通事故。未发生群体职业中毒和重大环境破坏事件。

【签订安全生产责任书】 按照工程局安全生产制度的规定，将年度安全生产管理目标、指标逐级进行分解下达局属各生产单位，由工程局主要经营者与二级单位主要经营者签订安全生产责任书，明确履职责任和管理要求，定期进行考核。根据考核结果兑现奖惩。

【安全生产大检查和专项检查】 2005年，水电一局按照安全生产检查制度的规定，组织两次安全生产大检查，按照集团公司的要求进行一次特种设备安全和水上水下作业专项安全检查。分别检查了桐柏、琅琊山、宜兴、白山、尼尔基、张河湾、双沟、宝泉、九江、峡口、鄂坪、泰安、光明、官地、澧河、白莲河、西金沟、大顶子山等项目部。这两次安全检查不但重点检查施工现场的安全生产情况，而且对安全管理的基础工作，特别是职业健康安全管理体系实施与运行情况也纳入了检查的范围。检查共发现事故隐患53项，其中重大隐患1项。对查出事故隐患全部按要求进行了整改和跟踪验证，事故隐患整改率100%。

各分局、项目部也根据工程局或分局的安全检查制度规定进行了相应的安全检查。对检查出的事故隐患及时进行了整改，对不服从管理、不严格执行安全规章制度的人员进行了严肃处理。

【完善安全生产制度】 2005年，水电一局全面修订和补充制定了安全生产管理规章制度，印发了制度汇编。其中包括：《工程局安全生产责任制度》、《工程局安全生产检查制度》、《工程局安全教育培训制度》、《工程局安全生产例会制度》、《工程局安全生产投入管理制度》、《工程局消防安全管理制度》、《工程局职业病防治管理制度》、《工程局防汛工作管理制度》、《工程局劳动保护用品配备管理制度》、《工程局民用爆炸物品管理制度》、《工程局设备安全管理制度》、《工程局特种设备与特种作业人员安全生产管理制度》、《工程局施工用电安全管理制度》、《工程局安全技术措施管理制度》、《工程局施工现场安全资料管理制度》、《工程局分包单位和外雇人员安全管理制度》、《工程局文明施工与作业环境管理规定》、《工程局从业人员职业健康安全能力要求暂行规定》、《工程局安全监督与因工伤亡事故管理制度》、《工程局事故应急救援预案管理制度》、《工程局交通安全管理规定》、《工程局安全生产考核管理制度》等20多项，进一步完善了安全生产制度体系，促进了工程局安全生产管理的制度化、规范化的发展。

（王景忠）

党群工作和精神文明建设

【综述】 水电一局现有党员3727名，基层党委14个，直属总支（支部）4个。2005年发展党员67名。

2005年2月27日召开了局党委九届四次全委扩大会议暨纪检监察工作会议，会议总结了2004年党建和思想政治工作，部署了2005年度全局党建思想政治工作暨纪检监察工作。2005年主要开展了保持共产党员先进性教育活动，创建“四好”班子活动、“创先争优”活动、“三创建”活动、 “关心青年年”活动。

【保持共产党员先进性教育活动】 为了切实开展好保持共产党员先进性教育活动，成立了中国水电一局先进性教育活动领导小组，领导小组下设办公室，办公室有组织组、宣传组、综合组三个工作组和四个督导组。并成立了先进性教育活动巡视检查组。

7月18日，工程局在长春召开了保持共产党员先进性教育活动动员大会，对保持共产党员先进性教育活动进行全面动员和部署。

在为期三个月的先进性教育活动中，广大党员普遍受到了一次深刻的“三个代表”重要思想的教育，对党的先进性建设有了新的认识，党员素质得到提高，党员意识和纪律观念得到了明显的增强。基层党组织的自身建设及其凝聚力、战斗力和创造力有了新的增强，制定了进一步加强基层党组织的组织建设、制度建设和干部队伍建设方面的具体措施，健全和完善了民主集中制、中心组学习制度等，同时在下岗流动党员教育管理机制、党员作用彰显机制、激励机制、学习机制等多方面进行了有益的探索和尝试。服务职工群众的意识明显增强，涉及职工群众切身利益的实际问题正在逐步得到解决。全局改革发展和施工生产、经营管理等各项工作有了新的进展，基本实现了“两不误，两促进”。先进性教育活动受到省国资委、集团公司党组领导以及中央巡视检查组的充分肯定，得到了全局广大党员和职工群众的普遍好评和认可。

【承办集团公司党建工作会议】 中国水利水电建设集团公司2005年党建工作会议暨思研会一届六次理事会议，于12月28日至29日在长春召开。集团公司党组书记、总经理郭建堂出席会议并作了重要讲话；集团公司有关领导，各工程局、厂、公司的党委书记和党委工作部主任共60多人参加了大会。五个单位在会上介绍了经验。

工程局在承办这次会议过程中，周密组织，加强协调，确保了会议取得圆满成功。

【开展创先争优活动】 2005年，水电一局深入扎实开展“创争”活动。在创先争优活动的基础上，深入开展了“创建学习型组织，争做知识型党员”活动。各单位根据实际情况开展了有特色的创建活动。贯彻落实《关于进一步加强和改进全局党建工作的实施意见》。坚持从严治党的方针，层层落实党建工作目标责任制，把《中国水电一局基层党支部工作条例》贯彻落实到基层党支部的各项工作中去。

【水电一局被评为全国企业文化建设先进单位】 以提高全员素质为重点开展了“三创建”活动，重点是《中国水电一局职工守则》的宣传落实工作。贯彻落实《中国水电一局思想政治工作条例》，加强了对外宣传工作。以培育企业核心理念为重点加强企业文化建设，深入扎实地落实《中国水电一局企业文化建设实施规划》，重点灌输企业理念、培养团队精神、完善考核制度、强化职工业务和技能培训。2005年，水电一局被评为全国企业文化建设先进单位。

【工会工作】 水电一局工会紧紧围绕生产经营中心，认真履行维护职责，发挥了桥梁、纽带作用。

（1）经济技术创新活动得到了广泛的开展。各级工会组织围绕重点工程和生产经营的重点、难点组织职工广泛开展劳动竞赛、提合理化建议、岗位练兵、技术比武等经济技术创新活动，全局共开展单项劳动竞赛81项次，综合性竞赛26项次，岗位练兵6项次，技术比武16项次，提合理化建议775件。

（2）进一步建立健全了民主管理制度。筹备召开了工程局第十四届三次职工代表大会，确定了7项大会议题，大会讨论通过了《行政工作报告》、《业务招待费使用情况报告》、《职工参股资金使用情况报告》、《审计工作报告》；签订了2005年《集体合同》、《经营业绩责任书》和一体化管理责任书。开展了最佳职代会的评选活动，工程局现已有四个单位被吉林省总工会授予最佳职代会的称号，有6个单位被评为工程局最佳职代会。厂务公开工作取得了新进展，进一步加强了厂务公开的组织领导，完善了各项制度，推动厂务公开工作向经营管理、财务管理、党风廉政建设和干部队伍管理领域的延伸，调整了局和二级单位厂务公开领导机构，充分运用公开栏、简报、报纸、电视等，对职工关注的热点问题及时进行公开，全局设立厂务公开栏54个，公开次数达118次，编发公开简报52期。

（3）送温暖活动得到进一步深化。继续开展一帮一结对子活动，工程局70多名处级领导干部与90多户困难职工建立了帮扶对子；做好两节和日常性的走访慰问工作，各级工会组织积极筹措资金，为困难职工解燃眉之急，全年走访慰问困难职工 2987 户，发放救济款 100 多万元。积极为困难职工办理低保金，办理低保户 1860 户，发放低保金 440 万元；积极与行政沟通，在新开工的项目上及时安排生活困难的下岗放假 47 人返岗，为困难职工解决了生存问题；走访慰问困难职工和劳模、发放慰问金 2 万多元；开展了职工思想、生活状况调查，并形成了调查报告，为领导决策提供了依据。

【共青团工作】 2005 年，水电一局团委重点开展了“关心青年年”活动，开展了青年科技创新活动、争创青年文明号、争当青年岗位能手等活动，开展了“我为国家重点工程做贡献”活动。局团委获得了吉林省省直团工委“先进团委”、吉林省“增强团员意识主题教育活动先进单位”称号；宝泉项目部获得“吉林省青年文明号信用建设示范单位”；琅琊山项目部被评为吉林省“青年文明号”。

（高金 袁红 尹荣君）

检查监督

【落实党风廉政建设责任制】 2005 年，水电一局根据实际工作需要，调整局、处两级班子党风廉政建设责任制领导小组，并结合局、处两级班子成员工作分工，进行党风廉政建设责任制的责任分工。2 月份，工程局层层签订党风廉政建设责任书，以签订党风廉政建设责任书的形式，工程局和二级单位共签订党风廉政建设责任书 162 份，明确本年度党风廉政建设的责任目标。继续实行了领导干部廉洁自律承诺制，全局有 331 人向局党委和二级单位党组织进行了承诺。根据集团公司要求，结合工程局实际，制定了《关于贯彻落实〈国有企业领导人员廉洁从业若干规定〉的实施意见》和《水电一局党风建设和反腐败工作实施方案》；修改制定《水电一局党风廉政建设责任制考核评价办法和评分标准》。签订《保廉合同》工作已在全局各单位形成制度化，每签订一份工程分包合同的同时，都签订一份《保廉合同》，全局共签《保廉合同》89 份。6 月和 11 月，局党委组成两个考核组，对所属二级单位上半年和年终的党风廉政建设责任制工作进行了检查和考核，并将检查考核情况在全局范围内进行通报。2005 年度工程局被集团公司评为党风廉政建设责任制优秀单位。

【深化反腐倡廉教育】 水电一局纪委、监察部结合工程局党员、干部的思想实际，在开展反腐倡廉教育工作中，一是进行重点教育，在元旦、春节、“五一”、“十一”等重要节日期间，进行“文明节俭过节日，严禁用公款大吃大喝，收受礼金”等内容教育。二是进行条规教育，组织学习《党章》、《建立健全教育、制度、监督并重的惩治和预防腐败体系实施纲要》、《国有企业领导人员廉洁从业若干规定》等。三是开展党风廉政建设教育月活动。四是组织测试活动，对学习《实施纲要》和《廉洁从业若干规定》情况，在全局党员和领导干部中进行测试，有 1414 人参加测试，成绩均达到优秀。五是建立党风廉政建设责任制信息平台，在工程局党委创办的《党建园地》刊物中设立纪检工作专栏，刊发 4 篇对全局党风廉政建设工作有指导作用的文章。向各二级单位发出纪检监察简报 4 期、纪检监察通报 3 期。向集团公司监察部发出纪检监察信息 13 期。

【效能监察和执法监察】 水电一局围绕生产经营工作，将效能监察的主要内容和范围扩大到工程局管理的各个方面，重点监督检查“三重一大”执行情况和设备、物资材料采购过程情况及工程分包、合同管理等职工群众关心的热点问题和容易出现问题的薄弱环节进行立项。全局共立项 14 项。通过开展效能监察工作，提出监察建议 26 项，采纳 23 项，建章立制 16 项。

【审计监督】 2005 年，水电一局进一步加大了对领导干部任期经济责任审计的力度。全年共完成经济责任审计 6 项，对领导干部任期经济责任是否履行进行了确认，及时发现问题，及时改正，为领导和干部部门考核干部提供了依据。

开展年度经营业绩审计确认工作。2005 年，对 24 个二级单位经营指标完成情况进行了审计，做出了结论，保证了工程局总体经营结果的真实。

加强内部审计制度建设。为进一步实现内部审计工作规范化、制度化，根据工程局管理需要，依据集团公司关于内部审计的规定，制定了《中国水利水电第一工程局内部审计工作规定》，重新修改和制定了内部审计人员职责。编辑《审计工作动态》，对有关审计信息进行宣传。

（李顺子 李永贵）

中国水利水电第二工程局

概　　况

【局领导班子】　中国水利水电第二工程局（以下简称水电二局）局长王岩峰（2005年11月17日免）、杨南安（2005年11月17日聘）。局党委书记安兰廷。副局长兼总经济师万小伦，副局长兼总工程师李启友，副局长路玉武、刘国栋。党委副书记兼纪委书记李文凯。总会计师许宁（2005年7月27日聘）。工会主席王宝顺。

【企业资质】　水电二局主项资质：房屋建筑工程总承包一级，水利水电工程总承包一级，钢结构工程专业承包一级，机电设备安装专业承包二级，装饰装修专业承包一级。注册资本金1亿元。

【组织机构】　水电二局下设建筑分局、第二工程分局、第三工程分局、第四工程分局、第五工程分局、物业管理中心、多种经营处、接待中心、医疗卫生中心和国际工程部10个二级单位。

局机关设局长办公室、企业策划管理部、经营管理部、投标部、工程管理部、试验室、安全监察部、人力资源管理部、物资设备管理部、财务部、资金部、审计部、离退休管理部、保卫部、信息中心、人才交流中心、社会保障中心、党委工作部、纪检监察部、机关党委、工会、团委22个部门和机构。

水电二局从业人数1814人。其中工程技术人员300人，持有一级资质证书的项目经理79人。

【2005年工作】　遵照中国水利水电建设集团公司（以下简称集团公司）多元化发展战略方针，经过几年的努力，水电二局逐步从单一的工民建工程施工，拓展到水利水电工程施工和国外工程施工，至2005年，形成了以工民建工程为主体的包括水利水电工程施工和国外工程施工并存的产业结构。与此同时，开展了资本运营，投资房地产和中小水电站项目的开发，并初见成效。经营规模取得了较快的发展。国内经营范围已扩大到北京以外的14个省（市）。

1999年7月，水电二局组建中环房地产开发有限公司，首项开发工程是北京市海赋国际项目。其中办公楼、1号住宅楼工程2005年接近竣工，进入市场销售阶段，经济效益和社会效益良好。2005年11月21日，集团公司重组北京中环房地产开发有限公司，集团公司转为控股单位。2004年组建的四川米易县石峡水电开发有限责任公司（控股），首项开发小三峡水电站，工程装机容量3万千瓦，经过近两年的施工，进入机组安装阶段。

在企业管理上，仍沿用工程局与二级单位、二级单位与项目部之间签订经营管理目标责任制和安全生产责任制以及党风廉政建设责任制的管理模式。

在生产管理上，继续执行质量管理体系、环境保护体系和职业健康安全管理体系的规定，并按规定要求完成了内审、外审认证及换证工作，年底实现了质量管理体系、环境保护体系和职业健康安全管理体系的“三合一”整合。

在质量管理上，坚持“以人为本，科学管理”的质量方针，夯实技术质量基础工作，完善监督考核约束机制，全力打造精品工程。2005年有21项工程通过了竣工验收，一次验交合格率100%。所施工的水科院C座综合楼获得了北京市竣工工程银杯；银地家园南区9号、10号楼和北大科技园工程获得了北京市结构工程金杯。

在安全管理上，继续实行安全责任抵押金制度，做到安全考核与抵押金挂钩。全年未发生重大人身伤亡事故和重大机械设备事故。

在人力资源管理上，根据工程局产业结构及人员结构调整的需要，加大了人员结构调整的力度。为适应新产业的要求，工程局一方面向社会公开招聘，一方面深入挖掘内部人才潜力，对在职人员加强岗位技能培训，共培训人员3830人次，调配人员100人。

在信息化建设上，水电二局获得中国企业联合会信息工作委员会授予的企业信息化建设先进单位称号。整理历史档案工作取得很大进展。

在党建方面，水电二局党委全面落实党风廉政建设责任制，完成了年终考核和总结。认真开展了保持共产党员先进性教育活动，群众满意率达97.5%。随着生产管理组织的变化，及时调整党的组织，重视发展新党员工作，加强党支部建设，开展“争先创优”活动。

（袁中祥 王 海 王 平）

工程建设

【综述】 2005年，水电二局企业总产值达到8.5亿元，创历史最高水平。企业总产值中，工业与民用建筑工程占62%，水利水电工程占19%，市政工程（国外公路工程）占14%，金属结构制造与安装工程占2%，其他产值占3%。

2005年新签合同额6.43亿元，其中工业与民用建筑占35%，水利水电工程占60%，金属结构制作与安装工程占5%。

工业与民用建筑工程：全年在建单位工程75个，建筑面积58.76万平方米，合同额16.5亿元，完成产值5.33亿元。其中新开工工程36个，建筑面积23万平方米，合同额2.25亿元。竣工工程个数28个，竣工面积21.32万平方米。竣工率36%，竣工价2.91亿元。

水利水电工程：全年在建水利水电单位工程个数32个，其中新开工7个，竣工6个。合同额10.44亿元，完成产值1.58亿元。新签工程合同额3.84亿元，其中南水北调惠南庄泵站工程合同额2.1亿元。

国际工程：全年在建工程3个，具体为埃塞俄比亚三条公路工程，合同额7.63亿元，累计完成1.21亿元。新签安哥拉卢班戈中心医院修复工程，合同额4806万美元。

【中标工程】 工业与民用建筑工程有水电四局信息咨询中心工程，建筑面积24306平方米，合同额3077万元；大兴第一职业中学教学楼工程，建筑面积25379平方米，合同额3828万元；北京军区马连道干休住房工程，建筑面积30277平方米，合同额4671万元；吉林市丰电花园住宅小区，建筑面积28556平方米，合同额2161万元；回龙观F05区、F054等项住宅工程，建筑面积70198平方米，合同额6465万元。

水利水电工程有四川杂谷脑河薛城水电站引水隧洞工程CⅢ标段，合同额5859万元；务川沙坝水电站厂房设备安装工程，合同额1695万元；四川南桠河栗子坪首部枢纽工程，合同额2816万元；南水北调惠南庄泵站工程，合同额21185万元；北京凉水河环境治理工程，合同额1313万元；松江河梯级石龙电站引水及厂房工程，合同额4600.3万元。

国外工程有安哥拉卢班戈中心医院修复工程，合同额4806万美元。

【在建工业与民用工程】 2005年，水电二局在建工业与民用建筑工程有：中环房地公司开发的海赋国际办公楼工程，建筑面积51553平方米，合同额14753.4万元；水科院西区1号住宅楼工程，建筑面积30886平方米，合同额5379.2万元、2号住宅楼工程，建筑面积31373平方米，合同额7603.6万元；水利水电基础局有限公司办公楼及附属用房工程，建筑面积11230平方米，合同额2160万元；北大科技园成府苑1号、2号、3号楼工程，建筑面积39992平方米，合同额13900万元；北京市八一中学科技楼工程，建筑面积17890平方米，合同额7604万元；水电四局信息咨询中心工程，建筑面积24306平方米，合同额3077万元；银地小区南区9号、10号楼工程，建筑面积57546平方米，合同额7815万元；回龙观F02区住宅工程，建筑面积69344平方米，合同额6872万元；中国华电集团公司密云培训中心综合楼工程，建筑面积5249平方米，合同额3260万元；华北电力大学第五教学楼工程，建筑面积3084平方米，合同额5000万元；北京军区马连道干休住房工程，建筑面积23204平方米，合同额4671万元；大兴第一职业中学教学楼工程，建筑面积25379平方米，合同额3828万元。

【大兴区第一职业学校教学楼工程】 北京市大兴区第一职业学校教学楼工程（包括科技信息中心、教学实习楼、A实习楼、B实习楼）位于北京市大兴区黄村镇后辛庄，由北京中环世纪工程设计有限责任公司设计，总建筑面积为25379平方米，地上1～5层地下1层。外墙采用滚涂涂料墙面，局部为玻璃幕墙。楼地面为水泥砂浆抹面，内墙面为防火型乳胶漆涂料，顶棚为防火型乳胶漆涂料。外窗均采用铝合金窗，内、外门分别采用木门、铝合金门或防火门。该工程为大兴区第一个实行代建制的政府投资工程，建设单位是北京市大兴区第一职业学校。合同额3828万元。2005年6月开工。

【马连道15号B区干休住房工程】 马连道15号B区干休住房工程位于北京市宣武区马连道15号。建设单位为北京军区（地区）干休住房马连道建房指挥部。由北京军区建筑设计研究院设计，建筑面积23203.85平方米，满堂红基础，地上20层，地下2层。外墙1～3层采用仿石面砖，4至顶层采用涂料。

东立面为面砖，西立面为涂料；局部玻璃幕墙；水泥楼面，墙面为聚氨酯液体瓷，顶棚为耐擦洗涂料。外门窗为塑钢门窗；住宅外窗、阳台门、落地窗为中空玻璃；住宅外窗为内开下悬翻转窗，阳台门为推拉门；内门窗为木门；防火门为木制防火门（安装闭门器）；公共部分内门采用普通夹板木门；户门为“三防”门（防火、防盗、隔音）。合同额4671万元。2005年11月开工。

【水电四局信息咨询中心工程】 水电四局信息咨询中心工程，位于涿州华阳路南水电四局基地。建设单位为中国水利水电第四工程局，设计单位为兰州有色冶金设计研究院，总建筑面积24306平方米，地上15层，地下2层。外墙面为铝合金单板幕墙、石材幕墙和支点式玻璃幕墙。内墙面为贴5厚釉面砖墙面。合同额3077万元。2005年6月开工。

【中国华电密云培训中心综合楼工程】 中国华电集团公司密云培训中心综合楼工程，位于密云溪翁庄镇。建设单位为中国华电集团公司，设计单位为北京市建筑设计研究院。建筑总面积5249平方米，地上四层。外墙装修为贴面砖、防石漆涂料、干挂花岗岩。门窗工程为隔热断桥铝合金窗。顶棚为喷涂、吊顶。水泥地面、地砖、架空木地板、地毯。白色乳胶漆、釉面砖。独立基础框架结构。合同额3260万元。2004年9月开工。

【海赋国际办公楼工程】 海赋国际办公楼工程，位于北京市海淀区车公庄西路22号，建设单位为北京中环房地产开发有限公司。设计单位为北京中联环建文建筑设计公司。工程总建筑面积51553平方米。地下3层，地上18层。外墙装修为玻璃幕墙，干挂石材、铝板。门窗工程为铝合金窗、玻璃幕。顶棚为耐擦洗涂料，矿棉吸声板、PVC板、铝合金方板吊顶。楼地面为细石混凝土地面，地砖地面，水泥地面，花岗石地面，大理石地面，抗静电活动地面。墙面为耐擦洗涂料墙面、吸音壁布墙面、釉面砖墙面、花岗石墙面。门窗工程为人防门、防火门、卷帘门、隔声门、木夹板门、玻璃幕、塑钢窗、百叶窗。筏板基础，框架核心筒结构。合同额14753.4万元。2003年12月开工。

【海赋国际1号住宅楼工程】 海赋国际1号住宅楼工程，位于北京市海淀区车公庄西路22号。建设单位为北京中环房地产开发有限公司。设计单位为北京中联环建文建筑设计公司。工程总建筑面积30886平方米。地下2层，地上14层、局部9、10层。外墙装修为陶瓷锦砖、仿大理石砖、涂料面层。门窗工程外门窗为铝合金喷塑型，内门为木门。顶棚为耐擦洗涂料，矿棉吸声板、PVC板、铝合金方板吊顶。地面为细石混凝土地面，地砖地面，水泥地面，大理石地面。墙面为耐擦洗涂料墙面，吸音壁布墙面，釉面砖墙面，大理石墙面。合同额5379.2万元。2005年5月开工。

【在建水利水电工程】 2005年，水电二局在建水利水电工程主要有：四川三棵树水电站工程，合同额7718万元。金洞子水电站引水系统工程，合同额10543万元；四川松林河一级水电站工程，合同额1652万元；四川米易湾滩水电站（土建）工程，合同额5146.6万元；杂谷脑河狮子坪水电站引水隧洞第八标段工程，合同额3952.7万元；贵州务川沙坝水电站导流隧洞及引水隧洞工程，合同额1631.4万元；小三峡水电站及金属结构安装工程，合同额7574.8万元；杂谷脑河薛城水电站引水隧洞工程施工CⅢ标，合同额5859万元；南水北调惠南庄泵站工程，合同额21185万元；务川沙坝水电站厂房及设备安装，合同额1695万元；四川南桠河栗子坪水电站引水隧洞首部枢纽工程，合同额2816万元；北京凉水河环境治理工程，合同额1313万元；石龙水电站，合同金额4600万元。

【小三峡水电站工程】 小三峡水电站位于四川攀枝花市米易县境内的安宁河干流上，距县城5.5公里，坝址在克朗村上游800米的河流弯道附近。电站为河床式电站，总装机容量为3.0万千瓦，安装3台轴流式机组，其中两台单机容量为1.4万千瓦，另一台单机容量为0.2万千瓦。枢纽建筑物从左到右由左岸接头坝段（长308.4米）、厂房坝段（长49米）、6孔冲砂泄洪闸坝段（86米）及右岸挡水坝段（长125.1米）组成，坝顶高程1105.0米，坝顶总长度298.5米，最大坝高25米。右岸挡水坝为面板堆石坝，其他坝段均为混凝土重力坝。合同额7575万元。2004年10月1日开工。

【松林河一级水电站】 松林河一级水电站位于四川省石棉县境内，距县城10公里，电站厂址位于安顺场上首松林河右岸河滩上，首部枢纽位于松林河二级电站厂房下游200米。松林河一级水电站为径流引水式电站，装机容量3.0万千瓦，设计水头70米，设计引用流量48.8每秒立方米。电站枢纽建筑物由首部枢纽、压力引水隧洞、调压井、压力钢管、厂区建筑物等组成。合同额1652万元。2003年11月10日开工，2005年12月竣工。

【务川沙坝水电站】 务川沙坝水电站为河岸引水式水力发电站，位于贵州省遵义市务川县都濡镇乌江水系的一级支流洪渡河上，距县城约9公里。电站设计水头62.5米，装机两台，容量共2×15万千瓦，年发电量1.293亿千瓦时，年利用小时数为4310小时，引用流量为63.8立方米/秒。电站发电引水隧道位于水库右岸，进水口离大坝右坝端约65米，发电引水建筑物包括进水口、引水隧洞和地下压力钢管和地面厂房。合同额1631万元。2004年3月开工。

【薛城水电站】 薛城水电站位于四川省阿坝藏族羌族自治州理县境内岷江上游一级支流杂谷脑河上，是杂谷脑河流域梯级规划“一库七级”方案的第六级。工程闸址位于理县甘堡乡，厂址位于理县木卡乡，闸、厂址间公路里程17公里。电站为引水式开发，调节库容62.3万立方米，总库容114.8万立方米。引水隧洞长15.174公里，设计引用流量113.19立方米/秒，装机容量3×4.6万千瓦，多年平均发电量6.492亿千瓦时。工程由首部枢纽、引水隧洞、调压井、压力管道和地面厂房等建筑物组成。合同额5859万元。2005年2月开工。

【南水北调惠南庄泵站】 南水北调惠南庄泵站位于北京市房山区大石窝镇惠南庄村东，距北京市区约60公里，是南水北调中线工程总干渠上的唯一一座加压泵站，为重要的控制性建筑物。泵站安装8台离心泵机组（备用两台），设计流量为60立方米/秒，总装机容量为5.6万千瓦。惠南庄泵站前接北拒马河暗渠，后接PCCP压力管道，输水至大宁调节池。泵站起点桩号H0+0.000，终点桩号H0+427.79米。泵站生产区布置在厂区中央，形成泵站厂区的中轴线，辅助生产区和办公生活区分别集中设在生产区的东西两侧。泵站永久占地234亩，其中厂区占地189亩。本工程主要包括：前池、主厂房、副厂房、小流量输水管、泵站进出水管等主要建筑物，以及变电站、油库、管理控制楼等辅助建筑物。合同额21185万元。2005年10月15日开工。

【石龙水电站】 石龙水电站位于吉林蒲春河口上游150米左右，上距双沟电站约5.5公里。电站采用混合式开发方式，进水口位于坝址上游2.2公里处的左岸，厂房位于坝址下游2.7公里处，为引水式地面厂房，是松江河梯级电站中的第三级电站。以发电为主，兼有防洪任务的中型水利水电工程。工程等级为三等。引水系统位于坝址左岸，其建筑物由进水口、引水隧洞两部分组成。电站进水口设两扇拦污栅、一扇检修闸门（两洞共用）和一扇快速门。引水隧洞采用单机单洞引水方式。无调压井，快速工作门设置在进水口。隧洞直径6.2米，衬砌厚度0.4米。本电站采用引水式厂房。主厂房尺寸（长×宽×高）74米×19米×52米，装机两台，单机引用流量122.5立方米/秒，单机容量3.5万千瓦，总装机容量70万千瓦。合同额4600万元。

【湾滩水电站】 湾滩水电站位于四川省攀枝花市米易县境内，是安宁河梯级开发的最末一级。距上游县城38公里。湾滩水电站的工程任务是发电，无供水、防洪等其他综合利用要求，电站为河床式，装机容量为2×1.6万千瓦，水库正常蓄水位为1035米，相应库容为538万立方米，具有日调节性能。合同额5147万元。2003年9月15日开工，2005年9月30日竣工。

【三棵树水电站】 三棵树水电站位于四川省凉山州德昌县境内安宁河干流，介于已建的上游凤凰电站和下游小高桥电站之间，为安宁河综合开发规划中第10个梯级电站。工程是以发电为主，兼有灌溉、供水的综合利用工程。电站引用流量99立方米/秒，装机容量5.2万千瓦。主要建筑物由三部分组成。首部枢纽：从左至右由左岸挡水坝段、进水闸及沉砾池、2孔冲砂闸、5孔泄洪闸和右岸挡水坝组成，闸坝基础为覆盖层。引水建筑物：引水渠道为非自动调节渠道，由引水明渠、暗渠、渡槽、渠系交叉建筑物（人行桥、机耕桥、过水桥、涵洞）、压力前池以及溢流冲沙建筑物等组成，设计引用流量104立方米/秒。引水渠布置于安宁河左岸。渠道总长9.7公里，渠道以梯形断面明渠为主，约占90%，矩形断面渠道及连接建筑物（渡槽、渐变段）约占总长的10%。压力管道及厂区枢纽：主要建筑物包括压力管道、主厂房、副厂房、升压站、尾水渠及进场公路等。合同额7718万元。2002年12月12日开工，2005年竣工。

【国际工程】 国际工程有埃塞俄比亚的三条公路，公路总长度318公里，总合同额7.63亿元。其中安波公路，长112公里，合同额3.11亿元，2005年完成5510万元；N-M公路，长127公里，合同额2.84亿元，2005年完成3891万元；N-A公路，长79公里，合同额1.67亿元，2005年完成2741万元。

（1）埃塞俄比亚 A-A 公路项目。埃塞俄比亚 Addis Ababa-Ginchi-Ambo 公路修复工程。业主为埃塞俄比亚国家公路局。工程起自首都亚地斯亚贝巴环城路，终于 AMB0 市，标段总长 112 公里。以旧路改造为主，部分截弯取直，修复及新建部分结构物，最终建成双车道沥青路面公路。路宽 7 米，包括钢筋混凝土桥梁、混凝土箱涵、波纹管涵、排水边沟、土方工程等。道路由改良层 ISG 施工、级配碎石底基层 GCS、沥青混凝土基层 DBM 施工、沥青混凝土磨耗层 AC 等构成。2002 年 8 月签订合同，合同额 3.11 亿元人民币。2002 年 11 月开工。

（2）埃塞俄比亚 N-A 公路项目。埃塞俄比亚 Nazareth-Dodola and Shashemene-Caba 公路改造工程。世界银行贷款项目，业主为埃塞俄比亚国家公路局。标段总长 79 公里。以旧路改造为主，部分截弯取直，修复及新建部分结构物，最终建成双车道沥青路面公路。路宽 7 米，包括钢筋混凝土桥梁、混凝土箱涵、波纹管涵、排水边沟、土方工程等。2004 年中标，合同额 1.67 亿元人民币。2004 年 8 月开工。

（3）埃塞俄比亚 N-M 公路项目。埃塞俄比亚 Nekempt-Mepkenaja 公路改造工程。为世界银行贷款项目，业主为埃塞俄比亚国家公路局。标段总长 127 公里。以旧路改造为主，部分截弯取直，修复及新建部分结构物，最终建成双车道沥青路面公路。路宽 7 米，包括钢筋混凝土桥梁、混凝土箱涵、波纹管涵、排水边沟、土方工程等。2004 年中标，合同额 2.84 亿元人民币。2004 年 8 月开工。

【竣工工程】 2005 年，水电二局竣工的工业与民用建筑工程主要有：水利水电基础局有限公司办公楼及附属用房工程，建筑面积 11230 平方米，合同额 2160 万元，2005 年 4 月竣工；回龙观 F02 区住宅工程，建筑面积 69344 平方米（含配套工程 805 平方米），合同额 6872 万元，2005 年 5 月竣工；银地小区南区 9 号、10 号楼工程，建筑面积 57546 平方米，合同额 7815 万元，2005 年 7 月竣工；中国华电集团公司密云培训中心综合楼工程，建筑面积 5204 平方米，合同额 3260 万元，2005 年 11 月竣工；华北电力大学第五教学楼，建筑面积 3084 平方米，合同额 5000 万元，2005 年 9 月竣工。

水利水电竣工工程主要有：丰满水电站左岸土建工程，实际完成额 5754.5 万元，2005 年 11 月竣工；四川三棵树水电站，合同额 7718 万元，2005 年竣工；四川松林河水电站，合同额 1652 万元，2005 年 12 月竣工。

（袁中祥　王　海　王学军　倪卫东）

管理创新

【落实资产经营责任制】 2005 年初，水电二局与集团公司签订《经营业绩责任书》，承担完成年度营业收入、上缴利润指标以及获利、发展、资产运营能力考核指标。工程局与二级单位签订《经营管理目标责任书》，二级单位承担安全、质量、文明施工、工期，以及产值、上缴综合费及各项社会统筹费等项经营管理目标。二级单位与项目部签订《单项工程承建责任书》。工程局内部两项责任书的乙方须交纳抵押金，用以承担风险。建立并实施完整的资产经营和管理目标的责任体系。

水电二局对所属建筑分局、三分局、四分局、五分局、国际工程部、多种经营处、物业管理中心、接待中心、物资处、医疗中心、物资租赁中心等单位的经营管理目标责任制执行情况进行了考核评审，并予以兑现。

2005 年，水电二局完成企业总产值 8.5 亿元，是计划产值 8 亿元的 107%，比去年同期增长 20%。其中工业与民用建筑工程增长 10.52%，水利水电工程降低 32.04%，国际工程增长 54.06%。全员劳动生产率略有提高。

（袁中祥　王向前）

【工程质量管理】 水电二局在名牌战略方针指导下，全力打造精品工程，为用户提供满意服务，取得较好成绩。全年在施工程已有 21 个单位工程通过了竣工验收，一次交验合格率 100%。水科院 C 座综合楼获得北京市建筑竣工长城杯银质奖工程，银座家园南区 9 号、10 号楼和北京大学科技园孵化中心一期工程获得了北京市建筑结构长城杯金质奖工程。水科院西区办公楼已通过了北京市建筑结构金质奖工程的评审，目前正在公示。另有两项工程申报了市级优质工程。

一年里，完善了组织体系、责任体系和技术保证体系。健全管理机构，补充调整了管理人员，水工项目部均设置了项目总工；修改了工程局 QBSE 管理体系文件，完善了水工、工民建和金属结构施工技术措施。

结合几年的创优经验，工程局内进行了创优经验交流，形成了创优氛围，征求业主的意见，了解用户的需求。五月至八月对保修期内的 39 项工程进行了质量回访，对 3 项质量问题进行了处理，受到用户好评。

在每个工程开工前，均制定出施工组织措施或施工方案，召开研讨会。结合人力、设备、材料和技术等实际情况，确定分部、分项工程的具体措施，并推广了5项新的工艺技术。

全年坚持每月一次内部施工项目的考核，根据检查结果发布《工程质量通报》。对每项工程均执行“样板”引路制度，对每项工程的关键工序和重要环节（包括人、机、料、法、环等方面）制定实行单独的施工方案，自检报验合格的工程，如再发现质量问题，处分检验人员等。并根据工程局相关规定进行考核评定。

（袁中祥　倪卫东）

【质量、环境和职业健康安全管理体系】　水电二局于2005年对已取得认证的质量管理体系、环境管理体系和职业健康安全三个管理体系进行了整合，统一制定出《质量、环境和职业健康安全管理体系》（QHSE)。将原两套文件整合成一套管理手册，28个程序文件，新制定各项管理办法、规定6项。明确规定了有关质量、环境、职业健康安全活动的具体要求、操作步骤和处理方法。通过修改使程序文件既符合工程局的实际情况又符合标准精神。

自综合管理体系运行以来，工程局各有关管理部门、分局认真贯彻严格执行体系文件和各项规定，严格遵守国家、行业的各项法律、法规和技术性标准，保证了综合管理体系的有效运行。2005年5月和8月，工程局两次组成内审组，对机关部室、各分局以及项目部进行了内审，共发现40个不符合项。对存在问题的单位和部门下达了《不符合项报告》，均积极采取了纠正措施。通过内审提高了管理体系运行的有效性，达到了持续改进的目的。

5月15日，工程局召开了综合管理体系评审会议，评审综合管理体系的符合性、有效性、适宜性；质量、安全所执行法律、法规的符合性；目标、指标及管理方案的完成情况，存在问题及今后的改进措施。各相关部（室）对评审内容，结合本部门管理体系运行的实际情况作汇报发言，由管理者代表对2005年工程局综合管理体系运行情况做出总结。

6月21～24日，中国质量管理协会质量保证中心对水电二局三年前换版认证的质量保证体系有效性进行了复审，认为所制定的文件符合标准，各级管理人员熟悉文件、认真执行文件，具有健全的自我监督机制，具有较强的改进意识，具有很好的保证能力，对水工工程项目的质量保证体系运行结果表示赞赏。并于12月给水电二局颁发了三个管理体系的认证证书。

12月16日，工程局局长发布命令，水电二局《质量、环境和职业健康安全管理体系》文件正式运行，同时废止原质量管理体系和环境、职业健康安全管理文件，对原文件进行收回、销毁处理，并做记录。

（袁中祥　张国平　甘长影）

【技术开发与应用】　水电二局于2002年成立青年技术协会，制定协会章程，设立土建、电器、暖卫、水工和机械等5个专业课题组。2005年成立科研工作领导小组，提出《科技创新方案》。其中通过防治大体积混凝土和地下室混凝土裂缝技术研究，改进工艺获得进展，根据几年进行的抗拔桩技术对比试验成果，为制定《抗拔桩施工工艺》企业标准提供了基础资料。

继续推行新技术、新材料和新工艺的应用。五分局在丰满工程项目上采用桁架式滑模新技术。建筑分局在华北电力大学工程项目上采用高密度聚乙烯HDPE双壁波纹管新材料；在北大科技园工程项目上采用超长混凝土（128.7米无伸缩缝）、抗拔桩应用压灌超流态混凝土后压钢筋笼、PVCD地胶地面、墙面木丝板、海吉布墙面、观光电梯、虹口吸雨水等施工新工艺，地下室底板水泥基础防水新技术；在水科院西区办公楼工程项目上采用地下室底及外墙水泥基渗透结晶型防水、自熄阻燃型填板、碳纤维加固等施工新工艺。

通过新技术的开发和应用，并对其成果进行评审和奖励，培养了一批懂技术、钻研技术的技术骨干和岗位能手。全年科研经费投入约30万元。出版两期《百舸》技术杂志，刊载37篇论文和总结，约24万字。

（袁中祥　倪卫东）

【人力资源开发】　水电二局致力构建学习型企业，培训知识型、技能型、管理型员工，鼓励岗位成才。建立起工程局、二级单位（分局）和项目部的培训体系。进行各种岗位、资格、适应性、职业技能、继续教育、贯标等培训和外培学历教育。全年培训3830人次，其中内培3255人次，外部培训575人次。在培训工作中，把商务经理、项目成本核算、水利水电建造师和预算师作为重点，优先进行，对新入厂的青年学生进行了入厂教育。

办理了近500人的劳动合同续签和终止工作。为42名水电特有工种经鉴定站考核、鉴定，评审出中级工1人，高级工26人、技师13人和高级技师2人的资格。认定出非水电行业41个特殊工种，并经国家电网公司社保中心和北京市社保局批准，解除了一线操作工人的后顾之忧。进行了工程师、政工师、高级工程师、高级会计师和高级经济师的推荐工作。

（袁中祥　刘向生）

【信息化建设】　2002年6月，水电二局建成局机关局域网，2003年11月建成东郊定福庄二级单位办公楼局域网。

2004年，贯彻集团公司信息化会议精神，水电二局成立信息化领导小组和职能部门的信息中心。7月，局机关周边地区二级单位并入局机关局域网，形成了以局机关局域网为核心的覆盖二级单位机关的网络平台。

在工程局机关、二级单位、项目部建立了网络负责人和网络协管员，形成完整的组织管理系统。到2005年底工程局局域网主要网络设备有防火墙2台、交换机6台、路由器1台、服务器6台。局域网的客户端电脑300余台。实施梦龙办公自动化软件的应用项目，在水科院西区办公楼工程实施P3EC项目管理软件，建立工程局的外部网站WWW.SDEJ.COM、内部网站梦龙信息发布系统和企业邮箱。制定了局域网维护、网站运营、电子邮件使用、互联网信息浏览和网络安全等制度，以及《信息化建设的考核试行办法》。同时，开展多种形式的信息化培训工作。

2005年，水电二局的信息化建设工作受到集团公司的表彰，并被中国企业联合会信息工作委员会授予"企业信息化建设先进单位"称号。

（袁中祥　董　红）

【档案管理】　水电二局根据集团公司《关于开展编纂集团公司志搜集资料工作的通知》，按原能源办《水利水电施工企业档案分类表（试行）》（1993年296号）规定，制定出《水电二局为集团公司编志所提供文件分类表》（共48项）。抽调两名专职人员，历时3个月，选出文件2209件，分装58盒，并由计算机编制了目录。

提供资料与全面重新整理档案工作相结合进行。目前，档案整理工作已完成1958年至1978年段和1998年至2004年段，并以文件级和案卷级将目录输入计算机内，所余部分的整理工作正在进行中。

（袁中祥　董顺芳）

安全生产

【安全生产责任制】　2005年初，水电二局局长与集团公司签订年度安全生产责任书。安全责任书明确规定企业安全生产第一责任人的职责和年度生产、交通、设备、火灾及其他意外事故等项安全管理的具体目标。工程局局长与所属二级单位领导人、二级单位领导人与各工程项目部经理之间签订年度安全生产责任书。并实行安全责任抵押金制度，进行考核和奖罚。如发生安全事故，对责任人的罚款从抵押金中扣除。2000年起为职工办理了工伤保险，2004年起为职工办理了意外伤害保险。

全年未发生重大人身、设备和其他方面的重大事故，实现了年度安全生产责任书规定的管理目标。

【职业健康安全管理体系】　水电二局自2004年取得职业健康安全管理体系认证以来，安全生产管理工作进入了规范化管理模式。健全了组织机构，调整补充了岗位人员，设立安全岗位津贴，完善了安全生产的管理组织体系，做到了人人有责任、事事有人管，监管安全，纪录安全，形成了齐抓共管的工作网络。

完成修订安全管理制度26项，并补充了新的制度，对施工的重点工程安全目标，制定了重点管理方案，对全年可能存在的隐患（危险源）制定了应急预案。

2005年安全投入665.55万元。其中安全教育20.88万元，安全防护措施384.52万元，劳动保护162.60万元，机械设备安全措施73.97万元，其他23.57万元。

通过贯标工作，取得了安全生产状况有很大改善和安全隐患逐步减少的效果。

【安全教育与培训】　水电二局进行了全员岗前培训，为每个工程项目部配发了法律、法规、条例和规章制度资料，组织学习《国务院安全生产许可证条例》、《中华人民共和国劳动法》、《中华人民共和国建筑法》、《中华人民共和国安全生产法》、《建筑工程安全防护、文明施工措施费用及使用管理规定》、《施工现场临时用电安全技术规范》等。企业负责人、工程项目负责人、专职安全员等200余人取得安全资质证书。坚持对新来的或转岗的民工，一律进行岗位培训，经考核合格后上岗。

【安全生产月】　6月11日，水电二局开展了安全月和安康杯知识竞赛活动，有9个单位5185人次参加，各级领导讲话11人次，张贴宣传画1243张，设专栏、板报26个；2个单位举办咨询日活动，参加763人次、下发宣传材料1218份、参加答卷人数2440人。查出隐患48项，全部整改，并罚款1250元。在新闻媒体发表4篇报导。年底，水电二局组织参加全国安全生产知识竞赛，并获“全国安全生产知识竞赛活动优秀组织单位”称号。局属建筑分局、五分局第一工程项目部，分别被北京市总工会、北京市安全生产监督管理局评为安康杯知识竞赛优胜单位和优胜班组。

【安全检查】 对重点或特殊工程，水电二局变季度检查为月检查，二级单位变月检查为周检查。全年4次重点检查了大型起重设备、安全防护、安全用电、脚手架和高边坡开挖等，共发现各类问题、隐患150项，令其立即或限时整改。对没有达到需求的，则令停工整顿，罚款处理。对地处外省市的水利水电工地，每周作一次电话查询。在七、八、九三个月安全事故高发期，组织联合检查组，加大检查频度，于8月3日、8月26日两次召开安全紧急会议，分别传达贯彻北京市安全生产监督管理局和集团公司安全生产专题会议精神。

（袁中祥　张国平）

党群工作和精神文明建设

【保持共产党员先进性教育活动】 在北京市委、集团公司党组领导下，水电二局党委开展了共产党员先进性教育活动。局党委通过对全局党组织和党员的实际状况进行了摸底调查，制定实施方案和计划，明确学习内容和重点。成立先进性教育活动领导小组，明确党委书记是第一责任人，支部书记是直接责任人，制定检查考核制度，建立起较完善的责任体系。

首先对骨干进行培训。7月13日召开动员大会，全局中层以上领导干部、项目部党支部书记、项目经理（党员），分局党办主任，机关全体党员计209名党员参加，北京市委督导组和集团公司巡视组参加了会议，标志着水电二局保持共产党员先进性教育活动强势启动。

先进性教育活动分三个阶段进行。

学习阶段。注意进行集中学习教育，党委书记讲了《树立正确的权力观、地位观、利益观，永葆共产党员的先进性和纯洁性》党课，局长作了经济形势报告，举办了工程局先进人物、先进集体事迹报告会。二级单位开展了“以二局发展为己任，先进性在本岗位闪光”等为主题的教育活动。各级党组织与党员在讨论中提炼出先进性的具体要求与实践途径。全局在职党员460名，学习教育覆盖面100%。离退休党员和其他党员（流动、下岗党员）345名，除3名外，342名参加，全局党员学习覆盖面达99.63%。

分析评议阶段。开展谈心活动，征求意见，查找党组织和党员个人存在的问题。每个党员撰写党性分析材料，召开领导干部专题民主生活会与党支部组织生活会，开展批评与自我批评。在此阶段要求各级领导干部带头并做出表率。

整改提高阶段。主要工作内容是解决问题、抓落实、见成效。党组织把职工意见最大、最不满意、最希望办、当前能够办好的事情，以及关系企业发展稳定的重大问题作为整改的重点。全局提出八个方面36条整改措施。着手建立长效机制。对群众普遍关心的热点问题，有的已经着手解决；一时解决不了的，正在研究解决措施，确定责任部门。有些问题需要通过企业发展来解决。

先进性教育活动，基本做到了“两不误，两促进”，达到了“提高党员素质，加强基层党组织，服务人民群众，促进各项工作”的目标。先进性教育活动在全局产生了积极影响，11名职工提交入党申请书。经测评，群众满意度达到了97.5%。工程局制定了《关于认真建立健全保持共产党员先进性教育机制的意见》、《党建工作目标责任制》、《关于广泛开展谈心活动的实施办法》、《人才开发规划要点》等党内新的制度。

（王　平　朱宝仲）

【党建工作】 水电二局党委以党政领导班子联席会的形式，参与重大问题和事项的决策与实施。年初制定、实施本年度的各类各级的责任制管理系统并完成了年终考核。

在保持共产党员先进性教育活动中，召开了领导干部专题民主生活会。广泛征求党员和职工意见，归纳出领导成员个人和班子集体的主要问题，写出党性检查材料。通过交流会，开展批评与自我批评，提高了认识，明确方向，增强了团结。在工程局党委班子带领下，全体党员积极参加保持共产党员先进性教育活动，收到了好的效果，群众满意率达97.5%。

实施党风廉政建设责任制。年底进行了考评，并按规定兑现抵押金。在廉政建设活动中，组织党员和干部学习有关文件，参观《北京市反腐倡廉警示教育展》，听取法制和党纪内容的报告，开展了知识竞赛。

工程局提拔6名中层干部，3名副职任正职。其中5名是通过竞聘考评聘任的，3名是通过考核聘任的，1名是经过组织人事部门考察了解、领导班子讨论确定的。9名干部任前均经公示。

加强基层支部建设。随工程局机关、二级单位

和项目部的调整变动，同步建立党的组织。做好入党积极分子的培养教育，积极发展新党员，全年吸收新党员18名。年底，工程局党委下设10个分局党委、62个支部，党员815名。“七一”前夕开展了“创先争优”评比表彰活动，评出2个先进分局党委、10个先进支部、39名优秀共产党员和5名优秀党务工作者。2个先进支部代表和2位优秀党员代表在表彰会上报告了先进事迹。

（王　平　朱宝仲）

【工会工作】　按北京市总工会、集团公司工委要求，水电二局工会积极开展“精一门，会两门，学三门”提高职工素质教育工作，增强职工自身生存、竞争和发展能力。在五分局开展电焊工技术比赛，在建筑分局、三分局开展电工、架子工等特殊工种的技术比赛，在接待中心组织服务人员和炊事员开展服务和技能竞赛，专门为工会劳动保护监督检查员举办了“三个条例”、职业健康安全管理体系标准讲座培训。提高了职工的技能和业务水平。

在坚持履行工程局集体合同的基础上，尝试建立职工工资、安全生产、劳动保护和改善职工生活待遇方面的集体协商机制，召开工会委员会、职代会代表组长联席会议，听取意见、作出决议，向局长提出意见和建议。保证职工的正当利益。

配合局纪委进行效能监察，一些分局和项目部将成本控制和挖潜节约结合起来，收到较好效果。与共青团组织配合，开展技术创新活动，并将成果汇编成册，进行交流。

关心困难职工的疾苦，维护困难职工的特殊权益。各级工会建立特困职工档案，在一年两节期间，与人才交流中心、离退管理部等部门密切配合，热情为困难职工送米、面、油等生活用品和慰问金。2005年送温暖活动费用支出40余万元，扶助特困职工500余人，入户访问100余户。慰问全国、省、部级劳动模范10余人，慰问离、退休职工1800余人。

局工会热情接待职工群众的来信来访，悉心听取反映，耐心解释，尽其所能努力帮助解决困难，协调处理劳动争议，依法维护职工正当权益，保持企业稳定的环境。

根据二级单位的变动情况，及时调整和建立基层工会组织，保持工会组织系统健全完整。及时吸收新会员。利用换发会员证的时机，重新建立会员花名册，为部分会员补办了登记手续。健全了二级单位基层工会的经费审查委员会、女职工委员会和劳动保护监督检查委员会，局工会和二级单位工会均完成了2005年度工会法人登记注册年审工作。选派新任工会正、副主席和工会干部参加北京市总工会举办的岗位资格培训班学习，使绝大多数工会干部经过培训做到持证上岗，为工会独立自主开展工作奠定了基础。

工会作为职代会和厂务公开的工作机构，组织召开了九届二次职代会和编发3期工程局的《厂务公开简报》。

2005年5月，水电二局工会被全国总工会授予“全国模范职工之家”称号。

（王　平　郝宏国）

【共青团工作】　2005年4月，水电二局团委书记调出，任命代理书记1人，配专职干部1人。局团委下属4个团总支、28个团支部。有团员266名，35岁以下青年职工462名。

在参加北京市团委开展的团组织“达标创优”竞赛活动中，三分局团总支获“北京市2005年度五四红旗团总支”称号。在参加建立学习型组织、建设先进单位和优秀工作项目的竞赛中，五分局第一项目部团支部获“北京市2005年度建立学习型组织建设优秀工作项目”称号。

水电二局团组织利用3个月的时间，在全体青年、团员中开展了团员意识主题教育活动，收到学习心得体会近100篇。2005年12月28日，局团委举办了团员意识知识竞赛，这项活动的材料被北京团市委收入典型材料汇编，一分局团总支获得团市委“团员意识教育先进单位”称号。

围绕创优工程，开展青年突击队、青年岗位能手活动。2005年4月，水电二局有6支青年突击队获2004年度“北京市优秀青年突击队”称号，3名青年职工获2004年度“北京市青年岗位能手”称号。

水电二局团组织参与北京市总工会开展的“安康杯”劳动竞赛活动，组织职工“抢工抢险”，保障工程进度，树立水电二局的形象与信誉。2005年11月30日，二局团组织正式加入了北京市西城区德胜地区团建联席会。在“热爱德胜奉献青春”青年卡拉OK大赛中，全地区共有30多家企事业单位参加，水电二局两名选手分获：冠军、优胜奖。在团市委主办的“爱心基金”活动中，有8人受到资助。

（王　平　张　杨）

【精神文明与企业文化建设】　2005年，水电二局以党的思想政治工作为核心，融精神文明和企业文化建设于一体，形成了党政领导齐抓共管、贯穿经营管理全过程的工作格局。

宣传学习党的十六届五中全会文件，落实科学发展观。经过全体党员保持共产党员先进性教育、领导干部专题民主生活会，明确企业的产业结构、组织结构和职能结构调整，以迎奥运为主题，结合文明工地、文明单位建设，教育职工树立首都意识、做文明职工、文明市民，实行文明生产、安全生产、树立企业形象。通过工程局《北京水电报》、工作简报、《党员风采录》和局域网等多种形式，宣传水电二局北京市劳动模范、集团公司劳动模范和先进工作者，宣传优秀党务工作者和优秀党员的事迹。鼓励职工树立积极向上的精神。

结合思想政治工作，切实解决职工生活上的问题。工程局、二级单位，把关心职工生活放在首位，安排好工地职工和民工的住宿、食堂和业余文化生活。对刚参加工作的青年学生，党组织常与之谈心，鼓励岗位成才。每逢重大节日，党、政、工组织深入职工，深入家庭，送去温暖和关怀，同时开展歌咏比赛、时装表演、球类比赛等文化娱乐和体育活动，陶冶职工情操，增强企业凝聚力。

自集团公司1995年实施创造文明单位以来，水电二局结合北京市建委建设文明工地的要求，提出“以人为本、建楼育人”的经营管理理念，开展文明工程、文明办公区、材料区、施工区等四项建设。文明单位创建活动被纳入年度经营管理目标责任之中。

鼓励青年学习技术、学习业务和学习管理，开展青年岗位能手和小发明、小革新、小改造、小设计、小建议“五小”竞赛活动，出版技术业务刊物《百舸》，发表工作总结和论文。开展青年突击队、创优工程活动。

（王　平　朱宝仲）

检查监督

【纪检监察】　在局党委领导下，纪检监察部门进一部深化党风廉政建设和反腐败各项工作。完成了与局属各单位和机关部门签订党风廉政建设责任书、修订考核评分标准、过程抽查及年终总结考核工作。认真开展以开好领导干部专题民主生活会为中心的领导干部廉政自律工作。做好信访工作，查处违纪违法案件。加强企业效能监察。

根据局党委《关于实行领导干部廉政谈话的实施办法》，两级纪委负责人同下级党政主要负责人进行谈话，交换意见、研究问题，共同做好反腐倡廉工作。年初至11月20日，全局廉政谈话190人次，其中处级干部12人次。每次谈话均填写备案表，并存入廉政档案。

局纪委重点检查“三重一大”民主决策中有章不循、违章不究行为，实施对权力运行的制约和监督。领导干部填写年度收入申报表、个人重大事项表，并与廉洁自律生活会发言稿、述职报告等收归廉政档案。

2005年，收到群众来信10件。对信访内容，纪检部门秉公办事，查明事实、分清责任、教育疏导，及时予以处理。

通过中心组学习、座谈会、讲党课等形式，组织领导干部和党员系统学习《建立健全教育、制度、监督并重的惩治和预防腐败体系实施纲要》，并在纪检监察干部中进行了知识竞赛。

（王　平　王铁林）

【效能监察】　水电二局和所属二级单位成立效能监察小组，监察工作分两级进行。针对经营管理工作薄弱环节，职工群众关心的热点问题，选择领导有决心，群众有反映，情况较典型，容易见成效的问题，在充分调研的基础上确立选题立项。选题立项均通过两级领导，并要求在立项表上签字，再经纪委会集体讨论，最后确立。

全年进行了11项效能监察。重点是工程分包、劳务分包、设备物资采购、废旧物资处理，以及重大决策、外欠资金、物业管理收费、行政开支和成本监控等内容。

（王　平　王铁林）

【落实党风廉政建设责任制】　2005年修订了工程局、二级单位两级领导干部和工程局机关部室领导干部的党风廉政建设目标责任书考核评分标准，制定了机关部室承担党风廉政建设任务分解表，把党风廉政建设工作任务和责任细化与量化成33项具体工作。

局长、书记与集团公司签订《党风廉政建设目标责任书》，局与各二级单位、局党政正职与局副职，局主管领导与局机关各部门分别签订党风廉政建设目标责任书。局属各二级单位与所属单位签订党风廉政建设目标责任书。全局共签订党风廉政建设目标责任书150份，做到党风廉政建设工作目标明确，责任层层分解，落实到人。

局属各单位在7月中旬对党风廉政建设责任制执行情况进行了自查，局纪委7月下旬对党风廉政建设责任制执行情况进行了抽查。

年终局党委对所属各单位和机关部室进行了考核。10个单位的领导普遍重视，按照要求准备了资料。自评分数平均为98.5，考评分数平均为95.1，按照规定给予兑现奖。吸收二级单位纪委书记参加考核小组，收到了发扬民主、交流经验的好效果。对部室和基层单位的考核，参照上述办法进行。

（王　平　王铁林）

【坚持领导干部专题民主生活会制度】　2005年7～10月，水电二局党委结合共产党员先进性教育活动，召开了领导班子专题民主生活会。

会前，领导成员学习了党章及有关文件，以征集意见表和信箱的形式，征集到49人58份意见和建议。在班子内一把手和副手之间、成员与所联系的二级单位和分管部室之间，以及与所在党支部的党员之间，广泛地开展谈心活动交换意见。集体性意见或建议主要涉及理清、明确企业改革发展战略，坚持民主集中制防止重大决策失误，加强成本管理，提高经济效益，职工工资福利等4个方面的内容。并构成民主生活会的主题。

每个领导成员根据上述意见，写出党性分析、存在主要问题和整改措施的书面材料在会上交流，相互进行分析和评议。意见尖锐，不留情面，触及灵魂。达到了消除分歧、统一思想、增进团结、明确方向、促进整改的效果。其中两位主要负责人的材料认识深刻，为党员教育做出了表率。

（王　平　王铁林）

【职代会与厂务公开】　2005年1月，水电二局召开九届二次职代会。会议听取审议了局长的工作报告、2004年度财务工作报告、2004年度安全生产工作报告、2004年度全局业务招待费使用情况报告、职代会提案落实情况报告；工程局与二级单位签订了2005年度经济责任书、安全生产责任书、党风廉政建设责任书；审议了局级领导干部2004年度个人收入情况报告；局级领导干部述职报告，并进行了民主测评；推荐了局级后备干部。还特别邀请与工程局有长期合作关系的外包队代表参加会议。局属二级单位领导也在本单位职代会上述职，接受民主评议。

工程局工会主持编发了《厂务公开简报》，二级单位工会主持编发了本单位的《厂务公开简报》或设立《厂务公开专栏》，有的工程项目部也开始实行厂务公开。三级管理层实行厂务公开，使全体职工进一步了解全面情况，发扬民主，便于监督。

（王　平　郝宏国）

【审计工作】　2005年共实施和完成审计工作14项，其中领导干部离任经济责任审计4项（包括项目部经理离任审计2项），经济效益审计4项；在施工程项目审计2项；投资企业注销清理审计1项，国外工程经济效益情况调查1项；其他项目审计2项。直接参与解决了贵州省务川工程项目涉税有关事务。

同时，协助集团公司审计组开展了埃塞俄比亚三个在建项目经济效益的审计，完成了上级布置的“关于投资等五项制度检查”，配合有关部门进行年度党风廉政责任制检查、聘任干部年终考核及厂务公开等项工作。

经济效益审计共查出成本不实、漏提税金、工程决算长期搁置、应收账款拖欠严重等14项问题，并下发了审计意见书，及时纠正和整改。

经济过程审计，审计关口前移，可防范风险。先后进行了两项在建建筑工程审计。发现违规发奖金和提取折旧，会计操作失误等现象，立即限期整改，维护了企业利益和财务纪律。

首次开展了工程项目部经理离任经济责任审计，改变了以前调整更换工程项目部负责人经常发生的工程成本不清、费用开支不明、遗留事项多、经济损失大和职工意见多的状况。此项审计工作的重点放在内部管理上，从能力、勤奋、效益和廉政方面综合评价项目负责人和项目部班子的工作。

（袁中祥　尚志礼）

【法制教育】　2005年，水电二局根据集团公司的要求，对“四五”普法工作进行检查验收。

局机关各部门按所在工作领域学习国家、行业和地方的相关法律法规，依法制定相应的管理制度。广泛开展宣传、教育和培训活动。工程局下发了集团公司的《四五普法读本》。各二级单位组织职工学习《宪法》、《工会法》、《劳动法》、《安全生产法》《合同法》和与行业紧密相关的《建筑业行业招投标法》、《建筑企业安全管理规定》、《劳动工伤保险条例》，以及计划生育、交通安全、消防等法律法规。结合质量、环境、职业健康安全贯标工作，对职工进行相关的法规教育，使贯标工作与普法工作有机结合起来。实行了法律顾问制度，做到依法实行合同管理、工程分包、劳务分包和物资设备采购。各级领导和职工的法律意识普遍提高。

（王　平　朱宝仲）

中国水利水电第三工程局

概　　况

【综述】　中国水利水电第三工程局（以下简称水电三局），隶属中国水利水电建设集团公司（以下简称集团公司）。局总部设在陕西省西安市。现有员工13268人，各类技术与管理人员4229余人，其中：高、中级专业职称2098人；持证项目经理259人；监理工程师206人；高级技师、技师604人。注册资金3.012亿元，总资产15.37亿元，有各类施工机械设备5000余台（套）。年施工能力为：土石方开挖1500万～2000万立方米；混凝土浇筑200万～250万立方米；钻孔及灌浆15万米；金属结构制作与安装2.5万～3万吨；机组安装80万～100万千瓦；工业民用建筑12万平方米；高等级公路50公里。可确保每年30亿元工程正常施工。

水电三局经济实力雄厚，施工技术先进，经验丰富，能独立承建各类大中型水利水电工程、公路和桥梁工程、工民建、市政、机场、河道治理及防洪、港口、输变电、金属结构制作与安装、机电安装等工程项目的施工总承包和施工承包；承担勘测设计、技术咨询、设备采购与监造、工程监理、科研及产业开发等项目。50年来，先后在国内外承建、参建一百多个大中型施工项目，其中承建或参加施工的坝高100米以上的水电站工程项目30余座，装机15万千瓦以上的厂房工程近40座。在混凝土重力坝、碾压混凝土坝、土石坝、面板堆石坝、混凝土拱坝、混凝土闸坝及船闸、发电厂房（含地下厂房）、导流工程、高边坡及厂坝基础开挖支护、引水发电及压力管道工程、泄洪工程、输水工程、基础处理工程、砂石混凝土系统、电站交通工程、机电安装、金属结构制作与安装、高等级公路、房屋建筑、市政工程施工方面以及工程设计、工程缺陷处理、工程试验、工程安全监测方面都各自创出一批优秀的代表性工程。尤其在高边坡及厂坝基础开挖、混凝土重力坝及碾压混凝土坝、地下厂房及大坡度超长斜井施工、草土及土石围堰、高强度压力钢管制安、PCCP管安装、高寒地带混凝土抗冻抗渗方面创出了自己的品牌工程。在承建和参建的工程项目中曾获中国建筑工程鲁班奖（国家优质工程奖）、国家优质工程银质奖、省部级优良工程奖；工程开挖多次被业主树为“开挖样板工程”；所建项目先后被湖南省人民政府、宁夏回族自治区人民政府、陕西省人民政府、安徽省人民政府分别授予省重点工程施工“先进单位”和“贡献突出单位”。水电三局以优质的工程质量，赢得社会各界的好评。

水电三局为全国建筑企业经营业绩百强之一；被国家工商总局多年评为全国“重合同守信用企业”；连续15年被陕西省人民政府评为“省级先进企业”、“陕西省重点建设先进施工单位”、“重合同守信用企业”；多年荣获中国建设银行陕西省分行和中信实业银行授予的“AAA级”企业称号；连续15年被陕西省工商行政管理局授予“守合同重信用”企业。被陕西省技术监督局评为“质量管理先进企业”；在国际认证联盟第13届IQNet会议上，被授予“质量管理创新奖”，并被陕西省工商局连续核准为“免检”企业，多次荣获中国水利水电建设集团公司“安全生产先进单位”。2005年被中华全国总工会授予“全国五一劳动奖状”，同年7月又获得陕西省企业信用协会、陕西省企业信用评定委员会认定的“信用企业”称号，2005年12月工程局荣获“陕西省经济领跑企业”和“诚信AAA企业”。水电三局党委曾被授予“陕西省先进党委”称号；下属三分局党委被中共中央组织部授予“全国先进基层党组织”称号。

水电三局在社会主义市场经济中立足市场、坚守信誉，坚持“科学管理、诚信守法、注重环保、安全健康、争创优质、持续改进”的管理方针，强化管理、改革创新、提高效益，全面提升自身竞争实力。

（林少荣　王登康）

【企业资质】　水电三局为建筑业中集科研、设计、施工、技术开发和应用为一体的国家特大型骨干企业，具有国家建设部核发的建筑业企业资质证书。资质等级为：水利水电工程施工总承包特级、公路工程施工总承包二级、市政公用工程施工总承包二级、房屋建筑工程施工总承包二级、土石方工程及钢结构工程专业承包一级、电力大件运输承包甲级、工程设计乙级、实验室一级、测绘甲级、起重机机械修理与安装一级，有机场工程施工许可证、安全生产许可证。可承担各种类型水利水电工程及辅助生产设施工程施工。可承担单项建筑安装合同额不超过企业注册资本金5倍的下列房屋建筑工程的施工：①28层及以下、单跨跨度36米及以下房屋建筑工程。②高度120米及以下建筑物。③建筑面积12万平方米及以下的住宅小区或建筑群体。可承担不超过企业注册资本金5倍的一级标准及以下公路、单跨跨度小于100米的桥梁、长度小于1000米隧道工程的施工。可承担不超过企业注册资本金5倍的下列市政公用工程的施工：①城市道路工程；单跨跨度40米以内桥梁工程；断面20平方米及以下隧道工程；公共广场工程。②10万吨/日及以下给水厂；5万吨/日及以下污水处理工程；3立方米/秒及以下给水、污水泵站；15立方米/秒及以下雨水泵站；各类给排水管道工程。③总储存容积1000立方米及以下液化气储罐场（站）；供气规模15万立方米/日燃气工程；中压及以下燃气管道、调压站；供热面积150万平方米热力工程。④各类城市生活垃圾处理工程。可承担各类土石方工程的施工和各类钢结构工程（包括网架、轻型钢结构工程）的制作与安装。

（闫香芝　王登康）

【局领导班子】　局长兼党委副书记：吴新琪；党委书记兼副局长：张治源；副局长：焦继轩、冯亮、司勤、刘美华、张波；党委副书记兼纪委书记：付胜利；总工程师：王鹏禹；总经济师：任世玉；总会计师：刘玉建；工会主席：吴家明。

（左艳玲　王登康）

【组织机构】　2005年，水电三局下辖二级生产经营单位17个（其中10个综合施工分局、5个专业公司、1个施工处、1个机械制造厂），局管施工局和项目部12个，以及勘测设计院、施工研究所、工程监理公司等；服务管理单位有：教育、医院、离退休管理、公安、基地管理，供电、供水、通信、有线电视、市政、环卫、房屋管理与修缮、多种经营等。工程局机关设有：局办公室、党委工作部（史志办公室）、纪律检查委员会（监察处）、工会、工程开发部、国际工程部、劳动人事处、经营管理办公室、设备管理处、财务处（资金管理中心）工程管理处、社会保险管理处、审计处、安全监察委员会办公室、技术管理办公室、物业管理处。

（孙玉娟　王登康）

【2005年工作】　工程局全年工作以工程开发为龙头，以国内水电工程开发为主体，以国际工程开发为重点，兼顾国内其他领域的开发。国内工程继续实施“以我为主、多元开发、抓大放小、突出重点”，发挥在建工程的辐射作用，以点带线、以线带面，对超过亿元的大项目，建立工程局领导重点跟踪负责制，保证国内水电市场份额。加大国内路桥、房建等市场开发的力度，拓宽工程局施工领域，提高施工资质，建立工程开发新机制，在内部试行编标项目法管理，提高工作效率。以效益为中心，控制成本，加强合同管理，抓好在建项目，确保工程进度、质量、安全、资金等控制在合同范围之内。通过内部管理制度的修编，进一步完善与市场经济相适应的规章制度，修订责任制考核管理办法。完成水利水电工程施工总承包特级资质申报和质量、环境、职业健康安全管理体系的认证工作。在开展保持共产党员先进性教育活动中，群众测评满意和基本满意率达到97.4%，实现“两不误，两促进”，得到上级党组织的肯定。通过开展精神文明建设、党风廉政建设和企业民主管理等工作，为工程局的发展和稳定起到保证和推动作用。

工程局经营业绩稳中上升，取得较好成绩，部分主要经济指标创历史最高水平。完成企业总产值21.43亿元，是年初计划的106.86%，与2004年同比增长21.84%。其中建安产值为21.06亿元，是年初计划的106.32%；多种经营产值为0.36亿元，是年初计划的150.57%；全年实现利税总额与2004年同比增长87.87%；全员劳动生产率达到15.97万元/（人·年），与2004年同比增长21.63%；建筑业劳动生产率达到20.14万元/（人·年），与2004年同比增长21.18%；职工全员人均收入达到12963元/（人·年），与2004年同比增长11.26%。2005年，水电三局工程开发紧紧围绕国内水电资源丰富区域，较好地发挥在建项目的辐射作用，积极响应集团公司市场统筹战略，注重合理标价中标，全年工程中标项目46个，签约合同金额24.36亿元（含国外工程），为年计划的116%。单项合同金额超过亿元的项目有7个，合计签约额16.42亿元，占全年签约额的67.41%。加强与集团公司海外事业部的联系。工程局组建国际工程工作机构，与集团公司国际工程有限公司联合中标阿尔及利亚苏夫河谷水净化管网工程，工程局折算份额为人民币3.38亿元。2005年全局在建工程项目76个，主要分布于云南、四川、贵州、湖南、甘肃、青海等10余个省区，全年共完成建筑安装产值21.06亿元，完成主要工程量为：土石方开挖2061.76万立方米，混凝土浇筑

215.77万立方米，钢筋制作与安装5.07万吨，金属结构制作与安装1.9万吨，钻孔灌浆8.54万米。工程质量合格率为100%，优良率达87.7%。

（林少荣　王登康）

工程建设

【综述】　2005年，水电三局建设工程项目遍及全国12个省（市），部分项目施工具有很高的技术含量，土石方开挖、混凝土浇筑等一些指标强度再次刷新了工程局历史纪录。全局土石方开挖突破2000万立方米，混凝土浇筑突破200万立方米，钢筋制作安装突破5万吨。水电三局在向家坝水电站土石方开挖施工中曾连续两月创开挖强度超百万立方米方的行业记录。三峡右岸厂房土建工程的混凝土施工质量优良，获得国务院质量检查组的好评，被誉为“三峡混凝土施工样板工程”。在山西西龙池抽水蓄能电站施工中创造了斜井导井爬罐开挖382米和反井钻导井开挖偏斜率万分之三的全国最新纪录。在甘肃柴家峡水电站成功进行了黄河上游有史以来最大流量的截流。在三峡工程大型设备安装拆除中创造新型MQ2000门机拆除17天，安装24天的全国最新纪录。

水电三局2005年在建的工程项目有：长江三峡水利枢纽右岸工程和三峡高速公路边坡加固工程、十九小区2号箱涵、3号竖井工程；云南泗南江水电站调压井、钢管道和引水隧道10+242.361米后段、主副厂房、开关站土建和机电设备及金属结构制作安装工程；云南土卡河水电站人工砂石料加工系统、混凝土生产系统、一期导流及右岸开挖支护、左岸一期开挖支护及河床拓宽、场内干线公路整修及维护工程；云南金安桥水电站左岸场内公路R1、R5及进场交通洞和左岸缆机平台一期开挖支护、左岸R1公路以上B2、B20崩塌堆积体处理工程；四川柳洪水电站首部枢纽、场内交通C1标及生活营地工程；云南景洪水电站左岸土建及金属结构安装工程；山西西龙池抽水蓄能水电站C3标下水库开挖填筑和C6标引水系统土建及钢管制作安装工程；四川百花滩水电站工程；青海苏只水电站厂房工程；青海拉西瓦水电站右岸缆机平台、出线平台开挖支护、右岸坝肩、进水口及消能区边坡开挖支护、引水发电系统进水口及压力管道、右岸青草沟排洪系统工程；陕西喜河水电站厂房和砂石混凝土工程；湖南株洲航电枢纽工程；河南西霞院反调节水库土石坝填筑工程；湖南筱溪水电枢纽土建工程；四川向家坝水电站左岸5、7、9号公路、左岸渣场沟水处理、左岸300米高程以上边坡开挖工程；贵州双河口水电站大坝、溢洪道工程；四川仁宗海水库电站土建工程；四川狮子坪水电站库区改线公路工程；云南猴桥水电站；四川呷村水电站首部枢纽、引水系统、电站厂区土建、金属结构及机电安装工程；云南糯扎渡水电站道路工程；甘肃九甸峡水利枢纽导流及右岸边坡处理工程；青海金沙峡水电站引水隧洞工程；重庆奉节青莲溪水库工程；西安市泛渼花园东区公建工程；四川过军渡水利枢纽闸门制造等工程。

（刘　鹏　王登康）

【国际工程】　2005年，水电三局加强与集团公司海外事业部联系，和集团公司国际工程有限公司联合中标阿尔及利亚苏夫河谷水净化管网工程项目，合同额为1.22亿美元（含税价），折合人民币10.09亿元（扣除阿国合作伙伴和集团公司参股份额，工程局份额折算为3.41亿人民币），实现国外工程签约额零的突破。

经集团公司国际工程有限公司和水电三局同意，由国际工程有限公司和水电三局组成紧密联营体，共同负责苏夫河谷水净化管网工程的施工，并由双方领导组成“苏夫河谷水净化工程”项目董事会。10月27日，阿尔及利亚苏夫水净化项目董事会一届一次会议在水电三局召开，会议对联营体协议、预期达到的目标和经济责任制、审批项目物资、设备采购办法和程序、工程技术难点前期所需的资金等问题进行研究。

（王和平　王登康）

【中标工程】　2005年，水电三局工程开发继续坚持“以我为主、多元开发、抓大放小、突出重点”的工程开发策略，突出国内水电市场大型项目及国际工程的开发，合理报价中标，全年中标项目46个，其中国内工程项目45个、国际工程项目1个，中标合同额24.36亿元，为年计划的116%。超过亿元的项目达七个，合计签约额16.42亿元，占全局2005年全年签约额的67.41%，其中较大的工程项目有：四川薛城水电站引水隧洞工程（0+100～2+687.0m），合同额4949万元；青海黄河积石峡水电站交通洞及导流洞施工支洞开挖支护工程、混凝土拌和系统建安（A标）工程、左岸永久上坝隧洞工程、炸药库运行管理工程，合同总额5720万元；四川罗江口水电站金属结构设备制造（第三批）、卷扬式启闭机设备工程、机电及金属结构安装工程，合同总额3622万元；陕西省西安市泛渼花园东区公建工程，合同额2800万元；贵州双河口水电站发电引水系统、厂区土建、金属结构制安及机电设备安装工程，合同

额7261万元；甘肃石门坪水电站厂房等土建工程，合同额3290万元；四川官地水电站场内交通工程左岸高低干线公路施工、左岸导流洞工程，合同总额2.42亿元；南水北调中线水源工程湖北丹江口大坝加高右岸土建施工及金结设备安装工程，合同额3.24亿元；阿尔及利亚苏夫水净化管网工程，合同额3.41亿元；湖南白市水电站主体土建工程，合同额4.84亿元；云南腊寨水电站大坝枢纽工程，合同额1.01亿元；甘肃麒麟寺水电站砂石、混凝土生产系统工程，合同额7240万元；甘肃黄河柴家峡水电站二期工程、厂坝水工金属结构制造A标段，合同额1.19亿元；云南泗南江水电站主副厂房、开关站土建工程金属结构及机电设备安装工程，合同额4458万元；甘肃黄河乌金峡水电站砂石料加工及混凝土拌和系统工程、水电站对外公路工程，合同额7882万元；四川武都水库安全监测工程，合同额2386万元；陕西汉江蜀河水电站右岸泄洪坝段及导流工程，合同额2.89亿元；南水北调中线京石段供水工程北拒马河段暗渠工程，合同额9581万元；四川遂宁过军渡水利枢纽工程闸门制造、2号400千牛单向门机及2号400千牛双向门机设备工程，合同额1913万元。

（洪　夏　王登康）

【竣工工程】　2005年工程局竣工的项目有：青海黄河公伯峡水电站左岸泄洪洞和左岸溢洪道工程；云南槟榔江猴桥水电站引水隧洞段土建工程和首部土建枢纽及金属结构工程；湖南凤滩水电站扩机工程；云南居甫渡水电站工程左岸公路和导流洞土建及金属结构工程；湖南皂市水利枢纽左岸边坡开挖工程；四川沙湾水电站一期围堰工程上游围堰标段；甘肃九甸峡水利枢纽导流及右岸边坡处理工程；河南S238常伏线洛汝界汝洲市区改建工程；甘肃水沟坪水电站水电站厂房和引水工程；陕西毛坝关水电站导流泄洪洞水工金属结构制造；甘肃小峡水电站大坝及厂房工程；云南阿鸠田水电站引水隧洞、闸坝及机电安装工程；乌泥河水电站大坝、厂房及机电安装工程；龙马水电站右岸公路及其永久建筑物边坡开挖支护工程。

（刘　鹏　王登康）

【乌金峡水电站公路、拌合系统工程】　乌金峡水电站位于甘肃省白银市靖远县境内，黄河乌金峡峡谷出口段，乌金峡水电站工程以发电为主，兼有灌溉、旅游等综合效益。枢纽主要建筑物由河床式电站厂房、左岸泄洪闸、开关站、灌溉取水口等建筑物组成。枢纽布置格局为左岸三孔泄洪闸，河床布置四台贯流式水轮发电机组厂房。电站装机容量14万千瓦。2005年5月18日、11月11日，水电三局中标承建乌金峡水电站对外公路、水电站砂石料加工及混凝土拌合系统工程，合同额为7882万元。

【官地水电站公路、导流洞工程】　官地水电站位于四川省凉山彝族自治州西昌市与盐源县交界的雅砻江打倮河湾段上。官地水电站是雅砻江卡拉至江口河段水电规划五级开发方式的第三个大型梯级电站，上游回水至大水沟与锦屏二级水电站尾水衔接，下游尾水与二滩水电站水库正常蓄水位1200米高程衔接。电站装机容量240万千瓦，右岸地下厂房装机4台60万千瓦机组。电站枢纽包括辗压混凝土重力坝、消力池及右岸地下厂房引水发电系统。2005年6月7日、12月30日，水电三局中标承建官地水电站场内交通左岸高低线公路及高低线公路连接线和左岸导流洞工程，合同额2.42亿元。工程分别于2005年6月10日、2006年1月1日开工。

【阿尔及利亚苏夫水净化工程】　苏夫水净化管道项目1期工程，位于阿尔及利亚南部沙漠地区瓦德省苏夫河谷地区。集团公司与水电三局组成联营体承建苏夫河谷污水、雨水、灌溉水以及防止含水层上升工程第一期一标段水净化管网。水电三局主要承建258公里长的PVC集水管、47.6公里直径800毫米和1000毫米玻璃钢管、1.2公里长抽水井管PVC管、井泵的供应和铺设。

【白市水电站主体土建、导流工程】　白市水电站位于贵州省黔东南苗族侗族自治州天柱县境内，为中低水头坝后式电站，电站总装机容量为42万千瓦，采用3台单机容量14万千瓦的HL-LJ-640混流式机组。水电站枢纽主要由河中溢流坝、右岸坝后厂房、左岸垂直升船机、两岸溢流坝及消力池等建筑物组成。枢纽布置采用右岸厂房、左岸升船机、中间溢流坝布置方案；左右坝头采用混凝土重力坝与岸坡衔接。水电三局中标承建白市水电站左岸厂内公路、水电站主体土建、导流等工程，合同额4.84亿元。工程于2005年7月开工，总工期35个月。

【丹江口水电站大坝加高工程】　丹江口大坝加高是南水北调中线水源工程的重要组成项目之一，位于湖北省丹江口市。丹江口水利枢纽由两岸土石坝、混凝土坝、升船机、电站等建筑物组成，于1973年建成。大坝加高后水库主要任务是防洪、供水、发电和航运。供水主要任务是向华北跨流域供水和向本流域提供灌溉用水。2005 年 7 月 5 日，水电三局承建右岸标包括 15 号坝段及以右大坝加高和升船机改造全部土建、金属结构改造及安装、机电设备安装等工程（14 号及 15 号坝段的闸墩加固划分到左岸标），中标合同额 3.24 亿元。合同工期为：2005 年 8 月开工，2010 年 4 月 30 日完工。

【腊寨水电站大坝、围堰工程】 腊寨水电站大坝枢纽工程位于云南保山市龙陵县与腾冲县两县界河龙河干流下游，水电站大坝枢纽主要建筑物有：拦河坝、导流泄洪冲沙洞、引水发电洞、调压井、压力斜井、厂区枢纽工程及开关站等，大坝为混凝土重力坝。电站装机容量 3×4 万千瓦。2005 年 9 月 2 日，水电三局中标承建大坝枢纽挡水坝、发电引水洞进口闸实际洞身 K0+100 以前、上下游围堰、下闸蓄水封堵工程等。合同额 1.01 亿元。合同工期为：2005 年 9 月 10 日开工，2008 年 6 月 30 日完工。

【多儿水电站厂房、机电安装工程】 多儿水电站位于甘肃省迭部县境内，坝址位于白龙江的一级支流多儿河上，厂房位于白龙江干流右岸，工程枢纽主要是水力发电。枢纽主要由拦河大坝、泄水排砂建筑物、发电引水系统及变电站等部分组成。水电站总装机容量 3 万千瓦，主厂房布置在白龙江右岸，为混合式地面厂房。主厂房内安装三台 1 万千瓦的混流式水轮发电机组，安装间布置在主厂房右端。副厂房位于主厂房上游侧，主变压器布置在厂房平台，变电站布置在顺河流方向主厂房右侧约 47 米的山坡上，为开敞式户外型布置。2005 年 1 月 30 日，水电三局中标承建多儿水电站厂房施工及机电设备安装工程，合同额 1840 万元。合同工期为：2004 年 12 月 1 日开工，2006 年 2 月竣工。

【坪头水电站洞挖工程】 坪头水电站位于四川凉山彝族自治州美姑、昭觉和雷波三县交界处，是美姑河流域梯级开发最下游的一个梯级电站，以发电为主，装机容量 16.5 万千瓦。坪头水电站为引水式水电站，引水隧洞及厂房位于美姑河左岸。2005 年 2 月 25 日，水电三局中标承建电站勘探平洞和附属交通洞工程，合同额 1900 万元。工程于 2005 年 3 月 1 日开工。

【柴家峡水电站土建、金属结构安装工程】 柴家峡水电站位于兰州市西固区黄河干流上，是龙羊峡至青铜峡河段梯级开发规划的第 18 个梯级电站。柴家峡水电站工程以发电为主。水电站装机容量 9.6 万千瓦，年发电量 4.91 亿千瓦时。水电站为河床径流式电站，枢纽主要建筑物由河床式发电厂房、泄洪闸、左岸土石坝、右岸混凝土挡水坝等建筑物组成。厂房内安装四台贯流式水轮发电机组。2005 年 10 月 11 日、10 月 31 日，水电三局分别中标承建电站混凝土纵向导墙、泄水闸、右岸混凝土挡水坝、右岸防护和防渗墙、咕噜沟处理、右岸上坝公路、左岸电站厂房、副厂房、安装间、中间挡水坝段土建及金属结构制造安装工程。合同额 1.19 亿元。合同工期为：2005 年 11 月 15 日开工，2008 年 4 月 30 日前完工。

【积石峡水电站洞挖、拌合系统工程】 积石峡水电站位于青海省循化县和民和县交界的积石峡谷出口段。电站主要任务是发电。电站总装机容量 102 万千瓦，最大坝高 100 米，由溢洪道、中孔泄洪洞、泄洪排沙洞，及引水发电及厂房组成。2005 年 3 月 31 日 11 月 10 日、11 月 25 日，水电三局中标承建电站施工交通洞及导流洞施工支洞开挖支护、混凝土拌和系统建筑安装工程和炸药库运行管理三个标段，合同额 5720 万元。合同工期为：2005 年 4 月 1 日开工，2006 年 7 月 31 日完工。

【麒麟寺水电站拌合系统工程】 麒麟寺水电站位于甘肃省文县中庙乡境内的白龙江干流上，水电站为低水头河床式电站，以发电为主，总装机容量 11.1 万千瓦。2005 年 10 月 18 日，水电三局中标承担电站砂石和混凝土系统的设计、建筑安装及生产运行管理项目。合同额 7239 万元。工程于 2005 年 9 月 10 日开工。

【南水北调中线京石段应急供水北拒马河暗渠工程】南水北调中线京石段应急供水（北京段）北拒马河暗渠工程位于河北省涿州市和北京市房山区，距北京市区约 60 公里。北拒马河暗渠工程由渠首枢纽、暗渠、退水系统三部分组成。渠首枢纽是总干渠冀京点的连接建筑物，包括渠首明渠、渠首节制闸、排冰设施、渠首防洪围堤和上下游导流堤、机电控制及管理用房建筑等组成。暗渠为两孔箱涵结构，每孔高 5 米，宽 5.6 米。进口接渠首枢纽节制闸，横跨北拒马河中支和北支，出口与惠南庄泵站进口相接，总长 1686.05 米。退水系统在渠首明渠右侧侧向进水，由退水闸、退水暗涵和退水明渠组成，总长 2014.53 米。水电三局承建渠首明渠、节制闸、暗渠、退水闸、退水暗涵、退水明渠等基坑开挖、基础处理、土方回填、混凝土浇筑和所有项目金属结构制作安装施工，以及交通、照明、观测、通信等全部辅助工程。2005 年 12 月 19 日中标，合同额 9581 万元。合同工期为：2006 年 3 月 1 日开工，2007 年 10 月 31 日完工。

【薛城水电站引水洞工程】 薛城水电站位于四川阿坝藏族羌族自治州理县境内的杂谷脑河上，电站为引水式开发，引水隧洞长 15.174 公里，设计引用流量 113.19 立方米/秒，装机容量 3×4.6＝13.8 万千瓦。工程枢纽由首部枢纽、引水隧洞、调压井、压力管道和地面厂房等建筑物组成。引水隧洞布置在杂谷脑右岸，全长 15.174 公里，隧洞开挖断面型式为马蹄形。水电三局承建引水隧洞（0＋100～2＋687.00m）的土建及部分金属结构设备安装工程。2005 年 2 月 17 日中标，合同额 4949 万元，合同工期为：2005 年 2 月 28 日开工，2007 年 6 月 30 日完工。

【蜀河水电站泄洪、导流工程】 蜀河水电站位于陕西省旬阳县境内的汉江上游干流上，距上游已建的安康水电站约 120 公里，距下游已建的丹江水电站约 200 公里，是汉江上游梯级开发规划中的第六个梯级电站。蜀河水电站工程主要任务是发电，兼顾航运等。枢纽建筑物由右副坝、垂直升船机坝段、泄洪闸坝段、电站厂房坝段（泄洪表孔）、安装间及左副坝等组成。电站总装机容量 27 万千瓦，最大坝高 72 米。水电三局 2005 年进点承建蜀河水电站附属工程，同年 12 月中标电站右岸泄洪坝段及导流工程，合同额 2.89 亿元。合同工期为：2006 年 10 月 1 日开工，2010 年 5 月 31 日完工。

（费真理　王保獜）

【机组投产发电项目】 2005 年，水电三局中标承建的云南猴桥水电站、四川呷村水电站、甘肃水沟坪水电站、云南阿鸠田水电站、云南乌泥河水电站、甘肃汉坪嘴水电站，共有 9 台机组投产发电。

【工程截流项目】 2005 年，水电三局承建的四川柳洪水电站二期、四川仁宗海水电站金窝首部枢纽、贵州白市水电站一期导截流工程、云南腊寨一期围堰、云南景洪水电站二期工程、甘肃柴家峡二期工程实现截流。

（刘　鹏　王登康）

管理创新

【改革与发展规划】 2005 年工程局制定第三个四年规划（2005～2008 年），战略定位：构建以国内外建筑业施工为主导产业、多元化发展、具有综合经济实力的特大型企业。主要体现在四个方面：①继续巩固和扩大国内水电建筑市场份额，拓宽交通、水务、市政建设等建筑领域，保持强有力的竞争态势。②充分利用集团公司的国际工程开发建设平台，全方位的快速进入国际工程市场，培育一支熟悉海外工程项目开发和管理的高素质的专业队伍；通过四年规划期的持续努力，实现工程局产业结构由量到质的根本转变，实现工程局生存空间的更广阔发展。③坚持科学、协调的发展观，按能源、基础行业开发的相关产业链为主线，继续积极、审慎的开展高端产业项目投资活动，扩大和延伸经营领域，增加新的效益来源，提高抵御经济风险的能力。④把握近几年基建市场扩大的契机，保持生产经营增长的规模和发展速度，培育核心技术，实现经济效益的同步增长，从而快速提升工程局的综合竞争能力，在积累中创造新的发展业绩，实现工程局由大局变强局的根本性转变。

主要经济技术指标：在第二个四年规划期完成各项指标的基础上在本规划期末，企业总产值增长 2.24 倍、工程开发增长 74%、合同存量增加 85%、企业总资产增加 23%、国有资产保值增值率提高 1% 左右、实现利税 347%、全员劳动生产率平均增幅 11.43%、企业职工年度工资总额计划与 2004 年基期比较平均增长率约 5%。

主要任务：改革工程开发运行机制，保持生产规模的持续发展、改进经营管理运行机制，处理好局处两级经济关系、强化项目履约管理，提高在建项目的盈利水平、强化财务管理，进一步提升财务管理水平、改革创新用人机制，规范人力资源管理、强化和落实各项监督机制，规范全局各层面管理工作和经营活动、优化设备资源配置，落实设备的全过程管理、提高全员安全素质，狠抓责任制落实、研究科技创新课题，加快全局科研成果的推广应用、继续完善全局社会保险体系建设、积极稳妥的实施主辅分离和企业办社会职能的移交工作、改善基础设施建设，推动基地服务物业化改革、加强企业党建工作，党风廉政建设和企业文化建设等各项工作做出详细安排部署。

（陈越文　王登康）

【落实生产经营责任制】 2005 年，水电三局为落实国有资产保值增值责任，建立有效的激励和约束机制，调动经营者的积极性和创造性，科学评价经营业绩，结合集团公司新颁布的《年度经营业绩考核暂行办法》精神，对原有的《水电三局生产经营责任制考核奖惩办法（修订稿）》进行修订和完善，印发《水电三局局管项目部和施工生产单位经营业绩考核办法》、《水电三局其他生产经营单位经营业绩考核办法》和《水电三局经营业绩考核办法实施细则（试行）》、《水电三局项目经济管理指标检查与考核实施细则（试行）》、《水电三局财务会计管理考核实施细则（试行）》、《水电三局工程项目施工履约责任制考核细则（试行）》、《水电三局质量目标责任制考核实施细则（试行）》等相关考核支持性文件。形成以确定局管项目部、施工生产单位、其他局属单位负责人经营管理责任为主要内容的业绩考核体系。2005年全局生产经营单位经考核：优秀单位12个、良好单位11个；合格单位8个、不达标单位4个。通过建立有效的经营激励机制，充分激活人力资源对经营效益的贡献率，2005年，水电三局酝酿对施工生产单位和局管项目部负责人进行年薪制试点；在局机关和局属费用单位实施绩效考核制度。

（李　萍　王登康）

【申报水利水电工程施工总承包特级资质】　近几年，借助国家对水电开发不断加大的力度，水电三局在发展过程中，综合实力进一步增强。为实现工程局由大局变强局的战略目标，2005年4月20日召开申报资质工作专题会议，全面启动水利水电资质升级工作，成立以工程局副局长为组长的资质升级领导小组，下设资质升级办公室和对外联络办公室，负责日常工作。2005年5月底，完成资质升级基础资料收集工作，开始资质升级材料所需的证件、荣誉、业绩、人员、工程结算等原始资料的归整工作，完成填写《建筑业企业资质申请表》初稿。2005年8月9日集团公司发文同意调增工程局的注册资本金后，及时办理《企业法人营业执照》和建设部《建筑业企业资质证书》的注册资本金变更工作。10月底，水电三局资质升级材料经过集团公司审核，正式报送建设部。11月下旬，水电三局完成资质升级材料的网上数据录入，至此，全面完成资质升级材料申报工作。

（闫香芝　王登康）

【质量控制】　2005年，水电三局以质量管理体系运行为主线，加强项目施工过程中的质量控制，提高“争优质，创名牌”思想意识，工程项目在满足合同要求的情况下，争创优质工程，加强项目施工过程中的质量管理、质量控制，完善内控环节。工程项目在满足合同履约与业主综合评价的基础上，开展优质工程的认定与申报工作，积累工程项目的评优数据和基础资料；建立为工程局争信誉、创优质工程的奖励机制，对取得各个级别优质工程、优秀项目证书的项目部，工程局给予不同的奖励，鼓励职工为赢信誉，创先争优，努力工作。对在建工程和已竣工的工程项目收集业主、监理的反馈意见，掌握工程项目的基本情况。对19个在建工程项目的质量进行了顾客满意度抽查，平均满意度为89.89%，高于工程局80%的要求。对16个已经完工的项目进行的质量回访，其客户满意率为94.25%。

（王保辚　王登康）

【质量、环境、职业健康安全管理体系】　推进质量、环境和职业健康安全管理体系运行，不断提高各项基础管理工作水平。2005年是2000版质量管理体系运行的第三年，同时也是水电三局开展环境、安全体系国际认证的一年，根据工程局的总体计划安排和体系整合的需要，完成管理体系文件的编制。严格按照《贯标工作计划》的安排，开展体系认证与运行要求的宣贯培训，举办16期管理体系人员培训班；按计划完成新体系的内部审核、管理评审等各项工作。2005年12月12日，通过认证机构的认证审核，并取得证书。

为使水电三局国际认证有较高的起点，结合工程局质量管理体系运行情况，将需新认证的两个体系与质量管理体系进行整合，形成完整的管理体系，在原《质量手册》和《程序文件》的基础上，按照“三合一”管理体系的要求，编制完成并发布了工程局新的《管理手册》、《程序文件》和《作业指导书》。为完成“三合一”管理体系的认证工作，依照体系运行的要求，在全局开展体系运行的宣贯和内审。经审核对不合格的责任部门、单位对不合格产生的原因进行分析，采取对应的、有效的纠正措施，得到审核组的验证。审核组认为：水电三局的管理体系运行基本有效，符合选定的标准的要求。

（王爱民　李桂兰）

【项目分包和竣工决算管理】　水电三局第三个四年改革与发展规划（2005～2008年）累计总产值要达到82亿元。为实现规划目标，工程局加大对项目分包和竣工决算的管理力度，注重培育一批信誉好、实力强的协作队伍，作为长期稳定的合作伙伴。协作队伍的合作方式，倾向在施工工序和劳务分包，掌握项目施工过程中的主动权。对协作队伍的资质严格审查，做好过程管理，避免重包轻管、以包代管的现象。加强工程分包管理，严格执行《水电三局工程专项施工分包管理办法》、《工程施工专业分包合同范本》和《工程劳务分包合同范本》；工程管理、经营管理、财务管理、审计和纪检监察等职能部门加大指导、检查和督促的力度，对违反工程局有关规定、制度的责任人，给予果断、严厉的惩处。认真执行《水电三局工程项目竣工管理办法》，各项目在工程项目进入竣工决算阶段时，做到责任落实到人，工作有时间计划表，保证工程项目竣工决算纳入规范有序的管理范畴，同时建立和完善施工项目竣工验收资料档案。

（王保麟　王登康）

【在建项目的协调管理】　2005年，水电三局在建工程项目达70余个，大多属于西部和西南地区水资源丰富的省份。为加强在建项目的协调管理，通过与业主、监理、设计等方面的沟通，及时了解和分析工程建设过程中存在的问题并及时解决。2005年，水电三局先后对西龙池、拉西瓦、景洪、向家坝、喜河、金沙峡等工程项目的资源投入进行了调整和完善。在工程项目的检查协调过程中，注重提高项目部合同意识和施工合同的履约能力。主动参与项目重大施工方案的审查，在协调管理中将工程项目的经济效益放在重要位置，在控制好工程施工进度、工程施工质量的同时，指导项目做好合同变更索赔工作以及项目成本的控制，提高项目经济效益。

（韩贵才　王登康）

【修订完善管理规章制度】　2005年，水电三局为加强基础管理工作，保证各项规章制度的科学性、可行性、规范性、时效性和可操作性，进一步创新和完善了管理制度体系。4月19日召开规章制度修编工作专题会议，决定对工程局1992～2004年现有的各项规章制度进行全面、系统的清理、修订和汇编。局机关各有关业务部门在系统建立和调整企业管理各项规章制度的基础上，根据市场需求和建筑业市场发展的客观变化，对现行管理规章制度进行清理和补充、修订。全局共修订新编补充文件90件，继续保留适用文件113件，待发文件78件，发文废止227件不适合市场要求的管理文件。100多件与企业管理相关的国家法律法规正在查寻、收录中。

（俞　程　王登康）

【局域网建设】　2005年底，水电三局对原有的局域网络环境进行了升级改造。局域网采用超五类双绞线及配套设备搭建成的100M快速以太网，目前共计200余个信息点，经八台二级交换机相连接，通过三层交换机形成一个完整的网络环境，实现对VLAN楼层的划分；采用Internet连接方式，在宽带接入方面，工程局与中国电信达成10M宽带接入协议，分配有16个公网IP，独享10M带宽，实现高速上网。

同时，向西安市古城热线申请以工程局网站cteb为后缀的企业信箱，空间总计1300M。信息中心已给全局所有单位和部门分配以×××@cteb.com为用户名的电子信箱。应用系统先后定制开发《局机关网络办公系统》、《机械设备管理系统》、《水电三局人力资源管理系统》、《景洪施工信息管理系统》等应用软件。项目部、二级单位和安康基地单位大部分组建了自己小型局域网。

（石　露　王登康）

【设备管理】　2005年，水电三局加强对《水电三局设备管理办法》的宣传，要求各单位根据有关设备管理的规定、办法管理设备。通过现场服务、指导、宣传，全局的设备管理工作有所提高，各级领导和单位管理意识增强，管理方式多样化，各单位制定了适合本单位情况的设备管理细则。按集团公司要求，加强对各项目起重设备的验收检查。制定出工程局《门机验收标准文本》和《塔机验收标准文本》，规范起重设备验收工作。加强设备资料的管理，使设备管理工作从购置、验收、使用、调动、维修、退库、报废等环节处于受控状态，要求各种记录详实准确，做到有章可循，有据可查。工程局设备管理部门会同财务、监察等部门，稳妥处理已报废和闲置的设备，剔除不良资产，盘活闲置资产，及时回收设备残值。为满足项目施工需要，各单位和项目采用多种形式配置设备，从降低设备投入，降低成本入手，缓解施工设备不足的压力。同时加大设备折旧速度，对设备的调剂，动态管理起到推动作用。为加强设备管理工作的领导，明确要求各单位、施工局、项目部必须有一名领导班子成员负责设备管理工作。

（沈　钧　王登康）

【物资管理纳入局管范畴】　2005年，水电三局新开工项目较多，从项目投入的组成分析，物料消耗占项目直接成本的60%左右，是工程项目成本控制的关键点。为贯彻落实《水电三局物资管理办法》，各项目均制定相应的管理办法，落实责任人，规范大宗物资采购程序，避免浪费和库存积压，同时强化内控机制，消除物资管理和施工生产脱节现象。工程局物资管理部门定期整理和传递不同地域物资材料的价格信息，为各项目的物资采购提供指导和服务；执行集团公司对施工主要材料集团化采购的有关规定，降低物资消耗成本，加大各项目点物资管理检查力度，将物资管理纳入局级范畴，严格监控和规范工程项目的物资管理工作，提高工程项目经济效益。

（王登康）

【设备投保降低风险】　水电三局2005年安排保险资金30万元。部分设备投保主要是因为中标项目增多，大型设备新增数量较多，为降低大型设备的运行风险，工程局一方面加强管理，另一方面选择一部分进行投保，分散风险。通过投保工作实践，全局上下对设备经营管理的风险意识逐渐增强，既把设备看成施工的必要工具，也看成是一种重要的资本投入。明确设备保险，是资产经营的责任，也是降低设备风险、挽回设备经济损失的重要举措。

（沈　钧　王登康）

【投资管理】　按照《中国水利水电建设集团公司投资管理办法》的有关规定和要求，2005年，水电三局强化投资项目的过程控制和监督，切实加强投资项目的可行性研究和分析。在投资项目的实际运作过程中，严格按照审批程序进行审批，加强投资项目的档案管理。截至2005年底，工程局对外投资项目共6个，累计对外投资4915.4万元，其中，工程局控股公司两个，参股公司四个。目前，投资项目的建设和生产经营情况良好，运转正常。

（王紫林　王登康）

【财务制度】　2005年集团公司系统全面执行《企业会计制度》。为保证新旧会计制度顺利接轨，水电三局先后组织财务科长和业务骨干70余人参加新会计制度培训，统一修订会计科目核算体系，制成标准账套模板下发全局，通过上报新旧会计制度科目余额对照表及新会计制度科目试算平衡表，发现问题及时纠正，确保《企业会计制度》的顺利实施。全面启动财务制度修编和建立工作，除《会计核算办法》、《资产管理办法》、《大额资金审批程序》外，对2000年以前仍在执行的文件进行补充，征求意见修订后下发。财务管理工作相关的系列文件已全部制定。共制定下发21件内部财务管理制度、8件资金管理文件（并刻录成光盘），供学习和执行。

【成本控制和管理】　根据集团公司“集团公司是投资中心，工程局（厂）是利润中心，施工项目是成本中心”的层级定位，2005年，水电三局将项目管理作为经营管理工作的重点，强调加强项目管理是取得良好经济效益的关键，切实转变经营观念。通过经营管理专题会议和开展项目的商务管理培训工作，提高全局工程项目的商务管理水平。各施工项目注重在工程建设过程中加强合同管理，加大成本控制的工作力度，提高项目的经营意识。

【清产核资后续管理】　为做好清产核资后续管理工作，水电三局制定下发《水电三局账销案存资产管理实施细则》，加强清理回收力度，2005年已全面完成账销案存计划。

（曾　辉　王登康）

【资金管理】　为推进资金集约化管理，实现资金利益最大化，水电三局把资金管理工作纳入全局计划管理体系。①制定《水电三局货币资金使用计划审批暂行办法》，促进局属各单位资金收支活动坚持计划预算管理。②制定《水电三局银行结算账户管理办法》，规范银行账户的开立、使用、变更与撤消，保障资金安全。③制定《水电三局资金管理中心网上银行业务操作规程》，规范网上银行业务的日常操作，防范网上银行业务运行风险。④制定《关于资金集中度指标纳入工程局考核的通知》，强化资金集中管理，实现集团公司资金集中度指标。⑤将《水电三局资金管理中心管理暂行办法》修订为《水电三局资金管理中心运行规则》，明确资金管理中心资金管理和资金结算职能，明确各层面相应的职责、权限。⑥制定《水电三局资金管理中心基础工作规范》，对报表、会计档案、工作交接、工作检查、印鉴管理、银行开户资料及对账单管理等方面进行统一规范。⑦制定《水电三局资金管理中心会计电算化实施细则》，统一规定岗位职责、系统操作、账务处理、硬软件管理、会计电算化验收、日常业务操作规程等，理顺业务流程，保证会计电算化工作规范运作。

（胡　伟　叶　萍　王登康）

【财务管理信息化建设】　水电三局制定近期和长期会计电算化目标，2005年已基本实现所有二级单位和局管项目的远程查询、上传资料、对账工作。全年有45个三级项目及新成立的局管项目通过电算化验收，实现会计电算化目标。为使财务信息资料能为企业管理服务，在满足集团公司报表编报基础上，结合财务管理工作需要修订局内快报、决算报表、预算报表内容，定期向局领导及相关部门汇报快报分析资料、债权债务、资金运营、资金收支、局管设备采购、外部银行账户清理、内部银行存款与外部银行存款对照情况等，以便及时掌握全局财务基本情况，为决策及经营管理提供依据。

（姚红滨　王登康）

【转变用人机制】　2005年，水电三局深入贯彻集团公司“人才强企”战略思想，完善人才工作制度，干部队伍逐步显现专业化、年轻化局面。工程局加大人力资源调配力度，规范人力资源信息化管理，建立系统的人力资源培养、使用和激励机制。注重高技能人才的培养，树立人人都可以成才的观念，不唯学历，不唯职称，不唯资历，不唯身份，发挥技术工人的创造性和积极性。建立相关激励机制，解决高技能人员紧缺的问题。在技工队伍中培养适应施工现场生产作业管理的工长、施工队长和基层班组长，培养技术工人骨干和业务尖子，提高职工的综合技能。把各类人才培训计划，纳入年度计划，2005年根据工作需要，先后组织举办一级建造师考核认定、人力资源管理师、建筑施工企业“五大员”、设备管理、科队长、班组长、质检员、硕士研究生学位课程进修、纪检监察干部、党员先进性教育、特种作业人员、测量工、会计电算化等13项培训，共培训1487人次。同时选送一定数量的各类优秀人才到大专院校进修深造，对学有所成的人才大胆提拔任用。招收236名大中专毕业生，实施大中专毕业生培养、使用、跟踪考核、合理流动的机制。并在社会上灵活聘用工程局急需人才。

（沈建利　王泽平　王登康）

【基地建设】　水电三局主要有安康、汉中、西安基地。在基地建设中，工程局做到统筹安排，合理利用投入资金，改善基地环境和设施。安康基地新建的E、F两栋集资楼全部竣工，关庙B栋集资楼尾工也已全部完成。对张岭住宅楼屋面的大、小修进行合理的安排，全年共完成屋面大修7800余平方米；更换500平方米塑钢门窗。完成张岭四区供水管网和主要道路的路灯安装。汉中基地供水、供电拟向地方移交，其他半永久性平房的供电线路改造已经完成，零星项目均按计划完成。

（李和平　王登康）

【住房公积金实行分地域管理】　水电三局散居西安、安康和汉中三地，住房公积金自建立以来一直实行局内封闭式运行，给广大职工使用带来不便。经与陕西省有关部门多方联系，2005年实现住房公积金分地域管理，工程局下发《关于我局住房公积金实行属地化管理的通知》、《关于我局住房公积金移交地方实行属地化管理需各单位提供有关资料的通知》《关于住房公积金实行属地化管理移交前账务处理的通知》等文件，按各单位提供的职工属地化管理签认表，对职工个人账户进行西安、汉中、安康三地分配，全局共12819户个人账户，归属西安市职工人数1637人、归属汉中市的职工人数689人、归属安康市的职工人数10493人。

（田锡君　王登康）

企业改革

【分离企业办社会职能】　2005年，水电三局按照集团公司的统一部署和陕西省财政厅的总体安排，实施分离移交企业办社会职能工作。通过与安康市及汉滨区、汉中市及汉台区人民政府的协作和共同工作，截至11月底，向两地人民政府完成了移交资料的上报、核查和审定工作。12月15日，陕西省财政厅、中国水利水电建设集团公司正式联合下文审批通过。12月19日，水电三局上报集团公司转国家财政部。

【组织与队伍结构整合重组】　水电三局对现有运行机制进行认真总结和分析，进一步建立和完善生产经营和项目管理的有利机制。理顺局处两级经济关系，确保政令畅通和效益规模，达到成本控制总体目标，通过配套监督、约束和激励手段，充分调动局处两级生产经营积极性和创造性。对全局队伍规模进行整合、优化，使生产组织结构和队伍规模更好地适应市场经济和项目规模发展要求。有序调整管理模式，逐步适应项目规模、承包方式、施工环境、单价水平和业主的要求。确定符合总承包、专业分包、工序分包、切块分包等不同类型的管理型式。按队伍类型、专业特点，推行总承包、工序承包、专业承包、劳务分包等多种形式的运行机制。对局机关本部进行机构调整，规范管理规则，提高工作效率，按“扁平化”原则构建高效精干的职能结构。拓宽管理幅度，减少管理层次，提高信息化应用水平，使组织结构、规模及工作机制适应市场和各在建项目快速发展的需要。

（陈越文　王登康）

【工伤、失业保险】　2005年是水电三局在职员工参加西安市工伤保险的第一年，在研究和宣传工伤保险政策的同时，注重工伤保险工作的操作流程，结合工程局因项目点多面广申告工伤延报的实际困难，及时下发《工伤的申告、待遇享受的有关规定》，编写《工伤保险操作指南》等宣传资料。健全失业保险在职人员缴费台账，及时向陕西省劳动社会保障厅申报人员变动情况，便于地方经办机构为工程局解除劳动合同人员办理有关失业保险手续。

（陈宗林　王登康）

【企业退休人员社会化管理服务工作站】　随着企业社会职能的逐步剥离，退休人员将陆续进入社会化管理。水电三局根据中共中央、国务院《关于积极推进企业退休人员社会化管理服务工作的意见》（中办发［2003］16号）文件精神，以及陕西省《关于陕西省企业退休人员社会化管理服务工作的实施方案》（陕办发［2003］26号）、《关于驻陕原行业统筹企业退休人员实行属地管理的通知》（陕社保发［2004］6号）等文件规定，工程局社保、劳人、离退休管理等部门从2003年开始，进行相应的人员统计、资料准备、基础信息调查以及建立准备移交数据库，着手资料填报、挂牌申报等工作。按照陕西省及安康、汉中两地政府的要求，于2005年1月和6月分别在安康、汉中两地挂牌成立“企业退休人员社会化管理服务工作站”，实行统一挂牌、统一规章制度、统一工作职责、统一培训考核的“四统一”。

（柳清泉　王登康）

科技进步

【科技管理】　2005年，水电三局贯彻落实集团公司科技工作战略部署，制定《水电三局科技发展四年规划》、《水电三局科学技术委员会章程》，下发《中国水利水电第三工程局施工技术管理办法》、《水电三局科学技术进步奖励办法》、《水电三局科技论文奖励办法》、《水电三局科研项目管理办法》、《水电三局技术标准（规程、规范）管理办法》、《水电三局科技进步考核办法》、《水电三局设立专业总工（专业技术带头人）的暂行规定》、《水电三局科研经费管理办法》等管理文件。建立科技人员数据库，摸清各单位和项目部的技术干部人员情况，草拟《关于提高部分专业技术人员待遇的指导意见》，协商推荐专业技术带头人的前期工作。全年向陕西省推荐两名陕西省青年技术带头人、两篇自然科学技术论文；向集团公司推荐并立项两项科研项目；完成两项集团公司的中间检查科研项目、三项局内科研项目的验收，设立13项局内科研课题。

2005年，水电三局共检查指导审批21个项目的技术管理工作和施工组织设计，解决施工项目的技术难题。参加六次地方政府、业主、协会组织的16个工程项目的技术咨询活动。参加陕西省水利发电学会的改选换届，成立了科协和科协分会。建立技术工作库，下发《水电三局技术标准（规范规程）管理办法》，向各项目部和二级单位下发两次现行规范清单，确保技术标准（规范、规程）的时效性和有效性。

【通过评审鉴定项目】　2005年11月底，水电三局承担的《西龙池抽水蓄能电站输水系统大坡度超长斜井开挖》、《高强钢压力钢管制造安装、焊接施工》（集团公司立项）科研攻关项目，通过中间检查验收。

检查结果表明，在输水系统大坡度超长斜井开挖研究和施工中，斜井爬罐导井施工创造了60度斜井掘进382米测量贯通误差万分之一的目前国内最高纪录和最好水平；在反井钻斜井施工研究项目上创造了斜井施工135米贯通偏差4.5‰的国内最好水平（反井钻设计控制偏差15‰）；成功试制了低成本点火起爆装置。在测量领域研究形成一套成熟爬罐斜井施工导向控制与反井钻导孔钻进过程防偏斜测量工艺。在此两项控制测量方面取得了非常好的成果，为爬罐和反井钻施工创造了非常准确的测控方法。在爬罐382米的导井施工中遇到的不良地质处理和反井钻过不良地质段方面的探索研究取得重要成果，在长斜井导井施工通风排烟措施方面取得较好效果，为今后长斜井爬罐和反井钻施工提供可借鉴的施工技术方案及工艺。

对780兆帕级高强钢压力钢管制造安装及焊接施工技术研究项目的检查结果表明，目前已完成《西龙池电站压力钢管制造、安装简述》、《西龙池电站压力钢管生产制作工艺》、《西龙池电站压力钢管制作安装焊接实验大纲》780兆帕级高强钢的焊接工艺评定阶段性试验全部完成，并通过集团公司中间审查。

【申报集团公司科研项目】　2005年，水电三局向集团公司申请立项的科研项目有两项：《采用双掺料水工混凝土施工技术研究》、《快速击实控制法的应用研究》。两项科研项目经集团公司审批同意，已正式开发研究。

【局级科研项目】　2005年，水电三局共立13项科研项目：《西龙池输水系统大坡度超长斜井开挖技术研究》、《790兆帕高强钢压力钢管制安及现场焊接自动化技术》、《仁宗海水库电站调压室施工运输方案研究》、《“快易收口网”在株洲航电工程闸坝门槽二期混凝土施工中的应用研究》、《大型贯流式水轮发电机组安装》《XP40-70平面铣床设计制作加工》、

《景洪电站二期围堰施工》《城口左岚水电站设计》、《动态GPS在施工中的应用》、《采用双掺料水工混凝土施工技术研究》、《快速击实控制法的应用研究》、《向家坝工程大面积缓边坡的开挖施工技术》、《厂房尾水墩及挡水结构滑模施工》。

验收科研项目3项：《汽-30t级无塔索桥架设》、《窄长工作面碾压混凝土快速施工》、《快速固化环氧砂浆》。

【科技论文评选】 2005年，水电三局参加陕西省组织部、人事厅、省科协组织的第九届自然科学优秀论文评选，有两篇论文获奖，其中一篇论文获一等奖，一篇论文获三等奖；参加了陕西省科协组织的第六届青年科技奖评选活动，有两人入选省水利学会推荐名单。

工程局组织2003～2005年度优秀科技论文评审，在征集到的41篇论文中，评审出一等奖1篇，二等奖2篇，三等奖3篇，优秀论文11篇。

（姬脉兴）

【召开科技工作暨第二届科技代表大会】 水电三局在西安召开2005年科技工作会暨第二届科技代表大会。局属各单位工程技术负责人、工程技术专业人员、局领导及局机关部门负责人参加大会。集团公司、陕西省水力发电工程学会、省水利学会、西安理工大学、水电十五局等单位的专家代表以及工程局退休水电专家代表100多人参加大会。会议总结过去的科技工作经验，研究部署今后的科技工作，理清当前和今后工程局科技工作思路，明确科技工作任务，动员全局广大科技工作者坚持科学技术是第一生产力的理论，实施“科技兴局”、“人才兴局”、“创新强局”的战略。会议讨论《水电三局四年科技发展规划》、《水电三局科学技术委员会章程》、《水电三局设立专业总工的暂行规定》、《水电三局科技发展基金管理规定》、《水电三局科技进步考核办法》。选举水电三局技术委员会委员、常务委员会委员及负责人，专家委员会委员及负责人，科技评审委员会委员及负责人，科协理事、常务理事。评审2003～2005年度优秀科技论文。

（姬脉兴　王登康）

安全生产

【落实安全生产责任制】 2005年是水电三局推行安全目标管理第十二个年度。全局以实施《安全生产法》和落实《国务院关于进一步加强安全生产的决定》、《安全生产许可证条例》为重点，加强领导，完善安全生产控制指标体系、健全各级安监机构、深化安全专项整治、落实安全防范措施、建立安全生产长效机制，制定年度安全目标。工程局局长与58个局属单位和项目签订安全生产责任书，继续实行“安全风险抵押、安全监督制约、安全教育激励”、“说清楚”制度。组织开展第四次全国“安全生产月”、“遵章守法，关爱生命”的大型安全签名、第五届“安康杯”和安全生产知识竞赛活动。为加强安全管理工作，召开全局安全科长工作会议。讨论制定《水电三局安全生产会议制度》、《水电三局施工现场安全资料管理制度》、《水电三局重大事故“说清楚”制度》等十四个管理文件。完善工程局安全生产的相关资质，办理《建筑施工企业安全生产许可证》、《安全管理资格证》、《特种作业人员》的取证工作。在安全文明生产上做到“领导到位、资金到位、措施到位、落实到位”。依照《安全生产奖惩办法》及《安全生产目标责任书》等规定，经安全考核组对2005年签订安全生产责任书的58个单位进行考核通报，兑现奖惩，并评选出4个单位及项目为2005年度安全生产先进单位；27个中队、车间为安全生产先进集体；28个班组为安全生产先进班组；8人为优秀项目经理、安全工作成绩突出人员；99人为安全生产先进个人，工程局决定对以上单位个人给予表彰奖励。

【特种设备安全管理】 2005年，水电三局实施特种设备注册检验制度，经陕西省公安部门审核，办理《易燃易爆物品使用许可证》；经陕西省安全监督管理局及技术监督管理局的监督审核，办理《安全技术培训单位资格许可证》及《起重机械安装修理资格许可证》。为贯彻国务院颁布实施的《特种设备安全检察条例》的要求，工程局对全局起重机械在技术监督局进行注册登记，同时，分批开展检测、验收工作，办理特种设备使用许可证。

【安全生产大检查】 2005年，水电三局加大安全监督检查力度，全年共组织四次安全检查，重点检查部分项目的安全生产状况，以查领导思想、组织机构、安全措施、事故隐患、责任落实为重点，对检查发现的重大问题，以安全监察意见书的形式责成有关单位限期整改，同时，注重征求业主、监理等方面的意见。

2005年9月27日，集团公司安全生产检查组到水电三局进行检查。工程局就强化安全目标管理，坚持重奖重罚制度；加强安全管理，落实安全责任；以人为本，注重安全文化建设；注重素质教育，狠抓培训质量；加大现场监察力度，提高标准化管理水平；规范生产用工制度，严格分包工程管理；强化施工工艺，规范文明生产；强化制度化、规范化管理，开展“三合一”管理体系认证等工作向检查组作了详细汇报。检查组认为，工程局领导重视安全生产、机构完备、制度齐全、措施到位，在大型设备及应急预案管理上在集团公司处于领先水平。集团公司安全生产检查组，对工程局西霞院项目部进行安全生产检查考评。认为水电三局西霞院项目部，安全生产管理机构健全、安全生产管理制度和安全操作规程、安全生产责任制和安全监管体系落实到位，领导重视安全生产工作，对安全隐患进行及时整改。西霞院项目部在小浪底建管局每月的文明施工安全考核中，连续八次被评为第一名。集团公司安全生产检查组得出结论：西霞院项目部安全生产为优秀。

【安全宣传教育】　工程局把《安全生产法》、《建设工程安全生产管理条例》和《关于进一步加强安全生产工作的决定》的贯彻落实，作为年度安全生产宣传工作的主线。在全局开展第四次全国“安全生产月”和安全咨询宣传活动，并在局机关和安康基地分别举办“安全生产月”活动的启动仪式。举行工程局2005年“遵章守法，关爱生命”的大型安全签名活动，全局近千名职工、家属在签名条幅上签名。安康基地十家单位设站进行安全咨询，播放安全记录片、散发安全小常识宣传单；开展第五届“安康杯”活动，组织全局性的安全生产知识竞赛，全局19个单位参加竞赛活动。通过活动的开展，使职工群众的安全意识得到进一步强化，各级领导的安全责任感进一步提高，促进了全局安全生产形势的稳定。

【安全生产获奖】获陕西省2005年度“安全生产先进企业”称号、再次荣获全国“安康杯”优胜企业称号。

（李桂兰　王登康）

党群工作和精神文明建设

【保持共产党员先进性教育活动】　按照陕西省委和集团公司的统一部署，水电三局在开展保持共产党员先进性教育活动中，成立了由党委书记任组长的先进性教育活动领导小组、成立了4个检查指导组，健全局处两级组织机构。局党委制定了先进性教育活动《实施方案》和《水电三局保持共产党员先进性操作流程图》。

7月1日，工程局保持共产党员先进性教育活动动员大会在西安召开，集团公司保持共产党员先进性教育活动巡回检查组参加大会。工程局党委要求：①要充分认识开展保持共产党员先进性教育活动的重大意义。②要正确把握开展先进性教育活动的指导思想、目标要求和指导原则。③要保证先进性教育活动的质量和效果。集团公司保持共产党员先进性教育活动巡回检查组组长在大会上提出五点要求：①按照中央国资委和集团公司部署，结合工程局实际开展先进性教育活动。②按照“三个代表”重要思想、科学发展观的要求，合理贯彻实施方案。③按照集团公司保持先进性教育活动实施方案的要求，结合单位特点，做法上不断创新。④在先进性教育活动中，与集团公司和地方党组织保持密切联系，使活动在各级党组织领导下顺利进行。⑤开展各项学习宣传活动，利用报纸、简报等形式，把保持先进性教育的有关情况及时向广大党员、群众公布。

在陕西省委、安康市委、集团公司党组的领导和省委第八巡回检查组、安康市第三巡回检查组、集团公司第四巡回检查组的直接指导下，工程局保持共产党员先进性教育活动于7月2日全面启动，全局34个党组织，4300余名党员积极参加活动。工程局先进性活动领导小组办公室严格管理，制定周报表上报制度，保证对全局整体工作进展的全面了解和掌握。在活动期间，共发《工作简报》24期。全局先后开展“永葆先进性，岗位立新功”、“五带头，十做到”、“党员早到十分钟，生产推动一大步”、“两个做到、两个作用、两个满意”等主题实践活动。利用报纸、闭路电视、工程局网站等新闻媒体，有组织、有计划、有步骤、全方位开展先进性教育活动的宣传和报道。刊登先进性教育活动稿件112篇、电视稿件65条。各单位党组织开辟形式多样的宣传专栏、学习园地等，加大先进性教育活动的宣传力度。在分析评议中，对全局各单位提出的445条原始意见和建议，逐条梳理归纳出120条进行整改，重点解决涉及群众利益的突出问题。经过学习动员、分析评议和整改提高三个阶段，11月2日，按照先进性教育活动的要求，工程局召开由机关党员、群众、离退休职工代表及民主党派和党外人士共计118人参加的测评会，测评结果，群众满意和基本满意度达到97.4%。11月4日，工程局在西安召开保持共产党员先进性教育活动总结大会。集团公司巡回检查组组长在总结大会上说，通过开展先进性教育活动，水电三局广大党员的思想认识有新的提高，机关作风有新的转变，党群关系进一步密切，党的基层组织得到进一步加强，整改取得初步成效，生产经营和市场开拓得到有力促进，改革、发展、稳定的局面更加稳固。事实充分说明，只要认真按中央的要求去做，先进性教育活动就一定能够取得实实在在的效果，使这次先进性教育活动成为群众满意工程。

【党建工作】 2005年，水电三局各级党组织在认真开展保持共产党员先进性教育活动的同时，加强党组织自身建设，为企业改革发展提供组织保证。局党委狠抓长效机制的建立，从制度建设入手，对已有的党内工作制度进行梳理，结合工程局建章立制工作，制定了《关于党费收缴管理使用的规定》、《党政班子民主生活会实施细则》、《组织员管理办法》、《下岗（离岗）党员管理办法》、《水电三局项目党工委工作职责》、《党内谈心制度》、《水电三局"四好"班子创建活动安排》等制度，不断改进党建工作。开展以"创先争优"活动为主线的党内各项活动。局党委在"七一"对33个先进基层党组织，87名优秀共产党员、优秀党务工作者，5个标杆党支部，6名优秀共产党员标兵进行表彰。加强民主评议党员活动，规范评议程序，客观总结评议，严格对照检查。对较为分散的党员采取书面总结、巡回考察、填表认格等形式进行评议。做好组织发展工作，抓好积极分子的培养，严格履行入党手续，加强预备党员的教育和管理。严格执行《关于加强党费收缴、规范党费管理和使用工作的意见》，检查各单位党费收缴、使用情况，对不符合规定的予以纠正。按照保持共产党员先进性教育活动要求和局党委关于民主生活会实施细则，协调局领导参加各单位民主生活会22人次。32个单位和工程局党政领导班子在规定时间内召开了民主生活会。

（王广利　王登康）

【共青团工作】 2005年，水电三局团委加强团的基层组织建设，各级团组织以争创省部级青年文明号为载体，在工程建设中广泛开展青年突击队活动，有力地推动了工程建设。局团委积极组织广大团员青年参加各级举办的职业技能竞赛活动，开展"青年安全示范岗"活动，努力做好各类服务工作，认真扎实开展团员意识教育活动，建立团员教育的长效机制。

（朱　辉　王登康）

【精神文明建设】 2005年，水电三局精神文明建设工作的指导方针是：继续以提高职工道德素质为内容，以创建地方各级文明单位、集团公司双文明单位和局级文明施工项目、文明小区、文明机关为载体，全面推进群众性的精神文明创建活动。全年围绕队伍建设、工地环境、安全生产、工程质量、经济效益、施工进度、小区管理、机关工作形象、表率作用、服务质量等方面开展"三创建"活动。

2005年，工程局文明单位检查验收组，对申报创建局级文明施工项目的18个项目和2个局级文明机关进行了检查验收。各申报单位和项目部领导重视创建活动，把创建活动融入生产经营的各个环节，促进各项施工任务顺利完成。同时依靠工会、共青团开展劳动竞赛、"青年文明号"等活动，提高队伍整体素质，促进精神文明建设与生产经营工作紧密结合，取得了较好的经济和社会效益。

（陈晓泉　王登康）

【荣获全国五一劳动奖状】 2005年，水电三局全面贯彻"尊重劳动、尊重知识、尊重人才、尊重创造"的工作方针，大力宏扬工人阶级的崇高思想和时代精神，进一步树立劳动光荣、知识崇高、人才宝贵、创造伟大时代新风，激励广大职工发扬主人翁精神，为实现"十一五"规划建功立业。全局外搏市场，内练管理，凭借创造的综合业绩，荣获中华全国总工会颁发的"全国五一劳动奖状"。

（王春玉　王登康）

【史志工作】 根据集团公司《关于开展集团公司史志编研工作的通知》（中水电总［2004］13号）、《关于开展〈中国水利水电建设集团公司年鉴〉编纂工作的通知》（中水电总［2005］5号）文件的安排和要求，水电三局成立了以党委书记任组长，局长、副局长、副书记、工会主席任副组长，局有关处室领导为成员的史志编研工作领导小组和史志办公室，并抽调了专职编撰人员，聘请了两名顾问（工程局已退休的原领导），负责工程局史、志、鉴的编纂和资料的搜集、整理、核实、归类、管理工作。工程局领导对史、志编研工作十分重视，拨付专项经费，购置办公用品，提供办公场所，做到组织机构、人员、经费、工作场所四落实。工程局史志办公室成立后，及时完成了集团公司年鉴（2003～2004卷）中的部分章节，并有计划地展开了集团公司志水电三局分志和水电三局局志的资料搜集、编撰工作。

（王登康）

【工会工作】 2005年，水电三局工会组织认真贯彻落实"组织起来、切实维权"的方针，围绕工程局第三个四年改革与发展规划的目标，以提高职工素质和激发工会工作活力为重点，在服务工程局的生产经营大局中发挥积极作用。

（1）工会组织建设工作。各级工会组织坚持“施工项目在哪里，工会组织就建在哪里”的工作方针，认真抓好新建施工项目的工会组建工作。对签订《2005年度水电三局二级单位工会工作目标责任书》的单位工会进行全面检查考核。工程局工会被陕西省总工会评为2005年度陕西省产业工会重点工作完成情况一等奖。

（2）职工队伍稳定工作。认真做好劳动争议调解、工会信访工作，重视和关心职工生活，尤其是困难职工生活。重新修改《水电三局生产自救资金管理办法》，严格帮困资金的管理和使用。推进下岗职工再就业工作，全年共举办下岗职工培训班9期，培训下岗职工325名。先后组织300多名下岗职工参加安康市总工会举办的春季下岗职工职业招聘会和安康市劳动局举办的职业招聘会，共96人推荐就业。局工会发布就业信息820条，涉及招聘岗位2000多个。

（3）社会公德、职业道德和家庭美德教育工作。局工会女职工委员会在工程局文明家庭建设的基础上，开展评选“好丈夫、好婆婆、好媳妇”活动。全局共评选出水电好嫂10名、好丈夫5名、好婆婆5名、好媳妇18名。按照陕西省女工委的要求，制定《女职工素质提升达标活动三年规划实施方案》，下发《在全局女职工中开展“女职工素质提升达标活动”的通知》，组织开展女职工素质提升活动。全局已有60%的在岗女职工参加了素质提升达标活动。

（4）创先争优工作。按照陕西省总工会《关于对全国和省级模范职工之家进行复查验收的通知精神》，局工会对基础处理公司、安装公司工会这两个省级“模范职工之家”进行初步的复查验收。工程局成立“水电三局创争活动领导小组”，推进“创建学习型组织，争做知识型职工”活动。在“创争”活动中，1名职工获2005年度陕西省知识型职工先进个人，1名工会干部获陕西省创争活动优秀组织者。

（5）宣传和文体工作。为纪念中华全国总工会成立80周年，增进职工群众对中国工运历史及工会知识的了解，局工会订购《纪念中华全国总工会成立80周年职工读本》和《职工职业道德教育知识读本》书籍200册，下发基层单位。同时，开展纪念中华全国总工会成立80周年答题活动，33个基层工会积极组织职工参加，共收到答题卡8437份，选出1228份上交陕西省总工会，参加全省的答题竞赛。1名职工获全省竞赛一等奖，2名职工获二等奖，7名职工获三等奖。局工会组织职工参加了全省“四五”普法劳动合同知识竞赛，收到答题667份，上报陕西省总工会，被陕西省总工会评为“四五”普法劳动合同知识竞赛先进单位。为纪念反法西斯战争胜利暨抗日战争胜利60周年，局工会举办了电影周活动。局工会女工委组织女职工参加了全国妇联举办的女职工维权法律知识竞赛。2005年，局工会还积极组织职工开展了春节游艺晚会、元宵社火、迎“五一”越野赛、庆“国庆”等丰富多彩的文体娱乐活动。参加了中电联举办的全国电力职工乒乓球赛。

（6）职工互助保险工作。2005年是水电三局开展职工互助保险工作的第四年，局工会为提高职工参保的积极性，向职工深入宣传互助保险的现实意义，召开互助保险工作总结暨表彰大会，表彰互助保险工作中涌现出的先进集体和个人。2005年，水电三局被评为陕西省“互助保险先进单位”，5名工会干部被评为“先进工作者”。

（赵启萍　王登康）

【集体合同】　2005年是水电三局第三轮集体合同（2003～2004年）履行的最后一年。为掌握第三轮集体合同履行情况，工程局集体劳动合同监督委员会与职工代表联合组成调查组到局属各单位进行调查。多次召开由行政方、劳动人事、安全监察、工会主席、女工主任及受检单位部分职工代表参加的座谈会，征求意见，并向职工代表发放问卷调查表进行调查，将调查结果形成“水电三局第三轮集体合同履行情况调查报告”上报工程局。集体合同监督委员会严格按照《水电三局集体合同监督检查制度》的要求，对集体合同履行情况进行监督检查，使集体合同达到协调和稳定企业内部劳动关系、维护企业和职工双方的合法权益、促进企业经济发展的目的。

【职工技能大赛】　2005年，水电三局两级工会组织积极开展劳动竞赛和各种形式的技术比武活动。按照陕西省总工会和集团公司工委关于提升职工队伍技能水平的要求，组织选手参加集团公司举办的电焊工比赛。云南景洪施工局承办陕西省“水电杯”拌和楼运转工技能大赛。在陕西省职工技能大赛中，有10名职工分获陕西省“技术状元”、“技术能手”、“杰出能工巧匠奖”荣誉。5名选手取得技师资格，17名选手取得高级工资格。3个单位分获团体金奖、银奖、铜奖。局工会荣获优秀组织奖，5名工会干部被评为优秀组织工作者。在其他各类技能竞赛评比中，水电三局1名职工获中电联“电力教育培训新星奖”，1名工会干部获陕西省“职工技协工作先进个人”称号，水电三局获陕西省“职工技协先进集体”称号。

【职工经济创新评选活动】 在2005年陕西省“十五”期间职工经济创新活动评比中，水电三局获优胜单位1个、创新示范岗1个、创新标兵1名、重点工程建设立功竞赛先进集体1个、立功竞赛先进个人1名、创新优秀成果二等奖1项。并获经济技术创新十佳示范岗1个、十佳技能标兵1名。

（王春玉　王登康）

【工运理论研究与调研】 2005年，水电三局工会下发《关于征集工运理论研究论文和调研成果的通知》，拟出24个调研题目供工会干部参考。全局共征集论文23篇，选送5篇优秀论文参加陕西省工会系统优秀论文和调研成果比赛，两篇论文获二等奖，1名工会干部被评为省工运理论研究会先进工作者。开展局内工会调研工作，对6个单位进行重点调研，涉及职工3733人。发出《职工问卷》300份，收回282份，回收率达94%；发出公有制单位工会状况调查表6份，回收率达100%；访谈党政领导近20人次，召开座谈会5次，有5个单位的70余名干部职工先后参加座谈会。撰写《水电三局工会状况调查报告》、《水电三局集体合同履行情况调查报告》、《水电三局劳动竞赛状况调查报告》、《水电三局技能人才状况调查报告》等调查报告，上报陕西省总工会。

（马金猛　王登康）

检 查 监 督

【落实党风廉政建设责任制】 2005年，水电三局党政一把手与集团公司签订党风廉政建设责任书，与局属59个责任单位签订党风廉政建设责任书，局属各责任单位与所属单位签订党风廉政建设责任书。工程局把党风廉政建设责任制摆在与生产经营责任制和安全生产责任制同等重要位置，做到与生产经营工作一起部署、一起落实、一起检查、一起考核，确保党风廉政建设责任制的全面落实。坚持党风廉政建设责任制的领导体制和工作机制，凡是党政领导班子成员发生变化、纪检监察干部工作变动的单位，及时进行调整和补充。新成立的局管施工局、项目部，及时建立健全纪检监察组织机构，明确专（兼）职纪检监察干部，按照“一岗双责”的要求，保证年度党风廉政建设各项工作的落实。严格执行责任追究制度，对出现违纪违法案件，认真查处，对案件中的主要领导干部及相关人员坚决进行责任追究。按照工程局《关于健全完善领导干部廉政档案制度》，及时上报处级领导干部的廉政档案材料，健全科级领导干部的廉政档案。根据集团公司党风廉政建设责任制考核办法和评分标准要求，认真进行党风廉政建设责任制年中检查和年度考评工作，对33项工作内容进行考评打分，真实了解职工群众对本单位党风廉政建设工作的反映和评价。考核结果将作为领导干部绩效评定、奖惩和选拔任用的重要依据。2005年12月12日，集团公司党风廉政建设检查组对工程局进行年度考核检查。考核组在工程局召开局、处领导汇报会、座谈会、意见交流会，查看有关资料，进行问卷调查。局党委书记汇报全局贯彻落实党风廉政建设责任制和《实施细则》的执行情况；汇报全面履行领导职责及党内生活会制度、民主生活会制度、党内监督条例的执行、干部任用、稳定工作、效能监察和执法监察等工作情况。通过考核检查，考核组对工程局党风廉政建设工作给予较好的评价。综合分在集团公司所属企业中排列前五名，是历年来的最好成绩。

（白雪芳　王登康）

【职工代表大会监督】 2005年2月18日，水电三局工会按照“职代会条例”要求，完成职代会的换届工作。组织召开工程局七届一次职代会。重点审议、通过局长工作报告、总会计师的财务工作报告、改革与发展四年规划（2005～2008年）、水电三局“三合一”管理体系等。指导和督促各单位届时开好本单位的职代会，确保职代会的质量。进一步深化和规范职工代表大会为基本形式的民主管理制度，坚持企业重大问题必须经职工代表大会讨论通过。落实职代会民主评议领导干部制度，认真履行民主管理的各项权力。局工会认真处理七届一次职代会代表的提案，按照提案的类别分别交由职代会各专门委员会进行处理，并将处理结果在七届二次职代会上通报。

【厂务公开】 2005年，水电三局厂务公开工作的重点是规范各项制度。局工会起草《关于对违反厂务公开规定的行为实施责任追究的暂行规定》、《水电三局厂务公开目标责任书》、《水电三局厂务公开工作整改通知书》，提交局党委审批下发。在全局厂务公开开展情况调查的基础上，选出7家厂务公开工作开展较好的单位，将其做法以经验交流材料的形式下发各单位学习。这些举措，使各单位、各部门的厂务公开工作更加规范、明确，责任追究制度、工作机制得以完善和加强。

（赵启萍　王登康）

【纪检工作】　水电三局认真贯彻落实《建立健全教育、制度、监督并重的惩治和预防腐败体系实施纲要》，加大执行各项廉政规定的监督检查力度，用《国有企业领导人员廉洁从业若干规定》规范领导人员的用权行为，自觉拒腐防变，带头廉洁自律。2005年，工程局对原有的制度、规定进行修编，下发《水电三局贯彻中国共产党党内监督条例实施细则》、《水电三局实行领导人员谈话制度、建立反腐倡廉警示训诫防线实施细则》、《水电三局三重一大民主决策实施细则》等三项制度，全年对81名处级干部进行廉政谈话，同时对新任的11名处级干部进行任前廉政谈话，谈话率达100%。运用廉洁谈话、警示提醒、诫勉督导、责令纠错等制度，及时发现领导干部存在的不良苗头，进行有效预防和纠正。局纪检监察机构注重发挥制度的约束力，突出教育的针对性、提高监督的主动性、增强防范的严密性、强化纠错的及时性。工程局形成腐败预警机制、动态监督机制和教育挽救机制。局党委要求全局各级党员干部，按中纪委、集团公司一系列廉洁自律的规定，规范自己的行为，并认真开好年度党政领导班子民主生活会和纪委班子民主生活会，对征集的意见进行分析研究，制定出整改措施，及时整改。局党委严格执行领导干部述职述廉、民主评议等党内监督制度，重视职工群众信访举报，对信访举报线索进行分析研究，逐一落实，加大查办案件的力度。重点查处贪污、贿赂、挪用公款、利用职权谋取私利以及违反“三重一大”民主决策程序给企业造成重大损失的案件。加大对工程分包、设备物资采购等环节的监督检查力度，严肃查处违规行为；加强对供水、供电、医疗收费等基地服务行业的监督、检查力度，切实维护群众利益。

【效能监察】　2005年，水电三局以生产经营管理为中心开展效能监察工作，坚定履行《水电三局效能监察实施细则》，把西龙池施工局工程的扭亏增效、局管设备材料采购列为工程局的效能监察项目，按要求上报集团公司。在组织实施过程中，制定工作方案，发现问题及时提出监察建议，按照效能监察工作程序开展工作。

（白雪芳　王登康）

【审计监督】　2005年，水电三局完成审计任务13项，下发审计决定25条、审计意见54条，提出审计建议39条。纠正被审单位资产、债务及损益中的不实因素，保证会计信息的真实性、合规性。竣工决算审计，客观评价项目经营成果，督促项目管理机构系统总结项目管理的经验与教训，妥善处理遗留经济事项，促进项目管理水平的提高。调整工作思路，降低管理和审计风险。将合同管理及物资设备管理纳入审计的重要内容，逐步由财务审计向管理审计转化。修订《水电三局内部审计工作实施细则》、《水电三局内部控制测评实施细则》等管理制度。开展审计电算化培训，使全体审计人员掌握审计软件的具体使用方法。

工程局对部分新项目试行“一级管理模式”，其管理和控制风险全部集中在项目管理机构。风险取决于项目管理机构对施工工区管理是否到位。在审计过程中，重点关注项目管理机构对工区各种资源消耗（人、材、机）的监督与控制，发现管理漏洞，及时予以指出、纠正，降低项目的经营风险。在合同管理上，重点检查合同履约情况，要求被审单位提供合同统计台账及应结算未结算项目的明细表。对变更索赔项目要求尽快结算到位。在物资设备管理方面，除关注管理基础工作是否规范外，还要进行材料的定额消耗量与实际消耗量、预算成本与实际成本的对比分析。通过分析，查明成本超支或节约的原因，起到强化项目成本控制的作用。对审计发现的共性问题，向局领导报送管理建议书。审计发现的典型问题在全局范围进行通报，对相关单位和人员进行公开批评，同时要求其他单位对照问题，举一反三，自查自纠。加强与纪检监察部门的工作联系，对领导干部任期内完成的主要经济指标、违纪违规情况及经营简评等重点审计项目列表送纪检监察部门。

（赵惠芳　王登康）

【反腐倡廉教育】　2005年，水电三局党委采取多种形式开展反腐倡廉宣传教育工作。下发《水电三局纪检监察宣传教育工作意见》；举办纪检监察干部学习班，系统学习《实施纲要》以及辅导报告等纪检监察业务知识；开展《实施纲要》、《廉洁从业若干规定（试行）》知识学习和竞答活动；结合《建立健全教育、制度、监督并重的惩治和预防腐败体系实施纲要》和《国有企业领导人员廉洁从业若干规定（试行）》的颁布实施，为全局处级领导干部配发学习资料，为全局37个单位配发反腐倡廉电教光盘278盘；组织党员干部学习《中国共产党党内监督条例（试行）》、《中国共产党纪律处分条例》、《中国共产党党员领导干部若干准则》，教育广大党员干部严格执行“四大纪律、八项要求”；开展以正反典型为主要内容的警示教育活动，发挥先进典型的示范作用和反面典型的警示作用；开展“四结合”主题教育活动，使广大党员干部不断增强市场经济条件下拒腐防变的能力；在工程局《水利水电新闻报》和有线电视刊登、播放有关党风廉政建设资料。通过宣传教育，增强广大党员干部的党性、党纪观念，提高执行党的纪律和各项廉政规定的自觉性，为深入开展党风廉政建设提供政治保证。

（白雪芳　王登康）

中国水利水电第四工程局

概　　况

【企业规模】　2005年底，中国水利水电第四工程局（以下简称水电四局）有职工10920人，各类专业技术人员4292人，其中教授级高工10人，高级职称431人，中级职称1096人，初级职称1968人，高级技师和技师430人。

水电四局具有国家水利水电工程施工总承包特级资质，土石方专业承包、钢结构工程专业承包一级资质以及公路工程施工总承包、房屋建筑工程总承包、市政公用工程施工总承包、预应力工程专业承包、隧道工程专业承包、公路路基工程专业承包二级资质，并具有特种设备安装、维修保养、改造资质，获得中国实验室国家认可证书，是集施工、勘测、设计、质控、安装、制造和运输等业务能力于一体的大型综合现代化企业。

水电四局以水电建筑为主业，年施工能力为：土石方挖填2000余万立方米；混凝土浇筑300万立方米；水轮机组安装250万千瓦；金属结构制作安装30000吨；预应力锚固800万吨·米；基岩钻灌25万米；固结、帷幕灌浆25万米。拥有各类主要施工设备7143台（套），资产总额17.8亿元。

2005年，水电四局所属施工生产单位15个，分别是第一、第二、第三、第四、第五施工局和机电安装分局、水工机械总厂、铁路分局、基础处理分局、建筑工程第一分局、建筑工程第二分局、福建分局、周公宅项目部、贵州分局、勘测设计研究院。非施工生产单位15个，分别是兰州基地管理处、工贸总公司、机电物资公司、设备租赁公司、职工培训中心、普通教育中心（现移交地方政府）、中心医院、离退休管理中心、再就业服务中心、明珠物业公司、涿州基地管理处、涿州基地建设办公室、刘家峡分局、刘家峡医院和明珠宾馆。局机关设置15个职能部门，分别是局办公室、党委工作部（局团委、公安处在党委工作部办公）、局工会、人力资源部、经营管理部、资产管理部、工程管理部、安全监察部、工程开发部、财务部、资金结算中心、审计部、纪委（监察部）、企业发展部和投资管理部。设置了6个对外联络机构，分别为海外事业部、北京联络处、驻沪联络处、深圳办事处、成都办事处和昆明办事处。

【局领导班子】　2005年，局领导班子由14人组成，分别是局长兼局党委副书记王维斌，局党委书记兼副局长王争鸣，副局长席浩（兼总工程师）、李伟、万连宝、许春江、李福生、高建民、李斌、徐银林，局党委副书记（兼纪委书记）王科选，总经济师张宏，总会计师刘爱国，工会主席李聚良。

【年度经营业绩】　2005年，水电四局经济建设取得历史性突破。国内市场中标总金额达60.97亿元，在集团公司所属企业中名列第一，是水电四局建局47年来年度市场中标的最高纪录，也是步入市场以来年工程储备的最高纪录。在保持国内中标金额大幅增长的同时，国际工程投标也取得了可喜进展，新增合同额5950万美元。截至年底，全局工程储备为92.54亿元。各项生产经营指标均创历史最高纪录：全年共完成企业总产值23.03亿元，比上年增长20.82%；全员劳动生产率达到20.82万元，比上年增长19.2%；上缴利税比上年增长5.6%。提前一年实现了2004年确定的新一届领导班子四年任期目标的第二阶段奋斗目标。按照工程局加快转变经济增长方式的总体部署和具体要求，各单位经营管理意识明显增强，管理水平不断提高，全局40个会计核算单位有30个不同程度地实现盈利。

2005年，工程局积极实施企业发展战略，基本形成了以西南市场为主体、西北市场为依托、辐射国内其他地区水电建设市场的战略格局。进一步完善了机械装备和组织机构，加强了相关地区施工组织的领导力量，基本完成了与上述市场布局相适应的资源配置，“走出去”战略不断向更深入、更广阔的领域迈进。

两个文明建设成效显著：工程局连续6年被青海省授予“文明单位标兵”；2005年10月荣获“全国文明单位”荣誉称号；局工会被全国总工会授予“模范职工之家”称号。

（房振珂　万金铭　张志民　边建利）

工程建设

【综述】　2005年，水电四局国内中标项目总体上是工程规模大，具有广阔的创利空间和较好的综合效益。国际工程在介入泰可泽电站建设的基础上，又成功开辟了安哥拉建筑市场，实现了独立承建国际工程的夙愿。根据各在建工程实现计划目标的轻重缓急，加强了人力、设备等资源的优化配置，满足了均衡生产的需要。各工程施工项目部正确处理工期、质量、安全和效益的关系，实现了合同履约率和经济效益的同步增长，再次展现了企业的实力和风范。机电安装实现了一年8台机组投产发电的目标，全年总装机容量达到238.5万千瓦，占全国水电装机总量的31.8%，创造了水电企业人均装机容量的全国最高记录。

（李永学　边建利）

【国内中标工程】　2005年，水电四局积极实施市场开拓战略，先后中标了以下工程项目：金安桥水电站左岸边坡开挖支护、缆机平台边坡处理及加强支护、大坝土建及金属结构安装；小湾水电站右岸大坝土建及金属结构安装、混凝土拌和及制冷系统运行维护；拉西瓦水电站混凝土大坝、尾水锥管、肘管里衬、蜗壳等设备制作；东旭水电站金属结构安装；康扬水电站库区防护；团坡水电站大坝及泄洪系统、引水隧洞土建及金属结构制安；光照水电站大坝土建；泸定水电站泸岚公路第二合同段、厂内0号公路3～4合同段；长洲水利枢纽内江左岸临时建筑、内中江闸门设备制造第三标段；张河湾抽水蓄能电站机电设备安装及厂房混凝土浇筑；滩坑水电站尾水渠护坡；南水北调中线一期穿黄Ⅲ标北岸土建及设备安装；九甸峡水利枢纽金属结构设备制造；炳灵寺水电站右岸主体；柴家峡水电站厂坝水工金属结构制造BC标段；积石峡水电站导流洞、中孔泄洪洞及泄洪排沙底孔，三峡水利枢纽右岸电站机电设备安装与调试等工程。

（崔志红）

【国际中标工程】　2005年，水电四局在开拓国内市场的同时，积极开拓国际市场，先后中标安哥拉马兰热三所健康中心、马兰热医院修复、本格拉医院修复、纳米贝市医院建设、马兰热两所中学建设、万博健康中心建设和维拉省理工学院及一所中学修建等工程项目，合同金额1.17亿美元，折合人民币9.44亿元。马兰热医院和本格拉医院修复工程已于2006年1月27日开工。

（王　宁）

【长江三峡水利枢纽工程项目】　以水电四局为责任方、水电十四局为联营方的青云水利水电联营公司中标在建的三峡右岸三期工程TGP/CI－3－1A标段，主要包括大坝主体混凝土、拦污栅混凝土、背管混凝土浇筑以及压力钢管和排沙钢管的制作安装、82米高程和120米高程两座大型钢结构施工栈桥的制作安装、各类埋件安装、坝基各类灌浆和各种大型施工机械设备的安装运行和维护等，中标总金额8.7144亿元。主要工程量为：混凝土浇筑204.51万立方米；机电设备及埋件安装2.17万吨；金属结构制作安装2.9万吨；帷幕灌浆3.23万米；固结灌浆2.58万米；接缝灌浆2.56万平方米；回填灌浆1.24万平方米；排水孔施工2.54万米。工程工期为2002年7月～2007年12月，总工期5年零6个月。

2005年，青云公司共完成大坝主体混凝土浇筑68.03万立方米，是年计划的104.7%，为三峡工程2006年实现第二次蓄水目标奠定了坚实基础。安装引水压力钢管4890吨，安装拦污栅埋件1339吨，安装门槽埋件1084吨，安装坝顶门机714吨，安装闸门160吨，拼装闸门566吨，安装高程120米栈桥2374吨。完成帷幕灌浆2.5万米、固结（兼辅助帷幕）灌浆0.22万米、接缝灌浆2.63万平方米、回填灌浆0.48万平方米、排水孔施工1.5万米。单元工程优良品率达95.3%。

2005年6月，右岸24～26号坝段75.3米高程以下副厂房基础开挖完成；7月，右3坝段排沙孔事故闸门安装完成，高程120米钢栈桥全线完成通车（比原计划提前2个月）；8月，右21～26号坝段82米高程以下副厂房混凝土浇筑完毕；12月，2号坝顶门机安装完成。三峡右岸大坝1A标段全年共完成投资7.58多亿元。

由水电四局独立承担安装的三峡电站13号、14号两台容量各70万千瓦的机组分别于4月24日、7

月21日投入商业运行。至此，工程局独立承担的11至14号机组安装任务全部提前完成并投产发电，安装速度和质量得到验收专家组的好评。

2005年，青云公司在三峡工程建设中主要竣工了2个标段工程。①右岸地下电站进水口混凝土和金属结构安装工程。该标段工程于2001年7月开工，2005年5月竣工，共完成混凝土浇筑40.99万立方米，土石方开挖0.11万立方米，金属结构制作安装3980.4吨，完成投资29637.65万元。②通航建筑物上游隔流堤坝前连接段工程。该标段工程于2000年9月开工，2005年6月竣工，共完成混凝土浇筑6.85万立方米，土石方开挖5.61万立方米，完成投资2567.54万元。

【公伯峡水电站工程项目】　公伯峡水电站位于青海省循化县和化隆县交界处。电站最大坝高139米，总装机容量150万千瓦。水电四局先后中标承建了电站右岸导流洞、主坝、引渠进水口、压力钢管以及开关站、混凝土拌和系统等工程项目的施工，中标总金额8.2413亿元。工程建设于2002年8月正式开工，2004年8月下闸蓄水。由水电四局与水电十一局组成的“四一一”机电安装联营体中标承建了电站全部机组的安装调试工程。2004年9月23日首台机组并网发电，使全国水电装机总容量突破1亿千瓦。

2005年，水电四局不断加大施工力度，工程形象日新月异。1月30日，3号机组引水压力钢管安装贯通；4月20日，4号机组引水压力钢管全部制作完毕；4月23日，3号机组引水压力钢管外包混凝土浇筑施工结束；6月25日，3号机组引水压力钢管内“米”字撑拆除，接触灌浆、灌浆孔封堵及清理工作全部完成；7月15日，3号机组投产发电，4号机组引水压力钢管安装贯通；11月5日，4号机组引水压力钢管内“米”字撑拆除，接触灌浆、灌浆孔封堵及清理工作全部完成，压力钢管具备冲水条件；11月6日，5号机组引水压力钢管安装贯通；11月21日，完成坝顶（含新增）栏栅板混凝土浇筑；11月23日，坝后漂石区新增孤山包开挖完毕；12月5日，4号机组投产发电。

2005年，水电四局在公伯峡电站建设中竣工2个标段工程。①砂石开采加工系统运行工程。该标段工程由汽车受料仓（篦条筛）、破碎车间、预筛分楼、筛分楼、制砂车间、胶带机运输线、锅炉房、水处理间、电气系统、料仓及土建工程等组成。该标段工程于2001年7月开工，2005年6月竣工。共完成混凝土浇筑148万立方米，生产成品砂石骨料358万吨，完成投资5410万元。②右岸旋流泄洪洞工程。该标段工程于2003年4月15日开工，2005年12月31日竣工，共完成土石方明挖3.3万立方米，竖井开挖1.05万立方米，锚杆制作6697根，各种灌浆4150平方米，混凝土浇筑5.09万立方米，金属结构制作安装1398吨，完成投资5959万元。

【拉西瓦水电站工程项目】　拉西瓦水电站位于青海省贵德县境内，是黄河上最大的水电站。电站属大型一等工程，由混凝土双曲拱坝、坝身泄洪系统、坝后消力塘及右岸引水发电系统等部分组成。电站最大坝高250米，库容10.79亿立方米，总装机容量420万千瓦。水电四局中标的主要项目有导流洞、左岸开挖及支护、混凝土拌和系统建筑安装、缆机土建及安装、混凝土进料线、主坝土建及金属结构制作安装等工程，中标总金额15.4亿元。

2005年，水电四局继上年施工任务完成后，又相继进行了左岸坝肩开挖、基坑出渣、缆机平台及进料线平台土建和大坝主体的施工。10月8日，左岸坝肩开挖至2240米高程，比计划工期提前23天；11月，左岸拌合系统具备试生产条件。截止到2005年底，共完成基坑出渣348万立方米，初步具备主坝第一块混凝土浇筑条件。

2005年，水电四局完成了拉西瓦水电站3台30吨缆机的机械、电气设备安装、系统调试、性能测试及土建、埋件等项目的施工，完成投资1183.574万元。

【溪洛渡水电站工程项目】　溪洛渡水电站位于四川省雷波县和云南省永善县交界处，是金沙江下游河段规划开发的第3个梯级电站。电站最大坝高278米，装机总容量1260万千瓦。水电四局承担的工程项目有坝肩及缆机平台开挖、左岸导流洞开挖、泄洪洞出口危岩体及覆盖层清理、左岸谷肩堆积体边坡处理、导流洞施工支洞开挖、导流洞左岸进口400米高程以上开挖、左岸尾调交通洞开挖等，中标总金额2亿元。

坝肩及缆机平台开挖标段，合同工期为2005年2月20日～2007年9月30日。2005年2月，水电四局开始施工，先后完成缆机平台轨道梁一期混凝土浇筑、坝肩前沿625米开挖、660米以上支护、泄洪洞625米进水口开挖、700米以上支护等施工任务。

左岸导流洞、泄洪洞出口危岩体及覆盖层清理工程标段，合同工期为2005年7月17日～2005年9月26日。2005年7月开始施工，由于设计变更较多，部分计划目标未能按期实现。到2005年底，完成13层平台顶部覆盖层清理和导流隧洞上部12～13层坡积物清理。

左岸导流洞和泄洪洞出口危岩体及覆盖层清理工程，《补充协议》工期为2005年12月20日～2006年5月15日。2005年7月开始施工，当年完成13层顶部竖向锚筋束锚固、坝0+600桩号下游13层岩石边坡开挖、平0+241至0+892.71段13层顶部覆盖层清理和后边坡马道上部平0+308至0+348土锚杆的施工。

【小湾水电站工程项目】 小湾水电站位于云南省南涧县境内，系澜沧江中下游河段8个梯级电站中的第二级。电站坝高292米，装机容量420万千瓦。2005年7月，以水电四局为责任方、水电八局为联营方组成的联营体（简称“四八”联营体）中标电站大坝XW/C4-A（R）标段，中标金额为23.8亿元，水电四局占60%的份额。该标段的工程量为混凝土浇筑535万立方米、钢筋制作安装48000吨、固结及帷幕灌浆44.93万立方米、接缝灌浆22.15万平方米、排水孔开挖4.45万立方米、金属结构及闸门制作安装1.41万吨。

2005年7月18日，“四八”联营体开始施工，9月22日，大坝第一块混凝土开盘浇筑。截至12月31日，共完成各部位混凝土浇筑2.1万立方米、钢筋制作安装112.46吨。工程形象为：21号坝段浇筑至955米高程；23号坝段浇筑至953米高程；水垫塘（水0+88.6m桩号）除第四块外均浇筑至960米高程；无盖重固结灌浆生产性试验按要求完成；右岸大坝标段主要供水、供电设施完成施工；临建设施达到施工要求；缆机系统完成缆机料灌改造和卸料平台施工，并进行了性能测试和试运行；拌和系统两个冷却楼控制室各安装了一台与之相匹配的程控交换机。下游围堰工程竣工。共完成混凝土浇筑0.0041万立方米，土石方开挖1.1865万立方米，完成投资791.47万元。

【金安桥水电站工程项目】 金安桥水电站位于云南省丽江市境内，是金沙江中游河段规划的第5级电站。电站最大坝高160米、总装机容量250万千瓦。水电四局中标承担了电站导流洞部分土建及金属结构制作安装工程，中标总金额16.226亿元，标段合同工期为29个月。2004年1月该标段工程开工，2005年12月18日，实现大江截流。截至年底共完成投资1.3亿元，2005年，电站左岸边坡开挖支护工程竣工，共完成土石方开挖147.1万立方米，锚杆支护7798根，混凝土浇筑3908.5立方米，混凝土喷护0.64万立方米，完成投资7683万元。

【海甸峡水电站工程项目】 海甸峡水电站位于甘肃省临洮县境内，是洮河水电开发规划中的第21个梯级电站。电站坝高45米，总装机容量5.25万千瓦。水电四局承担了坝体土建及临时道路修建工程，中标总金额0.997亿元，标段合同总工期31个月。该标段工程于2003年12月开工。2005年2月实现电站二期截流；11月12日主坝混凝土浇筑到设计高程；12月13日实现下闸蓄水，12月24日首台机组（1号机组）投产发电。

【直岗拉卡水电站工程项目】 直岗拉卡水电站位于青海省尖扎县与化隆县交界，是黄河上游龙羊峡至青铜峡河段已规划建设的第6座梯级电站，是经原国家计委、外经贸部批准的全国首家外商独资修建的中型水电站，也是青海省最大的外商投资项目和重点工程。电站最大坝高42.5米，装机容量190万千瓦。水电四局独立承担了该工程的全部施工任务，中标总金额2.5亿元。工程于2002年8月28日正式开工。2005年5月16日，提前15天完成大坝施工，19日，电站下闸蓄水，31日，首台机组并网发电；12月，三号机组管形座二期混凝土回填完成，提前16天实现计划目标，为2006年2月底3号机组发电赢得了时间。

2005年，水电四局在直岗拉卡电站建设中竣工2项工程。①土建主体工程。该标段工程于2002年6月开工，2005年11月竣工，共完成混凝土浇筑27.05万立方米，土石方开挖131.18万立方米，完成投资2.3亿元。②左岸土石坝工程。该标段工程于2004年10月开工，2005年4月竣工，共完成混凝土浇筑1.01万立方米，土石方开挖6.03万立方米，完成投资2000万元。

【康扬水电站工程项目】 康扬水电站位于青海省尖扎县与化隆县交界的黄河干流上，为大（2）型工程。电站最大坝高45.5米，总装机容量28.4万千瓦。2003年4月国务院批准立项，5月27日水电四局独立中标承担全部工程的土建施工任务，中标总金额2.69亿元，7月1日正式开工。2005年工程形象为：3月2日，安装间达到设计高程；5月24日，右副坝达到设计高程；8月30日，电站主厂房和安装间全部达到设计高程；9月15日，通过青海省质量部门验收；10月10日，电站实现截流；10月30日，主坝与重力坝实现贯通；12月底，工程各项均按合同要求达到计划目标。

【积石峡水电站工程项目】　积石峡水电站位于青海省循化县境内，是黄河上游龙羊峡至青铜峡河段规划的第5个梯级电站。电站总装机容量102万千瓦。2005年12月，水电四局中标电站导流洞工程和坝肩开挖工程，中标总金额2.2亿元。12月11日工程正式开工，到年底，导流洞扩挖近100米，坝肩开挖同步施工。

【马岩洞水电站工程项目】　马岩洞水电站位于重庆市彭水县境内郁江中游河段，为三等中型水电工程，总装机容量6.6万千瓦。水电四局中标承担的主要施工项目有大坝泄洪系统、砂石混凝土系统、主坝及金属结构制作安装、消能防冲及其他辅助工程，中标总金额1.03亿元。大坝泄洪系统标段工程合同工期为2004年12月14日～2007年5月16日。2004年12月，工程开工。2005年1月6日，拌和楼试运行成功；4月29日，主坝第一块混凝土开盘浇筑；7月20日，右岸临时导流系统具备过水条件；11月17日，电站截流成功。

【滩坑水电站工程项目】　滩坑水电站位于浙江省青田县境内的瓯江支流小溪上，属一等工程。电站坝高162米，总装机容量60万千瓦。2004年6月17日，水电四局中标水电站引水系统及发电厂房工程，中标总金额1.69亿元，标段合同工期60个月。2005年达到的工程形象为：5月，完成混凝土挡墙浇筑；7月，进水口土石方明挖完工；12月，电站拌和系统投入试运行；12月，厂房围堰第一块混凝土开盘浇筑。

【泰安抽水蓄能电站工程项目】　泰安抽水蓄能电站位于泰山西南麓，总装机容量100万千瓦。水电四局中标承担了施工通风兼安全洞、地下厂房土建和机组安装等工程的施工任务，中标总金额3.69亿元。2005年1月，地下副厂房主体工程封顶；3月20日，1号机组厂房混凝土浇筑到115.95米设计高程；3月27日，220千伏地面开关站GIS室全面封顶，比计划工期提前14天；4月27日，排水廊道所有帷幕灌浆施工全部结束；9月10日，1号机组转子吊装成功；12月28日，首台25万千瓦机组投入商业运行。这是水电四局安装的首台抽水蓄能发电机组，采用的SFC方式启动且并网成功，开创了使用全新技术的抽水蓄能电站启动方式先例。

【张河湾抽水蓄能电站工程项目】　张河湾抽水蓄能电站位于河北省井陉县，属一等工程，总装机容量100万千瓦。水电四局中标承担了电站地下厂房系统、开关室、主变运输洞、出线廊道及交通洞、通风兼安全洞、排风平洞与排水廊道和地面出线场等工程，中标总金额3.03亿元，工程合同工期为2003年9月～2008年8月。截至2005年底，共完成投资2.1亿元，工程形象按合同工期实现。

【西龙池抽水蓄能电站工程项目】　西龙池抽水蓄能电站位于山西省五台县境内，属一等工程。电站安装4台单机容量为30万千瓦的竖轴单级混流可逆式水泵水轮发电机组。水电四局中标承建的地下厂房系统由主副厂房、主变室、母线洞、出线洞、厂房自流排水洞、交通洞、通风兼安全洞、排水廊道等组成，中标总金额1.83亿元，标段合同工期为2003年3月～2008年3月。截至2005年底，已完成投资1.49亿元，工程形象按合同要求如期实现。

【周公宅水库工程项目】　周公宅水库位于浙江省宁波市鄞州区大皎溪干流上，是一座具有供水、防洪、发电等综合效益的大（2）型水利枢纽工程，也是宁波市的重点工程。水库坝高125米，将是华东地区同类坝型的最高坝。2002年12月，水电四局中标承担了水库主体工程的全部施工任务，主要包括大坝、水垫塘、二道坎等，中标总金额2.48亿元，合同工期为2003年1月～2006年12月。2005年，水电四局圆满完成各项施工计划，共完成混凝土浇筑14.5万立方米，最高坝块达到231米，完成投资601.61万元。

【掌鸠河水利枢纽工程项目】　掌鸠河水利枢纽位于云南省昆明市郊区，全长9428米，其中五老山隧洞长9045米，大地沟混凝土埋管段长306米，三多沟混凝土埋管段长77米。2001年12月，水电四局中标Ⅶ标段，中标金额6100万元，合同工期55个月。2001年12月该标段工程开工，到2005年底，五老山隧洞开挖全线贯通，共完成混凝土衬砌、浇筑3366米，完成投资1.2亿元。

【巴山水电站工程项目】　巴山水电站位于重庆市城口县境内的任河干流上，属二等工程。水电四局中标承建了电站导流隧洞工程，中标金额3238万元。导流隧洞总长845米，主要工程量为：土方明挖7990立方米；石方明挖71880立方米；石方洞挖125004立方米；混凝土浇筑30631立方米；钢筋制作安装 1544.6 吨；锚杆 10981 根。标段合同工期为 2005 年 12 月 1 日～2006 年 10 月 20 日。该工程于 2005 年 12 月 1 日开工。截至 2005 年底，水电四局完成投资 275.89 万元。

【光照水电站工程项目】 光照水电站位于贵州省关岭县和晴隆县交界，是北盘江干流的龙头梯级电站。电站最大坝高 195.5 米，总装机容量 104 万千瓦。2003 年 12 月，水电四局中标电站大坝基坑开挖等工程，中标总金额 3850 万元，同年 12 月开工。2005 年 5 月，大坝趾槽第一块混凝土浇筑；8 月，大坝第一次碾压混凝土工艺实施；12 月，第二次碾压混凝土工艺实验通过审查。

另外，还和闽江工程局共同中标该电站的大坝土建工程，中标总金额 2.67 亿元，水电四局占 40% 的份额。

【炳灵寺水电站工程项目】 炳灵寺水电站位于甘肃省永靖县和积石山县交界的黄河干流炳灵峡谷中。电站布置安装 5 台目前国内最大、单机容量为 4.8 万千瓦的灯泡贯流式机组，总装机容量 24 万千瓦。水电四局中标了电站左岸导流隧洞工程和右侧主体工程，中标总金额 2.2 亿元。2005 年 3 月，导流隧洞开工；7 月 26 日，左岸导流隧洞全线贯通，共完成混凝土浇筑 3.61 万立方米，土石方开挖 16.78 万立方米，完成投资 3696 万元；11 月 30 日，电站截流成功。

【南水北调中线工程项目】 南水北调中线总干渠漕河渡槽段位于河北省满城县境内，是南水北调中线京石段应急供水工程的重要组成部分，总长 9319.7 米。2004 年 11 月，水电四局中标了漕河渡槽段Ⅱ标段工程，中标金额 1.23 亿元。该标段工程起点为渡槽进口渐变段，终点为渡槽 20 米跨槽段，全长 1013.4 米，由进口段、进口连接段、槽身段（包括落地矩形槽段、20 米跨多侧墙槽段）等组成。施工队伍于 2004 年 11 月到达工地，由于甲方征地问题，2005 年 6 月 10 日才正式开工。2005 年实现的主要节点目标是：6 月 14 日，拌和楼主站基础浇筑完成；7 月 19 日，拌和楼所有混凝土浇筑完毕；8～11 月份，各承台、桩号混凝土浇筑全面开始；12 月 16 日，12 号承台混凝土浇筑完成。

【团坡水电站工程 2 个标段竣工】 团坡水电站位于贵州省惠水县境内的涟江河上，规模为中型三等，主要建筑物为 3 级。电站由混凝土重力坝、坝身泄水系统、右岸引水系统及地面厂房等建筑物组成。工程以发电为主，总装机容量 80 万千瓦。2005 年，水电四局在团坡电站建设中竣工 2 个标段工程。①施工支洞及交通洞工程。该标段工程于 2004 年 12 月 15 日开工，2005 年 3 月 20 日竣工，共完成混凝土浇筑 0.48 万立方米，土石方开挖 4.89 万立方米，完成投资 682.58 万元。②导流隧洞及左岸交通洞工程。该标段工程于 2005 年 1 月 16 日开工，当年 6 月 30 日竣工，共完成混凝土浇筑 0.35 万立方米，土石方开挖 3.09 万立方米，完成投资 534.76 万元。

【居甫渡水电站导流隧洞土建及金属结构安装工程竣工】 居甫渡水电站位于云南省思茅地区墨江哈尼族自治县与江城哈尼族彝族自治县的界河李仙江河段上，是李仙江干流河段上规划的第五个梯级电站，为二等大（2）型工程。电站最大坝高 95 米，总库容 1.855 亿立方米，总装机容量 28.5 万千瓦。电站主要建筑物有拦河大坝、溢流表孔、冲沙底孔、消力池、电站进水口、引水管道、地面厂房和下游河道护岸工程等。2003 年 11 月，水电四局中标电站导流隧洞土建及金属结构制作安装工程。该标段工程于 2003 年 12 月 18 日开工，2005 年 3 月 22 日竣工，共完成混凝土浇筑 4 万立方米，土石方开挖 16 万立方米，金属结构制作安装 57 吨，完成投资 3660 万元。

【糯扎渡水电站右岸码头公路工程竣工】 糯扎渡水电站位于云南省思茅地区，是澜沧江中下游干流河段上已规划的八个梯级电站中的第五座。工程由拦河堆石坝、左岸溢洪道、左右岸泄洪隧洞、左岸地下式引水发电系统及导流工程等建筑物组成，装机总容量 585 万千瓦。码头公路全长 2600 米，宽 10 米，标准为露天Ⅱ级。2004 年 5 月，水电四局中标电站右岸码头公路工程。该标段工程于 2004 年 5 月开工，2005 年 12 月竣工，共完成混凝土浇筑 26 万立方米，土石方开挖 26.7 万立方米，完成投资 5104 万元。

【苏只水电站砂石料及混凝土生产系统建筑安装运行工程竣工】 苏只水电站位于青海省循化县与化隆县交界处的黄河干流上，是黄河上游龙羊峡至刘家峡河段水电开发中的第九座梯级电站。工程以发电为主，兼顾农田灌溉。电站主要由大坝、厂房、泄洪闸、排砂孔及开关站等建筑物组成。2003 年 7 月，水电四局中标苏只水电站砂石料及混凝土生产系统的建筑安装及运行工程，当月开工，2005 年 12 月竣工，共完成混凝土浇筑 45 万立方米，完成投资 2801

万元。

（魏　荣　张永公　杨元庆）

【获奖工程】　2005年，山西万家寨水利枢纽被中国水利工程协会授予“中国水利工程优质奖”；青海尼那水电站获青海省“江河源杯优质工程奖”。

（张光敏）

管理创新

【综述】　2005年，水电四局紧紧围绕“切实转变增长方式，努力提高可持续发展能力”这一主题，在内部经营承包、项目化施工、劳动用工制度、产业结构调整以及人事、财务和资产等方面进一步创新管理，施工过程控制和科学运作模式全面形成，全局战略转移、资源配置新布局基本形成，调控能力和企业整体实力明显增强，可持续发展能力日益提高。

【制度创新】　2005年，水电四局努力搞好各项工作制度建设。对管理文件进行了整理、汇总，修改沿用的文件50份，制定新文件32份。主要有《水电四局发展战略和规划管理暂行办法》、《水电四局质量体系管理办法》、《水电四局质量管理考核办法》、《水电四局安全考核实施细则》、《安全生产与文明施工管理要点》、《关于切实落实“拴心留人”工作的通知》、《水电四局物资管理指导意见》、《关于对“专业师”管理办法的补充通知》、《水电四局担保管理办法》等。

（边建利）

【体制创新】　经过交流调整，目前水电四局经营管理人才、专业技术人才、项目经理人才、国际业务人才、高技能人才和复合型政工人才“六支队伍”建设已具规模，初步形成了人才、资金、资产、技术、劳务“五大市场”。围绕国家西电东送的电源点，积极适应国家“十五”水电开发布局，第二、第三和第四施工局等单位逐步向水利资源丰富、开发势头强劲的云、贵、川地区转移。体制创新整合了专业施工队伍，发挥出企业核心竞争优势。

（兰生荣　冯天才）

【质量管理创新】　2005年，水电四局制定了《水电四局工程管理办法》，对在建工程建设质量提出严格要求。在实施中跟踪控制，使全局在建工程项目施工质量单元工程合格率达到100%，综合优良品率达到92.4%，金属结构制作安装优良品率达到95.3%，机电设备安装单元工程优良率达到100%，全局年度在建工程业主投诉率为零。经中国船级社质量认证公司审核组的复评和年度监督审核，准予水电四局保持质量体系认证证书资质。工程局被中国建筑业协会评为“全国质量管理活动优秀企业”，企业形象和信誉进一步得到的提升。

（魏　荣　张永公）

【信息化建设工作创新】　以《水电四局信息化建设工作发展规划》、《水电四局信管理制度》、《水电四局信息化建设工作考核办法》为标准，工程局研制开发了《物资管理信息系统》、《设备管理信息系统》等软件，加强了对在建工程项目的管理。工程局要求各单位、机关各部门及时提供最新信息，不断对局网站的内容进行更新。针对工程项目运营状态，对全局重点工程项目在网上实行红、黄、绿亮牌预警。建立了在建工程信息快报制度，根据快报反映信息，对重要项目的施工状态逐月点评，对存在问题的项目密切跟踪，并派专人到现场调查指导，协调解决项目施工中存在的困难，及时预防和消除了施工中的潜在隐患。

（李永学　吴清洲）

【项目管理创新】　为了进一步加强全局各在建工程项目的施工管理，工程局首先制定了《水电四局在建工程项目管理办法》并严格执行，做到日常检查控制与年终考核相结合，使全年各在建工程的质量进度、安全生产和文明施工都达到合同规定标准。其次，建立健全了以项目为中心、按需求供应的生产要素市场，明确界定项目和各生产要素的经济关系。再次，科学合理编排年度施工计划和月施工计划，制定质量、安全控制指标和保证措施，优化施工组织设计，合理配置资源。通过以上措施，使全局各项技术、质量指标均达到国家标准以上，质量体系顺利通过中国船级社年度监督审核。

（魏　荣　张永公）

【联营体管理创新】　2005年，以水电四局为责任方的联营体主要有青云水利水电联营公司（水电十四局为联营方）、“四三”联营体（水电三局为联营方）、“四八”联营体（水电八局为联营方）“四一一”联营体（水电十一局为联营方）。为加强对以本局为责任方的联营体的管理，工程局进一步完善了《联营体管理办法》。在具体实施中，工程中标后双方即签订协议书，制定《联营体章程》，按章程组建联营体董事会、监事会和董事会授权的经理部。联营体实行董事会领导下的总经理负责制。总经理的职权是执行董事会的经营方针、工作计划和会议决议，组织领导经理部的各项工作，并定期向董事会汇报工作。联营体根据施工需要，设置管理部室和施工队（厂），制定联营体的生产、经营、管理等各项规章制度。联营体所需设备物资，按照母体工程局所占的股份比例进行调拨。

（魏　荣　边建利）

【经营管理创新】　2005年，水电四局在经营管理面主要进行了五项工作：①依据《水电四局内部经营指标核定办法》，局机关相关部门与局属各生产经营单位签订了内部经营合同。年终考核表明，大部分单位生产经营指标达到了合同规定。②补充、修改、完善了内部经营、统计工作等管理办法以及涉及到项目生产经营、合同管理、经营核算、工程分包的意见书，增强了全局经营管理工作的科学性。③在解决局内部三角债、拖欠工程款等问题上做了大量而卓有成效的工作。④结合工作实际编制了经济分析表格，为下一步科学决策提供了第一手资料。⑤进行了基础设施建设投资。全年基础建设计划投资6487.78万元，实际局战略转移完成6206.35万元，基地设施维修完成95.22万元，全年实际完成的投资占原计划的97.13%，为工程局今后实施战略转移和进一步加强基础设施建设奠定了良好的物质基础。

（成自在　王福让）

【人才开发创新】　根据《水电四局员工招聘、录用和岗位招聘管理办法》和《水电四局职工教育培训管理办法》，2005年，工程局积极实施“人才强企”战略，全面启动“人才工程”。在完善选人用人机制、引进急需人才、加大职工培训与继续教育力度、实施“拴心留人”工作等方面做了许多有益的尝试和探索。①进一步完善了“专业师”管理办法，聘用了各级别专业师199人。②对高级技师、技师实行岗位津贴，提高了技术工人的积极性。③申报通过一级建造师30人，二级建设师88人，充实了企业专业技术人才队伍的力量。④不断加强各类人员的培训力度，全年共有4893名职工参加了各类培训，全员培训率达到44%。⑤在全局调配职工2557人，接收大中专毕业生和复退军人591人，满足了各类岗位的需要。

（万金铭　郑爱莲）

【资产管理创新】　修改、补充完善了《水电四局设备管理办法》、《水电四局物资管理指导意见》、《水电四局房地产管理办法》，制定了《水电四局特种设备管理办法》，拟定了水电四局库存物资管理办法，有效地规范了全局的设备、物资管理。根据需要，严格按照规定程序购置设备96台（套）。为减少积压，处理让售闲置、废旧设备40台（套）。工程局全年为各单位共调剂配置设备155台（套），大修58台（套）、检修21台（套），确保了全局施工生产的正常进行和经济效益的普遍提高。

（程绍新　郭万成　方克正）

【财务管理创新】　为适应企业发展的客观要求和财务管理的需要，水电四局依据《会计法》、《企业会计制度》、《会计基础工作规范》等有关规章制度，结合企业实际制定了《财务管理办法》、《职工差旅费报销规定》、《财务预算管理办法》、《内部贷款管理办法》、《资金结算管理办法》、《银行结算账户管理办法》等基础工作文件，同时还制定了财务信息化建设管理办法和实施细则，修订了机关费用包干办法。执行中，严格资金支出审批程序以加强资金的使用监管，积极做好清产核资工作以加大债权债务的清理力度，从而保证了企业财务工作正常有序地进行。

（张国庆　赵恒祥）

【落实生产经营责任制】　在2005年工作会议上，局长、党委书记与局属各单位党政主要领导签订了《生产经营责任书》，并在年底考核中将责任书指标列入考核范围，以此作为评价单位和个人绩效的依据。同样，局属各单位党政领导也与本单位中队、车间领导签订了《生产经营责任书》。

（边建利）

企业改革

【综述】　2005年，水电四局按照国资委和中国水利水电建设集团公司相关文件精神，制定印发了《水电四局主辅分离改制分流工作的实施意见》，积极稳妥地推进了企业内部改革改制工作。①基本完成了局属普教中心康东、乐家湾学校向地方的移交工作。②基本完成了局属机电物资公司的改制。③继续推进局属青海明珠物业管理有限责任公司的改制。④对所属西宁中心职工医院、刘家峡医院、刘家峡物业管理处、兰州基地管理处、涿州基地管理处等5家第二批改制单位做了大量基础性工作。以上工作，为企业的快速发展和提高竞争力奠定了必要的基础。

（马登魁　边建利）

【辅业改制】 对局属机电物资公司进行了财务审计和资产评估，并向青海省劳动和社会保障厅呈报《机电物资公司改制分流实施方案》，获得批准后进行注册登记和挂牌运营。对局属青海明珠物业管理公司进行了财务审计和资产评估，同时召开公司职工大会审议通过《改制分流实施方案》，并报青海省劳动和社会保障厅审批。

（马登魁 桑发平）

【投资开发和控股、参股及多元化经营】 根据企业发展战略和发展规划，按照增强企业可持续发展能力的总体目标，2005 年，水电四局积极进行投资参股。①投资 6000 万元人民币入股中国水利水电建设集团投资有限责任公司，占 10%的股权。主要经营范围是：实业投资；电力、热力、煤炭等重要能源项目的投资开发；交通、水务、房地产等基础设施项目的投资开发；高科技产业项目开发；投资咨询和投资管理业务；信用担保业务；其他投资业务。②向中国水利水电建设集团设备租赁有限公司投资 4000 万元人民币，占 20%的股权。其主营业务是设备租赁业务及上下游相关业务，即各种施工机械、车辆以及其他机械和电气设备的租赁、销售、维修；各种零配件的生产、销售；提供相关的技术服务；电子产品、新材料、建筑材料的销售和相关服务；成套水力发电设备、电站水电机械设备的制造和安装；备品配件、起重、施工及化纤、冶金设备、金属结构的制作；科技信息和相关的技术服务；机械及电气设备的安装；机械化施工；进出口业务；技术、管理咨询、培训、展览等。截至 2005 年底，包括对青海三江公司的参股股份，水电四局共完成参股投资 3 亿多元人民币，以参与相关项目的开发建设和其他形式的资本运作。

（马登魁 孙鹏程）

【中小学移交地方】 根据《国务院办公厅关于第二批中央企业分离办社会职能工作有关问题的通知》精神，工程局所属西宁康东中小学、乐家湾学校经财政部、国资委批复，自 2005 年 1 月 1 日起移交青海省地方政府管理。

（马登魁 桑发平）

科 技 进 步

【综述】 2005 年，水电四局科研人员以工程管理文件和科研文件为准则，以科技开发基金为支撑，刻苦攻关，积极开展重大科技项目的研究，如期完成了一批技术含量高、经济效益好的项目。组织完成了《高坝基础灌浆综合技术研究》等 6 个项目的立项评审工作，获得 125 万元的科技开发资金；完成的 8 项（次）科研项目获省部级成果鉴定奖或科技进步奖；57 项科技成果受到工程局表彰，工程局“十五”科技规划顺利完成。

（张光敏 边建利）

【完善科技制度】 2005 年，水电四局补充完善和制定了《水电四局科技进步管理办法》、《水电四局科技开发基金管理办法》、《水电四局科技进步奖励条例》、《水电四局科技工作安排要点》、《水电四局科技进步考核办法》、《水电四局技术进步五年规划》、《水电四局近期技术进步工作要点》等系列管理文件，使全局科技、科研工作有章可循，标准规范，目标明确。

【局第二届科技大会】 2005 年 3 月 9～10 日，水电四局召开了由局领导、所属二级单位主管领导和机关各部门主任参加的第二届科技大会。会议对工程局“十五”期间的科技进步和信息化工作进行了总结，对当年的科研、信息化工作进行了部署；讨论通过了《水电四局“十一五”技术进步工作规划》；表彰了一批优秀科研项目和在“十五”期间对科研及应用作出突出贡献的先进集体、技术带头人和优秀 QC 小组。

（张光敏）

【加大科研投入】 2005 年，水电四局确定当年科技项目 11 项，投入资金 386.3 万元，其中科研投入 303 万元，信息化建设投入 33 万元，科技奖励（科研与合理化建议项目、科技带头人、科技先进集体、优秀工程技术人员）50.3 万元。

（李永学 张光敏）

【科研项目】 2005 年，水电四局研究开发的科研项目主要有：公伯峡水电站竖井垂直水力消能器、右岸旋流泄洪洞起旋器、竖井旋流泄洪洞起旋器施工工艺；苏只水电站黏土芯墙围堰填筑和泄洪闸混凝土外观质量控制；拉西瓦水电站高寒地区高拱坝冬季施工综合技术；高堺水电站引水系统设计；西龙池抽水蓄能电站底下厂房锚索施工；EX1100 挖掘机铲斗焊补及护卫工艺和钻取混凝土大孔径完整长芯；异型模板制作精度。

（李永学 张光敏）

【科技成果的推广应用】

(1) 在三峡工程建设中，根据不同季节、不同部位的混凝土采取不同温度、不同原料配合比及不同时间段进行人工调温，对特殊部位进行水管间距特殊布置。混凝土表面保护使用聚苯乙烯板新型保温材料，并根据不同部位、不同高程选择不同厚度的保温板。对排沙孔口、排漂孔口、机组进水口渐变段等呈不规则变化的孔口过流永久面部位采用发泡聚氨酯，均取得良好效果。在冬季低温季节混凝土施工中，对引水压力钢管底部水平施工缝面根据结构体型特点，除了在混凝土表层浇筑抗拉强度较大的杜拉纤维混凝土外，还在6～10厘米部位，预埋限裂钢筋，对低温季节混凝土施工分层间歇期较长的大体积混凝土表面防裂起到了理想的效果。

(2) 在公伯峡水电站建设中，首创竖井垂直水力消能器——起旋器室。在混凝土浇筑施工中采用的自行设计和加工制作的定型钢木组合模板及钢结构支撑系统，保证了浇筑质量、安全和进度，取得了良好的社会效益和经济效益。

(3) 在苏只水电站建设中，修建枯水围堰时采取了长达850米的黏土芯墙围堰填筑施工技术，不仅节约投资150万元，而且取得良好的防渗效果，创造了全国水电行业防渗施工的一项新纪录。

(4) 在拉西瓦水电站建设中，混凝土施工温控各项指标的科学选用及施工工艺流程的合理安排，对分解坝体应力、预防坝体裂缝、加快施工进度以及保障今后电站顺利运行等各方面起到了决定作用。《拉西瓦水电站高寒地区高拱坝冬季施工综合技术研究》被列入中国水利水电建设集团公司科研课题。

(5) 在泰安抽水蓄能电站机组安装中，水电四局首创的国内、国际混流可逆式抽水蓄能机组SFC拖动先进技术，大大缩短了机组整体安装调试工期和启动周期，所创造的直接经济效益就达875万元，不仅为今后抽水蓄能机组的启动调试积累了一种全新经验，还将为我国修订《可逆式抽水蓄能机组启动试验规程》提供可靠的理论和实践依据。

（李永学　张光敏　边建利）

【科技获奖】　《700米级高陡边坡及堆积体开挖与锚固施工技术研究》获国际领先奖；《高寒地区碾压混凝土拱坝筑坝技术研究》经中国水电工程顾问集团公司、中国电机工程学会、中国电力科技奖励办公室评审，分别获“科技进步一等奖”和“电力科技进步二等奖”；《辉绿岩人工砂石粉在RCC中的应用》经中国电机工程学会、中国电力科技奖励办公室、中国水利水电建设集团公司评审，分别获“科技进步二等奖”和“电力科技进步三等奖”；参与完成的《灯泡贯流式、可逆式抽水蓄能及常规水轮发电机组三个启动试验规程的制、修订》、《水轮发电机组启动试验规程的制、修订及标准化体系的建立》分别获中国水利水电建设集团公司“科技进步一等奖”。

【优秀QC小组】　2005年，第一施工局QC小组、优化高堋水电站引水系统设计QC小组、西龙池抽水蓄能电站底下厂房预应力锚索施工QC小组、水电四局设备租赁公司QC小组和泄洪闸牛腿曲面模板质量控制QC小组，分别获“青海省优秀QC小组”荣誉。

（张光敏）

安全生产

【综述】　2005年，水电四局紧紧围绕工程建设和环境与职业健康安全管理体系标准积极开展工作，效果显著。取得环境与职业健康安全管理体系证书；对局属15个单位、59个项目部、机关14个部门进行体系审核，进一步规范了要求；在全局上下的共同参与下，全年未发生重大机械事故、重大火灾事故、重大交通事故、重大环境破坏事故和群体性职业健康安全事故，安全生产态势平稳。

（王礼坤　边建利）

【落实安全生产责任制】　在年初召开的全局安全生产工作会议上，工程局领导与局属各二级单位签订了《安全生产责任书》，明确了全年安全管理的目标和任务，提出了安全管理到位的具体要求。同样，二级单位与所属施工队、厂（车间）等也都逐级签订了《安全生产责任书》，形成责任到人，齐抓共管的良好安全生产局面。

（王礼坤　荣艳萍）

【建立安全生产管理长效机制】　随着时间的推移和国家有关安全政策、法规的相继实施，一些早期的安全管理制度已经不再适应现代管理要求，因此，2005年工程局对过去所执行的规章制度、安全管理文件进行了彻底清理和登记。结合环境与职业健康安全管理体系运行需要，撤消了部分制度和文件，补充、完善、制定了《水电四局安全生产与文明施工管理规定》、《水电四局安全生产考核实施细则》、《水电四局安全生产事故责任追究办法》和《水电四局安全生产事故经济处罚办法》等多个管理制度、文件，涵盖了安全生产领域的各个方面，形成了安全生产管理长效机制。

（王卫军）

【通过环境管理体系和职业健康安全管理体系认证】 2005年4月，工程局积极配合上级有关部门进行了E&OHSMS第二阶段的认证审核工作。检查审核后，国家安全生产科学研究院认证中心表示，水电四局建立的环境与职业健康安全管理体系满足了适宜性、充分性和有效性要求，并向该局颁发了环境管理体系（EMS）认证证书和职业健康安全管理体系（OHSMS）认证证书，这标志着水电四局的安全管理工作逐步走向科学化、程序化、规范化和标准化的轨道。

（张景瑞）

【安全生产大检查】 2005年5～7月，工程局对局属各单位、局机关各部门进行了安全生产综合大检查，共查出不符合要求的报告51份，形成观察项402个。同时，还对安全生产月活动情况和防汛工作进行了综合大检查，对发现的问题和事故隐患提出了整改意见和建议。8月份，工程局又分别对青云公司、四三联营体等10多个单位进行了以特种设备、高边坡开挖、火工材料管理、交通安全、群体卫生和劳动防护用品等为主要内容的专项安全大检查，对存在的安全隐患责令责任单位限期整改，并以书面形式报工程局安全监察部备案，确保了全局的安全生产。

（张景瑞　荣艳萍）

【安全教育培训】 水电四局从增强全局干部职工的安全意识和提高专业知识水平出发，适时进行安全教育培训。举办了内审员业务培训班，全年累计培训人员450人次。先后选派10名项目经理和专职安全员参加了集团公司安全生产管理培训班。

（荣艳萍）

【安全生产奖项】 2005年，水电四局获得国家安全生产监督管理总局和全国总工会颁发的“全国晋城煤业杯安全知识竞赛优秀组织奖”和青海省“安全生产先进企业”荣誉称号。

（王礼坤　荣艳萍）

党群工作和精神文明建设

【综述】 2005年，水电四局紧紧围绕生产经营工作，认真落实“三个代表”重要思想和科学发展观理论，坚持以人为本，积极搞好党的建设和精神文明建设，为全局的改革发展提供了强大的组织保证和精神动力。深入开展保持共产党员先进性教育活动，全面提高了党员素质；大力推进党风廉政建设，达到了以案明纪、防微杜渐、警钟长鸣的目的；强有力的精神文明建设使干部职工精神风貌焕然一新，涌现出了一批在社会上有较大影响力的优秀个人和先进集体；创新思想政治工作理念，把思想政治工作同为职工群众办实事相结合，彻底解决了离退休人员统筹外费用问题，消除了长期影响企业稳定的潜在因素；充分发挥工会、共青团和女工组织的重要作用，促进了企业各项经济指标的完成；企业文化建设常抓不懈，有效地提高了干部职工的凝聚力、战斗力和创造力，使企业经济工作和各项事业保持了协调、健康、稳定发展的良好局面。

（房振坷　张志民　边建利）

【保持共产党员先进性教育活动】 水电四局保持共产党员先进性教育活动从2005年7月17日开始，到11月下旬基本结束，历时4个多月。全局394个基层党组织、5360名党员参加了活动。在整个活动中，局党委共发放《保持共产党员先进性教育读本》等7种学习资料9900余册，统一印制先进性教育专用记录本和笔记本7000多本。全局在职党员参学率达到100%，离退休党员参学率达到98%以上。举办各类培训班56期，147名党员领导干部为党员上了党课或作了形势报告，听讲党员、积极分子达5500余人次。开展“党员示范岗”、“党员奉献日”、“我为党旗添光彩”等主题实践活动200多项。召开各类座谈会220余次，个别谈话3100多人次。征集各类意见和建议1374条，其中具备条件已整改的有448条，正在整改的有716条，不具备整改条件需要下一步解决和解释说明的210条。11月中旬，各级党组织组织党员、群众对先进性教育活动的成效进行了群众满意度测评，结果是满意和基本满意度在98%以上，不满意度仅占1.2%，说明广大党员、职工群众对这次先进性教育活动总体上是满意的。

【党建工作】 2005年，水电四局各级党组织坚持以生产经营为中心，以局党委出台的《关于进一步加强和改进党建工作的实施意见》为指导，充分发挥了政治核心和保证监督作用。①切实加强领导班子建设。2004年4月，集团公司和青海省委再次调整充实了局领导班子，实现了班子成员的新老交替、平稳过渡。同时局党委、工程局进一步健全了二级单位领导班子，全年新提拔、交流局管中层领导干部47人，调整充实局管后备干部159名，为企业改革发展提供了强有力的组织保证。②大力推进党风廉政建设，开展了以“增强纪律观念，营造廉政氛围”为主题的专项教育活动，建立健全了各项会议制度，确保了“三重一大”事项的正确决策。③积极做好组织发展工作。全年新吸收党员201名，建立健全了36个直属党委（党总支、党支部）、57个基层党总支、328个基层党支部，基本配齐了各单位党委和纪委成员。④以庆祝建党、建国等节日为契机，组织开展了系列爱党、爱国、爱局教育活动，达到了凝聚队伍、促进党建工作的目的。

【坚持民主生活会制度】 2005年9月28日，水电四局领导班子召开民主生活会。青海省委组织部干部四处助理调研员谢宏敏、中国水利水电建设集团公司党组成员兼纪检组组长唐苏军等领导同志参加了会议。会上，局党委书记通报了本次专题民主生活会准备情况；局长通报了本次专题民主生活会征求的意见和建议；局领导班子成员逐一宣读党性分析材料，开展批评与自我批评；参加会议的上级领导分别作了讲话。

（奎晓秀 邓 韵）

【工会工作】

（1）实施素质工程。2005年，水电四局工会在劳动人事和工程技术部门的积极配合下，全面实施“素质工程”。①积极开展各种竞赛活动。全年组织开展技能大赛4场次，参加比赛者达600多人次；组织开展技术比武活动27次，3169人参加；组织开展岗位练兵活动78次，5300人参加。②结合工程施工，积极进行职业技术培训。全年共举办职业技能培训班88期，培训技术工人4116人次，约占职工总数的41%。③建立起职业技能考评、奖励的激励机制，进一步激发了职工学习、掌握技术的积极性。

（2）开展送温暖活动。全年筹集送温暖资金87.5万元，救助慰问困难职工、群众和家属1979人次。

（张正玉 付红凤 董其彪）

【共青团工作】 2005年，水电四局团委、青年工作处坚持以服务生产经营为中心，以服务团员青年为主线，充分发挥了广大团员青年在促进发展、支持改革、维护稳定工作中的聪明才智，为企业两个文明建设做出了应有的贡献。①以理想信念教育为主线，加强团员青年的思想道德教育，开展了建团83周年知识竞赛和论文征集活动，向团省委报送了题为《青年创新立功竞赛活动在三峡工程中的实践》调研报告。②在团员青年中开展了以“六个一”为主要内容的意识教育活动，号召和动员全局团员青年以党员先进性教育活动为契机，以优秀共产党员为榜样，在企业改革发展稳定的实践中实现自己的人生理想。③各级团组织围绕工程建设的节点工期，深入开展了“让青春在重点工程闪光”和“双争双创”活动，有力地促进了生产经营工作。④以青年成长成才为主导，深入实施了青工技能振兴计划。先后在全局各工程项目开展了以钢筋工、电焊工、电工、钳工和机械修理工等为主要内容的青工技术比武活动，全局4000余名青工参加了各种形式的岗位培训、技术比武和导师带徒活动，并选派12名选手参加了全省第二届青工技能大赛，取得了较好成绩。⑤开展了“一帮一”、“送温暖”等活动，向白血病青工李鹏、金永和捐款1500元，还在团省委的支持下，给贫困大学生李隆发放助学金2000元。⑥加强自身建设，全年发展新团员356名，向各级党组织推荐优秀团员青年245人，有190人光荣加入了中国共产党。

（程胜利）

【精神文明建设】

（1）制定《精神文明建设三年规划》。2005年，水电四局制定《2005～2007年精神文明建设三年规划》，明确了精神文明建设的指导思想、基本原则、规划目标、基本任务和保证措施，是水电四局本时期内精神文明建设的纲领性文件。

（2）文明单位创建。2005年，水电四局严格按照集团公司制定的《精神文明建设实施意见》标准进行文明单位评比工作。对申报单位都通过听汇报、看材料、实地查看的方式进行全面考核，努力做到公平、公正。全局有15个二级单位获得局“文明单位”称号。工程局荣获“全国文明单位”称号，并继续保持青海省“文明单位标兵”和集团公司“文明单位”称号。

（3）宣传工作。①高质量出版《水电四局报》。《水电四局报》为周报，遇重大事件增印专刊。2005年共出版55期，主要刊登工程局内部的工程建设新闻、领导言论、生产经营动态、职工模范事迹、企业先进经验以及文学作品，发放范围是局内各单位、集团公司相关部门、系统内各工程局（厂）和青海省相关部门。②高质量出版《黄河新声》。《黄河新声》是水电四局思想政治工作研究会的会刊，办刊宗旨是紧密结合企业职工思想实际，研究、探讨、交流新形势下开展思想政治工作的新形式、新方法、新途径；围绕中央的方针政策、企业的改革发展以及干部职工关心的焦点、热点问题展开讨论，营造健康向上的政治环境，以提高全员的政治水平。本刊为季刊，每期7万余字，印发1000册，发放范围是工程局各会员单位、集团公司相关部门、青海省文明委、西宁市委相关部门。③搞好对外宣传工作。全年先后在《水利水电工程报》、《三峡工程报》、《青海日报》、《今日西宁》、《昆仑之剑》、《民族经济与社会发展》等20余家报刊上进行了企业形象宣传，进一步提高了工程局的社会知名度，2005年再次被《水利水电工程报》社评为“先进记者站标兵”。

(4) 普法教育。为增强全局干部职工的法律意识，提高全员法律水平，2005年，工程局大力开展普法教育。①开设法律学习培训班。全年共举办各类法律培训班181期，参加学习的人员达6516人次。在青海省组织的第七次普法考试中，227名管理干部参加了考试，参考率100%，合格率100%，优良率98.8%。②安排丰富的法律学习内容，主要学习了宪法、公司法、合同法、行政诉讼法、立法法、产品质量法、招标投标法、反不正当竞争法、环境法、劳动法、工会法、质量安全法、建筑法、担保法、WTO法规汇编等30多部法律法规。③加大宣传力度。全局全年在街头或工地共开展法制宣传活动207次，出示各类展板3000多块，印发各类法制宣传材料20000多份。

(边建利　梁珍星　宣绍成　吴　洁)

【企业文化建设】　补充、完善、实施了《水电四局企业文化创建工作规划》，主要内容为创建工作的指导思想、建设企业文化的意义、创建工作原则、规划目标、基本任务、创建措施等。与之配套的有《关于在全局开展创建文明工程、文明小区、文明机关活动的通知》、《关于开展“创建学习型组织，争做知识型职工”活动的安排意见》等文件。具体操作中，抓住干部职工培训、大中专生入厂教育、职工道德教育、小区居民道德建设、机关作风建设、局史总结等重要环节，把企业文化渗透到每一个层次、每一个员工，增强了企业的凝聚力和向心力。

(边建利)

【治安保卫工作】　深入开展社会治安综合治理，全年共受理刑事案件31起，处理纠纷案109起，调解率100%；受理治安案件46起，结案率100%，为企业挽回经济损失10余万元。主要措施：一是认真做好矛盾纠纷的排查调处工作；二是加强对流动人口和重点人口的治安管理；三是完善综治机构，规范防范制度；四是加大防范力度，把综治工作纳入到施工生产的各项管理当中，做到了人、物、防三落实。

(李福生　王明阳　李晓伟　马海林)

检查监督

【落实党风廉政建设责任制】　2005年，水电四局党风廉政建设责任制共有八项责任目标：一是采取有效措施，全面完成工程局党风廉政建设和反腐败工作的各项任务；二是围绕企业的中心工作，不断完善企业内部监督约束机制；三是全面落实理论学习领导责任制，深入开展党性党风党纪教育及警示教育；四是自觉遵守国家法律法规和党纪政纪条规，各级领导班子及其成员不发生违法和严重违纪问题，职工违法和严重违纪人数少于总人数的1.5‰；五是严肃查处违法违纪案件，严格执行责任追究，不发生有案不查、瞒案不报、查案不力和处理不当的问题；六是强化民主管理和民主监督，继续落实“三重一大”民主决策程序，深入推行厂务公开工作；七是不发生影响政治稳定和企业形象的重大及突发事件；八是围绕企业生产经营认真开展效能监察工作，围绕安全生产开展执法监察工作。一年来，全局各单位领导班子认真履行领导职责，不断加强党风廉政建设责任制的领导体制和工作机制，结合实际，突出重点，实现了以上八项责任目标。

在全局开展了廉政教育活动，4704名党员受到教育。全局签订责任书的31个单位（包括2个联营体）和14个机关部门均实现了责任目标，其中29个单位为优秀单位，优秀率达到94%，工程局再次被评为“集团公司系统党风廉政建设责任制优秀单位”。经考核，水电四局的党风廉政建设受到青海省委和集团公司党组的高度评价。

(廖安珠　张爱民　刘旭东　周瑞红)

【厂务公开】　实行了工程局、施工局及其所属项目部（队、厂）的三级厂务公开。工程局主要利用职代会进行厂务公开，公开了本年度两个文明建设的主要绩效、职工收入、劳动安全、各项社会保险金缴纳等。所属二级单位及其项目部（队、厂）也都按规定的内容、形式和程序进行了厂务公开。全局全年进行厂务公开累计约2200多次。同时还坚持了逐级汇报和调研检查考核制度，促进了厂务公开工作的不断深入。

(张正玉　付红凤)

【职工代表大会监督】　2006年3月28日至29日，水电四局召开八届三次职工代表大会，101名职工代表听取审议了局长工作报告，对局领导班子和14名局领导进行了民主测评。

(付红凤　董其彪)

【纪检监察】 2005年，水电四局纪委、监察部全力加强纪检监察工作，实现了重大事项执行实施的工程受控。修订了《水电四局党风廉政建设责任制实施细则》，狠抓了责任制的贯彻落实。组织开展了以“增强纪律观念，营造廉洁氛围”为主题的反腐倡廉教育活动，共征集群众意见260条，完善管理制度23项。组织开展了《水电四局领导干部廉洁从业若干规定》知识竞答活动，全局2330名在职党员和1198名科队级以上领导干部参加了答卷。严格按照“三个百分之百”的信访工作目标和署名举报承诺办理制度，对21件群众来信来访电话举报进行了认真处理核实。发挥职能部门的监督作用，积极参与物资设备采购、废旧物资设备处理、工程分发包等重要管理过程的监督。

【效能监察】 2005年，由局纪委、监察部牵头，开展了对局属青海明珠物业公司改制前的综合效能监察、建筑工程二分局成立股份运输公司情况的效能监察和四海玻璃厂经营状况的效能监察，避免损失近70万元，有效地维护了企业和职工利益，得到了省纪委、省监察厅和集团公司的充分肯定。

（廖安珠 张爱民 刘旭东 周瑞红）

【审计监督】 2005年，工程局共完成各类审计15项，即财务结算报表审签1项，单位领导任期经济责任审计4项，经济效益审计7项，资产负债审计2项，资产经营责任审计1项。对联营体经营情况进行3项专项检查。共提出审计建议35条，为维护企业利益、纠正管理上的不足起到了促进作用。

（马 琳）

中国水利水电第五工程局

概 况

【资质】 中国水利水电第五工程局（以下简称水电五局）隶属中国水利水电建设集团公司（以下简称集团公司），组建于1954年。现已发展成为集投资、施工、安装、制造、设计、科研为一体，以建筑为主业，具有水利水电工程施工总承包特级，市政公用工程施工总承包一级，房屋建筑工程施工总承包二级，地基与基础工程、公路路基工程专业承包一级，隧道工程专业承包二级，监理甲级等资质的大型建筑施工企业。资产总额15.93亿元，银行受信额度17.47亿元。

【队伍结构】 水电五局现有职工9900人，各类专业技术人员2700人。其中教授级高级工程师13人；高级专业技术人员502人；中级专业技术人员1300人；项目经理447人，其中一级项目经理82人；监理工程师217人；享受政府津贴专家4人，四川省有突出贡献专家1人、专家后备人选4人。

【生产能力】 水电五局拥有先进的设备5000余台（套），净值5.1亿元，年施工产值30亿元以上。年生产能力为：土石方挖填1500万立方米；混凝土浇筑200万立方米；大型隧洞开挖衬砌15000延米；金属结构制作及安装30000吨；大型水轮发电机组安装100万千瓦。

【局领导班子】 2005年9月16日，集团公司调整水电五局领导班子，调整后的领导班子为：局长兼党委副书记郑久存，党委书记樊建平；副局长宋维众、吴高见、李燕明、卢学文、孙兆铭、赵玉、贺鹏程、党委副书记兼纪委书记郝国英，总工程师吴高见（兼），总会计师古昌祥；2005年9月16日，原局长郭志强调毛尔盖水电有限公司任职；2005年12月9日，王民安任工会主席。

【组织机构】 工程局总部设有：局办公室（与局党委办公室合署办公）、人力资源部（与党委组织部合署办公）、财务管理部、经营管理部、国际工程部、市场开发部（与设计院合署办公）、工程管理部、质量管理部、安全生产监察部、机电物资管理部、审计部、资金结算中心、社会保险管理事业部、党委工作部（与局机关党委合署办公）、监察部（与局纪委合署办公）、北京办事处、昆明办事处以及局工会、局团委。局属二级单位有：第一分局、第二分局、第三分局、第四分局、第五分局、第六分局、第七分局、水工机械厂、安装分局、建筑安装公司、咨询公司、试验室（测量队）、机电物资公司、职教中心（与广播电视大学合署办公）、实业总公司。

【2005年工作】 2005年，水电五局结合“效益年”与“共建平安五局”活动，认真落实各项任务。截至2005年12月31日，全局在建工程合同达到101个，完工项目31个，顾客满意率95%以上。浙江桐柏电站30万千瓦抽水蓄能机组和四川紫坪铺电站20万千瓦常规机组一次启动成功；年金属结构制作总量超过1.3万吨。2005年，水电五局加强了对国际工程的管理。制定《水电五局国际工程项目管理办法》、《水电五局国际工程人力资源管理办法》等制度。对国外工程项目部编制生产经营目标责任书，对合同完成情况进行统计分析、考核及评估。质量、环境与职业健康安全“三整合”管理体系通过认证及首次审核。分局长、项目经理年薪制和经营业绩考核评价体系继续完善，执行和落实经营目标的责任意识增强。财务收支预算管理、资金集中管理工作有序进行，现金流和资金能量的聚合放大效应有所提高，借贷规模适度，财务成本控制有效；集中清理全局税务资证，加强财务风险的防范措施，清产核资通过了国资委复审，完成核销资产的账务处理、可利用价值评估与残值回收工作，资产质量提高；加强大、特、专和系统设备的配置与管理。人力资源开发与管理继续改进，积极贯彻中央企业和集团公司人才工作会议精神，召开全局人才工作会，提出人才强企规划，复合型人才培养、人才交流和有效配置人才的力度加大；严格项目经理的选择任用，严格建造师、造价师、职业经理人等执业资格的取证工作，继续执行分局长、项目经理经营业绩考核年薪制度和机关管理岗位绩效分配制度。调整主业经营结构及资源配置，对原八分局、建安公司进行重组；实业总公司按市场模式实行公司化运作，进行基地综合管理与辅业系统资产的确权、整合与盘活利用；完成水电五局所属四川省广元市、河北省高碑店市的三所子弟学校移交当地政府的工作。落实保持共产党员先进性教育活动各项措施并取得实效。获得四川省“模范职工之家”荣誉和全省工会工作目标考核二等奖，荣获“全国模范职工小家”荣誉；有三人分别荣获全国劳动模范、四川省劳动模范和集团公司劳动模范称号。全局在建工程严格把守质量安全关，全年进行安全质量培训6次，并对从业人员进行测试考评。新的精神文明建设与企业文化建设规划开始编制。

2005年，水电五局实现经营收入20.28亿元，完成年计划的112.28%，增长18.8%。其中建筑业收入19.46亿元，增长20.28%。中标国内外工程45项，签约总额22.43亿元，完成年计划的124.6%，其中签约国际工程2100万美元。在建工程合同履约率100%，完成的水电等分部及单元工程，验收交付19682个，一次性验收合格率97.5%，评定18426个，优良品率84.6%。员工年均工资比2004年增长15.2%。

（苏全洲　李中寿　袁纯和）

工 程 建 设

【中标45个工程】 2005年中标国际、国内水利水电及其他工程45个，其中国内中标工程40个。中标金额5000万元以上的国内工程13个，分别是：龙头石水电站砂石骨料加工系统和混凝土生产系统工程、沙湾水电站厂区枢纽工程、青居航电枢纽船闸工程、龙马水电站引水道排沙洞及厂房土建机电及金属结构安装工程、联补水电站引水系统土建Ⅰ标工程、麒麟寺水电站泄洪闸（导流明渠）工程、古城水电站压力管道及厂区枢纽工程、柳坪水电站首部枢纽工程、龙头石水电站大坝工程、瓦屋山水电站调压室压力管道土建及金属结构安装工程、长河坝水电站场内交通1号公路Ⅲ标工程、沙坪水电站大坝泄洪系统进水口及引水隧洞4+000.00m桩号以前土建及安全监测工程、坪头水电站首部枢纽工程CⅠ标工程。

（李　翔　袁纯和）

【龙头石水电站砂石骨料加工和混凝土生产系统工程】 龙头石水电站位于雅安市石棉县境内安顺场上游约10公里处，上游与规划中的大岗山水电站衔接，下游与老鹰岩水电站衔接，为大渡河干流调整规划推荐22级开发方案的第15级电站。大坝由沥青混凝土心墙堆石坝、地面厂房系统和泄洪等建筑物组成，电站总装机容量70万千瓦。水电五局中标电站砂石骨料加工和混凝土生产系统工程，合同金额1.56亿元。工程于2005年2月1日开工。

（张永春　李　翔　李中寿）

【沙湾水电站厂区枢纽工程】 沙湾水电站位于四川省凉山彝族自治州木里藏族自治县境内的木里河上，是木里河干流水电规划梯级开发中的第三级水电站，为低闸引水式电站。

电站主要由首部枢纽、引水隧洞、调压井、压力管道及厂区枢纽组成，装机容量4×6万千瓦。水电五局中标承建电站厂房枢纽工程，合同金额5108万元。工程于2005年3月1日开工。

（李　翔　袁纯和）

【龙马水电站引水道等工程项目】　龙马水电站位于云南省思茅地区墨江哈尼自治县（左岸）与江城哈尼族彝族自治县（右岸）的界河把边江河段上。是李仙江干流规划中七个梯级开发方案中的第四个梯级。电站以发电为主。枢纽主要由混凝土面板堆石坝、岸边式溢洪道、引水发电系统、冲砂建筑物等组成。挡水建筑物为面板堆石坝，最大坝高135.0米，坝顶长度315米，坝顶宽度10米，坝顶设1.2米高防浪墙。水库库容5.986×10^{8}立方米，调节库容3.383×10^{8}立方米，为季调节，总装机容量28.5万千瓦。

水电五局中标承建引水道、排沙洞的土建及金属结构安装和厂房土建及机电设备安装工程，合同金额2.33亿元。工程于2005年3月1日开工。

（张永春　李　翔　李中寿）

【联补水电站引水系统土建工程Ⅰ标】　联补水电站位于四川省凉山彝族自治州境内的金沙江左岸一级支流西溪河干流上，是一座以发电为主的引水式电站，电站装机容量2×6.5万千瓦。电站主要建筑物由挡水闸坝、引水系统、地面厂房和开关站等组成。水电五局中标承建电站引水系统工程Ⅰ标，合同金额5094.09万元。工程于2005年4月15日开工。

（李　翔　袁纯和）

【麒麟寺水电站泄洪闸工程】　麒麟寺水电站工程位于甘肃省文县中庙乡境内的白龙江干流上。电站以发电为主，厂内安装三台轴流式水轮发电机，总装机容量11.1万千瓦。枢纽全长252.52米，最大坝高53米。设计正常蓄水位613.00米，总库容2970万立方米，为日调节电站。麒麟寺水电站为低水头河床式电站，属三等（中型）工程，主要建筑物级别为3级，次要建筑物级别为4级。

水电五局中标承建电站泄洪闸（导流明渠）标段。永久泄洪闸是利用导流明渠改建而成，主要工程包括引水渠、泄洪闸闸室、消力池、出水渠及下游护岸工程、左岸混凝土副坝、左岸灌浆平洞工程、泄洪闸右侧12米挡水坝段（坝0+000.00米至坝右0+012.00米）、泄洪闸闸门及启闭机等金属结构设备安装，合同金额1.12亿元。工程于2005年7月1日开工。

（张永春　李　翔　李中寿）

【古城水电站压力管道及厂区枢纽工程】　古城水电站位于四川省阿坝藏族羌族自治州汶川、理县境内，在岷江右岸一级支流杂谷脑河上，为杂谷脑河梯级水电开发的第七级梯级电站。电站装机3台，单机容量5.6万千瓦，总装机容量16.8万千瓦。

古城水电站主要由首部枢纽、引水隧洞、调压井、压力管道和地面厂房等建筑物组成。水电五局中标水电站压力管道及厂区枢纽工程，合同金额8707.3888万元。工程于2005年8月1日开工。

（李　翔　袁纯和）

【柳坪水电站首部枢纽工程】　柳坪水电站位于四川省阿坝藏族羌族自治州茂县境内，是黑水河干流水电规划“二库五级”梯级开发的最末一级引水式电站。主要任务为发电，兼顾下游环境生态用水。电站正常蓄水位1780米，最大闸高17米，调节库容65.67万立方米，总库容174.44万立方米。引水洞长约10.6公里，最大引用流量240立方米/秒，总装机容量12万千瓦，多年平均发电量5.31亿千瓦时。

水电五局中标承建电站首部枢纽工程（含左右挡水坝段、1～4号泄洪闸、1孔冲沙闸、进水口等）和引水隧洞（引）0+00.00米至（引）1+430.00米等工程，合同金额7389.3373万元。工程于2005年8月15日开工。

（李　翔　李中寿）

【龙头石水电站大坝工程】　龙头石水电站大坝为沥青混凝土心墙堆石坝，坝顶高程960.00米，坝顶宽10米，最大坝高72.5米，坝长371米。上游坝坡1∶1.8，下游坝坡1∶1.8，上游在930.00米高程设置1条马道，下游在920.00米和940.00米高程分别设置1条马道，马道宽度均为3.0米。在下游坝脚处增设土石压重体，压重体顶高程915.00米。本工程合同金额2.7391亿元，2005年10月28日开工。

（张永春　李　翔　袁纯和）

【瓦屋山水电站调压室、压力管道土建及金属结构安装工程】　瓦屋山水电站位于四川省眉山市洪雅县瓦屋山镇，是周公河干流七级开发的第一级，也是龙头水库电站，总库容5.843亿立方米。

水电五局中标承建水电站调压室、压力管道土建及金属结构安装工程，合同金额6624.8523万元。工程于2005年9月1日开工。

（李　翔　李中寿）

【长河坝水电站场内交通1号公路Ⅲ标工程】 长河坝水电站位于四川省甘孜藏族自治州康定县境内。水电五局中标承建水电站场内交通工程1号公路Ⅲ标，合同金额8088.4518万元。1号公路段全长约为2.82公里，隧道桥梁各两座，隧道分别为江嘴隧道和金康隧道。另有3号公路段的磨子沟隧道一座。工程于2005年11月1日开工。

（李 翔 袁纯和）

【沙坪水电站大坝、泄洪系统等工程】 沙坪水电站位于青衣江一级支流周公河中下游，地处成都市西南侧雅安市雨城区沙坪镇和周河乡境内。大坝为混凝土重力坝，坝顶高程706.5米，最大坝高45米，坝顶宽5米，坝顶长169.4米，水库正常蓄水位703米，总库容286万立方米，总装机容量5.6万千瓦。

水电五局中标承建电站大坝、泄洪系统、进水口及引水隧洞4+000.00米桩号以前土建及安全监测工程，合同金额1.33亿元。工程于2005年11月30日开工。

（张永春 李 翔 李中寿）

【坪头水电站首部枢纽工程】 坪头水电站是美姑河干流规划“一库五级”开发方案（牛牛坝、瓦洛、瓦吉吉、柳洪、坪头）最下游的一个梯级电站，库长约1000米，库容62.09万立方米、面积5.02万平方米。该电站为低闸引水式，无防洪、灌溉、漂木等综合利用要求。

坪头水电站由首部枢纽、引水系统及地下厂房系统等水工建筑物组成。水电五局中标承建电站首部枢纽工程、引水隧洞工程（引）0＋00.00米～（引）2＋250.00米和砂石骨料加工系统等，合同金额1.338亿元。工程于2005年12月1日开工。

（张永春 李 翔 袁纯和）

【通口水电站大坝枢纽工程】 通口水电站位于四川省北川县境内的通口镇上游2公里处，涪江右岸一级支流通口河上。枢纽工程由碾压混凝土重力坝、右岸引水系统、地面厂房和升压站等建筑物组成。大坝正常蓄水位为598.00米高程，总库容3610.00立方米，装机容量4.5万千瓦。拦河坝为碾压混凝土重力坝。

主要工程量：土方明挖62157.63立方米、石方明挖138497.6立方米、石方洞挖6164.04立方米、土石方回填1435.72立方米、碾压混凝土122486.34立方米、常态混凝土220155.66立方米、回填灌浆845平方米、固结灌浆11510.81米、帷幕灌浆16025.61米、锚杆1660根、钢筋制作安装3051.75吨、金属结构安装1977吨，浆砌石411.2立方米、原型观测设备安装1套。工程于2002年11月11日开工，2005年9月13日完工。水电五局承建的15个工程项目，除冲砂闸金属结构及启闭机工程为合格外，其余14个工程项目被评为优良工程。

（付亚东 李 翔 李中寿）

【瀑布沟水电站场内交通工程右岸上坝公路】 瀑布沟水电站位于大渡河中游汉源县及甘洛县境内，电站装机6台，总装机容量为330万千瓦，年发电量145.8亿千瓦时，总库容51.77亿立方米。拦河大坝为碎石土心墙坝，最大坝高186米。

水电五局中标承建右岸上坝场内交通道路。线路全长3.03036公里，工程主要由路基土石方、路面、三条隧道、涵洞及防护设施等项目组成。合同金额5355.08万元。

主要工程量：土石方明挖490525立方米、土石方回填222886立方米、石方洞挖92231立方米、洞身混凝土衬砌12252立方米、混凝土路面8622立方米、浆砌石22455立方米。工程于2003年4月20日开工，2005年1月20日完工。工程等级为优良。

（李 翔 袁纯和）

【金银台航电枢纽闸坝厂房土建及金属结构安装工程】 金银台航电枢纽位于四川省阆中市河溪镇境内嘉陵江干流上，是嘉陵江干流规划十六级电站中的第五个梯级，为航电结合的综合利用工程，日调节水库。工程由发电厂房、泄洪闸、冲砂闸、挡水坝及船闸等组成，电站总装机容量为3×4万千瓦。金银台航电枢纽闸坝厂房土建及金属结构安装工程标，合同金额2.0214亿元（水电五局占65%，水电十局占35%）。

主要工程量：土方开挖210420立方米、石方明挖476020立方米、混凝土浇筑494300立方米、喷混凝土400立方米、锚杆1810根、锚筋8030根、浆砌石（砖）4520立方米、钢筋制作安装17320吨、基础处理25020米、金属结构制作安装7378吨。工程于2002年8月1日开工，2005年10月30日完工。

金银台航电枢纽Ⅳ级船闸和导流明渠标段由水电五局独立承建，合同金额7676.13万元。主要工程量为：土方开挖599565立方米；石方明挖1088603立方米；石方洞挖1537立方米；土方填筑194359立方米；石渣填筑282733立方米；混凝土浇筑139971立方米；浆砌石33863立方米；钢筋制作安装

874.41吨；金属结构制作安装123.29吨。本工程于2002年2月26日开工，2005年2月28日完工。

（张永春　李中寿）

【多元化经营取得成果】　2005年，水电五局除在水利水电主项承揽大中小型水电工程外，在公路、市政、桥涵等其他建筑领域取得了一定成绩；在物流领域，水电五局取得逾2亿元的工程，仅四川田湾河物流项目就中标1.2亿元。

（陈智强　袁纯和）

【国外工程】　2005年，水电五局承建的国外工程有：苏丹麦洛维大坝工程和菲律宾巴纳旺灌溉工程。苏丹麦洛维大坝工程2A、2B、2C及3D标是由水电七局与水电五局组建的“七五”联营体负责承建，已完成产值25868万欧元。菲律宾巴纳旺灌溉项目泵站工程是水电五局从中国工程与农业机械进出口总公司分包的合同。工程在菲律宾维甘市巴纳旺村，工期为2005年9月～2008年6月；合同金额4800万元。已完成产值1496万元。

（梁岗伟　李中寿）

管理创新

【落实资产经营责任制】　2005年，水电五局履行与集团公司签订的“生产经营目标责任书”。工程局与局属各单位分别签订了《生产经营目标责任书》，各单位根据责任书，按时完成各项生产经营任务；严格执行集团公司投资管理规定，规范工程局的投资行为；制定《水电五局债权管理办法》，制定《中国水利水电建设集团公司账销案存资产管理办法》的实施细则，加强清产核资后的资产管理。执行账销案存，制定《水电五局现金管理办法》，规范各单位各财务点的现金收支管理，确保资金和财产安全；清理全局企业法人及营业执照，规范办理外出经营活动税收管理证明及税务登记的程序，规避经营风险。

（高富箐　袁纯和）

【施工管理】　2005年，水电五局施工管理重点关注重点项目及新专业领域项目，主要是投资大、难度大及工程局新开辟的专业领域或工程局所属施工局新进入的专业项目；执行工程项目每月电话咨询制度，及时掌握工程项目的施工动态；抓好施工准备阶段工作，投标交底后，对大中型或具有特殊性的新中标项目进行《施工总组织设计优化》和常规项目的《施工重点、难点分析》；开发出一套适合实际的项目临建系统设计图集，可使新开工的项目，通过选择和修改就可使临建系统投入使用。制定《水电五局在建工程管理实施细则》、《施工组织设计编写作业指导书》、《水电五局生产经营情况报告制度（试行）》等制度；召开工程完（竣）工交底专题会，完善竣工资料移交程序，清理完成所有已完（竣）工的工程项目竣工资料移交工作；利用计算机现代化管理手段，推广应用项目信息管理系统；举办二期P3培训班，近百位技术人员得到了培训。加强部门之间的沟通并妥善处理业主投诉，降低投诉率；继续完善在建工程台账，收集并发布在建工程动态信息。

（张永春　李　翔　李中寿）

【质量管理】　2005年，水电五局不断建立健全质量管理规章制度，从质量责任制、现场“三检制”、计量器具检定等方面进行规范化管理，保障施工质量。2月，通过第二阶段审核认证。8～9月在各分局交叉内审基础上，对20余个项目进行集中内审，共审查环境管理体系样本1214个，职业健康安全体系样本1279个，查出不合格项55项，观察项130项，并限期进行整改。11月，通过三峡认证中心对职业健康安全及环境管理体系认证及“三整合”认证的年度监督审核取证。保持管理体系持续有效运行。

（徐　念　袁纯和）

【临建系统设计图集完成】　2005年，水电五局完成水利水电工程项目临建系统设计图集，图集包括《生活系统临建设施图册》及《生产系统临建设施图册》（上、下册），图集根据工程临建系统的特点，收集、设计、汇编了常用的不同标准、不同规模的临建生活系统与生产系统设计图，涉及范围广，实用性强。

（张喜英　袁纯和）

【建立新的经营目标责任制考核体系】　2005年，根据集团公司“资产经营责任书”考核体系，综合分析各生产单位及所属工程项目的资源构成与效益，参考国有企业薪酬制度改革，修改和完善考核体系。按照新考核办法，对所属项目全面考核。修改后的考核办法突出激励与约束机制，体现效益优先原则，将经营责任人的管理水平以及经营目标的实现程度作为考核的重点，将经营者的责、权、利与企业的效益和发展结合。

（李明立　袁纯和）

【实施工程项目效益评价】 2005年4月，水电五局出台《水电五局施工项目效益评价办法》，采用简单有效的方法，以定量分析为主，定性分析为辅，对承包经营的施工项目合同价进行比较分析，确定该项目的预期经济效益，根据评价结果与项目经营者签订经营目标责任书，效益评价解决了项目因多种因素影响造成经济效益差别大的问题。

（杜洪虎　李中寿）

企业改革

【分离企业办社会职能】 2005年，水电五局改制工作的重点是将局属中小学移交当地政府。对教师的档案进行核查，配合地方政府重新核算教师工资，并对移交的教师进行公示，共移交在职教师186人，退休教师196人。

（潘其丽　袁纯和）

科技进步

【召开局首届科技大会】 2005年12月15日，水电五局首届科技大会在成都召开，来自各二级单位的党政领导及总工、局机关各部门领导等60余人参加会议。会议对近年来水电五局取得的18项科技成果、60名先进科技工作者、30篇优秀科技论文进行了表彰奖励；对过去一段的科研成果和经验进行总结，对《中国水利水电第五工程局技术创新规划》、《水电五局“导师带徒”实施办法》、《中国水电五局专业技术带头人及后备人选管理办法》三个征求意见稿进行了讨论。

（张喜英　李中寿）

【部营互通立交桥工程获“天府杯”金奖】 2005年6月，水电五局承建的湖北襄樊部营互通立交桥工程获得四川省建设厅授予的四川省建设工程天府杯金奖。

（张永春　李　翔　李中寿）

【承担集团公司科研项目】 2005年，集团公司批准立项，水电五局承担《土卡河电站复合掺合料碾压混凝土的应用》科研课题，课题通过研究铁矿渣粉加石灰岩粉替代粉煤灰在经济、技术上的可行性，总结分析复合掺合料碾压混凝土在土卡河电站工程施工过程中的应用及存在问题、改进方法，在碾压混凝土掺合料选择方面探索一种新的途径。

（张喜英　袁纯和）

【新技术应用及成果】

（1）在甘肃汉坪嘴水电站面板堆石坝施工中，引进边墙挤压机，将挤压混凝土边墙施工技术用于垫层坡面防护。经试验研究及分析比较，该技术达到了节约垫层料、保证施工质量、简化施工程序、降低施工干扰的目的。

（2）在四川紫坪铺水利枢纽1号、2号泄洪排砂洞施工中，采用掺钢纤维、掺加意大利SR3型高效减水剂、埋设冷却水管等综合施工技术，完成的超厚硅粉混凝土施工质量优良，抗裂性能好。1号泄洪排沙洞于2005年6月通过投入使用验收和鉴定，汛期参与泄洪，运行情况良好。

（3）在四川栗子坪水电站压力管道下平段出口施工中，利用长大管棚（管棚直径108毫米，总长度约24米）一次性穿越厚度达24米覆盖层段的超前预加固技术，使注浆加固土体与管棚形成整体受力拱架结构，规避因土体松散导致开挖期发生坍塌事故，解决了小导管注浆预加固技术的缺陷。管棚钻设直接利用管棚钢管代替套管跟进法钻孔，管棚钢管护壁并成孔，管棚钻设一次成型，棚管注浆施工在逐孔依次完成管棚钻设工作后，再集中、连续进行。

（4）在青居电站工程厂房混凝土施工中，定制了2.4米×3米的大模板，楼板部位施工时在常规模板拼装后往表面铺普PVC塑料板，在分层位置采用止浆槽等技术措施，使混凝土外观质量提高，保证墙面的美观，取消装修工序。

（5）在引进和消化自行式振动碾液压传动的基础上，通过设备改造，将其成功推广应用在拖式振动碾上。改造设备已用于四川水牛家大坝填筑工程，有效降低了原拖式振动碾的事故率和维修保养费，提高设备的可靠性。

（6）在重庆市藤子沟水电站砂石骨料系统生产过程中，结合现场特点对砂岩制砂技术进行了研究，总结制定可行的工艺流程，优化配置破碎及制砂设备，保持多级配骨料平衡合理，有效解决料源制约问题，在级配平衡生产上形成了一套成熟的工艺，取得了一定的经济和社会效益。

（张喜英　袁纯和）

【三项科研取得重要成果】

（1）2005年5月，水电五局承担的《不良地质条件下超大型调压井工程关键施工技术研究》科研成果获集团公司科技进步一等奖。专家鉴定组认为，该课题综合应用井周破碎岩体注浆预加固、倒挂混凝土整体式悬挂模板衬砌施工、大直径模板液压滑升等多项先进技术，并通过仿真分析、施工监测、综合预报，取得安全、优质、快速完成工程的成果，达到国际先进水平。该成果荣登《中国企业新纪录》榜。

（2）2005 年 5 月，水电五局完成的《昌马水库泄洪排沙洞大塌方处理——大型管棚综合施工技术》获集团公司科技进步三等奖。

（3）2005 年 5 月，由集团公司组织，水电五局参与的《灯泡贯流式、可逆式抽水蓄能及常规水轮发电机组三项启动试验规程制、修订》获集团公司科技进步一等奖。

（张喜英　李中寿）

【信息化建设】　2005 年，水电五局充实了计算机设备，购买一批新的计算机，全体机关工作人员人手一台计算机，机关大楼接入 2M 光纤专线，加快了机关网络速度。同时，局机关办公自动化继续推广实施，取得一定成效。

（张永锋　李中寿）

安全生产

【落实安全生产责任制】　2005 年，水电五局修订安全生产责任书，局长与 13 个局属单位、16 个职能部门负责人签订责任书。召开三次局安委会扩大会议，部署“人人讲安全，人人抓安全，共建平安五局”活动，各级党组织负责人进入各级安委会。

（冯　云　李中寿）

【安全教育】　在各工地（生活基地）悬挂活动主题的标语、横幅，设置管理方针、管理目标、工程标牌；在各生产作业场所按规范设置警示标志、标牌等；利用板报、报刊、网站开辟安全专栏，购买宣传挂图、标语 150 套，刻录安全警示教育光盘 20 多套分发各单位，编印《安全知识手册》6000 册；组织职工学习安全知识，组织观看安全警示教育片，编印“安全生产简报”；开展“全国安全生产月活动”和“安康杯”知识竞赛活动，开展以防物体打击、高空坠落、起重伤害、交通肇事、火灾、坍塌、触电事故的“七防”和以纠正习惯性违章作业、违章指挥、违反劳动纪律的“反三违”活动及安全知识竞赛活动。安全培训 2000 余人次。建立健全集团公司要求的 26 项管理制度，修改工程局安全生产文明施工环境管理制度规定。组织修订编写各工种安全技术操作规程。

（冯　云　袁纯和）

【安全大检查】　2005 年，水电五局按照省安监局、国资委、发展改革委、建设厅、成都电监办等的指示，抓安全生产保障体系、规章制度、安全生产责任制、重大危险源辨识、监控和管理等工作；对在建工程质量、安全大检查，对 20 余个项目进行重点检查指导。按照集团公司要求，对起重设备专项安全进行大检查，集中 3 个月对全局 78 台大型起重设备进行了全面检查，投入专项经费 15 万元对起重设备安装力矩限制器。全年有三个分局被四川省安全生产监督管理局评为 2005 年度省直管企业安全生产先进单位，四个施工项目部及其项目经理被集团公司评为 2005 年度集团公司安全生产优秀项目部、安全生产优秀项目部经理。

（冯　云　李中寿）

党群工作和精神文明建设

【保持共产党员先进性教育活动】　按照四川省国资委党委和集团公司党组的安排，水电五局保持共产党员先进性教育活动自 7 月 18 日动员启动后，主要经历了三个阶段：7 月 18 日～8 月 29 日为学习动员阶段，主要抓提高认识、统一思想和加强理论学习、搞好理论武装、开展先进性教育活动讨论工作；8 月 29 日～10 月 12 日为分析评议阶段，主要抓征求意见、虚心交流、撰写党性分析材料、召开民主生活会等环节的工作，找准影响企业生产经营、改革发展等方面的突出问题；10 月 12 日～11 月 12 日为整改提高阶段，制定整改方案、认真整改、巩固成果工作，领导班子和党员个人针对存在的问题，制定整改方案和整改措施，抓整改落实，建立健全长效机制，制定完善各项制度。

（赵江峰　袁纯和）

【开展党员先锋工程活动】　2005 年，水电五局党委根据《水电五局 2002～2005 年党员先锋工程实施意见》，在全局范围内开展“党员先锋工程”活动，对“党员先锋工程”和“创先争优”、党员民主评议等党建活动进行整合。评选出先进党支部 26 个，优秀共产党员 100 名，优秀党务工作者 24 名，先进性教育活动优秀工作者 30 名，党员先锋工程示范部室 21 个，党员先锋工程示范班（机）组 17 个，88 名骨干被发展为中共党员。

（赵江峰　李中寿）

【企业文化活动】　水电五局重视企业文化建设，确立新的企业精神和经营理念，征集企业文化及各项管理论文 50 余篇，其中有 49 篇论文编入水电五局《学习与创新》一书。2005 年，水电五局先后参加了四川国际水电产业博览会展板宣传工作；参加了四川工商展览会“重合同守信用”主题展览；参加了四川省政府、四川省电力公司举办的“四川有电100年”纪念系列活动，选送企业文化论文7篇，其中5篇被“有电百年”征文录用；参加了四川省“世纪之光”文艺庆典和四川省“青春国企”文艺晚会。

（肖建华　袁纯和）

【通过省、市文明单位复查验收】　2005年，水电五局文明创建活动以重点工程、大型项目为重点开展“三创建”活动，制定印发《水电五局文明创建活动实施意见》和年度创建规划，并对“三创建活动”进行年中自检考核。通过省、市文明单位主管部门复审验收，继续保持四川省文明单位和广元市最佳文明单位称号。

（肖建华　李中寿）

【工会工作】　2005年，水电五局继续加强工会工作。局工会广泛开展技能大赛和群众性经济技术创新活动，积极组织职工参加各项技能大赛。参加四川省第二届职工职业技能大赛，3名焊工、3名电工进入决赛；举办全局第二届职工岗位练兵和职工职业技能大赛活动，12名选手荣获四川省广元市“技术能手”称号；参加集团公司焊工技能大赛，三名选手获三等奖；参加四川省国有企业职工技能大赛，获得大赛优秀组织奖，一名职工获银奖、一名职工获铜奖，一名职工获全国焊接比赛优秀奖。2005年，全局职工提出合理化建议113件，采纳59件，创经济价值537万元；技术革新10项，创经济价值602万元；投入310万元，帮扶和救济900多户困难职工和离退休人员家庭。2005年，水电五局被四川省授予“创争”活动先进单位，两位职工被四川省总工会授予“知识型技能型职工”称号。开展建设“职工之家”工作，2005年，水电五局工会获“四川省模范职工之家”称号，在四川省总工会考核中获二等奖。

（余辉明　袁纯和）

【共青团工作】　2005年10月27日，水电五局团委选派节目参加四川有电一百周年组委会举办的“世纪之光”文艺晚会；11月4日，在成都召开增强共青团员意识主题教育活动动员培训大会，全局各级共青团组织和团员参加了历时2个月的主题教育活动。

（郭川龙　李中寿）

【宣传工作】　2005年，水电五局宣传工作围绕市场经营、工程管理、科技进步等进行宣传报道。在《中国水利报》、《中国电力报》、《施工企业管理》等报刊发稿400余篇，参加“四川水电博览会”、“四川工商展览会”及“四川有电100周年”画册及论文集的编撰、成就展等，完成《五局画册》编辑工作。编辑出版《水电五局报》33期，利用互联网建立“宣传工作平台”。为“保持共产党员先进性教育活动”录制1800分钟资料并制作光盘70余套170余张发放局属各级单位。制作劳动竞赛活动光盘30套60张发放局各施工项目部。制作“中国水利水电建设集团公司2005年第二期在建项目商务管理培训”光盘15套共计165张，下发局属各二级单位。

（张建中　王　凯　袁纯和）

【“四五”普法活动】　水电五局坚持把法制宣传教育工作贯穿始终，重点学习《宪法》、《合同法》等法律法规，利用中心组学习、项目经理、总工培训班等，聘请法律专业人员宣讲法律知识。开展“中国水利水电建设集团公司依法治理论文征集活动”，开展“法制宣传周”活动，规定12月4日为全局广泛开展普法宣传活动日。2005年，水电五局获四川省“四五”普法先进集体，在四川省总工会召开的“四五”普法表彰大会上，七分局工会荣获“四五”普法先进单位，两位职工荣获“四五”普法先进个人。

（张建中　李中寿）

检查监督

【落实党风廉政建设责任制】　根据局党委会议精神，2005年全局纪检监察工作会议布置党风廉政建设和反腐倡廉工作。局党政主要领导与二级单位党政领导签订《党风廉政建设责任书》，局党政主要领导与分管局领导、分管局领导与机关部门等签订责任书，共签订责任书39份，签订率100%。分局（厂、公司）也分别与项目部、施工局等下属单位签订《党风廉政建设责任书》。2005年，水电五局实行领导干部廉洁承诺制，10名局级领导干部在局纪检监察工作会上进行廉洁承诺，二级单位领导在本单位进行了廉洁承诺。

（李茂荣　袁纯和）

【民主监督】　2005年，水电五局严格执行《工程分包管理办法》，对100万元以上分包工程签订保廉合同。局工作会议上，职工代表对局长工作报告、财务工作报告进行审议通过，对局级领导干部进行民主测评。坚持职工代表巡视制度，定期组织职工代表对企业生产经营、职工权益保障、安全生产和职工福利等方面巡视检查。在建立健全三级厂务公开网络体系基础上，进一步深化厂务公开。对局厂务公开领导小组及各二级单位厂务公开领导小组予以调整，在新开工项目及时成立相关机构。突出“三重一大”，执行厂务公开结果报告反馈制度，将厂务公开工作纳入工会工作竞赛考评。

（李茂荣　李中寿）

【警示教育】　2005年初制定学习教育计划，下半年结合共产党员先进性教育活动，利用领导干部中心组学习，民主生活会、党内学习、干部集中学习日和专题报告会等，开展反腐倡廉教育和警示教育。组织参加集团公司组织的学习答卷活动，共收答卷1000多份。购买《建立健全教育、制度、监督并重的惩治和预防腐败体系实施纲要》、《国有企业领导人员廉洁从业若干规定（试行）》、《党员先进性教育读本》、《先进性教育读本100问》和学习笔记本共9800册发至全体党员。局中心学习组坚持每月一次的学习制度，年中领导干部学习会上，局、分局主要领导撰写学习心得和论文49篇，2000多名党员干部写出学习心得。

（李茂荣　袁纯和）

【效能监察】　2005年初，水电五局制定效能监察计划，确定2005年开展效能监察的重点为：各级领导班子、主要领导履行经济责任书、质量安全责任书、党风廉政建设责任书规定的职责与义务；领导班子、领导干部执行重大决策、重要人事任免、重大项目安排、大额度资金使用民主决策程序；机电设备、物资材料采购，废旧物资处理和工程分包等。各立项单位对效能监察工作进行半年自检，监察部进行抽查，发现问题及时纠正。重点监督设备、物资采购，坚持招标竞价、集中采购制度的执行。建立和完善规章制度63个。全局共立项23个，通过效能监察为企业挽回部分经济损失。

（李茂荣　李中寿）

【审计监督】　2005年，水电五局全年共开展审计项目36项，提出审计意见83条。主要是：将工作重心放在事前、事中，通过大力实施审计调查、内控制度审计，变事后追究为事先预防、纠正，提高审计工作前瞻性、时效性，结合项目管理现状进行项目管理状况和管理模式审计调查，突出对管理型项目经营活动过程监督与控制。对审计发现的问题及时纠正，查找原因，堵塞漏洞。贯彻内审协会发布的《内部审计基本准则》和《集团公司内部审计工作规定》，出台《水电五局内部审计工作规定实施细则》、《水电五局内部控制审计测评实施细则》等制度。

（刘　军　袁纯和）

【社保工作】　2005年，水电五局在重点做好施工生产的同时，高度重视社保工作。加大对职工各项社会保险费用的征缴力度和管理力度，年度各项保险费收缴率达100％，按时足额向省社保局和成都市保险局上缴各项社会保险费用，确保职工各项保险的账户利益。2005年11月，与中国平安人寿保险股份有限公司四川分公司签订《职工补充医疗保险协议》，制定《水电五局职工补充医疗保险实施办法》，为职工和退休、退职人员办理《商业补充医疗保险》。加强离退休人员对基本养老金领取认证的宣传和组织工作，对全局离退休人员按基地统一集中进行指纹、居住地址、照片等基本信息采集工作，受到四川省社保局行管处的好评。2005年12月，根据原国家电力公司《关于给离退休人员增加过度性养老金的通知》（人工［1998］96号）、《关于一九九八年电力企业离退休人员调整基本养老金的通知》（人工［1998］125号）文件规定，向国家财政争取到对离退休人员进行补贴的特殊政策。

（张庆堂　李中寿）

中国水利水电第六工程局

概　况

中国水利水电第六工程局（以下简称水电六局）组建于1958年11月，现隶属中国水利水电建设集团公司（以下简称集团公司）。

【经营范围与资质】　水电六局是国家一级施工企业，具有水利水电工程总承包一级、工程测量甲级、市政公用工程施工总承包一级、公路工程施工总承包二级、堤防工程专业承包一级，以及金属结构、水工启闭机械制造安装、超重机安装改造维修、供暖等资质。主要经营大中型水利水电工程建设施工，机电设备安装，兼营工业民用、道路桥梁、机场、码头、引水供电等土木建筑工程施工。

【队伍状况与组织机构】　2005年，水电六局员工总数为6401人，其中管理人员和工程技术人员1963人，拥有各类专业技术职称的1653人。局总部机关共设置13个机构，分别是：局长办公室、人力资源部、财务部、资产管理部、工程管理部、工程开发部、国际工程开发部、安全部、技术开发部、审计部、党委工作部、纪检监察部、局工会。工程局下设4个费用单位：职工培训中心、离退休职工管理处、保卫处、丹东基地管理部；14个二级单位：一至六分局、建筑公司、溪洛渡施工局、太平湾基地管理处、宽甸基地管理处、第一中学、第一小学、太平湾医院、宽甸医院。

【资产状况】　2005年末资产总额8.29亿元，其中，流动资产5.7亿元，占资产总额的68.9%；固定资产净值2.55亿元，固定资产原值4.38亿元。

【局领导班子】　2005年，水电六局领导班子做了补充调整。9月16日，于庆波经过集团公司的公开招聘，被聘任为总会计师。局领导班子成员有：党委书记兼局长林玉杰，副局长王学庆、白英贵、姜明廷、刘宝、戴占强（兼总工程师）、厉建平、李国，党委副书记（兼纪委书记）马英怀，总会计师于庆波，工会主席陈兵。

【2005年经营业绩】　圆满完成了全年各项工作任务，实现企业总产值13.3亿元，在2004年10.4亿元的基础上增长了27.8%；承揽工程新签合同额17.62亿元；职工人均年收入12892元；全员劳动生产率达20.8万元/（人·年）；新增固定资产6495万元；单元工程合格率100%，优良率86%；安全生产指标控制在集团公司考核指标以内。企业的精神文明建设取得明显成效，保持了辽宁省“文明企业标兵”的称号。

（艾　森）

工 程 建 设

【综述】　2005年，水电六局调整了市场开发的战略方针，即“巩固东北，立足西南，面向全国，走向国际”。市场开发工作突出重点，成效显著，全年新中标项目41个，中标金额17.62亿元，是年计划的125.9%。超亿元项目3个，合同总额为11.25亿元，占中标总额的64%。储备工程量31亿元。

2005年，水电六局生产经营继续保持了健康、快速发展势头。生产经营管理工作再上新台阶，“项目管理年”活动开展深入，措施得力，落实到位，成效显著。全年分布在辽宁、吉林、黑龙江、四川、重庆、云南、贵州、江苏、福建等19个省、自治区、直辖市的在建合同工程项目119个，完成企业总产值13.34亿元，是年计划的121.30%，比上年增长了27.81%，突破13亿元大关；单元工程合格率100%，优良率86%。2005年新开工建设的合同工程项目24个，竣工合同工程项目39个。机组安装投产5台，总装机容量47.8万千瓦。

【中标工程】　2005年，水电六局中标工程项目41个，中标总额17.62亿元。合同额超过2000万元的项目15个，分别是蒲石河电站1号施工支洞至2号和4号施工支洞交叉处施工通道工程、吉林市城市防洪工程、松江河梯级电站石龙水电站大坝工程、蒲石河抽水蓄能电站地下厂房工程、云峰发电厂大坝上游面加固补强工程、太原钢铁集团有限公司尖东铁矿井巷工程B标段、广州南沙开发区黄阁镇农民安置区内河涌整治工程、贵州省惠水县涟江团坡水电站厂房土建工程、贵州省惠水县涟江团坡水电站引水隧洞土建工程、乌江思林水电站引水发电系统土建工程、安徽蒙城枢纽土建和金属结构及电气设备安装工程、重庆郁江马岩洞水电站引水发电系统土建厂房工程、重庆郁江马岩洞水电站引水发电系统引水隧洞工程、四川过军渡水利枢纽（电站）工程左岸冲砂闸土建及金属结构安装工程、溪洛渡工程地下厂房1号、6号尾水洞工程。其中合同额超过亿元的工程项目3个：蒲石河抽水蓄能电站地下厂房工程（3.019亿元）、乌江思林水电站引水发电系统土建工程（4.386亿元）、溪洛渡工程地下厂房1号、6号尾水洞工程（3.845亿元）。

【主要在建工程项目】

（1）尼尔基水利枢纽机电安装工程。尼尔基水利枢纽工程，电站装机4台，总装机容量25万千瓦。4台机组均由水电六局安装，合同额1879万元，合同工期2002年6月～2005年11月30日。工程于2002年6月开工。2005年是机电安装高峰年，计划年内4台机组全部投产发电。由于设备到货延误，库区移民问题没有解决等原因无法蓄水，致使原计划2005年4台机组全部发电的目标没有实现。2005年4台机组节点工期目标完成情况为：4号机组转轮和转子分别于2005年1月4日和28日吊装就位，5月1日具备发电条件。3号机定子、转轮和转子分别于4月18日、8月6日和8月18日吊装就位。2号机组8月10日定子吊装就位，11月30日转轮吊装就位，12月5日转子吊装就位。在8月份不到一个月的时间内完成了三个节点工期目标。而且最后1台机组即1号机组也于11月1日完成了定子吊装。安装进度满足调整后的工期要求。

（2）街面水电站引水和地下厂房系统工程。街面水电站工程位于福建尤溪县境内的均溪河段上，坝址距尤溪县城53公里。电站装机2台，总装机容量30万千瓦。工程枢纽由面板堆石坝、岸边溢洪道、引水系统、地下厂房及开关站等组成，坝顶长500.5米，最大坝高126米。水电六局承建引水系统和地下厂房系统工程，其中引水隧洞2条，总长710米，开挖断面8.4米（圆形）。主、副厂房尺寸为78.1米×21.0米×48米（长×宽×高），工程合同金额10598万元，合同工期2004年4月6日～2007年7月31日。合同主要工程量：土石方开挖29.46万立方米，混凝土浇筑6.53万立方米，金属结构993吨。2004年4月工程正式开工。

2005年是街面水电站工程施工高峰年，开挖与混凝土浇筑交叉进行，工程进展顺利。主要节点工期目标按期或提前完成。2005年4月30日，比合同工期提前1天移交主厂房桥机安装工作面，2005年7月28日和9月25日提交了2号、1号机肘管安装工作面，较合同工期分别提前了3天和36天，得到监理和业主的好评。到2005年底，已累计完成土石方开挖32.81万立方米，混凝土浇筑3.71万立方米，金属结构329吨。

（3）索风营水电站地下厂房和引水系统工程。索风营水电站位于贵州省修文县和黔西县交界处的乌江干流六广河段，是乌江干流上第五个梯级电站，电站大坝为碾压混凝土重力坝，坝长167米，最大坝高122米，装机3台，总装机容量60万千瓦，为国家重点建设工程。工程于2002年10月开工。水电六局承担了电站地下厂房工程和引水系统土建工程及机电安装工程，合同额19774万元。主要工程量为：土石方55.67万立方米，混凝土25.09万立方米，金属结构10982吨。

2005年是索风营水电站工程机电安装高峰年。3月14日厂房岩锚梁通过荷载试验，满足了地下厂房吊装大件安全运行的需要。5月1日，首台机（1号机）定子吊装就位。5月12日，引水隧洞混凝土浇筑竣工。6月28日，1号机转子吊装就位。7月底通过了首台机启动的土建工程阶段验收。8月18日，1号机完成72小时试运行后免消缺直接进入商业运行，提前4个半月实现首台机投产发电的目标。10月4日，2号机定子吊装就位。11月13日，3号机也具备装机条件，工程施工进入了收尾阶段。

（4）大顶子山航电枢纽工程土建A标段。松花江大顶子山航电枢纽工程，是一座以航运、发电和改善哈尔滨市水环境为主，同时具有交通、水产养殖和旅游等综合利用功能的低水头航电枢纽工程。枢纽建筑物有船闸、泄洪闸及混凝土过渡坝段、河床式水电站、土坝、闸（坝）上公路（桥）等，坝线全长3249.78米。枢纽装机6台，单机容量1.1万千瓦，总装机容量6.6万千瓦。工程土建施工分A、B两个标段，其中A标包括右岸一期围堰，10孔泄洪闸、电站厂房、船闸、混凝土拌和系统。水电六局于2004年8月30日中标土建A标段，合同金额48119万元，合同工期2004年8月15日～2006年10月31日。工程于2004年9月28日开工。实际开工日期比计划晚了1.5个月，为赶工期，虽进入隆冬季节，仍坚持施工。到2005年1月27日厂房土方开挖完成，4月1日，拌和厂2号楼具备生产混凝土条件，4月22日开始浇筑第一盘混凝土，到6月23日上游混凝土纵向围堰浇筑完成。8月18日泄洪闸第一块堰面开始浇筑混凝土，标志主体混凝土浇筑全面展开。由于开工推迟、业主研究指定料场时间耽误、施工难度大等原因，虽然采取赶工措施，但2005年厂房混凝土浇筑仍未全部达到110.3米高程、泄洪闸混凝土浇筑未达到121.5米高程的年度形象面貌计划。

(5) 南水北调中线京石段应急供水工程倒虹吸项目。南水北调中线京石段应急供水工程唐河倒虹吸项目，位于河北省曲阳县支曹村、定州辛庄村西约150米处。唐河倒虹吸工程由进口渠段、穿河渠道倒虹吸、退水闸、附属建筑物组成。其主要工程量：土方开挖65.65万立方米，土石方回填73.67万立方米，混凝土浇筑5.26万立方米，钢筋制作安装4036.1吨，砌石（含碎石垫层）2.73万立方米。水电六局承建的倒虹吸项目，合同金额6711万元，合同工期2004年9月1日～2006年8月31日。工程于2004年9月1日开工。由于征地问题，2004年9月7日停工，2005年2月25日工程复工。2005年6月30日，主体工程管身段按计划完成主河床17～24节的混凝土浇筑与土方回填施工任务，并完成了汛前围堰的填筑，实现了安全度汛节点目标。2005年11月18日，比原定计划提前2天并超额完成2005年的混凝土浇筑任务。2005年底，南水北调中线京石段应急供水工程唐河倒虹吸项目已累计完成土方开挖50.2万立方米，土方回填32.8万立方米，混凝土浇筑3.26万立方米，钢筋制作安装3109吨，基础处理2700平方米，工程进度满足调整后的工期目标要求。

(6) 溪洛渡水电站导流洞与进水口开挖工程。溪洛渡水电站工程位于四川省雷波县与云南省永善县交界的金沙江干流上，是金沙江下游梯级开发的第三级水电站。电站枢纽由混凝土双曲拱坝、引水发电系统、1～4号泄洪洞、竖井式泄洪洞等建筑物及导流建筑物组成。拦河大坝为混凝土双曲拱坝，最大坝高278.00米，坝顶高程610.00米，顶拱中心线长698.07米。发电厂房为地下式，分设在左右两岸山体内，各装机9台，单机容量70万千瓦，总装机容量1260万千瓦。施工期坝址两岸各布置了3条导流洞，自左向右，左岸为1～3号导流洞，右岸为4～6号导流洞。导流洞平面上呈单弯道布置，洞身断面为城门洞型，断面尺寸均为18米×20米。导流洞工程与电站进水口开挖工程共分为4个标，左右岸上下游各为一个标，水电六局于2004年6月11日中标该工程Ⅰ、Ⅲ标段，合同金额83032万元。主要工程量：石方明挖297.1万立方米、石方洞挖及井挖259.33万立方米、混凝土衬砌61.60万立方米。合同工期2004年7月1日～2007年10月20日。2004年7月24日正式开工。

2005年是溪洛渡水电站工程开挖高峰年，工作量大，工期要求紧。经过施工局的不懈努力，2005年4月30日导流洞洞挖上层中导洞开挖支护全部完成，实现"4.30"节点工期目标。2005年导流洞中下层开挖、支护全面展开，当年中层开挖完成4410米，下层开挖完成4157.5米，洞内开挖基本结束。2005年还完成了部分混凝土浇筑，底板混凝土浇筑完成了436.5米，是年计划的130%。

水电六局溪洛渡施工局高度重视质量工作，从7月份业主开始进行导流洞样板段评选以来，其承建的Ⅰ、Ⅲ标导流洞工程中下层开挖先后有六段被评为样板工程。

(7) 大伙房水库输水工程D&B3标段。大伙房水库输水工程，位于辽宁省东部山区的桓仁和新宾两县境内。主体工程为长85.32公里、开挖直径8.0米的输水隧洞及附属建筑物。由水电六局承建的D&B3标段，位于桓仁县境内，施工段全长5.03公里，主洞断面尺寸和型式为7米×7米的马蹄型断面。水电六局于2003年9月26日中标该标段工程，合同金额10759万元。主要工程量：石方洞挖26.65万立方米，土石方填筑3.53万立方米，混凝土衬砌4.84万立方米。合同工期45个月（2003年10月1日～2007年6月30日），工程于2003年9月20日开工。到2004年底已累计完成洞挖3980米。

2005年，大伙房水库输水工程计划洞挖全部贯通，但在施工过程中由于7号、8号施工主洞先后于2005年5月4日和5月19日发生冒水事故，工程被迫停工，直到2005年11月15日洞内积水、淤泥和14+440、14+483、15+668等几处塌方处理全部结束，洞内开挖作业才得以恢复。在施工过程中曾经历大小几十次涌水，在水利专家指导下，项目部大胆采用地面帷幕阻水灌浆，开创了水电系统超大埋深（地下90米）特大涌水成功处理先例。

(8) 宜兴抽水蓄能电站引水系统及地下厂房工程。宜兴抽水蓄能电站位于江苏省宜兴市西南郊10公里处的铜官山区，该电站总装机容量为100万千瓦（4×25万千瓦），枢纽主要建筑物包括：上水库、下水库、输水系统（由上游引水系统和下游尾水系统组成）、地下厂房系统。地下厂房系统主副厂房（包括安装场）开挖尺寸为155.3米×22.0米×52.4米（长×宽×高）；引水系统（除上库闸门井兼调压室）均采用钢管衬砌，洞径为3.46米；尾水系统中除厂房至尾闸中心线下游25米之间的尾水支管为钢衬外，其余均为钢筋混凝土衬砌，洞径为5.0～7.2米。水电六局承建地下厂房系统、引水系统、尾水系统等工程，合同额32800万元。主要工程量：土石方明挖8.87万立方米、石方洞挖56.84万立方米、混凝土衬砌17万立方米、金属结构制作安装14000吨。厂房分七层开挖。工程合同工期56个月（2003年4月1日～2007年11月30日），2003年7月31日工程开工。

2005年，宜兴抽水蓄能电站开挖进入攻坚阶段。2005年2月5日～2005年7月31日，地下厂房第四至七层开挖结束，比合同工期提前两个月。其他节点工期完成情况如下：1号尾水调压室开挖支护于2005年4月23日完成；岩壁吊车梁及吊顶梁于2005年5月2日混凝土浇筑结束；安装间混凝土浇筑于2005年5月6日结束；引水支管的开挖支护于2005年6月8日结束。2005年6月23日，完成尾水支管开挖支护；2005年8月18日，完成2号尾水调压室二层开挖；2005年8月18日，完成1号尾水调压井扩挖支护施工；2005年9月4日，完成引水下竖井开挖支护。2005年9月10日，完成地下厂房的锚喷支护；2005年9月20日，完成引水下竖井固结灌浆施工；2005年12月2日，完成1号尾调井滑模施工；2005年12月21日，完成2号尾水调压井的扩挖支护施工。2005年12月31日，1号、2号、4号机组混凝土浇筑结束，土建工程按期提交工作面。

（9）乌江思林水电站引水发电系统土建工程。乌江思林水电站位于贵州省东北部，乌江干流中游。枢纽主体工程由碾压混凝土重力坝、左岸通航建筑物、右岸引水发电系统组成。装机容量为100万千瓦（4×25万千瓦）；碾压混凝土重力坝坝顶全长310.0米，最大坝高117米。通航建筑物位于左岸，总长951.80米。厂房布置在右岸山体内，外形轮廓尺寸为189.8米×27米×74.76米（长×宽×高），主变洞平行于主厂房布置，外形尺寸为188米×17米×23.03米（长×宽×高）。电站取水口采用3条内径12.6米和1条8.8米的引水隧洞引水至厂房。四条尾水洞总长976米。水电六局承担进水口工程、引水隧洞工程、压力管道工程、地下厂房工程、尾水隧洞工程、尾水出口工程等施工。2005年11月10日中标该工程，合同额43859.53万元，合同工程量土方开挖6.06万立方米、石方明挖25.40万立方米、石方洞挖86.79万立方米、混凝土浇筑43.20万立方米、金属结构制作安装8355.7吨。合同工期41个月（2005年11月24日～2009年4月30日）。工程于2005年11月24日开工。

【主要竣工项目】

（1）尼尔基水利枢纽溢洪道下标段工程。尼尔基水利枢纽溢洪道为岸坡开敞式，堰顶高程199.80米，共11孔，孔宽12米，采用底流消能。溢洪道分上下两个标段施工，合同分界桩号为溢0＋225.50米。水电六局承建下标段（桩号0＋225.50米～0＋550.0米）施工，合同额为11625万元，合同工期30个月（2002年4月15日～2004年10月15日）。2002年4月15日工程正式开工，到2002年6月23日土方开挖结束；2003年10月30日主体开挖结束。2003年5月1日，开始底板第一块混凝土浇筑，到2004年10月13日，合同内混凝土浇筑任务全部结束。2004年11月15日工程竣工，完成产值12758万元，主要工程量：土方开挖29.4万立方米，石方开挖124.27万立方米，石方回填22.4万立方米，混凝土浇筑5.15万立方米。2005年10月23日分部工程验收结束。

（2）丰满三期扩建永庆反调节水库右岸土建工程。丰满三期扩建永庆反调节水库位于吉林省吉林市第二松花江干流上，距上游丰满电站10.3公里，是一座为解决丰满电站6万千瓦基荷、并保证下游161立方米/秒流量的工业及城市用水而修建的日调节水库。水电六局承建右岸标段，施工项目主要包括：一期导流、右岸主体土建、右岸水保、右岸塌岸处理等。工程于2002年9月19日正式开工，当年一期导流工程围堰填筑、高喷灌浆全部完成，纵向混凝土围堰砂砾石开挖完，右岸导墙及重力坝段的土方开挖全部完成；右岸导墙及重力坝的砂砾石开挖完一部分；泄水闸及溢流坝段砂砾石基本开挖完。2003年4月开始进行混凝土浇筑，至2003年10月3日全部完成，比调整后的赶工计划仍提前15天。2004年，项目部又进行了辅助工程及新增项目施工。2005年10月12日工程竣工。竣工产值7787万元，完成主要工程量：土方开挖13.89万立方米，石方开挖5.12万立方米，混凝土浇筑7.03万立方米。

【获奖工程】　万家寨水利枢纽工程荣获中国水利工程协会颁发的“2005年度中国水利工程优质奖”。

（张　平）

科技进步

【加大科技投入】　2005年，水电六局累计科研投入442万元。主要用于引进新技术、新工艺、新材料及技术改造等达300万元。根据《中国水利水电建设集团公司科技工作管理办法》的要求，及时修订了《水电六局科技进步工作管理办法》。制定了《科技资料管理工作暂行条例》，确定了《2005年水电六局科技进步项目计划》，并落实到责任单位和责任人，其中“水电站混凝土重力坝防渗芯墙施工技术研究”

科研课题已被集团公司批准立项。年底工程局评审委员会的各位专家对已完成科技进步项目进行了认真的评审，共评选出优秀科技进步项目10项，其中一等奖2项，二等奖3项，三等奖5项。

（李　艳）

管 理 创 新

【管理体系通过年度评审】　2005年10月，中质协质量保证中心通过了对六局质量管理体系、环境管理体系、职业健康安全管理体系的年度监督审核，认证证书持续有效。12月份将环境管理体系认证证书1996年版本更换为2004年版本。

2005年度是六局的项目管理年，重点是施工项目的管理，质量管理是重要内容之一。工程局及各项目部质量管理体系健全，制度完善，职责明确。全年共完成单元工程10970个，优良率86%。单位工程15个，优良率100%。竣工工程2个，质量评定优良，未发生质量事故。

（郭云秋）

【落实生产经营责任制】　在2005年局十三届三次职工代表大会上，工程局局长与局属各生产经营单位的党政主要领导签订了《生产经营责任书》，并在年底考核中严格考核责任书指标，以此作为评价单位和个人绩效的依据。局属各单位党政主要领导也与本单位的队、车间领导签订了《生产经营责任书》。

（艾　森）

【财务管理加大执行力度】　2005年，水电六局在加大财务管理力度方面采取了有选择性地进行工程投标、对成本进行测算、加大项目考核力度、选好项目经理、选好协作队伍、加强变更和索赔基础管理工作等，取得了一定的成效。完善了生产经营考核体系，加大了利润指标的权重，使施工项目部的目标更加明确，成本意识明显增强。开展了账销案存工作，处理的资产占“在案”资产的50%以上，防止了已核销资产的进一步流失。加大资金集中力度，积极开展网上银行工作，全局资金集中度达42%，缓解了资金压力。继续加大清欠力度，抓住建设部清理业主拖欠款的有利时机，积极清理工程拖欠款，实际回收1180万元，盘活了资金。对工程项目进行了目标成本管理，降低了成本。实行预算管理，把预算管理工作同责任单位及部门的业绩考核结合起来，使局机关及后方单位费用节约意识明显增强。

（苗　雷）

【实施人才管理战略】　2005年，水电六局在聚集、吸纳人才的基础上，又制定了《中国水利水电第六工程局人才战略发展规划（2005～2008年）》，总体规划是：实施人才发展的“3312工程”，即30名局级决策层管理人员；300名部门主任、分局长及项目经理、高级工程师等高级管理人员；1000名业务主任、专业技术骨干、技术带头人；2000名包括高级技师和技师在内的技术操作能手。

【实行专业技术职务津贴】　为实现水电六局人才发展战略的整体目标，2005年，出台了《专业技术职务津贴管理规定》，规定了专业技术职务津贴的范围和标准。从2005年8月起开始发放。

（刘慧明）

【编辑印发《水电六局管理制度汇编》】　2005年8月，水电六局编印了《中国水利水电第六工程局管理制度汇编》，全书汇集了水电六局企业管理的各方面规章制度146项，分上、下两册，共1342页。印发给全局各单位，供查阅、掌握和执行。

（艾　森）

【首次实施领导干部公开竞聘】　按照新制定的《中国水利水电第六工程局领导干部公开选聘办法》有关要求，在全局范围内对局国际工程开发部主任、资产管理部主任、技术开发部主任、离退休职工管理处处长、宽甸基地管理处党委副书记（候选人）五个岗位实施了公开竞聘。

（赫崇波）

【职工培训工作】　2005年，按照《水电六局人才战略发展规划》对职工技术培训工作提出的新要求，水电六局职工培训工作得到进一步加强。职工培训中心和职业技能鉴定站（所），在工程局各有关单位和部门的配合下，全年共开办各类职工培训班22个，培训了各类人员共计816人。主要包括：岗前培训、鉴定考核前培训、特种作业操作培训、项目经理继续教育等，为进一步提高职工队伍的综合素质，发挥了应有的作用。

（王宝森）

【强化设备管理】　2005年，水电六局重新制定了《调整不列入局固定资产设备的通知》，对设备实行分类管理，1万元以下设备由分局形成固定资产，工程局不作统一管理；修订了《水电六局设备对外处理管理规定》，规范了设备对外处理的审批程序和处理原则；修订了《水电六局设备管理办法》，完善了设备管理体制和各项管理制度，编制了《水电六局施工机械设备安全操作规程》。

（赵鸣镝）

【网站正式建成开通】 2005年6月6日，水电六局网站正式建成开通。网站的建成开通对工程局的市场开发、对外宣传和交流、提高工程局的知名度等方面起到了积极的作用，使工程局信息化建设迈上一个新台阶。

【溪洛渡工程项目应用信息化管理系统】 2005年，工程局在溪洛渡电站施工项目投资100万元，研发了“施工生产指挥的信息化管理系统”，并加以应用。生产指挥系统的应用，对各项工段的施工数据进行科学的分析，解决了施工生产中的诸多复杂问题，为施工中领导的决策及时提供了科学依据。

（李 艳）

【丹东基地综合楼落成】 2004年3月动工兴建的水电六局丹东基地综合楼于2005年8月竣工。该综合楼的1～3层为局总部办公楼层，面积为4700平方米。4层以上为职工住宅，面积为17000平方米。2006年12月1日，局总部机关迁入综合楼，开始在新的办公环境办公。

（艾 森）

【丹东基地实行物业化管理】 水电六局丹东生活基地有三处住宅区，共370户，多年来基地管理工作一直由局机关行政部门代管。为了给广大职工及离退休人员创造一个良好的居住和生活环境，2005年7月成立了水电六局丹东基地管理部，对丹东住宅区实施模拟物业化管理，投入80余万元，逐步理顺了供电、供水、供暖、维修、绿化、保洁、保安等工作关系，各岗位人员配备到位，工作职责明确，为基地各住户提供了良好的服务。

（孟凡彬）

企业改革

【完成两所学校移交地方的相关工作】 随着国家第二批中央企业分离办社会职能工作的启动，2005年初，水电六局按照集团公司的部署，第一子弟中学和第一子弟小学两所学校移交地方政府的工作进入实质性操作，到12月份，基础数据和有关资料已呈报相关上级机构审批，移交工作按程序稳步进行。

【调整内部管理机构】 2005年，水电六局对内部机构进行了必要的调整。年初，将四分局和七分局合并，重新组建四分局，整合了资源，实现了资源利用率的最大化；年中，调整了溪洛渡施工局的管理模式，使之与二分局、六分局脱钩，成为直接隶属工程局的生产经营实体，满足了施工生产的实际需要和业主单位的要求；局总部成立了国际工程开发部，加大了国际工程市场的开发力度。

（艾 森）

安全生产

【完善管理制度 强化安全管理】 2005年，水电六局对原安全生产管理制度进行了修订，新的管理制度主要包含安全生产责任制等24项，重新制定并下发了各工种的安全操作规程。

为了加大安全生产的管理力度，在一些项目部配备了专职的安全生产副经理，使安全生产的管理职责更加明确，收到了一定的实效。

为了进一步落实安全生产责任制，工程局局长在年初召开的职代会上，继续同各二级生产单位的行政一把手签订了安全生产责任状。并按上一年度的安全生产责任状考核结果进行了兑现。年底采取抽调互检的方式对十余个项目部进行了安全检查，并对先进项目部进行了表彰。

（刘凤权）

【“安康杯”竞赛再获全国优胜企业】 水电六局认真贯彻“安全第一，预防为主”的方针，坚持以人为本和“关爱职工生命和健康”的安全工作理念，继续组织职工参加全国“安康杯”竞赛活动。经丹东市总工会检查、推荐，2005年，水电六局再次被评为全国“安康杯”竞赛优胜企业。

（蹇令奎）

党群工作和精神文明建设

【保持共产党员先进性教育活动】 水电六局保持共产党员先进性教育活动于2005年7月17日开始，到11月10日结束，共进行110天。全局114个直属党组织（含党委11个，直属支部7个，基层支部96个）、1985名党员（含离退休党员722人，下岗党员136人，流动党员343人）参加了先进性教育活动。

按照中央“规定动作不走样，自选动作有特点”的要求，活动分学习动员、评议分析、整改提高三个阶段进行。

先进性教育活动取得的主要成果：一是党员素质进一步提高，党员意识进一步增强，先锋模范作用进一步发挥。二是基层组织建设进一步加强，基层党组织政治核心、战斗堡垒作用进一步增强，对生产经营工作起到了推进作用。三是影响和带动了群众，使群众进一步感受到党组织的凝聚力和战斗力，感受到党员的先进性，激发了群众尤其是青年知识分子要求加入党组织的热情和决心。四是在进一步加强基层党组织建设、建立保持共产党员先进性长效机制方面进行了积极的探索。五是做到了“两不误、两促进”。先进性教育活动期间，水电六局把工作中心调整到“转变增长方式、提高经济效益”上来，把2005年确定为“项目管理年”，修订了10项关于施工项目管理的制度和办法，项目管理发生了很大变化，经济效益普遍提高，当年产值利润创历史最高纪录。

【文明单位创建工作】 继2002～2003年获得辽宁省文明企业（标兵）称号后，通过检查验收，水电六局成为丹东市唯一一家辽宁省文明企业（标兵）。

从文明单位建设管理的需要出发，重新修订了《水电六局文明单位建设管理办法》，进一步完善了文明单位创建、管理、表奖的类别层次，修订了水电六局文明单位基本条件，增加了文明工程一票否决指标，增加了“文明工程、文明机关、文明小区”创建管理内容，进一步明确了对局级文明单位创建考评依据等。使创建文明单位由阶段性活动转变为各级党组织的经常性工作。

（尤俊梅）

【工会工作】 结合实际，实施职工素质工程。2005年初，水电六局工会先后开展了创建“复合技能型、节耗高产型、安全质优型、学习创新型、团结和谐型”为主要内容的“五型”班组竞赛活动；在施工生产一线工人中开展了争当生产能手和技术能手的“双十”能手竞赛活动。

职工合理化建议活动围绕“完善管理、增进效益、提高质量、确保安全”的主题，各基层单位向局申报合理化建议优秀成果137项，节约创造价值2400余万元；技术改造立项23项，节约创造价值1000多万元。

深入开展帮困扶贫送温暖活动。年初审核确认特困户179人，到年底局特困户125人（包括2005年新增12户），通过各种方式解困66户，实现了年初确定的实现解困15%的目标。全年发放慰问款及物品40余万元；组织开展了金秋“温暖助学”活动，有7名特困职工子女考入大专院校，局工会及时为他们发放一次性补助计8000元。局工会被丹东市总工会授予金秋“温暖助学”活动先进单位。

2005年，向丹东市总工会、辽宁省总工会推荐论文17篇，有9篇论文获辽宁省总工会理论研究会三等奖，并有四篇论文在辽宁省工运发表。

（王瑞林　郑美玲）

【共青团工作】 2005年，水电六局团委开展了“青工素质拓展计划”、“投身六局展我风采”及“星级文明号”等一系列活动。

“青工素质拓展计划”活动以服务青年成长成才、服务企业改革发展为主题，以提升青年素质为内容，通过读书自学、技术培训、岗位练兵、创新创效和技术比武等活动，不断激发青年学习技术、提高素质、提升技能的积极性，全面提升了广大青工的业务技能、学习能力和创新能力，构建了学习、实践、创新、建功、成才的良性循环轨道，实现了青年成才和企业发展的协调统一。

“投身六局，展我风采”系列活动，是针对青年大学生的实际情况开展的。活动以座谈会、局史讲座、文艺演出、演讲比赛等形式进行，使青年大学生感受到组织的温暖，形成了良好氛围。此外，局团委还在网站上设立专栏，倾听大学生呼声，加强了沟通交流，解决了实际问题。

“星级文明号”创建活动有效开展。2005年度，被团市委命名表彰的青年文明号10个（其中三星级2个，一星级8个），市级青年岗位能手5人。

（徐　杰）

检查监督

【完善党风廉政建设各项制度】 2005年，修订了局直属单位和局机关部门党风廉政建设《责任目标考核细则》、《水电六局2005年党风建设责任目标分解》，进一步完善了党风廉政建设制度体系。制定并实施了《水电六局领导人员廉洁谈话制度》，《水电六局设备对外处理管理办法》、《水电六局领导干部公开选聘暂行办法》、《水电六局项目经理班子成员聘任及管理暂行办法》、《水电六局市场开发工作管理办法》、《水电六局市场开发有关费用标准的规定》、《水电六局劳务分包管理试行办法》等规范性文件。这些制度和办法，规范了管理，规范了领导干部的行为。

【开展反腐倡廉系列教育活动】 认真学习宣传《国有企业领导人员廉洁从业若干规定》等条规。为配合廉洁从业教育，加深领导人员对《廉洁从业若干规定》的学习和理解，水电六局在科队级以上领导人员中，开展了《廉洁从业若干规定》知识竞答活动。全局科队级以上领导人员666名，参加竞答的有662名，参答率99.4%，优良率100%。先后在宽甸、太平湾、丹东总部三个基地，举办了《廉洁从业若干规定》、《中国共产党纪律处分条例》等4种挂图图片展。在全局开展了以“读一本廉政书籍，看一部廉政教育片，参加一场警示教育现场会，写一篇拒腐防变体会文章”为主题的反腐倡廉“四个一”专项教育活动。举行了《水电六局反腐倡廉警示教育报告会》。邀请丹东市振兴区人民检察院反贪局预防职务犯罪科作了题为《把握职务犯罪的基本内涵，做好水电系统的预防职务犯罪工作》的讲演。通过学习教育活动，做到了预防为主，未雨绸缪。

【领导班子廉洁自律承诺】　2005年，为进一步加强和促进领导干部廉洁自律，工程局领导班子严格执行廉洁自律各项规定和“四大纪律、八项要求”以及集团公司和工程局关于党风廉政建设的各项规定，在党风廉政建设工作中做出了表率，并向全局广大职工做出了五项承诺。水电六局领导班子同时要求各二级单位领导班子向本单位职工做出廉洁自律承诺。通过廉洁自律承诺，进一步提高了领导干部接受职工群众监督的自觉性。

（邹荣春）

【审计监督】　2005年，水电六局审计工作由事后审计为主，向事前、事中、事后审计并重转变，工作重心由传统的经济责任审计、财务收支审计为主，向内部控制审计、经济效益审计为主转变。开展了对原七分局合并前资产负债审计、一分局领导任期经济责任审计、机电安装分局领导离任经济责任审计、五分局团坡内部控制及盈亏预测送达审计、六分局马岩洞内部控制及盈亏预测送达审计、对二分局云峰项目前期工程管理进行审计及后续审计，针对审计过程中发现的问题，提出审计建议15条，均被采纳。

（张　艳）

中国水利水电第七工程局

概　　况

【经营范围与资质】　中国水利水电第七工程局（以下简称水电七局）是具有水利水电施工总承包特级资质和公路施工一级资质的国有大型建筑施工企业。主要经营水利水电施工、机电安装、金属结构制造安装、公路、桥梁、隧洞、航道、堤岸、工业民用建筑等工程施工和勘测设计，兼营工程监理、电源开发、宾馆、旅游等产业。是符合ISO9001：2000标准质量管理体系，符合ISO/14001：2004标准环境管理体系，符合GB/T28001：2001标准职业健康安全管理体系的“全国重合同守信誉企业”。是连续五年由多家银行授予AAA级金融信用的企业。

【局领导班子】　水电七局局长刘明江、党委书记张建文；副局长张跃涛（2005年9月调四川圣达水电有限公司）、申茂夏（兼总工程师）、文加海、杨忠、尹强、马邦凯、郗举科、向超群；党委副书记兼纪委书记逯建华；总经济师罗朝国；总会计师张元刚（原总会计师李金元2005年4月调中旭投资有限公司）；工会主席王富建。

【队伍状况与机构设置】　2005年末，全局员工总数为10741人，因主辅分离和清理劳动合同关系较上年减员807人。其中，管理人员和工程技术人员3595人，拥有各类专业技术职称的2616人。局本部机关共设置16个机构。分别是：局长办公室、科技开发部、市场开发部、生产经营部（由原工程管理部和经营管理部合并而成）、国际工程部、安全质量部、资产经营部、人力资源部、设备物资部、财务部、审计部、保卫部、党委工作部、纪委、监察部、工会。工程局下设五个分局、三个施工局、一个工程机械公司。

【资产状况】　2005年末资产总额40.61亿元，较上年增长22.24%。其中流动资产21.37亿元，占总资产的53%；固定资产净值14.81亿元，固定资产原值21.21亿元，综合折旧率12%；对外长期投资3.83亿元。其中：全资子公司2个，投资总额0.59

亿元；控股或相对控股公司6个，投资总额1.93亿元；参股公司8个，投资总额1.31亿元。

【2005年生产经营业绩】 全局新中标项目56项，合同总额42.3亿元，其中5000万元以上项目24个，1亿元以上项目12个。全局在建工程项目78个，履约合同124项，总共完成建筑业产值41亿元，其中国际工程完成11.58亿元。完成实物工程量：土石方开挖4217万立方米，混凝土浇筑370万立方米、钢筋制作安装8.6万吨、金属结构制作安装6.5万吨，机组安装投产14台，装机容量共86万千瓦。各类单元工程合格率100%，平均优良率93.4%。安全生产目标受控，事故频率低于集团公司和地方政府安全主管部门考核指标。各项经济技术指标再创企业历史新高，连续四年在中国水利水电建设集团公司（以下简称集团公司）考评中名列第一名。获得"全国优秀施工企业"、"全国百家安全文明施工先进单位"、"全国和谐劳动关系模范企业"、"四川省建筑企业综合实力十强、最佳经济效益首强"等荣誉称号和奖励25项。

【施工技术】 水电七局2005年在建工程项目中，有一大批国际国内特大型水利水电工程项目，充分体现水电七局的技术水平与综合实力。如苏丹麦洛维水电站，坝轴线长达9285米，是混凝土重力坝与面板堆石坝相结合的挡水建筑；马来西亚巴贡水电站，是坝高205米的堆石面板坝。两个国际工程均采用混凝土挤压墙固坡技术，施工效率与质量大幅提升。在三峡水利枢纽工程，水电七局作为施工单位之一，继前期"98.7"拌和系统、左岸厂房齿槽开挖、船闸人字门安装所展现的先进技术后，2005年又在右岸厂房免装修墙体混凝土浇筑中，以墙面光滑如镜被树为样板工程。龙滩工程，最大坝高216.5米，是世界最高的碾压混凝土重力坝。水电七局在该工程成功应用国内行业第一、长达4.0公里的胶带砂石料输送机；建设并经营国内规模最大、生产强度最高的右岸"308.5"混凝土生产系统及配套的制冷系统；采用大型塔带机和胎带机解决大仓号碾压混凝土入仓问题，创单日单班混凝土浇筑量全国纪录；安装单机容量70万千瓦的水轮发电机组，并以系统内最先进的设备和技术现场制作与安装该工程特大型机组金属结构埋件。在以瀑布沟和龙滩两个国内最大地下厂房工程为代表的系列地下工程施工中，水电七局全面采用新奥法，成功应用控制爆破技术，岩锚梁施工技术，锚喷支护技术，液压滑模施工技术，管棚法施工技术，溶洞、煤质层固结灌浆技术，瓦斯监测和预防控制技术，环形预应力锚索施工技术等，形成完整的地下施工技术体系。水电七局结合项目施工需要搞科研，除历史上多项科研成果获奖外，2005年的瀑布沟人工骨料生产系统工艺优化和自动化控制系统设计方案、吉林台一级水电站联合进水塔液压滑模快速施工技术获得集团公司科技进步奖。

（熊映诗）

工程建设

【中标工程综述】 2005年，水电七局全年中标项目56个，新签合同金额42.3亿元。中标项目结构上体现出布局调整、营销重点和战略发展。"五江两河"（金沙江、雅砻江、澜沧江、岷江、嘉陵江、大渡河、红水河）区域签订合同金额30亿元。其中有锦屏一级水电站坝肩左岸高边坡开挖、长河坝水电站导流洞进口和洞挖、龙头石水电站引水发电系统、溪洛渡水电站左岸泄洪洞和地下厂房进口、沙湾水电站厂房及冲沙闸土建和金属结构、龙滩水电站机电设备安装工程等；南水北调标志性工程郑州西的穿越黄河隧洞工程由水电七局和中铁十六局联合中标2亿元；公路项目合同11个，总金额4.56亿元，包括沪蓉国道主干线支线分水岭（鄂渝界）高速公路、桐子林右岸改线公路、沅陵至凤滩公路等。中标重点锁定在国家核准立项和业主资信较好的大中型项目，其中5000万元以上项目24个，1亿元以上项目12个。全局合同存量超过100亿元，其中国际项目合同存量超过30亿元。

【在建工程综述】 2005年末，全局国内外在建工程履约经营项目78个，其中国外4个，国内74个。工程局在认真贯彻管理模块的基础上，不断完善经营业绩考核体系，完善内部管理制度，完善施工进度控制体系，优化资源配置，明确各项经济责任，狠抓现场施工组织，全局在建工程项目履约状况良好。2005年完成建筑业产值41亿元，完成实物工程量土石方挖填4217万立方米、混凝土浇筑370万立方米、钢筋制作安装8.6万吨、金属结构制作安装6.5万吨、机组发电投产14台。全局产值规模再创历史新高，一批项目的主体施工强度指标多次被刷新。马来西亚巴贡水利枢纽年土石方挖填超过1000万立方米，月强度达100万立方米以上；以水电七局为主导的龙滩水电站"七八葛"联营体年内混凝土浇筑达到316万立方米，月均强度达26万立方米，12月份浇筑44.72万立方米，日浇筑突破2万立方米；龙滩水电站七局项目部创造金属结构现场月制作1872吨的历史纪录，70万千瓦机组埋件成功制造和安装；

锦屏水电站左岸坝肩开挖是目前世界最难开挖的边坡工程之一，取得良好进展；彭水水电站引水隧洞，国内最大直径（14米）高强钢压力钢管制作和安装；姜射坝水电站调压室高68米竖井混凝土衬砌在软弱破碎地质条件下胜利浇筑完成；冶勒水电站百米水头冲击式水力发电机组顺利安装等，都如期或提前实现合同工期要求的形象进度。

全年共有32项合同履约完毕，履约率100%；发电投产机组14台，装机容量共86.03万千瓦。其中，吉林台水电站2台，装机容量共23万千瓦，小天都水电站2台，装机容量共16万千瓦，冶勒水电站2台，装机容量共24万千瓦，沙坡头水电站4台，装机容量共6.23万千瓦，洪坝、湾坝水电站4台，装机容量共16.8万千瓦。

【锦屏一级水电站开工】 雅砻江干流下游河段控制性水库梯级水电站锦屏一级水电站于2005年11月12日正式开工。中共中央政治局委员、国务院副总经理曾培炎和国家发改委发来贺电，四川省省委书记、省人大常委会主任张学忠宣布电站开工。国家和省有关部门、集团公司等主要领导以及有关单位负责人出席开工庆典。锦屏一级水电站位于四川省凉山州境内，由二滩水电开发有限责任公司负责建设和管理。装机6台，总容量360万千瓦，多年平均发电量166.2亿千瓦时，工程动态总投资245.79亿元。拦河坝最大坝高305米，为混凝土双曲拱坝，水库正常蓄水位1880米高程，总容量77.6亿立方米，调节库容49.1亿立方米。计划2006年大江截流，2008年开始大坝混凝土浇筑，2012年首台机组发电，2015年竣工。开工前，水电七局曾参与该电站的前期准备工程，并于2005年4月12日中标承建电站左岸高程1885米以上开挖工程（包括左岸缆机平台），中标合同金额为27.4亿元，要求2006年7月16日完工。施工队伍当月进场。水电七局锦屏施工局克服施工区卸荷岩体、坡陡整体稳定性差、施工道路难以布置及物资运输难等困难，完成各项临建工程和部分开挖、支护、锚索、框架梁等施工，进入正常施工阶段。

【溪洛渡水电站开工】 溪洛渡水电站位于四川和云南两省交界的四川雷波县和云南永善县，是金沙江开发一期和“西电东送中部通道”的骨干工程。该电站装机容量1260万千瓦，在我国仅次于三峡水电站，目前居世界第三位。拦河大坝为混凝土双曲拱坝，坝顶高程610米，最大坝高278米，坝身布设7个表孔、8个深孔与两岸4条泄洪洞共同泄洪。发电厂房为地下式，分设在左、右两岸山体内，各装机9台，单机容量70万千瓦。2005年9月1日水电七局中标承建电站场外渡口乡至新市镇交通道路，包括多座大、中桥梁及三条总长1305米的隧道，路基工程7.5公里，总金额6509万元。同期，水电七局还承建电站印把子沟沟水处理、地下厂房通风系统、母线交通洞进口段及油库建安等多项辅助工程，总金额4500万元。2005年12月7日水电七局中标承建左岸泄洪洞和地下厂房进水口，总金额为8.7亿元。2005年12月26日业主在施工现场举行开工典礼，标志该电站正式开工。

【长河坝水电站导流洞、交通洞等工程项目】 位于四川省甘孜州康定县大渡河干流上的长河坝水电站，于2005年8月18日开工建设。电站装机容量240万千瓦，年发电量108亿千瓦时，总投资167亿元。2005年8月和11月，水电七局先后中标承建导流洞、交通洞和场内交通省道改建工程，中标金额分别为1.24亿元和0.81亿元。

【沙湾水电站开工】 沙湾水电站是大渡河干流下游梯级开发的第一级，位于四川省乐山市沙湾区。电站以发电为主，兼顾灌溉和航运，装机容量4×12万千瓦，于2005年5月16日开工。2005年8月，水电七局（责任方）与广东水电第二工程局组成“七广”联营体中标承建厂房及冲沙闸坝土建和金属结构安装工程，总金额4.6亿元。2005年12月8日，水电七局中标承建该电站砂石加工系统，中标合同价8460万元。由水电七局承建的右坝肩处理工程、厂房和冲砂闸坝土建及金属结构安装工程，总金额为4.6亿元。

【乌金峡水电站导流明渠及泄洪闸工程】 黄河龙羊峡至青铜峡段规划的第21个梯级乌金峡水电站位于甘肃省白银市靖远县，以发电为主，兼有灌溉、旅游等效益。枢纽主要建筑物有河床式电站厂房、左岸泄洪闸、开关站和灌溉取水口。正常蓄水1436米，闸坝闸顶高程1438米，总宽61.5米，最大坝高55米。装机容量4×3.5万千瓦。2005年10月，水电七局中标承建导流明渠及泄洪闸工程，合同价9026万元。电站于2005年12月15日开工，总工期52个月，总投资13.88亿元。

【南水北调穿黄隧洞及设备安装】 2005年9月，水电七局和中铁十六局联营体中标（Ⅱ－B）承建南水北调中线一期穿黄隧洞土建及设备安装工程，总金额4.89亿元，计划于2010年3月竣工。该工程位于郑州市以西约30公里处。穿黄工程主要建筑物有南岸接明渠（长4628.57米）、退水建筑物（长1019.21米）、进口建筑物（长230米）、穿黄隧洞（长4250米）、出口建筑物（水平投影长227.91米）。其中穿黄隧洞是双洞双行布置，轴线间距28～19.3米，过河隧洞长3450米，过水内径7.0米；另有邙山斜洞（长800米）下端与过河隧洞相接。穿越黄河处水面宽1300米，过河隧洞在深厚覆盖层底下，深埋23～31米。联合体系将采用泥水平衡式盾构掘进机掘进施工。2005年9月27日在河南省温县举行南水北调中线一期穿黄工程开工仪式，由中线建设工程局局长张野主持。

【瀑布沟水电站胜利截流】 位于四川省汉源县的大渡河瀑布沟水电站，曾因故停工。2005年下半年陆续复工，经有关各方努力，于2005年11月26日胜利截流。水电七局和水电十四局组成的“七一四”联营体（水电七局为责任方）迅速组织抢工，短期内即恢复到良好施工状态。至12月底地下厂房Ⅲ层拉槽开挖，1号、3号、5号引水隧洞上平段全部开挖完成，厂房关键线路节点工期超前，得到业主、监理各方好评。以质量、安全、文明施工和诚信履约等优异成绩被命名为瀑布沟水电站优秀建设单位。

（孙敏坚）

【三峡工程右岸电站厂房2A标段】 长江三峡工程右岸电站厂房2A标段由“三七八”联营总公司承建（水电三局、水电七局、水电八局联合组建，水电八局为责任方）。承建工程量为右岸厂房19～26号机8个机组段及1号、2号、3号安装间、合同总价8.6亿元。水电七局在2A标段中承担右岸厂房21号机、26号机及3号安装间的土建施工。主体工程量为：钢筋安装13793吨，混凝土浇筑267799立方米，投资约2.6亿元。设计为不装修混凝土墙面，对墙面平整度、垂直度、光洁度和整体外观质量的要求非常严格。水电七局通过实施精品战略、落实质量管理措施、改进工艺、强化过程控制，完全达到设计要求。在三峡右岸三期工程中被评为混凝土施工样板仓，业主和监理单位给予很好的评价和肯定。2005年3月国务院质量专家组到施工现场观看水电七局组织仓号施工的过程，并在随后的质量专题会上评价现场施工质量是三峡工程开工以来最好的一年。

【长洲水利枢纽经受百年洪峰考验】 长洲水利枢纽位于广西省梧州市苍梧县西江干流，坝轴线横贯三江两岛，总长3350米，装机容量63万千瓦。2004年6月水电七局中标外江土建、金属结构安装、船闸及外江厂房闸门设备制造二、五标段，总价5.13亿元。其后又中标承建右岸砂石加工与混凝土生产系统。2004年12月13日成功截流实现第一节点工期。其后100天内堆筑围堰300万立方米，修筑围堰防渗墙1.7公里、钻孔2.3万米，高喷1.2万米，基坑土石方开挖160万立方米，并浇下11号闸墩第一仓混凝，提前实现第二节点目标，业主对工程进展很满意。2005年6月21日当地发生暴雨，洪水突破上游围堰警戒水位，业主指令，必须在当晚10小时内将围堰全断面加高一米，水电七局动员一切力量在限时内完成。同时全力从基坑撤离设备，从泗化岛撤离安置当地群众和外协民工。当最后一人撤出后，泗化岛变成一片汪洋。6月22日上午10点，洪峰已逼近加高后的堰顶，预报下次洪峰将超过100年一遇标准。业主作出破堰决定，水电七局掘开自己修筑的围堰，基坑充水1600万立方米。以最小代价完成抗洪抢险。汛后证明，围堰施工质量不但满足设计要求，而且抵御百年超标洪水考验后仍然完好，很快恢复正常施工。

（熊映诗）

【龙头石水电站进入主体工程施工阶段】 龙头石水电站位于四川省石棉县，是大渡河干流调整规划22级开发方案的第15级电站。电站装机容量4×17.5万千瓦，堆石坝最大坝高72.5米；4条平行压力管道其管径10.8米，长度201.74～167.28米；地面厂房在左岸岸坡，主厂房为191.28米×33米×62.42米（长×宽×高）。水电七局前期承建的导流洞及泄洪洞下半段于2005年5月18日全线贯通；省道改建公路隧洞于2005年6月5日全线贯通。2005年9月水电七局中标承建引水发电系统土建工程及压力钢管等金属结构安装工程，合同总金额4.28亿元。该项目施工已全面展开。

【龙滩水电站施工刷新多项纪录】 在世界最高碾压混凝土重力坝施工中，由水电七局（责任方）和水电八局、葛洲坝集团公司组成的联营体2005年完成右岸大坝坝体结构混凝土247.5万立方米，完成固结灌浆6.4万延米，钢筋制作安装5500吨，均超额完成计划工程量，大坝如期上升至2005年年底合同目标高程。11月18日，联营体创造日浇筑20677立方米的新纪录；12月混凝土浇筑44.72万立方米，日平均浇筑突破10000立方米，也是龙滩浇筑新纪录。复杂的龙滩地下引水发电系统119条洞室除岩塞外主体工程，由“一四七八”联营体在2005年8月全部开挖完成，开挖石方280万立方米，曾创造年最高石方洞挖127万立方米，月最高开挖12万立方米的优异成绩。2005年11月29日，水电七局开始组装1号机组定子（单机容量70万千瓦）。水电七局龙滩机电安装项目部现场金属结构厂11月份制造金属结构产品1872吨，年制造23262吨。由集团公司等国内多个单位专家参加的“长距离胶带运输机运行管理技术交流会”2005年9月7日在龙滩举行，国内水电行业骨料运输系统第一条运距长达4公里的胶带运输机已由水电七局安全运行4300多小时，运送各种骨料600万吨，会议对设备安装、调试及运行管理成绩和经验给予充分肯定。

【紫坪铺水利枢纽投产发电】　由水电七局承建导流洞和引水系统等工程的四川岷江紫坪铺水利枢纽，是西部大开发战略首批开工建设十大标志性工程之一，是“十五”计划中水利基础设施的重点工程。2005年9月30日成功下闸蓄水，四川省省委书记张学忠、四川省省长张中伟及各方面领导出席下闸蓄水仪式。首台机组（4号机）和3号机组（单机容量19万千瓦）分别于2005年11月5日和9日并网投产发电。

【苏丹麦洛维水电站实现二期截流】　在非洲尼罗河上，苏丹麦洛维水电站2005年三个标段全面启动。2005年11月30日，溢流坝过流部位上、下游浇筑至255和260米高程，12月25日通过验收正式过流，12月30日主河道二期截流完成，实现大坝土建合同第三个里程碑。二期截流采用上、下游双戗堤立堵进占，设计流量为2000立方米/秒，截流中采用河床护底抛石。苏丹副总统等国家政要参加截流仪式。以水电七局为责任方的水电七局、水电五局联营体麦洛维项目部至2005年12月底累计完成合同额2.04亿欧元（按投标时汇率折合16.59亿元人民币），占合同额37.3%；完成土石方挖填580万立方米，混凝土浇筑59.1万立方米，钢筋制作安装2.36万吨，基础灌浆15.28万米。

【马来西亚巴贡水利枢纽进入大坝施工阶段】　巴贡水利枢纽位于马来西亚沙捞越州。拦河大坝为面板堆石坝，坝高205米，是目前在建同类坝型中世界第二高坝。大坝坝顶高程235米，总填筑量1728万立方米，至2005年12月已填筑647万立方米，达到126米高程。2005年12月10日顺利浇筑第一块大坝面板。引水遂洞首条竖井高92.47米，使用反井钻，2005年2月4日贯通，至年底主洞开挖上台阶累计完成3771米，下台阶累计完成2354米，4号主洞已贯通。

（孙敏坚）

管理创新

【落实资产经营责任制】　水电七局本着经营利润和规模效益最大化原则、经营效率最优化原则、持续协调发展原则，构建新的内部经营责任制及其考核体系，把局长与集团公司签订的资产经营责任制细化、分解、传导到下属单位。新的经营责任制将下属被考核单位按性质分为施工分局、国内工程局直接经营项目部、国际工程局直接经营项目部三个序列，按不同序列实际情况确定年度考核指标和任期考核指标。工程局对直接考核的授权单位负责人，包括领导班子成员实行年薪制，并将年薪制实施办法明确规范。年度考核结果只兑现年薪制80%。到任期结束时全部兑现，以避免短期行为。责任制考核体系由三个子体系组成，即：经营业绩考核制度体系，主要包括分序列的经营业绩考核办法；分序列分单位的年度经营业绩责任书和任期经营业绩责任书。经营业绩考核指标体系，包括基本指标、修正指标、限制指标。基本指标中利润的权重为50%，产值和上缴费用的权重各占25%；修正指标包括分项指标组成和权重，可逐年调整，以突出经营调控重心和政策导向；限制指标为费用上缴率，体现法人意志和法人利益，强调被考核单位的经济责任。从执行结果看，国有资产保值增值率达115%，较上年增长7%。

【经济活动分析报告制度】　为及时掌握全局各单位经营情况，进一步完善动态监控、适时纠偏，水电七局2005年建立起经济活动分析报告制度。该制度规定，经济活动分析报告每季度一次，单位主管领导和主管部门负责人都必须参与。分析报告内容包括：经营计划执行情况、合同管理情况、合同履约情况分析、重点项目经营情况解剖分析、综合评价分析。细分内容涵盖生产、经营活动的各个主要方面。这一制度推行到水电七局各分局、局直接经营项目部和以水电七局为责任方的联营体以后，使年初推行的精细化管理理念逐渐转化为具体的经营行动。

（熊映诗）

【依法治企】　水电七局设有法律事务处，并始终坚持“以事前防范法律风险为主，事中法律控制与事后法律补救为辅的原则”。坚持“依靠法律顾问提供法律支持对重大经营活动做出决策的原则”，以确保经营决策的合法化、规范化。为此，逐步建立和完善一套适合企业经营实际的法律事务工作制度和方法。局法律顾问参加局党政联席会、局长办公会、局经营管理会和各种专题会，并当场提供法律咨询意见；法律顾问参加工程招投标等市场营销活动，提供资信调查、市场主体审核等法律帮助；企业进行投资、改组、改制、收购等重大经营活动前，由法律事务机构提出咨询意见，提出法律上的可行性意见；涉及重大的合同谈判、合同签订时法律顾问参与。水电七局的法律顾问每年承办各种诉讼、非诉讼、仲裁案件，“四五”普法期间累计为企业挽回和避免损失3000余万元。

（刘　聪）

【创用户满意工程】　为切实贯彻国务院颁发的《质量振兴纲要》和《国务院办公厅关于加强基础设施工程质量管理的通知》精神，不断提升企业质量管理水平，持续增强企业市场竞争力，水电七局确立以创用户满意工程为目标的现代质量管理理念。2005年，所承建的紫坪铺水利枢纽进水塔及引水工程、硗碛水电站大坝工程、乐滩水电站船闸工程分别荣获“四川省工程建设系统用户满意工程”称号。水电七局在施工中自觉树立国有大型企业良好的社会形象，强化全员质量意识，严格履行工程质量责任，认真贯彻GB/T19001—2000《质量管理体系要求》、《建设工程质量管理条例》和《工程建设标准强制性条文》，依法管理工程施工质量，全局所有在建工程项目均无质量事故、无业主投诉，各类单元工程合格率100%，平均优良率93.4%，全面实现年度质量控制目标。

【推进质量、环境、职业健康安全一体化管理】2005年，水电七局结合实施精细化管理的要求，在坚持质量管理体系有效运行的基础上，按照GB/T19001—2000《质量管理体系要求》、GB/T28001—2001《职业健康安全管理体系规范》、GB/T24001—2004《环境管理体系要求及使用指南》等3个标准的要求，建立质量、职业健康安全、环境一体化管理体系。并于2005年12月28日启动试运行。为确保一体化管理体系运行工作在各相关场所有效开展，工程局对各级领导层组织宣传贯彻培训，共计96人。对各级管理层组织宣传贯彻培训，共计225人。选聘66名骨干参加内部审核员资格培训。通过他们推行一体化管理体系运行工作，并在各相关场所对运行情况进行检查、指导、督促整改。

【获优质工程“天府杯”银奖】　水电七局承建的四川华能小关子水电站地下发电厂房于2005年荣获四川省优质工程“天府杯”银奖。小关子水电站位于四川省雅安地区宝兴县境内，是宝兴河流域梯级开发的第四级电站，采用引水式开发，主要功能是发电。电站装机容量4×4万千瓦。工程施工中的主要技术难点是地下发电厂房岩锚梁开挖的质量控制。为确保岩锚梁开挖质量，在上下游侧预留约3米的保护层，保护层开挖按岩锚梁爆破试验参数进行，施工质量优良。地下发电厂房土建部分完成单元工程1034个，合格率100%，综合优良率88%，分部分项工程优良率87.2%，总体质量评定为优良等级；机电安装部分完成单元工程826个，合格率100%，综合优良率95.6%，分部工程优良率100%，总体质量评定为优良等级。

（余正坚）

【信息化建设】　2005年，水电七局对局域网站进行改版。网站系统实现统一风格，网内栏目自由设定、信息分类存放、分级管理与分级访问等功能大为改善；同时新增文件发布、签收和反馈功能、站内短消息相互发送和签收提醒功能。改版之后，为使各单位、各部门能管好自己的分站点，信息中心对各单位网络管理员进行培训。经过培训，大部分单位开始在各自的栏目上发布信息并进行管理。《水电建设》杂志和《施工机械手册》等技术资料也可通过网上查询。在网络利用率提高后，为解决上网速度，已将局域网连接英特网的线路升级为4M光纤线路，网络效率明显提高。同时选择瑞星网络版杀毒软件，对中心机房和局域网内计算机用户进行重新设置和安装，网络安全运行水平也明显改善。

（熊映诗）

企业改革

【竞聘上岗】　根据集团公司文件精神和相关规定，水电七局制定并推行《领导干部提前退出领导岗位暂行办法》。范围包括：局机关担任副处长以上职务者；或在分局、局管项目部及其它经营单位担任副主任以上职务者。其中，距离法定退休年龄36个月以内的均提前退出领导岗位。其工资、奖金待遇与原领导岗位脱钩，另行制定出相对优厚的工资待遇标准。在继续发挥老同志余热的同时，空出一批领导岗位，有利干部队伍的年轻化。对空出的岗位，水电七局按本企业《领导人员公开选聘工作暂行规定》全面实行竞聘上岗。全局共88人报名参加竞聘，30人通过竞聘上岗。

【工资制度改革】 为与劳动合同制度、人事竞聘上岗制度的改革相配套，水电七局对工资分配制度也进行相对应的改革。工程局领导班子成员按照集团公司规定的标准实行年薪制（其中在海外项目兼职的局领导执行海外项目的年薪标准）；分局和局直接管理项目部的领导班子成员按照工程局规定的标准实行年薪制，工程局制定严格的监督管理和处罚制度，通过定期或不定期的检查，确认实行年薪制的人员在年薪范围和标准之外没有领取其他工资性收入；工程局机关、分局机关和项目部机关的其他层次管理人员实行岗位效绩工资制；作业队及工人班组实行计件工资制和各种形式的经济责任考核工资制；社会通用工种（岗位）实行与当地劳动力市场工资价位接轨的岗位工资制。对特别紧缺的专业人才，则采取协商工资制，引进人才时通过双方协商在合同中明确月收入和年收入标准。这项规定有利于优秀人才的引进。

【分离改制企业运营良好】 水电七局原下属五家辅业性公司经分离、重组、改制而新成立的三家公司，共涉及职工 877 人、资产 5641 万元。2005 年是这三家改制公司挂牌运营的第一年，其经营状况直接关系分离改制的成败。三家公司在原母公司的大力扶持下，运营良好。其中成都水电建设工程有限公司中标 4.9 亿元，完成产值 4.19 亿元，成都工程有限责任公司中标 1.4 亿元，完成产值 9700 万元，成都星宇物业管理有限公司营业收入较改制前也有所增长，三家公司盈利水平与职工收入同步增长，队伍稳定，初步巩固分离改制的成果。

【四川久隆水电开发有限公司快速发展】 久隆水电开发有限公司 2003 年元月设立，注册于四川甘孜州九龙县，注册资本金 10000 万元人民币。公司现股东及股权结构为：中国水利水电第七工程局 40%、四川万能通实业有限公司 30%、四川省德昌县鸿星电力有限责任公司 16%、四川雅安泰能实业有限责任公司 14%。公司获得 100 万千瓦水电装机项目开发、生产、经营权。公司 2003 年开工的洪坝水电站设计总装机容量 2×5 万千瓦，年发电 5.08 亿千瓦时，总投资 46972 万元。两台机组分别于 2005 年 3 月 10 日、2005 年 5 月 1 日投入商业运行，当年发电 3.87 亿千瓦时，实现投资收益 1088 万元。2004 年初开工的湾坝水电站设计总装机容量 2×3.3 万千瓦，年发电 3.188 亿千瓦时，总投资 35358 万元，2005 年 12 月两台机组先后并网发电。此外，2005 年公司又启动三个水电开发项目。其中沙坪电站总装机容量 16.2 万千瓦，总投资 90261 万元，预计 2007 年 12 月机组全部投产发电；偏桥电站总装机容量 22.4 万千瓦，总投资 105389 万元，预计 2008 年 7 月机组全部投产发电；一道桥电站总装机容量 8 万千瓦，总投资 38120 万元，预计 2008 年末投产发电。

【收购昭源电力有限责任公司】 2005 年，水电七局联合四川万能通实业有限公司完成对四川省昭觉县昭源电力有限责任公司股权的全额收购。两家分别持股 51%、49%。公司注册于四川省昭觉县，注册资本金 1000 万元，由水电七局控股。该公司随即启动苏巴姑水电项目的开发。该项目总装机容量 5.2 万千瓦，多年平均发电量 2.4 亿～2.7 亿千瓦时，总投资 27371 万元，预计 2009 年 10 月 1 日三台机组全部投产发电。

【四川革什扎水电有限责任公司成立】 革什扎水电有限责任公司 2005 年成立，注册于四川省甘洛县，注册资本金 5000 万元。公司股东及股权结构为：中旭投资有限公司 40%、四川启明星科技公司 30%、中国水利水电第七工程局 15%、四川沃能投资公司 15%。公司取得革什扎河的开发权，并于 2005 年启动吉牛水电项目开发。该电站装机容量 2×12 万千瓦，年发电 12.166 亿千瓦时，静态总投资 16 亿元。2005 年 11 月，吉牛水电开工，预计 2008 年上半年首台机组投产发电。

（熊映诗）

科技进步

【两项科技成果获奖】 水电七局结合项目施工实施科技创新规划。2005 年，“瀑布沟人工骨料生产系统工艺优化和自动控制系统设计”、“吉林台一级水电站联合进水塔液压滑模快速施工技术”两个规划中的科研项目取得成果，获得集团公司科技进步三等奖。

【两项施工工法进入省级工法名单】 2005 年 6 月 3 日，四川省建设厅以（川建发［2005］104 号）文件公布四川省省级工法，其中 SCGFO1—2004 号《长深度大倾角斜井采用反井钻机施工导井工法》、SCG-FO2—2004 号《深厚覆盖层（含超大块石）高喷防渗墙施工工法》均由水电七局编写。

【大型压力钢管制造及规范修订】 彭水电站引水隧洞压力钢管直径达 14 米，主材选用武钢生产的低裂纹敏感性钢 WDL610D，这种大直径的压力钢管制造在国内水电行业尚属首次。水电七局机电安装分局2005年在制造安装过程中，从现场制造安装环境的实际出发，合理制订管节长度，优化施工总量；合理进行制造、安装工序的分配和任务划分，以解决在纵缝没有焊接的情况下，保证加固圈处的瓦片弧度；加固圈焊接后保证瓦片弧度不发生变化、洞内组装时调整瓦片弧度，保证纵缝对装弧度的系列问题。同时解决瓦片制造、存放和运输过程中的变形问题，实现制造安装阶段的“无码组装技术”。从理论到实践达到一个新的高度。正是在这种背景下，水电七局于2005年受中国水利水电规划设计总院委托，负责主持修订DL5017—1993《水电站压力钢管制造、安装及验收规范》，其修订成果正准备提交第一次会议审核。

【特大型机组金属埋件制造技术】 龙滩水电站70万千瓦水轮发电机组是国内最大的机组。水电七局负责现场制造9台机组的特大型埋件，包括蜗壳、尾水肘管、尾水锥管、基础环、机坑里衬及其附件。2005年，1号机组所有特大型埋件及其附件均已完成制造和安装工程。在这些制造过程中，水电七局从下料、坡口加工、卷制、组装焊接、大组等工艺流程出发，不断对制造工艺进行摸索总结，衍生出一系列新的施工方法。不仅有效地提升产品质量，加快制造进度，而且较好地控制制造成本，为今后这类特大型金属埋件在施工现场的制造安装总结出宝贵经验。

【长距离胶带机运行与改进】 龙滩水电站大坝是世界最高的碾压混凝土坝、碾压混凝土总量达800万立方米，混凝土所用人工砂石料由大法坪加工系统供应。大法坪石料加工系统到大坝混凝土生产系统，采用4公里长距离带式输送机，设计输送能力每小时3000吨，以高压电机及可控起动传输装置驱动。水电七局在水电施工行业内率先运行长距离胶带机。在2003年10月～2005年的27个月设备运行过程中，针对出现的问题，对部分设备进行改进、改造和增设，并且对人工骨料生产系统、混凝土搅拌系统与长距离胶带机运输系统的关系进行整合。最终保证运行需要。同时对运行中的经验加以总结和提升，为类似工程提供借鉴。长距离胶带机从2003年10月投入运行以来，运行情况良好，成为龙滩水电站大坝高强度、大体积碾压混土浇筑的可靠保障。

（熊映诗）

安全生产

【全国“安康杯”竞赛优胜企业】 水电七局十分重视职工安全生产和劳动保护，积极组织职工参与中华全国总工会和国家安全生产监督管理总局联合开展的全国“安康杯”竞赛活动。水电七局工会和安全监督管理部联合制定开展“安康杯”竞赛活动的意见，并积极组织开展活动，特别是安全生产月活动受到四川省的表扬。还深入各施工项目工地开展安全生产知识宣传、图片展、音像播放以及资料分发，检查安全生产和劳动保护，抓落实。水电七局工会组织职工参加四川省职工安全生产演讲赛，荣获组织奖和优秀选手奖。水电七局注重发挥各级工会组织对安全生产和劳动保护的监督检查作用，全年工会组织参与安全生产和劳动保护检查28次，促进该项工作在工人班组的落实。水电七局从2003～2005年连续三年荣获“全国安康杯竞赛活动优胜企业”称号。

【四川省直接监督安全生产先进单位】 四川省安全生产监督管理局于2006年3月9日发出《四川省安全生产监督管理局关于表彰2005年度省直接监督单位安全生产先进单位和先进个人的通报》，对水电七局等13家企业授予安全生产先进单位称号。这是水电七局2002年以来连续四年被评为省直接监督安全生产先进单位。水电七局安全生产工作在省直接监督管理下，把安全生产的重点放在项目施工第一线，加强安全生产工作的督促检查和指导，以控制重大危险源为重点，认真落实安全技术措施，有效防范生产安全事故。2005年，水电七局继续依法规范和加强安全管理监督队伍的建设，积极组织开展全员安全培训教育工作，努力提高全员安全生产意识；不断创新安全生产管理理念，积极推行质量、职业健康安全、环境管理国际标准。安全生产各相关控制性指标始终保持在集团公司安全生产责任制和政府安全管理规定的控制范围。

【安全生产责任制考核再次名列第一】 集团公司2006年2月20日发出《关于表彰2005年度安全生产先进单位和个人的通知》，对水电七局等四个单位授予“安全生产先进企业”称号。水电七局2005年度在集团公司安全生产责任制考核中再次排名第一。

【开展安全教育培训，提升安全管理水平】 为强化各级安全第一责任人履行安全生产的职责，2005年，水电七局依据《安全生产法》和《建设工程安全生产管理条例》编制工程项目各方安全生产责任与义务资料，编制《工程局各级各类负责人员安全生产职责手册》发到从业人员手中。既供他们学习，也作为考核他们履行安全职责与义务的依据。为提高各层面安全管理水平，工程局认真组织安全管理骨干参加上级举办的安全教育培训班。2005年，组织各层面安全执业人员分别参加省安监局、集团公司和省建委举办的安全管理继续教育培训，共计500人次。为进一步加强安全队伍建设，工程局举办三期安全员岗前培训班，培训160余人，充实到安全队伍中，以满足安全工作的需要。全局现有专兼职安全人员500多名，分布在各级安全岗位，初步构建起安全管理队伍的金字塔结构。全局1500多名特种作业人员，包括爆破、起重作业、登高架设、焊工、厂内机动车辆等特殊工作岗位人员，已按照规定分期分批进行安全教育培训，全部实现持证上岗。局主管部门对特种作业人员进行动态管理，通过督促检查，保证其有效性。

【排查隐患，防范事故】　为切实加强事故防范，突出重点、难点，落实责任，加强重大事故隐患的排查和管理，2005年，水电七局在全局范围认真开展重大事故隐患排查整改工作。局属各单位、项目部在排查整改过程中，根据排查结果，对重大事故隐患迅速进行整改，对有重大影响而又无法立即消除的隐患，立即采取严密监控措施并制定应急预案。排查整改工作成效主要表现在六个方面：一是广大员工通过对安全生产规章的理解和掌握，安全生产执行力得到进一步提高；二是各级安全生产管理人员责任意识提升，安全生产责任制落到实处；三是项目部实现自我排查、自我整改、自我提高的“循环上升”，科学的安全管理方式进一步确立；四是安全生产规范化、程序化、标准化继续加强，现场安全工作控制水平得到提高，安全生产管理逐步向精细化管理迈进；五是重大危险源的延伸管理进一步加强；六是各项预防事故措施得到补充和完善，落实更加彻底。

（赵　林）

党群工作和精神文明建设

【保持共产党员先进性教育活动】　按照中共中央的统一部署和四川省国资委党委、中国水利水电建设集团公司党委（原党组）的安排和要求，2005年7月～12月，水电七局开展第二批保持共产党员先进性教育活动。局党委所属10个二级党委、3个直属党总支、10个国内外局管施工项目部（含七局主导联营体）党工委、156个党支部和3492名党员积极参加活动。党组织参学率为100%，党员参学率占党员总数的98.93%，其中在岗党员参学率为100%，离退休和下岗等特殊群体党员参学率为97.9%。

在四川省国资委党委第十督导组和集团公司巡回检查二组的指导督查下，水电七局始终坚持学习实践“三个代表”重要思想这条主线，牢牢把握保持共产党员先进性这个主题，紧紧围绕群众满意工程这一总体要求，做到党委高度重视，领导班子认识统一，高起点起步，高标准要求，高质量运作；教育组织机构健全，办事机构工作得力，时间、人员、经费三落实；宣传工作到位，动员广泛深入，形成声势，氛围浓厚，党员参与率高，群众满意率高；各类资料翔实，信息渠道畅通，经验总结及时；教育准备充分，组织严谨缜密，方法灵活多样，工作扎实有效；第一阶段学习认真，覆盖面广，第二阶段找准问题、严肃剖析，第三阶段结合实际，整改有力；督导检查落实，坚持“三员”（信息联络员、基层督导员，群众监督员）上岗，做到点面联动，实现同频共振，规定动作一丝不苟，自选动作很有创意；主题实践活动丰富多彩，特色鲜明，“两促进、两不误”得以确保；整个教育活动既生动活泼又扎扎实实，达到预期目标要求，圆满完成各个阶段的工作任务。经群众满意度测评，满意率为88.6%，基本满意率为11.399%，不满意率为0.001%。

（朱全生）

【十大新闻媒体聚焦水电七局】　水电七局党委先进性教育活动在四川省国资委系统66家企业中保持领先，受到四川省委、省国资委好评，引起社会广泛关注。解决特殊群体党员参与率问题的做法和经验，在四川省国资委系统先进性教育活动工作会议上交流推广。9月27日，根据四川省委先进性教育领导小组办公室、四川省国资委党委先进性教育领导小组办公室关于采访报道国资委系统先进性教育活动先进性典型企业的安排，《四川日报》、四川广播电台、四川电视台、《党的建设》、四川新闻网、《华西都市报》、四川在线、《四川经济日报》、《四川工人日报》、《精神文明报》十大新闻媒体对水电七局党委先进性教育活动进行采访，并于10月8日，同一天报道水电七局党委先进性教育活动亮点及响应四川省委、省政府“工业兴省、工业强省”的号召，多元经营、跨越发展的业绩。

（何远智）

【水电七局基层党组织全面换届】　2005年4月，水电七局党委针对二级单位党委（党总支）和基层党支部普遍任期已满的实际，研究决定成立以局党委书记为组长的基层党组织换届工作领导小组，下发《关于二级单位党委（党总支部、党支部）换届的安排意见》和《关于开展基层党支部换届选举工作的通知》，领导和指导全局基层党组织按照《党章》及《中国共产党基层组织选举工作暂行条例》的规定开展换届选举工作。截至6月底，全局9个二级党委、两个直属党总支和143个基层党支部顺利换届，占应换届基层党组织总数的100%。

【相对控股企业建立党组织】 2005年3月，根据四川省国资委党委《关于中国水利水电第七工程局成都水电建设工程有限公司等四企业党组织关系隶属问题的批复》（川国资党委〔2005〕27号）精神，水电七局党委研究决定，对七局相对控股的改制企业——成都水电建设工程有限公司、成都工程有限责任公司、成都星宇物业管理有限公司和四川久隆水电开发有限公司，按拥有党员人数，分别成立党委、党总支部、党支部。四家企业的党组织关系，由水电七局党委直接管理。

（朱全生）

【水电七局工会获全国“模范职工之家”称号】 2005年5月，中华全国总工会授予中国水电七局工会全国“模范职工之家”称号。根据全总《关于在新形势下深入开展建设职工之家活动的意见》和四川省总工会、集团公司工会工委的有关要求，七局工会广泛深入地开展建设职工之家活动。从建设职工之家工作的指导思想、基本要求、考核细则等方面建立健全一系列规章制度和措施，推进工会重点工作的落实。坚持职工代表大会制度，组织职工代表审议工程局重大决策，民主监督评议领导干部，办理回复和表彰职工代表提案，荣获“四川省职工民主管理工作先进单位”；积极推行厂务公开，先后荣获“四川省厂务公开工作先进单位”和“全国厂务公开工作先进单位”；围绕工程项目履约，组织职工劳动竞赛活动，在三峡、紫坪铺、龙滩，以及国际工程巴贡项目部等先后有13个集体和35名个人获得各类各种竞赛先进；建立和完善工会维权工作机制，续签并督促检查第三轮《水电七局集体合同》的贯彻执行。深入开展“送温暖”和扶贫帮困活动，2005年就资助138户生活困难职工子女上学，五一慰问劳模、组织职工自愿为重病患者捐款等，建立健全困难职工档案，年发送温暖慰问金285.952万元。将职工文体、工会宣传教育和女工工作等，通过形式多样、寓教于乐的活动，丰富职工生活，营造团队精神，培育企业文化，赢得广大职工群众的欢迎。

（贺省民）

【共青团工作】 2005年，水电七局团委以“投身新跨越，创造新业绩”为主题，紧紧围绕水电七局党政中心工作和生产经营中心工作，着力开展青年职工思想文化建设工程、青年人才培养工程、团的基础建设工程，并不断加强共青团能力建设。水电七局团委结合保持共产党员先进性教育活动，认真扎实地开展以学习实践“三个代表”重要思想为主要内容的增强共青团员意识主题教育活动；大力开展局情教育，加强青年职业道德建设；依靠“党建带团建”，完善团的基层组织建设，提高团的工作和战斗力；坚持团干部提拔任用机制，加强团干部队伍建设和团干素质建设。各级团委加强对流动团员和下待岗团员的动态管理，通过多种媒体和信息手段了解他们的工作状况和思想情况，力求通过沟通，在各个方面做好引导和帮助，让团员始终感受到团组织的关怀和温暖。全局各级共青团组织以生产经营为中心，深入开展“青年文明号”活动。号召和组织青年学习安全生产方针政策、规章制度和知识技能，继续发挥青年安全监督岗作用。开展岗位练兵，促使青年在工程建设中成材。一年来，两个团支部被共青团四川省委授予“四川省五四红旗团支部”荣誉称号，一支青年突击队被共青团四川省委授予“四川省青年文明号”荣誉称号，一支青年突击队被国务院国有资产管理委员会和共青团中央联合授予“全国青年文明号”荣誉称号，一名青年领导干部被四川省委宣传部、共青团四川省委、省经济委员会、省国资委、省地税局、省工商行政管理局、省国税局、四川日报报业集团、省青年企业家协会、省个体劳动者协会、省私营企业家协会联合授予“四川省优秀青年企业家”荣誉称号，水电七局团委也被共青团四川省委授予“四川省2004年度‘青年突击队’活动优秀组织奖”。

（刘劲松）

【参加四川有电100周年宣传纪念活动】 2005年7月5日，由四川省政府主办，四川省电力公司、中国水电建设集团公司等17家企、事业单位承办的“世纪之光”——四川有电100周年宣传纪念活动在成都启幕。水电七局局长、局党委书记应邀出席开幕式。在历时三个月的活动中，水电七局积极参加“四川有电100年成就展”、“书画、摄影展”、“百年大事”、“百年人物”评选等活动。

【四川省首届企业文化论坛推介水电七局】 2005年10月20日，四川省首届企业论坛在成都召开。省委常委、省委宣传部部长王少雄、省国资委党委副书记雷建等领导，四川大学、西南财大、四川省社科院等单位的专家出席会议。首届企业文化论坛由四川省职工思想研究会、四川省企业文化建设协会主办。来自四川省100多家企业事业单位的160名代表参加会议。首届论坛重点推介五粮液、水电七局等十二家单位的企业文化建设。水电七局领导在会上作题为《弘扬水电文化 促进和谐发展》的发言。省社科院研究员扬先农在点评中认为，水电七局企业文化的特点就是把和谐思想放在重要的位置。在论坛期间，四川日报、四川电视台、四川人民广播电台、四川新闻网等媒体记者对水电七局进行采访报道。

（何远智）

【技工学校评为全国职业教育先进单位】 经四川省人民政府评审推荐，教育部等七部门审定，水电七局技工学校在四川省12家职业教育先进单位中领先，荣膺“全国职业教育先进单位”称号。2005年11月7日，水电七局技工学校领导应邀参加在北京召开的全国职业教育工作会议，并接受中共中央政治局常委、国务院总理温家宝等国家领导颁发的“全国职业教育先进单位”奖牌。

【焊工技能竞赛】 2005年9月，水电七局工会牵头与局人力资源部和机电安装分局联合筹办集团公司首次焊工技能大赛。100名来自全国各水电工程局（厂）的选手、领队、评委参加。国务院国资委、四川省总工会、省国资委、集团公司领导，以及多家全国和省内新闻媒体的记者齐聚赛场。水电七局职工李金明获得一等奖的第一名，余丽梅和周世春分别获得二等奖和三等奖，七局赢得职工技能大赛优秀组织奖单位。李金明还代表集团公司参加国务院国资委举办的中央企业焊工技能大赛，荣获银奖。

（贺省民）

检查监督

【落实党风廉政建设责任制】 水电七局按照集团公司党风廉政建设责任制的要求，结合本单位实际制定《实施细则》、《考核办法》、《考核评分标准》、《廉政建设责任制工作职责分工》等制度支持体系，通过层层签订《党风廉政建设责任书》、责任人交纳廉政保证金、考核兑现奖惩的做法，以合同形式把党风廉政建设责任落实到各级班子、量化到班子成员、细化到机关部门。同时从六个方面强化监督制约机制、规范从业行为：①局长带头，层层开展廉洁承诺活动。②落实《党内监督条例》和有关谈话制度的规定，把监管融入日常工作，局纪委领导对中层干部例行谈话89人次、任前廉洁谈话21人次，诫勉谈话9人次。③坚持对拟提拔领导干部写出执纪和廉洁情况意见，供党政决策。④积极参加先进性教育活动，认真开好两级领导班子专题民主生活会。⑤坚持领导干部个人收入申报、礼品登记、个人重大事项向党组织报告、业务招待费向职代会报告等廉政制度。⑥建立健全领导干部廉政档案。在此基础上，每半年进行一次检查上报，针对薄弱环节与存在问题采取相应措施。

【六项廉洁承诺】 2005年3月，水电七局局长代表局领导班子在四川省委、省府召开的专题会上发言，郑重作出六项廉政承诺。会后，又将这一形式和内容贯彻到全局二级单位，并要求每个单位党政一把手的承诺书张贴在“厂务公开栏”，自觉接受职工群众监督。

【效能监察】 水电七局制定《2005年效能监察专项工作计划》，针对生产经营中容易滋生腐败的部位和环节开展效能监察工作，促廉政、促管理，取得实效。全年按计划开展四个方面的效能监察。①对凤滩、柘溪、龙滩三个项目部开展分包效能监察，发现《分包管理办法》、《分包控制程序》执行到位，运作比较规范。②针对亏损项目南友高速公路项目部进行成本效能监察，从查成本构成、收入构成、支付构成、违纪违规行为入手，查清原因，吸取教训，通报全局，全局各项目部的成本意识随之提升。③开展债权追讨效能监察，回收三年以上外部债权3000万元。④开展局直部门履责效能监察，对局直机关负有重要职责的部门进行监督检查，促进部门认真履责，提高工作效率和服务意识。此外，局纪委监察部还利用到项目开展效能监察工作的时机，同时针对安全生产开展执法监察。在龙滩发现一个工区违规使用报废大客车做职工通勤车，即以《监察决定书》责令其停止使用并封存，及时消除重大安全隐患。

【厂务公开】 2005年，水电七局根据国有企业特点，积极推行厂务公开。①坚持职工代表大会制度，组织职工代表审议企业重大决策、生产经营、财务收支、审计监察和业务招待费开支等，民主测评领导干部，保证厂务公开主渠道的畅通。②采取厂务公开栏、简报、局域网和电子显示屏等形式，将职工十分关心的项目工程中标情况、领导干部任免情况、民主测评领导干部情况、职工变动情况、送温暖资金分配情况、接受大中专学生和复员退伍军人分配情况，以及公开招标采购设备物资等向职工群众公开。③建立健全《中国水电七局厂务公开实施办法》等一系列相关规章制度，并在工作实践中不断健全和完善，使厂务公开工作在指导思想、组织领导、公开原则、公开内容、公开形式、公开程序、监督机制和责任追究等方面进一步规范化。这些做法受到职工群众的欢迎，得到上级的肯定。工程局先后荣获“四川省厂务公开工作先进单位”和中共中央纪委、中共中央组织部、国务院国有资产监督管理委员会、监察部与中华全国总工会联合表彰的“全国厂务公开工作先进单位”称号。

【民主管理】　水电七局职工民主管理已从六个方面形成制度。①建立健全《〈全民所有制工业企业职工代表大会条例〉实施细则》等十余项规章制度，形成以职代会为基本形式的职工民主管理、民主决策和民主监督制度体系。②坚持年年召开职代会落实其职权。截至2005年末，已经召开12届共26次职代会，职代会联席会议50余次，组织职工代表审议《局长工作报告》、《经营责任制执行情况报告》、《财务预决算工作报告》等。③与时俱进地增加审议《企业改革改制方案》、《企业中长期发展规划》和《审计工作报告》；增加经验交流、表彰先进集体和先进个人、推荐和评选劳动模范等内容。④审议企业的重要规章制度，如《水电七局企业处罚通则》等都经职代会审议通过才出台。⑤创新民主评议领导干部制度，把民主评议领导干部和民主推荐后备领导干部的结果作为领导干部任免的重要依据。⑥建立健全《关于平等协商、签订集体合同的实施意见》、《水电七局集体合同管理办法》等，2005年已经审议并续签第三轮《水电七局集体合同》。因此被中共四川省纪委、中共四川省委组织部、宣传部、政研室、中共四川省委企业工委、四川省经贸委、四川省总工会联合授予“四川省职工民主管理先进单位”。

（贺省民）

中国水利水电第八工程局

概　　况

【资质、资产】　中国水利水电第八工程局（以下简称水电八局）是以水利水电工程为主业的总承包特级资质企业，兼有公路、市政工程施工2个总承包一级，房屋建筑工程施工总承包二级，公路路基、土石方、地基和基础、钢结构、起重设备安装工程等5个专业承包一级资质；2005年8月办理了铁路工程交易许可证。注册资金30031万元，年末资产总额26.82亿元。

【人员、机构】　水电八局2005年年末有职工12561人。其中在岗职工9638人，平均年龄38岁；下岗职工845人，内部退养职工2078人；在岗专业技术人员4617人，高级职称535人，中级职称1865人，一级建造师48人，二级建造师99人，高级技师42人，技师560人。

水电八局2005年年末有机构48个。①局纪委（纪检监察室）、局工会。②职能部门15个，即办公室、人力资源部、财务处、内部银行、总经济师办公室、总工程师办公室、市场开发部（国际部）、工程管理部、全面质量管理办公室、安全生产委员会办公室、设备物资管理处、审计处、政研督察室（改制办）、社保中心（离退休职工管理处）、党委工作部（机关党委、机关工会、局团委）。③局二级单位和直管经营实体26个，即一分局、二分局、三分局、四分局、机电制造安装分局、基础工程分局、西南分局、砂石分局、贵阳机械厂、常德机械厂、武汉机械厂、科研设计院、设备租赁中心、三产实业分局、小湾施工局、溪洛渡施工局、水布垭施工局、构皮滩施工局、马来西亚巴贡项目部、索风营“八九”联营体、构皮滩“八九”联营体、小湾“八七”联营体、三峡“三七八”联营总公司、巴罗塔联营体、教培中心、中心医院。④后线管理机构5个，即南托基地、贵阳基地、常德基地、东江基地、武汉基地。

【局领导班子】 局长兼党委副书记林修建，党委书记兼副局长陈正平；副局长陈义海、张汉龙、朱素华、龚长清、黄敏、曹跃生、姜清华（10月31日聘任）；党委副书记兼纪委书记刘敏立，总工程师涂怀健，总经济师姜清华（10月31日兼任），总会计师王意桥，工会主席朱国强。

【2005年经营业绩】 中国水利水电建设集团公司（以下简称集团公司）在2005年年终业绩考核中，水电八局科技创新名列第一，完成企业总产值名列第二。2005年，水电八局完成土石方开挖回填1950.8万立方米，浇筑混凝土399.8万立方米，金属结构制作安装6.3万吨，帷幕灌浆19.8万米，固结灌浆8.5万米，浆砌石19.6万立方米，砂石成品生产719.8万立方米，安装机组7台投产（总装机容量128.25万千瓦）；完成企业总产值35.78亿元，同比增长22.5%，利润增长13%，新签中标合同项目90项，中标量已提前一年超额完成水电八局四年发展规划国内中标100亿元的目标，职工人均年收入增长10%以上。 （刘仙元）

工程建设

【79个合同项目竣工】 2005年，水电八局有79个项目竣工。主要竣工项目有：景洪电站右岸冲沙底孔闸门制造（2005年1月），东风电站改造增容机电安装（2005年3月），龙滩电站大坝固结灌浆（2005年4月），挂治电站右岸改线公路、砂石堆场工程（2005年5月），湖南莲花湾水电站工程（2005年6月），重庆滕子沟电站发电厂房土建工程（2005年6月），乌江电厂增容改造工程（2005年5月），洪江电站机电设备安装（2005年7月），四川黑龙函水库工程（2005年8月），广州南沙物流保税区软基处理（2005年9月），南宁江南堤路园项目路基及排水工程第四标段（2005年9月），三峡左岸机电设备安装工程（2005年9月），三板溪电站泄洪和导流洞闸门制作工程（2005年9月），越南SE SAN 3A—2水电项目金属结构制作（2005年9月），广西平班电站砂石加工系统和主体工程（2005年10月），湖南岳阳华能二期电厂脱硫系统工程（2005年10月），溪洛渡电站5段公路和中心水厂工程（2005年10月），索风营电站防渗灌浆工程（2005年11月），彭水电站混凝土拌和系统、大坝右岸一期开挖（2005年12月）等。

【67个项目开工】 2005年，水电八局在国内国外有67个项目开工。主要开工项目有：四川武都水库碾压混凝土大坝土建及金属结构设备安装（2005年1月），贵州清水江挂治水电站主体土建工程（2005年1月），四川凤滩水电站土建及金属结构制作安装（2005年1月），湖南岳阳华能二期电厂扩建工程土建（2005年2月），福建福清港头镇洋边洋土地整理项目（2005年2月），云南金安桥电站左岸砂石加工系统及相关工程（2005年6月），海南省大隆水利枢纽引水隧洞、金属结构工程（2005年6月），云南思林电站坝肩、通航建筑物及进水口边坡开挖（2005年6月），贵州兴义老江底水电站厂房土建、砂石加工、压力管道金属结构制作安装工程（2005年7月），广州番禺石龙联围堤围达标加固工程第一标段（2005年7月），湖南中州水电站拦河坝、厂房及开关站工程（2005年9月）等；国外工程有马来西亚巴贡水电站厂房进水口及溢洪道混凝土工程（2005年5月）、越南宣光尾水管制作、西山机电安装指导（2005年6月），印度Jurala居瓦拉机电安装、管形座制作（2005年10月）等。

【三峡9号机等7台机组发电】 2005年，水电八局装机组7台，总装机容量128.25万千瓦。①由水电八局安装的三峡水电站9号机于2005年9月10日投产，装机容量70万千瓦。9月16日，三峡开发总公司在9号机旁隆重举行庆典，中共中央政治局委员、国务院副总理曾培炎致贺词并在计算机上启动9号机发电。至此，三峡左岸14台机组提前一年全部投产，发电804亿千瓦时，创直接经济效益201亿元。9号机国产化率达85%，水电八局创安装质量新纪录，受到三峡开发总公司的奖励。②贵州乌江渡电厂增容改造工程3号、1号机组分别于2月6日、6月21日投产发电，总装机容量50万千瓦。③湖南洪江水电站6号机于2005年7月12日投产发电，装机容量4.5万千瓦。④湖南程江口水电站2号机于2005年8月11日投产发电，装机容量1.25万千瓦。⑤湖北松树岭水电站4号、3号机分别于2005年9月28日和12月26日投产发电，总装机容量2.5万千瓦。

【三峡水电站右岸厂房、砂石工程】 水电八局（占50%股份）与水电三局、水电七局组建的“三七八”联营总公司承担的三峡水电站右岸厂房继续施工。至2005年底，19～26号机混凝土浇至74.1～86.6米高程，其上游副厂房浇至75.3～90.3米高程。安Ⅰ～Ⅲ混凝土浇至116.0米、115.3米、90.7米高程，其上游副厂房均浇至90.5米高程。

水电八局独立承担三峡下岸溪砂石项目的生产，采场场平工程形成5个平台，2005年销售成品砂石

料291万立方米，其中成品砂84.85万立方米，成品碎石206.13万立方米。

【小湾水电站右坝、砂石工程】 小湾水电站位于云南省南涧县与凤庆县交界的澜沧江中游河段与支流黑惠江交汇处下游1.5公里处，将建筑目前世界最高的混凝土双曲拱坝，坝高292米，坝顶长922.74米，底宽69.49米，顶宽13米。总库容约151亿立方米。埋深300～500米的地下厂房位于右岸，主厂房长326米，跨度29.5米，高度65.5米，安装6台（每台70万千瓦）混流式发电机组。

2005年8月，由水电四局、水电八局（占40%股份）组建的“四八”联营体，中标承担小湾右岸大坝1～23号坝段土建及金属结构安装工程、左岸拌合系统运行及缆机运行管理等，合同金额23.27亿元。2005年9月开始大坝主体工程混凝土浇筑。至年底，21号坝段混凝土浇至952米高程，21号坝段右缝、23号坝段止水基座回填浇筑完成，1、2号拌和楼地坪混凝土浇筑完成，1～4号缆机运行维护完成，拌和B系统下游面沉淀池排水系统施工完成。

水电八局独立承担的小湾孔雀沟砂石系统于2005年6月30日投入试生产，9月1日正式供应成品砂石料，实现业主要求提前一年投产的目标。至2005年底，生产销售砂石料26.12万立方米，孔雀沟石料场1482米高程以上开挖完成60%，小湾电站左岸缆机基础及1000米高程以上坝基开挖支护，比合同工期提前一年全部完成，水垫塘开挖年底完成，排水洞混凝土衬砌开始施工。

【龙滩水电站大坝、厂房工程】 龙滩水电站位于广西天峨县城15公里的红水河上，混凝土重力坝，坝高192米，前期装机7台（每台70万千瓦，总装机容量490万千瓦；后期达9台，总装机容量630万千瓦）。大坝工程由水电七局、水电八局（占31%股份）、葛洲坝联营体承担施工。2005年浇筑混凝土144.2万立方米，为年计划的161.8%。2～32号坝段混凝土浇筑至261～382米高程。

龙滩水电站地下主厂房工程由水电十四局、水电七局、水电八局（占30%股份）组成的“一四七八”联营体承担施工。至2005年底，1号、2号机蜗壳混凝土浇至227.65、215.67米高程，3号机安装蜗壳，4号、5号机安装座环，6号机混凝土浇至201米高程，7号机机电肘管安装完成，8号机肘管层混凝土浇至188.9米高程，9号机肘管层、锥管层混凝土浇筑完成，正进行机电安装。尾水系统1～3号调压井浇至210～236米高程，3～9号闸门槽浇至202～236.5米高程，尾水隧洞1号～3号尾水洞岩塞段Ⅰ层已开挖支护完成，Ⅱ层开挖支护完成15～28米；全洞底拱浇筑完成290～432米，顶拱钢模台车衬砌完成212～290米。尾水出口1、2、3号闸室浇至252～257米高程，工作桥挡墙浇至260米高程。

【索风营水电站大坝工程】 索风营水电站位于贵州省修文、黔西县交界的乌江干流六广河段，是乌江干流继东风之后的第五个梯级电站。大坝为碾压混凝土重力坝，由河床溢流坝段和两岸挡水坝段组成，坝顶全长169.74米，其中溢流坝段长82米，最大坝高121.8米，坝顶宽8米，坝顶开敞式溢流表孔，采用宽尾墩、台阶坝面及消力池的联合消能型式，右岸引水系统，地下厂房装机容量60万千瓦，多年平均发电量20.11亿千瓦时。水电八局（占65%股份）、水电九局组成的“八九”联营体承建导流明渠工程、大坝工程、金属结构制造及安装、防渗帷幕灌浆等项目，至2005年底，大坝1～6号闸墩混凝土浇至830～836.5米高程，左导墙浇至801米高程；“八九”联营体被业主评为“先进集体”。2005年2月10日（春节期间，农历正月初二），胡锦涛总书记在贵州省委书记钱运录、省长石秀诗的陪同下，视察了索风营水电建设工程，向“八九”联营体等水电建设者表示节日慰问并合影留念。8月18日，索风营水电站第一台20万千瓦机组正式发电。

【构皮滩水电站大坝、砂石工程】 构皮滩水电站位于贵州省余庆县构皮滩口上游1.5公里的乌江上，是乌江开发的第七个梯级。工程为混凝土双曲拱坝，最大坝高232.5米，总库容55.64亿立方米，河床坝身泄洪，左岸三级垂直升船机。右岸地下式电站厂房，电站装机容量300万千瓦，多年平均发电量96.67亿千瓦时，是乌江上最大的水电站。水电八局独立承担右岸坝肩、左缆平台开挖，马鞍山砂石混凝土系统、渗控工程。水电八局（占70%股份）、水电九局组成的“八九”联营体承担烂泥沟砂石系统和大坝建筑与金属结构安装等工程。混凝土系统1号、2号拌和楼分别于2005年3月25日和4月15日投产，10月16日开始浇筑大坝混凝土。11～16坝段混凝土浇筑至415～428米高程，泄洪洞有压段导洞开挖至0+154桩号。右岸坝肩上游面465米高程以上及下游面480米高程以下支护施工、坝肩685～761米高程变形体边坡清理、锚筋桩及灌浆施工完成。

【溪洛渡水电站右坝肩开挖工程】 溪洛渡水电站位

于四川省雷波县和云南省永善县交界处的金沙江干流上，混凝土双曲拱坝，坝高278米，装机容量1260万千瓦。水电八局承担右岸缆机平台及坝肩开挖、中心场砂石系统建设及运行管理等项目。至2005年底，右岸坝肩开挖至640米高程，支护至670米高程，高线混凝土系统两个平台开挖形成，3个下平台开挖形成，705米高程下边坡开挖至670米高程。610米高程交通洞洞挖、支护及路面混凝土浇筑完成。泄洪洞边坡开挖至550米高程，支护至610米高程。14号交通洞洞挖、支护及路面混凝土浇筑完成。缆机平台12月31日按期向安装承包人移交工作面。中心场砂石系统完成砂石料销售39.11万立方米，其中砂21.2万立方米，碎石17.91万立方米。

【彭水水电站大坝、砂石工程】　彭水水电站位于重庆市彭水县的乌江上，是乌江干流水电开发的第十个梯级。坝址距乌江河口涪陵市约147公里，至重庆直线距离约170公里。工程等级为一等，弧形混凝土重力坝，坝高116.5米，右岸地下厂房装机容量5×55万千瓦，多年平均发电量61.24亿千瓦时。水电八局中标承担大坝土建和金属结构安装工程、右岸鸭公溪砂石系统和混凝土生产系统土建和运行等项目，合同金额9.55亿元。至2005年底，大坝消能区开挖到左岸242～212米高程，基坑开挖至195米高程，大坝碾压混凝土于12月16日开盘浇筑，右岸鸭公溪砂石系统生产销售砂石料64.78万立方米，右岸混凝土生产销售22.9万立方米。

【水布垭水电站砂石、尾水洞工程】　水布垭水电站位于湖北省巴东县境内的清江上，建筑目前世界上最高的混凝土面板堆石坝，最大坝高233米；地下发电厂房，装机容量4×40万千瓦。水电八局中标承建桥沟人工砂石料加工系统、4条13.7米×250米尾水隧洞、尾水平台、3条高边坡1800米排水洞及尾水闸门起闭机金属结构制造安装等工程，合同金额2.17亿元。2005年3月，1号尾水洞完成回填灌浆施工，5月份完成固结灌浆施工；2号尾水洞于11月份完成全断面开挖、支护，年底完成钢模台车的安装及三块底板混凝土浇筑；3号尾水洞于3月份完成回填及固结灌浆施工；4号尾水洞4月份完成全断面开挖、支护，11月份完成衬砌混凝土浇筑，年底完成回填灌浆施工，固结灌浆完成约25%；尾水平台年底完成206～201米高程的开挖与支护施工；10月260排水洞完成洞身开挖施工，年底完成排水孔钻孔施工。

【巴贡水电站23B工程】　巴贡水电站位于马来西亚沙捞越巴雷河上，装机容量240万千瓦。2005年11月10日，水电八局与集团（马）公司签订马来西亚巴贡项目分包合同，承建电站进水口与溢洪道混凝土施工23B标段，合同金额4.71亿元。厂房进水口8孔，长58米，总宽171米；溢洪道分堰前引水渠道、过水堰、泄槽段和尾端挑水坎四段，总长700米。主要工程量为：岩石保护层开挖20万立方米、混凝土浇筑60万立方米，以及其他附属设施项目，总工期24个月。2005年11月，水电八局进场施工，至年底，完成大部分临建设施，进水口开挖完成9500立方米，占进水口开挖总量的45%，其中8号机组基础开挖完成。

【惠州抽水蓄能电站上水库大坝工程】　惠州抽水蓄能电站是“西电东送”的配套工程，距广东惠州博罗县12公里。上下两库年抽水蓄能电量60.03亿千瓦时。设计装机容量240万千瓦，年发电量45.62亿千瓦时。2003年开工建设，计划2008年首台机组投入运行，2011年8台机组全部投入商业运行。水电八局中标承建自流排水洞土建工程A、B标段、永久公路3、4标段和上水库大坝工程，合同金额2.39亿元，工期三年。A、B洞分别长2414米、2296米，洞挖工程分别于2005年2月22日、11月16日贯通。至2005年底，上水库主坝碾压混凝土浇至717米高程；上水库副坝1土石方开挖完成设计总量的59.8%，防渗墙混凝土浇筑完成设计量的26.2%；副坝3正在进行坝基分槽段防渗墙施工；副坝4土石方开挖完成设计量的59.8%；上水库左岸单薄分水岭帷幕灌浆完成设计量的50.7%，防渗墙完成设计量的51%；垭口1、2公路直线段导向槽进行混凝土浇筑，垭口3防渗墙混凝土浇筑完成设计量的51.9%，帷幕灌浆完成设计量的2.1%。2005年完成土石方开挖33.8万立方米，浆砌石2.2万立方米，混凝土浇筑2.7万立方米。

【三座店水利枢纽主坝工程】　三座店水利枢纽工程位于内蒙古自治区赤峰市的阴河上，距赤峰市40公里，是以城市防洪、供水为主，兼顾生态农业灌溉、发电等综合利用的大（2）型水利枢纽，2005年国家水利重点工程。沥青混凝土心墙堆石坝，坝高52.4米，坝长730.8米，总库容3.052亿立方米。2005年8月24日，水电八局中标承建主坝土建工程，合同金额1.35亿元，工期36个月。主要实物工作量为：大坝填筑233万立方米；开挖10.3万立方米；沥青混凝土心墙1.834万立方米；混凝土浇筑1.4万立方米；块石堆砌 5.756 万立方米；帷幕灌浆 9443 米。至 2005 年底，完成混凝土生产系统、大坝施工供电及照明、供水系统、火工材料仓库及生产、生活等临时工程，主坝 K541～K463 混凝土防渗墙达到顶部高程 680.5 米。

【沌水高速公路】 2005 年 8 月，水电八局中标武汉市沌口至水洪口高速公路一期土建工程第九标段。至 2005 年底，完成临时道路修建、全路段表面清理及软基处理工作，完成塑料排水板 16.5 万米，粉喷桩 2 万米，浆喷桩 9 万米，砂垫层 3.2 万立方米，灌注桩 994 米。

【南水北调中线京石段应急供水工程六标段】 京石段应急供水工程工程位于河北满城、徐水县境内。2005 年 11 月 30 日，水电八局中标应急供水工程（石家庄至北拒马河段）直管或代建项目第六标段，合同金额 2.32 亿元，工期两年。第六标段总长 6611 米，包括渠道主体工程，刘庄分水口、渡槽、公路桥工程，白莲峪倒虹吸、公路桥工程，枣园、龙门东干二支倒虹吸工程，沙套涵洞、白堡公路桥工程。工程等级一等，建筑物等级 1 级。工程量为：土石方开挖量 493 万立方米；土方填筑 60 万立方米；混凝土浇筑 6.76 万立方米；浆砌石 5.85 万立方米；钢筋制作安装 1614 吨。

【衢常铁路站前工程】 2005 年 8 月 5 日，水电八局办理铁道部工程三年期交易许可证。11 月 8 日，水电八局（占 25%股份）、中铁四局联营中标浙江省衢州至常山铁路站前工程第二合同段，路长 19.25 公里。此项目是水电八局首次进入铁路建筑市场承揽的工程。

（林　华　郑　英　刘仙元）

管理创新

【落实生产经营责任制】 依据集团公司与水电八局签订的生产经营责任书，水电八局主要采取六个方面措施落实生产经营目标：①向建筑业广度和深度进军，延伸产业链条，开拓主业和资本新市场。②加强在建项目管理，中小项目推行风险抵押承包，切实提升履约能力。③加强企业内部管理，着力提高整体管理水平。④加大人才开发力度，认真实施人才强企战略。⑤深化企业改革，优化企业资源配置和业务流程。⑥加强党建、思想政治工作和精神文明建设，保障生产经营创新发展目标的实现。集团公司经营业绩考核指标要求水电八局 2005 年营业收入计划目标值为 27.8 亿元，实际完成 35.78 亿元，为年计划的 128.7%；营业收入利润率、资产运营能力等 5 项指标超额完成；上缴指标已足额完成。

（鄢军良　周春来）

【人力资源开发】 ①制定下发水电八局干部公开竞聘暂行办法，开展对设备租赁中心副总经理、全面质量管理办公室质量管理业务主任、团委书记、市场开发部（国际部）总经理、财务处处长、基础工程分局党委书记、三分局副局长等 7 个岗位的竞聘工作，竞聘公告在网站发布后浏览的有 860 多人次，75 人报名，7 个岗位已按程序聘用。集团公司副局级岗位竞聘，水电八局 14 人报名 8 人面试 4 人获聘。②制定下发水电八局技术岗位津贴实施办法，落实待遇留人。在实施专业技术带头人制度的基础上，对局副总工、分局及项目副总工、技术办主任、副主任及质检办主任、副主任等技术岗位实施津贴制度，全局 296 人享受技术岗位津贴 120 万元。③加大人才引进工作力度，注重人才引进的专业结构、质与量的结合。全年引进大学毕业生 367 名，为基层单位招用有关院校实习生 290 名。④注重选好配强各级领导班子，34 名事业心强、有开拓进取精神的年轻职员被提拔到处级领导岗位，35 名调整岗位，32 人退出局管职员岗位，局管项目和二级单位领导班子适应市场经济的能力增强。⑤举办安全管理、经营造价、会计、人力资源、项目经理、碾压混凝土施工技术等培训班 80 期，培训员工 4947 人次；完成 2003 级、2005 级国防科技大学研究生送培面授工作。⑥调配员工 1213 人次，办理出国手续 175 人次，安排待岗人员 180 人，新签订劳动合同 382 人，续签劳动合同 3548 人，解除劳动合同 132 人，终止劳动合同关系 128 人，办理内退 483 人。

（臧建光　文　林）

【房地产开发与水电参股】 水电八局控股朝阳房地产公司，已在南托、贵阳等基地运作开发项目。①南托基地 49～54 栋经济适用房 288 户，车库 219 个，2005 年 6 月 28 日开工，11 月底主体封顶。②贵阳基地经济适用房 192 户，车库 67 个，设计方案和施工图已批准，容积率 1.4，项目报批手续已完成，场地平整、地质勘探已完工。③东江基地商住楼设计方案已经开发区批准。④乌江职工安置房设计方案和规划已经政府部门批准，集资 132 户，进入施工图设计和拆迁、地质勘探工作阶段。⑤武汉基地开发进入前期项目运作，新注册的湖北朝阳房地产开发有限责任公司营业执照、税务登记证、企业代码证、基本账户已办好。⑥购置长沙县伊莱克斯大道旁35亩土地已经湖南省国土厅批准。水电八局控股的恒丰投资公司，投资建设湖南永州空树岩水电站已进入前期运作。

（曾　健　岳　峰）

【设备租赁经营】　2005年，水电八局设备完好率为89.5%，利用率为58.2%。购置设备469台（套），金额9714万元。设备采购继续实行集权制和招投标制，修订采购控制程序，新制定委托采购设备管理办法，使采购管理工作进一步制度化、规范化、程序化。2005年配合设备物资处完成设备采购合同的商务谈判，合同金额2894万元，支付局购设备款7100万元，完成新购固定资产的建账1.77亿元，内部各单位设备的调拨工作及设备核对、特种设备制造许可证相关资料准备工作完成。强化设备管理各个环节，重点加强对特种设备的管理力度，组织了对特种设备的专项检查。以设备租赁中心的建立为契机，组建一支人员精干、作风好、技术素质高的设备管理、维修和使用的专业队伍。租赁中心已接管108台设备，设备原值12902.47万元，到年底设备净值7814.8万元，其中属租赁中心经营范围内的设备45台（套），原值9281.9万元，年底净值7007.6万元，实现设备保值413.3万元，设备增值79.8万元。设备综合完好率91.11%，综合利用率为71.4%实现设备租赁产值1075.06万元。

（茅德山　夏曙东）

【质量、环境和职业健康安全体系通过认证】　2005年初，由全面质量管理办公室牵头，组织相关部门，按质量、环境、职业健康安全管理体系国际标准和相关法律法规要求，组织编写水电八局管理体系文件，8月下发并在网站上公布，11月5日通过北京中电联认证中心第一阶段审核，12月中旬通过第二阶段审核，年底取得质量、环境和职业健康安全体系认证。水电八局构建一体化管理制度体系，把标准要求和管理实际有效结合，可操作性增强，其符合性、适宜性和有效性得到进一步改善，实现管理科学、规范、有序、受控。全局在建项目施工质量良好，没有发生大、重大质量问题。实施顾客满意程度信息回访机制，工程（产品）质量满足质量目标和施工合同要求，全年单元工程合格率为100%，一次验收合格率为98.5%，土建单元工程优良率为87.9%，金属结构及机电安装单元工程优良率为95.5%。

（曹楚良　黄洪玉）

【信息化建设】　根据企业信息化建设发展纲要，水电八局加大信息化工作投入，2005年新建了技术网站、党群工作网站，对原网站进行了改版。技术网站设有首页、最新动态、工程管理、防洪度汛、科技管理、科研攻关、技术资料、技术论坛等8个主栏目，另有在线支持、e-mail支持等副栏目。党群工作网站设有中央精神、领导讲话、文件资料、新闻动态、视频新闻、简报、工作交流、学习心得等栏目。水电八局二级单位和项目，应用专业化的计算机软件，使用局域网进行办公和管理。人力资源部编制水电八局人力资源管理软件，举办培训班，在局网站建立全局人员信息管理系统，方便及时查询、人员统计、工资报表等劳动人事工作。财务处选择佳程软件有限公司作为程序开发商，开发实时监控软件，6月中旬组织研发人员到四分局惠州项目进行调研、试用，7月到构皮滩“八九”联营体进行了程序验证工作。2005年，水电八局对96个单位项目的电算化进行验收，通过率98%。10月，集团公司在珠海举办财务信息系统建设研讨班，水电八局对远光和用友软件的使用、扩大财务信息系统软件应用范围的工作，得到了集团公司领导的肯定。

（程　勇　李积平）

【工程、科技等获奖项目】　①2005年1月18日，建设部（建质［2005］10号）文，水电八局为责任方承建的云南大朝山水电枢纽工程荣获国家优质工程“鲁班奖”。②3月17日，中国施工企业管理协会（中施企协用字［2005］1号）文，水电八局获“全国用户满意施工企业”。③4月21日，水电八局700MW水轮发电机组安装技术研究获集团公司科技进步特等奖。④7月15日，湖南省建设厅（湘建［2005］212号）文，水电八局洪江水电站工程被评为“湖南省优质工程”。⑤湖南省质量技术监管局（湘质协［2005］10号）文，水电八局松树岭、金银台等6个QC小组荣获湖南省优秀质量管理QC小组，水电八局获湖南省质量管理小组活动优秀企业，水电八局已连续3年获得此荣誉。⑥2005年8月，水电八局贵州响水电站高压埋管修复工程获全国优秀焊接工程。⑦2005年11月20日，国务院授予水电八局承担的碾压混凝土拱坝筑坝配套技术研究项目国家科学技术进步奖二等奖。⑧11月18日，700MW水轮发电机组安装技术研究获中国电力科技奖二等奖。

（刘仙元）

企业改革

【优化内部资源配置】　①理顺后线管理机制，调整各基地和局职能部门派出机构的工作关系。②撤销局物业管理处，将基建管理职能划归局总经办和财务处，其债权、债务、人员、资产等整体并入三产实业分局。③按照抓大放小、分级管理的原则，设立设备租赁中心，优化设备资源配置。④撤销人事处、劳务部，成立人力资源部，将社会失业保险管理工作移交局社保中心，简化和理顺人力资源管理程序。

【分离企业办社会职能】　面对分离企业办社会职能的机遇，按照集团公司3月16日会议要求，已确定将水电八局一、二、三中3所学校移交地方管理，涉及移交资产201.27万元，在职教职员工136人、离退休员工177人，分属贵州贵阳市、遵义县、湖南长沙县管辖。目前第一阶段与移交地区支付部门的对账工作已经完成，已取得财政部对相关费用确认的批复，第二、三阶段工作的移交协议、签署，资产移交的确认、接收也已开始。

【基地建设】　2005年投入贵阳、武汉、东江、常德、南托基地建设资金1569万元，进行房建、改水、修路、绿化施工，改善了基地职工生活条件，贵阳、东江等基地供水、供电、环卫工作已移交地方管理。

【主辅分离、辅业改制工作】　水电八局将有关改制政策和相关法律汇编成水电八局改革改制宣传手册，向全局职工发放，广泛征求职工意见。2005年，水电八局基础分局、中心医院、贵阳医院和常德医院4个单位参加集团公司第二批改制。基础分局现有职工420人，选择工程局控股75%，职工或社会资本参股25%，职工身份不置换的模式；3家医院现有职工224人，有214人参加改制。3家医院选择医院职工控股，工程局参股（中心医院20%，其余均为10%），职工与工程局解除合同，置换身份的模式，组建民办非营利性医疗机构。4个改制单位已完成清产核资、相关审计、资产评估工作，拟定了改制方案、章程等20个文件。3家医院理事会、监事会成员已经产生，个人经济补偿金额度已核实，已完成向所在地民政部门进行新医院的名称预核准工作。常德机械厂、三产实业分局及其物资部、教育培训中心、东江医院等单位于9月申请参加第三批改制。常德机械厂选择工程局控股，职工参股并引入社会资本的模式，其余4个单位均选择置换身份的模式。11月14日，水电八局向集团公司递交了关于水电八局第三批改制单位改制初步方案的报告。

（刘小春）

科技进步

【科研项目】　水电八局四年科技发展规划科研计划项目十大类共89项，已批准立项64项，核定金额616万元。科研目标是完善和深化混凝土重力坝、混凝土拱坝、碾压混凝土筑坝施工技术，大型金属结构现场制作安装和大型水轮发电机组的安装技术、大型人工砂石料系统生产工艺及专用设备技术、基础处理施工技术，继续保持国内领先水平；开展对混凝土面板堆石坝、地下工程、公路桥梁和高层建筑等工程施工领域的科学试验和研究工作。2005年4月，对科研计划的实施情况进行中间检查，所立科研项目均按照计划实施，科研进展情况良好，施工技术水平有较大提高。

【科技创新】　①水电八局700兆瓦级水轮发电机组安装技术和施工管理研究顺利通过专家组的科技成果鉴定。②大块石架空层土石围堰基础防渗施工新技术研究、混凝土布料机研发和试制、高贝利特水泥掺高性能掺合材料配制高性能水工混凝土研究、小湾电站高拱坝施工关键技术研究及实施、水轮发电机转子现场装配工艺导则制定等5个项目已通过集团公司2005年科研立项评审，获集团公司课题项目经费144万元。③与兄弟单位共同承担的700米级高陡边坡及堆积体开挖与锚固施工技术研究科研课题，于2005年9月26日通过集团公司组织的成果鉴定，鉴定该课题的研究成功，确保了小湾工程边坡安全，为小湾工程大坝提前一年浇筑混凝土创造了条件，研究成果在技术上总体达到国际领先水平。④2005年11月26日，水电八局研制的BLJ－600－40B履带式混凝土布料机、承建的三峡下岸溪人工砂石加工系统、云南小湾电站左岸缆机基础及1000米高程以上坝基开挖支护工程，获中国企业联合会和中国企业家协会第十批中国新纪录。

【科技成果及科技成果的推广应用】　2005年，水电八局推广应用了多项科技成果：①三峡右岸蜗壳制作原计划为进口材料，但价格是左岸蜗壳材料的2.5倍，且无法按期到货，国内钢厂未生产满足三峡蜗壳要求的钢板。面对难题，水电八局积极组织人员与国内钢厂联系，直接参与钢板的化学成分、机械性能的制定，以及钢材的冶炼、轧制、焊接性能试验等工作，钢板试制取得成功并获得业主的认可，使制作三峡右岸蜗壳的钢板成功实现国产化。②在成功制造出三峡水电站水轮机蜗壳等埋件的基础上，水电八局对水轮发电机组的座环、管型壳制造进行攻关，成功地制造出琅琊山水电站等多个项目的座环，长州电站第一台机组管型壳也开始制造。③美国德瑞克等公司生产的高效石粉脱水回收装置，性能好，但价格昂贵。在光照水电站右岸小河砂石加工系统石粉回收工艺中，水电八局革新成功 ZX－200B 国产石粉回收装置，价格不到进口同类设备的三分之一，使用效果接近进口设备。④水电八局常德机械厂积极引进和推广完善二氧化碳气体保护焊大电流施焊、弧形闸门整体拼装工艺、洗砂机螺旋片展开定位技术，并开发新产品洗砂机、洗泥机、振动筛、混凝土布料机、快速胶带机等 20 余项，完成工业产值 4000 多万元。⑤在重庆藤子沟 158.5 米高差调压井，采用 MY－BOX 运输混凝土的施工技术，取得良好技术经济效益，保证了施工质量。⑥与清华大学、乌江水电开发有限责任公司联合研制的混凝土搅拌系统，于 2005 年 3 月在贵州索风营大坝工程进行上坝碾压试验成功。⑦水电八局设计院完成了贵州索风营电站原位抗剪试验研究、三峡工程大坝安全监测资料分析系统研究、新化琅塘镇柘溪水库库区移民规划设计、湖南汉寿清水坝水库灌区节水续建配套工程设计、构皮滩水电站混凝土配合比优化设计、广东惠蓄工程混凝土配合比优化设计等多个科研课题。

【专利技术】　至 2005 年底，水电八局拥有国家专利 6 项，即混凝土造孔埋管器、拆装式交替上升全悬臂大型钢模板、连续强制式混凝土搅拌机、混凝土重量法连续配料装置、自行式混凝土带式布料机、预应力锚索气压式止浆环。2005 年 11 月 18 日，预应力锚索气压式止浆环取得实用新型专利，专利号 200420068311.3。

【技术年会】　2005 年 11 月 17 日～18 日，水电八局技术年会在长沙召开。会议总结了 2005 年在施工技术、技术管理方面取得的成绩，分析技术管理工作存在的困难和问题，明确了科技工作今后的发展方向和措施。会上对国际工程项目技术管理、围堰防渗施工技术、洞室开挖新技术、700 兆瓦水轮发电机组安装技术、混凝土布料机、700 米级高陡边坡及堆积体开挖与锚固施工技术等施工管理和施工技术经验进行了交流，对年度技术管理 15 个先进集体和 79 名先进个人进行了表彰。

（张祖义　刘仙元）

安全生产

【落实安全生产责任制】　2005 年，水电八局按照集团公司要求，进一步明确工程局、单位项目负责人及副职，党工委、各职能部门以及项目作业队、车间、工区负责人、班组长、机长、施工人员的安全生产职责，修订了中国水利水电第八工程局安全生产责任制，依据安全生产责任制实施安全生产目标管理。在年初工程局工作会议上，局长与局属 17 个二级单位、项目主要负责人签订安全生产责任书，明确了安全生产管理指标和职责，收取安全生产抵押金（单位项目 5 万元，负责人 1 万元），年终考核评估奖惩兑现。各单位项目按局安全生产目标逐层分解落实实施。局和各二级单位、项目均设立安全管理部门，全局共有专职安全管理人员 232 名，其中国家注册安全工程师 6 名已在湖南省安监局注册上岗，同时工程局行文聘任 21 名安全监察员，作为局安全生产委员会派驻单位项目的安全人员（享受同级管理部门正职待遇）对安全生产进行监督，形成了覆盖全局的安全生产监管网络。水电八局安全生产委员会于 1 月 14 日、7 月 9 日、8 月 19 日、11 月 10 日在长沙召开全体成员会议，通报情况，及时掌握全局安全生产动态，总结经验，解决和协调存在的问题，确保安全生产正常秩序。

【完善安全生产管理规章制度】　根据施工生产实际和国家安全法律法规要求，水电八局及时修订、完善规章制度，2005 年印发安全生产管理文件 34 个，监督各级项目单位组织实施；启动质量、环境、职业健康安全一体化管理体系认证工作，成立专门领导小组和工作小组，编写相应管理手册和程序文件，经专家审核，于 4 月 10 日由局长批准正式发布运行；12 月 14 日经北京中电联认证中心审核认证通过，安全管理逐步进入体系化、规范化。各单位项目结合施工生产实际，做好安全技术措施制定、施工作业危险源辨识、评估、分级监控和重大事故应急救援预案等工作，使安全技术逐步从过程控制转变为事先控制。工程分包管理逐步规范化，2005 年水电八局 200 万元以上的分包合同 35 个，做到了签合同前审核施工队伍安全资质，施工中进行项目安全管理、监督和指导，以防发生事故。5 月派员参加了集团公司在三峡大学主编的行业安全技术标准《水利水电建筑安装安全技术工作规程》（报审稿）的修编起草工作。

【安全教育培训】　2005 年，水电八局各项目主管安全的负责人、安全管理人员参加岗位安全管理资质考核培训的有 121 人。全局共有 263 名项目经理、安全管理人员获得水利部、交通部安全资质考核合格证（其中水利水电工程210人、公路交通工程53人）。1月，有90人参加湖南省环境、职业健康安全体系认证培训班；10月、11月，有68人参加集团公司举办的四期安全生产管理教育培训班；5月，有7人参加国家安全生产监督管理总局和湖南省安监局举办的注册工程师继续教育培训班。水电八局中心学习小组和技术年会，安排了安全技术管理培训，主管安全的副局长宣讲《安全生产法》。11月，安全生产委员会办公室、社保中心组织举办了一期《安全生产法》和工伤保险实务培训班，各单位安全、社保主管负责人和管理人员80人参加，水电八局领导亲自讲课，聘请湖南省政府劳动部门负责人宣讲安全法规。7月，对2005年招聘的367名毕业生进行了安全教育培训。各单位、项目结合施工生产实际，采取多种形式，开展各种活动，对员工进行三级安全教育培训，参加特种作业人员复审安全教育培训的有3500人。

【拉网式安全生产大检查】 2005年，水电八局各施工项目安全部门，组织值班巡查、例行检查、专业检查，每月至少一次，以及时发现问题，纠正违章，整改隐患。在各单位安全生产自查基础上，安全生产委员会办公室7次组织对云南小湾、重庆彭水、贵州构皮滩、四川溪洛渡、广东惠州抽水蓄能、湖南挂治等13个项目进行安全检查，对项目安全管理和现场安全文明生产进行评价并提出整改意见。按安全生产委员会的要求，各分局于8月组织对所属项目进行拉网式安全生产大检查，发现隐患120余处，责令相关单位及时整改并组织了验收，进行闭环式管理。安全生产委员会办公室、设备处组织设备专项检查组，聘请设备制造厂家技术员和水电八局超声波检测员参加，对12个单位、15台门塔机及压力容器等特种设备逐台进行检查鉴定，对存在的隐患缺陷落实具体处理措施，确保大型起重设备安全运行。10月，参加集团公司组织的安全大检查。为保证安全生产投入费用，下发《水电八局安全生产投入管理暂行规定》，将安全生产投入纳入财务预算管理。2005年，水电八局投入资金3000万元，建立专门安全生产投入管理台账，保证了安全生产资金的落实。

（马绍永　陈　琳）

党群工作和精神文明建设

【保持共产党员先进性教育活动】 在湖南省委第18督导组、集团公司第4巡回检查组的指导下，2005年7月20日，水电八局在长沙机关召开保持共产党员先进性教育活动动员大会。9月14日，集团公司副总经理范集湘到水电八局检查指导先进性教育活动工作，并在中层干部大会上作重要讲话。水电八局保持共产党员先进性教育活动按照上级要求和局先进性教育活动领导小组制定的方案有序进行，通过先进性教育办公室和3个指导协调组对基层单位的活动进行具体指导，举办了两期骨干培训班，发放书籍4000多册、光盘三期100余盘。在学习动员阶段，采取阅读理论原著、交流学习收获、专家理论辅导、书记专题党课、局长形势报告等灵活多样的学习方法促进理论学习，邀请中南大学教授作关于企业发展战略问题的专题讲座，组织局机关优秀共产党员和党支部书记30余人到革命圣地井冈山接受教育，组织局机关和长沙片各单位的党员领导干部到反腐倡廉警示教育基地接受教育，组织观看电影《张思德》，在全体在职党员中开展保持共产党员先进性教育活动知识答题竞赛和“两个纲要”知识竞赛；认真学习《保持共产党员先进性教育读本》等规定篇目。在保持共产党员先进性教育活动中，党员自学时间在40小时以上，集中学习时间在16小时以上，撰写了学习笔记和心得体会文章。在分析评议阶段，通过当面恳谈、召开座谈会、设置意见箱等形式，广泛征求基层群众意见和建议，共征求到意见和建议263条，召开了质量较高的专题民主生活会。在整改提高阶段，对所收集的意见和建议，进行整理与研究，形成比较重要和具体的意见44条，局领导班子于11月8日进行集体研究，制定《中国水电八局领导班子整改方案》，通报全局，征求意见。各二级单位召开党委扩大会、党员代表座谈会、群众代表座谈会、离退休支部书记座谈会，对整改方案进行讨论。党员和群众看到领导班子整改问题的决心，反应较好。水电八局较好地完成了三个阶段、十个环节的教育活动，11月23日进行满意度测评，满意率为99.3%，不满意0.7%。在11月28日保持共产党员先进性教育活动总结大会上，湖南省委第18督导组评价：水电八局对教育活动抓得紧、抓得严、抓得实，工作质量和工作水平都很高，效果显著。各级党组织进一步发挥政治核心作用和战斗堡垒作用，党员意识、宗旨意识进一步增强，密切了党群关系、干群关系，促进了企业改革、发展、稳定。先进性教育活动出简报35期。湖南省委先进性教育简报，对水电八局三峡机电制安项目部以先进性教育活动为动力，优质高效安装9号机组的事迹进行了专题报道。

【党建工作】 2005年末，水电八局有40个党委（党工委）、19个党总支、241个党支部，党员4733

名，其中在职党员2371名，发展党员137名。2005年，水电八局党委印发党建工作文件120个，对基层党组织机构及时进行设置或调整，安排布置了全局各项党建工作，进一步理顺了工作关系；下拨了区域党群工作活动经费并进行监督管理；组织局党委中心组学习12次，组织长沙地区各单位传达中央精神2次；对基层单位党建工作中的问题进行指导协调与帮助，协助溪洛渡施工局举办一期入党积极分子培训班。6月向省直机关党工委推荐四分局获评先进基层党组织、两名共产党员获优秀党员称号。10月份，第二次开展了党课评比活动，推荐优秀党课讲稿40篇，"坚定共产主义信念"等4篇被评为一等奖，二等奖4篇，三等奖5篇。编写了党建工作管理办法等4个一体化文件，子文件20个，其中新文件9个，修订文件11个。

（肖华民　熊安辉）

【工会工作】

（1）努力构建学习型工会组织。组织工会干部系统学习《中共中央关于加强党的执政能力建设的决定》等文章，撰写学习心得体会；制定《水电八局职工代表大会条例》等17个文件，下发到基层工会组织学习、执行。

（2）实施深化职工素质工程。各基层单位举办各类培训学习班215次，培训职工人数8211人。广泛开展群众性技能竞赛活动，举办第五次职工技术比武竞赛，31名选手参加决赛，10名选手获奖；参加集团公司于9月9日～11日开展的焊工技能大赛，水电八局选手获一等奖1人，获二等奖2人，获三等奖1人；水电八局还获得优秀组织奖。11月18日，在2005年中央企业职工技能大赛焊工决赛中，水电八局1人获铜奖，并被授予中央企业技术能手、中央企业青年岗位能手称号。安装分局焊工参加湖南省首届技能大赛，获技能大师1人和第七届技术能手称号1人。各单位开展合理化建议、小改小革、技术创新等立项129项，52个创新项目获奖。6人分获湖南省、贵州省、集团公司劳动模范、湖北省五一劳动奖章、集团公司先进生产工作者。

（3）开展社会主义劳动竞赛。2005年，水电八局各基层工会组织劳动竞赛81次、参赛9920多人次。8月，在集团公司召开的工会主席联席会上，水电八局作了劳动竞赛经验介绍。水布垭施工局开展"两创一保"劳动竞赛，攻克尾水洞室开挖、支护及混凝土衬砌和尾水平台施工难关；索风营"八九"联营体"大战60天，保大坝安全度汛"、"保按期发电目标"的劳动竞赛，实现工程5月安全度汛、6月下闸分流、8月提前发电的目标；小湾"八七"联营体"三比一看"和"四比三看"的劳动竞赛，促进了全年产值任务的超额完成，全年完成产值2.7亿元。

（4）送温暖工程。"两节"慰问离退休老同志、特困职工等1703人次，上门慰问贫困职工、劳模、因工死亡职工遗属219户，发放慰问金和困难补助566.05万元；争取地方工会组织拨给的慰问困难补助费13.30万元，大米6000斤，食油800斤；为32名月收入低于1250元的省部级以上劳模，争取补助费8.7万元。各基层工会扶贫帮困职工1460人，发放帮困资金57.17万元。2005年慰问看望工伤和因病住院职工1682人次，发放慰问费23.48万元。长沙片区"献爱心、慈善一日捐"活动共募捐善款12121元上交湖南省慈善总会。一分局、砂石分局、彭水施工局和常德机械厂等单位组织"献爱心募捐"活动，共募捐63271元，常德和贵阳职工医院开展"献爱心，送温暖"，免费为3000名离退休和45岁以上职工进行体检。开展"金秋助学"活动，对全局78户特困家庭的85名子女提供了助学补助，补助总金额62400元。贵阳基地工委组织93名职工为社会进行了义务献血。铜信溪施工局工会组织6名职工连夜赶到麻阳医院为抢救负伤职工献血。

（5）创建"职工之家"。2005年，局工会先后组织了"迎新春"、"庆五一"、庆"七一"活动。8月，参加湖南省直工会"文明家庭才艺比赛"，并获三等奖。举办国庆运动会，组织"纪念世界反法西斯战争和中国抗日战争胜利60周年"活动，均受职工好评。安装分局金属结构队被授予"全国模范职工小家"。

（6）女职工权益工作。局工会组织女职工参加"芙蓉杯"素质达标成果竞赛，110名女职工获职务职称晋升，136人成为岗位技术能手，评选出先进个人322人，文明家庭422户。组织全局一年一次女职工妇科体检，为全局2939名女职工购买了女职工平安防癌保险，参保率95%，给470名下岗女职工每人赠送了一份防癌保险。

（李道顺　舒端明）

【共青团工作】　①坚持党建带团建，深入开展青年热点问题调查研究。3月下旬至5月上旬在全局开展了一次青年热点问题调查，主要调查青年职工工作和生活中的热点问题、企业管理与企业发展问题、党团工作问题。发放问卷1000份，回收问卷772份，全局团组织和广大青年职工积极参与，使调查活动顺利开展，取得了实效。②举办"永葆先进性，岗位作贡献"的演讲比赛。5月，18个二级单位在各单位预赛的基础上，选出了24名选手参加全局的演讲决赛。演讲主题结合局中心工作和先进性教育活动，挖掘在平凡岗位上的先进典型，展现了先进青年的精神风貌。局团委将演讲实况刻录成光碟下发各基层单位，号召团组织学习宣传先进典型。③开展“号”、“手”、“队”活动。局团委带领广大团员青年积极投身“号”、“手”、“队”活动，为工程局的建设、发展建功立业。全局新创建“青年文明号”8支。各级共青团组织青年突击队员、青年志愿者，积极参与，倡导文明、弘扬新风。彭水鸭公溪砂石加工系统成立增容改造青年突击队设计小组，通过优化产砂率高的国产设备替代进口设备，设计小组设计的1号棒磨机已投入使用，运行良好，增容改造创效益20万元。④局团委在全局开展了一次团员登记、一次团课、一次团组织活动的主题教育，以实践“三个代表”重要思想为主要内容，增强共青团员意识。⑤利用现代技术和网络技术平台，开展各种健康有益的文体活动满足青年日益增长的文化需求。关心青年家庭婚姻生活，为青年交友联谊创造条件，与外单位女职工开展多种形式的联谊活动，为青年择偶牵线搭桥。⑥水电八局团委获2005年“湖南省直先进团组织”称号；三峡下岸溪砂石项目部团工委获“湖南省直先进基层团组织”荣誉。

（刘细军　易迎辉）

【精神文明建设】　按照构建和谐社会的要求推进精神文明建设，修订下发了《创建文明处室实施办法》、《文明处室创建实施细则》等文件。2005年8月，局机关带头开展“文明处室”创建活动，机关党委、工会对创建活动进行了一次联合集中检查，机关各部门均制定了创建规划，部门工作与形象有较大改善。局党委工作部获第一次评比流动红旗。在两年一次的文明单位评比表彰工作中，基础工程分局等7个单位获工程局文明单位奖，四分局、教培中心等6个单位获集团公司文明单位奖；机电制作安装分局的省级文明单位复查获得通过，砂石分局获湖南省省直机关文明单位标兵。2005年，出版《水电建设报》52期共264版、编发电视新闻8期、出版新闻图片12期、上传局网站新闻948条。为投标工作制作多媒体光盘17个，专题宣传片6部，画册3部，宣传台历1册。6月对宣传工作先进集体、个人与优秀宣传作品进行了评比表彰。

【企业文化建设】　2005年，党委工作部征集整理了企业文明理念，提交五届三次职代会讨论，为形成水电八局企业精神、企业价值观、企业行为准则、员工行为准则等打下了基础。扎实开展管理体系文件宣传，加大体系文件执行力度，统一管理行为，逐步改善员工生产工作环境和员工福利待遇。工会、共青团积极开展各类文娱体育与爱心帮扶活动，倡导积极向上的文化生活。经过撰写、编辑，水电八局较好地完成《中国水利水电建设集团公司年鉴》（创刊号）的文稿、图表、照片的编报工作，载录文稿3万字、图表21帧，忠实记录了2003～2004年水电八局取得的业绩。水电八局领导身体力行，把进一步塑造水电八局诚信文化作为核心工作内容，强调打造具有八局特色的安全文化、质量文化，满足合同要求，彰显“承诺是金，信义为本”的行为准则。

（肖华民　赵东风　庞　卡）

检查监督

【落实党风廉政建设责任制】　根据党风廉政建设责任制实施细则规定，水电八局各级党组织，围绕强化内部管理，提高效率和效益，继续推进和加强党风廉政建设责任制，服务大局，为实现生产经营跨越式发展提供坚强保证。经对各单位上半年落实党风廉政建设责任制的抽查和年终考核评审，2005年各单位党风廉政建设领导体制和工作机制更加完善，各级党政主要领导对党风廉政建设工作更加重视。监督执纪队伍建设得到加强，人员力量得到充实，机构健全。①健全和完善各项管理制度和党风廉政建设制度，规范领导干部从业行为，结合实际修订党风廉政建设考核评价办法、考核评分标准，制定责任目标分解等廉政制度，下发文件，对机关职能部门责任目标进行了调整、细化和分解。②在各单位自查的基础上，通过广泛听取群众意见、问卷测评和考核组评分，经局党委、工程局综合考核评审，评定优秀单位22个，良好单位2个，兑现了廉政保证金；组织24个直管单位、19个职能部门与局领导签订2005年责任书。③认真落实责任制，切实开展好自查和一年两次对各单位检查考核工作。组成检查小组，对签订责任书单位进行年中抽查、年末全面检查考核工作。各二级单位按照局党委的部署和要求，对所属签订责任书的单位进行了考核检查。④党内民主生活会制度进一步完善，工程局和各二级单位在规定时间内，按程序召开了高质量的民主生活会，中心学习小组学习制度得到较好坚持。以学习“三个代表”重要思想为主要内容的保持共产党员先进性教育活动，为反腐倡廉工作夯实了思想基础。⑤进一步完善和落实“三重一大”民主决策程序，在一定程度上遏制腐败现象的发生。在领导干部权力的运行、大资金运作、工程分包及招投标、设备物资采购、账销案存、安全生产管理等方面起到很好的效能监察作用。⑥坚持领导干部收入申报、礼金礼品登记、重大事项报告制度，领导干部廉洁自律的自觉性进一步加强。各级纪检监察部门收到主动上交的礼金、礼品价值227160元。⑦坚持标本兼治，综合治理，惩防并举。纪检监察部门受理信访举报9件次，立案1件，其中涉及处级干部2人，结案1件；接上级批办的信访件1件，办结1件。重案件线索1件，初查1件。处分处理党员干部4人。

（林爱民）

【职工代表大会监督】《工会法》赋予工会的基本职责就是维护职工合法权益，对企业改革发展的全过程进行监督。从源头参与，是认真贯彻“组织起来，切实维权”工作方针的基本保证。①进一步规范职代会制度，修订水电八局职工代表大会条例，调整了局职代会5个专门工作委员会成员；指导一、二、三分局等单位完成了职代会换届选举工作，建立新组建单位西南分局、砂石分局、科研设计院等单位职代会制度。②筹备召开工程局2005年工作会暨五届三次职代会，征集职工代表提案53条，逐条进行了研究和审定。在职代会上作的提案处理报告，职工代表比较满意。审议通过水电八局职工奖惩办法，听取局领导述职并进行了民主测评，推荐了局级后备干部。工会按职工代表大会民主评议领导干部实施办法，民主评议干部845人。③不断完善平等协商集体合同制度，制定中国水电八局集体合同规定，修订水电八局集体合同，在五届三次职代会上审议通过，工会主席代表职工与局长续签了为期两年的集体合同。④进一步深化厂务公开工作，修订厂务公开实施办法。按照湖南省直工会的文件精神，下发了厂务公开工作调研活动的通知，调整厂务公开领导机构、工作机构，各基层工会及时修订和完善本单位的有关管理制度，认真组织厂务公开工作自查。经考核，全局平均自查成绩为92.8分。局工会撰写的“积极推进厂务公开、促进企业全面发展”和四分局撰写的“实在行动、严在制度、重在持久”论文分别荣获省直厂务公开民主管理调研征文活动一等奖和二等奖；四分局被省直工会评为湖南省直厂务公开民主管理工作先进单位。⑤调整劳动争议调解委员会，协调劳动关系，修订和制定工会劳动法律监督实施办法等规范性文件。牵头组织劳务部、人事处、社保中心、安委办等部门，完成了湖南省总工会关于大型企业劳动法、安全生产法贯彻实施情况的调研活动，调解劳动争议案件18起，解决了2名遗属抚恤问题。

（章定安）

【纪检工作】　①下发关于2005年元旦、春节期间党员干部遵守廉洁自律有关规定的通知、国有企业领导人员廉洁从业若干规定（试行）等文件，通过考核、办案、民主生活会等多种途径，对领导干部执行廉洁自律有关规定情况进行监督检查。②学习贯彻建立健全教育、制度、监督并重的惩治和预防腐败体系实施纲要、国有企业领导人员廉洁从业若干规定（试行），向全局处级以上领导干部发放有关学习读本、知识竞答试题集共435本，在党员、处级以上领导干部当中开展两个纲要、廉洁从业规定知识竞答活动。③2005年5月24日，召开全局纪委书记座谈会。局纪委委员和局职能部门负责人及二级单位纪委书记、纪监室主任参加会议。对各单位反腐倡廉工作、局纪委责任制考评办法和评分标准进行讨论，组织了与会人员参观监狱的警示教育活动。④为强化对领导干部的警示教育，8月10日下发文件，组织局机关和在长沙单位处级以上干部参观长沙监狱，并开展有关讨论。参加活动的处级以上干部均按局纪委要求撰写有关学习心得体会并报局纪委备案。⑤下发水电八局廉政合同管理暂行办法，利用效能监察、查办案件、责任制考核等途径，采取找分包商、供货商访谈和开展问卷调查等形式，对项目工程分包、大宗物资和设备采购保廉合同签订及履约情况监督检查，抓好保廉合同履行验收工作，有效落实保廉合同制度。⑥开展安全执法监察、案件调查等8起，对相关部门和责任人给予追究处理。⑦6月，集团公司在水电八局举办案件管理软件培训班，选派了2名纪检监察干部参加培训班学习。全年有8名二级单位和直管项目纪（工）委书记及纪监室主任参加集团公司培训。

（陈卫红）

【效能监察】　建立和完善内部贷款管理办法、经营者年薪制定实施办法等22项内控制度，效能监察立项26项（局本部5项），完成26项。水电八局以责任书形式对局机关各有关部门和二级单位主要负责人的有关责任目标进行分解，并分别于年中、年末组织对有关工作进行检查考核；联合监察小组深入工地进行指导。①对工程、劳务分包进行全面检查，并提出整改建议，对整改情况实施了回访监察。②采取普查与抽查相结合形式，对各单位执行财政法规、资金收支情况、内部贷款发放和回收等进行稽查；清理对外担保，加强债权的管理及清理催收，回收外部债权6242万元。③严格坚持大宗设备物资采购招标，对基层单位执行设备物资采购管理规定情况进行检查和指导。贵阳机械厂对设备物资采购开展监察，对风险承包项目5个方面50个小项目执行情况进行监督检查。构皮滩施工局针对尾工实际，组织对废旧物资材料回收状况、废旧钢材及蓄电池处理开展监察。"三七八"联营总公司加强对项目生产经营过程中的全方位、全过程的监督。水布垭施工局加强对项目部留存资金和民工工资发放情况开展监察。④对项目在任和离任经济责任人任期绩效进行10项专项监督检查。根据年初立项，对惠州施工局实施效能评估工作，总结该项目规范化、程序化、制度化管理经验和具体做法，并将其内控管理经验以网络传送、内刊和报纸登载形式在全局推广。⑤加大安全执法监察工作力度，于年中、年末组成有纪委等相关职能部门人员参加的综合大检查，对各单位安全管理制度落实情况进行检查和指导。通过开展效能监察工作，企业内部控制管理得到进一步改善和加强。

（袁友生）

【审计监督】 2005年，水电八局按照集团公司重点抓好二级单位、项目内部控制制度审计、效益审计和经营者离任审计工作，搞好事前审计和中间过程审计的要求，制定了内部审计管理程序、关于建立内部制度审计项目备查库的通知等8个文件，并将新的管理制度有关内容纳入备查库中。全年安排审计项目14个，其中经济效益审计4个，内控制度审计8个，回访审计1个，竣工审计1个。全年实际完成审计项目23个，发现被审计单位的管理违规问题105项，发出审计决定书1份，发出审计建议书18份，挽回直接经济效益319.91万元。2005年审计工作取得优异成绩，受到集团公司、湖南省内审协会和工程局的表彰，被评为审计先进集体，一名审计人员被评为集团公司先进工作者，两篇审计报告获得湖南省内审协会优秀审计项目优秀奖。2005年，14人次参加了专业技术培训，提高了业务管理水平。

（林爱华）

【法制教育】 ①水电八局建立健全普法教育长效机制，做到组织保证、人员落实、舆论支持、环境优化，把"四五"普法与文明单位建设、生产经营责任制、党风廉政责任制等工作结合起来。②宣讲《合同法》、《建筑法》、《劳动法》等法律知识，取得较好普法效果。按照湖南省四五普法领导小组的布置，组织长沙片全体职工参加了年度学法用法考试。③2005年审查设备采购、合同20多份，检查工程、劳务分包项目点14个，对检查出的问题责令整改。④2005年9月26日～27日，召开法制建设座谈会，总结法律事务工作情况，探索企业经营的法律风险控制以及"五五"期间依法治企的新途径、新思路，形成法律顾问工作网络和企业法律风险预防机制；印发了法律事务管理程序等文件，为改革、发展提供法律支持与保障。

（刘小春）

中国水利水电第九工程局

概　　况

中国水利水电第九工程局（以下简称水电九局）是国家建设部认定的建筑工程施工总承包一级企业。具备水利水电工程总承包一级、市政公用工程总承包一级、公路工程总承包二级、土石方工程专业承包一级、机电设备安装专业承包一级、起重设备安装专业承包一级、地基和基础工程专业承包一级等施工资质。

水电九局现有在册职工5713人，其中管理及专业技术人员1871人，高级专业技术职称123人（教授级高级工程师4人），中级专业技术职称430人，一级项目经理资质40人，高级技师47人。

2005年9月27日，吴杰任水电九局总会计师，原水电九局总会计师向国彪改任咨询。2005年11月7日，陈学云任水电九局局长、党委委员，原水电九局局长杨南安工作另行安排。水电九局领导班子由局长陈学云，党委书记张付，副局长夏一勇（兼总工程师）、魏宗培、王力、王琳瑞，党委副书记、纪委书记张鑑，总会计师吴杰，工会主席孙化瑜组成。

2005年，水电九局以提高经济运行质量为突破口，以转变增长方式、增强企业经济效益为中心，以科学管理培育企业执行力为重点，精细管理，扎实工作，经营管理上大力实施整体经营战略，着力抓好水电施工核心产业的发展，全面提高经营运行质量。全年完成企业总产值12.48亿元，占年计划10.5亿元的118.86%，比上年同期增长29.39%，其中建筑业产值11.81亿元，占年度计划的115.81%；多种经营产值0.67亿元，占年度计划的222.70%。实物工程量方面，全年累计完成土方开挖300.20万立方米，石方开挖833.69万立方米，浇筑混凝土99.46万立方米，金属结构制作4354吨，金属结构安装4238.69吨，均达到年初计划的目标要求。在建工程项目45个，进入竣工结算阶段的项目22个。共完成单元工程5351个，合格率100%。其中优良单元工程4429个，优良率90.5%。

2005年，水电九局在努力提高标书质量的基础上，认真研究投标技巧，把有市场潜力、能够提升水电九局信誉和品牌的项目作为努力方向。全年中标项目29个，合同额6.64亿元。

水电九局改革改制工作得到巩固提高，第一批6家单位改制工作接受集团公司的验收。6家改制单位经过一年来的运作，有5家单位运作情况良好，经济效益明显。改制单位职工关注企业发展的责任感、紧迫感有明显加强，职工思想观念进一步转变，市场竞争意识有新的提高。

人事制度改革上，逐步实行管理人员竞聘上岗。减少管理层次、控制管理幅度，严格把握管理岗位与管理人员职数的设定，人浮于事的现象得到改变。分配制度改革上，制定《工资管理办法》，实行以岗位工资为主体，薪随岗动、岗变薪移的分配体制。

企业管理得到加强，各项职能管理作用得到发挥。局财务产权部、资金结算中心在财务资金管理中的职能进一步强化，大力开展清产核资"账销案存"和资产处置与备案工作，认真进行下岗职工生活费财政补助资金的自查与整改，有效开展水电九局投资、担保、资金管理、年薪制等制度的执行情况检查工作，财务管理不断加强。

质量管理上，认真开展质量内审、管理评审和外审工作，ISO9000：2000版质量体系在机关部门和项目有效运行，形成自我完善、自我改进的运行机制，内部管理程序规范，产品过程受控，没有发生质量责任事故和重大质量事故，且质量稳定。

安全管理上，进一步加强安全组织机构、规章制度和管理程序的建设，认真开展职业健康和环境管理体系的宣贯与认证工作，安全基础设施建设得到加强，项目施工作业劳动环境得到改善，安全生产过程控制得到进一步加强。2005年水电九局再次实现安全生产死亡事故"零目标"，安全生产形势总体平稳，一线职工生活和工作条件得到进一步改善。

水电九局设备资产经营体系进一步完善，设备租赁管理制度不断健全，监管力度进一步加大。规范设备的集中统一经营管理与优化配置，并积极开拓市场，按市场规律运作，初步实现设备管理工作由过去的简单资产管理向资产经营管理转变，积极探索出一条设备经营管理的新途径。

水电九局把精神文明建设纳入企业发展的总体目标，促进物质文明和精神文明建设协调发展，在对干部职工加强理想信念教育、世界观、人生观、价值观教育、道德、纪律、法律法规教育、促进"四有"职工队伍建设的同时，以建设文明工程、文明机关、文明小区为重点，积极推进精神文明创建活动，"创建学习型组织，争做知识型职工"活动深入开展，职工队伍的整体素质和职业文明程度得到提高。

（张　俊　周晋国）

工程建设

【光照水电站厂房结构工程】　2005年3月25日，水电九局和水电十一局组成联营体中标光照水电站厂房结构工程，中标金额为16480.6791万元，水电九局占50%份额。光照水电站是贵州境内"西电东送"国家重点工程，位于贵州省关岭县和晴隆县交界的北盘江中游。光照水电站以发电为主，其次航运，兼顾灌溉、供水及其他任务。工程枢纽由混凝土重力坝、坝身泄洪表孔、放空底孔、右岸引水系统及地面厂房等组成。电站装机容量104万千瓦。厂房结构工程包括发电厂房、升压站工程、中控楼工程及厂房围堰工程。厂房由主厂房、GIS开关站、上下游副厂房、中控楼等建筑物组成。其中主厂房（包括GIS开关站、上下游副厂房）长124.8米，宽84.3米，总高66.58米；中控楼长33.24米，宽14.34米，总高25.60米。工程主要混凝土总量为24.48万立方米。

【思林水电站引水发电系统土建工程】　2005年10月20日，水电九局中标贵州乌江思林水电站引水发电系统土建工程，中标金额为10357.7378万元。思林水电站是贵州境内"西电东送"国家重点工程，位于贵州省东北部思南县境内，工程开发的任务以发电为主，其次为航运，兼顾防洪、灌溉。电站装机容量100万千瓦，年发电量40.51亿千瓦时，电站总库容12.05亿立方米，电站大坝为混凝土碾压重力坝，坝高117米，坝顶全长316.3米，枢纽设置通航建筑物，可通航300～500吨船舶。

【董箐水电站右岸（2号）导流隧洞工程】 2005年8月22日，水电九局中标北盘江董箐水电站右岸（2号）导流隧洞工程，中标金额为5044.6110万元。董箐水电站是贵州境内“西电东送”国家重点工程，位于贵州省镇宁县与贞丰县交界的北盘江上，距河口102公里。该电站为（茅口以下）梯级的第三个电站，是一个以发电为主，兼顾其他效益的电站枢纽；董箐水电站枢纽布置为混凝土面板堆石坝＋左岸溢洪道＋右岸地面厂房＋右岸放空洞方案，坝顶高程494.5米，最大坝高149.5米，坝顶全长664.62米。厂房内装4台单机容量为18万千瓦机组，总装机容量为72万千瓦。

右岸（2号）导流隧洞过流断面尺寸17米×20米（宽×高），隧洞全长937.14米，进出口高程分别为368米、366.5米。导流洞进口设置钢筋混凝土叠梁闸门。

【崔家营航电枢纽导流明渠开挖与防护工程】 2005年10月29日，水电九局中标湖北汉江崔家营航电枢纽导流明渠开挖与防护工程，中标金额为9382.5737万元。崔家营航电枢纽工程位于汉江中游，为世行贷款重点项目，是湖北省内江汉中下游丹江口水库以下7级梯级开发中的第3级，上距丹江口水利枢纽134公里，下距河口515公里，是一个以航运和发电为主，兼顾灌溉、供水、旅游及水产养殖等综合效益的航电枢纽工程。

主要工程项目：枢纽工程施工导流采用明渠导流方式，根据坝址地形、明渠导流和通航要求，导流明渠采用缓坡 $i=1/5000$，底板高程为53.0～52.56米，明渠全长2928.35米，最小底宽280米，60.0米高程平台宽150米，边坡开挖坡比为1∶3.0。明渠主要工程量为：土方开挖（含进出口疏挖）742万立方米，护底8.1万平方米，护坡护脚20.95万平方米，砂袋护枕6.34万立方米，土方挖槽5.36万立方米，60米高程土石方填筑15.9万立方米，植生带喷植7.61万平方米。

（潘　友）

【洪家渡水电站工程】 洪家渡电站位于贵州省黔西县与织金县交界的乌江北源六冲河上，为乌江梯级的龙头电站，是一座以发电为主，兼有防洪、工业用水和灌溉等综合效益的水利枢纽工程。枢纽坝型为面板堆石坝，最大坝高179.50米，总库容49.25亿立方米，装机总容量60万千瓦，多年平均发电量15.94亿千瓦时。电站工程总工期6年9个月。由水电九局和江南公司组成的宏建联营体（江南公司占51%股份，水电九局49%股份），自2000年3月以来，先后承担了右岸上游供水工程及运行（合同编号HE20/20）；导流隧洞工程（含13号及13－1号施工支洞）（合同编号HJD/C1－1标）；坝肩、溢洪道、泄洪洞、引水发电洞进口、厂房及后边坡开挖工程（合同编号HJD/C2－1标）；混凝土面板堆石坝工程（合同编号HJD/C3－1标）四个工程项目的施工，总计合同投资60821万元。截止到2005年12月底，宏建联营体已完成总投资84464万元，完成主要实物工程量：大坝填筑（含坝前盖重和坝后干砌石）898.55万立方米、趾板混凝土2986立方米、面板混凝土36941立方米。现正在进行完工结算和工程项目的审计等工作。

【东坪水电站主体土建工程】 东坪电站位于湖南省安化县城关东坪镇闵家湾附近，在资水干流的中游，是资水流域规划确定的第七个梯级电站。坝址上距柘溪水电站约10公里，距安化县城区5公里，左岸为安化县城沿江大道。水库正常蓄水位96.5米，总库容1980万立方米，总装机容量7.2万千瓦，枢纽建筑物主要由左、右岸混凝土挡水坝、溢流坝、左岸电站厂房和右岸船闸组成。本标段工程内容：①河床溢流坝土建工程。②电站厂房及厂区建筑物土建工程。③船闸土建工程。④左、右岸挡水坝土建工程。⑤左、右岸上坝公路工程。⑥施工导流和水流控制工程。⑦下游河床疏挖。合同开工日期为2004年11月10日，合同完工日期为2007年10月31日，总工期为36个月。该项目合同金额为12956万元，2005年1～12月完成产值4441.7万元，主要实物工程量：土石方开挖83万立方米，混凝土浇筑7.35万立方米。

【构皮滩水电站引水发电系统建筑工程】 构皮滩电站位于贵州省中部余庆县境内，乌江干流中游河段上，与贵阳市直线距离约135公里，上距乌江渡水电站137公里，下至思林水电站89公里，距乌江河口涪陵市455公里。坝址控制流域面积43250平方公里，占全流域的49.2%。枢纽开发任务为：以发电为主，兼顾航运、防洪和水产养殖等综合利用。水库正常蓄水位630米，相应总库容55.62亿立方米，调节库容31.5亿立方米，属年调节水库。坝型为混凝土双曲拱坝，坝顶高程640.5米，最大坝高232.5米，坝顶弧长557.11米。为地下厂房，5台机组，总装机容量300万千瓦，保证出力75.18万千瓦，多年平均发电量96.67亿千瓦时，是乌江上最大的水电站。工程计划开竣工时间：2004年4月4日～2009年10月30日。项目合同金额18189万元，2005年1～12月完成产值7016.4万元；完成实物工程量：土石方开挖231.13万立方米，混凝土浇筑4.4万立方米。

【铜湾水电站土建工程】　铜湾水电站位于沅水干流中游的湖南怀化市中方县境内，是以发电为主、兼顾航运等综合利用的水电枢纽工程。水电九局承建该电站所有土建工程。水库正常蓄水位152.5米，相应库容1.2亿立方米。大坝包括河床溢流坝段及右岸非溢流坝段，坝顶高程163.0米，最大坝高42.0米。溢流坝位于河床中部，堰顶高程137.0米，共设10孔20米×15.5米弧形闸门。电站厂房位于河床右岸，为河床式电站，装有4×4.5万千瓦灯泡贯流式水轮发电机组。船闸位于河床左岸，设计为单级船闸。2005年1月7日，湖南铜湾水电站主体工程开工。2005年9月24日，比计划工期提前6天实现大江截流。2005年全年累计完成合同金额5992万元；完成工程量为：右岸坝肩1号山头已开挖至118米高程，164米高程位置开始支护；2号山头已开挖至118米高程，164米高程位置支护完毕；3号山头已开始至140米高程，209米高程位置开始支护；4号山头已开挖至140米高程，209米高程以上开始支护。左岸河床扩挖以及边坡开挖全部完成，一期围堰上游填筑已全部完成。厂房基坑开挖已完成37.5万立方米。主体混凝土已浇筑完成2万立方米。

（蔡　霞）

【巴江口水电站首台机组并网发电】　2005年12月29日，水电九局承建的广西桂江巴江口水电站正式并网发电。该电站是广西壮族自治区重点水电建设工程，位于桂江中游平乐县境内，是一座以发电为主，兼顾航运、灌溉、水产养殖、旅游等综合效益的枢纽工程，电站水库总库容1.85亿立方米，装机容量3×3万千瓦，为大（2）型水利枢纽工程。水电九局承建该电站全部土建和机组安装工程。

（肖洪腾　汤向华）

【市政工程】

（1）贵阳市金阳新区市级行政中心地下停车场（D标）工程。本工程为贵阳市级行政中心后勤中心，包括信息、展览、机关服务中心，位于迎宾东路中部，市政府办公楼右侧，总占地面积4.8万平方米，总建筑面积约2.65万平方米（含地面楼梯口），底部高程为－5.4米，设计孔桩471个。本工程为全框架结构，建筑合理使用年限为50年，合同金额3601.0695万元，合同工期为105天。

（2）贵阳市小河长江路改造工程。本工程全长848.38米，双向四车道，宽30米，其中人行道3米、绿化带3米，属城市一级次干道，车速40公里/小时，合同金额1824.0053万元，工期160天。

（3）贵阳市金阳新区长岭南路A标道路工程。本工程全长1420米，工程包括路基、路面、排水、防护、管道与桥梁工程，总投资2000万元。施工中用75天建成了一座长70米，宽60米的混凝土桥，确保了贵阳市委市政府国庆献礼的通车目标。

（李贵林）

管理创新

【加强合同和工程分包管理】　2005年，水电九局加大经营管理力度，制定实施《水电九局合同管理办法》，按照贯标的程序，在合同签订前，先对合同进行评审，按照中标金额大小分层进行评审；建立合同台账，加强合同管理。制定实施《水电九局工程分包管理办法》，一是严格遵守分包商评价程序，严审各种证件和资信证明，严查设备、技术、资金、业绩等综合实力；二是对分包的工程，先立项报上级主管部门，批准后方可进行分包；三是建立起合格分包商资源库，选择分包商时，优先选择资源库中的分包商。

（蔡　霞）

【信息化建设】　在2004年信息化建设的基础上，不断完善水电九局网站建设，全面更新网页设计，及时上传水电九局重大新闻。先后增加工会、工程科技、质量管理、企业发展、党建和精神文明建设等内容，保证管理信息及时准确有效地向各二级单位、项目部传递。建立信息员制度，7个下属单位、3个控股公司中9个单位办公室可以网上阅读文件，实现16个工程项目部的网上阅文。

充分利用现代网络工具，建立项目管理文件夹制度，在内部网络上建立水电九局QQ群。项目部把每个月的对上对下结算、施工进度计划、工程分包审批资料、费用上交（缴）情况、合同竣工资料、索赔资料、“三标合一”资料等全部放在文件夹中，通过QQ发到经营管理部。经营管理部可以随时了解项目的情况，及时发现问题，及时解决问题，使项目经营管理规范化。

（张　俊　周晋国　蔡　霞）

【质量目标控制】 水电九局质量管理部不定期对在建工程项目进行质量检查和质量考评，尤其对重要部位或重要工程，不断加强监督力度。各二级单位工程质量稳定，施工质量得到较好控制；质量检查验收资料收集齐全；没有发生质量责任事故和重大质量事故。2005年共完成单元工程5351个，其中土建单元工程4759个（457个为市政工程，不进行单元工程优良评定），土建单元优良工程3872个，土建工程优良率90.00%；金属结构制作、安装单元工程592个，其中优良工程557个，优良率94.09%。优良率、一次性验收合格率满足质量目标要求。2005年11月，水电九局获得中国质量诚信促进会授予的“AAA质量诚信单位”称号，2005年12月20日获得中国工程建设协会颁发的“质量安全管理先进单位”证书。

【质量、环境、职业健康安全管理体系通过认证】 2004年8月，水电九局启动“三标合一”管理体系认证工作，举办两期质量、环境、职业健康安全管理体系内部审核人员培训班，培训内审员84人次。2005年3月15日，发布质量、环境、职业健康安全“三标合一”《管理手册》（QG/T9JB.ZB001：2005）和《程序文件》A版。2005年4月至9月，进行“三标合一”管理体系文件的宣贯工作，共有589人参加学习。8月完成内部审核，初步实现环境管理、职业健康安全管理的持续有效控制。10月、12月分别完成第一阶段和第二阶段外部审核工作。2005年12月25日，水电九局通过四川三峡认证有限公司的质量、环境、职业健康安全“三标合一”管理体系认证，取得“质量管理体系认证证书”、“环境管理体系认证证书”和“职业健康安全管理体系认证证书”。

（洪贵江）

【人力资源培训】 2005年，水电九局严格审核培训项目、培训费用和培训人员，实行登记备案制度，开展适应性培训和提高性培训，加强作业层的转岗及上岗培训。开展一级建造师考前辅导和资格认定，经营管理人员、专业特殊工种培训（木模、浇筑、钢筋、安全）、工伤保险培训、职工入场教育等二十余项1268人次培训。其中资格培训507人次，适应性培训95人次，技术登记培训46人次，继续教育培训520人次，其他培训100人次。有13名高级技师通过评审。培训费用开支38.5万元。

（方 劲）

【增强工资激励和导向作用】 2005年，水电九局深化薪酬制度改革，制定实施《工资管理办法》，取消岗位技能工资制，实行岗位绩效工资制，项目部及二级单位领导班子成员实行年薪制，职工的收入与单位经济效益挂钩。制定实施《水电九局机关工资改革实施办法》，实行以岗位工资为主体，薪随岗动，岗变薪移、效率优先、兼顾公平的分配体制。在考虑岗位责任、劳动强度、劳动技能要求等劳动要素的基础上，适当拉开收入差距，绩效工资向关键性管理岗位和专业技术职务倾斜。

严格执行薪酬管理制度，核定各单位的工资基金计划，对局属8个单位经营领导班子制定基薪标准和给3个改制公司提出制定基薪标准的建议，规范工资审核、领取、发放程序。对12个单位进行工资发放情况检查，一年中未发现违反工资制度情况。根据绩效工资与经济效益挂钩的原则，从2005年9月1日起，部分亏损单位绩效工资下浮10%～20%。

（胡 荣）

【强化设备物资管理】 2005年，水电九局切实落实专业设备和通用设备分开管理工作，实行通用设备经营化管理，走市场化道路，专业设备实行集中管理，从制度上强化对机电类特种设备的管理。设备原值增长率8.2%（设备原值增长率考核指标不小于1%），专业设备年折旧率11.42%（设备综合折旧率考核指标不小于8%），专业设备完好率98%，专业设备利用率100%。施工设备的综合完好率为90%，超过机械设备完好率考核指标5个百分点，设备综合利用率62.4%，超过机械设备利用率考核指标7个百分点，机械设备事故损失率0.08‰（小于3‰指标）。

规范设备物资采购管理。严格执行《设备物资采购管理办法》和质量管理体系文件，通过招（议）标采购，降低采购成本。采购活动中未发生违规违纪事件，采购的产品未发生重大质量问题，设备、材料入库验收合格率分别为100%和97%以上，投入使用的设备、材料合格率均为100%。

加强物资计划管理。采购计划准确率95%以上，没有造成物资积压和浪费，项目竣工时物资库存接近“零”。

（潘仁铭）

【设备租赁市场化】 2005年7月，水电九局成立设备租赁公司，按资产所有权与经营权分离的要求经营运作。水电九局划拨124台（套）大、中型工程通用设备为其主要经营资产。主要从事设备租赁、工程机械维修检测、土石方专业承包、技术管理咨询等业务。设备租赁公司坚持“保值增值，管理增效、市场开拓、服务客户、单机核算、锁定利润、倒逼成本”的工作思路，坚持“以市场为导向、以创新为根本、以安全为生命、以机长为基础、以效益为目标、以应变求发展”的经营理念，以把出资人（水电九局）、公司和员工三者的利益及客户的成功捆在一起的核心价值观为根本，按“服务优质化、业务专业化、管理规范化、经营规模化”的要求规范运营，把服务重心由企业内部转到面向市场，充分发挥设备、人员及经营管理的优势。到2005年底，共完成设备租赁370台次，完成设备租赁产值940万元，设备完好率从55%提升到75%，设备利用率从48%提升到65%，事故损失率小于3‰，净值增长率大于5%，设备综合折旧率大于10%，大修理预提6%。设备租赁公司已取得贵州省质量监督局颁发的工程机械维修检测A级资质证书。

（吴文才　李　丽）

【资金集约化管理】　2005年，水电九局进一步加强对资金账户的管理，扩展网上银行业务，全面提升资金集约化管理水平。

制定和完善《水电九局资金结算中心资金管理实施细则》、《水电九局资金结算中心现金管理实施细则》、《关于加强局属各工程项目资金集中管理的细则》等规章制度，严格实行收支两条线管理，建立健全现金流量管理网络体系，资金大都集中到本部账户上，真正实现资金“零”在途。各单位、工程项目纳入建行、工行、农行网上银行系统共有53个账户（其中建行网银系统28个、工行网银系统20个，农行网银系统5个），通过银行系统流入水电九局资金结算中心的资金集中度76.5%，流入集团公司资金结算中心的资金集中度24%，超额完成集团公司下达的指标要求。

2005年，水电九局继续被中国建设银行贵州省分行评为AAA级企业，在各家商业银行共获得10亿元的授信额度。

（刘方辉）

【财务管理】　2005年，水电九局制定下发统一会计核算科目体系，进一步规范水电九局会计核算工作。制定《水电九局“账销案存”资产管理实施细则》，使水电九局账销案存资产管理工作按照集团公司统一部署规范有序地开展，对部分账销案存资产的销案和处置已向集团公司申请备案和审批，并得到批复。开展预算管理工作，在继续对局机关部门和经费单位实行经费预算管理的基础上，将预算管理范围覆盖到二级生产经营单位和全资、控股子公司。将财务预算进行细化，对各项指标进行分解，下达预算控制指标，由各经营单位组织实施。

（刘朝忠）

【主办“全国十一省（区、市、局）电力会计学会第十届联席会”】　2005年7月30日，由水电九局主办、水电九局会计学会承办的全国十一省（区、市、局）电力会计学会第十届联席会在贵阳花溪召开。来自重庆、四川、云南、广西、内蒙古、福建、贵州、天津、山东、西藏十省（区、市）和水电九局电力会计学会以及会议特邀的财政部驻贵阳专员办、贵州省财政厅、贵州大学、水电建设集团会计学会、贵州省建设会计学会等单位、学会的领导、专家、学者和会计师共120余人参加会议。

会议对电力企业改革发展中如何做好电力会计工作、如何充分发挥好电力会计工作的作用等重大课题进行学术研讨与交流。会议在贵阳市召开，进一步提升了集团公司和水电九局的知名度与影响力。

（周晋国）

企业改革

【改革改制工作】　2005年，水电九局根据“跟踪、指导、扶持”的方针，落实对已改制单位的扶持，协助改制单位处理改制过程中出现的问题和历史遗留问题，为其经营和发展提供必要的帮助和服务。改制成立的6家公司中，除一家公司由于市场的影响而出现一些困难外，另外5家公司实现预定的各项目标，其中国有控股的3家改制公司实现的利润较为可观，各改制公司总体运行情况良好，正逐步走向良性发展轨道。

在完成第一批改制单位改制工作的基础上，水电九局向集团公司申报水电九局勘测设计院、贵州久泰劳务有限责任公司和水电九局中心医院三家单位为第二批改制辅业单位进行改制。制定拟改制单位的《改制实施方案》和《职工分流安置方案》，并经拟改制单位职工代表大会审议通过；完成对拟改制单位的财务审计、资产评估以及经济补偿金测算等工作。在改制工作进入最后的资产处置、股份认购、职工劳动关系处理、建立法人治理机构和公司注册（或变更）登记阶段时，经过对拟改制单位职工进行改制意愿调查，拟改制单位职工对单位改制时机、改制后发展等信心不足，改制条件不成熟，水电九局经过认真研究并报经集团公司同意后，决定第二批三个单位的改制工作暂缓进行。

（张贤品）

【管理层与劳务层分离】 2005年2月11日，为充分开发水电九局劳动力资源，全面推进现代企业制度建设步伐，水电九局成立施工公司，对水电施工主业实行管理层与劳务层分离，将水电施工主业划分为项目管理层和施工作业层。施工公司负责对水电九局劳务作业人员统一管理，承担各项目施工作业任务。施工公司成立一年来，对下岗职工进行专业技术理论和实践培训202人次，开展师带徒活动，签订师带徒协议41份。安置下岗职工上岗和劳务输出共计877人次，接待下岗职工的来信来访1988人次。通过管理层与劳务层分离工作，建立与社会劳务接轨的用工机制，有利于解决下岗职工再就业，维护企业稳定。水电九局实行管理层与劳务层分离工作，为下岗职工再就业工作积累了有益经验。

（齐红梅）

【职工子弟学校移交工作】 2005年3月25日，水电九局成立分离企业办社会职能工作领导小组，正式启动水电九局职工子弟学校向贵阳市国家高新技术产业开发区移交工作。

2005年6月开始对学校占地面积、建筑面积、办公用品、实验设备用品以及其他设备设施和资产进行清理核实；对在职教师和退休教师的专业技术职务资格进行确认、换证；对在职职工的工资标准、离退休教师的养老金、社会保险住房公积金等费用进行初步测算等工作。经过贵阳市高新区对以上各项资料进行认真核查，确认符合移交条件的在职人员110人，退休人员135人。水电九局与贵阳市财政局联合行文将数据对账结果分别报告贵州省财政厅和集团公司。

正式移交工作将于2006年完成。

（谢厚银）

【工伤保险进入地方统筹】 2005年7月1日，水电九局成为贵州省贵阳市工伤保险统筹成员企业。

水电九局参加地方工伤保险统筹前后的工伤人员和职业病患者实行双轨制管理。即参加地方工伤保险统筹前的工伤和职业病患者管理按照《中国水电九局工伤保险管理办法》的有关规定办理和管理；参加地方工伤保险统筹后的工伤和职业病患者管理按照《贵阳市工伤保险实施办法》的规定办理。

工伤保险缴费基准费率为4.2%。其中3%的工伤保险费存入水电九局工伤保险基金，用于支付2005年6月30日24时前发生工伤和患职业病人员有关工伤费用或工伤待遇；1.2%上缴地方工伤保险统筹经办机构。

（陈正才）

科技进步

【围堰防渗控制性帷幕灌浆技术研究】 2005年10月，水电九局基础公司《围堰防渗控制性帷幕灌浆技术研究》获集团公司2005年度科研立项。

控制性灌浆技术是防渗处理工程近几年才兴起的一项新技术新工艺，是在临时挡水围堰的防渗墙建造过程中形成的，对临时围堰的抛填层、河床砂砾层和基岩层有较好的防渗堵漏作用。控制性灌浆技术与其他防渗措施相比，具有施工工艺简单、施工工效高、工程造价合理等优点。同时，由于形成的围堰防渗体可靠性高，使得基坑排水易于实施，并保证基坑的连续施工。水电九局通过科研立项，将逐步总结出一套较完整的技术参数、工艺参数，设备参数，确保土石围堰采用控制性帷幕灌浆技术防渗闭气。施工快速、经济可靠的控制性灌浆技术，在围堰防渗处理施工中具有较大的推广应用前景。

【索风营下游倒张拱桥项目施工技术研究】 2005年9月，水电九局安装公司《索风营下游倒张拱索桥工程施工工艺研究》获得集团公司授予的2005年度“中国水利集团公司科学技术进步奖”二等奖；2006年1月，获得中国电机工程协会授予的2005年度“中国电力科学技术奖”三等奖。

索风营电站下游倒张拱钢索桥为双向双车道钢索桥，桥长205米，净跨155米，桥面宽18.4米，车道宽12米，单车最大载荷65吨，可双向运行。索风营下游倒张拱钢索桥与同类平拉索桥比较，最大的创新点在于实现钢索桥双向双车道运行，为世界首创双向双车运行，成倍提高运输量，引用倒张索的概念，从而首次运用荷载转移的原理，提高桥身的结构刚性，满足安全运行的条件。

【大型环保人工砂石系统半干式制砂工艺研究】 2005年11月，由水电九局砂石分局和贵州乌江水电开发有限责任公司索风营水电站建设公司共同完成的《大型环保人工砂石系统半干式制砂工艺研究》获得贵州省人民政府授予的2005年度“贵州省科学技术进步奖”三等奖。

2001年，水电九局依托乌江索风营水电站碾压混凝土大坝施工，针对石灰岩的特性，在人工砂石料生产过程中，结合45年来丰富的实践经验，对我国传统的制砂工艺进行深入研究，大胆提出“采用立轴式制砂机‘以破代磨’半干式制砂工艺，结合粉砂、废水回收利用与环保工程配套”的设想，经过近3年的研究与实践及推广应用，取得显著的经济效益和社会效益，受到社会各界的广泛关注和充分肯定。

2005年5月25日通过贵州省科技成果鉴定，鉴定结果为：环保型半干式制砂工艺研究成果达到国内领先水平。

【钢纤维缓冲防水井盖获国家专利】 2005年4月19日，水电九局建设公司《钢纤维缓冲防水井盖》获得由中华人民共和国国家知识产权局授予的实用新型专利证书。设计人刘豫，专利权人贵州文嵩建设工程有限责任公司（现更名为水电九局贵州建设工程有限责任公司）。

现有技术中，铸铁和塑钢井盖的成本较高，混凝土井盖也存在使用寿命较短、易断裂、破损、面层易磨损、无防水功能等缺点。钢纤维缓冲防水井盖具有使用寿命长，制造成本低，一次挤压成型，在抗折、抗磨、防破损方面高于其他产品，在防水方面达到井盖和井圈接缝无渗水滴漏的优点。

（王　玫）

安全生产

【落实安全生产责任制】 2005年，水电九局局长与水电九局二级单位第一责任人签订安全生产责任书27份，各二级单位负责人分别与所属厂队负责人签订安全生产责任书，在建项目与分包单位签订安全责任书，保证层层有负责人管安全的局面。

2005年水电九局安全生产委员会召开5次安委会会议，布置、检查、总结安全生产工作，对各单位履行安全生产责任书的情况进行综合考评，评出安全生产先进单位8个、合格单位19个、安全文明设备机长5名、安全文明设备机组2个、安全生产先进个人17名、优秀安全驾驶员5名。水电九局、水电九局贵州建设工程有限责任公司、水电九局湖南铜湾施工局、水电九局贵州思林电站导流洞项目部、水电九局贵州构皮滩厂房项目部被评为集团公司2005年度安全生产先进单位。

【安全管理制度】 2005年，水电九局修订完善《环境、职业健康安全事故应急救援预案》，初步建立工程局、分局、项目部三级应急救援体制。颁布实施《中国水电九局工伤保险管理办法》，印发《关于做好工伤认定工作的通知》，规范工伤认定的时间、程序、资料要求。编制水电施工高边坡开挖与支护、土石围堰填筑、压力容器操作、高压电器设施、隧道断层破碎带及Ⅳ－Ⅵ类危岩开挖与支护、垂直运输作业、爆破作业、临时供电系统作业、爆炸物品仓库管理、油库管理、脚手架工程、大型模板安装拆除等重大危险作业的管理方案，编制噪声排放、粉尘排放、废弃物排放等环境保护的管理方案。

【安全生产大检查】 2005年，水电九局贯彻“安全第一，预防为主”的安全生产方针，坚持以人为本，关爱生命的人文理念，努力从事故发生的源头做好安全检查工作，将事故隐患消灭在萌芽状态。根据水电九局安全生产检查制度的要求，全年组织3次专项安全检查和2次综合安全大检查。

专项安全检查：4月27日，水电九局开展起重设备专项检查，对自有或租赁的起重设备（门机、缆机、履带吊、汽车式起重机、行车、卷扬机、物料提升机）等进行专项自查。同时开展安全度汛检查，制定防汛技术措施和应急救援预案，做好重大危险源的监控。7月12日，开展防暑降温、汛期斜坡、高切坡安全工作检查。采取可行的防暑降温措施，加强汛期斜坡、高切坡等地质危害的监督。8月8日，开展垂直运输机械设备专项检查，重点检查起重设备制造许可证、产品质量合格证明、检验检测证明、验收合格证明、起重设备操作人员操作证、拆装单位资质、安全防护设施、日常维修保养情况、运行管理等情况。

综合安全大检查：5月26日～6月23日，水电九局分两个检查组对19个施工项目部进行综合安全大检查。12月26日～31日，对8个施工项目部进行综合安全大检查。两次综合安全大检查共发出安全隐患整改通知书15份，项目部在规定时间内进行了有效整改。

水电九局各项目部重视安全生产工作，设置有独立的安全管理机构和专职安全管理人员开展经常性的安全工作，履行职责，建立以安全生产责任制为中心的安全管理制度。施工现场安全标识齐全，安全防护设施满足生产需要，生活营地整洁卫生，安全生产处于受控状态。

【安全生产教育培训】 2005年3月，水电九局28位三类安全生产管理人员参加贵州省建设厅组织的安全生产管理人员考核培训学习，均取得“安全生产考核合格证书”。2005年6月24日～30日，水电九局安全监察管理部、人力资源管理部联合在水电九局贵阳和尚坡基地举办一期施工班组专职安全员培训班，83位来自施工一线的班组生产骨干参加学习。2005年10月～11月，水电九局分两批共39人参加集团公司在长沙组织的安全生产管理人员考核培训学习，全部取得水利部颁发的“安全生产考核合格证书”。2005年6月28日，水电九局组织机关相关部门人员学习工伤保险相关知识，了解工伤认定、伤残劳动能力等级鉴定知识和申办程序。

水电九局在全国安全生产月活动期间组织安全宣传活动，张贴标语270幅，设立大小宣传牌785块。全年组织职工轮岗学习875人次，民工入场安全知识教育1980人次，对新招用的大中专学生进行三级安全教育学习120人次。

安全教育培训投入16.5万元。

（付忠华　况明胜）

党群工作和精神文明建设

【保持共产党员先进性教育活动】　2005年7月～12月，水电九局党委在全局各级党组织和全体党员中开展保持共产党员先进性教育活动。成立专门的领导机构和工作机构，认真抓好集中学习教育三个阶段的工作，水电九局19个基层党委（党工委）、6个党总支、85个基层党支部、1859名党员参加先进性教育活动。

在先进性教育活动中，成立3个督导组、建立18个局党委班子成员联系基层组织的联系点，通过讨论总结提炼出水电九局新时期保持共产党员先进性具体要求，党员撰写心得体会63篇，党性分析文章1780篇，水电九局党组织和党员捐款5.3万元、捐衣物5043件帮扶贫困山区发展，征求职工群众意见1992条，各级党组织认真落实整改方案，进行整改，为职工群众办实事476件。各基层党组织主要负责人、党员代表、职工代表、离退休老同志代表共104人对先进性教育活动进行满意度测评，总体情况满意率为99%。水电九局保持共产党员先进性教育活动取得的成绩得到贵州省委督导组、集团公司巡回检查组的好评，并且先后被贵州日报、贵州电视台报道总计6次，还多次在贵州省保持共产党员先进性教育活动有关会议上交流工作经验。

【党建工作】　2005年，水电九局党委结合改革改制和生产经营工作实际，努力探索和创新适应建立现代企业制度的党建工作新机制，创新党组织活动内容和方式。

水电九局坚持加强领导班子建设，不断完善党委中心组学习制度，在加强政治理论学习的同时，注重加强市场经济理论、现代企业管理知识和相关业务知识理论的学习，不断提高各级班子成员的综合素质和领导能力。坚持民主集中制，按照集体领导、民主集中、个别酝酿、会议决定的原则，严格执行党政联席会议制度、党委会议制度等议事规则，坚持发挥党组织参与决策、监督和保证的作用。认真开好领导班子民主生活会，促进班子团结，发挥整体功能。按照“政治素质好、经营业绩好、团结协作好、作风形象好”的要求和标准，开展“四好”领导班子创建活动，求真务实、开拓创新成为水电九局各级领导班子的主流。

加强干部队伍建设。进一步加强干部选拔任用的监督，建立用人失察责任追究制度，坚持实施“领导干部任前公示”制度，坚持干部谈话制度。不断加强后备干部队伍建设，按照程序推荐局级后备干部32名，进行动态管理，后备干部的培训、锻炼和培养考察工作正常开展。选拔任用35名中层领导干部（其中女干部5名）。局机关及各基层单位、项目部选拔任用一批懂经营、会管理的年轻科（队）级干部，水电九局人才队伍、干部队伍建设进一步加强，2005年接收244名省、内外大中专学校毕业生，有水利水电工程、机械、测量、交通工程、会计学、工民建等20余个专业，进一步巩固了干部队伍建设的基础。

加强党的基层组织建设。在坚持落实《党委工作条例》、《施工项目部党组织工作条例》的基础上，结合施工项目部的实际，制定实施《施工项目部党组织管理暂行办法》。新成立基层党组织7个，调整充实基层党组织14个。对改制的6个单位的党组织关系进行了清理，及时与地方党组织联系，明确改制单位党组织管辖关系。根据贵州省国资委党委《关于同意水电九局第一批改制单位党、团组织隶属关系调整的批复》（黔国资党建［2005］9号），在5家改制公司分别建立党组织，并隶属水电九局党委管辖，另一家改制公司的7名党员组织关系按照属地化管理原则转交到地方。党组织的政治核心作用和战斗堡垒作用更加突出。

加强党员队伍建设。开展保持共产党员先进性教育活动，加强党员的思想理论学习，以集中学习、上党课、开展学习座谈、学习优秀共产党员、劳动模范先进事迹等多种形式，坚持对广大党员进行党的理论、路线、方针、政策的教育。严格党员管理教育，举办5期入党积极分子培训班，66人参加培训，新发展党员76人，党员队伍不断壮大。

【局第三次党代会】　2005年3月16日～19日，水电九局召开第三次党代会。会议总结水电九局第二次党代会召开以来的主要成绩和经验，提出今后五年加强和改进党的建设总体要求和目标任务。出席党代会的党员代表112人，选举产生中共水电九局第三届委员会和中共水电九局第三届纪律检查委员会。中共水电九局第三届委员会由11人组成，中共水电九局第三届纪律检查委员会由11人组成。中共水电九局第三届委员会召开第一次全体会议，以等额提名、无记名投票方式选举产生水电九局党委书记、副书记。中共水电九局第三届纪律检查委员会召开第一次全体会议，以等额提名、无记名投票方式选举产生水电九局纪委书记、副书记。

【开展“争先创优”活动】 2005年6月，水电九局党委对局属各党委、党工委、党支部开展“争先创优”活动进行检查考核，在各单位自查的基础上，对贵阳片区3个控股公司进行抽查。11月24日～12月4日，水电九局党委组织检查组在各单位自查、自评的基础上，采取听、看、查、访、评、问卷调查等方式对17个单位、项目部进行检查考核。确定优秀单位9个，良好单位8个。

【精神文明建设】 水电九局把精神文明建设纳入企业发展的总体目标，促进物质文明和精神文明建设协调发展，在对干部职工加强理想信念教育，世界观、人生观、价值观教育，道德、纪律、法律法规教育，促进“四有”职工队伍建设的同时，以建设文明工程、文明机关、文明小区为重点，积极推进精神文明创建活动。评选表彰10名水电九局劳动模范，49名先进生产（工作）者，7个文明单位，20个文明班组（部室）。“创建学习型组织，争做知识型职工”活动深入开展，成立领导机构，制定创建规划、目标和实施办法，投入创建经费，组织发动广大干部职工参加集体学习，专题学习、内培外送学习。一些单位还建立鼓励职工自学成才的长效激励机制，努力提高职工队伍的整体素质和职业文明程度。评选表彰2个创建学习型组织活动优秀领导班子、49名知识型职工标兵。职工队伍的整体素质和职业文明程度得到提高。

【宣传思想工作】 结合各个阶段的工作重心，认真宣传党和国家路线方针政策，宣传“三个代表”重要思想，科学发展观，宣传集团公司和水电九局重大决策部署，促进干部职工解放思想和统一思想，扎实搞好对内对外宣传报道，进一步凝聚队伍，振奋精神，扩大声誉，提升形象。2005年共编辑出版《水电开发报》24期，在各类新闻媒体发表有关水电九局的稿件100多篇（条、幅）。

（齐红梅）

【工会工作】 2005年，水电九局工会坚持“组织起来，切实维权”的工作方针，全面履行工会各项职能，突出推进职工素质工程，深化“职工之家”创建工作，加强企业民主管理，实行厂务公开，积极推进“创建学习型组织、争做知识型职工”活动、经济技术创新活动、社会主义劳动竞赛，努力完成各项工作目标任务，推动和促进“两个文明”的建设。2005年4月，2个基层工会、1名基层工会干部和1名会员代表受到贵州省建设工会表彰。

在水电九局“三标合一”管理体系认证工作中，工会建立《职业健康安全与环境保护监察信息报告制度》，经过民主程序，建立员工代表队伍，认真履行工会组织及员工代表在职业健康安全与环境保护监察工作中的职责。工会对环境与职业健康安全的监察工作得到外部审核组的好评。

11个工程项目部工会围绕各时期的生产节点任务和截流目标开展以“定目标、定责任、定部门、定人员、定奖惩”和“比质量，创精品；比安全，创效益；比进度，创产值；比形象，创文明；比奉献，创佳绩”的社会主义劳动竞赛，赋予劳动竞赛新的内涵。保证生产节点任务和大江截流目标实现。

开展扶贫送温暖活动，在元旦、春节期间，筹集资金275万元对离退休人员、下岗职工和困难职工等8987人次进行慰问。在中秋、国庆期间，拨款60多万元对6000多名离退休人员进行慰问。开展金秋助学活动，贵州省建设工会下拨资金9000元，水电九局自筹资金50500元，对38户特困子女入学、227户困难职工家庭进行慰问和帮扶。

（杨继新）

【创建模范职工之家取得新成绩】 2005年，水电九局在巩固“职工之家”建家成果的同时，赋予“建家”活动新的内涵，突出以“创建模范职工之家，促进企业和谐发展”为内容，重点把“职工之家”建在生产一线，把维护职工（包括农民工）合法权益的维权机制、吸收劳务工入会等列为创建活动的重要内容。水电九局构皮滩项目部工会吸收4支外协民工队伍的260多名农民工入会，农民工入会工作取得新突破。在创建模范职工之家过程中，特别注重发挥广大职工与相关职能部门的作用，共同创建、共同考核。通过共建意见箱、意见簿征集职工的意见，发动广大职工共同参与创建和管理“职工之家”。2005年挂牌建立基层单位“职工之家”5个。

2005年8月18日，水电九局工会被贵州省总工会授予贵州省“模范职工之家”称号，水电九局广西巴江口项目部工会荣获贵州省“模范职工小家”称号。

（朱海燕）

【共青团工作】 切实加强团的基层组织建设，结合施工项目部和改制公司的实际，及时建立健全基层团组织，新成立10个基层团组织，调整和充实基层团组织4个。做好组织发展工作，发展团员177名，向党组织推优25名，其中发展党员6名。围绕企业改革和生产经营中心工作，积极开展争创青年文明号、争当青年岗位能手活动，认真组织开展青年安全示范岗活动；开展以节约资源为主题的宣传和实践活动，开展以学习实践“三个代表”重要思想为主要内容的增强共青团员意识主题教育活动。2005年，水电九局团委和水电九局职工子弟学校团委获贵州省国资委系统“红旗团委”荣誉称号，水电九局建设公司团委获贵州省国资委系统“红旗团委创建单位”荣誉称号，水电九局安装公司车工班获贵州省国资委系统“青年文明号”荣誉称号，一名团员获贵州省国资委系统“青年岗位能手”荣誉称号。水电九局团委还获贵州省国资委系统增强共青团员意识主题教育活动组织奖，水电九局铜湾施工局团总支获贵州省国资委系统“增强共青团员意识主题教育活动先进集体”称号。

【企业文化建设】 水电九局进一步加强对企业文化建设的领导，把企业文化建设融入到企业管理、思想政治工作和精神文明建设中，局属各单位从增强现代经营管理意识，创新思维、创新管理、促进企业更快更好发展的角度出发，加强对企业文化建设重要意义的认识，把企业文化建设纳入工作计划，予以高度重视，进一步加强对企业文化的宣传学习和研讨，逐步完善企业经营理念提炼、企业精神的培育、企业形象的塑造、企业制度的建立等工作，并取得一定的成绩。水电九局贵州建设工程有限责任公司获得贵州省“企业文化建设先进单位”和“精神文明创建活动先进单位”称号。

全面启动《中国水利水电建设集团公司志》搜集资料工作，以《关于认真做好〈中国水利水电建设集团公司志〉搜集资料工作的通知》（九局党[2005]16号）文件精神为指导，对水电九局搜集工作进行安排，成立志书资料搜集工作领导小组，下发分解任务表，抽调3名人员专门从事资料搜集工作。完成《中国水利水电建设集团公司年鉴》成员企业要览的编写任务，形成2.2万字文字稿件，全面反映水电九局2003年、2004年工作情况，较好地宣传企业，树立水电九局的良好形象。

（齐红梅）

检查监督

【落实党风廉政建设责任制】 2005年1月20日、10月20日，水电九局分别召开局党风廉政建设工作会议和党风廉政建设工作专题会，总结、分析和布置全局党风廉政工作。2005年签订《党风廉政建设目标责任书》39份，与中层以上干部签订《廉洁从业承诺书》191份。严格“党风廉政建设责任制”建设的检查考核工作，全年对局属8个单位、9个项目部进行年度落实党风廉政建设责任制等工作情况进行检查和抽查，另有4个项目部上报自查报告。

着力发挥纪检监察组织的“教育、保护、监督、惩处”的职能作用，把领导干部廉洁自律放在首位，把查处案件作为强制手段，把警示教育、党性党纪教育作为重要内容，在教育疏导中强化警示作用。编印《党风廉政与普法宣传工作简报》11期；组织631人次参加贵州省国资委、集团公司组织的《建立健全教育、制度、监督并重的惩治和预防腐败体系实施纲要》、《建立健全教育、制度、监督并重的惩治和预防腐败体系学习纲要》和《廉洁从业规定》两次知识竞赛，优秀率分别为90%和100%。开展反腐倡廉作品征集活动，收到21件作品，组织党员、干部50多人观看贵州省廉政漫画作品展。

（邓洪文）

【职工代表大会监督】 2005年3月16日～19日，水电九局召开第十届二次职代会，102名职工代表出席会议，5名离退休老同志应邀列席会议。

会议审议通过《工程局整体改制总体方案》、《2005年（第二批）辅业改制总体方案》，职代会团（组）长联席会审议通过局机关工作人员工资调整方案（试行）。闭会后，对征集的提案进行认真处理和落实。建立《职代会团（组）长联席会议制度》、《职代会档案管理制度》及职工代表巡视检查《集体合同》等制度。2005年6月和11月两次组织职工代表深入基层（公司、项目部）对《集体合同》的执行情况和劳动保护与安全卫生执法进行巡视检查。

（杨继新）

【纪检工作】 为了加强项目部纪检监察工作，规范项目的各项管理工作，水电九局纪委建立《派驻项目部纪检监察员工作制度》，负责项目部的纪检监察工作，并参与项目部的各项重大决策，监督检查项目部贯彻执行水电九局各项制度和规定的情况。该制度受到贵州省国资委纪委的肯定。在建有党组织的各项目部特聘纪检监察员15人。全年培训纪检监察干部13人。

严格个人收入申报、礼品礼金收受情况、个人重大事项登记制度，对有关干部收受的礼品、礼金责令上缴局财务产权部。对新提任的20余名领导干部进行廉政谈话。针对项目部多且人员分布广的具体情况，利用各种机会，保证对每一名中层干部进行一次廉政谈话。2005年被评为集团公司党风廉政建设优秀单位。

【效能监察】　2005年效能监察从生产经营、分包队伍的资质资信、制度建设和执行情况等方面入手，对贵州盘南项目部、大花水项目部、金阳行政中心地下停车场D段标装修工程项目部、湖南铜湾施工局进行效能监察立项，对贵州鸭池河、盘南、大花水、三板溪项目部，湖南东坪、铜湾、皂市、黑麋峰项目部，广西巴江口项目部进行效能监察，提出监察建议或意见44条。

强化改革改制过程中监察工作的作用。根据水电建筑市场和设备物资供货市场竞争较为激烈的状况，每半年根据工作业绩向局属各单位、项目部公布一次合格的工程分包商和供货商；根据《水电九局工程分包管理办法》，对2005年合同额在100万元以上新签分包工程的《保廉合同》进行备案，验收率超过5%。

（邓洪文）

【审计监督】　2005年水电九局审计工作坚持以内部审计准则为基础，以合法合规为基本要求，以促进提高经济效益为主要目标的审计工作新思路，加大对违规资金和损失浪费资金的审计力度，帮助项目提高经营管理水平。全年完成审计项目26个，超年度计划16个，提出审计建议94条，已采纳审计建议45条。

（张丽萍）

【普法教育】　2005年，水电九局组织中层以上干部184人参加贵州省建筑行业“四五”普法验收考试，参考人员全部通过考试，合格率100%。编写《关于承揽工程及工程管理中五个典型案例的剖析》材料，下发中层以上干部、纪检监察干部及各项目部学习参考。举办“四五”普法暨警示教育专题讲座5场次，参加培训人员780余人次，举办《合同法》、《民法》、《建筑法》、《公司法》等相关法律知识培训班，参加培训人员1500余人次，不断提高干部职工的法律意识和维权意识。

（向书德）

【厂务公开】　2005年，水电九局从职工群众最关心的问题入手，将生产经营管理中的重点、难点、疑点问题和关系职工切身利益的岗位竞聘、工资奖金、扶贫送温暖资金分配、人事任免、评先选优以及企业（项目部）负责人的廉洁自律等情况通过职工大会、厂务公开栏、《厂务公开简报》、墙报和水电九局内部网络进行公开，保障职工群众的知情权和监督权。全年两次到控股公司及在建大中型项目部组织职工进行厂务公开民主测评，有210多名职工群众代表参加测评，87%的职工群众对水电九局和所在单位的厂务公开工作表示满意或基本满意。

2005年12月，贵州省厂务公开领导小组授予水电九局“2005年度贵州省（事、校、院）厂务公开民主管理先进单位”荣誉称号。

（杨继新）

中国水利水电第十工程局

概　况

【综述】　中国水利水电第十工程局（以下简称水电十局）隶属中国水利水电建设集团公司（以下简称集团公司），为具有水利水电工程施工总承包一级资质的国有大型建筑施工企业。主要经营水利水电施工、机电安装、金属结构制作安装、基础处理施工、工业与民用建安工程、送变电工程、路桥、房建、城市供水等市政设施施工以及水利水电地质勘探、测量、工程设计、监理和技术咨询。通过 GB/T 19001—ISO 9001：2000 质量管理体系、GB/T 24001—ISO 14001：2004 标准环境管理体系、GB/T 28001：2001 标准职业健康安全管理体系认证。是银行授信的 AAA 级金融信用企业。

【局领导班子】 2005 年 9 月 16 日，集团公司（中水电人［2005］128 号）聘任茹彩江为水电十局局长；余明川、涂建湘为水电十局副局长；免去文端超水电十局局长职务，工作另行安排。同日，集团公司党组（中水电党［2005］95 号）任命茹彩江为水电十局党委副书记（兼）；免去文端超水电十局党委副书记职务。

2005 年 9 月 16 日以后水电十局领导班子成员 10 位：局长兼党委副书记茹彩江，党委书记兼副局长刘均宏，副局长杜学泽、彭勇、柳赋渊、余明川、涂建湘，党委副书记兼纪委书记王坤任，总工程师陈茂，总经济师何其刚，总会计师刘祥，工会主席陈顺清。

【队伍状况与机构设置】 2005 年末，全局职工总数为 5258 人，其中各类专业技术人员 1469 人（正高级职称 11 人、高级职称 68 人、中级职称 434 人，初级职称 956 人）。各专业技师 154 人。拥有 24 名一级注册建造师，63 名二级注册建造师。局本部机关共设置 18 个机构：局办公室、党委工作部（含机关党委、局团委、报社、武装部）、人力资源部、工程部、质量部、安全生产监督管理部、财务部、经营部、审计部、国际工程部、企划与法律事务部、设备物资管理部、资金结算中心、市场开发部、人力资源管理总站、纪检监察部、工会办公室、社保与离退休管理中心。下属二级单位 13 个：一分局、二分局、三分局、云南分局、机电安装分局、基础工程分局、勘测设计院、基地建设管理处、成都通惠门宾馆、多种经营开发公司、设备租赁站、十局医院、十局学校（于 2005 年底移交地方）。控股公司四个：华西咨询公司、都江堰市佳馨物业管理公司、成都市佳馨房地产开发有限公司、都江堰市亿之源科技公司。

【资产状况】 2005 年末，水电十局资产总额 92454 万元，其中固定资产原值 5.17 亿元，净值 2.06 亿元，当年新增加固定资产 2523 万元，计提固定资产折旧 5517 万元，国有资产保值增值率为 105.93%。

【年度经营业绩】 2005 年，水电十局完成营业收入 9.14 亿元，其中主营业务收入 8.65 亿元，其他业务收入 0.49 亿元。新签工程合同总额 12.38 亿元。全员劳动生产率为 17.39 万元/(人·年)，在岗职工劳动生产率为 23.3 万元/(人·年)，职工平均年收入为 1.63 万元。比上年提高 34.83%。全年实现利润 1110 万元，营业收入利润率 1.21%，足额完成集团公司上缴指标 620 万元。全年土建工程质量合格率为 100%，优良率 80.5%；金属结构安装合格率 100%，优良率 92.7%；机电安装合格率 100%，优良率 93.2%。安全生产目标受控，事故频率低于集团公司和地方政府安全主管部门考核指标。荣获四川省文明单位、四川省模范之家荣誉称号。

（孙殿春）

工程建设

【联补水电站挡水闸坝土建与金属结构安装】 联补水电站位于四川省西昌市布拖县联补乡境内，是金沙江支流西溪河流域水电规划梯级电站的第三级，为引水式电站，装机容量 2×6.5 万千瓦。2005 年 7 月 1 日，水电十局中标承建挡水闸坝、引水隧洞、上坝公路土建、金属结构安装及外供砂石料工程，合同总金额 6347 万元，合同工期 31 个月。挡水闸坝由左右岸挡水坝段、三孔泄洪闸段、一孔冲砂闸段组成。引水隧洞长 100 米，高 5 米，宽 4 米。主要工程量：土石方开挖 13 万立方米，土石方回填 4 万立方米，钢筋笼大块石回填 0.7 万立方米，水泥砂卵石回填 0.8 万立方米，金属结构制作安装 1052 吨，锚杆 2700 根。

【赛珠水电站厂房工程】 2005 年 10 月 22 日，水电十局中标承建赛珠水电站厂房及引水隧洞土建和机电安装工程，合同总金额 9277 万元，其中金属结构、机电安装合同金额 3329 万元。该电站是云南省洗马河干流规划中的第二个梯级电站，为一混合式开发电站，装机容量 3×33 万千瓦。水电十局承担的工程由地下厂房(长 59.4 米、宽 17.4 米、高 37.6 米)、压力管道(1444 米)、120 米高阻抗式调压井和 1521 米引水隧洞组成。主要工程量：石方洞挖 144701 立方米，混凝土浇筑 37358 立方米，钢筋制作安装 2185 吨。

【南水北调中线京石段应急供水工程】 2005 年 11 月 4 日，水电十局中标承建南水北调中线京石段应急供水工程 S18 标段工程，合同总金额 8015.5 万元，计划于 2007 年 9 月 30 日完工。该工程位于河北省保定市曲阳县境内，由一段引水干渠、一座倒虹吸、一座跨渠渡槽、两座跨渠公路桥、一座穿渠道排水倒虹吸及附属建筑物组成。

【老挝色赛2（Xeset2）水电站工程】 2005年4月8日，中国水利水电建设集团公司与中国北方工业股份有限公司在北京签署老挝Xeset2水电站项目分包合同，合同金额9100万美元。水电十局承担的合同金额6800万美元，合同工期48个月。Xeset2水电站以发电为主，设计引用流量33.7立方米/秒，利用水头271米。工程与已建成并投入运行的Xeset河一级（Xeset1）电站（装机容量45万千瓦）和规划中的Xeset河三级（Xeset3）电站（装机容量20万千瓦）形成梯级开发。水电十局主要承建合同项目为，土建工程：①Houay Tapoung河上的首部枢纽，主要包括低溢流堰、冲砂闸、进水闸。②Houay Tapoung首部枢纽后接1100米长的混凝土箱涵。③混凝土箱涵后接7964.3米的明渠引水至Xeset河。④Xeset河上的首部枢纽，主要包括溢流堰、冲砂闸、进水闸。⑤引水渠道长1531.82米。⑥压力引水隧洞长6832.38米，压力管道长1529.86米。⑦调压井高65.6米。⑧地面发电厂房、电站进场道路、运行人员村、电站开关站。金属结构制作安装工程：①Houay Tapoung首部枢纽闸门制作安装及启闭机安装。②Xeset首部枢纽闸门制作安装及启闭机安装。③压力管道制作和安装。机电安装工程：①厂房机电安装。②开关站、变电站机电安装。输电线路工程：①从Xeset2水电站到Paksong变电站约37公里的115千伏双回输电线路。②从Xeset2水电站到Xeset1水电站约3.1公里的115千伏双回输电线路。

主要工程量：土方开挖76.12万立方米；石方开挖78.92万立方米；石方洞挖22.53万立方米；土方回填35.2万立方米，石方填筑6.7万立方米；混凝土浇筑12.56万立方米；喷混凝土1.2万立方米；钢筋制作安装4418吨；浆砌石2.55万立方米；压力钢管金属结构制作安装3105吨。第1～2台机组发电时间：2009年7月1日；工程完工时间：2009年8月7日。

【硗碛水电站砂石骨料项目】 2005年11月3日，水电十局与四川华能公司签定四川省宝兴硗碛水电站砂石骨料工程合同，合同金额2697万元，总工期18个月。硗碛水电站总装机容量24万千瓦。水电十局承担该电站CI-CXI标混凝土浇筑、喷护所需砂石骨料、大坝填筑所需反滤料、垫层料的开采、加工及运输。其中混凝土骨料10万立方米，砂15万立方米。反滤料32.5万立方米，垫层料1万立方米。

【金属结构及机电安装】 2005年，水电十局在国内国外中标金属结构及机电安装项目28个，累计中标金额2.7亿元。金属结构制作、安装、调试、检修项目共有52个，金属结构制作安装12310吨，机组安装16台，总装机容量33.6万千瓦。

【老挝南梦3（NAM MANG 3）电站】 水电十局承建的老挝NAM MANG3水电站，装机容量2×1.75万千瓦，为引水式电站。土建标承包价为2188万美元，金属结构及机电安装合同价1472万元（人民币）。工程于2002年1月11日开工，通过项目科学管理、精心施工，工程质量、工期、安全、环保各方面都受到老挝政府好评。2005年1月18日，NAM MANG3项目竣工庆典仪式在工地电站厂房隆重举行。老挝总理本扬厄啦基、工业部长厄朗、电力公司（EDL）总经理维啦蓬及社会各界人士，中国驻老挝大使馆参赞刘永信等应邀出席庆典仪式。

【冶勒水电站厂房工程】 冶勒水电站厂区枢纽工程位于四川石棉县栗子坪，电站装机容量2×12万千瓦。水电十局承担地下主厂房、副厂房、安装间、母线道、尾闸室、交通洞、出线洞兼排风洞、尾水洞、尾水明渠及电站地下式压力管道等施工任务。该合同金额4329.3289万元，合同工期：2001年6月8日～2004年12月31日（42个月）。主要工程量：覆盖层明挖25万立方米，覆盖层洞挖0.5万立方米，石方洞挖10万立方米，人工混凝土及喷混凝土3万立方米，钢筋制作安装2180吨，锚杆制作安装7211根，预应力锚索62根，排水孔8700米，止水铜片816米，干浆砌石5659米。压力钢管安装1460吨，钢结构制作安装36吨，回填灌浆8350米，固结灌浆810米，接触灌浆571米。该电站地下厂房洞室群施工，采用“立体多层次，平面多程序”的施工方法，确保了工程质量和安全，为水电十局在特差地质危岩条件下，地下厂房洞室群的施工积累了宝贵经验。

【姜射水电站工程】 姜射水电站位于阿坝州汶川县境内的岷江干流上，是岷江干流茂县至汶川县段的最末一个梯级电站，该电站装机容量4×3.2万千瓦。水电十局承担主副厂房、安装间、开关站、尾水渠、主变场、河道整治等土建项目。最大施工强度：开挖80000立方米，混凝土浇筑4000立方米。合同金额2669万元，合同工期23个月。姜射坝电站2003

年6月开工，2005年8月第一台机组发电。

【桃江水电站工程】 桃江电站位于江西省信丰县铁石口镇。电站装机容量2×1.25万千瓦，采用灯泡贯流式机组，河床式低闸引水，总库容量3710立方米。水电十局承担闸坝、厂房、副厂房、开关站、金属结构制作安装、尾水明渠施工。合同金额3065万元，合同工期27个月。该项目于2003年9月16日开工，主要工程量：土石方开挖8.29万立方米、混凝土浇筑6.19万立方米、钢筋制作安装1048吨、固结灌浆0.89万米、帷幕灌浆0.284万米、金属结构制作安装782.7吨、高压旋喷灌浆3198米。最大施工强度：土石方开挖28000立方米/月，混凝土浇筑12000立方米/月。2005年12月31日主体工程完工，为业主按期发电奠定了基础。

【柏香林水电站引水遂洞工程】 柏香林电站厂区枢纽工程位于云南省昭通市大观县、永善县交界处，座落在金沙江一级支流横江上游段的渔河中下游河段上，电站装机容量5万千瓦。水电十局承担电站引水隧洞施工，合同金额2650万元，合同工期21个月，该隧洞工程于2004年3月1日开工。主要工程量：洞挖72662立方米，混凝土浇筑26851立方米，固结灌浆1724米，回填灌浆2320米，钢筋制作安装128吨。该项目按照业主要求于2005年12月31日完成合同任务，为按期竣工奠定了基础。

【老渡口水电站工程】 老渡口水电站工程位于云南省罗平老厂乡。电站装机容量2×1.25万千瓦。水电十局承担该电站主厂房、副厂房、升压站、前池、泄洪道、压力管道土建及辅助设备安装任务。合同金额1674万元，按照合同工期要求2003年4月开工，2004年5月31日发电。主要工程量：土石方开挖18万立方米、土石方回填2万立方米、混凝土浇筑1.8万立方米、喷混凝土6000立方米、钢筋制作安装950吨，锚杆2650根。最大施工强度：土石方开挖3.650立方米/月，混凝土浇筑3460立方米/月。

【流波水电站大坝工程】 流波水电站位于安徽省金寨县东南部淮河流域西淠河主源燕子河出口处。电站总装机容量2.5万千瓦，总库容5148万立方米，兼有防洪、蓄水等功能。水电十局承建大坝工程，合同金额3833万元，合同工期为2003年6月10日至2004年6月30日。因设计修改等原因，工期延至2005年底。主要施工项目有拦河坝、碾压混凝土三心圆单曲拱坝。

【龟都府水电站土建、机电安装等工程项目】 龟都府水电站位于雅安市草坝镇水口村附近名山河与青衣江汇合处的龟都府河段上。该电站系一座闸坝低水头河床式电站，装机容量3×2.1万千瓦（灯泡贯流式机组），坝轴线长250米，坝高30余米，总库容0.559亿立方米，以发电为主，兼顾旅游。合同金额9008万元，合同开工日期为2003年11月18日。工程项目有：临时建筑（含砂石系统）、冲沙闸、非溢流坝、主副厂房、尾水渠、升压站、进场公路。水电十局承担该电站全部土建、金属结构制作及机电安装。主要工程量：土石方开挖49万立方米，混凝土浇筑23万立方米，钢筋制作安装4760吨。

【大金坪水电站厂区枢纽及机电安装工程】 大金坪水电站厂区枢纽位于四川省雅安地区石棉县境内的松林河干流上，从湾坝河、洪坝河联合引水，为长隧洞引水式电站。电站设计水头185米，装机容量3×4.3万千瓦。水电十局承建电站主厂房、副厂房、安装间、GIS开关站、主变压器室、调压井及压力管道。合同金额9595万元，2003年12月18日开工。主要工程量：土石方开挖103251立方米，石方洞井挖105000立方米，砂砾石回填9337立方米，挂网喷混凝土23500平方米，锚杆13722根，混凝土47888立方米，混凝土灌浆桩3080立方米，钢筋4630吨，钢结构180吨，“654”止水500米，止水（膨胀型）90米，止水（橡胶）4010米，回填灌浆14684平方米，固结灌浆57820米，浆砌石15850立方米，砖砌体1200立方米，闸门启闭机安装92.5吨，压力钢管安装1865吨，钢制防水2吨。

【小天都水电站厂区枢纽工程】 小天都水电站为引水式电站，位于四川省甘孜藏族自治州境内，系瓦斯河干流梯级开发的第二级水电站，装机容量3×8万千瓦。合同金额6035.7549万元，合同工期：2003年5月18日～2006年10月31日。水电十局承建调压室（气垫式）、压力管道、地下厂房系统。主要工程量：土石方开挖227285立方米，锚杆26111根，喷混凝土5295立方米，混凝土浇筑40505立方米，钢筋制作安装3257吨，钢管制作安装1488.4吨，浆砌9093立方米，回填灌浆9562平方米，接触灌浆1119平方米，帷幕灌浆450米，固结灌浆6069米，高压固结灌浆16550米。在施工过程中，比合同工期提前31天完成地下厂房洞挖，在业主方先后所设的5个目标奖中，水电十局全部获奖。地下厂房采用气垫式调压室设计和施工技术，成为水电十局成功施工的第二个气垫式调压室水电站厂房。在施工质量方面，被业主、监理抢为样板工程，并获嘉奖。

【沙湾水电站引水隧洞工程】 沙湾水电站位于四川省木里县境内的木里河上，电站装机容量4×6万千瓦，为低闸引水式电站，由首部枢纽、引水系统、厂区枢纽组成。水电十局中标引水隧洞第一标，长度为2524米，合同金额4037万元，合同工期2004年9月20日至2007年3月31日。主要工程量：石方洞挖138000立方米，混凝土浇筑21820立方米，喷混凝土7700立方米，钢筋制作安装1470吨，钢筋网制作安装150吨，钢支撑制作安装95吨，固结灌浆9900米，回填灌浆25800平方米，锚杆15930根。

【瀑布沟水电站尼日河引水系统隧洞Ⅰ标工程】 尼日河引水工程由拦河闸坝和引水隧洞组成，最大闸高23.5米，引水隧洞全长13.097457公里。水电十局承建长4474米的引水隧洞和长345.7米的引水首部改线交通洞施工、维护和管理。合同金额4916万元，合同工期：2004年9月～2007年11月。主要工程量：石方明挖677立方米，石方洞挖203646立方米，混凝土浇筑36149立方米，钢筋制作安装2032吨，钢支撑制作安装20吨，固结灌浆15422米，回填灌浆17826平方米，排水孔施工1380米，钢筋网制作安装23吨，挂网喷混凝土616立方米，喷聚丙烯纤维混凝土2578立方米，各种锚杆6130根。

【桑坪水电站厂区枢纽土建工程】 桑坪水电站位于四川省阿坝州汶川县境内，枢纽位于杂谷脑河上，厂区位于岷江河上，是杂谷脑河水电站梯级开发的最后一段，为跨河流域引水式电站。合同金额2368万元，电站装机容量3×2.4万千瓦。水电十局承担电站主副厂房土建工程、主变及开关站工程、尾水渠土建工程、原型观测、施工期环境保护和水土保持相关内容的工程施工。主要工程量：土方明挖64700立方米，石方明挖72300立方米，土石方填筑14220立方米，混凝土浇筑24797立方米，喷混凝土630立方米，钢筋制作安装1415吨，砌体工程4350平方米，屋面预应力雁形板1250平方米。最大施工强度：土石方开挖7000立方米/月，混凝土浇筑4800立方米/月。主要节点工期：2005年8月19日开始厂房底板混凝土浇筑，2006年12月6日移交桥机安装工作面。

【绿叶水电站厂区枢纽工程】 绿叶水电站位于四川省阿坝州理县上孟乡境内，电站装机容量2×2.5万千瓦。水电十局承担引水隧洞（283.488米，开挖直径3.4米）、调压井（高56.011米，直径11.4米）、压力管道（主管长554.869米、直径2.8米、支管两条总长74.86米、直径2.3米、压力管道斜井长485.803米）、厂房（包括主厂房、副厂房、尾水渠、升压站、防洪堤及进厂公路）和临时工程施工任务。合同金额为4237万元。主要工程量：土石方明挖20万立方米、石方洞挖5万立方米、土石方回填73783立方米、混凝土浇筑4.6万立方米、钢筋制作安装2857吨、压力钢管制作安装1045吨、回填灌浆5890平方米、固结灌浆8187米、灌浆钻孔8485米、浆砌石13389立方米、建筑及装修6154平方米。最大施工强度土石方明挖36828立方米/月，石方洞挖3466立方米/月、混凝土浇筑3288立方米/月。合同工期：2004年5月20日～2005年12月20日。

【天生桥水电站主副厂房土建等工程项目】 天生桥水电站位于云南省勐海县境内，为低闸引水式电站，装机容量2×2.5万千瓦。水电十局承担电站的主副厂房土建及机电安装和金属结构制作安装、引水隧洞（共计1050米）、调压井开挖，开关站土建及机电安装，2号施工支洞的部分开挖及封堵，压力管道土建及金属结构制作安装工程。合同金额3480万元，合同工期：2004年6月8日～2005年12月20日。主要工程量：土石方明挖202290立方米、石方洞挖18333立方米、混凝土浇筑26858立方米、喷混凝土1719立方米、钢筋制作安装1328吨、挂网钢筋88吨。型刚制作安装54吨。钢管制作安装1134吨、浆砌石11190立方米、固结灌浆2940米、回填灌浆5320平方米、土石方回填29060立方米、砂浆锚杆4690根。

【色尔古水电站调压井工程】 色尔古水电站位于四川省阿坝州黑水县境内。是黑水河梯级开发的第四级，装机容量3×5万千瓦。水电十局承担该电站调压室、引水隧洞的施工任务。主要包括引水隧洞开挖、衬砌、灌浆，调压井交通洞开挖、衬砌、灌浆，调压室竖井开挖、衬砌、灌浆，以及附属工程。工程合同金额6018万元，于2006年2月15日开工，合同工期22个月。

【竹格多水电站首部枢纽工程】 竹格多水电站位于四川省阿坝州黑水县境内，是黑水河干流梯级开发的引水式电站。电站装机容量2×4万千瓦。水电十局承担的电站首部枢纽工程主要包括泄洪冲沙闸、右岸挡水坝、取水口、上游河道整治。工程量为：土石方明挖131388立方米、石方洞挖1365立方米、土石方回填89475立方米、混凝土防渗墙5640立方米、帷幕灌浆2543米、回填灌浆531平方米、固结灌浆630米、混凝土浇筑50555立方米、浆砌石2141立方米、钢筋制作安装910吨，钢结构制作安装63吨，闸门安装308吨。最大施工强度：开挖26518立方米/月，混凝土浇筑7668立方米/月。合同金额2650万元。2004年9月28日开工，合同工期19个月。

【伊朗塔里干水电站】 由中国水利水电建设集团公司委托水电十局承建的伊朗塔里干水利枢纽工程，大坝工程于2005年11月10日全部达到设计高程要求顺利封顶，塔里干大坝主体工程历时42个月胜利结束，施工质量、进度、合同履约得到了业主的高度评价。伊朗塔里干大坝为黏土心墙堆石坝。开工以来，塔里干项目共完成土石方开挖539.6万立方米；防渗墙1.3万平方米；混凝土浇筑14万立方米；帷幕、固结灌浆11万米；钢筋制作安装7200余吨；大坝填筑1500万立方米；累计完成投资1.4亿美元，为合同结算总额的97%。大坝工程从2002年5月开始进行河床开挖，到2005年11月填筑完工，创造了月上坝填筑强度105万立方米的优异业绩，成为伊朗第一个按合同工期顺利完工的项目以及伊朗第一个以EPC方式成功实施的项目，在伊朗产生了广泛的社会影响。该项目按合同计划要求在2006年1月15日下闸蓄水，交付投入运行。

【喜河水电站机电安装工程】 喜河水电站位于陕西汉江流域，装机容量3×6.5万千瓦，为轴流转浆式水轮机组。水电十局承担该电站全部机电安装工程。合同金额2600万元。

（孙殿春）

管 理 创 新

【经营管理】 2005年，水电十局进一步规范施工项目年度生产经营目标责任制管理。工程局同12个二级单位签订内部单位经营目标责任书，与18个局管项目签订年度考核责任书。2005年集团公司下达经营业绩考核指标为9.1亿元，实际营业收入9.14亿元，计划完成率100.5%；营业收入利润率集团公司下达指标为1.2%，实际营业收入利润率为1.21%，计划完成率100.83%；集团公司资金集中度下达指标为20%，实际资金集中度34%，计划完成率170%；上缴投资收益下达指标为620万元，实际上缴集团公司投资收益620万元，计划完成率为100%。完成都江堰市紫坪铺电站淹没搬迁理赔和小型基建的预、结算及验收工作。收回汶川县映秀土地淹没补偿费960万元，都江堰市聚源镇土地征地费328万元。完成2005年综合统计年报，配合都江堰市统计局做好经济普查工作。2005年，水电十局荣获成都市固定资产投资价格统计工作先进单位。

【工程管理】 水电十局工程技术管理以执行和落实生产技术及设备管理制度为主线，重点针对在建工程实际情况，加强现场检查和指导，在施工方案、进度计划、控制性工期、技术攻关及防洪度汛方面加大指导、督促和协调力度。提高工程管理与施工人员业务能力，定期或不定期组织技术人员参加各种技术培训（质量、安全、工程规范、混凝土试验等），技术比武（焊工、爆破等），不断提高员工技能水平。加强技术资料档案管理工作。工程部管理的技术资料室，在管理好原有科技技术资料的基础上，全年新购技术规范和工程施工管理书籍95本（套），2005年共编印《工程简报》12期。

【质量管理体系监督审核】 2005年7月，四川三峡认证有限公司对水电十局质量管理体系进行监督审核。审核组审核13个部门（含项目部），通过对施工现场和文档资料的审核，审核结论为：推荐保持质量管理体系认证资格。于2005年9月向水电十局颁发保持ISO9001：2000质量管理体系认证注册资格证书。

【质量监督】 进行工程质量回访及顾客满意度测评。质量部对已竣工的通口项目进行工程质量回访，业主评价结论为：电站运行正常，工程质量良好。根据上述调查资料及业主、监理工程师或项目签证资料数据计算，局年度顾客总体满意度指数为88分。测评结果顾客满意度为：满意。按照ISO9001标准的要求，2005年顾客满意度测评工作，质量部采用多种方式进行。在开展顾客满意度调查活动中，共收到由业主、监理工程师签字确认的顾客满意度调查表21份，涉及到的在建项目有：姜射坝项目、小天都项目、桑坪项目、绿叶项目、金龙潭项目、大金坪项目、柏香林项目、木座项目、挖黑项目、中嘴项目、马耳河项目、九曲河项目、白溪水库项目等，平均值为90.1分。在国内市场招投标阶段顾客满意度调查活动中，收到满意度评定资料118份，加权平均值为85.8分。

【管理评审】 2005年，水电十局认真执行管理评审决议。管理评审作出5项决议：①加强“整合型”管理体系的组织领导工作和内部审核工作，确保2005年年底通过“整合型”管理体系认证。②加强对项目领导层的管理力度，进一步规范人力资源的培训和管理，保证项目管理人员的数量和质量。③规范施工项目的文档管理，加强对项目的施工技术指导和监控。④加强合同评审，提高合同的含金量。⑤加强对分包队伍的评审和管理，把民工劳务分包队伍管理纳入局质量管理体系。

2005年5月，水电十局质量、环境、职业健康安全管理体系（以下简称“三整合”）文件发布并开始实施，6月份进行管理体系文件的宣贯，9月份对施工项目“三整合”管理体系实施情况进行检查、指导，10月份进行第一次环境、职业健康安全管理体系的内部审核。

工程局下发《关于进一步加强人力资源配置和培训管理的通知》，人力资源部加大持证、取证的培训，基本做到项目施工持证上岗的要求。进一步加强新中标项目人力资源合理配置，特别是管理人员配置，保证项目经理对项目的有效管理。

工程部、质量部、安全部对项目进行例行监督检查时，要求项目按局“文件控制程序”进行施工项目的文档管理，从内审的效果看，大部分项目的文档管理符合程序文件的要求，资料管理规范。2005年共审核项目的施工组织和专项措施20份，到项目进行技术指导共85次。

“三整合”管理体系文件发布后，质量部要求项目部把相关内容通知分包队伍，同时将其纳入到局管理体系进行管理。

【质量、环境、职业健康安全管理体系运行】 2005年，水电十局先后组织两次例行内部管理体系审核。第一次为质量管理体系内审，审核按照ISO 9001：2000标准要求进行。

水电十局“三整合”管理体系文件于2005年5月正式发布并实施。6月份由质量部牵头对局机关部室、二级单位和部分施工项目部进行管理体系文件的宣贯；9月份对施工项目实施情况进行检查和指导；10月份进行第二次环境、职业健康安全管理体系的内部审核，内审单位覆盖局领导、局机关所有职能部室和二级生产单位、7个施工项目部，内审项目覆盖环境、职业健康安全标准所有要素；12月5日组织召开2005年度“三整合”管理体系管理评审会，会议针对建立实施“三整合”管理体系情况进行总结与探讨，并决定提请认证机构对水电十局环境、职业健康安全管理体系进行认证审核。12月14日～15日，三峡认证有限公司对水电十局环境、职业健康安全管理体系进行第一阶段审核，审核组依据GB/T 14001—2004、GB/T 28001—2001标准，通过对文件资料和施工现场仔细审核，得出结论：领导重视，机构健全，全员参与，体系文件基本符合标准要求，未发生环境污染事故和重大伤亡事故，无环境和职业健康安全投诉，无违法处罚。要求水电十局应进一步加强对标准和体系文件的学习，加强环境因素识别、法规识别，增强法律意识，提高现场安全有效性，加强绩效监测活动。

【职工培训】 2005年，水电十局继续实施人才兴局战略，坚持“积极鼓励、大力支持、正确引导、严格管理”方针，以规范管理为中心，以提高员工素质为重点，以提升企业核心竞争力为目的，认真抓好人才培训工作。先后组织2批共81人次参加一级、二级建造师培训和考试；6月份举办特种作业人员培训班，142人参加培训，经培训合格后，办理证件复审；12月初举办安全生产管理人员专门培训班，参加培训人员91人，部分局领导、项目经理、部室有关领导及专兼职安全人员参加了培训，组织并办理电大大专班64人的学习、考试工作（含组织参加全国统考）和毕业实习等资料整理、建档、报送；组织人力资源管理人员培训42人。全年举办各类培训班18期，累计培训员工809人，658人取得各类岗位、操作合格证书，547人获职业资格证书，5人获得本科文凭，64人获得专科文凭。

【待岗人员管理】 2005年，水电十局各类待岗人员1600余人，人力资源管理总站按局年度工作安排，保证待岗人员队伍相对稳定。全年办理进出站人员劳资、社保等关系611人次。上调待岗人员生活费标准，直接造发办理职工待岗生活费252万余元。对1600多名待岗职工的社保进行上册上卡和微机管理。全年办理五名职工死亡处理。完成下待岗职工和计划外用工清理工作。对2004年下岗职工生活保障财政专项补助资金情况进行清算，报财政部驻四川省专员办审核后报集团公司。9月份，按集团公司要求，对局下岗职工的全部资料，逐一核实、清理，清整资料九千余份，核对人员数近25万人次。对清理出能够上岗又有单位（项目）接收的人员进行安排；对通知不回单位人员，按程序予以除名。同时，对各二级单位的计划外用工逐一进行清理。全年除名职工18人，办理辞职39人，清理计划外用工322人。

【施工设备管理】 2005年，水电十局设备管理历史遗留问题逐步得以解决，全局对设备管理工作重要性的认识及重视程度逐步增强，各级设备管理水平不同程度地提高，设备管理工作走向规范化。

（1）针对设备存量不足的现实状况，采用并优化多种设备资源配置方式以适应生产需求。2005年新增设备54台（套），价值2000余万元，全局设备原值总额4.53亿元。根据新中标和在建项目需要，通过内部调配、社会化租赁、分包商自带、业主提供、新购等方式，完成色尔古、竹格多、熊家沟、绿叶、桑坪、大金坪、联补、硗碛、赛珠、泗南江、老挝色塞2等工程项目及基础分局、安装分局、医院、学校的设备配置。

（2）围绕设备管理做好基础性工作。本着监督、指导、服务基层的理念，加强施工设备现场管理工作，充分掌握特大型设备和特种设备安装、拆除、运输、退场等环节管理行为，在工程项目持续开展红旗设备竞赛活动，促进操作人员管好、用好设备，有效控制设备事故发生。

（3）制定局车辆管理办法，交通驾驶员管理规定。按月、季完成局车辆养路费的统一收取、解缴。联系办理成都籍（新、老）车辆欠交养路费、报废下户等遗留问题；组织编写《场内机动车辆作业安全技术培训大纲》。

（4）落实设备施工资质管理。2005年水电十局设备物资管理部会同局机电安装分局、设备租赁站，经过一年努力，通过有关部门审核，取得起重、消防施工许可资质证书。

【资金集约化管理】

（1）资金集中方面。2005年水电十局资金结算中心在各银行的现金流量约80427万元，集团公司建行重客系统上存资金量25500万元。因水电十局基本账户在中行开设，而中行账户归集的资金量集团公司暂未纳入资金集中度指标考核，所以上存集团公司流转量无法全部反映。从现金流量和现金日存量指标来看，较2004年有所增加。资金集约化管理取得显著效果，水电十局在金融机构的实力和地位明显提高，金融机构与水电十局继续保持良好的银企合作关系。

（2）网上银行建设方面。根据集团公司的要求，水电十局资金结算中心利用银行网络系统，先后与中国银行、建设银行、农业银行、招商银行合作开设网上银行，其中，建行和中行网上银行已成功运行，并为水电十局的资金集中和流转工作发挥着重要作用。

（3）账户统一管理方面。继续加强资金账户的开立、清理和销户工作。2005年9月对局属单位所有账户进行一次全面清查，除有特殊需要须保留的账户外，对不合规定开立的账户已经销户。

（4）统一结算业务方面。结算中心对在都江堰地区的所有开户单位的资金进行集中管理，保证局各项费用的及时收取；对各施工项目，因项目资金使用存在各种客观原因，监控面只达到70%。

（5）统一授信管理方面。金融机构的授信由资金结算中心统一办理，2005年结算中心在局领导的重视和支持下，完成流贷还款、续贷及保函工作。

【信息化建设】 2005年4月，水电十局局务会上传达了集团公司信息化建设工作会议精神，听取信息中心的工作汇报，确定加强企业网站管理和信息发布工作，加强局域网管理建设。2005年10月，局域网成功实现光纤接入，提高和改善了局机关网络办公条件和办公效率，为实现与集团公司互联互通的广域网建设打下基础。

（孙殿春）

企业改革

【理顺施工组织结构】 2005年11月29日，水电十局党政联席会议作出《关于理顺施工组织结构及其相关问题的决定》（水电局办［2005］272号文）。根据水电十局自身发展战略和改革、发展、稳定各方面取得的进步和在企业管理方面进行的有益探索，理顺施工组织结构、完善经营机制、强化经营管理、加大制度执行力度、提高企业创效能力，已成为迫在眉睫的任务。在搭建适应市场的组织结构、构建施工组织平台、整合施工资源等方面做了大量工作。水电十局对施工项目的管理试行局、分局两级管理。分局负责中小型项目施工管理，工程局负责对分局进行管理，并以建立项目施工局或项目部的形式直接管理大型项目的施工管理工作。

理顺工程局与分局、项目部的关系。水电十局按照集团公司的利润中心的定位，代表出资人依法享有资产收益权、重大决策权、二级单位经营者选择权，具有对全局施工组织的设计权、资产管理、处置、调配权，具有全局市场开发权、工程调剂权，具有施工资源调配权、工作业绩考核权、监察权。工程局以经营业绩考核责任书的形式对分局和直属项目进行考核。分局在工程局的授权之下，管理中小型项目及其各类资源的施工组织实体，并受控于工程局，完成局下达的经营指标和各项任务；分局有权进行其机构设置，按授权对项目进行管理、配置项目资源、施工资源、管理者队伍，保证项目创效益。项目部是工程局的履约、创利、成本中心。在工程局和分局的授权范围内，配置项目施工资源、协调项目施工的内外关系。确定标价在5000万元以上的项目为大型项目，根据需要可成立项目部或项目施工局，其施工资源由工程局或分局配置；标价在5000万元以下的工程项目为中小型项目，由分局配置施工资源并负责管理。

【组织机构调整】　2005年9月9日，水电十局撤销质量与安全部，设立质量部、安全生产监督管理部。10月28日撤销北方分局，同日成立设备物资管理工作领导小组，局长任组长，一名副局长任副组长。主要任务是负责统一领导全局的设备物资采购、管理、处置等工作，建立健全并落实设备物资管理制度。决定成立在建项目管理工作领导小组，局长任组长，四位局领导任副组长，领导小组负责国内工程项目施工的管理工作，包括工程项目施工技术、进度、质量、安全工作的落实、检查、指导，工程项目施工设备、人员的协调、平衡工作，确定项目经理人选，负责项目经营管理工作的检查、督办，协调项目管理办法的制定、完善和落实。成都市人民政府《成都市人民政府关于确定市级治安保卫重点单位的批复》（城府函［2005］150号）中，将水电十局确定为市级治安保卫重点单位。水电十局认真贯彻《企业事业单位内部治安保卫条例》规定，于11月16日作出决定，由一名副局长负责企业治安保卫工作，并根据内部治安保卫工作需要，由基地建设管理处承担有关保卫工作职责。12月20日，组建成立水电十局一分局。

【学校移交地方】　2005年12月13日，水电十局学校移交地方政府签字仪式在都江堰市举行。都江堰市副市长刘勇代表地方政府、水电十局局长茹彩江代表企业在移交协议上签字。参加签字仪式的十局领导还有党委书记刘均宏、工会主席陈顺清。水电十局学校自创办以来，通过工程局历届领导班子及学校教职员工的共同努力，社会声誉逐年提升，是优良的教育资源。此次移交总人数318人（其中在职教职员工206人，离退休人员112人），移交资产总额688万元。

【实行住房公积金制度】　2005年7月19日，水电十局下发《中国水电十局住房公积金管理办法》，从2005年1月1日起执行，在全局范围内实行住房公积金制度。该制度的制定和实施根据国务院《住房公积金管理条例》和《成都市住房公积金缴存取管理办法（试行）》的规定。水电十局住房公积金日常管理部门为局社保分局，监督部门为局工会、人力资源部、监察部、审计部、财务部。职工个人住房公积金月缴存额为职工本人上一年度月平均工资乘以职工个人住房公积金缴存比例，缴存比例按6%执行；单位为职工缴存的住房公积金的月缴存额为职工本人上一年度月平均工资乘以单位住房公积金缴存比例，缴存比例也按6%执行。

（孙殿春）

科技进步

【WDB620高强钢焊接施工技术】　WDB620高强钢焊接施工技术首次成功运用于高桥电站压力钢管制作安装工程，其中材质为WDB620高强钢，重637.8吨为舞阳钢铁公司最新研制开发的第三代非调质钢种，具有强度高、用材省的优点。高桥电站项目通过施工现场的焊接工艺、成形工艺及现场施工设备选用的研究，取得了较好的成果。WDB620钢材在高桥水电站压力管道工程运用中焊接总长度达2316.850米，超声波检测总长度1734.176米，一次合格长度1698.274米，一次合格率97.94%，X射线透照总长299.7米，一次合格长度299.620米，一次合格率99.97%（其中一级片935张，二级片64张，无三级片）。高桥电站压力钢管于2004年6月8日充水试验成功，并获得专家评审组优质工程的肯定。目前水电十局已使用WDB620高强钢焊接技术的项目有：四川福堂电站调压竖井钢衬制作，冶勒水电站压力钢管安装施工，老挝南梦3电站压力钢管制作安装等。该技术获得集团公司科技进步三等奖。

【气垫式调压室施工技术通过鉴定】　2005年2月28日，集团公司组织有关专家在都江堰市举行自一里水电站气垫式调压室施工技术鉴定会。通过专家组鉴定，由水电十局施工的自一里水电站调压室，采用气垫式调压室施工技术（国内属首次应用），其质量、工期、环境保护、施工工艺均达到国内领先水平，填补了国内（也是亚洲）该项施工技术空白。该项技术还在水电十局承建的康定小天都电站气垫式调压井工程中再次应用，使水电十局成为国内唯一一家掌握该项环保型施工技术的企业。获得集团公司科学技术进步二等奖。经集团公司批准，水电十局承担《气垫式调压室工法》编写。

【新施工技术应用】

（1）安徽金寨流波水电站大坝为薄壁三心圆单曲碾压混凝土拱坝。施工中，采用负压溜槽输送碾压混凝土，大坝碾压上升应用翻身模板施工技术，克服薄壁三心圆单曲拱坝的技术难题。

(2) 在伊朗塔里干交通竖井施工中，采用滑模全断面浇筑多隔墙交通竖井施工技术，从底到顶一次性成型，使用激光定位模体，与其他洞室相交模体凌空位置加型钢支撑固定等施工措施，成功地完成多隔墙交通竖井的滑模施工。

(3) 伊朗塔里干黏土心墙堆石坝坝高109米，坝长1111.32米，填筑量达1727.5万立方米，上坝强度达60万～80万立方米/月。

(4) 广西罗城宝坛水电站为面板堆石坝，坝高70.82米，堆石回填86万立方米，通过固结、帷幕灌浆处理，使坝体的趾板基础达到了坝体的防渗要求。

(5) 江西信丰桃江水电站施工围堰采用两重法高压喷射灌浆技术，对深厚覆盖层进行防渗处理，取得成功。

(6) 龟都府电站二枯施工右岸泄洪闸工程上、下游围堰，采用三重管法高压喷射灌浆施工技术，覆盖层基础防渗技术的难题得到解决。

(7) 汉坪水电站大坝为混凝土面板砂砾石堆石复合坝，最大坝高57米，坝长202米，河床为砂砾石覆盖层，地下水位高于防渗墙施工平台。为降低地层深层水压力，水电十局在防渗墙施工中首次采用降水井降水技术，取得成功。

(8) 治勒水电站地下厂房通风洞为覆盖层开挖，开挖过程中常出现坡体跨塌。为防止边坡跨塌，采用迈式锚杆进行支护。该锚杆集钻进、注浆、锚固功能于一体，确保边坡稳定，起到支护及时的作用。

(9) 基础开挖及边坡处理施工中，采用光面爆破、预裂爆破、喷锚支护，预应力锚索等综合施工技术。在地下工程施工中，广泛采用光面爆破，使半孔率和平均超挖控制水平达到规范要求。地下厂房岩锚梁施工技术也得到广泛成功应用。截至2005年，水电十局已先后建成地下厂房岩锚梁7座。

【腹腔镜手术治疗肾囊肿】 2005年3月22日，十局医院泌尿外科应用腹腔镜微创手术，成功为一巨大肾囊肿患者进行了手术治疗，患者左侧肾囊肿直径10厘米左右，右侧肾囊肿直径5cm左右，入院诊断为双侧肾囊肿。手术费时1小时，病人术后次日即可下床行走、进食，术后5天即康复出院。与传统手术方法切除囊肿相比，腹腔镜微创手术有6大优点：创伤小恢复快、疤痕小、出血少、痛苦小、费用低。十局医院于1998年引进腹腔镜手术设备，利用腹腔镜进行胆囊切除，阑尾切除，腹腔检查，子宫肌瘤等一系列手术，至今已完成1500余例手术。2002年成功为一肠梗阻熊猫进行腹腔镜手术，2005年成功为3个月熊猫幼崽施行腹腔镜检查。采用腹腔镜进行肾囊肿切除，这意味着十局医院腹腔镜技术应用已达到了一个新的水平。

(孙殿春)

安 全 生 产

【落实安全生产责任制】 建立完善安全生产规章制度。根据《安全生产法》、《建设工程安全生产管理条例》的规定和集团公司的要求，结合工程局开展“质量、环境、职业健康安全管理体系“认证工作，在原安全生产管理制度的基础上，2005年重新修订和完善《水电十局各级人员安全生产岗位责任制》、《水电十局各级职能部门安全生产责任制》、《水电十局防汛工作管理规定》、《水电十局班组安全日活动规定》、《水电十局防火防爆安全工作管理规定》、《水电十局联营项目、外协队伍、外雇人员安全管理规定》、《水电十局劳动防护用品管理规定》、《水电十局事故报告及调查处理规定》、《水电十局安全生产检查制度》、《水电十局特种作业人员管理制度》、《水电十局安全教育培训制度》等管理规章。

签订安全生产责任书，落实安全生产领导责任。年初，工程局召开职代会（工作会)，局长分别与33个二级单位、项目的安全生产第一责任人签订《安全生产责任书》。为把安全责任落实到位，责任书明确第一责任人应履行的职责和安全生产控制目标、奖惩条款，并与当年完成的产值挂钩，年终考核兑现。在签订安全生产责任书的同时缴纳风险抵押金，实行安全生产“一票否决”，促使各级安全第一责任人在组织完成生产经营任务的同时必须尽职尽责地搞好安全工作。

【安全生产管理】 2005年，水电十局各级领导对安全生产的重视程度和法律意识有很大提高，按照《安全生产法》的六条规定认真履行安全职责，自觉执行安全生产规章制度，安全生产管理工作进一步加强和规范，各级安全生产责任制层层落实到位。全年共修订完善、下发12个安全管理制度。

2005年6月～8月安监部组织局安全生产检查和配合安全执法检查活动，大力宣传实施《安全生产法》和上级指令，有效地促进水电十局安全生产和经营管理。组织召开三次安全生产管理委员会会议，总结安全工作的开展情况，贯彻落实集团公司2005年的安全工作会议精神。为确保在建工程安全度汛，与工程部多次到局重点防洪的在建项目进行指导、检查，发挥监督作用。组织相关部门接受集团公司安全生产检查考核组的考核。完成“三整合”管理体系文件编写、宣贯、审核和“安全业绩手册”年审、换证等工作。

【安全教育培训】 2005年，水电十局结合贯彻国家五部委《关于在全国开展安全生产月活动的通知》精神，在全局范围内开展以“关注安全，平安是福”为主题的安全生产月活动，活动期间购买安全生产宣传挂图45套、印制相关安全宣传标语资料200多张，订购安全生产法律法规100多本，及时提供给二级单位项目学习宣传之用，收到很好的成效。在开展安全月活动的基础上，水电十局还组织对163名特种作业人员进行复审培训；对102名大中专毕业生进行入厂安全教育；组织培训“三类”人员120名（其中外培21人）。通过安全教育培训，进一步提高全员的安全意识，增强法律意识和安全生产技能，为安全生产打下基础。

2005年水电十局全面开展质量、环境、职业健康安全管理体系认证工作，通过对内审员培训、程序文件的编写、危险源的辨识评价、程序文件的宣贯、试运行、内审等工作，提高全局对实施“三整合”管理体系的认识，促进安全生产管理的进一步规范和各项责任制的落实。

【安全生产大检查】 组织开展安全检查，及时消除事故隐患，防止重大事故发生。2005年水电十局在建国内工程项目50多个，分布在多个省、市、自治区，而工程规范相对较小，多数项目地理位置偏僻、地质条件复杂、生活条件艰苦、施工难度大、不安全因素突出，各种资源配置相对薄弱，管理难度大，尤其是安全管理难度更大。为确保在建工程项目不发生重大安全事故，水电十局加大安全生产检查力度，要求各二级单位、项目严格按照《水电十局安全生产检查制度》，做好常规安全检查工作，同时，水电十局组织质安部、工程部、工会、纪检监察部进行联合执法综合安全大检查，组织相关职能部门开展专项检查（如：防洪度汛、安全生产活动、重大设备、液化站和节日前后对后方基地的安全检查）。主管部门不定期的进行抽查。2005年局对二级单位、项目施工安全检查率90%，局管项目施工现场抽查率80%，对后方单位检查率100%。通过各项安全检查及时消除安全隐患，在建项目均未发生重大安全事故，保证全年生产任务的顺利完成和后方平安。

【安全生产许可证】 国务院于2004年1月13日发布《安全生产许可证条例》。根据该条例规定，建筑施工企业未取得安全生产许可证的，不得从事生产活动，鉴于该条例颁布即施行，而安全生产许可证的申办又有一个过程的实际情况，水电十局首先取得临时安全生产许可证。随后局质量部门在各部门、各单位的配合下完成大量基础工作，并向四川省建设主管部门提供有关十局安全责任制、规章制度及操作规程等十三个方面的文件和资料。四川省建设厅依法审核，认为水电十局符合条例规定的安全生产条件，于2004年12月将十局列入四川省建筑施工企业第一批取得安全生产许可证企业公示名单。2005年1月7日，水电十局正式取得安全许可证。

【安全生产奖项】 经水电集团总公司评审，水电十局伊朗塔里干项目、弯坝河二级电站厂区项目被评为2005年度“安全生产先进单位”。两名项目经理被评为“安全生产先进项目经理”。

（孙殿春）

党群工作和精神文明建设

【保持共产党员先进性教育活动】 按照《中共中央关于在全党开展以实践“三个代表”重要思想为主要内容的保持共产党员先进性教育活动的意见》（中发［2004］20号）、中央和四川省委关于开展第二批保持共产党员先进性教育活动有关文件精神、省国资委党委、集团公司党组的安排和要求，2005年7月～12月，水电十局参加全党第二批保持共产党员先进性教育活动。局党委所属3个基层党委、2个党总支、8个党工委、20个直属党支部、60个基层党支部和1392名党员认真参加教育活动。在学习阶段，党组织参学率100%，党员参学率98%，测评满意率100%；在分析评议阶段，全局138名副处级以上党员领导干部党性分析报告通过率100%，满意率达90%以上的占98%；在整改提高阶段，水电十局党委针对广泛征求到的意见和建议以及存在的主要问题，对局领导班子整改方案进行专题研究，明确整改事项、整改措施、整改责任、整改时限并在一定范围内公示。制定了《关于建立健全保持共产党员先进性长效机制的意见（试行）》（水电党［2005］43号）。

四川省国资委党委第十督导组和集团公司党组巡回检查二组先后参加了水电十局党委先进性教育活动三个阶段的工作。在先进性教育活动中，水电十局始终坚持学习实践“三个代表”重要思想这条主线，牢牢把握保持共产党员先进性这个主题，紧紧围绕子群众满意工程这一总体要求，做到党委重视，领导班子认识统一，起点高，要求高，标准高；工作网络健全，办事机构得力；宣传工作到位，原始资料详实，经验总结及时，有较高的推广价值，受到上级党委的充分肯定；动员广泛深入，党员参与率高，参学覆盖面广，剖析严肃认真，整改措施有力；组织严谨缜密，方法灵活多样，工作扎实有效；督导检查落实，点面结合，整体联动，规定动作一丝不苟、自选动作很有创意；主题实践活动特色鲜明，“两不误、两促进”得以确保，整个教育活动既生动活泼又扎实有效，问题调查群众满意率高，达到了预期的目标要求。经党内外群众满意度测评，提高党员素质方面满意率达98.54％；加强基层党组织建设方面满意率达98.8％，服务职工群众方面满意率达97.15％，促进各项工作方面满意率达98.23％；对先进性教育活动总的综合评价满意率达99.2％。

2005年11月24日，水电十局党委召开先进性教育活动集中学习教育总结表彰大会上。安装分局党委等13个基层党组织受局党委表彰。12月，局先进性教育活动办公室撰写的理论文章《激发内动力永葆先进性》参加省委、省国资委党委保持共产党员先进性教育活动与党的先进性建设理论研讨交流，获最佳论文奖。

【党建工作】　2005年末，水电十局党委直辖党委4个，党总支1个，党工委7个，基层党支部58个，党员总数1392人，其中离退休党员662人，培养考察入党积极分子120人，新发展党员37人。2005年局党委坚持邓小平理论和“三个代表”重要思想为指导，落实科学发展观和以人为本的理念，在四川省国资委党委和集团公司党组的领导下，以转换经营机制，转变经济增长方式，提高企业可持续发展能力为中心，不断加强和改进党建和思想政治工作，以生产经营为中心，注重发挥党组织的政治核心作用，持续开展“四好班子”活动，并将其纳入各级领导班子考核内容，同经营目标责任制、党风廉政责任制、文明单位建设挂钩。认真探索新形势下党建工作的新内容，新方法，新途径。在党内重点开展保持共产党员先进性教育活动，“党员先锋工程”活动，并以此为契机，认真做到先进性教育与各项工作“两不误、两促进”，全局党员普遍受到一次理想、信念和“三个代表”重要思想的教育，党群、干群关系更加密切，党组织建设进一步加强，有力地推动了企业生产经营工作。2005年7月1日，局党委表彰2004年和2005年度先进基层党组织7个、优秀共产党员83名、优秀党务工作者16名。

【文明单位建设】　2005年局党委加大文明单位的创建力度，以争创省级文明单位为契机带动基层创建工作。截至年底共有5个二级单位继续保持集团公司文明单位称号，8个二级单位、3个项目继续保持局级文明单位（工程）称号。老挝南梦3项目获集团公司文明工程称号。2005年12月20日省委、省政府批准水电十局为省级文明单位。

【四川有电100周年纪念活动】2005年7月5日，由四川省政府主办、四川省电力公司等17家企业单位承办的“世纪之光——四川有电100周年宣传纪念活动”在成都锦江广场启动。局长应邀出席开幕式。在历时100天的宣传活动中，水电十局积极参加“四川有电100年成就展”、“书画摄影展”、“百年大事”、“百年人物”评选活动。两名职工的摄影作品获二、三等奖。水电十局获活动组织奖。

【工会工作】　2005年水电十局有基层工会组织29个（含项目）专职工会主席3人，兼职工会主席26人，工会会员4915人。

认真履行民主管理，依法维护职工权益，提高职工综合素质的职责，与企业签订集体合同，制定职工工资、劳动保护、生活福利等具体目标并组织实施。

搞好“送温暖工程”。水电十局工会坚持以“帮困扶贫基金”为基础，筹集资金向916户困难职工家庭发放“送温暖”生活费196500元；建立并完善特困职工档案，落实特困职工帮扶责任制，定期慰问。协助地方民政部门，为258户没有达到城市最低生活保障的家庭办理最低生活保障待遇。为4名职工遗属向地方政府申办“残疾人专项补助基金”每户每月补贴50元。配合行政组织再就业培训，共组织待岗职工培训班11期，培训419人次，已有138人重新上岗。及时为职工办理安康互助保险及女职工六大疾病保险，2359人参保，参保金额达928200元，为两名残疾职工申办到三年互助医疗保险。

2005年6月，水电十局工会配合行政开展“百安赛”、“安康杯”和安全生产大检查活动，认真抓好群众劳动保护方面工作，先后组织两次安全劳动保护工作检查。

深入开展群众性经济技术创新活动。先后开展各种职业岗位练兵活动20余次，组织职工参加省国资委、集团公司工委、成都市总工会举办的各类职工技能大赛，参赛职工达90%，并夺得三等奖、银奖、铜奖。一人直接晋升高级技师，两人晋升技师，省国资委授予水电十局工会焊工技能大赛"优秀组织奖"。

为庆祝"三八"国际劳动妇女节，水电十局女工委员会组织全体女职工评选出10名女职工岗位能手，参加中华全国总工会"女职工知识竞赛"，共收到试卷600余份，被成都市总工会评选为2003～2004年度女职工素质教育活动优秀组织单位。

树立典型鼓励职工争做先进，水电十局工会配合省总工会及集团公司工委，评选出四川省劳动模范1名、集团公司劳动模范1名、集团公司先进生产（工作）者1名；局和局内各系统表彰的先进个人1200人次，先进单位、集体、班组85个；评选出"十佳技术带头人"、"十佳技能带头人"、"十佳服务明星"，"五一"节前组织召开劳模和先进生产（工作）者座谈会。

2005年7月水电十局工会被四川省总工会授予模范职工之家，安装分局工会被授予全国模范职工小家，水电十局医院被授予四川省模范职工小家。

在第18个"世界艾滋病日"宣传活动中，局工会女工委员会组织职工参加省总工会举办的"四川省企业界应对艾滋病论坛及农民工预防艾滋病宣传教育工程启动仪式"，并以局工会、局女工委员会名义，向全局职工发出抗击艾滋病的倡议书。

继续在职工中广泛开展以宪法为核心，以工会法、劳动法为重点的普法教育活动，被四川省总工会评为"2001～2005全省工会法制宣传教育先进集体"。

组织一期职工素质培训班，职工代表、工会干部和部分职工共108人参加培训；邀请"中华全国总工会职工素质教育巡回演讲组"专家教授，就女职工健康保健、心理、生理健康进行咨询讲课，98名女职工参加听课；组织12名基层工会干部参加省总工会干部培训班学习并取得结业证书；11月份，水电十局工会主席在北京参加中国能源化学工会举办的工会领导干部培训班并取得结业证书。

【共青团工作】 水电十局团委有直属团委4个、直属支部共25个，基层团支部16个，团员870人（不含学生团员），35岁以下青年员工2450人，占全局职工人数的49.4%。全年重点开展了"青年安全监督岗"、"青年突击队"、"青年岗位能手""我为团旗添光彩"等主题实践活动，获团省委"青年突击队"活动组织奖。在开展青年创新创效和争当青年岗位能手评选活动中，3名青年被授予"成都市青年岗位能手"称号，1名青年被授予"四川省青年岗位能手"称号。2005年10月至12月在基层团组织和团员中集中开展增强团员意识主题教育活动，举办"学理论知团情"知识竞赛、青年演讲大赛。通过教育活动的开展，团员的政治意识、组织意识、模范意识得到增强，团组织的创造力、凝聚力和战斗力得到发挥。

（孙殿春）

检查监督

【党风廉政建设责任制】 2005年，水电十局党委以集团公司2005年工作会和纪检监察工作会议精神为指导，认真履行集团公司党组《贯彻实行党风廉政建设责任制的实施细则》，坚持把党风廉政责任制作为各级党政领导人员总负责的"一把手工程"来抓，把贯彻落实中央关于《建立健全教育、制度、监督并重的惩治和预防腐败体系实施纲要》（以下简称《实施纲要》）作为年度党风廉政建设责任制的重要内容，坚持层层签订党风廉政建设责任书。对党风廉政建设考核办法进行专题研究，重新修订《党风廉政责任制考核办法和评分标准》，考核内容新增或修订条款达21项。年度新签党风廉政责任书115份，其中二级单位14份，施工项目19份，联营项目2份，机关部室17份，二级单位以下签订63份。

在全局倡导并作出规定制止奢侈浪费，按照勤俭节约的原则，元旦春节期间，取消例行多年、不合时宜的各种宴请活动。以文件形式对禁止赌博作出重申和规定，对违反纪律的党员，尤其是党员领导干部要按照《中国共产党纪律处分条例》严肃处理。

2005年5月～7月20日，水电十局纪委根据局党委和集团公司要求，认真组织对有关单位和项目党风廉政建设贯彻情况的半年抽查和自查考核工作，并分期对五个重点抽查单位、项目的自查情况进行重点检查；11月～12月，对全局党风廉政责任制落实情况按程序进行检查考核，确保党风廉政责任制执行力度。

水电十局党委制定《领导人员廉洁谈话制度》（中水电党［2005］14号），对企业领导人员有关廉洁、任职、诫勉谈话的工作原则、组织领导、实施程序，分别做出规范和规定。在全局普遍开展党风党纪教育和反腐倡廉宣传教育，发放200本《实施纲要》单行本，中层以上领导人员各基层党组织负责人人手一册。《建立健全教育、制度、监督并重的惩治和预防腐败体系解读》发至局领导和局属各二级单位领导，要求大家结合工作实际加强自学。《实施纲要》辅导光盘和《汉源事件》、《王怀忠的两面人生》、《扭曲的人生》等警示教育片在各二级单位和项目巡回播放140场，观看人数（含民工队伍）达3350人次，党员和职工群众受教育面均达100%。

【职工代表大会】　2005年2月18日～20日，水电十局第七届二次职工代表大会与第七次工会会员代表大会、2005年工作会采取三会合一的方式在都江堰市局本部召开。会议审议通过了行政工作报告、审计工作报告、工会工作报告，副局级以上领导干部作述职、述廉报告，接受职工代表民主测评。大会对局级后备干部人选进行民主推荐。大会选举产生了第七届工会委员会和经费审查委员会。

【纪检监察】　2005年2月印发《水电十局2005年纪检监察工作要点》，提出全年纪监工作目标、计划；结合实际和工作进程提出具体落实措施和月目标工作计划。6月份修订《水电十局党风廉政责任制考核办法及评分标准》，对落实全局各单位（项目）党风廉政责任制和反腐倡廉工作提出不同的考核要求。

2005年3月，局党委扩大会议通过《水电十局各级领导人员廉洁从业的决定》、《廉洁经营承诺书》。工程局党政领导班子成员、局咨询分别在会上签名，做出廉洁经营承诺。承诺的中心内容是省国资委规定的“四个坚决”，并将此次廉洁承诺活动的内容和承诺书在局内部媒体上做出公示和宣传，接受全局广大职工监督。3月15日～4月20日，全局各二级单位和工程项目都开展领导人员廉洁承诺活动，全局共有97名中层领导干部在《廉洁从业承诺书》上公开签名，并记入个人廉政档案，同时在本单位厂务公开栏予以公示，自觉接受群众的监督。针对工作薄弱环节，提出党风廉政建设整改措施，对全局33名专兼职纪检监察人员以局党委（2005）15号文件重新予以明确。

坚持“三重一大”民主决策程序，各级纪检监察组织参与研究重要项目安排16次，重大问题研究10次，重要人事任免、包括推荐项目经理，推荐各系统上报先进个人，都要履行纪检监察廉政审核。参与大额度资金使用研究10次，设备物资采购招投标11次，合计金额达2000多万元；继续推行和完善厂务公开，公开各级领导人员述职述廉及开展批评与自我批评的情况，全局公示展板78块、橱窗13期，墙报21期。全局2005年经民主考核和公示程序聘任中层领导人员13人，项目经理和常务副经理37人次。

继续坚持领导干部个人收入申报、述职述廉、民主评议和召开专题民主生活会、建立领导人员廉政档案等各项廉洁从业制度。2005年全局有123名中层以上领导人员对2005年的个人收入、礼品礼金、重大事项都进行申报和登记；其中有14人分别对购买、出租、集资建房、子女出国读书以及劳务收入、参加庆典收入和其他收入进行申报。

加大对分包合同和保廉合同的管理力度，重新对《保廉合同》和民工《分包合同》进行清理和建档登记，建立监控台账，掌握各项目民工使用和结算状况，以及进出场的变化。

【审计监督】　2005年，水电十局完成11个审计项目，其中计划内3项，计划外8项。

（1）配合岳华会计师事务所对水电十局2004年度财务决算报告进行审计，审计中抽查水电十局部分二级单位和在建项目，审计面达70%。

（2）2005年度完成审计项目11项。主要有：①重庆万州防洪堤工程审计调查。②涪陵龙潭仙女洞工程审计调查。③湾坝电站财务收支审计。④通口电站竣工决算审计。⑤福堂坝电站竣工决算审计。⑥三环路竣工决算审计。⑦瓦屋山项目审计。⑧冶勒厂房审计调查。⑨大金坪电站审计调查。⑩梯子洞厂房完工审计。⑪建筑分局审计调查及分局领导离任审计。

（3）根据集团公司中水电审（2005）15号文《关于认真做好企业负责人任期经济责任审计审前准备工作的通知》要求，配合集团公司对水电十局1999～2005年三季度末人、财、物及产值、利润等各方面进行综合审计。

（4）2005年，为贯彻落实内部审计人员岗位资格证书制度和内部审计人员后续教育制度，审计部组织10人分别参加四川省内部审计师协会在成都举办的审计后续教育培训班，并完成内部审计资格证书的年检工作；参加集团公司在西安举办的计算机辅助审计软件培训班。

【效能监察】　2005年，水电十局认真贯彻集团公司关于效能监察工作的要求，立项开展了四川康定小天都电站厂区枢纽项目综合效能监察、安装分局集资融资工作效能监察，水电十局安全生产效能监察。提出监察建议20项，要求完善并落实整改措施30件，做出监察处理决定4项，避免连带经济损失52万余元，同步开展案件调查2件，对10人实施了内部责任追究（其中处级干部3人，科级干部以下人员7人）。

【厂务公开】2005年，水电十局各级工会组织累计厂务公开公示106期，主要公示内容有：中标工程、设备物资采购、干部任前公示、工资发放、中层以上干部述职述廉、劳模先进评选推荐、困难补助、职工“低保”申请等。

（孙殿春）

中国水利水电第十一工程局

概　况

【综述】　中国水利水电第十一工程局（以下简称水电十一局），隶属于中国水利水电建设集团公司，注册资本三亿多元，企业总资产18.51亿元，大中型施工设备1300台（套）。下设有10个施工生产分局（施工局），1个设计科研机构，在基地三门峡市有16个多种经营单位，总部设有19个处室。在8个国家和地区分别设有10个经理部、代表处，全局职工7100人，拥有各类科研、技术和经营管理人员3200多人，其中硕士以上学历52人（包括在读研究生）。

【局领导班子】　水电十一局局长王宗敏，党委书记孙玉民，副局长刘元德、王禹、凌玉柱、金万福、张玉峰、黄敏吾、陈双权，党委副书记、纪委书记王大刚，总工程师衡富安，总经济师高留发，总会计师牛健，工会主席冯真理。黄敏吾、陈双权在通过集团公司公开选聘及组织考察的基础上，分别于2005年9月15日和11月16日任副局长；副局长刘元德、凌玉柱分别于2005年4月18日和10月9日退休。

【企业资质与施工能力】　水电十一局具有水利水电工程施工总承包一级、房屋建筑工程施工总承包二级、公路工程施工总承包二级、公路路基工程专业承包一级、地基与基础工程专业承包二级、隧道工程专业承包二级、钢结构工程专业承包三级、市政公用工程施工总承包三级等资质。具有年完成土石方开挖2000万立方米、混凝土浇筑100万立方米、发电机组安装100万千瓦、钢结构制作安装1.5万吨的综合施工能力。

【2005年工作】　水电十一局在企业规模不断扩大的情况下，突出资源优化配置，推行精细化管理，强化质量、安全保证体系，质量、环境、职业健康安全管理体系通过认证；不断完善安全管理责任制，加大安全投入，强化安全检查与整改落实，安全管理工作逐步规范；建立健全项目管理运作机制，加大了项目质量、安全、工期、成本、文明施工等方面的考核评价，促进了项目的规范管理。通过完善管理制度，健全管理体系，规范管理程序，开展管理年活动、经济活动分析、预算管理和成本控制，促进企业管理水平的提升和盈利水平的提高。2005年中标工程43项，合同额21亿元；完成总产值23.5亿元，其中完成国内施工产值17亿元，国外施工产值4.9亿元，多种经营产值1.6亿元，分别是年计划的164.46%、101.31%和145.72%。全员劳动生产率34.17万元/(人·年)，其中建筑业劳动生产率达50.53万元/(人·年)。2005年技术装备率达到5.65万元/人。围绕创建精品工程，严格工艺要求，加强过程控制，广大职工质量意识进一步增强，全局实物质量稳中有升，客户满意度均在90%以上，总体质量水平上一个新台阶。特别是淮安立交地涵工程获2005年度“中国电力优质工程”、“中国水利优质工程”后，又荣获“国家优质工程银质奖”。招徕河大坝被评为2005年中国企业重大创新项目。成功举办建局五十周年庆典活动。获2005年全国企业文化建设先进单位和全国优秀水利企业等。

（王　伟）

工程建设

【中标工程综述】　2005年，水电十一局中标工程43项，合同额21亿元，为年计划的210.2%。中标项目分布在四川、云南、甘肃、贵州、河南、河北、广西、山西、山东、青海、江西、江苏、湖北等全国13个省（市、自治区）和非洲莫桑比克。其中水电工程项目29个，合同金额18.7亿元，占中标总额的89%；路桥工程项目11个，合同金额1.3万元，占中标总额的6.25%。超过亿元项目达到5个，合计金额10.6亿元，占全年中标额的50.3%。

2005年在南水北调中线、东线工程相继中标4个工程项目，合计中标金额6.56亿元，占全局中标总额的36.4%。特别是南水北调中线穿黄工程的中标，是水电十一局参与市场竞争以来在国内中标的最大一个工程项目。

【南水北调中线、东线工程】 2005年，水电十一局陆续中标南水北调中线丹江口大坝加高工程、中线穿黄工程Ⅰ标和京石段曲逆河北支排洪涵洞工程以及南水北调东线台儿庄泵站工程。中标金额分别为11454.51万元、39293万元、8882.76万元和5939.56万元，共计6.56亿元。

【锦屏一级水电站左岸导流洞等工程项目】 锦屏一级水电站位于四川省木里县和盐源县交界处的雅砻江大河湾干流河段上。2005年年初和年末，水电十一局中标左岸导流洞工程和3号营地房屋建筑安装工程Ⅱ标段两个工程项目，中标金额分别为16756.59万元和9063万元。

【光照水电站厂房结构工程】 光照水电站位于贵州省关岭县和晴隆县交界的北盘江中游，电站装机容量104万千瓦。水电十一局作为责任方与水电九局组成豫黔联营体共同中标承建地面厂房结构工程，工程主要内容包括发电厂房、升压站、中控楼及厂房围堰工程等。厂房总长145.3米，宽28.1米。主要工程量为块石回填39860立方米，混凝土244880立方米；钢筋11336吨；固结灌浆8800米。中标金额为16480.68万元。

【拉西瓦水电站大坝工程】 拉西瓦水电站位于青海省贵德县与贵南县交界处的黄河上游干流上。大坝为混凝土双曲拱坝，最大坝高250米，坝顶长度475.83米。电站总装机容量420万千瓦。水电十一局与水电四局组成“四一一”联营体共同中标承建拉西瓦水电站大坝工程。中标总金额为109778万元。

【深溪沟水电站导流洞工程】 深溪沟水电站位于四川省大渡河干流上，水电十一局中标该水电站工程导流洞B标段。该标段主要包括1号、2号导流洞出口及1号、2号导流洞下游段，总长749.61米。中标金额16351万元。

（王 伟 张海刚）

【在建工程综述】 2005年，水电十一局新开工项目18个，其中国外项目1个，国内项目17个。2005年水电十一局在建项目76个，其中合同额亿元以上的项目23个，分布在国内18个省区和国外8个国家。全年完成施工产值（含国外）21.92亿元，比上年净增7.05亿元，同比增长45.6%。其中：完成国内施工产值17亿元；完成国外施工产值4.91亿元。多个工程获奖，其中广西龙滩水电站业主办公楼工程被广西壮族自治区评为优质工程奖；山西省万家寨引黄一期工程南干一级泵站和联接段工程经山西省土木建筑学会组织评选荣获山西首届“太行杯”土木工程奖等。

【拉西瓦水电站引水发电系统】 拉西瓦水电站位于青海省贵德县与贵南县交界的黄河干流上。水电十一局中标承建电站引水发电系统尾水部分土建及金属结构安装工程，合同范围包括尾水管延伸段、尾水闸门操作室、尾水调压室、尾水洞的开挖、支护和混凝土浇筑工程。合同金额22529万元。工程于2004年3月1日开工，竣工日期为2008年5月31日。

【那兰水电站工程】那兰水电站位于云南省红河洲金平县境内藤条江下游河段。主要施工项目有：面板堆石坝及溢洪道工程、引水发电系统及厂房、机组安装工程，是十一局近年来独立承建的最完整的水电站系统工程。电站总装机容量15万千瓦，坝型为混凝土面板坝，最大坝高109米。合同金额为22531.11万元，开工日期2003年10月1日，竣工日期2006年3月31日。在工程施工中水电十一局注重质量控制，严格施工工艺，实现高温下浇筑大坝面板无一条裂缝、百米高的大坝沉降量不到20厘米。混凝土浇筑单元工程合格率达到100%，优良率达到88.7%。2005年10月10日，首台机组转子提前两天吊装就位；10月20日，进水塔交通桥提前两天完工；12月1日，顺利实现下闸蓄水目标。

【锦屏一级水电站左岸导流洞工程】 锦屏一级水电站位于四川省木里县和盐源县交界处的雅砻江大河湾干流河段上。水电十一局中标承建左岸导流工程，合同金额为16756.59万元。导流洞断面为城门型，衬砌成型尺寸为15米×19米（宽×高），洞身长度1214.359米，进口边坡最大垂直开挖高度约102.5米，出口最大垂直开挖高度约42米；进口渐变段与出口段采用1.0～1.2米厚混凝土衬砌，洞身段全断面混凝土衬砌。2005年导流洞开挖、衬砌快速有序进行，实现全年各节点目标。工程于2004年11月

25日开工，竣工日期为2006年9月30日。

【南水北调中线京石段滹沱河倒虹吸工程】 南水北调中线京石段滹沱河倒虹吸工程位于河北省正定县西柏棠乡新村村北。工程由出口渠道段、穿河渠道倒虹吸、退水闸、附属建筑物四部分组成。合同金额为14600.11万元。开工日期为2003年12月30日，竣工日期为2006年7月31日。工程土方挖填及钢筋混凝土工程量大、混凝土多为薄壁结构、施工战线长。水电十一局在施工中加强计划管理，实现均衡生产，降低工程成本，保证了质量和工期。2005年主体工程基本完工。完成718个单元工程评定，其中优良690个，单元工程优良率96.1%，结构单元工程优良率100%，已验收8个分部工程，全部优良。

【崖羊山水电站工程】 工程位于云南省墨江哈尼族自治县（左岸）与普洱哈尼族彝族自治县（右岸）的界河把边江河段上，工程主要由面板堆石坝、左岸溢洪道、右岸泄洪（导流）隧洞、右岸冲沙洞及右岸引水发电系统等组成。面板堆石坝最大坝高88米，坝顶高程840米，坝顶长度236米，溢洪道采用曲线型实用堰，布置于左岸，堰顶高程824米，设2个9米×11.5米（宽×高）的溢流表孔，最大填筑量132万立方米。合同金额为10043.9万元，开工日期2003年11月1日，竣工日期2006年6月30日。2005年12月5日面板堆石坝最后一仓面板混凝土浇筑提前10天完成，面板混凝土采用一期浇筑方案，面板一次性浇筑长度达到144.52米。

（王　伟　张秀敏）

【莫桑比克169公路修复工程】 工程位于莫桑比克的因哈姆巴那（INHAMBANE）省内，公路长97.47公里。工程包括加宽原行车道至9.8米，水泥稳定砂基层和沥青双表处路面，新建管涵52座，旧管涵改造48座，旧箱涵延伸4座，并对路边排水系统进行改造和重建。合同工期为2004年5月17日～2005年8月17日，总工期15个月，合同金额2506万美元。由于工程变更，延期完工。此公路项目是水电十一局首次采取水泥稳定砂基层和沥青双表处施工工艺，项目部群策群力，钻研施工各环节工艺，总结沥青双表处工法，顺利完成稳定砂基层和沥青双表处路面的施工。

【约旦死海18号海堤修复工程】 工程位于死海东南海岸的死海前滩，距离约旦首都安曼约150公里。施工内容是围绕0A号盐池12公里长的18号海堤，在软基上对现有大堤进行修复和加固。合同额1609万美元，折合人民币约1.29亿元。合同工期2004年9月20日～2006年3月1日。由于海堤前滩及原海堤基础均为粉质淤泥，沉降量大及合同指定的当地分包商违约等原因，工程延期到2006年7月完工。

【泰西尔水电站碾压混凝土大坝和厂房工程】 泰西尔水电站位于蒙古国西部戈壁阿尔泰省泰西尔县境内的扎布汗河上，由碾压混凝土大坝和发电厂房等建筑物组成。大坝为碾压混凝土重力坝，坝高55米、坝顶长度为188米，安装有轴流式水轮发电机组四台，总装机容量为1.1万千瓦。合同金额2614万美元，折合人民币约2.09亿元。合同工期2004年10月6日～2007年10月6日，共36个月。水电十一局克服当地劳务短缺、气候条件恶劣、生活条件艰苦等困难，使工程于2005年8月12日成功截流，进度、质量受到业主和当地政府的表扬和关注，成为目前蒙古国电站工程的样板。

【伯利兹洽利洛水电站工程】 洽利洛水电站位于中美洲伯利兹西部的马卡河上。工程由碾压混凝土大坝、发电厂房和高压输电线路三部分组成。大坝工程由业主设计，厂房和高压线路由承包商自行设计。合同金额2215万美元。碾压混凝土大坝坝顶长430米，坝顶宽5米，坝高50米，混凝土方量约18.4万立方米。安装两台0.365万千瓦的轴流转桨式发电机组，整个电站的运行采用自动控制。工程结算投资2792万美元，折合人民币约2.3亿元，合同工期2003年3月16日～2005年8月31日，共29个月。该项目是水电十一局在国际工程中的第一个EPC合同，也是水电十一局首次进入中美洲建筑市场。通过该项目的实施，为以后承揽EPC合同项目打下了坚实基础。

【马斯喀特污水系统工程】 马斯喀特污水系统工程位于阿曼首都马斯喀特，是一项收集城市居民生活污水、城区灌溉埋管的管网系统。工程合同金额折合人民币约12.4亿元，合同工期2004年12月8日～2007年11月24日，共36个月。马斯喀特污水系统工程是水电十一局承揽国际工程以来第一个市政工程，具有工程量大、涉及专业多、分布区域广、工程地质条件复杂、施工过程中涉及到的部门多、环境保护及文明施工的要求高等特点。该工程的建成，将改变这座中东城市没有地下污水管网而单纯依靠汽车罐车运输污水的历史。工程于2005年5月

29日开始主体管线施工，已完成管沟开挖12.1公里，管路铺设10.7公里，管沟回填8.6公里。

（王　伟　刘宗超）

【竣工工程综述】　2005年，水电十一局竣工工程主要有：青海康扬水电站泄洪闸工程（2005年5月）、云南苏帕河流域乌泥河水电站C2标工程（2005年4月）、湖北白连河抽水蓄能前期进厂公路工程（2005年12月）、甘肃小峡水电站机电安装工程（2005年8月）、重庆市小南海水库工程（2005年5月）、新世纪大厦（2005年9月）、伯利兹洽利洛水电站（2005年11月）等8个工程。8个工程全部一次交验合格，工程质量大部分为优良，其中重庆市小南海水库工程被评为2004年度水利系统文明建设工地。

【机组投产】　2005年，水电十一局完成机组安装投产7台，总装机容量23.45万千瓦。其中，云南那兰水电站1台，装机容量5万千瓦，于2005年12月28日并网发电；甘肃小峡水电站2台，单机容量5.75万千瓦，分别于2005年3月9日和5月18日并网发电；青海公伯峡水电站工程机组安装2台，单机容量30万千瓦，分别于2005年7月15日和12月2日并网发电；伯利兹洽利洛水电站2台，单机容量0.35万千瓦，于2005年9月12日并网发电。

（王　伟　张秀敏）

【招徕河双曲拱坝获中国企业新纪录重大创新项目奖】　湖北招徕河水电枢纽大坝工程是我国第一座百米级碾压混凝土双曲薄拱坝，也是目前已建的世界上最薄的碾压混凝土双曲拱坝。招徕河双曲拱坝工程为对数螺旋线型全断面碾压混凝土双曲拱坝，坝高107米，厚高比0.17，坝体曲率变化较大，最小曲率半径为30.72米，最大曲率半径为167.85米，倒悬度一般在0.15～0.35，最大倒悬度达0.41，是目前国内厚高比最小的碾压混凝土双曲薄拱坝，施工技术难度大。水电十一局在施工中应用连续快速翻升模板设计及检测技术、连续强制式拌和站、负压溜槽送料入仓、冷却系统、温控设计、坝体排水孔成孔等创新工艺，大坝月最高上升高度为27.3米，创国内碾压混凝土坝上升速度新纪录。招徕河碾压混凝土快速施工技术经中国水利企业协会推荐，被中国企业联合会、中国企业家协会审定为“第十批中国企业新纪录”，同时还被评为中国企业新纪录重大创新项目。

【淮河入海水道淮安枢纽工程获国家优质工程银质奖】　经国家工程建设质量奖审定委员会评选，由水电十一局承建的淮河入海水道淮安枢纽工程荣获“2005年度国家优质工程银质奖”。在施工中，水电十一局采用分层分块、设置后浇带，优化混凝土配合比，优选ROTEC胎带机为浇筑方案，运用蓄热养护法等先进施工工艺，使10万余方混凝土无一裂缝，被中国企业联合会、中国企业家协会评为全国企业新纪录奖。该工程2005年获水利部优质工程、中国电力优质工程等奖项。这一奖项是目前治淮工程建设项目中获得的最高荣誉。

【上海太浦河泵站工程获中国水利工程优质奖】　在上海太浦河泵站工程施工中，水电十一局积极探索和运用射水法建造地下混凝土连续墙、超大型软土深基坑开挖、大面积多级轻型井点降水、深层水泥搅拌桩等多项先进施工技术，成效显著，特别是该工程的亚洲最大斜轴泵CFD研究及安装技术，获2004年度大禹水利科学技术三等奖，工程获上海市2004年度“白玉兰”奖。经中国水利工程协会评选，水电十一局施工的上海太浦河泵站工程获“2005年度中国水利工程优质奖”。

（王　伟）

【多元化经营】　水电十一局多种经营共有下属单位16家，其中13家为国有独资企业，3家经改制由个人注册为有限公司。业务主要涉及食品加工、仓储、运输、商业零售、医疗卫生、文教、服装加工、宾馆、建材、印刷包装、物业管理、房屋租赁等行业。2005年从业人员1747人，实现经营产值1.6亿元。主要骨干企业有：黄河医院、千禧量贩、三隆公司、铁路分局、物资总公司、商业总公司等。“千禧”、“三隆”、“黄河医院”、“精品一条街”已成为三门峡市知名品牌。水电十一局在建筑业快速发展的同时，积极发展壮大多种经营产业。2005年进一步加大对多种经营产业结构的调整，根据企业和市场情况积极推行“扶优限劣”政策，扶持做强一批骨干企业。对少数经营效益不佳的企业进行改革改制，转换经营机制，取得较好效果。

（王　伟　林　峰）

管理创新

【管理观念创新】

（1）人性化管理。2004年12月28日，水电十一局六届四次职代会提出“人性化管理”，即尊重人的才能，尊重人的个性，在企业的法律、规章制度的范畴内，充分尊重人的个性，为每个人的发展创造空间和平台，以充分发掘人的潜能，并在实际工作中加以落实，建立关于外工点职工休假、职工内部流动等一系列制度，为职工工作和学习创造宽松环境，使职工心情愉悦，以饱满的热情投身工作，保证了职工队伍的稳定。特别制定女职工产假规定：施工一线工作的女职工产假延长4～6个月的，由所在单位按本人工资的80%支付；产假延长7～12个月的，由所在单位按本人工资的70%支付；产假延长13～24个月的，由所在单位按本人工资的60%支付。

（2）量力做大、着重做强。2005年7月28日，水电十一局在年中工作会议上，根据企业规模扩张速度太快，出现资源紧缺等问题，提出“量力做大、着重做强”的战略思路，为企业的健康发展指明方向。量力做大：根据自己的实力能做多大就做多大，千万不能盲目扩张，出现失控状态。经营规模扩张要适当收缩，原则上控制在16亿元左右。着重做强：注重内在质量，提高管理水平，提高经济效益，提升核心竞争力，增强企业综合实力。2005年底在编制规划和安排2006年工作计划时体现这一思想，2006年计划完成总产值18.15亿元，未来四年规划规模增长速度放慢，重在提高效益。

【组织结构创新】 2005年9月，根据集团公司有关精神，结合企业运营规模和管理实际，规范管理、做强主业、搞活辅业、强化对外投资开发，水电十一局的机构设置由直线职能型向事业部型组织转变，先后成立“多种经营事业部”、“河南世益投资公司”和“国内工程总公司”，加上原有的“国际工程部”，并称“四大公司”，基本形成国际工程、国内工程、多经管理与投资开发“四位一体”的组织机构管理构架。这种模式的特点是：遵循“集中决策、分散经营”的总原则；“四大公司”拥有较大的自主权，实行独立核算、自负盈亏，并可根据经营需要设置相应的职能部门。

【“管理年”活动】 2005年，水电十一局开展了“管理年”活动。活动主题是：精细管理，提高效益。主要内容：以科学发展观为指导，广泛尊重职工的才能和个性，充分调动职工的积极性和创造性，努力留住人才，实现人的全面发展。在企业快速发展的过程中，认真把战略落实到每个细节的执行上，从一点一滴做起，把好每一个环节，关注细节问题，从点滴管理抓起；把大事做细，把小事做好。以提高经济效益为中心，完善增收节支措施，力争利润率比上年增长一个百分点。各单位紧紧围绕活动主题，高度重视，精心组织，健全机构，认真安排，并结合各自实际制定切实可行的实施方案和目标，将精细化管理理念落实到生产经营的各个方面。同时，围绕重点，细化措施，坚持年中检查、年底考核。“管理年”活动的开展，有力地促进了管理水平和效益的提高。

（王　伟　郭　蕾）

【人力资源开发】 根据企业发展需求和人力资源状况，充分利用各种社会资源，水电十一局采取“走出去”、“请进来”等方式开展培训工作，逐步形成一个分层次、多形式的人才培训体系。在培训对象上，形成面向各级领导、管理人员、专业人员和普通职工四个培训层次。在培训形式上，形成在职进修、学历教育、专题培训、干部轮训、系列讲座、参观考察等丰富多彩的培训种类，同时采取岗位练兵、技能鉴定等多种方式，营造工作学习化、学习工作化的氛围和机制。在培训内容上，始终以需求为导向，紧扣企业不同阶段的中心工作，着力人力资源开发和职工素质的提高。通过建立学习型组织，管理创新、制度创新、技术创新步伐加快，促进一些能体现企业资质和实力的技术的掌握与运用，提高企业的创造力和战斗力。

围绕进一步提高职工队伍素质，优化职工队伍结构，增强企业竞争能力，举办各类培训班多期，职工受教育面不断扩大。同时坚持开展“技术比武”、“导师带徒”、“创新创效”等活动，锻炼职工队伍，调动广大职工学技术、钻业务的积极性，培养选拔一大批业务能力强、技术水平高的优秀技术工人。积极与大专院校联合办班，提高技术管理人员的学历水平。通过学习培训、技术比武等活动，全局职工队伍的整体素质得到明显提高，职工的年龄结构、学历层次、专业结构不断优化。

（王　伟　牛少龙）

【财务管理】 2005年，水电十一局财务管理以执行企业会计制度为契机，制定统一的会计核算办法，规范日常会计核算行为，为真实反映财务状况、经营成果和资产质量提供了制度保证。组织开展了对所属单位、项目部财务会计基础工作的检查。积极推行预算管理，将预算管理由目标向过程延伸，促进经营目标的实现。形成了总部、二级单位、项目部的三级预算管理体制，把握财务关键指标，建立起以目标利润为基础、以收入和成本控制为核心的预算模型。强化预算分解及执行过程的控制管理，促进了企业经营管理工作的加强。制度建设不断加强，制定了《资产减值准备管理办法》、《资产损失确认申报管理办法》、《账销案存资产管理实施细则》、《财务管理信息系统实施方案》、《会计电算化管理制度》、《会计核算办法》、《施工项目竣工财务决算报告编制办法》等规范性文件，对强化财务管理、加强会计核算提供了保证。提高财务报告质量，建立了局及所属单位经营业绩考核指标、财务状况执行情况的月快报制度，强化财务的决策支持功能。加大项目管理力度，项目成本核算不断细化和加强，项目成本控制力度加大，经济效益显著提高。同时，财务管理信息系统建设是全局财务管理工作上台阶的重要支撑平台，为财务管理从静态走向动态；从单一会计主体的分布式管理模式发展到集中管理控制模式奠定了基础。

【资金集约化管理】 按照集团公司“三级管理，两级集中，两级资源共享”的资金管理模式，水电十一局把集约化管理的重点放在所属单位或项目部的资金管理上。印发《关于下达资金集中度考核指标的通知》，下达资金集约化指标，并将该指标纳入单位负责人经营业绩考核范畴，有力地推进资金集约化管理工作进程，现金流量网络进一步扩大。通过网上银行对所属单位和项目部银行账户进行统一管理，目前通过网银监管的单位 47 个，同比增加 47%。同时印发《中国水利水电第十一工程局资金结算中心业务处理规范及会计核算办法》，在制度上对集约化管理及内部业务流程进行规范。2005 年营业收入同比增加 41.5%，银行借款总量没有增加，同时超额完成集团公司年初下达的资金集中度指标。

（王　伟　柳凤山）

【信息化建设】 2005 年，水电十一局在三门峡市局属各单位办公地及住宅小区完成光纤网络布设，用于提供电视网络、计算机网络服务。光纤电视网络已改造完成，光纤计算机网络正在建设中。局总部使用 Domino 办公平台。2005 年对局门户网站的功能模块、智能化程序等进行改版，进行 INTERNET 网络办公平台的开发与制作，部分版块已开发完毕。新增《今日十一局》报刊电子版、企业新闻视频等。网络短信群发功能处于试运行期，办公自动化的水平不断提高。

（王　伟　米大猛）

【项目管理】 2005 年，水电十一局在建项目 76 个。针对施工规模迅速扩大，各种资源十分紧缺情况，十一局采取多项措施，完善各项基础管理，加强项目管理工作。一是强化和规范在建工程的监控与管理，利用网络实施重点项目重点管理。同时，加强同在建项目的业主、监理的沟通与交流。二是加强计划管理工作，按时召开全局季度生产经营计划会议，每季度检查生产经营计划执行情况。三是规范项目分包管理与监控，严格控制分包管理，确需分包的按照局规定的程序招标择优选择分包商，分包计划实行分级审批制度，主体工程特别是混凝土工程严禁分包，必须使用自己的作业队进行施工。同时严格资质审查，抓好动态管理，对于管理不善，进度缓慢的分承包商及时下发整改通知，并在全局进行通报，克服重包轻管、以包代管现象。四是为加强对外协队伍的管理，于 2005 年 9 月份组织召开分包负责人座谈会，对分包队伍在资质、资源投入、工程进度和管理方面提出明确要求，进一步加强沟通，提高工程管理水平，同有信誉的分包商建立长期的合作关系，实现双赢，起到一定的促进作用。五是加强项目经理队伍建设，选择运作成功的典型项目，组织项目经理参加项目管理现场工作会议，总结交流项目管理经验，促进项目经理之间的学习和交流。

（王　伟　张秀敏）

【联营体管理】 为规范联营体的组织和行为，保护联营体各方的合法权利，根据《公司法》及国家有关法律，签订《联营协议》，制定章程，建立以现代企业管理体制和工程管理与施工相结合的董事会领导下的总经理负责制。责任方人员任董事长，联营方指派副董事长，经理部下设机构根据工程情况由经理部提出意见，报董事会批准。经理部经理层人员由董事会决定。根据章程制定联营体的生产、经营和管理等各项规章制度。工程所需资金和设备按照联营协议由母体工程局调拨。十一局主要参与的联营体有：

（1）公伯峡水电站机电安装工程属水电十一局与水电四局组成“四一一”联营体承担 5 台 30 万千瓦的机组安装任务，开工日期 2003 年 2 月 1 日，竣工时间 2006 年 9 月 1 日。水电四局为责任方，水电十一局占 20%股份。管理方式为紧密型。该项目 1～4 号机组已投入运行，并网发电。

（2）光照水电站厂房结构工程由水电十一局与水电九局组成的“豫黔”联营体承建，双方各占股份 50%。水电十一局为责任方。管理方式为切块分包。工程开工日期 2005 年 5 月 10 日，竣工时间 2007 年 6 月 30 日。

（3）小峡水电站机组安装工程，由水电十一局和水电四局组成的“四一一”联营体承建，水电十一局占40%股份。合同价1749万元，总装机容量23万千瓦。2005年完成机组安装2台，装机容量11.5万千瓦。工程已于2005年8月完工。

（王　伟　段　宏）

【质量、环境、职业健康安全管理体系通过认证】2005年初，水电十一局启动质量、环境、职业健康安全管理体系认证工作，相继有100余人参加质量、环境、职业健康安全管理体系内审员培训并取得资格证书。7月1日，质量、环境、职业健康安全《管理手册》正式颁布实施，经过半年时间的试运行，12月5日顺利通过四川三峡认证有限公司的认证审核，取得质量、环境、职业健康安全管理体系认证证书。

【总部迁移郑州】　随着水电十一局的持续发展和业务能力的不断增强，三门峡的地理和区位环境、交通、资源、信息及发展空间已难以满足企业发展的需要。从企业的长远发展看，以三门峡基地为依托，将总部迁往交通、信息、经济等较为发达的中心城市郑州，将有力促进企业做大做强、提升企业核心竞争力。经水电十一局党政联席会议研究、各二级单位领导班子讨论、局职代会代表团长联席会议审议，报请集团公司批准，同意和支持水电十一局总部由三门峡迁往郑州，提交职代会表决并通过。总部办公楼及附属建筑物开工建设，计划2007年6月份开始搬迁，2008年底实现总部管理全部转移。

（王　伟）

企业改革

【产权制度改革】　根据集团公司《关于进一步推进主辅分离改制分流工作的指导意见》文件精神，水电十一局结合企业生产经营实际，在主辅分离改制分流方面做了宣传、调研和征求意见等基础性工作；集团公司批复的十家拟改制单位尚未进行实质性的操作与改制。蓝狐绣品厂、蓝狐时装厂、三门峡塑钢厂采取私人经营方式，分别注册为鑫蓝狐服饰有限公司、源蓝狐时装厂、十亿居塑钢门窗有限公司，资产采取租赁方式，职工采取“劳务”输出方式。

（王　伟　郭　蕾）

【人事和工资制度改革】　实行干部任用和收入与经营业绩、绩效水平挂钩，调动各级干部的工作积极性；开展专题调查和有针对性的领导班子考核，试行干部公开选拔机制，选聘财务处、审计处负责人，拓宽干部选拔渠道。制定《管理人员及专业技术人员轮流到国外项目工作的通知》、《建立分局长、项目经理、局直机关处长管理档案的通知》、《职工内部流动管理暂行规定》、《财务会计专业技术带头人评选管理办法》等人事管理制度，进一步强化企业核心人员的档案管理，扩大专业技术带头人的范围，畅通人力资源的流动渠道。

根据形势发展需要并结合企业实际，积极进行内部分配制度改革。按照“按劳分配、效率优先、兼顾公平”的原则，坚持工资分配同经济效益挂钩，实施工资分配向骨干倾斜的政策，逐步建立起符合市场要求的分配激励机制。改革管理层工资分配制度，试行经营者年薪制，使经营者的收入和效益挂钩。在原有项目经理年薪制试行办法的基础上，提高项目经理年薪标准，调整效益年薪的计提比例和基本年薪扣款后的返还比例，使分配方案更趋于合理，调动经营者的积极性。实行了劳务作业层计件工资，鼓励作业层人员多劳多得。扩大实行专业人员岗位津贴制度。在原有评聘内部专业总工程师、专业造价工程师、内部技师、高级技师，工匠的基础上，增加会计、统计系列专业技术带头人评聘办法，提高津贴待遇标准，激励更多的专业人才通过勤奋学习、努力工作、多做贡献享受企业给予的优厚待遇。

（王　伟　牛少龙）

【保险制度改革】　2005年，水电十一局按照国家、省、市有关要求，不断加强社会保险工作，继续完善各项社会保险管理制度，克服资金紧张的困难，采取措施，合理调度与筹措资金，及时足额缴纳社会保险费用，全年共缴纳各项社会保险费3872万元。确保养老保险、医疗保险个人账户足额的记入和离退休人员养老金按时足额发放，并保证医疗费的正常报销；确保生育者及时足额享受生育保险；2005年将大部分的老工伤人员纳入省统筹管理，保证工伤职工和退休工伤人员工伤待遇的执行。从而较好地维护职工的合法权益，为企业发展提供社会保险保障。

（王　伟　李玉新）

【学校移交工作】　根据《转发国务院办公厅关于第二批中央企业分离办社会职能工作有关问题的通知》（中水电财［2005］18号）文件和《转发财政部国资委关于做好第二批中央企业分离办社会职能工作的通知》（中水电财［2005］21号）文件要求，2005年3月，水电十一局成立分离企业办社会领导机构和工作机构，制定分离企业办社会职能工作实施细则。召开由三门峡市有关部门参加的学校移交工作专题会议，对学校移交工作进行具体的分工和布置。对局属小学和中学的资产、债权债务及人员情况进行清理核对、实物资产进行清点造册；2005 年 8 月将有关文件资料上报集团公司。对符合分离企业办社会条件的局中小学移交地方事宜基础工作已经做完，正待国家有关部门批复核准。

（王 伟 柳凤山）

科技进步

【科技进步综述】 2005 年，水电十一局的科技工作围绕着企业科技发展规划开展，在碾压混凝土筑坝、面板堆石坝、超大断面隧洞、不良地质条件下隧洞开挖、大体积薄壁混凝土无裂缝控制技术、新型环氧砂浆抗磨技术等方面均取得突破性进展。同时加大科技开发经费投入，重点用于筑坝施工技术、大型渠道全断面衬砌技术、大型顶管施工工艺、环氧地坪涂料的开发和应用技术、大型水轮发电机组安装等课题的研究，以进一步提高企业竞争力。

【招徕河碾压混凝土双曲拱坝新技术】 针对招徕河碾压混凝土双曲拱坝体型设计、快速施工的特点，重点进行高落差、长管道输送半成品砂石骨料技术的研究及应用，混凝土连续式强制拌和机在水工领域的引进及应用，适用于碾压混凝土大曲率双曲拱坝连续上升的多卡模板技术的开发及应用，双曲拱坝测量放线及模板快速检测技术研究和软件开发，利用仿真计算结果控制坝体最高温度的工艺研究及应用、适用于碾压混凝土双曲拱坝快速施工的坝体排水孔成孔新工艺等课题的技术攻关及应用，取得多项成果。实现大坝连续快速上升施工，电站提前投产运行发电一年。

【太浦河泵站低扬程大型斜轴泵 CFD 研究】 在上海太浦河泵站工程施工中，探索和运用射水法建造地下混凝土连续墙、超大型软土深基坑开挖、大面积多级轻型井点降水、深层水泥搅拌桩等多项先进施工技术，特别是该工程的亚洲最大斜轴泵 CFD 研究及安装技术，解决低扬程大型斜轴水泵安装的关键技术问题，获得 2004 年度大禹水利科学技术三等奖和 2005 年中国水利水电建设集团公司科技进步三等奖。

【张河湾大坝底孔柔性钢围堰水下封堵技术】 针对张河湾大坝底孔的情况，水电十一局大胆提出柔性钢围堰进行底孔封堵设想，该方案思路是改变传统钢结构的“刚性”思维模式，自行设计制作单向受力的柔结构钢围堰，重点解决水下深水围堰的底孔封堵问题，该项技术实用性强、投入少、所需时间短等，荣获中国水利水电建设集团公司科技进步三等奖。

【环氧地坪的开发和应用技术研究】 水电十一局组织具有丰富专业知识和经验的技术人员、专家组成课题组，实行基础理论与应用实践相配合，采取理论联系实际的科学研究方法。该项目已经进行项目可行性研究、E44 环氧树脂和芳香胺固化剂等原材料的改性，开发出性能优良的低黏度环氧树脂，并得到实践应用和改进；同时对各组分材料进行试验研究和优选，选择出性能优良、效果良好的组分材料，进行综合性能和施工性能试验研究。

（王 伟 温灵芳）

安全生产

【安全生产责任制】 水电十一局在 2005 年通过质量、环境、职业健康安全管理体系认证，建立健全职业健康安全管理保证体系，形成一整套的安全生产管理规章制度，进一步完善各级安全生产责任制，成立以局长为主任的安全生产委员会，在年初由局长向上与集团公司签订安全生产责任书，向下和所属二级单位第一责任人签订安全生产责任书，明确安全指标和奖惩措施，实行目标管理，各二级单位也同时把局下达的安全生产控制目标层层分解，将责任书的考核同项目责任人的业绩挂钩，做到安全责任层层落实，年底实施全面考核和奖惩，在职工代表大会上予以兑现。

【安全生产大检查】 2005 年，水电十一局按安全生产检查制度进行了两次覆盖全局的安全生产大检查。工程局成立以局长为组长的安全检查领导小组，对各二级单位本部和施工项目进行考核检查，制定《项目安全检查表》，检查按照规定检查内容严格进行，并考核打分。检查的主要内容为：各单位安全保证体系的建立情况、安全责任制的落实情况、安全活动的开展情况、重大危险源是否得到有效监控、是否编制应急预案和进行演练、职工的安全教育培训情况、施工现场的安全设施、设备装置是否齐全灵敏、有关人员是否遵章守纪等。对存在的问题和安全隐患开具环境整改通知书，限期进行整改。同时根据实际情况，开展专项安全检查和季节安全检查，通过检查考核，评出 1 个安全先进单位，10 个优秀安全项目部，年底进行奖励。

【安全应急预案】 2005年，水电十一局共辨识各类危险源、环境因素3000多项。按照局统一要求，各二级单位、项目部对重大危险源进行辨识，编制重大危险源应急救援预案并统一备案，制定《水电十一局重大事故应急预案》，各项目按照应急救援预案对有关人员进行交底，并开展演练，使职工掌握应急救援技能。实行预警机制，一旦发现险情，即启动应急预案，直至险情排除。建立重大危险源安全监控制度，实施设备监控和人员监控结合的监控措施，使危险源得到有效监控。

（王 伟 方绍曾）

党群工作和精神文明建设

【保持共产党员先进性教育活动】 根据党中央的统一部署，在集团公司党组、三门峡市委的领导下，水电十一局于2005年7月～12月在全局范围内扎实开展以学习实践“三个代表”重要思想为主要内容的保持共产党员先进性教育活动。局党委紧紧围绕树立和落实科学发展观，全面推进水电建设可持续发展，把先进性教育活动融入全局改革、发展、稳定的实际工作中，精心组织，周密安排，扎实推进，呈现出“三个重在、三个抓好”的特点，即重在联系实际，抓好学习动员；重在讲求质量，抓好分析评议；重在取得实效，抓好整改提高。整个先进性教育活动动员深入、组织有序、推动有力，一级抓一级，层层抓落实；发展健康有序，活动成效明显。围绕生产中心开展“两爱三新”（爱企业、爱岗位、新观念、新目标、新贡献）和“两高两好”（高觉悟、高技能、好业绩、好作风）主题实践活动，形成共产党员共性的和局级党员领导干部、中层党员领导干部、管理岗位党员、生产一线员工党员、离退休党员、不在岗党员七个不同层面的反映时代要求、体现群体特性的新时期保持共产党员先进性的具体标准，建立完善新时期保持共产党员先进性的长效机制。组织全局二级单位党组织的主要负责人、党员代表、职工代表、离退休职工代表、民主党派人士代表和局直机关代表共计1074人参加的先进性教育满意度测评工作，满意及基本满意率达97.5％。基本达到“提高党员素质，加强基层组织，服务人民群众，促进各项工作”的总体目标，做到“两促进、两不误”，受到集团公司党组和三门峡市委的充分肯定和高度评价。

【党建工作】 2005年底，水电十一局有党员2783人，其中在职党员1626人。局党委下辖二级单位党组织36个，其中党委12个、党总支10个、党工委3个、直属党支部11个，全局有基层党支部162个。一年来，局党委紧紧围绕企业发展目标，坚持党的先进性，着力建设勇于拼搏、能打硬仗的高素质的领导班子和干部队伍，着力打造战斗力强、凝聚力强的基层党组织堡垒，为全局的持续快速发展提供坚强的队伍和组织保证。坚持以科学发展观为主要内容，加强领导班子和干部队伍的思想作风建设。举办科发展观、人性化管理、精细化管理等专题讲座5场，培训人员522人次；举办为期15天的企业文化培训班，有62名处科级干部参加培训。在两级领导班子和干部队伍中开展“四好”（政治素质好、经营业绩好、团结协作好、作风形象好）创建活动。着力加强基层党支部建设工作。积极开展支部班子好、党员队伍好、活动开展好、制度建设好、发挥作用好的“五好”党支部创建活动。坚持贯彻落实党支部建设“三同时”原则，及时建立健全项目党支部。2005年新建项目党支部30余个，做到项目建设与党组织工作相互促进、协调开展。积极探索基层支部与项目经理班子“双向”进入、交叉任职的做法，大胆起用一批综合素质较好的年轻党员做党的工作，改善基层党支部书记队伍的结构。扎实开展党员思想教育工作。在全局开展以学习贯彻“三个代表”重要思想为主要内容的保持共产党员先进性教育活动。集中三个月时间，组织全体党员深入学习党的十六大、党章、“三个代表”重要思想、科学发展观等理论内容，开办先进性教育专题网页，利用电教网络和各种传播渠道加强党员教育，强化党员的经常性学习教育活动。全年共发展新党员67名。进一步深化“党员先锋工程”活动。把“党员先锋工程”作为党建工作与生产经营紧密结合、保持新时期党员先进性的重要载体，进一步加强规划、指导和督促检查。结合生产经营目标和重点工作，适时地提出立项任务和目标要求。在坚持围绕生产经营的急难险重任务开展党员先锋工程活动的同时，把活动重点引导到科学化管理、精细化管理、技术创新和创建节约型企业上来，突出党员先锋工程活动在生产经营中的推动力和创造力。全年共立党员先锋工程项目156项，参与党员1350余人，占在职党员85.5％；带动一大批职工和积极分子参加，对生产经营工作产生强有力的推动作用。大力加强宣传思想政治工作，各级党组织大力加强领导，形成党委领导下党、政、工、团齐抓共管的大政工体系；坚持以人为本，做好思想政治工作。

【获“全国企业文化建设先进单位”称号】 2005年，水电十一局在企业文化建设加强共同愿景建设，以企业发展目标为主要内容开展形势任务教育。组织全局范围内的大宣传、大讨论，促使干部职工思想观念发生深刻转变，为管理机制的不断创新奠定坚实的思想基础。坚持把企业核心价值观融入企业的各项制度和规范性文件之中，积极构建适应市场经济要求的激励和制约机制。加强企业形象建设。认真贯彻集团公司统一企业标识的要求，对员工着装、办公环境等企业标识系统进行全面的规范。树立一批优秀工程项目和优秀员工形象。分层次广泛开展群众性的优秀员工评选活动，在全员范围营造争做贡献、争创一流的良好氛围。广泛开展“创建学习型组织、争做知识型职工”活动。认真开展群众性的“三个一”学习活动，调动干部职工自觉学习和创造性工作的积极性。水电十一局着力构建新时期的企业文化，在观念文化、制度文化、行为文化、物质文化建设方面均取得许多积极成果，促进了生产经营的快速发展，受到领导和专家的一致好评。在2005年全国企业文化建设工作年会上，水电十一局被授予2005年“全国企业文化建设工作先进单位”称号。

【建局五十周年活动】 为迎接建局五十周年，水电十一局从2005年年初开始组织庆典筹备工作，3月成立局庆筹备委员会及领导小组、局庆筹备办公室。2005年12月6日下午，水电十一局建局五十周年庆典大会在三门峡举行。原党和国家领导人李鹏题词表示祝贺。李鹏的题词是：“兴利除害，治黄先锋”。题词表示祝贺的还有徐光春、汪恕诚、张基尧、范有年、刘源、李新民、潘家铮、曹楚生、王圣培、杨振怀、刘书田、李锐、贺敬之、钟力生、林昭等。国务院南水北调工程建设委员会办公室主任张基尧、河南省省委常委洛阳市委书记孙善武、河南省省长助理刘其文、南水北调中线建设管理局局长张野、中国水利水电建设集团公司副总经理范集湘、三门峡市委书记连子恒等省（部）、市领导出席庆典大会。庆典大会共800余人参加，当天举行了文艺演出和焰火晚会。五十周年局庆之际，对为十一局的发展做出贡献的百名“奉献奖”职工进行表彰。组织编写《辉煌五十年》书籍，编辑画册，制作八集专题片《五十年的回眸》，开展局庆五十周年征文活动。

【获“河南省文明单位”称号】 水电十一局坚持签订精神文明建设目标责任书，坚持参加系统和地方组织的文明单位创建活动。认真贯彻“三创建”精神，组织开展创建文明单位、文明机关、文明工程、文明小区等多种形式的创建活动，提高企业整体素质和社会形象，强化两级机关的职能和服务水平，改善职工住宅区的环境。2005年1月，十一局再次荣获“河南省文明单位”称号，同时获集团公司2004年度文明单位称号；三隆公司、七分局、安装分局、四分局四个二级单位也获得集团公司文明单位称号。

（王　伟　李符实）

【获“标兵记者站”称号】 宣传工作紧紧围绕生产经营中心，唱响稳步做强、持续发展主旋律，努力做好内外宣传，为生产经营的快速发展、创建学习型组织、加强企业文化建设、树立良好企业形象等做出积极贡献。注重与大的宣传媒体联合形成宣传强势，对外宣传取得重大突破。2005年，在市以上报刊（电视）发表新闻稿件100余篇（条）。中央电视台1套《新闻联播》、10套新闻频道、12套西部频道、《人民日报》、《中国水利报》、河南电视台、江苏电视台、安徽电视台、河北电视台等重要新闻媒体对水电十一局的重大工程进展进行了报道，进一步提高了工程局的知名度。2005年连续第三年获得集团公司“标兵记者站”荣誉称号。

【《风雨大盈江》获首届“国电影视杯”一等奖】 2005年9月10日，水电十一局新闻中心创作的电视纪录片《风雨大盈江》获首届“国电影视杯”全国电力行业优秀电视片展评一等奖。电视纪录片《风雨大盈江》真实纪录2004年7月发生在云南大盈江水电站建设工地上水电十一局职工的抗洪情形。在十一局电视台播出。纪录片播出后，在全局引起强烈的反响，大盈江项目部也因此受到各方面的关注，极大的激励和鼓舞全局一线干部职工，这是中国水利水电建设集团公司参赛的唯一获奖作品。同时该片还获得三门峡市广播电视局电视节目技术质量一等奖、河南省广播电视局电视技术质量二等奖。

（王　伟）

【工会工作】 水电十一局工会有34个基层工会（其中1个工会工作委员会），73个基层工会分会，281个工会小组，共有会员职工7018人，局、分局两级专兼职工会干部45人。局工会下设办公室、组织宣传生产部、生活女工民管部。

各级工会组织围绕企业发展目标和上级工会及局党委对工会工作的总体要求，团结带领广大职工积极参与、支持局改革和发展。结合本单位实际，深入开展群众性经济技术创新活动，推进职工素质不断提高；切实履行工会的基本职责，积极推进平等协商和集体合同制度，保持企业和谐稳定的劳动关系；以创建学习型组织活动为契机，不断加强自身素质建设，促进工会工作思路创新，提高工作水平。局工会荣获河南省劳动竞赛优秀组织单位、三门峡市工会工作先进单位。局工会还购买新《中华全国总工会会员证》对全局会员职工（包括离退休职工）进行换发。评选推荐集团公司先进生产（工作）者2人，河南省百项职工技术创新奖1个。

劳动竞赛活动围绕全局重点工程、重点项目和重点节点目标开展，据统计，全年各级工会共组织开展劳动竞赛90次，7900人次参加，把劳动竞赛作为完成节点任务、保证工期、提高质量、确保安全、激发职工积极性的有效手段。各级工会组织广泛开展群众性的合理化建议和技术革新活动，全局共有2069人参加合理化建议活动。合理化建议被采纳实施576条，创效160.75万元。坚持每年开展职工技术比武活动，组织各类技术培训和岗位练兵活动。经过层层选拔、推荐，举行了第八届技术比武，挖掘机司机、混凝土浇筑工、电气二次线安装工等3个工种的职工参加了技术比武。

（王　伟　尚向辉）

【共青团工作】　水电十一局团委现有33个直属基层团组织（青年工作委员会），有团员1511人，青年3159人。2005年，局团委以“青年文明、青年人才”活动为契机，通过导师带徒、双争活动，促使25个单位257对师徒签约；对创建的38个青年文明号进行规范考核与管理，促进各类专业人才的成长。以增强团员意识主题教育活动为契机，编制《水电十一局基层团组织工作手册》发放到团支部。在网上开辟“团委办公”专栏，实施“四个一”活动，焕发出团的生机与活力，展示水电十一局深厚的文化底蕴和积极向上的精神风貌。开展“真情助困进万家”活动，青年志愿者服务活动，有832人次参加。为每个大学生发放“连心卡”，提出“如果有困难、请找共青团”的口号，以服务维权增强团的凝聚力。局团委通过扎实有效、富有特色的工作，被确定为“第五批中央企业五四红旗团委创建单位”。

（王　伟　秦登华）

检 查 监 督

【职工代表大会】　2005年，水电十一局以职代会制度为基础，坚持对企业重大决策、生产经营发展规划、涉及职工切身利益的重大事项、领导班子建设等重要问题实行公开监督，落实职工对企业经营管理事务的知情权，引导职工群众全方位、全过程参与企业的民主决策、民主管理和民主监督。职代会上，职工代表们认真听取审议局长年度工作报告、“三四”发展规划、企业年度预算及财务收支报告、企业业务招待费使用情况报告；审议通过2005年集体合同执行情况的报告和2006年集体合同（草案）；审议审计工作、社会保险工作和基金收支、住房公积金管理等工作报告；民主评议局级领导干部、局级后备干部和局直机关各部门负责人，评议结果及时向职工代表报告；坚持职工代表提案制度，积极动员和组织职工代表参与提案征集活动。共征集提案和建议103条。按照提案立案的有关要求，经过认真审查，符合立案条件的38条。职代会闭会期间，充分发挥职代会代表团长和各专门委员会联席会议作用。2005年局职代会代表团长和专门委员会联席会议共召开4次，分别审议讨论《女职工生育待遇若干问题的制度》、《关于外工点职工休假制度》、《关于调整市场工资标准方案》、《关于调整基本工资标准方案》等四项涉及职工切身利益的重大措施方案。

（王　伟　尚向辉）

【“三重一大”】　水电十一局党政领导班子坚持民主集中制原则，认真贯彻落实“三重一大”民主决策程序，并结合工程局实际，不断完善“三重一大”民主决策制度。对“三重一大”内容进行目标分解，强化相关职能部门责任，规范基础资料的管理。同时结合年度目标综合考核，加大对二级单位执行“三重一大”民主决策程序的监督、检查力度。局重大决策制定、重要项目安排、重要干部任免、大额度资金使用都能严格履行民主决策程序，没有出现违反“三重一大”民主决策的现象。

（王　伟　李符实）

【党风廉政建设】　为确保党风廉政建设年度工作目标的实现，水电十一局在2005年初的职代会上，与所有二级单位和职能处室签订党风廉政建设目标责任书，签订率100%。印发《2005年党风廉政建设责任目标分解》。制定《关于加强项目经理廉洁自律的管理规定》，促进项目经理廉洁自律和项目部的党风廉政建设。在建项目《保廉合同》签订率达98.7%。

（王　伟　杨廷泽）

【审计监督】 2005年，水电十一局狠抓以审计基础工作为主要内容的审计工作质量，审计基础工作实现规范化，审计业务程序趋于标准化。全年共完成审计项目17项，提出改善经营管理工作建议49条。切实履行内部审计的监督、控制和服务职能，完善和制定《十一局内部审计工作规定》等一系列工作办法和内审制度，充分发挥审计的经济卫士和管理谋士作用。加强对审计人员的岗位培训和后续教育。目前，全局审计人员有40多人取得中国内部审计师协会颁发的内部审计人员岗位资格证书。

（王 伟 叶爱萍）

【法律顾问】 水电十一局现有专职法律顾问5名，其中2名人员取得全国司法执业资格，3名人员取得全国企业法律顾问执业资格，全面承担全局的普法宣传、法律诉讼、法律咨询、参与决策、合同审核、工伤赔付、非诉协调、建章立制等工作，维护企业合法权益，为企业的健康发展保驾护航。

（王 伟 屈自伟）

中国水利水电第十二工程局

概 况

【综述】 2005年，中国水利水电第十二工程局（以下简称水电十二局）认真贯彻集团公司工作会议精神，以科学发展观统领发展全局，把做强做大做优企业作为落实科学发展观的重大举措，积极开拓市场，强化内部管理，努力推进制度创新、管理创新、技术创新，圆满完成年度各项工作任务和经济技术指标。

承揽任务有新突破。水电十二局坚持“大经营、大市场”的理念和“立足华东，拓展西部”的经营方针，大力拓展市场。全年承揽建筑施工任务15.08亿元，为年计划的150%。新签合同39个，其中水利水电工程23个，工民建工程6个，道路、桥梁工程7个，其他工程3个。中标工程分布在浙江、福建、安徽、山东、云南、湖南、甘肃、贵州、广西等省（自治区），工程的市场分布进一步拓展，施工任务的结构进一步趋向合理。

关键节点工期目标按期或提前完成。水电十二局重视加强工程项目管理，合同履约总体良好。浙江桐柏抽水蓄能电站下水库5月12日顺利下闸蓄水，1号机组12月20日正式并网发电；华光潭水电站6月3日下闸蓄水，主体工程6月底完工；滩坑水电站导流洞7月16日完成（提前46天），10月13日河床顺利截流，12月7日开始坝体填筑。四川紫坪铺水利枢纽工程拦江大坝6月16日提前填筑完成，9月30日顺利下闸蓄水，12月12日完成大坝面板混凝土浇筑（提前19天）。贵州三板溪水电站拦江大坝9月6日填筑到顶（提前24天），12月完成二期混凝土浇筑；沙坝河水库大坝工程5月23日下闸蓄水，主体工程6月底完工；鱼塘水电站工程10月5日下闸蓄水。山东泰安抽水蓄能电站4月底完成上水库土工膜铺设及进出水口面板等主体工程的所有工作。福建街面水电站拦江大坝11月23日填筑到顶（提前38天），11月31日溢洪道土建工程完工；金造桥水电站拦河坝10月9日填筑到顶（提前22天）；丰海水电站5月主体工程按期完成，6月1日下闸蓄水。

创精品活动取得明显成效。水电十二局重视质量管理，树立精品意识和创优目标，施工过程中积极应用新技术、新工艺、新材料，确保施工进度和工程质量。2005年，水电十二局承建的宁波白溪水库工程获“中国水利工程优质奖”和“全国用户满意工程”荣誉称号；温州珊溪水库工程获“全国用户满意工程”荣誉称号；泰安抽水蓄能电站上水库工程项目被集团公司评为“文明工程项目”；嘉兴电厂二期循环水泵房项目和锅炉补给水处理系统项目，分别获“全国用户满意安装工程”荣誉称号；“电厂循环水处理系统安装技术”和“锅炉补给水处理系统安装技术”，分别获“中国安装之星”奖；桐柏抽水蓄能电站地下厂房岩壁吊车梁施工工艺和三板溪水电站主坝工程“一枯拦洪”施工技术，分别获“中国企业新纪录”。工程局获浙江省工商企业信用AAA级“守合同重信用”单位、“全国电力行业优秀企业”、“浙江省先进建筑业企业”等荣誉称号。

各项经济技术指标全面完成。水电十二局全年完成营业收入14.77亿元，为年计划的123%，其中，企业总产值9.35亿元，建筑业总产值9.13亿元。全员劳动生产率30.82万元/(人·年)，同比提高14%。职工人均年收入稳步增长，同比提高10%以上。工程质量合格率、优良率均高于计划指标，其中施工单元（分项）工程质量一次验收合格率99.6%，土建单元（分项）工程优良率93.1%，金属结构制作安装单元工程优良率94.0%，机电安装单元工程优良率95.8%，竣工验收的单位工程优良率93.3%，无重大质量事故。安全生产指标控制在上级主管部门下达和当地政府主管部门明确的考核指标内，无重大安全事故，被集团公司评为安全生产先进企业，3个施工项目部被集团公司评为安全生产先进单位。

2005年末，水电十二局在职职工3443人，各类专业技术人员和经营管理人员1372人，其中高级专业技术职称197人（教授级高工4人），中级专业技术职称510人。2005年末资产总额9.77亿元，拥有施工机械设备4000余台（套），原值2.8亿元。

【企业资质】 水电十二局持有水利水电工程施工总承包一级、市政公用工程施工总承包一级、房屋建筑工程施工总承包二级、港口与航道工程施工总承包二级、隧道工程专业承包二级，以及公路工程施工总承包三级和机电设备安装工程专业承包、爆破与拆除工程专业承包三级资质证书，持有水利水电工程和建筑工程乙级设计、甲级测绘、计量认证合格等证书，桥机、门机安装改造维修A级许可证，大型平面滑动闸门、大型弧形闸门、大型平面定轮闸门、大型压力钢管、大型拦污栅水工金属结构生产许可证等资质证书，其中，房屋建筑工程施工总承包资质于2005年6月由三级升为二级，机电设备安装工程专业承包三级为12月新增资质。2005年9月通过GB/T19001—2000 ISO9001：2000质量管理体系证书三年到期复评审核，取得新的质量管理体系认证证书。

【局领导班子】 水电十二局现任领导班子成员为：局长徐鹿元；党委书记佘其年；副局长孙阳、杨永祥、赵龙海、陈泽鑫、潘承东（2005年5月集团公司聘任）、郦平（兼总经济师）；党委副书记、纪委书记江章贵；总工程师沈益源，总会计师章银先；工会主席王竹如。2005年11月，集团公司免去吴海平水电十二局副局长职务，聘任其为集团公司投资部副主任。

（肖建闽 王世清）

工程建设

【综述】 2005年，水电十二局中标工程39个。其中，中标价5000万元以上的水利水电工程有：浙江的外雄水电站工程，滩坑水电站金属结构设备制作工程；福建的洪口水电站发电厂房及引水系统工程；湖南的黑麋峰抽水蓄能电站输水发电系统工程；贵州的光照水电站引水发电系统土建工程，董箐水电站左岸导流洞工程，董箐水电站左岸坝肩及趾板和溢洪道开挖工程；甘肃的九甸峡水利枢纽大坝土建工程。同时，承揽到浙江的舟山钓梁促围工程、瑞安阁巷围涂工程、兰溪电厂水系统安装工程，安徽的凤台电厂补给水管道工程等一批海洋、火电、市政项目。

全年完工工程15个，主要有：浙江的桐柏抽水蓄能电站下水库及地下厂房土建工程，溪下水库工程，华光潭梯级电站大坝工程，滩坑水电站导流洞工程；福建的丰海水电站土建工程，洪口水电站导流洞工程，牛头山水电站引水系统土建及金属结构制造安装工程；安徽的佛子岭抽水蓄能电站过渡性下库拦河坝与泄水闸工程；山东的泰安抽水蓄能电站上水库土建工程；贵州的黔西电厂沙坝河水库大坝及帷幕灌浆等工程。

续建工程24个，主要有：浙江的桐柏抽水蓄能电站上水库及上游输水系统土建工程，桐柏抽水蓄能电站机电设备安装工程，滩坑水电站大坝及溢洪道工程，瑞安城市防洪堤三期工程，杭州临平兴旺大道；江苏的宜兴抽水蓄能电站上水库工程，宜兴抽水蓄能电站人工砂石料系统及加工工程；福建的街面水电站拦河坝及溢洪道工程，金造桥水电站拦河坝及溢洪道工程，洪口水电站拦河坝工程，界竹口水电站土建工程，台江水电站土建工程；四川的紫坪铺水利枢纽大坝工程；贵州的三板溪水电站大坝工程，鱼塘水电站大坝及溢洪道土建等工程。

（肖建闽 王世清）

【九甸峡水利枢纽大坝土建工程】 九甸峡水利枢纽工程位于甘肃省临潭、卓泥两县交界处的洮河中游九甸峡峡谷进口处，距兰州市194公里。总库容9.43亿立方米，电站装机容量30万千瓦。工程为二等大（2）型工程；大坝为1级建筑物。

2005年1月25日，水电十二局中标大坝土建工程，中标价11584.03万元。2005年2月23日人员进点进行临建施工，7月20日正式开工，合同工期882天。工程主体建筑物有：混凝土面板堆石坝、左岸1号和2号溢洪洞，右岸泄洪洞、引洮供水工程总干渠进水口、引水发电洞及发电厂房等。主要工程量为坝体填筑311.6万立方米，土石方开挖总量52.2万立方米，钢筋制作安装2066吨，混凝土浇筑5.8万立方米；趾板的固结灌浆3675米；导流洞封堵及接缝灌浆612平方米。

2005年11月23日，下游围堰灌浆施工完成；12月31日开始坝体填筑。

（葛国平）

【黑麋峰抽水蓄能电站输水发电系统工程】 黑麋峰抽水蓄能电站位于湖南省望城县桥驿镇境内，距长沙市30公里。工程枢纽主要由上水库、输水发电系统和下水库三大建筑物组成，装4台单机容量为30万千瓦可逆式水泵水轮发电机组，总装机容量120万千瓦，为一等大（1）型工程。

2005年4月11日，水电十二局中标承建输水发电系统，中标价36548.78万元。工程于2005年4月28日开工，计划于2008年12月31日竣工。输水发电系统由输水系统及地下厂房系统组成，输水系统上游输水主洞采用一洞两机、下游输水隧洞为一洞一机的布置方案。上游输水高压钢支管垂直厂房纵轴线，尾水隧洞轴线与厂房纵轴线夹角为55度。输水系统主要建筑物包括上水库进出水口工程，上游输水主洞、钢筋混凝土岔管、高压钢支管、下游输水隧洞和下水库出进水口等。地下厂房系统包括主厂房、主变洞、母线洞、厂用设备廊道、开关站等。主要工程量为土石方明挖14.63万立方米，石方洞挖58.54万立方米，混凝土浇筑20.18万立方米，喷混凝土1.38万立方米，固结灌浆5400米，回填灌浆3.61万平方米，锚杆及锚筋7.37万根，钢筋及钢材19475吨，锚索186根。

水电十二局对黑麋峰抽水蓄能电站施工质量实行全面管理、全员管理、全过程管理，到年底已完成110个单元工程验评，其中101个优良，优良率为92%，合格率100%。

（劳俭翁）

【光照水电站引水发电系统土建工程】 光照水电站位于贵州省关岭县和晴隆县交界的北盘江中游，是北盘江干流的龙头梯级电站，也是国家西电东送骨干项目之一。工程枢纽由碾压混凝土重力坝、坝身泄洪表孔、放空底孔、右岸引水系统及地面厂房等组成。安装4台26万千瓦水轮发电机组，总装机容量104万千瓦。工程等级为一等大（1）型工程。

2004年12月30日，水电十二局中标水电站引水发电系统土建工程，中标价20966万元。2005年1月1日开工，合同工期699天。主要工程项目包括：塔式进水口、1～2号引水隧洞、调压井、压力管道等。1号引水隧洞长457.25米，2号引水隧洞长519.40米，开挖洞径为12～12.60米。调压井开挖洞径为24米、衬砌后内径为21米，井筒高度106.40米。主要工程量为土石方明挖23.30万立方米；石方洞挖25.90万立方米；石方井挖13.70万立方米，钢筋制作安装11875吨，混凝土衬砌22.90万立方米，压力钢管制作安装6419吨。

2005年9月15日，进水口开挖至设计高程；1、2号引水隧洞分别于10月15日、12月10日实现上层贯通。

（朱孝生）

【街面水电站拦河坝及溢洪道工程】 街面水电站位于福建省尤溪县境内均溪河段上，坝址距尤溪县城53公里，是尤溪流域梯级开发的控制性龙头水库电站，福建省“十五”开工建设重点电力项目。该电站装机2台，装机容量共30万千瓦。工程枢纽由拦河坝、岸边溢洪道、引水系统、地下厂房及开关站等组成。

水电十二局作为责任方与闽江局组成浙闽联合体于2004年3月16日中标拦河坝及溢洪道工程，中标价20788万元。工程于2004年4月18开工，合同工期1022天。主要合同项目包括拦河坝及溢洪道的土建施工。拦河坝为混凝土面板堆石坝，大坝顶长500.5米、宽10米，最大坝高126米。泄洪建筑物布置在左岸，采用岸边溢洪道。岸边溢洪道由引水渠、闸室段、渐变段、陡槽段和反弧段组成。溢洪道从进口到鼻坎总长264.8米。主要工程量为大坝工程土石方开挖47万立方米，土石方填筑330万立方米，混凝土浇筑5.4万立方米，钢筋制作安装2143吨，钻孔、灌浆2.8万米；溢洪道工程土石方开挖4.3万立方米，混凝土浇筑6.4万立方米，钢筋制作安装930吨。钻孔、灌浆5616米。

2005年11月23日，拦河坝提前38天填筑到顶；31日溢洪道土建工程完工；12月底，引水渠、闸室段（除溢流面）、泄水段浇筑完成，达到设计高程。

（陆春江　李　敬）

【舟山钓梁促围工程】 舟山钓梁促淤围垦工程位于浙江省舟山市舟山岛东北部，围垦总面积为19275亩。

2005年2月28日，水电十二局中标促围工程Ⅰ标段，中标价12528.65万元，合同工期为2005年3

月28日至2008年1月31日。Ⅰ标段是钓梁促淤围垦工程一部分，工程主要内容有北Ⅰ促淤坝和北Ⅱ促淤坝及所需临时工程，北Ⅰ促淤坝长380米，北Ⅱ促淤坝长3937米。主要工程量为水下土工布铺设34.50万平方米，碎石垫层铺设23.99万立方米，PVC排水板打插468.76万米，土工格栅铺设32.34万平方米，块石水抛87.12万立方米，块石陆抛6.45万立方米，大块石护面18.40万立方米，灌砌石陡墙、防浪墙7.80万立方米，干砌石护面1.36万立方米。

到12月底，北Ⅱ促淤坝土工布及碎石已全部铺设完成，排水板施工完成合同量的77%，土工格栅完成合同工程量的38%，符合总体工期计划进度要求。

（朱　琪）

【滩坑水电站金属结构及机电设备安装工程】　滩坑水电站位于浙江省青田县境内的瓯江支流小溪中游河段，距青田县城西门约32公里，是浙江省及华东电网重要电源点，也是瓯江流域规划中一座重要骨干电站。电站以发电为主，按无人值班要求进行设计，装有3台水轮发电机组，总装机容量60万千瓦，年发电量10.23亿千瓦时。水库总容量41.55亿立方米。

2005年7月25日，水电十二局中标金属结构设备制作工程，中标价5158.32万元。主要工程量有：引水洞进水口拦污栅、进口事故闸门、尾水管检修闸门、溢洪道检修闸门、溢洪道弧形工作闸门、泄洪洞事故闸门、泄洪洞弧形工作闸门、导流洞封堵闸门等。金属结构设备制造量约2751吨，2006年6月30日～2008年1月10日陆续交货。

2005年12月31日，水电十二局中标承建该项目机电设备安装工程，中标价2604万元。工程于2006年2月开工，合同工期36个月。主要工程内容包括3台20万千瓦混流式水轮发电机组安装及全厂辅属系统设备、220千伏开关站电气设备安装等。

（方旭光　谢作华）

【两项“全国用户满意工程”】　珊溪水库工程：水电十二局承建的珊溪水库大坝工程，施工过程中建立完善的质量管理体系，采用系统、先进的施工技术，工程质量经浙江省水利水电工程质量监督中心站核定，单位工程优良率90.9%，外观质量达到优良标准，质量等级评定为优良。大坝填筑和面板混凝土浇筑两项施工技术经浙江省科技成果鉴定达到国际先进水平。大坝混凝土面板总面积7万平方米，经多次检查无任何裂缝，其中一期面板一次性连续浇筑最大长度为142.63米，为当时国内一次性浇筑无裂缝的最长混凝土面板。在国内100米以上大坝中均属罕见。该工程先后获浙江省水利系统和水利部文明单位、浙江省重点工程质量管理优胜奖、浙江省水利优质工程奖、“中国企业新纪录”等荣誉称号。2005年度获中国施工企业管理协会授予的“全国用户满意工程”荣誉称号。

白溪水库工程：水电十二局承建的白溪水库工程质量经监理单位评定、质监单位核定为优良。大坝工程经高水位考验，运行情况正常。大坝渗流量已稳定在3～5升/秒，达到国内同类工程领先水平。大坝二期面板成功采用聚丙烯纤维混凝土，经水利部科技成果鉴定该项科技创新项目达到国际领先水平，填补了国内空白。该工程先后获省、市科技进步奖，宁波市“甬江建设杯”奖，浙江省水利优质工程奖。2005年度获中国水利工程优质奖和中国施工企业管理协会授予的“全国用户满意工程”荣誉称号。

（赵淑冰　姜增水）

管理创新

【落实经济责任制】　水电十二局在原有《经济责任制办法》基础上，经过调查研究，对部分经济责任制指标进行修订、补充。增加应收款项周转率、应收款项年底平均余额、资金集中度（即实收货币资金进局资金结算中心管理）等指标。同时在考核中淡化自营产值，着重于总承包产值。对各单位经济责任制每半年进行预考核，发现问题及时解决，年终总考核。

2005年，经济责任制各项指标全面完成，产值、各项费用上交、劳动生产率、工程质量、工程进度、设备完好率等都比年初制定的经济责任制指标有较大幅度超额。其中产值超额25.38%，上交管理费超额18.70%，上交利润按计划完成，含保险基金在内的各项货币上缴为计划的106.89%。在签订经济责任制的28个局属单位中，25个单位完成或超额完成经济责任制指标。

（赵淑冰）

【工程分包管理】　为进一步规范工程分包行为，强化工程施工分包管理工作，水电十二局加强分包队伍年检评审、分包合同审批、管理工作制度制定、分包管理工作总结交流、评选信得过合作单位等工作。

全年共审批分包项目47个、分包合同93份、分

包结算48份、备案分包合同15份。经评审通过102家合格供方，对获得工程合格供方单位，分别于7月和11月下发通知，并在局网站公布，实行动态管理。制定新的《工程施工分包管理办法》及《分包合同样本》，进一步明确工程违法分包行为界定和种类、工程非法转包行为界定和种类，分包工程价款支付程序，对局属单位负责人及经营、财务等管理人员违规违纪行为责任追究办法。下发《信得过合作供方评选办法》和《关于表彰"信得过合作单位"的决定》，并于10月25日～26日召开工程分包管理工作会议，参加人员有二级单位经营领导和分包单位负责人，会议总结交流分包管理工作经验，分析当前存在的问题及今后工作重点，向3家合作良好、业绩突出的工程分包单位颁发"信得过的合作单位"奖杯、证书和奖金，向10家合作较好、业绩较突出的工程分包单位给予通报表扬和物质奖励。

（惠红强）

【经济活动分析】　水电十二局利用各种核算和有关信息资料，及时总结、分析企业经济状况。2005年2月25日，对经济活动分析工作小组成员进行调整，调整后的经济活动分析工作小组由局长任组长，分管副局长、总经济师、总会计师任副组长、机关有关职能部门负责人为成员。7月颁发《经济活动分析工作实施细则》，并在全局范围内贯彻实施。经济活动分析主要内容包括：生产经营、招投标、合同履约、财务状况、资源利用、质量安全、生产设备利用状况分析等。经济活动分析小组共进行两次经济活动分析，对有关信息资料和各种核算进行整合与评估，使经营决策者及时、全面、系统地了解企业内部经济活动状况，准确地找出企业经济活动中存在的主要困难和问题，研究并采取有效措施加以解决，确保企业经济活动正常进行，进一步提高企业经营管理水平和经济效益。

（陈赛英）

【财务应收账款管理】　2005年初，水电十二局财务应收账款在资产构成中占资产总额的23.3%（含工程质量保证金），致使企业资金周转困难，资金使用成本增加，严重影响生产正常进行和可持续发展。为盘活存量资产，加强资金流动性，规避因债权形成的经营风险，水电十二局采取积极措施防范财务风险，加强应收账款管理。主要措施有：加强《水电十二局应收账账款管理办法》执行力度，明确规定各单位行政一把手、分局长、公司经理、项目经理及其内部核算单位责任人为回收债权第一责任人，对任职期内债权回收实行终身责任制，如在局内发生工作变动后，对在任职期内形成的债权仍有协助收回责任和义务；建立局财务部和局属单位债权台账，详细反映局本部及所属单位应收账款发生、增减变动情况、余额及其账龄等财务信息，并在年初根据各单位债权情况下达债权回收计划指标，要求二级单位层层落实债权回收责任人、按季定时上报债权回收情况报表、及时分析债权回收情况、定期与债务方核对签证、对债务人执行合同情况进行跟踪分析、及时向单位负责人和有关部门提供信息，便于催收工作开展；把债权回收指标与内部经济责任制考核紧密结合，纳入责任制考核范围，同时纳入对委派会计主管、财务负责人工作业绩考核范围，年初根据各单位债权发生情况，逐项下达债权回收定量指标，年终考核与责任人经济效益紧密挂钩；对清理回收难度较大的应收款项，及时组织由领导挂帅的清理小组，并对回收工作做得好的单位或个人给予一定奖励；为防止出现债权回收诉讼时效过期，要求各单位在财务决算前对所有债权进行认真核实确认签证，要求债务方出具由法人代表签字的债务证明书，并加盖单位公章，防止债权流失，规避风险；对个别资信不好，没有继续合作可能的债务方，在多次催讨无效情况下，及时运用法律手段，向人民法院提请诉讼，维护企业合法权益。通过以上措施，2005年度财务决算报表反映的应收账款均经债务方签证认可；两年以上应收账款余额为152万元，仅占应收账款总额的0.7%；除工程质保金外，年度应收工程款收回率达99%以上，企业资金紧张的局面在一定程度上得到缓解。

（方高钧）

【质量管理工作】　为全面推动质量管理体系日常有效运行和切实保障工程项目施工质量，水电十二局内部质量管理工作实行目标管理，并与考核奖惩及运用激励措施相结合。年初明确质量目标（指标）及工作要求；年度内审16个单位、12个项目部和局机关9个部门。综合考核后，奖励143276元。评选表彰年度质量管理先进单位2个，先进项目部3个，先进个人77人，计量管理先进单位1个，共奖励44100元。年度用于质量管理方面奖励资金337376元。

2005年，水电十二局施工的泰安抽水蓄能电站上水库盆工程库底土工膜防渗体工程及进出水口结构混凝土工程、嘉兴电厂二期工程锅炉补给水处理系统及循环水处理系统工程，被局内评为精品工程；白溪水库工程获浙江省安装行业协会评定的中国水利工程优质奖；嘉兴电厂二期工程循环水泵房工程获浙江省安装行业协会评定的“浙江省优秀安装质量奖”；嘉兴电厂二期工程锅炉补给水处理系统及电厂循环水处理系统安装技术获中国安装协会评定的“中国安装之星”。

水电十二局按 GB/T 19001—2000 ISO 9001：2000 标准建立运行的质量管理体系认证证书三年到期，9 月通过浙江公信认证有限公司的第三方复评审核，取得新的质量管理体系认证证书。

【一体化管理体系】 为强化企业管理，合理配置资源，提高企业效益，增强竞争能力，适应国内外认证发展的趋势，水电十二局在年初确定导入 ISO 14001：2004《环境管理体系要求及使用指南》、GB/T 28001—2001《职业健康安全管理体系规范》两个管理体系，并与已建立、保持正常运行并经第三方认证机构通过认证的 GB/T 19001—2000 ISO 9001：2000《质量管理体系要求》进行整合为一体化管理体系。经过前期整体策划，确定需进行的工作和时间安排进度，成立以局长为组长的局一体化工作领导小组，明确各专项工作小组，落实必需的专项资金，对外送培 20 名一体化管理体系内审员，分别对局领导、机关部门负责人和局属单位领导、业务工作骨干、文件编写人员等约 700 人进行培训，进行一体化管理体系文件编写等各项工作，基本完成一体化管理手册、36 个程序文件和 99 种记录表式。

（汪祖武）

【人力资源开发】 2005 年水电十二局引进人才 161 人，其中大中专毕业生 156 人，使专业技术队伍文化结构、年龄结构得到改善，整体素质进一步提高。为提升资质及符合水电建设从业人员市场准入要求，对在水利水电施工企业关键岗位的 640 人，进行《工程建设标准强制性条文》学习培训与取证工作；组织一、二级建造师资格认定工作，六类专业共 58 人获得一、二级建造师执业资格；向国家工程建设质量审定委员会推荐后增补国家优质工程奖现场复查专家 3 人。开展职业技能培训及鉴定工作，全年鉴定 316 人，合格 301 人（其中高级工 249 人，中级工 52 人）；特种作业人员培训 390 人，免试复审 279 人，共计 669 人进行有效期验证复审。进行职工教育计划实施、监督、检查工作，全年举办培训班 69 个，培训人员 2046 人；全局学历教育自学成才 91 人，其中本科 26 人，大专 64 人，中专 1 人；举办人力资源管理知识培训班，70 余名人力资源管理人员参加培训。

实行破格聘任专业技术职务办法，2005 年破格聘任为局做出突出贡献的专业技术人员 88 人。加大人才绩效考核工作力度，对全局专业技术人员考核共计 1254 人，其中局长直接考核 54 人；全年连续 2 年考核“优秀”并享受补贴 83 人。

【专业技术带头人制度】 为更好地激发专业技术人员工作积极性，促进专业技术人才队伍整体水平提高，水电十二局于 2004 年底制定《专业技术带头人管理办法》，2005 年 1 月成立专业技术带头人评选委员会和专业评审小组。评选范围重点是工程技术人员和造价管理人员。专业技术带头人实行动态管理，在二年有效期内享受荣誉和相应待遇，连续 3 次被评选为局专业技术带头人，确认其为终身专业技术带头人（专家）称号，在局内工作期间享受相应待遇。2005 年度共评选出专业技术带头人 14 名，在职代会上进行表彰。同时，做好专业技术带头人管理情况跟踪反馈工作，督促各有关单位、部门为专业技术带头人提供相应的经费和支持。

【离休干部纳入省级“两费保障机制”统筹】 从 2005 年 1 月 1 日起，水电十二局离休干部纳入浙江省行业单位“两费保障机制”内，即离休干部“统筹外离休费”和“医疗费”纳入省级统筹。其中，局参加“离休费保障机制”，由局按人均 1 万元标准缴纳离休保障经费，该标准三年不变，第四年起由上级重新确定。离休干部离休费保障机制建立后，离休干部统筹内的离休费和按国家、省规定的统筹外项目，统一由省社会保险事业管理中心（简称省社保中心）负责发放。离休干部“离休费保障机制”待遇项目主要有：生活补贴费、清凉饮料费、公用经费和特需经费、交通费、探亲路费、护理费、遗属生活困难补助费、电话补贴费、同城补贴费等。水电十二局离休干部“二费”纳入省级统筹，确保离休干部待遇与全省同步，充分体现对老同志关心与爱护。

（鞠章伟）

【法律事务工作】 水电十二局法律事务工作从维护企业整体利益出发，紧紧围绕企业改革和生产经营活动开展工作。从 2005 年 2 月份起，法律事务工作重点是参与审核施工分包合同，共参与审核修改施工分包合同 72 份。8 月制定《法律事务管理暂行办法》，推进企业法律事务工作制度化、规范化。9 月，明确各二级单位分管法制工作的领导，建立相应机构，配备兼职法律事务人员 25 人。10 月，法律顾问室接手原由市场开发部分管的全局合同管理工作，

11月制定《施工劳务分包合同》和重新修改《施工分包合同》等合同范本，并参与修改《工程施工分包管理办法》；12月局成立由局长、分管局长任正副组长的合同管理工作领导小组，下设合同管理办公室；12月底，组建二级单位合同管理机构，建立由30人组成的合同管理队伍，形成自上而下合同管理组织机构网络。

2005年，法律顾问室先后为局属单位改制、中小学移交、土地被征补偿、水泥厂执行拍卖等企业重大经济活动提供法律意见，参与修改有关协议文本。配合有关部门制定、修改重要管理规定，协助处理债权债务及劳动（工伤）纠纷，帮助提供法律咨询和法律服务。协助开展“四五”普法验收年工作，为第三期中层干部工商管理培训班作法制讲座，利用《水电工人报》宣传法律法规知识。从年初起至12月10日止，承办及指导、协助办理诉讼和非诉讼案件16件，减少及挽回损失55.83万元，节省律师费29.06万元。

（魏安江）

企业改革

【华电防护设备厂改制】　水电十二局华电防护设备厂原名设备修理厂，主要承担重型机械维修、保养。1994年开始生产人防设备，更名为华电防护设备厂。2002年5月13日经工商登记，注册为水电十二局分支机构，是国家人防办指定生产厂家，多次荣获全国人防系统先进企业称号，产品多次被省、市评为优质产品，市场占有一定的份额。截至2004年12月31日，资产总额1713.20万元，负债总额为1370.46万元，净资产为342.74万元；在册人数89人，其中男职工68人，女职工21人。

近两年来，由于经营机制和民营企业参与竞争等原因，华电防护设备厂的市场份额不断下降。为贯彻落实国家经贸委等八部委主辅分离、辅业改制文件精神，转变经营机制，水电十二局将该厂列入改制单位，退出国有资本，由现有厂级领导班子成员和职工个人出资，改制为完全符合市场规则运作的股份制民营企业。一年来，局改制小组及机关相关部门就改制方案及有关问题，多次在华电防护设备厂召开座谈会、骨干会议、职工大会，并采取个别交流等形式，听取干部职工意见和建议。根据中介审计结论、资产评估结果和相关政策，结合华电防护设备厂实际状况，确定国有资产处置价。改制工作得到广大职工理解和支持，2005年11月23日华电防护设备厂召开职工代表大会，通过改制方案。12月2日召开局职代会主席团、团组长会议审议通过华电防护设备厂改制方案，同日，召开局党政联席会议批准华电防护设备厂改制方案。12月12日，水电十二局与受让方签订资产转让协议书，次日签订净资产及相关资产负债交接书，14日报集团公司国有资产评估项目备案。12月21日经工商登记，注册为金华华远人防防护设备有限公司，成为水电十二局首个成功完成主辅分离、辅业改制单位。12月31日，按政策规定原主体与89名职工解除劳动关系，支付经济补偿金。

【国泰墙纸有限公司股权转让】　杭州国泰墙纸有限公司成立于1996年5月，以水电十二局为主联合地方两家企业投资组建。注册资金500万元，股份比例分别为50%、30%、20%，水电十二局为控股方。产品为墙纸装饰品，从意大利引进一套高档壁纸生产线。

1998年前后由于新型替代品涂料产生，冲击市场，墙纸装饰品市场萧条，连年亏损，又无能力再投入组织生产，公司股东会决定股权转让：将水电十二局持有的50%股权（包括债权债务），以“公开、公平、公正”原则，上市挂牌交易。2005年3月8日，水电十二局向集团公司递呈《关于我局杭州国泰墙纸有限公司资产评估立项的请示》，5月18日集团公司批复同意立项评估。经中介机构财务审计和评估公司对资产负债进行清核并出具评估报告，水电十二局于7月22日向集团公司呈报《关于转让杭州国泰墙纸有限公司50%股权的报告》，8月9日集团公司批复同意转让。10月8日律师事务所出具法律意见书。10月20日向北京产权交易所递交《国有产权交易上市申请书》，挂牌公示交易。因无人摘牌，协议转让给原经营者，于11月21日签订《产权交易合同》。12月23日完成工商变更手续。

【房地产开发】　为稳定职工队伍，切实解决部分职工住房困难等问题，水电十二局利用政府政策允许和现有闲置土地，按市场运营方式开发经济适用房。2005年2月24日，水电十二局向集团公司请示注册房地产开发有限公司，3月23日获集团公司批准。5月18日经工商登记注册，冠名为金华华电房地产开发有限公司，组织形式为有限责任公司，由水电十二局投资450万元人民币，浙江电力建设土建工程质量检测中心（水电十二局全资子公司）投资50万元人民币，经营范围为房地产开发销售、市场经营管理。公司登记注册后，以集资建房形式预售楼房。12月8日经济适用房破土动工，主体建筑面积17427平方米，共5幢194套房。截至12月31日，预售楼房143套。

（姜伟鑫）

科技进步

【三板溪水电站“一枯拦洪”快速施工】 三板溪水电站混凝土面板堆石坝主坝高185.5米，最大坝底宽度498米，属超高面板坝，为当时国内已建在建第二高面板坝。坝址河谷狭窄，两岸山高坡陡。坝体自上游至下游依次为垫层区、过渡区、上游堆石区、下游堆石区，上游370米高程以下设黏土铺盖区和盖重区。坝体填筑总量871.4万立方米。

水电十二局于2003年7月8日开工建设，9月17日实现大江截流，12月17日大坝填筑正式开始，实现了“当年开工、当年截流、当年大坝填筑”的目标。在施工道路布置、坝料开采、软硬坝料掺配、坝体分期填筑、设备配套等方面作出细致的总体规划和科学合理的安排，严密组织施工，5个月内坝体临时断面上升93米，填筑方量240万立方米，日平均填筑强度1.6万立方米，最高日强度2.83万立方米，月平均填筑强度42万立方米，最高月强度71.67万立方米，大坝临时断面填筑月最高上升25米。2004年4月13日大坝填筑上游断面达到390米高程并做好上游坡面防护、下游断面达到345米高程，提前17天实现“一枯拦洪”目标。“一枯拦洪”施工为大坝高强度快速填筑创造了条件，2004年7月19日，面板浇筑前坝体实际挡水高度达63米，真正实现面板坝无面板挡水；2005年8月大坝填筑按期完成。2005年11月，三板溪面板坝“一枯拦洪”快速施工获“中国企业新纪录”荣誉称号。

（施荣跃）

【紫坪铺面板堆石坝优质高效施工】 紫坪铺水利枢纽工程为一等大（1）型水利枢纽工程，大坝为混凝土面板堆石坝，坝顶高程884米，最大坝高156米，坝顶长663.77米、坝顶宽12米。

坝体填筑质量要求高，设计要求各分区料孔隙率比设计规范下限还要小；主料场地形陡峻，开采面较小，受当地雾天影响较大，料场开采条件较差；主料场与大坝河床基础高差550米以上，运距10公里左右；运输车辆多，交通安全问题突出；坝基地质条件复杂，地基含有煤层，历史遗留下许多采煤的废旧煤洞采空区。废旧煤洞有的连续集中，有的穿越趾板及防渗线，对防渗极为不利。

大坝填筑以主料场为主，开辟三个辅助料场，合理布置施工道路，缩短运距，分流主料场至大坝运输车辆。对料场采取多种开采方式，部分采用洞室爆破开采坝料，提高料场前期开采效率，加大开采量，满足大坝前期填筑强度。填筑施工中，严格控制坝料级配，大坝碾压主要选用25吨宝马自行式振动碾碾压，加强碾压后的质量检验，控制碾压参数。施工过程中采用清挖干净后回填混凝土、水泥灌浆、水压试验检查等方法对坝基、坝肩及趾板基础范围内67个废旧煤洞进行处理。由于煤夹层、层间剪切破碎带以及煤洞的存在，还采取多种方法进行灌浆施工，确保坝基处理施工质量。

大坝于2003年3月1日开始填筑，2005年6月16日填筑至坝顶防浪墙底，填筑工期27.5个月，坝体实际填筑量1200万立方米，月平均填筑强度42.8万立方米，最高月填筑强度86万立方米，是国内已建和在建填筑强度最大的面板堆石坝之一。坝体沉降监测数据表明，施工期坝体最大沉降量88.6厘米，是最大坝高的5.7‰，对150米以上超高面板堆石坝来说该沉降量很小，说明坝体填筑质量是优良的。大坝蓄水后渗流量为23升/秒，说明在含有煤层的复杂地基条件下，大坝防渗处理效果是好的，帷幕灌浆、面板及止水的施工质量优良。

（吴成根）

【街面水电站大坝垫层混凝土挤压边墙施工技术】 街面水电站坝体为混凝土面板堆石坝，坝顶长500.5米、宽8米，最大坝高126米，大坝上游面坡度为1∶1.4,下游面综合坡度为1∶1.4，在面板堆石坝垫层坡面防护采用混凝土挤压边墙施工技术。

混凝土挤压边墙是一种新的面板坝上游护坡工艺，在国内水电施工中处于摸索推广阶段。主要在每层垫层料开始填筑之前，用挤压边墙机在上游侧挤压一道混凝土墙，然后填筑垫料层。挤压边墙操作关键技术之一是挤压混凝土配合比设计，水泥参量对混凝土性能有重要影响，参量过大，容易造成混凝土边墙强度过大，参量过小，则混凝土边墙不易挤压成形，挤压垫层料时也易造成边墙破裂。

采用混凝土挤压边墙施工技术，具有减少工序、加快施工速度、保证施工质量、降低工程成本、改善上游坡面和基坑文明施工环境等优点。2005年1月6日开始施工，通过严格控制挤压机行走线路、垫层料表面的整平和碾压，成功克服错台、扭曲、层面高差大等问题，整个坝坡坡面平整，工程质量优良，有效地控制混凝土面板裂缝发生。

（陆春江）

【富春江电厂厂房内拆除爆破技术】 富春江电厂建成于20世纪70年代，原设计安装机组6台，施工后期改为安装5台6万千瓦水轮发电机组，并将6号机组位置改建成右装配场。现拟利用右装配场位置增设一台6万千瓦水轮发电机组。

要重建6号机组，必须拆除右装配场大部分板梁柱结构混凝土5550立方米，拆除中有保留，保留中有拆除，被誉为“雕刻式”、“手术式”的拆除爆破开挖，工期要求为5个月。在电厂厂房内进行爆破作业，且不能影响现有5台机组正常发电，对质点振动速度、粉尘烟尘有很高要求。电厂内运行设备中有高压油罐及各类高低压管道，如果振动幅度大于一定范围极易引起油、气、水泄漏事故，二次开关等电气设备对振动也极为敏感；一般混凝土结构拆除允许质点振动速度为5厘米/秒，为保证电厂安全运行，该项目爆破要求质点振动速度控制必须小于2.5厘米/秒，拆除爆破难度很大。开挖部位左侧的5号机及油压装置、右侧的空压机房及下游副厂房等部位需要保护，开挖施工面受到四周严重制约，施工难度大，对设计开挖顺序、装药结构要求很高。

为切断振动传递路径，梁板采用先分离后爆破，大体积构件尽量采取整体粉碎爆破法，保留部位采取人工切割后爆破，为防止粉尘、噪声影响发电，爆破区域与发电区域采取隔离墙防护措施，对保护体采用有效防护措施，爆破体采取主动防护措施，杜绝飞石损坏设备。爆破组织上严格管理爆破申请、方案预审、防护预案、爆破评估等四个环节，确保爆破安全顺利进行。

自2003年11月28日开始，共完成49次爆破，没有发生损坏发电设备、保留结构与人身安全问题，粉尘、烟尘控制在有限范围内，经过爆破振动测试，最大质点振动速度控制在2.5厘米/秒以内，电厂发电正常。富春江电厂厂房内拆除爆破成功，为类似水电站扩机工程积累了丰富经验。

（占木兴　毛建平）

【锅炉补给水处理系统及循环水处理系统安装技术】嘉兴电厂二期工程安装4台60万千瓦燃煤发电机组，锅炉补给水处理系统是机组的公用系统，由反渗透处理和化学除盐系统两部分及相配套的辅助系统组成；循环水处理系统为机组配套工程，共布置八台套立式混流循环水泵机组，和对应的汽轮机组配套，一备一用。

锅炉补给水处理系统安装。水电十二局在锅炉补给水处理系统管道安装中，采用钢骨架增强塑料复合管，承插热熔焊接技术，改变以往采用衬塑（胶）管、由厂家在厂内衬塑做法，有效解决衬塑管到现场后尺寸不符无法安装等缺陷，而且施工操作简单，现场设备轻便，焊接速度快，既保证施工质量，又缩短施工工期；在设备安装固定中应用“植筋”技术，即采用划线钻孔、注入锚固胶、再植入地脚螺栓，改变以往采用预埋地脚螺栓、预留施工的方法，不仅操作简单，定位精确，连接紧密，而且具有高强度，抗疲劳，耐老化，不会产生电化学腐蚀等优点。

循环水处理系统（循环水泵房）安装。过去，循泵基础台板支承采用垫铁和楔垫铁来调整台板高程和水平，为使垫铁和基础之间接触面达到75%以上，需在垫铁放置处进行研磨，既费工时又要配置很多钢材。水电十二局采用无垫铁施工工艺，即用砂浆垫块来调整台板高程和水平，不仅节约钢材和节省工时，而且工艺简单、质量可靠。对台板水平度测量，过去一直采用合像水平仪测量，由于台板尺寸大，很难反映整个台板水平度。在施工中采用水平桶进行台板水平度测量，即利用两只不锈钢桶和深度游标卡尺，通过深度游标卡尺和水平面张力来调整台板水平度，使台板水平度精度得到提高，从而确保机组运行时振动、轴承温度和油温大大小于规范要求标准值。

2005年11月，嘉兴电厂二期工程“循环水泵房”和“锅炉补给水处理系统项目”分别获“全国用户满意安装工程”，同年12月，“电厂循环水处理系统安装技术”和“锅炉补给水处理系统安装技术”分别获“中国安装之星”。

（卢文强）

安全生产

【落实安全生产责任制】　2005年初，水电十二局局长与上级主管单位签订年度安全生产责任书，浙江省安全生产委员会也下达年度安全生产管理考核目标。在局内，局长分别与26个所属单位签订内部安全生产责任书，明确安全生产要求、控制目标和奖惩规定。年度考核后实施奖惩，共奖励13.03万元，处罚1.05万元。年底，专门设立安全监督部，具体负责全局安全生产监督管理工作，并作为局安全生产委员会办公室，承担相关日常工作。

水电十二局被中国水利水电建设集团公司评为2005年年度安全生产先进企业，被浙江省安全生产委员会办公室评为安全生产良好企业。

【安全管理规章制度】　2005年，水电十二局先后制定、修订安全管理规章制度9项，主要有：《关于加强工程施工项目安全度汛、防台风工作的规定》、《关于健全局内安全生产工作组织机构的通知》、《关于成立安全度汛、防台风工作机构的通知》、《水电十二局职业健康安全、文明施工费用投入实施管理办法》、《水电十二局施工生产重特大安全事故、灾情抢险救灾应急救援工作要求及其预案编制指导书》、《关于加强对工程局分承包施工单位特种作业人员持证上岗监督管理的通知》、《关于加强大型机械设备拆装、维修、水上施工等危险性较大作业安全管理的紧急通知》、《关于印发〈工程施工分包管理办法〉及〈分包合同〉示范文本的通知》等。

【安全活动和宣传教育培训】 2005年4月～6月，水电十二局集中开展安全生产季活动，6月份参与以“遵章守法，关爱生命”为主题的全国安全月活动。编印分发10000张“职工安全生产提示卡”给每位员工，购买整套安全生产宣传教育光盘、安全月宣传画等分发给各单位，组织开展各种形式安全宣传教育活动。对刚参加工作的150名大中专毕业生进行专题安全生产法规知识教育。在局团委举办的团干培训班专门安排安全生产知识宣讲。全局参加工程建设标准强制性条文学习培训考试640人；特种作业人员培训取证390人，复审380人。水电十二局与局工会还联合组织对工程分承包施工人员约1000人进行安全生产教育培训考试。

【安全检查与投入】 2005年，水电十二局组织两次全局性安全生产大检查，由局领导带队，先后检查33个单位，35个项目部。日常或专项安全检查分别由工程质量安全部、设备物资部、保卫处等部门为主进行，对12台起重机械进行安全检测取证使用。评选表彰年度安全生产管理先进单位3个、先进项目部3个、优秀安全监察员31人。滩坑施工局、黑麋峰施工局、界竹口项目部被集团公司评为安全生产先进项目部。

水电十二局专门明确安全投入相应的要求和管理方法。据不完全统计，2005年安全投入1000万元。

【安全生产资质】 2005年1月，水电十二局取得浙江省建设厅颁发的安全生产许可证。全年有“三类人员”（局负责人、局属单位和施工项目部负责人、专职安全管理人员）145人取得浙江省建设厅考核合格证，153人取得水利部考核合格证。

（汪祖武）

党群工作和精神文明建设

【保持共产党员先进性教育活动】 根据中央《关于在全党开展以实践“三个代表”重要思想为主要内容的保持共产党员先进性教育活动的意见》、浙江省委关于《第二批保持共产党员先进性教育活动实施意见》，水电十二局于6月初进行党员先进性教育活动问卷调查和摸底等工作，6月20日成立教育活动领导小组及办公室，7月6日设立组织、文秘、宣传、保障四个工作小组，同时建立领导责任制度、领导班子成员分工联系制度、先进性教育活动领导机构工作责任制度、党委督促检查制度、职工群众监督评价制度和加强多渠道宣传等六项制度，7月19日下发《保持共产党员先进性教育活动实施方案》。

7月20日～8月19日为学习动员阶段。水电十二局召开基层党组织负责人、机关部门负责人、机关党支部书记参加的动员大会，并组织30个基层党组织主要负责人学习研讨。局党政领导班子利用党委理论学习中心组专题读书会，到浙江革命烈士纪念馆隆重举行重温入党誓言仪式。各单位结合实际，采取多种形式开展活动。全局105个党支部组织党员活动都在2次以上；各级领导干部累计上党课39次，参加听党课党员、积极分子1381人次；专题辅导42次。在深入学习和撰写学习笔记、心得体会基础上，开展新时期党员先进性具体标准大讨论活动，经过综合提炼，分别对党员领导干部、普通党员、离退休党员提出具体标准要求。先进性教育活动期间出《工作简报》39期，编制电视专题片10辑，《水电工人报》刊登有关内容报纸15期，网站有关新闻随时播发。

8月20日进入分析评议阶段。采取设立意见箱“收”意见，深入一线“找”意见，进行座谈“听”意见，发放表格“征”意见等形式，广泛征求对局党政领导班子及班子成员的意见和建议。全局发放《征求意见表》1220份，召开党员座谈会57次、群众座谈会49次、离退休党员座谈会3次、工会干部座谈会1次，共有1739人次参加座谈会。征求到意见和建议184条，经过汇总，梳理出重要、具体的意见和建议7个方面66条。在广泛征求意见的同时，开展多层次、多形式的谈心活动。据不完全统计，各级领导班子成员谈心、支部书记、党员之间、党员与群众之间谈心共计1080人次，中层干部谈心345人次。

9月26日转入整改提高阶段。对基层单位党员群众提出的66条意见和建议，局党政领导班子多次召开会议，逐条分析研究，提出整改方案。对存在的具体问题分工负责，责任到人，分头抓落实。同时，局党委于10月27日下发《关于通报〈中国水利水电第十二工程局领导班子整改方案〉的通知》，接受全局党员群众监督。

11月10日，召开保持共产党员先进性教育活动总结大会，对三个阶段活动情况进行总结，提出下一步确保整改方案落到实处、以整改推进企业发展、建立先进性教育长效机制等工作重点。

（赵春玉）

【党建工作】 2005年12月，水电十二局党委下属二级单位党组织30个，其中基层党委12个，党总支10个，直属党支部8个。全局基层党支部109个（包括直属党支部），党员总数1600名，其中在职党员1014名，离退休党员586名。

把抓好领导班子和干部队伍建设作为党建工作突出重点。健全党委中心组学习制度，组织领导干部理论读书会和吸收相关部门负责人参加专题理论研讨会，举办有38名局管中层干部参加的中层干部工商管理培训班，选送10多名中层以上干部到省委党校、国家电网公司党校及集团公司举办的各类培训班学习、培训。加大干部考核和交流力度，对20个二级单位和机关有关职能部门的近40名中层干部进行考核，根据工作需要和业绩评定，22人被提拔为中层干部，7人由中层副职提为正职，8人通过试用期考核正式聘任，交流中层干部5人，到任职年龄退居二线7人，有30余名后备干部被选拔到二级单位助理、副总和党群工作岗位。在全局开展“四好”领导班子创建活动，6月中旬下发《关于开展创建“四好”领导班子活动的实施意见》，年底，局党委组成创建“四好”领导班子活动检查考核小组，与党建工作和党风廉政建设责任制一同考核，考核结果作为领导班子工作业绩评定、奖惩，以及领导干部选拔任用重要依据。

党建工作“四个有”目标管理有布置、有检查落实、有考核评选。在修订和完善有关考核细则基础上，进一步加大对二级单位党组织“四个有”目标管理考核力度。在基层党支部中开展以“支部班子好、党员队伍好、活动开展好、制度建设好、作用发挥好”为具体要求的“五好”党支部创建活动。2005年共表彰先进基层党组织5个、先进党支部27个、优秀共产党员26名、优秀党务工作者3名。全年发展新党员30名。为方便退休党员更好地参加组织生活，根据中组部关于退休党员组织关系移交居住地社区管理的精神，主动与地方组织部门联系沟通，通过努力，有300多名（其中2005年有200余名）退休党员组织关系转移到社区。

（冯建伟）

【文明单位创建】 2005年，水电十二局党委把创建文明单位作为提高企业整体素质的重要载体，进一步完善创建活动工作制度和管理考核办法。年底12个单位被评为局文明单位，其中泰安抽水蓄能电站上水库工程项目被集团公司评为文明工程。按照集团公司开展“三创建”活动要求，制定机关“文明部室创建办法”，取代以往先进处室的评比，年底有4个部室被考评为2005年度“文明部室”。

【企业形象宣传】 2005年，水电十二局继续以国家重点工程项目、科技创新、管理创新、企业优势、队伍风貌为宣传重点，加大企业形象宣传力度，提升企业社会知名度和市场竞争力。水电十二局的《水电工人报》，全年出报纸30期。水电十二局网站4月18日正式上传至互联网，并组织日常企业形象宣传。制作对外宣传片及专题片25部、对外宣传画册3本、网上视频新闻13期。在《中国水利报》、《水利水电工程报》等报刊上组织专版报道，利用水利部面板堆石坝学术研讨会等会议组织宣传。加强与中央新闻单位和工程所在省（市、区）新闻单位的联络沟通，向中央电视台、浙江电视台报送新闻11条。

（赵春玉）

【建设高技能人才队伍】 水电局十二局工会根据九届五次职代会提出的坚持“以人为本”、抓好“五支人才队伍”建设要求，把推动高技能人才队伍建设作为2005年重中之重的任务来抓，会同人力资源部通过对全局技术工人队伍状况进行调查、召开全局技术工人代表座谈会广泛听取意见，对加强高技能人才队伍建设进行分析研究，制定下发《关于进一步加强我局高技能人才队伍建设的意见》。为把高技能人才队伍建设落在实处，激励广大职工学习新技术、掌握新本领，局工会在全局范围内广泛开展岗位练兵、技术比武活动，先后在焊接技术、重型机械（推土机、挖掘机、装载机）操作、桥机操作、金属切削操作、水工材料试验等5个工种中举行技术比武。根据各项参赛人数，获得前1～3名的选手，由工程局和局工会授予局技术能手称号，并一次性奖励3000元；1～6名的选手工龄条件符合，破格晋升为高级工。由于激励措施到位，该活动在广大技术工人中反响强烈，对推动高技能人才队伍建设起到重要推动作用。

【劳模业务标兵评选】 2005年，水电十二局对原有的劳模、先进集体和先进个人评选办法进行改进，与工会联合制定《劳模先进评选办法》，主要内容为：本着少而精原则，每年评选5名劳动模范、10名业务标兵（安全管理标兵、质量管理标兵、市场开发标兵、经营管理标兵、财务管理标兵、人力资源管理标兵、设备管理标兵、行政管理标兵、科技工作标兵、党群工作标兵）、10个模范集体（包括项目部、施工队、分厂、车间、科室和班组）；一线工人劳模不少于3人，业务标兵由局主管部门推荐产生，先进集体和个人选不足时可以缺额；提高奖励额度，局级劳模每人奖励3000元，业务标兵每人奖励2000元，局级模范集体20人以下的奖励2000元，20～50人的奖励4000元，51～100人的奖励6000元，100人以上的奖励8000元。

（吕槐阳）

【共青团工作】 2005年，水电十二局团委以保持共产党员先进性教育活动为契机，加强共青团工作，不断提高团员青年思想政治素质和技术业务水平。通过举办团干培训班、组织红色之旅、瞻仰历史遗址、参观“铭记历史振兴中华”大型图片展、邀请新四军老战士和团员青年交流、举行主题讨论会等活动，开展团员意识教育，丰富“主题团课（日）”活动内容。利用宣传栏、《水电工人报》、企业网站等阵地，开展“永远跟党走”征文和“全员节约，从我做起”倡议活动，会同局工会举办“争做知识型职工”演讲比赛、技术比武活动和各种文体及联谊活动。围绕企业生产经营中心，在重点工程中组织青年突击队和争创“号”、“手”劳动竞赛活动，在团员青年中开展“创新创效”活动。及时进行团干部调整和团组织换届，保证工程干到哪里，团组织就建到哪里。同时，局团委有计划、有组织地开展帮贫、解困、助学、敬老等系列青年志愿者活动。3月5日，在金华基地开展志愿者上街服务活动；5月组织部分后方单位参加义务植树造林；8月18日开展青年志愿者“春风行动”，组织志愿者上门为结队老人和困难家庭服务，送上《水电十二局青年志愿者服务卡》及慰问品；10月11日是第十八个老人节，组织志愿者看望结队老人，与他们谈心或帮助老人清扫住所。

2005年，水电十二局团委被共青团浙江省委评为“先进团委”，被共青团浙江省委、浙江省青年志愿者协会评为“青年志愿服务杰出集体”。

（卢　军）

检查监督

【落实党风廉政建设责任制】 2005年，水电十二局党委根据党风廉政建设责任制实施细则，全面履行领导职责。年初，局与二级单位、二级单位与所属项目或部门均签订党风廉政建设责任书，签订率达100%。3月对局党风廉政建设领导小组进行调整，并制定《党风廉政建设责任追究实施办法》，7月初修订完善《党风廉政建设责任制考核评价办法》和《党风廉政建设责任制考核评分标准》，加大对所属单位考核和责任领导追究力度。局党委一年召开两次党风廉政建设分析会，分析廉政建设存在的问题和薄弱环节，提出整改措施。

加强党风廉政建设年中抽查和年度检查考核工作。年中抽查6个单位。年终局党委下文并专门召开党群部门全体人员会议布置考核工作，分四个考核组，对局属28个二级单位进行全面考核，对考核中发现的问题向所在单位领导班子成员反馈的同时，以整改书形式限期提出整改措施，考核结果与领导人员年薪挂钩。

【纪检工作】 2005年，组织《建立健全教育、制度、监督并重的惩治和预防腐败体系实施纲要》和《“三个代表”重要思想反腐倡廉理论学习纲要》的学习教育，购买书籍、刻录辅导报告20套发至党总支以上单位，组织播放电教片71场次，2556人次观看。在党员干部中开展《两个纲要》知识答题，参答率95.4%。同时，利用中层干部工商管理培训班、工程分包管理会议等办班办会契机，将党风廉政教育渗透到各个层面。

全面落实《领导人员廉洁谈话制度》。年初对机关竞聘选拔任用的13名局管中层干部，采取集体廉洁谈话；年内，局党政主要领导、局纪委领导先后与59名提职干部进行任前廉洁谈话；两级纪委负责人与下一级党政主要负责人谈话131人。贯彻落实《工程施工分包管理办法》、《设备物资竞价采购管理办法》，参与、配合有关职能部门做好工程分包队伍清理工作。落实民主生活会制度，进行局领导班子民主生活会征求意见收集，共汇总66条意见和建议。

加强纪检监察队伍建设和查办案件工作。年内，水电十二局对局纪委班子进行调整、充实，在设立党委、党总支的二级单位重新选配、充实兼职监察员21名。建立贯彻落实《建立健全教育、制度、监督并重的惩治和预防腐败体系实施纲要》工作领导小组。局纪委全年初核案件线索2件，二级单位纪委处理违纪党员1人。

【效能监察】 2005年，水电十二局把资金管理和设备物资采购列为效能监察立项并拟定实施方案，3月成立效能监察小组。全年对有关单位应收账款和外包款结算支付进行监察，清理应收账款470万元；复核有关疑问分包结算款17笔，计258.56万元；清理局属单位备用金181.87万元。到重点单位对设备物资采购进行专项检查，发出“效能监察通知书”2份，建章立制4项，查堵漏洞2个，全局有9326.85万元的设备物资实行竞价采购。局属单位效能监察共立项28项，主要内容是工程外包队伍选择、工程款结算、设备物资采购、资金管理等，通过效能监察增加效益29.48万元，避免经济损失5.5万元，建章立制8项，提出合理化建议3个，查堵漏洞2个。

进一步落实工程分包签订《保廉合同》制度。全年签订《保廉合同》62份，签订率达100%；组织《保廉合同》验收工作，按比率对4个单位《保廉合同》进行验收，均符合验收要求。

（周　蓉）

【审计监督】　为使审计工作进一步制度化、规范化，水电十二局重新修订《内部审计管理办法》和《工程项目竣工审计实施办法》，明确局及所属单位内部审计职责，布置所属单位重新组建审计小组。

全年完成内部审计项目17项，其中经济效益审计3项、工程项目竣工和完工审计7项、经济责任审计3项、资产负债审计3项、专项审计1项。参与联营体财务收支审计1项、工会经费收支审计1项。通过审计，出具审计结果报告18份，下达审计意见书11份，提出建议、意见46条，被采纳43条，落实率93.5%；下达审计决定书两份，13条审计决定全部落实。局属33个单位的审计小组对本单位经济责任指标完成情况实施审计，并及时出具审签结果。

（梅　芳）

中国水利水电第十三工程局

概　　况

【综述】　中国水利水电第十三工程局（以下简称水电十三局）隶属中国水利水电建设集团公司（以下简称集团公司）。截至2005年末，职工总人数4262人。拥有管理和专业技术人员1964人，其中高中级职称932人，有198人具有建设部核发的一、二、三级项目经理资质证书；有36人取得中华人民共和国一级建造师职业资格证书；拥有高级技师和技师81人、高中级技术人员1563人。在国内外拥有固定资产原值8.01亿元，主要施工机械设备751台（套），装备总功率15万千瓦。生产、生活基地66万平方米。水电十三局以“疏洪导水，造福人民”为企业宗旨，发扬“从严、求实、开拓、拼搏”的企业精神，在国内享有良好声誉。自1997年起工程局连年被评为“AAA级信用企业”；相继荣获山东省“重合同守信用企业”、“全国质量效益型先进施工企业”、山东省和集团公司文明单位、“全国用户满意施工企业”、山东省“富民兴鲁”劳动奖状等。2005年首次荣获“全国优秀水利企业”、“全国公路建设行业优秀企业”、“全国模范职工之家”、“山东省合理化建议和技术改进活动先进集体”等荣誉称号。

【局领导班子】　局长童劲松，党委书记陈庆和，副局长何占颂、于晓、刘延超、随守信，党委副书记兼纪委书记刘炳刚，总工程师杨涛，总经济师魏达，总会计师姚国良，工会主席李汝伟。

【组织机构】　工程局机关设有：局办公室、党委工作部、局纪委（监察部）、局工会、局团委、人力资源部（再就业中心）、企划经管部、设备物资部、工程技术部、安全生产监督管理部、质量管理部、财务管理部、审计部、信息中心、武装保卫部、离退休管理部。内部经费包干单位：市场开发部、国际工程部、资金结算中心、法律顾问处、新闻中心。局直属二级单位：一分局、二分局、三分局、四分局、机电安装分局、汽车修理总厂、橡胶制品厂、疏浚工程处、天津工程处、天达电梯工程处、多种经营处、物资处、设备租赁公司、珠海公司、物业管理公司（基地管理处）、科研所、中心实验室、职工培训中心、医院、子弟学校。工程局全资和控股子公司：勘测设计院、监理中心、九龙实业有限公司。国内14个直属项目部，国外5个经理部、33个项目部。

【企业资质】　水电十三局具有中华人民共和国建设

部核发的建筑业企业资质证书，资质等级为：水利水电工程施工总承包一级、市政公用工程施工总承包一级、公路工程施工总承包二级、房屋建筑工程施工总承包三级、土石方工程专业承包一级、公路路基工程专业承包一级和钢结构工程专业承包三级。主要经营范围：水利水电工程施工、市政公用工程施工、公路工程施工、房屋建筑工程施工、疏浚与吹填工程施工。2005年10月份通过质量、环境和职业健康安全管理体系认证。

【2005年工作】 2005年，水电十三局树立以人为本、全面协调可持续的科学发展观，以转变经济增长方式、提高企业经济效益为中心，抓住有力时机，推进企业内部改革。对外正确分析把握市场，扩大国内外市场占有份额，对内强化各项管理，提高职工队伍素质建设，提升企业管理水平。全年营业收入同比增长18.12%；全局营业收入利润率比计划提高了57.5%。全年累计完成企业总产值17.17亿元，同比增长31%，为年计划16亿元的107 %。其中：国内9.15亿元，国外8.02亿元。全局职工年人均收入同比增长20%。没有发生死亡和重伤事故，没有发生一次损失超过10万元的其他安全事故。在集团公司经营业绩、安全生产、党风廉政综合考核中排名第二。年内，工程局配合地方政府城市建设，拆迁职工住宅楼3栋及部分平房，共拆迁13449平方米，同时为安置拆迁住户，改善职工居住条件，成功建设第九次集资建房，共建住宅612套，建筑面积近6万平方米，为建局以来最多的一次。

（杨苏飞）

工程建设

【综述】 水电十三局2005年国内外市场开发取得重大突破，全年承揽工程量37亿元，合同存量52.57亿元，初步形成了多元主业协调增长的产业结构。

国内全年共承揽工程量11.1亿元，所涉及工程项目已拓展到水利水电、市政工程、疏浚吹填、公路桥梁、码头航道、房屋建筑、基础处理、金属结构制作安装等领域。其中承接南水北调中线工程以及水电站工程，其单项工程合同额超过或接近亿元；市政工程市场继续保持并进一步扩大，2005年承接济南市政工程共10项，合同金额近1.7亿元；疏浚工程这一传统行业得到持续稳定的发展，全年共承揽工程1.75亿元，比上年增长39.15%。随着疏浚市场的进一步拓展，2005年工程局投入1亿元，购置了一条美国生产的大型绞吸式挖泥船，进一步提高了疏浚市场的竞争能力。

国外全年共承揽工程量3.2亿美元，施工区域涉及13个国家，新开拓了安哥拉和斯里兰卡两个国家的市场，重新进入乌兹别克斯坦市场；经营层次和规模进一步提高，承揽的工程中超过三千万美元的项目有5个，最大工程项目的合同额近6000万美元；工程类型逐步增多，除继续保持原有的水利、疏浚、水电站工程、桥梁工程、公路工程、市政工程和金属结构工程外，2005年开拓了大口径钢管输水工程和工业与民用建筑市场。投标项目的合同方式也从单一的施工承包合同发展到设计加施工（DB）、EPC总承包工程、信贷融资及援建项目等。

工程局国内施工区域分布在全国18个省、市、自治区，在建项目近百个，工程合格率100%，优良率86.6%，顾客满意度93分。

【中标工程】 全年国内外中标工程项目共89个。国内中标工程主要有南水北调中线京石段应急供水工程（石家庄至北拒马河段）直管或代建项目第五施工标，广西红水河桥巩水电站船闸、左岸重力坝、左岸上坝公路土建施工及金属结构安装工程，深圳市大铲湾集装箱码头工程，河北曹妃甸钢铁围海造地工程第四标段工程等70个项目。

国外中标工程分布在非洲、西亚和南亚6个国家，新签合同18个，包括安哥拉农业灌溉项目（4个）、安哥拉农学院项目（2个）、万博省级医院修复项目，巴基斯坦卡拉奇箱涵项目新增工程量，刚果（金）闸门及拦污栅金属结构制造，斯里兰卡瓦拉维灌溉渠道改造扩建工程，斯里兰卡中斯友谊村工程，坦桑尼亚蒙杜力项目17号标，坦桑尼亚达累斯供水标，坦桑尼亚达累斯污水系统修复工程CP6，坦桑尼亚维多利亚湖供水工程3号合同，也门穆卡拉污水收集系统5号标项目，也门萨那市污水收集网工程Central Haddah污水收集合同No.14，乌兹别克斯坦南卡拉卡帕克斯坦主排渠合同一标段。

【竣工工程】

（1）巴基斯坦卡拉奇输水箱涵工程。卡拉奇供水箱涵工程由巴基斯坦政府投资，合同金额1632万美元，2003年6月17日中标，工期851天。业主为卡拉奇供排水委员会，项目咨询为TECHNO国际咨询公司。工程开工日期2003年6月30日，竣工日期2005年10月28日。工程主要内容包括钢筋混凝土方形箱涵、双道钢管倒虹吸等。

（2）太仓市汽车轮渡有限公司码头工程。太仓市汽车轮渡有限公司码头工程是水电十三局2004年承接的第一个完整的码头工程，属2级水工建筑物。

施工内容包括引堤道路、防波堤、斜坡道码头和辅助设施工程等，合同造价4955万元。该工程具有工程项目及工序繁杂、技术含量高、工艺繁多、施工干扰及强度大等特点，码头设置6个刚性靠船墩和6个柔性靠船墩，可同时停靠6艘“太海10号”船型渡船。该工程成功创下了水电十三局在长江滩涂软基上打桩和采用充填砂袋棱体夹防水土工膜制作临时围堰的施工先例，共完成162根33米长的预应力钢筋混凝土空心方桩和6根50米长的钢管桩桩基的施工；积累了在吹填砂路基上修筑道路的技术和经验。工程于2004年4月28日开工，2005年6月30日主体工程完工，2005年9月5日通过竣工验收。

(3) 唐山曹妃甸钢铁围海造地（一期）4标项目。唐山曹妃甸钢铁围海造地（一期）4标项目位于河北省唐海县南部曹妃甸海域中，距大陆岸线20公里，西距天津新港约70公里，东北距京唐港约61公里，在通岛路以西，曹妃甸矿石码头以北，是唐山曹妃甸钢铁围海造地有限责任公司为建设钢铁基地投资兴建的围海造地工程项目。一期工程分为四个标段，水电十三局承担第四标段的施工任务。本标段合同总造价7732万元，合同工期为：2005年3月5日～2006年6月20日。工程内容包括吹填造陆和围堤填筑两部分。工程于2005年12月28日完工，比合同工期提前半年完成。

(4) 内蒙古哈磴高速公路项目。内蒙古哈磴高速公路项目是丹拉国道主干线包头（哈德门）至磴口段高速公路第十三合同段，施工地点位于内蒙古乌拉特前旗，合同金额5363万元，合同工期为：2003年9月1日～2005年8月31日。该工程路基全部为风积砂填筑施工，工程施工内容包括：路基土石方75万立方米，涵洞16道，桥梁8座。

(5) 河南商亳高速公路SBTJ7合同段项目。河南商亳高速公路SBTJ7合同段项目是东营至香港国道主干线河南境内的一段，合同金额7608万元，于2003年2月开工，2005年10月竣工，完成主要工程量：路缘石0.27万平方米；水泥稳定层13.8万平方米；级配碎石14.8万平方米；沥青混凝土上面层13.7万平方米；下面层13.93万平方米。

(6) 涪陵滨江路工程长江一段（Ⅱ）标。涪陵滨江路是连接涪陵长江大桥与乌江大桥的一条城市主干道，起于涪陵长江大桥南桥头，经涪陵城区移民迁建防护工程，止于乌江大桥西桥头，道路全长约8.5公里，道路等级为城市主干道一级，荷载等级为车-超20，挂-100。水电十三局中标的标段为长江一段Ⅱ标，起止桩号：k1＋000.00－k2＋120.00m，长1120米，标准路幅宽度32米，双向4车道。合同金额为1488.7万元。工程主要施工内容包括：土石方开挖、路基碾压回填、路面稳定碎石层、沥青路面、人行道工程、排水工程、综合管网、护栏工程等。工程于2004年6月10日开工，2005年11月竣工。

(7) 济南市东区建设项目二期道路工程。济南市东区建设项目二期道路工程属于济南市工业南路综合改造工程的一部分，起点为二环东路，终点为1号路西口附近，桩号为K0＋000～K6＋225，全长6.225公里，合同金额为3493.99万元。后增加附属施工内容，包括通信管道施工、供热管线工业南路纵向工程等。工程施工内容包括原路面刨铣处理；部分路段路基挖、填土；沿路的雨水管道、污水管道及综合管线安装；沿线的三座桥梁改建等项目。工程于2004年5月10日开工，2005年6月30日竣工。

【在建工程】 2005年，水电十三局在建工程132项，其中具有代表性的工程项目如下：

(1) 阿尔及利亚米纳灌区项目。阿尔及利亚米纳灌区项目合同额为3257万美元，合同工期为26个月，2003年12月25日开工。截至2005年底，设计方面：纵断面设计全部完成；渠槽安装：包括垫层、底板和支墩各工序，底板和支墩分别安装完成36360件，渠槽安装175490米；预制场：渠槽预制和支墩、底板预制继续大规模生产，共完成半圆形渠槽预制225218米；完成各种型号的支墩预制41195件；其他施工：便道23.6公里，施工便道64.5公里，完成道路清基土方11.26万立方米，统料填筑12.46万立方米，完成结构物基础开挖8.36万立方米，完成结构物土方回填及碾压5.2万立方米，人工砂回填0.3万立方米，混凝土浇筑0.87万立方米，模板工程6.84万平方米；钢筋加工及安装605.64吨，完成C标排水网排水沟开挖20.234公里；完成建筑物1656座；约累计完成54%的合同产值。

(2) 巴基斯坦杜伯华水电站工程。巴基斯坦杜伯华水电站工程原设计工期7个月，施工工期53个月，质保期36个月。但因业主方原因，正式工程开工令一直没有签发。2005年5月26日项目部与业主（巴基斯坦水电发展署）签订了堰坝基础与结构设计方案变更、导流方案的变更及其单项总价调整的协议。2005年10月3日项目部与业主又签订了关于杜伯华水电站项目施工前初估新增工作项及其单价的议定、新增工程量的重新评估和确定、合同总价的调整、施工工期的延期方面的协议。合同总价由原来的4632万美元调整到7136.5万美元，施工阶段的工期由原来的53个月延长到57个月。2005年10月4日工程师签发了施工开工令，项目于2005年10月5日起已正式进入正常的施工阶段。

（3）阿富汗喀布尔—贾拉拉巴德—土汉姆公路项目。阿富汗贾拉拉巴德—土汉姆公路项目为水电十三局在阿富汗承建的第一个项目，位于阿富汗喀布尔东区，距巴基斯坦边界约150公里。业主为欧盟驻阿富汗代表团。资金来源欧盟。工程内容包括修复喀布尔至撒如比公路和拉特班公路的临时道路，清除现有沥青路面、铺筑新的碎石路基、沥青混凝土路面及耐磨层沥青混凝土的柔性路面修复；桥梁箱涵管涵的修复；河流导治以及河岸保护工程；停车带的施工等等。合同总额2600万欧元，工期24个月，自2004年7月开工，截至2005年底，投入包括路基、桥涵、基层和沥青混凝土面层拌和、摊铺等设备100余台（套），累计完成产值约为合同产值的29%。

（4）苏丹麦洛维大坝工程水工金属结构工程。麦洛维水电站位于非洲苏丹共和国尼罗河上，地处撒哈拉大沙漠东南部，属热带沙漠性气候。该电站（直线）距离苏丹（海）港以西840公里、苏丹喀土穆以北350公里、库赖迈（火车站）东北27公里。麦洛维水电站属于混凝土重力坝、河床（坝后）式水电站，共装10台混流式机组（由阿尔斯通ALSTOM制造），总装机容量125万千瓦。该电站兼有发电与灌溉功能。麦洛维大坝工程水工金属结构工程于2004年6月28日中标，中标金额为4366.30万元人民币，总工程量约4435吨，工期为28个月。截至2005年底，该工程已完成2400吨。

（5）温州戍浦江河口大闸枢纽工程。温州戍浦江河口大闸枢纽工程合同产值5741万元，合同工期为2003年9月～2006年1月。2005年该工程主要进行了主体工程施工、金属结构和机电设备制作安装。累计完成工程量：土方开挖6.50万立方米、土方回填3.10万立方米、石渣和块石回填7.50万立方米、混凝土浇筑1.38万立方米、钢筋制作安装276吨、混凝土灌砌块石1171立方米 、防冲板桩4118延米、水泥搅拌桩1387延米、上部结构建筑1694平方米 。共完成产值5126.5万元，其中合同外项目产值635.3万元，已经完成主体结构工程的施工及全部金属结构工程和机电设备安装。剩余部分：上部结构房建工程的室内装饰、江堤混凝土灌砌石挡土墙和底板、围堰拆除等工程。

（6）天津港疏浚工程。天津港疏浚工程合同额为9750万元，主要工作任务是疏浚和开挖港池、人工岛吹填造地。2004年3月8日开工，至2005年底，先后在天津港施工了天津港十五万吨级航道二期A标段施工吹泥泥窝工程、天津港港岛南部挖泥造陆工程、天津港北港池滚装码头工程、天津港北港池集装箱码头一期（A段）工程（水工）挖泥造陆工程和天津港岛挖泥造陆一期工程Ⅰ标段5项工程。共完成土方工程量957.6万立方米，产值6224.38万元。

（7）衢州塔底水利枢纽工程。衢州塔底水利枢纽工程于2003年11月18日开工，工期为31.5个月，合同产值为5558万元。截至2005年底，该工程已完成了两个节点目标。累计完成产值4500万元，其中：混凝土浇筑为11万立方米；钢筋制作安装3100吨。完成了整个工程投资的82%，水下建筑物已达到安全度汛标准。

（8）内蒙古海满公路项目。海拉尔至满州里一级公路第五合同段，施工地点位于内蒙古呼伦贝尔盟陈巴尔虎旗西乌珠尔镇，合同金额1.21亿元，合同工期为2005年5月1日～2008年4月30日。工程施工内容包括：填土方13.2万立方米，挖土方130.9万立方米，挖石方77.4万立方米，通道涵洞11道，小桥2座，水泥稳定土底基层60.64万平方米，水泥稳定土基层57.69万平方米，粗粒式沥青混凝土54.25万平方米，AC－13I细粒式沥青混凝土54.25万平方米。2005年已完成了全部填方。

（9）河南扶项高速公路项目。河南扶项高速公路项目为阿荣旗至深圳国家重点公路（周口段）NO.1合同段，施工地点位于河南省周口市，合同金额为9020万元，合同工期为2003年12月16日～2006年6月30日。工程施工内容包括：路基土方填筑70万立方米，底基层19.7万平方米 ，基层18.8万平方米，混凝土4.3万立方米。该工程共有桥梁9座、涵洞13道。2005年底顺利完成了底基层、基层摊铺任务，成为全线十八标段中第一个完成主体工程的施工单位。年底共完成产值8500万元，超额完成了年度施工任务。

（10）上海至武威国家重点公路内乡到豫陕界段高速公路土建工程第七合同段。上海至武威国家重点公路内乡到豫陕界段高速公路土建工程第七合同段施工地点位于河南省西峡县，合同金额为3.09亿元，合同工期为20个月，合同段全长6.58公里。工程施工内容包括：路基挖土方14.7万立方米 ，挖石方6.2万立方米，路基填方59.6万立方米；大桥5座，中桥1座，通道桥2道，涵洞12道；连拱隧道6座。该工程涉及路基、高架桥、隧道、防护等多项工程，技术要求高，施工难度大。2005年底，该项目路基土石方施工已完成了90%，涵洞已基本完成，隧道工程施工进展顺利。

(11) 东淝闸加固与扩建工程。东淝闸加固与扩建工程是水电十三局继临淮岗深孔闸工程建设之后，在安徽省承接的又一项国家重点治淮水工建筑物，是由中央、省、地方共同投资的安徽省治淮重点工程。东淝闸距入淮口2.5公里，是瓦埠湖蓄洪区的控制工程，主要任务是分洪，兼有排洪、蓄水等综合利用功能。跨两个枯水期，新老闸工期错开，互为导流。水闸为潜孔式，共5孔，每孔净宽7.5米，设计最大进洪流量1500立方米/秒。工程于2004年9月19日正式开工，合同金额为2273万元，原设计工期为24个月。工程施工期间，为使该工程能够满足灾后重建项目的总体工期要求，在项目部与组织设计、监理、施工等单位进行可行性分析后，通过优化施工设计方案，将原设计工期缩短为18个月，确保了新、老闸工程在一个枯水期内的各节点工期的顺利实现，并经受住了2005年淮河特大洪峰的严峻考验。主体工程比原计划工期提前了6个月，工程于2005年3月15日和2005年5月28日相继顺利通过水下工程的阶段验收。截至2005年12月31日，完成工程总量为1948.44万元。

(12) 内蒙古扎鲁特旗小河西水库除险加固工程。内蒙古扎鲁特旗小河西水库除险加固工程于2004年2月20日中标，工程位于通辽市扎鲁特旗中部香山镇境内，工程总工期为15个月，中标合同价为1681.5855万元人民币。小河西水库兴建于1958年，1969年进行扩建，此次加固工程以防洪为主，兼顾灌溉、养殖等综合作用。加固后，防洪标准将由现状的40年一遇提高到100年一遇。水库正常蓄水位403.00米，设计防洪水位403.70米，校核洪水位404.60米，死水位398.00米，防洪高水位402.60米，汛期限制水位401.50米，水库总库容0.127×10^8立方米，防洪库容0.024×10^8立方米，工程等别为三等，永久性主要建筑物按3级建筑物设计，设计洪水标准为50年一遇，校核洪水标准为1000年一遇。工程主要施工内容包括坝体土石方工程、溢洪道工程、香山涵洞、工农涵洞及机电安装和房屋建筑等。截止到2005年底，工程主体已全部完工。

【获奖工程】

(1) 济南经一路综合改造工程。济南经一路综合改造工程施工地点为山东省济南市区，主要工程量为桥梁、道路、排水，合同金额3300万元，2004年12月22日竣工。2005年10月济南经一路综合改造工程获“山东省市政金杯示范工程”荣誉称号，2005年12月又获得“全国市政金杯示范工程”荣誉称号。

(2) 安徽临淮岗深孔闸工程。安徽临淮岗深孔闸工程是国家重点治淮骨干工程的一部分，于2002年5月1日正式开工，2003年10月25日完工，合同金额为3897万元。2005年临淮岗深孔闸工程相继获得“安徽省水利水电优质工程”奖、2005年度安徽省建设工程“黄山杯”奖(省优质工程)。

(3) 新疆引额济乌一期一步工程沙漠渠道衬砌工程第Ⅳ标。引额济乌工程位于新疆维吾尔自治区北部，是一项从额尔齐斯河引水，解决乌鲁木齐经济区及沿线生态用水的长距离调水工程。衬砌Ⅳ标相对桩号92+344.965～122+618.075，渠线长度为3.03万米。工程主要施工内容为渠道衬砌、渠系建筑物以及伴渠道路维护等。合同工期为2003年7月25日～2005年9月15日，合同额为8389.22万元。主要工程量：C20混凝土预制件安装5.94万立方米，C20混凝土现浇0.37万立方米，各种砂浆4万立方米，砂砾料垫层34.96万立方米，土方工程26.64万立方米，钢筋167.09吨，一布一膜和聚乙烯土工膜96.31万平方米，草方格植护6.57万平方米。2005年12月被新疆额尔齐斯河流域开发工程建设管理局评为2005年度“优秀施工企业”。

(4) 内蒙古那尼公路项目。111国道那吉屯——尼尔基NNC 03合同段公路工程，施工地点位于内蒙古呼伦贝尔盟，合同金额2776万元。本合同段全长31公里，包括挖方19万立方米，填方63万立方米，小桥11座，总长202.24延米，板涵4道，管涵23道，沥青混凝土路面21万平方米，砌体3.98万立方米。2001年10月30日签定合同，2002年7月27日竣工，于2005年荣获内蒙古自治区“草原杯”优质工程。

(5) 云南嵩待高速公路项目。国道主干线GZ40二连浩特—昆明—河口公路，云南嵩明—待补高速公路第二合同段，施工地点位于云南省嵩明县，合同金额8152万元，合同工期为2000年6月1日～2003年11月30日。工程内容包括：路基土石方163万立方米，涵洞62道，桥梁21座，桥梁混凝土7952立方米。在最终的验收评定中，单位工程优良率达100%，于2005年底荣获“云南省优质工程”。

(杨苏飞　严六四　肖　刚　朱明磊)

管理创新

【资源配置】　随着国内外经营领域逐步扩大以及规模的不断增长，人、财、物等资源的不足，已在一定程度上制约了水电十三局的发展。为此，工程局创新工作思路，2005年提出了“充分利用局内和局外、国内和国外两个市场、两种资源，充分发挥市场对资源配置的作用，实现最大利益的资源优化配置，从而在更大范围、更广领域、更高层次参与国内外市场竞争”。主要做法：一是加强人才市场的培育。坚持“引进来”和“走出去”的战略。积极吸纳、聘用社会专业技术人才；将局内优秀的管理人员送外培训；加大大中专毕业生的引进工作，并适时选派到国外项目工作；加强局国际工程和国内工程人才市场的相互交流；成建制式的招用社会劳工队伍等。二是合理配置设备物资。在加大国际工程设备投入的基础上，根据国内外市场行情，设备投入采取当地租赁和新购相结合的方式，以及单位和单位之间、项目和项目之间调配、租赁等方式，最大限度的降低成本，满足国际工程施工的需要。三是加强货币资金集中统一管理。一方面通过资金集约化管理和加强应收账款回收等措施，加大流入工程局资金结算中心的货币资金流量；另一方面利用工程局的信誉和已建立的与银行良好的合作关系，取得了多家商业银行的支持，拓展新的融资渠道，为企业的发展提供了更大的筹资空间。

【管理模式】 进一步创新国际工程实施管理模式，从过去单一的局直管项目发展到局和二级单位共同实施、二级单位自行组织实施、驻外经理部监管实施和联营体实施等模式。工程局最初实施国际工程时，其管理模式是由工程局抽调精干人员组成项目班子，施工技术人员从各二级单位选派，即完全由工程局单一组织实施。随着国际工程的不断拓展，实施的项目愈来愈多、合同额愈来愈大，这种管理模式无论从人力资源还是设备配置等方面，已远远不能满足项目施工需要。为此，工程局积极探索、不断创新，目前已形成多种管理模式，使资源得到有效利用。

（杨苏飞）

【激励机制】 按照“效率优先、兼顾公平”的原则，继续深化企业内部分配制度改革。国内方面，制定了《中国水电十三局工资总额同经济效益挂钩管理实施办法》、《中国水电十三局所属单位负责人年薪制暂行办法》、《中国水电十三局所属单位负责人年度经营业绩考核暂行办法》；国外方面，制定了《中国水电十三局国外工程项目经济责任制管理办法（试行）》、《中国水电十三局驻外项目经理部经济责任制管理办法（试行）》。原则上对各二级单位和驻外经理部、国外工程项目部工资总额实行“双挂钩”，即工资总额增长与营业收入利润率挂钩，超额完成上缴部分可按一定比例提取奖励；对二级单位领导班子和驻外经理部、项目部班子分别实行年薪制和任期薪金制，与绩效挂钩。建立了以经营业绩、责任及奖惩为主要内容的激励与约束分配机制，最大限度地发挥每个人的积极性和潜能，使企业效益实现最大化。

（杨苏飞　王江珍）

【体系认证】 水电十三局于2005年初正式启动了质量、环境和职业健康安全管理体系贯标认证工作，制定了相关实施计划，经过宣传发动、学习培训、体系设计、文件编写、体系试运行、内审及整改、管理评审及整改、外审及整改等阶段，于2005年10月31日分别取得了质量、环境和职业健康安全管理体系认证证书。证书有效期均为三年，自2005年10月30日～2008年10月30日。认证覆盖范围涵盖水利水电工程施工、市政公用工程施工、公路工程施工、房屋建筑工程施工、疏浚与吹填、河湖整治及堤防工程施工和金属结构制作与安装、橡胶及塑料制品设计制造、柴油载重汽车大修服务9类产品。上述证书的取得，标志着工程局质量、环境和职业健康安全管理水平上了一个新台阶。

（赵庆斌　杨苏飞）

【信息化建设】 设置了专门机构——信息中心；制定了《中国水电十三局信息化建设规划》、《中国水电十三局信息化建设管理办法》等；在互联网上注册了国际一级域名 sdssj.com，并建立了局内部办公网和全面介绍宣传十三局的网站，应用VPN技术，使局直属单位及国内外项目均能访问局内部网站，建立了内部邮件系统和即时消息系统、信息发布平台，实现文档和资料的快速传递，使企业的信息和资源得到有效共享。

（赵　璇　杨苏飞）

【多元化经营】 工程局主业方面，确定疏浚吹填工程、水利水电工程、市政路桥工程、国际工程四大核心业务，产业结构由单一的疏浚吹填发展到水利水电、市政公路、金属结构制作安装等领域。辅业方面，主要包括橡胶及橡塑制品、汽车大修服务、勘测设计、工程监理、设备租赁、医院、印刷、宾馆、食品加工和纯净水生产等，实现了产业多元化经营。

（杨苏飞）

【依法治企】 水电十三局于2005年1月在集团公司内部率先设立了企业总法律顾问。并于11月在全局召开了“全局法律事务工作会议”，制定了全面建设法制型企业及项目管理的战略，在各分局及重点项目设立专职或兼职法律顾问。2005年，通过审查各类合同、代理仲裁、代理诉讼等，为企业避免和挽回损失达1000余万元；在依法治企、依法管理、依法维护企业合法权益方面发挥了重要作用。2005年，水电十三局被国务院国有资产监督管理委员会评为“四五普法先进单位”。

（王　玮　刘长群）

企业改革

【综述】　围绕提高企业综合竞争能力，2005年工程局在体制、机制上进一步加大改革力度，一是积极稳步推进分离企业办社会职能工作，根据国家、地方有关政策规定，将工程局子弟学校（中、小学各一所）移交德州市政府；二是继续深化企业内部改革，继续进行企业内部结构的调整，通过合并重组和改制，打造工程局的整体优势。

（杨苏飞）

【分离企业办社会职能】　2005年12月31日，十三局与山东省德州市德城区政府签署了中小学移交协议，移交在职教师75人，离退休人员69人，移交资产557.84万元，其中房产15幢（建筑面积8641.37平方米）、土地1宗（面积约22041.17平方米）。

【继续深化内部机构改革】　2005年底，工程局对汽车修理总厂进行分解重组，一是将该厂原汽车修理主业以新建的4S店为依托划归局橡胶制品厂，实行一套人马两块牌子。二是对汽车修理总厂实行人员、业务分解：原纯净水厂成建制划归多种经营处；正在实施的工程项目原则上划归二分局，相应的人员及债务债权一并划转；已出国人员转入局劳务中心；外借人员转入借调单位。通过分解重组，进一步巩固了水电十三局原有的汽车修理资质，其整体优势进一步提升，为下一步辅业改制奠定了基础。

（姚瑞丽　杨苏飞）

科技进步

【综述】　随着水电十三局施工领域和生产规模的扩大，经济效益的增长，工程局科学技术水平也不断得到提高。科技管理体制日趋完善，信息化建设逐步加强，科技人才队伍不断壮大，新技术、新工艺在生产中得到推广和应用，科技投入力度加大，国内外工程项目管理技术不断创新。

（杨苏飞）

【科技大会】　2005年12月15日，水电十三局召开第四次科技大会。会议的主题是：全力打造核心技术，促进“三步走”跨越式发展进程。会议认真总结了第三次科技大会以来工程局科技工作取得的成绩、经验，实事求是的分析了存在的问题，提出了今后五年科技工作的总体思路和主要任务，对工程局2006～2010年科技发展规划进行了讨论。大会还对评选出的优秀科技成果、优秀科技论文与技术总结、优秀科技工作者进行了表彰和奖励，对工程局首次选聘的9名“专业技术带头人”颁发了聘书。

【科技发展规划】　为实现工程局跨越式发展的目标，按照“科技兴局”的发展战略，2005年制定了《中国水利水电第十三工程局2006～2010年科技发展规划》。规划的指导思想是：以“三个代表”重要思想为指导，坚持以人为本，落实科学发展观，实施“科技兴局”战略。按照“国外为主、国内国外持续协调发展”的战略方针，结合工程局生产施工实际，组织技术攻关，倡导自主创新，努力提高专业化施工技术水平和职工队伍整体素质，为实现“三步走”发展战略的第二步目标奠定坚实的技术基础。规划从工程局疏浚吹填业、水利水电业、市政与公路业以及综合技术与管理几个方面确立了科技发展目标，并制定了相应的保障措施。

（杨苏飞　辛炳烈）

【科技管理创新】　完善科技管理体制，按照四个层次形成科技管理组织网络，成立了由工程局局长挂帅的科技工作领导小组，设立了以总工程师为首的科学技术委员会，设置了局级技术职能部门——工程技术部，各分局、厂、处等二级单位都设有总工程师和工程技术科，各施工项目部都配备了项目总工程师和施工技术科。建立并层层落实科技管理制度，制定与修订了《中国水电十三局工程技术管理办法》、《中国水电十三局优秀科技成果和优秀论文评选奖励办法》、《中国水电十三局科技进步工作考核管理办法》、《中国水电十三局科技开发技术改造项目管理办法》等，并将有关指标分解到各二级单位和工程项目部，并在每年年中进行督促检查，年底进行综合考评，考核结果与各单位经济责任制兑现挂钩；科技攻关工作逐步制度化、规范化，由技术管理部门及生产技术骨干组成科技攻关小组，针对工程中遇到的技术难关、难题进行专项攻关，有效地解决工程中的实际问题；加大科技人才培养力度，加强业务培训和再教育，举办各种生产所需专业的培训班，提高技术人员的业务素质，注重选拔、培养年轻技术干部，把德才兼备的人员及时提拔到关键岗位上来。每两年聘任一次“专业技术带头人”，评选一次“优秀技术论文”、“优秀项目经理”、“优秀工程技术人员”。

【科研项目】 2005年，工程局批准立项的科技项目有7项，共投资43.5万元。这7个项目为《EPS新型浮体的研制》、《涪陵桃子沟水库大坝枢纽混凝土挤压边墙施工技术》、《大跨径双连拱隧道施工技术研究》、《砂壤土与花岗岩全风化地质条件下引水隧洞开挖技术研究》、《局1200型挖泥船斗轮制作工艺技术总结》、《淤泥质基础格栅式水泥搅拌桩墙基坑支护技术》、《工程局动态网站设计》。其中《淤泥软基框格式钢管桩潮汐围堰研究与应用》项目，于2005年3月22日由集团公司组织的验收鉴定委员会，在施工现场对该项目进行了鉴定，鉴定结论为：该科技成果在沿海地区和河口地区深淤泥质土基础上建造围堰中有一定的推广应用价值，达到国内先进水平。

【科技成果的推广应用】 水电十三局在2005年推广应用的科技成果有：斗轮挖泥船施工技术、长距离接力输泥技术、米纳项目半圆形混凝土输水渠槽成型机的研制与应用、法兰尼龙管的生产、自制4000千牛单臂压力机的应用、财务管理信息系统的应用、100吨架桥机使用、沥青摊铺机使用及工艺研究、面板堆石坝挤压边墙施工工艺应用等。科技成果的推广应用，有效地解决了工程中的实际问题，保证了工程进度和施工质量，开始形成了在施工中立项、在立项中搞科研、在科研中解决技术难题、在解决难题中培养科技人才的企业发展之路。

【科技奖项】 水电十三局设立的科技奖项主要有：优秀科技成果一、二、三等奖；优秀科技论文与技术总结一、二、三等奖；优秀科技工作者奖等奖项。2005年，工程局对19项科技成果、35篇科技论文和86名优秀科技工作者进行了奖励，其中：《淤泥软基框格式钢管桩潮汐围堰研究与应用》获优秀科技成果一等奖；《模糊层次分析法在Duber Khwar项目风险评价和投标决策中的应用研究》等五篇文章获优秀科技论文与技术总结一等奖。

（辛炳烈　杨苏飞）

安全生产

【综述】 水电十三局高度重视安全生产工作，2005年在施工项目多、施工领域广、施工难度大、施工环境复杂等情况下，全局各级领导、安全生产管理人员和广大职工，围绕年初制定的安全生产工作目标，落实责任，强化监督，加大对国内外工程重点领域和重点部位的安全管理，加大安全生产投入，保持了全局安全生产形势的平稳局面，全年未发生生产性死亡事故和重伤事故，未发生一次损失超过10万元的其他安全事故，圆满完成了年度安全生产管理目标。在连续两年获得山东省德州市安全生产先进单位的基础上，2005年度首次荣获集团公司安全生产先进单位和山东省安全生产“双基”工作先进单位，有1人被评为集团公司安全生产先进工作者，5人被评为集团公司安全生产先进项目经理，5个项目部获得了集团公司安全生产先进项目部称号。2005年3月10日，工程局获取安全生产许可证，有效期为三年，成为山东省第一批通过审核、第一批获得安全生产许可证的建筑施工企业，保证了工程局国内生产经营工作的顺利开展。

（杨苏飞）

【安全生产管理】 一是加强安全生产制度建设，先后制定了工程局安全生产责任制管理办法、安全教育与监察经费管理办法、设备安全管理规定、国外工程安全工作管理规定等，为安全生产提供制度保障；二是建立安全生产管理网络，工程局成立了独立的安全生产监督管理部，二级单位和项目部相应完善了安全生产管理机构，充实了安全生产管理专职人员，形成了工程局、二级单位、项目部安全管理网络；三是强化各级各类人员的安全生产责任制，在与集团公司、地方政府签订安全生产责任书的基础上，层层分解安全生产目标，层层签订安全生产责任书，层层落实安全生产责任制，强化各级各类人员的安全生产责任意识；四是加大安全生产投入，年初下达年度安全生产投入计划，要求确保1300万元的最低投入额，截至2005年底，全局国内、国外安全生产投入额达1970万元，占产值总额的1.15%，与2004年相比，累计安全生产投入额增加了近一倍；五是开展了危险源识别、分析和评价，结合职业健康安全管理体系和环境管理体系贯标认证工作要求，根据工程局实际，对各类危险源进行识别，确认危险源（点），确定重大危险源，从管理和技术角度制定控制措施，分级制定事故应急救援预案，有的放矢地实施安全生产管理，减少了安全管理的盲目性。

【安全教育培训和检查考核】 2005年，水电十三局组织了由企业负责人、项目负责人和专职安全生产管理人员参加的安全生产培训考核，有114人通过了由水利部组织的安全生产知识考试和考核，获得水利部颁发的安全生产人员合格证书；有124人通过了交通部组织的安全考核工作，并取得安全生产人员合格证书；有90多人次通过了山东省安监局的培训考核；有32人参加了集团公司举办的安全生产管理人员培训班。

2005年工程局先后组织三次综合安全大检查，组织多次防汛、消防、设备、劳动防护用品、道路交通等专项安全检查，对查出的事故隐患，及时整改。与此同时，工程局组织考核了18个单位和19个施工项目部，分别评出安全生产管理先进单位和合格单位。在集团公司两次对水电十三局和部分项目部进行安全检查、考核中，工程局温州成浦江河口、济南解放路、河南扶项、重庆涪陵、天津疏浚5个项目被评为安全生产优秀项目。

【开展群众性安全生产活动】 2005年，工程局安监部门与局工会、局团委、新闻中心等部门一起，以“安全生产月”、“安康杯”、“青年安全生产示范岗”、“莱钢杯”等活动方式为载体，紧紧围绕“遵章守法，关爱生命”等主题，认真组织开展群众性的安全活动。活动期间，制作了有关安全生产法律法规、危险预知与事故预防等内容的宣传展板；组织职工参加了山东省举办的安全法律法规知识竞赛；开展了安全征文、安全签名活动；在局电台、网站上播出《法佑平安》等安全教育宣传片等。有效地促进了职工安全生产意识提高，营造了良好的安全生产氛围。

（赵庆斌　杨苏飞）

党群工作和精神文明建设

【综述】 水电十三局党委下设9个二级党委、4个直属党总支、20个直属党支部，共有党员1842人。2005年，工程局党委坚持以邓小平理论和“三个代表”重要思想为指导，以科学发展观统领全局，围绕实现经济增长方式“四个转变”做好党建工作，有力地推动了工程局的跨越式发展。特别是在下半年开展的保持共产党员先进性教育活动中，工程局党委针对点多面广、项目分散的特点，精心部署、周密安排，使先进性教育活动开展得扎实有效，不走过场，使全局每一个党员受到了一次思想灵魂的洗礼，全局党的思想、组织、作风建设上了一个新台阶，得到所在地中共德州市委的表扬并做了典型经验介绍。企业精神文明建设再获新成果，2005年连续第六年保持省级“文明单位”称号。工会和共青团组织围绕工程局“三步走”发展战略，做了大量卓有成效的工作，取得了显著的成绩，局工会被山东省总工会授予星级职代会创建“优秀星”称号，被德州市总工会授予“工会工作先进单位”称号。三个二级单位分别荣获省、市“青年文明号”称号。

（王　玮）

【保持共产党员先进性教育活动】 按照党中央的统一部署和上级党组织的工作安排，2005年7月，水电十三局党委开展了以实践“三个代表”重要思想为主要内容的保持共产党员先进性教育活动。

在教育活动中，各级党组织高度重视，周密安排。工程局和局属各单位都成立了领导小组，明确了领导班子成员的联系点，设立了包括组织组、文秘组、宣传组在内的办公室，成立了督导小组，利用报纸、工作简报、电视、网站，多种媒体及时发布局先进性教育活动情况。通过《工作简报》、电视、报纸、局域网，开辟专题和专栏进行跟踪报道和重点报道，局电视台每周19次播放有关教育内容，局域网开辟了“先进性教育活动专题”网页，以高频率、高密度、全方位、立体式的方法进行宣传，强化了宣传效果。

教育活动的开展，使全局共产党员经历了一次党性修养的考验和思想灵魂的洗礼。广大党员的素质有了明显提高，党的优良传统和作风得到进一步发扬，基层党组织建设得到进一步改善和加强，对贯彻落实以人为本的科学发展观，自觉实践党的宗旨有了更加深刻的认识。全局广大党员把学习收获转化为做好工作、干好工程的强大动力，有力地促进了全局生产经营的发展，为十三局实现第二步战略目标打下了良好基础。先进性教育活动成为推动工程局各项事业向前发展的巨大动力。

（王　玮　朱治明）

【党建工作】

（1）思想建设。2005年，水电十三局党委组织干部职工深入学习党的十六届四中、五中全会精神，学习科学发展观的精神实质和丰富内涵，为工程局的快速、协调、可持续发展提供坚强的思想保证。在各级领导人员层面上，重点开展了“牢固树立科学发展观和正确的业绩观”的学习教育活动。在科学发展观的指引下，工程局提出了实现经济增长方式“四个转变”的指导思想。即“从规模扩张型向规模效益型转变，从粗放型向集约型转变；从劳务、生产型向资产经营型转变；从无序、恶性竞争向有序竞争型转变”。

在全体党员中，结合先进性教育，重点组织学习《党章》、学习“三个代表”重要思想，着力提高全体党员的思想觉悟和党性观念，推动各项工作顺利进行。组织开展了十六届五中全会精神的学习答题竞赛，还利用局域网站、报刊、电视等现代信息传媒，连续登载有关文章和学习资料，增强宣传教育的效果。

在普通员工中，根据十三局国外工程快速发展、出国工作人员大量增加的实际，十三局重点开展了爱国主义、集体主义、社会主义思想教育。以本企业在巴基斯坦高摩赞人质事件中涌现出来的英雄模范人物事迹为生动教材，大力宣传爱国主义精神，推动国外项目健康发展。十三局在全局上下大力倡导四种精神：即“不甘落后争创一流、不怕挫折锲而不舍、不畏艰难勇挑重担、不计名利乐于奉献”，全局上下形成了奋发向上、积极进取的思想主流。

（2）组织建设。按照《关于加强和改进基层党支部工作的意见》的文件要求，水电十三局党委规范了基层党支部建设的标准、设置、制度和主要任务，根据国外项目日益增多，党组织建设相对滞后的情况，及时组建了坦桑尼亚维多利亚湖项目、安哥拉经理部、阿尔及利亚米纳项目等8个国外项目党支部，做到了在设立国外项目部的同时设立党的组织。

（3）作风建设。工程局党委把倡导求真务实、密切联系群众、坚持廉洁从业作为加强领导班子作风建设的重要工作来抓。通过开展领导干部民主测评工作提高了广大党员干部的思想认识，通过党员先进性教育活动的开展，使作风建设得到进一步的巩固和加强。工程局党委认真落实领导干部述职述廉、廉政谈话和诫勉谈话制度，教育领导干部牢记“两个务必”，做到“八个坚持，八个反对”，树立党员领导干部的良好形象。

（4）领导班子和干部队伍建设。2005年，水电十三局党委按照建设“四好班子”的要求，大力加强了工程局以及二级单位领导班子和干部队伍建设。利用换届改选的时机，对全局二级单位领导班子进行了调整和充实。使各级班子适应市场、驾驭市场的能力有了新的提高。工程局党委按照要求，积极指导二级单位的改选和换届工作，较好地落实了工程局的各项工作部署。全年提拔了1名副局级领导和20名中层管理人员，职务变动、岗位交流中层人员27名。达到了交流、提高的目的，使干部队伍建设更趋合理。对新提拔的中层管理人员加强了考核，对后备干部加强了培养、选拔，把一批年轻干部放到项目经理、分局长助理及副总工等岗位上锻炼，促进了年轻干部的成长。

（5）制度建设。根据工程局党建工作和干部队伍中存在的问题，认真研究制定和修改完善了相关制度。对于以前行之有效的制度而没有得到认真执行的，认真进行总结，制定好落实的保证措施，对制度本身不够完善的进行了完善，制定了《关于建立保持共产党员和基层党组织先进性长效机制的实施意见》。提出要逐步建立六个方面的长效机制：一是建立党员队伍的教育培训机制；二是建立健全党员队伍管理、监督、约束机制；三是建立完善党员和党员领导干部联系职工群众和基层单位机制；四是建立党员激励引导机制；五是建立党员队伍作用彰显机制；六是建立党员先进性的考核、评价和鉴定机制。

（苏剑波　于　明　王　玮）

【精神文明建设】　2005年，水电十三局在连续第六年获得省级“文明单位”称号的基础上，进一步完善文明单位和文明工程的创建工作制度。年中印发了有关《文明单位建设管理的补充规定》，对文明单位的申请、申报、考核等环节做了具体要求，突出过程管理，突出创建的特色，使全局文明单位创建工作纳入到实时控制的轨道。5个工程项目和11个机关科室被评为2005年度工程局文明工程和文明部（科）室。

编写、印发了党的十六届五中全会的学习资料和试题，在全局党员中开展了广泛的学习活动。收集了各大报纸有关学习文章和社论在局网站进行转载，收到了较好的宣传效果。购置了先进性教育、十六届五中全会、和谐中国、节约中国、神六飞天等图片，制作宣传展板，同时结合企业发展形势，组织开展了全局形势任务宣传教育活动，使全局干部职工进一步明确了目标，认清了方向。

【企业文化建设】　为更好地开展职工素质工程和建设学习型企业，推动全局干部职工的文化学习活动，围绕加强企业管理、如何做人、怎样做事等方面，局党委工作部宣传处编辑印制了《提升我们的基本素质》、《简简单单看管理》、《告诉您，人生经验112》等三本企业文化学习丛书，发到每个职工手中。系列丛书在广大干部职工尤其是青年职工中引起了强烈的反响，使广大干部职工在学习中思考，在思考中得到启发和感悟，营造了较为浓厚的文化学习氛围。

（朱治明　王　玮）

【新闻宣传】 2005年，十三局新闻中心坚持以正确的舆论导向，积极围绕全局工作中心开展工作。全年出版《开拓者》报30期，合计版面152个；局有线电视台编播自办节目49期，自办频道总播出时间2500小时。2005年自办电视新闻每周播出量由17次增加到19次。

（王 玮 庞云翼）

【工会工作】

（1）依法维权。2005年十三局工会坚持以党建带工建，做好新分配大学生及劳务工加入工会工作，维护了劳务工的合法权益，工会组建和职工入会率达到100%；各基层工会组织完成了换届选举，为工会开展工作提供了组织保障，工会干部撰写的论文和调研报告有5篇在省、市评选中获奖。十三局工会被德州市总工会授予“2005年工会工作先进单位”称号。

（2）民主管理和民主监督。落实职代会各项职权，实现了工程局重大问题和涉及职工切身利益问题提交职代会讨论通过。在2005年召开的六届职代会第五、六次团（组）长联席会议上，讨论通过《关于第九次集资建房实施方案有关问题的补充规定》、《第九次集资建房第三榜有关问题的意见》、《关于做好2005年底工程局与员工签订的劳动合同期满有关管理工作的通知》。

（3）“送温暖”工程。坚持元旦、春节期间的“送温暖”活动，建立完善了困难职工档案。春节期间，全局共筹措资金80万元，对生活困难的劳动模范和特困职工发放救助款。走访慰问了15户特困家庭，开展了“金秋助学”活动，救助困难职工子女26人，发放救助金23600元；继续开展“慈心一日捐”活动，全局捐款10万余元，工程局被德州市评为先进单位。“五一”前后对全局110多名局级以上的劳动模范开展了查体活动，完善了劳模的健康档案。

（4）群众性经济技术创新。2005年开展了形式多样的劳动竞赛、技术比武、技术培训、提合理化建议活动；表彰了在群众性经济技术创新活动中涌现出的8个先进集体和35名先进个人；2005年十三局被山东省职工技协授予“职工技协先进集体”称号。

（5）女工工作。以女工组织的“能力建设年”为契机，积极开展岗位建功、素质提升、文明家庭等项活动。对集体合同执行情况进行了监督检查，保证了单亲女工不下岗及孕期、产期、哺乳期女工不解除合同等条款的落实。2005年2名女职工被德州市直工妇委授予“巾帼标兵”称号。

（王 玮 陈劲松）

【共青团工作】

（1）围绕跨越式发展开展团员、青年工作。2005年继续以“青年文明号”、“青年岗位能手”为总抓手，带动“创新创效”、“青年安全示范岗”、“青年志愿者”等工作，做强做大“青”字号工程，形成品牌效应。

（2）注重思想政治教育，搞好服务青年工作。2005年9月～12月，在全局深入开展了“团员意识教育活动”，购置并下发了《增强团员意识学习教育读本》；开展了“学习塑造未来”读书活动，购置300多本工程技术图书及文摘杂志发至部分项目部。7月份组织了欢迎140多名新录用大学生系列活动，组织优秀团员、少先队员开展了“抗战故里行”夏令营以及参观孔繁森纪念馆等活动，开展的“党在我心中”团课活动，加深了团员青年对党的认识。

（米志勇 王 玮）

检查监督

【综述】 2005年，水电十三局党的纪检监察工作坚持以邓小平理论和“三个代表”重要思想为指导，全面履行党章规定的三项主要任务，认真做好五项经常性工作。在局党委统一领导下，紧密联系企业改革发展稳定的大局，以服务于生产经营工作为第一要务，坚持继承传统与开拓创新相结合，充分发挥了纪检工作的各项职能，在强化宣传教育、完善制度建设、加强监督检查、推进效能监察、审计监督等方面均做出了积极的探索和尝试，并取得了显著的成效，为工程局实现更快更好地发展提供了坚强有力的政治保证。

【党风廉政建设】 水电十三局通过党风廉政建设目标责任书的签订和责任目标的分解，强化各级领导特别是党政一把手的责任意识。在实际工作中，把党风廉政建设和资产经营、安全生产同部署、同检查、同落实、同考核，认真抓好“完善制度、落实责任、认真检查、严格奖惩”四个关键环节，通过党风廉政建设责任制的有效落实，带动整体党风建设和反腐倡廉工作的深化。结合构建教育、制度、监督并重的惩治和预防腐败体系要求，修订了党风廉政建设责任制《考核办法》和《考核评分标准》，在全局范围内进行了党风廉政建设情况的民主测评。2005年，全局有12个单位被评为“党风廉政建设优秀单位”，工程局已连续5年被集团公司评为“党风廉政建设优秀单位”，党风廉政责任制考核综合成绩位居集团公司系统第3名。

【职工代表大会监督】 2005年，水电十三局坚持民主集中制原则，充分发挥职工代表大会的监督职能，认真做好职代会民主评议领导班子和领导干部工作，行使职工代表对领导干部的评议权、监督权。在局六届七次职代会上，职工代表对局领导班子、机关部门以及有关单位的中层以上领导干部从“德、能、勤、绩”四个方面进行了民主评议和无记名投票测评，局两级职代会分别针对局、处、科级干部进行了评议。

【纪检工作】 水电十三局坚持“标本兼治、综合治理、惩防并举、注重预防”的方针，以党风廉政建设责任制为“龙头”，建立配套制度，严格检查考核；以构建教育、制度、监督并重的惩治和预防腐败体系为主线，以加强对领导干部的廉洁从业教育为重点，实施责任追究，狠抓源头治理；以加大对违纪案件的查处力度为突破口，坚持严查重处，保障国有资产安全。

开展了以学习贯彻《建立健全教育、制度、监督并重的惩治和预防腐败体系实施纲要》、《“三个代表”重要思想反腐倡廉理论学习纲要》和《国有企业领导人员廉洁从业若干规定（试行）》为主题的反腐倡廉宣传教育活动，为党员领导干部制发了“廉政警示牌”。广泛开展了“争做廉内助 树立好家风”活动。工程局建立了纪检监察网页。截止到2005年底刊登相关文章80余篇。同时，在集团公司网站上刊登纪检信息25篇，案例剖析1篇，经验交流3篇，稿件被采用数量为集团公司系统18家单位首位。同时，对往年1件案件，按规定进行了查办处理，给予当事人党纪政纪处分。

（范明生　王　玮）

【效能监察与审计监督】 2005年，水电十三局把效能监察工作的重心放在了提高经营效益和强化基础管理上，效能监察的整体水平有了明显的提高，工作深度逐步从一般的经营管理向深层次经营管理拓展；工作方式从事后监督检查向提前预警和全过程监督推进；工作范围逐步从分块单项实施向综合管理转变。工程局制定了《效能监察成果核定办法（试行）》和《效能监察优秀成果评选办法（试行）》，进一步规范了效能监察的立项、实施、核定、评选等环节的工作程序和方法。2005年，工程局效能监察工作共立项24项，完成21项，8项被评为效能监察优秀成果；为工程局避免或挽回经济损失约387万元。正确把握了效能监察的选题立项，使工作重心前移至生产经营一线，真正发挥了监督与服务的双项职能。

2005年，水电十三局加大对二级单位和工程项目的审计监督，特别是国外工程项目的监督作用得到进一步的加强。全年共完成审计项目20个，提出审计建议36条，被采纳21条，年度立功审计7项。

（范明生　王　玮　马岩志）

【厂务公开】 在工程局、局党委的统一领导下，厂务公开向纵深发展，公开的三级网络不断完善，各单位、各部门加强联系密切协作，并将厂务公开工作纳入党风廉政建设的责任制考核之中。在普遍建立和完善监督检查制度的基础上，进一步加大了对厂务公开工作的监督检查和考核力度，扩大了职工群众的知情面，把职工群众的满意度作为党风廉政建设考核的重要标准。水电十三局被山东省厂务公开民主管理领导小组评为先进单位。

（范明生　王　玮）

中国水利水电第十四工程局

概　　况

中国水利水电第十四工程局（以下简称水电十四局或工程局），是以水利水电建筑安装工程为主的大型施工企业，成立于1954年，隶属于中国水利水电建设集团公司（以下简称集团公司），具有水利水电工程施工总承包特级、市政公用工程施工总承包一级、公路工程施工总承包二级资质。水电十四局资产总量16.23亿元，具有年挖填土石方1300万立方米、混凝土浇筑200万立方米、水轮发电机组安装150万千瓦的施工能力。在全国500家最大经营规模建筑业中位居第58名。

水电十四局已建成各类大中小型工程近400项，安装水轮发电机组300余台，完成总装机容量780万千瓦。先后荣获国家建设工程鲁班奖5项，部省级优质工程奖15项，国家和部省级科技进步奖61项。被评为全国建筑业科技领先百强企业、全国优秀施工企业、全国用户满意施工企业、全国电力行业优秀企业、全国电力建设优秀施工企业、全国和谐劳动关系优秀企业，荣获全国五一劳动奖状。

2005年，工程局领导班子由13人组成：局长李跃平，党委书记洪坤，副局长洪坤（兼）、吴云红、刘光、于涛、王曙平、宋家华、俞祥荣、杨毅平，党委副书记李跃平（兼）、王景龙（兼纪委书记），总工程师和孙文，总经济师王曙平（兼），总会计师崔志强，工会主席陈志明。

工程局共有职工11424人，其中正式职工10766人，大学以上学历2187人，专业技术和管理岗位3804人。

工程局共有8个二级经营单位：曲靖分局、大理分局、机电安装总公司、路桥公司、科研设计院、机械厂、设备租赁中心、基础处理公司。费用单位8个：曲靖劳务中心、大理劳务中心、昆明劳务中心、曲靖离退休管理中心、大理离退休管理中心、昆明离退休管理中心、资金结算中心、社会保障部。还有控股企业云南绿色高新材料股份有限公司，以及大理和昆明两所职工医院。工程局有直管项目部12个，工程联营体6个。工程局机关设办公室、市场开发部、科技管理部、经营管理部、人力资源部、财务管理部、质量安全管理部、资产管理部、审计部、企业发展策划部、国际工程部、离退休管理部、党委工作部、监察室（与纪律检查委员会合署办公）、企业文化中心等15个职能部门。

2005年，水电十四局围绕可持续发展目标，发挥核心竞争力优势，实施品牌战略，调整产业结构，大力拓展企业经营领域和规模。继续深化企业内部管理体制和机制改革，加大管理创新力度，推进企业管理的科学化、制度化和规范化建设。以人为本，全面提升职工队伍的整体素质。同时通过开展保持共产党员先进性教育活动，加强了企业党组织和精神文明建设。

2005年中标工程项目80个，新增合同额53.56亿元，较去年同期增长17.5%。全年企业完成总产值30.6亿元，完成年计划的109.29%，比2004年同期增长34%。其中：建筑业总产值完成28.4亿元，完成年计划的106.51%，比2004年同期增长35.34%；多种经营产值完成2.2亿元，完成年计划的164.55%，比2004年同期增长18.79%。实现利润4060万元，职工收入比上年增长17.37%。2005年工程质量合格率100%，质量优良率88.5%。

（杨　静　李小岗）

工程建设

【中标工程综述】　2005年，水电十四局新中标工程项目80个，新增合同额53.56亿元，市场开拓再创历史新高。中标额5000万元以上的工程项目有：金沙江溪洛渡水电站右岸地下厂房；云南糯扎渡水电站左岸1号、2号导流洞施工支洞、左岸导流隧洞及泄洪隧洞土建及金属结构安装工程；云南小湾水电站左、右岸坝肩抗力岩体地质缺陷加固处理工程、水轮机及其附属设备埋件工地制作分包工程；湖北三峡右岸地下电站主体土建和部分安装工程；广东惠州抽水蓄能电站机电安装工程；南水北调中线京石段应急供水工程（北京段）西四环暗涵工程施工第二标段；云南洗马河赛珠水电站大坝及引水隧洞工程等。国外工程中标合同总额2.95亿元，在刚果（金）先后中标1号国道姆波佐桥—马塔迪桥公路工程、1号国道马西马林巴—基归特（RN1-LOT5）公路工程、1号国道马西马林巴—基归特（RN1-LOT10）（MPOZO、KWILU桥修复工程）公路工程。

【溪洛渡水电站右岸地下电站工程】　2005年12月7日，水电十四局中标溪洛渡水电站右岸地下电站、泄洪洞土建及金属结构安装工程第Ⅱ标段工程，合同总额248484.8615万元。

溪洛渡水电站位于云南省永善县与四川省雷波县接壤的金沙江溪洛渡峡谷中，是金沙江下游河段规划开发的第三个梯级电站，工程以发电为主，兼有防洪、拦沙和改善下游航运条件等综合功能。溪洛渡水电站枢纽由拦河大坝、泄洪建筑物、引水发电建筑物等组成。发电厂房为地下式，分设在左、右两岸山体内，各安装单机容量为70万千瓦的水轮发电机组9台，总装机容量1260万千瓦，多年平均发电量571.2亿千瓦时。

右岸引水发电建筑物由电站进水口、压力管道、主厂房、主变室、尾水调压室、尾水洞及出口、通风洞、出线洞、地面出线场及地下厂区防渗排水系统等建筑物组成。工程计划于2006年1月开工，2013年10月31日全部完工，2013年6月30日首批机组发电。

【糯扎渡水电站左岸导流洞、左岸泄洪隧洞工程】 2005年5月19日，水电十四局中标糯扎渡水电站左岸1号、2号导流洞施工支洞土建工程，2005年12月15日又中标左岸导流隧洞、泄洪隧洞土建及金属结构安装工程，合同总额达到128868万元。

糯扎渡水电站位于云南省思茅市和澜沧县交界处的澜沧江下游干流上，是澜沧江中下游河段八个梯级规划的第五级。糯扎渡水电站以发电为主兼有防洪、灌溉、养殖和旅游等综合利用效益，水库具有多年调节性能。工程由心墙堆石坝、左岸溢洪道、左岸泄洪隧洞、右岸泄洪隧洞、左岸地下式引水发电系统及导流工程等建筑物组成。电站总装机容量585万千瓦，单机容量65万千瓦，装机9台，多年平均发电量239.12亿千瓦时。

左岸导流洞、左岸泄洪隧洞工程主要包括1号、2号、5号导流隧洞土建及部分金属结构安装工程、左岸泄洪隧洞土建及金属结构安装工程、左岸高程610米以上坝基开挖支护工程、尾水隧洞出口高程740米以下土建及金属结构安装工程、2号、3号尾水隧洞渐变段工程和左岸护岸工程等。工程计划于2006年1月1日开工，2010年6月30日完工，总工期54个月。

【小湾水电站左、右岸坝肩抗力岩体地质缺陷加固处理工程】 2005年4月，水电十四局中标小湾水电站左、右岸坝肩抗力岩体地质缺陷加固处理工程，中标额28669万元。

小湾水电站位于云南省南涧县与凤庆县交界的澜沧江中游河段，系澜沧江中下游河流规划八个梯级水电站中的第二级。电站是以发电为主兼有防洪、灌溉等综合利用效益的特大型水电工程，水库具有不完全多年调节能力，系澜沧江中下游河段的“龙头水库”。工程由混凝土双曲拱坝（坝高292米）、坝后水垫塘及二道坝、左岸泄洪洞及右岸地下引水发电系统组成。电站装设6台单机容量70万千瓦的混流式机组，总装机容量420万千瓦，多年平均发电量189.9亿千瓦时。

中标工程主要项目分左、右岸坝肩地下置换洞室的开挖、支护、衬砌和灌浆施工。工程于2005年4月28日开工，计划于2007年12月31日完工，总工期20个月。

【三峡右岸地下电站主体土建和部分安装工程】 2005年1月20日，青云水电联营公司中标右岸地下电站主体工程土建和部分设备安装工程（主厂房45米高程以上部分），合同总额为15684万元。工程项目由水电十四局三峡地下电站项目部负责组织施工。

长江三峡水利枢纽工程位于长江西陵峡中段，坝址在湖北省宜昌市三斗坪，具有防洪、发电、航运等巨大综合性效益。电站为坝后式厂房，河床中部布置泄洪建筑物，两侧布置电站坝段和厂房，通航建筑物布置在左岸。左、右厂房分别设置14台和12台单机容量70万千瓦的水轮发电机组，装机容量为1820万千瓦，年发电量847亿千瓦时。电站右岸地下厂房又扩机6台70万千瓦的发电机组，使三峡水利枢纽的总装机容量达到2240万千瓦。

地下电站主要建筑物由引水渠及进水塔、引水隧洞、排沙洞、主厂房、母线洞（井）、尾水洞及阻尼井、尾水平台及尾水渠、进厂交通洞、通风及管道洞、管线及交通廊道、地面500千伏升压站和厂外排水系统等组成。工程开工日期为2005年3月1日，计划完工日期为2008年12月31日。

工程开工第一年就超计划完成产值和形象面貌，实现了三峡建设总公司提出的质量、安全“双零目标”。2005年12月，国务院质量专家组第14次三峡工程质量检查中，专家组组长潘家铮院士在书面报告中对主厂房开挖质量作出了“国内少见的精品工程，值得大书特书”的评价。

【惠州抽水蓄能电站机电安装工程】 2005年11月7日，水电十四局在继2004年中标广东惠州抽水蓄能电站水道及厂房系统土建工程后，又中标承担惠州抽水蓄能电站机电安装工程，中标总额为83268万元。

惠州抽水蓄能电站位于广东省惠州市博罗县城郊。电站主要是参与广东电网的调峰、填谷、调频、调相及紧急事故备用。电站总装机容量240万千瓦，分A、B两厂布置，每厂均为4台立式单级混流可逆式水泵水轮机-发电电动机机组，单机容量为30万千瓦，设计年发电量45.62亿千瓦时。枢纽建筑物由上水库、下水库、输水系统、地下厂房洞室群及地面开关站等建筑物组成，A厂、B厂引水系统均采用一管四机方案。

机电安装合同的工作内容主要包括8台主机及其辅助设备（其中，7台主机由法国ALSTOM供货到港口，1台主机由东方电机厂供货到工地）、计算机监控系统、金属结构等设备的安装。工程计划2006年3月31日开工，2010年12月投入运行。

【南水北调中线京石段应急供水工程西四环暗涵工

程】 2005年5月18日，水电十四局中标承建南水北调中线京石段应急供水工程（北京段）西四环暗涵工程第二标段，中标额为8702万元。

南水北调中线工程自起点丹江口水库引水，经湖北、河南、河北等省市，进入北京境内，最终输水至终点团城湖。南水北调中线京石段应急供水工程（北京段）的实施，可实现在南水北调中线工程全线通水前向北京应急供水。南水北调中线（北京段）总干渠在北京房山区北拒马河中支南进入北京境内，穿越房山山前丘陵区，房山城区西、北关，过大石河、小清河、永定河，在岳各庄桥向北沿西四环路北上，直至终点团城湖，全长约80公里。

西四环暗涵是穿越北京市城区的大型建筑物，上接卢沟桥暗渠，下接团城湖明渠，全长12.64公里，为总干渠末端的控制性工程。工程2005年5月30日开工，计划2007年9月30日完工。

【在建工程综述】 2005年，水电十四局切实转变增长方式，加强集约化经营和精细化管理，提高经营质量和效益。全年完成产值30.6亿元，同比增长34.24%。在建项目共有84个，其中合同额在5000万以上的有29个。承建工程的履约率达到100%，在建工程质量优良，合格率100%，优良率88.5%。工程局在地下工程施工中形成了整套先进、成熟、系统的施工技术，施工的速度和质量居全国同行业的前列，在国内工程界享有盛誉，在国内地下厂房承建中具有较大的优势。在龙滩、小湾地下厂房施工中，创造了地下厂房年开挖100万方以上的国内最好纪录，在小湾水电站地下厂房施工中工程进度和质量被业主树为全工地的标兵。三峡地下厂房工程被国内工程界的权威和专家誉为“精品”和“典范”，树立了优秀的品牌。

【构皮滩水电站引水发电系统建筑与金属结构设备安装工程】 构皮滩水电站位于贵州省余庆县构皮滩口上游1.5公里的乌江上，上游距乌江渡水电站137公里。工程开发的主要任务是发电，兼顾航运、防洪及其他综合利用。电站装机容量300万千瓦（5×60万千瓦），年发电量96.67亿千瓦时。电站建筑物主要包括：引水渠、进水塔、引水隧洞、主厂房、主变洞、尾水洞、调压室、尾水平台、尾水渠、开关站、交通洞及通风洞等。

水电十四局承建的电站引水发电系统与金属结构设备安装工程，合同额90655万元，合同计划总工期77个月，于2003年12月1日开工，计划2010年4月30日完工。

【刚果（布）英布鲁水电枢纽工程】 2004年10月29日，中国水利水电建设集团公司与中国机械设备进出口公司签订非洲刚果（布）英布鲁水电枢纽工程施工分包合同，该项目由水电十四局承建，合同额为1.135亿美元。这是水电十四局在2004年中标缅甸瑞丽江水电站和刚果（金）公路工程后中标的又一国际工程。

英布鲁水电枢纽位于非洲刚果（布）莱菲尼河上，电站安装4台机组，总容量12万千瓦，是刚果（布）国家电网的主力电站。电站建成后，该国的发电量将翻一番，不仅会改写该国严重缺电的历史，满足首都和重要港口的用电需要，还将为该国的经济发展奠定良好的基础。

【惠州抽水蓄能电站水道及厂房系统土建工程】 惠州抽水蓄能电站位于广东省惠州市博罗县城郊，主要是参与广东电网的调峰、填谷、调频、调相及紧急事故备用。电站总装机容量240万千瓦，分A、B两厂布置，每厂均为4台机组，单机容量为30万千瓦。设计年发电量45.62亿千瓦时。枢纽建筑物由上水库、下水库、输水系统、地下厂房洞室群及地面开关站等建筑物组成。

水电十四局承建的电站水道及厂房系统土建工程Ⅰ标和Ⅱ标，合同总额70550万元，计划总工期69个月。工程于2004年7月1日开工，2010年3月31日前完成全部合同工程。

【彭水水电站地下电站建筑及金属结构安装工程】 乌江彭水水电站位于重庆市彭水县境内的乌江上，是乌江干流水电开发的第10个梯级。水库正常蓄水位293米，多年平均发电量61.24亿千瓦时，安装有5台单机容量35万千瓦的大型混流式水轮发电机组，为中部式地下厂房布置形式，流道采用单机单洞布置方案。

水电十四局承建的地下电站建筑及金属结构安装工程，工程包括右岸地下电站厂房及附属工程合同与尾水隧洞及尾水出口工程两个合同段。主要由引水隧洞、主厂房洞室、500千伏地面变电所、尾水管、厂外防渗排水系统等建筑物组成。其中主厂房洞室开挖跨度30米，最大开挖高度84.5米，厂房长252米。合同总额为73345万元，合同计划总工期50个月，从2003年10月初至2007年11月底。

【西霞院反调节水库混凝土施工工程】 黄河小浪底水利枢纽的配套工程——西霞院反调节水库工程，位于河南省境内的黄河干流上，上距小浪底水利枢纽16公里。电站开发任务以反调节为主，结合发电、兼顾灌溉、供水等综合利用。水电站为河床式厂房，设有4台单机容量为3.5万千瓦的轴流转浆式水轮发电机组，总装机容量14万千瓦，多年平均发电量5.83亿千瓦时。

水电十四局承建的水库混凝土施工工程，建筑物由左岸土石坝、河床式电站厂房、排沙洞、泄洪闸、王庄引水闸、右岸土石坝、坝后灌溉引水闸、右坝肩上游沟道整治工程、下游右岸防护工程等组成。工程合同额23321万元，合同计划总工期54个月，于2004年1月开工，计划2008年6月完工。

【龙滩水电站左岸地下引水发电系统工程】　龙滩水电站是红水河梯级开发中的骨干工程，位于广西壮族自治区天峨县境内的红水河上。电站具有较好的调节性能，发电、防洪、航运等综合利用效益显著。正常蓄水位初期按375米建设，装机7台，单机容量60万千瓦，总容量420万千瓦，年发电量156.7亿千瓦时；后期正常蓄水位时装机9台，总容量540万千瓦，年发电量187.1亿千瓦时。

由龙滩工程“一四七八”联营体（水电十四局为责任方）承建的左岸地下引水发电系统工程包括引水隧洞、地下厂房、尾水隧洞三大部分。地下厂房布置有主安装间、主厂房、副安装间，总长388.50米，最大开挖高度达87.3米，是国内最大的地下厂房。工程合同总额为86553.9万元，工程2001年7月1日正式开工，2009年底工程完工。

【水布垭水电站引水发电系统工程】　水布垭水电站是清江梯级水电开发的龙头工程，位于湖北省巴东县境内。水布垭水电站是以发电、防洪为主，兼顾航运及其他的水电工程。电站采用引水地下式，安装4台单机容量为40万千瓦的水轮发电机组，总装机容量160万千瓦，保证出力31万千瓦，多年平均发电量39.2亿千瓦时。

由水电十四局承建的引水发电系统引水及电站厂房建筑与部分金属结构设备安装工程包括引水隧洞、地下厂房、尾水隧洞三大部分。引水隧洞为一机一洞，主厂房平面开挖尺寸为150米×21.50米。尾水洞为有压洞，圆型衬砌断面，内径为11.50米。工程合同总额为36250万元，工程2002年5月正式开工，2008年12月底工程完工。

【右江百色水利枢纽水电站工程】　广西右江百色水利枢纽位于珠江水系郁江流域右江干流，是一座以防洪为主，兼有发电、灌溉、航运、供水等综合利用效益的大型水利枢纽。电站总装机容量54万千瓦，年利用小时数3150时，多年平均发电量16.9亿千瓦时，枯水期保证出力12.3万千瓦。水电站为地下厂房，布置在坝址左岸，地下厂房尺寸（长×宽×高）为：147米×19.5米×49米（顶拱宽20.7米）；升压站、尾水闸门洞室尺寸（长×宽×高）为：93.79米×19.2米×24.8米。

由“滇桂”水电工程联营体（水电十四局为责任方）承建的水电站工程，合同总额为18732万元，工程2002年3月1日正式开工，计划2006年9月底工程完工。

【小湾水电站引水发电系统土建及金属结构安装工程】　小湾水电站位于云南省南涧县与凤庆县交界的澜沧江中游河段，系澜沧江中下游河流规划八个梯级水电站中的第二级。

2003年10月，以水电十四局为责任方的“一四一”联营体中标承建小湾水电站引水发电系统土建及金属结构安装工程。该工程分引水、厂房及尾水三大部分。地下厂房总长298.10米。主厂房上部开挖跨度为30.60米，下部开挖跨度28.30米，最大开挖高度达86.43米。2005年度引水发电系统单元工程优良率90.30%，并获“质量优胜单位”称号；1号尾水调压室球冠开挖、主厂房岩锚梁岩台上下游侧开挖、机组尾水检修闸门室岩台梁、主厂房岩锚梁混凝土获得小湾工地的“样板工程”称号。

【锦屏一级水电站右岸导流洞工程】　锦屏一级水电站位于四川省凉山彝族自治州盐源县和木里县境内的雅砻江干流上，是雅砻江干流下游卡拉至河口河段水电规划梯级开发的龙头水库。锦屏一级水电站主要由双曲拱坝（包括水垫塘及二道坝）、右岸泄洪洞、右岸引水发电系统及开关站等建筑物组成，水库总库容为77.6亿立方米，电站总装机容量为360万千瓦（6×60万千瓦）。工程采用全年断流围堰，隧洞导流，基坑全年施工的导流方式。左、右岸各布置一条导流洞，按两岸对称、双弯道、断面相同的方式布置，导流洞由进口闸室、洞身段和出口段组成，洞身为15米×19米（宽×高）城门洞形断面。

2004年11月15日，水电十四年中标雅砻江锦屏一级水电站右岸导流洞工程，合同额为17639万元。工程于2004年11月25日开工，计划2006年7月31日导流洞具备过水条件，2006年9月30日完工，总工期22个月。

【泗南江水电站首部枢纽土建、金属结构及电气设备安装工程】 泗南江水电站位于云南省思茅地区墨江哈尼族自治县那哈乡、坝溜乡和泗南江乡境内。电站以发电为主，采用跨流域、混合式开发，总装机容量20.1万千瓦（3×6.7万千瓦）。枢纽建筑物主要有：拦河坝、右岸导流洞、右岸溢洪洞、左岸泄洪冲砂（兼放空）洞、左岸电站进水口、引水隧洞、调压室、压力管道、主副厂房及开关站等。

水电十四局承建的泗南江水电站首部枢纽土建、金属结构及电气设备安装工程，合同总额为19255万元。合同项目包括：混凝土面板堆石坝工程，电站进水口、引水隧洞（引0＋000.000米至引0＋203.016米段）、泄洪冲沙（兼放空）洞工程、溢洪洞工程、电气设备及其埋件土建、制作与安装工程、闸门及启闭机安装工程、安全监测工程。工程2004年2月20日开工，计划于2007年12月30日完工。2005年度共完成工序检查验收1500次，一次验收合格率为96％，验收评定单元工程1346个，优良率90.9％。

【田湾核电站引水隧洞等工程项目】 田湾核电站是中国与俄罗斯的合作项目，为我国“九五”计划开工的重点核电建设工程之一，由中国核工业集团公司控股建设。厂址位于江苏省连云港市连云区田湾，厂区按4台百万千瓦级核电机组规划，并留有再建2到4台的余地。一期工程建设2台单机容量106万千瓦的俄罗斯AES－91型压水堆核电机组，设计寿命40年，年平均负荷因子不低于80％，年发电量达140亿千瓦时。

水电十四局承建的工程包括：核电站场外引水隧洞工程、场外引水隧洞二期工程、取水头部管理站工程，合同累计总额达到15728万元。

2005年12月20日，1号机组首次达到临界状态，进入低功率物理试验阶段；2号机组也已经进入全面调试阶段。水电十四局承建的合同项目已按期交付使用，工程质量等级评定为优良。

（朱世熙 逯 峰 李小岗）

【获奖工程】

（1）广州地铁工程。水电十四局在广州地铁工程建设中研究的《城市地铁大断面软土层浅埋隧道施工技术研究》成果，于2005年1月5日获集团公司科技进步一等奖，同时这一成果还被中国电机工程学会、中国电力科学技术奖励工作办公室评为中国电力科学技术三等奖。

（2）小湾电站工程。以水电十四局为责任方的小湾“一四一”水电工程联营体在小湾电站工程建设中研究的《云南小湾电站导流洞进口混凝土围堰及岩埂爆破拆除》和《水电工程联营体的组织和管理》两项成果，分别于2005年2月2日、2005年11月18日获集团公司科技进步二等奖、中国施工企业管理协会颁发的全国工程建设企业管理现代化成果一等奖，同时《云南小湾电站导流洞进口混凝土围堰及岩埂爆破拆除》还获得云南省科学技术进步三等奖。

（3）三板溪水电站工程。参加三板溪水电站工程建设的水电十四局三板溪水电站工程项目部，于2005年2月被湖南省人民政府授予2004年度湖南省“重点建设项目施工先进单位”称号。

（4）百色右江水利枢纽工程。以水电十四局为责任方的百色“滇桂”联营体的《复杂地质条件下岩壁梁岩台开挖技术研究》成果，于2005年3月9日获集团公司科技进步三等奖。

（5）小湾电站导流隧洞工程。以水电十四局为责任方的小湾“一四一”水电工程联营体承建的云南省澜沧江小湾电站导流隧洞工程，于2006年2月获云南省2005年度优质工程一等奖。

（李小岗）

管理创新

【落实生产经营责任制】 2005年，水电十四局的生产经营责任制主要有两个方面：一是工程项目生产经营责任制，二是二级经营单位的生产经营责任制。

水电十四局制定《水电十四局项目经理管理办法》，对项目经理班子实行统一管理、统一考核。凡是新中标的工程项目，都分别由局长或二级经营单位的主要负责人，与项目经理签订生产经营责任书，明确项目经理的职责、权利与义务以及应完成的产值、利润、质量、安全、文明生产和精神文明建设等各项指标和费用上缴指标。2005年年初，对各工程项目进行考核，一是对项目经理进行年度履职考核，二是按项目经理管理办法中的年薪管理办法进行年薪考核。并在局工作会议上宣布预考核结果，兑现项目经理年薪，进行最终考核。

水电十四局从2004年开始实施了《水电十四局二级经营单位经营业绩考核办法》，对二级经营单位的经营业绩考核采用综合指标体系进行考核，实行定量考核与定性考核相结合，定量考核为主。定量考核指标体系包括获利能力、资产运营能力、市场竞争能力、上缴费用和职工收入增长五个方面八项指标，定性考核包括品牌战略与精品工程、科技创新能力、人才强企战略、项目管理水平、设备物资管理水平和企业文化建设等六个方面十八项内容。对经营的考核结果分为优、良、合格和不合格四个等级，对连续三年评定为优的经营单位，工程局给予嘉奖。对考核为不合格的单位工程局当年给与警示，并列为工程局重点稽查单位。对连续两年不合格的单位，对其经营者按水电十四局干部管理暂行规定采取行政措施。此外，工程局各项目部还对工段和班组实行了各种形式的生产经营责任制，如按内部预算定额控制包干、直接费用包干或人工费包干等。

通过实施、完善各级和各种形式的生产经营责任制，工程局有效地强化了生产经营管理，提高了企业经济效益。

（朱世熙）

【质量控制】 水电十四局的质量管理工作始终围绕ISO9001：2000版标准建立的质量管理体系运行展开，运用体系的过程管理方法，持续改进，管理水平呈上升趋势。

水电十四局结合行业特点和工程施工实际，将贯彻执行《产品质量法》与工程质量终身负责制结合起来，明确为第一责任人负责制，同时明确职能部门和岗位的质量管理职责，逐步走向全员管理。工程局制定了《质量管理工作制度》、《质量管理考核办法》、《质量管理奖惩条例》、《工程质量评定办法》等一系列管理规章制度。同时为了规范项目质量管理工作，工程局组织编制了《单元工程、分部工程和单位工程质量等级评定表格》，有力促进了质量管理的规范化。按照工程质量过程管理和控制的原则，根据工程项目的施工特点和程序，对施工的全过程进行分解，确定控制环节，明确管理责任。从技术措施、施工设备、人员资质、检测手段等方面进行管理，采用质量验收三检制、隐蔽工程旁站制等控制手段，变以往的结果管理为过程监控。

2005年工程质量合格率100%，质量优良率88.5%。以水电十四局为责任方的小湾“一四一”水电工程联营体承建的云南省澜沧江小湾电站导流隧洞工程，获“云南省2005年度优质工程一等奖”。

（刘兴昌　李小岗）

【信息化建设】 2005年，水电十四局信息化建设以协同办公工作平台的投入使用得以进一步深化。2004年底至2005年初在工程局机关推广使用协同办公工作平台的基础上，2005年工程局又新增100个客户端，使协同办公平台的实际应用涵盖到局属项目部和二级单位的主要业务部门，同时制作了基于协同办公平台的考勤、来文处理和发文审批等工作流程，进一步深化了对协同办公工作平台的应用。协同办公工作平台的推广使用，解决了工程局信息在长期的单机作业过程中所形成的大量的信息孤岛现象，实现了远程、实时的数据共享，极大地提高了信息交流的效率，降低了通信费用。

2005年，在对工程局各项工作进行深入分析的基础上，提出了在工程局实现项目管理信息化的建设目标，向建设部申报的“水电施工企业管理信息化技术研究及应用”项目，在建设部2005年度研究开发项目中成功立项，工程局结合自身实际对项目正在进行逐步研究开发中。

（王永林）

【项目目标管理】 水电工程项目施工条件复杂、投资大、工期长、工序多、风险较大，项目成本管理难度较大。为了创新和加强项目成本管理，提高项目成本管理质量和项目经济效益，水电十四局在试点的基础上，在全工程局项目点普遍推行了项目前期策划。项目前期策划是项目经理部，在项目中标之后和施工之前，对施工项目的施工组织方案和措施及经营管理的目标和方案的总体策划，也就是对项目经营模式、项目机构及人员、项目施工平面布置、施工技术方案、施工进度、质量、安全、文明施工、机械设置配置、施工材料组织，资金流、项目风险规避方案等进行策划。并根据策划方案测算项目施工的各细项成本，总成本和预算利润，通过分析比较揭示影响项目成本的主要和关键因素，确定成本管理的重点。通过对项目施工环境、条件及合同条款等风险因素的分析，预设应对风险的预案、制定项目成本控制目标和措施。项目前期策划的重点是施工组织与技术方案的再设计及项目生产要素的动态优化配置。

水电十四局通过普遍推行项目前期策划，有效加强了项目成本管理，提高了精细化管理水平。

【联营体管理】 水电十四局参与的施工联营体有6个：广西龙滩水电站“一四七八”联营体、云南小湾水电站“一四一”联营体、广西百色“滇桂”联营体、长江三峡青云公司、四川瀑布沟水电站“七一四”联营体和新疆“新云”联营体。除青云公司和瀑布沟“七一四”联营体以外，水电十四局皆为责任方。

2005年，水电十四局本着加强和创新联营体的指导思想，制定和下发了《水电十四局联营体管理工作指导意见》，并编写和下发了联营体协议、章程以及营运规则的范本。在《水电十四局联营体管理工作意见》中对联营体的组建，联营体的运营规则和管理制度，董事会、监事会和项目经理部的职责和工作，项目经理部的考核与审计监督，以及工程局机关职能部门对联营体工作的管理等作了详尽的规定，规范和加强了联营体的管理工作。各联营体运营情况良好，管理质量和效益得到提升。

小湾水电站"一四一"联营体在联营体管理工作实践中，大胆探索和创新，创建了比较科学和先进的水电工程联营体的组织和管理体系，实现了组织机构创新、运营机制创新、资源整合创新和企业文化创新。以创新的《水电工程联营体的组织和管理》成果，于2005年11月18日被中国施工企业管理协会评为第九届"全国工程建设企业管理现代化成果"一等奖。

（朱世熙）

企业改革

【综述】 水电十四局调整充实了体制改革领导小组，健全了改制办公室，设立局企业发展策划部，负责水电十四局的改革改制工作。将企业改革和主辅分离改制分流工作提到全局工作的重要议事日程。2005年水电十四局实现和基本实现主辅分离辅业改制工作的单位有：中国水利水电第十四工程局装饰工程公司、中国水利水电第十四工程局昆华实业总公司。准备申报集团公司第三批主辅分离改制分流的单位有中国水利水电第十四工程局大理医院。通过企业体制改革，推进了企业的改革和发展，优化企业的资产结构、组织结构和人员结构，精干主业，搞活辅业，提高参与市场的竞争能力。

【辅业改制】 2005年，水电十四局实现和基本实现了对中国水利水电第十四工程局装饰工程公司、中国水利水电第十四工程局昆华实业总公司的改制。

中国水利水电第十四工程局装饰工程公司（云南东华装饰工程中心）改制为云南水电十四局东华装饰工程有限公司，参加改制职工26人，公司注册资本金500万元，其中：中国水利水电第十四工程局出资150万元，占注册资本30%；云南东华装饰工程中心工会出资350万元（职工的经济补偿金和现金），占注册资本的70%。公司主要经营工业电站厂房装饰装修、民用公共建筑装修、家庭装修。

中国水利水电第十四工程局昆华实业总公司改制为云南水电十四局昆华建设有限公司，参加改制职工766人公司注册资本2830万元，其中：中国水利水电第十四工程局出资929万元，占注册资本32.83%；中国水利水电第十四工程局昆华实业总公司工会出资1901万元（职工的经济补偿金和现金），占注册资本的67.17%。公司主要经营水利水电工程施工及辅助生产设施工程施工；建筑工程施工及装修、装饰；砂石料和混凝土拌合系统、电站供水系统制安运行；金属结构制作安装；商品混凝土生产与销售；房地产开发；设备租赁等。

（李云峰）

【三项制度改革】

（1）人事制度改革。水电十四局经过2004、2005年的调研和反复论证，出台《水电十四局员工职位等级管理办法》，以员工职位等级取代职工行政级别，打通技术和业务人员、作业层人员职业发展通道，并把员工职位等级与薪酬分配和绩效考核挂钩，在为工程局的人力资源开发与管理提供有力的制度保障的同时，建立工程局员工职位等级管理、薪酬分配、绩效考核三位一体的新型人力资源管理体系，以带动工程局人力资源管理的全面发展。

（2）劳动制度改革。注重人性化管理，努力构建和谐劳动关系。2005年，水电十四局充分认识劳动关系和谐稳定对提高生产效率、增强竞争力的重要性，采取有效措施改善职工工作条件，积极开展各类职业培训，注重保护环境，积极承担企业社会责任，加强企业文化建设，促进劳动关系和谐稳定，在构建和谐企业方面取得了较好成绩，被中国企业联合会、中国企业家协会授予"2005年全国和谐劳动关系优秀企业"称号。

（3）分配制度改革。为统一全局的工资分配政策，经过两年多的调研和反复论证，在出台《水电十四局员工职位等级管理办法》的同时，出台了《水电十四局薪酬分配管理办法》，以职位测评管理为基础，加强对工资总额的宏观调控和微观管理，实行以职位（岗位）绩效工资为主的工资制度。

（孔祥辉）

科技进步

【综述】 水电十四局坚持局长为科技进步的第一责任人，成立了局长为组长，党委书记、总工程师为副组长，各职能部门负责人为成员的科技领导小组。成立了"工程局科技领导小组"、"工程局技术咨询委员会"、"工程局科学技术进步评奖委员会"。确定定期召开"科技大会"制度。制定并实施了《水电十四局技术管理办法》、《水电十四局项目技术管理办法》、《水电十四局计量工作管理条例》、《水电十四局标准化工作管理条例》、《水电十四局科技信息工作管理条例》、《水电十四工程局科技项目管理办法》、《水电十四工程局科技管理和奖励办法》、《水电十四工程局科学技术进步先进单位和个人的考核办法》、《水电十四局技术开发费管理办法》等一系列科技管理办法。

2005年，水电十四局科研总投入共计810多万元。

【科技创新及推广应用】 2005年，水电十四局继续深入贯彻执行集团公司发展战略，以三大核心领域为中心，以施工技术研究为主线开展全方位的技术创新活动，有多个科研课题取得集团公司或工程局内部立项，涉及土石方工程、混凝土工程、基础处理工程、模板工程、金属结构制安工程及计算机信息化管理工程等多领域，"四新"技术有广泛应用。

水电十四局以重点工程为依托，与一些大专院校和专门科研机构加强技术合作与交流，充分发挥产、学、研相结合的优势，对一些领域，还进行了开发性研究，以期形成自己的科技创新优势。同时进一步推广强化工程局内部计算机网络建设，全局几十个项目部都可以由计算机网络通过统一的"竞开协同之星"软件平台进行远程办公，信息化管理得到加强。

水电局十四局在高流态混凝土的研究和应用、爆破挤淤技术、水下岩埂爆破、钢筋的冷挤压和墩粗直螺纹连接技术、LM反井钻机在斜井施工中的应用研究、ROTEC胎带机、穿行式钢模及自升爬模的研制与实践、隧洞底拱混凝土衬砌定型翻模等新技术、新材料、新工艺在地下洞室群、大断面隧洞及大坝等水电施工实践中，总结出了多套成熟的施工技术。在广东惠州抽水蓄能电站A厂301M长斜井施工中，使用芬兰产RHI－N0400H型反井钻机进行反导井一次成井施工，填补了国内反井技术在长斜井施工中的一项空白。

同时，水电十四局努力开发水利水电以外的施工技术，引进、消化并掌握了公路桥梁、地铁、核电、市政工程等的施工技术。具有代表性的有：沉井施工、土钉墙支护技术、深层搅拌桩截渗墙技术、振动沉管灌注桩、桥梁空心板后张法预制及大跨度吊装技术等。

【科研项目】 2005年，水电十四局执行的集团公司立项课题有："高水头水电站引水系统深竖井，长斜井施工技术研究（400米级）"；"大型地下洞室群施工计算机仿真动态管理与研究"；"地下工程开挖变形的全数字化摄影测量应用研究"；"高强聚脂纤维试验研究"；"龙滩地下洞室群施工技术研究总结"；"大型散件转轮的现场制作"；"利用工业废渣研制缓凝高效减水剂"等。这些课题有的已取得了成果，正在进行科研总结。

2005年进行的工程局科研课题有："特大断面不良地质隧洞施工工法研究"；"水电施工企业管理信息化技术研究及应用"；"西霞院混凝土坝段施工技术研究与总结"；"地下厂房500t＋500t特大型桥机安装施工技术研究"；"120米级高混凝土面板堆石坝施工技术研究"；"深厚软黏土覆盖层上修筑土石坝的关键技术研究"；"岩溶发育地区大型地下洞室群施工技术研究"；"国产高强钢代替进口高强钢的试验研究"；"引水系统、气垫式调压室无盖重高压固结灌浆施工"；"单曲现浇混凝土拱坝施工工艺与技术"； "上置式新型针梁钢模的研制与应用"；"700MW水轮发电机组安装调试技术研究"；"特殊组合式780MVA/500kV变压器安装及试验技术研究"； "高水头、大尺寸金属结构蜗壳的现场制作"等。

（徐　萍）

【局第四次科技大会】 2005年5月8日～10日，水电十四局在昆明召开第四次科学技术进步大会。会议总结了水电十四局2000～2005年科技工作，制定《水电十四局科技发展规划》和《水电十四局专业技术带头人考核办法》，交流科技管理和技术创新工作经验，大会表彰并奖励了工程局"科技进步奖"17项，授予14人"科技标兵"称号，授予42人"先进科技工作者"称号，评定"优秀论文"24篇。此次大会的召开，激发了工程局科技工作者和工程技术人员开发、创新科学技术的热情，"科技兴局"进一步深化，为水电十四局跨越式发展提供了有力保障。

（李小岗）

【科技奖项】 2005年，水电十四局获奖的科研项目有：《城市地铁大断面软土层浅埋隧道施工技术研究》获中国水电建设集团公司科技进步一等奖和中国电力科学技术奖三等奖；《硬岩及不良地质条件下国产反井钻机快速施工技术研究》获集团公司科技进步三等奖；以水电十四局为责任方的"一四一"联营体的《云南小湾水电站导流隧洞进出口混凝土围堰及岩埂爆破拆除》项目获集团公司科技进步二等奖和云南省科技进步三等奖；以水电十四局为责任方的广西滇桂联营体的《复杂地质条件下岩壁梁岩台开挖技术研究》项目获集团公司科技进步三等奖。

（徐　萍）

安全生产

【落实安全生产责任制】 水电十四局建立和完善了以行政负责人为第一责任人，覆盖所有部门、全体人员的安全生产管理体系。2005年年初，与各二级单位、项目部签订安全生产责任书，明确、落实管理职责，年终进行安全生产、文明施工综合考评，兑现奖惩。同时要求各二级单位、项目部在管理所属范围层层签订安全生产责任书，“横到边、竖到底”，不留死角，定期进行考核、奖惩，落实安全生产管理责任。工程局建立了以分管安全生产副局长为首，安全监察部、专职安全员、兼职安全员、员工的安全生产监督体系，对工程局的安全生产实施内部的监督、检查、协调、评价。

同时，各二级单位、项目部、联营体也与所属项目部、作业厂队以及重要工程机械操作手签订安全生产责任书，并进行定期考核、奖惩。

【建立健全管理制度】 根据水电十四局的产业特点和内部组织结构的具体情况，工程局在遵守相关法律法规、规程规范的同时制定了安全生产、环境管理的25项制度：《水电十四局安全生产责任制》、《水电十四局安全生产、文明施工管理规定》、《水电十四局事故报告、调查、处理制度》、《水电十四局重大事故“说清楚”制度》、《水电十四局安全生产行政问责制和行政处理规定》、《水电十四局安全生产会议制度》、《水电十四局安全生产检查制度》、《水电十四局安全生产考核制度》、《水电十四局安全教育、培训管理制度》、《水电十四局安全生产投入管理制度》、《水电十四局职业病防治管理制度》、《水电十四局安全性评价管理规定》、《水电十四局安全生产资料管理办法》、《水电十四局安全技术措施管理制度》、《水电十四局危险源辨识与控制管理规定》、《水电十四局应急救援预案管理制度》、《水电十四局施工用电安全管理制度》、《水电十四局消防安全管理制度》、《水电十四局场内交通安全管理制度》、《水电十四局防汛、度汛工作管理制度》、《水电十四局民用爆炸物品管理规定》、《水电十四局工程分包安全管理制度》、《水电十四局设备安全管理制度》、《水电十四局特种设备与特种作业安全生产管理制度》、《水电十四局重要环境因素控制管理规定》。作为职业健康安全管理体系、环境管理体系的支持性第三层次文件，初步实行了管理的制度化和规范化。同时工程局根据自身的施工特点，收集、编制整理了各工种、各种设备的安全操作规程，整编成册，印发执行。

（刘兴昌）

【通过职业健康安全管理等体系认证】 2005年，水电十四局相继通过了《职业健康安全管理体系》和《环境管理体系》的认证，并取得了注册证书。在工程局内部实现了安全生产的企业自我约束和自我完善，进一步完善了管理体系，规范了管理活动和管理过程，形成了比较系统、全面的安全生产管理。

【安全生产检查与考核】 2005年，水电十四局成立了三个安全检查小组，由分管安全工作的副局长挂帅，分点、分片对各二级单位和施工项目进行了30多次安全生产专项检查，共查出隐患近100条，并执照“三定”、“四不准”原则，认真组织对隐患的整改，隐患整改率达100%。2005年第四季度，水电十四局安全监察部组成两个检查考核组，分别对全局28个二级单位和项目部进行安全生产、文明施工责任书履行情况的检查考核，履行情况效果良好，安全生产状态平稳。

2005年，工程局安全生产投入总计4200万元，全局安全生产管理水平已基本实现从强制管理阶段逐步走向自我约束、自我完善管理阶段。

【安全生产奖项】 2005年，水电十四局分别被集团公司和云南省评为集团公司2005年度安全生产先进单位、云南省2005年度安全生产先进单位。2005年，水电十四局广东分局、三板溪分局、构皮滩项目部、泗南江项目部、彭水项目部、龙滩“一四七八”联营体、小湾“一四一”联营体被评为集团公司2005年度安全生产优秀项目部；有7名项目经理被评为集团公司2005年度安全生产优秀项目经理。

（刘兴昌　李小岗）

党群工作和精神文明建设

【保持共产党员先进性教育活动】 2005年，按照党中央的部署，云南省委和集团公司党组的安排，水电十四局党委制定了《开展保持共产党员先进性教育活动实施方案》，从7月15日至11月10日，相继以学习动员、分析评议、整改提高三个阶段，在全局党组织中开展了一场涉及范围广、持续时间长、触及程度深、产生效应大的教育活动。全局4129名党员中，1889名在职党员全程参加了三个阶段教育活动，2240名离退休党员参加了第一阶段教育活动。

工程局建立了先进性教育领导小组37个，领导干部联系点109个，下发先进性教育材料9459册，举办各级骨干培训班76次共培训935人次。在教育活动中，有45位局处级领导为党员上党课，听课党员2982人次；全局共下发征求意见表7083份，开展党内外谈心活动3382人次；召开专题民主生活会82次，专题组织生活会447次。每个在职党员都撰写了个人党性分析材料，做到自我剖析不怕丑、相互评议不护短、开展批评不怕痛，真正触及了灵魂，普遍受到一次深刻的党性观念教育、思想政治教育和自律意识教育。

水电十四局先进性教育具有四大特点：一是坚持做到施工生产与教育活动“两不误、两促进”。二是坚持做到理论联系实际，教育促进工作。三是密切联系群众，关心职工疾苦。四是各级领导班子认真制定整改方案，落实整改措施。工程局党政领导班子制定了三个方面共32条整改措施，拨出专款40余万元，其中13万元解决了大理片区职工因机构改革未报销的医药费，27万元给全局离休人员发放了生活补贴。经各级党政班子共同努力，全局解决历史遗留问题38件。

水电十四局保持共产党员先进性教育活动，经职工、群众代表参加满意度测评，满意率达99.67%，并受到省委、集团公司督导组的充分肯定和高度评价。

（陈锐弟）

【党建工作】 2005年，水电十四局党委下设20个基层党委（党工委）、12个直属党总支、2个直属党支部，共有173个基层党支部，4177名党员。

抓紧抓好队伍的思想政治建设。水电十四局党委以“保持共产党员先进性教育活动”为重点，组织全局广大党员深入系统地学习《党章》、《保持共产党员先进性教育读本》及“三个代表”重要理论，增强党员素质。以理论学习中心组、党组织生活会、专题辅导讲座为形式，组织全局广大干部开展多层次的政治理论学习，贯彻党的十六届五中全会精神，落实“三观”教育，树立科学发展观，加强干部队伍的思想政治建设。开展创建学习型企业、争创知识型职工活动，提高职工队伍素质。

加强和改进基层党组织和干部队伍建设。全局各级党组织根据施工生产的需要增减、调整、建立基层党委3个、党总支7个、党支部24个。全面实施“云岭先锋”工程，落实党支部创领导班子好等“五好”、党员带头学习讲政治等“五带头”工作机制，提高党员队伍素质，增强基层党组织的凝聚力、创造力和战斗力。开展“四好”领导班子创建活动，加强干部队伍建设。

加强作风建设，维护企业稳定。水电十四局党委坚持民主集中、科学决策的原则，不断改进工作作风，推进民主管理。树立以人为本的思想，服务职工群众，融洽干群关系，增进团队精神。抓好法律法规和党风党纪教育，加强党风建设和规章制度的监督考核，增强干部队伍的作风建设。围绕工程局改革发展稳定和经营管理工作实际，开展“党支部责任区”、“党员示范岗”、“创建节约型企业”、“构建和谐后方”、“文明工程、文明小区、文明机关”等创建活动，促进企业的和谐稳定。

（刘合彦）

【工会工作】 加强工会自身建设。制定《水电十四局工会2005年工作要点》，与各二级单位工会签订《水电十四局工会工作重点目标责任书》。坚持工程项目发展到哪里、工会组织就建到那里。健全和完善工程局和二级单位的职工代表大会制度或职工大会制度。始终把厂务公开作为党风廉政建设的一项重要内容纳入到目标责任制的考核中，全过程参与企业主辅分离、辅业改制工作。

完成第二期职工医疗互助活动的组织工作。全局共有20679名职工参加了此项活动，新增人数564人。各级工会干部还捐款4615元，资助了58位困难职工参加医疗互助活动。

评选、推荐、表彰劳模和先进工作者。评选一名全国劳模、两名云南省劳模和两名集团公司先进工作者；评选表彰14位局第二届劳模和28位先进生产者。走访慰问24名全国、省部级困难劳模及其遗属，发放慰问金74000元。

维护和表达职工合法权益。制定《关于确认工程局职业健康安全管理体系员工代表的通知》等文件，与质安部共同开展“安康杯”竞赛百题知识问答的活动，以不同方式对全局3231名职工和1052名协作队伍的员工进行了安全生产相关教育培训。开展针对基层职工的“职工队伍状况问卷调查”、“工会组织状况调查”和“工会女职工组织状况调查”。

开展困难职工的帮扶活动。制定《水电十四局工会“寒窗助学活动”暂行办法》，共资助47名困难学子，资助总金额达76000元；预拨一定的帮扶专项资金给基层工会。元旦、春节期间，共筹集资金165万元，对全局12400名离退休人员和418户下待岗、单亲女职工、伤亡遗属等困难职工进行了走访慰问。坚持对突遇天灾人祸、身患绝症等特殊困难职工给予及时的救助，全年共发放专项救助款124300元。同时，下拨培训费24800元，配合相关单位培训下岗、待岗职工392人。

推进“创争活动”和职工素质工程。围绕工程局改革发展的目标，在职工中组织开展了形式多样的劳动竞赛、岗位练兵和技术创新活动。推荐职工参加集团公司组织的全系统焊工比赛。

开展职工文体活动。各级工会组织坚持在节假日开展了形式多样、内容丰富的文体活动。国庆节前夕，促成省总工会与水电十四局共同组成云南省三峡国庆慰问团，代表省委、省政府赴三峡工地对广大水电建设者及水电十四局职工进行慰问，慰问工作圆满成功。

获得荣誉。2005 年，水电十四局工会荣获云南省总工会 2005 年度工会重点工作目标责任考核一等奖、云南省第二期职工医疗互助活动先进集体一等奖、云南省总工会财务工作竞赛一等奖；机电安装总公司荣获云南省模范职工之家单位；大理分局一职工家庭获云南省学习型家庭称号。有 1 人荣获全国劳动模范称号、2 人获云南省第十八届劳动模范称号、2 人获集团公司先进工作者称号、1 人获云南省职工十佳能工巧匠称号。

（冉路超）

【共青团工作】　基层组织得到巩固和健全。工程局各级党团组织以党建带团建，均把抓好团的基层组织建设摆在了突出的位置。局属各单位及新成立的项目点，及时建立、调整团的各级组织机构和人员。全局共有青年职工 4292 人，团员 1043 人，建立直属团委 14 个、团工委 2 个、团总支 6 个、团支部 3 个。

思想建设取得成效。各级团组织通过召开座谈会、举办歌咏比赛等多种形式的活动，帮助广大团员青年提高思想认识，树立正确的人生观和价值观，以水电十四局的发展、兴旺为已任，力求有所作为，有所建树。在广大团干部中强化了服务大局，服务青年的意识，在工程局的生产经营任务中充分展示了团的生力军和突击队作用。

组织开展各项主题活动。认真做好“推优”工作，2005 年“推优”25 人，经“推优”入党的团员 18 人；全局共有 40 名 40 岁以下后备干部被选拔任用到机关部室及项目部相关领导岗位；积极参与共青团云南省委创建“五四红旗团委”、“五四红旗团支部”的活动；认真开展青年文明号、青年岗位能手、创新创效和青年安全生产示范岗活动；积极组织团员青年组建“青年突击队”，在“急、重、险、难”的生产任务中发挥了先锋作用；紧紧围绕企业的生产经营任务来开展团的各项工作；以工程局建局 50 周年为契机，积极发挥团组织在工程局青年文化建设方面的重要作用，营造企业的核心竞争力。

获得荣誉。共青团云南省委授予水电十四局机电安装总公司团委“云南省五四红旗团委”称号；授予曲靖分局掌鸠河项目部团总支“云南省五四红旗团支部”称号；授予昆华实业总公司志达混凝土厂“云南省省级青年文明号”荣誉称号，该厂连续三年获得“云南省青年文明号”称号。

（曹云红）

【精神文明建设】　文明工程创建成效显著。各项目部开展文明工程创建活动，努力实现队伍建设好、工程进度好、工程质量好、安全生产好、经济效益好、施工环境好的“六达标”。“一四七八”联营体承建的广西龙滩电站地下厂房及引水发电系统工程、广东分局承建的惠州抽水蓄能电站地下厂房及引水发电系统工程、百色项目部承建的广西百色水利枢纽地下厂房工程、曲靖分局承建的贵州洪家渡电站引水及泄洪工程、安装总公司承建的缅甸邦朗电站金结与机电安装工程被命名为水电十四局 2005 年度文明工程。

文明机关创建初步开展。各二级单位和项目部机关开展了文明机关、文明处（科）室创建活动。“一四七八”联营体、曲靖分局、路桥总公司、安装总公司、局总部等机关创建工作比较扎实，提高了机关工作效率，增强了服务基层意识。

文明小区创建持续深入。对后方基地的文明小区建设，工程局采取选点改造、小片突破、扩大影响、全面推进的步骤实施，在资金上采取民办公助的方式解决。文明小区建设使各基地呈现宜人环境和良好氛围，老年文体活动丰富多彩。

获得荣誉。2005 年，水电十四局被集团公司命名为文明单位，工程局荣获全国和谐劳动关系优秀企业，曲靖分局、安装总公司、科研设计院、昆华实业总公司、大理离退休管理中心、昆明劳务管理中心 6 个二级单位继续保持集团公司文明单位荣誉，以水电十四局为责任方的小湾“一四一”联营体荣获云南省临沧市文明单位，工程局机关荣获昆明市盘龙区文明单位，科研设计院荣获云南省职业教育十佳单位，昆华实业总公司荣获云南省厂务公开先进单位，大理管理处再度被大理市政府授予社会治安综合治理标兵单位称号。

（陈锐弟）

【企业文化建设】　2005 年，水电十四局进一步加强企业文化建设工作，组建企业文化建设领导小组，设立职能部门：企业文化中心。企业文化核心理念逐渐成形，“自强不息、开拓不止、创新进取、追求卓越”的企业精神和“以人为本、亲和诚信、忠实履约、精益求精”的经营理念逐渐成为全局员工的共同信念和追求。

2005年，在企业文化建设原总体规划初稿的基础上提出了新的总体规划征求意见稿，在传播企业文化等方面取得了一定成效。在塑造施工形象上，队伍建设得到加强，职工精神面貌良好；合同管理得到重视，工程项目的进度、质量、安全和文明施工履约率达到100%，企业品牌效应进一步提升。在塑造视听形象上，集团公司统一的企业对外标识进一步普及，得到社会各界的认知；工程项目点员工的服装佩饰基本统一，劳保用品及劳动保护设施标准化工作有了新突破；在设计拟定企业标牌和形象宣传口号上着力工作，为扩大企业影响起到了积极作用。在塑造公关形象上，较好地处理了与政府、业主、监理、设计等方面的关系，为生产经营创造了良好条件。在塑造舆论形象上，积极抓好新闻报道和对外宣传工作，企业良好形象在社会上得到认同，水电十四局的影响不断扩大。

随着企业文化建设日益受到重视，水电十四局企业文化建设工作已从自发步入有序轨道，企业文化已逐步融入开拓发展、文明施工、经营管理、队伍建设的各项工作，为增强企业凝聚力、竞争力和创造力，推动工程局可持续发展，提供了精神和智力的支持。

（严镇威）

检查监督

【落实党风廉政建设责任制】　水电十四局在集团公司2005年党风廉政建设责任制考核被评定为优秀，工程局已连续六年获此殊荣。

推进党风廉政建设和反腐败工作。工程局与下属各二级单位和局管项目部共26个单位签订了党风廉政建设责任书；各二级单位、局管项目部与所管辖的三级单位、项目部、厂（队）相应签订了党风廉政建设责任书。制定《水电十四局党风廉政建设责任制考核办法》和四套责任书四套相应评分标准；各二级单位、局管项目部也修订了相应的责任书、考核办法和评分标准。

党风党纪宣传教育工作。工程局纪委组织全局副处级以上领导干部和全体纪检监察干部参加《中国共产党党内监督条例》（试行）和《中国共产党纪律处分条例》以及国有企业领导人员廉洁从业若干规定的知识测试；组织全体党员干部开展党章和党内法规知识竞赛；全局副处以上干部参赛率为100%，优秀率达99%；其他党员干部的参赛率为99%，优秀率达97%；全局纪检监察干部的参赛率为100%，优秀率100%；局纪委还利用一些反面案例对全局各级领导干部开展警示教育，局级干部教育面达100%、中层干部教育面达95%以上、在岗党员教育面达95%以上。

严肃查办各类违纪案件。工程局纪委、监察室共收到群众来信、来访、电话举报共17件，初步核实的举报件共17件，了结13件，立案件4件（涉及经济类案件3件，违反社会管理秩序类1件），结案4件。

（杨兴泽）

【职工代表大会监督】　水电十四局坚持健全和完善工程局和二级单位的职工代表大会或职工大会制度。2005年2月24日～28日，水电十四局第十四届四次职工代表大会在昆明召开，会议主要审议了水电十四局局长2005年工作报告、2004年财务决算与2005年财务预算报告、第十四届四次职代会2004年团（组）长联席会议协商处理事项的情况报告、第十四届三次职代会提案解答报告、2004年内部审计工作情况报告、2004年业务招待费使用情况报告，民主评议工程局领导班子，并民主推荐后备领导干部。12月，水电十四局工会召开十四届四次职代会团（组）长联席会议，审议《水电十四局员工职位等级管理办法》、《水电十四局薪酬分配管理办法》等涉及职工切身利益的重大问题。工程局局属各二级单位，分别召开了职工代表大会，民主评议了领导班子和领导干部。

（冉路超　李小岗）

【效能监察】　健全工作机制，加大工作力度。2005年，水电十四局党政领导班子十分重视效能监察工作，局长主管效能监察工作，审定并签发效能监察立项报告，对效能监察工作从立项到具体组织实施都提出具体要求。建立健全了效能监察的工作机制和检查考核机制，工程局效能监察工作已进入完善和提高阶段。

围绕中心选题立项，进一步搞好效能监察。根据集团公司对效能监察内容的要求，工程局在选项和立项时，重点围绕企业“三重一大”民主决策程序、项目成本控制、主辅分离、改制分流过程以及工程分包、设备物资采购等热点、难点课题立项。2005年，全局对26个项目进行立项监察，其中工程局立项效能监察的项目有6个，各二级单位共立项20个，为工程局的生产经营和提高项目管理水平起到了有力的促进作用。

（杨兴泽）

【审计监督】　2005年，水电十四局审计部按照“依

法审计、服务大局、围绕中心、突出重点、求真务实”的工作方针，充分发挥内审工作在企业改革、发展中的作用，认真落实监督、服务和管理三项职能。

2005年审计的项目选择性强，特点突出。年计划审计项目44个，实际审计项目50个（其中计划内项目36个，计划外新增项目14个），提出具体化整改意见和建议191条，采纳审计建议188条。

通过内部审计，对工程局的经营政策、管理制度、办法的执行起到了推动作用，为工程局对项目点利费的足额及时收缴提供了保障，促进了项目点管理制度和会计核算体系的不断优化和完善，为防止出现经济问题和经营决策的失误发挥了很好的监督作用。

（李家俊）

【法制教育】 2005年是“四五”普法检查验收之年，水电十四局进一步加强普法工作，继续通过各种方式进行法制宣传教育。全面检查并总结了“四五”普法期间所开展的法制宣传教育工作，查遗补漏，找出工作中的不足，并采取相应措施予以整改、完善，顺利通过集团公司普法验收。在总结成功经验的同时，对“五五”普法工作进行了规划，使法治工作的顺利开展有章可循。由于领导干部法治意识的强化，依法决策、依法治理、依法经营和依法维权水平得到了大幅度的提高，整个企业的生产经营、管理决策等各个环节正逐步纳入法制化、规范化的轨道。

在加强法制教育工作的同时，水电十四局也加强依法维权的力度，审慎处理遇到的各种纠纷，较好地处理了几起建筑行业内比较典型的诉讼案件，极大的维护了企业权益。

2005年2月，集团公司表彰2004年度“四五”普法先进个人，水电十四局有1人被评为“依法治企优秀领导干部”，5人被评为“先进工作者”。

（陈继伟）

【厂务公开】 厂务公开是水电十四局加强民主管理、民主监督、民主决策的有效途径，是维护职工合法权益、建立企业稳定协调劳动关系的重要举措。在企业的改革发展中，水电十四局不断推进厂务公开工作，成立厂务公开领导小组，制定《水电十四局建立厂务公开制度实施办法》和《水电十四局项目部建立厂务公开制度的实施细则》，下发《关于进一步深入推进厂务公开工作意见》等文件，坚持把厂务公开作为党风廉政建设的一项重要内容，与项目管理、效能监察有机地结合起来，并纳入到目标责任制的考核中，与各级领导班子和成员的奖惩任免挂钩。

2005年，水电十四局工会每季度编印一期《厂务公开简讯》，将工程局的生产经营、投标及中标、设备采购、职工培训、各项保险收缴等情况全面公开。在劳动模范等先进典型的选树中，严格执行公示制度，使先进模范人物更加过硬，更具有影响力、号召力。工程局、局党委在聘用、任命企业中层干部时，除认真履行任职推荐、考核程序外，还全部进行公示。

通过厂务公开工作，进一步完善了工程局的民主管理制度，使广大职工群众的知情权、参与权和监督权不断得到落实，厂务公开工作逐步走向规范化、制度化。

（冉路超）

中国水电建设集团十五工程局有限公司

概　况

【综述】 中国水电建设集团十五工程局有限公司（以下简称水电十五局），对外又称秦海国际工程总公司。其前身陕西省水电工程局，组建于1952年10月，为陕西省水利厅管理的事业单位。1984年起实行事业单位企业化管理，自收自支，自主经营。1999年11月经陕西省人民政府批准为直属国有独资企业，授权经营本公司的国有资产。2000年12月28日挂牌改制为陕西省水电工程局（集团）有限责任公司（以下简称陕工局）。2005年9月15日经国务院国资委批准，正式挂牌成为中国水电建设集团十五工程局有限公司，是中国水利水电建设集团公司的全资子公司，法定代表人王增发。水电十五局在册职工4358人，其中各类专业技术人员2000名（高级职称199名，中级职称445名）；持证项目经理226名（一级注册建造师37名，二级注册建造师78名），高、中级技工占工人总数的67%。注册资本金人民币11126万元。2005年底公司总资产127580万元，所有者权益17623万元。拥有先进的大型机械设备1253台（套），总功率160878千瓦，技术装备率6.1万元/人。机械设备完好率86.4%，设备利用率70.3%，设备新度系数0.42，具有年施工15亿元以上工程的生产能力。

水电十五局秉承"开拓拼搏、优质高效、追求卓越"的企业精神，遵循"为社会创造财富、为企业创造效益、为员工创造机会"的企业宗旨和"适应市场、服务顾客、回报社会"的服务理念，艰苦创业，诚信经营。建局54年来，累计修筑各类拦河大坝、水电站、泵站100多座，隧洞100余公里，各类供水管道、公路各500公里，大中型桥梁、渡槽、水闸50多座，房屋建筑32万平方米。先后修建30多座土石坝、混凝土坝，仅百米以上的大坝就有9座。水电十五局曾参加过长江三峡、黄河小浪底、黄河李家峡等国家重点水利工程建设，施工业绩遍及国内20个省、市、自治区和澳门特别行政区，以及伊拉克、突尼斯、毛里求斯、几内亚、马里、老挝等6个国家。已建成的陕西石头河水库工程为当时全国土石坝第一高坝，其施工技术荣获全国科学大会奖。承建的新疆克孜尔水库荣获"中国建筑鲁班奖"和"詹天佑土木工程大奖"。在新疆乌鲁瓦提水利枢纽工程、新疆哈密榆树沟水库、西藏小江当干渠和阿里地区狮泉河镇供水工程、青海黄河公伯峡水电站大坝、陕西东雷抽黄北干二级站、西安黑河金盆水利枢纽等工程建设及机械制造中创造出13项中国企业新纪录，以良好的业绩赢得业主和社会各界的赞誉。

水电十五局1998年通过ISO9002：1994国际质量体系认证，2002年通过ISO9001：2000标准认证，2005年通过GB/T 28001—2001职业健康安全管理体系认证。连续13年竣工终验工程优良率100%，顾客满意率100%。水电十五局上世纪90年代初就跻身中国建筑综合实力百强企业。"九五"以来，先后荣获"全国先进建筑施工企业"、"全国优秀水利企业"、"全国五一劳动奖状"、"全国质量管理先进企业"、"全国设备管理先进单位"、"全国守合同重信用企业"、"陕西省重点工程建设先进单位"、"中国企业新纪录优秀创造单位"、"全国创建文明行业工作先进单位"等130余项荣誉称号。

【企业资质】 水电十五局是具有水利水电、房屋建筑、公路工程施工总承包及公路路面、公路路基工程专业承包等5项一级资质和市政公用工程施工总承包二级资质，以及对外承包工程和经济技术合作经营权的国有独资企业。

【2005年工作】 2005年，水电十五局坚持科学发展观，紧扣生产经营和改革改制两条工作主线，以突出集约化管理为核心，坚持"抓大放小"的市场开发战略，努力提高经济增长的质量和效益，超额完成年度各项任务。全年中标总金额20.02亿元，实现历史性的大突破；实现总产值11.8亿元，是年计划的146%；完成经营收入12.2亿元，是年计划的187%。回收拖欠工程款2402万元。全员劳动生产率28万元/（人·年），职工收入比上年增长17.8%。改革改制取得重大突破，整体上划工作顺利完成。分离企业办社会职能取得实质性进展，集团公司在水电十五局设立的国有独资公司董事会试点工作已经启动，产业结构调整持续推进。进一步健全质量管理制度，层层签订质量目标责任书，施工质量稳步提高，连续5年顾客满意率为100%。进一步完善安全生产保障体系，实现组织、制度、资金、措施四到位，形成安全生产管理工作长效机制，通过国家职工健康安全体系认证。大力推行"人才强企"战略、实施"55123"人才工程，持续深化薪酬制度改革，完善分配激励和约束机制。水电十五局深化细化项目管理，有效提高项目经营效益，涌现出黄河公伯峡水电站面板堆石坝、新疆伊犁恰甫其海大坝、湖北咸丰小河水电站大坝及溢洪道、内蒙古呼和浩特绕城高速、云南掌鸠河供水、渭南涧峪水库等一批运营良好、绩效显著的亮点项目。国外在建项目的履约情况也有所改观，商务管理取得明显成效。几内亚公路等项目通过调差增加合同额1100万美元。2005年，项目管理"效益最大化"的经营理念进一步增强。水电十五局在表彰奖励16个先进项目经理部和16名优秀项目经理的同时，重奖了15名经济效益突出项目的项目经理。在完成生产经营任务的同时，水电十五局召开第五届科技教育大会，推进科技进步和技术创新工作。加大计算机信息化建设力度，增强企业管理调控能力。按照"融合、提升、调整、创新"的八字方针，努力实现与集团公司各项管理制度的全面接轨。学习水电七局管理模块，加快管理规范化步伐。构建内部"人、财、物"三大市场，实行人员竞争上岗。推进财务资金集约化管理，加大清理债权债务力度。进一步整合资源，筹备成立设备租赁公司、房地产开发公司和

路桥公司。与此同时，认真进行保持共产党员先进性教育活动，加强企业文化和精神文明建设，形成全新的经营发展局面。

【2005年企业荣誉】 2005年，水电十五局被中国企业联合会、中国企业家协会评为“中国知名企业”，被中国水利企业协会评为“全国优秀水利企业”，被中国建筑业协会评为“2005年度全国建筑业工程总承包先进企业”，被中国建筑业协会机械管理与租赁分会评为“全国施工企业设备管理优秀单位”，被中国质量诚信促进会评为“全国质量诚信消费者（用户）信得过单位”，被陕西省企业信用协会评为“2005年度陕西经济领跑企业”，被陕西省工商行政管理局评为“陕西省守合同重信用企业”，被中信银行陕西省分行评为“AAA级企业”，被陕西省总工会和省安全生产监督管理局评为2005年度陕西省“安康杯”竞赛活动优胜企业。水电十五局主办的《水电通讯》获得全国工程建设行业报刊优秀奖。2005年，水电十五局在云南大水沟水库大坝施工中采用小粒径石料填筑混凝土面板坝体取得成功和研制的牵引式沥青混凝土心墙联合摊铺机荣获第十批中国企业新纪录。

【公司领导班子】 2005年上半年，原陕工局的决策经营领导班子为：董事长王增发；董事、总经理徐中秋；董事、副总经理李康民，陈银生，周孝武；董事李海石；总会计师杨思江；总工程师何小雄（据陕西省人民政府陕任字［2000］130号、陕西省人事厅陕人发［2002］103号和陕人发［2004］67号文件）。党组织领导班子为：党委书记李海石；党委副书记王增发；党委常委李海石、王增发、徐中秋、李康民、安新义、陈银生、周孝武；纪委书记、工会主席安新义（据中共陕西省委组织部陕组干任字［2004］12号文件）。

2005年7月，现水电十五局决策、经营领导班子为：董事长王增发；董事、总经理徐中秋；董事、副总经理李康民，陈银生，周孝武；董事李海石；总会计师杨思江；总工程师何小雄。（据中国水利水电建设集团公司中水电人［2005］104号文件）党组织领导班子为：党委常委、书记李海石；党委常委、副书记王增发；党委常委徐中秋、李康民、陈银生、周孝武（据中国水利水电建设集团公司中水电党（2005）70号文件）。

【组织机构】 水电十五局直属单位设有：第一工程公司、第二工程公司、第三工程公司、第四工程公司、海外工程公司、建筑工程公司、测试中心、教育培训中心、咸阳基地物业管理中心、职工医院、陕西省水利机械厂、陕西省水电汽车维修总厂、陕西省晶晶食品开发公司、陕西省水电工程物资公司。专业工程公司设有：路桥工程一公司、路桥工程四公司、机电设备安装工程公司、基础处理工程公司。局机关设有：董事会秘书处、总经理办公室、人力资源部、工程开发部、财务部、总工办公室、项目管理部、质量管理部、安全生产监督管理部、企业策划部、审计部、物业管理中心、党委办公室、组织部、宣传部、纪检监察部、机关党委以及工会、团委。驻外办事机构设有珠海办事处、云南办事处、兰州办事处。

（耿俊芳）

工程建设

【工程开发】 2005年水电十五局共投标128项，中标36项，中标总金额20.02亿元。中标工程总价占年度目标任务7.4亿元的271%，超额完成开发任务。2005年，水电十五局新开拓了河北、山东、湖南水利水电市场和阿尔及利亚城市供水工程市场；南水北调工程中标3项，合同总价2.76亿元。承揽的国电、大唐、中电投、华电、南水北调等系统投资的工程合同额占总合同额约55%，承揽的电力系统国家投资工程合同额占总合同额约35%，承揽的民营投资工程合同额占总合同额的比例比前几年明显下降。2005年承揽的上亿元工程有7项，分别是湖南资水株溪口水电站土建工程，1.3471亿元；湖南城市防洪项目土建工程5合同段，2.0269亿元；新疆开都河察汗乌苏水电站混凝土面板砂砾石坝工程，1.4亿元；南水北调中线京石段应急供水工程第七施工标，1.5363亿元；刘家道口枢纽工程刘家道口节制闸建筑工程、金属结构及电气设备安装工程，1.2299亿元；蜀河水电站砂石混凝土系统和左右岸坝肩190米高程以上边坡工程，2.3354亿元；阿尔及利亚安纳巴38公里输水项目，1.8225亿元。其中湖南资水株溪口水电站工程土建总承包，为水电十五局施工的第一座灯泡贯流式电站机组厂房。截至2005年底，水电十五局工程合同额储备27亿元，其中国外6471万美元。

（张　锦）

【竣工工程】 2005年，水电十五局25项工程按期完工，竣工的主要工程有：

（1）公伯峡水电站面板堆石坝工程。公伯峡水电站位于青海省化隆县甘都镇公伯峡黄河干流上，距西宁市162公里。该工程坝高139米，坝顶长429米，坝体填筑450立方米，装机容量150万千瓦。

2001年8月水电四局以总价21419.17万元中标，水电十五局被业主指定为坝体填筑、面板浇筑等工程分包商，分包合同价6020万元。水电十五局完成的主要工程量为：坝体填筑450万立方米，面板混凝土26800立方米，趾板混凝土3500立方米，浆石28474立方米。工程于2001年8月18日开工，2005年3月1日完工，工期40个月。

(2) 引额济乌一期一步明渠Ⅲ标、Ⅶ标工程。引额济乌一期一步明渠Ⅲ标、Ⅶ标工程位于新疆北屯市，是新疆额尔齐斯河流域开发的重要项目。渠道设计流量30.5立方米/秒，加大设计流量35立方米/秒。Ⅲ标段全长23公里，除渠道工程开挖、衬砌外，还有渠首建筑物、公路桥一座、节制闸一座、排洪涵洞一座。土石方明挖279.81立方米，渠道填方44.58万立方米，混凝土预制板、梁39660立方米，渠道建筑物混凝土9631立方米。Ⅶ标段全长16公里，土石方开挖2562.71万立方米，回填2756立方米，混凝土预制板衬砌34676立方米。该工程为二等水利工程。

水电十五局于2001年9月先后中标Ⅲ标和Ⅶ标工程，Ⅲ标段5888万元，Ⅶ标段16168万元，合同期46个月。2001年10月5日开工，2005年6月完工。

(3) 引额济乌一期一步工程“500”水库第Ⅰ标段。该工程位于新疆阜康市天山北麓，距阜康市10公里，为三面围筑而成的典型平原水库，总库容1.72亿立方米，水库正常水位高程496米，总计坝长14.79公里，最大坝高24米，设计为均质土坝，属大(2)型水利工程。

2002年2月28日，水电十五局中标第Ⅰ标段，合同金额11608万元。完成的主要工程量为：坝基及截水槽开挖186.1万立方米，回填特种粗粒料58万立方米，坝体回填土方432.6万立方米，上游护坡混凝土4.9万立方米。工程于2002年4月1日开工，2005年6月30日完工，工期39个月。

(4) 芭蕉河一级水电站大坝和溢洪道工程。该工程位于湖北省鹤峰县境内，地处芭蕉河中下游河段。枢纽工程主要由混凝土面板堆石坝、溢洪道、放空洞、引水隧洞、地面厂房和露天升压站组成。该工程为流域龙头梯级电站，以发电为主，兼有供水、航运、灌溉和旅游等综合效益。水库总库容0.96亿立方米，电站总装机容量3万千瓦，属于三等中型水电工程。

混凝土面板堆石坝最大坝高115米，石方开挖299万立方米，填筑总量208.63万立方米，混凝土69700立方米。岸边式溢洪道紧靠左坝肩布置，由进水渠、闸室、泄槽和挑流鼻坎等部分组成。最大泄量为3395立方米/秒。合同额10457万元。工程于2002年7月20日开工，2005年3月31日完工，工期33个月。

(5) 呼和浩特市绕城路九标段工程。该工程位于内蒙古呼和浩特市城乡结合部，为城市Ⅰ级主干路设计标准，建筑红线宽度100米，标准横断面采用四幅路形成，全长15.474公里。主要施工内容为机动车道及非机动车道的沥青路面、人行道及中央分隔带和机非分隔带。

水电十五局于2003年1月20日中标，合同金额9924万元。由于“非典”影响，2004年5月正式施工，2005年9月30日完工。施工合格率100%，优良率85%以上。

(6) 几内亚康马公路工程。几内亚康马公路工程全长83.4公里，路面宽10米，双车道各宽3.5米，路肩宽1.5米。路面结构包括红土砾石底基层、碎石基层和5厘米厚沥青混凝土面层。主要施工任务包括场地沥青及清表，土方、排水、路面、建筑物、信号标志工程。签约合同额1772万美元。工程于2002年2月开工，2005年3月完工，工期37个月。

(7) 老挝ADB9/C3通昆至龙山乡村公路工程。老挝ADB9/C3通昆至龙山乡村公路工程全长83公里，路面宽5.5米。路面结构包括红土底基层、碎石基层和沥青双表处封层。公路起点距塞宋本省城11公里，终点距万象市150公里。大部分路线穿越重丘陵山区，在两条大河上修建两座大桥。签约合同额780万美元。工程于2002年7月1日开工，2005年6月30日完工，工期36个月。

(赖吉盛　李御冰)

【在建工程综述】　2005年，水电十五局共有87个在建项目，全年完成建筑安装产值11.54亿元，占年计划的142.5%。上半年9个大坝项目按期或提前达到拦洪度汛高程，下半年7个项目按要求实现截流。在建重点项目均按期完成阶段性目标，3人被中国公路工程协会评为优秀项目经理。2005年，水电十五局还完成陕西汉江喜河水电站、陕西洛河水利工程、西安护城河景观水利工程、甘肃迭部达拉河水电站各类金属结构件制作1072吨，是上年的177%。完成云南昆明掌鸠河供水工程钢管安装、陕西洛河水利工程弧门和检修门安装、西安护城河景观水利工程闸门安装、甘肃多儿水电站钢管安装1383吨，是上年的116%。安装工程优良率100%，特别是云南掌鸠河供水钢管安装一次性水压试验成功，受到业主、监理方的肯定和好评。

【恰甫其海水库主坝及道路工程】 恰甫其海水库工程位于新疆伊犁地区巩留县和特克斯河县境内，距巩留县城41公里，距伊宁市151公里。工程以灌溉为主，兼有发电和防洪等综合利用功能，属一等大（1）型工程。水库库容16.94万立方米，控制灌溉面积523.45万亩，电站总装机容量32万千瓦。水库调节库容12.32亿立方米，调洪库容2.572亿立方米。大坝为黏土心墙坝，坝高105米，坝顶宽12米，长355米。迎水面为混凝土护坡，下游为干砌石护坡。表孔溢洪道、中孔泄洪洞、深孔排沙放空洞等泄水建筑物及发电引水洞均布置在右岸，采用联合进口形式，电站厂房布置在坝后河床上。

水电十五局于2002年3月13日中标承揽大坝工程，合同额13068万元，合同工期41个月。2002年4月10日开工。完成的主要工程量为：坝体填筑3362万立方米，土方明挖33.95万立方米，石方开挖43.35万立方米，混凝土浇筑1700立方米，钢筋制作安装118.4吨，固结、帷幕灌浆19980米。

【多儿水电站大坝工程】 多儿水电站位于甘肃省迭部县境内白龙江一级支流多儿河上，距县城65公里。主要建筑物由混凝土面板堆石坝、右岸敞开式正槽溢洪道、右岸泄洪排沙洞、左岸引水洞及电站组成。最大坝高83.5米，水库总库容813万立方米。引水洞及压力管道总长6.7公里，设计引水流量24立方米/秒，装机容量3万千瓦。工程规模属三等小（1）型工程。

2004年6月16日，水电十五局中标混凝土面板堆石坝、溢洪道及引水洞工程，中标价5653.13万元。合同工期16个月。主要工程量有土方开挖7.37万立方米，石方开挖2.62万立方米，土石方填筑48.03万立方米，混凝土浇筑34361立方米，钢筋制作安装1994吨，回填、固结灌浆9558米，帷幕灌浆5765米。2004年6月30日开工，2005年底大坝填筑完工。

【纳吉滩水电站导流洞、大坝等工程项目】 纳吉滩水电站位于湖北省来凤县百福司镇，距来凤县城54公里。枢纽工程建在酉水河干流上，是酉水河的第三梯段电站。该工程由拦河大坝、引水洞和发电站组成。大坝为混凝土重力坝，最大坝高38.5米，最大坝长106.4米，坝体内部设置灌浆廊道，泄水建筑物由5个溢流孔、一个冲砂孔组成。电站为坝后引水式水电站，总装机容量5.1万千瓦。引水洞长520米，开挖洞径11.1米，衬砌后有效洞径9.5米。

2004年7月，水电十五局中标承揽纳吉滩水电站工程，合同额7500万元，合同工期19个月。2004年7月开工，2005年4月20日大坝浇筑到354米度汛高程，2005年12月31日完成引水及厂房土建工程、设备安装工程，混凝土重力坝各坝段达到坝顶374米高程，各阶段任务均按要求提前完成。已完成的主要工程量有：土石方明挖10.3万立方米，土石方回填6.21万立方米，混凝土浇筑122434万立方米，钢筋制作安装4115.5吨，金属结构安装1153.2吨，固结灌浆1400米，帷幕灌浆8528米。已完成单元工程合格率100%，优良率85%。

【龙桥水电站导流洞、大坝等工程项目】 龙桥水电站位于湖北省利川市境内郁江上游河段，距利川市约90公里，系郁江干流湖北省境内三级水电梯级开发的第一级首建项目。工程以发电为主，兼顾灌溉。装机容量6万千瓦；大坝坝型为碾压混凝土双曲拱坝，最大坝高95米，坝长175米，水库库容约3000万立方米；引水隧洞布置于大坝右岸，全长2.16公里，利用水头110米，设计流量77.04立方米/秒，年平均发电量1.79亿千瓦时。

2005年4月24日，水电十五局于中标承揽导流交通洞工程，后承揽碾压混凝土双曲拱坝及引水隧洞。合同额9148万元，合同工期20个月。2005年底大坝已上升至540米高程，引水隧洞进口明挖即将结束，洞身段开挖剩余88米，坝后及左岸坡综合治理已完成基础处理。大坝项目共完成混凝土施工6.4万立方米，坝肩开挖及坝基开挖16.1万立方米，坝区配套洞室开挖8700立方米，引水洞项目共完成石方开挖2.9万立方米，各工程进度均按计划落实并有所超前。

【舟坝水电站大坝和引水发电系统工程】 舟坝水电站位于四川省乐山市沐川县舟坝镇马边河干流上，系马边河干流梯级开发的第五级电站。距沐川县城50公里，距乐山市150公里。电站枢纽由拦河大坝、引水导流洞及地面厂房等建筑物组成。工程等级为二等工程。永久性主要水工建筑物为2级。总库容2.02亿立方米，总装机容量10.2万千瓦，年平均发电量3.864亿千瓦时。

2004年6月10日，水电十五局中标承揽大坝及引水发电工程，合同额19379万元，合同工期30个月。该工程坝型为碾压混凝土重力坝，坝高72.5米，长162.5米。大坝由溢流坝段和左、右岸挡水坝段组成。引水发电系统布置于左岸，采用单机单泵的引水形式，主要包括取水口、引水隧洞、电站厂房部分。引水隧洞洞径8.5米，洞长572米。厂房为引水式地面厂房，主厂房长47.02米，宽24.5米，高22.4米，副厂房紧靠主厂房和安装间上游。该工程2004年6月11日开工。主要工程量为土石方开挖68万立方米，混凝土浇筑42.1万立方米，锚杆制作安装10773根，灌浆35630米，金属结构安装3953吨。截至2005年底，累计完成产值8200万元。

【汉江城市桥闸工程】　汉江城市桥闸工程位于汉中市城区汉江河段下游，是集城市游乐景观与城市交通、车辆过境等为一体的大型综合性城市基础设施工程。工程建成后将形成长6公里、宽400～800米、面积3平方公里的城市人工湖泊，创造优美的自然景观，改善城市面貌，提高城市品位，实现汉中“一江两岸”的总体规划。

2004年9月30日，水电十五局中标承揽桥闸结合工程，合同金额1.37亿元。工程于2004年10月25日开工，总工期30个月。该桥闸结合工程由拦河闸、交通桥及引水道组成。拦河闸部分总长774米，其中溢流堰段长174米，闸室段长600米。闸室由30孔升卧室闸门组成，闸门孔净宽17.5米，闸孔中心距20米，正常挡水位高程502.5米。交通桥部分由5跨下承式钢管混凝土拱桥和30孔20米跨度的预应力桥组成，大桥总长1100米。桥梁两端设526米长引道，主桥桥面宽28.6米，引桥桥面宽27米。汉中桥闸工程规模目前位居世界同类型工程第二、国内第一，属特大型桥闸结合工程。拦河闸主要建筑物为1级，桥梁工程为城市A级。钢管拱主桥从跨径、总跨数、总长度目前在国内乃至世界的下承式钢管混凝土系杆拱桥中名列前茅。

水电十五局2005年完成右岸（一期）主体工程。左岸一期溢流堰及12孔闸室土建工程、上游防护及下游消能钢筋笼海漫、桥梁工程右岸一期18跨桥梁下部构造、右岸引桥空心板预制全部完成，安装完成80%；主桥桥面板预制完成97%；拱脚制作完成10个，拱肋预拼装完成1跨半，共完成产值3300万元。

【水电大厦工程】　该工程位于西安市高新技术开发区科技路16号，是一栋集商场、办公与住宅为一体的综合楼。建筑面积26831平方米，共22层（地下1层，地上21层）。具有“两高两复杂”的特点，“两高”是指大厦建筑设计级别高和结构设计级别高，“两复杂”是指功能复杂和结构复杂。大厦底部为框架结构，上部为纯剪力墙结构，在两部之间设有一个结构转换层，使大厦上部结构“二次生根”。

该工程由水电十五局建筑公司承建，总投资7987万元，合同工期21个月。2005年4月开工，年底主体达到15层，完成产值2700万元。

（李御冰　王珂峰）

管理创新

【工程项目管理】　2005年，水电十五局通过加强项目管理，使项目经理责任制、合同管理、成本管理、物资设备招标采购、工程结算管理等“五项强制措施”进一步得到落实。

在完善项目经理责任制方面，修订《项目管理办法》，制定《项目经理责任制实施指导意见》，对新中标项目进行标价评估，确定目标责任成本，与项目经理签订项目管理目标责任书和年度项目管理目标责任书，年底和项目完工时奖惩兑现。

在合同管理方面，制定《合同管理办法》，加强合同管理。重视合同评审，力求合同内容规范完整，突出合同履约、变更和索赔。设立合同管理专职人员，吃透主合同内容和条款，分清合同的变更和违约，认真做好计算、核算、结算和索赔，有效维护项目利益。还制定出《工程分包管理规定》，对所有分包队伍先签合同后进场，并规定分包合同逐级审核后方可实施。

在成本控制方面，协助、督促、指导各分公司和项目经理部建立成本管理体系并有效运行，分层次有重点地进行成本控制。制定出《成本控制实施指导意见》，实行项目经理部管理层和作业层分离。

在工程结算管理方面，严格结算程序，统一结算单格式。按期同步进行结算，绝不允许跨月结算。每次结算预留一定比例的质保金，在完工签订最终清算协议后付清，以防超结超付。

在设备管理方面，继续完善和推行设备有偿使用制、集中招标采购制，实现资源优化配置。建立健全设备租赁管理规章制度，完善有偿使用，搞好租赁经营，实现设备保值增值。加强大型、专业设备的集中协调，提高设备利用率。严格机械设备采购审批程序，加强设备选型管理，实行设备选型会议研究专家评审制度，规范设备招标，全面落实机械设备集中招标采购制。加强以设备使用、维修、保养为重点的现场管理，提高设备完好率。加强退场设备的恢复整修，不允许把“病机”带入新工地。加强设备进退场的技术评估，实行资产交接制度。每台设备退场时及时组织进行评估，进退场双方和评估人员在每台设备评估表上对评估结果签字确认。

在物资材料招标采购方面，严格执行招标采购制度。对于机械设备和大宗物资材料全面实行公开竞价，货比三家，招标采购。对采购的种类和单价进行公示，做到阳光采购，节约资金，降低风险，提高效益。

（赖吉盛）

【质量管理】 2005年2月，水电十五局在健全完善质量管理制度的基础上，局质量管理者代表与各工程公司领导签订工程质量目标责任书。5月23日～7月1日，组成六个审核组，通过交叉审核方式，对16个项目经理部和机关部门、测试中心进行年度内部质量体系审核。7月29日，总经理主持召开年度质量管理评审会议，会后发出《质量管理评审报告》。8月10日，通过中国方圆标志认证委员会陕西审核中心的复评换证审核。

2005年，水电十五局承建的8890个单元工程全部合格，其中优良单元工程7980个，优良率89.75%。终验的勉宁高速公路14合同段工程、黄河公伯峡水电站左岸上坝公路、三原西郊水库、渭河咸阳城区段综合治理工程、桃曲坡水库溢洪道加闸工程被评为优良工程，工程优良率连续13年保持100%。全年没有发生质量事故，连续5年顾客满意率100%，实现顾客满意的质量目标。

（徐西梅）

【财务资金管理】 2005年5月，水电十五局经董事会研究出台《资金集约化管理办法》。规定与三家银行（建行、农行、工行）签订服务协议，通过银行网络系统建立“银企直联”，实现资金集约化管理。

局总部6月份开始安装资金网络系统，8月底调试完成三家银行网络。年底前已有80个银行账户通过资金结算系统进行监控，监控资金平均余额约2500万元。

为使财务管理信息与集团公司接轨，水电十五局下半年制定出《财务管理信息系统建设实施细则》。11月对二级单位35人进行财务信息化建设培训，完成软件安装任务。12月制定出全局统一的会计科目体系，并组织二级单位财务人员集中录入各自的财务基础资料。

（梁浩东）

【职工劳动合同管理】 2005年，水电十五局进一步加强劳动合同管理。对新接收的143名大中专毕业生和6名退伍军人认真履行签订劳动合同手续。局属单位与短期合同到期后考核称职的职工续签了劳动合同。同时加大清理自流在外人员的力度。2005年解除合同25人，降低潜在的劳动争议风险。水电十五局坚持集体合同约定的工时制度，根据施工特点安排员工休息、休假，分公司和外业施工单位实行以年为周期综合计算工时工作制。企业对生产任务较紧，确需员工加班、加点的一般根据《劳动法》规定按照综合计算的办法支付相应的劳动报酬。子公司、管理服务单位和分公司机关实行标准工时，对不能间断工作的岗位实行节假日轮休制度。

【实施人才强企战略】 水电十五局党委、董事会在2005年初做出《实施人才强企战略，加强人才队伍建设的决定》（陕水电党［2005］4号）文件，计划在全局实施“55123”人才工程。即：力争用3年左右的时间，重点培养50名具有现代企业家素质的优秀综合经营管理人才、50名善于做群众工作的优秀思想政治工作人才、100名能适应国内外工程建设需要的优秀项目管理人才、200名能体现公司技术优势的优秀专业技术人才、300名具有高超操作技能的操作技术能手。实施“55123”人才工程，采取由各单位初审推荐，局组织、人力资源部门考察筛选确定人选，公司统一管理的办法进行。人选确定后以能力建设为核心重点培养，定期跟踪调查，并为他们培训提高和发挥作用提供服务。各单位按照《“55123”人才工程管理办法》规定的条件及选拔管理程序进行建立人才库的推荐工作，初审推荐上报各类推荐对象442人次。2005年，水电十五局还引进大专院校本科毕业生78人。

【创建学习型企业】 水电十五局重点培养职工的学习能力、实践能力、创新能力，鼓励各类人才通过各种渠道参加终身学习。引导各单位树立提供培训是最大的福利的观念，抓好各类人才的知识更新。2005年，水电十五局职工培训率超过20%。为增强人才培训工作的针对性和实用性，水电十五局在实施培训过程中，对经营管理人员注重强化现代企业管理、项目管理等知识的培训，重点提高其创新能力和经营管理水平；对专业技术人员重点强化现代科技发展趋势和施工技术知识培训，重点提高科技素养和技术业务水平；对生产操作人员则以增强劳动力市场观念和提高专业技能为目的，重点以专业技能资格认证为手段搞好适用技术培训。2005年实施培训19期，共有1097人次参加。其中举办技术技能培训班9期，451人次参加培训考核。还对7个工种14名申报高级技师的人员分别进行专门培训，提高其理论水平和操作技能。2005年，在学历教育中，有247人次参加西北农林科技大学、西安理工大学等大专院校教授的面授学习。此外，水电十五局还根据国外工程需求，定期选派技术人员参加外语学院的外语培训。

（耿俊芳）

【企业法律工作】　水电十五局现有法律顾问4名，专职律师1名，聘请陕西省博硕律师事务所为常年法律顾问。2005年，办理涉及担保、拖欠、破产等方面的案件39起，涉案标的851万元，挽回经济损失230万元，依法维护企业的合法权益。在改革改制过程中，法律顾问积极发挥参谋作用，为企业出具法律意见书，参与起草、审核企业规章制度，为企业重要经营决策提供法律咨询。参加部分重大项目的谈判，参与合同审查，发挥“源头把关”作用，有效防范企业法律风险。法律顾问还通过举办法律专题讲座等方式积极宣传与企业经营有关的法律法规，促进企业依法经营。

（许长安）

【基地物业管理】　咸阳基地为水电十五局最大的生活基地，住有1500多户，5000余人。基地房屋建筑面积约14万平方米，除23栋职工住宅楼、6栋办公楼、6座机电和机械设备仓库外，还有一个具有独立法人资格的食品企业。

水电十五局在对基地大院实行物业管理中，坚持推行一站服务制。编写出《物业管理手册》，规范物业服务内容，全方位为职工提供优质高效便捷的服务，及时为他们排忧解难，安居后方，稳定一线；全力解决大院职工家属最为关注的热点问题。对大院供水管网进行改造，接通城市自来水；全面改造旧住宅楼的用电线路，为75%的住户安装磁卡电表；两次改造大院供暖系统，确保职工冬季取暖；全额集资新建8栋家属楼，解决职工住房近500套，还使90%的住户用上天然气；对大院重新进行规划，逐年加大公益事业投资，改造更新基础设施，优化美化居住环境。先后投资150万元建成职工健身广场和北门广场，还修建职工浴池、星光老年之家等公共设施。与此同时，加强环境卫生、治安保卫的综合治理，使基地大院治安秩序稳定，人人安居乐业。咸阳市政府和渭城区政府先后在基地召开创建安全文明小区示范单位和创建绿色家庭活动现场会。基地先后荣获省级“文明小区”、陕西省卫生先进单位、省级文明社区先进单位和市级“文明单位”、“花园式单位”、渭城区“创建安全文明小区示范单位”等二十多项荣誉称号。

（李纪虎）

企业改革

【综述】　“九五”以来，水电十五局以建立现代企业制度为目标，持续深化改革，实现由省水利厅直属事业单位到省政府直属企业，再上划为中央企业的两次转变。2005年，水电十五局调整成立以董事长为组长，以总经理、分管副总经理、总会计师为副组长的改革改制领导小组，下设改革改制办公室，进一步加强对改革改制工作的领导。在内部结构调整方面，成立局直属的海外工程公司、建筑工程公司以及由分公司管理的路桥工程公司、机电安装公司、基础处理公司。同时成立审计委员会，单独设立审计部，主要实施对完工项目和重点工程项目的年度、终结审计及干部离任审计。2005年10月9日，集团公司以（中水电企［2005］28号）文件通知，确定水电十五局为首家建立和完善国有独资公司董事会试点企业。水电十五局及时召开改革改制领导小组会议，研究制定实施方案，认真开展试点工作，使企业运行模式尽快向职责明确、决策科学、管理有序、运行规范的法人治理结构转变。

【陕工局整体划归中国水利水电建设集团公司】　自2004年2月下旬开始，整体上划工作征得集团公司同意后，陕工局依照规范操作、公开透明的原则，及时履行内部程序，将划转方案呈报主管上级审批，于2004年6月25日经陕西省人民政府审查通过。2005年5月9日，国务院国资委以（国资改革［2005］483号）复函予以答复，同意按照整体划转、资产重组的形式将陕工局全部资产及人员上划，成为集团公司的全资子公司。2005年5月30日，集团公司正式向陕西省国资委发出同意接收函，并协助陕工局及时进行工商登记。2005年6月3日，国家工商行政管理总局以（国）名称变核内字［2005］第287号文通知，同意陕工局更名为“中国水电建设集团十五工程局有限公司”。2005年6月13日在西安举行资产划转暨双方企业重组签字仪式。2005年7月21日，国务院国资委以（国资产权［2005］759号）文件予以答复，批准将陕工局资产自2005年1月1日起整体无偿划转给集团公司。2005年9月15日，“中国水电建设集团十五工程局有限公司”揭牌仪式在西安隆重举行。国务院南水北调办公室主任张基尧、陕西省人民政府副省长王寿森、集团公司时任党组书记、总经理郭建堂共同为水电十五局揭牌。新疆维吾尔自治区副主席、水利部原副部长陈雷发来贺电。来自全国各地的270多家单位和业主、设计、各级领导、各界朋友300余人参加揭牌仪式，

60 多家单位发来贺信和贺电。

（刘 军 奚 鹏）

【主辅分离、辅业改制，分离企业办社会职能】 2003 年以来，水电十五局按照国家八部委《关于国有大中型企业主辅分离辅业改制分流安置富余人员的实施办法》和相关文件精神，紧抓陕西省加快改革的机遇，将陕西省水电工程物资公司、陕西省晶晶食品开发公司、陕西省水电汽车维修总厂等 4 个子公司列入陕西省人民政府首批改制试点单位。水电十五局辅业单位的改制方案经数次论证和完善，正在按照集团公司“成熟一个，操作一个，完成一个，成功一个”的改制方针积极进行。在分离企业办社会职能方面，水电十五局自 2001 年起，就按照“企有民办”的模式，将咸阳水电学校和水电医院改为具有事业法人资格、独立承担民事责任的实体单位，并给予三年过渡期经费补贴。2005 年元月，将咸阳水电学校暂留陕西省国资委，并于 2005 年 11 月 16 日正式移交咸阳市人民政府管理。陕西省水电医院与陕西省第二纺织医院的联合重组工作，按照“人随院走、债随资走、整体划转”的原则正在办理中。

（刘 军）

【三项制度改革】 改革干部人事制度，建立选人用人新机制。认真做好直属单位及机关各部门中层经营管理人员的充实调整考察聘任工作，加快干部年轻化步伐。2005 年共考察提拔副处级干部 5 人，副提正 3 人。在干部任用上实行公开竞聘，择优录用。2005 年 10 月 20 日，按照公开、公正、公平的原则，首次组织进行了中层经营管理人员公开选聘工作。

全面实行岗位等级工资制度。水电十五局《岗位等级工资方案及实施办法》经 2002 年 1 月职代会讨论通过，报省劳动和社会保障厅以（陕劳社发〔2002〕304 号）文件批复同意后印发，由 2002 年 1 月起在全局实施。局属各单位按照局工资内部分配指导意见和局工资管理与支付试行标准，根据各自效益情况确定内部分配。2004 年，水电十五局又调整了岗位等级工资标准。2005 年，进一步加强对员工工资发放情况的检查，并就薪酬分配问题到集团公司部分单位进行调研，为加快分配制度改革奠定了基础。2005 年水电十五局在岗职工平均工资 17694 元，较上年增长 17.8%，在岗职工人均年收入实现年增大于 6%的目标。与此同时，认真做好职工社会保险工作。2005 年，水电十五局无欠缴社保费用的现象，保证离退休人员能按时从社会统筹部门领取养老金。

（耿俊芳）

【多元化经营】 水电十五局的多元化经营主要是金属结构制作安装、汽车维修、食品加工、水电物资、工程测量等。2005 年综合经营完成销售收入 11989 万元，占局年产值的 8%。特别是水利机械厂自主研发的边墙挤压机获得国家专利，销售前景广阔。陕西省晶晶食品开发公司生产的晶点牌莲蓉月饼，获得“中国名饼”称号。

（赖吉盛）

科 技 进 步

【中小型沥青混凝土心墙堆石坝关键施工技术研究与应用】 水电十五局在重庆洞塘和新疆坎尔其两座沥青混凝土心墙坝施工中，针对国内中小型碾压式沥青混凝土心墙施工一般采用人工或半机械方法、劳动条件差、质量难以保证的问题，对中小型碾压式沥青混凝土心墙施工技术、设备进行研究。研制出具有连续摊铺、预压实功能、铺筑宽度可调、层间远红外预热、沥青混凝土与过渡料同步摊铺、经济适用的沥青混凝土心墙摊铺机，使沥青混合料从搅拌到摊铺实现机械化。经在洞塘和坎尔其水库碾压式沥青混凝土心墙施工中应用，心墙空隙率较低，质量优良，摊铺机的预压密度达到设计值的 94%，效果良好。

在研制牵引式沥青混凝土心墙联合摊铺机的过程中，水电十五局还对碾压式沥青混凝土搅拌、摊铺工艺及低温多雨、夜间施工工艺进行大胆探索，总结出在特殊天气状况下碾压式沥青混凝土施工新工艺，既保证碾压式沥青混凝土心墙的质量，又加快工程进度。该成果具有先导性，在中小型沥青混凝土心墙施工技术方面有新的突破，已荣获陕西省水利厅 2005 年度科学技术进步一等奖。

【小粒径石料填筑混凝土面板堆石坝技术研究与应用】 为解决云南大水沟水库混凝土面板堆石坝规划料场缺少合适筑坝材料的难题，水电十五局探索出开采小粒径石料填筑堆石坝的施工新技术。通过对小粒径石料填筑混凝土面板堆石坝的坝体静力分析和地震力作用下的稳定分析，证明小粒径石料应用的合理性，并为今后面板坝的设计施工提供新的经验。该成果揭示在填筑混凝土面板堆石坝时，影响最大的是碾压以后坝体材料的强度和密实度指标，改进施工工艺是关键。通过改进施工工艺，能扩大筑坝材料选择范围，降低成本。该成果达到国内领先水平，已获得 2005 年度陕西省水利科技进步二等奖和陕西省职工经济技术创新优秀成果二等奖。2005 年，水电十五局还在汉江桥闸工程项目完成 9 项技术进步和创新项目，正在试验研究的新技术有 11 项。水电十五局《公伯峡面板堆石坝挤压式边墙施工技术研究》获得中国电力科学技术二等奖，《溢流混凝土面板堆石坝关键技术开发》获得新疆维吾尔自治区人民政府科技进步二等奖。10 人获得陕西省水利科技进步一等奖，8 人获得陕西省水利科技进步二等奖。

【第五届科技教育大会】 2005 年 1 月 25 日，水电十五局在西安召开第五届科技教育大会。总经理在会上作了题为《求实创新、扎实努力、竞争一流，不断开创科教兴局战略新局面》的工作报告。第二工程公司、青海黄河公伯峡项目经理部分别作了题为《加强科技管理，促进企业发展》和《依靠科技创新，提高企业核心竞争力》的经验介绍。总工程师宣读了第五届科教大会表彰决定，授予六人 2004 年度突出贡献科技人员，给以表彰奖励。董事长作了会议总结。大会还邀请两位全国知名专家作了“混凝土面板坝近期发展”和“碾压混凝土大坝施工技术”专题讲座。与此同时，水电十五局召开专家顾问咨询委员会 2004 年度年会，分管副总经理作了年会工作报告。为配合第五届科教大会召开，水电十五局编印出局系统科技教育论文集。论文集编入企业与项目管理论文 17 篇，教育与培训论文 5 篇，筑坝技术论文 16 篇，土石方开挖论文 8 篇，公路桥梁论文 11 篇，混凝土施工论文 13 篇，隧洞施工论文 6 篇，地基处理论文 9 篇，测量与观测论文 6 篇，设备管理与维修论文 9 篇，医疗卫生论文 2 篇。

【设立科技奖励基金】 为鼓励技术创新，更好地实施科教兴局战略，2005 年水电十五局决定设立科技贡献奖励基金，用于奖励为水电十五局做出突出贡献的科技人才。资金采取各单位按比例分摊以及接受项目和个人捐赠的方式筹集。同时还设立局级科技进步奖和优秀论文奖。科技进步奖分 2 类：一类为优秀成果奖，分 4 个等级。一等、二等奖须通过省级科技成果鉴定，三、四等奖经局科技委员会评审后，由局总经理办公会议审定颁发。二类为优秀论文奖，分一、二等奖和优秀论文奖三个等级。

【信息化建设】 2005 年，水电十五局成立以总经理为组长，总工程师、总会计师为副组长的信息化建设领导小组。在领导小组的部署安排下，水电十五局对原有局域网进行扩建完善，各分公司建立自己的局域网，初步搭建起信息网络硬件平台；建立局门户网站，定期更新网站栏目内容；建立局金碟 K/3 财务软件集中式应用系统和用友 NC 集团财务系统，对局属单位的财务状况进行监控；通过银行网络系统建立“银企直联”，银行授权局资金管理中心随时在指定的收支账户上查询和划转资金，实施对局属单位资金的集中管理。

（乔　勇　李冬琴）

安全生产

【落实安全生产责任制】 2005 年，水电十五局逐级签订《安全生产目标责任书》，进一步明确各单位、各职能部门行政一把手是安全生产的第一责任人。同时将安全责任和目标层层分解，从上到下分摊到每一个人身上。按照谁主管谁负责的原则，年终进行考核，奖惩兑现。

【安全生产规章制度】 2005 年，水电十五局补充完善 3 项安全生产责任制内容，制定出 8 个安全生产制度。还制定出防火、防爆、防坍塌、防泥石流综合应急响应救援预案和防汛、度汛应急救援预案。按照中共中央宣传部、国家安全生产监督管理总局等四部委的统一部署，水电十五局认真组织开展“安全生产月”活动。在各工地广泛进行安全生产知识、防范事故的宣传教育，强化从业人员遵章守法、安全生产意识，营造“关注安全，关爱生命”的舆论氛围。并以月促年，推动安全生产工作深入开展。

【职业健康安全管理体系认证】 水电十五局在宣传和学习 GB/T 28001—2001《职业健康安全管理体系规范》的同时，组织 14 人编写出《职业健康安全管理手册》和 18 个程序文件，2005 年 3 月 1 日发布实施。为正确理解和实施标准，水电十五局采用集中和分散相结合的方式进行了 13 次集中和现场宣贯培训，600 余人参加培训。111 人取得内审员资格。职业健康安全管理体系经过三个月试运行后，局贯标办组织由 12 人组成的 4 个内审组，于 5 月 28 日～7 月 1 日对 6 个单位 17 个项目经理部和总部机关 9 个部门进行内审、纠错、验证工作。7 月 29 日，局 16 个单位和部门领导对“职业健康安全管理体系”运行情况进行管理评审。8 月 10 日，通过中国方圆标志认证委员会陕西审核中心第一阶段审核。接受审核的单位、职能部门和项目经理部对第一阶段外审提出的 43 个整改项目认真纠错，使体系运行得到完善和改进。10 月 26 日至 11 月 1 日接受第二阶段审核。此后还对审核组提出的 5 个不合格项和 29 个口

头警告集中力量进行整改和验证，于12月15日获得职业健康安全认证证书。

【安全教育培训】 2005年，水电十五局先后组织举办安全生产培训班14期，602名管理人员参加培训。与此同时，不断加大安全生产宣传教育，使全体员工的法制观念和遵章守纪观念得到增强，更加牢固树立"以人为本"、"预防为主"的理念，确立用科学发展观统揽安全生产的思想。

【安全生产大检查】 为有效预防事故，消除各种事故隐患，实现全年安全生产目标，局安全生产委员会先后两次组织安全生产大检查。自下而上采取拉网式普查，以自查自纠为主，检查与整改相结合，局安全生产委员会检查组进行重点抽查。在局主要领导的带领下，共检查32个单位和项目经理部。局属各单位和项目经理部落实专人，明确责任，对检查出的问题和隐患按期进行整改。

【安全生产委员会】 2005年，水电十五局调整充实了安全生产委员会。安全生产委员会按照思想引导前移、监督关口前移、参与层次上移、工作重心下移的思路，制定出年度安全工作计划。先后召开两次安全生产委员会工作会议，对各个时期、阶段的安全生产工作进行部署安排，对安全事故进行研究处理，并发出通报。年终，局安全生产委员会对各单位安全生产情况进行检查考核，按考核结果进行奖惩。在局安全生产委员会的高度重视下，2005年全局用于加强安全防护设施、加大安全教育培训力度和职工健康检查等方面的资金多达507万元，确保施工生产的顺利进行。

（孙　信）

党群工作和精神文明建设

【保持共产党员先进性教育活动】 水电十五局保持共产党员先进性教育活动从2005年7月18日～11月15日，历时三个多月。1452名党员参加教育活动，覆盖率98.8%。先进性教育活动启动前，局党委全面了解掌握基层组织建设和党员思想状况，还对党组织和党员队伍进行摸底登记，健全各级组织机构。

7月18日，水电十五局率先在陕西省国资委系统召开保持共产党员先进性教育活动动员大会。7月21日至22日，局先进性教育活动领导小组对60多名基层党组织负责人和骨干进行了培训。各级党组织按照书记负总责、党政领导两手抓、一级抓一级、层层抓落实的领导责任制，切实加强对教育活动的组织领导。根据施工企业的行业特点，紧密结合生产经营和改革改制两条工作主线的实际，认真抓好学习动员、分析评议、整改提高三个阶段各个环节的工作，积极开展"保先增强素质，奉献促进发展"、"党员岗位无投拆"等一系列主题活动。广大党员认真学习党章和《保持共产党员先进性教育读本》中规定的篇目，写学习心得体会。每个党员集中学习累计40小时以上、记学习笔记3000多字。领导小组先后举办专题报告会四场，会后把报告实况制作成光盘，下发到基层作为规定的学习内容。在分析评议阶段，各级党组织采取召开座谈会、设置意见箱，发放征求意见表、开展谈心活动等形式，广泛征求对党员个人和党组织、党员领导干部的意见，共征求意见和建议774条，累计个别谈话1400多人次。通过坦诚交流查摆问题，深刻进行自我剖析，认真查找思想根源，进一步明确努力方向。局党委形成整改方案，对整改任务、目标要求、责任部门、整改时限提出明确要求，并进行公布。同时进一步规范"四好班子"、"五好支部"、"六好党员"、"四有模范职工"创建活动。在整改工作中，局各级领导班子和相关业务部门既分工明确、责任落实，又密切协作、相互配合，充分发挥整改合力，取得明显效果。按照省国资委党委和集团公司党组的要求，局保持共产党员先进性教育活动领导小组办公室11月9日发出141份测评表，对先进性教育活动开展情况进行测评，群众满意度达到99.2%。11月15日，水电十五局召开保持共产党员先进性教育活动总结大会。在总结大会上，局党委就做好巩固和扩大整改成果，并进行"回头看"工作进行了安排。要求各单位的先进性教育活动机构继续保留，继续抓好整改工作的落实，真正使先进性教育活动成为群众满意工程。水电十五局的先进性教育活动做到了"两不误，两促进"，受到陕西省国资委督导组和集团公司巡回检查组的肯定和好评。

【党建工作】 水电十五局通过抓好干部队伍建设和基层组织建设，进一步做好党的各项工作。坚持中心组学习制度，有针对性地抓好政治理论和业务知识学习。通过学习邓小平理论、"三个代表"重要思想和科学发展观、以人为本等内容，促进干部队伍的思想建设。在坚持局及二级单位领导班子中心组学习的同时，局领导还参加省委组织的"三秦大讲堂"学习，积极选派干部参加集团公司举办的培训班，还选派一名中层领导参加省委中青年干部学习班。积极探索党管干部的原则与现代企业法人治理相结合的机制，认真做好中层经营管理者的选拔聘用和管理工作。2005年，调整充实了第四工程公司、海外公司、建筑公司、水利机械厂的党委（总支）班子。对水电十五局党委机构设置和直属单位的党组织设置，以及党群系统中层、直属单位党组织组成进行了确认。坚持党支部建在项目上，把思想政治工作做在第一线。继续采取流动党校等形式，坚持对党员干部进行形势任务教育。结合深入基层和工地检查指导工作，加强基层党组织建设。以量化考核为基础，对中层经营管理者进行年度考核，按比例确定正职和副职优秀人选。局党委结合2005年上半年工作检查，召开水电十五局庆“七一”党建工作座谈会，对2004年度10个先进党支部、22名优秀党员、9名优秀党务工作者进行了表彰。四公司党委、洛惠渠项目党支部、一名优秀党务工作者和一名优秀共产党员受到省国资委党委表彰。

【宣传工作】　2005年，结合黄河小浪底西霞院反调节水库基础开挖工程提前5个月完工、新疆察汗乌苏水电站截流、汉江桥闸二期截流、湖南株溪口水电站开工等工程重大阶段性目标的实现，积极开展宣传活动，展示企业形象，树立企业品牌，全力配合生产经营工作，取得明显效果。进行企业宣传画册的设计和图片搜集，为投标开发等工作提供保证和支持。2005年，改版编印出刊《十五局动态》31期，分发到各项目工地和有关单位。为配合企业整体上划、水电十五局揭牌成立，与《中国电力报》、《中国水利报》、《水利水电工程报》联系，分别于9月10日、9月13日、10月14日刊登宣传专版，扩大社会影响，提高企业知名度。2005年，水电十五局在省部级以上刊物发表文章30余篇，其中《陕工局集团“三步走”挺进国际市场》荣获陕西省新闻二等奖、《陕西日报》好新闻一等奖；水电十五局编印出刊的《水电通讯》荣获全国工程建设行业报刊优秀奖。

在企业文化建设方面，经过上下三次征集整理汇总，提炼出具有水电十五局特色的“开拓拼搏，优质高效，追求卓越”的企业精神、“为社会创造财富，为企业创造效益，为员工创造机会”的企业宗旨、“适应市场，服务顾客，回报社会”的服务理念以及“顾客满意，优质高效，改进创新，行业先进”的质量方针，借助加入集团公司之机进行了广泛宣传。

（杨　莉）

【精神文明创建活动】　在全面落实加强文明创建的基础上，强化“内强素质，外塑形象”的工作力度，按照《精神文明创建活动实施办法》和《年度考核量化细则》，对文明工地进行层次化和动态管理，对实施要点和计划进行周密安排和检查指导。重点进行文明单位、文明工地（车间）、文明院落、文明科室、文明家庭等“五大创建”活动和支柱工程、形象工程、窗口工程、青年文明号、人才工程、温暖工程等“六大工程”建设，年初布置，半年检查，年终考评。在创建活动中，以人为本，以精神文明创建活动为载体，把思想政治工作与企业发展、与维护职工利益紧密结合，把精神文明创建活动和思想政治工作根植于基层、根植于群众、根植于企业经济活动之中。在开展创建文明工地活动中，强调项目经理要“出效益、塑形象”两副重担一起挑，从组织机构、现场管理、安全生产、质量进度、办公生活设施、文明施工氛围和思想政治工作等六个方面进行量化考核，作为评选奖励先进项目经理部和优秀项目经理的依据。同时，积极帮助基层开展各项文化教育活动。2005年，水电十五局各单位顺利通过各级文明单位复查验收，咸阳基地创建省级文明社区先进单位也通过省文明委验收。

【工会工作】　2005年，水电十五局工会紧紧依靠职工搞好企业改革。在企业整体上划中，及时召开职代会专题大会，广泛征集职工代表意见，并采用“票决制”方式，形成和通过局职工代表大会决议。会后，局工会和各基层单位工会深入一线工地，召开职工座谈会20多次，与近300名职工交谈。对了解到的在改制中涉及职工合法权益的问题，与有关部门协商，经局会议讨论后以《保持共产党员先进性教育活动整改措施》下发基层单位整改落实。局工会还制定出《在企业改革改制中充分发挥工会组织作用的指导意见》，进一步规范局属单位职代会或职工大会的程序；积极组织开展劳动竞赛、“安康杯”竞赛和职工经济技术创新活动，充分发挥职工在生产建设中的主力军作用。2005年，局工会组织开展各种劳动竞赛30余次，4000多人次参加。还组织23名选手，分别参加集团公司和陕西省电焊工、混凝土拌合楼运转工技能大赛。四公司荣获“陕西省重点工程建设立功竞赛先进集体”，一人荣获“陕西省重点工程建设立功竞赛先进个人”。在“安康杯”竞赛活动中，局工会制定出《实施职工职业健康安全管理具体办法》，在26个项目工地建立职业健康安全管理检查监督小组，并设立80名安全、劳动保护监督检查员。2005年，水电十五局获得陕西省“安康杯”竞赛优胜企业，分管副总经理获得全国

"安康杯"竞赛优秀组织者。在职工经济技术创新活动中，水电十五局工会获得优秀组织单位荣誉。四公司呼和浩特绕城公路项目经理部和水电医院妇产科获得"陕西省职工经济技术创新示范岗"。一名职工荣获"陕西省杰出能工巧匠标兵"，三名职工获得高级工晋升资格。2005年，水电十五局先后公开职工关心的难点热点问题近百项，接受职工的参与和监督；深入开展创建"职工之家"活动，加强工会自身建设。2005年创建"合格职工之家"10个，创建"先进职工之家"6个。经过上级工会复查复审，水电十五局工会继续保留"全国模范职工之家"殊荣，二公司工会继续保留"陕西省模范职工之家"荣誉。此外，局工会还组织开展篮球赛、文艺演出等文体活动，丰富职工业余文化生活。举办职工摄影绘画、书法及手工艺作品展览，整理出版了《水电情魂》大型画册。

（辛月诚）

【女职工素质提升达标活动】　水电十五局女职工委员会按照争做"知识型职工"和时代新女性的要求，在全局开展以"知识改变命运，学习成就未来"为主题的女职工素质提升达标活动。在制定的实施方案和规划中，提出"自我设计、自定目标、自加压力、自我实施"和缺什么、补什么的要求。发动和引导女职工积极参加素质提升活动。2005年有660多名女职工参加素质提升达标活动，参与率为女职工总数的58%。这些女职工从本职工作和发展需要出发，制定出自我发展目标，已在学历、职称和技术技能及其他素质提升方面初见成效。参加各类夜校、职校学习的400多名在岗女职工中，已有96人取得大专以上文凭，10名女职工现为在读硕士。女职工写出的14篇专业论文，11篇被省级以上刊物采用。

（于惠敏）

【送温暖工程】　水电十五局工会积极实施"送温暖工程"，为职工做好事办实事。2005年局工会筹措资金，开始实施职工医疗互助保险制度。全局近2000人次参加上级工会组织开展的重大疾病、特殊疾病保险。在继续开展的交友帮扶活动中，水电十五局近40名领导干部与特困职工结成对子，进行救助帮扶。局工会还投入5300元，资助5名困难职工子女进入大中专院校学习。中秋佳节前夕，局工会投入1.5万元，给60个工地的职工邮寄月饼，表达组织的关爱和后方亲人的思念。

（辛月诚）

【共青团工作】　2005年，水电十五局团委积极开展适合青年特点的多项活动。广泛进行团员意识教育，开展创建"五四红旗团委"、"五四红旗团支部"活动，在活动中涌现出四公司团委等一批先进团组织和先进个人。新疆"500"水库项目团支部获得陕西省国资委系统"五四红旗团支部"，一名团员在陕西省国资委系统被评为优秀团员；深入开展创建"青年文明号"和争当青年突击手活动。在这一活动中，云南昆明掌鸠河引水工程青年突击队获得陕西省"青年文明号"，一人获得陕西省青年突击手标兵，一人获得陕西省青年突击手荣誉称号；组织开展岗位练兵、技术比武活动。五四青年节评选表彰了八名局青年岗位能手，并选拔推荐四人参加陕西省青年职业技能大赛决赛。2005年，先后有20名青年技术骨干在全国及省级技术比武中取得优胜名次。水电十五局团委还成功举办投标答辩比赛和篮球友谊赛。总部机关团支部组织召开纪念抗日战争胜利60周年座谈会，对团员青年进行爱国主义和革命英雄主义教育。

【"两联一包"扶贫工作】　按照中共陕西省委、陕西省人民政府的部署安排，水电十五局牵头组织陕西省农机管理局、陕西省畜牧兽医总站、大唐石泉水力发电厂等九个单位在石泉县进行联县联乡（镇）包村扶贫工作。2005年，水电十五局给石泉县城关镇红岩村新修河堤路1000米，与前两年修建的12.5公里村级道路和两座便民桥一起在包扶村形成村级公路网络。2005年10月石泉县遭受特大暴雨洪灾后，水电十五局两次派人到县上开展救灾扶贫慰问活动，给受灾群众送去救灾款，给重灾户送去建房捐助款和面粉、食油等慰问品。水电十五局还以实际行动支持石泉县挖掘弘扬鬼谷子文化遗产，发展旅游事业，振兴县域经济。11月1日，石泉县扶贫领导小组办公室给水电十五局送来感谢信，表扬水电十五局建设社会主义和谐社会的高尚风格和无私奉献精神。2005年，水电十五局被评为陕西省"两联一包"扶贫工作先进单位，这也是水电十五局牵头扶贫第三次获此荣誉。

检查监督

【落实党风廉政建设责任制】　2005年，水电十五局进一步明确各级领导干部党风廉政建设的职责，对党风廉政建设和反腐败工作实行目标管理。组织直属单位党政主要领导同局党政主要领导、机关部门主要负责人同局党政分管领导分别签订《党风廉政建设责任书》34份；局属15个单位的主要领导同所属的项目经理部、车间、科室签订《党风廉政建设责任书》190多份，使党风廉政建设责任制得到层层落实。同时，对局党风廉政建设和反腐败工作目标任务进行分解细化，明确分管领导、牵头主办部门及承办、配合单位和部门的任务与要求，形成各负其责、齐抓共管的局面。在明确目标、落实责任的基础上，重点抓好半年、年终检查考核。水电十五局利用召开“七一”座谈会，表彰2004年度党风廉政建设先进集体6个、先进个人19名，并让各单位汇报交流落实党风廉政建设责任制的情况。此后，由总经理带领检查组，对各单位生产经营责任目标和党风廉政建设责任目标落实情况进行检查。年终，水电十五局结合生产经营责任目标检查，对反腐倡廉工作进行全面检查考核，并将检查考核结果作为评选先进和任用干部的重要依据。

【教育、制度、监督并重的惩治和预防腐败工作】水电十五局把贯彻落实《国有企业领导人员廉洁从业若干规定》作为重点，利用开会宣讲、中心组学习、知识测试、讲党课、看录像等多种形式，加强对领导干部廉洁从业的宣传教育，促其不断增强纪律观念和自律意识，树立正确的权力观和政绩观，带头做到“为民、务实、清廉”。水电十五局重视搞好制度建设，加大用制度管人管事的力度。在执行干部廉政鉴定、重大事项报告、年终述廉及测评、开好领导班子民主生活会等制度的同时，新制定出《关于开展构建警示训诫防线工作的实施办法》和《中层领导干部任前廉政谈话制度》。局属各单位按照源头治理工作的安排部署，在加强项目管理、物资设备购置使用、领导干部职务消费、招标投标、工程结算、维护职工利益、领导干部廉洁从业等方面建立和完善了30多项规章制度。在监督检查方面，水电十五局主要抓好在领导班子民主生活会上汇报廉洁从业情况，接受班子成员监督和搞好年终述廉及测评，接受职工代表评议、监督工作。同时，纪检监察组织还先后参加清产核资、首次中层经营管理人员的公开选聘工作，参与工程系列中高级专业技术职称评审工作，对局拟提任的13名处级领导干部经过考察，做出“廉政鉴定”。

【效能监察】　水电十五局把规范项目管理、物资设备采购、清理拖欠工程款作为重点，积极开展效能监察。局纪检监察组织先后深入10多个工程项目，对项目经理责任制的落实、合同管理、成本控制、内外结算、工程分包、物资设备采购及经营效果等情况进行全面检查，共提出加强改进建议30多条，对进一步加强和规范项目管理、提高经济效益起到促进作用。在物资设备采购方面，主要检查局《物资设备招标采购办法》落实情况，抓好监督关口前移工作。局直属单位分别制定出《设备及配件物资招标采购实施条例》、《机械设备采购管理办法》、《材料物资设备采购办法》等规章制度，进一步规范物资设备采购程序，促进管理水平和经济效益的提高。在清理回收拖欠工程款中，局纪检监察组织主要从健全组织、落实责任、摸清底子、制定计划、催要成果等方面及时进行督促检查，不断加大工作力度。通过各方面共同努力，2005年共收回拖欠工程款2500多万元。

（翟彩娥）

【审计监督】　2005年，水电十五局进一步加强内审制度建设，完善内部审计制度，制定出《领导人员任期经济责任审计实施细则》。《实施细则》规定，组织人事部门在各单位领导人任期届满或者任期内办理调任、辞职、免职等事项时，实行先审计、后办理。内审工作大力强调对在建项目的事中审计监督，坚持每个在建项目每年必须审计一次。各分公司也逐步加大审计覆盖面，促进各项目经理部认真抓好项目事中过程控制，不断提高经济增长的质量和效益。四个工程公司对46个在建项目进行了审计，审计覆盖面达到67%。在对在建项目的事中审计过程中，水电十五局将审计重点放在项目经理部内部控制制度的建设、对下跟工队的结算情况、成本费用（尤其是非生产性支出）发生的合理性与合规性、账务处理程序的合规性等方面。通过审计，将发现的问题消灭在项目过程控制的萌芽状态。

2005年，水电十五局先后对突尼斯儒米纳泵站、塞杰娜泵站、比塞大垃圾站项目、青海湟贵公路项目、沣河综合治理项目、渭河综合治理项目、甘肃西流水项目、宝鸡峡项目等八个完工项目进行了终结审计。将审计重点放在项目经理部的结算情况（对上跟业主的结算与对下跟工队的结算）、经营成果（收入、成本费用的确认与计量是否符合相关会计制度）、债权债务状况等方面。通过审计，最终对完工项目做出评价，提出审计意见或建议；对参加年度评优的项目经理部进行经济效益审计，为优秀项目经理及先进项目经理部的评比提供依据。

2005年，水电十五局加大审计成果的转化利用，全面落实审计决定，密切关注审查问题是否得到纠正、账目是否如期按要求进行调整、有关人员是否受到必要的处理处罚。与此同时，对内部控制制度审计进行积极探索。通过内控制度审计，督促各有关部门和人员认真履行经济责任，维护内控制度的严肃性，使之有效地发挥功能作用，达到完善内控制度、加强经营管理、制约权力分配、规范经济秩序、维护财经纪律的目的。同时通过内控制度审计确定审计范围、重点和方法，从而进行详细的查证，揭露问题，堵塞漏洞。

（牛继明）

【职工代表大会监督】 2005年1月23日～24日，原陕工局首届五次职代会在西安召开。大会征集代表提议案7类43条；大会通报了企业改革改制、整体上划进展情况；听取、审议并通过了总经理所作《强化管理增效益，改革创新谋发展，为全面完成2005年目标任务而奋斗》的工作报告；听取、审议、通过了总会计师所作财务预决算（草案）以及业务招待费使用情况的报告；听取、审议并通过了2004年集体合同履行情况的报告。大会还通过建立《“55123”人才工程管理办法》的决议，同意设立科技贡献奖励基金。

2005年，水电十五局修改完善《企务公开实施细则》，规定必须公开的四大类34项内容。坚持以职工代表大会或职工大会为主要形式推行企务公开，实行民主管理。坚持企务公开与效能监察相结合，积极进行项目事务公开。2005年6月，中共陕西省委常委、省总工会主席郭永平来企业调研，对水电十五局民主管理、企务公开工作给予充分肯定和赞誉。

（辛月诚）

中国水利水电闽江工程局

概况

【企业资质】 中国水利水电闽江工程局（以下简称闽江局）经国家建设部颁发的企业主项资质为水利水电工程施工总承包一级，增项资质有市政公用工程施工总承包一级，公路工程施工总承包一级，房屋建筑工程总承包二级，港口与航道施工总承包二级，钢结构工程专业承包一级，土石方工程专业承包一级，机场场道工程专业承包一级；同时拥有工程设计和监理乙级资质，超大型平面滑动闸门、大型平面定轮闸门、大型弧形闸门、大型拦污栅等全国工业产品生产许可证，具有五十年企业发展历史。

【队伍结构】 2005年末在册职工3703人，同比减少78人。各类专业技术和管理人员1327人，占职工总数35.84%；同比增长11.42%，净增136人。其中，一级建造师50人，二级建造师117人；一级项目经理96人，二级项目经理154人；各类造价师5人；教授级高级工程师18人，工程等各类高级职称225人，中级职称343人；高中级技师57人。

【企业资产】 2005年末资产总额9.33亿元，同比增长21.64%，并获得银行授信额度4亿元；拥有3220台（套）、原值3.19亿元、现值1.79亿元的各种现代化施工机械设备，人均装备率4.84万元；其中，年内新增455台（套）、价值0.93亿元机械设备，主要投入国际工程和西部在建的大型重点工程。

【局领导班子】 2005年2月21日，中国水利水电建设集团公司（以下简称集团公司）聘任闽江局新一届领导班子：局长兼党委副书记李良顺，党委书记兼副局长陈纯鹏；副局长吕孟静、吴广忠、刘永祥、魏振刚、邱惠斌、方彦铨，党委副书记、纪委书记陈尚林，总会计师曾继亮；局十二届一次职代会选举谢小坡为工会主席。

【组织机构】 2005年，闽江局所属机构有部分调整。机关总部设置局办公室、市场开发部、国际工程部、工程管理部、安全生产监察管理部、劳动人事部、设备管理部、财务部、审计部、党委工作部、监察部、体制改革办公室及党委、纪委、工会、团委、机关党委、新闻和信息中心、法律顾问室等19个部门与组织机构，其中，原质量安全部经调整设立安全生产监察管理部，原企划经营部经调整并入审计部，纪委与监察部合署办公，党委工作部与机关党委、团委、新闻和信息中心合署办公，局办公室与法律顾问室合署办公。所设置二级建制单位有南平分局、福州分局、机电制造安装分局、路桥分局、第六分局、基础分局、第五工程处、水口工程处、勘测设计院、基地综合管理处、职工医院、厦门休养院等，其中，原贵州分局经调整更名为第六分局。

【专业品牌】 专业施工品牌经过长期的精心培育，在2005年得到有效提升。碾压混凝土大坝施工及干法砂石料生产，进入大中小、高精尖、薄重厚和简单立面、复合曲面综合开发阶段。从所承建的超百米级碾压混凝土重力坝福建棉花滩水电站工程荣获鲁班奖为标志，到广西百色水利枢纽工程施工所带来的业界广泛影响，年内承建贵州光照水电站超200米级碾压混凝土重力坝，同时在建超百米级碾压混凝土重力坝和双曲拱坝工程五项。福建周宁水电站工程继棉花滩水电站之后成为国家第二个达标投产水电项目，闽江局完成其中的碾压混凝土重力坝、引水发电隧洞和机组安装工程等关键项目施工。碾压混凝土坝工技术和施工工艺跨入国际领先、国内一流先进行列。

拓展施工新领域卓有成效，坚持追求水电施工品牌和经济效益的同时，集中力量推进其他具有优势和产业前景的项目市场开发。国外工程——阿尔及利亚布谷斯水坝粘土心墙土石坝和塔吉克斯坦杜吉公路修复工程快速推进。合作施工的钢筋混凝土面板堆石坝工程——四川紫坪铺水利枢纽和福建街面水电站两个项目相继进入尾工。非水利水电工程——陕西西汉高速公路工程项目完成施工，联营中标辽宁高速公路工程。机电和金属结构制造安装工程——当年开工39座大中型水电站项目，在13座水电站投产20台水轮发电机组，其中，贯流式机组占半数以上，品牌效应突出；成功安装福建周宁水电站400多米高水头高转速混流式机组；独立承揽福建街面水电站2台单机15万千瓦竖轴混流式水轮发电机组安装工程。类别众多的施工项目，展示出企业核心技术多元化和资源优化配置创新能力，企业产品结构与内涵得到极大丰富与充实。

闽江局拥有集团公司系统唯一的机场场道工程专业承包一级资质，承建的浦东国际机场工程项目年度内获上海市政工程金奖，并独家在全国民航机场场道工程技术经验交流会做场道混凝土浇筑施工示范；参建的广州新白云国际机场工程项目，荣登“2005年全国十大建设科技成就”榜首。至此，在当今国内三大国际航空港建设中，已在上海浦东和广州新白云两大国际航空港连续夺标获奖，成为集团公司系统机场建设排头兵，享誉民航系统。

【2005年工作】 2005年，闽江局全面完成集团公司三项责任书年度目标，承揽工程、完成产值与实现利润均创历史最好水平。市场开拓成效显著，年度中标工程合同金额规模首次超过20亿元（是年目标任务的137%，为2000年的5倍，5年平均增长率保持在35%以上），其中，国际工程中标金额0.59亿美元。合同履约情况良好，全年完成营业收入规模突破12亿元（是集团公司年度考核指标的107.77%，为2000年的2.5倍，5年平均增长率在25%以上），利润进一步提高，利润率比集团公司考核指标高0.52%。全员年人均签约率已突破50万元，劳动生产率达33.86万元，进入集团公司系统先进行列。职工收入同比实现平稳增长，实现企业规模、效益、职工收益和社会贡献统筹协调增长。ISO9001：2000版标准质量管理体系稳定运行，OHSAS18000职业健康安全体系顺利推进，安全生产受到集团公司表扬，已连续4年获福建省“安康杯”竞赛先进单位。

生产经营总体情况呈现国内外“两个市场”，合同金额比重呈现逐渐平衡、同步攀高发展态势，企业资源得到进一步优化。项目绝对数有效降低，项目单位规模全面扩大，亿元以上大项目和含金量高的项目成为主流。市场布局和项目结构得到科学优化，竞合机制得到大力强化，联营中标项目大量增加，国外项目群正在形成，体现出集团化建设、跨越式发展方向。资产和资本运营迈出新步伐，年度内再向集团公司投资公司进行投资扩股，一些辅业单位分离改制取得实质性进展，企业产权和产业结构得到进一步改变。

2005年上半年，闽江局成功举办建局50周年庆典活动，从多个层面提升企业良好形象，精神文明建设与企业文化建设跨上新台阶。下半年，完成保持共产党员先进性教育活动，确保“两不误、两促进”，得到各方面充分肯定。年末，正式启动企业文化建设和闽江局管理体系编制工作，为步入精细化、科学化管理打下基础。企业进入2005年福建省建筑业综合实力总承包20强企业和建筑企业百强第6名，6个二级单位获集团公司2004年度文明单位，一批骨干获得集团公司劳动模范等荣誉。

（王则祥　吕槐青）

工程建设

【国内建筑市场开发综述】 2005年，闽江局国内建筑市场开发工作再度实现重大跨越，中标工程规模持续攀升，项目与市场结构得到转变，中标效益明显提高。全年共参加国内各类工程投标项目175个，中标40个，中标率22.85%；中标新签合同总金额13.69亿元，超额完成年度目标36.9%。全面实现“进一步解放思想，树立科学发展观，开拓创新，中好标，中大标，创高效，开创新的经济增长点，努力实现国内工程承揽合同额10亿元”的指导思想与年度经营目标。

市场结构完成战略上的根本性转变，省外水电工程比重大幅提升，中标工程扩展至10个省（市）、自治区。中标质量高，仅16项工程就占年度合同总金额的82.26%，单项合同总额与单价的含金量都得到提高。中标工程重点分布在西部地区，仅贵州省就占43.7%。新疆、安徽、内蒙古、湖南、辽宁等地新市场开发实现突破，为今后市场拓展打下基础。合作优势进一步体现，在巩固与水电四局、十二局强强联合的基础上，与水电八局、一局的合作取得丰硕成果，联合中标工程份额占全局中标合同总金额的47.42%。

【水利水电工程主要中标项目】　水利水电建设工程在生产经营中继续占主导地位，占中标工程合同总金额的84.18%。单个项目规模持续扩大，单项工程平均中标合同金额同比增加近千万元，是2003年的3倍（大于1亿元规模以上项目5个，占全局中标合同总金额73.58%）。针对具体投标项目，闽江局采取抓重点、重效益策略，有针对性选择条件好、造价大项目进行重点出击，成效很大。代表性中标工程有：贵州北盘江光照水电站大坝土建工程、安徽白莲崖水库拱坝工程、贵州思林水电站大坝工程、新疆喀腊塑克水利枢纽工程人工砂石系统工程、福建将乐高唐水电站枢纽土建工程等。

【非水利水电工程主要中标项目】　2005年，闽江局中标非水利水电工程项目15个，合同总金额2.17亿元。其中，3千万元以上项目有2个，合同金额1.4亿元，占非水利水电工程五分之三，较好地遏制了项目散、乱、多的现象。代表性中标工程：上海浦东国际机场二期飞行区（第二跑道）附属设施新增服务车道工程南标、北标工程，继续扩大上海等地机场工程市场份额；辽宁铁岭毛家店（辽吉界）至朝阳三十家子（辽冀界）高速公路项目阜新至朝阳段路基工程，及一些市政、工民建等工程项目。路桥工程占非水利水电工程中标工程合同总金额的69.12%，机场工程占15.38%，表现出市场占有率向优势项目集中的发展趋势。

【机电和金属结构制造安装工程主要中标项目】2005年，闽江局中标机电和金属结构制造安装工程项目14个，合同总金额9378万元，其中千万元规模以上中标项目有4个，单个项目规模有较大幅度提高。贯流式水轮发电机组安装工程占绝大部分，继续发挥专业品牌优势。福建尤溪街面水电站机电设备安装工程的中标，成为闽江局竖轴混流式水轮发电机组单机容量最大的机电安装项目。代表性中标工程：福建泉州金鸡拦河闸金属结构制造及机电安装工程、顺昌洋口水电站金属结构制造及机电安装工程、南平照口水电站金属结构制造及机电安装二期工程等。

（杨铭钦　陈盛昌）

【在建工程项目综述】　全年实现企业营业额12.71亿元，其中在建水利水电工程134项，完成产值9.06亿元；工业与民用建筑工程7项，完成产值0.19亿元；路桥工程31项，完成产值0.87亿元；市政工程11项，完成产值0.25亿元；其他工程53项，完成产值2.62亿元。在建工程点多面广，省外项目大量增加。千万元规模以上项目19个，分布在全国各地及国外。在台风、洪水各种自然灾害频发，客观条件差，施工干扰大的情况下，闽江局加强在建工程计划进度、安全履约管理，保证质量管理体系稳定运行，实现安全生产和质量创优目标。

【光照水电站大坝土建工程】　2005年7月，由“闽江—黄河”水电工程联营体中标承建光照水电站大坝土建工程，合同额6.67亿元。闽江局为责任方（占55%股份），合作方为水电四局。工程最大坝高200.50米，碾压混凝土总量达240万立方米，是提升专业施工技术水平的制高点。合同工期：2005年8月1日～2008年5月31日，总工期34个月，计划在2007年4月底前下闸蓄水。光照水电站枢纽工程是贵州北盘江干流龙头梯级电站，以发电为主，兼有航运、灌溉、供水等功能。枢纽由碾压混凝土重力坝、坝身泄洪表孔、放空底孔、右岸引水系统及地面厂房等组成；装机容量4×26万千瓦，多年平均发电量27.54亿千瓦时，总库容32.45亿立方米，为不完全多年调节水库。大坝施工主要技术强度指标为混凝土高峰强度：24.84万立方米/月。大坝混凝土全年施工，夏季高温季节不停工，这在国内碾压混凝土施工历史上极为罕见，对系统综合温度控制要求高，防止大坝裂缝是重点和难点。截至2005年12月，工程大坝基坑开挖出渣完成90%，安装完成1号、2号、3号混凝土拌和楼，完工联营体生活营地、钢筋加工厂、木模加工厂等临建设施，全面转入大坝混凝土施工阶段。

【白莲崖水库大坝工程】 2005年5月，闽江局中标承建白莲崖水库大坝工程，合同额2.41亿元。该水利枢纽工程是国务院批准的治理淮河重点项目。工程位于安徽省六安市霍山县境内，距下游已建的佛子岭水库26公里，以防洪为主，兼顾灌溉、供水和发电等综合功能。水库总库容4.60亿立方米，电站总装机容量5万千瓦。拦河大坝为碾压混凝土双曲不对称拱坝，最大坝高104.6米，坝顶全长421.86米，混凝土总量66万立方米（其中碾压混凝土55万立方米）。截至2005年12月，在业主将原中铁十六局施工的导流洞标段后期工程移交闽江局施工的困难条件下，工程顺利实现大江截流，完成坝肩、基坑开挖、临建工程与辅助设施，全面进入大坝混凝土施工阶段。该项目由南平分局具体组织施工。

【浦东国际机场二期工程】 2005年2月，闽江局再度中标承建上海浦东国际机场二期飞行区（第二跑道）附属设施新增服务车道工程南标、北标工程，合同金额0.35亿元。2005年初，闽江局对浦东机场二跑道地基处理工程一标段、场道工程一标段、东西向联络道及机坪场道工程四标段等项目进行收尾、整改及有关验收工作（3月17日正式投入运行）。同时，继续进行二期航站楼空侧站坪地基处理工程（北标段）施工，顺利通过业主、监理初验，华东民航质检站复验及民航质检总站抽验。截至2005年12月，闽江局在上海浦东国际机场所承建工程额已突破3亿元，荣获上海市市政工程金奖，并被推荐参加全国市政工程“金杯奖”评选。该项目由福州分局具体组织施工。

【福建省中电项目群】

（1）白沙水电站主体工程土建和金属结构制作安装。白沙水电站位于闽西龙岩市九龙江支流万安溪中段，总装机容量2×3.5万千瓦，拦河大坝为碾压混凝土重力坝，最大坝高74.9米，坝顶长171.80米。闽江局主要承担大坝主体工程土建和金属结构制作安装等施工项目，合同总金额0.92亿元，工期为：2004年4月1日～2006年11月30日，共32个月。2004年为基础土石方开挖时段，2005年为大坝碾压混凝土浇筑高峰时段，计划于2006年6月30日前实现下闸蓄水目标。该项目由南平分局具体组织施工。

（2）高唐水电站主体工程土建和金属结构制作安装。高唐水电站位于闽西北将乐县高唐镇上游，是金溪流域干流规划第七级水电站，总装机容量2×2.1万千瓦，上下游有闽江局完工的将乐范厝和顺昌谟武等多个中型水电站。闽江局主要承担主体工程土建和金属结构制作安装等施工项目，合同总金额0.93亿元，工期为：2005年6月19日～2008年3月31日，共34个月。2005年主要完成一期基坑土石主围堰、一期主体工程土石方开挖和部分坝块混凝土浇筑等任务。该项目由第五工程处具体组织施工。

（3）洋口水电站主体工程土建和金属结构制作安装。洋口水电站位于闽北顺昌县洋口镇，是规划中富屯溪干流南平市辖区第一级电站，总装机容量3×1.6万千瓦，上下游为闽江局完工的顺昌谟武水电站和正在施工的照口水电站。闽江局主要承担主体工程土建和金属结构制作安装等施工项目，合同总金额0.93亿元，工期为：2004年12月12日～2007年12月31日，共36.5个月。2005年基本完成一期厂坝主体工程基础部分施工，2006年将转入二期闸坝施工。2005年下半年，工程连续5个月混凝土浇筑突破万方，创下福建中电建设混凝土浇筑新纪录。该项目由南平分局具体组织施工。

（4）照口水电站主体工程土建和金属结构制作安装。照口水电站位于闽北南平市王台镇际洲村，是规划中的富屯溪流域梯级开发最末级，总装机容量3×2万千瓦，上下游为闽江局在建的洋口水电站和八十年代完工的沙溪口水电站。闽江局主要承担主体工程土建和金属结构制作安装等施工项目，合同总金额1.02亿元，合同工期为：2003年8月6日～2006年9月30日，共38.5个月。电站1号机组于2005年12月正式投产，转入二期工程施工。2006年全面竣工。该项目由南平分局具体组织施工。

【联营合作工程】

（1）2004年5月，由“闽浙”联营体中标承建洪口水电站拦河坝工程，合同金额2.15亿元，闽江局为责任方（占55%股份），合作方为水电十二局。电站位于宁德市洪口乡，总装机容量2×10万千瓦，最大坝高130米，是福建省最高拦河大坝。2005年，工程完成截流和坝基开挖等任务。经调整后的工期计划为2006年进入以大坝碾压混凝土浇筑为中心的建设阶段，2008年10月31日工程全部完工。工程自开工以来，经历停工、退场、复工、再停工诸多波折，闽浙联合体积极寻求必要的施工条件保障，努力抢回滞后工期，从而使工程始终保持着较快进展态势。

(2) 2005年11月，由“八闽”联营体中标承建思林水电站大坝土建工程，合同金额3.46亿元，水电八局为责任方，闽江局为合作方（占40%股份）。合同完工日期2009年4月30日。电站位于贵州省东北部乌江干流中游，总装机容量4×25万千瓦，枢组建筑物由117米高碾压混凝土重力坝等组成。主要合同工程量为坝基土石方开挖77.3万立方米，混凝土浇筑108.2万立方米（其中碾压混凝土77.1万立方米，常态混凝土31.1万立方米）等。工程于2005年11月26日顺利实现大江截流，计划于2006年上半年完成坝基开挖，汛后开始大坝混凝土施工。

（郑旭东　杨　勤）

【机电和金属结构制造安装工程】　闽江局在2005年承建39座大中型电站机组安装和金属结构制造安装任务，在13座大中型电站完成20台机组安装，投产发电总装机容量为19.25万千瓦，创造了一年内同步安装机组台数和发电机组台数两项新纪录。年度内完成投产发电目标的机组有：1月份，湖南潇湘水电站1台；3月份，将乐大言水电站1台；3月与4月份，周宁水电站2台；5月份，屏南上培水电站2台；5月与6月份，仙游九仙溪二级、四级水电站4台；6月份，闽清嵩滩浦水电站1台；6月与11月份，永安西门水电站2台；6月与7月份，漳平小杞水电站2台；7月与9月份，江西郭家滩水电站2台；11月份，建瓯北津水电站1台；12月份，寿宁牛头山水电站和南平照口水电站各1台。同时，全年完成31项金属结构制作安装任务（制作4139吨，安装4917吨），产品质量合格率100%，优良率90%以上，施工工期满足各项工程合同要求。

【周宁水电站机电安装工程】　周宁水电站是规划中闽东穆阳溪流域梯级开发第二级电站，工程最大难度是安装国内额定水头最高、单机容量最大的高转速立轴混流式发电机组。电站单机容量12.5万千瓦，额定水头400米，最大静水头437.20米，最小水头388.8米，加权平均水头421.0米，额定转速428.6转/分。发电机组制造和安装在国内均属首次。2003年1月20日，闽江局（责任方）和水电十四局组成联营体中标承建周宁水电站机电安装工程。2005年3月13日和4月15日，两台机组分别安装成功，正式投入商业运行。

【贯流式水轮发电机组安装项目群】　贯流式水轮发电机组安装是闽江局自20世纪80年代以来培育的另一专业施工品牌，2005年合计投产发电10台，总装机容量15.77万千瓦。具体项目为：建瓯北津水电站1台，容量2.5万千瓦，是闽江局已建单机容量最大贯流式机组；漳平小杞水电站2台，单机容量2.15万千瓦；南平照口水电站1台，容量2.0万千瓦；将乐大言水电站1台，容量1.67万千瓦；永安西门水电站2台，单机容量1.5万千瓦；湖南潇湘水电站1台，容量1.3万千瓦；江西郭家滩水电站2台，单机容量0.5万千瓦。

（吕槐青）

【国际工程】　集团公司于2005年1月18日中标阿尔及利亚布谷斯水坝工程，由闽江局具体承建。1月25日业主正式下达开工令，计划于2007年11月25日完工，合同工期34个日历月。3月25日，开始临建施工；7月1日，展开大坝土石方开挖工程施工。截止2005年12月，临时工程基本完成，砂石料筛分、混凝土拌和两大系统顺利投产，主体工程进入大规模开挖阶段。年度累计完成土石方开挖75万立方米，全年完成总产值979万美元。工程主要特点和难点：大坝为黏土心墙土石坝，工程采用法国AFNOR高标准，许多技术参数有别于国内同类型工程，大坝反滤料、排水料所占比重大，生产施工工艺烦琐，在施工过程需进行坝区补充地质勘探和料场勘探，为施工图设计提供数据；此外，大坝填筑需克服跨越每年4个月的雨季。

塔吉克斯坦杜尚别—吉尔吉斯边界道路修复项目第一期工程，正式开工时间为1月20日，总工期为38个日历月，2008年3月19日为合同竣工日。针对公路工程战线较长施工特点，分别设置一个主营地（项目部所在地）和三个生产营地（km22砂石料系统和沥青拌和楼系统，km56混凝土拌和系统、预制场和砂石料系统，km87生产营地），2005～2006年主要进行涵洞、排水沟、挡墙和路基土石方施工，2006～2007年主要进行路面基层与沥青混凝土结构层施工。

（谢亚章　张海燕）

管理创新

【管理体系建设】　建设闽江局管理体系，是保持共产党员先进性教育活动建立长效机制整改措施之一。经过有关部门前期准备，编制修订若干重要文件后，闽江局在12月召开2005年经营管理工作会议上，正式部署该体系规划体例与具体任务。管理体系框架涵盖企业市场开发、施工项目管理、资源开发和配置、财务会计、法制化管理、监督和约束机制、思想政治工作等七个模块。市场开发部分中主要包括工程招投标及工程协作投标管理制度和办法等；施工项目管理部分包含项目及项目组织、进度控制、质量控制、安全控制、成本控制、技术管理、计划与统计、合同管理、工程分包管理、文明施工、竣工验收、行政综合事务等；资源开发和配置部分主要有人力资源管理、材料管理、施工设备管理；财务会计部分包括财务管理、会计核算、成本费用等等；法制化管理部分包括法律实务、法人证鉴管理；监督和约束机制部分包括审计监督、效能监察和企业处罚通则等；思想政治工作部分主要有党群工作、廉政建设、双文明建设等。首批出台管理办法，注重办法可操作性和可实施性，相配套的流程图、示意图、各类表格、实施细则等都能随文发布。同时，违规处罚规定条款更为具体明确，统一处罚尺度，便于各级各部门检查监督，便于各责任人检查对照。同时注意避免出现管理制度“盲区”和“死角”，注重各类管理制度衔接和统一，注意在贯彻实施过程的完善与提高。

【合同管理】　闽江局合同管理体制，采取统一归口管理与分类专项管理相结合形式，局经营管理部门全面负责合同管理各项工作，对全局合同进行统一管理，局法律顾问室协助经营管理部门做好合同管理工作，包括合同谈判、签订、审查和合同纠纷解决等各个方面。市场开发部、国际工程部、设备管理部、财务部、办公室、工程管理部、安全生产监察管理部与劳动人事部等有关合同业务部门，按需要设立兼职合同管理人员，分类管理本专业合同。局属各二级单位经营管理部门，是本单位合同归口管理部门，全面负责本单位合同管理工作。项目部经营部门负责本项目合同管理工作。对特别重大合同，由有关职能部门负责人组成的合同管理委员会，进行全程跟踪，参与合同评审、谈判、履行的检查和解决合同纠纷等工作。新承揽工程项目，全面按照ISO9001：2000质量体系程序文件规定进行合同评审，杜绝不规范、不合法合同签订。根据新修订的闽江局合同管理、工程分包管理和统计管理办法（暂行），按照合同发行情况和分包合同发行情况报表（季报）的要求，通过定期、不定期报表，结合检查、抽查、巡视等手段，进一步规范在建、续建工程合同管理与监督工作。通过评审、成本测算、二次预算、监督检查、结算送检、终止备案等多种方式，做到签订合同有监督、履行合同有跟踪、终止合同有反馈，使每份合同自始至终处于受控状态，保证每份合同全面履约。

（方用惠　刘　国）

【工程管理】　2005年，闽江局累计完成在建水电工程项目134个，产值90656.3万元；工业与民用建筑工程7个，产值1965万元；公路（桥梁）31个，产值8706.8万元；市政工程11个，产值2578.4万元；其他工程53个，产值26260万元。工程管理紧紧围绕生产经营进行，建立定期反馈制度，掌握工程动态，及时采取措施，解决施工中存在的问题。工程局要求各二级单位在每季度末向工程管理部投递在建工程管理情况报表，报告工程进展情况，发现存在的问题并寻求解决途径。建立甲方投诉记录档案，认真进行投诉分类和处理，制定切实可行回访方案。对存在严重问题的工程项目，重点跟踪，对工程项目进行检查、监督和指导，有效解决施工中存在的技术和生产关键问题。坚持深入实际、面向基层的工作原则，发挥监督指导、下情上达、决策参谋作用，定时或不定时对工程项目进行检查、监督、指导，确保工程项目工期、质量、安全的履约。汛前组织防洪度汛大检查。2005年3月22日～3月30日，工程管理部提前对重点工程进行防洪度汛大检查，督促施工单位完善机制，制定措施，确保工程项目安全度汛。每季度定期刊发《工程管理信息》和更新在建工程统计报表，促进项目间信息交流与沟通，为局领导及各职能部门提供真实工程项目建设情况，以便进一步提高在建工程项目管理水平。开展工程技术资料收集、整理、汇编工作，为部门、基层各单位提供准确的工程技术资料和技术咨询服务。

（郑旭东　杨　勤）

【联营体管理】　2005年，闽江局对联营体的管理主要采取四种模式：一是规模大、对企业发展有重要意义并担任责任方的工程项目，由联营各方组成董事会，形成最高决策机构。局分管领导兼任项目总经理，局职能部门协助管理，以利生产经营的协调和组织实施。项目直接受控工程局。工程局统筹资源配置，对项目合同履约承担主要责任。如广西百色水利枢纽工程、贵州光照水电站工程的“闽黄”联营体。二是工程规模一般，局内已有较为成熟施工生产技术和组织平台的责任方项目，联营体实行由联营各方参与的管委会领导下的总经理负责制，合作单位参与项目生产经营，局职能部门负责工作指导，由二级单位负责工程项目具体组织实施和合同履约。如福建洪口水电站“闽浙”联营体。三是作为合作方的项目，按联营体章程和协议，派员参加工程项目决策、管理和施工生产，按比例投入设备等资源，协作履约。如贵州乌江思林水电站大坝工程的“八闽”联营体、福建街面水电站工程的“浙闽”联营体。四是松散型合作项目，成立以责任方为主、工程局参与项目最高决策机构的管委会，派员进入联营体生产经营管理层，同时，按联营章程和协议，实行独立核算，按合同份额完成工程项目并按比例提取收益。如四川紫坪铺水利枢纽工程的“紫建”联营体。

（吕槐青）

【财务管理】　全面推行预算管理和计划管理制度，确保企业生产经营稳定有序。进一步完善经营责任制，制定2005年度闽江局内部经营承包考核责任书及经营考核指标，追踪各单位经营效益，督促各项应缴资金上缴。加强国际工程财务管理，编制国际工程财务管理与会计核算办法（试行），从国际项目会计机构设置及人员配备，流动资产、固定资产、成本费用、资金外汇等管理，税收与会计核算制度及财务评价考核等方面做出规范。推进清产核资后续管理工作，拟定闽江局固定资产核算补充规定（暂行）和报废、报损资产处理工作程序，审核账销案存资产处置申请，监督报废、报损资产处理过程，规范固定资产清理等科目入账。接轨新会计制度，召开全局财务工作会议，明确在建造合同接轨阶段财务处理办法，维持正常会计核算秩序。强化财务信息化建设，在2004年底重新获得集团公司验收基础上，针对工资、固定资产、UFO报表新模块应用，开设两期共十五天的电算化培训班，初步解决二级财务机构对用友软件原有的除总账外其他模块使用不够全面，三级项目财务因受到原账务系统数量购买不足等影响。规范核算工作，通过建立制度对月度财务快报上报事项、清理回收被拖欠工程款、工程项目财务管理工作、下岗职工生活费使用、养老保险金财务处理、医疗费用报销等工作进行规范。加大被拖欠工程款回收工作力度，通过参加政府部门协调会与业主单位签订还款协议书，获取当地政府确认，以及网上发布等方式，增加债权追索法律依据，降低坏账损失风险率，收回部分资金，减轻资金压力。

【资金结算管理】　推进资金集约化管理，制定资金集约化管理实施细则。2005年，闽江局资金结算中心直接确定各二级单位、工程项目点开户单位名单、账号，通过网上银行、直接汇款等方式集中资金，采取列入经营者年终考核指标等措施，对银行账户进行清理，使年度内通过资金结算中心资金量近9亿元，约占全局资金结算量78%左右，资金集中度68.71%。做好银行授信、资金筹措等服务工作。在集团公司支持下，申请4亿多元授信额度，保证生产经营以及招投标工作需求。办理各类保函110多笔，保函金额1.69亿元。年末，企业各类保函余额为4.1亿元，其中，集团公司办理的保函余额为1.73亿元。解决流动资金不足困难，对外争取银行贷款，对内发放内部贷款，支持各单位生产经营和国外工程项目资金需求。

（薛中坦　曾昭森）

【人力资源管理】　加强经营管理人才、专业技术人才和高技能人才队伍建设。2005年，闽江局组织通过50名人员国家一级建造师考核认定，117名人员二级建造师申报认定，145名各级项目经理资质复查，推进企业经营管理人员职业资格认证。开展各类职称评审，使129名各类专业技术人员评定、认定或晋升专业技术职称。搞好对外招聘，接收各类大中专毕业生164人，并做好进厂前和上岗前教育培训。建立健全专业技术人才骨干队伍，经考核评审，评聘企业内专业总工、副总工、专委131人。开展人力资源再开发，举办一期转岗培训班，36名职工取得福建省职业资格证书，全部重新推荐安排上岗。加强人力资源调配和管理，保证各项目部对人力资源需求，全年共向阿尔及利亚布谷斯水坝、塔吉克斯坦杜吉公路修复项目等国际工程，光照水电站闽黄联营体、戈兰滩水电站项目部等局控项目输送各类人员逾千人。

（胡俊儒　王树文）

【设备管理】

（1）规范设备采购工作。闽江局严格按照制度实行“议标邀请”采购，并总结出一套行之有效的采购经验。对国内工程采购配置设备，坚持局内能调配的不采购，通用设备基本不采购；采购范围严格限定在大型、特殊设备和提升企业核心竞争力所需设备。建立一整套招标所需会议签到表、评标评审会签表、合同统计表，各种文件传阅、办理表等。推行由法律顾问室、财务部、监察部等部门共同编写的国内国际工程设备物资采购合同范本。年度内组织完成150份、总金额1.34亿元设备采购合同，购置455台（套）新设备。

（2）健全设备管理制度。2005年，相继出台闽江局设备管理、施工机械设备安全管理、国外工程设备、物资管理等管理办法（试行）与规定，力求设备管理有章可循。规范各类设备档案管理，狠抓基础工作，严格按照质量体系要求和现代档案管理方法，建立健全设备档案管理工作，确保有关文件资料完整存档。加强设备内部调配调剂，全年共调配调剂设备 113 台（套）次。确保特种设备安全运行，督促、完善门机力矩限制器等安全防护装置的配置，保证门机安全使用；监督门机拆卸、安装队伍，是否具有监督检验检疫总局核发的“特种设备安装改造维修许可证”等资质，防范大型设备安全风险。做好报废设备回收处理工作，全年批量、零散处理旧设备 63 台（套），共计让售收入 21.6 万元，盘活存量资产。

（3）国外工程设备物资保障工作。2005 年，闽江局按照国外工程项目所要求的时间，及时、安全地把所需物资、设备运抵国外项目部。年度完成国外工程所需的价值达 7143 万元的设备物资采购和国际运输工作，其中，为阿尔及利亚项目发运 15 批次价值达 5000 多万元的设备物资；为塔吉克斯坦项目部发运 8 批次价值达 2000 多万元的设备物资。

（周遵瑞　罗金星　李　岩）

【综合管理】　采纳保持共产党员先进性教育活动期间的职工建议，闽江局领导实行挂牌值班制度，及时处理急办事项，确保全局工作有序进行。局机关各职能部门实行月例会制度，局领导班子成员和各职能部门负责人共同参加，及时贯彻上级精神，部署工作重点，汇报上月完成重要工作和下月工作计划，提出工作难点，增强内部协调和工作合力。实行职责部门协调督办责任制，局办公室从人力、车辆、通信等方面积极提供服务，加以促进。健全文件档案管理制度，规范文件和档案处理流程，加强档案室建设，经验收取得省档案局合格证。加强企业资质证照和印信管理，严格执行审批制度，及时提供服务。关注信访工作，建立职工群众来信来访登记制度，积极解答、解决来信来访困难问题，密切各级领导与职工群众关系。

（孙建平　彭　伟）

【ISO9001：2000 版标准质量管理体系】　按照质量管理体系文件要求，闽江局各单位和项目部进一步建立健全质量责任制，明确质量职责体系，并重点抓紧抓好新开工项目和国外项目质量责任制的实施。各项目部按规定进行质量检查、质量分析，按程序进行质量管理，保证对工程质量的有效控制。同时，全面开展质量管理活动，组织各种 QC 小组进行技术攻关。寿宁牛头山水电站项目部发布的《按时完成 175 米深调压井石方开挖》成果，获福建省第 26 次省优 QC 成果奖。质量统计结果表明：2005 年工程合格率 100%，土建工程优良率 88%，机电安装工程优良率 90%，各项指标均高于制定的质量目标。一批项目获得工程质量奖项。

【OHSAS18000 职业健康安全体系】　2005 年，闽江局制定职业健康安全方针：遵守法规，严格控制，以人为本，科学预防，持续发展。2 月份，完成贯标前准备工作，任命管理者代表，引进咨询组，制定贯标计划，提供相关资源支持。3 月份，进行体系建立和宣贯动员，先后培训两期内审员近 50 人。5 月份，完成体系诊断（危险源辨识）和偏差调查两项工作，对全局营业产品覆盖范围内七项专业所有危险源进行辨识，共辨识危险源 4000 多条；对所有危险源进行风险评价，经风险评价后识别出重大危险源 156 条，成为建立 OHSAS18000 职业健康安全体系后重点管控的对象。对所有适用闽江局的安全生产法律法规和其他要求进行编目，找出所有相关法律法规，作为指导今后安全生产依据。7 月份，完成方针、目标制定和目标分解、手册和程序文件编写工作，并进行印刷和颁布。8 月份，根据体系手册和程序文件完善情况，启动体系试运行和宣贯工作。12 月份，进行体系运行内部审核，针对运行中提出若干不合格项的要求进行限期整改。按计划，将于 2006 年初进行管理评审并提交外审。

（王健亮　徐孝模）

【依法治企】　2005 年，闽江局加强了对法律事务工作的领导。工程局主要领导非常重视法律事务，经常听取工作汇报；分管领导加强管理，努力推进法律事务工作的开展。工程局健全了局处两级法律事务工作体系，各二级单位明确了相关工作责任人和联系人。充分发挥法律顾问作用。法律顾问除承担案件诉讼外，还参与企业重要规章制度的制定、经济合同文本和重要函件的审定，对有关单位涉及的具体经济纠纷进行指导、帮助和全程跟踪。加强专项监督检查，发现问题及时纠正，指导督促各单位按法律要求处理问题。加强法律风险防范，及时发现并制止外部不法分子的侵权行为，使企业全年未发生大的经济纠纷。年度内处理历史遗留诉讼案件 22 起，胜诉 10 起，挽回经济损失 253.5 万元。

（张茂丰　包晓芬）

企业改革

【改革深化工作】　为推进闽江局经营发展战略规划实施，加快队伍结构改革步伐，致力培育新的经济增长点，在二级单位层面，经调整充实力量，将贵州分局变更为第六分局；在局机关部门层面，对审计部、安全生产监察管理部、市场开发部、国际部等部门进行调整与充实。深化三项制度改革，在工资分配上进行比较大的调整，出台暂行办法，继续向一线倾斜，对专业技术管理人员实施过渡性补贴，进一步调动积极性。认真贯彻集团公司改革工作座谈会精神，召开党政联席会议，专题研究下一阶段改革改制工作，提出相关意见和方案，探索有关工作的具体实施。加大资本运营力度，2005 年投入 1000 万元，用以扩大集团公司投资公司资本金。目前，对外投资主体有集团公司投资公司、金湖电力有限公司和漠武水电有限公司，累计投资已达 2500 万元。积极推进资产运营，对福州牛山房地产开发项目，启动前期筹备工作，确保土地等资产保值增值。完善社会保障工作，经过长期努力争取，完成福州地区 1813 名退休人员和 1534 名在职人员地方医疗保险投保工作。促进企业主辅分离工作，完成 95 名企业办中小学离退休教师移交地方政府管理的相关资料上报任务。

【改制分流工作】　持续推进改制分流工作，沙溪口纸箱厂和海川针织厂改制工作基本结束，明晰产权，变更工商、税务登记手续，理清相关人员劳动关系，确立自主经营市场地位，进一步降低单位辅业比重。目前，两个厂生产经营运行正常，维护了企业稳定。

（卢　明）

科技进步

【施工新技术】　2005 年 11 月，民航总局为推广上海浦东国际机场场道工程施工新技术和管理新经验，在工地召开全国民航机场场道工程技术现场经验交流会。参加交流会有民航总局机场司和民航专业工程质量监督总站领导，以及华北、华东、中南、西南、西北、东北、新疆等 7 个民航地区管理局，首都、广州、天津等 14 个机场，民航工程设计（咨询）、监理、施工等 15 个单位的领导、专家近百人。闽江局项目部代表施工单位在会议上专题介绍运用“变形协调”理念，在浦东机场第二跑道超大面积软土地基处理施工中所取得的新经验，并独家展示机场场道混凝土浇筑施工新技术新工艺，首次代表水电系统单位在全国民航建设系统专业会议上做示范。

（徐月明）

【科研项目与成果】　2005 年，闽江局在集团公司科研立项项目两项，重点攻关项目为胶凝砂砾石筑坝（堰）技术试验应用研究。根据试验应用研究内容，闽江局在福建洪口水电站大坝上游主围堰工程施工中开展专项课题研究。洪口水电站主围堰原设计采用碾压混凝土围堰，最大堰高 40.80 米，堰顶宽 4 米，堰顶长约 116 米。工程Ⅰ号料场距坝址仅 1.3 公里，净砾石储量 25.63 万立方米，中砂储量 14.9 万立方米，可满足施工需要。导流洞开挖石渣约 2 万立方米，也可就地取材。因此，采用胶凝砂砾石围堰替代碾压混凝土围堰具有很大优势。通过课题研究，掌握胶凝砂砾石材料构成特性、基本级配、配合比等数据，优选混凝土搅拌设备，明确拌制方式和拌和时间，在施工工艺上形成一套完整的施工工法和质量检测办法，并总结施工经验，指导今后施工，为今后建立相关技术规程规范提供第一手资料。通过试验检测，可为建立其设计理论提供相关参数。

【科技创新与信息交流】　依托在建工程项目，闽江局投入一定经费，鼓励项目部结合工程实际开展科技创新工作。

（1）“高真空降水＋强夯＋冲击碾压”施工技术。上海浦东国际机场项目部在机场二跑道地基施工中，闽江局采用了“高真空降水＋强夯＋冲击碾压（代替满夯）”施工新技术。采用此种新技术，一是使高真空排水工艺与强夯工艺结合起来，提高对软土地基处理效果和适应性，能够较好解决浅部土层不均匀性，消除浅层地基沉降；二是采用冲击碾压替代满夯后，解决了表层吹填粉细砂结构松散和地震液化的难题，大大提高了浅部土层密实度和土基整体强度与承载力，同时还可以改善表层山皮石级配，消除浅部土层沉降量和不均匀性。

（2）满管溜筒卸料技术。在龙岩白沙水电站大坝混凝土垂直运输中，闽江局采用满管溜筒卸料新技术，解决高陡边坡混凝土入仓问题，满足混凝土浇筑强度要求，较好控制骨料分离，保证混凝土质量。该技术与负压溜槽相比，具有结构简单、制作安装容易、维修方便、施工作业连续、下料速度快、布置灵活等优点。

（3）研制 LDCW6110 型落地车床。根据工程需求，闽江局研制了 LDCW6110 型落地车床。该车床可加工最大直径 4000 毫米、最大长度 5 米、最大重量 6000 千克工件，已广泛应用于所承建的中、小型水电站流道盖板及其他大型法兰加工。

（4）科技信息交流。闽江局充分利用局互联网中心网站，构筑数字化科技信息交互平台，开辟企业内部与各兄弟单位信息交流系统，推动办公自动化系统普及，使计算机在工程施工管理及信息交流方面发挥更大作用。保持与科研、设计、院校、施工等单位技术信息交流，年内出版《闽江水电科技》刊物2期，推荐3篇较好科技论文在《福建省水力发电》刊物上发表。作为福建省水力发电工程学会副理事长、施工机械与施工管理专业委员会挂靠单位，2005年协助筹备并参加省水力发电学会第五次会员代表大会，与兄弟单位在尤溪街面水电站联合主办“水利水电勘察、设计、施工学术研讨会”，推荐7篇论文交流。积极参加其他专业学会组织活动，协助有关单位对《水工碾压混凝土施工规范》、《混凝土面板堆石坝施工规范》修改编制。

（郑旭东　杨　勤）

安全生产

【综述】　2005年，闽江局严格实行安全生产分级管理，抓各级安全生产第一责任人责任落实，突出第一责任人在项目管理的核心地位，履行《安全生产法》赋予安全生产第一责任人六条职责；抓项目经理安全职责落实，确保贯彻执行《安全生产法》、安全管理规章制度和安全生产资源投入及措施落实；抓班组安全生产控制，实现职工对作业环境安全情况的预知，对安全操作规程严格执行，巩固安全生产前沿阵地；抓各工区施工队（外协分包队）安全第一责任人和安全措施落实，把好安全生产过程控制环节；抓员工安全教育培训，增强全员安全生产意识，提高职工安全操作技能，强化队伍安全防控能力。

以职业健康安全管理体系为依据，有效控制危险源，防止事故发生，防范职业风险，追求本质上安全。坚持做到常规与专项结合、重要环节与薄弱环节重点抓，对国内外在建工程项目进行调研分析，抓住关键线路，理清安全管理工作思路。水保、环保工作齐头并进，认真落实相关法规，制定相关措施，不断完善水保、环保管理体系，与工程施工质量管理、安全管理、文明施工管理同时布置、同时检查、同时考核，形成合力，促使各项目部把水土保持工作抓紧抓实。年底，组织检查组对省内各项目部进行综合检查，在水土环境保护方面做到组织落实，人员落实，资金落实，措施落实。

【安全生产责任制】　进一步健全安全生产责任制工作体系与责任落实体系，对所制定的安全责任制进行修订，更加突出发挥各职能部门分工明确、各司其职和注重全员参与作用，完善相关安全管理制度系统，重点对制度执行进行检查和落实，加强对安全生产投入运行台账管理、分包工程及人员管理、现场施工用电、临边高处作业、施工机械（具）的人与机等安全管理，使安全责任制更具有可操作性。年度内各单位领导层对安全工作普遍重视，从意识和工作态度上，对安全生产工作重要性认识有新提高，及时对工程施工各个阶段危险源组织有效识别和控制，加大安全生产投入，健全安全组织保障机构，完善有关制度，使安全生产责任制覆盖和贯穿于生产全过程，安全生产形势处于可控状态，受到集团公司表扬，基础分局和洋口水电站项目部获安全生产先进单位称号，两名项目经理和一名专职人员受到表彰。

【安全生产大检查】　2005年末，闽江局组织全局性安全生产大检查与考核，落实安全生产责任书奖惩。组织开展年中专项安全检查，重点是火工材料保管与使用，交通车辆安全管理情况，灾后恢复生产及地质减灾情况检查，高温作业与劳动保护情况，分包工程安全管理。在全局范围内开展以特种设备为主的拉网式专项安全大检查。各项目部根据施工生产情况，基本上每月定期开展内部安全生产大检查；按责任范围，每季度和项目业主、监理等单位一道进行安全生产联合大检查。10月份，接受国务院电力监管委员会安全监督局、集团公司安全生产委员会为期五天的年度安全生产考核检查。

【安全生产委员会】　闽江局坚持局处两级安全生产委员会会议制度，每年召开两次以上全体成员会议；遇到特殊情况，不定期增加会议次数。会议主要研究以下几个方面内容：通报上年度安全生产大检查和安全责任制考核基本情况，审议当年安全生产管理工作年度计划和工作安排；通报职业健康安全管理体系内审及运行情况；通报机械设备安全管理情况及存在的问题；布置在建工程防洪度汛重点工作；通报全局消防及车辆安全管理情况；议定劳务用工管理制度和人员安全培训工作计划以及“安康杯”、“安全月”、“青安哨”等群众性安全生产活动计划；讨论安全生产专项执法监察有关计划与意见；研究安全专项资金的使用与管理，职业工业卫生检测工作等12项内容。覆盖范围涉及两级有关职能部门的分工和各自的工作职责。

（王健亮　徐孝模）

【“安康杯”竞赛活动】　2005年，闽江局编制“安康杯”竞赛活动实施方案及年度计划、考核评分统计表，组织各二级单位及项目点开展竞赛。同时，将常规性“安全月”宣传活动及共青团开展的“青安哨”活动纳入其中，促进活动深化。注重加强对职工安全生产意识教育，在《闽江报》开辟栏目，进行有关知识系列辅

导；发布“安康杯”竞赛活动网址，让职工通过互联网站开展学习宣传和自我教育、采集信息；组织各单位和职工参加全国《安全生产法》百题知识竞赛，举办“职工安全生产卫生及消防知识”有奖竞答活动。明确工会参与监督的职责，制定闽江局工会劳动保护工作责任制，关注职工身体健康，落实群防群治措施。参与安全生产大检查，及时发现问题进行督促整改。推广开展“一法三卡”（事故隐患和职业危害监控法，安全检查提示卡、有毒有害化学物质信息卡、危险源点警示卡）活动，在高塘水电站项目部进行试点，取得较好成效。

（林桂昌　徐　蓓）

党群工作和精神文明建设

【保持共产党员先进性教育活动】　2005年，闽江局按照党中央和福建省委部署，全面开展保持共产党员先进性教育活动。工程局分散在全国各地和国外的11个党委、2个直属党总支、100个党支部（包括4个直属党支部），共1353名党员（包括退休职工党员），历时近半年，经历学习动员、分析评议和整改提高三个阶段，通过上级组织实地指导和严格检查，实现了活动目标要求。在保持共产党员先进性教育活动中，局党委成员在参加双重组织生活的同时，还分赴各单位和重点项目参加各阶段动员会，上党课，指导民主生活会，征集职工群众意见，为推动活动顺利开展起到了表率作用。局党委成员带头出学习成果，作了大量读书笔记；带头出理论成果，撰写学习心得；带头出实践成果，在整改中推动建立企业管理体系，加强企业精细化、规范化管理，促进长效机制建设。广泛开展共产党员先进性具体要求大讨论，分别形成局处领导班子成员、在职职工党员、离退休职工党员先进性具体要求。以先进性教育活动为契机，政研会开展理论研讨，交流56篇论文，成为论文最多的研讨会；组织“送温暖，献爱心”捐款，援助受台风袭击的福建人民，慰问困难职工；在自身遭受多次台风袭击的艰难情况下，抽调力量支援地方抗灾抢险，涌现出许多感人先进事迹。闽江局保持共产党员先进性教育活动全过程处于施工生产繁忙和台风频繁袭击阶段，各单位紧紧围绕中心工作，找准与生产经营、队伍建设的结合点，放弃大量休息时间，确保“两不误、两促进”。局处两级单位在广大党员和职工群众的评价中，满意率达99.45%，得到了省委督导组和集团公司巡视组的充分肯定。

【党建工作】

（1）加强领导班子建设。把班子思想作风建设放在突出位置，修订两级党组织中心组学习规定，认真落实局处两级中心组学习制度；下发认真学习贯彻党章的通知，开展学习、遵守、贯彻、维护党章活动；制定“四好”班子建设实施办法，开展两级班子创“四好”创建活动；开好局处两级领导班子民主生活会，落实党风廉政建设责任制；加大年轻干部培养力度，提拔7位正处级干部和10位副处级干部，建立培养两级后备干部队伍。

（2）加强基层党组织建设。以先进性教育为契机，对全局基层党组织工作状况进行2次调查摸底，调整部分党支部设置和党支部书记，健全支委会。按照“三同步”要求，酝酿工程项目时，同步明确党组织机构和编制；建立项目行政机构时，同步建立党组织；工程项目进点时，党组织书记和行政领导同步配备。坚持施工队伍到哪里，党组织就延伸到那里，有项目部，就有党员，就有项目党组织，夯实基层党建工作基础。

（3）加强党员队伍建设。根据省直党工委创建“五好党支部”内容和创建“党建工作先进单位”要求，深化党内“两先两优”争创活动。严格组织生活，落实“三会一课”制度。认真做好组织发展工作，建立健全发展党员公示制度，着重畅通优秀团员青年入党“推优”绿色通道，注意双向培养与促进，年内有30名职工加入党组织，有114名职工正式列入发展计划，有293名职工递交入党申请书。

（4）加强精神文明建设。制定闽江局2005～2008年文明建设规划纲要，细化文明单位、工程、小区、机关、集体、家庭、职工系列考评条件，改进“三创建”考核评比方式，充实创建内容，完善创建形式，提高创建水平，使全局创建覆盖面达到85%以上。年内表彰上年度2个文明标兵单位、2个文明单位、2个文明部室、3个文明工程、1个文明机关、36个文明集体、43名文明职工。

（王则祥　刘家能）

【工会工作】　2005年，闽江局工会进一步健全和完善以职代会和厂务公开为基本形式的民主管理制度，积极组织职工开展经济技术创新活动，开展“安康杯”、“功臣杯”竞赛。以提升职工素质为抓手，搭建职工成才平台，促进企业创新、竞争能力提高。工会送温暖工作做到“四结合”：生活救助与促进再就业结合；日常关怀与节日慰问结合；突发大病救助与规范性职工体检结合；重点帮扶与惠及全家结合。健全困难职工帮扶体系，全年帮扶困难职工723人次，金额36.33万元；“金秋助学”22人次，金额3.5万元。加强工会自身建设，2005年，局工会系统获得的省级以上荣誉称号有：中华全国总工会

“四五”普法先进单位；福建省总工会、安监局“安康杯”竞赛先进单位；福建省总工会、安监局“安康杯”竞赛活动优秀组织奖。

（林桂昌　徐　蓓）

【共青团工作】　2005年，闽江局团委开展了为期半年的增强共青团员意识主题教育活动，调整、新建团支部11个，下发教育读本150余套，编发各类简报24期，上团课12节，组织编写《增强团员意识教育活动工作手册》。以党建带团建为纽带，坚持“推优”工作，有6名优秀团员被党组织吸收为中共预备党员。以“我诚信、我爱岗、我奉献”为主题，实施青年人才工程，表彰年度青年岗位能手。以共青团品牌活动“青安哨”为重点，营造全新企业安全文化。以“增强团员意识　服务和谐社会”主题实践周活动为重点，开展青年志愿者活动。8月份，与局工会联合组织32名职工无偿献血，献血量达1.06万毫升。组织青年突击队和抢险小分队，完成抗击“龙王”台风抢险救灾任务。大力推进基层团建“三级联创”活动，福州分局团委被评为“福建省五四红旗团委”，第五工程处高塘水电站项目部团支部被评为“福建省五四红旗团支部”。全年选派6名团干部参加团省委培训班。

（潘金仁　范玲斌）

【建局50周年系列庆典活动】　2005年5月，闽江局隆重开展建局50周年系列庆典活动，对建局50年历史进行认真总结、全面展示。工程局编制了画册、书籍、光盘、邮册和大型展板；在《中国水利报》和《水利水电工程报》刊发专版；在《福建日报》、《中国电力报》和福建电视台、东南电视台、东南新闻网等媒体刊发专题新闻；在内部的《闽江报》和门户网站刊发专号。《福建党史月刊》连载闽江局建设海峡西岸经济区光辉建设史。全国政协原副主席钱正英、福建省委书记卢展工等领导专门为闽江局建局50周年题词祝贺。福建省副省长李川、省政协副主席兼省总工会主席黄瑞霖等亲切接见闽江局全体劳模并共同参加座谈会。集团公司总经理郭建堂，全国侨联原主席、闽江局原党委书记庄炎林等出席庆典招待会。在南平黄墩、沙溪口基地举办职工文艺汇演、局史展览等群众性文化庆祝活动。建局50周年庆典活动的成功举办，鼓舞了士气，振奋了精神，促进了精神文明建设与企业文化建设的发展。

【新闻宣传与信息化建设】　闽江局新闻宣传主要载体是《闽江报》，20多年来累计出版近千期，见证企业改革发展辉煌历程。2005年，《闽江报》出版29期（半月一期），其中刊发彩版3期，套红版16期，专号8期，突出重点工程建设、保持共产党员先进性教育活动、建局50周年庆典活动等宣传主题。开辟党的十六届四中和五中全会精神、保持共产党员先进性教育活动、“四五”普法内容、交通安全与消防知识等学习辅导专栏，进行连载。举办多种知识竞赛活动，提高宣传效果。围绕重点工程百色水利枢纽、光照水电站、浦东国际机场和国外工程项目，组织采写大型稿件十余篇。保留栏目文艺副刊“闽江情”，为职工群众提供良好文艺创作园地。《闽江报》一名记者获集团公司标兵记者称号，在《水利水电工程报》等局外媒体发表30余篇稿件，有5篇文章获得好新闻等表彰。《闽江报》实现电子版上网，增加新闻宣传新手段，促进信息与稿件快速传递，使分处国内外的广大员工能够在第一时间掌握全局最新动态。

认真贯彻集团公司“十一五”信息化建设规划和2005年信息化建设工作会议精神，制定闽江局信息化建设具体实施方案，加快信息化建设步伐。成立新闻和信息中心，解决专业技术人员编制，加强组织机构建设。年内投资20余万元，对局机关局域网硬件平台进行改造，对企业门户网站进行改版升级，加大基础设施建设力度。部分二级单位实现上线联网，在门户网站建立子站，为实现办公自动化打下坚实基础，构筑企业较为先进的信息与新闻宣传交互平台。

（徐月明　陈家顺）

【“四五”普法活动】　2005年，闽江局深入开展“四五”普法宣传和考评验收工作，扩大职工普法宣传教育面，进一步提高干部职工的法律意识。承办集团公司华东片法治工作现场会，共同总结交流工作经验，“四五”普法和依法维权工作受到集团公司有关部门和兄弟单位好评。重点加强经营管理人员和中层管理干部普法培训，在局十二届一次职代会和2005年年中工作会等重要会议上，安排法律顾问进行专题讲座，发放有关法律法规学习资料。12月，组织全局中层以上管理人员和机关工作人员进行书面普法知识测试，优良率90%以上；各二级单位组织职工进行法律常识测试，取得良好效果。

（孙建平　张茂丰）

检查监督

【落实党风廉政建设责任制】　2005年，闽江局“完善制度、落实责任、认真检查、严格奖惩”四个关键环节全面落实党风廉政建设责任制。为强化领导体制，调整了党风廉政建设领导小组和办公室成员，进一步建立健全了局属各单位组织机构。3月6日，召开全局年度纪检监察工作会议，层层签订党风廉政建设责任书，实行“廉政保证金”兑现奖惩制，以“合同”形式进行责任落实。全面实行保廉合同制度，签订工程主合同时，同步签订保廉合同；签订项目分包合同时，同步签订保廉合同。完善责任制配套制度，重新修订闽江局2005年度党风廉政建设责任书和责任制考核办法和评分标准。年末，分片对13个二级单位（局控项目部）党风廉政建设责任制年度执行情况进行考核。

【纪委工作】 2005年，闽江局纪委建立健全“三重一大”民主决策程序执行情况台账制度，协同组织部门开好局处两级领导班子民主生活会，协同组织人事部门对拟提拔人员进行考核与监督。开展警示教育活动，制定2005年全局纪检监察宣传教育工作要点，学习两个《纲要》，开展《廉洁从业规定》知识竞答活动，组织观看《任长霞同志事迹报告会》、《谷文昌先进事迹》等6部电教警示片。年度信访件全部进行初步核实并了结，1件立案案件已查结，相关当事人受到党纪政纪处理。选送4名纪检监察干部参加福建省、集团公司纪检监察业务培训班学习，提高纪检监察干部履行四项职责能力。下发《关于规范基层单位案件管理报送制度的通知》，启用新统计表和登记表填报查办案件工作情况，实行年报制度。6月，按照省纪委办公厅《关于开展纪检监察申诉复查专项检查工作的通知》精神，对2003年1月～2005年5月30日期间纪检监察申诉复查工作进行专项检查，全部符合中纪委规定要求。上年度遗留失职渎职案件1件进行查处结案，2名责任人员分别受到党纪政纪处分。

【效能监察】 2005年，闽江局效能监察机构在国外项目设备物资采购、职工医院药品采购、分包工程管理、项目工程（土建和金属结构机组安装）安全生产监督管理等方面共立项8个监察项目，开展专项效能监察、安全生产执法监察，提出24条监察建议均被采纳，得到整改；建章立制11项，创造效益496.88万元。局属各单位效能监察和安全生产执法监察立项22项，按计划完成18项，提出监察建议42件均被采纳；建章立制3项，创造效益5.66万元，避免经济损失8.3万元。

（林木强　王建平）

【职工代表大会】 2005年3月3日～5日，闽江局十二届一次职代会暨十二次工会会员代表大会在福州召开，福建省总工会副主席林际彪应邀出席。会议传达集团公司工作会议精神，审议通过局长工作报告等议程，民主选举产生新一届工会委员会和工会经费审查委员会，民主测评局级领导干部和推荐局级后备干部，讨论通过集体合同，落实职工代表提案。上次职代会收到代表提案20件，被采纳16件，其他作为建议转有关部门处理；本次职代会收到代表提案26件，立案、并案18件，其他7件作为建议转有关部门处理。

【企务公开】 2005年，闽江局调整局企务公开领导小组及办事机构组成人员，对原有企务公开工作文件进行修改和充实，组织一次全局性企务公开工作检查，接受福建省企务公开办公室的评估检查，开展以“深化企务公开制度，促进和谐社会建设”为主题的论文征集活动。经统计，全局年内采取多种形式公开各项内容598项，其中，企业改革发展重大问题32项；生产经营管理方面重要问题167项；职工关心热点问题295项；领导班子建设和党风廉政建设有关问题104项。机电制造安装分局被授予“福建省厂务公开示范单位”先进称号。

（林桂昌　徐　蓓）

【审计监督】 2005年，闽江局审计监督工作坚持“管理、效益、服务”原则，以提高企业经济效益为中心，强化内部控制，防范经营风险，保障企业稳健经营和健康发展。重点开展工程项目经济效益、二级单位领导届中经济责任、企业内部控制制度等事项审计。全年共完成审计项目8项，其中经济效益审计3项，届中经济责任审计2项，审计调查3项。查出并纠正违规资金，指出存在问题16条，提出审计意见和建议23条。同时，牵头企业管理体系构建工作，制定《闽江局内部审计工作实施细则和工程分包管理办法》等规章制度。参与局控项目和国外工程项目设备采购招标及废旧设备处理；参与分包工程项目效能监察，并对部分新开工项目经营状况进行调查，在健全企业制度、完善合同管理、控制分包工程、增强法律意识等方面，发挥内部审计监督工作应有作用。

（方用惠　刘　国）

中国水电基础局有限公司

概　况

2005年是中国水电基础局有限公司（以下简称基础局或公司）由国有独资企业改制成为混合所有制企业正式运行的第一年，企业真正成为面向市场、自我激励、自我约束、自我发展的市场竞争主体和法人实体。现代企业制度的初步确定，使基础局的产权制度、领导体制、劳动用工制度和分配制度发生了根本性变革。按照市场经济规律的要求，完善现代企业制度还需要一个较长的历史过程，面对改制后千头万绪的工作，基础局迎难而上，把改革进行到底的决心不动摇，以科学发展观统揽各项工作。针对公司发展的实际，把握改革的历史机遇，基础局确立了面向国内、国际两个建筑市场的主攻方向，制定了三年发展规划，明确了建设可持续发展的现代企业目标。2005年，基础局以市场为导向，以改革为契机，以科学管理为基础，以创新为动力，坚持一手抓物质文明建设、一手抓精神文明建设，正确处理改革、发展、稳定的关系，夺取了改制后第一年的全面胜利。全年共完成施工产值5.2亿元，与去年相比，效益增长233.5%，员工收入增长3.3%，股东分红10%的目标顺利实现。继续荣获天津市文明单位称号，保持共产党员先进性教育活动受到天津市委和天津市规划建设工委的表扬，圆满完成了年初制定的各项工作指标。

基础局法人治理结构如下：公司董事会董事长张源智，副董事长赵存厚，董事张源智、赵存厚、袁国俊、杜增明；公司监事会主席邓孟元，监事邓孟元、张素华、徐建华；公司总经理赵存厚，副总经理田学良、黄炳福（兼总经济师）、刘建发、韩伟，总工程师肖思尚，总会计师杜增明。

2005年，基础局在建工程71项，承建了向家坝一期围堰基础防渗工程、小湾电站围堰防渗工程、锦屏二级电站隧道堵水工程、武都引水基础处理工程、田湾河仁宗海基础处理工程、南水北调穿黄竖井地连墙工程、苏丹麦络维基础灌浆工程、马来西亚巴贡电站灌浆工程等一批工期要求紧、质量要求高、技术难度大的重点工程。各项工程的安全、质量、进度、环保均处于良好的受控状态，工程建设取得突出成绩，进一步巩固了基础局“王牌军”品牌的形象和地位。

在抓好施工生产的同时，基础局以发展为主题，以效益为中心，捕捉市场发展动态，准确把握国家政策和发展规划，适时调整经营战略，规范投标运作程序。在国内市场开发方面，中标23项，新签合同额6.5亿元。经过不懈努力，基础局成功地进入了安徽、上海城建和南水北调建筑市场，承揽了4个核电、热电项目，拓宽了经营领域，调整了产品结构。在国际市场开发方面，基础局敢于竞争，善于创新，采取循序渐进的开拓方式，依托在建工程项目，着力市场延伸，大胆探索国际市场开发新路子，承揽了苏丹新阿姆瑞—穆卡巴诺巴农业灌溉项目和马来西亚钻探灌浆工程。

日新月异的科技信息、千变万化的市场经济呼唤着企业加速创新的胆魄。围绕着建设可持续发展的现代企业的奋斗目标，为进一步提高生产效率，更好地激励员工的积极性，结合发展实际，基础局建立了管理岗位的竞聘上岗机制，探索了绩效考核体系、薪酬管理体系和劳动用工制度，实现了资金的集中管理、财务的集权管理和物资的共享管理。基础局的创新步伐深入到各个管理层面，可持续发展能力不断增强，企业发展呈现出勃勃生机。

改制后的基础局承袭40多年的优良传统：严格履约、狠抓安全、确保质量、保证工期。在2005年交验的9项工程中，合格率100%，优良率达92.3%，进一步提高了基础局的声誉。2005年底，基础局顺利通过职业健康安全管理体系和环境管理体系认证，各项工作在质量、安全、环境三位一体的管理体系中有效运行。

2005年6月中旬，基础局新办公大楼正式投入使用，信息化建设同步推进。一年来，OA办公自动化系统开发取得初步成果，物资设备管理、财务管理、资金管理信息系统逐步趋于完善。信息化建设步伐的加快，促进了管理效率的提高。

面对建筑市场竞争日益加剧的形势，基础局结合工程实践，坚持科技创新，不断追求技术的实用性与先进性，力求在核心技术和关键技术上突破，形成自主知识产权，带动企业市场竞争能力的提升。针对小湾工程和锦屏工程的技术难点，开展了深厚覆盖层防渗技术攻关和大涌水孔隙堵漏技术攻关，研制可控性膏状浆液和防冲型高粘度浆液；研发了系列纳米复合灌浆材料、灌浆压力自动控制系统；开发了混凝土防渗墙接头拔管新工艺。基础局参与施工的江西省长江干流江岸与堤防加固整治工程和湖北清江水布垭水利枢纽工程，分别获2005年度中国水利工程优质奖、2005年度国家优质银质奖工程称号。

员工队伍素质建设是企业发展的关键。基础局以提高队伍整体素质为核心，坚持引进与培养并重的方针，建立促进员工合理化配置和优秀人才脱颖而出的有效机制，努力培养和引进一批高水平的技术带头人以及管理骨干，培养和造就一批优秀员工。在干部队伍和员工队伍建设中，基础局不断完善干部聘任制和全员聘任制，不断完善干部、员工的考核、培训办法，逐步建设一支具有较强综合管理能力和丰富实践经验的管理者队伍，一支结构合理、综合素质高的员工队伍。2005年，基础局新招聘大学生85人，培训员工497人次。

物质文明取得的丰硕成果，离不开精神文明给予的强大动力。2005年，基础局一边积极探索企业可持续发展道路，一边充分发挥精神文明建设在公司发展中的积极作用。通过保持共产党员先进性教育活动，基础局各级党组织的凝聚力、向心力和战斗力进一步增强，党员队伍素质得到显著提高，经测评，群众满意度达98.07%。为激发员工的创新活力，调动员工工作积极性，基础局开展了技术比武、劳动竞赛和"青年文明号"、"青年岗位能手"等评比活动，促进了各项工作的进展。为丰富员工业余文化生活，活跃工作氛围，基础局举办了篮球赛、排球赛等文体活动，组织员工参加了天津市城建工委首届职工运动会，并取得了女子篮球赛第一名的好成绩，增强了员工爱岗、爱企的精神。在企业文化建设方面，基础局提炼出了"基础成就未来，诚信追求卓越"的企业精神，进一步增强了企业的凝聚力。

一年的运作实践表明，改制给基础局带来了活力和强大的发展后劲。面临着改革开放的新形势，中国水电基础局有限公司努力树立和维护诚信、高效、合作、服务、环保的企业形象，以市场为导向，以人才战略为依托，以科技进步和管理创新为手段，严格遵循"建设可持续发展的现代企业"的思路，着眼于建立现代企业制度，优化资源要素配置，深化企业管理体制改革，完善企业内部管理机制，牢牢把握企业发展的良好机遇，奋力向具有国际竞争能力的现代企业迈进。

（张　欣）

工程建设

【中标工程综述】　2005年，基础局中标工程项目共43项。国家或地方重点工程项目有：四川田湾河仁宗海大坝基础防渗墙工程、四川武都水库左右岸基础处理工程、上海500千伏静安（世博）输变电工程、南水北调穿黄工程Ⅱ－A标地下连续墙与自凝灰浆墙工程、四川龙头石水电站大坝标基础处理工程、湖北罗田县天堂水库除险加固工程、安徽广德县卢村水库除险加固工程、内蒙古高勒罕水库地下混凝土连续墙工程、山西万家寨引黄工程联接段备用水源呼延调蓄工程、四川金康水电站引水隧洞（引0+000至引5+400米段）及拉角沟工程引水副洞灌浆工程、海南宁远河大隆水利枢纽大坝基础防渗处理工程、贵州乌江东风水电站右岸坝肩加固处理工程、黑龙江象山大坝除险加固工程混凝土防渗墙及坝顶结构施工工程、广东岭澳二期防渗地连墙等工程。国际工程为苏丹新阿姆瑞泵站钻孔灌注桩工程。

（刘艳妮）

【在建工程综述】　2005年，基础局在建工程58项。主要工程项目有：四川向家坝水电站一期围堰基础防渗工程、浙江曹娥江大闸枢纽施工2标（基础试验工程）、四川构皮滩水电站渗控工程左岸渗控工程、云南小湾水电站围堰防渗工程、黄河康扬水电站枢纽工程左岸及河床斜墙土石坝防渗工程、四川杂谷脑河狮子坪水电站大坝基础处理工程、四川大渡河瀑布沟水电站大坝防渗工程、黄河小浪底水利枢纽配套工程——西霞院反调节水库坝基基础处理工程、湖北清江水布垭水电站防淘墙建筑与安装工程及右岸段施工工程、乌江索风营水电站DR2危岩体处理工程、苏丹麦洛维大坝趾板灌浆及坝肩灌浆工程、马来西亚巴贡电站趾板灌浆工程。本年度中标的43项工程也相继开工。

（刘艳妮）

【田湾河仁宗海水库电站基础处理工程】　田湾河仁宗海水库电站基础处理工程是基础局成立至今单项工程中标额最大的项目，合同金额达1.226亿元。田湾河仁宗海水库电站位于四川省甘孜州康定县和雅安市石棉县交界处，为引水式龙头水库电站。基础处理主要工程是为大坝基础建一道厚1.0米的混凝土防渗墙。即混凝土防渗墙的造孔、混凝土浇筑、钢筋制作安装、预埋灌浆管等项目的施工；本合同工程施工与大坝施工的协调等工作；与大坝工程原型观测施工的配合、协调，并提供必要的条件；环境保护和水土保持的相关工作内容及临时工程施工。合同工期为2005年6月30日～2006年7月31日。

【瀑布沟水电站大坝防渗工程】 瀑布沟水电站位于大渡河中游四川省汉源县和甘洛县两县境内，电站装机6台，装机总容量为330万千瓦，是目前四川省在建的最大的水电站，也是大渡河流域水电开发的龙头。基础局主要承担上游围堰大部分防渗墙和大坝主防渗墙的部分施工任务，同时参与大坝的其他基础处理施工。上游围堰地质条件特殊，覆盖层地层结构比较复杂。左岸由Ⅱ级阶地漂卵石层组成，河床覆盖层最大厚度64.55米，自下而上由卵砾石层、含漂卵石层和漂块（卵）石层三大层组成，一般结构较密实，局部存在架空结构，且强透水性。复杂的地质条件和紧张的工期，给防渗墙施工带来了很大的难度。努力创建“样板工程”、“精品工程”、“形象工程”成为基础局瀑布沟项目部全体员工的奋斗目标。自2005年9月19日瀑布沟工程复工以来，防渗墙施工一直紧张有序地进行。

【上海500kV静安（世博）输变电地连墙工程】 本项目为500千伏大容量全地下变电站，作为世博会重要配套工程，建设规模列全国同类工程之首。工程位于上海市静安区成都路、北京西路、山海关路和大田路所包围的地域中，占地44000平方米，变电站为全地下四层筒型结构，基坑开挖深度33.4米，地下主体结构采用框架剪力墙结构，基坑维护采用圆形地下连续墙（以下简称地连墙），地面以上规划为雕塑公园。工程计划于2007年初结构封顶，并交付使用。地连墙施工为本次输变电工程中的重要环节，地连墙外径130米，周长408.41米，墙厚1.20米，墙深57.5米，墙段垂直度满足1/600。地连墙选用液压双轮铣与抓斗联合成槽施工，槽段连接采用H型钢接头，预计成槽方量26451立方米。工程合同总金额2670万元。基础局主要施工任务是：地连墙成槽、护壁泥浆制作、清孔换浆及混凝土浇筑。合同工期为：2005年11月18日～2006年7月24日。

【麦洛维大坝趾板灌浆及坝肩灌浆工程】 麦洛维大坝位于苏丹王国北方省境内，北距埃及约1000公里，南距首都喀土穆（KHARTOU）约480公里，坐落在北方重镇卡瑞玛城东北部27公里的尼罗河上。其主要目的为发电和灌溉，总装机容量125万千瓦（10台发电机组）。主坝全长9228米，最大坝高67米。工程由中国水利水电对外公司（CWE）和中国水利水电建设集团公司（SINOHYDRO）组成的联营体于2002年10月中标（基础局承担工程的基础处理部分）合同总额为5.55亿欧元。工程总工期5年，维修期2年。

基础局承担的基础处理项目包括：①右岸2C标段的混凝土面板堆石坝趾板钻孔灌浆。轴线长4364.47米，趾板宽3.5米，厚0.5米。最大孔深为50米。②左岸2A标段的心墙坝两岸坝肩岩石灌浆。③防渗墙墙下灌浆。④水上勘探孔（最大孔深150米）。钻孔灌浆及勘探孔总量为89965米。合同额约为人民币1.4亿元。合同工期：2004年5月20日～2006年11月30日。

【南水北调穿黄工程Ⅱ-A标地下连续墙与自凝灰浆墙工程】 南水北调工程是优化国家水资源重大举措，是解决国家北方水资源严重短缺问题的特大型基础设施项目。主体工程共分为6个标，即Ⅰ标（南岸工程标）、Ⅱ-A标（上游线穿黄隧洞标）、Ⅱ-B标（下游线穿黄隧洞标）、Ⅲ标（北岸工程标）、Ⅳ标（孤柏嘴控导工程标）、Ⅴ标（安全监测标）。

Ⅱ-A标北岸竖井施工区位于黄河滩地，施工平台高程105.6米。基础局中标Ⅱ-A标地下连续墙与自凝灰浆墙工程。地下连续墙内圈直径为18米，墙厚为1.4米，施工厚度1.5米，墙顶高程103.0米，墙底高程29米，墙体深度76.6米。混凝土标号C30W12F200。划分为14个槽段施工，Ⅰ、Ⅱ期槽孔各7个。其中Ⅰ期槽长6.80米，三铣成槽，Ⅱ期槽长2.8米，一铣成槽。Ⅰ、Ⅱ期槽搭接长度0.42米。总截水面积4669平方米。下设钢筋笼总重量：830吨。混凝土8000立方米。合同工期：2005年11月19日～2006年5月12日。

【小浪底水利枢纽配套工程——西霞院反调节水库工程】 西霞院反调节水库工程位于河南境内的黄河干流上，上距小浪底水利枢纽16公里。坝址左岸为河南省洛阳市吉利区，右岸为洛阳市孟津县。坝址上游流域面积69.46万平方公里。

西霞院工程等级为大（2）型，属二等工程。枢纽建筑物由左岸土石坝、河床式电站厂房、排沙洞、泄洪闸、王庄引水闸、右岸土石坝、坝后灌溉引水闸、右坝肩上游沟道整治工程、下游右岸防护工程等建筑物组成。校核洪水位为134.75米，设计洪水位为132.56米，正常蓄水位为134米，校核洪水位以下总库容1.62亿立方米，正常蓄水位以下库容（库区冲淤平衡后有效库容）为0.452亿立方米，装机容量14万千瓦，多年平均发电量为5.83亿千瓦时，总灌溉面积113.8万亩。该工程土石坝段最大坝高20.2米，电站坝段最大坝高51.5米。

西霞院主体工程计划总工期52个月，工程于2004年1月10日正式开工。其中Ⅰ标（基础开挖工程标）计划总工期约13个月；Ⅱ标（坝基基础处理工程标）计划总工期约43个月（其中包括2006年1月～10月，共计10个月的闲工期）。基础局承建的主要施工任务包括：①左右岸坝肩开挖；②左塌岸防护工程开挖；③左、右岸滩地土石坝基础开挖；④基础强夯处理；⑤混凝土防渗墙施工（包括左右岸上游导墙与门库、泄洪闸段、排沙闸段、厂房安装间段、土石坝段）；⑥泄洪闸基础振冲桩施工；⑦上述范围内的安全监测仪器的埋设、安装、调试及安装后14天内的观测和施工期的保护等。

以上合同工程量为：混凝土防渗墙面积共计约79296平方米；振冲碎石桩约1.8万米；强夯面积约156887平方米；土石方开挖共计约432405立方米。

【竣工工程综述】 2005年，基础局工程竣工项目为38项。主要有云南小湾水电站围堰防渗工程（2005年3月）、四川向家坝水电站一期围堰基础防渗工程（2006年1月）、西藏阿里狮泉河水电站土建及金属结构工程基础处理工程（2005年9月）、哈尔滨磨盘山水库供水工程（2005年4月）、浙江曹蛾江大闸枢纽施工2标（基础试验工程）（2005年10月）、小浪底水利枢纽左岸山体灌溉洞内帷幕补强灌浆工程（2005年6月）、吉林省图们市东林水库除险加固工程（2005年6月）、青海省化隆县合群水库除险加固工程（2005年8月）等。

【向家坝水电站一期围堰基础防渗工程】 向家坝水电站位于四川省宜宾县与云南省水富县交界的金沙江下游河段，是金沙江河段规划的最末一个梯级电站，其开发任务以发电为主，同时改善上游库区通航条件，结合防洪和拦沙，兼顾灌溉，并具有为上一级电站进行反调节的作用。电站总装机容量600万千瓦，年平均发电量307.47亿千瓦时。工程枢纽由拦河大坝、泄水建筑物、左岸坝后厂房、右岸地下厂房、左岸垂直升船机和两岸灌溉取水口等组成。拦河坝采用常态混凝土重力坝，最大坝高162米，左岸坝后厂房、右岸地下厂房各安装4台单机容量为75万千瓦的机组，泄水建筑物位于右侧主河道，由12个表孔和10个中孔组成。

一期土石围堰基础防渗采用以塑性混凝土防渗墙为主，防渗工程量较大，工期紧。防渗墙轴线长885.00米，墙厚0.8米，下接帷幕灌浆的墙底嵌入基岩0.5米，下部设有帷幕灌浆的墙底嵌入基岩1米。本工程实际开竣工日期为2004年11月28日～2006年1月10日。完成主要工程量：混凝土防渗墙51849.96平方米，灌浆14403.56米，预埋灌浆管21720.4米，土石方开挖36295.97立方米，围堰砂卵石填筑233353.12立方米。

【狮泉河水电站土建及金属结构工程】 狮泉河水电站位于西藏自治区最西端阿里地区，水库库容1.85亿立方米。大坝主要由黏土心墙土石坝、引水及泄洪建系统、坝后式厂房及开关站等建筑物组成。基础局中标承建狮泉河水电站土建、金属结构及基础处理工程。黏土心墙土石坝坝基采用混凝土防渗墙防渗，混凝土防渗墙厚0.8米，最大深度约67米。西藏阿里地区自然条件恶劣，多年平均气温0.2℃，海拔4300多米，空气稀薄，缺氧高达40%，工作和生活条件极其艰苦，不仅施工人员的身体面临极大挑战，施工机械效率也受到严重影响。施工工区对外交通不便，距离拉萨市1759公里，其间大部分为无人区。基础局克服重重困难，努力完成槽孔混凝土防渗墙27577.83平方米；明浇混凝土防渗墙1741.4平方米；复合土工膜13288.18平方米；帷幕灌浆4993.8米；固结灌浆798米等巨大工程量。

工程于2004年6月15日开工，2005年9月22日完工，比合同工期提前8天。历时465天。

【小湾水电站上下游围堰堰基防渗工程】 小湾水电站围堰堰基防渗工程由基础局中标承担施工。由于该项目十分重要，基础局特别重视，早在试验期间就成立了项目经理部。为保证上下游围堰防渗施工任务的圆满完成，在围堰防渗施工期间加强了项目部的领导力量和技术力量，并聘请基础处理方面的老专家作顾问，保证施工质量和进度满足合同要求。

上游围堰堰基混凝土防渗墙自桩号0+26.67～0+133.21，轴线长106.54米。混凝土防渗墙最大深度48.52米，防渗墙最浅深度19.45米，防渗墙工程总量为3855.44平方米，造孔总进尺5602.06米。墙底帷幕灌浆依照入岩深度5米，并满足设计要求透水率$q \leqslant 7$～10吕荣标准，总计进尺约338.70米，灌浆338.70米。根据多年在类似地区进行防渗墙施工的经验，并依照设计要求，基础局制定防渗墙工程总体施工方案，主要为“钻劈法”造孔。

下游围堰于2004年11月5日开工，帷幕灌浆于2005年3月6日完成，检查孔于2005年3月23日完工。

（刘艳妮）

管理创新

【落实资产经营责任制】 2005年，基础局通过企业改制从投资主体为单一国有资本转变成多元化主体的有限责任公司，由此企业的利益相关者和利益关系发生了根本变化。为维护所有者权益、建立有效的激励机制和约束机制，采用科学的发展观和正确的业绩观评价公司所属各分公司主要负责人的经营业绩、衡量其经营管理能力，特制定、下发了《中国水电基础局有限公司所属二级公司负责人年度经营绩效考核办法》。

办法规定公司财务产权部是年度经营绩效考核管理工作的牵头部门，人力资源部、市场开发部等相关部门根据自身的要求提出具体考核指标；考核对象为公司所属二级公司各主要负责人，具体包括公司经理、党委书记；考核原则：围绕公司发展战略目标，按照可持续发展的原则，提高各二级公司获利能力、生产经营运作能力；按照各二级公司的人员情况、经营规模、资产总量等特点，实事求是、公开公正地进行考核；按照责、权、利相统一的原则，建立经营业绩同激励约束机制相结合的考核制度。年度经营绩效考核指标设计的原则：①经营规模和利润最大化原则，体现投资收益和经营效益。②可持续发展原则，体现竞争力和经营业务可持续协调发展的能力。③经营效率最优化原则，体现生产运营效率和资金的使用效率。

（肖洪星）

【质量控制】 基础局的质量方针是：严格管理、精心施工、技术先进、质量优良。质量目标为：单元工程合格率100%，优良率不低于75%；工程交验合格率100%，优良率不低于70%。在工程施工过程中，以质量方针和质量目标为宗旨，严格贯彻执行标准及质量管理体系文件，确保工程质量。基础局对工程质量的控制主要在以下几个阶段：

（1）施工准备阶段。组织各类人员进行岗前培训，建立质量责任制，明确各类人员的质量责任。对设计图纸进行多方面会审，现场复核，编制施工组织设计、施工细则（作业指导书）等质量计划，提出开工报告。

（2）施工阶段。组织相关人员进行技术交底，严格按照工程质量计划进行施工，以质量责任制为中心，抓好现场管理。使工序质量处于受控状态，每一个工序完成后，都必须经过“三检制”，三检合格后允许进入下阶段施工。确保单元工程质量一次合格。控制施工进度，加强信息反馈，对关键工序建立工序质量控制点，建立质量信息网络，落实质量记录和质量评定，健全质量例会制度。

（3）竣工阶段。组织有关专业技术人员按合同要求编制工程竣工文件，并做好工程移交准备工作，及时整理质量记录，编制竣工报告。在工程未最终验收前，对工程采取防护措施，保证工程最终质量，顺利验收。

（徐玉琦）

【推行资金集约化管理】 2005年，基础局组建了资金结算中心，明确了资金结算中心的功能定位和权责。资金结算中心以强化服务为手段，以追求资金效益最大化为目标，加大宣传力度，统一认识，使各级行政领导、财务人员认识到公司改制后资金集中管理的重要性和必要性。探索资金管理模式，根据基础局项目特点，采用“设分支机构、网上银行”两种资金管理模式，逐步理顺公司和二级单位、工程项目的资金管理关系，实施资金扁平化管理，减少管理层次，加速资金周转。通过实行会计负责人委派制和实行“收支两条线、计划管理、内部结算、有偿使用”强化资金管理。清查银行账号，规范银行账号的审批和档案管理制度，充分利用银行的网络系统，搭建公司与工程项目、二级单位之间的现金流量管理网络，逐步推进资金集约化管理。优化筹资结构，多渠道筹集资金，保证了公司生产经营的资金需求，贷款规模没有随公司生产经营规模的扩大而扩大，反而有所减少。充分发挥公司资金结算中心“资金蓄水池”的作用，调剂内部资金余缺，盘活存量资金，提高资金的使用效益，降低资金成本，2005年共节约利息支出208万元。加强内部控制，规范管理，提高资金运作的安全性、稳健性和规范性，防范金融风险和经营风险，规避汇率风险。

（雷土祥）

【信息化建设】 2005年2月28日，基础局与北京华科软科技有限公司签订了《中国水利水电基础工程局管理信息系统》开发项目合同。软件开发分“办公自动化系统”、“综合业务管理平台”、“项目管理系统”三期进行。9月下旬启动了项目一期（即办公自动化系统），含信息发布系统。信息发布系统设内、外网，分别用于企业对外门户及内部信息显示。各部门可以按需设立自己的外网栏目及内部站点。为方便工作，强调了内外网之间信息发布的便捷与可控。为了网站的信息安全，强调了内网密码权限的设定。还强调了网站有关管理统计功能。办公自动化系统强调了广义的办公自动化功能，要求系统具备文字对话、附件携带、手机短信三位一体的实时通信功能模块及溶入较高先进管理理念的知识管理模块，力求建立一个非常容易连接人、数据、信息、业务流程的协作平台，以适应企业的社会竞争需要。为了适应企业发展的需要，一期工程还强调了流程变更的易操作性及《中国水利水电基础工程局管理信息系统》各软件之间的协同与规范。

2005年一季度，基础局完成了新办公楼局域网综合布线系统，实现了千兆光纤进竖井，百兆光纤进桌面技术。保证了计算机网络通信、IP电话通信、普通语音业务及可视会议等功能统一通信网络。二季度，新办公大楼计算机房建成并正式投入运行，通信接入线路为十兆光纤。在中国互联网信息中心注册了公司域名（sinofec. cn、sinofec. com、sinofec. com. cn）、并保留了原域名（chinafec. cn、chinafec. com、chinafec. com. cn）。三季度，注册了公司的通用网址，更好地在互连网上宣传企业。首次将公司的外部网站切换到公司计算机房中，首次开通了企业自己的电子邮件服务器。四季度，规范了新办公楼局域网的各种应用。

（谭景春　白　雪）

企业改革

【综述】　2005年，是中国水电基础局有限公司成立的第一年，1月22日召开了第一届股东会第一次会议、通过了《有限公司章程》，选举产生了公司第一届董事会、监事会。选举产生了公司董事长、监事会主席，聘任了公司总经理。2月28日，完成公司注册，中国水电基础局有限公司完成了法定程序。6月26日，召开了公司成立庆典大会，宣布中国水电基础局有限公司成立。基础局整体改制标志中国水电建设集团公司主辅分离辅业改制分流工作取得重大突破和进展。在公司股东会和董事会的领导下，经过公司经理层和全体员工的努力工作，公司全面完成了各项经营指标，企业改制后取得了令股东满意的业绩。

【建立和完善公司法人治理结构】

（1）股东会为公司的最高权利机构。按照《公司章程》的规定，股东会行使决定公司的经营方针和投资计划的职权、审议批准公司的年度财务预算方案和决算方案、审议批准董事会报告和监事会报告等职权。股东会的议事方式一般为会议形式。2005年公司召开了两次股东会议，对公司的重大事项进行审议通过。根据公司的实际情况，由于公司股东大部分常年在外施工，因此，采用电子邮件、书面呈送等方式，召开了第一届股东会第一次临时会议，会议以通信方式投票表决，审议通过了公司《股东会工作条例》、《董事会工作条例》、《监事会工作条例》。股东会的权利得到充分的行使，保证了公司重大决策的正确性。

（2）充分发挥董事会作用，确保工作职责到位。董事会由5人组成，董事长为公司的法定代表人，董事长主持股东会会议、主持董事会会议、督促检查董事会会议决议的实施情况等职权。董事会研究制定公司的发展战略、经营计划、财务决算和预算方案，决定公司内部管理机构和董事会工作机构、制定公司的基本管理制度等职能。一年来的实践证明，这些决策都能贯彻执行。公司在2005年共召开四次董事会会议，董事会会议实行一人一票表决制，并采取记名举手表决的方式。董事会对所议事项的决议做成会议记录并在会议记录上签字，每个董事必须对自己所投的票负责。一年来的实践证明，董事会对公司的重大事项的决策是正确的。

（3）公司经理层工作到位，经营管理水平不断提高。公司的总经理全面负责公司的经营业务和日常管理工作。公司总经理主持公司的生产经营管理工作、实施董事会决议、拟定公司年度经营计划、提请董事会聘任或解聘公司副总经理、“三总师”和决定公司部门负责人、决定公司员工的聘用以及奖惩等职权。公司实行总经理办公会议制度，每月初召开一次会议，公司副总经理、总工程师、总经济师、总会计师、各职能部门负责人参加，总结上个月工作，安排部署下个月工作。公司制定了一系列管理工作制度。强化工作执行力，落实各项管理工作制度。2005年，公司的各项工作取得了优异成绩，较好实现了年度各项经济指标。公司股东对公司的经营工作给予了高度评价。

（4）发挥监事会作用。公司的监事由水电集团公司推荐、经过股东会选举产生。公司监事会由3名监事组成，设监事会主席1名。监事会通过召开监事会议，以及对公司财务、执行股东大会决议情况、经营决策、依法运作情况、董事及经理（包括高级管理人员）的经营行为、关联交易等情况进行检查和监督，履行监事会职责。2005年召开监事会会议2次，参加公司2005年股东会2次，列席董事会会议3次，审查了公司财务报告，较好地履行了监事会的监督职责。

【制定三年发展规划】　公司制改造完成后，针对市场经济的要求，制定了《公司三年发展规划》。总体要求是以邓小平和“三个代表”重要思想作指导，以科学发展观统揽全局，加速转换机制，健全和完善公司法人治理结构；大力开拓国内和国际市场，提升企业综合实力和核心竞争力；健全管理制度，谋求管理创新，实现公司从劳务密集型向技术密集型、管理粗放型向集约型转变；优化资源配置，拓宽经营领域，调整产品结构，努力建设效益型企业，实现股东权益最大化；实施技术兴企和人才强企战略；实现可持续发展，使公司成为集施工、设计、科研、咨询为一体的国内领先、国际知名的现代企业。总发展目标是：2005 年实现产值 4.6 亿，每年以不低于 10%的速度递增，到 2007 年达到 5.6 亿元。利润目标：每年以不低于 10%的速度递增。投资收益率：每年保持在不低于 10%的水平。

【建立现代企业体系制度】 2005 年，是公司制度的建设年，先后制定了《中国水电基础局有限公司章程》、《公司职工股权管理办法》、《公司董事、监事薪酬办法》、《公司工资分配暂行办法》、《公司股东会工作条例》、《公司董事会工作条例》、《公司监事会工作条例》、《公司总经理工作条例》、《公司规章制度制定程序管理办法》、《公司管理部门岗位竞聘实施方案》等基本制度。同时，制定了有关战略管理；劳动、人事、分配；法律事务；资产、财务、资金、社会保险；合同、经营；安全生产、工程质量、健康和环境；审计；办公；物资设备；党群工作等 10 个方面的管理制度。初步建立公司新的制度体系。经过整理，将公司的各项制度汇编成册（共计 40 余万字），供公司各级管理部门和员工贯彻执行。

（于书铭）

科技进步

【深厚覆盖层防渗技术研究】 基础局开展的深厚覆盖层防渗技术研究，是针对我国目前深厚覆盖层地基工程的需要和防渗技术发展的要求，对深厚覆盖层地基的渗透机理、防渗原理、防渗方案和结构形式施工工艺及施工机具等进行理论研究，生产试验以及生产应用的技术课题。对设计和施工中的技术难点进行分析并提出解决方法，形成系统的、具体的、科学的、行之有效的深厚覆盖层地基工程施工技术，以指导、促进在建工程以及今后深覆盖层防渗工程的设计、施工能力。深厚覆盖层防渗技术研究立足在建工程实际，以解决工程的实际问题为研究目的，实现方案科学、施工高效、投资节省、技术上新突破的总目标。对国内的其他同类工程起到指导作用，将我国的深厚覆盖层防渗技术提高到一个新的水平，使我国在深厚覆盖层上建坝的水平上升一个新台阶。

本课题拟实现以下三个目的：

（1）对目前防渗技术和工法进一步改进、提高，以适应各种复杂地层的施工能力。

（2）提高防渗墙的处理深度，拓展规范适应范围（目前规范适应范围为墙深小于 70 米）将适应深度由目前的小于 70 米提高到 100 米，为下一步重新修编规范提供技术支持。

（3）提高施工一体化自动化程度，引进环保理念研究应用环保泥浆，使用泥浆净化系统，实现施工过程泥浆零污染。

【灌浆压力自动控制系统】 本课题针对国家灌浆工程现有施工装备的现状，充分利用国内外先进的机械和 IT 技术，研制机械式电控集成化高压阀门装置，对现有的灌浆记录仪进行技术改进，实现压力自动调节，达到真正意义的灌浆自动化，智能化；填补国内无灌浆压力自动控制的空白，使我国灌浆施工装备达到国际先进水平；降低灌浆工程的施工成本；减少人为因素对灌浆过程的影响，提高灌浆质量；满足国际工程对灌浆自动控制的要求，提高我国在国际基础处理市场上的竞争力。

本课题项目拟实现灌浆过程中 0～8 兆帕范围内的灌浆压力自动调整，响应时间 500 毫秒；输出压力平稳，可提升国内规范指标的水平，符合国际规范的要求；用计算机自动控制代替人工调节灌浆压力，大大节省灌浆工程的人工成本，如全国推广应用，一年可节省数百万元的人工费，同时，能提高灌浆工程质量，还可在国外工程中应用。

【FEC-NANO 系列纳米复合灌浆材料研究】 在水利水电工程坝基灌浆施工中，微细裂隙的灌浆始终有一定难度。如果采用普通水泥作为灌浆材料，经常发生“析水回浓”而被迫中止灌浆，从而影响了灌浆质量。导致这一现象的主要原因是水泥的细度与裂隙的宽度不相适应。为解决微细裂隙灌浆的问题，国内外先后出现了细水泥材料和化学灌浆材料。由于超细水泥成本较高，施工中的技术问题比较多，而且没有量产，因此施工中实际使用的颗粒型材料的极限可灌裂隙宽度在 0.1 毫米左右。0.1 毫米以下只能靠化学灌浆解决。无论水泥基灌浆材料，还是化学灌浆材料，其性能均没有能够得到比较明显的改善。而几乎与此同时，在国内外，纳米材料和技术却得到飞速发展。那么，能不能利用纳米材料对现有材料进行改进，或开发出一种全新的，可灌性极好的颗粒型材料呢？为此，基础局展开了深入研究。

理论上讲，纳米超细粉体作为一种新型材料，其细度比磨细水泥还要低1～3个数量级，如用于灌浆材料，可望大幅度提高微细裂隙的灌注效果。同时，由于纳米材料与环氧树脂等多种高分子材料具有一定的兼容性，且可以明显提高材料性能，因此初步认为其可能成为一种性能优异的全新的灌浆材料。由此，基础局将整个项目分为三个子题：①环氧树脂—纳米复合灌浆材料JX—NANO；②纳米细水泥复合灌浆材料MCM—NANO；③纯纳米灌浆材料SX—NANO。

纳米复合灌浆材料一方面提高了现有材料的性能，另一方面纯纳米灌浆材料又可望解决1～200微米宽度范围微细裂隙的可灌性问题，从而和普通水泥浆材形成新的组合，为微细裂隙处理提供了新的手段。它的出现有可能极大地压缩超细水泥和化学浆液上市场空间，前景十分广阔。

【科技成果推广应用】《润扬公路长江大桥北锚碇地下连续墙施工技术研究与工程实践》和《自凝灰浆的研究及其在三峡三期围堰中的应用》分别获得2003年度中国水利水电建设集团公司科学技术进步奖二等奖和三等奖。2004年，将此两个项目成果推广到武汉阳逻长江大桥南锚碇圆形地连墙工程中，取得了较大的经济效益和社会效益。2005年，将此两项目成果推广到南水北调中线一期工程Ⅱ-A标北岸竖井工程中，又为基础局带来了较大的经济效益和社会效益。

（龚木金）

安全生产

【落实安全生产责任制】

（1）安全目标层层分解、落实。在2005年的职代会上，公司所属4个二级公司及科研所的安全生产第一责任人继续与公司总经理签订了《2005年安全生产责任书》。责任书中把集团公司对基础局下达的安全生产指标进行了分解和细化，对各二级单位安全第一责任人的安全职责作出了具体规定，明确规定了安全生产控制指标、安全生产第一责任者到位标准并提出了安全指标，订出了奖惩措施。各二级单位与下一级单位或项目部根据具体施工项目，参照责任书、分解指标，亦签订了《安全生产责任状》；项目部安全领导小组还与各部门、机组与施工班组人员签订责任状，坚决贯彻“谁主管，谁负责”的原则，做到安全职责层层落实。

（2）安全标准化和管理制度化。为使安全生产有章可循，责任到人，结合改制后新公司特点，2005年编写、发放了《安全规章制度汇编》，明确了全公司各级领导及各部门的安全生产责任；规定了部门及相关人员安全职责和权限；规范了安全生产监督检查以及应急救援预案等部分安全管理制度，对二级公司、项目部以至班组的安全检查频率作出了相应规定，对各种有关安全资料的规范管理和上报要求，也作出了明确规定。通过安全制度的建立，全面提升了安全管理力度。

（3）确保安全投入。为加强和规范项目部对施工现场的安全管理，提高安全文明施工的整体水平，公司要求在合同中有安全投入费用的，必须用在安全生产管理上，要求各项目部对安全投入不少于产值的1%。对施工现场标识、现场安全标识、大型设备标识等做了规定。

（4）加强安全生产培训力度、强化安全意识。2005年，公司专门成立了安全生产监督管理部，以便加强全公司的安全生产管理力度，二级单位及项目部也设有安全机构。为提高有关人员的安全管理素质，2005年，公司共有53人接受了安全培训及考核，其中38人参加了集团公司组织的项目经理、安全员的安全培训；15人参加了天津市建筑类三类人员（企业负责人、项目负责人及专职安全员）安全培训，以上人员均顺利通过了考核，取得了相应的证书。公司加强了对新工人和临时工的三级安全教育，以及严格执行操作规程和新岗位的安全教育，特殊工种的安全教育。还进行经常性的全员安全意识、安全技能等各方面的安全教育，结合安全月、安全周、安全考试、安全知识竞赛以及职业健康安全和环境管理体系贯彻等多种方式，使安全工作深入人心，增强了全员的安全意识。

【安全生产大检查】

（1）分析危险因素，制定安全措施。基础局安全生产监督管理部指导项目部先分析各工程项目的危险因素，结合工程的实际情况，分别逐项分析危险源可能造成的危害后果，制定安全技术措施，安排专人负责检查、落实、整改，确保工程顺利施工，取得了良好效果。

（2）加强安全检查、消除安全隐患。2005年，基础局专门成立了以主管安全的副总经理任组长的综合检查组，对在建工程的主要项目进行全面安全检查，按照《施工现场安全检查表》内容对项目部的现场设施和安全管理情况逐项检查打分。对发现的安全隐患，要求现场整改；对不能现场整改的问题，限期整改。同时检查各层管理人员职责是否得到落实；各项目部的安全生产投入能否满足项目施工的需要，使工程项目施工安全进行。

基础局安全生产监督管理部对各工程项目不但进行安全检查，还对重点项目的安全施工进行重点控制。各二级单位的安全部门定期或不定期地对所属工程项目进行安全检查。各工程项目部在开工前要进行一次安全大检查、施工过程中每月进行一次安全大检查，并在特殊季节、特殊场所进行专项安全检查，从多方面进行自查自纠，及时发现和消除隐患。公司各单位及项目部，严格贯彻职业健康安全和环境管理体系标准，以及公司的安全生产管理制度。每个项目部按开工时制定的安全生产措施，制定了相应的检查制度，使安全生产在2005年有了进一步的提高。

(3) 落实安全目标考核制度。公司安全生产委员会按照公司《安全生产奖惩办法》、《安全生产责任书》等具体条款，通过对各二级单位、项目经理部安全生产情况进行综合考核，对安全生产管理好的单位领导进行奖励，同时对在施工现场管理先进的安全管理人员进行表彰和奖励。

（王国民）

党群工作和精神文明建设

【保持共产党员先进性教育活动】 2005年7月，基础局作为第二批开展保持共产党员先进性教育活动的单位，按照中央的统一部署，在天津市委、天津市规划建设工委和中国水利水电建设集团公司党组的正确领导下，深入扎实地开展了保持共产党员先进性教育活动。公司所属6个党委、1个党总支、4个直属党支部和471名党员参加了这次教育活动。公司党委把先进性教育作为党建工作的头等大事来抓，严格按照中央和市委关于先进性教育活动的指导思想、基本原则、目标要求和方法步骤，制定了科学合理、切实可行的工作方案，严格把握程序，扎实抓好每一个环节。以提高党员素质，加强基层组织，服务员工群众，促进各项工作为目标要求，紧紧抓住学习实践“三个代表”重要思想这条主线，把握保持共产党员先进性这个主题，明确提高党的执政能力这个着眼点，坚持党要管党、从严治党这个方针，做到了“五个坚持”，即坚持理论联系实际，务求实效；坚持正面教育为主，认真开展批评与自我批评；坚持发扬党内民主，走群众路线；坚持领导干部带头，发挥表率作用；坚持区别情况，分类指导原则。在高质量完成各项规定动作的同时，结合施工企业实际创新教育方式和活动载体，在“务必取得实效”和“成为群众满意工程”目标要求上狠下功夫。如针对生产经营点多、面广、线长的特点，构建先进性教育网络体系，确保党员教育全覆盖。紧紧围绕“争创一流业绩，树立先进典型”的主题，开展“向英烈学习，建精品工程，出一流人才”等系列党性实践活动。还利用各种形式进行广泛地宣传和发动。在公司网站和《水电基础人》报上开辟保持共产党员先进性教育活动专栏，编发先进性教育活动工作简报和《学习与参考》，悬挂各种标语口号，在项目部建立学习墙报专刊等，大造声势，营造良好的活动氛围。据统计，在先进性教育活动中，编发先进性教育活动工作简报39期，编发《学习与参考》21期；利用《水电基础人》报刊登稿件25篇，悬挂各种标语口号46条；在公司网站开辟保持共产党员先进性教育活动专栏，共上传照片30多幅、文字报道100多篇，共10多万字。有专刊4期、10条经验分别被天津市委规划建设工委简报和集团公司网站编发。

各级党组织和广大党员明确认识到要使先进性教育活动真正收到实效，成为群众满意工程，就必须做到边学边改、边整边改，在真整改、真提高上下功夫。基础局党委领导班子针对征求到的意见、针对党员和员工反映最强烈的问题和自身建设存在的突出问题，多次召开党委会研究制订整改方案，明确提出了20条整改措施，并列出了整改重点内容日程表，落实了整改期限、责任单位和责任人。基础局所属11个二级单位领导班子根据查找出来的问题和问题的轻重缓急情况，确定了42项整改的重点内容、主要措施和时间安排。注意把解决影响本单位改革、发展、稳定的突出问题和群众关注而又有能力解决的实际问题作为整改的重点内容，把整改责任落实到每一个部门和责任人，确保每一项整改措施落实到位。仅在先进性教育活动中，就修订完善制度40多项，为群众办实事19件，解决实际问题13个。公司85名中层以上党员干部、107名两级机关党员，根据个人的岗位职责和针对征求到的意见、个人党性分析材料中自我剖析查找出的问题、党支部的评议意见以及专题民主生活会提出的意见，围绕认真解决党风、党性、党纪和思想、工作、作风方面存在的突出问题，制定了个人整改措施。通过开展先进性教育活动，全体党员受到了一次深刻的马克思主义党建理论教育，进一步坚定了理想信念，增强了宗旨意识，世界观、人生观、价值观发生了明显变化，发挥先锋模范作用的积极性和自觉性有了明显提高，基层党组织的创造力、凝聚力和战斗力得到了新的提升，为企业的改革发展和稳定提供

了精神动力。在对公司保持共产党员先进性教育活动群众满意度测评中，共有党员、群众、离退休老同志等各个层面517人参加测评，满意度达到98.1%。同时也受到了天津市规划建设工委和集团公司的好评。

（徐建华）

【党建工作】 2005年3月，基础局有限公司召开了第一次党代会，选举产生了公司一届委员会，张源智当选为书记，赵存厚、袁国俊当选为副书记。公司领导班子坚持理论中心组学习制度，中心组全年集中学习13天。开通公司党委书记、董事长、总经理电子信箱。选送1名中层管理人员到天津市委党校学习。加快党委书记年轻化和知识化进程，通过对党组织的调整和整合，使公司党委书记平均年龄达42.7岁，大专以上学历占75%。加大分公司党组织负责人交流力度，公司所属6个经济独立核算单位中有4个单位的党委书记进行了交流。在“创先争优”活动中，公司党委表彰了先进党组织11个，优秀共产党员标兵6名，优秀共产党员42名，优秀党务工作者11名。在公司本部五个专业管理公司单独成立党的组织，直属于公司党委。在苏丹、锦屏项目部成立了直属党支部。2005年共发展党员24名。健全工作制度，巩固党建基础，严格执行《基层党支部工作条例》；制定《党员学习培训制度》等党员管理办法。制作了党群工作网页。举办了中国共产党基本信息管理系统软件安装和使用培训班，对各级党组织和党员实行信息化管理。扎实有效地开展保持共产党员先进性教育活动。大力加强企业员工思想政治工作，坚持以人为本理念，关心广大员工思想、工作，为他们排忧解难，全力推进构建和谐企业、和谐社会的艰巨任务和系统工程。

（毛玉忠）

【工会工作】

（1）大力推进职工素质工程，开展技术比武。2005年12月4日～5日，基础局工会在280名工程技术人员中开展了比武活动，通过考核竞赛，评出2005年工程技术人员业务比武标兵10名、技术能手15名，其中前三名给予奖励。

（2）坚持开展技术创新和劳动竞赛。按照建设一支高素质职工队伍的要求，围绕降低成本消耗、节约资源，基础局广泛开展群众性技术攻关、技术改造、技术革新和技术协作劳动竞赛活动。苏丹麦洛维大坝基础工程项目部的“苏丹麦洛维大坝基础工程施工技术”被天津市总工会评为“天津市职工技术成果”一等奖；基础局“GMS2004灌浆数据采集和自理系统”被天津市总工会评为“天津市职工技术成果”二等奖；一公司“振动沉模防渗墙及振冲加固工程”和二公司“自动灌浆压力控制系统”被天津市总工会评为“天津市职工技术成果”三等奖；三公司“冶勒廊道内防渗墙工程简介”和“四川瀑布沟水电站大坝防渗墙试验工程”、科研所“小湾水电站下游围堰帷幕灌浆试验”、“桐子林水电站优化调整设计阶段河床覆盖层高压旋喷灌浆及锚固试验”及“溪洛渡水电站拱坝基础可利用岩体固结试验”等技术创新成果，被天津市总工会评为“天津市职工技术成果”优秀奖。公司科研所被天津市职工技协评为“天津市职工技协工作先进集体”；二公司一名职工被评为“天津市职工技协工作先进个人”。

（3）着力维护稳定，开展送温暖活动。基础局工会开展了“两节”送温暖活动，对48户、111人进行了帮扶救助。共筹集资金8.16万元，全部投入走访慰问活动。公司领导还亲自走访慰问了三个基地的困难员工家庭。

（4）投资购置文体活动设施，开展多种形式的文体活动。公司工会去年投入3.8万元购置了篮球、排球、乒乓球、羽毛球等设备用品。9月下旬，基础局组队参加了天津市委规划建设工作委员会举办的系统首届职工运动会。并取得了女子篮球比赛第一名；集体跳绳第四名的好成绩，受到天津市规划建设工委的好评。

（韩　霞）

【共青团工作】 2005年，基础局有限公司筹备召开了第一次团代会，进一步健全完善了基层团组织。公司团委在团员青年中开展争创“号、手”活动。2005年，基础局一公司在中央企业青年文明号复核检查中被确认为2004年度“中央企业青年文明号”。公司西藏狮泉河水电站项目部获得天津市“青年文明号”。在公司广大团员青年中开展了“增强团员意识主题教育活动”，成立了工作小组，印发增强团员意识工作简报，向公司全体团员青年发出了“增强团员意识，做好本职工作”的倡议书。

【精神文明建设】 公司党委制定了《2005～2007年公司精神文明建设三年规划》，坚持开展创建文明单位活动。结合企业实际，加强对员工的形势任务教育。《水电基础人》报出刊23期，《学习与参考》出刊25期。完成新办公楼的公司展览室布置，制作了公司成立纪念邮册。成功举办公司成立挂牌庆典仪式。为庆祝建局45周年，编辑出版了《基础放歌》一书。2005年在《中国水利报》、《天津工人日报》、《水利水电工程报》、天津市委规划建设工委综合信息等刊物上刊出宣传稿件47篇。开展“四五”普法活动，制定“五五”普法规划。

（毛玉忠）

【企业文化建设】 2005年，基础局借助企业成功改制这一契机，进一步加强企业文化建设，健全了公司企业文化建设领导小组。公司企业文化建设在各方面都有了明显的增强：一是加强企业精神文化建设，提炼出了“基础成就未来，诚信追求卓越”的企业精神，在广大员工中广泛宣传，用以凝聚人心，鼓舞士气。二是加强企业制度文化建设，到2005年底，公司全年共制定、出台及修订、完善了48项规章制度，有力地保证了公司各项工作的规范运行。三是加强企业行为文化建设，广泛开展员工喜闻乐见的文体活动，活跃员工的业余文化生活，陶冶大家的情操。利用公司成立庆典之机，广泛邀请各级主管机关的领导和行业内各设计、监理、业主单位、兄弟单位的领导参加，对公司形象进行了一次全方位、多角度的宣传，展示企业形象。四是加强企业物质文化建设，加大对树立企业形象，巩固企业信誉，提高企业品牌的载体的投入。进一步提升了公司品牌竞争力。

（张洪波）

检查监督

【落实党风廉政建设责任制】 2005年3月，在基础局有限公司第一次党代会上，选举产生了第一届纪检监查委员会。袁国俊当选为纪委书记。针对公司改制后，“老三会”与“新三会”并存；纪检监督与监事会监督、审计监督、职工监督等多种监督形式并存情况，公司纪检监察部门积极探索改制企业深入开展党风廉政建设的新思路，以改革、创新的精神，研究和解决纪检监察工作面临的新情况、新问题，以落实党风廉政建设责任制为龙头，并融入企业的各项管理工作中，通过完善相应的配套制度，注意发挥组织协调作用和监督检查职责，积极协助党委狠抓责任目标的落实。一是根据企业改制领导体制和机构人员变动情况，及时调整了党风廉政建设领导小组，并结合改制企业实际，在绩效考核指标中，加重了党风廉政的比例（党风廉政占10%），进一步促进党员和领导人员依法经营，廉洁从业。为了使考核更有操作性，重新制定了《中国水电基础局有限公司党风廉政建设责任制检查考核评分标准》，把党风廉政建设责任目标进一步细化、量化为16项百分制。在公司一届一次职代会上，党政一把手与所属6个二级单位、2个直属项目部及8个机关部门、4个专业管理公司分别签订了2005年度党风廉政建设目标责任书。公司所属二级单位也层层签订了责任书，同时进行了任务分解，做到“一岗双责”，层层落实责任制要求。二是加强对中层以上领导人员的管理监督力度，出台了《中国水电基础局有限公司中层管理人员廉洁谈话制度》，通过实施任职廉洁谈话及时交换意见，沟通思想，了解和掌握中层管理人员的思想状况和工作状况。通过诫勉谈话，对苗头性问题提醒在先，严格要求，增强领导人员廉洁自律意识，筑牢拒腐防变的思想道德防线。三是加强了业务招待费支出、内部用车、通信费用等方面的管理，重申了有关制度和规定。四是加强了对工程项目分包的管理，出台了《中国水电基础局有限公司工程分包管理办法》，对工程分包的审批、分包商的选择、合同的签订、施工管理工程款结算、廉政合同的签订、责任追究等方面都做出了明确的规定，以堵塞漏洞，加大源头治理力度。五是制定了《公司效能监察实施细则》，从立项到最后总结评定等各个环节都做出了详细的规定，印制了统一的表格，便于规范操作。为了进一步营造反腐倡廉氛围，建设企业廉洁文化，公司纪委还组织开展了以保证和促进经济建设健康发展、干部健康成长“两个健康”为主题的廉政教育月活动。结合企业改制、建立现代企业制度，组织党员认真学习了《公司法》，《信托法》等法律法规，增强法律法制意识，促进企业依法经营。有355名党员参加了中央企业知识竞答活动，平均成绩98分，优秀率100%。

（徐建华）

【职工代表大会监督】 2005年初，基础局有限公司召开职代会和股东会，审议通过了总经理工作报告、公司三年发展规划、2005年生产经营计划、公司高管层薪酬办法、2005年集体合同和工资集体协商的决议。为了确保员工切身利益，在基层单位召开职代会（员工大会）时，广泛宣传和传达公司职代会精神，审议通过了本单位经理工作报告、奖金发放办法、工资分配办法等相关文件。多次召开公司职代会团（组）长会议，审议、补充完善并通过《中国水电基础局有限公司工资分配暂行办法》、《中国水电基础局有限公司管理部门岗位竞聘实施方案》和《中国水电基础局有限公司员工内部退养暂行办法》决议，决议的执行，使公司自新的体制确立以来，在机制转换上迈出重要的一步。

公司和二级公司坚持员工代表和员工大会制度，充分发挥员工代表的民主管理作用，提高员工代表大会的质量。2005年公司征集员工代表提案11份，对提案涉及到的有关内容和问题都及时进行了答复和落实。

公司职代会上职工代表听取了公司领导班子成员的述职报告，对公司班子整体及个人进行了综合测评，群众满意率达到98.7%。

（韩　霞）

【审计监督】　2005年，审计部门紧紧围绕公司改革、发展中心，开展审计工作。对公司改制过程中机构合并的单位——万基公司和机械施工处的资产负债及损益情况进行了审计。核实经济责任和损益情况，为公司正确决策和科学管理提供可靠的数据，为资产交接做好前期准备工作。对一公司、二公司和四公司的资产负债、损益情况进行了审计，并审查公司资金收支两条线集中管理规定的执行情况；跨年度工程项目收入和成本费用的划分核算情况。结合公司规模小的特点，将资产负债审计、经济效益审计和财务收支审计结合起来，并逐步向经济效益审计转移。审查遵守财经法纪和公司规章制度情况，规范企业经营行为，促进企业健康发展。

强化事中审计检查，对在建工程项目曹娥江项目部、水布垭项目部、东风项目部、索风营项目部、构皮滩项目部各项管理工作进行了检查。通过审计，针对内部管理失控点和薄弱环节提出审计建议31条（审计建议基本被采纳），促使公司所属二级单位强化管理、规范经营。

2005年制定下发了《中国水电基础局有限公司内部审计工作规定》、《中国水电基础局有限公司工程项目审计办法》、《中国水电基础局有限公司内部控制审计测评办法》，逐步完善公司内部审计制度。在审计工作中，实行承诺制，注重审计成果的运用。促进二级单位建立健全内部控制制度，提高了公司的管理水平。

（张素华）

夹江水工机械厂

概　　况

【厂领导班子】　夹江水工机械厂（以下简称夹江厂）领导班子（2005年1月～9月）由7人组成：厂长季晓勇、党委书记徐洪兴、副厂长兼总经济师周秉义、副厂长张克爱、副厂长兼总工程师曾文、党委副书记兼纪委书记雷建容、工会主席王忠义。2005年9月24日，中国水利水电建设集团公司（以下简称集团公司）领导在夹江厂中层以上干部大会上宣布聘任雷建容为夹江厂厂长。调整后的厂领导班子由6人组成：厂长雷建容、党委书记徐洪兴、副厂长兼总经济师周秉义、副厂长张克爱、副厂长兼总工程师曾文、工会主席王忠义。

范集湘在会上介绍了集团公司党组实施公开选聘企业主要负责人的情况；对夹江厂今后的发展提出了三点要求：①树立科学的发展观，树立正确的业绩观，把夹江厂的发展作为各级干部的第一要务。②加强队伍建设。要加强两级班子的建设，夹江厂的两级干部要带头学习，完善自我，适应岗位需求；要加强高级别的技术工人队伍建设。③加强企业党建工作。

【2005年工作方针及发展目标】　2004年，夹江厂提前一年实现五年发展规划。根据集团公司的要求及企业自身的发展需要，夹江厂制定了《企业发展战略与2004～2006三年规划》，实现企业的跨越式发展和可持续健康发展，首先要努力实现2004～2006三年规划。因此，企业2005年的工作方针为：科学发展提高效益，加快改革增强实力，优化生产提高能力，抓住机遇推进跨越。

2005年9月，新组成的厂领导班子清醒认识企业发展面临的形式和任务，提出了新的工作思路，即坚决贯彻集团公司的经营战略，转变经济增长方式，提高企业经济效益和经营质量，加快企业改革，建立适应市场的体制和机制，推进产品结构的调整和升级，全面提高企业的竞争能力和综合实力，实现企业的可持续发展。把工作重心转移到提高企业经济效益上来，要以科学发展观统领企业发展战略，实现速度、结构、质量、效益相统一。在紧紧抓住水电发展难得机遇，立足水电市场，发挥优势，增强企业综合实力的同时要积极开拓非水电领域产品，实现多元化发展；加强风险防范，理性地选择项目，把握盈亏点；防止工期延误索赔和重大质量安全事故；要防范财务风险，为实现新的战略目标，对领导干部提出了新的要求。

今后五年，夹江厂的总体目标是：将企业建设成为具有优势竞争力和核心竞争力的现代企业，企业的技术研发能力、市场开拓能力、质量保证能力、经营管理能力明显增强，能够抵御各种市场风险。

【完成主要经济指标】

（1）工业总产值 20058.01 万元，为年计划的 100.3%，同比增长 17.98%。

（2）销售总额 23816.7 万元，为年计划的 87.45%，同比增长 0.04%。

（3）营业收入 21473 万元，为年计划的 97.6%，同比增长 2.07%。

（4）工业增加值 5397 万元，为年计划的 101%，同比增长 4.73%。

（5）新增合同总额 27684 万元，为年计划的 105.26%。

【生产经营】 2005 年是夹江厂顺利完成“2001～2005”五年规划的承前启后年。年度各项经济指标全面完成集团公司下达的指标，国有资产保值增值。全年新增合同总额为 27684 万元。通过严格资金的回收、统筹和合理透明的安排使用，对生产经营的流动资金，生产任务的顺利完成和合同履约起到保证作用。安全生产达到“无死亡、无重大安全事故”的目标。生产计划的过程控制和协调进一步细化，计算机生产管理系统的应用和完善为全年各类生产计划的编制和生产调度提供更为及时准确的信息平台，确保强势的执行力度。在产品方面重点完成 4 台三峡坝顶门机的制造发运和工地安装，完成了哈萨克斯坦浮体门的制造，麦洛维罗江口液压启闭机油缸批量生产，龙滩底孔弧门，泗南江泄洪冲砂洞工作弧门的制造。各项中标产品均在有计划的按合同要求安排生产。质量管理体系通过换证复审，取得 2005 年“四川省产品质量监督合格证”，水工闸门、启闭机继续保持四川省名牌产品称号。“夹江水工”图形商标荣获四川省著名商标称号。

（彭雪松　张生顺）

市场开发与营销

夹江厂新的领导班子提出新的经营战略：坚持“两个依托、三大支柱”，即依托国际国内两个市场，以水工金属构件、闸门启闭机械、混凝土施工机械三大产品为支柱，注重打造“夹江水工”这一品牌，形成高难度水工闸门、门桥机、缆机和升船机、液压混凝土泵五大产品的核心竞争力。充分发挥现有设计开发资源，在市场和产品开发上以混凝土泵的升级换代和水电以外的起重机械、石油钻机井架为方向调整产品结构。充分利用集团品牌，积极开拓国际市场，充分依靠集团公司的统筹协调，与各工程局建立战略伙伴关系。与各大设计院、流域开发公司建立新颖的信息网络，以蜀源水工机械设计公司为龙头，利用工厂的业绩优势、品牌优势开展设计制造安装总承包，培育企业新的经济增长点。

【市场开发】 坚持依托国际与国内市场的平衡、水电与非水电市场的平衡、合同签约与生产能力的平衡、盈利与战略的平衡的战略方针。加强市场信息收集和分析力度，准确把握市场需求的脉搏，积极追踪用户满意的方向；加大对营销人员的激励力度，提高编标与投标质量，强化营销管理；引入“项目经理负责制”，每个项目经理负责从合同签订、产品制造到运输交货、资金回收的全过程，从而使各项目的质量、进度、成本得到较好的控制。全年参加投标或经营活动的特点是，在市场继续处于严峻的价格竞争环境下，理性选择项目，采取单项具体措施，使得中标项目的含金量有基本的保证。并重点探讨内部管理模式，优化管理结构，争取更有效的营销开发管理和运行方式。对营销人员的总体要求为：继续强化工作自觉性和主动性，提倡工作效率，强调敬业精神，强调团体意识，发挥整体战斗作用。通过一年实践，大多数项目经理的工作效果得到了业主的肯定。

（井奇峰　张生顺）

【营销成果】 2005 年，面对激烈的市场竞争，夹江厂新的领导班子提出的营销思路是：进一步加大市场营销力度，提高经营质量。在提高市场占有率、稳定合同保有量的同时，更加注重提高经营质量，按照集团公司市场经营战略实施办法，加强对市场经营策略的研究，做到有所为有所不为。同时着眼于水电建设高潮后企业的生存与发展，努力调整产品结构，积极开拓非水电领域市场，不断优化产品结构，努力实现产品结构的调整和升级。一年中，市场开发和工程设计人员付出了艰辛和努力。通过准确分析市场形势，采取相应的应对措施和营销策略，取得成效。全年共组织国内投标 78 项，中标 40

项，新增合同额27684万元。在国际工程中，跟踪17个项目，参与其中11个项目的投标竞争，在参与国外工程竞争中积累了经验。在非水电市场方面，2005年，全年共销售混凝土泵26台。另外，签订了6台（套）钻机井架制造合同，合同金额近900万元。

（彭雪松）

【四台三峡坝顶门机通过验收交货】 2005年6月，夹江厂为三峡三期工程设计制造的4500千牛坝顶门机顺利通过由三峡总公司金属结构质检中心、长江设计院、郑机所三峡项目监造部、三峡电厂、青云公司等单位代表组成的验收。这是夹江厂在2003年中标三峡工程右岸厂房所有6台启闭机设备制造中起重量最大的两台之一。是在2000年成功为三峡制造12套深孔弧门和24套反弧门后再次中标三峡工程设备制造任务。也是国内设备制造厂家中唯一全程参与三峡工程三个建设期的企业。

4500千牛门机起重量为450吨，扬程130米，自重700余吨，是目前同类产品中设计制造难度最大的坝顶门机。在设计制造中，成功应用了硬齿面闭式传动、变频及PLG控制等先进技术，以高质量的产品赢得了一致的好评。

验收组依据《中国长江三峡工程标准》、长江三峡水利枢纽右岸大坝和电站厂房启闭机设备制造专用技术条款及相关合同文件有关规定对产品进行了200多个项目的检测，检测结果全部合格。到2005年底，通过验收交货4台门机，总重2000余吨，总价3200多万元人民币，兑现了“精品献三峡”的庄严承诺，展示出夹江厂“三峡在我心中，质量在我手中”的团队风貌。

（彭雪松　张生顺）

【首批苏丹麦洛维产品发运出厂】 夹江厂承接苏丹麦洛维电站产品的设计制造，合同总额为700多万美元。从2004年5月开始签约到2005年11月3日，首批产品已经四川乐山港水运出厂（到上海经海运到苏丹）。这次发运的产品有一台2×160kN尾水门机，两台260吨厂房桥机和一台2×1750kN溢洪道门机，总重1300余吨，后续产品将按期分别在2006～2007年全部交付。

【哈萨克斯坦锡尔河工程浮体门发运出厂】 2005年9月，夹江厂制造的哈萨克斯坦锡尔河水利枢纽工程——浮体检修门发运出厂。该设备总重达145吨，总价250万元人民币。这是夹江厂第四批提供设备。近几年，夹江厂通过寻求合作伙伴和代理的方式，将经营拓宽到国际市场，承揽国外大中型水电工程的成功项目。在此之前，已有22台套设备400余吨，总价580多万元人民币的三批产品，陆续发往哈萨克斯坦工地，均以信守合同、质量优良而加强了双方的友谊与合作，在赢得第四批浮体门的合作后，进入了第五批产品的制造。

（张生顺）

【龙滩坝顶门机发运出厂】 由夹江厂自行设计制造的广西龙滩3000kN坝顶门机，于2005年10月发运出厂。该门机总重约430吨，总高33.9米，轨距19米，利用折线卷筒四层钢丝绳缠绕及变频调速技术。其主梁长25米，属运输超长工件。夹江厂精心安排协调，首次采用火车特种车皮发运，不但保证运途安全，而且缩短运输工期为工地安装赢得时间。

（纪亚民）

【全面完成内河大件码头桥机制造】 2005年元月，夹江厂全面完成湖南衡阳港大件码头420吨桥式起重机设计、制造、安装任务，受到业主和衡阳市政府的高度赞扬。湖南衡阳港大件码头是湘江航电枢纽工程配套项目之一，也是招商引资的重要建设项目。该项由夹江厂承担设计、制造、安装任务的桥机，起重量420吨，起吊高度24米，大车行程78米，位居全国内河大件码头第二。

（张生顺　彭雪松）

【全面完成西藏直孔电站产品制造】 2005年上半年，夹江厂全面完成西藏直孔电站门机、启闭机等产品制造，并于8月份安全运抵工地。这是夹江厂在完成西藏羊湖电站、金河电站产品制作任务后再次向西藏自治区水电站提供设备。

直孔电站是西藏有史以来最大的水电工程，是国家重点援藏项目。电站总装机容量10万千瓦（4×2.5万千瓦），年均发电量4.07亿千瓦时，该工程以发电为主兼有防洪、灌溉等效益。

夹江厂于2003年签订西藏拉萨河直孔水电站卷扬式启闭机设备采购合同，内容包括溢流坝2500/100kN双向门机及轨道一台套、进水口2×1000kN双向门机及轨道一台套、厂房尾水2×400kN单向门机及轨道一台套、冲砂底孔2000kN固定卷扬式启闭机一台、10吨单梁桥式起重机一台。

（彭雪松）

【多项产品通过出厂验收】 夹江厂2005年1月～12

月陆续顺利通过业主、监理、安装单位组织的出厂验收产品有：为乐滩水电站制造的300kN L型门机机架；起重量700吨彭水3500kN＋3500kN厂房桥机；广汉宏华ZJ50DBS钻机底座；为三板溪电站制造的2×800kN双向坝顶门机门架；为广西长州外江工程制作的泄水闸两台门机机架；为三板溪水电站承制的进水口2000kN/630kN门机机架、主小车、溢洪道双向门机小车，两台尾水洞门机；为四川嘉陵江新政航电枢纽工程制造的16套弧门及弧门门槽。

【混凝土输送泵营销】 2005年，夹江厂的混凝土输送泵营销面对激烈的市场竞争，“夹江泵”的生存与发展面临挑战。工厂主要从找准方向、跟踪信息、回访用户等方面扩大销售。同时在夯实基础、提高工序质量、加强售后服务等方面，取信用户，扩展销路。

具体做法是，在巩固已有市场领域的基础上，加大在水电工程的广泛应用，同时向非城市领域发展，跟踪铁路施工、高速公路施工和崇山峻岭的隧道施工信息，走访用户。通过广泛宣传，参加展销会，2005年销售混凝土泵26台。在夯实基础方面主要是加强设备管理、加强产品工序质量管理。泵机总装厂内一次交验合格率达到95.5%。交付客户的泵机一次开箱试运行合格率达到100%。售后服务的内容主要有：为用户培训操作人员、走访用户、配件供应及时、维修到位及时等。由此掌握市场反映和信息反馈，再经过综合分析，制定出新产品开发、新技术改进的工作方针。

（张生顺）

科技进步

【科技进步体系健全】 夹江厂坚持科技兴厂方针，2005年主要有两个方面的工作：

（1）建立健全了管理体系。根据集团公司的要求和部署，进一步完善工厂科技进步管理体系，强化设计研究所职能，从项目的立项、审批、设计开发、试制、评审等建有一套完善的程序。工厂科技进步工作由厂长亲自挂帅，副厂长兼总工程师全面负责，技术质量管理部归口管理。成立了科技进步工作领导小组，下设科技进步技术委员会和合理化建议及技术改进委员会。

（2）确定科技进步目标和方向。新产品开发和技术创新主要依托工程项目，以形成企业支柱产品为核心竞争力为目标，为推进产品结构的调整和升级提供强有力的技术支撑和保障。建立以市场为导向的技术引进和创新体系。

年内扩建了全厂局域网，各种信息的收集、反馈、分析及时，生产的各个环节运行速度得到提高。

【主要科技成果】 2005年，夹江厂的科技成果主要有：①对三峡三期右岸的6台门机进行创新研制。目前，已有三种4台门机通过出厂验收发运到工地安装，赢得了业主、安装单位的好评。②完成了哈萨克斯坦浮体门的制造。③龙滩底孔弧门、泗南江泄洪冲砂洞工作弧门等高难技术要求的产品制造顺利推进。④珩磨机投入苏丹麦洛维、罗江口液机油缸的批量生产，进展顺利。⑤缆索起重机链条式排绳装置获得国家专利。

（郭　峰　张生顺）

【提升科技含量、开发重点项目】

（1）深孔弧门制造。随着国内大中型电站的逐渐增多，作为水电工程中的泄洪闸门，是电站实现泄洪、排砂、调峰等运行方式的主要设备，对电站正常安全运行起着重要作用。

长期以来，受制造工艺水平和设备等原因的限制，深孔弧门的面板加工是弧门制造中的难点，但利用弧门面板加工可提高弧门面板弧面的尺寸精度和形位公差。在弧门全关闭工作状态时，设备埋件的充压水封与非加工的弧面接触，止水水封橡皮的压缩值偏差较大，甚至出现局部间隙的现象，导致高速射流漏水，破坏止水水封橡胶，造成设备无法使用，影响电站正常运行。深孔弧门弧面加工和采用充压式水封是解决上述问题的最好方式，从已采用弧面加工和充压式水封的深孔弧门来看，运行情况良好。但弧门弧面加工和充压式水封门槽加工的难度，是限制深孔弧门制造的根本问题。掌握弧门弧面加工和充压式水封门槽加工成果技术的企业，将会大大提升在水电金属结构设备制造中的竞争实力，获得更多的市场机遇和中标机会。

夹江厂近几年一直致力于深孔弧门弧面加工技术的探索和研究，已从简单的工装镗铣头加工，过渡到大型数显镗铣床加工，进而发展到大型数控镗铣床加工，在加工精度和效率上居于国内领先水平。另外在充压式水封门槽加工上一开始就在数控加工弧面的基础上进行研究，很快取得了充压式水封门槽加工的成功，该项技术同样居于国内领先水平。先后获得了四川紫坪铺工程、新疆恰甫其海工程、广西龙滩工程、云南泗南江等工程深孔弧门的制造合同，并将在水电市场上大有作为。

（2）油缸和活塞杆加工。从国际国内水电工程发展来看，固定卷扬式启闭机除向大吨位、高扬程发展外，中小扬程的固定卷扬式启闭机将逐渐被液压启闭机所替代。夹江水工厂作为位于西南地区唯一一家专业生产液压启闭机的单位，在近两年的经营活动中也拿到了一些液压启闭机合同。为满足较短的交货期和高质量的要求，如何去挖掘潜力提高效率和加工质量，此项已正式列为重点研究项目，从2005年开始进行专题科技攻关。

(3) 防爆型混凝土输送泵。随着国家对煤矿和隧道施工安全的监管力度的日渐加大，煤矿企业在安全设施方面的投入也在不断的增加，其中对已挖掘隧道的衬砌是需要在隧道内部完整的，同时由于混凝土泵防爆技术措施的不断发展，以前的混凝土泵已不能适应市场发展的需求。夹江厂经过广泛调研，正着手开发HBTD30－6－45FB型防爆混凝土泵，目前已有部分用户。该混凝土泵的泵机采用液机部分与电气部分分离的两部分组成，用户可视需求，将电气部分远离作业工作面。泵机取消全部电磁换向阀、行程开关等电气控制元件，采用全液压阀控制换向，减少了电气元件的使用。

（郭　峰）

【两项技术获国家专利】　夹江厂设计制造的缆索起重机起升绳链条式排绳装置和起重设备平衡支撑装置，双双荣获由中华人民共和国国家知识产权局颁发的“实用新型专利证书”。证书号分别为第728904号、第647785号。

缆索起重机起升绳链条式排绳装置是一种用链条带动导向轮传动，达到同步排绳的装置，它具有成本低，结构简单，制作方便，工作可靠的优点。起重设备平衡支撑装置，是一种采用在门机下横梁安装一个液压支撑装置，改变门机的倾覆支点的方法，从而达到防止带回转吊的门式起重机倾覆的新型设计思路和新技术。它具有保证安全、降低成本、同时使门机外形更为美观的优点。

（张生顺　金锦英）

【四项特种设备获国家制造、安装、改造、维修许可证】　2005年5月，国家认证机构——北京华电万方管理体系认证中心，对夹江厂特种设备的许可证资质条件进行评审，年底获得国家质量监督检验检疫总局颁发的“特种设备制造许可证”和“特种设备安装改造维修许可证”。这是国家首次将起重机械列入特种设备管理，强制实行许可制度的大举措。国家特种设备安全管理条例规定：未取得特种设备制造、安装、改造、维修许可证的企业，不得进行相应的活动，否则，将没收非法制造的产品并处以高额罚款，触犯刑律的，将依法追究刑事责任。

夹江厂对电站桥式起重机、水电站门式起重机、升船机、缆索起重机等四项产品，自2003年按照国家《机电类特种设备制造许可规范》与《机电类特种设备安装、改造、维修许可规范》要求进行了申请，历时二年，2005年三月在工地完成了型式试验、五月完成了制造条件评审，上报国家质检总局审批。取得门机、桥机、升船机、缆机最大规格参数的制造、安装、改造、维修资格，即是获得进入起重机械竞争市场的入场券，这必将进一步提升夹江厂特种设备的市场竞争力。

（黄　敏　张生顺）

【获“乐山市制造业信息化示范企业”称号】　2005年6月，夹江厂荣获“乐山市制造业信息化示范企业”称号。夹江厂1996年开始运用CAD技术（计算机辅助设计），1998年完全实现计算机绘图设计。自主开发了CAPP（计算机辅助工艺设计）软件并进入应用阶段。组织开发物资信息管理系统；建立厂内局域网；财务工作完全电算化；实现全厂计算机网络化管理；建立起企业网站，与协作单位进行图形文体无纸化交换和网上招标。根据《四川省制造业信息化工程重点城市实施意见》，经过市、县两级科技局实地考察，广泛征求意见，由乐山科技局、乐山市发改委、乐山市经委正式授牌夹江厂为“乐山市制造业信息化示范企业”。

（张生顺　郭　峰　金锦英）

管理创新

【经营承包责任制指标全面落实】　2005年，集团公司实行新的年度经营业绩考核暂行办法，重新设计、规定经营者的经营业绩指标体系和评选指标值，突出经济效益这个企业发展的本质，体现出资人的收益权要求，同时强调产值利润的最大化和经营效率的最优化。因此，集团公司对夹江厂的获利能力、投资收益等主要经济指标有大幅提高，两项指标分别在2004年的基础上提高了164%和150%。集团公司实行的新的年度经营业绩考核暂行办法充分体现出全面协调可持续发展的科学发展观，也是企业实现健康快速可持续发展的需要。夹江厂在实际工作中既要注重量的增长，更要注重质的提高；既要看企业效益，也要看资本指标和资产质量；既要注重企业的当前发展，更要注重企业的长远发展。总之，要把是否提高了经营质量和经营效益，是否保证了国有资产保值增值、是否增强了企业可持续发展能力作为衡量2005年经营业绩的标准。

集团公司在2005年工作会上与夹江厂签订《经营责任承包书》后，党委、厂部迅速传达了集团公司2005年工作会议精神，深入学习了郭建堂总经理在报告中对集团公司所面临的改革发展新形势、新任务的深刻分析以及对2005年各项工作的安排部署。同时，党委、厂部根据《经营责任承包书》所确定的指标和企业自身情况确定了2005年各项工作目标。

2005年，在党委、厂部的领导和全厂职工的共同努力下，企业的产值、产量、盈利能力等主要经济指标实现了较快增长，全面完成了集团公司下达的年度经营目标，圆满实现国有资产的保值增值。

【生产计划及组织全程控制】 2005年，夹江厂生产计划的过程控制和协调工作全面加强，计算机生产管理系统为全年各类生产计划编制和生产调度提供了更加及时准确的信息平台，工序链接更加紧密，生产节奏加快。四季度，进一步加大了计划执行力度，加速了产品的收尾和销售发运，完成销售6566万元，占全年的27.5%，合同履约得到保证。能源及设备的各项基础管理、应用信息化管理得到进一步加强，万元产值电耗352千瓦时，比上年下降65千瓦时。新购了15米车床和27台焊接设备，对8米、12米车床进行了改造，设备更新和设备维护与生产需要总体适应。

（彭雪松）

【连续9年获四川省“守合同重信用企业”称号】 2005年6月19日，四川省工商行政管理局公布2004年度省级“守合同重信用企业”名单，夹江厂榜上有名。这是夹江厂连续9年荣获这一称号。

夹江厂在积极开拓市场的同时，把“守合同、重信用”作为打造“夹江水工”这一品牌的根本基础。工厂贯彻“管理科学、产品优质、持续改进、顾客满意”的质量方针，以诚信经营和顾客满意为宗旨，克服工期短、原材料涨价、配套滞后等重重困难，千方百计确保合同履约，尽可能满足业主的工期要求。在完成四川紫坪铺、湖北高坝洲、西藏金河、广西龙滩及哈萨克斯坦、爱泰克等众多国内外重点水电工程产品的生产任务中，合同按期履约率达100%。

（张生顺　彭雪松）

【“夹江水工”图形商标获四川省著名商标称号】 2005年12月28日，夹江厂“夹江水工”的图形商标被授予“四川省著名商标”称号。按照“四川省著名商标认定和保护条例”的规定，夹江厂年初提出申报并得到四川省乐山市、夹江县两级工商局的指导。四川省工商局商标分局进行逐项检查验收，经“四川省著名商标认定委员会”的审查认定，一个月的公示公告后，最终批准夹江厂的图形商标“夹江水工”为“四川省著名商标”。

这是企业的产值、销售、利润、产品质量、售后服务、市场占有量在近三年来取得了稳步协调持续的飞速发展、具有较高的市场声誉的结果，它使工厂的无形资产又上新台阶，进一步提升企业形象，为工厂进一步拓展市场创造有利条件。

（周　劲）

【质量管理获得社会认同】 夹江厂的质量方针是“管理科学、产品优质、持续改进、顾客满意”，把确保产品质量，确保合同履约作为树立企业形象的主动脉。质量是企业生命的理念深入人心，并贯穿到机关工作、技术工作和工艺制造当中。2005年，夹江厂被评为四川省质量管理先进企业及质量信誉AA级企业，质量管理体系通过换证复评。“夹江水工”成为品牌，有几项产品在业主首检之后，后续产品一律免检。

【成本管理延伸到工序】 工厂推行了预算管理、完工产品成本分析工作，同时将成本控制延伸到了市场投标、设计、工艺及采购等龙头工序，成本控制效能监察，取得了较好效果。在市场投标中通过理性选择项目，把握盈亏点，提高了经营质量。通过优化设计和比价招标采购，从源头上使成本得到控制。通过车间工效挂钩和管理费用的控制，一线作业职工表现出在能源、耗材方面的节约意识和生产工艺方面的成本意识。百元产值成本比上年下降12.54%，百元收入成本费用率比上年下降0.8%。

【资金管理统筹透明】 严格坚持和执行资金调度会制度，统筹、合理、透明安排使用资金，较好的发挥了资金的使用效益。在筹融资方面，借助集团公司与建行总行的授信协议，在建行的综合授信额度比上年增加2000万元。在中国银行开展了保理业务。获得中行开具保函优惠条件，一年可减少流动资金占用200多万元，同时还在民生银行和商业银行获得1550万元承兑汇票业务，基本满足了生产经营规模不断扩大后对生产经营流动资金的需求。

【人力资源管理及社保工作】 2005年，夹江厂加大对技术工人的培养力度，全年完成内部培训25批，

1028 人次；送外培训 7 批，17 人次。先后开展了技术比武、职业技能鉴定、技师考评等活动，选拔优秀员工参加集团公司、四川省国资委组织的焊工、天车工技能比赛。较好的完成了全年职工培训计划。

在分离办社会职能工作中，根据集团公司的统一部署，积极与地方政府联系，对原子弟校进行二次移交，27 名退休教师转地方管理，完成各项测算，并上报集团公司和四川省财政厅。

（张生顺　彭雪松　王永强）

安全生产

【安全生产责任制保持“三无”好成绩】　2005 年，夹江厂认真贯彻执行国家“安全生产法”，并重点落实集团公司和地方安监部门要求，抓好安全生产责任制。坚持“安全第一、预防为主”的方针，厂长为安全生产第一责任人，对全厂安全生产工作全面负责，生产副厂长负责分管安全工作，各车间、部门正职为本单位安全生产第一责任人，副职分管工作范围内的安全工作并负领导责任，落实“管生产必须管安全”的原则。年初，厂部根据企业生产、环境、设备和人员组成的特点，重新修订完善各级人员及各部门的安全生产职责，并将安全生产职责汇编到企业安全管理制度手册中，由厂长批准发布，并印制成册下发到各车间和部门，配套制定了各级安全网络及人员的工作职责。

四月份厂部在集团公司安全工作会议之后召开第二次安全工作会，工厂安全生产第一责任人——厂长与各车间、部门的第一责任人签订安全生产责任书，并缴纳风险抵押金，实行风险责任承包，会后二级单位安全生产第一责任人又和本单位各班组安全第一责任人签订安全生产责任承包书，通过责任承包、指标分解、奖罚兑现，保障和强化各级人员责任制的落实。提高安全生产管理力度和管理实效，实现年度安全生产目标。连续五年保持“无死亡、无重伤、无重大责任事故”的安全生产好成绩。

【确保安全资金投入，超前防范措施落实】　2005 年，夹江厂继续坚持做好安全生产超前防范工作，重视安全资金的投入，确保隐患及时消除。投入安全技改资金近百万元，重点解决生产场所的危险源问题。年内完成有关设备购置，进行二氧化碳焊接集中供气的技术改造。采用二氧化碳气体集中供气后，消除了气瓶分散在各生产作业面，管理难度大、不利于安全生产的隐患。按照《特种设备管理条例》，定期请乐山市质量技术监督局安检站对全厂 48 台在用起重设备进行了安全检测。对提出的整改事项，落实车间进行技改、消除隐患，确保起重设备安全运行，保障起重作业安全。

【安全生产管理体系运转良好】　夹江厂坚持“预防为主，措施在先，排查隐患，重点控制”的安全管理原则，树立以人为本的安全管理理念，重点抓好安全生产管理体系的运转。

（1）抓好安全宣传培训教育工作。把培训列入工厂职工培训计划，重点抓好厂级干部、中层干部和生产班组长的基本知识学习和教育，并坚持对新进厂人员的“三级”安全教育（厂级、车间级、班组级）。

（2）加强安全监督队伍建设，开展各类安全巡回检查。安全生产监督人员在单位自查的基础上，重点检查安全职责落实情况，特种设备的安全管理及记录情况，生产环境的整改及隐患消除的情况。坚持印发“安全简报”与“安全环保月报”。

（3）启动职业安全健康管理体系及环境管理体系。重视职工健康和环境保护。投资 50 多万元，通过“三创建”活动进行环境整治，营造良好的安全生产环境，使作业场所清洁整齐，道路畅通。进一步改善劳动保护设施，维护职工的身体健康。

（冯学军　张生顺）

党群工作和精神文明建设

【保持共产党员先进性教育活动】　按照中共中央关于开展保持共产党员先进性教育活动的精神，夹江厂于 7 月 15 日开始贯彻落实省国资委、集团公司保持共产党员先进性教育领导小组的统一安排，进行保持共产党员先进性教育活动。省国资委第十督导组、集团公司第二巡回组对各段进行了具体指导。经过学习动员、分析评议、整改提高三个阶段，取得了群众满意度为 98.3％的显著成效。达到了中央提出的“提高党员素质，加强基层建设，服务人民群众，促进各项工作”的目标要求。做到了“两不误、两促进”。11 月 25 日，夹江厂召开保持共产党员先进性教育活动总结大会，四川省国资委先进性教育第十督导组领导宣读了省国资委党委“关于同意夹江水工厂召开先进性教育活动总结大会的批复”。

保持共产党员先进性教育活动的成效主要有：党员的素质明显提高，党的建设得到加强，党群关系和干群关系进一步改善，促进了生产经营工作。7 月～10 月，企业完成工业产值 7037 万元，比去年同期增长 17.06％；新增合同 4185.62 万元比去年同期增长 115.95％；完成销售额 6488.9 万元比去年同期增长22.29%。

阶段性成果主要有：领导班子作风大转变，离退休党支部工作得到加强，政工干部得到培养和锻炼，加大了安全生产投入，企业战略规划得到足够重视，职工生活和工作区的环境得到改善，进一步丰富了职工业余文化生活。新厂长上任后，积极组织力量就企业新的五年发展规划和发展战略进行调研，成立了专门工作组，起草规划，探索建立长效机制、巩固整改成果的工作制度。

（井奇峰　张生顺）

【领导班子建设】　夹江厂2005年深化开展了以“政治素质好、经营业绩好、团结协作好、作风形象好”为主要内容的领导班子“四好”活动，把“集思广益、发扬民主、互相支持、团结协作”作为对班子集体的要求。坚持厂务会议制度，做到工厂“三重一大”决策由集体讨论决定。按议事规则和决策程序办事，坚持干部择优选聘、任前公示制度；执行对干部的诫勉谈话制度、述职述廉制度、民主测评和民主评议制度，健全重大事项报告制度，年终对二级领导班子的实绩考核制度，定期召开两级班子民主生活会制度等。

（王爱华）

【党建工作】　2005年，夹江厂继续在党内深入开展了“一个支部一个堡垒，一个党员一面旗帜，一个干部一根标杆”的“三个一”活动。活动中厂党委还与“创先争优”、“民主评议党员”、“共产党员先进性教育”等活动有机结合起来，使之融为一体。开展了创建“四个有”先进党组织活动。“四个有”即：有一个坚决贯彻执行党的路线、方针、政策，善经营，会管理，团结协作，廉洁公正，开拓进取，取得职工群众拥护的领导班子；有一支能够在企业改革、发展中经得起困难和风险考验，在两个文明建设中发挥先进模范作用的党员队伍；有一个适应企业改革和发展要求，与生产经营紧密结合，保证企业党组织发挥作用的工作机制；有一套加强党员教育管理，及时解决自身存在的矛盾和问题，不断增强凝聚力和战斗力的工作制度。党委以党支部为重点，突出抓好基层党组织建设，坚持和完善党组织工作情况分析、动态管理、督促检查等制度，做到重点突出、内容明确、程序规范，运作有针对性和可操作性。2005年制定党内工作制度20个。

夹江厂有党支部12个，党小组47个，党员637名，在岗党员占全厂职工总数的30%以上。2005年发展新党员10名，全厂共有入党积极分子130多名。每年都有10至15人向党组织递交入党申请书。经常性的党内活动主要有：①抓好“三会一课”制度。②抓好一年一度的民主评议党员工作，通过评议评出优秀党员、先进党小组。③通过每年举办入党积极分子培训班、团内“推优”等活动，进行党的基本知识教育和考核，加强对入党积极分子的培养和考察，成熟一个，发展一个。

（王爱华）

【宣传思想工作】　2005年，夹江厂宣传思想工作以抓中心组学习为龙头，学习宣传贯彻“三个代表”重要思想，坚持科学发展观，坚持“以人为本、建设和谐社会”，坚持发展为第一要务的企业战略思想，围绕生产经营中心、维护企业稳定积极开展工作。立足大宣传、多视角、全方位的工作思路，紧密配合共产党员先进性教育活动。

（1）通过学习、会议、各阶段的主题标语、宣传栏、专版，为实现“两不误，双促进”进行思想发动，营造气氛。同时在厂内设置主题教育的阶段性标语和重大节日气氛的有形环境，提高宣传效果。

（2）充分利用宣传阵地，加强企业内外宣传工作。利用厂内广播电视和社会媒体，内鼓士气，外塑形象。全年播出广播稿292篇，电视新闻36期，用稿183篇，制作电视专题片4部，在社会媒体用稿144篇。

（3）开阔思路。结合先进性教育活动，举办了庆“八一”复退军人报告会，召开了19场次心得交流会和文明单位建设现场经验交流会。通过把先进集体、先进个人的照片悬挂宣传栏等形式，鼓舞士气、凝聚人心，配合生产经营中心工作，促进先进性教育活动的开展。

（4）营造文化气氛，注重寓教于乐。五一节、春节、厂庆、重阳节等重大节日，夹江厂工、团组织通过文体活动、文艺演出和走访慰问等娱乐形式，突出主题内容，着力教育渗透，宣传党和国家的大政方针、法律知识，宣传企业的发展前景和克服当前困难的有利条件。

（张生顺）

【职工队伍建设】　夹江厂注重纳贤聚才，有计划地改善工厂职工的文化结构和专业结构，适时制定了《关于招聘专业人才的若干规定》，并参加人才供需见面洽谈会。2005年，录用大中专生26名。对录用的大学生按规定全部兑现了如下待遇：发放安置费5000元、提供单人间（免费）、从进厂次月起享受全额效绩工资、对结婚购房者提供低息贷款。工厂

《关于职工报考高等院校和业余自学的暂行规定》，鼓励职工业余自学、半脱产学习、离厂学习取得大学、大专文凭。2005年有4名职工取得大学、大专文凭，并已充实到工厂管理专业技术队伍。

2005年，夹江厂职工教育工作以岗位培训和继续教育为重点，采用内培和外送培训相结合的方式，重点培训从事安全、质量、审计、生产管理等方面的人才。工厂组织开展“2005年镗工焊工技能竞赛”，12名职工分别获得镗工、焊工的一、二、三等奖，受到厂部的表彰和奖励。经省劳动和社会保障厅授权批准，进行了镗工、焊工职业技能鉴定，12名职工取得技能等级证书。

（王永强）

【工会工作】 2005年，夹江厂工会以保持共产党员先进性教育为契机，紧紧围绕工厂生产经营中心，服务大局，以“维权、创新、关爱”为落脚点，发挥职代会赋予的职能作用，开展全方位工作。

（1）落实民主管理，强化维权职能。在厂务公开工作中，重点突出形式与内容的统一，向深度和广度发展，向企业生产经营等方面延伸。坚持对集体合同执行情况进行有效监督，全体职工依法建立了新型劳动关系，签订了劳动合同，全年未出现劳动争议。

（2）劳动竞赛和技术比武成效显著。认真开展技术练兵、岗位成才活动。通过层层选拔，有三人先后代表企业参加集团公司举办的焊工大赛、四川省国资委和省劳动保障厅联合举办的中央在川企业和省国有骨干企业的焊工决赛，获得了优秀组织奖。四月，推荐选拔出两名天车工，代表乐山市参加了四川省第二届职工技能大赛暨“东汽杯”天车工大赛，取得了较好的成绩，两名选手获高级工资格证书。

（3）加强安全监督力度，确保安全生产。在荣获“全国安康杯”竞赛优胜单位后，厂工会下发了《夹江水工厂开展“安康杯”竞赛活动办法》，各基层工会的工会小组长，发挥劳动保护安全监督检查员作用，加强巡检和日常检查，在企业安全生产中做到了全方位、多层次的检查督导。

（4）关爱职工，真诚为职工排忧解难。工会以“送温暖”工程为主线，坚持平时关心到位，节日送真情到位。根据地处县郊的特殊环境，工厂不断对厂内公园进行改造，维修鱼池，新增活动场所200多平米，增设棋牌球类娱乐项目，大大改善了职工的生活条件。工会建立了困难职工档案，做到“三必访”，即职工生病住院必访；职工及家属病逝必访；长期出差人员家属必访，充分体现关爱、温暖。

（5）开展丰富多彩的文体活动。2005年，夹江厂成功举办了第三届职工田径运动会；重组了职工篮球队；参加了夹江县第九届职工男子篮球赛，取得第四名的成绩，并获得体育道德风尚奖。按常规举办了职工文艺演出、迎春拔河赛、男子排球赛等文体活动。

（张 俊 张生顺）

【共青团工作】 2005年，夹江厂团委贯彻团中央《关于在全团开展以学习实践“三个代表”重要思想为主要内容的增强共青团员意识主题教育活动的意见》，按照省企工委团委、集团公司临时团委的具体要求，结合本厂实际，从10月10日开始，在全厂团员青年中开展了为期两个月的主题教育活动。举办了增强团员主题意识教育的“团员唱团歌”歌咏比赛；配合厂党委开展了“为党旗增辉，为国企添彩”演讲比赛；组织了有100多名青年志愿者参与的学雷锋便民服务活动。各团支部围绕车间安全文明生产、“三创建”、帮困解难等工作，开展了形式多样的志愿者活动。广大团员青年在“双争双创”活动中学技术、比贡献，涌现出青年岗位能手39名，青年文明号班组5个。

（钟 敏 张生顺）

【文明单位建设】 按照文明单位规范化、标准化的要求，根据集团公司《精神文明建设实施意见》，2005年，夹江厂在认真调研、广泛征求意见的基础上，修订完善了《夹江水工机械厂文明单位建设考核实施细则》，以党委文件印发实施。重申新获得文明单位称号的单位，得分不低于85分；保持文明单位称号，得分不低于80分；获得先进文明单位称号，得分不低于90分。对未完成当年生产工作任务、发生重大安全责任事故、发生重大质量及设备事故、发生重大刑事案件、班子成员发生违法或严重违纪问题等实行一票否决。年底，对各单位进行了点对点的检查、考评，其结果直接与经济责任制挂钩，同时作为各单位评先和领导干部个人评先受奖的基本依据。6月份，召开了工厂文明单位建设现场经验交流会，由获得集团公司“文明单位”称号的动力车间党支部书记作经验介绍。

（吴 红）

检查监督

【党风廉政建设责任制评为“优秀”】 2005年初，根据集团公司纪检监察工作会议精神和厂长、党委书记与集团公司签订《党风廉政建设责任书》的要求，分别召开党政班子会议、纪委会议和纪检监察工作会议，传达集团公司工作会议精神，制定年度纪检监察工作要点，部署安排全年工作。根据第五轮机构调整，组建了新一轮党风廉政建设责任网络，层层签订责任书，做到“一级对一级负责”，推动党风廉政建设责任制各项工作的具体落实。全年两次对所属各单位党风廉政责任制建设落实情况进行了全面检查，总结上报集团公司。工厂不断完善党风廉政和反腐倡廉制度建设，先后制定了《领导人员廉洁谈话制度》、《“三重一大”民主决策程序及决策失误责任追究办法》、《关于纪委协助党委组织协调反腐败工作规定的实施办法》等廉政规定，加强反腐倡廉教育。结合保持共产党员先进性教育活动，组织了《建立健全教育、制度、监督并重的惩治和预防腐败体系实施纲要》、《“三个代表”重要思想反腐倡廉理论学习纲要》、《国有企业领导人员廉洁从业若干规定》学习和演讲活动。开展党员和中层以上领导人员参加“两个纲要”、“廉洁从业”知识竞赛，厂级领导人员受教育面达100%，中层领导人员和党员受教育面达98%。举办新聘中层领导廉洁从业培训，增强新聘中层领导廉洁从业意识。年度党风廉政建设责任制工作，经集团公司检查考核为“优秀”。

（徐超敏）

【效能监察】　夹江厂围绕生产经营中心，在资金、成本、安全等方面立项，确定了3个效能监察项目。第一个项目是，开展了资金使用合规性效能监察；第二个项目是，开展了车间（分厂）成本管理效能监察；第三个项目是，围绕“遵章守纪，关爱生命”为主题，开展了安全执法监察。三个项目共提出监察建议10条，均被厂部采纳。表现在：①加强资金管理方面建议4条（包括在财务部门应加强用款项目的预见性、对零星大额用款应履行申请和审批程序、加强对预付款审查把关、加强资金的安全监控），厂长责成分管财务副厂长及财务部主任进行逐条核实，强化管理措施，并向监察部门作了整改情况通报。②强化工厂制造成本管理方面建议4条（包括应自下而上建立成本分析报告制度、工挂方案应充分体现成本奖惩兑现措施、领导高度重视成本管理、健全完善成本控制措施），厂长责成分管副厂长及财务、厂办等部门对车间制造成本现状进行了专题调研，调整了今年的工挂分配方案，加大了成本考核力度。③加强安全生产监督、保障体系建设方面建议2条（包括应强化从观念、体制、制度等综合治理入手，完善“两个体系”建设）。因特型起重设备老化，存在严重安全隐患，确实应该引起高度重视。厂部分别召开班子联席会和安全委员会进行研究，决定在2006年中投资500多万元，购置一台60吨门座式起重机，替换老化设备，确保安全生产需求。

（高定荣）

【审计监督】　2005年，夹江厂的审计工作贯彻集团公司审计工作会议精神和工厂工作方针，加强单位内部的管理和监督，维护财经法纪，履行内部审计的监督、控制和服务职能，发挥内部审计的经济卫士和谋士作用。主要开展财务收支审计和物资采购合同、委托加工产品合同、产品运输合同以及混凝土泵销售合同的审签等工作。2005年计划审计项目10个，实际完成9个，其中“资产负债损益审计”4个，其他审计6个（各种项目合同981份，金额15170.7万元；8个车间工挂结算收入1601.9万元，支出1404.2万元；共提出审计建议6条，被采纳审计建议6条）。具体做法是：

（1）审计参与企业日常监督和管理，坚持对生产、物资等供应部门的合同审计。对每宗经济事项都要进行招标或者议标，货比三家，择优订货。

（2）对厂下属单位进行财务收支审计：①对职工医院2004年的财务收支进行了审计；②对长宏公司2004年的财务收支和经营成果的真实性、合法性、效益性进行了财务收支状况进行审计；③对厂属承包单位2004年工挂结算资金管理情况进行检查，检查资金使用是否合理、合规，同时还指出了各单位在会计核算中存在的问题，提出了改进建议。

（3）注重审计成果的成功有效转化。在对全厂的外购物资、外协加工产品、委托加工、混凝土泵销售等合同审计时都逐项进行了登记，并建立了物资价格数据库。2005年，1名审计人员报经中国内部审计协会批准，取得岗位资格证书。

（吴淑华　陆书林）

【职代会监督】　2005年，夹江厂认真筹划召开十届三次职代会暨八届三次工代会，审议通过《厂长工作报告》、《工会工作报告》、《企业整体改制框架方案》。落实职代会监督职能，对厂级领导的述职报告，组织职工代表和列席代表进行无记名民主打分测评，同时推荐了厂级后备干部。大会形成落实职代会精神和完善厂务公开制度的决议。

（张　俊）

【“四五”普法工作】　2005年，普法工作按照《夹

江水工机械厂四五普法五年规划》，在党委中心组学习会上，8名厂级领导专题讲法10次，对70余名中层以上干部进行了法律培训。举办青工法制教育2期，组织普法讲座2期。对新进厂的大、中专和技校毕业生、复员退伍军人、登记在册民工、合同工进行“厂情、安全、法制、纪律”四项教育。并邀请地方公、检、法、财、税部门来厂进行专业法授课。举办以《刑法》、《安全生产法》为主题的职工“四五普法知识竞赛”和法制答卷竞赛。2005年，工厂“四五普法”工作经集团公司、四川省验收合格。

（武　超）

第十一篇 人物及先进集体

Chapter XI Distinguished Individuals & Units

人物及先进集体

院士

谭靖夷，中国著名水电施工专家，中国工程院院士。

1921年11月出生，湖南省衡阳县人。1946年毕业于唐山工学院土木工程系，历任福建古田水电工程局、广东流溪河水电工程局、湖南柘溪水电工程局、湖南省水电建设公司、水电部第八工程局工程师、副总工程师、总工程师、副局长兼总工程师、高级技术顾问等职。曾任中国水力发电工程学会第一、第二、第三届理事，湖南省水力发电工程学会第一届理事会副理事长。

谭靖夷在光面爆破、人工砂石、混凝土温控、高压灌浆、高坝填筑技术等方面卓有成就，特别是他作为总工指导建设的岩溶地区首座高坝水电站——乌江渡水电站，打破了外国专家岩溶地区是水电开发禁区的断言，为我国在石灰岩地区建设大型水电站开辟了道路。《在岩溶峡谷地区建设乌江渡水电站》获1985年国家科学技术进步一等奖。谭靖夷出席第十五届国际大坝会议和美国水力发电1987年国际会议，并作学术交流报告。后任广蓄、二滩、龙滩、大朝山、小浪底、三峡、溪洛渡等十几个巨型、大型水电工程咨询专家、组长、委员，提交咨询报告80余篇。他对水电事业尽心尽力，常年跋山涉水，80多岁仍坐吊篮、爬陡梯、钻廊道，亲临现场检查指导，体现了一位国家高级知识分子的高尚情操。

谭靖夷1950年被评为福建省劳动模范，后当选第五届全国人大代表、湖南省第六届人大代表、湖南省第八届党代会代表，1996年被评为“湖南科技之星”，1997年当选中国工程院院士。2005年9月被湖南省政府聘为院士专家咨询委员会委员，对在长沙兴建电航枢纽工程提供了咨询意见。

（刘仙元）

先进人物

全国劳动模范

姓名	单位	荣誉称号	授奖年月
刘春和	水电一局	全国劳动模范	国务院2005年4月（5年表彰1次）
郭均峰	水电三局	全国劳动模范	国务院2005年4月（5年表彰1次）
闫海平	水电四局	全国劳动模范	国务院2005年4月（5年表彰1次）
贺鹏程	水电五局	全国劳动模范	国务院2005年4月（5年表彰1次）
姜洪飞	水电六局	全国劳动模范	国务院2005年4月（5年表彰1次）
朱　川	水电九局	全国劳动模范	国务院2005年4月（5年表彰1次）
杨文清	水电十四局	全国劳动模范	国务院2005年4月（5年表彰1次）

省级劳动模范

姓名	单位	荣誉称号	授奖部门	授奖年月
陈子亮	水电二局	劳动模范	北京市政府	2005年5月
张海东	水电五局	劳动模范	四川省政府	2005年4月
张　桥	水电七局	劳动模范	四川省政府	2005年4月
郑智仁	水电八局	劳动模范	贵州省政府	2005年5月
杨　斌	水电八局	劳动模范	湖南省政府	2005年5月

续表

姓名	单位	荣誉称号	授奖部门	授奖年月
杨南安	水电九局	劳动模范	贵州省政府	2005年5月
张世平	水电十局	劳动模范	四川省政府	2005年5月
李跃平	水电十四局	劳动模范	云南省政府	2005年5月
邓学智	水电十四局	劳动模范	云南省政府	2005年5月
彭善民	水电基础局有限公司	劳动模范	天津市委、市政府	2005年5月
季晓勇	夹江厂	劳动模范	四川省政府	2005年4月

省级有突出贡献的优秀专家

姓名	单位	荣誉称号	授奖部门	授奖年月
刘建伟	水电五局	四川省有突出贡献的优秀专家	四川省委、省政府	2005年8月

2003～2005年享受政府特殊津贴专业技术人员

姓名	单位	荣誉称号	授奖年月
马如骐	水电十二局	享受政府特殊津贴专业技术人员	国务院2004年10月
王增发	水电十五局	享受政府特殊津贴专业技术人员	国务院2004年10月
刘起涛	集团公司	享受政府特殊津贴专业技术人员	国务院2005年8月
席　浩	水电四局	享受政府特殊津贴专业技术人员	国务院2005年8月
李跃平	水电十四局	云南省有突出贡献的优秀专业技术人才，享受政府特殊津贴	云南省政府2004年2月
刘元岐	水电十四局	云南省有突出贡献的优秀专业技术人才，享受政府特殊津贴	云南省政府2004年2月
周　游	水电十四局	云南省有突出贡献的优秀专业技术人才，享受政府特殊津贴	云南省政府2005年3月
陈学云	水电十四局	享受政府特殊津贴专业技术人员	云南省政府2005年11月

省级“五一劳动奖章”获得者

姓名	单位	荣誉称号	授奖部门	授奖年月
赵录江	水电一局	五一劳动奖章	吉林省总工会	2005年4月
周光荣	水电八局	五一劳动奖章	湖北省总工会	2005年5月

集团公司劳动模范

姓名	单位	荣誉称号	授奖年月
吕文中	水电一局	集团公司劳动模范	2005年4月
张凤凯	水电二局	集团公司劳动模范	2005年4月
蒲　华	水电三局	集团公司劳动模范	2005年4月
任俊友	水电五局	集团公司劳动模范	2005年4月
黄　印	水电七局	集团公司劳动模范	2005年4月
连普选	水电八局	集团公司劳动模范	2005年4月
余明川	水电十局	集团公司劳动模范	2005年4月
吴秀荣	水电闽江局	集团公司劳动模范	2005年4月
东义军	水电基础局有限公司	集团公司劳动模范	2005年4月
李启江	夹江厂	集团公司劳动模范	2005年4月

集团公司先进生产（工作）者

姓　名	单　位	荣誉称号	授奖年月
杜　楠	集团公司总部	集团公司先进生产（工作）者	2005年4月
盛玉明	集团公司总部	集团公司先进生产（工作）者	2005年4月
楼祥忠	集团公司总部	集团公司先进生产（工作）者	2005年4月
张志强	水电一局	集团公司先进生产（工作）者	2005年4月
王子卫	水电一局	集团公司先进生产（工作）者	2005年4月
周全满	水电二局	集团公司先进生产（工作）者	2005年4月
严风茂	水电三局	集团公司先进生产（工作）者	2005年4月
胡海涛	水电三局	集团公司先进生产（工作）者	2005年4月
牟官华	水电四局	集团公司先进生产（工作）者	2005年4月
闫海平	水电四局	集团公司先进生产（工作）者	2005年4月
葛建军	水电四局	集团公司先进生产（工作）者	2005年4月
张曙光	水电五局	集团公司先进生产（工作）者	2005年4月
母中兴	水电五局	集团公司先进生产（工作）者	2005年4月
刘海军	水电六局	集团公司先进生产（工作）者	2005年4月
赵均法	水电六局	集团公司先进生产（工作）者	2005年4月
向　建	水电七局	集团公司先进生产（工作）者	2005年4月
莫永彪	水电七局	集团公司先进生产（工作）者	2005年4月
刘海深	水电八局	集团公司先进生产（工作）者	2005年4月
杨立山	水电八局	集团公司先进生产（工作）者	2005年4月
刘建安	水电九局	集团公司先进生产（工作）者	2005年4月
张建军	水电九局	集团公司先进生产（工作）者	2005年4月
鲍庆红	水电十局	集团公司先进生产（工作）者	2005年4月
杨和明	水电十一局	集团公司先进生产（工作）者	2005年4月
周洪斌	水电十一局	集团公司先进生产（工作）者	2005年4月
雷建华	水电十二局	集团公司先进生产（工作）者	2005年4月
王英利	水电十二局	集团公司先进生产（工作）者	2005年4月
何宝民	水电十三局	集团公司先进生产（工作）者	2005年4月
李志勇	水电十三局	集团公司先进生产（工作）者	2005年4月
唐贤祥	水电十四局	集团公司先进生产（工作）者	2005年4月
杨毅平	水电十四局	集团公司先进生产（工作）者	2005年4月
王文飞	水电闽江局	集团公司先进生产（工作）者	2005年4月
崔文光	水电基础局有限公司	集团公司先进生产（工作）者	2005年4月
郑友伦	夹江厂	集团公司先进生产（工作）者	2005年4月

获省、部、委荣誉的先进个人

姓　名	单　位	荣誉称号	授奖部门	授奖年月
程胜利	水电四局	全国优秀团干部、中央企业优秀团干部	团中央、中央企业团工委	2005年1月
贺省民	水电七局	全国工会系统“四五”普法先进个人	中华全国总工会	2005年12月
童中华	水电八局	焊工大赛铜奖、技术能手	国资委、劳动和社会保障部	2005年11月
夏　风	水电十四局	云南省职工十佳能工巧匠	云南省政府	2005年7月
方用惠	水电闽江局	全国内部审计先进工作者	国家审计署	2005年7月

先进集体

全国、省、部级文明单位

单　位	荣誉称号	授奖部门	授奖年月
中国水利水电建设集团公司	首都文明单位	首都精神文明建设委员会	2005年3月
中国水利水电建设集团公司	中央国家机关文明单位	中央国家机关精神文明建设指导委员会	2005年3月
水电四局	全国文明单位	中央精神文明建设指导委员会	2005年10月
水电二局建筑工程分局	首都文明单位	首都精神文明建设委员会	2005年3月
水电二局接待中心	首都文明单位	首都精神文明建设委员会	2005年3月
水电四局	青海省文明单位标兵	青海省委、省政府	2005年5月
水电十一局	河南省省级文明单位	河南省委、省政府	2005年3月
水电基础局有限公司	天津市文明单位	天津市精神文明建设委员会	2005年4月

获国家部、委集体荣誉称号单位

单　位	荣誉称号	授奖部门	授奖年月
水电二局工会	全国模范职工之家	中华全国总工会	2005年4月
水电四局工会	全国模范职工之家	中华全国总工会	2005年4月
水电七局工会	全国模范职工之家	中华全国总工会	2005年4月
水电十三局工会	全国模范职工之家	中华全国总工会	2005年4月
水电五局水工机械厂结构车间工会	全国模范职工小家	中华全国总工会	2005年4月
水电八局机电制造安装分局三峡项目部金属结构制造队工会	全国模范职工小家	中华全国总工会	2005年4月
水电十局机电安装分局金属结构厂工会分会	全国模范职工小家	中华全国总工会	2005年4月
水电十一局黄河三门峡医院工会	全国模范职工小家	中华全国总工会	2005年4月
水电十四局曲靖分局掌鸠河项目部工会	全国模范职工小家	中华全国总工会	2005年4月
水电四局三峡机电安装项目部电焊班	质量“信得过”班组	中国质量协会、中华全国总工会、共青团中央、中国科技协会	2005年7月
水电七局	全国“安康杯”竞赛优胜企业	中华全国总工会、国家安全生产监督管理总局	2005年1月
水电七局	全国和谐劳动关系模范企业	中华全国总工会、劳动和社会保障部、中国企业联合会、中国企业家协会	2005年
水电七局	全国职业教育先进单位	教育部、国家发改委、财政部、人事部、劳动和社会保障部、农业部、扶贫开发办	2005年11月

续表

单　位	荣 誉 称 号	授 奖 部 门	授 奖 年 月
水电十三局	2001～2005 中央企业法制宣传教育先进单位	国务院国资委	2005 年
水电十三局老年活动中心	全国优秀全民健身活动站	国家体育总局	2005 年 9 月
水电闽江局工会	全国工会系统“四五”普法先进单位	中华全国总工会	2005 年 11 月

获学（协）会集体荣誉称号单位

单　位	荣 誉 称 号	授 奖 单 位	授 奖 年 月
水电四局	全国工程建设质量管理小组活动优秀企业	中国建筑业协会	2005 年 7 月
水电七局	全国优秀施工企业	中国施工企业管理协会	2005 年 3 月
水电七局	全国重质量、守诚信、讲信誉百家优胜建筑企业	中国工程建设协会	2005 年 6 月
水电七局	全国百家安全文明施工先进单位	中国工程建设协会	2005 年 9 月
水电八局	全国用户满意施工企业	中国施工企业协会	2005 年 3 月
水电八局	全国行业诚信经营示范单位	中国企业信用协会	2005 年 9 月
水电十一局	全国优秀水利企业	中国水利企业协会	2005 年 10 月
水电十一局	2005 全国企业文化建设工作先进单位	中国企业文化促进会	2005 年 12 月
水电十二局	全国用户满意施工企业	中国施工企业管理协会	2005 年 3 月
水电十二局	全国电力行业优秀企业	中国电力企业联合会	2005 年 12 月
水电十三局	全国优秀水利企业	中国水利企业协会	2005 年 10 月
水电十四局	2005 年度全国和谐劳动关系优秀企业	中国企业联合会、中国企业家协会	2005 年 10 月
水电十五局	全国优秀水利企业	中国水利企业协会	2005 年 10 月
水电十五局	全国质量诚信消费者（用户）信得过单位	中国质量诚信促进会	2005 年

工程奖项

2005 年优质工程奖

单　位	荣 誉 称 号	获 奖 工 程	授 奖 单 位	授 奖 年 月
水电四局	中国水利工程优质奖	万家寨水利枢纽	中国水利工程协会	2005 年 9 月
水电六局	中国水利工程优质奖	万家寨水利枢纽工程	中国水利工程协会	2005 年 9 月
水电八局	湖南省优质工程	洪江水电站	湖南省建筑协会	2005 年 7 月
水电八局	全国优秀焊接工程	贵州响水电站高压埋管修复工程	中国工程建设焊接学会	2005 年 8 月
水电十一局	中国电力优质工程	淮安立交地涵工程	中国电力建设企业协会	2005 年 6 月
水电十一局	中国水利工程优质奖	太浦河泵站工程	中国水利工程协会	2005 年 8 月
水电十一局	中国水利工程优质奖	淮安立交地涵工程	中国水利工程协会	2005 年 9 月
水电十一局	2005 年度国家优质工程银质奖	淮安立交地涵工程	中国施工企业协会	2005 年 12 月
水电十二局	中国水利工程优质奖	宁波白溪水库	中国水利工程协会	2005 年 9 月
水电十三局	全国市政金杯示范工程	济南市经一路综合改造工程	中国市政工程协会	2005 年 12 月
水电十三局	曹妃甸工程建设建设奖	唐山曹妃甸钢铁围海造地工程（一期）第四标段	河北省委、省政府	2005 年 12 月

2005年国家科技进步奖

单　位	荣誉称号	获奖工程	授奖年月
水电八局	国家科学技术进步二等奖	碾压混凝土拱坝筑坝配套技术研究	国务院2005年11月
水电基础局有限公司	国家科学技术进步二等奖	长江三峡上游围堰防渗墙施工技术研究与工程实践	国务院2005年1月

注　根据集团公司所属单位报送资料整理。

第十二篇　附　　录

附 录

企业改制文件选载

国务院办公厅转发《国务院国有资产监督管理委员会关于进一步规范国有企业改制工作实施意见的通知》

国办发［2005］60号

各省、自治区、直辖市人民政府，国务院各部委、各直属机构：

国资委《关于进一步规范国有企业改制工作的实施意见》已经国务院同意，现转发给你们，请认真贯彻执行。

中华人民共和国国务院办公厅

二〇〇五年十二月十九日

关于进一步规范国有企业改制工作的实施意见

《国务院办公厅转发国务院国有资产监督管理委员会关于规范国有企业改制工作意见的通知》（国办发［2003］96号）印发以来，各地区、各有关部门加强组织领导，认真贯彻落实，规范国有企业改制工作取得了重大进展。但在实际工作中还存在改制方案不完善、审批不严格，清产核资、财务审计、资产评估和产权转让不规范，对维护职工合法权益重视不够等问题。为确保国有企业改制工作健康发展，防止国有资产流失，维护职工合法权益，现就进一步规范国有企业改制工作提出以下意见：

一、严格制订和审批企业改制方案

（一）认真制订企业改制方案。改制方案的主要内容应包括：改制的目的及必要性，改制后企业的资产、业务、股权设置和产品开发、技术改造等；改制的具体形式；改制后形成的法人治理结构；企业的债权、债务落实情况；职工安置方案；改制的操作程序，财务审计、资产评估等中介机构和产权交易市场的选择等。

（二）改制方案必须明确保全金融债权，依法落实金融债务，并征得金融机构债权人的同意。审批改制方案的单位（包括各级人民政府、各级国有资产监督管理机构及其所出资企业、各级国有资产监督管理机构以外有权审批改制方案的部门及其授权单位，下同）应认真审查，严格防止企业利用改制逃废金融债务，对未依法保全金融债权、落实金融债务的改制方案不予批准。

（三）企业改制中涉及企业国有产权转让的，应严格按照国家有关法律法规以及《企业国有产权转让管理暂行办法》（国资委、财政部令第3号）、《关于印发〈企业国有产权向管理层转让暂行规定〉的通知》（国资发产权［2005］78号）及相关配套文件的规定执行。拟通过增资扩股实施改制的企业，应当通过产权交易市场、媒体或网络等公开企业改制有关情况、投资者条件等信息，择优选择投资者；

情况特殊的，经国有资产监督管理机构批准，可通过向多个具备相关资质条件的潜在投资者提供信息等方式，选定投资者。企业改制涉及公开上市发行股票的，按照《中华人民共和国证券法》等有关法律法规执行。

（四）企业改制必须对改制方案出具法律意见书。法律意见书由审批改制方案的单位的法律顾问或该单位决定聘请的律师事务所出具，拟改制为国有控股企业且职工（包括管理层）不持有本企业股权的，可由审批改制方案的单位授权该企业法律顾问出具。

（五）国有企业改制方案需按照《企业国有资产监督管理暂行条例》（国务院令第 378 号）和国务院国有资产监督管理委员会的有关规定履行决定或批准程序，否则不得实施改制。国有企业改制涉及财政、劳动保障等事项的，须预先报经同级人民政府有关部门审核，批准后报国有资产监督管理机构协调审批；涉及政府社会公共管理审批事项的，依照国家有关法律法规，报经政府有关部门审批；国有资产监督管理机构所出资企业改制为非国有企业（国有股不控股及不参股的企业），改制方案须报同级人民政府批准。

（六）审批改制方案的单位必须按照权利、义务、责任相统一的原则，建立有关审批的程序、权限、责任等制度。

（七）审批改制方案的单位必须就改制方案的审批及清产核资、财务审计、资产评估、进场交易、定价、转让价款、落实债权、职工安置方案等重要资料建立档案管理制度，改制企业的国有产权持有单位要妥善保管相关资料。

二、认真做好清产核资工作

（一）企业改制要按照有关规定进行清产核资。要切实对企业资产进行全面清理、核对和查实，盘点实物、核实账目，核查负债和所有者权益，做好各类应收及预付账款、各项对外投资、账外资产的清查，做好有关抵押、担保等事项的清理工作，按照国家规定调整有关账务。

（二）清产核资结果经国有产权持有单位审核认定，并经国有资产监督管理机构确认后，自清产核资基准日起 2 年内有效，在有效期内企业实施改制不再另行组织清产核资。

（三）企业实施改制仅涉及引入非国有投资者少量投资，且企业已按照国家有关规定规范进行会计核算的，经本级国有资产监督管理机构批准，可不进行清产核资。

三、加强对改制企业的财务审计和资产评估

（一）企业实施改制必须由审批改制方案的单位确定的中介机构进行财务审计和资产评估。确定中介机构必须考察和了解其资质、信誉及能力；不得聘请改制前两年内在企业财务审计中有违法、违规记录的会计师事务所和注册会计师；不得聘请参与该企业上一次资产评估的中介机构和注册资产评估师；不得聘请同一中介机构开展财务审计与资产评估。

（二）财务审计应依据《中国注册会计师独立审计准则》等有关规定实施。其中，依据国家有关规定计提的各项资产减值准备，必须由会计师事务所逐笔逐项审核并出具专项意见，与审计报告一并提交国有产权持有单位作为改制方案依据，其中不合理的减值准备应予调整。国有独资企业实施改制，计提各项资产减值准备和已核销的各项资产损失凡影响国有产权转让价或折股价的，该计提减值准备的资产和已核销的各项资产损失必须交由改制企业的国有产权持有单位负责处理，国有产权持有单位应采取清理追缴等监管措施，落实监管责任，最大程度地减少损失。国有控股企业实施改制，计提各项减值准备的资产和已核销的各项资产损失由国有产权持有单位与其他股东协商处理。

（三）国有独资企业实施改制，自企业资产评估基准日到企业改制后进行工商变更登记期间，因企业盈利而增加的净资产，应上交国有产权持有单位，或经国有产权持有单位同意，作为改制企业国有权益；因企业亏损而减少的净资产，应由国有产权持有单位补足，或者由改制企业用以后年度国有股份应得的股利补足。国有控股企业实施改制，自企业资产评估基准日到改制后工商变更登记期间的净资产变化，应由改制前企业的各产权持有单位协商处理。

（四）改制为非国有的企业，必须在改制前由国有产权持有单位组织进行法定代表人离任审计，不得以财务审计代替离任审计。离任审计应依照国家有关法律法规和《中央企业经济责任审计管理暂行办法》（国资委令第 7 号）及相关配套规定执行。财务审计和离任审计工作应由两家会计师事务所分别承担，分别出具审计报告。

（五）企业改制涉及土地使用权的，必须经土地确权登记并明确土地使用权的处置方式。进入企业改制资产范围的土地使用权必须经具备土地估价资格的中介机构进行评估，并按国家有关规定备案。涉及国有划拨土地使用权的，必须按照国家土地管理有关规定办理土地使用权处置审批手续。

（六）企业改制涉及探矿权、采矿权有关事项的，依照国家有关法律以及《探矿权、采矿权转让管理办法》（国务院令第 242 号）、国土资源部《关于印发〈探矿权采矿权招标拍卖挂牌管理办法（试行）〉的通知》（国土资发［2003］197号）、财政部、国土资源部《关于印发〈探矿权采矿权价款转增国家资本管理办法〉的通知》（财建［2004］262号）等有关规定执行。企业改制必须由国土资源主管部门明确探矿权、采矿权的处置方式，但不得单独转让探矿权、采矿权，涉及由国家出资形成的探矿权、采矿权的，应当按照国家有关规定办理处置审批手续。进入企业改制资产范围的探矿权、采矿权，必须经具有矿业权评估资格的中介机构进行评估作价（采矿权评估结果报国土资源主管部门确认）并纳入企业整体资产中，由审批改制方案的单位商国土资源主管部门审批后处置。

（七）没有进入企业改制资产范围的实物资产和专利权、非专利技术、商标权、土地使用权、探矿权、采矿权、特许经营权等资产，改制后的企业不得无偿使用；若需使用的，有偿使用费或租赁费计算标准应参考资产评估价或同类资产的市场价确定。

（八）非国有投资者以实物资产和专利权、非专利技术、商标权、土地使用权、探矿权、采矿权、特许经营权等资产评估作价参与企业改制，由国有产权持有单位和非国有投资者共同认可的中介机构，对双方进入改制企业的资产按同一基准日进行评估；若一方资产已经评估，可由另一方对资产评估结果进行复核。

（九）在清产核资、财务审计、离任审计、资产评估、落实债务、产权交易等过程中发现造成国有资产流失、逃废金融债务等违法违纪问题的，必须暂停改制并追查有关人员的责任。

四、切实维护职工的合法权益

（一）改制方案必须提交企业职工代表大会或职工大会审议，并按照有关规定和程序及时向广大职工群众公布。应当向广大职工群众讲清楚国家关于国有企业改革的方针政策和改制的规定，讲清楚改制的必要性、紧迫性以及企业的发展思路。在改制方案制订过程中要充分听取职工群众意见，深入细致地做好思想工作，争取广大职工群众对改制的理解和支持。

（二）国有企业实施改制前，原企业应当与投资者就职工安置费用、劳动关系接续等问题明确相关责任，并制订职工安置方案。职工安置方案必须经职工代表大会或职工大会审议通过，企业方可实施改制。职工安置方案必须及时向广大职工群众公布，其主要内容包括：企业的人员状况及分流安置意见；职工劳动合同的变更、解除及重新签订办法；解除劳动合同职工的经济补偿金支付办法；社会保险关系接续；拖欠职工的工资等债务和企业欠缴的社会保险费处理办法等。

（三）企业实施改制时必须向职工群众公布企业总资产、总负债、净资产、净利润等主要财务指标的财务审计、资产评估结果，接受职工群众的民主监督。

（四）改制为国有控股企业的，改制后企业继续履行改制前企业与留用的职工签订的劳动合同；留用的职工在改制前企业的工作年限应合并计算为在改制后企业的工作年限；原企业不得向继续留用的职工支付经济补偿金。改制为非国有企业的，要严格按照有关法律法规和政策处理好改制企业与职工的劳动关系。对企业改制时解除劳动合同且不再继续留用的职工，要支付经济补偿金。企业国有产权持有单位不得强迫职工将经济补偿金等费用用于对改制后企业的投资或借给改制后企业（包括改制企业的投资者）使用。

（五）企业改制时，对经确认的拖欠职工的工资、集资款、医疗费和挪用的职工住房公积金以及企业欠缴社会保险费，原则上要一次性付清。改制后的企业要按照有关规定，及时为职工接续养老、失业、医疗、工伤、生育等各项社会保险关系，并按时为职工足额交纳各种社会保险费。

五、严格控制企业管理层通过增资扩股持股

（一）本意见所称“管理层”是指国有及国有控股企业的负责人以及领导班子的其他成员；本意见所称“管理层通过增资扩股持股”，不包括对管理层实施的奖励股权或股票期权。

（二）国有及国有控股大型企业实施改制，应严格控制管理层通过增资扩股以各种方式直接或间接持有本企业的股权。为探索实施激励与约束机制，经国有资产监督管理机构批准，凡通过公开招聘、企业内部竞争上岗等方式竞聘上岗或对企业发展作出重大贡献的管理层成员，可通过增资扩股持有本企业股权，但管理层的持股总量不得达到控股或相对控股数量。国有及国有控股企业的划型标准按照统计局《关于印发〈统计上大中小型企业划分办法（暂行）〉的通知》（国统字［2003］17号）和原国家经贸委、原国家计委、财政部、统计局《关于印发中小企业标准暂行规定的通知》（国经贸中小企［2003］143号）规定的分类标准执行。

（三）管理层成员拟通过增资扩股持有企业股权的，不得参与制订改制方案、确定国有产权折股价、选择中介机构，以及清产核资、财务审计、离任审计、资产评估中的重大事项。管理层持股必须提供资金来源合法的相关证明，必须执行《贷款通则》的有关规定，不得向包括本企业在内的国有及国有控股企业借款，不得以国有产权或资产作为标的物通过抵押、质押、贴现等方式筹集资金，也不得采取信托或委托等方式间接持有企业股权。

（四）存在下列情况之一的管理层成员，不得通过增资扩股持有改制企业的股权：

1. 经审计认定对改制企业经营业绩下降负有直接责任的；

2. 故意转移、隐匿资产，或者在改制过程中通过关联交易影响企业净资产的；

3. 向中介机构提供虚假资料，导致审计、评估结果失真，或者与有关方面串通，压低资产评估值以及国有产权折股价的；

4. 违反有关规定，参与制订改制方案、确定国有产权折股价、选择中介机构，以及清产核资、财务审计、离任审计、资产评估中重大事项的；

5. 无法提供持股资金来源合法相关证明的。

（五）涉及管理层通过增资扩股持股的改制方案，必须对管理层成员不再持有企业股权的有关事项作出具体规定。

（六）管理层通过增资扩股持有企业股权后涉及该企业所持上市公司国有股性质变更的，按国家有关规定办理。

六、加强对改制工作的领导和管理

（一）除国有大中型企业实施主辅分离、辅业改制，通过境内外首次公开发行股票并上市改制为国有控股企业，以及国有控股的上市公司增资扩股和收购资产按国家其他规定执行外，凡符合以下情况之一的，须执行国办发［2003］96 号文件和本意见的各项规定：

1. 国有及国有控股企业（包括其全资、控股子企业，下同）增量引入非国有投资，或者国有及国有控股企业的国有产权持有单位向非国有投资者转让该企业国有产权的。

2. 国有及国有控股企业以其非货币资产出资与非国有投资者共同投资设立新公司，并因此安排原企业部分职工在新公司就业的。

国有及国有控股企业以现金出资与非国有投资者共同投资设立新公司，并因此安排原企业部分职工在新公司就业的，执行国办发［2003］96 号文件和本意见除清产核资、财务审计、资产评估、定价程序以外的其他各项规定。

3. 各级国有资产监督管理机构作出其他有关规定的。对由国有资产监督管理机构以外的其他部门履行出资人职责的企业，由相关部门规定。

（二）国有产权持有单位应与非国有投资者协商签订合同、协议，维护职工合法权益，防止国有资产流失，确保进入改制后企业的国有资产保值增值。对需要在改制后履行的合同、协议，国有产权持有单位应负责跟踪、监督、检查，确保各项条款执行到位。改制后的国有控股企业应当建立现代企业制度，完善法人治理结构，制订明确的企业发展思路和转换机制方案，加快技术进步，加强内部管理，提高市场竞争力。企业在改制过程中要重视企业工会组织的建设，充分发挥工会组织的作用。

（三）地方各级人民政府及其国有资产监督管理机构、国有及国有控股企业，要全面理解和正确贯彻落实党中央、国务院关于国有企业改革的方针、政策和措施。切实加强对国有企业改制工作的组织领导，严格执行有关改制的各项规定，认真履行改制的各项工作程序，有效防止国有资产流失。加强对改制企业落实职工安置方案的监督检查，切实维护职工的合法权益。地方政府及有关部门要关心改制后企业的改革和发展，督促落实改制措施，帮助解决遇到的困难和问题，为改制企业发展创造良好的环境和条件。地方各级人民政府要充分考虑企业、职工和社会的承受能力，妥善处理好原地方政策与现有政策的衔接，防止引发新的矛盾。各级国有资产监督管理机构要加强对国办发［2003］96 号文件、本意见和国资委、财政部令第 3 号等有关规定贯彻执行情况的监督检查，及时总结经验，发现和纠正改制工作中存在的问题，促进国有企业改制工作健康、有序、规范发展。

统　计　资　料

2005 年集团公司成员企业国内完成主要实物工程量统计表

企业名称		实物工程量						房屋建筑		
		土方（万立方米）	石方（万立方米）	混凝土（万立方米）	金属结构安装（吨）	水轮发电机组投产		施工面积（平方米）	本年新开工（平方米）	竣工面积（平方米）
						台	（万千瓦）			
总计		9086.08	11882.26	2327.19	193354.15	100	628.44	929335	385126	338101
1	水电一局	493.94	626.28	110.17	8270.27	0	0	0	0	

续表

企业名称		实物工程量						房屋建筑		
		土方（万立方米）	石方（万立方米）	混凝土（万立方米）	金属结构安装（吨）	水轮发电机组投产 台	水轮发电机组投产（万千瓦）	施工面积（平方米）	本年新开工（平方米）	竣工面积（平方米）
2	水电二局	55.77	24.68	26.37	4379.6	0	0	587562	230048	213150
3	水电三局	715.15	1327.58	215.48	18932.95	9	21.05	6000	0	6000
4	水电四局	429.45	890.47	185.88	26376.3	8	238.5	1036	0	1036
5	水电五局	699.2	980.94	194.91	18062.09	1	3	0	0	0
6	水电六局	376.08	670.7	94.54	6223.28	5	47.8	0	0	0
7	水电七局	669.98	933.63	306.36	25446	14	86.03	0	0	0
8	水电八局	794.5	1156.3	399.9	24950	7	128.25	41775	35302	0
9	水电九局	300.2	833.69	99.46	4238.69	0	0	51948	0	0
10	水电十局	97.57	134.64	44.5	12018.25	21	31.59	18619	2000	8620
11	水电十一局	1010.1	435.22	134.22	8771.51	5	22.75	70579	26100	42004
12	水电十二局	382.49	1705.51	83.81	4336.21	6	4.8	25934	19235	19568
13	水电十三局	2030.84	11.33	40.46	913	0	0	29821	25604	27804
14	水电十四局	309.75	1020.53	203.5	24656	5	3.77	7116	2412	7116
15	水电十五局有限公司	368	617	80	0	0	0	33429	33429	0
16	水电闽江局	314.72	513.76	84.45	5780	19	40.9	55516	10996	12803
17	水电基础局有限公司	38.34	0	23.18	0	0	0	0	0	0

（郝维华）

集团公司重要文件题录

2005年集团公司重要文件题录

发文日期	发文编号	文件标题
1.20	中水电党2号	关于印发《中国水利水电建设集团公司2005年纪检监察工作要点》的通知
1.28	中水电党11号	转发中共中央纪委、中共中央组织部、监察部、国资委《关于国有企业领导人员廉洁从业若干规定（试行）》的通知
2.1	中水电党13号	关于印发《进一步规范职代会制度，提高企业民主管理水平的意见》的通知
2.3	中水电党14号	关于印发《中国水利水电建设集团公司保持共产党员先进性教育活动实施方案》的通知
3.10	中水电党20号	关于进一步加强和改进新形势下中国水利水电建设集团公司共青团和青年工作的意见
3.16	中水电党21号	转发《关于维护党的纪律严肃处理党风方面若干突出问题的意见》的通知
4.4	中水电党32号	关于印发《中国水利水电建设集团公司企业负责人公开选聘暂行办法》的通知
4.29	中水电党42号	转发《关于加强中央企业企业文化建设的指导意见》的通知
5.12	中水电党45号	关于印发《中国水利水电建设集团公司党风廉政建设责任制考核办法和评分标准》的通知
5.18	中水电党48号	转发中组部、国资委党委《关于在国有企业开展"四好"领导班子创建活动的意见》的通知
5.30	中水电党51号	关于印发《集团公司先进党组织、优秀党员和优秀党务工作者评选实施方案》的通知
8.10	中水电党75号	转发《关于做好中央企业军转干部解困和稳定工作的通知》的通知
8.30	中水电党79号	关于印发袁柏松同志在集团公司2005年工会工作暨全国水电工程局（厂）工会主席第十五次联席会议上的工作报告的通知

续表

发文日期	发文编号	文件标题
9.1	中水电党 80 号	关于学习贯彻《中共中央办公厅、国务院办公厅转发〈中共中华全国总工会党组关于当前影响职工队伍稳定的突出问题及对策建议的报告〉的通知》的意见
9.9	中水电党 92 号	关于印发《中国水利水电建设集团公司企业领导人员管理暂行办法》的通知
12.16	中水电党 119 号	关于表彰 2005 年度集团公司文明工程项目的决定
2.6	中水电总 3 号	转发建设部、铁道部《关于进一步开放铁路建设市场的通知》的通知
3.7	中水电总 5 号	关于开展《中国水利水电建设集团公司年鉴》编纂工作的通知
3.10	中水电总 7 号	关于印发中国水利水电建设集团公司 2005 年工作会议领导讲话的通知
3.10	中水电总 8 号	关于印发郭建堂总经理在集团公司总部 2005 年工作会议上讲话的通知
8.1	中水电总 21 号	关于印发《集团公司 2005 年年中工作座谈会领导讲话》的通知
12.22	中水电总 35 号	关于转发国资委加强中央企业内部审计工作的通知
12.29	中水电总 36 号	转发国资委《关于做好企业国有产权转让监督检查工作的通知》
2.24	中水电人 24 号	关于印发《中国水利水电建设集团公司所属企业负责人年薪制暂行办法》的通知
3.2	中水电人 43 号	关于印发《集团公司行业特有工种高级技师鉴定考评办法》的通知
3.17	中水电人 51 号	关于成立中国水利水电建设集团公司西南代表处的通知
4.5	中水电人 60 号	关于集团公司市场部更名和重新确认部门工作职责及编制的通知
4.29	中水电人 73 号	关于转发《注册设备监理师执业资格注册管理办法》的通知
5.10	中水电人 77 号	关于认定陈嘉田等 107 名同志具备高级技师资格的通知
6.23	中水电人 93 号	关于确认刘玉祥等 257 名同志具备工程系列专业技术资格的通知
6.29	中水电人 94 号	关于确认张大军等 49 名同志具备高级会计师专业技术资格的通知
6.29	中水电人 95 号	关于确认张志敏等 91 名同志具备高级经济师专业技术资格的通知
7.8	中水电人 103 号	关于印发中国水利水电建设集团公司人才工作会议领导讲话的通知
8.1	中水电人 109 号	关于印发《中国水利水电建设集团公司关于加强和改进人才工作的意见》等文件的通知
8.22	中水电人 114 号	关于设置独立安全生产监督管理机构的通知
11.9	中水电人 173 号	转发《关于对中国水利水电建设集团公司 2004 年度高级政工师任职资格评审结果的批复》的通知
12.14	中水电人 185 号	关于印发《中国水利水电建设集团公司享受教授、研究员同等有关待遇的高级工程师评审实施细则(试行)》的通知
12.14	中水电人 187 号	关于补助发放两项统筹外养老金费用的通知
12.20	中水电人 191 号	关于印发《中国水利水电建设集团公司职业技能竞赛管理办法》的通知
2.24	中水电财 9 号	关于印发《中国水利水电建设集团公司所属企业(公司)负责人年度经营业绩考核暂行办法》的通知
3.2	中水电财 13 号	转发《企业公司制改建有关国有资本管理与财务处理的暂行规定及补充通知》的通知
3.9	中水电财 17 号	关于印发《中国水利水电建设集团公司账销案存资产管理暂行办法》(修订)的通知
3.14	中水电财 22 号	关于印发《中国水利水电建设集团公司分离办社会职能工作实施方案》的通知
3.24	中水电财 26 号	转发财政部《第二批中央企业分离办社会职能工作政策解答》的通知
4.5	中水电财 29 号	转发《中央企业清产核资专项检查工作规范》的通知
4.25	中水电财 36 号	转发财政部办公厅、国资委办公厅《关于第二批中央企业分离办社会职能工作有关报批办法的通知》的通知
5.26	中水电财 46 号	关于印发《中国水利水电建设集团公司 2005 年财务工作要点》的通知
5.30	中水电财 48 号	转发财政部《关于企业分离办社会职能有关财务管理问题的通知》的通知
5.30	中水电财 49 号	转发《第二批中央企业分离办社会职能工作政策解答(续一)(续二)》的通知
5.30	中水电财 51 号	关于转发国资委《企业国有产权向管理层转让暂行规定》的通知

续表

发文日期	发文编号	文　件　标　题
9.19	中水电财90号	关于加强财务管理切实做好经营工作的通知
9.29	中水电财96号	转发财政部、国资委《关于中央企业先期移交办社会职能机构有关政策问题的通知》的通知
11.16	中水电财109号	转发国资委《关于印发中央企业资产减值准备财务核销工作规则的通知》的通知
12.23	中水电财125号	关于中小学移交过程有关问题的批复
1.10	中水电工1号	关于建立集团公司科技专家库的通知
3.24	中水电工5号	转发《关于评审电力行业优质工程的通知》的通知
4.18	中水电工12号	关于印发《中国水利水电建设集团公司科学技术进步奖励办法》的通知
4.17	中水电工13号	关于转发《工程咨询单位资格认定办法》的通知
4.30	中水电工17号	关于印发孙洪水副总经理在集团公司科技进步奖评审会暨工程科技管理座谈会上讲话的通知
5.20	中水电工19号	关于印发《中国水利水电建设集团公司技术开发费管理办法》的通知
6.15	中水电工21号	关于2005年建筑业企业资质升级工作有关问题的通知
9.27	中水电工25号	关于印发集团公司2005年度科学技术进步奖颁奖会议暨科研立项评审会议领导讲话的通知
10.14	中水电工26号	关于印发《中国水利水电建设集团公司科技进步工作考核办法》的通知
10.27	中水电工30号	关于印发《中国水利水电建设集团公司科研立项审批管理办法》的通知
11.16	中水电工35号	关于印发《中国水利水电建设集团公司工程项目管理暂行办法》的通知
11.16	中水电工36号	关于公布集团公司2005年度批准立项科研项目的通知
12.6	中水电工39号	关于发布2005年集团公司合格供应商名录的通知
6.9	中水电安2号	关于印发《中国水利水电建设集团公司安全生产责任制》的通知
6.9	中水电安3号	关于印发《中国水利水电建设集团公司安全生产监督管理规定》的通知
6.19	中水电安4号	关于印发《中国水利水电建设集团公司安全生产各项管理制度》的通知
9.7	中水电安15号	关于印发集团公司安全生产专题会议领导讲话的通知
10.9	中水电安23号	转发《关于加强境外中资企业安全生产监督管理工作的通知》的通知
5.12	中水电投12号	关于印发《中国水利水电建设集团公司控股公司办理投资事项相关规定》的通知
11.21	中水电投37号	中国水利水电建设集团公司投资管理办法
6.3	中水电企19号	转发国资委《关于中国水利水电建设集团公司主辅分离辅业改制分流安置富余人员第二批实施方案的批复》的通知
7.18	中水电企21号	关于印发《中国水利水电建设集团公司重大法律纠纷管理暂行办法》的通知
8.16	中水电企24号	关于印发《中国水利水电建设集团公司发展战略和规划管理暂行办法》的通知
10.14	中水电企29号	印发《关于建立和完善国有独资公司董事会的指导意见（试行）》的通知
10.17	中水电企31号	转发《关于进一步规范国有大中型企业主辅分离辅业改制的通知》的通知
12.27	中水电企36号	关于印发郭建堂总经理、袁柏松副总经理在集团公司改革工作座谈会上讲话的通知
3.4	中水电审1号	关于印发《中国水利水电建设集团公司2005年审计工作要点》的通知
6.6	中水电审3号	关于印发《中国水利水电建设集团公司内部审计工作规定》的通知
6.6	中水电审4号	关于印发《中国水利水电建设集团公司内部控制审计测评办法》的通知
11.28	中水电审21号	关于转发国资委李荣融主任在中央企业内部审计工作会议上的讲话的通知
1.12	中水电党群1号	转发《国务院办公厅关于深入贯彻工会法支持工会工作的通知》的通知
1.28	中水电党群2号	关于表彰2004年度集团公司文明单位的决定
1.19	中水电资2号	关于立即终止或解除对外担保的通知
5.2	中水电资7号	关于印发《中国水利水电建设集团公司担保管理办法》的通知

续表

发文日期	发文编号	文　件　标　题
5.30	中水电资 9 号	关于切实维护工程项目资金所有者权益的通知
6.7	中水电资 10 号	关于项目联营体资金集约化管理实施有关事项的通知
8.12	中水电资 13 号	关于对项目联营体实施资金集中管理的通知
9.29	中水电资 17 号	关于规范和加强资金集约化管理有关事项的通知
4.4	中水电信 3 号	关于编辑出版《中国水利水电建设物资设备合格供应商名录》的通知
5.18	中水电信 5 号	关于印发《中国水利水电建设集团公司信息化“十一五”规划》的通知
12.12	中水电信 8 号	关于集团公司网站信息管理有关规定的通知
11.1	中水电外 38 号	中国水利水电建设集团公司关于建立处置境外机构突发事件工作预案的指导意见
2.4	中水电市 2 号	关于印发《中国水利水电建设集团公司建筑市场经营战略实施办法》的通知
5.12	中水电经 1 号	关于印发范集湘副总经理、袁柏松副总经理在集团公司 2005 年市场经营管理暨审计工作会议上讲话的通知
5.30	中水电经 2 号	关于印发《中国水利水电建设集团公司国内联营体运营管理暂行规定》的通知
8.26	中水电经 3 号	关于印发《中国水利水电建设集团公司市场经营管理若干规定》的通知
8.30	中水电经 4 号	转发建设部《关于建立和完善劳务分包制度发展建筑劳务企业的意见》的通知
12.2	中水电经 9 号	关于印发《中国水利水电建设集团公司统计管理办法》的通知
7.1	总 13 号	关于印发《关于联合国安理会改革问题的宣传提纲》的通知
8.30	总 20 号	关于加强协会学会管理工作的通知
5.12	外 7 号	关于进一步加强对海外项目当地劳务人员管理的通知

索　　引

说　　明

1. 本索引采用主题分析法编制，按索引条目第一字汉语拼音顺序排列，同音字按声调排列，声调相同按下一字音序排列；集团公司成员企业最后按序索引。

2. 索引标引词后“（）”中的内容表示对标引词的限定，图、表均注明“图”或“表”字样。

3. 标引词后的阿拉伯数字表示内容所在的页码。

4. 本年鉴的“特载”、“文件文献”、“专论”、“大事记”篇目均未作索引。

G

H

J

K

L

M

Q

R

S

T

W

X

Y

Z

编　后　语

《中国水利水电建设集团公司年鉴（2006）》是集团公司连续编纂出版的第二部年鉴，按照集团公司的部署，集团公司史志办公室承担编纂任务。在编纂过程中遵照集团公司领导的指示精神，严格编纂工作程序，落实编纂工作责任，于今年10月份将本部年鉴编纂完毕。整个年鉴编纂工作，体现政治的严肃性，历史的准确性，内容的全面性、科学性、实用性，对读者负责，对历史负责。

在年鉴的整个编纂过程中，始终得到集团公司领导的关怀和指导，2006年3月22日，在集团公司召开2006年工作会议之际，专门为集团公司首部年鉴的出版举行了首发式；9月6日专门召开集团公司史志工作会议，进一步部署了逐年编纂年鉴的工作任务；集团公司领导的高度重视，正确领导和亲切关怀，集团公司跨越式发展的大好形势，是我们做好年鉴工作的根本保证。集团公司总部各部门，各公司和各工程局（厂）对年鉴编纂工作给予了大力支持和热情帮助，总部各部门，各公司和各工程局（厂）领导亲自部署年鉴撰稿工作，亲自把关审阅稿件内容。各单位组稿撰稿人，勤奋工作，默默奉献，付出了艰辛的劳动。这一切使全体编辑人员深受鞭策、教育和鼓舞。在此，谨一并表示衷心感谢。

集团公司为年鉴编纂工作创造了良好的工作条件，总经理工作部、党委工作部、人力资源部、财务产权部、海外事业部等各部门、各公司和各工程局（厂）为本部年鉴的编纂工作提供了各种形式的支持和帮助，水电三局还承办了2006年的年鉴编辑会议，各单位的年鉴工作责任部门克服时间紧、人员少、任务重等困难，为年鉴的编辑成稿进行了卓有成效的组织工作，提供了有力的支持。年鉴的编辑工作还得到《北京年鉴》的有关专家和中国电力出版社有关同志的热情帮助。在此，对各单位年鉴工作的责任部门、对有关年鉴专家、对所有关心支持年鉴工作和为年鉴出版提供帮助的同志们致以深深的谢意。

年鉴的编纂工作，实行文责自负的原则，所提供的文字内容和图片由提供单位负责审定。整部年鉴的编辑工作在年鉴编辑部主编解登发负责总纂的前提下，各篇目的编辑工作由相关编辑负责。第一篇“特载”、第四篇“综述”、第五篇“大事记”由冯有维负责；第二篇“文献·文件”、第三篇“专论”由李翔凌负责；第六篇“集团化建设”、第七篇“跨越式发展”、第八篇“党群工作”、第九篇“检查监督”由杜永昌负责；第十篇“成员企业要览”由特邀编辑彭蕴周、姚世友、边建利、艾森、熊映诗、孙殿春、张平、肖建闽、吕槐青、张绍坤、张生顺、李翔凌分别负责，并由李翔凌负责汇编；第十一篇“人物及先进集体”由李霞林负责；第十二篇“附录”、目录汇编和“索引”由边建利负责；图片彩页由张生顺负责；年鉴资料收集保管由冯有维、杜永昌负责。

逐年编纂集团公司年鉴是企业改革发展的需要。编纂出版集团公司年鉴时间性强，在几个月的时间内，组织众多的单位和作者，如期编纂出版集团公司第二部年鉴，将集团公司跨越式发展的2005年以148万字再现发展画面，载入文献史册，全体编辑人员深感责任重大，严于职守、勤奋工作，努力完成集团公司部署的年鉴编纂任务。但毕竟工作经验和水平有限，难免存在不足，敬请读者鉴谅。

《中国水利水电建设集团公司年鉴》编辑部

2006年10月

打造国际一流品牌
实现集团跨越发展

FORGING FIRST-CLASS
INTERNATIONAL BLAND
ACHIEVING LEAPING DEVELOPMENT

中国水电建设集团国际工程有限公司

SINOHYDRO CORPORATION LIMITED

总经理、党委副书记

曾兴亮

党委书记、副总经理

丁拯国

2005年，在集团公司党组的领导下，中国水电建设集团国际工程有限公司（以下简称国际公司）努力按照集团公司提出的"深入推进国际化战略，加快国际经营步伐"的要求，大力开拓国际市场，稳步扩大市场规模，努力做好海外融资投资项目，积极推动经营结构和增长方式的转变，取得了突出的经营成果和工作成绩。

国际公司积极开展对外经营活动，投标项目上百个，中标项目38个，合同总额约16.5亿美元，为2004年签约额9亿美元的183%。国际经营业务实现营业额46,674万美元，营业收入389,845万元，经济效益良好。

马来西亚巴贡水电项目

一年来，国际公司根据国际工程承包市场的发展趋势，充分利用集团公司资源，不断提高国际经营层次，积极向国际工程承包领域高端和下游开拓，从而实现国际经营在核心业务上的跨越式发展。其中几个重点EPC工程总承包项目，出口信贷融资项目和BOT项目进入到实质性运作阶段。

国际公司在开展国际经营活动中，坚持抓大项目，抓具有较大影响的国家或地区性项目，市场范围进一步延伸和扩大，开拓出一批以大项目和项目群为特点的国别市场和地区市场。

在国际经营工作中，国际公司以市场为导向，在坚持水电主业的同时，积极向非水电项目领域发展，产业结构多元化更为明显。这样做的效果，不仅仅对企业有利，而且，对国家的资源战略也起到了重要的支持作用。

安哥拉比耶农学院教学楼项目

安哥拉卡西吐渠道项目

安哥拉甘德杰拉斯大坝项目

苏丹麦洛维水电项目

地址：北京市海淀区车公庄西路22号　　邮编：100044　　传真：010-58382888

马来西亚巴贡水电项目

据商务部统计，2005年，集团公司对外签约及实现国外营业额分列第3位和第6位，比2004年分别上升了2位。在2005年度全球最大225家承包商排行榜中，集团公司以总营业额38.67亿美元的成绩位列排行榜第39位。同时，集团公司海外业务的快速增长也在同时出台的全球最大225家国际承包商排行榜中得到体现：集团公司以4.6亿美元的国外营业额位列全球最大225家国际承包商的第68位，比2004年的第81位上升了13位，并以此业绩位列上榜的46家中国公司的第7位。

苏丹麦洛维水电项目

埃塞俄比亚泰可泽水电项目

国际公司按照集团公司党组的统一要求，认真开展保持共产党员先进性教育活动。原国际公司党支部按照“两不误、两促进”的要求，认真组织开展这项工作，大家能够在集团公司党组领导下，以高度的政治责任感，积极投入到先进性教育活动中来，圆满完成了教育活动的主要工作任务。

紧紧抓住本世纪头20年重要战略机遇期，深度开发国际水电建设市场，是摆在我们面前的历史重任。我们将以科学发展观为指导，继续实施“走出去”战略，通过国际化进程，打造国际名牌，塑造国际形象，培育国际信誉，提升国际地位，为将集团公司建设成为具有国际竞争力的跨国集团而不懈努力。

网址：www.sinohydro.com

中国水电建设集团租赁控股有限公司

总经理　吕瑞翔

简 介

2004年11月，年轻的中国水电建设集团租赁有限公司正式扬帆起航。回眸充满激情的创业岁月，租赁公司贯彻董事会既定的发展战略，秉承“稳健经营、科学管理、追求卓越”的经营理念，始终坚持做大做强主业，不断完善公司内部管理制度，注重风险防范，加快培育面向市场的核心竞争力，汇聚了一支精通贸易、管理、会计、金融、法律等专业的优秀团队，以良好的经营业绩为公司的持续稳定发展奠定了基础。

2005年，按照集团公司的慎重安排及租赁公司董事会的统一部署，公司成功收购了湖南华泰重工制造有限公司，加快了公司由单一性的贸易公司向产供销一体、产业层次丰富、价值链完整的综合性公司转变的战略转型步伐。面对新的发展机遇，租赁公司豪情满怀充满自信，将全力打造一个以快速成长和锐意创新为导向的企业，为股东、客户、合作伙伴和员工创造更大的价值。租赁公司将努力实现“公司利润最大化，股东回报最大化”经营宗旨，以对股东负责为己任，进一步强化公司治理，理顺管理机制，优化资源配置，推进业务创新，大力提升抗风险能力和市场竞争力，提高资产经营效益；将坚持“客户至上，服务制胜”的经营理念，以客户需求为导向，以服务客户为宗旨，建立健全市场和服务体系，为客户提供个性化、专业化、系列化的全方位服务，帮助客户实现事业的成功；将坚持双赢互利原则，巩固与扩大与国内外知名银行和企业的合作，完善合作机制，提升合作层次，扩大合作范围，丰富合作内容，不断提升资源组织能力，与合作伙伴共同发展；将大力推进人才队伍建设，建立激发各类人才活力、创造力和凝聚力的长效机制，充分调动各类人才的积极性和创造性，为员工创造美好幸福的生活。

展望未来，前景广阔，任重道远。租赁公司将牢牢抓住良好的发展机遇，勤勉诚信，奋发有为，促进公司持续、快速、健康发展，努力把公司建设成为具有良好市场形象的知名租赁公司，为集团公司的战略发展作出贡献！

地址：北京市海淀区车公庄西路22号　　电话：010-59382309　　传真：010-58960027

组织机构图

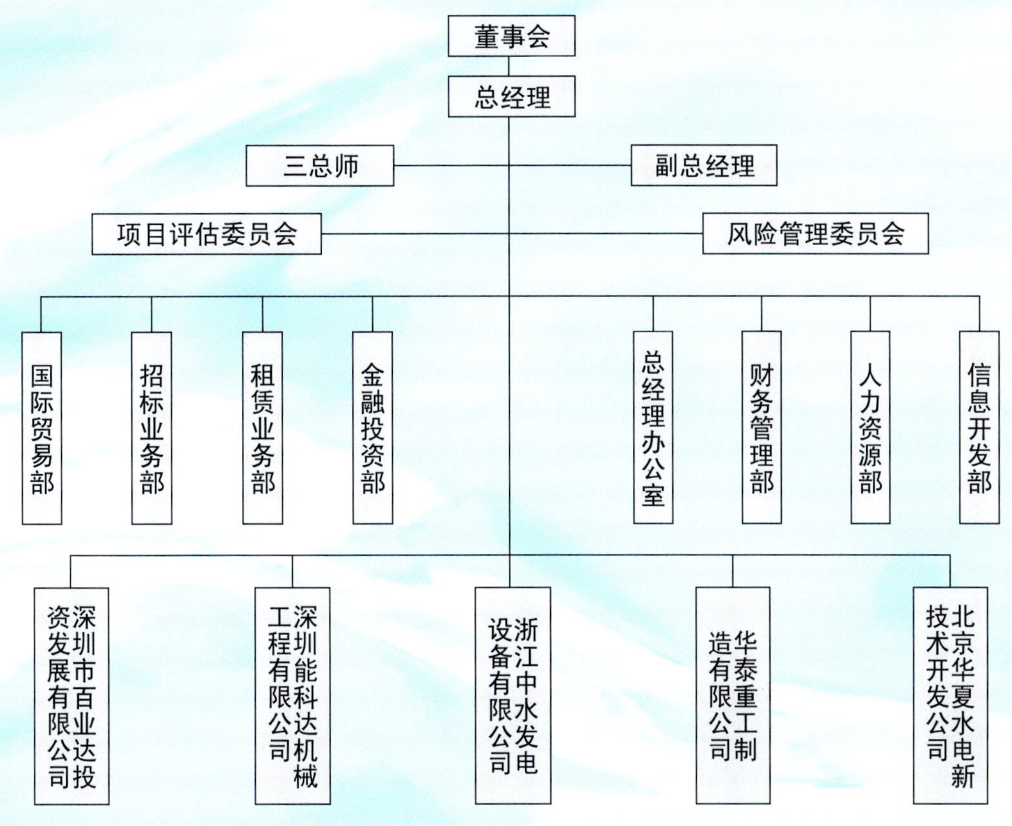

网址：www.sinoleasing.com

中国水电建设集团投资有限责任公司

总经理　张长源

简　介

中国水电建设集团投资有限责任公司是根据中国水利水电建设集团公司发展战略的需要及调整产业结构的总体规划而组建的投资有限责任公司。由中国水利水电建设集团公司、中国水利水电第四工程局、中国水利水电第八工程局、中国水利水电第九工程局、中国水利水电第十四工程局及中国水利水电闽江工程局共同发起组建。2004年5月10日，投资公司发起人协议在北京签署。2004年7月5日，投资公司在北京注册，注册资本金30000万元，业务范围涉及实业、电力热力、煤炭等能源项目，交通、水务等基础设施，以及高科技项目投资，投资咨询，使用担保等。

目前公司下设吉林长岭风电分公司、内蒙古阿旗风电分公司及贵州桐梓河水电开发有限责任公司，分别开发规划总装机容量42.5万千瓦、30万千瓦风电项目及11.2万千瓦项目。同时参股开发郑州燃气发电，青海黄河苏只电站，四川美姑河水电开发，四川紫兰坝电站以及北京中环房地产开发等项目。开发项目全部进入实施阶段，吉林长岭风电项目计划2006年底投产发电。

地址：北京市海淀区车公庄西路22号

电话：010-58382502

传真：010-58960069

中国水电建设集团中环房地产有限公司

SINOHYDRO ZHONGHUAN REAL ESTATE CO., LTD.

董事长、党委书记 王岩峰

简 介

中国水电建设集团中环房地产有限公司（以下简称中环房地产有限公司），是根据中国水利水电建设集团公司发展战略需要以及集团公司产业结构调整的总体规划重组原北京中环房地产开发有限公司而组建的有限责任公司。公司由集团公司总部、集团投资公司以及水电二局共同出资组成。中环房地产有限公司注册资本金为30000万元，股权结构如下：

中国水利水电建设集团公司	18900万元	63%
中国水电建设集团投资有限责任公司	5100万元	17%
中国水利水电第二工程局	6000万元	20%

中环房地产有限公司经营范围：房地产开发经营、商品房销售、物业管理。

中环房地产有限公司已成功地开发了位于北京市车公庄西路22号11.5万平方米的海赋国际项目（其中写字楼5.5万平方米，住宅楼6万平方米），写字楼A座为集团公司总部办公大楼。海赋国际项目荣获“第二届中国地博会金奖”和“2006中国最佳国际公寓奖”。中环房地产有限公司荣获“海淀区2005年度优秀新企业”称号。

中环房地产有限公司控股与四川圣达集团公司共同出资成立中国水电建设集团中环（成都）房地产有限公司。控股与水电九局共同出资成立中国水电建设集团中环（贵阳）房地产有限公司。

董事长：王岩峰

监事会主席：邓孟元

常务副总经理：万小伦

总会计师：秦普高

海赋国际办公大堂

海赋国际鸟瞰图

中环（成都）房地产有限公司成都办公楼酒店项目

中环（贵阳）房地产有限公司贵阳观山湖一号

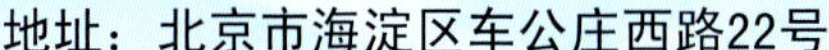

地址：北京市海淀区车公庄西路22号

邮编：100044

电话：010-58380033

传真：010-58960049

网址：www.zhred.com

中国水电建设集团华亭发电有限责任公司

总经理、党委书记　张维荣

简　介

华亭发电有限责任公司成立于2003年9月，是由中国水利水电建设集团公司、甘肃电力明珠集团公司、甘肃华亭煤电股份有限公司、甘肃火电工程公司共同投资组建，公司注册资本2亿元，目前下设9个职能部门1个控股公司，职工181人，其中本科以上学历37人、大专学历72人、高级职称15人、中级职称28人。现阶段公司主要任务是华亭电厂2×135兆瓦工程建设和崇信电厂2×600兆瓦项目前期工作。

华亭电厂项目是甘肃省煤电联营的第一个大型火电建设项目，是甘肃省第一个绿色环保电厂，第一个采用循环流化床锅炉和空冷技术的资源综合利用电厂，是甘肃省“十一五”电源规划建设的重点工程，也是甘肃省首座煤炭资源综合利用的环保型坑口电站。项目利用华亭矿区煤矸石作燃料，采用了先进的空冷方式循环流化床锅炉工艺，实现了煤炭资源综合利用，节能、节水、环保，符合国家能源发展规划及环保政策，得到了各级政府部门、社会各界的大力支持。项目于2005年3月11日获得国家发展改革委核准，是国家电源建设实施核准制后甘肃省获得正式核准的第一个电源项目。

建设中的华亭电厂厂房，这里将安装甘肃省第一台煤矸石循环流化床锅炉

安装中的华亭电厂空冷岛，是第一个采用循环流化床锅炉和空冷技术的资源综合利用电厂

晨曦掩映着建设中的工地，这里将诞生和孕育新的希望和生命

地址：甘肃省平凉市华亭县西华镇　邮编：744106　电话：0933-7790766　传真：0933-7790667

自强不息　　求真务实

高效快捷　　严谨规范

崇信电厂规划建设4×600兆瓦空冷燃煤机组，一期2×600兆瓦工程于2005年4月27日通过初步可行性研究报告预审查；2005年7月13日，中国水利水电建设集团公司党组书记、总经理，华亭发电公司董事长郭建堂参加第十三届兰洽会，崇信电厂作为重大项目进行了签约；2005年8月25日项目通过可行性研究报告审查；2005年9月中国水利水电建设集团公司向国家发展改革委上报了项目可行性研究报告。2005年12月1日，甘肃省发展改革委正式向国家发展改革委上报项目可行性研究报告，成为甘肃省向国家发展改革委上报的第一个单机容量为60万千瓦的发电项目。被甘肃省政府、西北电网公司、甘肃省电力公司分别列入“十一五”电源建设规划，被甘肃省发展改革委列入甘肃省“十一五”电源重点建设项目。

阿坝水电开发有限公司

简 介

总经理、党委书记　荣其富

阿坝水电开发有限公司是中国水利水电建设集团的控股公司，注册资本金为人民币肆亿伍仟伍佰万元。中国水利水电建设集团公司、中国水利水电第七工程局、中国水电顾问集团成都勘测设计研究院、四川远通水电开发有限责任公司四家股东分别持股53%、22%、15%、10%。

公司经营宗旨是：根据国家的产业政策，通过投资及经营活动，以水力发电为基础，逐步扩展到其他领域，使公司的经济效益和社会效益得到最大化，保障股东合法权益，使股东获得最大的投资收益。经营范围为：电能的生产和销售；电力项目的开发、建设、投资、经营；技术咨询、服务及综合利用等。

公司现拥有四川华能太平驿水电开发公司40%股权，直接开发阿坝州黑水河流域柳坪水电站、色尔古水电站，两座电站装机容量达27万千瓦。阿坝水电开发

团结奋进的公司经营班子
总经理、党委书记荣其富（中）
副总经理吴洵（左二）、总会计师谈玉富（右二）、
总工程师周维（左一）、总经济师李富华（右一）

色尔古电站顺利截流

公司宗旨：以人为本　重誉创新　追求卓越

色尔古水电站已于2005年12月21日获得正式核准

有限公司控股四川松林河流域水电开发有限公司（50%股权）、毛尔盖水电有限公司（68%股权）、阿坝明达水电开发有限公司（60%股权），同时拥有昂科河流域、绰斯甲河流域和小金川流域主干河流部分电站的开发权。截至目前，阿坝水电开发有限公司取得已有开发权约110万千瓦。

阿坝水电开发有限公司担负着实现水电建设集团在四川投资水电的战略任务，在水电建设集团和其他股东的领导下，全体员工精诚团结，为公司在短期内发展成具有相当规模的一流水电投资开发公司而继续奋斗。

地　　址：四川省成都市人民中路三段二号17楼

联系电话：028-86271860　　　　传　　真：028-86277378

邮　　编：610031　　　　　　　电子信箱：ahdc_888@163.com

项目开发始终是公司的一项重要工作

柳坪、色尔古电站营地2005年9月正式启用

柳坪水电站已于2005年11月16日获得正式核准

四川圣达水电开发有限公司

团结诚信　　敬业创新

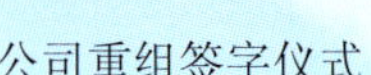
公司重组签字仪式

总经理　张跃涛

简　介

中国水利水电建设集团公司控股的四川圣达水电开发有限公司于2005年7月重组，中国水利水电建设集团公司出资40800万元，占51%的股份，四川圣达集团有限公司出资39200万元，占49%股份。重组后的四川圣达水电开发有限公司系国有资本绝对控股公司。经营范围为：水电开发、发供电、水电设备安装、销售输变电设备、电工器材销售。

公司目前在建项目大渡河沙湾水电站是经国家发展改革委核准建设的四川省重点建设项目，该电站的开发以发电为主，兼顾灌溉和航运功能，装机容量480兆瓦。沙湾水电站尾水渠工程全长9公里，为亚洲第一；深基坑深覆盖层开挖规模居国内同类工程首位。工程竣工投产后，每年将为国家电网提供丰富的电力，为国家和地方政府缴纳近亿元的税费。

按照中国水利水电建设集团公司在四川的投资发展战略和公司的发展目标，在全力加快沙湾水电站建设的同时，积极推进后续项目的开发工作，目前已启动了大渡河流域和岷江流域乐山境内的水电站项目前期准备工作。

四川圣达水电开发有限公司的重组是按照集团公司跨越式发展的战略目标的要求，肩负集团公司产业结构调整的任务。公司将在“团结诚信、敬业创新”的企业理念精神的鼓舞下，以人为本，安全第一，科学创新，不断提高公司的竞争力。

地址：四川省乐山市沙湾区沫若宾馆

电话：0833-3620783　　传真：0833-3620806　　邮编：614900　　电子信箱：powershengda@126.com

沙湾水电站鸟瞰图

四川省委副书记甘道明(左二)视察沙湾水电站

沙湾水电站开工仪式

中国水利水电第一工程局

局长 刘万海

简 介

中国水利水电第一工程局始建于1958年。具有建设部核发的水利水电工程施工总承包一级资质。已通过ISO9001国际质量管理体系和ISO1001环境管理体系、职业健康安全管理体系认证。获得吉林省建设厅颁发的建设施工企业安全生产许可证，是国家专业从事大中型水电工程建设的骨干企业之一。

相继独立建成了辽宁省桓仁、回龙、朝阳，吉林省白山、红石、松江河小山，黑龙江省莲花等多座大型

尼尔基水利枢纽工程

莲花水电站

小湾水电站地下厂房开挖

地址：吉林省长春市绿园区锦西路933号　电话：0431-7987316
传真：0431-7991536　邮编：1330062　网址：www.zsyj.com

水利水电枢纽工程，先后参加了长江三峡、黄河小浪底、万家寨、四川省二滩、云南省小湾等多座大型水利水电工程建设。参与了俄罗斯、阿尔巴尼亚、刚果、土耳其、缅甸等国家的水利水电建设工程。其中黑龙江省莲花水电站工程荣获2001年度鲁班奖，云南省大朝山水电站工程荣获2004年度鲁班奖。

建局以来，注重先进技术的研究和开发利用，积累和掌握了具有国内领先水平的各种爆破技术，以及具有国际先进水平的各类型滑模、斜井拉模、碾压混凝土施工、严寒地区混凝土面板堆石坝施工、软基处理、大型水轮发电机组安装和高强钢钢管制作安装新技术、新工艺。先后荣获了全国科学大会奖5项，国家科学技术进步一等奖一项，国家部委、省科技奖35项。

党委书记　车治中

琅琊山水电站地下厂房开挖

白山水电站三期机组转子吊装

长岭风电场风机塔筒吊装

桓仁水电站

白山水电站

中国水利水电第二工程局

局长　杨南安

党委书记　安兰廷

简 介

中国水利水电第二工程局组建于1958年，注册资金10000万元，年生产能力产值10亿～15亿元，具有房屋建筑工程施工总承包、水利水电工程施工总承包一级资质和装饰装修、钢结构安装专业承包一级资质。取得银行AAA资信等级并通过ISO9002国际质量体系认证、ISO14001环境管理体系认证、GB/T28001职业健康安全管理体系认证。

在搞好国内工民建及水利水电工程施工的基础上，工程局有重点的向国际工程拓展，相继开辟了路桥、工民建市场，在埃塞俄比亚、安哥拉、印度尼西亚等国打出声誉。

在进行工程施工的同时，工程局进行了资本运营和投资开发，参股了集团公司的中环房地产开发，控股投资了四川米易小三峡和乌龟石的小水电开发。现在，工程局在集团公司跨越式发展战略指引下，按照科学发展观的要求，面向国内、国际市场发奋努力，开拓前进，形成了具有相当实力的，集水利水电施工、工民建、路桥工程为一体的，多元化经营的施工企业。

地址：北京市西城区六铺炕南小街一号　　电话：010-62047674
邮编：100011　　传真：010-62018014　　网址：www.sdej.com.cn

集团公司办公大楼

印尼医院工程开工

埃塞俄比亚公路工程设备

水电二局开发的小三峡电站拦河闸

水电二局施工的中环房地产1号住宅楼

集团公司办公楼会议室

中国水利水电第三工程局

局长兼党委副书记　吴新琪

党委书记兼副局长　张治源

南水北调丹江水库加高工程

小湾水电站高边坡锚固工程

黄河小峡水电站

黄河柴家峡水电站工程截流

公伯峡左岸泄洪洞衬砌工程

简　介

中国水利水电第三工程局，局总部设在陕西省西安市。现有员工13268人，各类技术与管理人员4229余人。其中：高、中级专业职称2098人；持证项目经理259人；监理工程师206人；高级技师、技师604人。注册资金3.012亿元，总资产15.37亿元，有各类施工机械设备5000余台套。资质等级为：水利水电工程施工总承包特级、公路工程施工总承包二级、市政公用工程施工总承包二级、房屋建筑工程施工总承包二级、土石方工程、钢结构工程专业承包一级、电力大件运输承包甲

砂石骨料系统

向家坝左岸边坡开挖

地址：陕西西安市龙首北路22号　　邮编：710016

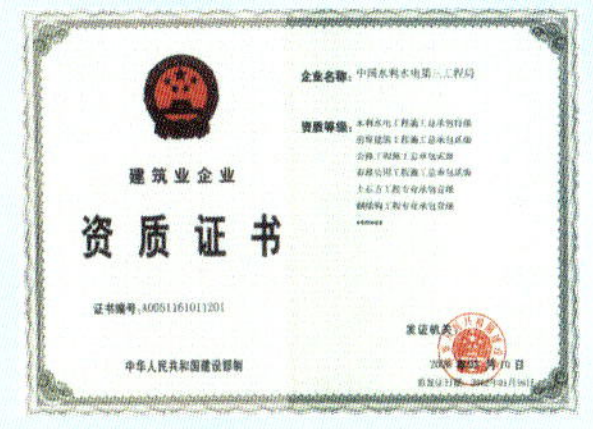

科学管理　诚信守法　注重环保

安全健康　争创优质　持续改进

级、机场工程施工许可证、安全生产许可证、工程设计乙级、实验室一级、测绘甲级、起重机机械修理与安装一级。企业信用资质AAA级。年施工能力为：土石方开挖1500万～2000万立方米；混凝土浇筑200万～250万立方米；钻孔及灌浆15万米；金属结构制作安装2.5万～3万吨；机组安装80万～100万千瓦；工业民用建筑12万平方米；高等级公路50公里。可确保年施工能力30亿元工程正常施工。在混凝土重力坝、混凝土碾压坝、土石坝、面板堆石坝、混凝土拱坝、混凝土闸坝及船闸、发电厂房（含地下厂房）、导流工程、高边坡及厂坝基础开挖支护、引水发电及压力管道工程、泄洪工程、输水工程、基础处理工程、砂石混凝土系统、电站交通工程、机电安装、金属制作安装、高等级公路、房屋建筑、市政工程施工方面，以及工程设计、工程缺陷处理、工程试验、工程安全监测方面都各自创出一批优秀的代表性工程。尤其在高边坡及厂坝基础开挖、混凝土重力坝及碾压混凝土坝、地下厂房及大坡度超长斜井施工、草土及石围堰、高强度压力钢管制作安装、PCCP管安装、高寒地带混凝土抗冻抗渗方面创出了自己的品牌工程，2005年获得全国五一劳动奖状。

水电三局在社会主义市场经济中立足市场、坚守信誉，坚持“科学管理、诚信守法、注重环保、安全健康、争创优质、持续改进”的管理方针，强化管理、改革创新、提高效益，全面提升自身竞争实力。水电三局将以科学发展观为指导，秉承“以人为本，创新为魂”的企业精神，全面打造品牌工程。同心同德、与时俱进、开拓进取，再铸新的辉煌，携手与国内外各界朋友精诚合作，互利互惠，共图兴旺发达。

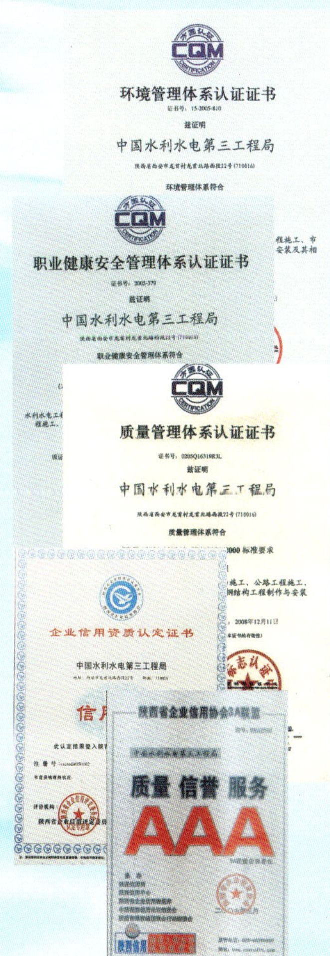

株洲航电枢纽工程

职工文化生活

电话：029-86283939（总机）　网址：www.cteb.com

中国水利水电第四工程局

局长　王维斌

党委书记　王争鸣

简　介

中国水利水电第四工程局是隶属中国水利水电建设集团公司的大型水电施工企业，2005年底有职工10920人，各类专业技术人员4292人，其中教授级高工10人,高级职称431人，中级职称1096人，初级职称1968人，高级技师和技师430人。

工程局具有国家水利水电工程施工总承包特级资质，土石方专业承包、钢结构工程专业承包一级资质，是集施工、勘测、设计、质控、安装、制造和运输等业务能力于一体的大型综合现代化企业。水电四局以水电建筑为主业，年施工能力为：土石方挖填2000余万立方米；混凝土浇筑300万立方米；水轮机组安装250万千瓦；金属结构制作安装30000吨；预应力锚固800万吨·米；基岩钻灌30万米；固结、帷幕灌浆30万米。

2005年，全局积极开拓市场，国内中标总金额达60.97亿元，比上年增长183%，在集团公司成员企业中名列第一，为水电四局建局47年来年度市场中标的最高纪录。在保持国内中标金额大幅增长的同时，国际工程投标也取得了可喜进展，新增合同额 5950万美元。截至2005年年底，全局工程储备为 92.54亿元，同比增长190%。全年完成企业总产值23.03亿元，比上年增长20.82%；全员劳动生产率达到20.82万元，比上年增长19.2%;实现利润5505.5万元，比上年提高307.5%；上缴利税7450.3万元，比上年增长5.6%。综合评价指标名列集团公司成员企业前茅。

精神文明建设成效显著：连续6年被青海省授予“文明单位标兵”称号；连续9年被集团公司授予“文明单位”称号；2005年10月，荣获“全国文明单位”殊荣。

雄伟的三峡大坝

2005年5月20日三峡大坝全线封顶。图为青云公司职工欢呼胜利

地址：青海省西宁市互助西路136号　邮编：810006
电话：0971-7113425　传真：0971-8149160
网址：www.csds.com.cn

青海拉西瓦水电站第一块混凝土浇筑

三峡11号机组转子吊装

青海公伯峡水电站廊道

中国水利水电第四工程局

被评为“全国文明单位”，特发此证予以表彰。

中央精神文明建设指导委员会

二〇〇五年十月

全国文明单位证书

广西百色水利枢纽大坝

青海直岗拉卡水电站水库

认真开展保持共产党员先进性教育活动

中国水利水电第五工程局

简 介

中国水利水电第五工程局(以下简称“水电五局”)，组建于1954年。现已发展成为集投资、施工、安装、制造、设计、科研为一体，以建筑为主业，具有水利水电工程施工总承包特级，市政公用工程施工总承包一级，房屋建筑工程施工总承包二级，地基与基础工程、公路路基工程专业承包一级，隧道工程专业承包二级，监理资质甲级等资质的大型建筑施工企业。资产总额15.93亿元，银行授信额度17.47亿元。

水电五局现有职工9900人，各类专业技术人员2700人。其中教授级高级工程师13人；高级专业技术人员502人；中级专业技术人员1300人；监理工程师206人；项目经理447人（其中一级项目经理82人）；监理工程师217人；享受政府津贴专家4人，四川省有突出贡献专家1人，专家后备人选4人。

局长 郑久存

党委书记 李燕明

水电五局年生产能力为：土石方挖填1500万立方米，混凝土浇筑200万立方米，大型隧洞开挖衬砌15000延米，金属结构制作安装30000吨，大型水轮发电机组安装4台，拥有先进的设备5000余台套，净值5.1亿，年施工产值30亿元以上。

现任局长郑久存，党委书记李燕明；副局长宋维众、吴高见、卢学文、赵玉、贺鹏程、宁俊云、张邯涛，党委副书记兼纪委书记郝国英，总工程师吴高见(兼)，总会计师古昌祥，工会主席王民安。

水电五局系中国500家最大经营规模建筑企业，中国500家最佳经济效益建筑企业，通过GB/T19001-2000-ISO9001：2000标准质量管理体系、GB/T24001-1996-ISO14001：1996标准环境管理体系、GB/T28001-2001职业健康安全管理体系认证。系全国重合同守信用企业，全国“安康杯”竞赛优胜企业，中国建设银行四川分行、中国农业银行四川省分行AAA级信用企业，四川省文明单位，四川省最佳建筑企业。三次荣获四川省“天府杯”金奖。

水电五局拥有一流的技术、科学的管理，诚实守信、重誉创优，愿与海内外各界朋友与时俱进、共谋发展、真诚合作、携手参与市场竞争，为开拓国内外建筑市场、加快我国水利水电及基础设施建设作出更大贡献。

水电五局和水电七局联合承建的苏丹麦洛维水电站

水电五局承建的重庆藤子沟双曲拱坝

水电五局承建的亚洲第一井福堂电站调压井荣登中国企业新记录榜

水电五局承建的国内第一座无砌上库——琅琊山抽水蓄能上水库

水电五局承建的四川通口碾压混凝土大坝工程

水电五局承建的四川金银台航电工程

水电五局参加四川有电100周年文艺汇演

水电五局承建的成都市光华大道工程

地址：四川省成都市一环路东四段8号　　邮编：610066
电话：028-84461307　　传真：028-84422633
网址：www.zswj.com　　电子信箱：bgs@zswj.com

中国水利水电第六工程局

局长兼党委书记　林玉杰

简介

中国水利水电第六工程局始建于1958年，国家一级施工企业，地处鸭绿江畔中国最大的边境城市—丹东市。主要经营大中型水利水电工程建设施工、机电设备安装，兼营工业民用建筑、道路桥梁、机场码头、引水供电等土木建筑和安装。先后承建参建过国内国际40多座大中型水利水电工程。全局职工6401人，资产总额8.29亿元，施工设备3558台套。曾多次荣获国家和辽宁省的表彰和命名。

近几年来，中国水利水电第六工程局始终坚持"秉承传统、追求卓越"的企业精神，坚持"以信誉求市场、以管理求效益、以人和求兴旺、以创新求发展"的经营理念，不断加强经营管理，深化企业改革，企业经营规模和经济总量实现跨越式发展。

局领导班子成员：

左起：总会计师于庆波　副局长李国　副局长兼总工程师戴占强　副局长姜明延　党委副书记兼纪委书记马英怀　局长兼党委书记林玉杰　副局长王学庆　副局长刘宝　工会主席陈兵　副局长厉建平

秉承传统　追求卓越

中国水利水电第七工程局

局领导班子成员：

左起：副局长郗举科 副局长向超群 副局长马邦凯 副局长尹强 副局长兼总工程师申茂夏 局长兼党委副书记刘明江 党委书记兼副局长张建文 党委副书记兼纪委书记逯建华 副局长文加海 副局长杨忠 总会计师张元刚 总经济师罗朝国 工会主席王富建

贵毕高速公路三板桥大桥

简 介

中国水利水电第七工程局是集设计、施工、科研、制造、安装、电源开发为一体，具有水利水电工程总承包特级资质和公路工程施工一级资质的企业。通过ISO9001：2000标准质量管理体系、ISO14001：1996标准环境管理体系、GB/T28001：2001标准职业健康安全管理体系认证。系“全国优秀施工企业”、“全国重合同守信誉企业”、AAA级金融信用企业。

地址：四川省成都市郫县成灌东路349号
邮编：611730
电话：028-87912037
网址：www.cscb.com.cn

水电七局参建的三峡水利枢纽工程

硗碛大坝砾石土直心墙填筑施工

苏丹麦洛维水电站厂房压力钢管施工

2005年末，全局员工总数10741人，其中各类管理和技术骨干3595人。总资产40.6亿元，其中固定资产净值14.81亿元，拥有各类大中型设备6500台套。在建工程124项，其中国际工程苏丹麦洛维、马来西亚巴贡，国内工程三峡、龙滩、瀑布沟、溪洛渡、向家坝、锦屏都是世界或中国顶尖级的水电工程。全年完成建筑业总产值41亿元，完成土石方开挖4217万立方米，混凝土浇筑370万立方米，钢筋制作安装8.6万吨，金属结构制作安装6.5万吨，发电机组安装16台。全年获政府和上级授予的各种奖励和荣誉称号24项，在综合考评中连续四年居集团公司成员企业第一名。

瀑布沟水电站引水隧洞进水塔施工

水电七局安装广西龙滩电站70万千瓦一号水轮发电机组定子吊装现场

中国水利水电第八工程局

局长　林修建

党委书记　陈正平

三峡水电站厂房施工

广西龙滩水电站

简　介

中国水利水电第八工程局是以水利水电工程为主业的总承包特级资质企业。兼有公路、市政工程施工2个总承包一级，房屋建筑工程施工总承包二级，公路路基、土石方、地基和基础、钢结构、起重设备安装工程等5个专业承包一级资质，2005年8月办理了铁路工程交易许可证。注册资金30031万元，总资产26.82亿元。

现有职工12561人，在岗专业技术人员4617人，高级职称535人，中级职称1865人，一级建造师48人，二级建造师99人，高级技师42人，技师560人。

水电八局以“三个代表”重要思想为指导，建立质量、环境与职业健康安全一体化管理体系，构建多元化产业平台，2005年完成土石方开挖回填1950.8万立方米，浇筑混凝土399.8万立方米，金属结构制作安装6.3万吨，灌浆28.3万米，浆砌石19.6万立方米，砂石成品生产719.8万立方米，安装机组7台、总装机容量128.25万千瓦，实现企业总值35.78亿元，提前一年超额完成四年发展规划中标、利润指标。实现职工人均年收入增长10%以上。

水电八局为责任方承建的云南大朝山水电枢纽工程1月

云南小湾水电站

贵州构皮滩水电站

湖北水布垭水电

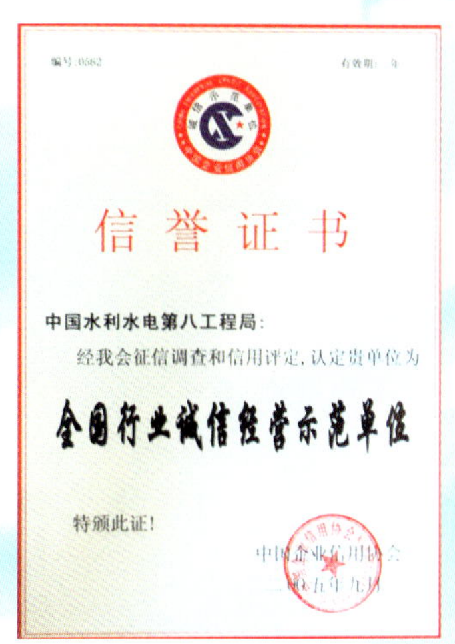

信誉证书

中国水利水电第八工程局：

经我会征信调查和信用评定，认定贵单位为

全国行业诚信经营示范单位

特颁此证！

中国企业信用协会

国家科学技术进步奖

证书

为表彰国家科学技术进步奖获得者，特颁发此证书。

项目名称：碾压混凝土拱坝筑坝配套技术研究

奖励等级：二等

获奖者：中国水利水电第八工程局

证书号：2005-J-222-2-05-003

中国建筑工程鲁班奖

（国家优质工程）

工程名称：云南大朝山水电站枢纽工程

承建单位：云南大朝山水电站工程建设8·3联营体

中华人民共和国建设部

中国建筑业协会

二〇〇四年十二月

18日荣获国家优质工程“鲁班奖”，7月15日洪江水电站工程被评为“湖南省优质工程”；3月17日水电八局获“全国用户满意施工企业”称号，连续3年获“湖南省质量小组活动优秀企业”称号，9月27日获“全国行业诚信经营示范单位”称号，林修建局长获“全国行业诚信企业家”称号。

水电八局2005年科技创新经集团公司考核名列成员企业第一，《大块石架空层土石围堰基础防渗施工新技术研究》等5个科研项目通过集团公司2005年科研项目立项评审，三峡水电站70万千瓦机组安装技术研究获2005年中国电力科技进步二等奖、集团公司2005年科技进步特等奖，沙牌碾压混凝土拱坝筑坝配套技术研究获2005年国家技术进步二等奖，三峡水电站下岸溪人工砂石加工系统、小湾水电站左岸缆机基础及1000米高程以上坝基开挖与支护工程、履带式混凝土布料机等3项创2005年中国企业新纪录。

地址：湖南省长沙市城南中路2号　　邮政编码：410007

电话：0731-5563756　2822169　　传真：0731-5563353

网址：www.baju.com.cn

金沙江溪洛渡水电站中心砂石场

三峡70万千瓦9号机组安装

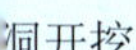

洞开挖

浙江衢常铁路施工

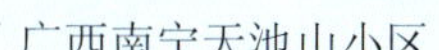

广西南宁天池山小区

中国水利水电第九工程局

简 介

中国水利水电第九工程局，始建于1958年，是国家建设部认定的建筑工程施工总承包一级企业，具备水利水电工程总承包一级、市政公用工程总承包一级、公路工程总承包二级、土石方工程专业承包一级、机电设备安装专业承包一级、起重设备安装专业承包一级、地基和基础工程专业承包一级等施工资质，跨入了“中国500家最大经营规模建筑施工企业”行列。

局长 陈学云

广西桂江巴江口水电站

水电九局专利技术国内首创的半干式制砂工艺在索风营电站建成国内第一座绿色环保型人工砂石系统

湖南铜湾水电站卵漂石地层围堰防渗处理施工现场

近几年来，面对激烈的市场竞争，水电九局坚持以科学发展观统揽全局，走自主创新之路，通过加强自主创新，加快施工进度、缩短施工工期、降低施工成本，以培养企业的核心竞争力，提升企业市场竞争力。

在贵州乌江索风营水电站人工砂石系统设计、建设、运行管理中，水电九局大力发展循环经济，遵循一种全新的生产观，即“清洁生产”，倡导一种与环境和谐的经济发展模式，结合本局40多年人工砂石生产的丰富经验，在国内首创半干式制砂工艺，建成国内第一座绿色环保型人工砂石系统。水电九局的这项自主创新成果在国内领先，获得国家专利保护，荣获贵州省和中国水利水电建设集团公司科学技术奖，成为国内有影响的品牌，获得了可喜的经济效益和社会效益。

水电九局具备设计、加工制作和架设钢索桥的先进技术。在贵州洪家渡水电站、索风营水电站、构皮滩水电站、思林水电站、光照水电站以及四川等地的多个水电工程建设中，先后设计、制造、架设了多座施工交通用钢索桥，其中，索风营水电站载重60吨的双车道倒张拱钢索桥，位居亚洲第一。水电九局钢索桥设计施工技术已成为社会知名品牌。

在贵州乌江思林水电站、清水江大花水水电站和北盘江董箐水电站导流洞、引水发电洞施工

党委书记　张付

中，水电九局广泛应用自主创新研发的轻型钢模台车，相比传统的钢模台车既提高了工效，实现了快速施工，同时又降低了施工成本。

在贵州乌江引子渡水电站施工中，水电九局采用小孔径孔底循环栓塞灌浆技术，成功地解决了大型水电站趾板灌浆技术经济和陡峭险峻边坡施工的矛盾问题；运用控制性灌浆技术解决了湖南东坪和铜湾水电站围堰卵漂石地层渗漏难题。

在广西桂江巴江口水电站建设中，水电九局靠管理创新铺路，技术创新领跑，通过闸坝钢筋混凝土工程快速施工技术等八大创新技术和新工艺的应用，最终实现　九大关键节点工期的按期或提前完成，仅用2年零3个月就实现首台机组投产发电，被当地政府誉为“巴江速度，巴江精神”，树立了水电九局良好的社会形象。

创新，使水电九局的市场竞争力得到提升；创新，使水电九局焕发出勃勃生机。

思林电站大江截流

水电九局建设公司承建的贵阳市级行政中心二期办公用房

水电九局自行设计加工制作并架设的居亚洲第一的双车道倒张拱钢索桥

加强自主创新　　促进可持续发展

地址：贵州省贵阳市延安中路5-9号　邮编：550001
电话：0851-5873553（局办公室）　传真：0851-5832501　网址：www.sdjj.com.cn

中国水利水电第十工程局

局长兼党委副书记 茹彩江

党委书记兼副局长 杜学泽

简 介

中国水利水电第十工程局是集施工、设计、科研、制造、安装于一体，具有水利水电工程施工总承包壹级资质和公路工程施工总承包、房屋建筑工程施工总承包资质的综合施工企业。主要承担水利水电工程土建及金属结构制作安装、机组安装和基础处理施工。年施工能力为：土石方开挖1000万立方米、混凝土浇筑80万立方米、机电安装100万千瓦、金属结构制作及安装1.5万吨、基础灌浆10万米，能独力承建大中型水利水电工程以及工业与民用建筑工程、城市供水工程、公路工程等，年生产能力为12亿元。金融资信等级为AAA级。1998年通过GB／T19002-ISO9002质量认证，并取得ISO9001：2000标准质量体系认证证书。到2006年1月，水电十局已获得包括质量、环保、职业健康安全三大体系的国家认证，其中质量和环境管理体系同时获得国际认证。

水电十局致力于先进技术的追求与贡献。在地下厂房、长隧洞掘进、混凝土重力坝、碾压混凝土坝、黏土心墙堆石坝、面板堆石坝、基础处理、反井钻开挖、液压滑模施工、水下岩塞爆破、气垫室调压室施工、地质灾害处理、抽水蓄能机组和贯流式机组安装、大型金属结构制作安装等方面处于领先地位。

建局以来，先后承担了110余座大中小型水电站及水利工程施工和170余项各种类型的机电安装工程，总装机容量达到4000万千万。水电十局独立承建和参加建设的代表工程有：渔子溪二级水电站、太平驿水电站、雨城水电站、铜钟水电站、花滩水电站、姚河坝水电站、冷竹关水电站、冶勒水电站、福堂水电站、小关子水电站、小天都水电站、自一里水电站、响洪甸抽水蓄能电站、天荒坪抽水蓄能电站、金银台航电工程、成都五路一桥工程、老挝南累克水电站、老挝南梦3水电站等。目前在建的国内工程项目主要有：龟都府水电站、联补水电站、宝兴水电站、赛珠水电站、向家坝水电站、喜河水电站、瀑布沟尼日河工程、南水北调中线工程等；国外工程项目主要有：伊朗塔里干水利枢纽工程、老挝色塞2电站工程、卡塔尔路赛尔海岸填筑工程等。

水电十局连续保持中国500家最大施工企业称号。先后荣获四川省建设工程最高奖“天府杯”金奖、“四川国有建筑企业综合实力10强”、“四川省建筑安全生产先进集体”、“四川省建筑业最佳企业”、“四川省建筑企业最大市场占有份额30强”、“四川建筑企业综合实力10强”、“银企合作诚实守信先进单位”、“四川省文明单位”等荣誉称号。

雅安雨城水电站大坝

地址：四川都江堰市蒲阳路164号 邮编：611830

喜河电站单机容量6.5万千瓦的轴流转浆机组转子吊装

蓄水后的伊朗塔里干水利枢纽工程大坝

大型闸门制作安装

阿坝渔子溪二级水电站闸坝

老挝南梦3电站鞍坝

华能宝兴小关子水电站闸坝

小天都电站地下厂房施工

电话：028-87123078　传真：028-87128738　电子邮箱：sjbgs@cwet.com.cn

中国水利水电第十一工程局

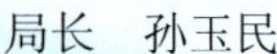
局长　孙玉民

党委书记　王禹

企业精神

传承大禹　奋进不息

经营宗旨

诚实守信　创造一流

员工理念

热爱祖国　忠诚企业

集体奋斗　争创业绩

企业目标

做强发展　回报社会

简　介

中国水利水电第十一工程局是经国务院批准，为建设新中国第一座大型水利成功枢纽——黄河三门峡工程而成立的第一支机械化施工企业。

三门峡工程之后，水电十一局先后承建了伊河陆浑水库、洛河故县水库、石漫滩水库、小浪底水利枢纽、淮河入海水道淮安枢纽、淮河临淮岗工程、上海太浦河泵站及云南那兰、崖羊山等水电站工程；参与了三峡、引黄入晋工程及拉西瓦、引子渡、光照、瀑布沟、锦屏水电站和南水北调中线、东线等大型工程的建设；在国际上中标承建了亚洲、非洲和拉丁美洲一批大型水利水电项目。其中在2005年，水电十一局承建的招徕河双曲拱坝获中国企业新记录重大创新项目奖，淮河入海水道淮安枢纽工程获国家优质工程银质奖等多项荣誉。

中国企业十大创新项目——湖北招徕河碾压混凝土双曲拱坝

中国水利水电第十一工程局将弘扬“传承大禹，奋进不息”的企业精神，秉承“诚实守信，创造一流”的经营宗旨，“做强发展，回报社会”。

地址：河南省三门峡市黄河路147号　　邮编：472000

中美洲伯利兹恰里洛水电站

阿曼马斯喀污水系统工程

广西龙滩水电站业主办公楼（被评为广西自治区优质工程）

山东新沭河泄洪闸加固改造工程

山西引黄入晋南干一级泵站（获山西省首届“太行杯”土木工程大奖）

四川锦屏水电站导流洞工程

云南那兰水电站面板堆石坝

电话：0398-2813325　传真：0398-2812325　网址：www.cwb11.com　电子信箱：cwb11@126.com

中国水利水电第十二工程局

局长　徐鹿元

党委书记　佘其年

企业理念：用意志铸造品牌　　以真诚回报顾客

简介

中国水利水电第十二工程局成立于1956年3月，持有水利水电工程施工总承包一级、市政公用工程施工总承包一级资质。现有固定职工3500人，其中各类专业技术人员约占40%以上。施工机械设备原值2.8亿元，4000余台套。可独立承担大型水利水电、市政及火力发电、大型工业厂房、高层建筑、高等级公路、大跨度桥梁、深埋地下建筑、机场、码头、航道、海堤等工程的施工，具有年挖填土石方2500万立方米、浇筑混凝100万立方米、制作安装金属结构10000吨、安装水轮发电机组500～800兆瓦的施工生产能力。工程局先后承建了华东、西南、西北十余个省区的数十个大中型水利水电工程，承建、参建了阿尔巴尼亚、几内亚、突尼斯、尼泊尔、缅甸等国的水利水电工程，所承建的工程分别荣获“全国科学大会奖”、“国家质量奖金质奖”、“鲁班奖”、“詹天佑奖”、“中国市政工程金杯奖”等奖项，此外企业还获得了全国“青年文明号”、“中央企业先进集体”、“中国安装之星”等荣誉。

20世纪80年代以来，工程局实行了科技兴局战略，大力开展“创名牌工程、创精品工程”活动，创出了混凝土面板堆石坝、抽水蓄能电站工程施工品牌。在混凝土面板堆石坝施工方面，已承建27座大坝，形成了管理、技术、规模、设备、质量五大优势，是目前国内承建混凝土面板堆石坝工程最多、施工经验最为丰富的企业。国家重点工程珊溪水库大坝7万平方米混凝土面板无裂缝，创中国企业新纪录，港口湾水库工程获2003年度“鲁班奖”，国家“西电东送”重点工程引子渡水电站、国家重点工程三板溪水电站大坝工程均实现“一枯拦洪”目标，国家重点工程紫坪铺水电站大坝填筑强度刷新纪录，达到混凝土面板堆石坝快速优质施工的国内领先水平。在抽水蓄能电站施工方面，已承建、参建4座抽水蓄能电站工程。国家重点工程桐柏抽水蓄能电站地下厂房被列为国家电力“科技示范项目”，开挖施工实行“精品项目责任制”，实现了“一次成形、免装修”和“安全无事故”两大目标，工程质量达国际一流水平。国家重点工程泰安抽水蓄能电站上水库16万平方米库盆采用土工膜防渗为国内首例，被列入国家重点科研项目，施工中实行“精细化管理”，顺利实现科研攻关目标。国家重点工程湖南黑麋峰抽水蓄能电站地下厂房洞室群刷新国内同类工程快速施工纪录。工程局迅速成长为国内为数不多的全面掌握大型抽水蓄能电站关键施工技术的企业。

工程局承建的主要抽水蓄能电站工程

国家重点工程 —— 山东泰安抽水蓄能电站上水库库盆采用复合土工膜防渗为国内首例

国家重点工程 —— 湖南黑麋峰抽水蓄能电站鸟瞰图

黑麋峰抽水蓄能电站地下厂房施工

国家重点工程 —— 浙江桐柏抽水蓄能电站下水库　水库大坝采用坝身溢洪道在同类型工程中尚属首例

桐柏抽水蓄能电站3号机组转子吊装

中国水利水电第十三工程局

局长　童劲松

党委书记　陈庆和

简　介

中国水利水电第十三工程局组建于1982年11月，始称“水电部马颊河疏浚工程局”。截至2005年末，职工总人数4262人，拥有管理和专业技术人员1946人，其中高、中级职称932人，有198人具有建设部核发的一、二、三级项目经理资质证书，有36人取得中华人民共和国一级建造师职业资格证书，拥有高级技师和技师81人，高、中级技术人员1563人，在国内外拥有固定资产原值8.01亿元，主要施工机械设备751台套，装备总功率15万千瓦。生产、生活基地66万平方米。水电十三局以“疏洪导水，造福人民”为企业宗旨，发扬“从严、求实、开拓、拼搏”的企业精神，在国内享有良好声誉。自1997年起工程局连年被评为“AAA级信用企业”，相继荣获山东省“重合同守信用企业”、“全国质量效益型先进施工企业”、山东省和中国水利水电建设集团公司文明单位、“全国用户满意施工企业”、山东省“富民兴鲁”劳动奖状等荣誉和称号。2005年首次荣获“全国优秀水利企业”、“全国公路建设行业优秀企业”、“全国模范职工之家”、“山东省合理化建设和技术改进活动先进集体”等荣誉称号。

坦桑尼亚总统及夫人视察工地

江西赣州至定南高速公路

济南经一路工程

唐山曹妃甸项目龙口合龙

天津港疏浚

重庆滨江路工程夜景

中国水利水电第十四工程局

局长　周宇

党委书记　洪坤

简　介

中国水利水电第十四工程局是一个以承建水利水电建筑安装工程为主，又担负高等级公路桥梁、工业民用建筑、环境保护、地铁等工程的大型施工企业，具有水利水电工程施工总承包特级企业资质。市政公用工程施工总承包、路桥及土石方工程承包一级企业资质和地铁工程施工专业资质，并具有承包经营国外工程等资质。已建立质量管理、职业安全健康管理和环境管理三个体系并通过认证，具有年挖填土石方2000万立方米、混凝土浇筑300万立方米、人工砂石料生产600万立方米、各类钻孔灌浆15万米、发电机组安装250万千瓦、金属结构制作安装3万吨、公路施工300公里的综合施工能力。

水电十四局自1954年建局以来，致力于水利水电施工品牌的培育，成长为我国最具竞争实力的水电施工企业之一，已建成各类大中型工程400多项，安装水轮发电机组300多台，完成总装机容量近900万千瓦；并在公路、地铁、市政、环保工程等领域也取得了辉煌成就。目前，在国内外承建、参建有50多个大中型工程。

50多年来，水电十四局在激烈的市场竞争中始终致力于打造核心竞争力，已形成三大竞争优势：一是擅长地下工程施工，具有对大型地下洞室群，尤其是厂房、大断面长隧洞的快速施工能力；二是擅长当地材料坝填筑，尤其对混凝土面板堆石坝和心墙堆石坝具有丰富施工经验；三是擅长高水头大容量（含可逆式）水轮发电机组安装和金属结构制作安装。

经过几代水电十四局人的开拓和锤炼，形成了“自强不息、开拓不止、创新进取、追求卓越”的企业精神，“一流的质量、顾客的期望、我们的追求”的质量方针和“以人为本、亲和诚信、忠实履约、精益求精”的经营理念，铸就了具有自身特点的企业文化。

近20年来获省部级以上重大科技成果奖63项（其中国家级科技成果奖21项），优质工程奖13项。承建的云南鲁布革电站大坝、广州抽水蓄能电站一期工程、参建的云南昆玉公路、承建的福建棉花滩电站和云南大朝山电站等5项工程先后荣获鲁班奖。获得全国工程建设管理现代化成果一等奖，被评为“全国建筑业科技百强企业”、“全国建设科技进步先进集体”、“全国百家产品质量信得过企业”，连续十六年被评为“守合同、重信用”企业。被授予“全国用户满意工程”企业、“全国用户满意施工企业”、“全国优秀施工企业”、“全国电力行业优秀企业”、“推进工程项目管理中国优秀企业”、“集团公司文明单位”、“全国和谐劳动关系优秀企业”、“全国电力建设优秀施工企业”等称号，并荣获“全国五一劳动奖状”。

承建参建的五项工程先后获得鲁班奖

地址：云南省昆明市环城东路192号　邮编：650041　电话：0871-3335216 3329807　传真：0871-3333460

三峡右岸地下电站厂房顶拱支护施工

开挖中的云南小湾电站地下厂房

云南泗南江电站施工

云南小湾电站进水口工程

开挖中的广东惠州蓄能电站A厂房工程

建成后的昆明掌鸠河引水供水工程云龙水库一角

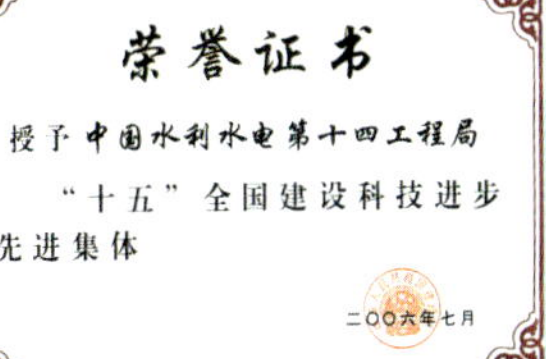

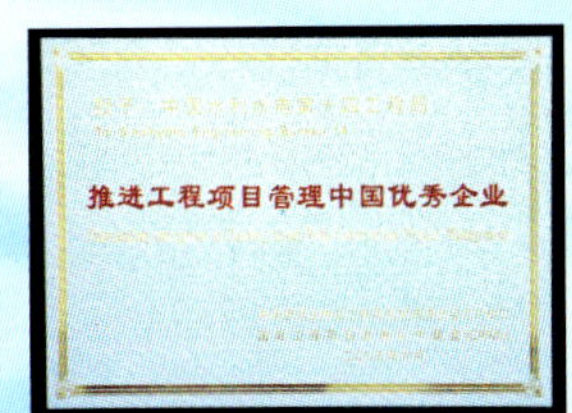

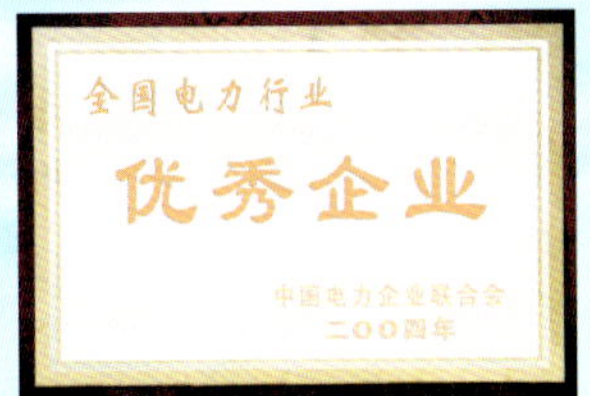

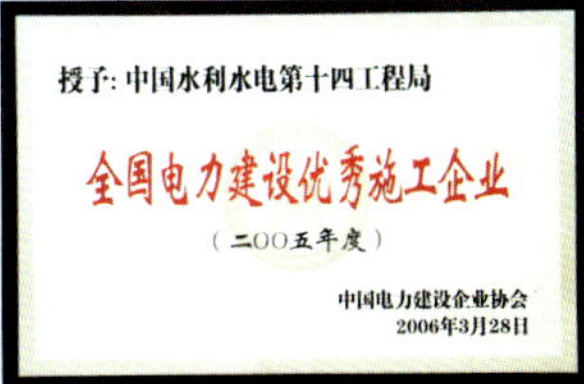

网址：www.fcbmis.com

中国水电建设集团十五工程局有限公司

董事长、党委书记　王增发

副董事长、总经理　徐中秋

简 介

中国水电建设集团十五工程局有限公司（秦海国际工程总公司），现为中国水利水电建设集团公司全资子公司。是具有国家水利水电、公路、房屋建筑工程三项施工总承包一级资质和公路路面、公路路基工程两项专业承一级资质，市政公用工程施工总承包二级资质，以及对外经济合作经营资格的大型施工企业。

公司现有职工4400人，其中各类专业技术人员近2000名，持证项目经理226名。公司创建50余年来，先后在国内外修建了30多座土石坝，其中陕西石头河水库筑坝技术荣获全国科学大会奖，新疆克孜尔水库荣获“中国建筑工程鲁班奖”、“詹天佑土木工程大奖”。在新疆乌鲁瓦提水利枢纽工程、新疆哈密榆树沟水库、西藏小江当干渠和阿里地区狮泉河镇供水工程、青海黄河公伯峡水电站大坝、陕西东雷抽黄北干二级站、西安黑河金盆水利枢纽、云南大水沟水库等工程建设及机械制造中创造了十三项中国企业新纪录。

丰富多彩的职工文化生活

公司参与了长江三峡、黄河小浪底、李家峡、新疆引额济乌、江苏淮河入海水道等国家重点工程建设，在全国各地独立或作为主力军承建了一大批水电站、电厂灰坝、城市桥闸、大型泵站、高速公路和房屋建筑工程，并以优良的业绩赢得了业主的赞誉。公司还远赴突尼斯、几内亚、毛里求斯、伊拉克、马里、老挝和澳门等国家和地区承担了水利水电、公路、市政工程建设。

公司通过了ISO9001：2000国际质量标准认证和国家职业安全健康管理体系认证，连续十四年竣工终验工程优良率保持100%。

开拓拼搏　优质高效　追求卓越

黑河金盆水利枢纽工程

与中国水电建设集团联合重组揭牌仪式

全国五一劳动奖状

中华全国总工会

2001年4月

昆明掌鸠河引水供水倒虹吸工程最高水头415米、管径2.2米，堪称亚洲之最

青海公伯峡水电站挤压墙施工技术创造了一次性成功浇筑218米超长面板的世界纪录，被水利部黄河水利委员会授予科技进步二等奖

新疆乌鲁瓦提水利枢纽工程创造了中国企业新纪录

淮河入海水道江苏二河水利枢纽工程

突尼斯NAFTA污水净化站

建设中的汉中汉江桥闸

地址：陕西省西安市边家村水文巷1号　邮编：710068　电话/传真：029-85236849　网址：www.cwedls.com.cn

中国水利水电闽江工程局

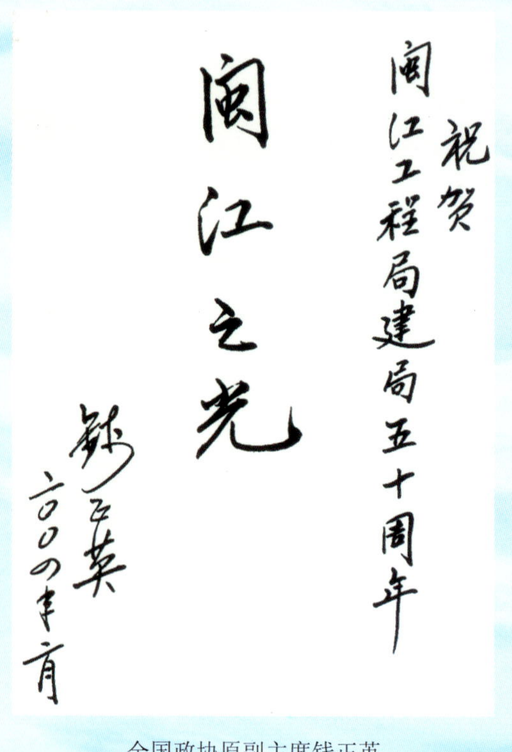

全国政协原副主席钱正英
题　辞

简　介

中国水利水电闽江工程局始建于1955年，是新中国首批组建的国家级水利水电专业施工队伍之一；播撒明珠，奉献光明，传承文明，在很多兄弟单位都活跃着原闽江局职工的身影。“闽江人”半个世纪建功海峡西岸，纵横大江南北，闯荡国际市场的建设足迹，独具特色地创造一部弘扬“闽江精神”的“艰苦奋斗、竞争创新”史。

相继建成江西上犹江和福建古田溪梯级、沙溪口、水口、棉花滩水电站等国家重点工程，摘取国家优质工程鲁班奖；建设福建厦门、长乐和广州新白云、上海浦东等国际机场，赢得上海市政工程金奖。正在建设广西百色和安徽白莲崖水利枢纽、贵州光照和云南戈兰滩水电站等大型水利水电工程。目前，国际工程在建规模1.1亿美元。

专业施工品牌主要有碾压混凝土筑坝、干法人工砂石料生产、低水头贯流式和高水头混流式机组安装、机场场道与路桥工程。企业总资产9.33亿元，银行授信额度4亿元；拥有原值3.19亿元、现值1.79亿元专业施工设备，人均装备率4.84万元；年施工能力：土石方开挖1000万立方米，混凝土浇筑300万立方米，水轮发电机组安装120万千瓦，金属结构制作安装8000吨。

企业通过ISO9001：2000版标准质量管理体系和OHSAS18000职业健康安全体系认证，先后获得全国重点工程建设施工A级信誉企业、中国建设系统企业形象AAA级单位、全国先进施工企业、全国“重合同、守信用”企业、2005年全国十大建设科技成就荣誉。值此建局50周年华诞之际，秉承“诚信务实、和谐共赢”的经营理念，彰显“只要一杯水，还您千百电”的博大胸怀，继续加强与各界朋友的竭诚合作，携手共创科学发展之百年长青基业！

局领导班子成员：

（左起）：副局长邱惠斌、方彦铨、吴广忠、吕孟静，党委书记兼副局长陈纯鹏，局长兼党委副书记李良顺，党委副书记、纪委书记陈尚林，副局长刘永祥、魏振刚，工会主席谢小坡，总会计师曾继亮

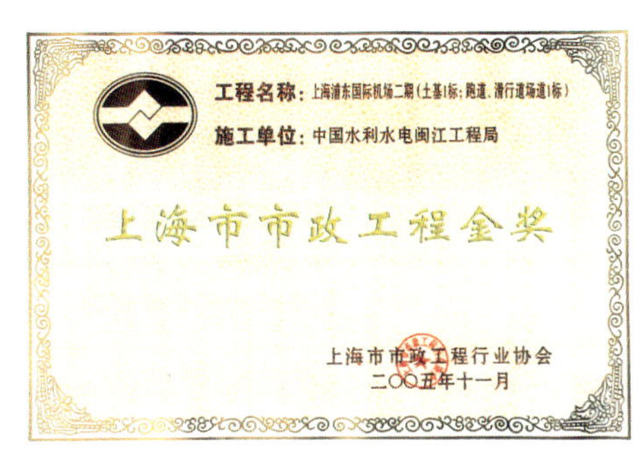

工程名称：上海浦东国际机场二期（土基1标；跑道、滑行道场道1标）

施工单位：中国水利水电闽江工程局

上海市市政工程金奖

上海市市政工程行业协会
二〇〇五年十一月

领导、专家观摩闽江工程局在上海浦东机场所作场道混凝土浇筑施工新技术示范

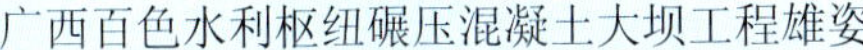

广西百色水利枢纽碾压混凝土大坝工程雄姿

历经50年风雨考验的江西上犹江水电站

开展保持共产党员先进性教育活动

地址：福建省福州市湖东路82号　　邮编：350003

电话：0591-87821294　　传真：0591-87853663　　网址：www.mjgcj.com

基础成就未来 诚信追求卓越

索风营水电站左岸帷幕灌浆工程

向家坝施工夜景

南水北调工程项目—穿II-A标北岸施工现场

上海世博工程

丰富的文化生活

参加天津市城建系统运动会

夹江水工机械厂

厂长、党委书记　雷建容

2006年工厂工作方针

开拓市场　增强活力

加强管理　提高效率

自主创新　增强实力

和谐发展　提高合力

质量管理体系认证证书

兹证明

夹江水工机械厂

位于：四川省乐山市夹江县西河路40号，614100

质量管理体系符合GB/T 19001-2000 – ISO 9001:2000标准。

该质量管理体系覆盖了下述产品：

水工金属结构及钢结构、启闭机起重设备、混凝土输送泵；

特种设备等产品的设计、制造、安装及改造和维修。

特发此证，并予注册。

注册号：01905Q10492R3L

发证日期：2005年11月30日

有效日期：2008年11月29日

总经理：

中国·四川三峡认证有限公司

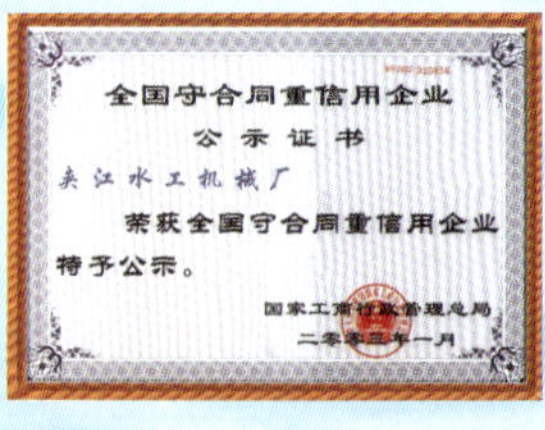

全国守合同重信用企业

公示证书

夹江水工机械厂

荣获全国守合同重信用企业

特予公示。

国家工商行政管理总局

二零零三年一月

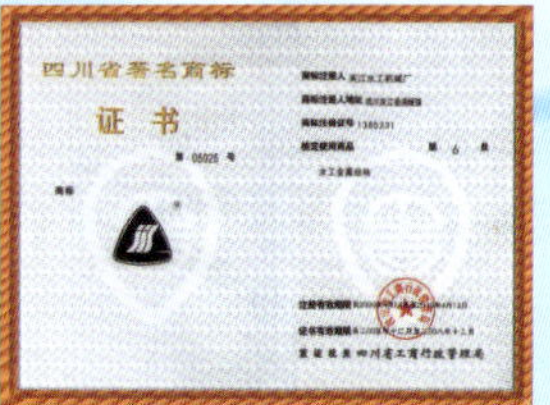

四川省著名商标

证书

工厂生产的大型和超大型各类电站启闭设备已有近千台套应用于各大电站。工厂具备大型门机的设计资质。图为为三峡三期设计制造的六台门机之一，4500 kN Ⅱ型坝顶门机

工厂是国内最大、世界第二的缆索起重机生产厂家。20多年来，承制了国内全部大中水电工程的40多台平移式、幅射式、摆塔式缆索起重机。并可根据用户需要，设计生产各式缆机。图为工厂与德国合作生产的三峡摆塔式缆索起重机

工厂具备制作和加工超大型水工产品的能力，年产水工金属结构产品1万余吨。上图为为大朝山电站制造的弧形表孔闸门

地址：四川省夹江县西河路40号　　邮编：614100　　电话：0833-5672462

工厂具有桥机设计、制造资质，近年来已先后为多座电站设计制造了数十台厂房桥机，目前生产的桥机最大起重量为 700吨。左图为工厂为泰安抽水蓄能电站设计制造的250吨+250吨厂房桥机

工厂具有液压启闭机设计、制造资质和能力，近年来已先后为多座电站设计制造了40余种近200台套。目前生产的液压启闭机最大起重量为2×4500千牛,可加工最大缸径为1000毫米、长20000毫米的油缸。右图为为苏丹麦洛维工程进水口事故门及检修门的2500千牛液压启闭机

工厂可生产不同类型的电站航道垂直升船机，其中广西岩滩250吨级垂直升船机，是国内首台安装调试并投入运行的大型升船机荣获国家重点新产品证书、四川省“九五”技术创新奖、广西科技进步一等奖。

高坝洲300吨级升船机是国内首台交流变频式垂直升船机。其主电机转速在国内首次采用交流变频模式，起重吨位处于国产各类升船机设备中的第二位。左图为高坝洲升船机主提升机厂内机电联调

工厂是我国开发液压系列混凝土输送泵最早的厂家。其产品曾多次荣获国家级新产品和部优、省优产品称号，并被国家科委成果办列为推广项目之一。产品遍布全国。近年来又推出新型换代产品。右图为HBTS60-13-90型混凝土输送泵

传真：0833-5672451　　网址：www.jhmw.com　　E-mail：jhmw@vip.163.com

中国水电建设集团
SINOHYDRO CORPORATION
中国水利水电建设集团
SINOHYDRO CORPORATION
地址：北京市海淀区车公庄西路22号
邮政编码：100044
集团公司传真：010-58382888　58382999
网址：www.sinohydro.com

中 国 电 力 出 版 社
编 辑 出 版 人 员

社　　长　宗　健
总 编 辑　刘广峰
终　　审　刘广峰　丁　雁
复　　审　丁　莉　杨伟国
策　　划　仙文杰　杨伟国
责任编辑　张　敏　姜　萍　韩世韬　谭学奇
版式设计　张秋雁
彩图设计　张秋雁　郝晓燕　尹金鹏
责任校对　刘振英　罗凤贤
出版印制　邹树群

图书在版编目（CIP）数据

中国水利水电建设集团公司年鉴．2006／《中国水利水电建设集团公司年鉴》编辑委员会编．—北京：中国电力出版社，2007
ISBN 978-7-5083-4808-7

Ⅰ．中…　Ⅱ．中…　Ⅲ．①水利工程－工业企业－中国－2006－年鉴②水力发电工程－工业企业－中国－2006－年鉴　Ⅳ．F426.9-54

中国版本图书馆CIP数据核字（2006）第155351号

中国电力出版社出版、发行
（北京三里河路6号 100044 http：//www.cepp.com.cn）
北京盛通彩色印刷有限公司印刷
各地新华书店经售
*
2007年1月第一版　2007年1月北京第一次印刷
889毫米×1194毫米　16开本　47.5印张　1480千字　88插页
定价258.00元